V&R Academic

Transnationale Geschichte

Herausgegeben von
Michael Geyer und Matthias Middell

Band 6: Frank Hadler / Matthias Middell (Hg.)
Handbuch einer transnationalen Geschichte Ostmitteleuropas

Handbuch einer transnationalen Geschichte Ostmitteleuropas

Band I. Von der Mitte des 19. Jahrhunderts bis zum Ersten Weltkrieg

Herausgegeben von Frank Hadler und Matthias Middell

Vandenhoeck & Ruprecht

Gedruckt mit freundlicher Unterstützung des Geisteswissenschaftlichen Zentrums Geschichte und Kultur Ostmitteleuropas an der Universität Leipzig (GWZO).

Das dieser Publikation zugrunde liegende Vorhaben wurde mit Mitteln des Bundesministeriums für Bildung und Forschung unter dem Förderschwerpunkt »Geisteswissenschaftliche Zentren« (Förderkennzeichen 01UG0710) gefördert, die Finanzierung der Druckkosten erfolgt aus Förderkennzeichen 01UG1410. Die Verantwortung für den Inhalt dieser Veröffentlichung liegt bei den Autoren.

Mit drei Abbildungen

Bibliografische Information der Deutschen Nationalbibliothek

Die Deutsche Nationalbibliothek verzeichnet diese Publikation in der Deutschen Nationalbibliografie; detaillierte bibliografische Daten sind im Internet über http://dnb.d-nb.de abrufbar.

ISSN 2198-7165
ISBN 978-3-525-30173-9

Weitere Ausgaben und Online-Angebote sind erhältlich unter: www.v-r.de

Umschlagabbildung: © Thomas Klemm, Leipzig

Satz: textformart, Göttingen | www.text-form-art.de
Druck und Bindung: ⊕ Hubert & Co GmbH & Co. KG, Robert-Bosch-Breite 6, D-37079 Göttingen

Gedruckt auf alterungsbeständigem Papier.

Inhalt

II. Forschungsstand

Vorwort

Dieser Band ist ein echtes Gemeinschaftswerk, das Produkt vieler Jahre kollektiver Arbeit. Kurz auf die Genese einzugehen, scheint mithin mehr als angeraten. Die Idee, eine Transnationalisierungsgeschichte Ostmitteleuropas in Angriff zu nehmen, entstand in Reaktion auf die seit gut einer Dekade in der internationalen Historiographie ungebrochen geführte Debatte über das Für und Wider von transnationaler Geschichte und zugleich als eine mögliche Antwort auf die Renationalisierung der Geschichtsbilder im östlichen Europa.

Das Geisteswissenschaftliche Zentrum Geschichte und Kultur Ostmitteleuropas an der Universität Leipzig (GWZO) nahm das Vorhaben in sein Forschungsprogramm auf und wurde zur idealen Heimstatt unseres Projektes. Zunächst von der Deutschen Forschungsgemeinschaft (DFG), dann vom Bundesministerium für Bildung und Forschung (BMBF) gefördert, hat die GWZO-Projektgruppe »Ostmitteleuropa transnational« in wechselnden personellen Zusammensetzungen jenes Design von fünf Schlüsseldimensionen transnationaler Geschichte entwickelt, das schließlich auch dieses Handbuchunternehmen inhaltlich gliedert. Es basierte auf den in einer Serie von internationalen Workshops geführten Diskussionen über die Dynamik von Territorialisierungsprozessen in Ostmitteleuropa, den Platz der Region in weltweiten Migrationsregimen, die kulturelle Repräsentation der Weltbeziehungen in der Region, ihre Einbindung in die Weltwirtschaft sowie die Repräsentanz ostmitteleuropäischer Akteure in internationalen Organisationen. Als Mitarbeiter der Projektgruppe waren daran über die Jahre weitaus mehr Personen beteiligt als im Inhaltsverzeichnis des vorliegenden Bandes ersichtlich. Ihnen für die aktive Teilhabe an den frühen »Handbuchsitzungen« und natürlich die Beteiligung an den diversen Projektgruppenkonferenzen und -publikationen zu danken, ist hier der Ort. Bis zur Konstituierung der Autorengruppe in der gegenwärtigen Zusammensetzung wurde das Migrationsthema von Mathias Mesenhöller mit dem Schwerpunkt Polen bearbeitet. Die kulturellen Verflechtungen der Region in den außereuropäischen Raum am tschechischen Beispiel waren das Thema von Sarah Lemmen. Mária Hidvégi hat die weltwirtschaftlichen Zusammenhänge Ostmitteleuropas exemplarisch anhand zweier ungarischer Großunternehmen erforscht. Aus den beiden letztgenannten Studien sind erfolgreich verteidigte Dissertationen hervorgegangen. Der Projektgruppe und dem Handbuch als Autorin verbunden blieb Steffi Marung, die mit ihrer Dissertation zu Polens »wandernden Grenzen« das Territorialisierungsthema entscheidend mitgestaltete. Jan Zofka stieß mit seinem Fokus auf die chinesisch-sowjetischen Beziehungen später hinzu und kommentierte einzelne Kapitel sehr hilfreich. Für einen kürzeren Zeitraum arbeiteten am Projekt mit: Dagmara Jajeśniak-Quast, die inzwischen eine einschlägige Professur an der Viadrina in Frankfurt an der Oder innehat, und Anna Górski, deren Untersuchungen über afrikanische Studierende in Polen uns die konkreten Begegnungen in transnationalen Räumen vor Augen führte.

Mit ihrer Bereitschaft, Zwischenstände der Manuskripte kritisch gegenzulesen und mit allen Autoren zu diskutieren, haben Stefan Troebst (GWZO), Monika Baár (Groningen), Josef Ehmer und Annemarie Steidl (beide Wien) sowie Joachim von Puttkamer (Jena) das Projekt sehr hilfreich begleitet. Dafür gilt allen unser Dank, wie auch den studentischen Hilfskräften, namentlich Maximilian Vogel, Pauline Siebert und Jana Aresin besonders für die Arbeiten am Register und zur technischen Erstellung der Druckvorlagen.

Frank Hadler und Matthias Middell

I. Darstellung

Frank Hadler / Matthias Middell

I.0 Transnationalisierung in Ostmitteleuropa bis zum Ende des Ersten Weltkriegs

Eine Region im Schnittfeld von Imperien und nationalen Emanzipationsbewegungen

Anliegen

In diesem Band finden sich Studien vereint zu grenzüberschreitenden Bewegungen von Menschen, Waren, Ideen und Kapital, die die Gesellschaften in den beiden Reichshälften der Habsburgermonarchie (v. a. die böhmischen und ungarischen Länder) sowie in den preußisch/deutschen, österreichischen und russischen Teilungsgebieten Polens zwischen der Mitte des 19. Jahrhunderts und dem Ende des Ersten Weltkriegs geprägt haben. Theoretisch und methodisch sind diese inspiriert von der international rasant fortschreitenden historischen Transnationalisierungsforschung, in der Ostmitteleuropa bislang kaum Berücksichtigung gefunden hat.[1] Deshalb ist es unser Anliegen, mit strukturiert aufbereiteten Befunden eine Handreichung für künftige Forschungen über die Transnationalisierungsgeschichte der Region zu bieten. Ein Handbuch im klassischen Sinne als kompakte Kompilation von in Jahrzehnten an vielen Orten produziertem Wissen über das historische Geschehen im Container Ostmitteleuropa legen wir ganz bewusst nicht vor. Ein solches Kompendium gibt es bislang ebenfalls nicht. Wohl aber sind wichtige Aspekte der Geschichte der Region in abgeschlossenen,[2] laufenden[3] und annoncierten[4] z. T. mehrbändigen Handbuchprojekten berücksichtigt. Diese Form der Darstellung ist allerdings gebunden an einen Fokus auf territorialisierte Entitäten. Anliegen der transnationalen Geschichte ist

1 Annäherungen unternahm *Haslinger*, Spatial Turn; *ders.*, Ostmitteleuropa transnational.

2 *Bosl*, Handbuch.

3 *Müller*, Polen; *Blickle*, Handbuch.

4 Am Imre Kretész-Kolleg (Jena) wird an einer auf 4 Bde. angelegten Geschichte Ostmittel- und Südosteuropas im 20. Jahrhundert gearbeitet. »Entstehen soll nicht ein traditionelles Handbuch, das den Forschungsstand zusammenfasst und dokumentiert, sondern eine Synthese, die auf einige Grundlinien der Entwicklung der uns interessierenden Region konzentriert ist und gleichzeitig die gewichtigen Unterschiede bzw. Ungleichzeitigkeiten zwischen einzelnen Subregionen und Ländern nicht aus dem Auge verliert«. http://www.imre-kertesz-kolleg.uni-jena.de/index.php?id=21 (14.8.2015)

es dagegen, diese Begrenzung zu überschreiten. Dies hat auch Folgen für die Präsentation des Wissens, die in diesem Band in Form von Studien (Teil I.: Darstellung) und Forschungsberichten (Teil II.: Forschungsstand) erfolgt.

Zunächst wollen wir Begriffe klären, Defizite umreißen und Fragen nachgehen, die wir für grundlegend halten: Was ist unter transnationaler Geschichte zu verstehen, wie könnte eine Geschichte Ostmitteleuropas aus transnationaler Perspektive aussehen, welche Vorbilder gibt es für eine solche Betrachtung, wie lässt sich das Phänomen der Transnationalität in der historischen Periodisierung verankern und damit auch von anderen Erscheinungsformen grenzüberschreitender Aktivitäten abgrenzen? Schließlich erörtern wir die Leitdimensionen von Transnationalität, die wir diesem gemeinsamen Projekt von sieben Autoren zugrunde legen.

Forschungsgegenstand Ostmitteleuropa

Der vorliegende Band entspringt langjährigen Forschungen der Projektgruppe »Ostmitteleuropa transnational« am Geisteswissenschaftlichen Zentrum Geschichte und Kultur Ostmitteleuropas (GWZO).[5] Vor nunmehr zwei Dekaden in Leipzig gegründet, widmet sich das Forschungszentrum der Erforschung gesellschaftlichen Wandels seit dem Mittelalter in den Grenzen der als Ostmitteleuropa bezeichneten Meso-Region.[6] Dabei wurde rasch klar, dass die zwischen Ostsee und Adria bzw. Schwarzem Meer verortete Region geradezu das Gegenteil eines geschlossenen Containers bildet, dessen soziale Prozesse im Wesentlichen von seinen inneren Bewegungskräften angetrieben werden. Als komplexe Konfiguration zahlreicher Völker und Gesellschaften im historischen Überlappungsgebiet mehrerer Reiche (der Romanows, der Hohenzollern, der Habsburger und der Osmanen) hat diese von permanenten Grenzveränderungen[7] gekennzeichnete Region seit dem Beginn des 20. Jahrhunderts politische und militärische, wirtschaftliche und kulturelle Akteure zu Definitionen von innen und von außen herausgefordert.[8] Dabei zeigten sich unterschiedliche

5 Erste Ergebnisse wurden veröffentlicht in: *Hadler* u. *Middell*, Verflochtene Geschichten.

6 Laut Satzung erforscht das GWZO »in vergleichender Perspektive Geschichte und Kultur des Raumes zwischen Ostsee, Schwarzem Meer und Adria vom Frühmittelalter bis zur Gegenwart« http://research.uni-leipzig.de/gwzo/ (14.8.2015). Zur Definition Ostmitteleuropas als Meso-Region siehe *Troebst*, Meso-regionalizing Europe. Zu den historiographischen und geschichtspolitischen Prozessen, die diesen Regionalisierungsvorgang begleiteten: *Dabrowski* u. *Troebst*, Gebrauch.

7 *Lemberg*, Grenzen in Ostmitteleuropa. Siehe auch *Bömelburg*, *Gestrich* u. *Schnabel-Schüle*, Teilungen Polen-Litauens und *Haid*, *Weismann* u. *Wöller*, Galizien.

8 *Hadler*, Ostmitteleuropa.

Reichweiten des Konstrukts »Ostmitteleuropa«. Die Forschung changiert zwischen einer sehr weiten Fassung, die das Baltikum einschließt und bis in die Ukraine reicht sowie nach Südosten bis zur Adria und auf den Balkan ausgreift[9], und einer engeren Fassung, die sich auf die historischen Territorien von Polen, der Tschechoslowakei (bzw. ihrer Folgestaaten nach der friedlichen Teilung 1993) und Ungarn beschränkt.[10] Die Fluidität in Bezug auf die Umrisse des Untersuchungsraumes[11] entspricht unterschiedlichen Projektionen, die wirtschaftlichen oder politischen Expansionsinteressen der Großmächte in der Region[12] entspringen, sich andererseits aus dem innerregionalen Wunsch nach nationalen Emanzipationen von imperialen Hegemonien ableiten. Während durch die beiden Weltkriege des 20. Jahrhunderts die Grenzen in Ostmitteleuropa vielfach verschoben und große Teile der Region zu Räumen exzeptioneller Gewalt im Ringen um Dominanz und eine neue Ordnung wurden,[13] erschienen in den Nachkriegsepochen die vormals heißen Konflikte oft wie in nationaler Kühlung konserviert. Für die Beachtung transnationaler Phänomene bei der Bestimmung von geschichtsregionalen Konturen Ostmitteleuropas gab dies wenig Anlass und führte in der Region selbst (wie in vielen anderen Teilen der internationalen Historiographie) zur Dominanz nationalgeschichtlich selbstbezüglicher Narrative. Diese können zugleich als Ausdruck der Suche nach Legitimation oft fragiler Souveränitäten interpretiert werden, errungen im Ergebnis langer »Kämpfe« um Eigenständigkeit und Emanzipation von der Dominanz stärkerer Nachbarn.

Ostmitteleuropa im Vergleich oder Transnationalität per se?

Mitte der 1990er Jahre erlebte die historische Komparatistik in Europa einen signifikanten Aufschwung. Dass sie auch im vereinten Deutschland zu einem rasch boomenden Themenschwerpunkt ausgerufen und ausgebaut wurde, spiegelt ohne Zweifel die damalige Erwartung und Hoffnung der Geschichtswissenschaft, die sich abzeichnende Erweiterung des im Westen bereits politisch unierten Kontinents in Richtung Osten mit historisch gesichertem Europawissen aktiv zu begleiten. Das durch den Kalten Krieg über Jahrzehnte geteilte Europa als historisches Ganzes zu denken, machte neue forschungsstrategische Allianzen erforderlich. Die Allgemeine Geschichte hatte sich bis dahin kom-

9 Paradigmatisch für diese weite Sicht auch im Kartenbild: *Magocsi*, Historical Atlas.
10 Konsequent diese enge Sicht verfolgt *Wandycz*, Price of Freedom.
11 *Troebst*, Tidal Eastern Europe.
12 *Wandycz*, Großmächte.
13 *Snyder*, Bloodlands.

fortabel darin eingerichtet, vergleichend vor allem westwärts bis über den Atlantik zu blicken, während die Vergangenheit der Welt hinter dem Eisernen Vorhang als anerkannte Domäne des Faches Osteuropäische Geschichte galt. Die in beiden Fächerwelten separat und in unterschiedlicher Intensität gemachten Erfahrungen mit historischen Vergleichen sollten nun über die alte Blockgrenze hinweg fruchtbar gemacht werden.[14]

Für die Ostmitteleuropaforschung in Deutschland, auf die wir uns hier zunächst konzentrieren, war diese Entwicklung der Geschichtswissenschaft Mitte der 1990er Jahre hin zu mehr Komparatistik in mehreren Hinsichten von Bedeutung. Erstens war sie mit einem Wahrnehmungsschub seitens der Allgemeinen Geschichte verbunden. So bemerkten die seinerzeit führenden Protagonisten europäischer Komparatistik: »Ostmitteleuropa hat bisher kaum die Aufmerksamkeit des sozialhistorischen Vergleichs gefunden«[15] oder stellten fest:

> »Die herkömmliche Westorientierung der komparativen Geschichtsforschung bedarf der Ergänzung. Vergleiche mit Ost- und Südeuropa sind unter neuen Fragestellungen lohnend«.[16]

Zweitens wurde im Hinblick auf ihr mögliches Aufgehen in der sich gen Osten öffnenden Allgemeinen Geschichte kurz und heftig, letztlich aber ohne institutionelle Folgen über das »Ende der Osteuropäischen Geschichte« debattiert.[17] Denn parallel hatten sich drittens günstige wissenschaftspolitische Rahmenbedingungen für neue Institutionalisierungen der historischen Ostmitteleuropaforschung ergeben, was letztlich auch die Gründung des GWZO[18] einschloss, wo später jene Forschungen realisiert wurden, die diesem Band zugrunde liegen.

Nicht zufällig wurden in diesem Umfeld Diskussionen über den Nutzen und die Probleme des historischen Vergleichs in der ost(mittel)europäischen Geschichte initiiert und gingen in die allgemeine Komparatistik-

14 Dies war das Ziel des 1998 gegründeten Berliner Zentrums für vergleichende Geschichte Europas (ZVGE), das 2004 für einige Jahre als Berliner Kolleg für vergleichende Geschichte Europas (BKVGE) weitergeführt wurde.

15 *Kaelble*, Vergleichende Sozialgeschichte, S. 180.

16 *Kocka*, Historische Komparatistik, S. 47–69, hier 57.

17 *Baberowski*, Ende der Osteuropäischen Geschichte.

18 Das GWZO hatte als Vorläufer in Berlin seit 1992 den »Forschungsschwerpunkt Geschichte und Kultur Ostmitteleuropas«. Seit 2003 ist es An-Institut der Universität Leipzig.

Debatte ein.[19] Im Jahr 2000 fragte Jürgen Kocka, inwieweit »das östliche Mitteleuropa als Herausforderung für eine vergleichende Geschichte Europas«[20] zu begreifen sei; die beabsichtigte Signalwirkung aber blieb weitgehend aus. Dies mag zum einen an der nur eingeschränkt zutreffenden Feststellung gelegen haben, »der Vergleich bleibt auch für die ostmitteleuropäische Geschichte ein noch viel zu selten beschrittener Königsweg«[21]. Zum anderen hatte der Impuls zum Vergleich zwischen Regionen offenbar bereits an Kraft verloren. An seine Behauptung: »Wer ›ostmitteleuropäische Geschichte‹ wirklich betreibt, hat per se ein transnationales Forschungsprogramm«, schloss Kocka folgende Begründung an:

> »Denn im Anspruch geht es ja um die Zusammenschau mehrerer Gesellschaften, mehrerer nationaler Kulturen, auch mehrerer Nationalstaaten in einer Region – unter gebührender Berücksichtigung, natürlich, der Geschichte und Wirkung der Deutschen (und Russen) in diesem Raum. Eben darin liegt ein Nutzen des Konzepts ›Ostmitteleuropa‹. Gleichzeitig stellt das Konzept die zu untersuchenden Problembereiche als Teil eines Größeren vor, eben als Teil des mittleren Teils Europas.«[22]

Schritte zu einer transnationalen Geschichte Ostmitteleuropas

Ein »transnationales Forschungsprogramm« für die Geschichte Ostmitteleuropas hat es um das Jahr 2000, als Jürgen Kocka der Debatte um Komparatistik und Transnationalität Ostmitteleuropas neuen Schwung verschaffte, nicht gegeben. Man wird ins Feld führen müssen, dass die historische Transnationalisierungsforschung damals gerade erst an Fahrt gewann und sich entsprechende Foren in Zeitschriften wie »Geschichte und Gesellschaft« oder »geschichte.transnational« problematisierend an den Gegenstand heran tasteten. Das Plädoyer für eine »Geschichte jenseits des Nationalstaats« von Jürgen Oster-

19 *Müller*, Osteuropäische Geschichte in vergleichender Sicht; *Hadler*, Geschichte und Kultur.

20 Festvortrag aus Anlass des 50. Gründungsjubiläums des Marburger Herder-Instituts. *Kocka*, Das östliche Mitteleuropa.

21 Kocka nannte drei Ausrichtungen: »(a) als Vergleich einzelnen Länder und Teile innerhalb Ostmitteleuropas, (b) als vergleichende Einordnung ostmitteleuropäischer Phänomene in den gesamteuropäischen Zusammenhang einschließlich des westlichen Rußlands und (c) als vergleichender Blick über über Europa hinaus mit dem Ziel, spezifisch Europäisches zu benennen und damit auch die Grenzen Europas im Osten zu bestimmen.« *Kocka*, Das östliche Mitteleuropa, S. 171.

22 *Kocka*, Das östliche Mitteleuropa, S. 170.

hammel erschien 2001[23], Kiran Patels »Überlegungen zur transnationalen Geschichte« 2004[24] und die plakativ »Transnationale Geschichte« betitelte Festschrift für Jürgen Kocka 2006.[25] Gleichwohl lag der Reiz des »Transnationalen« auch für Ostmitteleuropa bereits in der Luft, wie die parallel von Eduard Mühle geführte Klage über das Fehlen von »tatsächlich (und nicht nur in der Programmatik ihrer Einleitungen) ›transnational‹ und auf der Höhe der neueren Forschungsdiskurse ausgeführter Darstellungen zur historischen Entwicklung einzelner ostmitteleuropäischer Geschichtsregionen«[26] belegt.

Kurze Zeit später stellte auch Joachim von Puttkamer solche Defizite heraus. In seiner Synthese der modernen Geschichte der Region von 2010 hält er in Bezug auf den Platz der Ostmitteleuropaforschung in der vergleichenden europäischen Geschichte und in der transnationalen Geschichte fest:

> »Gegenüber der Fülle von Sammelbänden, die sich im Nebeneinander von Länderbeispielen erschöpfen, sind ausformulierte Vergleiche ansonsten rar gesät. Erst recht steht die Einbettung des östlichen Mitteleuropas in gesamteuropäisch angelegte Vergleichsstudien noch ganz am Anfang. Auch lässt sich derzeit kaum ermessen, inwieweit der Ansatz, transnationale Verflechtungen jenseits nationaler Vergleichseinheiten sichtbar zu machen, neue Erkenntnismöglichkeiten birgt, die über die herkömmliche, methodenbewusste Beziehungsgeschichte hinausweisen würden.«[27]

Zeitgleich und nicht ohne Reflexion der genannten Defizitdiagnosen wurden in verschiedenen intellektuellen und institutionellen Zusammenhängen erste Schritte auf dem Wege zu einer transnationalen Geschichte der Region geplant und unternommen. Ergebnis waren zunächst Themenhefte der Leipziger Zeitschrift »Comparativ«. 2008 gab Peter Haslinger ausgewählte Beiträge zweier Tagungen heraus, die der Verband der Osteuropahistorikerinnen und -historiker (VOH) nicht zuletzt auf Anregung der Herausgeber dieses Bandes mit der Universität Göttingen bzw. dem Berliner Kolleg für Vergleichende Geschichte Europas zwei Jahre zuvor veranstaltet hatte. Diese

23 *Osterhammel*, Geschichtswissenschaft jenseits des Nationalstaats.
24 *Patel*, Nach der Nationalfixiertheit.
25 *Budde*, *Conrad* u. *Janz*, Transnationale Geschichte; hierin *Hildermeier*, Osteuropa, S. 117–135 allerdings mit einem eher kontrastiv-vergleichenden Ansatz.
26 *Mühle*, Ostmitteleuropa, S. 57.
27 *Puttkamer*, Ostmitteleuropa, S. 153–154.

zielten vor allem mit der Einbindung Russlands resp. der Sowjetunion in eine transnationale Perspektive auf die europäische Geschichte.[28] 2010 erschien der Band »Verflochtene Geschichten: Ostmitteleuropa«.[29] Dieser präsentierte Ergebnisse von Untersuchungen zu ostmitteleuropäischen Positionierungsstrategien in Globalisierungsprozessen seit dem späten 19. Jahrhundert, die die Mitarbeiter unserer Projektgruppe »Ostmitteleuropa transnational« seit 2006 am GWZO realisiert hatten.

Ausgangspunkt der Forschungen, die die Agenda dieser Projektgruppe (seit 2011 in neuer Zusammensetzung) bestimmte, war die Beobachtung, dass sich (auch) in Ostmitteleuropa die Nationalisierung von Gesellschaften und Territorien (d. h. die Begrenzung auf das Streben nach dem Nationalstaat) zeitgleich mit Tendenzen zur Transnationalisierung (d. h. die Entgrenzung in einer zunehmend vernetzten Welt) vollzogen haben. Die Rekonstruktion dieser dialektischen Einheit auf den Feldern von Kultur, Wirtschaft und Politik zielt darauf, die von der bisherigen Forschung produzierten Bilder von angeblich genuin internen Entwicklungen der ostmitteleuropäischen Nationalisierung durch den Blick auf deren externe Bedingungen zu erweitern.

Raumordnung und Periodisierung

Als Meso-Region, die mindestens bis 1918 im Schnittfeld mehrerer Imperien zu verorten ist und auch danach immer wieder mit massiven Interventionen seiner westlichen und östlichen Nachbarn zu kämpfen hatte, erlebte Ostmitteleuropa bis in die jüngste Gegenwart hinein Phasen komplizierter Nationalstaatsbildungen. Raumformate wie der »Nationalstaat« sind deshalb in keiner Weise eindeutig und die Raumordnung, in der sie zueinander und mit anderen Raumformaten ins Verhältnis gebracht wurden und werden, ist keineswegs deckungsgleich mit jener, die als westeuropäischer »Normalzustand« vielen Geschichten des 19. und 20. Jahrhunderts zugrunde liegt. Die von uns untersuchten Prozesse der Transnationalisierung waren von dieser anders gelagerten Raumordnung Ostmitteleuropas geprägt. Dies gilt für die in diesem Band untersuchte Epoche bis zum Ende des Ersten Weltkrieges, aber ebenso für die daran anschließende Periode bis 1945/48 und schließlich für die Zeit bis zum Zusammenbruch des Staatssozialismus in jeweils eigener Form. Die Entscheidung für diese Chronologie der transnationalen Geschichte basiert mithin

28 *Haslinger*, Ostmitteleuropa transnational.
29 *Hadler* u. *Middell*, Verflochtene Geschichten.

auf einem konzeptionellen Ansatz, der der Raumordnung, in die sich die Transnationalisierung einfügt, besondere Aufmerksamkeit widmet. Während bis 1918 imperiale Strukturen dominierten, setzte sich nach dem Ersten Weltkrieg das Muster des Nationalstaates zur Organisation der Region durch, das zwar nach 1939/48 oberflächlich betrachtet fortbestand, aber doch massiv eingeschränkt zunächst von der Expansion Nazideutschlands und anschließend dem Aufbau sowjetischer Hegemonie über den sogenannten Ostblock.

Verspätungsnarrative und Transnationalisierung in Ostmitteleuropa

Die Idee von der Verzögerung der Nationalstaatsbildung gegenüber den großen europäischen Mächten im Westen Europas (und gegenüber manchen Wünschen der Nationalbewegungen in Ostmitteleuropa selbst) beförderte ein Narrativ der »historischen Verspätung«, das sich mit der Vorstellung von einer sozialökonomischen Rückständigkeit der Region verband. In Bezug auf die Transnationalisierung der Region begegnet man diesem Narrativ paradoxerweise in zwei Varianten: In der ersten Sicht führte die Annahme der gesamtregionalen Strukturgemeinsamkeiten zu der, wie wir meinen, überoptimistischen Perspektive, in der es eigentlich keiner transnationalen Geschichtsschreibung Ostmitteleuropas bedürfe, denn diese Geschichte sei schon immer transnational gewesen. Das habe mit dem multiethnischen Charakter der auf Ostmitteleuropa ausgreifenden Großreiche zu tun, was zu der Vorstellung führte, dass die Zirkulation der Ideen, die die Region als Kreuzungspunkt sehr verschiedener Einflüsse geprägt haben, besonders intensiv und fruchtbar gewesen sei. Aus der zweiten Perspektive sei in Ostmitteleuropa die Zeit für eine transnationale Geschichtsschreibung noch gar nicht gekommen, da die Gesellschaften zunächst der Konsolidierung und Wiederaneignung ihrer nationalen Geschichte bedürften und das Zeitalter seiner Transnationalisierung innerhalb der Europäischen Union gerade erst begonnen habe. Auch wir gehen davon aus, dass es für eine transnationale Geschichte Ostmitteleuropas erforderlich ist, die Veränderungen ernst zu nehmen, die sich aus der Integration der Region in die EU ergeben. Entgegen einer Europäisierungsgeschichte, die sich traditionell am Grad nationaler Identitätsbildungen und der Dynamik dieser Nationalisierung im Vergleich untereinander sowie zu Westeuropa misst, sind wir überzeugt, dass die Europäisierung Ostmitteleuropas nicht getrennt von der Einbindung der Region in globale Prozesse und verschiedene Globalisierungsprojekte behandelt werden kann, die nach der Mitte des 19. Jahrhunderts einsetzte und in diesem Band als Transnationalisierungsgeschichte bis zum Ersten Weltkrieg behandelt wird.

I.0.1 Transnationale Geschichte – ein neues Ideal der Geschichtsschreibung?

Richten wir den Blick über die Grenzen der Ostmitteleuropaforschung hinaus, dann zeigt sich, dass in der internationalen Historiographie die Idee von einer Transnationalisierung der Geschichte mehr und mehr Anhänger gewinnt.[30] Die einen sprechen von einem *transnational turn*[31] und einer dramatischen Veränderung in Anliegen, Methodik und Forschungspraxis der Historikerinnen und Historiker.[32] Andere sind weniger beeindruckt und halten es lediglich für die Verstärkung einer schon länger zu beobachtenden Perspektivenverschiebung.[33] Neben den Anregungen, die die »Entdeckung« des Transnationalen in Soziologie und Politikwissenschaft bot[34], geht eine zweite Linie der Inspirationen von den *Cultural Studies* in ihren verschiedenen Regionalvarianten aus.[35] Aktuelle Erfahrungen mit zunehmender Mobilität der verschiedensten Art spielen zweifellos eine große Rolle für diese Konjunktur: Grenzüberschreitungen von Menschen, von Waren, von Kapital, von Ideen, von technologischen Infrastrukturen, von Krankheitserregern und vielem anderen mehr. Aus der Sicht der Geschichtswissenschaft stellt sich drängender als für andere Fächer die Frage, ob damit eine ganz grundsätzlich neue Erfahrung beschrieben wird oder ob der gegenwärtig zu beobachtende Transnationalismus auf eine längere Verflechtungsgeschichte zurück verweist. Ähnlich wie im Fall der Globalisierungsdebatte wehren sich Historikerinnen und Historiker mit den ihnen zu Gebote stehenden professionellen Mitteln gegen einen »discourse of newness«, der zumeist ohne nähere Nachprüfung behauptet, das beobachtete Phänomen sei noch nie dagewesen und entwerte damit bislang gültige Weltdeutungen und

30 *Middell* u. *Roura i Aulinas*, Transnational Challenges.

31 *Tyrrell*, Reflections on the Transnational Turn.

32 Eine solche Wende wird zumeist ausgerufen, um neuen Institutionen Legitimität zu verschaffen. Als Beispiel mag »Nordamerikas erstes Department für »Transnational Studies« an der New York State University in Buffalo gelten, das 2012 mit einer Konferenz über den »Transnational Turn in the Humanities« eröffnet wurde.

33 Als Einführungswerke: *Saunier*, Transnational History; *Pernau*, Transnationale Geschichte.

34 *Global Commission on International Migration (GCIM)*, Transnational Turn.

35 *Fluck*, *Pease* u. *Rowe*, Re-Framing the Transnational Turn; *Hitchcock*, Long Space.

Strategien zur Bewältigung entsprechender Herausforderung. Es bleibt aber nicht bei dieser vielleicht konservativ anmutenden Abwehrreaktion. Um zeigen zu können, dass der Transnationalismus der Gegenwart nicht komplett neu ist, werden in den Archiven neue Forschungsfelder entdeckt und die Auswahl der Quellen dem Anliegen einer Erforschung von Grenzüberschreitungen angepasst.

Was ist Transnationale Geschichte?

Dabei bleibt zu klären, was eigentlich unter transnationaler Geschichte verstanden werden soll.[36] Verschiedene Autoren haben dezidiert darauf hingewiesen, dass das Feld der transnationalen Geschichte seine Fruchtbarkeit (jedenfalls in einer Gründungsphase) der Bereitschaft seiner Protagonisten verdankt, sich nicht in müßigem Begriffsstreit zu verhaken, sondern das für die empirische Forschung zusätzlich gewonnene Terrain neugierig zu inspizieren.[37] Und es ist nicht zu leugnen: Diese sympathische Unbefangenheit trägt tatsächlich reiche Früchte.[38]

Beinahe ungetrübte Einigkeit besteht immerhin darüber, dass die Umrisse einer transnationalen Geschichte durch die genauere Erforschung von Verflechtungen und Vernetzungen zu ermitteln seien, dass dafür ein Denken in nationalstaatlichen Containern zu überwinden wäre und dass die Ursache für sozialen Wandel nicht allein und vielleicht nicht einmal vorrangig in den Dynamiken gesellschaftsinterner Prozesse und Strukturen zu suchen ist, sondern vielmehr in den Interaktionen vieler Gesellschaften, die sich in einem transnationalen oder sogar globalen Bezugsrahmen bewegen.[39]

Transnationale Geschichte kann faktisch keinen Bereich sozialer Interaktion aussparen, auch wenn sie sich in der Durchführung aus pragmatischen Gründen oft auf bestimmte Problemebenen konzentriert. Transnationalität beschränkt sich weder auf das Handeln von Eliten, noch ist es allein ein urbanes Phänomen. Sie verbindet über größere und kürzere Distanzen, sie

36 Die Geschichte der Begrifflichkeit skizziert: *Patel*, Überlegungen zu einer transnationalen Geschichte. Die vielfältigen Anregungen in der amerikanischen Debatte werden vorgeführt in: *Bayly* u. a., AHR Conversation. Für die Breite der deutschen Diskussion vgl. die 2005 bis 2008 veröffentlichten Beiträge im Forum von geschichte.transnational sowie den Band *Budde*, *Conrad* u. *Janz*, Transnationale Geschichte.

37 *Saunier*, Learning by Doing.

38 Als eindrucksvolles Beispiel, das für viele neue Buchreihen, Themenhefte renommierter Zeitschriften, programmatische Aufsätze und Einzelstudien stehen kann: *Iriye* u. *Saunier*, Dictionary of Transnational History.

39 Vgl. ausführlicher *Middell*, Transnationalisierung in Europa.

kennzeichnet materielle Prozesse ebenso wie Denksysteme, rituelles Handeln und die Gefühlswelten von Kollektiven und Individuen. Sie ist Eisenbahnnetzen eingeschrieben und Universitätsstrukturen, sie beeinflusst Numismatiker wie Esperanto-Anhänger, Konservative wie Fortschrittsgläubige, Kinder wie ältere Menschen jeglicher Generationen- und Geschlechtszugehörigkeit.

Experimentierfelder empirischer Forschung

Dieser Grundkonsens hat in den letzten knapp zehn Jahren sehr viele Einzelstudien beflügelt, die sich transnationalen Biografien[40] oder dem grenzüberschreitenden Agieren von einzelnen Firmen[41] zugewandt haben bzw. Waren entlang der Wertschöpfungsketten ihrer Herstellung und ihres Vertriebs beobachten.[42] Grenzräume und die dort etablierten Praxen der Vernetzung und Aussperrung sind zur Sprache gekommen[43], das Interesse an der Zirkulation von Ideen, Wertvorstellungen und kulturellen Mustern verbindet die transnationale Geschichte mit der Kulturtransferforschung.[44] Die Untersuchung von Diplomaten, Internationalen Organisationen und vielfältigen Zusammenschlüssen jenseits der nationalstaatlich organisierten Politik verbindet das Feld mit der Internationalen Geschichte.[45] Selbstverständlich sind auch Mediengeschichte[46] und Technologiegeschichte[47] sowie viele weitere Bereiche vom Aufbruch zu transnationalen Ufern erfasst.

Allerdings ist die Zahl der Studien, die den neuen Ansatz auf eine oder mehrere Gesellschaften anwenden, bisher erstaunlich gering. Pionierarbeit hat eine Gruppe von Historikern in den USA mit dem sog. La Pietra-Report geleistet[48], der lange Zeit in Australien lehrende Ian Tyrrell legte eine Gesamtdarstellung vor.[49] Die deutsche Geschichtswissenschaft hat sich in ver-

---

40 *Anderson*, Subaltern Lives; *Deacon*, *Russell* u. *Woollacott*, Transnational Lives.
41 *Dejung*, Fäden; *Jones*, End of Nationality?; *Chandler* u. *Mazlish*, Leviathans.
42 *Beckert*, *Empire of Cotton*; *Clarence-Smith*, u. *Topik*, Global Coffee Economy.
43 *Franke* u. *Scott*, Border Research; *Paulmann*, Grenzüberschreitungen und Grenzräume.
44 *Espagne*, Transferts Culturels.
45 *Dulffer* u. *Loth*, Dimensionen internationaler Geschichte; *Loth* u. *Osterhammel*, Internationale Geschichte.
46 *Bösch*, Mediengeschichte.
47 Stellvertretend für ein ganzes Bündel miteinander verbundener Projekte: *Badenoch* u. *Fickers*, Materializing Europe.
48 Neben einschlägigen Studien (*Bender*, Rethinking American History) entstanden im Ergebnis mehrerer Konferenzen auch Empfehlungen für die Veränderung der Lehre an amerikanischen Hochschulen: *Organization of American Historians (OAH)*, La Pietra Report.
49 *Tyrrell*, Transnational Nation.

gleichbarer Weise den beiden Perioden zugewandt, die in den dominanten Narrativen der Nationalgeschichte eine zentrale Position innehaben[50], und das Verhältnis von Kolonien und Metropole neu diskutiert.[51] Dem Modell einer Fokussierung auf eine Schlüsselperiode oder eine als besonders fruchtbar für die Transnationalisierung vermutete Phase der Nationalgeschichte folgt auch ein jüngeres Projekt zur belgischen Geschichte der Zwischenkriegszeit.[52] Für eine ganze Region haben Historiker des nördlichen Europa und des gesamten Arktisraumes erfolgreich nach transnationalen Verflechtungen gesucht.[53]

Neben einer rasch angewachsenen Zahl von Studien, die eher fallbezogen argumentieren bzw. ein systematisches Interesse verfolgen, steht mithin eine kleinere Zahl von Arbeiten, die der Frage nachgehen, wie die transnationale Geschichte einer Gesellschaft darzustellen sei. Diese beiden Varianten transnationaler Geschichte gilt es sinnvollerweise idealtypisch auseinanderzuhalten. Es stellen sich unterschiedliche Probleme: Aus einer eher systematischen Perspektive stellt die Territorialität der Untersuchungseinheiten kein größeres Problem dar, denn der Fokus liegt auf einer bestimmten Art der Grenzüberschreitung, für die Territorialität nur eine Randbedingung ist.[54] Umgekehrt muss der Versuch, die Transnationalität einer Gesellschaft zu beschreiben und zu erklären, von der spezifisch historischen Form der Territorialisierung dieser Gesellschaft ausgehen. Sowohl die Territorialisierung als auch die Transnationalisierung einer Gesellschaft sind Reaktionen auf die Notwendigkeit einer optimierten Positionierung gegenüber einer sich globalisierenden wirtschaftlichen, politischen und kulturellen Ordnung.[55]

Transnationale und Globalgeschichte

Damit kommen wir zu dem Problem, wie sich transnationale Geschichten zu den Erklärungsansätzen der zeitgleich expandierenden Globalgeschichte verhalten. Beide Ansätze bewegen sich augenscheinlich aufeinander zu, indem sie Begegnung und Verflechtung als Untersuchungsgegenstand und Erklärung privilegieren. Der exklu-

---

50 *Conrad* u. *Osterhammel*, Kaiserreich; *Zimmerer*, Geburt des Ostlandes; *Hildebrand*, Das deutsche Ostimperium.

51 *Conrad*, Deutsche Kolonialgeschichte; *Speitkamp*, Deutsche Kolonialgeschichte.

52 *Laqua, Verbruggen* u. *Deneckere*, Beyond Belgium.

53 *Elenius, Tjelmeland, Lähteenmäki, Golubev, Niemi* u. *Salo*, Barents.

54 Zum Begriff der Territoralität in historischer Perspektive vgl. *Maier*, Transformations of Territoriality.

55 Zur ausführlicheren Begründung dieser Kategorie vgl. *Middell* u. *Naumann*, Global History.

sive Bezug auf Nation und Nationalstaat ist allerdings Forschern, die über die Grenzen von Kontinenten hinweg vergleichen oder lange historische Zeiträume in den Blick nehmen, eher suspekt und gilt zuweilen als Indikator für eine Geschichtsbetrachtung, die sich noch nicht vollständig von einem heute unhaltbar gewordenen Eurozentrismus gelöst habe.[56] Globalgeschichte, so wie wir sie verstehen, hat die Heraufkunft, Ausgestaltung und Wirkungsweise der *global condition* zum Gegenstand, unter der sich ab einem bestimmten Zeitpunkt der modernen Weltgeschichte alle Gesellschaften zur Anpassung an die Strukturen der Weltmärkte und Weltpolitiken gezwungen sahen[57], wenn sie ihre Konkurrenzfähigkeit nicht einbüßen wollten. Hier fokussiert die transnationale Geschichte dann eher auf die Reaktionen einzelner Gesellschaften auf diese globale Herausforderung.

Dies führt zugleich zur Frage der sinnvollen zeitlichen Verortung transnationaler Geschichten. Kritiker vor allem aus den *Area Studies* haben angemerkt, dass der Begriff der transnationalen Geschichte einen notwendigen Bezug auf den Prozess der Nationalisierung von Kulturen, Gesellschaften und Staaten beinhaltet. Dies würde es überall dort problematisch machen den Begriff anzuwenden, wo der Nationalisierungsprozess nicht nach den Mustern westeuropäischer (eigentlich genauer: französischer) Geschichte abgelaufen ist. Alternativ böte sich der Begriff der Translokalität an, der ein viel breiteres Spektrum von Verflechtungen und kulturellen Transferprozessen abzubilden erlaube und deshalb in einer globalgeschichtlichen Perspektive den Vorzug verdiene.[58] Denkt man das Argument zu Ende, wäre Transnationalisierung nur für jenen historischen Raum zu untersuchen, in dem sich der Nationalstaat nicht nur als Ideal etablierte, sondern auch zur bestimmenden Realität bei der Organisation von Herrschaft und Verwaltung wurde. Es wären wahrscheinlich sogar jene Räume ausgeschlossen, in denen sich zwar Nationalstaaten herausgebildet haben, aber Souveränität durch eine relativ schwache Position im Mächtekonzert immer wieder porös oder gar völlig an den Rand gedrängt wurde.

Gleichzeitigkeit von Nationalisierung und Transnationalisierung

Diesen Einwand gilt es in zwei Richtungen weiter zu verfolgen: (1) Macht es nur Sinn von einer transnationalen Geschichte für Zeiträume vor der Herausbildung von Nationalstaaten im ent-

56 *Feichtinger, Prutsch* u. *Csáky*, Habsburg Postcolonial.
57 *Geyer* u. *Bright*, World History.
58 *Freitag*, Translokalität; *Freitag* u. *Oppen*, Translocality.

sprechenden Gebiet zu sprechen oder gilt es auch die Gleichzeitigkeit von Nationalstaaten und anderen politischen Formationen in einer transnationalen Geschichte zu berücksichtigen? (2) Ist Transnationalität erst dann zu beobachten, wenn sich die Nationalisierung der Gesellschaften völlig durchgesetzt hatte und der Nationalstaat sowohl konstitutionell als auch in der Verwaltungsrealität existiert, oder sind Nationalisierung und Transnationalisierung bereits in der Entstehungsphase moderner Staaten miteinander verflochten?

Begriffe wie Translokalität oder auch Transregionalität verweisen zweifellos auf historisch weit ältere Konfigurationen und es lässt sich vermuten, dass es sie auch noch geben wird, wenn die historisch spezifische Verbindung von Nationalisierung und Transnationalität längst Vergangenheit geworden sein wird. Sie haben in einem längeren diachronen Vergleich ihren besonderen Wert und sollten auch weiter geschärft werden, um im Umkehrschluss besser zu verstehen, was spezifisch an der transnationalen Geschichte ist, wenn diese nicht einfach unkritisch als Geschichte aller Grenzüberschreitungen definiert werden soll.

Es lässt sich folgern, dass der Begriff Transnationalität – will man der Gefahr einer sinnentleerenden Überdehnung auf Vorgänge lange vor den Nationalisierungsprozessen seit dem späten 18. Jahrhunderts entgehen – auf eine bestimmte Periode der neueren Geschichte angewandt werden sollte. Transnationale Geschichte bildet einen spezifischen historischen Ausschnitt in der selbstverständlich viel weiter zurückreichenden Geschichte transkultureller Verflechtungen und kann deshalb auch nicht in eins gesetzt werden mit der Geschichte von Globalisierung. Globalisierung reicht, auch wenn hierüber unter den vielen Autoren, die an der Debatte beteiligt sind, noch längst keine Einigung hergestellt ist, viele Jahrtausende oder mindestens viele Jahrhunderte zurück.[59] Eine lange Geschichte der transkulturellen und transkontinentalen Austauschbeziehungen, die u. a. von Christopher Bayly als Periode der »archaischen Globalisierung« apostrophiert wurde und bis in das frühe 19. Jahrhundert reichte[60], war gekennzeichnet durch weitgespannten Fernhandelsnetzwerke vor allem für den Erwerb und die Verbreitung von Luxusgütern und den Handel mit Sklaven, die imperiale Ausdehnung einer relativ dünnen Herrschafts- und Verwaltungsschicht auf andere Kontinente, sowie auf solche Eroberung zielende Entdeckungsreisen mit den

59 *McNeill* u. *McNeill*, Human Web.
60 *Bayly*, Birth of the Modern World, S. 42–44.

entsprechenden Folgen für Weltbild und Expansionsträume. Diesen Verbindungen, die eine reiche Zahl von kulturellen Begegnungen mit sich brachten, stand allerdings die Dominanz des zumeist auf Subsistenz sowie lokale und regionale Märkte ausgerichteten Agrarsektors gegenüber. Auch dieser landwirtschaftliche Bereich blieb nicht frei von den Einflüssen globalen Austauschs, wie die Verbreitung vordem unbekannter Früchte und Nutztiere belegt.[61] Aber die »archaische Globalisierung« war doch gekennzeichnet durch die Vorherrschaft des Lokalen und Regionalen.[62] Nur ein sehr kleiner Teil des Bruttoproduktes hing mit weltweiten Warenströmen zusammen.

Der Übergang zur *global condition*

Dies begann sich im globalen Maßstab (und keineswegs nur für Teile der Welt!) in der zweiten Hälfte des 18. Jahrhunderts langsam zu ändern. Spätestens der Siebenjährige Krieg 1756–1763 machte sichtbar, dass die neue Konkurrenz um eine nun global gedachte Vorherrschaft die Mobilisierung viel umfangreicherer Ressourcen als bisher bekannt erforderte. England verlor zwar seine Kolonien in Nordamerika, aber dem Land gelang die Steigerung der Staatsquote für die Ausrüstung seiner Marine, die zum größten Unterpfand für Britanniens Herrschaft über die Weltmeere wurde. Für Frankreichs *Ancien Régime* waren die Wirkungen dieser Konkurrenz dagegen viel alarmierender, denn es sah sich mit dem drohenden Staatsbankrott konfrontiert. Die Eliten des Landes mussten um den profitablen Zugriff auf die Besitzungen in der Karibik, darunter die hochproduktiven Plantagen auf Saint Domingue, bangen. Die Bühne dieses Kampfes um eine Schlüsselstellung in der Kontrolle über die langsam wachsenden globalen Waren- und Finanzströme weitete sich, die Konflikte wurden an weit auseinander liegenden Schauplätzen ausgetragen. Aus diesem Grund galt es einen kulturellen Apparat auszuprägen, der es erlaubte, das vorhandene Wissen so zu ordnen, dass »Welt«-Herrschaft wirklich möglich wurde.[63]

Aus Sicht der französischen Eliten ließ sich der drohende Abstieg in die Zweitklassigkeit nur durch eine tiefgreifende Umgestaltung der gesamten Gesellschaft aufhalten.[64] Am Ende des 1789 mit unbekanntem Ausgang begonnenen Umbaus der Wirtschafts-, Sozial- und politischen Ordnung stand nicht nur eine neue Verfassung, die das politische System am Prinzip der

61 *Crosby*, Columbian Exchange.
62 *Langthaler*, Landwirtschaft, S. 136 f.
63 *Armitage* u. *Subrahmanyam*, Age of Revolutions.
64 *Stone*, Reinterpreting the French Revolution.

Volkssouveränität ausrichtete. Vielmehr wurden auch die Feudalprivilegien beseitigt und die Nationalisierung des Kirchenbesitzes durchgesetzt, so dass der Regierung wieder hinreichende Mittel zur Verfügung standen, um den Kampf mit England und seinen Festlandsverbündeten zu bezahlen. Ähnliche Ziele verfolgten in der Habsburgermonarchie die Josephinischen Reformen, die allerdings unter dem Eindruck des Aufruhrs in Frankreich bereits abgeschwächt und später teilweise sogar zurückgenommen wurden, während die Niederlage von 1806 bei Jena und Auerstedt Preußen seinerzeit die fehlende Wettbewerbsfähigkeit drastisch vor Augen führte.

Die gewaltige Mobilisierung eines Millionenheeres, mit dem Napoleon wenigstens die kontinentale Vormacht sichern wollte und einzelne Expeditionen nach Nordafrika und über den Atlantik riskieren konnte, zeigt an, dass sich Frankreich nach einer zehnjährigen Krisen- und Revolutionsphase zurück in der Reihe der potentiellen Hegemonialmächte wähnte. Nach den Niederlagen von Moskau, Leipzig und Waterloo blieb vom imperialen Projekt zwar nicht viel mehr als die konservativ eingehegte Nationalisierung der Restaurationsepoche übrig. Immerhin aber konnte das Land (auch als Folge von Gleichgewichtsüberlegungen auf russischer wie britischer Seite) seine Position im Konzert der nun dominierenden Heiligen Allianz bewahren und hatte die Voraussetzungen geschaffen, um an der sog. industriellen Revolution an führender Stelle teilzuhaben. Wie sich weisen sollte, schufen die Reformen im Habsburgerreich und in Preußen gleichermaßen Voraussetzungen für eine Teilhabe an der Einführung neuer Technologien und ihrer wirtschaftlichen Nutzung. Dehnt man den Vergleich über die Kerngebiete der englischen Frühindustrialisierung aus[65], kann von einer Verspätung erheblicher Teile Ostmitteleuropas bezüglich der industriellen Revolution kaum die Rede sein.

Kolonialimperien, wie Spanien und Portugal, sahen sich in gleicher Weise seit den 1770er Jahren herausgefordert und schwenkten ebenfalls auf einen mehr oder minder radikalen Reformkurs ein. Die Kräfte reichten allerdings nicht, um sich effizient der Auflösung des Kolonialbesitzes in Mittel- und

65 Dies ist eines der Zentralthemen der Debatte um die sogenannte Great Divergence, die um die Frage kreist, ob es einen gravierenden europäischen Vorsprung gegenüber Ost- und Südasien beim Eintritt in die industrielle Revolution gegeben habe. Kenneth Pomeranz hat sehr nachdrücklich darauf aufmerksam gemacht, dass es darauf ankomme, welche Vergleichseinheiten herangezogen würden. Es gelte zu entscheiden, ob man nach der Industrialisierung von Pionierregionen oder nach dem kontinentalen Durchschnitt datiert: *Pomeranz*, Great Divergence.

Südamerika entgegenzustemmen. Anfang der 1820er Jahre standen die beiden iberischen Mächte ebenfalls vor dem Trümmerhaufen ihrer früheren Expansion. Man kann vergleichbare Herausforderungen für Imperien jenseits der europäischen Grenzen beobachten.[66]

Ein längerer Prozess der Verwandlung frühneuzeitlicher Imperien in Nationalstaaten mit (teilweise riesigen) imperialen Ergänzungsräumen setzte ein und wurde zum Rahmen, in dem viele Gesellschaften des 19. Jahrhunderts sich der wachsenden globalen Verflechtung und den Zwängen der heraufziehenden Weltmärkte stellten. Der komplexe Prozess des *nation-building*, der weit mehr als den Umbau der staatlichen Strukturen einschloss, hatte viele Facetten: Der Aufbau einer bis in die Kapillargefäße der Gesellschaft reichenden Verwaltung und eines auf die Nation ausgerichteten Bildungssektors, der Ausbau von Infrastruktur und Wirtschaftspolitik in einem vor allem national gedachten Rahmen, die Ausrichtung sozialer Gruppen auf die Nation als Fixpunkt ihrer Identifikationen und die Herausbildung einer weit ausdifferenzierten kulturellen Sphäre, die auf nationale Ursprünge und gemeinsame nationale Werte, Symbole und Narrative rekurrierte, bildeten einen mehrere Dekaden andauernden Prozess, der nicht ohne Widerstände und Rückschläge ablief.[67] Was diesem Prozess neben der Vielgestaltigkeit auch ein bestimmtes Maß an Einheitlichkeit verschaffte, war offensichtlich nicht, wie die ältere Historiographie betont hat, eine Teleologie des Nationalstaates als per se überlegener Form der gesellschaftlichen Selbstorganisation, sondern die Reaktion auf die Herausforderung der *global condition*. Und diese Herausforderung war eine doppelte: Es ging gleichzeitig um die Gewährleistung der Teilnahme an Vernetzung und um die Sicherung von Souveränität in neuen Formaten. Anders gesagt, es galt die Dialektik von Deterritorialisierung und Reterritorialisierung zu bewältigen.[68]

In diesem hier nur skizzenhaft umrissenen historischen Transformationsprozess gingen Nationalisierung und Transnationalisierung offenkundig Hand in Hand.[69] Ohne den Erfahrungsschatz transkultureller Beziehungen, die sich im Laufe des 18. Jahrhunderts vervielfachten, wäre die Herausbildung eines globalen Rahmens für die Auseinandersetzung um Hegemonie

66 *Darwin*, Der imperiale Traum; *Burbank* u. *Cooper*, Empires.
67 *Schulze*, Staat und Nation; *Breuilly*, The Oxford Handbook of Nationalism.
68 *Engel* u. *Middell*, Bruchzonen.
69 *Conrad*, Globalisierung.

kaum möglich gewesen.[70] Im Unterschied zu den vergleichbaren Auseinandersetzungen zwischen Spanien und Portugal oder zwischen Spanien, den Niederlanden und England im 16. bzw. 17. Jahrhundert, ließen sich die benötigten Ressourcen nicht mehr allein im jeweiligen imperialen Rahmen mobilisieren. Der frühneuzeitliche Territorialstaat veränderte seinen Charakter in Folge eines grundlegenden Wandels der Gesellschaften, die sich nicht bereit zeigten, sich an der Ressourcenmobilisierung für die Mächtekonkurrenz ohne die Neuverhandlung von Partizipationsrechten zu beteiligen. Dabei verzichteten die entstehenden Nationalstaaten weder auf weitere imperiale Expansion, noch schnitten sie alle Kontinuitätslinien zur vorherigen territorialstaatlich-imperialen Gestaltung politischer Verhältnisse ab (etwa indem sie weiter zwischen Untertanen und Staatsbürgern unterschieden).[71]

Neue Muster der Verräumlichung

Im Ergebnis entstand ein komplexes System der Verräumlichungen sozialen Handelns von der lokalen Ebene bis zur Eingebundenheit in globale Netze – weit komplexer jedenfalls als es das tradierte Narrativ glauben macht, das eine Linie von den Imperien der Vormoderne zu den Nationalstaaten der Moderne (und gegebenenfalls zur Trans- und Supranationalität der Postmoderne) zieht. Gesellschaft war (und ist) offensichtlich kein Container mit klar definiertem Innen und Außen sondern wurde (und wird) bestimmt durch eine Raumordnung, in der verschiedene Raumformate als Ergebnis von Prozessen der Verräumlichung sozialen Handelns in eine Hierarchie geordnet werden und sich im Ergebnis gesellschaftlicher Kräfteverhältnisse und grenzüberschreitender Interaktionen herausbilden.[72] In solchen Raumordnungen kann die nationalstaatliche Dimension dominant sein, so dass sich ihre Repräsentanten die anderen Dimensionen scheinbar komplett unterordnen. Regionen erscheinen dann nur in ihrer subnationalen Variante als »Nation im Kleinen«, das Urbane wird allein zur Stadt im Staate, die Kooperation mit dem Ausland wird zur inter-nationalen Beziehung reduziert. Gleiches kann aber auch unter Vorherrschaft der imperialen Dimension zutreffen. In anderen Fällen

70 Der oben zitierte Ansatz von Michael Geyer und Charles Bright (Anm. 57), der den Begriff der *global condition* prominent gemacht hat, geht auf diese Vorgeschichte ihrer Herausbildung nicht näher ein, so dass bei ihnen deren Herkunft eher aus technologischem Wandel (der Verkehrs- und Kommunikationsverhältnisse) hergeleitet scheint, der dann entsprechende machtpolitische Folgerungen ermöglichte oder erzwang.

71 Dies betonen sehr überzeugend: *Burbank* u. *Cooper*, Empires.

72 Vgl. zur theoretischen Begründung dieses Ansatzes: *Middell* u. *Naumann*, Global History.

wiederum haben wir es mit Gleichgewichten zwischen den verschiedenen Dimensionen oder mit einem Freiraum für die Repräsentanten des Lokalen, Metropolitanen oder Regionalen zu tun, der etwa in West- und Zentraleuropa schwer vorstellbar wäre und Souveränitätspaniken auslösen würde. Raumordnungen sind gewiss in Grenzen pfadabhängige Konfigurationen, aber entscheidender ist ihre nur relative Stabilität. Die Wahrnehmung der ständigen Herausforderung ihrer Stabilität durch die global induzierten De- und Reterritorialisierungsprozesse[73] stärkt das Gefühl eines Ausgeliefertseins und kann sich bis zur pathologischen Ablehnung von Weltoffenheit steigern, wo an anderer Stelle die Betonung des Nutzens oder der Unvermeidlichkeit globaler Interaktionen vorherrscht.

Der Begriff der Transnationalisierung adressiert vor diesem Hintergrund nicht nur den Wandel von Raumformaten sondern auch die Verschiebung ihres Zusammenspiels in einer jeweils neuen Raumordnung.

Nationsbildung als transnationaler Prozess

Dabei geht es erstens um einen Prozess, der die Heraufkunft der Nationalstaaten samt der Nationalisierung von Herrschaftsterritorien und nahezu aller gesellschaftliche Bereiche begleitete. Nationalisierung hatte eine Intensivierung der transkulturellen Beziehungen zur Voraussetzung. Entsprechend war sie nicht vorrangig das Produkt einer Ausprägung historischer weit zurückreichender Besonderheit, sondern entsprang gerade dem vergleichenden Blick auf verwandte Prozesse in anderen Territorien. Die Nationsbildung selbst wurde damit zu einem transnationalen Vorgang, der sich eben nicht auf einen kleinen Kreis von Ländern beschränkte. Auch in jenen Gebieten, die (vorläufig?) keinen eigenen Nationalstaat ausprägten, bildeten sich mehr oder minder einflussreiche Nationalbewegungen unterschiedlicher sozialer Trägerschichten, die den Grundsatz akzeptierten, dass Nationsbildung die grundlegende Voraussetzung für Konkurrenzfähigkeit in einer neuen Phase der Globalisierung darstellte. Das gilt in vielerlei Hinsicht für die ostmitteleuropäischen Nationalbewegungen. So standen ohne Zweifel Teile des tschechischen Wirtschaftsbürgertums sowie einige polnische und ungarische Agrarunternehmer der Habsburgermonarchie auch deshalb kritisch gegenüber, weil führende Politiker in Wien nicht optimal (d.h. eher defensiv) auf die Herausforderungen der *global condition* reagierten.

73 *Appadurai*, Sovereignty; *Brenner*, Beyond State-Centrism; *Maier*, Transformations of Territoriality; *Sassen*, Paradox des Nationalen; dies., Territory Deborders Territoriality.

Transnationalisierung setzt zweitens ältere Traditionen der Grenzüberschreitung fort, die aus der vornationalen Zeit herüber reichen, nun aber einen neuen Kontext erhalten.[74] Migration folgt teilweise lange etablierten Pfaden, aber sie trifft auf die neu eingeführte Kategorie der Staatsbürgerschaft. Damit bekommt auch die Identifikation der Diasporaangehörigen einen neuen Bezugspunkt. Die Nationsbildung ist keineswegs nur das Projekt der auf dem nationalen Territorium Lebenden, sondern wird auch zur Sache derjenigen, die sich der Nation verbunden fühlen und deren Schicksal verfolgen, selbst wenn sie fern der ursprünglichen Heimat siedeln. In ähnlicher Weise kann man beobachten, dass die Exportwege der Wirtschaft im 19. Jahrhundert nicht selten den Fernhandelsnetzen der frühen Neuzeit ähneln, in denen die Sozialisation transregional agierender ökonomischer Eliten stattfand. Für die parallel umgebauten Loyalitätsstrukturen wurde schließlich die »Volkswirtschaft« zum entscheidenden Bezugspunkt. Auch die Adelskultur, die viele grenzüberschreitende Facetten aufwies, ging eine neue Symbiose mit der Idee nationaler Zugehörigkeit ein.[75] Viele weitere Beispiele für Kontinuität und Diskontinuität zur Transregionalität der Zeit vor 1800 ließen sich nennen.

Drittens ergibt sich ein Zusammenhang zwischen Transnationalisierung und den Prozessen der Internationalisierung, d. h. der Interaktion von Repräsentanten der Nationalstaaten in neu geschaffenen Organisationen.[76] Seit den 1830er Jahren, verstärkt aber seit den 1860er Jahren, verschaffte sich ein Regelungsbedarf Geltung, der nicht mehr allein im Rahmen eines (national definierten) Territoriums zu befriedigen war. Nicht zufällig entstanden die ersten organisatorischen Formen als Reaktion auf die Gefahr der Ausbreitung von Epidemien, später folgten Fragen des Urheberrechts, des Postverkehrs und vieles andere mehr.[77] Internationale Konferenzen und Konventionen führten zur Verstetigung von Organisationen, die die Prozesse der Grenzüberschreitung im Interesse der Nationalstaaten im Blick behalten sollten. Es hat sich bisher in der (rasch anschwellenden) Literatur zur Geschichte dieser Organisationen keine klare Unterscheidung zwischen Inter-

74 *Bade*, Europa in Bewegung; *Hoerder*, Cultures in Contact.

75 Für den ostmitteleuropäischen Raum: *Glassheim*, Noble Nationalists.

76 Vgl. die beiden Überblicke zu neueren Entwicklungen im Gebiet der internationalen Geschichte: *Loth* u. *Osterhammel*, Internationale Geschichte; *Dülffer* u. *Loth*, Dimensionen internationaler Geschichte.

77 *Herren*, Internationale Organisationen

nationalisierung und Transnationalisierung durchgesetzt. Der Grund dafür liegt zweifellos in der Tatsache, dass eine solche Unterscheidung nicht einfach zu treffen ist: Internationalisierung wurde von den Vertretern der Staaten als ein Weg gesehen, die immer vielgestaltiger werdende Realität der transnationalen Flüsse zu kontrollieren und möglichst zum Vorteil der eigenen Nation zu kanalisieren.[78] Dafür entwickelten sie hohe Kompetenzen in der Steuerung und Verwaltung grenzüberschreitender Systeme und es gelang ihnen tatsächlich, viele (und immer zahlreicher werdende[79]) Bereiche zu regulieren. Beinahe jede neue internationale Organisation entstand und entsteht jedoch auch als Eingeständnis einer noch immer ungelösten Aufgabe. Der Regelungsbedarf übersteigt die vorläufig vorhandene Kapazität. Dies lädt ein, zwischen der Vielfalt transnationaler Flüsse jedweder Art und der letztlich immer begrenzt bleibenden internationalen Regulierung zu unterscheiden. Letztere bleibt in zweierlei Hinsicht begrenzt, denn sie setzt zunächst die Existenz und Wahrnehmung eines grenzüberschreitenden Phänomens voraus ohne schon mit diesem selbst zu entstehen. Und sie ist an die Wahrnehmung einer Regulierungswürdigkeit durch Akteure gebunden, die sich zur Schaffung einer internationalen Organisation bereitfinden. Schließlich lässt sich zum Verhältnis von Trans- und Internationalität noch die Beobachtung hinzufügen, dass Nationalstaaten für die Arbeit in internationalen Organisationen häufig auf Vertreter zurückgreifen, deren transnationale Lebensläufe sie für die Mitarbeit an grenzüberschreitenden Lösungen prädestinieren.

I.0.2 Von der transnationalen Nation zur transnationalen Geschichte einer Mesoregion

Die Fortschritte, die die transnationale Geschichtsschreibung in Programmatik, Operationalisierung und empirischen Erträgen in der letzten Dekade gemacht hat, sind durchaus beeindruckend. Allerdings liegen bisher ganz überwiegend problemzentrierte Darstellungen vor oder solche, die einzelne Momente in der Geschichte von Gesellschaften in den Blick nehmen. Seltener sind Anwendungen des Ansatzes auf die Gesamtgeschichten gan-

78 *Geyer* u. *Paulmann*, Mechanics of Internationalism.

79 Die Zunahme des Umfangs internationaler Regulierung haben zum Zentralthema ihrer Darstellungen gemacht: *Iriye*, Global Community; *Sluga*, Internationalism.

zer Länder; von einer transnationalen Nation ist eigentlich nur in Bezug auf die USA nach 1789 die Rede, begründet mit einem amerikanischen Exzeptionalismus demzufolge sich das Land seit langem mit seinem transnationalen Charakter als Gesellschaft von Einwanderern und als global engagierte Macht auseinander setzt.

Wenn wir in diesem Band die transnationale Verflechtungen einer Region betrachten, deren Teile zunächst verschiedenen Imperien zugehörten und sich später in unterschiedlichen Staaten organisierten, stehen wir erstens vor dem Problem, dass es hier bei der Transnationalisierung noch weniger als im Falle einzelner Nationalstaaten ein um Kontrolle bemühtes Zentrum gab. Innerregionale Prozesse gehören natürlich zu unseren Untersuchungsgegenständen, aber diese sollen die überregionalen Verflechtungen nicht in den Schatten stellen. Wir glauben, dass ein konstruktiver Umgang mit diesem Problem auch zusätzlichen Erkenntnisgewinn verspricht, denn die Transnationalisierung von sehr weitgehend souveränen Nationalstaaten ist in der neueren Geschichte eher die Ausnahme als die Regel. Dabei gilt es einen Vergleich verschiedener Varianten von Transnationalisierung im Blick zu behalten, auch wenn dieser angesichts des bislang erreichten Forschungsstandes nur punktuell erfolgen kann.

Zweitens haben wir es in Bezug auf Ostmitteleuropa mit einer gravierenden Ungleichzeitigkeit zu tun. Erscheint es für Frankreich oder die USA plausibel von Transnationalisierung erst dann zu sprechen, wenn ihre moderne Nationalstaatsbildung über den konstitutiven Punkt hinaus gelangt ist – also in diesen beiden Fällen ab 1789 – kann dies für unsere Untersuchungsregion nicht gelten. Parallel zu verfahren würde bedeuten, erst ab 1918 (im ungarischen Fall mit Abstrichen seit 1867) transnationalen Verflechtungen nachzugehen. Wie wir in diesem Band zu zeigen versuchen macht es jedoch Sinn, die Mitte des 19. Jahrhunderts als Ausgangspunkt unserer Studien zu wählen.

Wir setzen deshalb in jenem Moment an, in dem sich die Nationalisierung als Form der Territorialisierung von Gesellschaften durchzusetzen beginnt und zugleich mit Effekten der *global condition* konfrontiert ist. Dass in diesem Prozess nicht überall Nationalisierung gelang und kurzfristig Nationalstaaten entstanden, ist evident, gleichwohl wurde ab ca. 1860 in großen Teilen der Welt die Nation als quasi natürliche Form der Vergemeinschaftung essenzialisiert und gleichzeitig der Raum, den die Nation füllte und beanspruchte, als der am meisten relevante betrachtet. »Relevant« meinte dabei auch, dass die Organisation der modernen Gesellschaft in Nationalstaaten als die effizienteste Fassung gesellschaftlicher Integration von aufstrebenden Massengesellschaften und der Vertretung weltpolitischer Interessen verstanden wurde. Dieser letzte Aspekt verweist schon auf die Tatsache, dass Nationalisierung keineswegs mit Autarkie und Abgeschlossenheit verwechselt werden darf – ein Eindruck, den die ältere Nationalgeschichtsschreibung erweckt hat, indem sie sich beinahe vollständig auf die innere Konsolidierung der Nationalstaaten und das *nation-building* konzentriert hat, so als sei die Herausbildung von Nationen ein Zweck an sich, der nicht weiter erklärt werden müsse.

Transnationalisierungsforschung, wie wir sie verstehen, rückt die Positionierung in einer wachsenden globalen Vernetzung als das Ziel von Eliten in den Mittelpunkt und ergänzt sie um die Betrachtung des Bemühens zahlreicher sozialer Gruppen und Individuen, ihre Lebensentwürfe dieser Dynamik anzupassen. Wir halten diese Prozesse für wichtig genug, um diesen Band komplett jener Phase in der ostmitteleuropäischen Geschichte zu widmen, in der die Region noch imperial und nicht nationalstaatlich verfasst war.

Fünf Dimensionen Transnationaler Geschichte

Indem wir Transnationalisierung (ebenso wie die Nationalisierung) als eine Reaktion auf die sich entwickelnde *global condition* ansehen, ergeben sich fünf Dimensionen, die wir für zentral halten und deshalb zur Grundlage der Gliederung unseres Vorhabens gemacht haben:

1. Die Veränderungen der Raumordnung als Ausgangspunkt für Strategien der Positionierung im globalen Wettbewerb, als entscheidender Hebel zur gleichzeitigen und aufeinander bezogenen Organisation von Verflechtung und Bewahrung von Souveränität;
2. die migratorischen Dynamiken und der Einfluss diasporischer Gruppen auf die Entwicklung in ihren Herkunftsregionen;
3. die Transnationalisierung von kulturellen Repräsentationen im Zuge von Transferprozessen, bei denen Austausch und Begegnung, selektive Aneignung und Inkorporation ›fremder‹ Kulturelemente in die ›eigene‹ Kultur verschlungen waren;
4. die politischen Ökonomie der globalen Vernetzung und der Nationalisierung einschließlich der damit verbundenen Transfers von Technologie, Waren und Konsumpraktiken als die lebensweltlich offensichtlichsten Folgen einer Globalisierung, deren Beginn in die Freihandelsära des langen 19. Jahrhunderts fällt;

5. die Integration in die neu entstehende Welt der zwischen- und nichtstaatlichen Internationalen Organisationen und ihrer Regulierungs- und Normsetzungskapazität.

Gliederung und Intention Jeder der genannten Dimensionen sind eigene Kapitel des Buches gewidmet, die unter Rückgriff auf vorliegende Einzelstudien und eigene Recherchen der Mitglieder unserer Projektgruppe verfasst wurden. Um diesen Prozess nachvollziehbar zu machen, gliedern wir den Band in einen Darstellungsteil mit fünf Kapiteln und einen Teil mit Beschreibungen der jeweiligen Forschungsstände. Am Ende findet sich eine ausführliche Gesamtbibliographie. Die in den Kapiteln des ersten Teiles behandelten Themenkreise bieten ohne Zweifel Stoff für eigene Monographien. Unsere Ambitionen zielen jedoch nicht auf die Darstellung aller Details. Indem wir signifikante Beispiele einer Geschichte der Transnationalität Ostmitteleuropas vorstellen, möchten wir weitere empirische Arbeiten anstoßen. Es geht uns darum, einen ersten Beitrag zu leisten zur Diskussion darüber, bis zu welchem Grade das Transnationale der ostmitteleuropäischen Region mit den Transnationalitäten anderer Weltregionen korrespondierte. Unser Handbuch möchten wir mithin als Anregung verstanden wissen für künftige Forschungsanstrengungen, die der Frage nachgehen, ob sich aus der genaueren Betrachtung der vielgestaltigen Verflechtungsprozesse und der Konvergenz von Transnationalisierungserfahrungen, die sich aus einer ähnlichen Position und ähnlichen Positionierungsstrategien gegenüber der *global condition* ergeben, neue Indikatoren für die Existenz der Meso-Region Ostmitteleuropa ableiten lassen. Sollte sich diese Hypothese bestätigen, dann wäre den Gründen für die Betrachtung Ostmitteleuropas als transnationale Region ihre funktionale Einbettung in eine Welt der Globalisierung hinzuzufügen. Argumente wie die multiethnische Zusammensetzung der Bevölkerung mit entsprechenden Migrationsmustern und die langfristigen Abhängigkeiten von verschiedenen Imperien, die machtpolitisch seit der frühen Neuzeit auf die Region ausgriffen, wären dann zu ergänzen um ähnlich geartete Reaktionen auf diverse Bruchzonen der Globalisierung[80] und globale Momente wie 1918, 1948 oder 1989[81].

80 *Engel* u. *Middell*, Bruchzonen.
81 *Engel*, *Hadler* u. *Middell*, 1989.

Steffi Marung / Matthias Middell / Uwe Müller

I.1 Territorialisierung in Ostmitteleuropa bis zum Ersten Weltkrieg

Transnationale Geschichte spielt sich beileibe nicht nur, wie der Begriff vielleicht suggerieren könnte, zwischen Nationalstaaten ab. Die Grenzüberschreitung, die das Transnationale prägt, setzt einen längerfristigen Transformationsprozess voraus, den wir als Territorialisierung bezeichnen und in dem die Nationalstaatsbildung nur ein zeitlich beschränkter Teil ist. Territorialisierung beschreibt den Wandel hin zu moderner Territorialität, die gekennzeichnet ist durch eine eindeutige Grenzziehung zwischen den zu einem Territorium gehörigen und den eben nicht dazu gehörigen Gebieten, durch eine Homogenisierung der Rechts- und Herrschaftsverhältnisse auf diesem Territorium und durch den Anspruch, zwischen Bewohnerschaft und Territorium eine klare Zugehörigkeitsdefinition zu etablieren. Verflechtung mit anderen Territorien ist Bestandteil der Territorialisierung, tendiert aber auch dazu, ihre Eineindeutigkeiten zu unterlaufen.

Diese Territorialisierung hat Folgen für alle Raumformate, nicht nur für den Kernbestand des (zunächst überall imperial und danach national organisierten) staatlichen Territoriums, sondern auch für Orte und Städte, subterritoriale Regionen, Wirtschaftsräume, Enklaven, Korridore, aber auch für nichtterritoriale Raumformate wie Netzwerke und Wertschöpfungsketten.

Unser Kapitel konzentriert sich zunächst auf transnationale Faktoren, die den Übergang von Imperien zu Nationalstaaten beeinflussten, sodann auf die transnationalen Lernprozesse in der Bewältigung der Herausforderung von Territorialisierung, die mit den Stichworten Vermessen und Visualisierung benannt sind und damit bereits auf das Kapitel über die Transnationalisierung von Kultur und Wissensordnungen hinführt. Ein dritter Abschnitt befasst sich mit der Neuorganisation der Grenzen von Territorien und ihrer Kontrolle, wobei sich unweigerlich Querverbindungen zum später folgenden Kapitel über Migration ergeben, denn die Grenzen wurden in erster Linie errichtet und kontrolliert, um Menschenströme registrieren und regulieren zu können und damit teilweise schon sehr lange bestehende Wanderungswege zwischen verschiedenen Orten und Regionen (aber auch innerhalb vordem zusammengehöriger Räume) zu Pfaden grenzüberschreitender Migration zu machen.

Die Territorialisierung wäre papierne Illusion in den Büros der Herrschenden und Verwaltungen geblieben, wenn das Territorium nicht mit einer immer feiner ausdifferenzierten Infrastruktur erschlossen worden wäre. Häfen, Kanäle, Eisenbahn und Chausseen kosteten enorme Investitionsmittel, aber sie waren den Zeitgenossen offensichtlich ihr Geld als – im vierten Abschnitt diskutierte – materielle Seite der Territorialisierung wert, ohne die eine wirtschaftliche Transnationalisierung kaum funktioniert hätte. Gleiches lässt sich für die Kontrolle von Migration und der Zirkulation von Ideen und kulturellen Mustern sagen, die in weiteren Kapiteln dieses Bandes behandelt werden.

Schließlich befassen wir uns im letzten Abschnitt dieses Kapitels mit der Rolle der Städte. Diese sind bekanntlich weder Produkt der frühneuzeitlichen Territorialisierung noch Hervorbringung der Dialektik von Nationalisierung und Transnationalisierung, ihre Existenz und Bedeutung reicht historisch viel weiter zurück. Aber sie erleben im Zuge der Territorialisierung einen Funktionswandel, der sich in ihrer inneren Organisation, ihrer Vernetzung und der Einstellung ihrer Bevölkerungen gegenüber nationalen Projekten und transnationalen Verflechtungen manifestiert.

Selbstverständlich ersetzt dieses Kapitel keine Gesamtgeschichte der modernen Staatsbildung, der Statistik, des Verkehrswesens oder der Urbanisierung in Ostmitteleuropa, sondern konzentriert sich auf deren transnationale Verflechtungen. Unser Argument lautet allerdings, dass das moderne Territorium und die daran geknüpften Vorstellungen von politischer, wirtschaftlicher und kultureller Organisation auf diesem Territorium ohne die intensiven transnationalen Austauschprozesse nicht denkbar wäre.

I.1.1 Zwischen Imperium und Nationalisierung

Waren es zunächst die Imperien mit einer ganz unterschiedlichen rechtlichen Qualität und Ausgestaltung, die den Raum für gesellschaftliches Handeln auch in Ostmitteleuropa bildeten, diesem Grenzen setzten und entsprechende Grenzregimes ausgestalteten, so vollzogen sich im 19. Jahrhundert zugleich Konstituierungsprozesse hin zu nationalen Gemeinschaften, die zwar noch keine vollständige politische Souveränität erlangten, aber auf deren Erlangung hinarbeiteten. Die parallel einsetzende transnationale Geschichte Ostmitteleuropas war deshalb von verschiedenen Tendenzen bestimmt: Die Reform oder Modernisierung der Imperien verflocht sich mit den Versuchen einer Nationalisierung, für die nur teilweise Modelle existierten. Dies wiederum schuf auch Freiräume für lokale und regionale Initiativen der Transnationalisierung, wie wir sie ebenfalls aus vielen anderen Teilen der Welt kennen. Denken wir nur daran, dass die großen Auswanderungswellen über den Atlantik und in den nordost- und südostasiatischen Migrationssystemen nicht etwa die Bevölkerung späterer nationaler Territorien gleichmäßig erfasst haben, sondern bestimmte Orte weit überdurchschnittliche Migrationsraten aufweisen, während andere von diesem Prozess fast unberührt blieben.[1] Man kann es auch in das Bild von der Globalisierung als langsam dichter werdendes Netz fassen, das in der Frühen Neuzeit bereits sehr starke Verknüpfungen aufwies, aber eben auch große Lücken hatte.[2] Erst mit der modernen Globalisierung verdichtete sich dieses Netz so, dass immer mehr Menschen davon überhaupt Kenntnis nahmen und ihr Leben entlang dieser Verbindungen ausrichten konnten oder mussten. Die Transnationalisierung des späteren 19. Jahrhunderts, von der in diesem Band die Rede ist, fand also in einer unübersichtlichen Situation statt, in der nicht nur Kommunikation und Transport beschleunigt und erweitert wurden, Märkte von globaler Reichweite entstanden und erfolgreiche Imperien dieser Welt der rasch wachsenden Mobilität von Menschen, Gütern, Kapital und Ideen Kontrollmechanismen gaben, sondern auch neue Raumformate ausprobiert wurden, die diese Herausforderungen nutzbar und beherrschbar machen sollten. Solche Raumformate fügten sich zu Raumordnungen, die beides gleichzeitig waren: Instrument der Kontrolle über größere oder kleinere Teile der Welt, und Idee von der optimalen Einpassung in diese Welt, real und imaginiert zugleich. Diese für die Bewohner Ostmitteleuropas relevante Raumordnung, deren Komplexität sich nicht in einem vereinfachten Narrativ »Vom Imperium zum Nationalstaat« fassen lässt, im Wandel zu beschreiben, ist Anliegen dieses Kapitels. Dabei überlagerten sich wie in anderen Weltregionen auch zum Teil konflikthaft verschiedene Territorialisierungsprojekte, die auf die Herausbildung wirksamer politischer Räume zielten.[3]

1 Zur Unterscheidung des atlantischen und der beiden asiatischen Migrationssysteme: *McKeown*, Global Migration sowie *Gabaccia* u. *Hoerder*, Connecting Seas.

2 *Osterhammel* u. *Petersson*, Geschichte der Globalisierung, S. 3.

3 vgl. *Marung* u. *Naumann*, Vergessene Vielfalt.

Frühneuzeitliche Transkulturalität und moderne Transnationalität

Transnationalismus als intendierte (wenn auch oftmals erzwungene) Überschreitung der Grenzen von Räumen, die rückwirkend als kulturelles Kerngebiet bzw. Präfiguration eines staatlichen Territoriums nationaler Gemeinschaften angesehen werden, entsteht keineswegs aus dem Nichts. Gehören nicht Luxemburger in die lange Herrschaftsgeschichte von Böhmen, folgten nicht zahllose Experten aus West- und Südeuropa dem Ruf der Höfe in Wien und St. Petersburg, um gegen fürstliche Entlohnung Kunstwerke, Akademien und Verwaltungspraktiken, Zeitungen und militärische Innovationen zu schaffen, die dem Wunsch der Herrscher nach baldigem Anschluss an ein nordwestlich beobachtetes Niveau entsprangen? Folgten nicht 80.000 Polen Napoleons Grande Armee Richtung Moskau, um für des kleinen Korsen große Pläne und für ihre eigene Unabhängigkeit von russischer Oberherrschaft nach der Teilung 1795 zu kämpfen? Und ließen sich nicht sogar Tausende von ihnen dazu bewegen, bis in die Gelbfieberhölle des karibischen Saint Domingue zu segeln, um dort gegen die nach eigener Unabhängigkeit verlangenden Ex-Sklaven zu fechten? Wer sich auf die Suche nach der transkulturellen Geschichte in jenem Raum macht, der später als Ostmitteleuropa konzeptualisiert werden sollte, wird leicht fündig. Er oder sie könnte zurückgehen bis zu den vielen Einwanderungswellen in die Zone zwischen Ostsee, Karpatenbogen und Adriatischem Meer[4] und gleich nebenbei die bis heute kursierenden Mythen von einer »ursprünglichen« Besiedlung demontieren, die bis in die Gegenwart zur Abwehr neuer Zuwanderer in Stellung gebracht werden.

Allerdings führt eine solche Suche nach den Wurzelenden leicht in die Verästelungen des Anekdotischen mit ungeprüfter Relevanz für die Region insgesamt. Oder aber, sie führt – wie alle Suche nach den Ursprüngen – in neue Legitimationsdiskurse, die eventuell geeignet wären, strukturell ähnliche Reden von der schon beinahe ewig anhaltenden Reinheit der Nation zu ersetzen, aber doch blind wären gegen die spätestens von Marc Bloch so fulminant kritisierte Ideologie des Ursprungsdenkens.[5] Weder Transkulturalität noch Transnationalität gibt es »schon immer«, sondern sie sind Produkte jeweils konkreter historischer Situationen und der ebenso konkreten Entscheidungen von Akteuren, mit guten (und schlechten) Gründen Grenzüberschreitungen den Vorzug zu geben. Es scheint uns in diesem Sinne auch

4 *Hoerder*, Cultures in Contact.
5 *Bloch*, Apologie, S. 33–40.

wenig überzeugend, den Begriff der Transnationalität rückwärts übermäßig zu dehnen. Zweifellos waren Mobilität, wirtschaftliche und kulturelle Verflechtungen von beeindruckender transkultureller Qualität, aber einen expliziten Bezug auf die Möglichkeit nationaler Territorialisierung und damit souveräner Staatlichkeit der einzelnen Titularnationen gewann die Entwicklung erst mit der Revolution in Frankreich, die nicht nur eine neue Terminologie, sondern auch neue Leitbilder von politischer Organisation in Umlauf gebracht hatte.

Art, Richtung und Intensität der grenzüberschreitenden Verknüpfungen und Bewegungen im 19. Jahrhundert verweisen dabei durchaus auf vorher bestehende Beziehungen, die die Grenzen lokaler Verankerung und regionaler Integration sowie teilweise auch der Zugehörigkeit zu Reichen überschritten. Denken wir nur an die weit in das 17. und 18. Jahrhundert zurückreichende Beziehung zwischen Frankreich, Sachsen und Polen, die beinahe zu einem Modellfall frühmoderner kultureller Transfers geworden sind und als eine stimulierende Erbschaft in die transnationale Geschichte aller drei Gesellschaften (ebenso wie der russischen) eingegangen ist.[6] Die damit beschriebenen Aneignungsprozesse mochten einer asymmetrischen Aufmerksamkeit der Gesellschaften füreinander entspringen, aber sie haben nichts mit einem Kulturgefälle zu tun, wie es diffusionistische Konzepte unterstellen. Vielmehr ging die Initiative für die Übernahme »fremder« Kulturelemente in das »eigene« Repertoire – sei es offen ausgestellt oder mühevoll verborgen – von verschiedenen Akteuren in den jeweiligen Aufnahmekontexten aus. Baumeister und Astronomen wurden von der kaiserlichen Administration eingeladen; die der Französischen Revolution entsprungene Idee einer Volksbewaffnung und nationalen militärischen Mobilisierung breitete sich nicht von selbst ins östliche Europa aus, sondern wurde dort aufgegriffen, weil man ihre Überlegenheit für Taktik und Dynamik des Kriegsgegners (schmerzlich) erfahren hatte und nun für die eigene Wehrhaftigkeit zu nutzen gedachte. Der moderne politische Journalismus nahm Anleihen bei der seit 1789 europaweit hervorsprudelnden Tagespresse, aber ohne ein entsprechend lesebereites Publikum hätte selbst die fleißigste Edelfeder bald wieder aufgeben müssen. Diese wenigen Beispiele aus ganz unterschiedlichen Bereichen mögen genügen um anzudeuten, dass die Intensität der interkulturellen Kontakte nicht durch die Leuchtkraft westlicher

6 *Espagne* u. *Middell*, Von der Elbe; *Espagne*, Creuset Allemand; *Espagne*, Russie-France-Allemagne-Italie.

Initiatoren zu erklären ist, sondern auf der (enthusiastischen oder auch allein der Not gehorchenden) Bereitschaft beruhte, die eigene Gesellschaft entsprechenden Zumutungen auszusetzen. Und diese Initiativen und Projekte adressierten in jedem Fall die politisch-räumliche Ordnung der Region, nutzten die ihr eingeschriebenen (Infra)Strukturen oder forderten sie heraus und setzten damit auch die Entstehung neuer Raumformate in Gang.

Territorialisierung Während Kulturtransferprozesse von früheren historischen Epochen in vielen (wenn auch keineswegs allen) Fällen durch die Kleinteiligkeit der in Kontakt tretenden Gemeinschaften und durch deren relative raumbezogene Instabilität bzw. Mobilität gekennzeichnet waren, veränderte sich das mit dem Prozess der Territorialisierung. Darunter verstehen wir die Herausbildung einer Organisation des Raumes, die durch zunehmende (wenn auch lange Zeit eben nicht vollständige) Homogenisierung der Rechtsverhältnisse eines Gebietes unter einheitlicher Herrschaft und mit gemeinsamer, abgrenzbarer politisch-administrativer Organisation gekennzeichnet war. Dieser sich über mehrere Jahrhunderte hinziehende Prozess hat in Zentraleuropa seinen Ausgangspunkt in den konfessionellen Kämpfen des frühen 16. Jahrhunderts, die mit dem Augsburger Religionsfrieden 1555 zeitweise beruhigt wurden, da er das Recht der jeweiligen Territorialherrscher auf eine solche Homogenisierung der Verhältnisse im eigenen Staatsgebiet anerkannte. Nach den Verwüstungen des 30jährigen Kriegs schrieb der Westfälische Frieden den Grundsatz erneut fest und übertrug ihn nun ins Völkerrecht. Damit war eine vollständige Territorialisierung noch lange nicht erreicht, wohl war aber die prinzipielle Anerkennung eines darauf zielenden Prinzips der Herrschaft durch die Nachbarmächte und durch die Untertanen angelegt.[7] Die keineswegs immer nur mit legalen Mitteln betriebene Vereinheitlichung betraf sowohl das Eigentum an Boden, die Gerichtsbarkeit und damit die Rechtsstellung der Untertanen als auch den Ausbau der Verwaltung. Die kompliziert gestuften Formen des Ober- und Untereigentums, die aus dem Mittelalter herüberreichenden lehensrechtlichen Abhängigkeitspyramiden, die unterschiedlichen Freiheitsgrade der Landbevölkerung in einer Region, die eine zweite Welle der Erzwingung persönlicher Abhängigkeit (Leibeigenschaft) am Beginn der frühen Neuzeit erlebt hatte – all diese Tendenzen standen ebenso wie die Privilegien des ebenfalls vielfach untergliederten Klerus, des Adels und die Ausnahmestel-

7 *Maier*, Transformations of Territoriality.

lung mancher Städte einer großflächigen Territorialisierung lange Zeit im Wege.

Die frühneuzeitlichen Imperien beruhten deshalb auf einer vielfach differenzierenden Herrschaftstechnik gegenüber einzelnen Bevölkerungsgruppen und gegenüber einzelnen Landschaften. Die Eliten dieser Imperien, die auch einen Professionalisierungsprozess der Verwaltungen in Gang setzten, um die Konkurrenzfähigkeit gegenüber anderen in ähnlichem Wandel begriffenen Staaten zu erhöhen, waren in der Frage gespalten, ob sie einen Machtzuwachs der Krone unterstützen (und selbst davon profitieren) sollten oder ob sie sich mit Hilfe ständischer Organisationen und unter Verweis auf historisch gewachsene Privilegierungen dagegen zur Wehr setzen sollten. Die Spielräume für eine differenzierende Herrschaftstechnik waren abhängig von historisch kontingenten Faktoren wie dem Zugang einer bestimmten Region zum Herrschaftsbereich durch dynastische Erbschaft, Heirat oder Eroberung bzw. vertraglich vereinbarte Eingliederung in das jeweilige Reich. Entsprechend waren vielfältige Übergänge in Rechtsstellung und daraus resultierenden Privilegien und Verpflichtungen zu beobachten und blieben eine Herausforderung für die sich langsam professionalisierende Verwaltung der Reiche und ihrer Provinzen.

Die in die oberen Ränge der imperialen Administration eintretenden Adligen zeigten zwar durchaus Interesse an Territorialisierung und damit einhergehenden vergrößerten Spielräumen einer zentralisierten Politik nach außen, aber sie verkörperten zugleich den Kompromiss von Monarchie und Ständen und blieben der historischen Überlieferung von Sonderrechten verhaftet.

Kaiser Joseph II., dessen Reformen die Rationalität des Territorialisierungsprozesses im Habsburgerreich auf die Spitze zu treiben versuchten, musste am Ende seiner Herrschaftszeit die meisten Vorstöße zu einer vollständigen Vereinheitlichung des Herrschaftsraumes wieder zurücknehmen.[8] Widerstand schlug ihm von Seiten der Stände entgegen. Aber zugleich weckten die Anstrengungen der imperialen Zentralmacht im zeitlichen Zusammenhang der französischen Revolution protonationale Diskurse, die kulturelle Unterschiede zwischen dem Zentrum und den Peripherien der Imperien betonten und die Legitimität einer Vereinheitlichungspolitik, die keine Rücksicht auf solche Unterschiede nahm, zu bestreiten suchten. Wie die Josephinischen Reformen in Teilen der habsburgischen Erblande unter

8 *Blanning*, Jospeh II.

Germanisierungsverdacht[9] gestellt wurden, waren auch schon die Reformen des Preußenkönigs Friedrich II. vom polnischen Adel als Germanisierungspolitik zurückgewiesen worden.[10] Imperiale Projekte der Territorialisierung von Großreichen traten in Konkurrenz zu Interessen anderer Gruppen, denen bestimmte Eliten in der Sprache des Nationalen Ausdruck verliehen, ohne dass damit gleich eine Zwangläufigkeit der historischen Entwicklung hin zum Nationalstaat anzunehmen gewesen wäre.[11]

Zu den wichtigsten Instrumenten der Territorialisierung zählte zunächst die Erfassung von Land und Leuten. Nur auf einem tendenziell zu homogenisierenden Territorium war es für die imperiale Verwaltung relevant zu wissen, wieviele Menschen auf wieviel Land lebten und dieses Wissen nicht dezentral durch die Grundbesitzer, Bürgermeister und Oberhäupter unterworfener Völkerschaften generieren (und für Besteuerung, Spanndienste und eventuell Peuplierung nutzen) zu lassen. Landesvermessung und Kartographie kam deshalb über das gesamte 18. Jahrhundert hinweg wachsende Aufmerksamkeit zu. Anfangs wurden ausländische Spezialisten bemüht, die ihre Kenntnisse an verschiedenen Orten feilboten und für eine bessere Ausstattung zuweilen rasch abtrünnig wurden. Bald aber schon mobilisierten die Höfe in Wien und St. Petersburg zusätzliche Mittel, um eine loyale Schicht heimischer Experten zu gewinnen und die zahlreichen regionalen Vermessungen reichsweit zu koordinieren.[12]

Diesem ersten Schritt folgte zu Beginn des 19. Jahrhunderts die Einrichtung von Statistikbüros, die dem Fehlen eines genauen Überblicks zu Zahl und Zusammensetzung der Bevölkerung abhelfen sollten. 1829 entstand für die Habsburgermonarchie das »Statistische Bureau«, das 1840 in Direktion der Administrativen Statistik umbenannt und ab 1863 als »K. K. Statistische Zentralkommission« weitergeführt wurde, aber durchweg mit der Aufgabe betraut war, Daten aus dem ganzen Imperium zusammenzutragen. Für einen kurzen Moment gelang es Ungarn bereits 1848 eine eigenständige Sta-

9 Dass es dabei um eine sozial und ethnisch breiter angelegte Diskriminierungserfahrung ging, belegt u. a.: *Crowe*, Gypsies in Hungary.

10 *Bömelburg*, Friedrich II.; *Trzeciakowski*, Nationalitätenpolitik, S. 11.

11 Die Problematisierung des Übergangsnarrativs »from empire to nation« hat in der Imperialhistoriographie zunehmend an Dynamik gewonnen. Mit Blick auf die Habsburgermonarchie hat kürzlich Jana Osterkamp den konzeptionellen Vorschlag des »cooperative empire« unterbreitet, um die Kontingenzen und Komplexitäten der Transformation von Imperien präziser zu fassen. *Osterkamp*, Cooperative Empires.

12 *Veres*, Constructing Imperial Spaces.

tistikverwaltung zu etablieren, aber diese musste nach der Niederlage der Revolution rasch wieder aufgegeben werden, so dass es erst sechs Jahre nach dem österreichisch-ungarischen Ausgleich von 1867 gelang, 1873 endgültig mit einem Statistikamt in Budapest Kontrolle über die eigenen Daten zu erlangen. Noch länger, bis zur Wiedergründung des polnischen Staates 1918 dauerte es, bis auf Initiative von Ludwik Krzywicki in Warschau ein eigenes Haupt-Statistikamt [Główny Urząd Statystyczny] eingerichtet werden konnte. Damit wurde die russische und preußische und österreichische Zuständigkeit für die Teilungsgebiete definitiv beendet. Eigene Erhebungen hatte es unter den Bedingungen des Autonomiestatuts für Galizien bereits in den späten 1860er Jahren gegeben, begleitet von privaten Initiativen wie denen von Stanisław Szczepanowski, der 1888 mit dem Buch »Nędzę Galicji w cyfrach« [Die Not Galiziens in Zahlen] hervorgetreten war. Wie in einem Brennglas verweist dieser lang andauernde Institutionalisierungsprozess der statistischen Datenerhebung darauf, dass die Territorialisierung in Ostmitteleuropa weder von kurzfristigem Erfolg noch von linearer Natur war.

Imperiale Ergänzungsräume

Die Gesellschaften, die man später unter dem Begriff Ostmitteleuropa zusammenfassen sollte, unterlagen dem Prozess der Territorialisierung in einem ganz ähnlichen Rhythmus wie die deutschen Teilstaaten und zahlreiche westeuropäische Gesellschaften. Im 19. Jahrhundert durchliefen auch westeuropäische Imperien zwei Reformprozesse gleichzeitig. Der eine zielte auf die Durchsetzung der Territorialisierung im Zentrum, organisiert um den Begriff der Nation, der andere zielte auf die Intensivierung der Kontrolle über einen imperialen Ergänzungsraum, zumeist in Übersee, der gegen konkurrierende Machtbestrebungen und Emanzipationsbemühungen zu verteidigen war. Das Ergebnis war zwiespältig, denn sowohl England, als auch Spanien und Portugal sowie Frankreich hatten in der Epoche des »revolutionären Atlantiks« zwischen 1776 und 1826 einen erheblichen Teil ihrer Kolonien verloren. Aber ein ebenso beträchtlicher Anteil früherer Besitzungen blieb als imperialer Ergänzungsraum erhalten bzw. wurde wieder unter Kontrolle gebracht und zum Ausgangspunkt für eine zweite Welle der Kolonialisierung im 19. Jahrhundert. Hier findet sich durchaus eine Analogie zur Habsburgermonarchie, die ihre Besitzungen zunächst im Gebiet des heutigen Belgiens und um 1860 in Oberitalien verlor, sich nach der Niederlage gegen Preußen (1866) stärker auf Ost- und Südosteuropa konzentrierte und dort ebenfalls neue Gebiete (Bosnien-Herzegowina) annektierte. Noch ausgeprägter ist die koloniale Expansion im Falle des Russischen Reiches zu beobachten, die sich immer weiter in Richtung Sibirien ausdehnte, aber eben auch das russische Teilungsgebiet von Polen einschloss.

Vergleicht man diese Prozesse im Westen und Osten Europas, dann fällt als wichtigster Unterschied auf, dass die imperialen Ergänzungsräume im östlichen Teil des Kontinentes nicht in Übersee lagen, sondern in einer Nachbarschaft, zu der eine Landverbindung bestand. Die soziale Kontinuität der Besiedlung zwischen Zentrum und Kolonie war weniger markant durch naturräumliche Zäsuren unterbrochen. Dies hatte auch Folgen für die politischen Strategien der Akteure in den imperialen Ergänzungsräumen selbst – es galt für das angestrebte Ziel erweiterter Rechte abzuwägen zwischen einer engeren Bindung an die Metropole oder einer definitiven Abkehr im Sinne eines konsequenten Unabhängigkeitsbegehrens.[13] Die revolutionären Erschütterungen und die Konkurrenz vor allem des unter Napoleon wieder erstarkten Frankreich hatten die Kontrolle über die Randgebiete der Imperien gelockert und zu zeitweiser Unabhängigkeit (etwa des Herzogtums Warschau) geführt. Auch das Osmanische Reich musste sich aus Gebieten zurückziehen, die es im 16. und 17. Jahrhundert erobert hatte. Der Anspruch der Habsburger auf eine Kontrolle über das gesamte deutschsprachige Gebiet war durch den Aufstieg Preußens zumindest in Frage gestellt, mit dem Reichsdeputationshauptschluss faktisch zurückgewiesen und schließlich 1864/66 auch militärisch definitiv vom Tisch gewischt worden.

Die Imperien im östlichen Europa befanden sich also letztlich in einer vergleichbaren Lage zur Situation der Kolonialmächte im westlichen Europa – sie standen vor einer identischen Herausforderung: die Territorialisierung im Zentrum und die Kontrolle über den imperialen Ergänzungsraum gleichermaßen voranzutreiben. Dieser doppelte Trend führte dazu, dass transnationale Entwicklungen im östlichen und westlichen Europa (bei allen Unterschieden im Detail, wie sie die vergleichende Imperienforschung herausarbeitet[14]) grundsätzliche Ähnlichkeiten aufwiesen, weil sie im Kontext verwandter Prozesse von Nationalisierung im Zentrum einerseits und der Auseinandersetzung um das Schicksal der imperialen Ergänzungsräume andererseits stattfanden.

---

13 vgl. zur Spezifik um zum historischen Wandel des Begriffs der »Kolonie« und der »Kolonisation« beispielhalft für das russische Reich: *Masoero*, Territorial Colonization.

14 *Hirschhausen* u. *Leonhard*, Empires; *Burbank* u. *Cooper*, Empires.

Folgerichtig begegneten sich die gleichermaßen herausgeforderten Imperien bei Gelegenheit des Wiener Kongresses 1814/15 auf Augenhöhe und keineswegs in den unterschiedlichen Modi des Vorauseilens bzw. der Verspätung. Allerdings traf das imperiale Sendungsbewusstsein (»*manifest destiny*«) im östlichen Europa nicht auf eine kolonisierte Bevölkerung, die sich so eindeutig mit der Farbenlehre des Rassismus auf Distanz halten ließ, wie in den sogenannten Überseekolonien.[15] Vielmehr griffen Protagonisten der Emanzipationsbewegungen während der sozialen Unruhen und politischen Erhebungen von 1830 und 1848 die Idee auf, dass die Logik der Territorialisierung unvermeidlich zur nationalen Unabhängigkeit führen müsse und höchstens verzögert, aber nicht endgültig unterdrückt werden könnte.

Aus dieser Entwicklung resultieren zwei Perspektiven auf die transnationale Geschichte Ostmitteleuropas. Entweder konzentriert man sich primär auf die Territorialisierungsprozesse im Zentrum der Imperien, oder man nimmt die Modernisierung der Kontrolle über den imperialen Ergänzungsraum ebenfalls in den Blick, wie wir dies im Folgenden unter anderem in Bezug auf die Infrastrukturpolitik und das Management von Grenzregimen unternehmen. Die imperialen Ergänzungsräume Russlands (das sich 1867 endgültig aus Nordamerika zurückzog[16]), des Habsburgerreiches (vor dem Hintergrund des Italienischen Risorgimento) und Preußens (das mit seiner geographischen Streckung vom Rhein bis ins Baltikum vor ähnlichen Herausforderungen wie die älteren Imperien stand) grenzten in Ostmitteleuropa aneinander. Von Wien, Berlin und St. Petersburg als Metropolen der Imperien aus gesehen mochte sich die Region wie eine Verfügungsmasse ausnehmen, obgleich hier, wie im Fall des polnisch-litauischen Commonwealth oder der mittelalterlichen Weltgeltung von Ungarn und Böhmen, eigene imperiale Vergangenheiten keineswegs vergessen waren. Der Traum von ehemaliger Größe verband sich mit tiefer Verzweiflung über die aktuelle Ohnmacht.[17]

Während die differenzierte Privilegierung in den frühneuzeitlichen Imperien vorrangig Eliten und deren Zugang zu materiellen und symbolischen Ressourcen betraf, veränderte sich die Lage für die Bewohner der imperialen Ergänzungsräume im 19. Jahrhundert in dem Maße, wie die Territorialisierung zur Definition von Staatsbürgerschaft und Teilhabe am Wohlfahrts-

15 *Allen*, Invention; *Irwin*, Mapping Race.
16 *Winkler*, Imperium.
17 Vgl. *Hadler* u. *Mesenhöller*, Vergangene Größe.

staat führte, wie die neuen Transportmöglichkeiten Voraussetzungen für eine raschere Mobilität schufen und wie der Aufschwung von Gewerbe und Industrie neue Arbeits- und Verdienstmöglichkeiten vorzugsweise in den städtischen Zentren kreierte.

Das oft beschworene »Erwachen von Nationalgefühlen« hatte seine Basis in sozialen Verschiebungen und wirtschaftlichen Prozessen, die es einem immer größeren Anteil der Bevölkerung einleuchtend erscheinen ließ, dass eine souveräne Bestimmung der Bedingungen, zu denen man sich den grenzüberschreitenden Verflechtungen unterwarf, einem fürsorglichen Imperium vorzuziehen sei.[18] Dem stand allerdings das Versprechen der Monarchien gegenüber, den Vorteil der größeren Raumeinheit im globalen Wettbewerb zur Geltung zu bringen – sowohl bei Investitionen in die Infrastruktur, als auch durch die Erleichterung der Zirkulation von Wissen und technologischer Innovation sowie schließlich auch durch militärischen Schutz und politisches Gewicht. Es war keineswegs ausgemacht, welche der beiden Kalkulationen am Ende die größere Überzeugungskraft entwickeln würde. Beide aber, und das ist das Hauptargument für die Perspektive einer transnationalen Geschichte in diesem Zeitraum, hatten ihren Ausgangspunkt in der Frage, wie der *global condition* zu begegnen sei, als souveräner Kleinstaat oder im Verbund von Metropole und imperialem Ergänzungsraum.

»Freiheitskämpfe« im Zeitalter der napoleonischen Kriege

Im polnischen nationalhistoriographischen Rückspiegel erscheint das Herzogtum Warschau wie eine frühe Variante des erst später eingelösten Versprechens auf komplette nationale Selbständigkeit. Wer sich aber allein den rasch wechselnden territorialen Zuschnitt dieses Gebietes vergegenwärtigt, wird an der Chance auf eine konsequente Territorialisierung zweifeln. Im Ergebnis des Friedens von Tilsit 1807 auf Kosten vor allem früherer preußischer Geländegewinne gegründet, gab das Herzogtum zunächst auf 100.000 Quadratkilometern 2,6 Millionen Menschen Heimat. Nur zwei Jahre später schlug der französische Kaiser, der seinen sächsischen Verbündeten mit der polnischen Krone

18 Auch ein vergleichender Blick in die Endphase des französischen Imperiums kann dazu anregen, diese Differenzierung zwischen Forderungen nach sozialer und politischer Teilhabe und solchen nach nationaler Unabhängigkeit ernst zu nehmen und den häufig widersprüchlichen historischen Transformationsprozess zu rekonstruieren. Vgl. u.a. *Cooper*, Labor.

belohnt hatte, nun auch Gebiete der Habsburger hinzu, so dass die Bevölkerungszahl noch einmal um eine reiche Million anstieg.[19]

Doch dieser Staat, der vor allem geschaffen worden war, um die imperialen Konkurrenten Frankreichs zu schwächen und später der Grande Armee als Soldatenreservoir und Nachschubbasis zu dienen, blieb an Napoleons Schicksal gebunden – ein typischer imperialer Ergänzungsraum, wenn auch hochproduktiv in Bezug auf langwirkende Symbole polnischer Nationsbildung und entsprechend lebendig in der Erinnerung.[20]

Für die transnationale Geschichte der Region blieb dieser Versuch eine zwiespältige Erfahrung. Dies findet seinen Ausdruck nicht zuletzt in der ambivalenten Haltung führender Politiker wie des polnischen Fürsten Czartoryski gegenüber der Vormacht Russland. Sollte man für die günstige Entwicklung eines imperialen Ergänzungsraumes auf die Verbindung mit den Reformkräften im Zentrum setzen, um eine erneute Zersplitterung zu vermeiden, oder versprach der nationale Emanzipationsdiskurs bereits hinreichende Bindungs- bzw. Mobilisierungskraft, um einen eigenständigen Nationalstaat anzustreben und sich aus der Hierarchie des Imperiums zu verabschieden?[21] In der Dynamik des französischen Vormarsches während der ersten Dekade des 19. Jahrhunderts und des ebenso dramatischen Rückzugs nach den Niederlagen von Moskau bis Waterloo keimte Hoffnung, dass die Zeit reif sei für vollständige Unabhängigkeit. Doch die Heilige Allianz schloss das Fenster der Gelegenheiten rasch wieder, auch wenn spätere Erinnerung dies nicht immer wahrhaben wollte. Für die »Erfindung der Nationen« boten die Schlachtengemälde der napoleonischen Kriege reichlich Anhaltspunkte, doch startete sie eben erst ein halbes Jahrhundert später wirklich durch.[22] Vorerst blieb Ostmitteleuropa ein Überlappungsbereich mehrerer imperialer Ergänzungsräume.

Allerdings, und das darf bei aller Zurückhaltung gegenüber übertriebenen Darstellungen einer Nationalisierung der ostmitteleuropäischen Gesellschaften im beginnenden 19. Jahrhundert nicht übersehen werden, waren diese vollständig einbezogen in eine atlantische Kommunikation über Freiheits- und Menschenrechte, staatliche Unabhängigkeit und Volkssou-

---

19 Senkowska-Gluck, *Herzogtum Warschau.*

20 Dies beschreibt aus polnischer Sicht: *Zamoyski*, 1812.

21 *Kukiel*, Czartoryski; *Borodziej, Duchhardt, Morawiec* u. *Romsics*, Option Europa.

22 *Anderson*, Imagined Communities; *Gellner*, Nations and Nationalism; *Hobsbawm* u. *Ranger*, Invention of Tradition.

veränität. Die gewaltige Kommunikationsrevolution, die mit der politischen Tagespresse der 1790er Jahre begonnen hatte, machte vor Ostmitteleuropa nicht halt. »Jakobinische« Umtriebe wurden zwar brutal verfolgt, ihre Zahl hielt sich in engen Grenzen[23] und unterschied sich qualitativ erheblich vom französischen Vorbild, aber das Instrument der öffentlichen Debatte mit einem neuen politischen Wortschatz ließ sich nicht mehr aus der Welt bringen.[24] Zumindest die politische Kultur der größeren Städte Ostmitteleuropas wurde auf diese Weise in einen transnationalen Kommunikationsraum integriert, lange bevor Territorialisierung und Nationalisierung einen hinreichenden Sättigungsgrad erreicht hatten, um neue Legitimitätsgrundlagen für Staat und Gesellschaft plausibel zu machen.

Der gescheiterte polnische Aufstand von 1830/31 hatte wiederum die Spuren einer vom Wiener Kongress beschlossenen konstitutionellen Selbständigkeit Kongresspolens beseitigt, auch wenn er sich auf ein erstaunlich breites Bündnis aus studentischen Geheimbünden der neu gebildeten Universitäten Wilna/Vilnius, Warschau und Krakau, republikanisch orientierten Verbänden in der Armee, Teilen der Szlachta [des (Klein)Adels], den Sejm-[Parlaments-]Abgeordneten und einer allerdings schmalen bäuerlichen Basis stützen konnte. Zar Nikolaus I. hielt konsequent dagegen und integrierte das frühere Königreich Polen, dem es an Unterstützung aus dem Westen des Kontinents gebrach, vollständig in das Russische Reich, indem er es fortan von einem Militärgouverneur regieren ließ.[25] Das Organische Statut von 1832 beließ immerhin einen Rest Selbstverwaltung, auch wenn die Macht durchweg bei eingesetzten russischen Beamten lag. Angesichts des brutalen Kolonialisierungsvorgangs auch in den litauischen und ukrainischen Gebieten verringerte sich die russlandfreundliche Fraktion in der polnischen Elite dramatisch.[26] Die preußische Bürokratie folgte im Großherzogtum Posen dem russischen Vorbild und ersetzte Integrationsangebote an eine eigenständig die Geschäfte des Landes besorgende Adelsschicht durch den Aufbau von Formen einer viel direkteren Herrschaft über den imperialen Ergänzungsraum. Entsprechend verlagerte sich die nationalromantische Bewegung zunächst ins Exil (»Große Emigration«), wodurch sich deren

---

23 *Benda*, Magyar jakobinusok; *Lesnodorski*, Polscy Jakobini; *Mejdřická*, Čechy; *Markov*, Jakobiner.

24 *Lüsebrink* u. *Reichardt*, Kulturtransfer.

25 *Kappeler*, Russland, S. 204–214.

26 *Puttkamer*, Ostmitteleuropa, S. 25f.

Komponenten aus dem räumlichen Bezug des jeweiligen Teilungsgebietes lösten, und sich die polnische Nation vorerst in der Diaspora »erfand«.

1848/49 als transnationales Ereignis

Die Erhebungen von 1848/49 werden von zahlreichen Historikern als eine einzige europäische Revolution aufgefasst und damit ihr grundsätzlich grenzüberschreitender Charakter hervorgehoben.[27] Tatsächlich spannte sich die zeitliche Ereigniskette vom energischen Aufbruch im Februar 1848 bis zu den letzten Nachhutgefechten im Sommer 1849 räumlich von Paris bis Wien und von Berlin bis in die Südostgebiete der Habsburgermonarchie. Die Anführer der Emanzipationsbewegungen hatten ihre aufrüttelnden Visionen von einer notwendigen Befreiung der jeweiligen Heimat während teils mehrjähriger Exilzeiten mit den Erfahrungen in anderen Ländern abgeglichen. Eine intensive Strategiedebatte über das Verhältnis von politischer Freiheit, sozialer Gleichheit und nationaler Unabhängigkeit hatte sich verbunden mit taktischen Überlegungen, wie eine eventuell fehlende Massenbasis durch Parteienbildung, Aufstandsplanung und transnationale Solidarität zu kompensieren war.[28]

Die revolutionären Erschütterungen kamen mithin nicht restlos unerwartet, denn seit ca. 1840 hatten sich die politischen Krisen in West- und Zentraleuropa zugespitzt. Eine intensive, ebenfalls transnationale Broschüren- und Presselandschaft war nicht müde geworden, das Marode am jeweiligen *Ancien Régime* zu betonen und für seine Überwindung zu werben. Dass Metternichs Versuche, die Josephinischen Reformen der 1780er Jahre nach dem Wiener Kongress wieder aufzunehmen und einen homogenen Kaiserstaat zu schaffen[29], erneut in der Diversität des »Vielvölkergefängnisses« stecken geblieben war, schien dem nun aufkommenden liberalen Flügel des Bürgertums Beleg für die Notwendigkeit eigener Beteiligung an der Führung der Staatsgeschäfte vor Ort. Die einzelnen Bemühungen unterschieden sich jedoch in Programmatik und Trägerschicht erheblich und reichten von der eher ständischen Reminiszenz des böhmischen Landtags bis zur heftigen Adelskritik eines István Széchenyi in Ungarn.

---

27 *Price*, Kleine Geschichte; das englische Original von 1988 trug allerdings den Titel »The Revolutions of 1848«. Weit voluminöser, aber deutlicher für die Zusammenfassung der Ereignisse als eine Revolution: *Dowe, Haupt* u. *Langewiesche*, Europa 1848.

28 *Jaworski* u. *Luft*, Revolutionen.

29 *Siemann*, Metternich.

Der Liberalismus, der sich im sogenannten Vormärz immer mehr Geltung verschaffte, schreckte allerdings an den meisten Orten vor der Radikalität des französischen Vorbildes von 1789 zurück und drängte keineswegs auf eine konsequente Republikanisierung. Ein nur mäßig die Monarchie kontrollierender Konstitutionalismus schien vielen Abgeordneten in den eilig zugelassenen Vertretungen ausreichend, um einen Kompromiss zwischen Machtteilhabe und Kontrolle in der sozialen Frage auch in den imperialen Ergänzungsräumen zu gewährleisten. Ideen einer Föderalisierung und der Gewährung kultureller Autonomie für die einzelnen Bevölkerungsgruppen, die für sich nationale Eigenständigkeit am Horizont wähnten, verwies die Wiener Regierung Schwarzenberg 1849 auf dem Reichstag von Kremsier in das Reich der nicht eingelösten Alternativen.[30]

Unter den mehrheitlich adligen Anführern der 48er Bewegung in Ostmitteleuropa rückte die auf Freiheitsbegriffe des Mittelalters gegründete Vorstellung weitestmöglicher Unabhängigkeit in den Vordergrund, während Bauernbefreiung und soziale Verbesserungen für die städtischen Unterschichten ebenso nachrangig blieben wie die Organisation der Teilhabe an industriellen Innovationen und neuen Marktzugängen. Angesichts einer solch gespaltenen Motivlage für den Widerstand gegen das jeweilige Zentrum der Imperien waren die Niederlagen gegen eine bald militärisch wieder konsolidierte Staatsmacht absehbar. In der folgenden Phase blieben kleine Fortschritte bei der Gewährung von politischen Partizipationsrechten abhängig von den Entscheidungen der imperialen Zentralen – in den russischen Teilungsgebieten ließen sie bis Anfang des 20. Jahrhunderts auf sich warten, nachdem 1863 erneut ein Aufstand der Polen gescheitert war.

Für die Territorialisierungsprozesse in Ostmitteleuropa bedeutete der Ausgang der Revolutionen von 1848/49 eine tiefgreifende Zäsur: die polnische Nationalidee ließ sich nur als Befreiung von ausländischer Kolonialherrschaft fassen, während das Habsburgerreich (in je unterschiedlichem Maße) für die böhmischen Länder[31] und vor allem für Ungarn nach dem Ausgleich von 1867 zunächst genügend Spielraum für die Entfaltung einer partiellen Selbstverwaltung und eigenständigen ökonomischen Entwicklung bot. Der Charakter als imperialer Ergänzungsraum ging damit nicht restlos verloren, aber er kam schwächer zur Geltung als im polnischen Fall. 1848 führte nicht zur durchgreifenden Nationalisierung, aber die kurze

30 *Seibt*, Das Jahr 1848.

31 *Polisensky*, Aristocrats.

Hoffnung auf Emanzipation hinterließ tiefe Spuren in Form eines Traums von der staatlichen Eigenständigkeit als Grundlage effizienter Teilhabe an der *global condition*. Dabei hatte sich für viele Beteiligte an den Nationalbewegungen klar abgezeichnet, dass die Erfüllung ihrer eigenen, durchaus unterschiedlich ausgerichteten Hoffnungen von der Lösung der inneren Widersprüche in den dominanten Imperien abhing. Dies betraf zuvörderst die Beantwortung der »deutschen Frage« und damit im Zusammenhang die Möglichkeit einer eigenen österreichischen Perspektive für den Kern des Habsburgerreiches.

Viel hing von möglichen politischen und sozialen Reformen des Zarenreiches als Voraussetzungen für eine selbstbestimmte Entwicklung in den ostmitteleuropäischen Gebieten ab, deren spezifisch transnationale Qualität – im Sinne einer gerade in diesem Moment der Entscheidung über künftige Entwicklungspfade hervortretenden eminenten Abhängigkeit – von Entwicklungen an anderen Orten überaus fühlbar wurde. Diese Abhängigkeit trat umso deutlicher hervor, je stärker die Revolutionsbewegungen (innerhalb und außerhalb der Parlamente) ihre temporären Errungenschaften wiederum transnational zu vergleichen lernten: Wahlrecht, Verhältnis der Kammern zueinander, künftige Belastungen bei der Ablösung der Feudallasten, Status der eigenen Sprache und Kultur im Bildungssektor usf. Man kann die Revolution als einen besonders dramatischen Moment der transnationalen Synchronisierung des Erwartungshorizonts verstehen, der auch für künftige Generationen den Maßstab der Nationswerdung auf verfassungsrechtlicher Grundlage über die Grenzen der Imperien hinweg fixierte.

Mit den Aprilgesetzen von 1848 hatte die von Lajos Kossuth geführte ungarische Revolution den weitesten Vorstoß in diese Richtung erreicht, der allerdings paradoxerweise gerade einem ähnlichen Ausgleich mit den Nationalbewegungen in Kroatien, der Vojvodina und Transsilvanien im Weg stand, weil nun Ungarn selbst andere Emanzipationsbewegungen zurückdrängte und dafür mit den Honvéd eine eigene Armee bildete.[32]

Die Alternative einer tendenziellen Föderalisierung der Habsburgermonarchie als Antwort auf die Nationalbewegungen scheiterte am (ebenfalls nie realisierten) Verfassungsoctroi Schwarzenbergs und der militärischen Überlegenheit der wiedererstarkten kaiserlichen Armee, die nach einigem Zögern Russland zu Hilfe rief und die ungarischen Truppen im August 1849

32 *Deák*, Lawful Revolution.

bei Világos in die Knie und zur Kapitulation zwang.[33] Erwartungen an eine gleichzeitige Erhebung in Italien erfüllten sich nicht. Das Ergebnis war eine erneute Verwicklung Ostmitteleuropas in die »deutsche Frage«, denn weder wurde die in der Paulskirche formulierte Komplettabsage der Beteiligung Österreichs an einem Deutschen Reich verwirklicht, noch ließ sich Schwarzenbergs Wunsch nach einem österreichisch-deutschen Staatenbund als Schutzwall gegen künftige Unruhen und als Ordnungsentwurf für die Beteiligung an neuen wirtschaftlichen Verflechtungen durchsetzen.

So hatte die Revolution von 1848/49 gerade die komplette Abhängigkeit der Emanzipation auch nur eines einzelnen Territoriums von der Lösung innen- und außenpolitischer sowie sozialer Fragen in den Nachbargebieten vor Augen geführt und die transnationale Verflechtung weiterer Politisierungsprozesse vorangetrieben: vom Prager Slawenkongress 1848[34] bis zum Projekt des Neoslawismus von 1908 im Gefolge der russischen Niederlage gegen Japan[35], ebenso wie im westeuropäischen, osmanischen oder nordamerikanischen Exil der ungarischen Revolutionäre um Lajos Kossuth.[36]

Der »Neoabsolutismus« der 1850er Jahre – eine Intensivierung der Territorialisierung

Wer auf eine rasche Durchsetzung von Eigenstaatlichkeit und Verfassungsordnung gesetzt hatte, konnte das Ergebnis der Revolution(en) nur als Niederlage und demütigenden Rückschlag begreifen. Dagegen ist allerdings eingewandt worden, dass die scheinbaren Sieger des konservativen U-Turn vom Sommer 1849 letztlich das Geschäft der Territorialisierung durchaus konsequent besorgten. Sie konnten sich der Notwendigkeit eines Ausbaus im Bildungssystem kaum entziehen und setzten vollständig auf eine Durchbürokratisierung von Herrschaft.[37] Dies ist auch als Neoabsolutismus bezeichnet worden[38], der wenig Rücksicht auf Selbstverwaltung und verfassungsmäßig verbriefte Rechte gab. Dagegen formulierten Exilungarn

---

33 *Stourzh*, Gleichberechtigung.

34 *Haselsteiner*, Prague Slav Congress.

35 *Hadler*, Vernetzungsimpulse.

36 *Freitag*, Exiles; *Fischer*, Lajos Kossuth, S. 105–124.

37 Das monumentale Werk der Kommission für Geschichte der Österreichischen Akademie der Wissenschaften *Wandruszka* u. *Urbanitsch* (Hg.), Habsburgermonarchie belegt diesen Bürokratisierungsprozess bis in die kleinsten Verästelungen, besonders Bd. 2 (Verwaltung und Rechtswesen) und Bd. 7 (Verfassung und Parlamentarismus). Siehe auch *Judson*, Habsburg Empire.

38 *Brandt*, Neoabsolutismus. Staatsfinanzen und Politik, siehe auch *Brandt*, Neoabsolutismus als Verfassungs- und Verwaltungsproblem.

verschiedene Entwürfe einer anders gelagerten transnationalen Einbindung ihres Nationalisierungsprojektes – am radikalsten vielleicht die u.a auf einer von Czartoryski im Mai 1849 in Paris angestoßenen Konferenz geäußerte Idee einer Donaukonföderation, die eine durchaus lange, wenn auch letztlich ergebnislose Debatte bis ins erste Drittel des 20. Jahrhunderts auslöste.[39] Kossuth schloss sich entgegen vorheriger Skepsis nach der Niederschlagung der ungarischen Revolution den Plänen an, mit Ungarn (inklusive Siebenbürgen) als Zentrum der »Verbündeten Freien Nordöstlichen Staaten« und klarer Stoßrichtung gegen Russland. Die Föderation sollte zugleich den slawischen Völkern einen Schutz gegen die umstandslose Integration in das Russische Reich bieten. Die Debatte spiegelte die Einsicht wider, dass bei allem Enthusiasmus für die Durchsetzung von Eigenstaatlichkeit in nationaler Separierung weder politisch eine Chance bestand noch wirtschaftlich genügend Potential zu gewinnen war. Als weiteren Vorzug pries Kossuth den Bestandsschutz für die kleineren Völker auf dem Boden der neuen Titularnationen an und machte deutlich, dass die grenzüberschreitenden Problemlagen kaum ohne einen solchen Zusammenschluss zu bewältigen wären und sich notfalls nur die Erfahrung der Niederlage von 1849 wiederholen ließe. Der beabsichtigte Bundesstaat sollte sein politisches Zentrum in Ungarn haben und war auf Zeit gedacht – aller 25 Jahre hätten die Unterzeichner die Gelegenheit zur Revision gehabt. Eine gemeinsame Außenvertretung stand weitgehender Autonomie bei der Regelung der je inneren Angelegenheiten gegenüber. Der Plan der Donauföderation, der eine Bündelung der Kräfte gegen die imperialen Zentren anstrebte, verhieß vor allem einen Inkubator für das Vorantreiben der Territorialisierung in den jeweils einer Nation zugedachten Gebieten.

1862 legte Kossuth den Plan erneut vor, nun in der Hoffnung auf eine Erweiterung nach Südosten auf den Trümmern des Osmanischen Reiches, dessen Zusammenbruch er nicht zuletzt aus den Erfahrungen seines dortigen Exils alsbald kommen sah. Die Abstimmung mit dem polnischen Exil um Czartoryski und serbischen Bündnispartnern blieb allerdings fragil, ganz zu schweigen vom Misstrauen, das unter den Rumänen und Slowenen gegenüber großungarischen Träumen fortbestand. Die Idee der Donauföderation ähnelt durchaus dem geopolitischen Gärzustand in imperialen Ergänzungs-

39 Symptomatisch, dass die deutsche Ostforschung nach dem Zusammenbruch ihrer politische Grundlagen im Zweiten Weltkrieg sich nach 1945 für diese Föderationspläne neu zu interessieren begann: *Kühl*, Föderationspläne.

räumen, in denen eine eigenständige Territorialisierung noch weitgehend bevorsteht. Man denke an Bolivars Staatsvorstellungen für Lateinamerika während der Unabhängigkeitsrevolution ab 1810 oder den Panafrikanismus in den 1960er Jahren.

Der mit dem Namen des Innenministers Alexander Bach verbundene Neoabsolutismus im Habsburgerreich versuchte die Nationalitäten gegeneinander auszuspielen und trug damit paradoxerweise zu deren wachsender Konsolidierung bei. Für ein Jahrzehnt eilte man in Wien der Idee nach, eine besonders mächtige Bürokratie sei geeignet, die nationalen Emotionen nicht nur zu kontrollieren, sondern sogar definitiv zu beruhigen. In der Literatur der Zeit erscheint dies als bleierner Zustand, in dem die Obrigkeit alles und jeden im Lande zu beherrschen imstande gewesen sei, während ihre militärischen Abenteuer an den Peripherien der Reiche die Schwäche der Imperien im globalen Wettbewerb schonungslos offenlegten, aber keinen Impuls für eine neue innere Erschütterung auslösten.

Krimkrieg und italienisches Risorgimento führten die Abhängigkeit der ostmitteleuropäischen Region von Konstellationen weit größeren Umfangs vor Augen: Der Neoabsolutismus wurde mit dem Oktoberdiplom von 1860 und der Einführung eines 100 Mitglieder starken Reichsrates in Wien nicht deshalb beendet, weil die Nationalbewegungen in Ungarn, Polen und den böhmischen Ländern stark genug gewesen wären, ihn zur Aufgabe zu zwingen, sondern weil man gegen England und Frankreich machtpolitisch weiter ins Hintertreffen geraten war. Die deutsche Frage wurde letztlich mit der Gründung des Bismarckschen Reiches auf eine Weise gelöst, die den Habsburgern nur mehr eine Nebenrolle beließ und eine aus dem Verlust der Kontrolle über ihre italienischen Besitzungen gemachte Erfahrung wiederholte. Russland sah seine Expansion in den Raum des schwächelnden Osmanischen Reiches gestoppt, der todbringende Stellungskrieg auf der Krim unterbrach die scheinbar einvernehmliche Kontrolle der Pentarchie der großen Mächte über Europa, wie sie auf dem Wiener Kongress etabliert worden war.[40] Frankreich stieg wieder zur führenden europäischen Kontinentalmacht auf und lieferte sich mit Großbritannien ab den 1880er Jahren einen neuen Wettlauf um Kolonien in Übersee, bei dem die in Ostmitteleuropa engagierten Imperien nicht mithalten konnten. Dem Russischen Reich blieb immerhin in Richtung Osten ein riesiger und erst langsam infrastrukturell zu erschließender Ergänzungsraum, in dem es 1904/5 von Japan in die

40 *Rath*, Crimean War.

Schranken gewiesen wurde. Seine polnische Besitzung hatte St. Petersburg nach einer kurzen Liberalisierungsphase im Gefolge des Aufstandes 1863 wieder mit aller militärischen Härte und der Unterdrückung einer eigenständigen polnischen Verwaltung gefestigt. Dem Königreich Preußen wie dem Habsburgerreich blieb dagegen nur der Weg einer vertieften Territorialisierung um das Zentrum herum. Die imperialen Ergänzungsräume verloren keineswegs ihre Bedeutung, aber im Falle Preußens änderte sich die Lage erheblich mit der Eingliederung des gesamten preußischen Territorialbestandes (einschließlich der Provinz Posen) zunächst in den Norddeutschen Bund und dann in das 1871 gegründete Deutsche Reich.

Für eine Neuordnung Ostmitteleuropas, wie in den Donauföderationsplänen ins Auge gefasst, war der Zugriff der Imperien vor dem Ersten Weltkrieg nicht schwach genug – die immer variantenreichere Zukunftsmalerei versank in politischer Bedeutungslosigkeit und wurde erst bei den Friedensverhandlungen nach 1918 und in kommunistischen Träumen von einer Balkanföderation wiederbelebt.[41]

Autokratie und Territorialisierung

Im Kontext einer transnationalen Geschichte Ostmitteleuropas fällt der Zusammenhang zwischen dem polnischen Aufstand von 1863/64, dem preußischen Sieg über Österreich 1866 und dem ungarischen Ausgleich von 1867 deutlich auf. Das durch die Niederlage im Krimkrieg geschwächte Zarenreich signalisierte zunächst eine gewisse Kompromißbereitschaft, abzulesen an der Wiedereröffnung der Medizinischen Akademie Warschau und der Nominierung des reformorientierten Generalgouverneurs Konstantin Nikolaevič; Ziel blieb aber die noch intensivere Einbindung des Teilungsgebietes in die Territorialisierungstendenzen des imperialen Zentrums. Die Amnestie für die Teilnehmer des Novemberaufstandes von 1830 und die Besetzung des Erzbischofssitzes Warschau sollten die Bereitschaft des St. Petersburger Hofes zur Lockerung der vorherigen Repressionskultur anzeigen, und mit der bald auf 4000 Teilnehmer anschwellenden »Landwirtschaftlichen Gesellschaft« wurde ein Ort geschaffen, an dem die von Zar Alexander II. für Russland durchgesetzte Bauernbefreiung auch im Teilungsgebiet beraten werden sollte. Doch die Einberufung polnischer Rekruten ließ eine bereits massiv russophobe Grundstimmung unter den Studenten und in den Geheimgesellschaften zu offenem Widerstand kippen. Die Frühlingsträume von einer durchgreifenden

41 *Kühl*, Föderationspläne, S. 28.

Liberalisierung nach dem Tod von Zar Nikolaus I. 1855 erfroren rasch wieder, denn in St. Petersburg gab es keineswegs die Absicht, die Polen langsam und geordnet in die Unabhängigkeit zu entlassen.[42] Der trotz einiger Anfangserfolge an der militärischen Übermacht der kaiserlichen Armee scheiternde Aufstand hatte eine Änderung der russischen Politik zur Folge: brutale Unterdrückung mit etwa 400 hingerichteten Aufständischen und ca. 20.000 nach Sibirien Deportierten sowie anhaltende repressive polizeiliche Kontrolle gingen nun mit dem Bemühen Hand in Hand, die kulturelle Hegemonie durch eine Russifizierungspolitik in Verwaltung und im Bildungssektor auszubauen. Die unter Alexander III. 1885 auch im Elementarunterricht durchgesetzte russische Sprache machte die etablierte Bildungssphäre für die polnische Bevölkerung bis hin zur Universität inakzeptabel. Zugeständnisse an die polnische Landbevölkerung sollte deren Bindung an das vom Adel repräsentierte nationale Projekt schwächen. Rund 3500 Güter polnischer Adliger wurden vom Staat eingezogen, während die Lasten der Bauern verringert wurden. Diese regional höchst differenziert verlaufende Stärkung der Integrationspolitik des Imperiums löste ein allein an politischer Stabilität interessiertes Bündnis mit den adligen Eliten in den kolonial beherrschten Gebieten ab.

Seine Grundlage hatte dieser Politikwechsel nicht nur im Widerstand etwa der Polen, sondern vor allem in einem Funktionswandel der imperialen Ergänzungsräume für die russische Wirtschaft und Gesellschaft. Standen zuvor die Sicherung der Außengrenzen gegen konkurrierende Imperien und das Vermeiden von sozialen Unruhen im Vordergrund, so rückten mit der zunehmenden Bedeutung von Gewerbe und Industrie neue Gesichtspunkte in den Vordergrund. Zum einen galt es die Qualifikationen der Bewohner zu erschließen, wofür eine forcierte Bildungspolitik notwendig, aber zugleich als Quelle nationalen Selbstbewusstseins verdächtig war. Für den wachsenden Handel über die Grenzen des Reiches galt es die Ergänzungsräume infrastrukturell zu erschließen, womit aber auch die Mobilität und Kommunikation in diesen Räumen selbst bessere Voraussetzungen erhielt. Und schließlich schuf diese anwachsende Mobilität innerhalb der Reichsgrenzen und über sie hinaus vermehrt Kontakte zwischen den Bewohnern unterschiedlicher imperialer Ergänzungsräume (ebenso wie mit denen des Zentrums) – ein Prozess, der gleichermaßen antiimperiale Ressentiments und soziale Solidaritäten über die Grenzen der protonationalen Gemein-

---

42 Für das Folgende: *Kappeler*, Russland, S. 207–214.

schaften hinweg befördern oder aber den Multikulturalismus des Reiches stärken konnte.

Alle drei Imperien, die in Ostmitteleuropa mit dem gleichen Dilemma konfrontiert waren, sahen sich zu einer aktiveren und strategisch durchdachten Politik gegenüber den Ergänzungsräumen veranlasst. Das seiner autokratischen Herrschaftstradition folgende Russland unterschied sich in der Palette der verwendeten Instrumente dabei von Preußen, das bis 1871 einen intensiven Lernprozess bei der Integration der deutschsprachigen Gebiete wie zum Beispiel Hannover, Schleswig-Holstein und Teile Hessens durchlief, in deren Folge die Provinz Posen zunächst in den Norddeutschen Bund und anschließend in das Deutsche Reich eingegliedert wurde. Auf diesem Wege wurde die Territorialisierung auf den Posener Raum ebenso ausgedehnt wie auf die süddeutschen oder sächsischen Gebiete im Reich.

Der österreichisch-ungarische Ausgleich

Das Habsburgerreich versuchte sich dagegen nach der Niederlage in der Lombardei an einer Verfassungsreform, um seine Kreditwürdigkeit wiederherzustellen. Zunächst wurde 1860 der Reichsrat als Zugeständnis an den Adel wiederbelebt und um Vertreter der Kronländer ergänzt. Damit wurde zwar nicht die soziale, wohl aber die geographische Basis der Budgetberatungen (und deren Legitimität) verbreitert und eine Dynamik in Gang gesetzt, in deren Folge das Oktoberdiplom 1860 auch die 1849 unterbrochene ständische Vertretung in Ungarn wieder einsetzte. Die Berufung Anton von Schmerlings im Dezember 1860 zum de facto leitenden Staatsminister markiert einen letzten Versuch, eine großdeutsche Lösung unter österreichischer Führung durchzusetzen.[43] Um dies zu erreichen, verband Schmerling eine zentralistische Verfassung mit einer Kommunalordnung für die Kronländer, die in Cisleithanien bis 1918 Geltung behalten sollte und deren Landtage und Landesordnungen eine effektive Territorialisierung erlaubten. Bereits auf dem Frankfurter Fürstentag 1863 scheiterte die nach Nordwesten gerichtete Deutschlandpolitik Schmerlings am Widerstand Bismarcks, der einen österreichischen Vorsitz im Deutschen Bund nicht akzeptierte. Mit dem Protestantendekret (1861) und Gesetzen zum Schutz der persönlichen Freiheit und des Hausrechts (1862) trieb Schmerling allerdings die innere Liberalisierung der Kronländer voran und wurde nach seiner Verabschiedung 1865 aus dem Ministeramt zu einem zentralen Vermittler im österreich-ungarischen Ausgleich, an dessen

43 Für das Folgende: *Puttkamer*, Ostmitteleuropa, S. 43–45.

Verhandlungen er wiederholt bis 1891 als Vorsitzender der österreichischen Delegation teilnahm. In der Person Schmerlings bündelt sich gewissermaßen die Kehrtwende der österreichischen Politik jener Jahre[44] – er verband das Wiederanknüpfen an die bereits 1848 diskutierten Lösungen für eine neue verfassungsrechtlich abgesicherte Beziehung zu Ungarn mit der (erzwungenen) Aufgabe der großdeutschen Option und einer inneren Liberalisierung für die Kronländer. So gelang es mit dem Ausgleich von 1867 zwei unterschiedliche Verfassungsmodelle durch einen ständischen Kompromiss unter einem Monarchen zusammenzuhalten. Für Cisleithanien wurde ein starkes Zentralparlament eingerichtet und die Beziehung zwischen den Kronländern föderal organisiert, während Ungarn (dem Siebenbürgen schrittweise komplett eingegliedert wurde) zu einem zentralistisch verfassten Staat wurde, in dem nur ca. 50 % der Bevölkerung Magyaren waren, Kroatien zwar eine Teilautonomie erhielt, Oberungarn dagegen nicht, und der lediglich bei der Außenpolitik und der Finanzierung des Heeres Abstriche in seiner Souveränität hinnehmen musste.[45] Galizien erhielt 1867 eine weitgehende Autonomie, während die Übertragung des Ausgleichsprinzips auf die böhmischen Länder an der Sorge in Wien scheiterte, es könne zu neuen Verwicklungen in der deutschen Frage kommen. Der Kaiser hatte Angst vor einem Verlust Böhmens bei einem entsprechenden Votum der deutschsprachigen Bevölkerung und wollte sich doch gleichzeitig eine Tür für einen späteren Wiedereinstig in einen deutschen Staatsbildungsprozess erhalten. Diese Ambivalenz hinderte die in den Fundamentalartikeln 1871 eigentlich skizzierte Perspektive der staatlichen Selbständigkeit der Böhmen im Rahmen des mit den Ungarn ausgehandelten Kompromisses. Die Enttäuschung zwischen Prag, Pilsen/Plzeň und Brünn/Brno war entsprechend groß und sollte die weitere Entwicklung in der Habsburgermonarchie bis 1918 massiv belasten.

Die unterschiedlichen Lösungen, die die drei Monarchien für die konfliktreiche Situation nach den 1850er Jahren fanden, hingen zweifellos mit staatsrechtlichen und kulturellen Traditionen zusammen, aber sie entsprangen auch einem laufenden Abgleich der eigenen Erfahrungen mit den Politiken der Konkurrenten. Diese waren in den 1860er Jahren nicht nur durch den Prozess der Herausbildung des Deutschen Reiches sowohl im russisch-preußischen wie im Verhältnis der Habsburger und Bismarcks unmittelbar

44 *Höbelt*, Österreichs Weg.
45 *Puttkamer*, Rumänen.

miteinander verflochten, sondern auch durch wechselseitige Beobachtung. Keines der Modelle erwies sich allerdings als attraktiv genug, um als generelle Lösung Akzeptanz zu finden.

Imperiale Sprachenpolitik

Mit dem Ausgleich sahen die ungarischen Eliten ihrer Bedürfnisse nach einer konsequenteren Territorialisierung des beanspruchten Kernlandes zu den eigenen Bedingungen zwischenzeitlich befriedigt, aber die Spannungen in allen drei Imperien blieben hinfort bestehen, weil die imperialen Ergänzungsräume immer wieder nach Souveränität der Entscheidung über ihre eigene Entwicklung verlangten und gegen repressive Maßnahmen bzw. (im ungarischen Fall gegen die Behinderung einer ganz und gar souveränen Politik gegenüber dem eigenen Ergänzungsraum) aufbegehrten.

Die Phase zwischen den späten 1860er Jahren und der Mitte der 1890er Jahre blieb gleichwohl eine Phase relativer politischer Stabilität, weil ein Rahmen abgesteckt war, in dem sich die 1849 noch schwachen Vertretungen der einzelnen Nationalitäten zunächst ihrer Konsolidierung zuwenden konnten. Mit dem Ausbau des Schulwesens sowie der wachsenden Rolle von Bildung und Mobilität verlagerte sich der Konflikt nun auf das Feld der Sprachenfrage, die als zentral für die Entwicklung nationaler Gemeinschaften galt. Das preußische Geschäftssprachengesetz von 1876 leitete in der Provinz Posen eine radikale Germanisierungspolitik ein, die auch vor ersten Versuchen eines Bevölkerungsaustausches zur Durchsetzung der sprachpolitischen Ziele nicht zurückschreckte. Von der Russifizierungspolitik im Zarenreich war bereits die Rede, wo überall der Gebrauch der lokalen Sprachen behindert und in den Schulen die Sprache des Imperiums verbindlich wurde. Gleichwohl blieb das Polnische im öffentlichen Raum der russischen Westprovinz vergleichsweise präsent. Die ungarische Regierung kopierte die Idee von der Alleinherrschaft der Sprache der Titularnation und setzte ihrerseits das Ungarische (mit Ausnahme Kroatiens) als verbindliches Verständigungsmittel durch.[46]

Eine Ausnahme von der vorherrschenden Homogenisierungspolitik bildete die Schul- und Verwaltungspolitik im Habsburgerreich, die seit 1867 eine Gleichberechtigung der Träger und Sprachen im Schulwesen propagierte. Wie die Badeni-Krise 1897 allerdings zeigte, war selbst eine Politik, die den imperialen Ergänzungsräumen großen Spielraum bei der kulturelle-

46 *Puttkamer*, Schulalltag.

ren Gestaltung interner Angelegenheiten bot, bald mit ihren Grenzen konfrontiert – jedenfalls dort, wo eine unversöhnliche Ethnisierung der Konflikte (wie im tschechisch-deutschen Verhältnis) betrieben wurde. Die Verweigerung von Souveränität durch die Imperien hatte eine wachsende Aufmerksamkeit für die Vorzüge staatlicher Souveränität im Vergleich zur Folge. Sie wurde in den letzten drei Jahrzehnten des 19. Jahrhunderts zum Kriterium für die Vollendung des seit dem 16. Jahrhundert laufenden Territorialisierungsprozesses.[47]

Die Kulturkämpfe hatten in der Sprachenpolitik ihre populärste, weil bis in die Volksschule und die einzelnen Familien hineinreichende Dimension. Aber daneben sorgte ein breites Spektrum von Vereinsgründungen, neuen Zeitungen, Opern, Theatern, Museen für eine Mobilisierung wachsender Bevölkerungsteile für die Sache der Nationalitäten. Bis in die 1890er Jahre schien allerdings der gefundene Ausgleich von 1867 zumindest im Habsburgerreich einen hinreichenden Rahmen für solche Bemühungen zu bieten, während die repressive Politik im Westen des Zarenreiches die Ruhe nur notdürftig erzwang.

Es wäre allerdings eine unzulässige Verengung der Perspektive, allein die wachsende Attraktivität der nationalitätenpolitischen Bemühungen herauszustellen, deren Sprengkraft später die territoriale Ordnung ganz Mitteleuropas explodieren lassen sollte. In der Region entwickelte sich im gleichen Zeitraum eine durchaus konkurrenzfähige Industrie und nahm an transnationalen Verflechtungen infrastruktureller und sozialer Natur teil, die auch Westeuropa in dieser Phase bestimmten.

Sozioökonomischer Wandel

Die Bauernbefreiung bzw. die gewachsene Freizügigkeit der auf den Gutswirtschaften tätigen Landarbeiter ließ die Wanderungsbewegungen in die Städte und über die Grenzen anschwellen. Die neuen Finanzmärkte zogen am anderen Ende des sozialen Spektrums Vermögende an, ganz und gar transnational nach den besten Investitionsmöglichkeiten Ausschau zu halten und dies besonders nach den frustrierenden Erfahrungen des Wiener-Börsenkrachs von 1873, der einiges an spekulativem Kapital vernichtet hatte.[48] Techniker und Erfinder suchten

47 Dies ist in der älteren, primär auf Westeuropa als Idealtypus dieses Vorgangs fixierten Forschung als Vollendung der Nationalstaatsbildung beschrieben worden; *Flora* u. *Fix*, Stein Rokkan.

48 *Hertner*, Balkan Railways; *Hertner*, Historical Lessons.

nach Kapitalgebern für ihre Ideen und Anwendungsvarianten für ihre Innovationen – Gewerbeausstellung und Industrievereine wirkten als Vermittler zwischen Angebot und Nachfrage.

Mit der Urbanisierung und den schnelleren Eisenbahnverbindungen zwischen den Städten nahm die transnationale Mobilität noch einmal erheblich zu. Sie wurde einerseits immer stärker Teil einer über den Atlantik und entlang der Schwarzerdegebiete Südrusslands und Chinas nach Osten drängenden Siedlerkultur, lieferte andererseits den benötigten Arbeitskräftenachschub in den industriellen Zentren Westeuropas wie auch derjenigen in der ostmitteleuropäischen Region selbst – allen voran Lodz/Łódź und Brünn/Brno mit ihrer Textilproduktion und der Maschinenfertigung. Migranten querten die Grenzen mehrfach hin und her, sie schickten Geld an die Daheimgebliebenen und sie entwarfen unter den freiheitlicheren Bedingungen der Überseesiedlungen in den neu gegründeten Zeitungen und Vereinen eine (nationale) Zukunft für die zurückgelassene Heimat. Der ostmitteleuropäische Raum spannte sich im Gefolge dieser Entwicklungen immer weiter ins Globale – Entscheidungen über die Art und Weise der Nationsbildung wurden nicht allein zwischen Warschau, Prag und Budapest getroffen, sondern ebenso in Chicago, Pittsburgh und Sydney. Die Einbindung in die Weltmärkte für verschiedene Produkte machte es notwendig, einen überlieferten Parochialismus auf den Dörfern zu überwinden, denn Ostmitteleuropas Landwirtschaft stützte den Lebensmittelnachschub der nordwestlichen Teile des Kontinents. Die Folge war viel eher Arbeitsteilung als Rückständigkeit und Verspätung. Eine den Bedürfnissen der Landwirtschaft angepasste Industrie (Mühlen im ungarischen Fall) und eine innovative Fertigung in einigen Leitsektoren der »zweiten industriellen Revolution« (Elektro- und Verkehrsmittelindustrie) hatten wiederum Wirkungen auf den beanspruchten Wirtschaftsraum, denn sowohl die Größe der benötigten Absatzmärkte als auch des Kapitalbedarfs überstiegen die engen Grenzen des nach dem Ausgleich 1867 verfügbaren Gebietes. Der Blick richtete sich sowohl nach Südosteuropa und Italien als auch nach Lateinamerika, wo ein ähnliches Bedürfnis nach Verbesserung der städtischen Kultur durch Elektrifizierung und nach einem Ausbau des Personen- und Gütertransports vermutet wurde und zugleich eine Nische zu erwarten stand, die auch mit begrenzten Ressourcen gewinnträchtig zu besetzen war. Die gewaltigen Investitionen, die für die Entwicklungsarbeit an den technologischen Quantensprüngen, aber auch für die langwierige Markteinführung komplett neuer Infrastrukturen notwendig waren, ließen sich am besten durch Teilhabe an transnationalen Kartellen (unter amerikanischer bzw. deutscher Führung) absichern. In einigen Fällen, die allerdings nur einen kleinen Teil der Wertschöpfung in der Region betrafen, gelang eine stabile Positionierung in diesen marktbeherrschenden Verbänden, die erst längere Zeit nach dem Ersten Weltkrieg der Antitrust-Polemik zum Opfer fielen.[49]

All diese Räume, diejenigen der durchgreifenden Territorialisierung ebenso wie diejenigen, die von den in der Region dominanten Imperien aufgezwungen wurden, aber eben auch die der eigenen transnationalen Positionierung von Migranten und von Unternehmern, hatten viele Überschneidungen, aber auch unterschiedliche Ausdehnungsrichtungen und -geschwindigkeiten. Und sie waren von unterschiedlicher Stabilität in der Zeit. Transnationale Geschichte, dies belegt Ostmitteleuropa in besonderer Weise, ist nicht die Ausdehnung eines einmal territorialisierten Kerngebietes in die Welt, so als würde Transnationalisierung erst nach erfolgreicher Nationalisierung einsetzen können. Grenzziehung und Grenzüberschreitung greifen unter der *global condition* ineinander.

Nationale Politisierung Die 1890er Jahre bildeten einen Wendepunkt auch für Ostmitteleuropa, weil zwei Prozesse aufeinandertrafen, die bereits relativ kurzfristig die vordem immer wieder bewiesenen Kapazitäten der Imperien überforderten, durch eine Mischung aus Unterwerfung und Integrationsangeboten die Region unter Kontrolle zu behalten. Mit den Machtansprüchen der aufsteigenden Wirtschaftsmächte USA, Deutschland und Japan in der Konkurrenz mit Großbritannien, Frankreich und Russland um imperialen Einfluss in zahlreichen Weltregionen von Fernost bis Afrika geriet das internationale System der Allianzen und Kompromisse, das 1815 entstanden war, an seine Belastungsgrenzen. In der Reaktion auf diese Spannungen erwiesen sich jedoch imperiale Ergänzungsräume als Schwachstelle, denn deren Kontrolle band anderweitig benötigte Ressourcen und sie konnten gegen das imperiale Zentrum in Stellung gebracht werden. Oder andersherum formuliert: Für Unabhängigkeitsbewegungen boten sich neue Bündnisoptionen, auch wenn diese erst im offenen Ausbruch von Konflikten (den man faktisch auf den russisch-japanischen Krieg 1904 datieren kann, obwohl bis 1914 immer wieder zeitweise Beruhigung eintrat) realisiert werden konnten.[50]

49 *Hidvégi*, Tungsram.
50 *Osterhammel*, Verwandlung, S. 619–627.

Aus der Sicht vieler bislang nicht zu voller nationalstaatlicher Souveränität gelangter Gemeinschaften bot sich in dieser Krise des internationalen Systems die Chance, die eigenen Ansprüche mit auswärtiger Unterstützung durchzusetzen.[51] Der Wettbewerb zwischen Woodrow Wilson, der seine 14 Punkte zur Selbstbestimmung der Völker auch als Werben um Verbündete in Ostmitteleuropa nach dem Eintritt der USA in den Krieg veröffentliche, und Lenin, der in gleicher Richtung auf revolutionäre Erhebungen gegen die kriegführenden Mächte (und Entlastung Sowjetrusslands) hoffte, zeigte an, dass ein Kompromiss aufgekündigt war, der die Kontrolle der Imperien über ihre Einflusssphären respektierte. Das Deutsche Reich suchte seinerseits muslimische Insurgenten mit der Idee eines Dschihad zu mobilisieren. Und der Impuls reichte weit über Europa hinaus und erfasste Korea, China, Indien ebenso wie Ägypten, so dass sich mit einigem Recht postulieren lässt, dies sei der Moment, an dem die Dekolonisierung weltweit einen neuen Schub erfuhr.[52]

Der zweite Prozess betraf die Veränderungen in der politischen Landschaft Ostmitteleuropas. Parteien wuchsen zu Massenparteien und erklärten die Souveränität der Nation zum vorrangigen Ziel bzw., wie die Sozialdemokratie, zum entscheidenden Hebel, um wohlfahrtsstaatliche Sicherungsmechanismen für die wachsende Zahl der in die Städte strömenden Arbeitskräfte durchzusetzen. Eine transnationale politische Programmatik wurde damit nicht automatisch verabschiedet, aber sie geriet in den Hintergrund und die Vertreter der sich nunmehr auf die Priorität einer kompletten Territorialisierung kaprizierenden Parteien erklärten das Projekt einer vollständigen Integration bzw. Assimilation von Nationalitäten, die auf dem Territorium lebten, für lösbar. Das internationalistische Profil der Arbeiterbewegung geriet unter den Druck neuer Parteien, die wie die Polnische Sozialistische Partei ab ca. 1905 einen nationalen Sozialismus propagierten und damit eine rasch wachsende Anhängerschaft gewannen. Die Geschwindigkeit und Tiefe, mit der dieser Prozess die Gesellschaften Ostmitteleuropas veränderte, hingen vom erreichten Stand der Bildungsexpansion, von der Möglichkeit, eine ältere Staatstradition zu legitimatorischen Zwecken heranzuziehen, von der Schärfe der Opposition zum imperialen Zentrum und, wie im tschechischen Fall, von der Konkurrenz um die Deutungshoheit über das Nationale zwischen verschiedenen Sprachgruppen ab, aber auch

51 *Leonhard*, Büchse der Pandora.

52 *Manela*, Wilsonian Moment.

davon, wie verschiedene Trägerschichten der Idee einer selbständigen Nation in die politischen Bewegungen zu ihrer Umwandlung in ein souveränes Staatswesen integriert werden konnten.

Die antisemitischen Progrome dieser Jahre bilden einen Indikator für die Spannungen, die die in kürzester Zeit sich ausbreitende nationalistische Grundstimmung mit sich brachte. Unabhängigkeit auf der Basis homogener Nationen erschien vielen als eine Verheißung, weiterer imperialer Unterdrückung zu entgehen, und verband sich mit der Hoffnung, dass der Abschluss der Territorialisierung mit einer erhöhten Wettbewerbsfähigkeit einherginge, die wiederum zu größeren Spielräumen für die Umverteilung in den jeweiligen Gesellschaften führen würde. Eine solche ethnonationale Integration hieß keineswegs, die transnationalen Verflechtungen zu reduzieren, wohl aber sie künftig zu eigenen Bedingungen zu betreiben. Wer allerdings diesem Eigenen nicht zugehörte, wurde als nicht integriert bzw. nicht integrierbar abgewiesen.

Die Kriterien hierfür konnten solche unterstellter ethnischer Differenz sein. Aber sie betrafen auch die quer zum vorherrschenden Nationalismus stehende Identifikation vor allem orthodoxer Juden primär mit der Religion und nicht mit einem Territorium. Dies wurde zur fundamentalen Herausforderung für ein sich quasi transnational verstehendes Judentum, mit der Folge, dass die einen nach Möglichkeiten und Wegen der Integration in die sich formierenden nationalen Gemeinschaften suchten, andere von der Auswanderung in ein eigenes Territorium träumten und die dritte Gruppe am transterritorialen Status des Judentums als Besonderheit festzuhalten suchte.[53] Der Jüdische Arbeiterbund (Bund) stellte sich gemeinsam mit der Sozialdemokratischen Partei des Königreichs Polen und Litauen auf eine internationalistische Position und unterstützte die Russische Sozialdemokratie, während die polnische Sozialistische Partei schon kurz nach ihrer Gründung 1892 zu einem nationalen Befreiungskampf aufrief und sich von einem bevorstehenden Krieg Unterstützung für ihr Anliegen erhoffte. Der Bund setzte sich dagegen für die Anerkennung der Kultur von Minderheiten bis hin zum Konzept von Autonomierechten ein.[54] Der Austromarxismus Karl Renners und Otto Bauers wandte sich ebenfalls gegen die Hoffnung, dass nationale Befreiung in soziale Emanzipation umschlagen könnte, und plädierte für nationale Gleichberechtigung im Rahmen größerer Terri-

53 *Diner*, Synchrone Welten.
54 *Zimmermann*, Poles.

torialeinheiten wie dem Habsburgerreich. Mit der Krise dieses Reichsgedankens konnten sich auch die österreichische Sozialdemokratie nicht mehr der Dynamik nationaler Mobilisierung entziehen, versuchten aber nach 1918 auf der Grundlage der vor dem Weltkrieg entwickelten Ideen erneut eine internationalistisch begründete Brücke zwischen Kommunistischer Internationale und Sozialdemokratie zu etablieren.[55]

Die zunehmenden ethnonationalen Konflikte führten nicht nur zu Gewaltexzessen gegenüber Minderheiten, sondern verhinderten auch die Bildung parlamentarischer Mehrheiten. Dies wurde besonders in den böhmischen Ländern im tschechisch-deutschen Verhältnis sichtbar. Die russische Revolution von 1905 und der damit einhergehende polnische Aufstand signalisierten in ähnlicher Weise eine massive Schwächung des Zarenreiches, endeten aber zunächst mit einer Wiederbefestigung der Herrschaft über Polen, die auch von der neuen Duma nicht in Frage gestellt wurde.

Der Weg in den Weltkrieg

Die schrittweise Verdrängung Österreichs aus der Etablierung des Deutschen Reiches hatte Ostmitteleuropa für die gesamte zweite Hälfte des 19. Jahrhunderts weitgehend stabilisiert, weil eine panslawisch inspirierte Opposition zum Zweibund zwischen Berlin und Wien schon angesichts des polnisch-russischen Verhältnisses keine machtpolitische Relevanz erlangen konnte. Die Sollbruchstelle, die in den Krieg führte, lag deshalb trotz aller ethnonationalen Konflikte, die ab den 1890er Jahren sichtbarer wurden, auch nicht in Ostmitteleuropa, sondern auf dem Balkan.[56] Hier kreuzten sich die Interessen des Zarenreiches und der Wiener Hofburg, während die wachsenden französischen Investitionen in Russland zu einer Annäherung der beiden Länder gegen das Deutsche Reich führten.[57] Mit dem Ausbruch des Krieges und dem militärischen Erfolg der Mittelmächte gegen Russland entstand Ende 1916 ein polnischer Staat, dessen Perspektive allerdings erst nach dem Zusammenbruch des Zarenreiches in der Revolution von 1917 in den Rahmen einer grundsätzlichen räumlichen Neuordnung Ostmitteleuropas – nun als imperialer Ergänzungsraum Deutschlands und Österreich-Ungarns allein – gestellt wurde. Angesichts der wachsenden Instabilität der Mittelmächte und ihrer Kriegsniederlage im Westen blieb dieses Projekt allerdings von kurzer

---

55 *Blum* u. *Smaldone*, Austro-Marxism.

56 *Clark*, Schlafwandler.

57 *Middell*, Deutsch-russisch-französische Kulturbeziehungen; *Aust*, *Vulpuis* u. *Miller*, Imperium; *Girault*, Emprunts russes.

Dauer. Langfristig wichtiger war die Anerkennung des in Paris ansässigen Polnischen Nationalkomitees als künftige Regierung durch die Westmächte, die die Bildung eines unabhängigen Polen zu ihren Kriegszielen erhoben. 1918 folgte eine ähnliche Entscheidung für die Tschechoslowakei, was die Auflösung des Habsburgerreiches mit sich bringen sollte. Der Abschluss der Territorialisierung in nationaler Souveränität wurde damit zu einer realistischen Option für Ungarn, Tschechen und Slowaken. Die bürgerlichen und adligen Eliten sahen in der Bildung eigener Staaten die einzige Garantie gegen weitergehende Forderungen der Arbeiterbewegung, die das wachsende soziale Elend der Kriegsjahre generiert hatte.

Innerhalb weniger Monate hatte sich die Situation in Ostmitteleuropa dramatisch geändert. An die Stelle eines Überlappungsbereiches dreier Imperien traten auf deren Trümmern selbständige Staaten. Sie entstanden als Folge des Zusammenbruchs der Reiche im Ergebnis einer kräfteüberspannenden Militärpolitik sowie der sozialen Spannungen in den imperialen Zentren. Sie verdankten ihre Legitimation der Intervention der Entente zu ihren Gunsten und sie füllten ein Vakuum, dass die Kriegsniederlage der Mittelmächte hinterlassen hatte. Zweifellos schloss die Bildung souveräner Nationalstaaten einen langen Prozess der Territorialisierung ab. Aber zugleich war diese Nationalstaatsbildung in besonderer Weise transnational verursacht, denn sie war weniger das Ergebnis einer erfolgreichen Unabhängigkeitsbewegung als die Folge eines Zusammenbruchs der bisherigen imperialen Herrschaftsverhältnisse. Im Ergebnis waren die Impulse zur Niederhaltung sozialer Unruhen im Namen der Nation für einen längeren Zeitraum stärker als die emanzipatorische Energie. Für eine konstruktive Lösung der strukturell gravierendsten Probleme dieser jungen Staaten, ihrer ethnonational gemischten Bevölkerung und ihrer fortdauernden Abhängigkeit von der geopolitischen Verortung, verhieß dies wenig Gutes.

I.1.2 Die Vermessung und Visualisierung des Territoriums: statistische und kartographische Projekte

Die Macht der Karten Zu den wirksamsten und zugleich diffizilsten Instrumenten dieser doppelten Territorialisierungsprojekte der ostmitteleuropäischen Imperien – im Zentrum und in den imperialen Ergänzungsräumen – gehörte die Erfassung und Vermessung des Territoriums, das in den sich zunehmend professionalisierenden Disziplinen der Statistik und der Kartographie verwissenschaftlicht wurde. Die Verbindung von Statistik und Kartenproduktion übersetzte sich in nachhaltige Vorstellungen von Territorium und Territorialität, also die Arrondierung eines Herrschaftsgebiets und die damit verbundenen Formen seiner Ordnung und Regulierung. Gleichzeitig darf man das bis heute wirksame Ergebnis dieses Prozesses – der jedem Schulkind vertraute farbige Flickenteppich scheinbar homogener und unstrittig umgrenzter Nationalstaaten, deren Summe als Weltkarte visualisiert wird[58] – nicht als Ausgangspunkt eines mindestens 150 Jahre dauernden Prozesses missverstehen. Die sich transnational vollziehende statistische Erfindung der Kategorie »Nation« stand zum Ende des 19. Jahrhunderts im Zentrum internationaler Diskussionen von Demographen und Kartographen.[59]

Für das erste umfassende kartographische Projekt in der Habsburgermonarchie gaben militärische Überlegungen den Ausschlag. Die österreichische Militärführung hatte das Fehlen verlässlicher Karten als eine Ursache der Niederlage gegen das Preußen Friedrichs II. identifiziert und konnte die Kaiserin Maria Theresia überzeugen, eine entsprechende Landesaufnahme zu veranlassen. So waren es auch keine professionellen Kartographen, sondern österreichische Offiziere, die 1764 mit der Erfassung der Habsburgischen Erblande begannen. Die Arbeiten wurden bis 1787 unter Joseph II. fortgesetzt. Diese Josephinische Landesaufnahme wurde ab 1807 durch die zweite, sogenannte Franziszeische Landesaufnahme ersetzt. Bei beiden standen militärgeographische Interessen im Vordergrund – weshalb diese Kartenblätter auch geheim blieben. Bei dem parallel entstehenden Franziszeischen Kataster ging es dagegen um die Gewinnung des Grundlagenwissens für die Festlegung der Grundsteuer.[60]

Das 1805 gegründete Königliche Statistisches Bureau hatte ebenfalls zunächst nicht die Aufgabe, die sprachliche, kulturelle und religiöse Vielfalt des preußischen Herrschaftsgebiets entlang nationaler Kriterien zu ordnen, sondern jene bevölkerungsstatistischen Daten zu erfassen, die zu einer genauen Kenntnis von Land und Untertanen für die Zwecke der sozial- und wirtschaftspolitischen Regulierung beitragen sollten. Auch noch im späteren 19. Jahrhundert gestaltete sich die Übersetzung und Instrumentalisierung statistischen Fachwissens für nationalitätenpolitische Belange nicht

58 Für eine umfassende historische Rekonstruktion dieses Prozesses für einen bestimmten Staat, die Schweiz, vgl. *Gugerli* u. *Speich*, *Topografien.*

59 *Weichlein*, Qu'est-ce qu'une Nation?

60 *Johler*, Beschreiben und Vermessen; *Rill*, Anfänge der Militärkartographie.

immer konfliktfrei. Besonders die Erfassung der Mehrsprachigkeit großer Bevölkerungsgruppen bot reichlich Stoff zum Streit über die Interpretation ambivalenter Datengrundlagen.[61]

Um die Mitte des 19. Jahrhunderts erlebten auch in Ostmitteleuropa jene Wissenschaften einen beachtlichen Aufschwung, die sich der Produktion von Raumwissen zuwandten, allen voran Geographie und Kartographie, jedoch auch Statistik und Ethnographie. So galt »das 19. Jahrhundert als das Jahrhundert der Geographen.«[62] Den politischen Raum statistisch und kartographisch zu erfassen, zu ordnen und schließlich in wirkmächtige Karten und Bilder zu verwandeln, gehört bis heute zu den bedeutsamsten Instrumenten, mit denen territoriale Ordnungen begründet und legitimiert werden.[63]

Geographie und Kartographie durchliefen dabei in allen Teilen Europas verflochtene Prozesse der Verwissenschaftlichung und Popularisierung, belegt durch die Verbreitung historischer Atlanten, unter denen der 1877 erstmals erschienene Putzgersche Schulatlas bis heute hervorsticht. Als sein Vorläufer gilt der 1846 erschienene »Historisch-geographische Hand-Atlas zur Geschichte der Staaten Europas vom Anfang des Mittelalters bis auf die neueste Zeit« von Karl von Spruner, der den Übergang von einer Kartographie dynastisch-genealogischer Entwicklungen hin zur Kartographie einer (national-)staatlich geordneten Welt markierte und damit auch auf die Erwartungen zeitgenössischer Leser reagierte.[64]

Doch bei den kartographischen Projekten des 19. Jahrhunderts ging es nicht nur um die Verfertigung wirksamer Raumbilder, die den nationalen Bewegungen ihren Identitätsraum[65] vor Augen führen sollten, sondern auch darum, einen heterogenen Herrschaftsraum zu erfassen und damit die Grundlage für die Ausübung politischer Macht im gesamten Territorium zu schaffen. Die Kurzformel »To own the map was to own the land« des Katographiehistoriker John Brian Harley[66] verweist auf die Bedeutung von Karten für militärische, wie auch für fiskalische und politische Zwecke.

61 *Schneider*, Wissensproduktion.

62 *Remnev*, Siberia, S. 436.

63 *Schneider*, Macht der Karten; *Harley*, New Nature.

64 *Kamusella*, School Historical Atlases, S. 215 f.: »Spruner gave nationally minded users an atlas that mapped ›their‹ history, meaning the history of their nation-states and nations.«

65 *Maier*, Transformations of Territoriality, S. 32–55.

66 *Harley*, Maps, Knowledge, and Power, S. 75.

In Ostmitteleuropa standen die Auftraggeber und Produzenten von Karten in der Mitte des 19. Jahrhunderts vor einer besonderen Herausforderung. Die Kartographie entwickelte sich nicht nur vor dem Hintergrund der parallelen Prozesse von Nationalisierung und Verwissenschaftlichung,[67] sondern übernahm gleichzeitig wichtige Funktionen im Rahmen der internen Neuordnungsprozesse der Imperien – und konnte damit von verschiedenen Gruppen für die je eigenen Interessen angeeignet werden.

Ost(mittel)europäische Kartographieprojekte

Eine »politische Kultur der Territorialität«[68], die sich in der Kartenproduktion spiegelte, entstand dabei bereits im 18. Jahrhundert oder sogar noch davor[69], aber sie blieb ein Projekt von und für Eliten.[70] Geographie und Kartographie hatten sich sich bereits vor dem 19. Jahrhundert zu bedeutenden Instrumenten staatlicher Modernisierung entwickelt. Im Russischen Reich erlebten sie ihren ersten Aufschwung unter Peter I. für militärische Zwecke und die Darstellung als mächtiges Reich mit riesiger Ausdehnung.[71] Sie gewann Bedeutung vor allem mit Blick auf die westlichen und östlichen Peripherien des Reiches. Für die Erschließung Sibiriens im Osten schuf sie – mit wechselndem Erfolg – die Voraussetzungen dafür, den gewaltigen Raum einer Kontrolle durch den Staat zugänglich zu machen.[72] Die westlichen Reichsgebiete erwiesen sich in den polnischen Aufständen um die Mitte des 19. Jahrhunderts als zunehmend prekäre Randgebiete, zu deren Integration auch Kartographie und Ethnographie eingesetzt wurden. So entsandte das russische Innenministerium 1866 eine ethnographische-statistische Expedition der 1845 gegründeten Kaiserlich Russländischen Geographischen Gesellschaft unter der Leitung von Pavlo Chubynski in die westlichen Provinzen, um die Besonderheiten der Gebiete – die dort lebenden Völker, ihre Sprache und Gebräuche, die Bevölkerungsdichte und -verteilung sowie die »ethnographischen Grenzen« – zu erfassen. Diesem Vorhaben war eine ethnographische Karte des europäischen Russlands von Petr Keppen aus dem Jahr 1851 vorausgegangen. Etwa zur selben Zeit beauftragte der Gouverneur des Kiewer Oblast eine statistische Beschreibung seiner Provinz, »to prove the ›Rus-

67 *Happel, Jovanović,. u. Werdt*, Osteuropa kartiert, S. 7–9.
68 *Häfner*, Europa, S. 97.
69 *Elden*, Birth of Territory.
70 *Häfner*, Europa; *Kotenko*, Construction.
71 *Häfner*, Europa.
72 *Stolberg*, Sibirien; *Weiss*, Wie Sibirien.

sianess‹ of his territories.«[73] Es verwundert wenig, dass polnische Experten parallel an statistischen und ethnographischen Erhebungen der russischen Westgebiete arbeiteten.[74] Diese Art der Beglaubigung eines polnischen nationalen Raum konnte dabei an die Arbeiten des polnischen Historikers Joachim Lelewel wenige Dekaden zuvor anschließen, der in einem historischen Atlas den räumlichen Wandel des geteilten Staates dokumentierte und diesen damit in gewisser Weise vor dem Vergessen zu bewahren suchte.[75]

Ethnographische und kartographische Forschungen sollten auch für die ukrainische Nationalbewegung an Bedeutung gewinnen. Vorarbeiten dazu hatte bereits in den 1820er Jahren Mychajlo Olexandrowytsch Maxymowytsch geleistet, der über die Grenzen des Russischen Reiches hinaus mit Hilfe des Kriteriums »ruthenische Sprache« den Siedlungsraum des ukrainischen Volkes identifizierte. Diese Erhebungen wussten später die Kaiserliche Geographische Gesellschaft wie die ukrainische Nationalbewegung für die je eigenen Argumente und Forderungen gleichermaßen zu nutzen.[76]

Nicht nur im Russischen Reich war um die Jahrhundertmitte mit der Gründung einer Kaiserlichen Geographischen Gesellschaft der gewachsenen politischen und gesellschaftlichen Bedeutung dieser Wissenschaft und ihrer sich wandelnden Rolle institutionell Ausdruck verliehen worden.[77] Im Jahr 1856 entstand in der Habsburgermonarchie die Österreichische Geographische Gesellschaft, die über die Disziplinengrenzen hinaus zu einem Zentrum der Verwissenschaftlichung von Raumplanung und Staatstheorie avancierte.[78] Und bereits 1828 war in Berlin die Gesellschaft für Erdkunde gegründet worden, deren erster Vorsitzender Carl Ritter seit 1820 der Inhaber des europaweit ersten Lehrstuhl für Geographie war. Ritters Forschung und sein Interesse insbesondere auch für die außereuropäische Welt machten ihn zu einem der international einflussreichsten Geographen seiner Zeit.[79]

Die Macht der Zahlen

In allen ostmitteleuropäischen Imperien waren etwa zur selben Zeit neben den geographischen Gesellschaften auch staatliche Kommissionen für die statistische Erfassung des Territoriums gegrün-

73 *Kotenko*, Construction, S. 52.
74 *Kotenko*, Construction, S. 52 ff.; *Ostapcuk*, Izmenie.
75 Zu Lelewels Atlas der polnischen Geschichte siehe *Baár*, Historians and Nationalism.
76 *Kotenko*, Construction, S. 43 f.
77 *Bassin*, Russian Geographical Society; *Weiss*, Wie Sibirien.
78 *Kretschmer* u. *Fasching*, Österreich.
79 *Quelle*, Hundertfündundzwanzig Jahre.

det worden. Pjotr Semjonov-Tjan-Schanski übernahm 1864 die Leitung des statistischen Komitees des Russischen Reiches, dem 1897 die Durchführung der ersten russischen Volkszählung übertragen wurde.[80] In der Habsburgermonarchie leitete Theodor von Inama-Sternegg die 1863 eingerichtete k.k. Statistische Zentralkommission.[81] Ihr Vorläufer, das 1829 gegründete Statistische Bureau Österreichs, hatte bereits 1848/49 die erste ethnographische Karte der Österreichischen Monarchie unter der Leitung von Karl von Czoernig angefertigt, eine Karte, die – nach Ansicht von Morgane Labbé – »en représentant les differents nationalités dans un festival de couleurs et un grand luxe de details [...] semble au contraire de la répression et des affrontements, vouloir dire la coexistence harmonieuse des nationalité au seins de l'empire«[82] – also eine Vision der Einheit in der Vielfalt nach der 1848er Revolution präsentierte.

In Preußen war 1805 ein Königlich Statistisches Bureau auf Anordnung Friedrich Wilhelm III. mit Sitz in Berlin eingerichtet worden, das im Laufe des 19. Jahrhunderts seine Tätigkeit erheblich ausweitete. Die von diesem Büro seriell erhobenen Daten wurden dann auch zur Grundlage für umfangreiche kartographische Unternehmungen, wie die 1864 von Richard Böckh angefertigte »Sprachenkarte vom Preußischen Staat«, die im Unterschied zu den noch im Vormärz veröffentlichten Sprachenkarten die einzelnen linguistischen Gruppen nicht scharf voneinander abgrenzte, sondern durch die abgestufte Kolorierung der Karte Proportionen von Bevölkerungsgruppen darstellte und damit die Koexistenz zweier oder mehrerer Sprachgemeinschaften darzustellen erlaubte, aber auch eine tendenziöse Vergrößerung des Siedlungsbereichs einer Sprachengruppe nahelegen konnte.[83]

Im 19. Jahrhundert zeichnete sich also der Übergang zu einer neuen politischen und Humangeographie im Zusammengehen zweier gleichzeitig erstarkender Wissenschaften – der Statistik und der Geographie – ab,[84] die gemeinsam ein neues Kartengenre begründeten, das für die Neuordnung des Kontinents nach dem Ersten Weltkrieg zu einem bedeutsamen Instrument

---

80 *Hirschhausen* u. *Leonhard*, Empires und Nationalstaaten, S. 61; *Lincoln*, Petr Semenov-Tian Shianskii.

81 *Hirschhausen* u. *Leonhard*, Empires und Nationalstaaten, S. 57.

82 *Labbé*, Carte ethnographique.

83 *Labbé*, Frontières; *Belzyt*, Sprachliche Minderheiten behandelt die hier für Österreich und Russland diskutierten Fragen mit Blick auf Preußen, insbes. dessen östliche Provinzen.

84 *Kményfi*, Grenzen S. 212. Zur Entstehung eines neuen kartographischen Regimes im 19. Jahrhundert auch *Labbé*, Frontières.

in den diplomatischen Auseinandersetzungen werden würde: die ethnonationale Karte. Die neuen kartographischen und statistischen Kompetenzen übersetzten sich in diesen Karten in ein politisches Argument, das nicht nur von verschiedenen sich nationalisierenden Gruppen innerhalb der Reiche in Anschlag gebracht wurde, sondern auch den Zielen imperialer Reformpolitik diente. Mit der Darstellung sozialer, kultureller und politischer Sachverhalte dienten Karten damit nicht mehr nur militärischen oder fiskalischen Zwecken oder zur Orientierung im Gelände, sie sollten vielmehr eine verbindliche Vermessung des politischen Raums ermöglichen – und ergriffen dabei notwendigerweise Partei. Dessen waren sich auch die Protagonisten der ethnischen Kartographie bewusst. So betonte Pál Teleki, ihr Begründer in Ungarn und der Schöpfer der berühmten »carte rouge«[85]: In Ostmitteleuropa könne es keine politisch neutralen Nationalitätenkarten geben.[86] Dabei entbrannte bereits vor den Pariser Friedensverhandlungen von 1919 ein regelrechter Kartenkrieg, in dem die Vielfalt der sich überlagernden Ansprüchen offenbar wurde, die sich sowohl als Behauptungsversuche nationaler Gruppen gegenüber den imperialen Zentren, als auch zwischen nationalen Gruppen innerhalb der Reiche oder auch innerhalb nationaler Bewegungen artikulierten.

Die Datengrundlage für diese neue »statistische Kartographie«[87] verbreiterte sich in der zweiten Hälfte des Jahrhunderts enorm, als in allen den ostmitteleuropäischen Raum berührende Imperien Volkszählungen durchgeführt wurden. In der Habsburgermonarchie fanden ab 1869 erstmals Volkszählungen nach modernen statistischen Methoden statt.[88] Dies war vor allem eine Reaktion auf das enorme Bevölkerungswachstum und seine sozialen und politischen Folgen: Den 1869 im Doppelstaat gezählten 36 Millionen Einwohnern standen wenige Dekaden später, 1910, bereits 50 Millionen gegenüber.[89]

Bevölkerungsstatistiken hatte es in Österreich aber schon vorher gegeben, so erschienen zwischen 1828 und 1865 jährlich die »Tafeln zur Statistik der österreichischen Monarchie«, die aber noch nicht alle Aspekte der modernen Sozialstatistik abdeckten.[90] Nach dem Ausgleich entwickelten die »Un-

85 *Keményfi*, Karten.
86 *Teleki*, Egy néprajzi térképről.
87 *Labbé*, Frontières.
88 *Fassmann*, Wende; *Hirschhausen* u. *Leonhard*, Empires und Nationalstaaten, S. 58ff.
89 *Fassmann*, Wende, S. 160.
90 *Pammer*, Grundlagen, S. 1555.

garische Statistische Mitteilungen« und die »Österreichische Statistik« die Erhebungen der »Tafeln« weiter.[91] Die Sozialstatistik wurde in der Monarchie nach dem österreichisch-ungarischen Ausgleich schnell zu einem Politikum, die »Zahlen [zu] Waffen«,[92] mit denen um soziale Reformen und um politische Teilhabe zwischen den verschiedenen Ethnien gerungen wurde. Außerdem waren die statistischen Erhebungen wichtig für die aller zehn Jahre anstehenden Neuverhandlungen des jeweiligen Anteils der beiden Reichshälften an den gemeinsamen Staatsausgaben.[93] Der Zensus schien sich dabei gegen das Imperium zu wenden: »Konzipiert als Strategie objektiver Erfassung und imperialer Kontrolle, verwandelte [er] sich [...] durch die besondere Aneignung und Politisierung vor Ort innerhalb weniger Jahre in ein wirksames Instrument der Nationsbildung [...].«[94]

Im Russischen Reich hatte man die Durchführung einer allgemeinen Volkszählung länger hinaus geschoben, teils aufgrund der begrenzten Möglichkeiten, die ungleich größere Einwohnerzahl zu bewältigen, teils aus Sorge vor der politischen Vereinnahmung des Zensus, die schon in der Habsburgermonarchie zu beobachten war. 1897 schließlich leitete Pjotr Semjonov-Tjan-Schanski die erste Zählung, in der ähnlich verfahren wurde wie zuvor beim südwestlichen Nachbarn: Zum Kriterium für die Erhebung der ethnischen Zugehörigkeit wurde die Nennung der Umgangssprache bestimmt, teils ergänzt durch konfessionelle Angaben. In weiten Teilen des Reiches blieben die Befürchtungen der Moskauer Regierung unbegründet, dass die Datensammlung zum Auslöser eines nationalen Erwachens werden könnte. Allerdings entwickelte sich in den westlichen Provinzen des Reiches eine ähnliche Dynamik wie in der Habsburgermonarchie, und der Kampf um die »richtigen« Erhebungskriterien wurde zum Ausdruck nationaler Forderungen. So boykottierten viele Einwohner Kiews die Befragung, da sie auf die Frage nach der Umgangssprache »ukrainisch« nicht angeben durften. Doch nicht nur das imperiale Machtzentrum wurde attackiert, vielmehr konkurrierten auch verschiedene nationale Gruppen miteinander um die Bestimmung der »richtigen Zuschreibung«, u. a. im Baltikum.[95]

Karte wie Zensus waren dabei einerseits Ergebnis des staatlichen Bemühens um die Zentralisierung von Herrschaft und die Einhegung sozialer und

91 *Pammer*, Grundlagen, S. 1555 f.
92 *Hirschhausen* u. *Leonhard*, Empires und Nationalstaaten, S. 58.
93 *Schmied-Kowarzik*, Unteilbar.
94 *Hirschhausen* u. *Leonhard*, Empires und Nationalstaaten, S. 60.
95 *Hirschhausen* u. *Leonhard*, Empires und Nationalstaaten, S. 60 ff.

politischer Konflikte im Zuge weiter ausgreifender gesellschaftlicher Modernisierungsprozesse. Gleichzeitig wurden mit ihnen gewissermaßen jene Kategorien (mit-)erfunden, in denen diese Konflikte nun zunehmend beschrieben wurden: als nationale, die sich in wachsendem Maße in die Konkurrenz um die Ordnung des politischen Raumes übersetzten.

Die kartographische und statistische Herstellung des Territoriums als transnationaler Prozess

Es handelte sich bei der kartographischen und statistischen Erfassung und Ordnung der Vielfalt der ostmitteleuropäischen Territorien und Bevölkerungen um einen transnationalen Prozess. Die Nationalisierung der kartographischen und sozialstatistischen Sprache war undenkbar ohne das transnational entstehende und verhandelte Wissen, das diesem zugrunde lag. Die neu entstehenden kartographischen und statistischen Expertisen waren nicht von Beginn an rein nationale Unterfangen mit dem Ziel der Homogenisierung und Abschließung, sie hatten sich vielmehr seit dem 18. Jahrhundert im grenzüberschreitenden Austausch der Wissenschaftler geformt.

Diese frühen transnationalen Verflechtungen der Kartographen und Geographen werden besonders mit Blick auf die russische Entwicklung anschaulich. Hier hatte Peter I. wie in vielen anderen natur- und geisteswissenschaftlichen Bereichen auch russische Kartographen und Geographen zu Bildungsreisen ins westliche Ausland geschickt sowie westliche Experten nach St. Petersburg geholt, u. a. den französischen Astronomen und Kartographen Joseph Nicolas Delisle und den deutschen Mathematiker Leonhard Euler.[96] Die ehrgeizigen gesellschaftlichen und politischen Reformen des Zaren waren darauf gerichtet, verlässliches und geordnetes Wissen über das Reich zu sammeln, auf das sich weitere Planungen gründen konnten. Viele der später führenden Köpfe der russischen Kartographie und Geographie hatten in Westeuropa studiert. Berlin besaß mit dem europaweit ersten Lehrstuhl für Geographie und dessen Inhaber Carl Ritter eine besondere Anziehungskraft,[97] so auch für Pjotr Semjonov-Tjan-Schanski, der während eines zweijährigen Aufenthalts an westeuropäischen Universitäten u. a. bei Ritter studierte. Neben Ritter, der 1836 zum Ehrenmitglied der russischen Akademie der Wissenschaften gewählt wurde, bildete Alexander von Humboldt einen wichtigen intellektuellen Bezugspunkt für die russische Geogra-

---

96 *Häfner*, Europa.

97 *Schröder*, Wissen; zum Einfluss Karl Ritters auf die russische Geographie: *Suchova*, Karl Ritter.

phie und hinterließ auf seiner russisch-sibirischen Reise im Jahr 1829 lang wirksame Spuren im kollektiven akademischen Gedächtnis der russischen und später sowjetischen Geographie.[98]

Bereits im 18. Jahrhundert war die russische Geographie demnach fester Bestandteil der *Republique des lettres*. Der Wissenstransfer folgte dabei nicht nur einer west-östlichen Richtung, sondern verlief auch anders herum, als die Karten und Daten russischer Kartographen und Geowissenschaftler mit Bezug auf Russland und Asien jene ihrer westlichen Kollegen an Qualität zu übertreffen begannen.[99] Und obwohl die russische Geographie als universitäres Fach in der Mitte des 19. Jahrhunderts erhebliche Einschränkungen hinnehmen musste,[100] blieb sie im Netz der in allen großen europäischen Staaten entstehenden geographischen Gesellschaften fest verankert. Sie wurde zum »internationalen Repräsentanten des russländischen Imperiums«,[101] ebenso wie der internationale Austausch die Arbeiten in jeder der beteiligten wissenschaftlichen Gemeinschaften prägte.[102]

Die deutsche Wissenschaftstradition strahlte im 18. und 19. Jahrhundert dabei nicht nur in die russische Geographie aus. Die Formierung einer ungarischen Raumwissenschaft, zu der neben der Geographie, auch die in der zweiten Hälfte des 19. Jahrhunderts entstehende Hungarologie zählte, nahm intensiv Anregungen aus der deutschen Forschung auf, vor allem im Nachdenken über Kultur-Räume sowie in ihren staatstheoretische Überlegungen.[103] Im deutschsprachigen Teil der Doppelmonarchie nahmen Geographen und Statistiker an den Arbeiten der preußischen Kollegen regen Anteil, dem Wissenschaftsaustausch hatte die politische Konkurrenz keinen Abbruch getan.[104]

Kartographisches und statistisches Wissen entstand also im transnationalen Austausch, in der wechselseitigen Beobachtung imperialer Auftraggeber ebenso wie auf der Ebene individueller wissenschaftlicher Kontakte. Transnational zirkulierten aber auch die Ergebnisse der politischen und raumwissenschaftlichen Projekte und wurde über die Grenzen der Staaten

98 *Suckow*, Alexander von Humboldt.
99 *Häfner*, Europa.
100 *Kotenko*, Construction.
101 *Weiss*, Wie Sibirien.
102 Zur Geschichte der russischen Geographie maßgeblich *Seegel*, Mapping Europe's Borderlands.
103 *Keményfi*, Grenzen, S. 204 f.
104 *Labbé*, Carte ethnographique, zu Czoernigs Arbeiten und seiner Rezeption des deutschen Statistikers August Schlözer.

und Imperien hinaus als Argumente im Kampf um eine neue territoriale Ordnung eingesetzt. Seit der Mitte des 19. Jahrhunderts hatte sich schon vor dem »Annus mirabilis der internationalen Organisationen«[105] 1864/65 eine beeindruckende statistische Internationale zu formieren begonnen. 1853 trat auf Anregung des belgischen Statistikers Adolphe Quetelet der erste internationale statistische Kongress in Brüssel zusammen, der sich bis 1878 in Paris, Wien, London, Berlin, Florenz, Den Haag, St. Petersburg und Budapest wiederholte.

Seit 1871 versammelten sich Experten auf den internationalen Kongressen für geographische Wissenschaften in verschiedenen west- und osteuropäischen Großstädten, gleiches galt für den 1882 begründeten Internationalen Kongress für Hygiene und Demographie, dem bis zum ersten Weltkrieg internationale Kongresse für Soziologie, Eugenik und Rassenhygiene folgten, die für die weitere Qualifizierung der Betrachtung von Bevölkerung und Territorium relevantes Wissen generierten und diskutierten. 1885 war das Internationale Statistische Büro mit Sitz in Rom gegründet worden, auf diese Weise die internationalen statistischen Kongresse in eine beständigere Organisation überführend.[106] Auf den Internationalen Statistischen Kongressen fanden sich jeweils ca. 200 Statistiker und Diplomaten – zumeist aus Europa, später aber auch aus den USA, Argentinien und Ägypten – zusammen, die zu einer gemeinsamen Sprache und Methodik zu gelangen suchten, welche statistischen Kategorien wie zu erheben seien, um diese weltweit vergleichbar zu machen.

Eine der umfassendsten Diskussionen entspann sich wenig überraschend um die Frage nach der »Nation«. Nach zwölfjährigem Ringen wurde auf dem St. Petersburger Kongress 1872 zweierlei beschlossen: Zum einen, das Individuum – und nicht das Kollektiv – hierfür zur Erhebungseinheit zu erklären und zum anderen, die gesprochene Sprache als Kriterium in die Erhebung aufzunehmen und diese als Ausdruck der Nationalität zu werten. Gleichzeitig wurde eine eigene Kategorie »Nationalität« eingeführt, die anhand der Staatsbürgerschaft des Individuums bestimmt werden sollte. Damit war die Frage »Was ist eine Nation« und »Was ist Nationalität« jedoch mitnichten abschließend und eindeutig geklärt.

---

105 *Herren*, Internationale Organisationen.

106 *Brocke*, Bevölkerungswissenschaft; *Hirschhausen* u. *Leonhard*, Empires und Nationalstaaten, S. 56ff.; *Desrosières*, Politique; *Desrosières*, Politik; *Labbé*, Carte ethnographique; *Labbé*, Internationalisme; *Neumann-Spallart*, Erfolge.

In der nach dem St. Petersburger Kongress eingesetzten Expertenkommission wirkten zwei österreichische und ein ungarischer Statistiker: Adolf Ficker, Ignaz Eduard Glatter und Karl Keleti. Sie standen der Einheit Individuum und dem Kriterium Sprache aufgrund der eigenen Erfahrungen mit österreichischen und ungarischen Erhebungen ausgesprochen skeptisch gegenüber. Bezeichnenderweise zogen alle drei Wissenschaftler die Möglichkeit in Zweifel, methodisch sinnvoll und wissenschaftlich-verallgemeinerbar »Nationalität« über das Sprachkriterium und vor allem nicht auf der Individualebene zu messen. Sie verdeutlichten vielmehr, dass es sich hier um hochgradig kontextabhängige, sozialen und politischen Einflüssen ausgesetzte (Selbst-)Zuschreibungen handelte und »Nationalität« letztlich nur durch den (imperialen) Staat über die Staatsbürgerschaft zugewiesen werde.[107]

Die Diskussionen blieben vielschichtig, widerstreitende Vorstellungen von Ordnung, von der Einhegung und der Bewahrung von Vielfalt führten bis in das 20. Jahrhundert hinein zu einer Pluralität von Lösungen, die unterschiedliche politische Akteure bei der Kartierung der Mischungsverhältnisse in der Bevölkerung einsetzen konnten.

Ein entrepreneur par excellence in diesem Sinne war der ukrainische Wissenschaftler und nationale Aktivist **Myahajlo P. Drahomanov** (1841–1895).[108] Er hatte in den 1860er Jahren an der Universität Kiew Geschichte studiert, und wurde zu einer der intellektuellen und politischen Leitfiguren der Hromada, einer Geheimgesellschaft, die sich der ukrainischen »nationalen Wiedererweckung« verschrieben hatte, und eine der einflussreichsten Gruppen der ukrainischen Intelligenz im russischen Reich. Gleichzeitig war er Mitarbeiter der südwestlichen Abteilung der Kaiserlichen Russländischen Geographischen Gesellschaft, die unter der Leitung von Pavlo Chubynski – ebenfalls einem Ukrainer – die bereits erwähnte Expedition in die westlichen Reichsprovinzen unternahm. Drahomanov pflegte einerseits intensive Kontakte mit ukrainischen Gruppen außerhalb des russischen Reiches, vor allem in Galizien, und versuchte auf diese Weise nationale Bindungen über die Grenzen der Reiche hinweg zu etablieren. Andererseits wirkte er, nachdem er 1875 von der Universität Kiew verwiesen wurde und 1876 nach Genf ins Exil gegangen war, als wichtiger Multiplikator der ukrainischen Idee im westlichen Ausland, und verbreitete so auch Vorstellungen eines ukrainischen Territoriums in einer breiteren europäischen Öffentlichkeit.

107 *Weichlein*, Qu'est-ce qu'une Nation?
108 *Kotenko*, Construction, S. 77; *Lysiak Rudnytsky*, Mykhailo Drahomanov.

I.1.3 Die Kontrolle des Territoriums: Grenz- und Migrationsregime

Grenzregime in Zeiten imperialer Modernisierung

Mit der Territorialisierung ging ein grundlegender Wandel der Grenzregimes einher: Neu aufkommende Verkehrs- und mediale Infrastrukturen wie Eisenbahn, Telegraph und Straßennetz schufen neue Herausforderungen für das Grenzmanagement, das von den sich modernisierenden Imperien als zentrale staatliche Aufgabe identifiziert wurde. Nicht nur in Ostmitteleuropa entstanden, verschoben und wandelten sich Grenzen und Grenzregime in einem Moment der sich verdichtenden Verflechtung.[109] Die komplizierte Gleichzeitigkeit imperialer, nationaler und alternativer Territorialisierungsentwürfe[110] führte zu einer enormen Vielfalt und Komplexität der Grenzregime.

Die spätestens seit 1848 in der Region anschwellende Grundspannung zwischen Projekten imperialer Modernisierung und Ansprüchen nationaler Reorganisation des Territoriums führte zu neuen Entwürfen einer Grenzordnung und massiven Konflikten in den Grenzregionen. Dies fand einen besonders spektakulären Niederschlag in der Ausweisung von ca. 48.000 fast durchweg in den östlichen Provinzen lebenden Ausländern durch die preußischen Behörden im Jahre 1885. Innenminister Robert von Puttkamer hatte diese Aktion im Abgeordnetenhaus damit begründet, dass »durch die massenhafte Ansammlung der polnischen Arbeiter [...] die sesshafte deutsche Bevölkerung zur Auswanderung gedrängt [würde], denn sie ist absolut außerstande, den billigeren polnischen Arbeitskräften auf die Dauer Konkurrenz zu machen«.[111] Im Hintergrund standen aber auch die maßgeblich durch neueste Ergebnisse der Bevölkerungsstatistik geschürten Ängste deutscher Nationalisten, dass ihr gerade erst geschaffener Nationalstaat in seinen östlichen Landesteilen durch ein überproportionales Wachstum der polnischsprachigen Bevölkerung »polonisiert« würde. Während man gegenüber den Polen mit preußischer Staatsbürgerschaft zunächst auf kultur- und bildungspolitische Assimilierungsmaßnahmen und später auch auf wirtschaftliche Diskriminierung setzte, erinnerte man sich bei den Polen und Juden, die aus Russland und der Habsburgermonarchie stammten, jedoch häufig schon seit Jahrzehnten in Preußen lebten, plötzlich an die Möglichkeit der Ausweisung. Die – von der Reichstagsmehrheit missbilligte –

---

109 *McKeown*, Melancholy Order.
110 *Marung* u. *Naumann*, Vergessene Vielfalt, S. 9–44.
111 Zit. nach *Bade*, Kulturkampf, S. 131.

Aktion sowie die Verbesserung der Grenzkontrollen konnten allerdings weder die Germanisierungspolitik zum Erfolg führen noch die Ostflucht aufhalten. Zudem regte sich schnell der durchaus »unpatriotische« Widerstand der Großgrundbesitzer, die auf ihre billigen Arbeitskräfte nicht verzichten wollten und über »Leutenot« klagten.[112]

Varianten und historischer Wandel von Grenzen

Ein und dieselbe Grenze bzw. Grenzregion konnte im Lauf der Jahrzehnte unterschiedliche territoriale Funktionen übernehmen. Deshalb reicht es nicht, allein die Außengrenzen der Imperien zu betrachten. Vielmehr haben wir es mit einem ganzen Bündel von verschiedenen *Grenztypen* zu tun. Zu unterscheiden sind imperiale Außengrenzen[113] von administrativen Binnengrenzen der Imperien[114], die später mitunter in nationalstaatliche Außengrenzen überführt wurden. Dazu rechnen auch jene Grenzen, die in Folge territorialer Experimente wie dem österreichisch-ungarischen Ausgleich entstanden. Hinzu kommen Grenzländer bzw. Grenzregionen wie Galizien, Schlesien, Masuren, Posen, Siebenbürgen oder die Bukowina,[115] sowie »Phantomgrenzen« im Sinne von Grenzen »zerstörter« oder verschwundener Territorien, die in der Erinnerung der Zeitgenossen fortbestanden. Sie konnten für neue politische Projekte als Folie, auf der sich nationalstaatliche Ambitionen besonders plausibel machen ließen, mobilisiert werden.[116] Zu solchen Phantomgrenzen sind aber auch jene Grenzimaginationen zu rechnen, die durch das imperienübergreifende politische und soziale Handeln nationaler Gruppen erzeugt wurden. Man denke an das Beispiel der »illegalen Infrastruktur«[117], die durch Projekte wie die »organische Arbeit« der polnischen Nationalbewegung entstand.

Grenzen und Grenzregime unterlagen in der Region einem besonders raschen historischen Wandel. Dies bedeutete auch, dass manche der gerade gezogenen Grenzen kaum Zeit besaßen, sich fester in die Routinen ihrer Anwohner einzuschreiben.

---

112 *Müller*, Wirtschaftliche Maßnahmen, S. 48–52.

113 *Turner*, Frontier; *Osterhammel*, Verwandlung, S. 465–564; *Khodarkovsky*, Russia's Steppe Frontier; *Häfner*, Von der Frontier; *Stolberg*, Sibirien; *Walsh*, American West; *Waechter*, Erfindung.

114 *Komlosy*, Grenze und ungleiche regionale Entwicklung; *Heindl* u. *Saurer*, Grenze und Staat.

115 vgl. *Puttkamer*, Ostmitteleuropa, 186ff; *Ther*, Zwischenräume.

116 Vgl. *Grandits, Hirschhausen, Kraft, Müller* u. *Serrier*, Phantomgrenzen, S. 13–56.

117 *Puttkamer*, Ostmitteleuropa, S. 41, 47.

Grenzverschiebungen im Gefolge von Imperienkonkurrenz

Zu den für Ostmitteleuropa wichtigsten und folgenreichsten Grenzziehungen gehören zweifellos die drei Teilungen Polens 1772, 1793 und 1795. In ihrem Vollzug gewannen das Königreich Preußen, die Habsburgermonarchie und das Russische Reich enorme Gebiete hinzu und gerieten gleichzeitig in ein chronisches Konkurrenzverhältnis. In der dritten Teilung gelangte Preußen im Vergleich zu den territorialen Gewinnen aus den beiden Teilungen davor ins Hintertreffen. Russland verschob sein Territorium noch weiter nach Westen bis zu den Flüssen Bug und Memel und gliederte Kurland und Litauen ein, Österreich rückte nach Norden vor und konnte nun neben Lublin und Sandomierz auch das strategisch wichtige Zentrum Krakau in sein Territorium einfügen, während Preußen sich weiter in den Osten bis an Bug und Memel einschließlich Warschau ausdehnen konnte. Die preußischen und österreichischen Niederlagen gegen Napoleon führten zu Anfang des 19. Jahrhunderts zum Verlust der Gewinne aus den zweiten und dritten Teilungen, aus denen nun das Großherzogtum Warschau entstand. Nach der endgültigen Niederschlagung der napoleonischen Neuordnungsversuche Europas und der Einigung auf dem Wiener Kongress 1815 wurde das Großherzogtum nun als Königreich Polen – ohne das an Preußen fallende Großpolen – in das Russische Reich integriert.

In Wien wurden zudem wichtige Entscheidungen getroffen, die nicht nur die *Verschiebung* von Grenzen als Ausdruck von Gebietsgewinnen und -verlusten betrafen, sondern auch die territoriale Organisation der Territorien entscheidend prägten, die aus den ehemaligen polnischen Gebieten gebildet wurden. So hatte Preußen auf dem Kongress weitreichende Zusagen gemacht, die polnische Nationalität in den Provinzen zu respektieren und ihr Freiräume zu garantieren – Zusagen, die von den polnischen Eliten gegenüber den preußischen Staats- und Rechtsautoritäten eingefordert werden konnten und auch wurden.[118] Preußen war damit für einen kurzen Moment – bis zur vollen Entfaltung seiner antipolnischen Germanisierungspolitik in den Gebieten, die nach den polnischen Aufständen 1830 und 1863 sowie nach der Reichsgründung 1871 an Fahrt gewann – zu einem »Staat zwischen den Nationen« geworden.[119] Die Verschiebung von Grenzen im Zuge der Teilungen Polens hatte in Verbindung mit den strukturellen Neuordnungen nach dem Wiener Kongress also auch einen Wandel des Raumformats zur Folge.

118 *Müller*, Identitätsgeschichte, S. 8f.
119 *Serrier*, Deutsche Kulturarbeit, S. 20.

So war aus dem Königreich Preußen ein »preußisch-deutsches Empire«[120] und zugleich ein »europäisches Empire«[121] geworden, das nach dem Wiener Kongress unterschiedliche Territorialisierungsprojekte verfolgte. War die preußische Regierung zunächst um einen Ausgleich mit den Interessen seiner polnischen Bevölkerung bemüht und sicherte ihr entsprechende Rechtsgarantien zu, setzte in den 1830er Jahren ein forcierter »Landesausbau« ein, der aber anders als in den Überseekolonien des britischen oder französischen Imperiums in geringerem Maße von einer expliziten Zivilisierungsmission begleitet war[122], sondern primär auf die Stärkung der deutschen Wirtschaftskraft und Bevölkerungszahl zielte.[123] Erst nach den polnischen Aufständen in der Mitte des Jahrhunderts – obwohl sie nicht gegen die preußische sondern gegen die russische Teilungsmacht gerichtet waren – wurde die preußische Polenpolitik zunehmend legitimiert durch den Mythos einer deutschen Zivilisierungsmission im Osten, der das neu erworbene Grenzland nachhaltig transformieren sollte.[124] Zunächst wurden unter dem Posener Oberpräsidenten Eduard von Flottwell die Reste polnischer Selbstverwaltung abgeschafft, später mit den Mitteln der Sprachpolitik das Territorium innerhalb der neuen Grenzen zu homogenisieren versucht und schließlich auch über Ausweisung von Polen und Juden sowie die Gründung der Preußischen Ansiedlungskommission 1885/1886 die imperiale Herrschaft zunehmend ethnisch fundiert und in die Beherrschung des Bodens übersetzt.[125]

Intra- und transimperiale Nationalisierung von Grenzen

Damit ist bereits eine zweite Art von Prozessen der Grenzziehung und des Grenzwandels angesprochen, der sich mit dem zuerst genannten überlagerte: die unterschiedlichen, teils widersprüchlichen Bemühungen um die Nationalisierung von Grenzen. Auch wenn diese Prozesse die für das Jahrhundert prägenden waren, so sind sie doch im Zusammenhang mit anderen Arten der Grenzziehung und des Grenzwandels zu sehen. Mit der »Nationalisierung von Grenzen« ist mitnichten ein zwangsläufiger und eindeutiger Prozess gemeint. Dieser umfasste im 19. Jahrhundert mehrerlei bzw. besaß eine Vielzahl von nicht immer

120 *Ther*, Deutsche Geschichte, S. 130.
121 *Ther*, Deutsche Geschichte, S. 135.
122 *Barth* u. *Osterhammel*, Zivilisierungsmissionen.
123 *Müller*, Wirtschaftliche Maßnahmen, S. 42–47.
124 *Broszat*, Zweihundert Jahre; *Ther*, Deutsche Geschichte, S. 135ff; *Zernack*, Preussen; *Schattkowsky*, Nationalismus, S. 35–79.
125 *Ther*, Deutsche Geschichte, S. 136ff.; *Müller*, Modernisierung.

widerspruchsfreien Varianten. Es ging dabei zunächst weniger um die Territorialisierung der Nation als Abgrenzungsprinzip zwischen den benachbarten ostmitteleuropäischen Reichen, als vielmehr um die innerimperiale Ordnung nach national-territorialen Kriterien sowie um die Hierarchisierung von Grenzen, Loyalitäten und Identitäten, die später das nationalstaatliche Territorialisierungsregime noch viel stärker kennzeichnen sollten. Dies bedeutete für Ostmitteleuropa insbesondere die Unterordnung regionaler und lokaler Zugehörigkeiten – und damit verbunden die Gewichtung und Einordnung von regionalen und lokalen Grenzen – unter das nationale Prinzip, und dies alles unter den Bedingungen multinationaler Imperien, deren Bestand an erfolgreiches Komplexitätsmanagement gebunden war.

So ist an verschiedenen Stellen argumentiert worden, dass »Polyethnizität [...] nicht als mythisches Gegenmodell zur faktischen Nationalisierung zu interpretieren [ist], sondern als eine höchst moderne Konstruktion von Differenzen in einer Gesellschaft, in der Modernisierung nicht an einen Staat mit einer Mehrheitsgesellschaft geknüpft sein konnte.«[126] Bleiben wir beim Beispiel der preußischen Teilungsgebiete, insbesondere Westpreußen und Posen. Hier zeigte sich zum einen, wie langwierig und gebrochen der Weg »from empire to nation« war, und dass zum anderen Nationalisierung und Modernisierung nicht zwei Seiten derselben Medaille oder gar sich wechselseitig antreibende Prozesse gewesen sind, sondern dass Projekte der nationalen Territorialisierung quer oder in Konkurrenz zu jenen der gesellschaftlichen und wirtschaftlichen Modernisierung stehen und damit auch grundsätzlich die Territorialisierung der Staatsmacht bremsen konnten. Die preußische Zentralregierung verzögerte wirtschaftliche und gesellschaftliche Reformen, die im westlichen Teil des Reichs zu Wachstum und Prosperität geführt hatten, in den östlichen Gebieten aus Angst vor der ungewollten Stärkung der polnischen Bevölkerung – oder aufgrund der Unfähigkeit, die Pluralität und Verflechtung von Interessen verschiedener Gesellschaftsgruppen ins Verhältnis zu setzen und mit zentralstaatlichen Maßnahmen auszubalancieren. So haben umfangreiche Transfers von Kapital, modernen Institutionen und Technologien aus dem Westen Deutschlands in die preußischen Ostprovinzen nur suboptimale Ergebnisse erzielen können, weil der Staat versuchte, den Nutzen auf den deutschen Teil der Bevölkerung zu beschränken.[127] Prozesse

126 *Müller* u. *Petri*, Nationalisierung, S. XII mit Bezug auf *Hüchtker*, Mythos Galizien, im gleichen Band.
127 *Müller*, Wirtschaftliche Maßnahmen, S.52–58.

der Entfeudalisierung und die Reform der Agrarverfassung, die neue Kreisordnung und Munizipialverfassung wurden in den östlichen Reichsgebieten nur schleppend umgesetzt, um eine nicht intendierte Begünstigung polnischer Interessen zu vermeiden.[128]

Dieser Reformstau verschärfte die sich ohnehin vergrößernde wirtschaftliche Rückständigkeit der Gebiete, setzte aber auch Eigeninitiativen der polnischen Eliten in Gang, die mit dem von polnischen Positivisten geprägten Begriff der »organischen Arbeit« bezeichnet wurden. Im Gefolge des gescheiterten Januaraufstandes 1863 hatten polnische künstlerische und soziokulturelle Eliten für eine Alternative zu bewaffneten und aus ihrer Sicht zum Scheitern verurteilten Aufständen plädiert. Die polnische Nation sollte durch »sinnvolle« Tätigkeit geformt und damit auch gegen preußische Germanisierungsbestrebungen gestärkt werden.[129] Daraus gingen vor allem Initiativen zur gesellschaftlichen Selbstorganisation hervor, die die Abhaltung »Fliegender Universitäten«, die Gründung von Vereinen zur Unterstützung polnischer Studenten, die Tätigkeit wissenschaftlicher Vereine (wie der 1857 gegründeten »Polnischen Gesellschaft für die Freunde der Wissenschaft«, einer Art Kompensation für die erst 1918 entstehende Universität in Posen/Poznań) ebenso einschloss wie den Aufbau eines Kreditwesens und landwirtschaftlicher Vereine.[130] Diese Projekte waren zwar seit den 1840er Jahren als eine Reaktion auf die Russifizierungs- und Germanisierungsmaßnahmen der Teilungsmächte zu verstehen, sie bewegten sich aber vor allem in Preußen im geltenden rechtlichen Rahmen und zielten nicht in jedem Fall auf eine grundsätzliche Opposition zum Zentralstaat. Gerade die moderaten Kräfte innerhalb der »organischen Arbeit«, wie Karol Marcinkowski, wurden entsprechend von den Vertretern des preußischen Staates durchaus als Kooperationspartner bei dem Versuch betrachtet, die Gefahr weiterer Aufstände abzuwehren.

Karol Marcinkowski (1800–1846), der als Posener Arzt und Begründer einer Reihe karitativer Einrichtungen – auch gemeinsam mit deutschen Ärzten – hohes Ansehen sowohl unter der deutschen als auch unter der polnischen Stadtbevölkerung genoss, pflegte nicht nur gute Kontakte zur polnischen adligen und intellektuellen Elite, sondern auch zu den preußischen Behörden. Er hatte sich wie tausende anderer Polen aus

128 Zur Kreisordnung *Gey*, Preußische Verwaltung, S. 43. Zum Widerstand der Großgrundbesitzer: *Wagner*, Bauern, Junker und Beamte.

129 *Janowski*, Polish Liberal Thought; *Böhning*, Nationalpolnische Bewegung; *Pletzing*, Völkerfrühling.

130 *Jaworski*, Handel und Gewerbe; *Lorenz* u. *Müller*, National Segregation.

den preußischen Teilungsgebieten in Kongresspolen dem Novemberaufstand 1830 angeschlossen und musste, um politischer Verfolgung zu entgehen, emigrieren, zunächst nach Großbritannien, dann nach Frankreich. Als er 1835 nach Posen zurückkehrte, wurde er nach langer Verhandlung zu einer dreimonatigen Haftstrafe verurteilt, aus der er aber vorzeitig entlassen wurde, um bei dem Ausbruch einer Choleraepidemie in der Stadt ärztliche Hilfe zu leisten. Seine Beteiligung am antirussischen Aufstand sowie die Emigration – in der er mit anderen Vertretern der polnischen Opposition wie Adam Czartoryski und Tytus Działyński zusammentraf – und seine Verurteilung hatten aber nicht zur politischen Radikalisierung geführt, sondern seine Überzeugung bestärkt, dass es darauf ankomme, eine Kooperation mit dem preußischen Zentralstaat zu verbinden mit dem Aufbau einer polnisch-nationalen Infrastruktur. Die von ihm gegründete »Towarzystwo Naukowej Pomocy« (TNP) [Gesellschaft zur wissenschaftlichen Hilfe] wurde 1841 von Flottwells Nachfolger Arnim-Boitzenburg genehmigt. Der sich aus Spenden finanzierende Verein unterstützte mittellose Studenten durch Stipendien, damit diese an den Universitäten in Breslau, Freiburg oder Berlin studieren konnten. Obwohl deutsche Studenten nicht grundsätzlich als Stipendienempfänger ausgeschlossen waren, profitierten in der Praxis ausschließlich polnische Jugendliche von der Vergabe. Die TNP entging, auch aufgrund der Vermittlungserfolge von Marcinkowski, mehrfach einem drohenden Verbot und wurde – anders als andere Einrichtungen der organischen Arbeit wie der Posener »Bazar«, ein polnisches Handelszentrum – weniger misstrauisch beäugt. Bis 1860 genoss der Verein sogar Portofreiheit sowohl für seine Korrespondenz als auch für Sach- und Geldspenden, wurde also nicht nur toleriert, sondern unmittelbar vom preußischen Staat unterstützt. Als 1863 von den preußischen Behörden ein Verbot des Vereins diskutiert wurde – zu dem es vorerst nicht kam – erwog man sogar, die Verpflichtungen aus den Stipendien, die die Gesellschaft vergeben hatte, mit Geldern des preußischen Staates zu finanzieren, also die Aktivitäten der organischen Arbeit selbst zu übernehmen.[131]

An den Aktivitäten im Umfeld der organischen Arbeit zeigt sich, dass die Prozesse der Nationalisierung von Grenzen im Sinne der Abgrenzung zwischen nationalen Gruppen innerhalb der mitteleuropäischen Reiche mitnichten jenen eindeutigen Exklusionslogiken folgten, die nach dem Ersten und noch einmal mehr nach dem Zweiten Weltkrieg zum wenig umstrittenen handlungsleitenden Prinzip für die territoriale Neuordnung der Region erhoben wurden. Vielmehr scheint es lange Zeit möglich gewesen zu sein, zentralstaatliche Interessen – die ihrerseits zunehmend ethnisch konzipiert wurden – zu vermitteln mit partikular-nationalen, ohne den gemeinsamen

131 *Schröder*, Karol Marcinkowski, S. 8–35.

imperialen Rahmen grundsätzlich in Frage zu stellen. Es zeigt sich weiterhin, dass die Protagonisten der nationalen polnischen Bewegung gerade im Zusammenhang mit der organischen Arbeit Akteure in einem transnationalen Raum waren, der sich nicht nur durch die Emigranten in Westeuropa konstituierte, sondern auch durch die transnationalen Biographien vor allem in den Ausbildungswegen geprägt wurde: nicht nur Marcinkowski hatte in Berlin studiert, auch zahlreiche der durch die Vereine der organischen Arbeit geförderten Studenten wählten eine deutsche Universität in den westlichen Reichsteilen zu ihrem Studienort. Auch die Gründung von Kreditgenossenschaften sowie die Parzellierung von Großgrundbesitz mit anschließender bäuerlicher Ansiedlung erfolgten in einem dynamischen Wechselverhältnis von Kooperation und Konkurrenz zwischen preußischem Staat und polnischen Akteuren.[132]

Bedeutsam waren die Akteure der organischen Arbeit zudem als Produzenten alternativer Grenzen, indem sie Vorschläge für neue Raumformate entwickelten. Die besonders aktiven Gruppen in der Provinz Posen und in Westpreußen machten ihre Ideen und Diskussionen über die transimperial aktive polnische Presse in den anderen Teilungsgebieten bekannt. Polnische Aktivisten aus Galizien statteten den Posener und westpreußischen Verbündeten wiederholt Besuche ab, bei denen nicht nur Vorstellungen über die zukünftige Konstitution eines neuen polnischen Staates diskutiert wurden, sondern bei denen es auch um Machtfragen innerhalb der die Grenzen der Imperien überschreitenden polnischen Nationalbewegung ging, vor allem mit Blick auf die Zentralisierungsbemühungen in den preußischen Teilungsgebieten.[133] Die Anhänger der »organischen Arbeit« überschritten damit sowohl nationale als auch imperiale Grenzen und entwickelten gleichzeitig Visionen für zukünftige Grenzen, die neue nationalstaatliche Einheiten konstituieren sollten.

Mit dieser Art von Grenzvarianten und Grenzwandlungsprozessen überlagerten und konkurrierten Formen von Grenzziehungen und Grenzveränderungen, die aus unterschiedlichen überstaatlichen – zumeist von den Imperien betriebenen – Integrationsprojekten resultierten. So waren weder die Grenzen des 1815 gegründeten Deutschen Bundes mit denen des 1833 ins Leben gerufenen Deutschen Zollvereins identisch, noch korrespondierten sie mit jenen der beteiligten Mitgliedsimperien: Das österreichische Kaiser-

---

132 *Lorenz* u. *Müller*, National Segregation, S. 196–199; *Schutte*, Deutsche und Polen.
133 *Jaworski*, Handel und Gewerbe, S. 103–110.

reich war ohne seine ungarischen, kroatischen und dalmatinischen Gebiete Mitglied, ebenso blieb das zum Kaiserreich gehörende Königreich Lombardo-Venetien außen vor. Galizien war ebenfalls nicht mit in den Bund aufgenommen worden, eine Entscheidung, die 1818 zum Teil dadurch revidiert wurde, dass die westlichen Gebiete des Kronlandes hinzutraten. Österreich selbst war wiederum nicht einmal durch seine westlichen Gebiete Mitglied des Deutschen Zollvereins.[134] Die Grenzen des Deutschen Bundes durchschnitten aber nicht nur die Habsburgermonarchie, sondern auch das preußische Königreich. So hatte die preußische Regierung das Großherzogtum Posen lediglich zwischen 1848 bis 1851 in den Deutschen Bund eingegliedert.[135] Das Großherzogtum lag damit sowohl jenseits der Grenzen der Alten Reichs als auch anderer deutscher Großregionalisierungsprojekte, bis es 1867 in den Norddeutschen Bund integriert wurde,[136] der zum Vorläufer für die Reichsgründung 1871 wurde.

Grenzgänge(r) in Galizien

Mit einem Blick auf Galizien, das als imperialer Ergänzungsraum der Habsburgermonarchie charakterisiert werden kann und dessen Geschichte gerade deshalb hochgradig von den sich überlagernden Grenzgeschichten geprägt ist, lässt sich die Komplexität der Prozesse gut verdeutlichen.

Aus den biographischen Überlieferungen ostmitteleuropäischer Grenzgänger des 19. Jahrhunderts ist uns eine Fülle von Hinweisen übermittelt, die sich zu einer Geschichte fügen lassen, in der obrigkeitsstaatliche Kontrollambitionen auf Alltagspraktiken kultureller Verflechtung und Assimilation treffen.[137] In seinen 1912 erschienenen Memoiren berichtete Jan Słomka, »schreibender Bauer« und langjähriger Vogt von Tarnobrzeg, das auf der habsburgischen Seite der galizischen Grenze zum Königreich Polen lag, von den denkwürdigen Begebenheiten auf einer polnischen Hochzeitsfeier im jenseits der Grenze befindlichen Radowęż, die er gemeinsam mit seiner Frau 1882 besucht hatte. Dort sei nicht nur die Anwesenheit einer russischen Wache bemerkenswert gewesen, sondern auch deren Verhältnis zum Wodka. Sobald sich nämlich der Vorgesetze zurückgezogen habe, hätten die – vermutlich russischen, aber scheinbar lokal recht gut integrierten –

134 *Hahn*, Geschichte.
135 *Müller*, Identitätsgeschichte, S. 1–11, hier S. 7 f.
136 *Serrier*, Deutsche Kulturarbeit, S. 29.
137 *Rolf* u. *Happel*, Grenzgänger.

subalternen Soldaten dem auf den Tischen stehenden »einfachen« Wodka mutig zugesprochen, bald aber den – stärkeren – galizischen verlangt.[138]

Słomka hatte für diesen Besuch bei seiner Familie die Grenze zwischen zwei Imperien überqueren müssen. Als nach den drei Teilungen Polens am Ende des 18. Jahrhunderts ein eigenständiger polnischer Staat von der europäischen Landkarte verschwunden war, durchzogen neuartige politische Grenzen Gebiete, in denen die mehrheitlich polnische Bevölkerung lebte und trennten dabei nicht nur Gemeinden und Städte, wirtschaftliche Zusammenhänge und religiöse Gemeinschaften, sondern auch die Bewegungs- und Erfahrungsräume von Familien- und Freundesnetzwerken. Die Konkurrenz und Überlagerung neuer und alter Grenzen zeigte sich besonders deutlich am neu geschaffenen »Königreich Galizien und Lodomerien« innerhalb der Habsburgermonarchie, das an dessen nordöstlichem Rand die imperiale Außengrenze zum Russischen Reich markierte. Der Grenzgang Słomkas war – legal – auch deswegen möglich, weil im Zuge des neuen österreichischen Passrechts und im Ergebnis langer Aushandlungen mit Wien und St. Petersburg der lokalen Bevölkerung umfangreiche Zugeständnisse für den »kleinen Grenzverkehr«[139] gemacht worden waren.

Gerade die Liberalisierung des lokalen Grenzverkehrs zwischen den beiden konkurrierenden Reichen verdeutlicht die komplexe Arbeit des »Grenze-Machens«, in dem sich sowohl zentralstaatliche Ansprüche und Interessen als auch die Widerständigkeiten und Gegenvorschläge lokaler Gemeinschaften niederschlugen. In der Ausformung der Grenze und des Grenzregimes in Galizien zeigten sich die Persistenz von Raumarrangements und den entsprechenden Grenzziehungen, die auf Alternativen zu den Kontrollbemühungen der sich modernisierenden Imperien verwiesen. Verschiedene Varianten der Grenzziehung – imperiale Außengrenze, Grenzen von Gemeinden und Gütern, Grenzen der Kirchenverwaltungen etc. – konnten von unterschiedlichen Akteuren im Management des sich modernisierenden Imperiums eingesetzt werden. Die Geburt der fortifizierten und – jedenfalls vom Anspruch her – systematisch überwachten modernen Staatsaußengrenze in der zweiten Hälfte des 19. Jahrhunderts »wurde von den Bewohnern nicht so bald als ›die Machtlinie‹ des Staates […] anerkannt.« Andere Grenzen – von Gutsbezirken, Kirchengemeinden usw. – besaßen vielfach ebenso große

138 *Augustynowicz*, Individuum, S. 408 ff.
139 *Pacholkiv*, Werden einer Grenze, S. 551.

Bedeutung und waren für »das Alltagsleben der Bewohner bestimmender als die Staatsgrenzen«.[140]

Doch nicht nur die Persistenz der alten, sondern auch die ungewollten Rekonfigurationen der neuen Raumordnung bereiteten den Eliten der ostmitteleuropäischen Imperien des 19. Jahrhunderts Kopfzerbrechen. Um in Galizien zu bleiben: Die dortige österreichische Grenzwache schien teilweise – mal tatsächlich, mal in Wien nur geargwöhnt – von polnischen und auch deutschen Sympathisanten und Aktivisten der sich zunehmend formierenden polnischen nationalen Bewegung unterwandert. Anstatt den transnationalen Austausch – u.a. von Schriftgut – zwischen territorial zersplitterten nationalen Bewegungen zu unterbinden, wie es ihre Aufgabe gewesen wäre, fungierten mitunter gerade die Grenzwächter als Mittler über die imperiale Grenze hinweg.[141] Das verdeutlicht nicht nur die logistische und materielle Herausforderung der modernen Grenzsicherung, die mit dem zentralstaatlichen Anspruch verbunden war, sämtliche relevanten Ströme kontrollieren und steuern zu können, während lokale Grenzbehörden die Ambivalenzen durchaus für eigene Absichten einzusetzen wussten.[142] Vielmehr zeigt sich hier auch, welche Schwierigkeiten die zentralstaatlichen Instanzen hatten, mit konkurrierenden Loyalitäten der lokalen Akteure umzugehen – die entweder den neuen territorialen Rahmen grundsätzlich ablehnten oder ignorierten oder sich einen ganz anderen wünschten.[143] Nur auf den ersten Blick scheint es dabei paradox, dass es auch der – illegale – transimperiale Austausch gewesen ist, der einem Territorialisierungmodell zum Durchbruch verhalf, das zu einem nicht unwesentlichen Teil auf der Fiktion der durchgehenden und umfassend kontrollierbaren Grenzlinie beruht.[144]

Auf Galizien in der Darstellung der Geschichte von Grenzen und Grenzregimen in Ostmitteleuropa prominent zu verweisen, mag wenig originell erscheinen, denn »Galizien ist in«, wie bereits 2005 Hans-Christian Maner eine Konferenzeröffnung von Andreas Kappeler zitierte.[145] Der »Galizienmythos« hat zwischenzeitlich wissenschaftliche wie belletristische Literatur nachhaltig durchdrungen, die Faszination entzündet sich dabei an der mul-

140 *Heindl* u. *Saurer*, Grenze und Staat, S. XXVII.

141 *Pacholkiv*, Werden einer Grenze, S. 571 ff.

142 *Leiserowitz*, Schmuggel; *Jarren*, Schmuggel; *Urbansky*, Kosake.

143 *Pacholkiv*, Werden einer Grenze, S. 520 und 617.

144 Vgl. für die ostpreußisch-russische Grenze *Leiserowitz*, Schmuggel.

145 *Maner*, Kompensationsobjekt, S. 103. Vgl. u.a. die Ergebnisse des bereits seit 2006 laufenden Wiener Doktoratskollegs »Das österreichische Galizien und sein multikulturelles Erbe«.

tiethnischen und multireligiösen Mischung der Bewohner, an der Geschichte seiner jüdischen Bevölkerung, an der peripheren Lage, an seiner Stilisierung als Grenzland und Verschmelzungsort zwischen Europa und »Halbasien«[146], an seinem Ruf als »polnisches Piemont« und fruchtbarer Boden für die ukrainische Nationalbewegung sowie an seiner Teilhabe an der Geschichte der transatlantischen Migration des 19. Jahrhunderts. Allerdings gibt die Geschichte des Kronlands tatsächlich insbesondere mit Blick auf das Anliegen dieses Kapitels eine Reihe wichtiger Hinweise: »Das Besondere im Fall Galizien liegt nun darin, daß in einem Raum eine Grenze gezogen wurde, wo nie zuvor eine war.«[147] Gerade wegen dieser »Künstlichkeit« und weil in diesem Teil des Habsburgermonarchie ein Vorzeigeprojekt der josephinischen Reformen unternommen worden war, kann Territorialisierung hier, insbesondere im Modus der Grenzziehung und der Reorganisation älterer Grenzen, in ihrer Vielschichtigkeit wie unter einem Brennglas beobachtet werden. Die zweite Hälfte des 19. Jahrhunderts – oder genauer der Zeitraum zwischen 1861 und 1918 – war dabei laut Hans-Christian Maner eine »Etappe der konstitutionellen Experimente sowie die Zeitspanne der Kompromisse zwischen der Zentrale und den Kronländern«.[148] Die galizische Grenz-Geschichte ist also beredter Ausdruck jener Spannungen, die wir am Beginn des Kapitels beschrieben haben, und die sich aus der Gleichzeitigkeit und Verflochtenheit von Modernisierungsprojekten der ostmitteleuropäische Imperien mit Versuchen der Nationalisierung und der Entstehung transnationaler Initiativen und Praktiken ergeben.[149]

Pluralität der Grenzen im imperialen Ergänzungsraum

Eine Vielzahl von Prozessen des Wandels von Grenzen – ständischer, dynastischer, regionaler und landespatriotischer, lokaler und nationaler – überlagerte sich im Verlauf des 19. Jahrhunderts bis zum Ersten Weltkrieg und lässt sich nicht in ein vereinfachendes Stadienmodell einfügen, das die eingängige Formel vom direkten Übergang vom Imperium zum Nationalstaat bestätigen würde. Am Ende des 19. Jahrhunderts ging es schließlich nicht mehr so sehr um die Veränderung von Grenzen im Sinne einer bloßen Grenzverschiebung, sondern um die Vereinheitlichung und Hierarchisierung der durch neue Arten von

146 So laut Pacholkiv die Pointierung von Karl Emil Franzos; *Pacholkiv*, Werden einer Grenze, S. 561.

147 *Pacholkiv*, Werden einer Grenze, S. 520.

148 *Maner*, Kompensationsobjekt, S. 105

149 Vgl. dazu Kap. I.4 in diesem Band.

Grenzen umschlossenen Territorien. Grenzwandel zog einen Wandel des Raumformats nach sich: Territorialisierungsprojekte weiteten sich vom imperialen Zentrum in dessen Ergänzungsräume aus. Dieses Bestreben entfaltete sich innerhalb der imperialen Rahmungen, die sich nationalisierenden Imperien übten somit einen zunehmenden Druck auf konkurrierende Nationalbewegungen innerhalb ihrer Reiche aus und politisierten diese in zunehmendem Maße. Dies führte auch dazu, dass nationale Grenzen immer wichtiger wurden als regionale, die »Grenzen der Nation« gewannen gegenüber den Grenzen von Region, Stadt, Kreis oder Herzogtum mehr und mehr an Bedeutung. Gleichzeitig jedoch bestanden Bemühungen fort, regionale und lokale soziale, politische, wirtschaftliche und kulturelle Interessen mit jenen des Zentralstaats auszubalancieren. Gerade in den Grenzgebieten der ostmitteleuropäischen Reiche bestimmte »[n]icht Einheitlichkeit, sondern Vielfalt [...] das Leben«, hier lebten Bevölkerungsgruppen, die seit langem über eine »kosmopolitische Kompetenz« verfügten, als die Fähigkeit zur »Grenzüberschreitung, wo man normalerweise die Aufrechterhaltung von Grenzen konstatiert«. Es handelte sich dabei um einen »bescheidenere[n], begrenztere[n] und verwurzeltere[n] Kosmopolitismus [...] als [...] eine Reihe von notwendigen Brücken zum anderen.«[150]

I.1.4 Die Erschließung des Territoriums: Technologie und Infrastruktur

Ein wesentliches Instrument sowohl der Territorialisierung innerhalb der ostmitteleuropäischen Imperien als auch für deren Kommunikation untereinander sowie mit anderen Weltregionen stellte der Aufbau von netzförmigen Infrastruktursystemen dar, die gewissermaßen als »Medien zur Erschließung und Ordnung des öffentlichen Raums« fungierten.[151] In unserem Untersuchungszeitraum war die Eisenbahn nicht nur die bedeutendste technologische Innovation im Bereich des Verkehrswesens.[152] Sie

---

150 *Walser Smith*, An Preußens Rändern, S. 155ff.

151 *Laak*, Infra-Strukturgeschichte, S. 370. Zum Begriff der Infrastruktur und dessen Nutzen für die wirtschaftshistorische Forschung vgl. auch *Müller*, Infrastrukturpolitik, S. 29–37.

152 Wir konzentrieren uns hier auf Verkehrsinfrastrukturen wohlwissend, dass diese nicht einzigen Infrastrukturprojekte darstellten, mit denen der Staat »in die Fläche vorrückt« (*Ganzenmüller* u. *Tönsmeyer*, Vom Vorrücken des Staates). Mit Blick auf die Habsburgermonarchie hat Jana Osterkamp am Beispiel des Wasserbaus und der Bodenmeliorationen die Verflechtungen von Zentralisierungs- und Dezentralisie-

löste auch gravierende Veränderungen in zahlreichen Bereichen der Gesellschaft aus, so dass – in Analogie zur industriellen Revolution – von einer »Verkehrsrevolution des 19. Jahrhunderts« gesprochen wird.[153] Deren Wesen wird häufig durch die Metapher des durch die Beschleunigung des Verkehrs schrumpfenden Raumes beschrieben, während in Mittelalter und früher Neuzeit neue Räume erschlossen und somit Horizonte erweitert worden waren.[154] Eine genauere Analyse der Territorialisierung in Ostmitteleuropa zeigt allerdings, dass es weniger um einen Phasenwechsel von der Wahrnehmung expandierender zur Erfahrung schrumpfender Räume ging als um ein dialektisches Zusammenwirken beider Prozesse, indem etwa die Eisenbahn etliche periphere Regionen der ostmitteleuropäischen Imperien erschloss und gleichzeitig deren sozio-ökonomische Strukturen unmittelbar mit der Konkurrenz sich industrialisierender Gesellschaften konfrontierte.

Die Entwicklung der Eisenbahn wird also im folgenden Kapitel im Mittelpunkt stehen. Dabei sind zur Eisenbahn in Konkurrenz-, mitunter aber auch Komplementärbeziehung stehende Verkehrsinfrastrukturen in die Betrachtung einzubeziehen, während auf die Nutzung der Infrastrukturen (z.B. durch die Post) sowie andere wichtige Kommunikationssysteme (v.a. die drahtlose Telegraphie) aus Platzgründen nicht eingegangen werden kann.[155]

Gerade die frühe ostmitteleuropäische Eisenbahngeschichte zeigt, dass Akteure von Territorialisierung nicht nur im Bereich von »Staaten« bzw. »imperialer Politik« zu finden sind. Private Investoren, darunter viele aus dem Ausland, prägten gerade in den östlichen und südlichen Teilen Europas den Eisenbahnbau bis in die 1860er Jahre und spielten auch danach noch eine wichtige Rolle. Den Staaten bzw. dem einheimischen Bürgertum fehlte es oft an Risikobereitschaft oder auch schlicht an Kapital, um die beträchtlichen Anfangsinvestitionen und Betriebskosten aufzubringen.[156] Spannungen und Konflikte, aber auch Kompromisse zwischen Staats- und Privatbahnbau, zwischen politischen, militärstrategischen, volks- und einzelwirtschaftlichen Interessen und Motiven wirkten sich auf die konkrete Ausgestaltung des Eisenbahnnetzes aus. Das galt für die Prinzipien der Lini-

rungsbemühungen, von landwirtschafts- und nationalitätenpolitischen Fragen, von Interessengruppen auf mehreren Ebenen des Reiches eindrücklich gezeigt (*Osterkamp*, Wasser, Erde, Imperium).

153 *Merki*, Verkehrsgeschichte, S. 9–11; 20–25; *Roth*, Verkehrsrevolutionen.

154 *Fäßler*, Globalisierung, S. 178–180.

155 Vgl. *North*, Kommunikationsrevolutionen; siehe auch Kap. I.4.3 sowie I.5.2 in diesem Band.

156 *Berend*, Economic History, S. 353–361.

enführung, die Präferenz für zentralistische oder eher multizentrale Netze, den Stellenwert grenzüberschreitender Verbindungen und die Haltung zu internationalen Vereinbarungen über Standards und andere Maßnahmen zur Erleichterung des Verkehrs in Europa.

Binnenschifffahrtswege In der Zeit vor der Eisenbahnära konnten Massengüter, wie Getreide oder Erze, über größere Entfernungen aus Kostengründen fast ausschließlich über Wasserstraßen, im Binnenland also über schiffbare Flüsse und Kanäle, transportiert werden. Vor diesem Hintergrund waren Ostmitteleuropas geographische Voraussetzungen für die Teilnahme am Weltverkehr wesentlich ungünstiger als im Westen des Kontinents und den britischen Inseln. Schon der Weg von den wirtschaftlichen Zentren zu den Küsten der Ostsee und Adria war häufig weit und beschwerlich. Während das Tiefland des nördlichen Ostmitteleuropas immerhin durch die Flusssysteme der Oder und Weichsel mit dem Meer verbunden war, gab es aufgrund des Dinarischen Gebirges keine Binnenschifffahrtsverbindung zwischen der ungarischen Tiefebene und der Adria. Außerdem befanden sich Ostsee, Adria und auch Schwarzes Meer im 18. Jahrhundert eher abseits der wichtigsten globalen Seehandelsrouten.[157] Der Schwarzmeerhandel litt zusätzlich unter den verschiedenen Konflikten über die Möglichkeiten der Dardanellenpassage, an denen im 19. Jahrhundert nicht mehr nur das Osmanische Reich und Russland, sondern letztlich alle europäischen Mächte beteiligt waren. Wenn es eine Auffassung gab, über die sich praktisch alle Einwohner der Donaumonarchie einig waren, so war es die, dass ihr wichtigster Binnenschifffahrtsweg in die falsche Richtung floss bzw. in das falsche Meer mündete.[158] Vorrangig aufgrund der geographischen Gegebenheiten blieben im Habsburgerreich letztlich fast alle wichtigen Kanalbaupläne unerfüllte Visionen.[159] Preußen hatte dagegen bereits im 18. Jahrhundert mit der Anlegung des Bromberger Kanals zwischen Weichsel und Netze die in Süd-Nord-Richtung verlaufenden Flüsse verbunden. Allerdings erfordert die starke natürliche Versandung der Oder wie

157 *Braudel*, Sozialgeschichte, S. 271–280, 532–536.

158 *Sandgruber*, Ökonomie, S. 202.

159 *Sandgruber*, Ökonomie, S. 202 f.; *Knittler*, Donaumonarchie, S. 913–915; *Bachinger*, Verkehrswesen, S. 312; Eine wichtige Ausnahme stellte allerdings der 1801 fertiggestellte Donau-Theiß-Kanal dar. Zum seit 200 Jahren immer wieder debattierten, jedoch bis heute nicht verwirklichten Projekt eines Donau-Oder(-Elbe)-Kanals jetzt *Janáč*, European Coasts.

auch der Weichsel bis heute hohe Investitionen in die Erhaltung der Schiffbarkeit beider Flüsse.[160] Dieser Aufwand wurde durch den Verkehr mit Dampfschiffen, die einen größeren Tiefgang aufwiesen, noch erhöht. Hinzu kam, dass gerade in Grenzregionen zwischen den Imperien bzw. ihren Einflussgebieten Flussregulierungen immer auch von außenpolitischen Interessen abhingen. Das galt vor allem für die Weichsel, die zwischen dem 25 km östlich von Krakau gelegenen Niepołomice bis Sandomierz Grenzfluss zwischen der Habsburgermonarchie und dem Russischen Reich war. Zwar regelte seit 1818 ein Staatsvertrag die zwischenstaatliche Binnenschifffahrt. Dennoch beschuldigten sich beide Länder immer wieder gegenseitig, für die unzureichende Schiffbarkeit des Flusses verantwortlich zu sein. Ähnliche Klagen über die russische Untätigkeit kamen von den preußischen bzw. deutschen Behörden in Bezug auf den Unterlauf der Weichsel.[161]

Internationalisierung der Donau

Im Falle der Donau hat Russland gegen die Versandung des Deltas gerichtete Maßnahmen bis zum Abschluss einer Konvention mit Österreich im Jahre 1840 blockiert, um seine Hegemonie im Schwarzen Meer zu sichern. Erst nach der im Pariser Friedensvertrag von 1856 besiegelten russischen Niederlage im Krimkrieg und der Aufnahme der Türkei in das europäische Mächtesystem wurden die bereits in der Wiener Kongress-Akte von 1815 formulierten Prinzipien der freien Schifffahrt auch auf die Donau übertragen. Die 1857 unter maßgeblich österreichischem Einfluss erarbeitete Donauschifffahrtsakte regelte die Einzelheiten. Ähnlich wie bei der Rheinschifffahrtsakte von 1831 wurden die Abgaben und Binnenzölle sowie das Prinzip des Vorrechtes der Uferstaaten aufgehoben, wodurch sich insbesondere England und Frankreich einen freien Zugang sichern wollten. Anders als beim Rhein entstand jedoch keine multilaterale Ordnung mit für den ganzen Fluss gültigen Schifffahrts- und Strompolizeivorschriften, denn die so genannte »Permanente Kommission« der Anrainer, die diese erarbeiten und umsetzen sollte, löste sich faktisch bereits 1858 wieder auf. Die »Europäische Donau-Schifffahrtskommission« jedoch, in der die Nichtdonauländer Großbritannien, Frankreich, sowie Sardinien (später Italien) und Preußen (später Deutschland) dominierten, sollten ursprünglich nur zwei Jahre lang die notwendigsten Arbeiten zur Schiffbarmachung der Mündung organisie-

160 Vgl. *Müller*, Stellung der Oder; sowie zur Weichsel: *Piskozub*, Wisła.
161 Denkschrift des Centralvereins für Hebung der deutschen Fluß- und Canalschiffahrt vom 10.12.1879.

ren, wurde aber in den folgenden Jahrzehnten von den sie tragenden Großmächten immer wieder mit weiteren Mandaten betraut. Unter Leitung des englischen Ingenieurs Charles Hartley realisierte sie umfangreiche Regulierungsarbeiten im Donau-Delta. Aufgrund der Beschlüsse des Berliner Kongresses von 1878 erhielt Österreich-Ungarn die Möglichkeit, die durchgehende Befahrbarkeit der Donau mit Dampfschiffen durch die in den 1890er Jahren vorgenommene »Erweiterung« des Eisernen Tores herzustellen, die vorrangig durch die Anlage von Seitenkanälen erfolgte.[162] Zu dieser Zeit war die bereits 1829 von zwei Engländern gegründete »Donaudampfschifffahrtsgesellschaft« mit Sitz in Wien das größte Flussschifffahrtsunternehmen Europas.[163]

Das Wirken Österreich-Ungarns sowie der die Europäische Donaukommission tragenden Staaten war zweifellos durch imperialistische Ziele motiviert. Dennoch betonen jüngere rumänische Forschungen über die Donaukommission, dass »für Rumänien zu diesem Zeitpunkt seiner Entwicklung die Internationalisierung der unteren Donau die bestmögliche Option war«, da das Land weder über genügend Fachleute noch über das politische Gewicht verfügte, »um sich gegen Übergriffe vor allem durch das Russische und das Habsburgerreich effektiv zur Wehr setzen zu können.«[164]

Chaussierung der Landstraßen

Von der zweiten Hälfte des 18. Jahrhunderts bis zum Beginn des Eisenbahnbaus stellten befestigte Landstraßen, so genannte Chausseen, die wichtigsten Wege für den Verkehr von Personen und höherwertigen Gütern dar. Diese Kunststraßen ermöglichten zum einen eine ganzjährige Befahrbarkeit und erhöhten dadurch die Verkehrswertigkeit des Landstraßenverkehrs. Außerdem konnten die Postwagen ihre Reisegeschwindigkeit und die Frachtfuhrwerke ihr Ladungsgewicht verdoppeln.[165] Auch wegen der ungünstigen Voraussetzungen für den Ausbau der Binnenwasserstraßen hatte das Habsburgerreich sehr früh, bereits unter der Regentschaft von Kaiser Karl VI. (1711–1740), die systematische Chaussierung der »Hauptcommerzialstraßen« in Angriff genommen.[166]

Die Errichtung von Chausseenetzen und die sukzessive Aufhebung des Straßenzwanges und anderer Privilegien einzelner Handelsstädte führten

---

162 *Bittel*, Flussschiffahrtsrecht, S. 5–16; *Thiemeyer*, Integration, S. 305–307; *Henrich-Franke*, Europäische Verkehrsintegration, S. 144.

163 *Heppner*, Wasserstraßen, S. 96 f., 101–106.

164 *Müller*, Neuere Forschungen, S. 322 f.

165 *Müller*, Chaussee.

166 *Helmedach*, Verkehrssystem, S. 67–91; *Sandgruber*, Ökonomie, S. 200–202.

zu einer Auffächerung der Fernhandelsströme, so dass der exklusive Charakter der alten Messstraßen, wie der von Leipzig über Breslau/Wrocław nach Krakau führenden Via Regia, verlorenging. Über das Ausmaß der damit sicherlich verbundenen Intensivierung des Landstraßenverkehrs liegen für das Russische und das Habsburgerreich keine systematischen Forschungen und auch für das östliche Preußen lediglich einige Hinweise vor. So führte die Chaussierung der Straße zwischen Berlin und Breslau in den 1820er Jahren trotz der weitgehend parallel verlaufenden Wasserstraßen zu einer Vervielfachung der Verkehrsintensität. Erst mit der Ausbreitung der Eisenbahnen verloren die Chausseen beinahe jegliche Bedeutung für den überregionalen Landverkehr.[167]

Der Hafen von Triest

Das aufwändigste Projekt des frühen Chausseebaus in der Habsburgermonarchie stellte der zwischen 1725 und 1728 vorgenommene Ausbau der über den Semmering- und den Loiblpass führenden Straße zwischen Wien und Triest dar. Diese erleichterte den Weitertransport der von den Schiffen der Ostindischen Handelskompanie in den Triester Hafen gelieferten Baumwolle zu den Textilproduzenten des Wiener Beckens, wo dann um 1820 die ersten mechanischen Baumwollspinnereien der Monarchie entstanden. In der zweiten Hälfte des 19. Jahrhunderts verloren die niederösterreichischen Standorte diesen Transportkostenvorteil innerhalb des Empires, da nun amerikanische Baumwolle über die Elbe oder per Eisenbahn in die böhmischen Textilregionen geliefert wurde.[168] Während des amerikanischen Bürgerkrieges (1861–65) stieg zwar der Import von Baumwolle aus Britisch-Indien und Ägypten wieder an. Insgesamt konnte der Triester Handel jedoch wesentlich weniger von der Öffnung des Suezkanals 1869 profitieren als viele Zeitgenossen erwartet hatten. Dies lag zum einen an den Produkten der österreichischen Industrie, die sich – aufgrund des Transportkostenvorteils – noch im Osmanischen Reich, aber nicht mehr im asiatischen Raum gegen die westeuropäische Konkurrenz behaupten konnten. Außerdem entwickelte sich der 1838 in Triest gegründete »Österreichische (später Österreichisch-Ungarische) Lloyd« zwar zur größten Reederei des Mittelmeeres, geriet aber nach dem Boom der 1870er und frühen 1880er Jahre in die Verlustzone. Ungarn verweigerte die Erhöhung der staatlichen Zuschüsse für den Lloyd und gründete mit der von Fiume aus

167 *Müller*, Verkehrsintensität, S. 26–48.
168 *Mosser*, Raumabhängigkeit; *Denzel*, Österreichs Direkthandel, S. 147–167.

agierenden »Adria« ein ebenfalls subventioniertes Konkurrenzunternehmen. Der Verlust des Freihafenstatus im Jahre 1891 hatte auf die Entwicklung des Triester Hafens einen geringeren Einfluss als die Probleme beim Anschluss der Stadt an das Hinterland, der aufgrund des fehlenden Binnenschifffahrtsweges nur über die Eisenbahn erfolgen konnte, worauf noch einzugehen sein wird.[169]

Eisenbahnbau im europäischen Vergleich

Der Entwicklungsstand des Eisenbahnwesens widerspiegelt sich zunächst in der Dichte des Eisenbahnnetzes. Dieser Indikator hat den Vorteil, dass über die Länge der Eisenbahnlinien in der Regel zuverlässige Daten vorliegen. Durch den Bezug sowohl auf die Fläche als auch auf die Einwohnerzahl soll eine bessere Vergleichbarkeit kleinerer territorialer Einheiten mit größeren Flächenstaaten ermöglicht werden.

Wie stark die politische Zugehörigkeit einer Region das Entwicklungsniveau der Infrastruktur beeinflussen kann, wird bei einem Vergleich der russischen, deutschen und österreichischen Teilungsgebiete besonders deutlich.

Tabelle 1: Eisenbahnnetzdichte der Teilungsgebiete Polens im Jahre 1912

Territorium	Eisenbahnlänge absolut (km)	Dichte in km pro 1000 km² Fläche	Dichte in km pro 100.000 Einwohner
Königreich Polen (russisch)	3596	28	30
Provinz Posen (deutsch)	2890	99	135
Galizien (österreichisch)	4120	52	51

Quelle: *Jezierski*, Economic History of Poland, S. 110.

Wenn man die ostmitteleuropäischen Territorien untereinander und mit westeuropäischen Staaten vergleicht, fällt insbesondere auf, dass die Dichte des Eisenbahnnetzes sowohl im österreichischen als auch im ungarischen Teil der Habsburgermonarchie nach einem verzögerten Beginn am Ende des Jahrhunderts nahezu auf westeuropäischem Niveau lag, während der entsprechende Abstand von Rumänien, Serbien, Bulgarien und auch des russischen Teils Polens erheblich war.[170]

169 *Kreuzer*, Port of Trieste; *Denzel*, Österreichs Direkthandel, S. 167–174.

170 *Gross*, Stellung der Habsburgermonarchie, S. 22; *Matis* u. *Bachinger*, Österreichs industrielle Entwicklung, S. 146; *Lampe* u. *Jackson*, Balkan Economic History, S. 382.

Tabelle 2: Eisenbahnnetzdichten ostmitteleuropäischer Staaten und Regionen im Vergleich zu West- und Mitteleuropa (1896/97)

Territorium	km/pro 100.000 Einwohner	km/100 km^2 Fläche
Großbritannien	86,0	10,8
Deutschland	91,0	8,8
Frankreich	106,0	7,6
Österreich und böhmische Länder	70,0	5,8
Ungarn	86,6	4,8
Königreich Polen	29,3	2,9
Rumänien	46,3	2,2
Serbien	25,0	1,2
Bulgarien	29,0	1,0
Russland	33,3	0,8

Quelle: *Berend* u. *Ránki*, Economic Development S. 78.

Technologietransfer

Ähnlich wie beim Kanalbau spielte England auch auf dem Gebiet des Eisenbahnbaus eine Pionierrolle. Aufgrund des immensen Kapitalaufwandes und der komplizierten, in vielerlei Hinsicht völlig neuartigen Technologie sind auf dem gesamten europäischen Kontinent anfangs Lokomotiven, Eisenbahnschienen, ja sogar Lokführer aus England importiert worden. Aus wirtschaftlichen Gründen, aber auch aus grundlegenden politischen Überlegungen bemühten sich alle ostmitteleuropäischen Reiche schon früh um den Ausbau eigener industrieller Kapazitäten. Preußen und die Habsburgermonarchie konnten ihren Bedarf an Lokomotiven, Schienen und Signaltechnik seit den 1850er Jahren weitgehend aus inländischer Produktion decken.[171] In Russland gelang dies trotz der frühen Gründung des Lokomotivenwerkes in Alexandrowsk und intensiver Bemühungen des Staates um die Förderung der einheimischen Industrie durch entspre-

171 Auch in den ansonsten nur schwach industrialisierten östlichen Provinzen Preußens gab es in Elbing/Elbląg, Danzig/Gdańsk und Königsberg wichtige Produzenten von Lokomotiven und Eisenbahnwaggons. Vgl. *Tebarth*, Technologietransfer, S. 234–239.

chende Klauseln in den Konzessionsverträgen mit privaten Eisenbahngesellschaften erst in den 1890er Jahren.[172]

Eisenbahnpioniere als transnationale Akteure: **Franz Anton Gerstner** (1795–1840)
Die erste – allerdings noch mit Pferden betriebene – Ferneisenbahnstrecke des europäischen Kontinents war die von 1825 bis 1832 gebaute Linie zwischen Linz und Budweis/České Budějovice. Sie verband zwei wichtige Gewerberegionen der Habsburgermonarchie und sollte insbesondere Südböhmen einen Anschluss an die Donau bieten sowie die Absatzkosten des Salzes aus dem oberösterreichischen Salzkammergut senken. Grundlagen des Projektes wurden schon in einem 1807 von Franz Josef Ritter von Gerstner (1756-1832) im Auftrag der Böhmischen Hydrotechnischen Gesellschaft AG verfassten Gutachten gelegt. Gerstner, Mitbegründer und erster Direktor des Prager Polytechnikums, lehnte den Bau eines Kanals zwischen Donau und Moldau aus Rentabilitätsgründen ab und trat mit Verweis auf entsprechende englische Experimente für den Bau einer Eisenbahnlinie ein. Die Umsetzung des Projektes scheiterte zunächst an den Unsicherheiten der Napoleonischen Ära. Erst nach Abschluss der Elbschifffahrtsakte im Jahre 1821 wurde das Projekt wiederaufgegriffen und sollte ab 1824 unter Leitung von Gerstners Sohn Franz Anton, der nach einem Studium am Prager Polytechnikum seit 1817 eine Professur für praktische Geometrie und Landvermessung am Polytechnischen Institut in Wien innehatte, in die Tat umgesetzt werden. Franz Anton Gerstner sah in der neuen Eisenbahn das zentrale Element eines transkontinentalen Verkehrsweges zwischen der Nordsee und dem Donauraum, der mittelfristig den Handel zwischen Nordeuropa und der Levante durch Österreich führen würde. Er hatte schon 1822 England bereist, unternahm 1826/27 erneut eine Studienreise und versuchte anschließend seine Auftraggeber von den Vorteilen des Dampfbetriebes zu überzeugen. Nachdem diese aus Kostengründen ablehnten, zog sich Gerstner noch vor der Fertigstellung der Bahnlinie aus dem Projekt zurück.[173]
1834 legte Gerstner nach einer Studienreise durch Russland eine Denkschrift vor, in der er die bestehenden Verkehrsverhältnisse als zentrales Entwicklungshemmnis charakterisierte und Eisenbahnbauten zwischen Moskau und St. Petersburg sowie jeweils nach Nischni-Nowgorod und eine Linie von Moskau nach Kazan als wichtigste Projekte vorschlug. Er stieß jedoch auf den Widerstand des (deutschstämmigen) Finanzministers Jegor (Georg) Kankrin, der sowohl den Nutzen der Eisenbahnen als auch die Fähigkeit Gerstners, das nötige Kapital aufzubringen, bezweifelte. Zar Nikolaus I. verstand jedoch sehr schnell die geostrategische Bedeutung und die sicherheitspolitischen Vorteile der

172 *Westwood*, Geschichte.

173 *Reisinger*, Österreichs Eisenbahnwesen, S. 116–120; *Klenner*, Eisenbahnen und Politik, S. 128–134.

Eisenbahn und speziell einer Verbindung der beiden russischen Hauptstädte mit der Wolga. Gerstner bekam daher die Erlaubnis, zunächst eine Versuchsstrecke zwischen St. Petersburg und Zarskoe Selo zu bauen, die später bis Pawlowsk verlängert wurde. Diese erste russische Eisenbahnstrecke wurde bereits 1838 eröffnet, war 27 km lang und hatte keinerlei Bedeutung für den Güter- oder Personenfernverkehr, sondern wurde fast ausschließlich von den Petersburgern für Tagesausflüge genutzt. Der Zarenhof zögerte noch mit der Inangriffnahme größerer Projekte, schickte Gerstner auf weitere Studienreisen in die USA, wo er 1840 verstarb.[174]

Planungen und Realität des Eisenbahnbaus in der Habsburgermonarchie

Um 1825 hat auch Erzherzog Johann – wie Gerstner durch Reisen nach England unter dem Eindruck der industriellen Revolution und der englischen Handelskonkurrenz stehend – die Idee einer modernen transkontinentalen Verkehrsachse zwischen Hamburg und Triest verfolgt. Diese sollte die seit der Schifffahrtsakte von 1821 und der Entwicklung von Dampfschiffen aufblühende Elbschifffahrt ebenso einbinden wie eine Eisenbahn von Böhmen über die Steiermark nach Triest. Die eher an der Einbindung der Monarchie in die Weltwirtschaft als an der binnenwirtschaftlichen Integration des Reiches orientierte Stoßrichtung des Konzepts von Erzherzog Johann wird sowohl durch die Umgehung der Hauptstadt Wien als auch die Kombination einer Anbindung an die Nordsee mit der Stärkung von Triest für den Handel mit dem Orient und Indien deutlich. Im Vergleich zu Friedrich Lists »Entwurf zu einem Deutschen Eisenbahnsystem aus dem Jahre 1833«, der vorrangig auf Binnenintegration zielte, standen also bei den Konzeptionen Gerstners und Erzherzog Johanns die Verbesserung der Stellung der Habsburgermonarchie im Weltverkehr im Mittelpunkt.

Eine Kombination beider Ansätze schlug sich in den Planungen von Franz Xaver Riepl aus dem Jahre 1829 nieder. Der Mineraloge und Erbauer des Puddel- und Walzwerkes von Witkowitz/Vítkovice präferierte eine Eisenbahn, die das Imperium von Nordosten nach Südwesten durchziehen sollte, indem sie Brody an der russischen Grenze mit den galizischen Salzgruben um Salzberg/Bochnia, den Kohlegruben des Reviers von Ostrau/Ostrava, der Hauptstadt Wien und dem Hafen Triest verband. Riepls Konzept bildete wenig später den Grundstock für die erste österreichische Ferneisenbahn, die 1836 konzessionierte Kaiser-Ferdinand-Nordbahn. Diese war

174 *Westwood*, Geschichte, S. 20–23; *Klenner*, Eisenbahnen und Politik, S. 58–60; *Schenk*, Russlands Fahrt, S. 41–44.

bereits 1839 zwischen Wien und Brünn/Brno in Betrieb, wurde 1847/48 bis Oderberg/Bohumín verlängert und bei Myslowitz/Mysłowice an das preußische Netz angeschlossen. 1856 führte sie bis nach Auschwitz/Oświęcim, wo Anschluss nach Krakau bestand.[175]

Die Nordbahn ist nicht das einzige Indiz dafür, dass Verbindungen der Hauptstadt mit den wichtigsten Subzentren der Monarchie in der frühen österreichischen Eisenbahnpolitik Priorität hatten. Von Wien in Richtung Süden führten Eisenbahnen in den 1840er Jahren nach Graz und Laibach/Ljubljana. Nachdem 1854 der Semmeringpass durch eine »Meisterleistung der Eisenbahntechnik« überwunden wurde, war der Hafen von Triest ab 1857 mit Wien verbunden.[176] 1850 trafen sich in Pressburg Eisenbahnlinien aus dem österreichischen und dem ungarischen Teil der Monarchie. Deren Zentren Wien und Buda wurden also relativ spät und nur unter Inkaufnahme eines Umwegs miteinander verbunden. Von Buda und Pest führten bald Linien über Szeged nach Temesvar (1857) sowie über Debrecen nach Kaschau/Košice (1860). Nach der Verbindung mit Preußen bei Myslowitz/Mysłowice im Jahre 1848 sind die anderen deutschen Nachbarstaaten erst 1851 mit der Linie von Brünn/Brno über Prag nach Dresden sowie 1860 mit der Eisenbahn von Wien über Linz nach München an das österreichische Netz angeschlossen worden.

Das im Vergleich zum Gebiet des Deutschen Zollvereins langsamere Tempo des Eisenbahnbaus in der Habsburgermonarchie lässt sich in einigen Fällen auf die geographische Situation sowie allgemein auf einen Mangel an privatem Risikokapital, aber auch auf die imperiale Territorialstruktur zurückführen. Anders als im kleinstaatlichen sowie auch wirtschaftsstrukturell multizentralen Deutschland spielte die Furcht einzelner Staaten und Städte mit ihren politischen und wirtschaftsbürgerlichen Eliten vor einem Nichtanschluss an die modernen Verkehrsströme in der Habsburgermonarchie eine geringere Rolle.[177] Hinzu kam, dass außer der von den Rothschilds getragenen »Kaiser-Ferdinand-Nordbahn« alle frühen, durch private Aktiengesellschaften finanzierten Bahnprojekte rasch in finanzielle Schwierigkeiten gerieten, so dass sich der österreichische Staat gezwungen sah, die jeweiligen Bahngesellschaften zu übernehmen, sie dann aber seinerseits bereits 1854 aufgrund massiver fiskalischer Probleme wieder privatisieren

175 *Klenner*, Eisenbahnen und Politik, S. 142 f.
176 *Bachinger*, Verkehrswesen, S. 282.
177 *Köster*, Militär und Eisenbahn, S. 168 f.

musste. Erst danach spielten die nun entstehenden Aktienbanken und damit auch ausländisches Kapital eine größere Rolle. So erwarb der Gründer des Crédit Mobilier, Émile Péreire, 1855 vom österreichischen Staat die Nördliche und die Südöstliche Staatseisenbahn, also vor allem die wichtigen Strecken Brünn/Brno-Prag-sächsische Grenze sowie Wien-Budapest-Temesvar, während die mit den Péreires konkurrierenden Rothschilds die Österreichische Südbahn Wien-Triest übernahmen.[178] Schließlich verzögerten die Kriege zwischen 1859 und 1866 den Eisenbahnbau, sodass in der Habsburgermonarchie die Eisenbahnen erst während der anschließenden Gründerzeit zu einem echten Motor des industriellen Aufschwungs wurden.[179]

Das Dilemma der russischen Eisenbahnpolitik

Anders als es in Gerstners Planungen vorgesehen war, berührte die erste Ferneisenbahn des Russischen Reiches weder Moskau noch St. Petersburg, sondern führte von Warschau in den schlesischen Grenzort Sosnowiec, wo Anschluss an die »Kaiser-Ferdinand-Nordbahn« hergestellt wurde. Im Konzessionsvertrag für die »Warschau-Wiener Eisenbahn« von 1839 garantierte die russische Regierung den Aktionären eine Dividende von 4% und entwickelte damit ein Subventionsinstrument, das zeitgleich bei der Bahn Paris-Orléans praktiziert und auch später häufig in Mittel- und Westeuropa angewendet wurde, um private Investoren für Projekte mit unsicheren Renditeaussichten zu gewinnen. In Russland führte diese Praxis, die zwar häufig modifiziert, aber grundsätzlich bis in die 1880er Jahre beibehalten wurde, in relativ vielen Fällen dazu, dass Manager und Aktionäre von Eisenbahngesellschaften stärker nach der Erlangung staatlicher Garantieleistungen als nach effizientem Bau und Betrieb der jeweiligen Bahnlinie strebten.[180] Im Falle der »Warschau-Wiener Bahngesellschaft« ging bereits während des Baus das Geld aus, so dass sich der Staat gezwungen sah, ab 1842 die Fertigstellung der Linie selbst zu übernehmen. Schon kurz nach der Eröffnung der Bahn wurde sie für den Transport von Truppen zur Niederschlagung des ungarischen Aufstandes genutzt.[181]

---

178 *Roth*, Eisenbahnen der Welt, S. 61–63. Auch in Spanien und Italien konkurrierten die beiden wichtigsten französischen Bankhäuser durch den Ankauf und den Ausbau von Eisenbahnen.

179 *Matis* u. *Bachinger*, Österreichs industrielle Entwicklung, S. 123; *Dirninger*, Staatskredit und Eisenbahnwesen, S. 193–208; *Baltzarek*, Die Finanzierung des Eisenbahnsystems, S. 221–228.

180 *Westwood*, Geschichte, S. 23–27, 37 f., 70–73, 76.

181 *Klenner*, Eisenbahnen und Politik, S. 61; *Schenk*, Russlands Fahrt, S. 327.

Die schlechten Erfahrungen mit Privatinvestoren trugen wohl dazu bei, dass schon weit gediehene Verhandlungen mit einem Leipziger Bankenkonsortium gestoppt wurden, und sich der russische Staat entschloss, das zweite Fernbahnprojekt, das die beiden Zentren des Imperiums, St. Petersburg und Moskau, verbinden sollte, in Eigenregie durchzuführen.[182] Unmittelbar nach der Fertigstellung der nach Zar Nikolaus I. benannten »Nikolaibahn« im Jahre 1851 wurde das nächste große Bahnprojekt St. Petersburg-Warschau in Angriff genommen. Der Bau musste jedoch schon zwei Jahre später wegen des Krimkrieges unterbrochen werden. Der verlorene Krieg offenbarte die Unzulänglichkeit der russischen Verkehrsinfrastruktur und ruinierte zugleich die Staatsfinanzen, so dass der Weiterbau der 1330 km langen Strecke der privaten Aktiengesellschaft »Grande Société des chemins de fer russes« übertragen wurde, hinter der ein Konsortium unter Führung des Crédit Mobilier stand. Die von der russischen Regierung völlig unabhängige, in Paris ansässige »Hauptgesellschaft« verbrauchte zwar viel Geld, brachte aber den Eisenbahnbau kaum voran, sodass auch die Fertigstellung der Eisenbahn von St. Petersburg nach Warschau – incl. eines Abzweigs zur preußischen Grenze – sowie der Bau der Linie Moskau-Nischni Nowgorod erst erfolgten, nachdem der russische Staat ein Darlehen gewährt hatte.[183]

Ursprünglich sollte die Hauptgesellschaft noch zwei weitere für Russland wichtige Linien bauen: von Moskau über Kursk und Charkow auf die Krim sowie von Orel bzw. Kursk über Dünaburg/Daugavpils nach Libau/Liepāja. Diese Vorhaben können stellvertretend für die beiden wichtigsten Motive der russischen Eisenbahnbaupolitik stehen. Es ging um militärstrategische Ziele, insbesondere eine größere Mobilität der Truppen, sowie um die wirtschaftliche Entwicklung, wobei zunächst die Förderung des Getreideexports vorrangig erschien. Eine Steigerung der Ausfuhr von Agrargütern war unter anderem für die Verbesserung der Außenhandelsbilanz wichtig, die wiederum Voraussetzung dafür war, dass ausländische Investoren Vertrauen in die russischen Staatsfinanzen bekamen und in Eisenbahnbauten investierten.[184] Erst Ende der 1860er Jahre schwächte sich das Dilemma etwas ab. Zwischen 1868 und 1872 kam es auch im Russischen Reich zu einem regelrechten Eisenbahnbauboom. Allein in diesen fünf Jahren wurden 9.600 km neue Eisenbahnlinien fertiggestellt, so dass die Gesamtlänge des Eisen-

---

182 *Westwood*, Geschichte S. 27.

183 *Westwood*, Geschichte S. 37–40; *Schenk*, Russlands Fahrt, S. 61.

184 *Westwood*, Geschichte S. 61; *Schenk*, Russlands Fahrt, S. 73 f.

bahnnetzes im Zarenreich von 1.600 km im Jahre 1860 auf 22.700 km im Jahre 1880 anstieg.[185] Wichtigste Grundlage für diese rasante Entwicklung war die Gründung eines staatlichen Finanzfonds, der günstige Kredite an Eisenbahngesellschaften vergab. Der Finanzfonds wurde aus den beim Verkauf Alaskas an die USA und bei der Privatisierung von Staatsbahnen erzielten Erlösen sowie dem Verkauf von Staatsanleihen im In- und Ausland gespeist.[186] Gleichzeitig konnten die Eisenbahngesellschaften in der Regel in- und ausländisches Kapital nur anziehen, wenn der Staat weiterhin eine Verzinsung von 4 oder gar 5 % garantierte. Diese Regelung senkte das Interesse an einer gewinnorientierten Betriebsführung offensichtlich ab und wurde zu einer großen finanziellen Belastung des Staates, denn in den 1880er Jahren nahmen nur 5 von 37 Privatbahngesellschaften keine Zinsgarantien in Anspruch.[187] Die großzügige Kreditvergabe bewirkte wiederum, dass der größte Teil der weitgehend eigenständig agierenden Privatbahngesellschaften überwiegend mit staatlichem Kapital wirtschaftete. Erst in den 1890er Jahren konnte dieser Teufelskreis endgültig durchbrochen werden. Im jetzt einsetzenden zweiten russischen Eisenbahnbauboom kehrte sich die Rollenverteilung mitunter sogar um, indem nun Privatinvestoren dem Staat garantierte Gewinnbeteiligungen als Gegenleistung für die Vergabe einer Konzession anboten.[188]

Schon aufgrund der völlig anderen ökonomischen und geographischen Voraussetzungen wäre es unrealistisch gewesen, vom russischen Staat bzw. von der russischen Gesellschaft den Aufbau eines Eisenbahnnetzes mit einer Dichte zu erwarten, wie er in West- und Mitteleuropa erfolgte. In Russland mussten zunächst die Überwindung der enormen Distanzen und die Erschließung des weiten Landes durch einzelne Linien im Vordergrund stehen.[189] Da jedoch selbst in diesen Bereich privates Kapital nur floss, wenn es von umfangreichen staatlichen Subventionen begleitet wurde, konnten Projekte von lokaler oder regionaler Bedeutung auf keinerlei staatliche Unterstützung rechnen. Eisenbahnnetze im eigentlichen Sinne entstanden also nur in Regionen, in denen ein gewisses Niveau von Kapital und Unternehmergeist vorhanden war. Dies traf bis zu einem gewissen Grade auf Kongresspolen und die baltischen Gebiete zu, die im innerrussischen Vergleich über eine deutlich

185 *Schenk*, Russlands Fahrt, S. 72 und 214.
186 *Schenk*, Russlands Fahrt, S. 72.
187 *Westwood*, Geschichte S. 61–64, 70–73, 76 f.
188 *Westwood*, Geschichte S. 65.
189 *Schenk*, Russlands Fahrt, S. 16.

überdurchschnittliche Netzdichte verfügten, obwohl der russische Staat zwar Eisenbahnen nach Warschau und zu den Ostseehäfen förderte, an einer Netzverdichtung im westlichen Teil des Reiches jedoch nicht interessiert war oder diese aus militärstrategischen Gründen sogar ablehnte.[190] Eisenbahnverbindungen von Warschau nach Bromberg/Bydgoszcz, Danzig/Gdańsk und Allenstein/Olsztyn entstanden in einer kurzen Phase liberaler Konzessionspraxis der 1870er Jahre und wurden ohne staatliche Subventionen finanziert.[191]

Dynamischer Privatbahnbau und Ansätze regionaler Strukturpolitik in Preußen

Die preußischen Regierungen, vor allem aber große Teile des Stadtbürgertums begriffen spätestens in den 1840er Jahren, dass ein Anschluss an das Eisenbahnnetz nicht nur ökonomisch sinnvoll, sondern im Wettbewerb mit benachbarten Staaten und Städten geradezu überlebensnotwendig war. Die Umsetzung von Eisenbahnbauprojekten hing hier in erster Linie von der Mobilisierbarkeit des regional vorhandenen Kapitals ab, das in den 1840er sowie in den 1860er und frühen 1870er vorrangig in private Aktiengesellschaften, in den 1850er Jahren sowie ab 1880 überwiegend in steuer- und anleihenfinanzierte Staatseisenbahnen floss.[192]

In den wirtschaftlich weniger potenten landwirtschaftlich geprägten Ostprovinzen übernahm der preußische Staat nach der Revolution von 1848/49 die Initiative und errichtete in den 1850er Jahren vor allem die Ostbahn, die von Berlin über Kreuz (Ostbahn)/Krzyż Wielkopolski und Bromberg/Bydgoszcz nach Königsberg führte, von wo aus sie 1860 bis an die russische Grenze bei Eydtkuhnen verlängert wurde, um zwei Jahre später bei Wilna/Vilnius an die Warschau-St. Petersburger Bahn angeschlossen zu werden. Der Ausbau der Preußischen Staatsbahnen zum – an der Beschäftigtenzahl gemessen – größten Unternehmen der Welt nach 1880 basierte auf einer konsequenten Verstaatlichung auch der rentablen Privatbahnen. Mithilfe der auf diesen Strecken erzielten Gewinne konnte das Staatsunternehmen nicht nur eine wesentliche Einnahmequelle für den preußischen Staatshaushalt bilden, sondern auch den Aufbau eines ungewöhnlich dichten Netzes

190 *Veenendaal*, The Baltic States, S. 25–31; *Kishtymov*, Construction and Modernisationn, S. 42–57. Auch in zentralrussischen Regionen gab es lokale Eliten, die sich für eine Unterstützung des Eisenbahnbaus durch die in den 1860er Jahren geschaffenen Semstwo-Gebietskörperschaften einsetzten. Vgl. *Sperling*, Aufbruch der Provinz, S. 75–110.

191 *Tebarth*, Technischer Fortschritt, S. 87, 104; *Müller*, Handelsverkehr, S. 137–139.

192 *Then*, Eisenbahnen und Eisenbahnunternehmer; *Gall*, Eisenbahn in Deutschland, S. 13–39.

aus Nebenbahnen und Kleinbahnen in den strukturschwachen Ostgebieten übernehmen bzw. fördern.[193]

Eisenbahnverstaatlichungen in Ungarn, Österreich und Russland

Die (Re-)verstaatlichung der Eisenbahnen in den 1870er und 1880er Jahren in Österreich-Ungarn entsprach einem globalen Trend.[194] Ungarn konnte seit dem Ausgleich von 1867 eine weitgehend unabhängige Eisenbahnpolitik betreiben und spielte dabei eine gewisse Vorreiterrolle. Die neuen Handlungsspielräume wurden zunächst genutzt, um 1873 endlich den »eigenen« Adriahafen an das Eisenbahnnetz anzuschließen. Die auf der Bahn von Budapest über Agram/Zagreb und Karlstadt/Karlovac nach Fiume/Rijeka verlaufenden Gütertransporte wurden fortan ebenso subventioniert wie die Schifffahrtsgesellschaft »Adria«, die in Konkurrenz zum österreichischen Pendant, dem »Lloyd« versuchte, den ungarischen Außenhandel zu fördern. Die ungarische Regierung setzte früh auf ein gemischtes System von Staats- und häufig mit ausländischem Kapital finanzierte sowie durch staatliche Zinsgarantien gestützte Privatbahnen. Die auch im europäischen Vergleich sehr systematische Verkehrspolitik Ungarns zielte auf die Förderung eines auf Budapest ausgerichteten Zentralismus und die Unterstützung der Landwirtschaft sowie der Mühlenindustrie.[195]

Im Gegensatz dazu blieben in der österreichischen Reichshälfte einige wichtige Eisenbahnstrecken viel länger in der Hand privater Aktiengesellschaften. Daher konnten zum Beispiel die Gewinne der »Kaiser-Ferdinand-Nordbahn« nicht zur Errichtung betriebswirtschaftlich unrentabler, aber strukturpolitisch wichtiger Strecken genutzt werden. Die kurzfristigen Renditeinteressen der seit 1859 von einem französischen Konsortium beherrschten »k.k. Südbahn« verteuerten die Transporte von und nach Triest und schädigten daher die Position des dortigen Hafens gegenüber Venedig und Fiume, aber auch Hamburg und Antwerpen.[196]

In Russland erfolgten die wichtigsten Schritte zur Verstaatlichung der Eisenbahnen erst in den 1890er Jahren, als der Anteil der Staatsbahnen am Eisenbahnnetz von 25 auf 55 % anstieg. Dieser Schritt basierte auf der Kon-

---

193 *Ziegler*, Eisenbahnen und Staat, S. 211–230, 360–380, 504–533; *Müller*, Bismarck; *Musekamp*, Royal Prussian Eastern Railway, S. 117–122.

194 *Fremdling*, European Railways, S. 211–219.

195 *Jordan*, Entwicklung des Eisenbahnnetzes, S. 14–21; *Reisinger*, Österreichs Eisenbahnwesen, S. 127 f.; *Kaposi*, Entwicklung, S. 67–72.

196 *Kreuzer*, Port of Trieste.

solidierung der russischen Staatsfinanzen, nicht zuletzt durch die stark steigenden Agrargüterexporte. Er wurde maßgeblich durch Sergej Witte, der zunächst Eisenbahnmanager, dann Leiter der Eisenbahnabteilung und schließlich von 1892 bis 1903 Finanzminister war, vorangetrieben. Witte hatte 1883 eine grundlegende Abhandlung zur Wirkung von Eisenbahntarifen verfasst und sah Eisenbahnbau- und -betrieb als wichtigste Instrumente zur Integration des Binnenmarktes und zur Förderung der Industrie an. Er wollte mithilfe des Baus von Transkontinentalbahnen und einem differenzierten System von Frachttarifen Russlands Wirtschaftsgeographie verändern und die Position des Landes im internationalen Handel stärken.[197]

Grenzüberschreitende Eisenbahnverbindungen

Der stärkere Einfluss der Staaten auf die Eisenbahnnetzgestaltung seit den späten 1870er Jahren hat nicht nur in Ungarn zu einer Konzentration auf die jeweils innere Netzverdichtung geführt. Obwohl in allen Teilen Ostmitteleuropas der größte Teil des Eisenbahnnetzes zwischen 1880 und 1914 entstand, ist die Zahl der grenzüberschreitenden Verbindungen in dieser Zeit nur noch unwesentlich gestiegen. An der 1.200 km langen Grenze zwischen dem Deutschen und dem Russischen Reich gab es 1914 nur sieben Grenzübergänge für Eisenbahnen, von denen 1862 bereits drei existierten hatten und zwei erst nach 1900 entstanden. Für die deutschen Industrieexporte nach Russland waren die wenigen Hauptstrecken sowie die Möglichkeiten des Schiffsverkehrs über die Ostsee offenbar ausreichend und die in der Gegenrichtung verlaufenden Agrarexporte wurden von der russischen Regierung bewusst nicht mehr über Danzig/Gdańsk und Königsberg geführt, sondern auf die eigenen Häfen an der Ostsee (Libau/Liepāja, Riga) und am Schwarzen Meer (Odessa) umgelenkt.[198] Auch die Überquerung der Grenze zwischen dem österreichischen Galizien und dem Russischen Reich per Eisenbahn war um 1900 nur an den zwischen 1869 und 1873 errichteten Übergängen in Podwołocyska-Voločisk sowie Brody-Radzivilov möglich, während etwa die Galizische Transversalbahn am Grenzort Husiatyn endete. Ganz ähnlich führten die von Posen/Poznań und Breslau/Wrocław abgehenden preußischen Stichbahnen nur bis zu den Grenzorten Stralkowo und Wilhelmsbrück und nicht etwa bis Warschau und Lodz/Łódź jenseits der Grenze.[199]

197 *Klenner*, Eisenbahnen und Politik, S. 67–73; *Schenk*, Russlands Fahrt, S. 77–80.
198 *Müller*, Handelsverkehr, S. 137–142.
199 *Müller*, Integration, S. 59; *Kuzmany*, Brody, S. 109; *Przegiętka*, 1918, 1945 and 1989, S. 132.

Das russische Militär lehnte insbesondere seit der Verschlechterung der deutsch-russischen Beziehungen – in den späten 1870er Jahren und anhaltend seit den späten 1880er Jahren – aufgrund strategischer Überlegungen den Bau weiterer Eisenbahnlinien im westlichen Grenzgebiet ab.[200] Man befürchtete, dass anderenfalls deutsche Truppen im Kriegsfall zu schnell die Weichsel erreichen würden. Ähnlich begründete Einsprüche durch das deutsche bzw. preußische Militär, dessen Zustimmung natürlich ebenfalls vor der Erteilung von Konzessionen für einzelne Eisenbahnstrecken bzw. vor dem Bau einer Eisenbahnlinie durch den Staat eingeholt wurde, sind nicht bekannt. So baute Preußen bis 1900 vier Stichbahnen an die Ostgrenze, von denen zunächst keine und zwischen 1900 und 1914 nur zwei durch die Errichtung grenzüberschreitender Verbindungen, die bis Kalisch/Kalisz bzw. Tschenstochau/Częstochowa führten, an das Netz im geteilten angeschlossen wurden.[201]

Hinzu kam, dass die maßgeblich in Wien, Berlin und St. Petersburg gestaltete Eisenbahnpolitik zwar Rücksicht auf die protektionistisch gesinnten Wirtschaftszweige nahm, jedoch die Interessen der Industriezweige und des Handels in den Grenzgebieten, die von einer Erleichterung des kleinen Grenzverkehrs profitiert hätten, zumeist ignorierte.[202] Eine ähnlich retardierende Wirkung hatte auch die sich nicht auf die Rivalität zwischen Triest und Fiume beschränkende Konkurrenz zwischen der österreichischen und ungarischen Eisenbahnpolitik. Dies betraf in den 1870er und 1880er Jahren vor allem die Entwicklung der Eisenbahnnetze in Kroatien und Dalmatien sowie später auch in Bosnien-Herzegowina.[203]

Eisenbahnen auf dem Balkan zwischen Imperien und Finanzkapital

Ein besonders facettenreiches Wechselspiel zwischen imperialen, geostrategischen und finanzkapitalistischen Interessen findet man in der Entstehungsgeschichte der Eisenbahnverbindung zwischen Wien und Konstantinopel, die nach ihrer Fertigstellung vom legendären »Orient-Express« genutzt wurde. Im Osmanischen Reich wurden Eisenbahnen zunächst grundsätzlich abgelehnt, sodass im europäischen Teil des Imperiums bis Ende der

200 *Mittler*, Befestigung und Vertheidigung, S. 9.

201 *Müller*, Handelsverkehr, S. 140.

202 *Müller*, Integration, S. 62–64; *Kaps*, Ungleiche Entwicklung in Zentraleuropa, S. 403–409.

203 *Jordan*, Entwicklung des Eisenbahnnetzes, S. 22–24; *Juzbašić*, Eisenbahnbau, S. 143–167; *Reisinger*, Österreichs Eisenbahnwesen, S. 125–128.

1860er Jahre nur einige mit britischem Kapital gebaute Stichbahnen von den Schwarzmeerhäfen Constanţa und Varna ins jeweilige Hinterland existierten. Als sich die türkische Regierung im Rahmen der Tanzimat-Reformen doch für eine Eisenbahnverbindung nach Mitteleuropa interessierte, erteilte sie 1868 einer belgischen Firma eine Konzession zum Bau einer Bahnstrecke von Konstantinopel nach Wien sowie einiger Zweigstrecken, etwa nach Thessaloniki und Burgas. Aufgrund finanzieller Probleme wechselte die Konzession mehrfach den Besitzer, bis sie 1869 der aus München stammende jüdische Bankier Baron Maurice de Hirsch erwarb.

Die in dem mit Rücksicht auch auf österreichische Interessen gestalteten Konzessionsvertrag vorgesehene Linienführung basierte auf politischen und geostrategischen Überlegungen, war verkehrstechnisch jedoch nicht optimal – und sollte sich letztlich auch nicht durchsetzen. So hätte die bereits seit 1857 von Wien über Székesfehérvár und Osijek bis zum gegenüber von Belgrad gelegenen Grenzort Semlin führende »Franz Joseph-Orientbahn«, die hauptsächlich von ungarischen Großgrundbesitzern finanziert worden war, eine gute Anschlussmöglichkeit geboten. Um 1870 favorisierte jedoch die österreichische Seite eine südliche Umgehung Serbiens und einen Anschluss an das eigene Netz in Bosnien, während Ungarn eine Verbindung über Transsilvanien präferierte. Allerdings änderte die türkische Regierung unter dem russophilen Großwesir Nedim Pasha schon 1872 die Aufgabenstellung und wollte nunmehr zunächst ein inneres Eisenbahnnetz errichten und später eher eine Verbindung mit Russland als mit der Habsburgermonarchie herstellen, womit man allerdings aufgrund des Staatsbankrotts von 1875 und der Niederlage im Krieg von 1877/78 ebenfalls nicht wesentlich vorankam. Erst auf Initiative des Berliner Kongresses von 1878 konnte 1883 eine Eisenbahnkonvention zwischen den betroffenen Staaten, zu denen nun auch Bulgarien und das nach Süden erweiterte Serbien gehörten, über die Fertigstellung des Projekts geschlossen werden, so dass ab 1888 der »Orient-Express« durchgehend zwischen Paris und Konstantinopel verkehrte. Die Strecke führte über Wien, Budapest, Belgrad, Niš und Sofia und erhielt einen Abzweig nach Rumänien.[204]

Maurice de Hirsch leitete die »Société Générale pour l'Exploitation des Chemins de Fer Orientaux« und hatte sowohl französisches als auch deutsches und österreichisches Kapital für seine »Orientbahnen« rekurrieren

204 *Reisinger*, Österreichs Eisenbahnwesen, S. 128–138; *Klenner*, Eisenbahnen und Politik, S. 99–104; *Jacolin*, Serbia's Access to the Sea, S. 69–75.

können. Er war neben dem ebenfalls jüdischen Bankier Gerson Bleichröder der größte deutsche Investor im Osmanischen Reich und blieb trotz der schwierigen politischen Situation im Osmanischen Reich sowie Vorwürfen von Baumängeln und Korruption auch unternehmerisch erfolgreich. 1888 verkaufte er die Bahngesellschaft an eine in der Schweiz ansässige Holding, hinter der vor allem die Deutsche Bank und der Wiener Bankverein standen. Die neuen Eigentümer mussten sich in den folgenden Jahren mit der Konkurrenz der in den jungen südosteuropäischen Nationalstaaten dominierenden Staatsbahnen sowie Forderungen Frankreichs und Russlands nach einer »Internationalisierung« der Eisenbahnen auf dem Balkan auseinandersetzen.[205]

Internationale Kooperation und Standardisierung

Die Forderung nach der »Internationalisierung« einer Verkehrsinfrastruktur war in diesem Fall – wie auch an vielen anderen Orten der Welt während des imperialistischen Zeitalters – ein direktes Instrument im Kampf der Imperien und Nationalstaaten mit imperialen Ergänzungsräumen um die Erweiterung oder Festigung ihrer Einflusssphären. Schon wesentlich früher hatten allerdings überwiegend nichtstaatliche Akteure für eine internationale Koordinierung eisenbahnpolitischer Maßnahmen gesorgt und dabei vorrangig die Steigerung der Effizienz oder schlicht die Funktionalität des Systems der Eisenbahnen im Blick gehabt. Gerade bei netzförmigen Infrastrukturen, die in der historischen Realität zumeist – wie die Eisenbahn auch – nicht nach einem staatlichen oder supranationalen Masterplan entstehen, ergibt sich sehr früh das Problem der Herstellung gemeinsamer Standards, um die Verbindung an den nationalen Außengrenzen (Interkonnektivität) zu gewährleisten und im Idealfall die Verschmelzung über die nationalen Außengrenzen (Interoperabilität) herzustellen. Grundsätzlich können Standardisierungsprozesse gouvermental oder nicht-gouvermental auf kooperativem oder nicht-kooperativ im Wettbewerb erfolgen.[206]

Im Falle der Eisenbahn stand zunächst die Frage der Spurweite im Mittelpunkt. Aufgrund des technologischen Vorsprung Englands und der daraus resultierenden Transferprozesse wurde bei den ersten Projekten in Kontinentaleuropa zumeist das englische Maß angewendet. Die endgültige Durchsetzung der nunmehr als »Normalmaß« bezeichneten Spurweite

---

205 *Hertner*, Balkan Railways.

206 *Ambrosius* u. *Henrich-Franke*, Integration, S. 13.

von 1435 mm in Mitteleuropa erfolgte allerdings erst durch das Wirken des 1847 im ungarischen Pest gegründeten »Vereins deutscher Eisenbahnverwaltungen«. Dieser verfehlte zwar sein ursprüngliches Ziel einer Staatsgrenzen überschreitenden »rationalen« Entwicklung eines »deutschen« Eisenbahnnetzes, war aber bei der Erarbeitung bzw. Durchsetzung wesentlicher Standards sehr wirkungsvoll. Dabei ging es neben der englischen Spurweite auch um andere technische Einrichtungen, wie den Unter- und Oberbau, die Bahnhofsanlagen, Lokomotiven und Waggons, sowie um eine Angleichung der Betriebsvorschriften.

Die Eisenbahnen der Habsburgermonarchie waren, neben niederländischen und luxemburgischen Eisenbahnen, von Anfang an im »deutschen« Verein vertreten und spielten auch bei den in den 1870er Jahren einsetzenden verschiedenen internationalen eisenbahnpolitischen Initiativen meist eine Vorreiterrolle. Das galt mittelbar für die Geschäfte der »Internationalen Speise- und Schlafwagengesellschaft« (Compagnie Internationale des Wagons-Lits-CIWL), die ihre Tätigkeit 1872 mit dem Betrieb der auch über österreichisches Territorium verlaufenden Strecken Ostende-Brindisi und Paris-Wien aufnahm und deren erster eigener Luxuszug als »Orient-Express« ab 1883 zwischen Paris und dem rumänischen Giurgiu verkehrte, von wo aus die Reisenden nach Konstantinopel gelangen konnten. Die Aktivitäten der CIWL waren nur möglich, weil seit 1871 jährlich Europäische Reisezugfahrplankonferenzen stattfanden, an denen Vertreter aus Österreich-Ungarn von Anfang an teilnahmen. Das galt auch für das 1882 von zunächst fünf Ländern geschlossene internationale Abkommen über technische Mindeststandards sowie das Internationale Abkommen über den Eisenbahnfrachtverkehr (CIM) von 1890.

Die Vereinbarungen der Regierungen wären ohne internationale Expertennetzwerke nicht zustande gekommen. Diese wurden unter anderem auf den seit 1885 stattfindenden Internationalen Eisenbahnkongressen geknüpft. Ost- und Ostmitteleuropäer waren hier von Anfang vertreten. Der 4. Kongress fand 1892 in St. Petersburg statt. Die Gründung des Internationalen Eisenbahntransportkomitees im Jahre 1902, in dem Experten in regelmäßigen Abständen über die Weiterentwicklung der genannten Abkommen diskutierten, ging direkt auf eine Initiative der Österreichischen Staatsbahnen zurück.[207]

---

207 *Henrich-Franke*, Europäische Verkehrsintegration, S. 135–139; *Dienel* u. *Divall*, Changing Histories, S. 65–84; *Véron*, Railway Integration, S. 243–245.

In Bezug auf die Spurweite und die damit zusammenhängenden Lichtraumprofile nahm Russland eine Sonderstellung ein. Die bereits erwähnte erste Fernbahn des Russischen Reiches von Warschau bis zur Grenze nach Österreich hatte die europäische Normalspurweite genutzt, da es den Initiatoren vorrangig um den Anschluss Polens an Mitteleuropa ging. Auch später sind Eisenbahnverbindungen zwischen polnischen und preußisch/deutschen Städten häufig mit Normalspurweite gebaut worden. Die ins Innere des Reiches führenden Eisenbahnen verwendeten jedoch die seit den 1840er Jahren in Russland übliche Spurweite von 1524 mm. Die entscheidende Rolle für deren Einführung spielte die Orientierung an den USA. Beibehalten wurde sie vor allem deshalb, weil das russische Militär darin ein Mittel sah, um im Kriegsfall Invasoren Transporte auf dem eigenen Territorium zu erschweren.[208] Allerdings sollte spätestens der Erste Weltkrieg zeigen, dass die Nutzer von kleineren Spurweiten Vorteile hatten, denn zum einen war es einfacher, Spurweiten durch Umnageln der Gleise zu verkleinern und dann das eigene rollende Material zu nutzen als umgekehrt das Gleisbett zur Vergrößerung der Spurweite auszubauen. Außerdem konnte man mit schmaleren Waggons größere Lichtraumprofile nutzen, was umgekehrt nicht der Fall war. Tatsächlich hat es vereinzelt bereits im Russisch-Türkischen Krieg von 1877/78, vor allem aber an der Ostfront des Ersten Weltkrieges zahlreiche Veränderungen der Spurweite von Eisenbahnen gegeben.[209]

Pläne für ein mitteleuropäisches Kanalnetz

Im letzten Viertel des 19. Jahrhunderts kam es aufgrund des weiter steigenden Bedarfs beim Massengutverkehr in vielen europäischen Ländern, vor allem aber in Deutschland zu einer Renaissance der Binnenschifffahrt.[210] In der Habsburgermonarchie verabschiedete das österreichische Abgeordnetenhaus im Jahre 1901 ein Gesetz, das die Anlegung eines Kanalsystems zwischen der Donau, Moldau, Elbe, Oder und Weichsel mit einer Gesamtlänge von 1700 km vorsah. Dem war eine jahrelange Debatte vorausgegangen, in der die Initiatoren der Kanalvorlage das wirtschaftliche Zurückbleiben gegenüber Deutschland auf die mangelhafte Ausstattung mit Binnenwasserstraßen zurückführten

208 *Westwood*, Geschichte, S. 28 f.; *Klenner*, Eisenbahnen und Politik, S. 61 f.; *Schenk*, Russlands Fahrt, S. 126 f.

209 *Klenner*, Eisenbahnen und Politik, S. 62; *Roth*, Introduction, S. 9 f.; *Veenendaal*, Baltic States, S. 32; *Kishtymov*, Construction and Modernisation, S. 60; *Przegiętka*, 1918, 1945 and 1989, S. 133 f.

210 *Crompton*, Tortoise, S. 6–8; *Kunz*, Economic Performance, S. 76.

sowie auf positive Effekte einer Wasserstraße Hamburg-Prag-Wien-Budapest und die Möglichkeit, Galizien und Wien mit oberschlesischer Steinkohle zu versorgen, hinwiesen. Der cisleithanische Ministerpräsident Ernest von Koerber griff diese Idee auf und wollte außerdem durch eine bestimmte regionale Verteilung von Infrastrukturinvestitionen in der Monarchie die Nationalitätenkonflikte entschärfen und insbesondere die Jungtschechische Partei zur Aufgabe ihrer Obstruktionspolitik bewegen. Die für Cisleithanien typischen *do-ut-des* Verhandlungen führten in der Folge zu einer Berücksichtigung zahlreicher regionaler und nationaler Interessen und damit zu einer enormen Aufblähung des so genannten Koerber-Planes, der folglich nur zu einem geringen Teil umgesetzt werden konnte. Die preußische Verwaltung hatte – im Gegensatz zu vielen schlesischen Industriellen – einer grenzüberschreitenden Kanalverbindung zwischen der Oder und den böhmischen Ländern ohnehin skeptisch gegenübergestanden.[211] Auch das politische Ziel einer Pazifikation der Nationalitätenkonflikte durch die Betonung gemeinsamer wirtschaftlicher Interessen wurde nicht erreicht. Dennoch waren nicht allein die inneren Nationalitätenkonflikte und die außergewöhnliche politische Konstellation in der österreichischen Reichshälfte für das Scheitern der Wasserstraßenpläne verantwortlich. Auch im aus österreichischer Sicht so überlegenen Deutschland, wo die politischen Bedingungen wesentlich stabiler waren und sich Kaiser Wilhelm II. persönlich für den Kanalbau engagierte, scheiterten in den 1890er Jahren Gesetzesvorlagen zum Bau eines Kanals zwischen Rhein, Weser und Elbe in den Parlamenten. Zu Fall gebracht wurden die Pläne durch den Widerstand von Industriellen, die ihren Konkurrenten aus dem rheinisch-westfälischen Revier den leichteren Zugang zum Berliner und mitteldeutschen Markt nicht gönnten, vor allem aber durch die Ablehnung mittel- und ostdeutscher Landwirte, die die Erleichterung von Nahrungsmittelimporten befürchteten. Aus dem gleichen Grund hatten auch tschechische Landwirte, die allerdings noch nicht so einflussreich waren wie die im Bund der Landwirte organisierten preußischen Großgrundbesitzer und Bauern, die Habsburger Kanalbaupläne abgelehnt. Die Angst vor den globalen Agrarmärkten mag aus heutiger Sicht irrational gewesen sein, wirkungsmächtig war sie dennoch.[212]

---

211 Geheimes Preußisches Staatsarchiv, I. HA, Rep. 120, C.XV.1, Nr. 120, Bd. 2.

212 *Horn*, Kampf; *Binder*, Wasserstraßenvorlage, S. 43–62; *Janáč*, European Coasts, S. 35–45; *Müller*, Bismarck, S. 155–159.

Insgesamt stellten also der Ausbau der Verkehrsinfrastruktur und die konkrete Gestaltung des Verkehrsnetzes eines der wichtigsten Instrumente der imperialen Territorialisierung dar. In allen drei ostmitteleuropäischen Imperien galt der Eisenbahnbau als erstrangiges Instrument von Zivilisierungsmissionen und Modernisierungsprojekten. Die geographischen Gegebenheiten und finanziellen Möglichkeiten differierten freilich erheblich, so dass auch die Intensität der infrastrukturellen Durchdringung deutliche Unterschiede aufwies. Dies wird durch einen Vergleich der russischen, deutschen und österreichischen Teilungsgebiete Polens besonders deutlich. Allerdings beeinflussten privat(wirtschaftlich)e in- wie ausländische Akteure in ihrer – für den Staat unverzichtbaren – Funktion als Investoren, aber auch als Elemente politischer und ökonomischer Interessengruppen das Tempo des Netzausbaus und dessen konkrete Gestaltung in beachtlichem Maße.

I.1.5 Das Territorium vernetzen: Städte und grenzüberschreitende Verbindungen

Das Jahrhundert der Städte

Das 19. Jahrhundert, insbesondere seine zweite Hälfte gilt für viele Teile der Welt als »eine Epoche intensivster Urbanisierung«.[213] Die Einwohnerzahlen der Städte wuchsen enorm, auch wenn die große Mehrheit der Weltbevölkerung weiter auf dem Land lebte und eng an agrarische Tätigkeiten gebunden blieb. Aber die Städte wurden zu Anziehungspunkten einer rasant wachsenden Binnenwanderung, sie wurden zur neuen Heimat vieler Arbeiter, die in der gerade aufblühenden Industrie Beschäftigung fanden.

Die Verstädterung[214] brachte es mit sich, dass der Unterschied zum Landleben markanter wurde, denn die explodierenden Bevölkerungszahlen erforderten ebenso neue Formen der Verwaltung wie der Infrastruktur, der Architektur und der Bewältigung aller mit der Verdichtung der Wohnverhältnisse zusammenhängenden Probleme.[215] Urbanisierung ist aber mehr als das Zusammenpressen vieler Menschen auf dem zwar wachsenden, aber doch vergleichsweise engen Raum vordem nur von wenigen Tausend Bewohnern genutzter Städte.[216] Mit der »modernen Stadt« geht der Aufbau einer kul-

213 *Osterhammel*, Verwandlung, S. 360.
214 *Osterhammel*, Verwandlung, S. 366.
215 *Saunier* u. *Ewen*, Another Global City.
216 *Zimmermann*, Zeit der Metropolen.

turellen Infrastruktur einher, der in den Metropolen an Opern- und Theaterhäusern, gewaltigen Bauten der Kommunalverwaltung, Ausstellungsflächen, Flaniermeilen, Messegeländen und einem immer dichter werdenden Netz von Lehr- und Lernanstalten sichtbar wurde, aber selbst in den kleinsten Städten immer noch am Anspruch zu erkennen war, es den Metropolen proportional nachzutun und wenigstens um den Haupt- oder Marktplatz herum in repräsentative Bauten zu investieren.[217] Neben der Bevölkerungsverdichtung und der Bewältigung der infrastrukturellen Herausforderungen durch eine immer ausgefeiltere Stadtplanung (von der Entwicklung der Stadt als Marke und der Beachtung sozialer Dimensionen des Wohnens und Arbeitens, der Versorgung und des Sterbens über den bald so genannten Nahverkehr bis zur Abwasserentsorgung und Anbindung an überregionale Netzwerke der Wasser-, Strom- und Gasversorgung) gehört deshalb die kommunale Kulturpolitik zu den auffälligsten Merkmalen des Urbanisierungsprozesses, auch oder gerade, weil sie durchaus nicht spannungsfrei zu imperialen und nationalen Bemühungen um Kulturpolitik war.[218]

Städte waren dabei auch Koordinationsinstanzen, Portale und Antreiber transnationaler Lernprozesse. Dabei griffen die städtischen Eliten, aber bald auch die konkurrierende Organisation der Arbeiterkultur auf historisch weit in die frühe Neuzeit zurückreichende Verbindungen und auf die Zentralstellung der Städte im internationalen bzw. regionalen Verkehrssystem zurück. Als »Vielfaltsorte« und Orte »extremer Verdichtung«[219] wurden sie gleichzeitig zu Arenen des Konflikts und der Aushandlung zwischen neuartigen politischen, kulturellen, wirtschaftlichen und sozialen Bewegungen. So entstanden, erweiterten und politisierten sich spezifisch urbane Öffentlichkeiten, in denen ethnische, soziale, kulturelle und politische Identitäten und Interessen artikuliert und neu organisiert wurden: im Vereins- und Pressewesen, bei Festlichkeiten und Bühnenereignissen, in Museen und Kunstausstellungen, bei kommunalen Wahl(kämpf)en und spontanen Protestformen.[220]

Zugleich erfuhren bestimmte Städte eine Spezialisierung, etwas als Eisenbahn- und Bergbaustädte, aber auch rein auf den Tourismus ausgerichtete Orte wie See- und Kurbäder, während andere versuchten, möglichst viele Funktionalitäten zu beherbergen. Der städtische Raum erlebte eine vorher

217 Für eine ausführliche Beschreibung der gesamteuropäischen Urbanisierung im 19. Jahrhundert: *Lenger*, Metropolen der Moderne, S. 25–273.

218 *Höpel*, Von der Kunst- zur Kulturpolitik.

219 *Wendland*, Ostmitteleuropäische Städte, S. 106–131.

220 *Stachel* u. *Szabo-Knotik*, Urbane Kulturen.

nicht gekannte Kommerzialisierung, indem Grundstücke und Häuser zum Spekulationsobjekt gerieten und der Finanzindustrie einen Expansionsraum schufen. Dies wiederum hatte Folgen für die soziale Balance der Stadt, neue Berufe wie Immobilienmakler und Bauunternehmer erweiterten das Spektrum urbaner Aufstiegsmöglichkeiten, während gleichzeitig eine neue Art der sozialen Segregation Kritik und Befürchtungen zu ihren langfristigen Folgen weckte.[221] All diese Prozesse lassen sich in vielen Weltregionen beobachten, und schon bald organisierten Planer und Bürgermeister, Architekten und Wissenschaftler Kongresse, um sich über aussichtsreiche Lösungen für die als allgemein angesehenen Probleme auszutauschen. An die Spitze stellte sich ein Netz aus Großstädten, das die »Geburt des Weltstädtesystems«[222] anzeigte.

Entgegen einer noch immer weit verbreiteten Defizitgeschichte lassen sich all diese Prozesse in den Metropolen Ostmitteleuropas gleichermaßen beobachten, und für die kleineren Städte der Region lassen sich ebenso Abstufungen in der Ausprägung von Verstädterung und Urbanisierung ausmachen, wie dies auch anderswo der Fall ist.

Um 1850 zählte man in Zentral- und Osteuropa 340 Städte mit mehr als 10.000 Einwohnern, in Nordwesteuropa dagegen 246 und im südlichen Europa 292. Die Zahl dieser Städte war in dieser Region zwischen 1750 und 1850 ebenso schnell gewachsen wie im Rest Europas. Selbstverständlich ist die Fläche der drei Vergleichsregionen unterschiedlich groß, so dass es in die Irre führen würde, diese Zahlen als Beleg für eine größere oder geringere urbane Verdichtung heranzuziehen. Hier zeigt der Anteil der Stadt- an der Gesamtbevölkerung, dass die Verstädterung im nordwestlichen Europa weiter vorangeschritten war: 26,1 % der Bewohner dieser Region lebten 1850 in größeren Städten von über 10.000 Einwohnern, der europäische Durchschnitt lag bei 16,7 %, während in Zentraleuropa lediglich 12,5 % und in Osteuropa gar nur 7,5 % in solch größeren Städten wohnten.[223]

221 *Osterhammel*, Verwandlung, S. 362 ff.; siehe auch *Derudder, Hoyler, Taylor* u. *Witlox*, International Handbook.

222 *Derudder, Hoyler, Taylor* u. *Witlox*, International Handbook, S. 362.

223 Die Zahlen nach *Lees* u. *Lees*, Cities, S. 57 Allerdings sind diese Angaben, die auf einer Sekundärauswertung der großen stadtgeschichtlichen Untersuchungen für Europa basieren, mit Vorsicht zu genießen, denn die angegebenen Regionen sind nur vage umrissen, und das Russische Reich (das für unseren Zusammenhang mit seinen westlichen Teilen durchaus relevant ist), wurde dabei ausgeklammert. Die Kategorie »Osteuropa« beschreibt bei den Autoren deshalb eher, was wir unter Ostmitteleuropa fassen.

Immerhin lässt sich daraus eine Tendenz hinsichtlich der nachfolgenden Urbanisierung ablesen, denn es waren vor allem jene größeren Städte, die bereits in der ersten Hälfte des 19. Jahrhunderts Anziehungspunkt für die überschüssige Landbevölkerung waren, die in der zweiten Hälfte des Jahrhunderts rasant weiterwuchsen, auch wenn sich die Rangfolge unter ihnen im späten 19. Jahrhundert veränderte Dementsprechend zeigt das Wachstum der Großstädte, die um 1910 mehr als 250.000 Einwohner hatten – Berlin, Breslau/Wrocław, Bukarest, Budapest, Lodz/Łódź, Riga, Warschau und Wien – zwischen 1750 und 1910 keine signifikant anderen Muster als verwandte Städte im gesamteuropäischen Kontext.[224]

Sucht man nach Besonderheiten der Städte in Ostmitteleuropa im gesamteuropäischen Vergleich, dann fallen vor allem zwei auf. Zum einen sind sie in spezifischer Weise durch eine multinationalen bzw. multiethnische Bevölkerungszusammensetzung gekennzeichnet, die durch die Einwanderung vom Land in ihrer lange Zeit stabilen Balance gestört wurde und deshalb im Zuge von Territorialisierungs- und Nationalisierungsprozessen besonderen Spannungen ausgesetzt war. Zum anderen haben – jedenfalls im Vergleich zu Westeuropa – ständische Logiken der Organisation kommunaler Verwaltung länger fortbestanden.[225]

Städte als Arenen und Adressaten von Territorialisierungsprojekten

Die Entwicklung der Städte Ostmitteleuropas muss jedoch auch vor dem Hintergrund der Pluralität politischer Raumbezüge gesehen werden, die sich der Vorstellung einer symbiotischen Beziehung moderner Stadtentwicklung und Nationalstaatsbildung entzieht.[226] So führte beispielsweise die national motivierte Zurückweisung, gar Zerstörung des osmanischen Erbes im Zuge der Bildung von Nationalstaaten auf dem Balkan zunächst zur De-Urbanisierung der Region.[227] Die stadtpolitischen Modernisierungsstrategien des deutschbaltischen Bürgertums, das in Riga seine Führungsposition zu wahren suchte, ohne sich auf nationalstaatliche Loyalitäten vor 1918 festlegen zu lassen, standen mitnichten im Dienste einer Germanisierung der multiethnischen (russischen) Stadt, sondern suchten zunächst die fragile soziale und

224 *Lees* u. *Lees*, Cities, S. 287 f.
225 *Hirschhausen*, Grenzen; *Hofmann* u. *Wendland*, Stadt und Öffentlichkeit.
226 *Osterhammel*, Verwandlung, S. 381 ff.
227 *Osterhammel*, Verwandlung, S. 376.

politische Balance der ständischen Struktur Rigas zu bewahren und Nationalisierungsprojekte insbesondere der Letten abzuwehren.[228]

Die Städte waren keineswegs nur Bühne und Objekt von *Nationalisierungs*projekten, sondern auch Ausgangspunkt kosmopolitischer und regionaler Gegenentwürfe der Ordnung des politischen Raums. Dies brachte sie teilweise in Konkurrenz zu nationalen Projekten, die sich eher auf die Landbevölkerung stützten.[229] Dies zeigt sich beispielsweise an der Sonderrolle Budapests als gewissermaßen hypermodernistischer Hauptstadt eines ansonsten stark agrarisch geprägten Landes. Hier hatte sich kurzzeitig eine Allianz zwischen einem liberalen Stadtbürgertum und einem ungarisch-national orientierten, anti-österreichischen Adel herausgebildet, die aber zerfiel, als das Nationalisierungsprojekt des ungarischen Adels zunehmend anti-modernistische und anti-urbane Züge annahm, sich auf eine agrarische Ordnung berief und die kulturelle, wirtschaftliche und politische Diversität und Offenheit Budapests zunehmend als Konkurrenz und Bedrohung angesehen wurde.[230]

Großstädte und Metropolen, boten aber solchen Konflikten nicht nur eine Arena, sie waren gleichzeitig Adressat von unterschiedlichen Territorialisierungsprojekten, die sich beispielsweise in der sozialräumlichen Umgestaltung Wiens trafen, wo Stadtplanung, imperiale Modernisierung und die Bedürfnisse eines tendenziell global ausgerichteten kapitalistischen Wirtschaftssystems ineinandergriffen, u. a. beim Bau der Wiener Stadtbahn und den großangelegten Projekten zum Bau der gemeindlichen Mietshäuser.[231] Städte waren dabei nicht nur Knotenpunkte der neuen Kommunikations- und Transportnetze von Eisenbahn und Telegraph, sondern gleichzeitig die Orte, an denen diese Technologien an die Bedürfnisse des Landes und der Stadt angepasst wurden – in den Entwicklungslabors einschlägiger Unternehmen[232], in den Universitäten und beim Ausbau des öffentlichen Per-

228 *Hirschhausen*, Grenzen, S. 353 f.

229 *Müller, Kubů, Lorenz* u. *Šouša*, Agrarismus und Agrareliten, S. 82–94.

230 *Maderthaner*, Lebens- und Arbeitswelten, S. 520 f.

231 *Maderthaner*, Lebens- und Arbeitswelten, S. 526 ff.; *Maderthaner* u. *Musner*, Anarchie der Vorstadt.

232 Mária Hidvégi zeigt in ihrem Buch eindrucksvoll, wie ungarische Unternehmen der Elektroindustrie die Antriebsentwicklung für Eisenbahnen so modifizierten, dass sie dem noch rudimentär ausgebauten Stromnetz entsprachen, aber zugleich einen ausgesprochen großen Nischenmarkt jenseits der ungarischen Grenzen bedienen konnten, weil sich viele Länder an Europas Peripherie und in Lateinamerika in der gleichen Situation befanden: *Hidvégi*, Tungsram.

sonennahverkehr von den Pferdebahnen hin zu modernen Straßen- und U-Bahnen: Budapest erhielt als zweite europäische Stadt 1896 eine U-Bahn.[233] Die Infrastruktur des rasant wachsenden Wien beförderte um die Mitte des 19. Jahrhunderts die sozialräumliche Segregation und verlangsamte die Anbindung der am Stadtrand wuchernden Siedlungen von Zuwanderern vor allem aus den ländlichen Gebieten Südböhmens und Südmährens. Die scharfe Trennung der Arbeitersiedlungen vom politischen und kulturellen Zentrum der Stadt versinnbildlichte für einige Jahrzehnte die Modernisierungsprozesse im gesamten Habsburgerreich, bei denen kapitalistische Industrialisierung und die Verfügbarmachung von Arbeitskraft und Boden einhergingen mit eng gesetzten Grenzen politischer Partizipation. Unter Bürgermeister Karl Lueger am Ende des Jahrhundert wurde mit der de facto Kommunalisierung der Wiener Tramway-Gesellschaft und dem Bau der Wiener Stadtbahn eine diese Grenzen übergreifende Infrastruktur geschaffen. Neben anderen Projekten der Kommunalisierung städtischer Infrastrukturen wie der Gasversorgung und dem Bau von Krankenhäusern und Armen- und Altenversorgungsanstalten zielten diese Projekte zum einen auf den Ausbau finanzieller Autonomie gegenüber zentralstaatlichen Instanzen und waren zum anderen ein symbolpolitischer Akt einer populistischen und anti-liberalen christlich-sozialen Gemeindepolitik, die auf die Durchsetzung einer deutschnationalen Prägung der Stadt setzte und die städtischen Mittelschichten auch mithilfe antisemitischer Argumentationen vor den »Auswüchsen der Moderne« zu schützen vorgab.[234]

Der Zusammenhang von Stadtentwicklung und Territorialisierungsprozessen von der Mitte des 19. Jahrhunderts bis zum ersten Weltkrieg lässt sich folglich in zwei Richtungen denken: Erstens mit Blick auf die Einbindung vor allem der Metropolen in tendenziell globale, über Ostmitteleuropa hinausgehende Ströme und deren Zirkulationmuster.[235] Zweitens geht es um ihre Funktion als Orte, in denen die Reorganisation des (modernisierten imperialen) Raumes sichtbar und aushandelbar wird und die verschiedenen Territorialisierungsprojekte einschließlich der Versuche konsequenter Nationalisierung ausgetragen werden. Dabei darf man davon ausgehen, dass »diese vom Geflecht der sozialen und nationalen Wechselwirkungen überlagerten Struktur der städtischen Öffentlichkeit in Ostmitteleuropa zu einer

---

233 *Bennett*, Metro; *Baldinger*, U-Bahn Budapest, S. 22–24.
234 *Maderthaner*, Von der Zeit, S. 175–248.
235 *Geyer*, Portale der Globalisierung.

im Vergleich zum Westen stärkeren Politisierung der öffentlichen Sphäre beitrug.«[236] Diese Politisierung führte spätestens mit dem Ausbruch des Ersten Weltkrieges an die »Grenzen der Gemeinsamkeit« insbesondere in jenen Städten, in denen ethnische mit sozialen und wirtschaftlichen Grenzziehungen zusammenfielen.[237]

Die Wiener Ringstraße kann als sinnfällige Konkretisierungen der Überlagerung verschiedener Territorialisierungsprojekte herangezogen werden. Der Fortifikationsring um die Stadt war zunächst gegen ausländische Angreifer der Stadt und vor allem des Reiches errichtet worden und gewann im Nachgang der 1848er Revolution als Schutz gegen die revolutionäre Bedrohung der staatlichen Ordnung eine neue Bedeutung. Gegenüber anderen europäischen Großstädten, wo städtischen Befestigungsanlagen vielfach früher geschleift wurden und man dem Gestaltungswillen des aufsteigenden Bürgertums nachgab, hielten hier die Befürchtungen der mit dem Hof verbundenen Elite länger an. Erst knapp zehn Jahre nach der Revolution gestattete ein kaiserlicher Erlass schließlich den Umbau. Die statt der Bastionen und Befestigungsanlagen errichteten repräsentativen Gebäude spiegelten aber widerstreitende Ansprüche auf die (Haupt)Stadt wie auch konkurrierende Vorstellungen vom gesamtstaatlichen Raum: Neben die dem Kaiserkult gewidmete Votivkirche und die Hofburgerweiterung traten die Neubauten des Parlaments, des Rathauses, der Universität und des Burgtheaters als Ausdruck bürgerlicher Ambitionen auf Stadt und Staat.[238] Und gleichzeitig trennte die neue Ringstraße die urbanen Eliten und die in den neuen Bezirken siedelnden Zuwanderer, deren Arbeitskraft den Aufstieg Wiens zum wirtschaftlichen Zentrum der Monarchie ermöglichte: »Was einst Ring militärischer Absonderung gewesen war, wurde nunmehr zu einem Ring gesellschaftlicher Trennung«.[239]

Multiethnische Metropolen

Ostmitteleuropäische Städte in den imperialen Kontexten des 19. Jahrhunderts verfügten über eine Tradition multiethnischer Strukturen, die herausgefordert wurde durch den Zuzug neuer Einwohner, die sich vom Spielen der nationalen Karte sozialen Aufstieg und politische Partizipationsrechte gegen das eingespielte Stadtregime versprachen. Das Narrativ vom Fehlen einer auf die Nation gerichte-

236 *Hofmann* u. *Wendland*, Stadt und Öffentlichkeit, S. 22.
237 *Hirschhausen*, Grenzen, S. 372.
238 *Maderthaner*, Von der Zeit, S. 178 ff.
239 *Maderthaner*, Von der Zeit, S. 180.

ten Öffentlichkeit[240] erscheint vor diesem Hintergrund eher als strategischer Diskurs der Neuankömmlinge und jener Fraktionen unter den Eingesessenen, die mit ihnen eine Allianz einzugehen bereit waren, denn als eine simple Beschreibung der Lage. Multiethnizität wird damit auch zur Chiffre für den Umgang mit den althergebrachten Machtverhältnissen in den Städten Ostmitteleuropas und zur Begründung durchaus unterschiedlicher Strategien im Umgang mit dem Konflikt um die Territorialisierungsprojekte, in die sich die Städte künftig einfügten. Und dies lässt sich für die bevölkerungsreichen Metropolen ebenso wie für die vielen kleineren Städte in der Fläche der Imperien beobachten.

Idealtypisch bietet es sich an, drei Strategien voneinander zu scheiden:

Als »Schmelztiegel« lassen sich Städte charakterisieren, die durch eine starke überregionale Zuwanderung geprägt waren – so wie Wien, Prag, Budapest und Lemberg/L'viv – und in denen die städtischen Eliten einen hohen Assimilationsdruck auf die Zuwanderer ausübten. Eine zweite Gruppe von Städten war gekennzeichnet durch einen geringeren Assimilationsdruck auf die sich überregional speisende Stadtbevölkerung, was eher zur Trennung zwischen den verschiedenen städtischen Gruppen entlang ethnischer Grenzen und damit zur Entstehung eines »Mosaiks« führte – als Beispiel ließe sich Czernowitz anführen. Und schließlich bildete sich eine Reihe »regionaler Zentren« der Nahwanderung heraus, in denen die städtische Politik zwar ebenfalls auf Assimilierung zielte, jedoch die ethnische Vielfalt geringer ausgeprägt war.[241]

Allerdings gilt es gegenüber diesen idealtypischen Unterscheidungen einen Vorbehalt zu bedenken. Die zeitgenössischen Statistiken sind nur zu einem geringen Maße geeignet, die Zugehörigkeit zum einen oder anderen Typus ablesbar zu machen. Sie waren vielmehr Instrumente bei der Herstellung eines bestimmten Bildes von Homogenität oder eben fortbestehender Heterogenität, von mehr oder minder gelungener Assimilation in den Farben des jeweils gewünschten Ergebnisses. So zeigte sich in der Volkszählung 1900 Wien als »deutsche Stadt«, in der 92 % der Bevölkerung Deutsch als ihre Umgangssprache angaben. Da die Statistik Mehrsprachigkeit gerade nicht erfasste (und auch nicht erfassen sollte), spiegelten diese Zahlen die Komplexität der urbanen Konstellation nur gebrochen. Zieht man Herkunfts- und Geburtsorte der Stadtbevölkerung heran, so zeigt sich, dass ein Drittel der Stadtbevölkerung

---

240 *Hofmann* u. *Wendland*, Stadt und Öffentlichkeit, S. 22.
241 *John*, Schmelztiegel; *Saldern*, Integration.

aus nicht-deutschsprachigen bzw. gemischtsprachigen Gebieten stammte.[242] Die jüdische Bevölkerung – Wien war nach Warschau und Budapest die drittgrößte jüdische Stadt Ostmitteleuropas – blieb in dieser nur scheinbar exakten Erfassung der Bevölkerung allerdings unbeleuchtet. Dabei verschärften sich in der Stadt um 1900 die Konflikte zwischen Nationalitäten und religiösen Gemeinschaften. Dies veranlasste den deutschnationalen Bürgermeister Karl Lueger mit dem Gemeindestatut vom 28. März 1900 den Assimilisierungsdruck zu erhöhen. Er zielte insbesondere darauf ab, die bedeutendste nationale Minderheit der Stadt, die Tschechen, zu germanisieren. Gleichzeitig verfügte Wien aber auch über eine einzigartige multiethnische und multireligiöse Infrastruktur mit vielen Synagogen und Kirchen, politischen und nationalen Vereinen und Zeitschriften, die sich nicht nur entlang nationaler, sondern auch entlang politischer Orientierungen ausdifferenzierten. Das politische und kulturelle Leben Wiens war gleichermaßen Ausdruck zunehmender exklusiver und aggressiver Nationalisierung, die von unterschiedlichen nationalen Gruppen verfolgt wurde, wie auch der Fähigkeit zum Komplexitätsmanagement der metropolitanen Gemeinschaft in einem dynastisch überwölbten Vielvölkerstaat.

Einen anderen Weg schlug die auf Kooperation bedachte Stadtpolitik in Czernowitz ein, insbesondere nach dem sogenannten »Bukowiner Ausgleich« von 1910, der über einen nationalen Proporz eine Repräsentation der polnischen, deutschen, rumänischen und ungarischen Bevölkerungsgruppen in der Landesverwaltung sicherstellte, während die Ruthenen/Ukrainer im Zensus nicht speziell gewürdigt wurden. Ursprünglich hatten die Czernowitzer Eliten sich auch auf eine zugemessene Repräsentation für die jüdische Bevölkerung geeinigt, scheiterten damit jedoch am Widerstand der Regierung in Wien. Die jüdischen Einwohner wurden danach der deutschen Nationalität zugeschlagen, erhielten gleichzeitig aber einen Sonderstatus.

In den russischen Ostseeprovinzen entwickelten die Eliten im multiethnischen Riga einen ebenfalls eigenen Weg des Umgangs mit der Konfrontation der Territorialisierungsprojekte. Die Stadt hatte um 1850 100.000 Einwohner, von denen 43 % Juden waren, und war bis 1913 auf 500.000 Einwohner angewachsen, von denen sich nun 40 % als Letten registrieren ließen. Und obwohl Urbanisierung und Industrialisierung im Zuge der Nationsbildung die politischen, kulturellen und gesellschaftlichen Konflikte in der Stadt verschärften, was letztlich zum Zerfall der multiethnischen Gemeinschaft

242 Vgl. hier und im folgenden *John*, Schmelztiegel.

führte, war der Weg in die Politisierung der Nationalisierung auch hier kein Automatismus. Vielmehr war die ständische Ordnung über das gesamte 19. Jahrhundert um einen Ausgleich bemüht, der regionale, nationale und lokale Identitäten ermöglichte. Das Beispiel Rigas zeigt, dass selbst die Herausbildung einer Sprache zur Beschreibung der sich intensivierenden Konflikte zwischen sich nun national interpretierenden Gruppen, mithin eine »begriffliche Neuordnung der gesellschaftlichen Wirklichkeit«[243], auf große Schwierigkeiten stieß und einen langen Zeitraum in Anspruch nahm.[244] Treibende Kraft dieses Prozesses war die lettische Bevölkerungsgruppe, die sich an ihrem deutschen Gegenüber rieb, weniger die russische – die nicht den Nationalismus des Zentrums vertrat – oder die jüdische: »In Riga blieb die Vorstellung der Nation nicht das einzige Deutungsangebot.«[245] Wichtige Parameter der Verortung blieben für die Deutschen die Idee einer gemeinsamen Region,[246] für die Letten neben der Nation auch Klassenzugehörigkeit oder Vorstellungen von Autonomie innerhalb eines liberalisierten Zarenreichs, für die Russen ein föderales Reichsverständnis und für die Juden – quer zur territorialen Logik liegend – religiöse Identifikationen, aber auch das Streben nach rechtlicher Emanzipation. Wie der Vergleich mit Prag oder Odessa zeigt, ging unter den ostmitteleuropäischen Bedingungen, das heißt einer von vielen Bevölkerungsgruppen und vom imperialen Zentrum anerkannten Multiethnizität, auf der städtischen Ebene die industrielle Moderne nicht immer mit radikaler Nationalisierung einher.[247] Diese Polyvalenz der Städte wurde auch durch deren wechselnde Funktionalität für verschiedene Territorialisierungsprojekte noch verstärkt. So galt beispielsweise Lemberg/L'viv als »gefühlte Hauptstadt« für die Ukrainer Galiziens, aber ihren polnischen Bewohner gleichzeitig als »Festung« oder »Frontstadt«.[248]

Häufig lebten in den Städten große Minderheiten – oder dominierten sogar zahlenmäßig die Stadtbevölkerung – die in den Gesamt- bzw. Teilstaaten eher in der Unterzahl waren, das traf vor allem auf Juden, und je nach Teilregion aber auch auf Deutsche oder Tschechen zu. Die Stadtbevölkerung speiste sich zu Ende des Jahrhunderts aus einer massiven regionalen und überregionalen Migration, in der Stadt stellten sich mithin auf begrenztem

243 *Hirschhausen*, Grenzen, S. 24.
244 *Hirschausen*, Konkurrenz, S. 155–180.
245 *Hirschhausen*, Grenzen, S. 377.
246 *Hirschhausen*, Grenzen, S. 378
247 *Hirschhausen*, Grenzen, S. 378.
248 *Wendland*, Ostmitteleuropäische Städte, S. 124.

Raum wie unter einem Brennglas die Probleme des Gesamtstaats. Zum Ausgang der hier untersuchten Epoche wurde allerdings der Assimilationsdruck in den Städten – vor allem in den Hauptstädten (auch der Habsburgischen Kronländer) – höher als jener im Gesamtstaat, der »in der Phase 1880–1914 am ehesten in der Lage [war], dem Status Quo der Multiethnizität [...] zu entsprechen und diese aufrechtzuerhalten bzw. ausgleichend zu wirken.«[249] Die Beispiele Czernowitz oder Riga zeigen allerdings, wie langsam und widersprüchlich der Prozess der Nationalisierung verlaufen ist und dass für einen längeren Zeitraum verschiedene Optionen im Raum standen. Für die transnationalen Bezüge der gesamten Region bildeten diese Entwicklungen in den Städten immer wieder einen Anknüpfungspunkt.

Peripher, aber nicht marginal: Städte an den Rändern der Reiche

Die rasch voranschreitende Urbanisierung lenkt wie selbstverständlich die Aufmerksamkeit auf die Metropolen, in denen viele neue Techniken des Zusammenlebens ausprobiert und dann an anderen Orten nachgeahmt wurden. Das vertikale Städtesystem Ostmitteleuropas zeigt jedoch gerade bei den kleinen und mittleren, ebenfalls häufig multiethnischen Städten eine interessante Vielfalt der Konstellationen,[250] in denen sich das Bild einer spezifischen Transnationalität noch einmal schärft.

Die galizische Grenzstadt Brody – viel zitierte Verkörperung des jüdischen Schtetl ebenso wie des Lebens in der habsburgischen Peripherie – lag keineswegs immer am Rand. Gerade als Grenzstadt, aber vor allem als Transitort auf einer der größten paneuropäischen Handelsrouten aus dem Osmanischen und Russischen Reich nach Westeuropa, namentlich nach und über Leipzig und Frankfurt am Main, war Brody am Ende der frühen Neuzeit zu einem bedeutsamen Knotenpunkt in überregionalen Handelsbeziehungen aufgestiegen.[251] Um 1830 war Brody mit 20.000 Einwohnern nach Lemberg/Ľviv die zweitgrößte Stadt Galiziens und »war mit europäischen Städten wie Grenoble, Valladolid, Maastricht, Leicester, Pisa, Posen [...], Göteborg, Bergen, Kursk oder Düsseldorf vergleichbar und größer als jede andere heutige österreichische Stadt, abgesehen von Wien und Graz«.[252] In den ersten Dekaden des 19. Jahrhunderts konnte Brody durch das Zusammenspiel von Grenz- und Transitlage sowie internationalen Dynamiken von den

249 *John*, Schmelztiegel, S. 238.
250 *Gräf*, Kleine Städte; *Clark*, Small Towns; *Bakcskai*, Small Towns, S. 77–89.
251 *Kuzmany*, Brody.
252 *Kuzmany*, Brody, S. 13.

»institutionellen Brüchen«[253] der territorialen Ordnung profitieren: Die Stadt stieg zur Schmugglermetropole auf. Die napoleonische Kontinentalsperre von 1806 bis 1814 verbot die Einfuhr britischer Erzeugnisse über europäische Häfen. Dies ließ den Landweg über Russland, das sich zunächst nicht an den Sanktionen gegen England beteiligte, (wieder) zur wichtigsten Route werden und diese führte durch Brody. Manager dieser sehr weitreichenden Handelsnetze waren vor allem jüdische Kaufleute in Brody, deren Expertise und Kontakte weit zurückreichten. So hatten sie auch schon nach dem Auslaufen des österreichisch-russischen Handelsvertrags 1799 davon profitieren können, dass das Zarenreich über immer mehr österreichische Waren Importverbote verhängte.[254] Nach dem Wiener Kongress wirkte sich jedoch die Grenzlage – in die Brody nach den Teilungen Polens geraten war – in Kombination mit den protektionistischen Wirtschaftspolitiken Österreichs und Russlands zunehmend negativ auf die Stadt aus und ihr langsamer Niedergang begann. Zwar konnte der Protektionismus der beiden Imperien durch ein Freihandelsprivileg gemildert werden, doch das hatte nicht erst bei seiner Aufhebung 1880 an Wirksamkeit verloren, da neue Transport- und Kommunikationsmittel wie Eisenbahn und Telegraph die Vermittlungskompetenzen der Brodyer Kaufleute zunehmend überflüssig erscheinen ließen. Als »jüdischste Stadt Galiziens« allerdings bewahrte sich Brody über längere Zeit seine Einbindung in transnationale Netze als es die periphere Lage an der Grenze zwischen zwei Imperien nahelegte. Die jüdische Elite war dabei nicht nur für die wirtschaftliche, sondern auch die politisch-kulturelle Position der Stadt zentral. Im Zusammenspiel mit der Polonisierungspolitik seit 1860 in der Stadt schien das jüdische Element moderierend bzw. universalisierend auf das polnische Nationalprojekt einzuwirken, was sich u. a. in einer liberaleren Sprach- und Schulpolitik auswirkte.

Die Industriestadt Lodz/Łódź mag nicht sofort mit Marginalität assoziiert werden, aber lange galt die Stadt als »Antimetropole.«[255] Obwohl hier Urbanisierung, Industrialisierung[256] und Nationalisierung sehr direkt miteinander verschränkt scheinen, ist der Zusammenhang brüchiger als es der erste Blick suggeriert. Zunächst war die Industrialisierung und das damit verbundene explosionsartige Wachstum der Stadt von einer deutschen

253 *Sassen*, Spatialities.

254 *Kuzmany*, Brody, S. 62 ff.

255 *Hofmann*, Imageprobleme, S. 235–257.

256 Dabei ist jedoch zu unterstreichen, dass Industrialisierung und Urbanisierung nicht notwendigerweise immer Hand in Hand gehen (*Osterhammel*, Verwandlung, 366 ff.).

und jüdischen Elite vorangetrieben worden.[257] Die schnell wachsende polnische Bevölkerungsgruppe bestand zu Anfang vor allem aus Arbeitern, die nationale Intelligenz ließ sich erst später in der Stadt nieder. Auch dies hat dazu beigetragen, dass die multinationale Stadt lange Zeit in den polnischen Imaginationen einer nationalen Gemeinschaft und eines nationalen Raums marginalisiert wurde. Im Vergleich zu Warschau, Krakau oder Posen/Poznań galt sie vielen Polen kaum als Symbolort und die Stadt selbst in viel geringerem Maße eine auffällige urbane Identität. Dieser Art der Marginalisierung stand jedoch ihrer hochgradigen Einbindung und Zentralität in Netzen des internationalen Handels gegenüber.[258] Die Überlagerung ethnischer mit sozialen Konfliktlinien trug ebenso wie in Riga zur Verschärfung der zunehmend als national artikulierten Konflikte bei, geschürt von der anti-polnischen Politik der russischen Regierung. Allerdings waren die Allianzen zwischen den großen Bevölkerungsgruppen instabil: So war der Lodzer Aufstand 1892 von einem Pogrom an der jüdischen Bevölkerung begleitet, während in den Revolutionsjahren 1905–07 deutsche, jüdische und polnische Aktivisten gemeinsam gegen die russische Zentralgewalt kämpften.

Schauen wir abschließend auf Krakau und Lemberg/Ľviv seit der Jahrhundertmitte. Krakau galt lange als das intellektuelle Zentrum der polnischen Nationalbewegung und die Stadt war aufgrund ihrer Position in den sich zunehmend verdichtenden Infrastrukturen eng mit der polnischen Gemeinschaft in anderen Landesteilen und über die Grenzen des Habsburgerreiches vernetzt – nicht zuletzt über die seit 1847 bestehende Eisenbahnverbindung nach Schlesien. Lemberg/Ľviv wurde dagegen erst 1861 an diese Linie angeschlossen. Als Sitz der habsburgischen zentralstaatlichen Organe bildete Lemberg/Ľviv eher einen Vorposten des imperialen Projektes der Territorialisierung. Allerdings führte dies aber während der 1848er Revolution nur in Lemberg/Ľviv zur Schaffung politischer Institutionen, die sich der Zentralgewalt entgegenstellten und die revolutionäre Bewegung repräsentierten, während sich das anti-zentralstaatliche Krakau zunehmend auf eine symbolisch aufgewertete Kulturpolitik zurückzog. Im Zuge der Konstitutionalisierung der Habsburgermonarchie und des Ausgleichs wurde Lemberg/Ľviv weiter politisch aufgewertet und Sitz der regionalen politischen Organe, während Krakau an den Rand der politischen Teilhabe ge-

257 Vgl. auch Kap. I.4 in diesem Band.
258 *Wendland* u. *Hofmann*, Stadt und Öffentlichkeit, S. 238 ff.

drängt schien. So wurde das polnische Nationalisierungsprojekt in der zweiten Jahrhunderthälfte vorzugsweise von Lemberg/L'viv aus betrieben. Hier wirkte jedoch die jüdische Bevölkerung moderierend und stärkte eine religions- und kulturübergreifende politische Orientierung. Später wurde Lemberg/L'viv allerdings auch zu jenem Ort, an dem das polnische nationale Projekt zunehmend durch den aufkommenden sozialdemokratischen Internationalismus, den ruthenischen Nationalismus und den erstarkenden Zionismus unter Druck geriet.

Schlussbemerkung

Es mag auf den ersten Blick paradox erscheinen, eine transnationale Geschichte Ostmitteleuropas mit einem Kapitel über Territorialisierung zu beginnen. Dazu gilt es allerdings, sich drei Dinge zu vergegenwärtigen. Erstens ist Territorialisierung die Voraussetzung von Transnationalisierung. Jene Grenzen, die durch transnationale Prozesse und Akteure überschritten werden, entstehen in historisch spezifischen Rhythmen und Ausformungen. Territorialisierung ist ein längerer und widersprüchlicher Prozess, der auf eine zunehmende Homogenisierung des beanspruchten Gebietes, auf eine striktere Erfassung und Beherrschung der Bevölkerung und klarere Grenzziehung zielt, aber eben nicht mit der Bildung von Nationalstaaten allein identisch ist. In diesem Kapitel haben wir auf die Vielfalt von Grenztypen – imperiale Außen- und deren administrative Binnengrenzen, Grenzländer und Grenzregionen, »Phantomgrenzen« – und die differenzierten Formen des vielfach raschen Grenzwandels in unserem Untersuchungszeitraum hingewiesen. Zweitens schließt Territorialisierung auch spezifische Arten der Verflechtung zwischen Territorien ein. Territorialisierung zielt auf eine Arrondierung des Raumes, auf seine Erschließung einschließlich der Vermessung, Kartierung und infrastrukturellen Durchdringung, auf die Homogenisierung von Identitäts- und Entscheidungsräumen, auf die Bestimmung räumlicher Hierarchien und eben auch auf die Verfestigung bestimmter Modi des Austauschs zwischen solchermaßen umgrenzten, erschlossenen, homogenisierten und skalierten politisch-räumlichen Einheiten. Und drittens schließlich entfaltete sich Territorialisierung gerade im Ostmitteleuropa des 19. Jahrhunderts immer auch als transnationaler Prozess, als Ergebnis des grenzüberschreitenden Handelns und Lernens von Akteuren, deren Ideen der Abgrenzung und des Managements grenzüberschreitender Flüsse sich vielfach im Austausch mit Akteuren formierten, deren Herkunft und Loyalitäten in anderen politisch-räumlichen Einheiten oder auf anderen räumlichen Ebenen lagen.

Nimmt man den Zusammenhang zwischen Transnationalisierung und Territorialisierung zum Ausgangspunkt, dann ergeben sich für die Geschichte Ostmitteleuropas seit der Mitte des 19. Jahrhunderts bis zum Ersten Weltkrieg eine Reihe neuer Einsichten, die jene historiographischen Bemühungen bestärken, die die Teleologie eines linearen Übergangs vom Empire zum Nationalstaat problematisieren. In den imperialen Ergänzungsräumen der Region war die Nationalstaatsbildung zunächst nur eines von verschiedenen möglichen Ergebnissen von Territorialisierungsprozessen und mitnichten das einzige Ziel einer großen Vielfalt von Akteuren, die Territorialisierungsprojekte ersannen und vorantrieben. Welche politisch-räumliche Ordnung effiziente Kontrolle über die Gebiete der ostmitteleuropäischen Reiche und deren grenzüberschreitende Verflechtungen versprach, darüber herrschte im 19. Jahrhundert keineswegs Einigkeit. Die Eliten jener Reiche entwickelten auf unterschiedlichen Ebenen differenzierte Antworten auf die Herausforderungen der *global condition*, die sich um die Mitte des 19. Jahrhunderts herausbildete und für die Zeitgenossen mit wachsender Unübersichtlichkeit einherging: Die Beschleunigung und Verdichtung globaler Ströme von Menschen, Gütern, Waren und Ideen setzte nicht nur die west-, sondern auch die ostmitteleuropäischen Imperien unter Druck, Lösungen für deren Einhegung und Nutzbarmachung zu schaffen, verschärfte soziale und kulturelle Konflikte und eröffnete gleichzeitig für verschiedene staatliche und nichtstaatliche Akteure neue Möglichkeiten zur Verfolgung eigener politischer, wirtschaftlicher oder kultureller Ambitionen. Territorialisierungsprojekte im 19. Jahrhundert lassen sich vor allem als Reaktion auf diese *global condition* verstehen, und kleinräumige souveräne (National-)Staaten waren dabei nur eine der vorgeschlagenen Lösungen. Die Verengung auf die Unvermeidlichkeit einer nationalstaatlichen Zukunft zeichnete sich erst mit dem Ausgang des Ersten Weltkriegs, also unter den Bedingungen eines radikalen Eingriffs in alle Bereiche der Gesellschaft, ab. Selbst danach wurden Alternativen zu einer nationalstaatlichen Ordnung erst im Zuge harter Auseinandersetzungen ad acta gelegt.

Sich modernisierende Imperien, föderale Lösungen, eine Repositionierung von Städten oder die Stärkung intra- oder transimperialer Infrastrukturen bilden weitere Stränge des Komplexitätsmanagements unter den Bedingungen wachsender Verflechtung wie anschwellender Forderungen nach

Ausweitung politischer Partizipation. Die Geschichte dieser Prozesse in Ostmitteleuropa im 19. Jahrhundert lässt die Offenheit, die Kontingenz und die vielfältigen Ergebnisse von Territorialisierungsprozessen zu Tage treten, die den Rahmen bilden für die vielfältigen Verflechtungsbemühungen, von denen in den folgenden Kapiteln unter Behandlung weiterer Dimensionen der transnationalen Geschichte Ostmitteleuropas die Rede ist.

Michael G. Esch

I.2 Migration: Transnationale Praktiken, Wirkungen und Paradigmen

I.2.0 Vorbemerkung

Transnationalität – nirgends wird dies deutlicher als in der Migrationsgeschichte – befindet sich im Dazwischen: Im situativen oder verstetigten, informellen oder organisierten Ausfüllen der Distanz zwischen zwei Orten, in ambivalenten Selbstverortungen (Praktiken oder Identitäten), in der subjektiv-identitären, kollektiv-praktischen, politisch-institutionellen Vermischung des Sowohl-Als-Auch und des Weder-Noch.[1] Ironischerweise mag, dies soll der folgende Beitrag zeigen, das Verbindende, potentiell Brückenbildende wenigstens unter den Bedingungen der Nationalisierung eines großen Teils der Welt im 19. Jahrhundert[2] zur Vertiefung von Differenz, zur genaueren Abgrenzung des Einen vom Anderen führen, zu einer Schärfung und Verfestigung von Grenzen, und von da aus zu einer Regulierung der Durchlässe durch diese Grenze führen.

Der Begriff des Transnationalen bezeichnet in der (historischen) Migrationsforschung anders als in den übrigen Forschungsfeldern des vorliegenden Bandes einen eigenen, sich über Grenzen hinweg erstreckenden sozialen Raum mit komplexen politischen, sozialen und ökonomischen Netzwerken, der von Migranten und Migrantinnen geschaffen wird und den sie nutzen. Dabei bilden sie hybride Identitäten heraus, durch die sie mehreren Welten angehören, aber keiner jemals ganz.[3] Aber nicht nur in diesem Sinne ist Migration in der zweiten Hälfte des 19. Jahrhunderts einer der Faktoren, die die Transnationalisierung der ostmitteleuropäischen Gesellschaften maßgeblich mit vorangetrieben haben.

1 *Glick Schiller* u. *Simsek-Çağlar*, Locating Migration; *Esch*, Parallele Gesellschaften.
2 Siehe nach wie vor *Anderson*, Erfindung der Nation; *Hobsbawm* u. *Ranger*, Invention.
3 Siehe hierzu vor allem *Glick Schiller, Basch* u. *Blanc-Szanton*, Transnational Perspective; *Pries*, Transnationale Migration; ders., Migration; *Morawska*, New-Old Transmigrants; *Jackson, Craig* u. *Dwyer*, Transnational Spaces sowie als Kritik der dort formulierten Positionen: *Glick Schiller* u. *Faist*, Migration; Pries, Rethinking Transnationalism; *Esch*, Migrationsforschung. Siehe außerdem *Unfried, Mittag, van der Linden* u. *Himmelstoss*, Transnationale Netzwerke.

Der folgende Beitrag legt den Fokus auf die Gesamtheit der Aspekte und Bereiche, in denen Migration transnational, transregional, translokal und/oder transkulturell war oder wirkte. Dabei soll aus Gründen einer konzisen Übersichtlichkeit vom Allgemeinen zum Speziellen – und damit gleichsam vom Gewohnten zum Ungewohnten – vorgegangen werden, in der Überzeugung, dass Reiz und Wert des Paradigmas Transnationalität so auf den verschiedenen Ebenen seiner Anwendbarkeit deutlich werden. Nach einem Überblick über Ostmitteleuropa als Ziel- und Ausgangsraum von Migration in der europäischen Geschichte bis zur Mitte des 19. Jahrhunderts werden zunächst die strukturellen (sozialen, ökonomischen, politischen, technischen) Voraussetzungen und Formen von Migration besprochen. Daran anschließend wird es um transnationale Aspekte von Migration im engeren Sinne gehen: um transnationale soziale Räume, aber auch um die Transnationalität der Nationalisierungsprozesse des 19. Jahrhunderts durch Wechselwirkungen zwischen Diasporen und Herkunftsländern sowie schließlich um die transnationale Entwicklung nationaler und internationaler Grenzregime und Migrationspolitiken.

I.2.1 Vorgeschichte: Ostmitteleuropa als Migrationsraum in der Neuzeit

Obschon der Fokus des vorliegenden Bandes auf der zweiten Hälfte des 19. Jahrhunderts – und damit auf den innereuropäischen und transatlantischen Massenmigrationen – liegt, scheint ein kurzer Blick auf die Vorgeschichte sinnvoll, zumal sich die Bevölkerung Ostmitteleuropas seit dem Hochmittelalter in einer Vielzahl einander ablösender und überkreuzender Wanderungsbewegungen unterschiedlichster Art erst zu dem Vielvölkergemisch entwickelt hatte, mit dem wir es dann in der Mitte des 19. Jahrhunderts zu tun haben.

Migrationen bis ins 19. Jahrhundert

Wesentlich an diesen mittelalterlichen und frühneuzeitlichen Migrationen war, dass sie fast immer nach Ostmitteleuropa hinein führten. Die erste große, länger anhaltende und langfristig prägende Migrationsbewegung war die deutsche bzw. deutschrechtliche Ostsiedlung vom 12.–15. Jahrhundert und die Einwanderung von (hauptsächlich aschkenasischen) Juden im 13.–15. Jahrhundert. Die beiden Bewegungen unterschieden sich in Struktur und Wirkung voneinander: Bei der »Ostsiedlung« handelte es sich vor allem um einen spezifischen Teil des europäischen Landesausbaus, hier durch Siedlungsgründung nach deutschem Stadtrecht, das den Gründern (Lokatoren) und den Bewohnern bestimmte Rechte zubilligte und Pflichten auferlegte. Sie wurde zunächst fast ausschließlich von deutschsprachigen Siedlern getragen, es gab aber auch einheimische – slawische oder pruzzische – Lokatoren. Bei den Siedlern verband sich der Wunsch nach Verbesserung der sozialen Stellung mit dem Bedürfnis der ostmitteleuropäischen Fürsten- bzw. Königtümer nach Ausbau der sozialen und wirtschaftlichen Struktur ihrer Herrschaftsgebiete.[4] Die Ansiedlung von Juden erfolgte zwar ebenfalls als Gruppensiedlung mit entsprechender Privilegierung, aber in aller Regel zunächst in bereits bestehenden, meist städtischen Siedlungen. Diese jüdischen Einwanderer, die weniger – wie die deutsche Ostsiedlung – landwirtschaftliche und handwerkliche Fähigkeiten mitbrachten als vielmehr internationale Handelsbeziehungen und -erfahrungen, kamen zudem als Flüchtlinge vor zunehmender Bedrückung und Verfolgung in den west- und mitteleuropäischen Gebieten. Sie blieben als nichtchristliche Gruppe von ihrer christlichen Nachbarschaft geschieden und erhielten – auch auf eigenen Wunsch – eigene Territorialverwaltungen und eigenes Recht.[5] Das gleiche galt für andere Gruppensiedlungen, etwa die vor allem in Lemberg/Ľviv angesiedelten Armenier oder für tatarische Muslime sowie für die Siebenbürger Sachsen und, zuletzt, deutsche Mennoniten in Russland.[6] Diese Gruppensiedlungen setzten sich im Russischen Reich bis ins 19. Jahrhundert als Anwerbung von Fachkräften aus dem Westen fort.[7] Religiös (und meist auch sozial)[8] motivierte Fluchtbewegungen vervielfältigten sich nach Reformation und konfessioneller Spaltung des Christentums, wobei nun zahlreiche Gruppen – erwähnt werden sollen hier lediglich die Hussiten und die böhmische Herrnhuter Brüdergemeinde – gerade aus dem (mehrheitlich katholischen) habsburgischen Reich nach Polen bzw. nach den Teilungen Polens im späten 18. Jahrhundert

4 Siehe einführend *Piskorski*, Historiography; *Lübke*, Das östliche Europa, bes. Kap. II.

5 *Haumann*, Geschichte der Ostjuden.

6 *Stopka*, Ormianie; *Tyszkiewicz*, Tatarzy; *Brandes*, Von den Zaren adoptiert; sowie die zehnbändige Gesamtdarstellung *Boockmann, Buchholz* u. *Conze*, Deutsche Geschichte im Osten Europas.

7 *Amburger*, Anwerbung.

8 Sowohl bei antijüdischen Pogromen als auch bei der Verfolgung konfessioneller Minderheiten wirkten oft religiöse und sozioökonomische Motive zusammen. Das gleiche galt für Fluchtmigration, die bereits in Mittelalter und Früher Neuzeit nicht selten zumindest insofern auch sozial motiviert war, als Flucht in eine Migration hin zu erhofften besseren sozialen und wirtschaftlichen Bedingungen einmündete.

ins preußische Teilungsgebiet abwanderten, wo sie häufig in geschlossenen Gruppen angesiedelt wurden, die mitunter äußerst lange Bestand hatten.[9] Hinzu kamen bereits ab dem 18. Jahrhundert verschiedene Formen oft zirkulärer, mitunter ausdrücklich geförderter Arbeitsmigrationen, bei denen – meist von Ost nach West – nicht oder gering qualifizierte Arbeitskräfte saisonweise in die mitteldeutsche Landwirtschaft zogen bzw. qualifizierte Arbeitskräfte (meist von West nach Ost) auf Dauer angeworben wurden, um bestimmte Wirtschaftszweige zu etablieren.[10]

Anfänge politischer Emigration

Nach der Amerikanischen und Französischen Revolution und dem gescheiterten Versuch der Gründung einer polnischen konstitutionellen Monarchie zum Ende des 18. Jahrhunderts kam als neue Form forcierter Migration die politische Emigration hinzu, die maßgeblich zu der transnationalen Rezeption und Produktion der Aufklärung, des Republikanismus und des Sozialismus beitrug, an der auch Ostmitteleuropa beteiligt war.[11] Emblematisch ist sicherlich der 1746 im heutigen Belarus geborene Tadeusz Kościuszko, der nach einem Studium in Paris und Warschau am amerikanischen Unabhängigkeitskrieg teilnahm und 1783 die amerikanische Staatsbürgerschaft erhielt. Im Folgejahr kehrte er nach Russisch-Polen zurück, wo er 1792 einer der Kommandanten der polnischen Truppen gegen die russische Invasion war. Nach seiner Begnadigung ging er zurück in die USA, verbrachte jedoch seinen Lebensabend in der Schweiz.[12] Eine ähnlichen Lebensweg absolvierte Lajos Kossuth, der nach seiner zentralen Rolle in der ungarischen Revolution 1848/49 zunächst im Osmanischen Reich, dann in England, den USA sowie schließlich in Italien ins Exil ging.[13]

Russische und ostmitteleuropäische Gegner des autokratischen Zarenregimes, tschechische, slowakische und ungarische Gegner der Habsburgermonarchie vermischten sich in den westeuropäischen Zentren wie Paris, Brüssel und London mit rumänischen Oppositionellen gegen die Hohe

---

9 *Wäntig*, Grenzerfahrungen; *Štěříková*, Země otců. So wurden in Böhmisch-Rixdorf (Berlin-Neukölln) erst einige Jahre vor dem Ersten Weltkrieg die letzten tschechischen Straßennamen beseitigt.

10 Vgl. *Hoerder*, Labor Migration, S. 3–31; *Bade*, Preußengänger; *Fremdling*, Rolle.

11 Siehe z. B. *Barszczewska-Krupa*, Emigracja.

12 *Storozynski*, Peasant Prince.

13 Zur transnationalen Dimension der Revolutionen 1848/49 siehe auch Kap. I.1 in diesem Band.

Pforte.[14] Hinzu kamen nach gescheiterten Aufständen (1830/31 in Polen; 1848/49 in Polen, Böhmen, Mähren, Ungarn und den deutschen Staaten; 1863 wieder in Polen) Massenemigrationen, deren für unseren Kontext wichtigste die »Große Emigration« von 1831 war, in der mehrere zehntausend Angehörige der polnischen intellektuellen und Funktionseliten in einem Triumphzug aus dem russischen Teilungsgebiet nach Frankreich zogen.[15] Die Angehörigen dieser »Große Emigration« waren äußerst erfolgreich darin, Exilorganisationen aufzubauen und deren Anerkennung durch die lokalen – in diesem Falle französischen – Behörden zu erreichen. Das polnische Exil war eines der ersten, das sich als institutionalisierte Diaspora, als »eigentliche« Vertretung der Herkunftsnation zu etablieren vermochte und als solche sowohl für die Auseinandersetzungen um eine (wieder) herzustellende polnische Staatlichkeit sowie für die Genese und Entwicklung des Nationsbegriffs der polnischen Nationalbewegung grundlegende Bedeutung hatte.[16] Mit anderen Worten: Die »Große Emigration« war – mit ihren Nachfolgerinnen bis zum Ende des Ersten Weltkriegs – ein Paradebeispiel für die transnationale Genese des (ostmitteleuropäischen) Nationalismus.

I.2.2 Migrationsbewegungen in der zweiten Hälfte des langen 19. Jahrhunderts

Voraussetzungen

Die ab der Mitte des 19. Jahrhunderts einsetzenden Migrationen führten alte Bewegungsrichtungen und -formen fort, veränderten aber teilweise deren Charakter; zudem erweiterten sich der soziale und kulturelle Kreis der potentiellen Migrantinnen und Migranten ebenso wie deren Bewegungsräume. Dies hing in hohem Maße mit veränderten Rahmenbedingungen zusammen. Industrialisierung und Industriekapitalismus brachten auch für Preußen, das Russische und das Habsburgerreich die dringende Notwendigkeit mit sich, bestimmte Charakteristika der feu-

14 *Winzer*, Emigranten; *Marès*, Tchèques et Slovaques; *Schnorrer*, Universitäten; *Neumann*, Studentinnen; *Heumos*, Heimat und Exil; *Skrbiš*, Long-Distance Nationalism; *Hausleitner*, Nation und Nationalismus; *Vuilleumier*, Immigrés.

15 Aus der reichen Literatur siehe v.a. *Kalembka*, Wielka Emigracja; *Barszczewska-Krupka*, Emigracja.

16 Vgl. v.a. *Hahn*, Organisationen; ders., Außenpolitik; *Kalembka*, Wielka Emigracja; ders., Wielka Emigracja i sprawa polska.

dalen bzw. quasi-feudalen Ordnung aufzuheben. Dabei ging es insbesondere um das behördliche bzw. grundherrliche Aufenthaltsbestimmungsrecht, das in den 1850er und 1860er schrittweise durch Erleichterungen der Binnenmobilität und schließlich weitgehende Freizügigkeit – bei gleichzeitiger Einführung von Instrumenten zur Migrationskontrolle[17] – ersetzt wurde. Anders war der sich nun regional differenzierende Arbeitskräftebedarf nicht zu befriedigen.[18] Die größeren Mobilitätsmöglichkeiten förderten zudem die Tendenz der bäuerlichen Bevölkerung – zunächst der jungen Männer, dann auch der jungen Frauen – in mehr oder weniger großer Entfernung vom Heimatdorf nach einem (meist temporär gemeinten) Auskommen zu suchen. Ebenso zur Mobilisierung der bäuerlichen Bevölkerung trug bei, dass durch die Aufhebung der Leibeigenschaft bzw. Erbuntertänigkeit (Preußen 1807–1811; Sachsen 1832; Habsburgerreich 1848; Russland 1861) Boden als solcher zunehmend zur Handelsware wurde, ohne dass der Bedarf der Bauern an urbarem Land befriedigt worden wäre. Die Einbeziehung der Landwirtschaft (der Arbeitskräfte einerseits, der landwirtschaftlichen Produkte und Rohstoffe andererseits) in einen kapitalistischen Binnenmarkt und die damit einhergehende Zerstörung der bäuerlichen Subsistenzwirtschaft trug zusätzlich zur Mobilisierung insbesondere der bäuerlichen Jugendlichen und jungen Erwachsenen bei, da nun die Zahl der landlosen Bauern und Bäuerinnen, die bei ihren Eltern kein Auskommen mehr finden konnten, stetig zunahm.[19]

Der Ausbau des europäischen Eisenbahnnetzes förderte diese Entwicklung dadurch, dass ab den 1880er Jahren auch größere Entfernungen auf dem Kontinent ohne weiteres zu bewältigen waren. Diese Erweiterung migrantischer Optionen setzte sich weiter fort, als die Verbilligung der transatlantischen Überfahrt durch die Dampfschifffahrt in der gleichen Zeit billiges Getreide aus Amerika nach Europa brachte, das die Existenzgrundlage der kleineren Bauern weiter bedrohte. Die Mobilisierung der Landbevölkerung war damit insofern eine Folge globalisierender Prozesse, als die uns interessierenden Staaten Preußen, Russland und Österreich-Ungarn sich in zunehmendem Maße gezwungen sahen, auf die Konkurrenz der

---

17 Siehe *Fahrmeir, Faron* u. *Weil*, Migration Control.

18 Vgl. für Österreich-Ungarn u.a. *Komlosy*, Grenze; dies., State, Regions and Borders; für Preußen *Bade*, Preußengänger; für das zaristische Russland *Moon*, Peasant Migration.

19 *Morawska*, Labor Migrations, S. 175; *Panayi*, Irish, Poles and Other Migrants S. 32.

bereits teilindustrialisierten westeuropäischen Staaten – insbesondere Englands – und der überseeischen Agrarwirtschaften zu reagieren.[20]

Mit der Einführung der Dampfschiffe wurden gleichzeitig die Überfahrten kürzer und sicherer, zudem waren mehr Migranten in der Lage, die nötigen Mittel für eine Überfahrt zusammenzubringen. Der älteren Auffassung, die Verbilligung der Fahrkarten infolge einer zunehmende Konkurrenz zwischen den großen Schifffahrtsunternehmen habe für die wachsenden Zahlen nach der Jahrhundertwende gesorgt, wird neuerdings zumindest für die Zeit nach 1900 widersprochen; wichtiger war, dass Konkurrenz und technischer Fortschritt zu einer Verbesserung der Reisequalität und -sicherheit auch in den billigeren Klassen führten.[21] Diese Konkurrenz spielte auch insofern eine Rolle, als Agenten der Transportgesellschaften darum wetteiferten, potentiellen Kandidaten den Gedanken an eine Migration nach Übersee schmackhaft zu machen.[22] Häufig waren es bereits nach Übersee migrierte Familienangehörige, die bezahlte Tickets nach Ostmitteleuropa schickten.[23] Auch Agenten interessierter Arbeitgeber – ostelbischer Gutsbesitzer, Grubenbetreiber in Schlesien und im Ruhrgebiet, Bergbau- und Stahlunternehmer in Pennsylvania – reisten nach Ostmitteleuropa, um Arbeitskräfte für ihre Auftraggeber unmittelbar anzuwerben, auch nachdem der US-amerikanische *Foran Act* von 1885 Anwerbung von Arbeitskräften im Ausland untersagte.[24] Es entstand so – ermöglicht und erfordert durch technologische Entwicklungen und kapitalistische Marktgesetzlichkeiten – ein informeller transnationaler Arbeitsmarkt, der für die mittelbare und unmittelbare Einbeziehung Ostmitteleuropas in ein komplexes transatlantisches Migrationssystem sorgte; die zeitweise oder dauerhafte Übersiedlung in die beiden Amerikas wurde für immer größere Kreise von Ostmitteleuropäern attraktiv und machbar.[25]

---

20 Siehe Kap. I.1 in diesem Band.

21 *Keeling*, Business; *Brinkmann*, Paul Nathan, S. 65–70.

22 *Wyman*, Round Trip, S. 30 ff.; *Brinkmann*, Paul Nathan, S. 61 f.

23 *Brinkmann*, Paul Nathan, S. 61 f.

24 *Stolarik*, Immigration; *Bade*, Preußengänger; *Hutchinson*, Legislative History, S. 88. Das Gesetz richtete sich im Übrigen in erster Linie gegen die Einwanderung chinesischer Arbeitskräfte.

25 Der Begriff des Migrations- oder Wanderungssystems als über lange Zeit andauernde regelmäßige Beziehung zwischen Herkunfts- und Aufnahme- bzw. Aufenthaltsregionen geht zurück auf *Lucassen*, Naar de Kusten; siehe auch: *Hoerder*, Individuals and Systems; ders., Migrations; *Castles* u. *Miller*, Age of Migration; *van der Linden*, Transnational Labor History.

I.2.2.1 Arbeitsmigrationen: Formen, Richtungen, Systeme

Landflucht und Urbanisierung

Bäuerliche Migration – zur Arbeitssuche, aber auch zur Neugründung von Höfen und Dörfern – hatte es also auch schon vor dem 19. Jahrhundert gegeben. Mit den oben erwähnten Transformationen veränderten sich aber Umfang, Richtungen und zurückgelegte Entfernungen dieser Mobilitätsformen. Neben die saisonbedingte Beschäftigung auf meist in der näheren Umgebung gelegenen größeren Höfen traten die (temporäre oder dauerhafte) Abwanderung vom Land in die Stadt sowie die grenzüberschreitende (Saison-) Wanderung. Diese Entwicklung hing mittelbar und unmittelbar mit der Industrialisierung der Produktionsweise zusammen und sorgte für die Verschiebung, mitunter die Neuentstehung komplexer Zentrum-Peripherie-Beziehungen.[26] Die neuen Bergbau- und Industriezentren – das Ruhrgebiet im Deutschen, Niederösterreich und Böhmen im Habsburgerreich – zogen Arbeitskräfte vom Land ab, was dort mitunter zu einem empfindlichen Mangel an Arbeitern führte (»Leutenot«). Dieser Mangel wurde im Habsburgerreich durch die Einbeziehung neuer, randständiger Gebiete in die Binnenmigration, in Preußen durch grenzüberschreitende Migration zumindest teilweise ausgeglichen. Besondere Aufmerksamkeit erheischen einerseits die polnischen »Sachsen-« bzw. »Preußengänger«, andererseits die tschechischen und slowakischen Migranten in die großen Städte des Habsburgerreiches, insbesondere nach Wien[27] und Budapest.

Die »Sachsen-« bzw. »Preußengänger« waren polnische Landarbeiter, die in der Zeit der Aussaat und Ernte in das Königreich und die preußische Provinz Sachsen, ab der Mitte des 19. Jahrhunderts zunehmend auch in die preußischen Ostprovinzen wanderten.[28] Häufig waren die Wanderungswege sehr stabil. Die Landarbeiter gingen jedes Jahr zu den gleichen Gutsbesitzern, zusätzliche Arbeitskräfte (oder Ersatz) wurden über migrantische Netzwerke angeworben. Die Ausweitung dieser regionalen Wanderungstradition erfolgte sowohl rein quantitativ als auch geographisch: Ab den späten 1870er Jahren gingen nicht nur preußische Polen nach »Sachsen«; auch galizische Polen russischer Staatsangehörigkeit suchten und fanden Arbeit auf ostelbischen und mitteldeutschen Gütern.[29] Hinzu kam in der zweiten

26 Hierzu zuletzt *Komlosy*, Grenze; dies., State.

27 *Glettler*, Wiener Tschechen.

28 *Bade*, Preußengänger.

29 *Morawska*, Labor Migrations; *Bade*, Europa in Bewegung.

Hälfte des 19. Jahrhunderts die systematische Anwerbung zunächst schlesischer Bergleute, dann ost- und westpreußischer deutscher, polnischer und masurischer Bauernsöhne für das sich rasch entwickelnde Ruhrgebiet.[30]

Eine weitere, zahlenmäßig bedeutende Wanderungsbewegung führte ab den frühen 1880er Jahren zahlreiche russische, ab 1890 auch galizische und rumänische Juden in die großen Städte Westeuropas: Hier kamen zu den ökonomischen Motiven für eine Auswanderung die Flucht vor dem für Juden wegen des Antisemitismus im Militär besonders bedrückenden Kriegsdienst und die Furcht vor den gelegentlichen Pogromen hinzu. Da ihre sozioökonomische Struktur geprägt war von der Tätigkeit im Kleinhandel und handwerklichen Gewerben, wanderten ostmitteleuropäische ebenso wie rumänische Juden in erster Linie in größere Städte wie London, Brüssel, Paris.[31] Reisen zur Anknüpfung geschäftlicher oder zur Aufrechterhaltung familiärer Netzwerke zwischen diesen Orten waren offensichtlich bereits um die Jahrhundertwende nicht selten, sind aber bislang wenig untersucht. Die meisten nutzten das Deutsche Reich als Transitland, wobei die Reise von den ostmitteleuropäischen Herkunftsorten bis nach Übersee einschließlich der Grenzformalitäten von der Hamburger HAPAG organisiert wurde; einige blieben in Durchgangsstationen wie Berlin und Hamburg.[32] Daneben wird häufig übersehen, dass auch im russischen Teilungsgebiet mit Warschau und Lodz/Łódź industrielle Zentren entstanden, die neben ausländischem Kapital (und ausländischen, insbesondere deutschen Unternehmern) einheimische Bauern anzogen und zu Industrie- und Bergarbeitern umerzogen.[33] Weitere wichtige europäische Zielorte waren Prag, Wien und Budapest (insbesondere für galizische Polen, Slowaken und Tschechen) sowie Frankreich und Skandinavien.[34]

Transatlantische Migration

Nach ersten eher vereinzelten – jüdisch-städtischen und katholisch-bäuerlichen – Vorläufern setzte die Massenwanderung

---

30 *Klessmann*, Polnische Bergarbeiter; *Jackson*, Migration; *Stefanski*, Zuwanderungsbewegungen.

31 *Green*, Ready-to-Wear; *de Schaepdrijver*, Elites.

32 *Wertheimer*, Unwelcome Strangers; *Maurer*, Entwicklung; *Ottmüller-Wetzel*, Auswanderung. Zum Zusammenhang zwischen dem Aufstieg der HAPAG, der Entwicklung der transatlantischen Migration und des preußischen Grenzregimes siehe jetzt *Brinkmann*, Paul Nathan.

33 *Morawska*, Labor migrations, S. 176f.

34 *Glettler*, Acculturation; *Gmurczyk-Wrońska*, Polacy; *Śladkowski*, Emigracja polska; *Noiriel*, Creuset; *Olsson*, From Galicia

nach Amerika in den drei Teilungsgebieten Polens und den einzelnen Teilen des Habsburgerreiches im letzten Viertel des 19. Jahrhunderts zeitlich versetzt ein: Zuerst migrierten die preußischen Polen, die Teil der deutschen Amerikamigration waren; es folgten ab den späten 1880er Jahren russische Polen, ab Mitte der 1890er Jahre österreichisch-ungarische. Die Auswanderungszahlen der russischen Polen waren weitaus höher als die der preußischen. Spitzenwerte erreichten sie nach dem Scheitern der Revolution von 1905 und in den Jahren 1910–1913.[35] Auch jetzt war Migration – trotz der ungeheuren Entfernungen – häufig temporär gedacht, mit Aufenthaltsdauern von zwei bis fünf Jahren: Ein hoher Prozentsatz der ostmitteleuropäischen Amerikaauswanderer kehrte nach Hause zurück, nicht wenige legten den langen Weg mehrfach zurück.[36]

Transnationale Existenzen 1 Der Bauernsohn Walek (Vorname unbekannt) wird 1872 im Posener Land geboren. Mit 16 geht er nach Sachsen und kehrt erst vier Jahre später (1892) in seine Heimat zurück; von dort übersiedelt er im folgenden Jahr nach Pennsylvania in den USA, wo er als Bergarbeiter tätig ist. Außerdem engagiert er sich im polnischen Gemeindeleben. 1895 kehrt er nach Posen/Poznań zurück und geht dann ins Ruhrgebiet, wo er als Aktivist für die Belange der polnischen Bergleute Popularität erlangt. Er heiratet eine Polin, 1906 zieht er nach Posen/Poznań, um ein Stück Land zu erwerben. Bei der lokalen Bevölkerung, insbesondere dem Pfarrer, stößt er auf Misstrauen, da er wegen seines veränderten Habitus als verwestlicht gilt; er wird bald zum Aktivisten für die Rechte und Integration der Rückkehrer.

Quelle: *McCook*, Borders, S. 8 ff.

An diesem transatlantischen Migrationssystem nahmen nicht nur Polen teil: Ab den 1880er Jahren wurde die transatlantische Migration zu einem »amerikanischen Fieber«, das auch Balten, Tschechen, Slowaken, Ungarn, Ruthenen (Ukrainer) sowie ost(mittel)europäische Juden erfasste. Nach einer ersten Phase, in der Bauern überwogen, die sich an der amerikanischen Binnenkolonisation beteiligten, indem sie dort neue Höfe gründeten, gingen die meisten polnischen und polnisch-jüdischen Migranten auf Zeit oder auf Dauer in die großen Städte. Juden zog es vor allem in die größeren Städte, etwa nach New York und Chicago. Auch katholische Polen gingen nach Chi-

35 *Kraszewski*, Polska emigracja zarobkowa, S. 45–47. Siehe auch *McCook*, Borders; *Kruszka*, History of Poles.

36 *Wyman*, Round Trip.

cago, das zur »zweitgrößten polnischen Stadt« wurde, sowie in die Industriestädte Pennsylvanias, insbesondere Pittsburgh, sowie nach Cleveland.[37] Neben dieser Hauptorientierung auf das nördliche Amerika etablierten sich Migrationswege nach Lateinamerika, insbesondere nach Argentinien, wo sich ostmitteleuropäische Juden in großer Zahl in Buenos Aires niederließen. Teilweise siedelten sie auch im nördlichen Umland. Katholische Polen wurden für die Binnenkolonisierung in den ländlichen Gebieten angeworben, etwa in Brasilien, wo Migranten aus Ostmitteleuropa für den Kaffeeanbau sowie zur »Europäisierung« der mehrheitlich dunkelhäutigen Bevölkerung erwünscht waren.[38] Die traditionelle »Sachsengängerei« floss so gleichsam zusammen mit der Land-Stadt-Migration und der transatlantischen Migration und wurde zum Bestandteil eines atlantischen Migrationssystems.[39] Dabei sollte nicht übersehen werden, dass die transatlantische Migration zwar sicherlich quantitativ bedeutend war, die Migration nach Mittel- und Westeuropa über den gesamten Zeitraum aber etwa vier Mal so hoch blieb.[40]

Im und aus dem Habsburgerreich: Tschechen

In vergleichbarer Weise, aber auf anderer sozioökonomischer Grundlage migrierten tschechische Dorfbewohner zunächst vor allem in die näher gelegenen Städte, d.h. nach Prag, Pilsen/Plzeň und Ostrau/Ostrava, in geringerem Umfang nach Preßburg/Bratislava, vor allem aber nach Wien.[41] Seit der Aufhebung von Ausreisebeschränkungen kam Preußen als Wanderungsziel hinzu, in den 1880er Jahren dann auch die transatlantischen Gebiete. Laut Schätzungen wanderten 1880–1914 gut 1,2 Mio. Menschen aus Böhmen und Mähren aus, davon eine Million ethnische Tschechen; die meisten von ihnen waren allerdings nicht Bauern, sondern ausgebildete Handwerker und Gewerbetreibende. Die Hauptziele waren Niederösterreich mit Wien (etwa zwei Fünftel), die USA

37 *Green*, Ready-to-Wear; *Brożek*, Polonia Amerykańska; *Brinkmann*, Von der Gemeinde; *Pacyga*, Polish Immigrants; *Erdmans*, Opposite Poles; *McCook*, Borders; *Morawska*, Bread.

38 *Groniowski*, Polska emigracja; *Stone*, Diaspora Żydów polskich; *Dembicz*, Relacje Polska-Argentyna; *Dembicz* u. *Kula*, Relacje Polska-Brazylia; *Kula*, Polonia brazylijska. Erst in jüngerer Zeit erforscht wird die Frage, inwiefern europäische Migranten Akteure des Siedlerimperialismus in den beiden Amerikas gewesen sind, wobei allerdings meist auf die USA und Australien fokussiert wird. Siehe *Beyen*, Erfahrungen.

39 Zu Begriff und Abgrenzung von Migrationssystemen siehe *Hoerder*, Segmented Macro Systems.

40 Zahlen bei *Morawska*, Labor Migrations, S. 182.

41 *Glettler*, Böhmisches Wien; *Konečný*, Emigrace; *Kořalka*, Tschechen im Habsburgerreich; *Steidl*, Auf nach Wien.

(knapp zwei Fünftel) und das Deutsche Reich (ein Fünftel).[42] Zielorte in Übersee waren zunächst der noch dünn besiedelte Mittelwesten, dann wie bei Polen die Industriezentren, insbesondere Cleveland oder Minneapolis und wiederum Chicago. Laut der Volkszählung von 1910 – der wichtigsten demographischen Momentaufnahme für den quantitativen Umfang der Einwanderung in die USA – galten fast 540.000 Bewohner der USA als tschechisch.[43]

Eine Besonderheit der tschechischen Migration im ostmitteleuropäischen Kontext bestand darin, dass die böhmischen Länder selbst ein frühes Zentrum der Industrialisierung im Habsburgerreich bildeten. Dies hatte unter anderem zur Folge, dass tschechische Migranten wegen ihrer Möglichkeiten, Gelder anzusparen, früher als Slowaken und Balten nach Übersee gingen, wo sie vor allem in Texas als Farmer ansässig wurden.[44] Spätere tschechische Amerikafahrer waren häufig bereits höher qualifizierte Arbeitskräfte und bekleideten dementsprechende Stellungen in den nordamerikanischen und kanadischen Fabriken.[45]

Die kartographische Darstellung von Migration wirft gerade dann besondere Probleme auf, wenn die migrantische Präsenz in der Stadt gezeigt werden soll: Die Karte des Stadtplanungsamts von Chicago aus dem Jahre 1976 zeigt ethnische Ansiedlungen im Jahre 1900 (zit. nach: *Hirsch*, Urban Revolt, S. 100). Durch den Einsatz von Schraffuren erweckt sie den Eindruck, die dargestellten Migrantengruppen stellten die gesamte, wenigstens aber die überwiegende Mehrheit der Bevölkerung in den markierten Vierteln. Dies war nicht der Fall: Der Anteil schwankte zwischen 25 und achtzig Prozent. Außerdem unterstellt die Darstellung soziale Homogenität innerhalb der Migrantengruppen; der Norden der Stadt war aber eher proletarisch, der Südosten mittelständisch. Eine genauere Darstellung wäre mangels Quellen allerdings auch nicht leistbar.

Slowaken Auch die etwas weniger gut erforschte Migrationsgeschichte der Slowaken zeichnet sich dadurch aus, dass mit der Aufhebung der Leibeigenschaft im Jahre 1848 große Mengen von Bauern freigesetzt wurden, die keine Chance auf eigenes Land hatten. Landlose Bauern

42 *Vaculík*, České menšiny, S. 15; 269. Die Zahlen sind manchmal ungenau: Auf S. 15 gibt Vaculík an, etwas weniger als 400.000 Tschechen seien von 1880 bis zum Ersten Weltkrieg in die USA migriert, auf S. 269 spricht er von 350.000 zwischen 1848 und 1914.

43 *Vaculík*, České menšiny, S. 277. Siehe auch *Zeitlhofer*, Bohemian Migrants.

44 *Vaculík*, České menšiny, S. 271.

45 *Zeitlhofer*, Tschechien und Slowakei, S. 279.

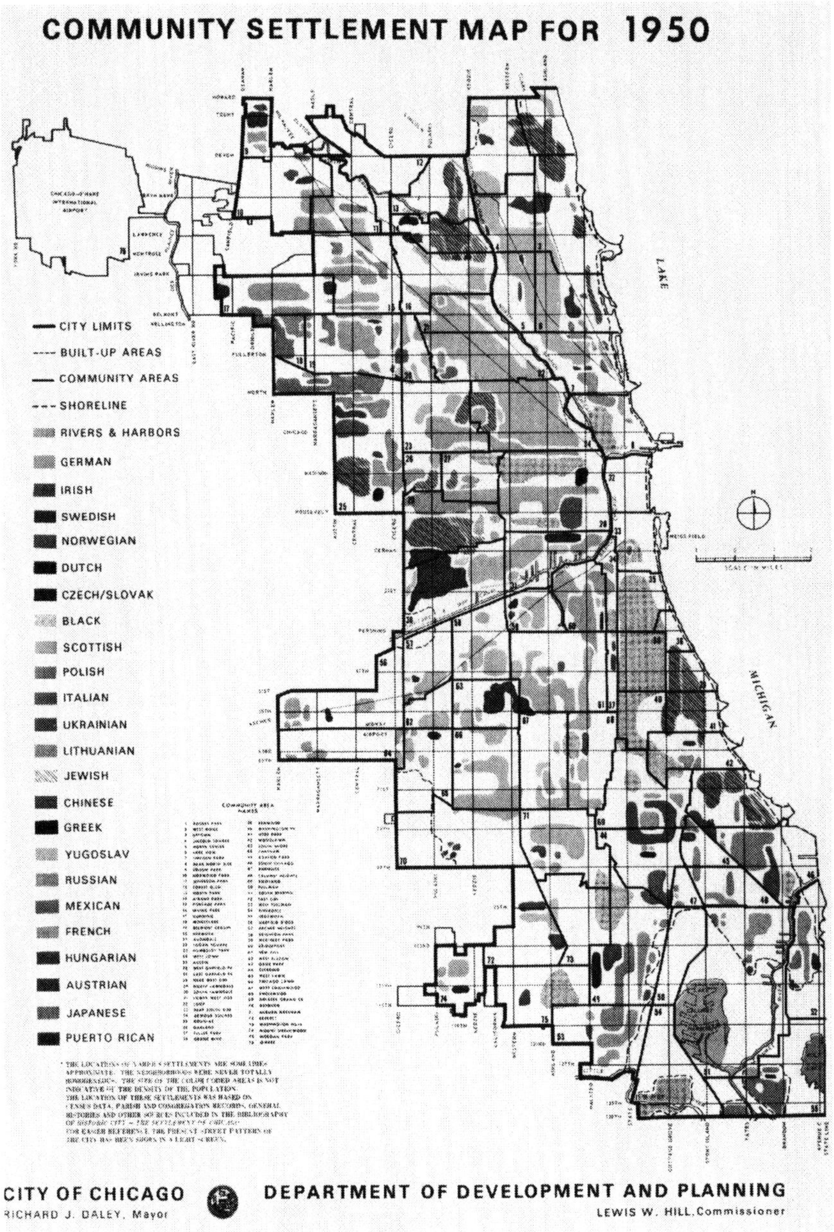

Abb. 1: Karte des Stadtplanungsamtes von Chicago zeigt traditionelle ethnische Ansiedlungsgebiete. Quelle: https://commons.wikimedia.org/wiki/File:Chicago_Demographics_in_1950_Map.jpg

wanderten häufig in die transleithanischen Städte und die sich entwickelnden Bergbauregionen ab. In diesen Städten veränderte sich damit die ethnisch-demographische Struktur, was – in einer Atmosphäre zunehmender ethnonationaler Partikularismen – Befürchtungen der deutschen und ungarischen Eliten weckte.[46] Die ungarische Regierung reagierte mit einem forcierten Magyarisierungsprogramm, das ab den späten 1860er Jahren dazu beitrug, dass immer mehr Slowaken ihr Glück im Ausland versuchten. Seit 1869 und verstärkt seit 1873 wurden vor allem Bergleute in die USA abgeworben. Ab 1879 wurde diese Entwicklung nun wieder aus ökonomischen Gründen beklagt, da mit den Bergleuten Fachkräfte das Land verließen.[47] Ab den 1880er Jahren wurden auch die ungarischen Slowaken vom »Amerika-Fieber« erfasst: Hauptzielorte waren nun die Bergwerke und Fabriken von Pittsburgh, das bald mehr slowakische Bewohner zählte als das damalige Preßburg,[48] sowie Cleveland. Binnenhabsburgische und europäische Zielorte blieben allerdings gleichwohl von Bedeutung. Insgesamt migrierten zwischen 1871 und 1914 immerhin 650.000 Slowaken für kürzere oder längere Zeit in die USA, die meisten (480.000) nach 1898.[49] Der Vollständigkeit halber sei erwähnt, dass auch ethnische Ungarn (Magyaren) – als Angehörige der Titularnation in Transleithanien – in die USA migrierten, und zwar im Wesentlichen in die gleichen Orte, nämlich Pittsburgh, Detroit und New York,[50] während litauische Migranten vornehmlich – wie ihre polnischen Nachbarn – in Chicago landeten.[51]

Transnationale Netzwerke

Dieses System war in mehrerlei Hinsicht transnational: Zum einen entstand durch die gezielte, zunächst ungeregelte Anwerbung ostmitteleuropäischer Arbeitskräfte und Siedler durch europäische wie amerikanische Agenten ein transnationaler Arbeitsmarkt, der die Bereitschaft zur Überwindung auch größerer Entfernungen wachsen ließ. Den gleichen Effekt hatte hinsichtlich der Überseemigration die schon

46 Laut den Angaben bei *Stolarik*, Immigration, S. 20; 26 hatten alle 23 Städte der Region Zips/Spiš im Jahre 1870 eine mehrheitlich deutsche Bevölkerung; bis 1905 waren davon 19 mehrheitlich von Slowaken bewohnt.

47 *Stolarik*, Immigration, S. 20.

48 *Zeitlhofer*, Tschechien und Slowakei, S. 280. In ähnlicher Weise galt Chicago lange Zeit als »zweitgrößte polnische Stadt«.

49 *Stolarik*, Immigration, S. 6–36.

50 *Puskás*, Ties that Bind; dies, From Hungary; *Tezla* u. *Tezla*, Egy szívvel két.

51 *Fainhauz*, Lithuanians; *Truska*, Emigracja.

aus Eigeninteresse betriebene Werbe- und Locktätigkeit der Agenten der Schifffahrtsunternehmen.[52]

Die Wirkungstiefe dieser von außen nach Ostmitteleuropa eindringenden Motivierungen wurde jedoch wesentlich verstärkt und letztlich auf einer weiteren Ebene transnationalisiert durch die Art, in der die Subjekte, also die Migranten, sie nutzten. Eine wesentliche Rolle spielte nämlich die Beschleunigung und Verbreiterung von Kommunikationswegen, die dafür sorgten, dass grenzüberschreitende Netzwerke nicht länger ein Privileg von Geschäftsleuten und Gelehrten waren, sondern nun auch von Arbeitern aufgebaut werden konnten:[53] Verwandte und Freunde, die bereits den Sprung über den Atlantik gemacht hatten, berichteten brieflich – mitunter sehr detailliert – von Möglichkeiten, Hindernissen und Gefahren, mitunter sorgten sie für erste Unterkunft und Arbeit. Auch Berichte sowie gegebenenfalls der Wohlstand von Rückkehrern wirkten in dieser Richtung.[54]

In Chicago oder Pittsburgh nutzten Fabrik- und Bergbauunternehmer diese Netzwerke, indem sie bewährte Arbeiter aufforderten, bei der Anwerbung weiterer Arbeitskräfte aus der Heimat behilflich zu sein.[55] Wie Dirk Hoerder betont hat, wurde Migration gerade durch diese Netzwerkbildungen transnational. Migranten wie Daheimgebliebene konnten sich in ihrer Praxis – und, wie noch zu zeigen sein wird, teilweise in ihrem Selbstverständnis – nun sowohl auf die Herkunftsorte als auch auf die Aufenthaltsorte beziehen; die Überwindung der Distanz zwischen beiden war letztlich nur noch ein fast zu vernachlässigendes technisches Problem, während grenzüberschreitende Migration über längere Entfernungen bis dahin eher einen Bruch mit dem Herkunftsort und dem Herkunftsmilieu impliziert hatte, weil ein regelmäßiger Kontakt erschwert und eine Rückkehr unwahrscheinlich war.[56]

Es gehörte schließlich zum Charakter dieses Migrationssystems, dass es zahlreiche Herkunftsorte und Zwischenstationen mit ebenso vielfältigen

---

52 Insbesondere die Reiseagenten, die für die großen Firmen arbeiteten, waren äußerst initiativ bei der Suche und Anwerbung von Kunden: Nicht selten überzeugten sie Dorfbewohner, die bis dahin gar nicht an eine Überseemigration gedacht hatten, ihnen eine Passage abzukaufen. Meist sorgten diese Agenten dafür, dass die Reise möglichst reibungslos ablief, in einigen Fällen, etwa den Angeklagten des Wadowice-Prozesses 1889–90, kam es zu Betrug und Druckausübung, um Migrationswillige bei der eigenen Firma zu halten. Vgl. *Wyman*, Round Trip, S. 30 f.

53 *McCook*, Borders, S. 7 f.; 19 ff.; *Brożek*, Polonia Amerykańska; sowie – auch als Quellensammlung – *Thomas* u. *Znaniecki*, Polish Peasant; *Kula*, Writing Home.

54 Siehe hierzu immer noch *Thomas* u. *Znaniecki*, Polish Peasant; *Kula*, Writing Home.

55 *Wyman*, Round Trip, S. 29–36; *Hoerder*, Segmented Macro Systems.

56 *Hoerder*, Transnational, S. 82 f.

Ziel- bzw. unvorhergesehenen Aufenthaltsorten verband: Bereits ab 1880 gelangten viele ostmitteleuropäische Migranten, insbesondere Juden, in die westeuropäischen Hauptstädte London, Brüssel und Paris. In Übersee waren New York, Chicago und Pittsburgh Hauptzielorte ostmitteleuropäischer Migranten. Daneben entwickelten sich mitunter bedeutende christliche und jüdische Gruppen in Kanada sowie in den lateinamerikanischen Staaten, insbesondere in Buenos Aires[57] und in Brasilien.[58] In bestimmten Branchen ergab sich ein sehr unmittelbarer Austausch von Arbeitskräften, aber auch von proletarischer Organisierung – etwa in der Textilindustrie in Paris und New York, wo in beiden Städten zahlreiche osteuropäische Juden beschäftigt waren.[59]

Hinzu kamen – ebenfalls ab 1881 – osteuropäische Juden, die sich auch meist in den größeren Städten – und wiederum häufig in den gleichen bzw. benachbarten Vierteln ansiedelten sowie im Bergbau und in der Metallindustrie arbeiteten, daneben aber auch – insbesondere in New York – in der Textilindustrie.[60] Alle diese Gruppen migrierten mit zeitlicher Verzögerung und Verschiebungen hinsichtlich der regionalen und branchenmäßigen Verteilung, aber unter ähnlichen Bedingungen. Gerade in den größeren Städten siedelten sie zudem häufig in unmittelbarer Nachbarschaft zueinander, was einerseits am Angebot an preiswertem Wohnraum lag, aber auch an einer Mehrsprachigkeit, die eine Verständigung möglich machte. Bislang wenig erforscht ist, ob und inwieweit – wie etwa in Paris[61] – ein christlich-jüdisches Nebeneinander rekonstruiert wurde, wie es auch in den Städten der Herkunftsgebiete bestanden hat.

Transnationale Existenzen 2 Die in Ismail (Rumänien) geborene Rebecca Lipovetski geht 1897 nach Paris, wo sie 1900 ihren Glaubensbruder Jacques Aslan heiratet; 1910 geht sie – offensichtlich mit ihrer Familie – nach Argentinien, wo sie bis 1923 bleibt. Danach lebt sie in Paris mit ihrer Mutter von Erspartem und von Geld, das ihre Söhne ihr aus Argentinien und Palästina schicken; ihr Mann ist in Argentinien verstorben. 1929 wird sie französische Staatsbürgerin.

Quelle: Archives de la Préfecture de Police (APP) Ia, Dossier Aslan.

---

57 Vgl. die entsprechenden Abschnitte in *Walaszek*, Polska Diaspora; *Dembicz*, Relacje Polska-Argentyna.

58 *Kula*, Polonia brazylijska; *Groniowski*, Polska emigracja; *Klarner-Kosińska*, Emigracja.

59 *Green*, Ready-to-Wear; dies., Pletzl; *Esch*, Parallele Gesellschaften.

60 *Green*, Ready-to-Wear; *Brinkmann*, Von der Gemeinde.

61 *Esch*, Parallele Gesellschaften.

West-Ost-Migration

Hinzu kam in einem »russisch-sibirischen System« (Hoerder)[62] eine Migration aus den westlichen Teilen des Zarenreichs nach Osten, die sich aus ehemaligen polnischen Aufständischen, die sich dauerhaft an den Deportationsorten niederließen, und aus Freiwilligen zusammensetzte, die von der »freien« Landnahme oder Beschäftigungsmöglichkeiten im Rahmen der Binnenkolonisation angezogen wurden.[63] Ebenfalls mitunter von West nach Ost wanderten handwerkliche und industrielle Eliten: In fast allen europäischen Ländern winkten Fachkräften, die für den Aufbau einer einheimischen Industrie benötigt wurden, steuerliche und andere Vergünstigungen wie vereinfachte Einbürgerung.[64] Etwa 1,2 Mio. Polen (1897) fanden einen Lebensunterhalt im Russischen Reich östlich der ehemaligen polnisch-russischen Grenze. Diese Migration hatte offensichtlich einen ähnlich temporären Charakter wie die nach Westen: Am Vorabend des Weltkriegs war ihre Zahl auf 426.000 gesunken.[65]

Auch die in Russland lebenden Polen hielten intensiven Kontakt mit ihren Familien und konnten sie finanziell unterstützen, da sie häufiger als die nach Westen Migrierten gehobene Stellungen innehatten: Ein Viertel von ihnen arbeitete als Angestellte und Beamte.[66] Auch hier vermischten sich mitunter die Motive und Richtungen miteinander: In den 1850er Jahren etwa wanderten viele Bergleute aus dem Kohlerevier Zagłębie Dąbrowskie, das seit 1813 im Russischen Reich gelegen war, in den preußischen Teil Schlesiens aus, um dem äußerst langen Armeedienst zu entgehen, während umgekehrt Arbeitsuchende aus Preußen und Sachsen ins schlesische Kohlerevier wanderten.[67]

Möglichkeitsräume

Für Migrationswillige stellten sich diese großregionalen Migrationssysteme quasi als Netz technischer Möglichkeiten dar, die eine beträchtliche geographische und zeitliche Ausweitung traditionel-

62 *Hoerder*, Introduction to Labor Migration; *Treadgold*, Great Sibirian Migration. *McKeown*, Global Migration, spricht dagegen unter Einbeziehung der Mandschurei und der Migration aus dem Osten und Süden von einem nordasiatischen System.

63 *Hoerder*, Introduction to Labor Migration; *Treadgold*, Great Sibirian Migration; *Patek*, Polska Diaspora, S. 275–292. Nach *Praszałowicz*, Polen, in: *Bade, Emmer, Lucassen* u. *Oltmer*, Enzyklopädie, S. 260, lebten 1897 etwa 11.000 deportierte Polen in Kasachstan, 1910 etwa 43.000 Polen in Sibirien.

64 *Fremdling*, Rolle; *Esch*, Utilité; *Amburger*, Anwerbung.

65 *Praszałowicz*, Polen, S. 261; *Patek*, Polska Diaspora.

66 *Patek*, Polska Diaspora.

67 *Murdzek*, Emigration, S. 36ff.

ler Überlebens- und Fortkommensstrategien erlaubten, und die dadurch nicht nur die Migrationserfahrung und -praxis, sondern auch ihre Wirkungen nachhaltig verändern sollten. Mit anderen Worten: Die Möglichkeiten, die sich Migrationswilligen nun zu eröffnen begannen und die wegen eines intensivierten Informationsflusses – insbesondere über Briefe von Auswanderern[68] – einigermaßen berechenbar schienen, hatten sich in einer Weise erweitert, die die Perspektiven potentieller Migranten transnationalisierte. Dabei soll bereits an dieser Stelle bemerkt werden, dass die migrantischen Straßen nicht mit Gold gepflastert waren und die transnationale Hybridität letztlich in mancherlei Hinsicht eine Übergangsphase war. Gerade solche Migranten, die ihren Aufenthalt als temporär ansahen, nahmen mitunter Arbeits- und Wohnbedingungen hin, die nicht nur von der entstehenden Arbeiterbewegung scharf kritisiert wurden. In den USA, aber auch in Frankreich und England wurde in beengten, schlecht belüfteten und beleuchteten *Sweat-Shops* gearbeitet, viele Arbeitsmigranten lebten in *Boarding Houses* zu mehreren auf einem Zimmer.[69] Diese scheinbare Genügsamkeit, die aus einer spezifischen, auf Ansparen und Rückkehr ausgerichteten Logik entstand, konnte ohne weiteres verwendet werden, um ethnonationale Spaltungen in der Arbeiterschaft herzustellen oder zu vertiefen.[70] Es erregte außerdem das Missfallen auch konservativer amerikanischer Politiker, die beklagten, dass ein Teil der Migranten nur zum Arbeiten komme und das erworbene Geld mit nach Hause nehme, es also faktisch der US-amerikanischen Nationalökonomie verloren gehe. Im Prozess des Einheimisch-Werdens änderte sich dies insofern, als auch die aus Ostmitteleuropa stammenden Arbeiter sich in Gewerkschaften organisierten und begannen, für eine Verbesserung der Lebens- und Arbeitsbedingungen zu kämpfen.[71]

Umfang Der Umfang dieser neuen »Völkerwanderung« war beträchtlich. Es ist allerdings praktisch nicht möglich, genaue Zahlen zu nennen: Zwar gab es etwa in Preußen oder in Ungarn Versuche, statistische Überblicke über die Ein- und Auswanderung zu erhalten.[72] Die Erhe-

68 Vgl. *Kula*, Writing Home; Emigracja z Europy.

69 *Green*, Ready-to-wear; dies. Pletzl; *Stolarik*, Immigration.

70 *Hoerder*, Individuals and Systems.

71 *Green*, Pletzl, betont den integrierenden Charakter der Arbeiterbewegung gerade für Migranten. Ähnlich *Noiriel*, Creuset. Siehe auch weiter unten.

72 Die Preußische Statistik enthielt in Heft 26 (1872) erstmals einen Überblick über Ein- und Auswanderung, ab 1878 jährlich unter »Bewegung der Bevölkerung« Angaben über »Erwerb und Verlust der Reichs- und Staatsangehörigkeit«, die natürlich die zeit-

bungskriterien und die resultierenden Zahlen waren aber immer ungenau, schon weil illegale Grenzübertritte bzw. – bei Bevölkerungsstatistiken – illegale Aufenthalte sowie zirkuläre Migrationen nicht oder nicht hinreichend erfasst wurden. So sind die Zahlen der 1907 gegründeten Deutschen Feldarbeiterzentralstelle um zehn bis zwanzig Prozent zu hoch, da Mehrfachvermittlungen nicht herausgenommen wurden. Ähnliches gilt für die USA, wo zwar die Passagierlisten vorliegen, diese aber nur sehr aufwändig daraufhin untersucht werden können, wie viele Ostmitteleuropäer hin und wieder zurück reisten und wie viele diese Reise mehrfach unternahmen.[73] Die russische Volkszählung von 1910 gibt nur eine Momentaufnahme, ebenso die wenig detaillierten Zählungen in Frankreich ab 1886, die lediglich die Staatsangehörigkeit abfragten.[74] Ebenso nicht erfasst wurde die direkte oder mittelbare (über die USA erfolgte) Migration nach Kanada oder Lateinamerika. Zudem ist die ethnonationale Differenzierung der Migranten mitunter schwierig: In der Zeit vor 1914/1918 erfassten viele staatliche Behörden eher die Staatsangehörigkeit als die (ethnokulturelle) Nationalität. In den USA wurden jüdische Migranten als »Hebrew« erfasst, während sich Frankreich für die Konfession der Einwanderer nicht interessierte. Zudem waren die Angaben, die die Migranten zum Zeitpunkt ihrer Einreise angaben, sehr unterschiedlicher Qualität: Mitunter bezogen sie sich auf ihre Staatsangehörigkeit, mitunter aber auch – und mit der Nationalisierung immer häufiger – auf eine ethnokulturell kodierte Nationalität.[75]

Jüngeren Schätzungen zufolge migrierten um 1890/91 jährlich etwa 20.000 Polen aus dem russischen und österreichischen Teilungsgebiet (die Polen mit preußischer Staatsangehörigkeit wurden nicht erfasst) saisonal nach Deutschland; in den Folgejahren stiegen die Zahlen weitgehend kontinuierlich über 154.000 (1900) auf 643.415 im Jahr vor Kriegsausbruch.

genössischen Migrationen nur sehr unvollständig abbildeten. Für Ungarn: Auswanderung und Rückwanderung der Länder der Ungarischen Heiligen Krone in den Jahren 1899–1913, in: Ungarische Statistische Mitteilungen, neue Serie Bd. 67, Budapest 1918.

73 Ergebnisse einer solchen Arbeit bei *Steidl*, Transatlantic Migration. Vgl. auch *Keeling*, Improvement, S. 107 f.

74 Prinzipiell wurde ab 1901 auch der Geburtsort erfasst, allerdings wohl nur bei französischen Staatsangehörigen. Eine Auswertung der weitgehend erhaltenen *Listes nominatifs* wäre ein äußerst aufwändiges Unternehmen. Die Kategorien, die bei den Volkszählungen der Einwanderungsländer verwendet wurden, waren im Übrigen Gegenstand von Forderungen seitens nationalistischer Akteure, die auf diese Weise eine Anerkennung ihrer Titularnationalität zu erreichen suchten.

75 Vgl. hierzu u. a. *Esch*, Parallele Gesellschaften, bes. S. 112 ff.

Die Zahl der USA-Migranten unterlag von 1886 bis 1913 starken jährlichen Schwankungen, mit Extremwerten von 9422 (1895) und 174.300 (1913) – bei einem Gesamtaufkommen von 1,4 Mio. Reisenden aus Europa in die USA und 500.000 zurück im gleichen Jahr.[76] Insgesamt gab es in der angegebenen Zeit mehr als 1,6 Mio. Einreisen von Polen in die USA, allerdings auch mehr als 5 Mio. Grenzübertritte aus dem russischen und österreichischen Teilungsgebiet ins Deutsche Reich.[77]

Die Zahl der jüdischen Migranten zwischen 1881 und 1914 wird auf 3 Mio. geschätzt.[78] Bei einigen der »kleineren« Völkerschaften war der Anteil der Migranten noch weitaus höher: Neuere Schätzungen gehen davon aus, dass ein Drittel der ethnischen Litauer vor Ausbruch des Ersten Weltkriegs in Übersee lebten.[79]

I.2.2.2 Fluchtmigration und Politisierung

Auch die Fluchtmigrationen nach den Revolutionen des langen 19. Jahrhunderts und der Repression des Republikanismus fanden in der zweiten Jahrhunderthälfte in vielfältiger Weise Nachfolgerinnen. Sie intensivierten sich und bezogen Ostmitteleuropa in besonderem Maße mit ein, da sich die Legitimationskrise des autokratischen russischen und des autoritären habsburgischen Regimes zumindest in intellektuellen und intellektuell-nationalistischen Kreisen fortsetzte und weiter vertiefte; hinzu kam die Flucht von Aktivisten aus der sozialistischen Bewegung.

Richtungen Die politisch motivierte Emigration verlief fast ausschließlich von Ost nach West, (auch wenn einzelne unzufriedene Protagonisten, wie Pjotr Alexejewitsch Kropotkin oder Bronisław Malinowski, zunächst einmal – ebenso wie die zahlreichen politischen Deportierten – eine östliche Richtung einschlugen). Sie zielte aber anders als die Arbeitsmigration fast ausschließlich auf die großen Städte, insbesondere auf Paris,

---

76 *Keeling*, Improvement, S. 107.

77 *Morawska*, Labor Migrations, S. 182. *Bade*, Europa in Bewegung, S. 87 betont, dass die Zahlen für die Einreisen nach Deutschland wegen Doppelzählungen zehn bis zwanzig Prozent höher liegen als die Zahl der Migranten.

78 *Green*, Modern Jewish Diaspora, S. 268.

79 *Garleff*, Ostmitteleuropa; siehe auch *Bade, Emmer, Lucassen* u. *Oltmer*, Enzyklopädie, S. 246.

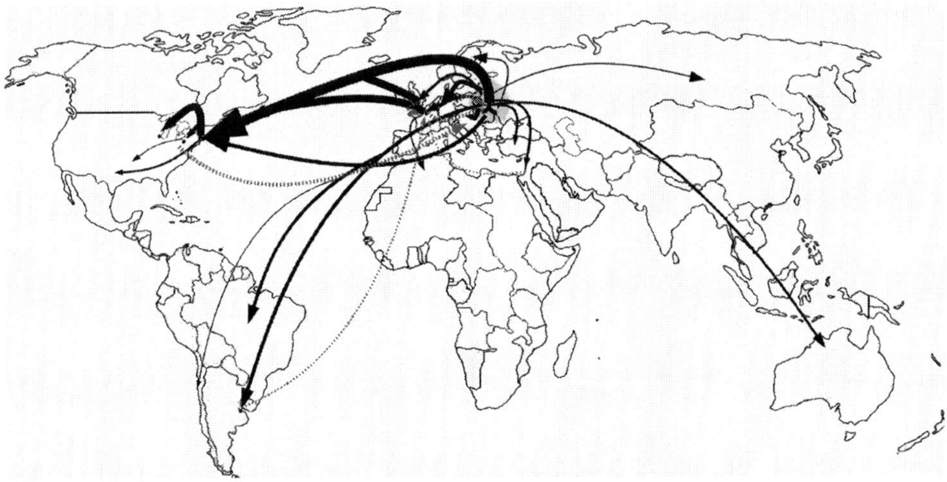

Abb. 2: Mögliche Wege osteuropäischer Migranten in der zweiten Hälfte des 19. Jahrhunderts in Auswahl

London, Zürich und Brüssel, in geringerem Umfang nach Übersee, auch wenn ab den 1850er Jahren eine Abwanderung von Flüchtlingen über den Atlantik seitens der Asylländer erwünscht war und gefördert wurde.[80] Das nationalistisch-demokratische Exil sammelte sich jedoch quasi naturgemäß in den Hauptstädten derjenigen Staaten, die das, was in den Herkunftsländern erst erkämpft werden sollte, bereits erreicht zu haben schienen: den konstitutionellen Nationalstaat, der von den Protagonisten häufig als ethnokulturell homogener Staat identifiziert wurde.[81] Außerdem ließ es die Hoffnung auf baldige (siegreiche) Rückkehr als sinnvoll erscheinen, sich nicht allzu weit vom Herkunftsland zu entfernen.[82]

Motive

Die politisch motivierte Migration war in sich vielfältig: Es gab die unmittelbare Flucht vor politischer, ethnischer oder konfessioneller Verfolgung, häufig während konkreter Repressionswellen (Scheitern der mittel- und ostmitteleuropäischen Aufstände 1848/49; zweite polnische Emigration nach dem Januaraufstand 1863; Fluchtmigration wegen der Pogrome nach dem Attentat auf den Zaren 1881; Flucht nach Niederschlagung der Revolution und Pogromen 1905–1907). Während derartiger

80 *Bade*, Europa in Bewegung, S. 201 f.

81 Vgl. insbesondere *Marrus*, Die Unerwünschten, S. 21–49; *Harzig, Hoerder* u. *Shubert*, Negotiating Nations.

82 *Bade*, Europa in Bewegung, S. 187.

Ereignisse suchten neben politischen Aktivisten auch solche Menschen den Weg nach Westen, die ihre Existenz durch die politischen Ereignisse in allgemeinerer Form bedroht sahen.

Transnationale Existenzen 3 Emma Goldman wird 1869 in Kovno, dem heutigen Kaunas, in eine jüdische Familie geboren. 1881 zieht die Familie nach St. Petersburg, wo sie als Korsettmacherin arbeitet. 1886 geht sie mit ihrer Schwester nach New York, wo sie 1887 durch die Heirat mit Jacob Kershner die amerikanische Staatsbürgerschaft erhält. Nach der Hinrichtung von vier Anarchisten 1889 verlässt sie ihren Mann und wird militante Anarchistin; neben Vorträgen und Diskussionen ist sie an direkten Aktionen im Kontext von Streiks in New York beteiligt. Im Rahmen des amerikanischen Vorgehens gegen die unter Migranten in den USA einflussreichen Anarchisten wird sie 1918 ausgebürgert und 1919 nach Russland abgeschoben, wo sie angesichts des Vorgehens der Bolschewiki gegen Anarchisten und linke Dissidenten in die Opposition geht. 1921 ist sie in England, wo sie 1926 den schottischen Genossen James Colton heiratet; damit wird sie Britin und kann nicht ausgewiesen werden. Erst 1934 darf sie zu einer Vortragsreise wieder in die USA; danach geht sie nach Frankreich. 1936 nimmt sie am Bürgerkrieg in Spanien teil, schließlich geht sie nach Toronto, wo sie 1940 stirbt; bestattet wird sie in einem Vorort von Chicago.

Quellen: *Goldmann*, Gelebtes Leben; *Drinnon*, Rebel.

Eine zweite politisch konnotierte Migration bildeten die immer zahlreicher werdenden, insbesondere russländischen Studierenden – junge Männer, die eine Vervollständigung ihrer Ausbildung suchten, junge Frauen, denen der Eintritt in die russischen Universitäten verwehrt war. Viele wollten einfach der Enge oder der zunehmenden Repression an den russischen Universitäten entfliehen. Gerade unter diesen politisierten sich nicht wenige und mutierten von Bildungsreisenden zu politischen Exilanten.[83] In ähnlicher Weise wurden auch außerhalb studentischer Kreise manche Migranten politisiert und engagierten sich in der Organisierung der Diaspora oder in den politischen Angelegenheiten der Herkunftsländer.

83 Vgl. *Neumann*, Studentinnen; *Peter*, Schnorrer; ders., Universitäten; *Gmurczyk-Wrońska*, Polacy; *Ivanov*, Russländische Studentenschaft. Eine Studie zur Rückkehrmigration polnischer Studierender und ihrer Karrieren im Königreich Polen wird am Deutschen Historischen Institut Warschau unter dem Titel »Studium im Europa des 19. Jahrhunderts. Wechselwirkungen zwischen transnationaler Verflechtung und nationaler Identität« erstellt. Siehe http://www.dhi.waw.pl/de/forschung/forschungsprogramm/nationale-identitaet-und-transnationale-verflechtung.html (20.4.2016).

Aufnahme und Wirkungen

Politische Flüchtlinge genossen, insbesondere wenn sie im Kontext großer Repressions- oder Verfolgungswellen flohen, besondere Aufmerksamkeit im öffentlichen Raum; sie prägten daher mitunter sehr nachhaltig das Bild und die Repräsentation ihrer Titularnationen in den Aufnahmeländern.[84] Die Voraussetzungen für eine solche Aufmerksamkeit entstanden spätestens im Kontext des »Völkerfrühlings« und der gescheiterten Revolutionen von 1848/49, als sich das republikanisch-demokratische Modell mit nationalen Staatsgründungs- bzw. Wiederherstellungsansprüchen verband. Aber bereits infolge des gescheiterten Novemberaufstandes 1830/31 in Polen war die Frage nach der Zukunft des Landes von einem Problem des europäischen Kräftegleichgewichts zu einer Angelegenheit des europäischen Republikanismus geworden. Dabei hatte auch der polnische Aufstand insofern seine europäische Vorgeschichte, als ihm die Pariser Julirevolution und Revolten in den zwischen Frankreich und Polen liegenden Staaten vorangegangen waren. Auch mit den revolutionären Ereignissen, die 1848/49 praktisch ganz Europa erfassten, wurden die Angelegenheiten aller »unterdrückten Völker« Ostmittel- und Südosteuropas ein Anliegen der west- und mitteleuropäischen Republikaner.[85] Die durchaus beachtlichen Erfolge der polnischen Exilinstitutionen (vor allem in Paris, wo einige der in den 1830ern gegründete Institutionen bis heute bestehen) und der auf die *Wielka Emigracja* [Große Emigration] von 1831 folgenden polnischen Diaspora-Generationen bei dem Unterfangen, eine »polnische Frage« zu formulieren und immer wieder auf nationale und internationale öffentliche Tagesordnungen zu setzen, machten sie zu einem Vorbild für weitere nationalrepublikanische Versuche, insbesondere der Tschechen, Slowaken und Rumänen sowie später der Ukrainer: So suchte bereits 1860 Josef Václav Frič, tschechischer Revolutionär von 1848 und 1862 Gründer der »Česko-Moravská Beseda« [Böhmisch-Mährischer Verein], bei Graf Czartoryski, einen der Führer des polnischen Exils, um Unterstützung nach.[86] In den amerikanischen Gemeinden orientierten sich Slowaken und Tschechen in der Auseinandersetzung mit der irisch dominierten Kirchenhierarchie an den polnischen Glaubensbrüdern.[87]

---

84 *Dunin-Wąsowicz*, Francuska opinia publiczna 1885–1894; ders., Francuska opinia publiczna 1895–1914; *Robel*, Histoire; *Vuilleumier*, Immigrés; *Gabbaccia, Hoerder* u. *Walaszek*, Emigration.

85 *Bade*, Europa in Bewegung, S. 190ff.

86 *Namont*, Colonie, S. 27.

87 *Stolarik*, Immigration.

Transnationale Existenzen 4 Antoni, später Antoine Jasienski wird 1822 in Kovno (heute Kaunas) geboren. 1863 beteiligt er sich am polnischen Januaraufstand; danach geht er – anscheinend mit zwei Söhnen – nach Frankreich, wo er in die Nationalgarde eintritt und die 26 Jahre jüngere Französin Marie Bellot heiratet, mit der er mindestens vier Kinder hat. Da er nicht an der Pariser Commune teilnimmt, hat er Anspruch auf eine kleine Pension und gelegentliche Unterstützungszahlungen. Er arbeitet als Drucker, kann damit aber seine Familie kaum ernähren. Bereits im Juni 1873 beantragt er Gelder, um mit seiner Frau und den jüngeren Kindern Casimir Amédé und Gabrielle nach Galizien (!) auszureisen, wo ihm Verwandte einen Neuanfang ermöglichen sollen. Er erhält Geld, das er möglicherweise für eine Hin- und Rückfahrt einsetzt: 1876 nämlich stellt er einen neuen Antrag und erklärt, die bewilligten hundert Francs würden nicht ausreichen, um sich selbst und die Familie nach Galizien zu bringen, und erhält weitere hundert. Vier Monate darauf verstirbt er in Paris, nachdem er erneut Gelder für eine Rückkehr beantragt hat. Ein halbes Jahr später beantragt und erhält sein Sohn Wladimir hundert Francs für einen ebensolchen Zweck; Ende Mai 1877 begibt dieser sich nach Maubeuge, den Grenzübergang nach Belgien, wo er seinen Pass abgeben soll. Jasienskis Witwe Marie bezieht derweilen die Pension ihres verstorbenen Mannes, außerdem, da ihre 14jährige Tochter ständig krank und ihre Mutter pflegebedürftig ist, gelegentliche außerordentliche Zahlungen – zuletzt dokumentiert 1883. Sie verstirbt 1905 in Paris.

Quelle: Archives Nationales (AN), F. 15 4225.

Die Einbettung in einen gesamteuropäisch-nordatlantischen republikanischen Diskurs bedeutete für politische Flüchtlinge in vielen Ländern einen unmittelbaren oder vermittelbaren Zugang zu den dortigen (republikanischen) Eliten und sicherte ihnen ein Asyl, dessen Wurzeln sowohl in westkirchlichen Traditionen als auch im republikanisch-universalistischen Selbstverständnis lagen, das allerdings von innen- und außenpolitischen Erwägungen nicht immer frei war. So war die Duldung russländischer Revolutionäre durch die französischen Regierungen mitunter nicht ein einfacher Akt von Solidarität, sondern eine Stellungnahme gegen die russische Autokratie – zumindest so lange diese mit Preußen-Deutschland verbündet war. Ähnliches galt für polnische Aufständische von 1863, die noch bis zum Jahrhundertende Anspruch auf finanzielle Unterstützung hatten – selbst wenn sie das Geld brauchten, um nach Russland zurückzukehren.

Immerhin sorgte diese politische Aufladung für eine allerdings durchaus prekäre (da von politischen, nicht zuletzt außenpolitischen Konjunkturen abhängige) und ambivalente Privilegierung gegenüber anderen Migranten, da Flüchtlingen vom Prinzip her ein Anspruch auf Schutz und Unterstützung – und damit auf einen einigermaßen gesicherten Aufenthalt – zugebilligt wurde. Bei auch den aufnehmenden Regierungen missliebigen Emigranten mochten Gesinnungsgenossen dabei helfen, öffentliche, d.h. mediale Unterstützung sicherzustellen.

Diese zunächst quasi »zivilgesellschaftliche«, im Verlaufe des 19. Jahrhunderts zunehmend auch staatlich-rechtliche Anerkennung eines Asylrechts in den Hauptzielländern Frankreich, England, Schweiz und Belgien führte allerdings erstens dazu, dass in einem langwierigen und kontroversen Prozess Kategorien festgelegt werden mussten, wer den Status eines Flüchtlings sollte genießen dürfen oder zugewiesen bekomme.[88] Mit anderen Worten: Das Einräumen eines staatlichen Unterstützungsanspruchs bezeichnete einen Wendepunkt im Übergang von christlich motivierter Nächstenliebe zum republikanischen Wohlfahrtsstaat und generierte damit gleichzeitig einen umfassenden Kontrollanspruch, der bald auch auf andere Migranten übertragen wurde.[89]

Die nationalrevolutionäre, jedenfalls national-politische Konnotierung eines Teils der Migranten trug ebenso wie die aus dem Flüchtlingsstatus resultierenden Unterstützungsansprüche zu einer Ethnisierung der Nation auch in den Aufnahmeländern mit »französisch-republikanischem« Nationsverständnis bei, und damit zur Verfestigung und Interpretation nationaler Grenzen.[90] Diese Konnotierung hatte zugleich beträchtlichen Anteil an der Nationalisierung der ostmitteleuropäischen Völkerschaften; wir werden hierauf noch zurückkommen.

---

88 *Gousseff*, Exil russe; *Oltmer*, Flucht; *Mesmer*, Flüchtlinge; *Noiriel*, Réfugiés. Trotz einer ganzen Reihe von Arbeiten ist die hier interessierende Zeit 1870–1914 bislang kam untersucht.

89 Für die »Große Emigration« in Frankreich, für die 1837 eine Unterstützung in Höhe von zwanzig Mio. Francs beschlossen wurde, bedeutete dies, dass sich der französische Staat die Bestimmung über den Aufenthaltsort innerhalb Frankreichs vorbehielt *Noiriel*, Réfugies, S. 46–80.

90 *Noiriel*, Réfugiés; *Fahrmeir, Faron* u. *Weil*, Migration Control; *Heindl* u. *Saurer*, Grenze und Staat; *Böcker, Groenendijk, Havinga* u. *Minderhoud*, Regulation of Migration; *Rygiel*, Le bon grain. Zur älteren, inzwischen einer umfassenden Kritik unterzogenen Dichotomie von republikanisch-französischem und ethnisch-deutschem Nationsverständnis siehe *Brubaker*, Citizenship; zur Kritik *Weil*, Qu'est-ce qu'un Français; *Noiriel*, Réfugiés; *Gosewinkel*, Einbürgern.

Abgrenzung Über die Zahl der politisch Aktiven – oder anders gesagt: über die quantitative Dimension der institutionalisierten Diaspora[91] – lassen sich praktisch keine Angaben machen, zumal sich das politische Exil ab den 1870er Jahren mit der Arbeitsmigration vermischte und es keine staatlichen Stellen gab, die eine entsprechende Evidenz geführt hätten. Schätzungen über politische Flüchtlinge liegen nur für die erste Jahrhunderthälfte sowie für einige Sonderfälle wie die polnische Emigration nach 1863 vor. Für die spätere Zeit gibt es mitunter Angaben über die Mitgliederzahlen von Vereinen und Organisationen, diese geben aber, wie wir noch sehen werden, nur sehr eingeschränkt Auskunft darüber, wie viele der jeweiligen Migranten tatsächlich aktiv waren. Wir können jedoch davon ausgehen, dass die eigentlichen öffentlichen und organisatorischen Akteure – die *nation builders* – wie in den Nationalstaaten auch eine quantitativ unbedeutende, exklusive Gruppe waren, die dann große Bedeutung erlangte, wenn es ihr gelang, als Organisatoren und Repräsentanten »ihrer« Migrantengruppen anerkannt zu werden.[92] Dies betraf, wie sich zum Ende des Ersten Weltkriegs erweisen sollte, weniger die Migranten selbst als die Regierungen und Öffentlichkeiten der wichtigeren Aufenthaltsländer.[93]

I.2.2.3 Kriegswirtschaft und Zwangsmigration

Der Ausbruch des Ersten Weltkriegs änderte Kontext und Form grenzüberschreitender Migrationen in grundlegender Weise: Zum einen wurden die ostmitteleuropäischen Migranten je nach ihrer Staatszugehörigkeit mit den jeweiligen Feindstaaten identifiziert und nicht selten interniert. Allerdings erfuhren einige organisierte Diasporen eine entschiedene Aufwertung, indem die von ihnen repräsentierten Nationalitäten von solcher Internierung ausgenommen wurden.

Bei den Mittelmächten, vor allem im Deutschen Reich, veränderte sich die Lage der aus dem Russischen Reich kommenden Arbeitsmigranten da-

---

91 Ich plädiere hier ähnlich wie *Brubaker*, Diaspora, für eine enge Definition des Begriffs.

92 So auch *Bade*, Europa in Bewegung, S 196.

93 Dieser Umstand scheint in vielen eher nationalistisch orientierten Arbeiten durch, wenn Klagen der nationalen Akteure über mangelnde Ansprechbarkeit der jeweiligen Migranten für die nationale Sache neben der Betonung steht, wie wichtig die Diaspora für diese nationale Sache gewesen sei. Ausdrücklich in diesem Sinne *Glettler*, Pittsburg; *Śladkowski*, Emigracja polska.

durch, dass man ihnen mit dem Kriegsausbruch als feindlichen Ausländern die Rückkehr in ihre Heimat verwehrte. Sie wurden von freiwilligen Saisonarbeitern zu Internierten, dann zu Zwangsarbeitern. Diese Praxis der Internierung war in Form und Umfang, als totalisierter Zugriff auf Nichtkombattanten wegen ihrer staatlichen Zugehörigkeit, etwas völlig Neues und trug dazu bei, aus dem Ersten Weltkrieg einen totalen Krieg, einen Krieg der gesamten Nation gegen feindliche Nationen als Ganze zu machen.[94]

Es war daher auch nicht verwunderlich, dass Kriegshandlungen, Pogrome und nun aufbrechende ethnonationale Konflikte in Südost- wie Ostmitteleuropa Fluchtbewegungen bis dahin nicht gekannten Ausmaßes, insbesondere von Juden, auslösten. So zählte das österreichische Innenministerium im Mai 1917 430.000 Flüchtlinge aus russisch besetzten Gebieten, davon 173.000 Juden.[95] Das eigentlich geltende Verbot der Internierung von Zivilisten wurde dadurch ausgehebelt, dass unter der allgemeinen Wehrpflicht, die ja ihrerseits eine Erfindung des modernen Nationalstaates war, zumindest jeder Mann im wehrfähigen Alter ein potentieller Kombattant – oder Spion – war.

Die Ausweitung des Kreises der Kombattanten durch die Massenheere sowie die Industrialisierung der Waffenproduktion wiederum schufen in praktisch allen Ländern einen Bedarf an Arbeitskräften, der durch die Heranziehung eben dieser Internierten (sowie durch die Rekrutierung von einheimischen Frauen) teilweise gedeckt werden konnte. Da dies nicht ausreichte, gingen das Deutsche Reich und Österreich-Ungarn ab 1915 dazu über, zunächst potentielle »Irredentisten«, und schließlich eher unterschiedslos zivile Arbeitskräfte in den besetzen Gebieten – insbesondere in Belgien und Galizien – schlicht zu deportieren.[96] In dieser Nationalisierung staatlicher Zugehörigkeit und der Totalisierung des Zugriffs auf Arbeitskräfte, schließlich in der Genese eines Flüchtlingsproblems bis dahin ungeahnter Größe schuf der Erste Weltkrieg somit Rahmenbedingungen, die das Regime grenzüberschreitender Migration auf Dauer verändern sollten.

94 *Olsson*, Labor Migration, hat darüber hinaus die These vertreten, dass Konflikte hinsichtlich der Verfügbarkeit von Arbeitsmigranten maßgeblich zum Ausbruch des Weltkrieges beigetragen haben.

95 *Gatrell*, Refugees, S. 82–110.

96 *Westerhoff*, Zwangsarbeit; *Rawe*, Wir werden sie schon zur Arbeit bringen; *Stibbe*, Civilian Internment; *Gatrell*, Refugees; ders., Displacing and Re-Placing; *Garleff*, Ostmitteleuropa.

I.2.3 Transnationale Existenzen und Praktiken

Es wurde bereits angedeutet, dass die Netzwerke, die von Arbeitsmigranten und Flüchtlingen/Exilanten aufgebaut wurden, in spezifischer Weise unterschiedlich waren. Idealtypisch ließe sich sagen, dass die Transnationalität arbeitsmigrantischer Netzwerke letztlich darin bestand, dass sie einem kleinräumigen, ethnokulturell und sozial relativ homogenen Milieu ausgingen, das über mitunter sehr große Distanzen rekonstruiert und aufrechterhalten wurde, während die Transnationalität der Netzwerke der öffentlichen politischen Akteure darin bestand, dass sie einerseits Nation über Grenzen hinweg definieren und organisieren wollten, während sie andererseits zu diesem Zweck auf intensive Kontakte mit Eliten der Aufnahmeländer angewiesen waren.

Einheimisch werden Diese unterschiedliche Ausrichtung der Netzwerke spiegelte sich in gewisser Weise auch in unterschiedlichen geographischen Verteilungen in den Städten, in den Organisationsformen und ihrer physischen und mentalen Verortung wider. Im städtischen Weichbild unterschieden sich Arbeits- und politische Emigranten im Groben dadurch voneinander, dass erstere häufig die Tendenz hatten, sich in bestimmten Stadtvierteln zu konzentrieren, letztere nicht oder doch in geringerem Maße, was nicht allein an ihrer geringeren Zahl lag. Diese ethnosozialen Enklaven befanden sich häufig in Vierteln mit niedrigen Mieten und kristallisierten sich nicht selten an preiswerten und äußerst beengten Unterkünften, die oft von Migranten ähnlicher Herkunft betrieben wurden: In den USA den *Boarding Houses*, die besonders von temporären Migranten bewohnt wurden, in Paris in den zahlreichen, mitunter illegalen Familienpensionen und *Garnis*, im Ruhrgebiet in eigens dafür gebauten, zunächst unzureichenden Arbeitersiedlungen.[97] In den migrantischen Vierteln bildeten sich »ethnische Ökonomien« in doppelter Hinsicht: Zum einen entstanden Karrierewege, in denen einzelne Migranten den Aufstieg zum Unternehmer schafften, indem sie bestimmte Produktionstechniken – wie etwa osteuropäische Juden die Pelzkürschnerei oder das Mützenmacherhandwerk in Paris – in den Aufenthaltsländern überhaupt erst schufen oder die Kenntnis neuerer, industrialisierter Produktionstechniken und Arbeitsorganisationen in ihre

97 *McCook*, Borders; *Stolarik*, Immigration; *Glick Schiller u. Simsek-Caglar*, Locating Migrants; *Jackson*, Migration.

Herkunftsländer transferierten. Dabei sollte nicht unerwähnt bleiben, dass diese Aufstiege sehr häufig nur möglich waren durch eine Mischung aus einem ethnokonfessionell vermittelten paternalistischem Verhältnis zwischen Arbeitgebern und Arbeitern. Es gab Fälle extremer Ausbeutung, die dann auch zu Streiks führten, die quasi exterritorial innerhalb der jeweiligen migrantischen *Community* stattfanden.[98] Zum anderen entstanden migrantische Lebensmittelgeschäfte und Restaurants, die ähnlich wie religiöse Einrichtungen die Anwesenheit der jeweiligen Migrantengruppe in der Stadt materialisierten; in bestimmten Fällen – etwa im Kontext der Russlandbegeisterung in Frankreich nach 1891 – erfreuten sich solche Einrichtungen, sofern sie dementsprechend gestaltet waren, des Zuspruchs eines einheimischen Publikums mit Interesse an östlicher Exotik.[99]

Religion

Zu den ersten organisatorischen Verdichtungen solcher Enklaven gehörten religiöse Einrichtungen. Die Initiative ging hier fast gleichzeitig von den Migranten selbst und – soweit vorhanden – der Kirchenhierarchie der Herkunftsländer aus, die sich um das Seelenheil ihrer Schützlinge im sittenlosen Ausland sorgte.[100] Prinzipiell trafen religiöse Migranten in den hier zur Debatte stehenden Zielländern auf bereits bestehende religiöse Organisationen aller Konfessionen. Trotz des prinzipiell transnational-universalistischen Charakters der monotheistischen Religionen, insbesondere des Katholizismus und des Judentums, kam es rasch zu Konflikten mit der einheimischen Kirchenhierarchie bzw. den Synagogenleitungen, meist über Charakter, Form und Sprache der Gottesdienste. Migrantische Gläubige und Kirch- bzw. Synagogengänger wollten Gottesdienste in der ihnen gewohnten und angemessenen Form.[101]

Auch hier waren die Polen Vorreiter: Eine der ersten migrantischen Kirchen war die Eglise Notre Dame de l'Assomption in Paris, die 1850 der polnischen Gemeinde übergeben wurde. Konflikte mit einheimischen Kirchenhierarchien gab es vor allem in den USA, wo die katholische Kirche, der viele ostmitteleuropäische Migranten angehörten, von irischen Einwanderern

---

98 Vgl. *Esch*, Parallele Gesellschaften. Auch in anderen Fällen – etwa der Besetzung von Pfarreien in Pittsburgh oder der Nutzung von Synagogen in Paris – kam es zu heftigen, manchmal körperlichen Auseinandersetzungen innerhalb der migrantischen Communities.

99 Vgl. etwa *Davydov* u. a., Paris-Moscou; *Montclos*, Russes à Paris.

100 Siehe z. B. *Alexander*, Immigrant Church; *Stolarik*, Immigration; *Murdzek*, Emigration.

101 *Brinkmann*, Von der Gemeinde; *Stolarik*, Immigration; *Śladkowski*, Emigracja polska.

dominiert wurde und kaum in der Lage war, auf migrantische Empfindlichkeiten (etwa die Benennung einer slowakischen Kirche nach den Heiligen Kiril und Method) oder Wünsche nach eigener Bestimmung der Pfarrer angemessen zu reagieren. Die polnischen Katholiken gingen aus solchen Gründen 1896 sogar so weit, sich organisatorisch ganz von der katholischen Kirche der USA zu trennen.[102] Ähnlich verhielt es sich im Ruhrgebiet, wo sich die polnischen katholischen Gemeinden ab 1890 von der deutschen Kirchenhierarchie abkoppelten.[103] Dass es den streitbaren Kirchgängern nicht unbedingt um eine Nationalisierung der Kirche zu tun war, wird daran deutlich, dass sich später gekommene Migrantengruppen wiederum an ihren polnischen Vorgängern orientierten: Slowakische Christen in den USA etwa schlossen Bündnisse mit ihnen oder wandten sich um Hilfe an sie. Parallel verbündete sich die »Jednota« [Einheit] als Zusammenschluss der slowakischen Gemeinden sogar mit den ungarischen Katholiken.[104]

In Europa waren solche Konflikte unter katholischen Christen seltener, weil die katholische Kirche hier weniger stark von einer bestimmten ethnischen Gruppe dominiert war. Wohl aber gab es entsprechende Streitigkeiten zwischen einheimischen und zugewanderten Juden: Da die bis in die 1870er Jahre in Mittel- und Westeuropa bestehenden jüdischen Gemeinden sich in Kultus, Architektur und Ästhetik sehr weit an christliche Gewohnheiten angepasst hatten, kam es zu Streitigkeiten, die zunächst durch Behelfsräumlichkeiten, dann durch eine Aufteilung von Nutzungszeiten (etwa in der Synagoge in der rue Turbigo in Paris) oder schließlich durch Neubauten beigelegt wurden. Katholische und jüdische Kultuseinrichtungen waren wiederum in doppelter – entgegengesetzter – Weise transnational, wobei der jüdische religiöse Transnationalismus partikularistisch, der katholische universalistisch war.

In der konkreten religiösen Praxis kam aber hinzu, dass die Priester bzw. Pfarrer ebenso wie mitunter Teile der Einrichtungsgegenstände aus den Herkunftsgebieten geholt wurden, wobei gerade bei den Migranten aus dem ungarischen Teil des Habsburgerreiches auch die Regierung versuchte, Einfluss auf die Besetzung von Kirchenstellen auszuüben.[105] Die Einrichtung einer Gemeinde, womöglich mit eigenem Kultusgebäude, markierte somit

102 *Stolarik*, Immigration, S. 85; *McCook*, Borders, S. 22.

103 *Janusz*, Polacy w Niemczech, S. 54. Siehe auch *Klessmann*, Polnische Bergarbeiter.

104 *Stolarik*, Immigration, S. 77; 90; 95. Ebd., S. 79 erwähnt zudem, dass 1893 ein Pole zum Vorsitzenden der »First Catholic Slovak Union« in den USA gewählt wurde.

105 *Stolarik*, Immigration; *Esch*, Parallele Gesellschaften; *Brinkmann*, Von der Gemeinde.

einerseits eine faktische Integration, ein Angekommen-Sein der Gemeindemitglieder; die Praxis des Gottesdienstes blieb aber ebenso wie die Besetzung der Kultusfunktionen in hohem Maße transnational.

Kaum Konflikte gab es in aller Regel bei den orthodoxen Kirchen der Russen und Ukrainer und den protestantischen Gemeinden, da es hier keine etablierte Kirchenhierarchie in den Aufenthaltsländern gab, die einen Zugriff auf die Kirchgänger reklamieren und ein Monopol auf den Kultus hätte erheben können. Passend zum autokratischen Modell, in dem der Zar auch das Oberhaupt der Kirche war, ging der Bau entsprechender Gebäude zumindest in Europa nicht auf migrantische Initiative zurück, sondern auf staatliche: Der Bau der Cathédrale Saint-Alexandre-Nevsky in Paris wurde etwa vom russischen Botschafter initiiert und von Zar Alexander I. mitfinanziert, die erste orthodoxe Kirche in den USA (1868) unterstand einer Missionsdiözese im bis 1867 russischen Alaska.[106]

Eine zweite Form waren Vereine und Organisationen, die den unmittelbaren Bedarf an Dienst- und Sozialleistungen der Migranten befriedigen sollten, die in den Aufenthaltsländern nicht zur Verfügung standen oder von denen sie als Ausländer ausgeschlossen waren, insbesondere Unterstützungskassen in Vereinsform (Sociétés de Secours Mutuels), die manche Risiken migrantischen Daseins abfederten und gleichzeitig die innere Solidarität der jeweiligen Gruppe förderten. Diese Unterstützungskassen waren, wo sie sich nicht nach dem Vorbild der Gesellenvereine auf bestimmte Berufsgruppen beschränkten, regional oder lokal kodiert und sorgten dafür, dass Landsleute im engsten Sinne des Wortes einander nicht aus den Augen verloren. Besonders deutlich wurde dies bei den zahlreichen jüdischen *Landsmanšaftn* in Westeuropa und den USA.[107]

I.2.3.1 Transnationale Nationsbildung und Klassenformierung

Transnationale Existenzen 5 Jules Intéring wird 1861 in Paris vermutlich als Sohn russisch-polnischer Eltern geboren. 1880 reist er nach Warschau, wo sein Bruder »gut geheiratet« hat. Dieser schlägt ihm eine Assoziation mit dem 1846 in Warschau geborenen Kaufmann Ludwig Idzkowski vor, der 30.000 Francs einbringen will, dies aber nie tut. Intéring kehrt zurück nach Paris, wo er die Geschäfte leitet; man unterhält Handelsbeziehun-

106 *Stokoe* u. *Kishkovsky*, Orthodox Christians.
107 *Soyer*, Jewish Immigrant Associations; *Weisser*, Brotherhood of Memory.

gen zwischen Paris und Warschau. Idzkowski besucht ihn regelmäßig und wohnt in Paris bei einem Bruder. Die Geschäftspartner wissen, dass das Stammkapital fehlt, vertrauen dem Unternehmen aber, bis sich 1884 herausstellt, dass es auf ungedeckten Schecks aufbaut. Idzkowski wird zu 5 Jahren Gefängnis verurteilt, Intéring freigesprochen, da er aus gutem Glauben gehandelt habe.

Quelle: Archives de la Ville de Paris (AVP), D2U6 71.

Eine dritte Form waren politische Exilorganisationen, die naturgemäß während des 19. Jahrhunderts häufig organisatorische Verdichtungen nationaler Befreiungsbewegungen einerseits, der sozialistischen Arbeiterbewegung andererseits darstellten. Insbesondere in den Teilen Ostmitteleuropas, die zum Russischen Reich gehörten, war bis zum Ende des Ersten Weltkriegs eine politische Betätigung kaum bis gar nicht möglich. Demokraten, Nationalisten und Sozialisten wählten daher in der Regel eine politische Aktivität im Exil, insbesondere in Brüssel, London und Paris, in geringerem Umfang Nordamerika. In die gleiche Gruppe ließen sich etwa historisch-literarische Gesellschaften und Schulen zählen, also Einrichtungen, die nach dem Muster der Formierungsprozesse der west- und mitteleuropäischen Nationalstaaten einen Legitimationsanspruch nach außen mit einem Erziehungsanspruch nach innen verknüpften.

Polnische Diaspora Im Grunde vollzog die sich institutionalisierende Diaspora die Genese des west- und mitteleuropäischen Nationalstaats quasi exterritorial nach. Sie war hier ebenso wie dort vor allem das Werk interessierter, mitunter sehr kleiner Eliten:[108] Beginnend mit der »Großen Emigration« der Polen wurden historisch-literarische Gesellschaften gegründet, die eine historische Herleitung der Staatlichkeit und gelegentlich der damit zusammenhängenden Gebietsansprüche entwickelten. Während die polnische territoriale Diskussion um ein piastisches oder jagiellonisches Polen kreiste, bemühten die Tschechen die historischen Länder der böhmischen Krone. Die erste solche Einrichtung war das 1832 in Paris gegründete polnische »Towarzystwo Literackie« [Literarische Gesellschaft], es folgten bis 1838 ein historisches und ein statistisches Büro, die 1854 in einer historisch-literarischen Gesellschaft zusammengeführt wurden.

108 *Walaszek*, Polska Diaspora, S. 22; *Glettler*, Pittsburg.

Etwa zur gleichen Zeit entstand am Boulevard des Batignolles eine polnische Schule, die 1865 als gemeinnützig anerkannt und ab 1901 vom französischen Staat mitfinanziert wurde.[109] Hinzu kam eine bis heute bestehende Bibliothek am Wohnsitz Adam Czartoryskis, der die aufständische Regierung 1830/31 geleitet hatte. 1846 wurde mit dem »Dom św. Kazimierza« [Haus des Hl. Kasimir] ein von polnischen und französischen Privatleuten – häufig Adligen – finanziertes Asyl für Veteranen der Aufstände, Waisen und Arme eingerichtet.[110]

Die »Große Emigration« schuf mithin im Exil diejenigen öffentlich-staatlichen Institutionen, die für den sozialen, kulturellen und ideologischen Bedarf der Emigranten sowie für die Aufrechterhaltung des Anspruchs auf einen Nationalstaat erforderlich waren, und modernisierte sie gleichzeitig. Nachdem die Legitimität des Czartoryski-Lagers als Alleinvertretung der polnischen Nation auch im Exil zunehmend in Frage gestellt wurde, bildeten sich politische Fraktionen und aus ihnen die ersten polnischen Parteien, zum Teil als Echo auf entsprechende Entwicklungen in den Herkunftsgebieten, zum Teil durch Übernahme ideologisch-politischer Orientierungen der Umgebung.

Es ist an dieser Stelle weder möglich noch sinnvoll, die polnische Rezeption der europäischen politischen Ideologien und ihrer organisatorischen Verdichtungen nachzuzeichnen; wichtig ist vor allem, dass die Gründung der beiden Gruppierungen, die für die im Jahre 1918 gelingende (Wieder-) Herstellung polnischer Staatlichkeit entscheidend waren, durch die Diaspora erfolgte: 1887 wurde in Genf die nationalistische »Liga Polska« [Polnische Liga] gegründet, aus der 1893 die »Liga Narodowa« [Nationale Liga] und 1897 die »Stronnictwo Narodowo-Demokratyczne« [Nationaldemokratische Partei] hervorging. Letztere wurde legal ab 1904–1909 in den drei Teilungsgebieten tätig. 1892 entstand die »Polska Partia Socjalistyczna« [Polnische Sozialistische Partei] als Zusammenschluss von vier Organisationen auf einem Kongress in Paris; erst 1893 folgte die illegale Gründung einer Sektion im Königreich Polen.[111]

Zwar widersprachen diese Gründungen eigentlich dem Gebot politischer Enthaltsamkeit, dem Ausländer in praktisch allen Staaten unterworfen waren; da sich diese Aktivitäten aber nicht auf die Länder bezogen, in denen die

---

109 *Ponty*, Visite du Paris des Polonais, S. 46ff.

110 *Szczepański*, Weterani powstań narodowych.

111 *Brock*, Polish Nationalism.

Parteigründungen stattfanden, wurden sie weitgehend geduldet. Die Praxis dieser politischen Körperschaften bestand in der Sammlung von Geldern, im Knüpfen von Kontakten zu Personen des öffentlichen Lebens und Entscheidungsträgern in den Exilländern sowie nicht zuletzt in einer transnationalen Pressearbeit: Die meisten Migrantengruppen verfügten ab den 1850er oder 1860er Jahren über eigene Zeitungen,[112] die ausführlich auch über die Lage in den Herkunftsländern berichteten und teilweise sehr entschieden politische Stellung bezogen. In nicht wenigen Fällen wurden diese Zeitungen und Zeitschriften (meist illegal) auch in die Herkunftsgebiete gebracht, im Falle der Slowaken wurden die ersten nationalsprachlichen Zeitungen überhaupt erst im Ausland, nämlich in den USA, gegründet und gedruckt, auch später war die Auflage in der Heimatregion kleiner als in den USA.[113]

Die Nationsbildung, d. h. die Einebnung der vielfältigen Identitäten und situativen Selbstverortungen der Migranten, erfolgte also mit ähnlichen Mitteln wie in den bereits bestehenden »modernen« Staaten, hatte aber mit einem zusätzlichen Problem zu kämpfen: Es fehlte den prospektiven Nationalstaatsgründern am staatlichen Zugriff auf die künftigen Angehörigen der Titularnation. So wurde etwa die Gründung ethnonationaler Schulen in Preußen oder dem Russischen Reich nur zögerlich und in Einzelfällen bewilligt, auch in Österreich-Ungarn stießen solche Unterfangen auf Hindernisse.

In der Diaspora war dies insofern anders, als zwar ein gewisses (meist jedoch nicht nationalistisches) Interesse der Eltern an einer im Wortsinne muttersprachlichen Schulbildung für ihre Sprößlinge bestand. Allerdings eigneten sich diese meist sehr rasch Sprache und Gebräuche der Umgebung an, in der sie tatsächlich aufwuchsen. Die ethnonationalen Akteure (unter Einschluss der osteuropäisch-jüdischen) beklagten immer wieder, dass gerade die bereits in den Aufenthaltsländern geborene Generation der Nation verloren ginge. Tatsächlich ansprechbar für nationalistische bzw. zionistische Agitation waren ostmitteleuropäische Migranten vor allem dann, wenn sie selbst oder ihre Angehörigen in den Herkunftsgebieten ökonomisch oder politisch bedroht waren sowie in der nationalistisch aufgeheizten Stimmung des Weltkriegs.[114]

---

112 Zur polnischen Presse siehe *Lojek*, Prasa polska; zur tschechischen *Jaklová*, Čechoamerická periodika; zur slowakischen *Stolarik*, Immigration; zur osteuropäisch-jüdischen *Šajkovski*, Bibliografie.

113 *Harušťák*, Bilder, *S. 8; Stolarik*, Immigration, *S. 139.*

114 *Marrus*, Politics; *Green*, Pletzl; *Śladkowski*, Emigracja polska; *Glettler*, Pittsburg.

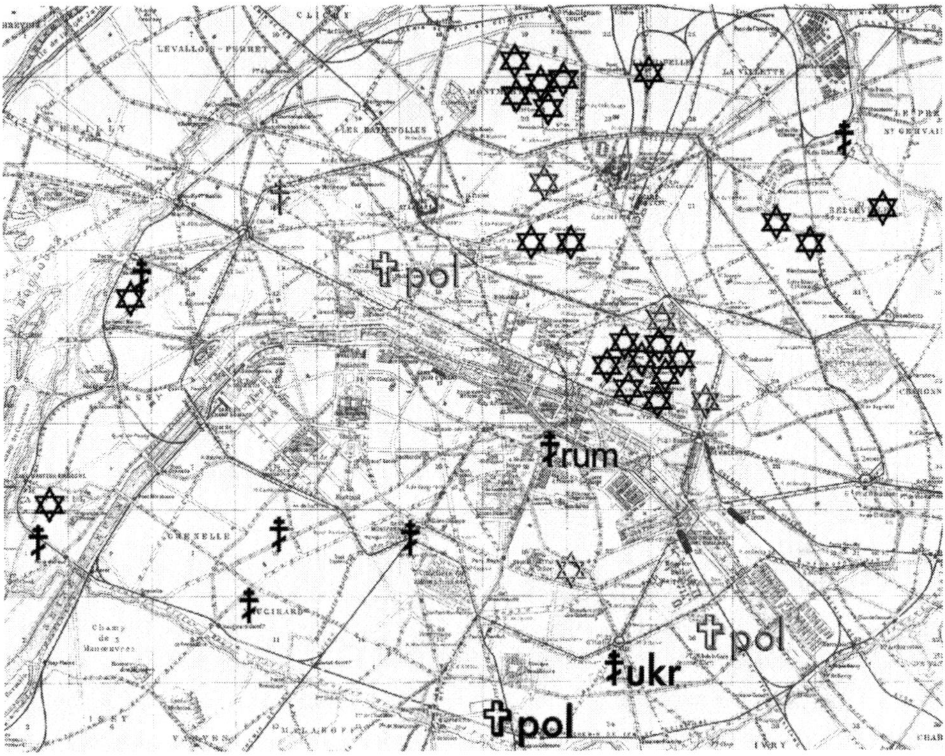

Abb. 3: Migrantische Gotteshäuser in Paris bis 1940

Tschechische Diaspora

In welchem Maße die politisch-repräsentative Bedeutung der institutionalisierten Diaspora unabhängig war von ihrer Quantität, zeigt das tschechische Beispiel: Wir wissen, dass die Zahl der Tschechen in Paris kurz vor 1914 lediglich rund 2000 Personen betrug, meist Handwerker, Händler und Dienstboten sowie einige Literaten und Künstler. Gleichwohl war Paris auch hier nach dem für die tschechischen Nationalisten enttäuschenden Ausgleich von 1867 Ausgangspunkt einer eigenständigen Außenpolitik aus dem Exil nach dem Vorbild der Polen.[115]

1862 gründete der bereits erwähnte Josef Václav Frič, der an den Aufständen von 1848 teilgenommen hatte, die »Česko-Moravská Beseda« [Böhmisch-Mährischer Verein] als zentrale Organisation einer tschechischen Diaspora. Besonders groß war sie mit zunächst zwanzig Mitgliedern, darunter zwei Polen und einem Franzosen, nicht, aber sie war mit Diskussionsrunden, Re-

115 *Marès*, Tchèques et Slovaques.

den und Netzwerkbildung unter den einheimischen Eliten maßgeblich dafür verantwortlich, die französische und tschechische Öffentlichkeit in Paris auf die Wahrnehmung einer tschechischen Frage vorzubereiten. 1879 wurde sie in »Česko-Slovanská Beseda« [Tschechoslawischer Verein] umbenannt und kümmerte sich 1889 um tschechische Besucher der Weltausstellung, womit sie faktisch eine Art halbamtlichen Status erreicht hatte. Wichtiger noch war die Tatsache, dass ein transnationaler Kongress der *Sokol*-Vereine 1889 in Paris tagte und Kontakte zu anderen slawischen Gruppierungen aufnahm.

Sokol *Sokol* [der Falke]-Sportvereine, die – im Unterschied zu den meisten anderen Organisationsformen – ursprünglich in Prag von tschechischen Patrioten ins Leben gerufen worden waren,[116] bildeten ein weiteres äußerst erfolgreiches Standbein der Diaspora. Sie vermischten sportliche Ertüchtigung mit nationalistischer Indoktrinierung und paramilitärischer Ausbildung. Der 1892 aus der »Beseda« entstandene »Sokol de Paris« hielt zudem neben dem patriotischen Anspruch und körperlicher Ertüchtigung bürgerlichen Kulturwillen hoch, indem neben Sport und Schießen auch eine Sektion Musik bestand.[117] Ein slowakischer *Sokol* entstand 1896 in den USA, spaltete sich aber 1905 in einen religiösen und einen nationalistischen Flügel.[118] Bei den Polen schlossen sich die Vereine 1893 in den USA zum »Związek Sokołów Polskich« [Verband der Polnischen Sokoln] zusammen.[119]

Gerade der tschechische Verein zeichnete sich zum einen dadurch aus, dass er enge Kontakte zu französischen Sportvereinen hielt – also zur Integration beitrug –, zum anderen eine intensive nationale Propaganda betrieb, für die ab 1898 immerhin zehn Prozent des Budgets aufgewendet wurden. Dieses Vorgehen zahlte sich für die tschechischen Nationalisten insofern aus, als ab 1900 auch Franzosen zunehmend eine »tschechische Frage« thematisierten.

Wie bei den anderen »Kolonien« – um an dieser Stelle den zeitgenössischen Begriff mit seinen national-transnationalen Konnotationen zu verwenden – gehörten weitere öffentliche Einrichtungen wie Bibliothek, Unter-

116 *Nolte*, Sokol.
117 *Marès*, Tchèques et Slovaques, S. 75.
118 *Stolarik*, Immigration, S. 78.
119 *Pula*, Polska Diaspora w Stanach Zjednoczonych, in: *Walaszek*, Polska Diaspora, S. 51–117, hier S. 73.

stützungskasse, Krankenkasse und Frauenvereine ebenfalls zur *Institutional Completeness* einer vollständig ausgebildeten Diaspora.[120] Mit den Nationalisten konkurrierte der 1904 gegründete Verein »Rovnost« [Gleichheit], der bis 1907 vorwiegend anarchistisch, dann sozialistisch orientiert war. Gemeinsam mit dem *Sokol* bemühte sich der 25–30 Mitglieder zählende Verein um Anerkennung als Vertretung einer tschechischen Kolonie in Frankreich. 1909 entstand ein Národní rada česká [Tschechischer Nationalrat], 1912 folgte ein Dachverband der tschechischen Vereine in Paris mit einem Zentralkomitee.[121]

Slowakische Diaspora

Ähnlich, aber an anderem Ort, verlief die Entwicklung bei den slowakischen Nationalisten: 1843 entstand in der späteren Slowakei selbst mit der »Matica slovenská« [Slowakischer Kulturverein] eine slowakische Literarische Gesellschaft als Reaktion auf die Einführung des Ungarischen als Amtssprache.[122] Mit der forcierten Magyarisierung in den Jahrzehnten nach dem österreichisch-ungarischen Ausgleich von 1867 verlegte sich die Nationalisierung der Slowaken ebenfalls ins Ausland, vor allem in die USA. Nach Westeuropa gab es nur wenig intellektuelle Migrationstraditionen, slowakische »Kolonien« bestanden in den europäischen Hauptstädten praktisch nicht.[123] In den USA entstand zunächst 1893 mit der »Catholic Slovak Union« eine zentrale Gemeindeorganisation, der anfangs ein Pole vorstand; auch hier wurden seit den 1880er Jahren Priester aus der Heimat geholt, wobei die ungarische Regierung versuchte, ihr gegenüber loyale Kandidaten zu schicken, die aber in den USA abgelehnt wurden.[124] Es folgten nach Auseinandersetzungen zwischen katholisch und national orientierten Akteuren Parteigründungen, die von konservativ-nationalistisch bis sozialistisch reichten, die Gründung eines nationalen Dachverbandes scheiterte immer wieder, bis 1905 ein »Slovak National Council« und 1907 die »Slovak League of America« gegründet wurde.[125]

120 *Namont*, Colonie, S. 33; *Belchem*, Irish and Polish Migration, S. 15. Zum Begriff siehe *Breton*, Institutional Completeness.

121 *Namont*, Colonie; *Vaculík*, České menšiny.

122 *Stolarik*, Immigration, S. 134.

123 *Marès*, Tchèques et Slovaques, subsumiert die Slowaken unter die tschechische Kolonie, von denen er einige namentlich erwähnt.

124 *Stolarik*, Immigration, S. 86–90.

125 *Stolarik*, Immigration; *Glettler*, Pittsburg.

Transnationale Existenzen 6 Peter V. Rovnianek, geboren 1867 in Alsóhricsó. 1887 wird er aus einem Priesterseminar in Budapest geworfen und übersiedelt 1888 in die USA, wo er für die Lieferung der in Pittsburgh gegründeten ersten slowakischen Zeitung, der »Amerikánsko-Slovenské Noviny« [Amerkanisch-Slowakische Zeitung] in die Heimat sorgt; 1889 finanziert er den Wiederaufbau der abgebrannten Druckerei. Außerdem schreibt er für und gründet verschiedene slowakische Zeitschriften und besorgt den Transfer von Geld in die Heimat. 1891 überzeugt er slowakische Minenarbeiter in Pittsburgh, ihren Streik abzubrechen; als sich herausstellt, dass er dafür bezahlt wurde, beginnt ein zwanzig Jahre dauernder Streit um seine Loyalität. Das Geld benützt er in der Depression von 1893, um ein Reisebüro für rückkehrwillige Landsleute zu eröffnen; im Folgejahr gründet er eine »Slovak Colonization Society« mit dem Ziel, Slowaken in Arkansas auf Farmen anzusiedeln. Parallel dazu sammelt er Geld zur Unterstützung slowakischer politischer Häftlinge in Ungarn. 1890 setzt er durch, dass nur Christen (also keine Atheisten und keine Juden) Mitglieder der nationalen Organisation werden können. 1907 wird er einer der Vizepräsidenten der »Slovak League of America«. 1911 geht seine Bank bankrott, und er zieht nach Kalifornien, um sein Glück als Goldsucher zu versuchen.

Exterritorialität Die Tätigkeit der Diasporen war mithin in doppelter Weise transnational: Wie in der Arbeitsmigration war das Selbstverständnis grenzüberschreitend, nicht aber das politische Programm und die politische Praxis – abgesehen von der Vermittlung der heimischen Belange an die Öffentlichkeiten der Aufenthaltsländer und den Export, vulgo Schmuggel, politischer Publikationen in die Herkunftsländer. In anderer Form konnte aber auch die Praxis transnational werden, wenn nämlich – wie bei den russländischen Revolutionären der 1890er Jahre – das Exil zum gleichsam exterritorialen Aktionsfeld wurde. Als Ende 1890 der polnische Anarchist Padlewski in Paris den russischen General Seliverstov erschoss, handelte es sich im Verständnis des Täters und wohl auch des Opfers um eine innerrussische Angelegenheit: Ein russländischer Revolutionär erschoss einen Repräsentanten des Regimes, das er bekämpfte und das ihn (wegen Mitorganisation einer 1. Mai-Demonstration in Warschau) verfolgte. Anlässlich dieses Attentats wurde der französischen Öffentlichkeit bekannt, dass nicht nur die Revolutionäre dieses exterritorial-transnationale Verständnis solcher Aktionen hatten: Seliverstov war Leiter der Auslandsabteilung der russischen Geheimpolizei, die in Paris ihren Sitz hatte und mit Kenntnis der französischen Behörden, aber nicht auf der Grundlage französischer Gesetze operierte.

Der Vorfall machte erneut eine weitere Form der Transnationalität deutlich, die für die institutionalisierte Diaspora sowie für Revolutionäre unverzichtbar war, nämlich den Aufbau von Netzwerken unter Einschluss der jeweiligen politisch und öffentlich aktiven Milieus der Aufenthaltsländer. Die französischen Linkssozialisten um Jules Guesde erklärten sich mit ihm (vermutlich auch praktisch) solidarisch, eine polnisch-jüdische Familie sorgte dafür, dass er außer Landes kam.[126] Fälle wie der Padlewskis trugen wiederum dazu bei, Existenz, Praktiken und Themen der russländischen Verhältnisse und ihrer Gegner international bekannt zu machen – und zwar weit über Europa hinaus: Am 4. Januar 1891 druckte die »New York Times« einen Bericht des »Eclair« ab, demzufolge Padlewski einem Journalisten erzählt hatte, wie das Attentat genau verlaufen sei.[127]

Vorgänge wie dieser waren besonders aufsehenerregend, aber nicht einzigartig: Bei Besuchen des Zaren in Frankreich und anderen westeuropäischen Ländern wurde im Grunde erwartet, dass russländische Revolutionäre Attentate vorbereiteten; noch 1908 konnte ein Ehrengericht der Sozialrevolutionären Partei Russlands mitten in Paris den vermuteten Verräter Evgenij Azef zum Tode verurteilen; Azef floh nach London und bemühte sich noch vier Jahre später bei seinen Genossen um die Wiederaufnahme des Verfahrens.[128]

Parallel dazu begann aber – insbesondere im Bereich der Arbeitsmigration – eine quasi gegenläufige Entwicklung, als die sozialistische Arbeiterbewegung neben Konfession und Nation zu einem alternativen Modell für Identität und Vergemeinschaftung wurde. Zwar organisierten sich polnische, jüdische, tschechische und slowakische Arbeiter zunächst in branchenbezogenen eigenen Gewerkschaften, die sich allenfalls in ethnonational kodierten berufs- und grenzüberschreitenden Dachverbänden oder -organisationen zusammenschlossen. Gleichwohl stellte diese Form der Politisierung insofern einen Wendepunkt dar, als eine solche Organisierung, die dem Kampf um bessere Arbeits- und Lebensbedingungen am Aufenthaltsort gewidmet war, längeren Verbleib und eine schrittweise aktive Integration implizierte. Sie hob vorangegangene Transnationalität nicht so-

126 *Esch*, Parallele Gesellschaften, S. 360ff.

127 New York Times, 4.1.1891, How Seliverstoff Died. Padlewski Tells the Story on Leaving for America (http://query.nytimes.com/mem/archive-free/pdf?res=F20A12F7355F10738DDDAD0894D9405B8185F0D3 (06.03.2013).

128 *Esch*, Parallele Gesellschaften, S. 365–368.

fort oder völlig auf, und sie schloss Rückkehrmigration und Wissenstransfer nicht aus: Sie führte mittelfristig zur Integration migrantischer Arbeiter in die Arbeiterorganisationen der Aufenthaltsländer. Gleichzeitig sorgte sie über temporäre Migranten, die in Kontakt mit »ihren« Organisationen kamen, dafür, dass die im migrantischen Milieu und mit einheimischen Organisationen eingeübten sozialen und politischen Praktiken in die Herkunftsregionen übertragen wurden.

Durch die Integration von Migranten wurde die sozialistische Arbeiterbewegung mit ihren Organisationen somit von einem internationalen auch zu einem transnationalen Phänomen. In besonderem Maße galt dies für den Jüdischen Arbeiter-Bund, der sich von einer russischen Organisation mit westeuropäischen und nordamerikanischen Filialen zu einer global agierenden transnationalen Organisation entwickelte.[129]

Transnationale Existenzen 7 Milan Rastislav Štefánik, geboren 1880 in Košariská, engagiert sich bereits während des Studiums in Prag (unter anderem bei Masaryk) für die slowakischen nationalen Belange. Zwei Jahre nach seiner Promotion in Astronomie (1904) geht er 1906 an das Pariser Observatorium und unternimmt ausgedehnte Forschungsreisen. 1912 wird er französischer Staatsbürger, 1914 Mitglied der Ehrenlegion. Nach dem Kriegsausbruch dient er als Kampfflieger der französischen Luftwaffe in Serbien, ab 1915 ist er beim Generalstab. Ab 1916 begleitet er die Gründung des Tschechoslowakischen Nationalausschusses; er führt dessen politischen Führer Masaryk in die französischen Salons ein, wodurch die tschechoslowakische Auslandsaktion Zugang unter anderem zu Ministerpräsident Aristide Briand bekommt. Štefánik bereist die slowakische Diaspora und wirbt um finanzielle Unterstützung und organisiert die Aufstellung eigener Truppen in den Armeen der Entente. 1918 wird er General der Legion und Kriegsminister der vorläufigen tschechoslowakischen Regierung. Im Mai 1919 stürzt er mit seinem Flugzeug über der neu gegründeten Tschechoslowakischen Republik ab.

Diasporen im Ersten Weltkrieg

Die Bedeutung der institutionalisierten Diaspora kulminierte im Sommer 1914, als sich mit dem Ausbruch des Weltkriegs Möglichkeiten für eine territoriale Neuordnung Europas abzuzeichnen begannen. Den politischen Akteuren war klar, dass Ansprüche auf Territorium und Staatlichkeit nur durchsetzbar waren vor dem Hinter-

129 *Wolff*, Eastern Europe; *Minczeles*, Histoire.

grund einer im nationalen Sinne eigenen Kriegsanstrengung auf der richtigen Seite.

Bereits im Juli 1914 erklärten sich polnische »Komitet Obrony Narodowej« [Komitee der Nationalen Verteidigung]; »Liga Polska« [Polnische Liga] und tschechische Organisationen (»Sokol«; »Rovnost«) für Frankreich; dies und die Fürsprache französischer Verbündeter sorgten dafür, dass österreichisch-ungarische und deutsche Polen, die vom »Komitet Obrony Narodowej« bestätigt wurden, als *sujets protégés* von der Internierung ausgenommen waren.[130] Ebenso konnte das tschechische Freiwilligenkomitee, das Meldungen für die französische Armee entgegennahm, schon ab September 1914 mit Genehmigung des Innenministeriums Bescheinigungen für Tschechen ausstellen, die vor der Internierung schützten.[131]

Ein nächster Schritt war die Aufstellung eigener Truppen, im Falle der Polen auf französischer Seite. Es entwickelte sich in den jeweiligen Exilkreisen eine Art transnationaler Arbeitsteilung: Wenn die tschechischen Delegierten aus den USA am 20.7.1915 in Paris erklärten, das materielle Zentrum der Politik befinde sich in den USA, das geistige jedoch in Paris,[132] so drückte dies ein Verhältnis aus, das ähnlich auch für die übrigen ostmitteleuropäischen Nationen (und in anderer Form für die jüdischen Organisationen) galt: Die Finanzierung der Politik, die in Europa und für eine Neuordnung Europas betrieben wurde, erfolgte aus den USA, nämlich über Sammlungen bei den dortigen Migranten und insbesondere den Migrantinnen;[133] die Kontingente, die auf französischer Seite für die nationale Sache kämpfen sollten, bestanden aus europäischen, ab 1917 in gewissem Umfang auch amerikanischen Rekruten.[134]

Ähnlich verhielt es sich bei den Polen: Bereits nach der gescheiterten Revolution von 1905 hatte der amerikanische »Związek Narodowy Polski« [Polnischer Nationalverband] Gelder für die Gefangenenbetreuung gesammelt, die an den gerade nominierten Literaturnobelpreisträger Henryk Sienkiewicz überwiesen wurden: Der angeschlossene Frauenverband sammelte Geld, das

130 *Esch*, Parallele Gesellschaften, S. 398 f.; *Marès*, Tchèques et Slovaques, S. 77; *Namont*, Colonie tchécoslovaque, S. 53; 56; 63.

131 *Marès*, Tchèques et Slovaques, S. 77; *Namont*, Colonie, S. 53.

132 *Vaculík*, České menšiny

133 Zum Umfang der Sammlungen und die Einbeziehung der Frauenorganisationen bei der tschechischen Auslandsaktion siehe *Hadler*, Weg von Österreich, S. 26 f.; ders., Czechs, S. 187 ff.

134 *Hájková*, Naše česká věc, S. *102ff.*

die Schriftstellerin Maria Konopnicka an die Kinder von Gefangenen verteilen sollte. Ab 1915 wurden 22.000 Freiwillige für die polnische Armee in Frankreich angeworben. Als allerdings der weltberühmte Pianist Ignacy Stanisław Paderewski im August 1918 die amerikanische Polonia aufforderte, zehn Mio. $ für die polnische Sache zu spenden, kam nur die Hälfte zusammen – wohl auch, weil die amerikanischen Polen bereits 67 bis 200 Mio. $ in Kriegsobligationen investiert hatten.[135] Die Slowaken in den USA sammelten eine Million für ihre Legion.[136]

Hinzu kamen insbesondere in der europäischen Diaspora in aller Regel ethnonational bzw. ethnokonfessionell kodierte Hilfsorganisationen für Kriegsgefangene und Flüchtlinge, die ihrerseits zur Nationalisierung migrationspolitischer Kategorien und Bedingungen beitrugen.[137] In der gemeinsamen Kriegsanstrengung und der Außenpolitik im Exil vollzog sich so eine transatlantische nationale Vergemeinschaftung.

Die nach Kriegsende in Ostmitteleuropa erfolgte Gründung von Nachfolgestaaten der untergegangenen Imperien war zu einem beachtlichen Teil der institutionalisierten Diaspora und den ihr angehörenden transnational agierenden Akteuren zu verdanken (oder, je nach Perspektive, anzulasten[138]): Die tschechische Auslandsaktion wurde geleitet von dem in Paris lebenden Exilanten Edvard Beneš, dem naturalisierten, aus der Slowakei stammenden Franzosen Milan Rastislav Štefaník sowie Tomáš Garrigue Masaryk. Dem im August 1917 in Lausanne gegründeten, dann nach Paris verlegten polnischen Nationalkomitee gehörte neben dem Duma-Abgeordneten Roman Dmowski auch Paderewski an.

Der Erfolg dieser Nationalkomitees ist wiederum insofern nur in transnationaler Perspektive zu begreifen, als die eigentlichen Staatsgründungen in den beanspruchten Gebieten selbst stattfanden und auch stattfinden mussten, gleichzeitig aber akkreditierte Vertretungen in Paris benötigten. Diese Akkreditierung erforderte transnationale Akteure, die nicht nur Rückhalt in den Diasporen und migrantischen Gruppen genossen, sondern vor allem in die herrschenden Milieus der Alliierten integriert waren: Die tschechoslowakische Republik wurde am 28. Oktober 1918 in Prag pro-

135 *Radzik*, Polonia amerykańska.

136 *Stolarik*, Immigration, S. 224ff.

137 *Gatrell*, Refugees, S. 95f.

138 So neben *Hobsbawm*, Nations, S. 127ff. für das Ende der Habsburgermonarchie *Pelinka*, Intentionen.

klamiert, nachdem die Alliierten am 14. Oktober die von Masaryk, Beneš und Štefánik gegründete provisorische tschechoslowakische Regierung anerkannt hatten.[139] Am 11. November 1918 wurde in Warschau durch Dmowskis Gegner, den ehemaligen Sozialisten Józef Piłsudski, die Republik Polen ausgerufen. Eine polnische Delegation bei den in Paris geführten Friedens- und Aufteilungsverhandlungen kam aber erst zustande, als mit Dmowski ein von der französischen Regierung akzeptierter Gesprächspartner eintraf.

Erwähnt sei schließlich, dass auf Initiative des aus Odessa stammenden Rechtszionisten Vladimir Zeev Žabotynskij im Rahmen der britischen Armee eine jüdische Legion in Ägypten aufgestellt wurde; der Versuch, daraus einen Anspruch auf einen jüdischen Staat in Palästina abzuleiten, scheiterte jedoch.[140]

Ambivalente Existenzen und transnationale Praktiken

Welche Rolle Exil und Emigration bei der Neu- bzw. Wiedergründung der ostmitteleuropäischen Staaten nach 1918 genau gespielt haben, ist nicht eindeutig zu klären. Es darf aber als gesichert angenommen werden, dass die institutionalisierten Diasporen – neben politischen und aufständischen Bemühungen in den betreffenden Gebieten – maßgeblich dafür verantwortlich waren, die jeweilige »nationale Frage« gegenüber den europäischen und amerikanischen Öffentlichkeiten zu formulieren und für die nationale Sache zu werben[141] sowie Befürworter unter den öffentlichen Akteuren der Aufenthaltsländer zu gewinnen.

Auch trug die Rekonstruktion politisch-ideologischer Fraktionierungen innerhalb des nationalen Lagers zweifellos dazu bei, Verfahrensweisen westlicher repräsentativer Politikmodelle einzuüben und einem Teil der Arbeitsmigranten zu vermitteln. Es ist allerdings mehr als fraglich, in welchem Maße die institutionalisierte Diaspora tatsächlich die Interessen und Haltungen der Mehrheit der Migranten repräsentierte. Zweifellos blieb das Interesse an Vorgängen in der Heimat bei den meisten über sehr lange Zeit wach – und sei es schon wegen des möglichen Schicksals von Freunden und Verwandten. Offensichtlich waren aber Interesse und Kontakt mit der Heimat ebenso wie die Integration ethnokultureller Elemente in das Selbstverständnis bei den Migranten (ebenso wie bei den Daheimgebliebenen) nicht

139 Zur Netzwerkpolitik der Auslandsaktion siehe *Hadler*, Weg von Österreich.
140 *Watts*, Jewish Legion.
141 *Mesmer*, Flüchtlinge, S. 235 f.

notwendig nationalistisch. Wichtiger als die nationale Abstraktion waren allemal persönliche, familiäre, lokal-regionale und klassenbezogene Beziehungen, die den eigentlichen Kern der migrantischen Transnationalität ausmachten.[142]

Transnationale Wirkungen

Tatsächlich hatten einige nationalistisch angelegte Organisationen durchaus Zulauf, aber nicht immer aus den Gründen, die ihre Initiatoren und Leitungsorgane im Sinne hatten: Bibliotheken, Kulturveranstaltungen, Vorträge waren unter Umständen gut besucht, führten aber nicht unbedingt zu einem nachhaltigen Engagement für die nationale Sache. Einige der nationalistischen Schulen der Diaspora hatten wenig Zulauf, da der Unterricht zwar national engagiert, aber qualitativ eher schlecht war.[143]

Im außerordentlich reichen Vereinswesen von Polen, Tschechen, Slowaken und osteuropäischen Juden überwogen Organisationen, die die Gründer als nationale Veranstaltungen ansehen, ihre Mitglieder als nostalgisch-rekreative und unmittelbar identitäre Angebote nutzen konnten:[144] Insbesondere Gesangsvereine, Theatergruppen und Sportvereine[145] sowie die erwähnten landsmannschaftlichen Zusammenschlüsse, die die Rekonstruktion heimatlicher Netzwerke mit gegenseitiger Unterstützung im Notfall versprachen. In welchem Maße solche Organisationen vor allem einen Prozess des Einheimisch-Werdens, der Integration einleiteten, wird besonders deutlich an den ethnokulturellen gewerkschaftlichen Vereinigungen. Zuerst bedeuteten sie eine Entscheidung zur Verstetigung des Aufenthalts, da die Protagonisten sich nun für eine Verbesserung der unmittelbaren Lebensbedingungen einsetzten. Dies bewirkte die Übernahme von Standards, wie sie für einheimische Arbeiter galten, und eine Abkehr davon, vergleichsweise schlechtere Bedingungen wegen der Absicht baldiger Rückkehr zu akzeptieren. Dann führten sie durch eine quasi performative Anpassung an Verhaltensformen im repräsentativen politischen System auch zur Eingliederung der migrantischen Arbeiter in die nationalen Arbeiterbewegungen: durch Übertritte, den organisatorischen Zusammenschluss, das Bündnis

142 *Belchem*, Irish and Polish Migrants, S. 12; *McCook*, Borders; *Hoerder*, Segmented Macro Systems.

143 *Stolarik*, Immigration, S. 159 f.; *Glettler*, Acculturation, S. 303.

144 Zu unterschiedlichen Auffassungen politischer Räume und Organisationen siehe vor allem *Lüdtke*, Eigen-Sinn.

145 *Vaculík*, České menšiny, S. 278.

von migrantischen und einheimischen Gewerkschaften sowie – vor allem nach dem Ersten Weltkrieg – durch die Gründung ethnokultureller Sektionen in den Einheitsorganisationen.[146]

Diese Tendenz zur Vereinheitlichung der gewerkschaftlichen Organisierung konnte auch – in wiederum transregionaler, proto-internationalistischer Manier – in die Herkunftsgebiete übertragen werden: Die 1902 im Ruhrgebiet als Zusammenschluss seit 1889 bestehender polnischer Gewerkschaften gegründete »Zjednoczenie Zawodowe Polski« [Polnischer Berufsverband] bemühte sich auch um die Organisierung polnischer Bergarbeiter in den drei Teilungsgebieten.[147]

Das Desinteresse am nationalen Programm und Wertekanon hing im Übrigen durchaus nicht von der Entfernung zur Heimat ab: Auch bei den Tschechen in Wien waren die nationalistischen Aktivisten von der Mehrheit der Migranten weitgehend isoliert.[148] Dagegen wirkten die zahlreichen ethnokulturellen Vereine gerade als einer der Stränge, über die eine Verwurzelung am neuen Aufenthaltsort, ein Einheimisch Werden, in Gang gesetzt wurde.[149] Eine solch ambivalent-hybride Konstruktion migrantischer Identität hat dazu geführt, diese Form migrantischen Bewusstseins als transnational zu apostrophieren.[150]

Rückkehr und zirkuläre Migration

Dieser Transnationalität des Selbstverständnisses entsprach eine in Teilen ebensolche Praxis. Der bei nahezu allen Migrantengruppen ab den 1880er Jahren beträchtliche Anteil an Rückkehrern und mehrfach ein- und ausreisenden Migranten wurde bereits erwähnt. Insbesondere nach 1900 geriet der Umstand, dass viele Migranten aus Ostmitteleuropa gar nicht die Absicht hatten, sich auf Dauer in den USA niederzulassen, in den Blick amerikanischer Ökonomen und Politiker. Die 1907 eingesetzte, auf Einwanderungsbegrenzungen abzielende Dillingham-Kommission stellte fest, dass 1908–1910 59 % der Slowaken nach einem Aufenthalt von fünf bis zehn Jahren in die Herkunftsländer zurückkehr-

146 *Green*, Pletzl; *Esch*, Parallele Gesellschaften.

147 *McCook*, Borders, S. 22 f.; 41. Zur Organisationsgeschichte der »Ruhrpolen« siehe immer noch: *Klessmann*, Polnische Bergarbeiter sowie ders., Einwanderungsprobleme.

148 *Glettler*, Acculturation, S. 306 f.

149 *Kantor*, Między Zaborowem; *Green*, Pletzl.

150 *Glick-Schiller, Basch* u. *Blanc-Szanton*, Transnational Perspective; *Glick Schiller* u. *Faist*, Migration; *Faist*, Transnationalization.

ten.[151] Nüchternere Zahlen des Arbeitsministeriums zeigen eine Rückkehrquote von 17–27 % nach Österreich-Ungarn vor 1909; 24,3 % zwischen 1899 und 1913 für Ungarn, zwanzig Prozent 1898–1914 für Litauer, dreißig Prozent für Polen (ohne Angaben über deren staatsrechtliche Zugehörigkeit) vor 1918, zwanzig bis 36,5 % für Slowaken.[152] Als Ausnahme galten ost- und ostmitteleuropäische Juden, deren Rückkehrquote hier mit 4,3 % angegeben wurde; tatsächlich lag sie fast ebenso hoch wie bei den christlichen Ostmitteleuropäern.[153]

Geldtransfer Mit den Menschen gelangten auch Erfahrungen, die sich von denen der Daheimgebliebenen unterschieden, sowie Gelder in die Herkunftsgebiete. Dieser Übertragung von Erfahrungen war kein einfacher Transfer: Zwar kennen wir inzwischen viele Beispiele von ostmitteleuropäischen Migranten, die aus ländlichen Milieus in urbane Zentren Westeuropas oder Nordamerikas gegangen waren, dort industrielle Produktionsweisen einerseits, politische oder soziale Organisierung andererseits kennengelernt hatten und diese nun in ihre heimatlichen Dörfer einführten.[154] Solche Versuche stießen aber nicht nur bei Gutsbesitzern, Pfarrern und örtlicher Polizei auf Unmut und Abwehr.[155] Manche andere vergrößerten den Kreis der nationalistischen Aktivisten.[156]

Diese und andere aus der Fremde mitgebrachte Verhaltensweisen setzten die Rückkehrer von ihrem Herkunftsmilieu ab. Nicht selten wurden sie von den Daheimgebliebenen spöttisch bis abwertend mit Bezeichnungen belegt, die die Wahrnehmung dieser erworbenen Differenz betonten und sie in aller Regel auf die Aufenthaltsregion bezogen: In Polen etwa die Amerika-Migranten als *amerykanie*, die »Preußengänger« als *chuligani pruscy*.[157] Nicht wenigen dieser Rückkehrer wurde deutlich (gemacht), dass sie sich so

151 *Wyman*, Round-Trip, S. 33; Stolarik, Immigration, S. 185; Sarna, Myth of No Returm, S. 425.

152 *Wyman*, Round-Trip, S. 10–12. Die am gleichen Ort angegebenen Zahlen aus einem Bericht des amerikanischen *Secretary of Labor* für 1908–1923 zeigen 19 % für Tschechen, 25 % für Litauer, 66 % für Ungarn, vierzig Prozent für Polen, 52 % für Russen, 17 % für Ruthenen, 57 % für Slowaken.

153 *Sarna*, Myth of No Return; *Hoerder*, Introduction, S. 12.

154 *Hoerder*, Introduction, S. 18.

155 *McCook*, Borders of Integration, S. 8 ff.

156 *Stolarik*, Immigration, S. 184.

157 *Wyman*, Round Trip, S. 12 f.; 19; *Gabbaccia, Hoerder* u. *Walaszek*, Emigration S. 94. Siehe auch Kantor, Między Zaborowem, S. 63 f.

weit von ihrem Herkunftsmilieu entfernt hatten, dass sie sich nicht mehr zugehörig fühlten, und wanderten erneut, und diesmal womöglich auf Dauer, aus[158] – und setzten der Transnationalität ihrer Identität auf der praktischen Ebene ein Ende.

Ein weiterer ganz wesentlicher Effekt der Arbeitsmigration im nordatlantischen System waren neben dem Geld, das von Rückkehrern direkt mitgebracht wurde, Geldüberweisungen, die in der zweiten Hälfte des 19. Jahrhunderts über bestimmte Banken oder über die Post erfolgten: Die oben erwähnten Spenden für die jeweilige »nationale Sache« waren weder die einzige noch die wichtigste Gelegenheit, bei der Gelder aus den Aufenthaltsländern, insbesondre aus den USA, nach Ostmitteleuropa kamen. Immerhin ermöglichte das Leben in den *Boarding Houses* und auch ohne sonstige Konsumansprüche, einen großen Teil des Einkommens – es ist von bis zu zwei Dritteln die Rede – nach Hause zu senden.

Genaue Zahlen liegen nicht vor, sondern nur Schätzungen, die meist von den Angaben aus den Postüberweisungen ausgehen. So wurden zwischen 1870–1914 etwa 200 Mio. $ in die östlichen Komitate Oberungarns transferiert, meist für den Lebensunterhalt, den Ankauf von Land, den Bau eines Hauses oder die Eröffnung eines Geschäfts.[159] Im slowakischen Kuková sollen die Dorfbewohner mit 55.000 Kronen aus den USA das Gut gekauft und den ehemaligen Gutsherrn fortgeschickt haben.[160] Ähnlich verhielt es sich bei den Tschechen in Wien, die häufig nach Hause zurückkehrten, sobald sie genügend Geld für den Bau eines Häuschens angespart hatten.[161] Galizische Migranten in den USA sollen vom Ende des 19. Jahrhunderts bis zum Ersten Weltkrieg 24 bis 30 Mio. $ jährlich nach Hause geschickt haben, nach 1901 seien 5 Mio. Reichsmark an polnische Familien in der preußischen Provinz Posen geflossen, wo das Geld zum Landkauf – allerdings vor allem im Königreich Polen – verwendet wurde.[162]

Eine Ausnahme waren anscheinend polnische Bauern, die nach Sibirien auswanderten: Bei ihnen stellten polnische Nationalisten fest, dass sie nicht zurückkehrten und auch kein Geld überwiesen, also für die nationale Sache ganz verloren waren.[163]

158 *Stolarik*, Immigration, S. 186f.; *Kantor*, Między Zaborowem, S. 58.
159 *Kantor*, Między Zaborowem, S. 60.
160 *Stolarik*, Immigration, S. 184–189.
161 *Glettler*, Acculturation, S. 299.
162 *Pacyga*, Polish Immigrants, S. 123; *Belchem*, Irish and Polish Migrants S. 13.
163 *Murdzek*, Emigration, S. 45.

Auch wenn konzise Zahlen darüber fehlen, welchen Anteil diese Zahlungen an den Gesamteinkünften der betreffenden Familien oder Ortschaften oder an den jeweiligen Volkswirtschaften hatten, ist sicher, dass er beträchtlich war. Eine polnische Arbeit aus den 1960er Jahren berechnete, in einem galizischen Dorf seien die Überweisungen aus der Emigration um zwanzig Prozent höher gewesen als das Nettoeinkommen aus der gesamten landwirtschaftlichen Produktion.[164]

Vor allem aber sorgten diese Zahlungen für eine weitere Zurückdrängung von Subsistenzwirtschaft und eine beschleunigte Einbeziehung in die kapitalistische Marktwirtschaft, und dadurch für einen Wandel soziokultureller Haltungen, Orientierungen und Erwartungen gerade auch auf dem platten Land.[165]

Heiratsmigration Eine weitere nicht zu vernachlässigende Form migrantischer Transnationalität war schließlich die Heiratsmigration. Prinzipiell gab es bei der transregionalen wie der transatlantischen Migration ein deutlich wahrnehmbares Übergewicht junger Männer,[166] insbesondere in den Städten, wo Männer unqualifizierte und qualifizierte Industrie- und Handwerksberufe ausübten, während junge Frauen auf dem Land als Saisonarbeiterinnen, in der Stadt aber meist nur als häusliche Bedienstete unterkamen.[167]

Da, wo bereits ethnische *Communities* bestanden, betrieben Frauen den eigenen Haushalt häufig als *Boarding House*, d. h. sie nahmen Untermieter oder Kostgänger auf.[168] Mit der Entstehung transnationaler Netzwerke nahm die Migration von Frauen und Familien zu, mit der Etablierung migrantisch-ethnischer Milieus entstand zudem ein transnationaler Heiratsmarkt: Junge (und ältere)[169] Männer, deren Position am neuen Ort eini-

164 *Lechowa*, Tradycje, zit. nach *Wyman*, Round Trip, S. 20. Vgl. auch *Hoerder*, Transnational, S. 92 f.

165 *Hoerder*, Individuals and Systems, S. 66; ders., Introduction to Labor Migration, S. 18 f.; *Glettler*, Acculturation, S. 299; *Wyman*, Round Trip, S. 21 f.; *Kantor*, Między Zaborowem, S. 58 ff.

166 *Moon*, Peasant migration, S. 334; *Stolarik*, Immigration, S. 26 f.; *McCook*, Borders, S. 28; *Green*, Pletzl; *Glettler*, Acculturation, S. 299; *Sarna*, Myth of No Return, S. 426. Siehe allgemein: *Castles* u. *Miller*, Formung, S. 60; dies., Age of Migration.

167 *McCook*, Borders, S. 28; *Vaculík*, České menšiny, S. 271.

168 *Stolarik*, Immigration, S. 112 ff.; *Green*, Pletzl, S. 134.

169 *Stolarik*, Immigration, S. 50 f. berichtet über eine besondere Form transnationaler Ehehygiene: Danach war in der slowakischen Presse die Untreue der über mehrere Jahre

germaßen gesichert war, kehrten in ihre Heimatorte zurück, um dort eine Ehefrau zu finden,[170] oder ließen sich eine solche von Vertrauenspersonen in den Herkunftsländern vermitteln. Mitunter suchten und fanden habsburgische USA-Migranten ihre Partner aber auch in anderen, europäischen oder überseeischen, Auswanderungsgebieten wie Frankreich, Kanada oder Südamerika.[171]

Geschlechterverhältnisse

Strittig ist, welche Wirkungen die Migrationserfahrung auf das Geschlechterverhältnis hatte: Einige Autoren betonen, identitäre Aufladung des Aufenthalts in der (von kirchlichen Akteuren als verderbt diffamierten) Fremde und ökonomische Lage hätten dazu geführt, dass verstärkt patriarchale Rollenmuster (re-)produziert worden seien, andere behaupten, Migration habe zu größerer Autonomie der Frauen geführt. Tatsächlich war das eine wie das andere, zu je unterschiedlichen Zeiten und vor allem in unterschiedlichen sozialen Kontexten richtig.[172]

Die Ambivalenz des Geschlechterverhältnisses – ebenso wie der Identität oder der sozialen Praxis – unter den Bedingungen und Möglichkeiten der Transnationalität wird schließlich deutlich am grenzüberschreitenden Frauenhandel. Um 1906 gründeten einige ostmitteleuropäische Juden eine Zuhälterorganisation, die die argentinischen und brasilianischen Bordelle, insbesondere in Rio de Janeiro und Buenos Aires, kontrollierte; eine ähnliche Organisation versorgte die britischen Bordelle in Indien. Die Prostituierten wurden größtenteils unter ostmitteleuropäischen Jüdinnen rekrutiert – teilweise unter Zwang, teilweise unter falschen Versprechungen, mitunter in Form einer Eheschließung, die so endete, dass der Ehemann seine Frau an ein Bordell verkaufte.[173] Zwar setzte bald nach der Jahrhundertwende eine

---

alleingelassenen Ehefrauen ein beliebter Topos, und es gab Berichte von Migranten, die nach Hause zurückkehrten, die Frau verprügelten, ihren Liebhaber töteten, und dann wieder in die USA zurückkehrten. Vgl. auch *Hoerder*, Transnational, S. 93.

170 *Belchem*, Irish and Polish Migration, S. 20; *Stolarik*, Immigration, S. 35, 43; *Lehnert*, Räume und ihre Grenzen, S. 120; *Frackowiak*, Wanderer, S. 37.

171 *Steidl* u. *Fischer*, Transatlantischer Heiratsmarkt; *Esch*, Parallele Gesellschaften.

172 Siehe z.B. *Belchem*, Irish and Polish Migration, S. 20; *Majewski*, Traitors and True Poles, S. 142. Siehe auch die Beiträge in *Harzig*, Peasant Maids. Den Versuch einer differenzierteren Sichtweise für osteuropäische Migrantinnen in Paris bieten *Esch*, Trajectoires sociales; sowie *Versteeg*, Une manière.

173 *Lucassen*, *Lucassen* u. *Manning*, Migration History, S. 9; *Glickman*, Jewish White Slave Trade; *Nautz*, Frauenhandel.

von amerikanischen Temperenzlern betriebene Kampagne gegen den *White Slave Trade* ein, in der die Prostituierten als reine Opfer beschrieben und internationale Migrationskontrolle sowie ein rigideres Sexualregime gefordert wurden.[174]

Es gibt allerdings Hinweise, dass die Sache gar so einfach nicht wahr: Manche dieser Prostituierten waren in der Lage, so viel Geld anzusparen, dass sie nach einigen Jahren einen kleinen Laden eröffnen konnten, was in den typischen legalen Frauenberufen eher selten gelang. Außerdem war die Reise nach Buenos Aires, deren Risiken unter ostmitteleuropäischen, nicht nur jüdischen Migranten, in ganz Europa bekannt waren, für manche jungen Frauen eine Perspektive, der Enge und Bedrücktheit des eher freudlosen proletarischen Migrantenlebens zu entkommen.[175]

I.2.3.2 Migrationsregime:[176] Transnationale Aspekte von Grenze und Staatsbürgerschaft

Ebenso wie die Geschichte der Grenze verflochten ist mit der Geschichte des illegalen Grenzübertritts und der nicht intendierten Grenznutzung ist die Geschichte der Liberalisierung von Aufenthaltsvorschriften zur Belebung erwünschter Migration auch die Geschichte der Versuche, die selbst gerufenen Geister wieder zu bändigen. Der oben erwähnte transatlantische »weiße Sklavenhandel« ist in diesem Sinne nur ein Beispiel dafür, wie ein bestimmter, in öffentlichen Diskursen besonders leicht vermittelbarer und skandalisierbarer Aspekt von Migration zur Forderung nach internationalen Maßnahmen zur Steuerung von Migration verwendet wurde.

Ein ähnliches Thema war seit 1878, d. h. seit dem Beginn des sozialrevolutionären Terrorismus in Russland und parallel zu den deutschen »Sozialistengesetzen« sowie verstärkt mit dem Beginn der »Propaganda der Tat« in den 1890er Jahren, eine weitgehend imaginierte anarchistische Verschwörung, die auf den Umstand reagierte, dass mit dem Übergang von der politischen zur sozialen Revolution für manche politischen Akteure auch die

174 So etwa *Bell*, Fighting the Traffic. Vgl. auch Kap. I.5 in diesem Band.

175 *Esch*, Parallele Gesellschaften, S. 172–177.

176 Unter »Migrationsregime« wird hier die Gesamtheit der Institutionen (Rechtsnormen, Behörden, Organisationen, diskursive Setzungen, Kategorien) verstanden, die einigermaßen erfolgreich versuchen, Migration zu regulieren.

Aufenthaltsländer selbst zu Schauplätzen des angestrebten Wandels werden konnten oder sollten.[177]

Viele Exilländer erließen Spezialgesetze, denen häufig eine intensive Rezeption entsprechender Maßnahmen in anderen Ländern vorangegangen war. Eine erste internationale Konferenz zur Bekämpfung der Gefahren durch anarchistische Migranten fand 1898 in Rom statt, 1904 wurde in St. Petersburg eine Geheimkonvention unterzeichnet.[178]

Aber auch abseits solcher unmittelbarer Gefahren bestand in fast allen europäischen Staaten das dringende Bedürfnis, Migrationsströme zu kontrollieren. Dabei zeichneten sich insbesondere zwei Themen ab: Die Vermeidung von Armutsmigration, die zu einer Belastung von Unterstützungskassen und eine soziale Bedrohung hätten werden können, sowie die ethnische Homogenisierung der Bevölkerung.

Migration und Armut

Der Zusammenhang zwischen Migrationskontrolle und Armenversorgung bzw. Sozialstaat hing mit der beginnenden landesinternen Freizügigkeit zusammen und zog sich von da an durch fast das ganze 19. Jahrhundert.[179] In Preußen beispielsweise konkretisierte er sich erstmals mit dem »Gesetz über den Unterstützungswohnsitz« von 1842, mit dem das Anrecht aus Armenfürsorge auf Angehörige der jeweiligen Kommune beschränkt wurde. Ähnliche Regelungen bestanden mit dem »Heimatrecht« im Habsburgerreich sowie in England.[180] Bei allen diesen Maßnahmen ging es letztlich darum, die Mobilität der Unterklassen, die mit der beginnenden Freizügigkeit, der Kapitalisierung der Landwirtschaft und der Proletarisierung der Stadtbevölkerung rapide zunahm, möglichst zu kanalisieren oder gar zu verhindern.

Im späten 19. Jahrhundert verlangte das Deutsche Reich – ebenso wie eine Reihe anderer europäischer Staaten – den Nachweis einer bestimmten Barschaft für durchreisende Migranten[181] sowie, im Kontext des beginnenden Seuchendiskurses, bestimmte medizinische Attestate.[182] Der ab den 1870er

177 *Vuilleumier*, Immigrés, S. 36ff.; *Mesmer*, Flüchtlinge, S. 235f.

178 *Vuilleumier*, Immigrés, S. 55; *Jäger*, Verfolgung durch Verwaltung.

179 *Noiriel*, Etat; ders, Réfugiés.

180 *Gosewinkel*, Einbürgern; *Neuman*, Qualitative Migration Controls; *Stoklásková*, Migration; *Bader-Zaar*, Foreigners.

181 *Wyman*, Round Trip; *Torpey*, Passports; *Caestecker*, Alien Policy; *Noiriel*, Identification.

182 *Fahrmeir*, *Faron* u. *Weil*, Migration Control, Introduction, S. 5; *Brinkmann*, Paul Nathan; *Lüthi*, Germs; *Neuman*, Qualitative Migration Controls.

Jahren in Europa entwickelte Wohlfahrtsstaat wiederum machte eine auch staatsrechtliche Unterscheidung zwischen Einheimischen und Fremden erforderlich, die letztlich in der modernen, individualisierten Staatsbürgerschaft gipfelte.[183]

Kontrollmechanismen Am preußisch-deutschen Beispiel lässt sich zeigen, wie soziale und ethnonationale Kategorien zusammenflossen und dafür sorgten, dass Migration als ein soziales, nationales und unter Umständen auch biologisches Problem gesehen wurde und wie diese Sichtweise zu neuen, exklusiveren und hermetischeren Bestimmungen von Zugehörigkeit und Nichtzugehörigkeit führte. Wie alle europäischen Staaten förderte Preußen die Einwanderung qualifizierter Arbeitskräfte; in der frühen Industrialisierung auch in der Form, dass Fachkräfte und Unternehmer eingebürgert wurden, noch bevor sie preußischen Boden betreten hatten.[184]

Die Mobilisierung der Bevölkerung durch Urbanisierung und Industrialisierung führte aber auch zu unerwünschten Begleiterscheinungen: Die massenhafte Zuwanderung preußischer Polen ins Ruhrgebiet sowie die zunehmende Saisonwanderung galizischer Polen in die ostelbischen Gebiete schien die Gefahr zu bergen, dass das »polnische Problem« sich nicht mehr auf die Provinz Posen begrenzen ließe und quantitativ trotz massiver Germanisierungsversuche eher zu- denn abnehmen würde.

Der preußisch-deutschen »negativen Polenpolitik« entsprachen migrationspolitisch Versuche, polnische Einwanderung möglichst zu verhindern – etwa in der »Polenausweisung« von 1885 – oder zu kontrollieren: 1905 wurde die »Deutsche Feldarbeiterzentrale« gegründet; ab 1907 besaß sie das Monopol für die Dokumentierung und Vermittlung der Saisonarbeiter.[185] 1908 folgte Österreich offenbar diesem Vorbild und richtete Arbeitsämter in Wien und Lemberg/L'viv ein, die galizische Landarbeiter nach Nieder- und Oberösterreich, in die Steiermark, nach Kärnten und Mähren vermittelten.[186]

1905 führte England erstmals seit 1826 wieder Einreisebeschränkungen ein. Ebenfalls im Sinne einer Vermeidung von Armut bei gleichzeitiger Verstärkung der Titularethnien – bzw. einer »weißen Rasse« – war es zu verstehen, wenn die Rückkehr bestimmter ethnisch kodierter Gruppen sowohl

183 *Noiriel*, Réfugiés; *Gosewinkel*, Einbürgern; *Weil*, Qu'est-ce qu'un Français.
184 *Fremdling*, Rolle.
185 *Bade*, Arbeiterstatistik; ders., Preußengänger.
186 *Kucharski*, Polacy, S. 20.

von den Aufenthaltsländern als auch den Heimatländern gefördert, die anderer, meist minderprivilegierter oder subalterner Gruppen eher behindert wurde.[187] Auch in den USA veränderte sich das Regime angesichts der Radikalisierung der Arbeiterbewegung, der tendenziellen Unfähigkeit des Staates, mit den Zuständen in Bergbau, Industrie und Schlachthöfen sowie periodischen xenophoben Diskursen angemessen umzugehen.

Regelungsversuche gab es schließlich auch seitens der Herkunftsgesellschaften: 1907 wurde mit der »Polskie Towarzystwo Emigracyjne« [Polnische Gesellschaft für Emigration] in Lemberg/L'viv eine Stelle eingerichtet, die ökonomisch-soziale und nationalpolitische Motive für Bevölkerungs- und Migrationspolitik miteinander verband. Ab 1911 vermittelte eine Zweigstelle in Frankreich polnische Feldarbeiter und koordinierte deren politische, juristische und erzieherische Betreuung.[188]

Die Einwanderungspolitik der USA hatte auch insofern mittelbare Auswirkungen für das preußische Grenzregime, als die Schifffahrtsunternehmen HAPAG und Lloyd als Quasimonopolisten für die Überfahrt von den deutschen Häfen in die USA in den 1890er Jahren mit staatlicher Billigung ein Kontrollsystem einrichteten, über das nur solche ostmitteleuropäischen Migranten in das Deutsche Reich hineingelassen wurden, die über ein Ticket verfügten – oder es dort kauften – und die Einreisekriterien der USA erfüllten.[189]

Transnationale Nationalisierung 2

Zwar gehörten alle diese Maßnahmen in einen entschieden nationalen und nationalisierenden Kontext; gleichwohl sind sie sinnvoll nur in transnationaler Perspektive zu begreifen. Insofern als das 19. Jahrhundert ein Zeitalter des Experimentierens mit Steuerungsinstrumenten war, wurden nationale Erfahrungen und Ideen immer grenzüberschreitend rezipiert und wirksam: Maßnahmen eines Staates hatten Auswirkungen darauf, wie viele und welche Migranten in einen anderen Staat wollten oder kamen. So war bereits der britische *Alien Act* von 1793 eine Reaktion auf Einreiseregelungen der französischen Revolutionäre,[190] die Entwicklung preußisch-deutscher Modelle von Staatsangehörigkeit vollzog sich – ungeachtet aller Unterschiede zwischen deutschem und fran-

187 *Stolarik*, Immigration; *Bader-Zaar*, Foreigners.
188 *Gmurczyk-Wrońska*, Polacy, S. 233 ff.
189 *Brinkmann*, Paul Nathan.
190 *Fahrmeir, Faron* u. *Weil*, Migration Control, Introduction, S. 4; *Sahlins*, Eighteenth-Century Citizenship Revolution, S. 11–24.

zösischem Nationsmodell – in intensiver Rezeption, teils Abgrenzung, teils Kopie des französischen Vorgehens und umgekehrt.[191]

Die weitgehend parallel zur Konstruktion des Wohlfahrtsstaates erfolgte Modernisierung von Staatsangehörigkeit markierte als nationaler politischer und sozialer Inklusionsprozess eine umso schärfere und hermetischere Abgrenzung nach außen: gegenüber »Ausländern« im allgemeinen und illegalisierten Ausländern im Besonderen. Der Ausländer wurde vom mehr oder weniger geschützten »Fremden« zum Subjekt mit prekärem Rechtsstatus.

In die gleiche Richtung wirkte die Nationalisierung der europäischen (und amerikanischen) Staaten: Die Entwicklung zu einem »korporativen System« bedeutete, dass »nationale« Interessen so konstruiert wurden, dass sie die kollektiven und privaten Interessen von immer mehr sozialen Gruppen einschlossen – einschließlich der Gewerkschaften, die nun einen Schutz einheimischer vor der lohnsenkenden Konkurrenz einwandernder Arbeiter durchsetzten. Gerade in diesen Prozessen wird deutlich, dass die Nationalisierung der industrialisierten Staaten ohne die politischen Reaktionen auf grenzüberschreitende Migration kaum hinreichend verstanden werden kann.[192] Dies gilt auch auf der Ebene der ethnonationalen Abgrenzungen, wobei ostmitteleuropäische Migranten häufig als Objekt und Auslöser solcher Entwicklungen dienten: Ebenso wie die deutsche Nation in der zweiten Jahrhunderthälfte ganz wesentlich in Abgrenzung von der polnischen Minderheit und Einwanderung erfolgte, konkretisierten sich Forderungen nach restriktiverer Einwanderungspolitik im Zuge der Integration aller einheimischen sozialen Gruppen zur Nation auch in den übrigen europäischen Staaten sowie in Nordamerika an der christlichen und jüdischen Migration aus Ostmitteleuropa.

Daneben begann auch eine schrittweise Internationalisierung des Migrationsregimes: Zwanzig Jahren nach den Bancroft-Verträgen, mit denen Fragen der Staatsangehörigkeit von Migranten zwischen einigen deutschen Staaten und den USA geregelt wurden, schlossen zahlreiche Länder ab 1888 bilaterale Abschiebungsabkommen, die dafür sorgten, dass die Ausweisung unerwünschter Ausländer keine rein nationale Entscheidung mehr war.[193] Die Einführung von (fälschungssicheren) Pässen in einem Land machte

---

191 So v.a. *Weil*, Qu'est-ce qu'un Français. Gegen die kategorische Gegenüberstellung einer französischen republikanischen und einer deutschen ethnischen Nation bei *Brubaker*, Citizenship argumentiert auch *Gosewinkel*, Einbürgern.

192 *Noiriel*, Creuset; ders., Réfugiés; *Caestecker*, Alien Policy.

193 *Gosewinkel*, Einbürgern, S. 158; *Caestecker*, Transformation.

deren Einführung in anderen Ländern erforderlich, weil dessen Staatsangehörige sonst nicht mehr ohne weiteres hätten reisen können. So führte Italien 1901 eine Passpflicht für transatlantische Reisen ein und legte fest, dass Pässe innert 24 Stunden ausgestellt werden mussten, damit italienische Auswanderer nicht von den USA abgewiesen werden konnten.[194] Die migrationspolitische Liberalität Großbritanniens, wo bis 1905 nicht ein einziger Ausländer ausgewiesen werden konnte,[195] war insofern transnational verursacht oder begünstigt, als durch die rigideren Ein-, Aus- und Durchreisebestimmungen der kontinentalen Staaten Migranten, die ein politisches oder soziales Problem hätten darstellen können, gar nicht auf die Inseln gelangten.[196]

Transnationale Regime

Dies änderte aber nichts daran, dass sich – auch, aber nicht nur an der Frage der Flüchtlinge und des Asyls – die Migrationsregime ihrerseits transnationalisierten: In das späte 19. Jahrhundert fielen erste Ansätze, unmittelbare internationale Absprachen über Migrationskontrolle zu bewerkstelligen – quasi eine »Harmonisierung« der einzelnen Migrationsregime. Die ersten Anregungen dazu kamen anscheinend um 1880 aus England. Es folgte eine Reihe internationaler Vereinbarungen, die zunächst einmal Verfahren zur Feststellung der Staatsangehörigkeit möglich machten und dann die Aufnahme unerwünschter Migranten regelten:[197] Unerwünschte Flüchtlinge, die keine politische Verfolgung nachweisen konnten, wurden nun in ihre Herkunftsländer zurücküberstellt, während sie sich vorher meist die Grenzen hatten aussuchen dürfen, über die sie des Landes verwiesen wurden. 1889 fand eine internationale Konferenz statt, auf der – wegen unüberbrückbarer Differenzen zwischen Auswanderungs- und Einwanderungsländern vorläufig erfolglos – eine Regulierung der Migration von Arbeitskräften und Siedlern im atlantischen Migrationssystem diskutiert wurde.[198] 1904 erfolgte die bereits erwähnte Geheimkonvention zur Bekämpfung des Anarchismus.

Der Erste Weltkrieg schließlich brachte neben den bereits erwähnten Zwangsmaßnahmen weitere Maßnahmen- und Disziplinierungsschübe. Migranten, die aus Feindstaaten stammten, wurden interniert, soweit sie

---

194 *Torpey*, Passports.
195 *Bade*, Europa in Bewegung, S. 202.
196 *Fahrmeir*, Grenzenloser Liberalismus.
197 *Noiriel*, Réfugiés, S. 95; *Caestecker*, Transformation, S. 128 f.
198 *Green*, Filling the Void; vgl. auch *Caestecker*, Transformation.

nicht von anerkannten Exilorganisationen als Angehörige quasi befreundeter Nationen »im Werden« bestätigt wurden. Parallel dazu wurde in vielen Ländern eine Ausweispflicht zunächst für Ausländer durchgesetzt. Da mit der Nationalisierung der europäischen Staaten und der USA das Identitätspapier die Grenzen der Nationen markierte und ein rigideres Migrationsregime ermöglichte, behielten viele Länder – etwa Frankreich, das Deutsche Reich, Italien oder Großbritannien sowie die USA – die Sonderregelungen der Kriegszeit schlicht bei.[199]

Die Neuordnung Ostmitteleuropas, d. h. der Zerfall der Vielvölkerimperien in Nationalstaaten, sorgte schließlich dafür, dass mit den neuen ethnonationalen Staatsangehörigkeiten und der Verrechtlichung von Migrationsregimen die Zumutungen und Anforderungen an die Migranten sowie die Hindernisse für Grenzübertritt und Aufenthalt eher wuchsen.

Schlussbemerkung

Die vielfältigen Wanderungsprozesse, an denen ein beträchtlicher Teil der ostmitteleuropäischen Bevölkerungen in der zweiten Hälfte des Jahrhunderts in alle möglichen Richtungen beteiligt war, reichten von kleinräumigen Binnenwanderungen über kontinentale Bewegungen bis hin zu transatlantischen Migrationen; alle diese Bewegungen konnten jederzeit in jede Richtung erfolgen. Die Entwicklung der Transport- und Kommunikationsmöglichkeiten sorgte dafür, dass ein stetiger und enger Kontakt zwischen den Fortgegangenen und den Daheimgebliebenen, den sesshaft Gewordenen und den Zurückgekehrten möglich war. Dieser Kontakt schuf einen Grenzen und Distanzen überspringenden transnationalen Raum, an dem letztlich sogar kleinregionale Migrationen Anteil hatten; er beeinflusste das Selbstverständnis und die biographischen Optionen derer, die migrierten, und sorgte über den Transfer von Geld und Wissen an die, die blieben, für die Einbeziehung auch abgelegener Landstriche in das nordatlantische Segment eines sich globalisierenden Kapitalismus.

In anderer Form wirkte Transnationalität bei den politischen Akteuren: Sowohl hinsichtlich der Praktiken als auch in der Bildung elitärer Netzwerke erfolgte die Nationswerdung der ostmitteleuropäischen »kleinen Völker« in mehrerlei Hinsicht transnational und transkulturell: In der Entwick-

199 *Noiriel*, Creuset français; *Frackowiak*, Wanderer; *Torpey*, Passports.

lung des Bewusstseins ethnischer Verschiedenheit in der Fremde; in der Übertragung oder Konstruktion halb- und protostaatlicher Institutionen in der Diaspora; schließlich in der Durchsetzung der ab 1918 errichteten Staatlichkeiten durch ein Zusammenspiel von inländischer Proklamation, migrantischer Finanzierung und elitär-diasporischer Verhandlungsführung auf internationalem Parkett. Und ebenso wie die Entstehung der ostmitteleuropäischen Nationalismen und ihr Kulminationspunkt in den Nachfolgestaaten ohne eine transnationale *Perspektive* kaum angemessen zu beschreiben und zu verstehen ist, gilt dies für die Entwicklung von Staatsbürgerschaftskonzeptionen und Migrationsregimen: Selbst da, wo sie nationale Besitzstände reklamieren oder sichern sollten, entstanden sie in der Auseinandersetzung mit grenzüberschreitender Migration und in Rezeption dessen, was in anderen Staaten geschah.

Die zweite Hälfte des 19. Jahrhunderts erscheint gleichsam als eine Übergangsperiode, in der Migrationsregime entwickelt wurden, die im Ersten Weltkrieg zu einer ersten Vollendung kamen. Die Versailler Ordnung, die Oktoberrevolution und die humanitäre Katastrophe am Ende des Ersten Weltkriegs veränderten die politischen und kognitiven Rahmenbedingungen für Migration, auch wenn bestimmte ostmitteleuropäische Wanderungstraditionen sich durchaus fortsetzen sollten.

Beata Hock

I.3 Kulturelle Dimensionen der Transnationalen Verflechtungen Ostmitteleuropas 1870er Jahre bis 1914

I.3.0 Einführung

Historiker waren bekanntermaßen intensiv an der »Erfindung der Nation« beteiligt, auch und vielleicht gerade dort,[1] wo die Gründung des Nationalstaates auf sich warten ließ und eine (oder mehrere) Nationalkultur(en) gegen imperiale Herrschaftsansprüche in Stellung gebracht wurden. Für eine transnationale Geschichtsschreibung, die ihre Gegenstände jenseits des Nationalstaates sucht, bietet diese widersprüchliche Historiographie, die sich gleichzeitig auf die Nation bezieht und ihre Rahmung durch Imperien anerkennen muss, vielfältige Anknüpfungspunkte – weil ihre Verfasser oftmals gegen ihren Willen die transkulturelle und transnationale Qualität der kulturellen Entwicklung zu erkennen geben. Um letztere soll es daher im folgenden Beitrag gehen.

Forschungsarbeiten, die einen transnationalen Forschungsansatz wählen und Imperien im Allgemeinen oder die Imperien, die den ostmitteleuropäischen Raum beherrscht haben, als supranationale politische Organisationen untersuchen, haben in aller Regel den Einsichten und Methoden der *Cultural Studies*/Kulturwissenschaft und der (neuen) Kulturgeschichte viel zu verdanken. Diese Perspektive hat dazu beigetragen, dass etliche Aspekte der kulturellen Dimensionen von Transnationalisierungsmechanismen (wie z. B. Sprachnutzung und Unterrichtswesen, Nationalbewusstsein, Religion, das Agieren der Eliten usw.) in den einschlägigen Studien durchaus berücksichtigt worden sind. Dennoch bleibt die Frage nach der Rolle der Hochkultur in zahlreichen Fällen unbeachtet.[2] Dazu zählen die Wege, wie die kulturellen Ansprüche der heterogenen Bevölkerung der Imperien auf den Schauplätzen der Hochkultur zum Ausdruck gekommen sind oder was die

1 *Anderson*, Imagined Communities; *Brock*, Folk Cultures; *Gellner*, Nations and Nationalism; *Hobsbawm*, Nations; *Judson* u. *Rozenblit*, Constructing Nationalities. Eine Sammlung der verschiedenen Ansätze bietet *Balakrishnan*, Mapping the Nation.

2 Vgl. *Bayly* u. a., AHR Conversation; *Armour*, History of Eastern Europe; *Burbank* u. *Cooper*, Empires; *Emeliantseva*, *Malz* u. *Ursprung*, Einführung; *Roth*, Studienhandbuch.

Imperien anstrebten, um diese Ansprüche und Ausdrucksformen zu regeln. Umgekehrt sieht es ein wenig besser aus: Im vergangenen Jahrzehnt ist eine Reihe von Kunst- und Kulturhistorikern dazu übergegangen, eine transnationale Perspektive einzuführen oder einzufordern. In der Folge dieser Bemühungen soll im folgenden Kapitel gezeigt werden, dass Ostmitteleuropa als kulturhistorische Einheit[3] ein besonders fruchtbares Feld sowohl für das Studium interkultureller Kontakte ist als auch geeignet scheint, die Themenvielfalt der auf die Imperien bezogenen Literatur zu erweitern. Das Unternehmen, sich der Kulturgeschichte einer Region zu widmen, in der die Nationalisierung der Gesellschaften und Kulturen noch nicht abgeschlossen war, der Nationalstaat noch nicht existierte und die bestehenden Staatsformationen eine Mischung ethnischer, religiöser und sprachlicher Gruppen beherbergten, stellt die traditionelle Kunstgeschichte mit ihrem Aufbau in individuellen »nationalen Containern« vor beträchtliche Probleme. Und während transnationale Kulturkontakte mit dem westlichen Teil Europas in diesen älteren Narrativen breiten Raum gefunden haben, fehlt es an Aufmerksamkeit für die Bedeutung von Kontakt und Vermischung innerhalb Ostmitteleuropas sowie mit anderen Weltregionen.

Kultur als Trägerin von Nationalisierung und Globalisierung

Kultur und Künste sowie deren Behandlung in der Geschichtsschreibung spielten überall in Europa eine wichtige Rolle bei den Bestrebungen, Nationen zu konstituieren und zu konsolidieren; ihre Aufgabe bestand darin, die kulturellen Grundlagen dafür zu schaffen, wie Nationen sich selbst sahen. Dies galt in ganz besonderem Maße für solche Nationen oder Gesellschaften, denen es im 19. Jahrhundert an eigener Staatlichkeit und voller politischer Repräsentation fehlte. Bei vielen der Nationen unter imperialer Herrschaft in Ostmittel- und Nordosteuropa zeigten sich Tendenzen zu romantischen »Identitätsbezogenen« und liberalen »bürgerlichen Nationalismen«. Postulate der Besonderheit von Sprache, Literatur, Volkskultur, Sitten und Mentalität der jeweiligen Nation gingen der Forderung nach politischer Unabhängigkeit oder Staatsbildung

3 In der jüngsten Zeit haben mehrere Autoren diskutiert, ob bzw. warum Ostmitteleuropa als kulturelle oder kulturhistorische Einheit angesehen werden kann (z. B. *Hadler* u. *Troebst*, Kulturgeschichte; *Müller*, Wo und wann; *Stachel* u. *Szabo-Knotik*, Urbane Kulturen) und welche Zugänge in diesem dafür offenstehen, seine Geschichte zu schreiben (*Bakoš*, Paths and Strategies; *Dmitrieva*, Kunstlandschaft; *Kaufmann*, Geschichte der Kunst; *Piotrowski*, Writing).

voraus und untermauerten sie später.[4] Aus dieser zunächst unpolitischen Spielart wurden allmählich ausdrückliche und klar umrissene politischen Ziele entwickelt. Zum Beispiel hatte die um die Jahrhundertmitte in den böhmischen Ländern formulierte Idee, ein unabhängiges tschechisches Theater zu gründen, ihre Wurzeln außerhalb des politischen Bereichs und erwies sich daher unter den Bedingungen des Neo-Absolutismus als weitaus gangbarerer Weg hin zu nationaler Integration als es direkter politisch formulierte Ziele wie etwa die Einführung des Tschechischen als zweite offizielle Sprache in Bildung, Justiz und Verwaltung gewesen wären.[5] Zudem verfolgten viele Schlüsselakteure der Nationalbewegungen Doppelstrategien zur Verbesserung der Lage im Lande. Sie rezipierten über die Grenzen ihrer Kronländer oder Staatsgrenzen hinweg institutionelle Modelle sozialer Organisation und warben für moderne intellektuelle Trends, die sie als alternative Wertesysteme anpriesen. Dies war keineswegs ein Spezifikum der Region, sondern Produkt und Teil einer weitaus breiteren Bewegung von Kulturtransfers, in dem kulturelle Akteure voneinander lernten und erfolgreich ihre Strategien wechselseitig übernahmen.[6]

Kunst und Kultur als politisiertes Problem

Gerade durch die immer wieder scheiternden Versuche, staatliche oder administrative Fortschritte in der politischen Sphäre durchzusetzen, kam den Bemühungen, im Bereich der Kultur anerkannt zu werden, eine stetig wachsende Bedeutung zu. Literatur – und zwar sowohl Poesie als auch historische Romane – waren tief in die Formierung des Bildes von einem nationalen Eigenleben eingebunden, das gleiche galt für die Musik, wenn sie historische Themen behandelte und patriotische Lieder hervorbrachte. Die Historienmalerei gipfelte häufig in triumphalen Momenten für die Nation: Jan Matejkos berühmtestes Werk, die »Schlacht bei Grunwald« (1878, Maße etwa 4 × 10m), das den Sieg der Polen über den Deutschen Orden im Jahre 1410 darstellt, galt nicht nur der polnischen Bevölkerung aller drei Teilungsgebiete als Manifestation polnischer nationaler Identität, sondern auch dem ausländischen Publikum in St. Petersburg,

4 *Hroch*, Vorkämpfer; *Brock*, Folk Cultures; Jörg Rogge betont ähnliche Strategien zur Nationsformierung in der finnischen und norwegischen Geschichte. *Rogge*, Cultural History, S. 21. Der ungarische Nationalismus war insofern anders, als ihm auch territoriale Ansprüche und bürokratische Maßnahmen zu Gebote standen.

5 *Marek*, Kunst, S. 93.

6 Für so eine breiter gefächerte Betrachtung der Wirkungsweise von kulturellen Transfers, siehe *Middell*, Kulturtransfer, Transferts Culturels.

Budapest und Berlin, wo das Bild ausgestellt wurde. Matejkos Gemälde wurden als Drucke den Massen zugänglich gemacht; die Landsleute sahen so ihre Geschichte durch die Augen des Künstlers.[7] Über das konkrete Verhalten individueller Akteure hinaus spielte Kultur als Institution eine eigenständige Rolle bei der Herausbildung des Selbstverständnisses, der Selbstverortung und der Identität der Nation. Nicht nur für die entstehenden ethnischen Nationen waren Fragen des kulturellen Ausdrucks immer »etwas mehr« als »nur« Kunst: Die Kulturpolitik des russischen, österreichisch-ungarischen und preußischen Staates war sich des Umstandes sehr bewusst, dass Ästhetik nicht ohne weiteres von Ethnizität und Ethnizität nicht vom Politischen getrennt werden kann. Diese Verknüpfung wurde weiter verstärkt durch behördliche Maßnahmen zur Verfolgung des Konsums solcher kulturellen Produkte (d.h. das Lesen von Gedichten oder das Anhören von Musik), die nationalen Gefühlen Ausdruck verliehen.

Der Charakter der Politisierung der Kunst veränderte sich in den ersten Jahrzehnten des 20. Jahrhunderts mit dem Aufkommen von Avantgarde-Bewegungen, mit ihrem ausdrücklichen Internationalismus und ihrer häufig anzutreffenden Selbstreferentialität. Die Vertreter dieser Richtungen traten an, die Kunst ihrer patriotischen Pflichten zu entledigen, oder versuchten, eine Brücke zu schlagen zwischen modernen metropolitan-kosmopolitischen und konservativ-nationalen Paradigmen. *Młoda Polska* [Junges Polen] beispielsweise war eine modernistische Künstlerbewegung, die etwa von 1890 bis 1918 von Bedeutung war und die Notwendigkeit formulierte, die Verbindung von Kunst und Politik zu beenden; statt dessen propagierte sie Ästhetizismus und Dekadenz. Der ungarische Dichter Endre Ady erneuerte den damaligen volkstümlich-nationalen literarischen »Mainstream« und schuf eine eigentümlich moderne Sprache, indem er radikal einheimische Traditionen mit Motiven aus dem französischen Symbolismus vermengte, den er während seiner zahlreichen Aufenthalte in Paris kennengelernt hatte. Komponisten analysierten regionale Volksweisen und verschmolzen sie zu europäischer Kunstmusik. Mehrere Schulen des künstlerischen Modernismus (Sezession, Kubismus, Futurismus, Fauvismus, Expressionismus) traten in Konkurrenz zum Historismus, was das habsburgische Österreich insofern vor ein Dilemma stellte, als der Historismus gleichsam den Rang einer Staatskunst besaß: Die imperiale Hauptstadt Wien musste nun mit Plurali-

7 *Suchodolski*, History of Polis Culture, S. 150–155.

tät, Diversifizierung, Modernisierung nicht nur im Bereich der Politik, sondern auch in den Künsten zurande kommen.[8] Diese Pluralität erlangte im Zuge des Wettlaufs hin zu immer kompromissloserer Modernität ihre volle Kraft nach dem Krieg von 1914–1918. Allerdings gibt es auch Stimmen, denen zufolge der Krieg und die ihn abschließenden Verträge der Jahre 1919 und 1920 eine derart »tiefe geopolitische Zäsur [markierten], dass keine kulturelle Kontinuität ihn überdauern konnte.«[9]

I.3.1 Ebenen der Präsentation

Was zur kulturellen Dimension gehört

Da das vorliegende Kapitel nicht den Raum bietet, allen Phänomenen der kulturellen Dimensionen einer transnationalen Geschichte Ostmitteleuropas im fraglichen Zeitraum gerecht zu werden, sollen solche Aspekte von Kultur behandelt werden, an denen sich Formen transnationaler, transregionaler und translokaler kultureller Interaktion deutlich machen lassen. Ein weiteres Ziel besteht darin, aufzuzeigen, auf welche Weise ethnokulturelle Entitäten sowie individuelle Akteure mit Globalisierungsprozessen umgingen und aktiv nach kulturellen Antworten auf die in der Einleitung dieses Bandes ausführlich thematisierte *global condition* suchten. Kulturelle Dimensionen sollen hier so verstanden werden, dass sie die obengenannten hochkulturellen und künstlerischen Bestrebungen ebenso umfassen wie andere intellektuelle und kulturelle Praktiken, mit denen die Subjekte der Welt, in der sie leben, Sinn verleihen. Eine solche Herangehensweise baut sowohl auf den Auffassungsweisen der traditioneller verstandenen (nationalen) Kulturgeschichten auf als auch auf den jüngsten Untersuchungen der »neuen Kulturgeschichte«: Während das Schreiben von »Kulturgeschichte« typischerweise Hochkultur, Kulturschaffende und deren Werke in den Blick nahm, die sozialen, ökonomischen und politischen Bedingungen der kulturellen Produktion aber oft unberücksichtigt ließ, versteht die »neue Kulturgeschichte« ihre (Sub)Disziplin als eine von mehreren Arten, jeglichen historischen Gegenstand und jedes Ereignis zu untersuchen, indem nach kulturell vermittelten Interpretationen gesucht wird, mit denen sich komplexe Aggregate menschlichen sozialen Handelns untersuchen lassen. Historiographische Arbeiten, die eine solche integrierte Per-

8 *Heerde*, Staat und Kunst, S. 15.
9 *Clegg*, Art, S. 6.

spektive vorstellen, wählen häufig Gegenstände aus dem Bereich der Mikrogeschichte, in der eher das Handeln individueller Akteure im Fokus liegt als die Erklärung größerer sozialer Strukturen und Prozesse.

Gliederung und Themenfelder

Wenn wir die Wege nachzeichnen wollen, auf denen Akteure aus den verschiedenen Ländern der multinationalen Imperien in Ostmitteleuropa mit der Außenwelt interagierten, und die Arten und Weisen in den Blick nehmen, wie sie Veranstaltungen, intellektuelle Trends, administrative und politische Verhandlungen und Entscheidungen herbeiführten oder verarbeiteten, bietet sich die folgende mehrstufige Struktur beinahe von selbst an: Zwei Arten grenzüberschreitender Interaktionen bilden den Ausgangspunkt für die Untersuchung der kulturellen Dimension transnationaler Geschichte Ostmitteleuropas. Die eine Sorte von Beziehungen und Vernetzungen entfaltet sich innerhalb des jeweiligen Imperiums und zwischen den werdenden Nationen oder ethnischen Gruppen, die das Territorium bewohnen; da hier meist Verschränkungen zwischen voneinander geschiedenen Bevölkerungsgruppen zu beobachten sind, die noch nicht durch feste politische Grenzen getrennt waren, werden vor allem die Begriffe Translokalität, Transkulturalität und Transregionalität verwendet. Das andere System grenzüberschreitender Beziehungen verbindet Ostmitteleuropa mit dem restlichen Kontinent und der übrigen Welt. So kann gezeigt werden, dass wir es wegen der Multiethnizität und -kulturalität sowie der historisch wandernden Staatsgrenzen Ostmitteleuropas mit zwei unterschiedlichen Arten von Transnationalität zu tun haben. Innerhalb dieses doppelten Gerüsts von binnenimperialen und extraimperialen Bezügen kommen Interaktionen auf drei Ebenen in den Blick, wobei die Ordnung des Materials von den Makrostrukturen hin zu Mikrogeschichten verläuft und jeweils einen bestimmten Teilbereich der Kulturgeschichte behandelt. Dabei bleibt der Fokus der Aufmerksamkeit innerhalb des ostmitteleuropäischen Kulturraums gleichwohl immer beweglich.

Die erste Ebene bilden die institutionellen Strukturen, die vom Staat und seinen Einrichtungen oder aber von Körperschaften verwaltet wurden, die ganz oder teilweise unabhängig von einer Zentralregierung agierten. Neben Kultureinrichtungen werden hier auch das Bildungswesen und institutionelle Dimensionen von Sprache Berücksichtigung finden. Die zweite Ebene umfasst soziale Gruppen mit verschiedenen Handlungsfeldern: transnational operierende Zirkel, die häufig in sozialreformerischen Bewegungen tätig wurden; die Mittelschichten und ihre kulturellen Praktiken in lokalen städtischen Zentren; Zusammenkünfte, die an den Rändern der Territorien stattfanden, also in ländlichen Gebieten und entlang der imperialen Außengrenzen. Die dritte Betrachtungsebene nimmt Vorstellungen, Handlungsspielräume und Ergebnisse individueller Akteure in den Blick, von denen einige über den »Mainstream« die globale Arena betraten, andere auf untypischen Wegen transnational mobile Lebensläufe absolvierten, wieder andere außereuropäische Orientierungen wählten.

Warum eine transnationale Perspektive?

In methodologischer Hinsicht ist unser Hauptargument, dass transnationale Geschichtsschreibung nicht nur dazu beitragen kann, die Einbettung Ostmitteleuropas in globale Kontexte aufzuhellen. Im Falle der Kunst- und Kulturgeschichte gehört die Untersuchung solcher Verbindungen zu den konventionellen Aufgaben der Disziplin. Die transnationale Herangehensweise und ihre »Verbündeten« – Kulturtransferstudien, *entangled histories* und, im engeren Rahmen der Disziplin, Weltkunststudien – zeichnet aus, dass sie die »Welt« nicht als bloße Summe unterschiedener nationaler Einheiten betrachten, die durch ihre Grenzen bestimmt werden, sondern als Bewegungen, Verbindungen und Biographien über Grenzen hinweg. Sie werden als ebenso relevanter Aspekt der Geschichte eines Landes oder Ortes erkannt wie Ereignisse, die sich innerhalb staatlicher Grenzen abspielen. Wir entdecken neue Akteure im historischen Prozess, erkennen die Bedeutung bislang unterschätzter Ereignisse und erfahren etwas über Strukturen, die die nationalstaatsfixierte Geschichtsschreibung ignoriert hat. Darüber hinaus sind transnationale Perspektiven in der Geschichtswissenschaft in hohem Maße den Einsichten der postkolonialen Theorie verpflichtet. Sie sind daher besonders geeignet, Ereignisse und Verhältnisse in solchen Teilen der Welt zu begreifen, die nie die epistemologische Macht besessen haben, an der Ausformulierung umfassender historischer Meistererzählungen zu partizipieren – und zu diesen gehört Ostmitteleuropa ohne jeden Zweifel.

Aus diesen Gründen verspricht die Untersuchung der Kulturgeschichte Ostmitteleuropas in einem transnationalen Kontext, zwei Aufgaben zu erfüllen: einerseits eine Art »synchroner Handlungsfähigkeit« (*agency*) wiederzuentdecken und andererseits »narrative« bzw. »diachrone« Handlungsfähigkeit herzustellen. Der erste Aspekt zielt darauf ab, erneut der historischen Handlungsfähigkeit kultureller Akteure der Region (sowohl im Sinne von Individuen als auch von größeren »nationalen« Einheiten) bei der Teilnahme an, der Einflussnahme auf oder der bewussten Abstinenz von globalen Prozessen gerecht zu werden, die sich im späten 19. und frühen 20. Jahrhundert vollzogen haben. Auf diese Weise wird die Kulturgeschichte Ostmitteleuropas sichtbar als sinnvolles und fruchtbares Feld für die Produktion von Wissen im Rahmen des transnationalen Paradigmas erschlossen.

Eine größere Herausforderung besteht darin, Geschichtsschreibung als Art narrativer Strategie einzusetzen, jenem von einem westlich fokussierten Kanon bestimmten Blick auf die Kulturen Ostmitteleuropas entgegenzutreten, der häufig mit den Attributen »rückständig«, »verspätet«, »imitierend« oder »abgeleitet« versehen wird. Im Idealfall kann diese Befreiung nicht bloß dadurch erreicht werden, dass man einfach Leistungen – Künstler, Werke, wissenschaftliche Innovationen usw. – vorführt, die »dem Vergleich standhalten« oder deren Wert in der getreuen Nachahmung oder der kühnen Aneignung großer Vorbilder liegt. Letztlich besteht der Anspruch darin, solche normativen Vergleiche hinter sich zu lassen und dadurch die dominierende westliche Perspektive als einzigen gültigen Bezugspunkt zu entthronen, indem wir uns eines Modells mit verschiedenen Pfaden und des Konzepts der multiplen Modernen bedienen. Wir gehen davon aus, dass die moderne Geschichte nicht primär die teleologische Geschichte der Nation und des Nationalstaates ist, sondern eine Auseinandersetzung mit den Herausforderungen der *global condition* für alle bis dahin etablierten politischen, wirtschaftlichen, sozialen und eben auch kulturellen Ordnungen darstellte. In der Folge dieser Feststellung taucht statt der Frage, warum eine bestimmte Region verspätet zur nationalstaatlichen Eigenständigkeit gelangt ist, die anders gelagerte Frage auf, wie die Gesellschaft(en) in dieser Region die Anregungen aus den globalen Flüssen aufgriffen und wie sie versucht haben, den darin vermuteten Gefahren für ihre Souveränität auszuweichen.

I.3.2 Institutionen von Kultur: Das Ermöglichen und Begrenzen von Verbindungen

I.3.2.1 Kulturelle Institutionen und Kulturpolitik in multinationalen Staaten

Kultur als Institution Das Nachverfolgen der Bewegungen, mit denen stilistische Trends und künstlerische Bewegungen über den Kontinent hinweg getragen zu *Progressismus* wurden, ist immer ein herausragender Forschungsbereich der europäischen Kunstgeschichte gewesen. Der Umstand, dass das institutionelle System von Kultur, die Formen ihrer Förderung und die Lobby-Strategien der Künstler sich ebenso wie die Strukturen des Kunstmarkts, des Sammelns und der Kritik in ganz Europa in ähnlicher Weise entwickelten, hat dagegen weitaus weniger gelehrte Aufmerksamkeit erfahren. Die zweite Hälfte des 19. Jahrhunderts war eine Periode, in der sich entlang internationaler Muster die Grundprinzipien einer Kulturpolitik und öffentlichen Förderung der Künste herausbildeten, die großenteils bis heute den politischen Rahmen ausmachen. In dieser Zeit kamen die Begriffe »Kunstpolitik«/»Kulturpolitik« auf, verbreiteten sich und beherrschten die Diskussionen darüber, in welchem Umfang der Staat sich der Regelung kultureller Angelegenheiten annehmen sollte. Im Europa des 19. Jahrhunderts erfuhr das System der Finanzierung von Kunst einen grundlegenden Wandel. Die früheren Mäzene und Auftraggeber (Dynastien, Aristokraten, Kirche) wurden im Zuge der Entwicklung eines modernen Systems öffentlicher Verwaltung vom Staat bzw. den Kommunen ersetzt oder ergänzt.[10] Einrichtungen wurden mit jährlichen Budgets ausgestattet, zugewiesen von den zuständigen Fachbehörden auf Grundlage von Beschlüssen der Parlamente (soweit solche bestanden). In ähnlicher Weise bildeten die staatlichen jährlichen oder zweijährlichen Gesamtschauen vor der Entwicklung privater und kommerzieller Galerien praktisch oft die einzige Ausstellungsmöglichkeit für Künstler. Vom Blickwinkel eines modernistischen Begriffs künstlerischer Autonomie mochte dies bedeuten, dass der Künstler immer abhängiger wurde von behördlicher Unterstützung, die das ältere System privaten Mäzenatentums ablöste, sich aber noch nicht einem funktionierenden Markt zuwenden konnte. Aus der Perspektive eines allgemeineren kulturellen und zivilgesellschaftlichen Fortschritts hingegen sollte nicht unerwähnt bleiben, dass die Aktivitäten von Regierungsstellen zur Einrichtung und zum Ausbau wichtiger Veranstaltungsorte und Dienste von bedeutenden Kunstsammlungen und öffentlichen Museen über öffentliche Parks und kommunale Wohlfahrt bis hin zu Schulen und Krankenhäusern führte. In solchem Lichte erscheint der Staat als ein Akteur, der die Entwicklung autonomer Organe der Kommunalverwaltung sanktionierte, die von lokalen gesellschaftlichen Gruppen für die eigenen öffentlichen Belange genutzt werden konnten.[11]

---

10 Zu einer Darstellung dieses Übergangs in einem europäischen Kontext, siehe *Höpel*, Geschichte der Kulturpolitik.

11 *Cohen*, Civic Duty, S. 24–25.

Der Umstand, dass sich der Nationsbildungsprozess bei den Völkern Ostmitteleuropas bis weit ins 19. Jahrhundert zog, schafft eine besondere Situation für den Versuch, Formen der Finanzierung und Förderung von Kunst und Kultur zu untersuchen. Das Fehlen politischer Unabhängigkeit und kultureller Selbstverwaltung im Verein mit ständigen Spannungen zwischen den Nationalitäten werden häufig als Hauptschwierigkeiten identifiziert, denen sich künstlerische Entwicklungen zu stellen und die sie zu überwinden hatten. Zudem befanden sich die volkstümlichen Kulturen in reichlich ungleichem Zustand. Neben kleinen, meist illiteraten Bauernbevölkerungen, die über eine eigene wertgeschätzte Folklore verfügten, gab es Bevölkerungsgruppen mit stärker differenzierter »Hochkultur«, einer langen Geschichte und Verbindungen zu internationalen Strömungen. Allerdings stürzten diese Prozesse und Entwicklungen, die durch nationale »Erweckungsbewegungen« und die enge Nähe verschieden entwickelter nationaler Kulturen angestoßen wurden, überkommene Chronologien der künstlerischen Entwicklung mitunter um wie im estnischen Fall: Hier »sprang« die literarische Produktion unmittelbar von der Folklore in den Modernismus.[12]

Die staatliche Komponente des Kulturlebens

Das spätere 19. Jahrhundert war gekennzeichnet durch die Ausbreitung kultureller Apparate, die immer mehr Menschen erfassten: Schulen und Universitäten gehörten ebenso dazu wie Kunstvereine, Opernhäuser und städtische Theater, das Zeitungswesen und der Buchmarkt für ein wachsendes (größtenteils urbanes) Publikum, das sich an den Maßstäben von Bildung und bürgerlichem Geschmack orientierte, aber sozial weit über über die Grenzen des Bürgertums hinausreichte. Die Frage, in welcher Sprache gelehrt, aufgeführt und publiziert wurde, gewann dadurch enorm an Bedeutung. Wie dieser über alle Ländergrenzen in Europa hinweg zu beobachtende Trend für das Projekt der Nation zu nutzen wäre, blieb zunächst offen.

Die drei Imperien, die Ostmitteleuropa im 19. Jahrhundert beherrschten, bewältigten auf verschiedene Weise die kulturellen Ansprüche der auf ihren Territorien lebenden Nationalitäten. Diese Verschiedenheit führte zu (inter)kulturellen Bündnissen oder eben zur Rivalität teils innerhalb der imperialen Grenzen, teils über diese hinweg. Im Russischen Reich, das auch über die baltischen Gebiete und Kongresspolen herrschte, wurde die Gewährung bürgerlicher Freiheiten nach dem Januaraufstand (*Powstanie*

12 *Cornis-Pope* u. *Neubauer*, History, S. 1.

styczniowe) in Polen 1863/64 widerrufen. Die Verwendung der polnischen oder litauischen Sprache und der Druck von Büchern in lateinischer Schrift wurden verboten, Russisch wurde praktisch auf allen Ebenen zur Amts- und Unterrichtssprache. In Abkehr von der Reformpolitik seines Vorgängers verschärfte sich die Russifizierungspolitik kurz nach der Thronbesteigung des konservativ gesinnten Zaren Alexanders III. (1881) in den nichtrussischen westlichen Randgebieten weiter. Diese Politik erfasste nun auch die Deutschbalten, die in den Ostseeprovinzen seit dem 12. Jahrhundert in beträchtlichem Umfang präsent waren. Für die baltischen Völker wurde die Russifizierung zu einer weiteren Bedrohung, die zur bisherigen Dominanz der Deutschen hinzukam, nachdem lokale nationale Aktivisten eigentlich auf die Unterstützung der russischen Zentralbehörden gehofft hatten.[13] Da die historisch gewachsene deutsche kulturelle Hegemonie andere Ziele und Wirkungen hatte als die zarische Politik, konnte schließlich das preußische Litauen in Zeiten gesteigerten russischen kulturellen Drucks als kultureller Leuchtturm für die sich regende litauische Nationalbewegung dienen, zumal die ostpreußische Königsberger Universität die nächstgelegene nichtrussische Hochschule für aufstrebende litauische und estnische Studenten war. Das ganze 19. Jahrhundert hindurch zog der Einfluss von Modernisierung, Massenerziehung und beruflicher Mobilität die baltischen Völker immer näher an die deutsche Kultursphäre heran.[14]

Die preußischen Ostprovinzen hatten bis etwa 1830 eine Phase relativ toleranter Politik gegenüber nationalen (polnischen, französischen, dänischen) und religiösen (v.a. polnisch-katholischen) Minderheiten erlebt. Danach verschärfte sich die preußische Polenpolitik allmählich, insbesondere nach der Gründung des Deutschen Reiches 1871, als Posen/Poznań ein Teil des Staates wurde und Bismarck sein Programm direkter Germanisierung und den *Kulturkampf* gegen den Einfluss der katholischen Kirche umsetzte.

In der Habsburgermonarchie wurden nach dem Ausgleich von 1867 Kulturpolitik und nationale kulturelle Einrichtungen in beiden Reichshälften je eigenständig vom österreichischen bzw. ungarischen Kultusministerium geregelt, die dem Reichsrat bzw. dem Reichstag verantwortlich waren. Über seine Rolle als Sitz der Kulturadministration für den österreichischen Teil der Monarchie hinaus erlangte Wien zentrale Bedeutung für die gesamte Monarchie als langfristiger Knotenpunkt interkultureller Verbin-

13 *Plakans*, Historical Dictionary, S. 138.
14 *Thaler*, Fluid Identities, S. 529.

dungen zwischen den Kronländern und über sie hinaus. Seit dem »Provisorischen Reichsgemeindegesetz« von 1849 genossen die Gemeinden weitgehende Autonomie bei Ausgaben für kulturelle Unternehmungen,[15] so lange bestimmte Vorschriften beachtet wurden. Im Zuge des österreichisch-ungarischen Ausgleichs wurde den Polen im österreichischen Galizien nationale Autonomie gewährt, was die Souveränität in kulturellen Fragen einschloss.[16] Innerhalb des Königreichs Ungarn genoss Kroatien seit 1868 ein beschränktes Autonomiestatut mit eigener Regierungsverwaltung. Zwar wurde in Ungarn im gleichen Jahr ein recht tolerantes Nationalitätengesetz erlassen, das die Rechte der Nicht-Magyaren schützte. Es wurde aber in den folgenden Jahrzehnten kaum angewandt; stattdessen setzte eine umfängliche Magyarisierung ein. Trotz aller seiner fortschrittlichen Ansätze erkannte das Gesetz zudem keine kollektiven, körperschaftlichen Rechte der Nationalitäten auf kulturelle und organisatorische Autonomie an.[17]

Anders als die russische, preußische und teilweise ungarische offizielle Politik gegenüber den Nationalitäten hat die Wiener Verwaltung anscheinend subtilere Mittel angewandt, als das Verbot oder die Unterdrückung von Äußerungsformen ethnisierter kultureller Identität. Dabei vermengte sich die zur dynastischen Pflicht erhobene Förderung von Kunst und Kultur mit politischem Kalkül. Zu einer Zeit, als der polnische und ukrainische Nationalismus im Russischen Reich unterdrückt wurden, entwickelten sich die beiden führenden Städte größten österreichischen Kronlandes Galizien zu Zentren nationaler Kultur: Krakau für die Polen, Lemberg/L'viv für Polen und Ukrainer. Der polnische Adel betrachtete sich als Führungselite der Nation und sah es als seine Aufgabe an, nationale Kultureinrichtungen zu unterstützen – in einer Situation, als ein Teil dieser Institutionen und die Förderer selbst sich physisch gar nicht innerhalb der Grenzen des geteilten Polen befanden. Anders gesagt, eine Nationalkultur wurde nun trans-

15 Innenminister Franz Graf Stadion gewährte den Gemeinden darin mehr Autonomie, um die stark zentralisierte öffentliche Verwaltung in den österreichischen Ländern der Habsburgermonarchie zu vereinfachen.

16 Vgl. *Marschall von Bieberstein*, Freiheit in der Unfreiheit, S. 179–194. Die Gewährung der Autonomie an Galizien wird oft als eine Maßnahme angesehen, mit der die Polen im Kronland politisch entwaffnet werden sollten: Während die polnischen Landsleute im russischen Teilungsgebiet sich in stetiger Konspiration und militärischer Aktion engagierten, schmückte sich Franz Joseph I. mit dem Mythos des wohlwollenden Herrschers über Galizien: Siehe *Dybiec* u. *Dybiec*, Philanthropy, S. 36.

17 *Molnár*, Geschichte Ungarns, S. 314.

national ausgebaut von Patrioten, die aus verschiedenen Gründen aus dem geteilten Vaterland ausgewandert waren.[18]

Ein Beispiel von vielen war der in Paris ansässige emigrierte Unternehmer Graf Alexander Lubomirski, der mit Anteilen am Suezkanal ein Vermögen gemacht hatte, aus dem er großzügige Spenden zur Finanzierung kultureller Initiativen in seinem Heimatland tätigte. Öffentliche Debatten befassten sich mit den bestmöglichen Arten, die polnische Kunst zu unterstützen: Ob es sinnvoller sei, an das Nationalmuseum in Krakau zu spenden oder an das Polnische Nationalmuseum in der schweizerischen Stadt Rapperswill? Das letztgenannte Museum, das 1870 von einem polnischen Emigranten gegründet worden war und bis 1927 unter diesem Namen bestand, sollte polnische Artefakte und Memorabilia retten, die in der besetzten Heimat womöglich geplündert worden wären. In gleicher Weise garantierte die Stabilität des Rechts in den österreichischen Gebieten, dass Spenden aus dem Ausland (insbesondere aus dem Russischen Reich) auch dort ankamen, wofür sie bestimmt waren.[19] Neben den relativ offenen politischen Bedingungen war dies ein weiterer Grund dafür, warum kulturelle Vereine in Galizien in der Lage waren, Stiftungen zu verwalten.

Bei einigen Gelegenheiten spielte die österreichische Regierung die ethnischen Gruppen gegeneinander aus. So gestattete sie 1904 die Einrichtung eines Lehrstuhls für Ukrainische Geschichte an der Polnischen Universität in Lemberg/L'viv, wodurch das ukrainische Nationalbewusstsein inspiriert und gestärkt wurde. Die slowenischsprachige Presse in Laibach/Ljubljana war ein ähnlicher Fall: Die österreichische Verwaltung in Triest bewilligte Gelder für dieses Unternehmen als Gegengewicht zu Publikationen in italienischer Sprache.[20] Kaiser Franz Joseph I. nahm die Rolle des Mäzens als Teil seiner kaiserlichen Pflichten willig an; er steuerte 1901 namhafte Beträge zur Gründung einer modernen Gemäldegalerie in Prag bei (und damit im gleichen Jahr, als er auch die Gründung einer solchen Galerie in Wien gestattete), in der ausdrücklich jüngere Werke von Künstlern ausgestellt werden sollten, die in Böhmen geboren waren oder dort lebten. Diese Geste hatte mehrere Subtexte: Sie sollte die Behauptungen tschechischer nationalistischer Kreise entkräften, der Habsburgerstaat behindere die Entwicklung Böhmens und sollte stattdessen belegen, dass die Wiener

18 Zu den Motiven der Auswanderung und den verschiedenen Exil-Aktivitäten vgl. Kap. I.2 in diesem Band.

19 *Dybiec* u. *Dybiec*, Philanthropy, S. 31–36.

20 *Morawetz*, Beginn der Frauenpresse, S. 223.

Behörden wohlwollend die kulturellen Bestrebungen der Nationalitäten anerkannten. Sie sollte außerdem zur Auflösung einer deutsch-tschechischen kulturellen Konkurrenz den Ländern der böhmischen Krone beitragen. Der Bau des Prager Nationaltheaters hingegen, eines Gebäudes, das in der nationalen Historiographie üblicherweise als Verkörperung des Strebens der tschechischen Nation nach nationaler Identität dargestellt wird, war von staatlichen Zuwendungen unabhängig. Geldsammlungen wurden nicht nur unter den Bewohnern Böhmens durchgeführt, sondern zumindest der Absicht nach auch darüber hinaus in Mähren, Österreichisch-Schlesien und Oberungarn. Die Sammlung als solche diente gleichzeitig dazu, tschechisches Nationalbewusstsein zu wecken.[21]

Zwischen 1895 und 1918 trug das Kunstdepartement der nationalen Pluralität des Imperiums in zunehmendem Maße Rechnung.[22] Mit Einstellungen, Bestallungen, Auftragsvergaben sowie kleineren Preisen und Stipendien hofften das Ministerium für Kultus und Unterricht und der Hofstaat Loyalität bei den nichtdeutschen Völkern des Landes zu wecken. Regelmäßig wurden Werke aus den einzelnen Kronländern angekauft und in öffentlichen Ausstellungen gezeigt. Hiermit war der Versuch verbunden, für die Idee einer reichsweiten »österreichischen Kunst« zu werben, die dann bei internationalen Ausstellungen ein Bild vereinter Diversität vermitteln sollte. Die Milde des habsburgischen Staates wird in der Rückschau als geschwächte oder lethargische Kulturverwaltung betrachtet – oder aber im Gegenteil als aktiv und bewusst verfolgte Kulturpolitik, die die Künste einsetzte, um nationale Gefühle zu beschwichtigen und die besonderen Bedingungen und Probleme, die aus der multinationalen Zusammensetzung des Imperiums resultierten und mit denen sich die meisten übrigen europäischen Staaten nicht befassen mussten, als ein positives Alleinstellungsmerkmal zu zeigen.

Das Bild einer inaktiven Wiener Kulturverwaltung wird immer wieder der sich dynamisch entwickelnden ungarischen Hälfte der Monarchie gegenübergestellt. Diese Dynamik wurde am sichtbarsten in Budapests außergewöhnlichem Wachstum und in Ungarns Bestrebungen, seine politisch-kulturelle Unabhängigkeit vom habsburgischen Österreich auch international zu proklamieren. Auf staatlicher Ebene gab es nur wenige gemeinsame Projekte zwischen Österreich und Ungarn; wenn überhaupt, handelte es sich meistenteils um seltene gemeinsame Ausstellungen im Ausland. Bei

21 *Marek*, Kunst und Identitätspolitik, S. 91–95.
22 *Heerde*, Staat und Kunst, S. 145.

den Weltausstellungen in St. Louis, Missouri (1904) und Rom (1911) koordinierten das Wiener und das Budapester Ministerium für Kultur und Bildung die Teilnahme des Gesamtstaates. Auf der unteren Ebene war die gelegentliche Zusammenarbeit zwischen dem Wiener Künstlerhaus und dem *Művészház* in Budapest ein Ausnahmefall.[23] Er wurde vom Wiener Ministerium sehr begrüßt, da es sich im Klaren war, dass seine künstlerischen Verbindungen in die ungarische Reichshälfte sehr begrenzt blieben – in einem Maße, das einen Korrespondenten von der »Entfremdung des Kunstlebens« in den beiden wichtigsten Teilen der Monarchie sprechen ließ.[24]

Territorialisierung durch Kultur – die lokale und regionale Bühne

Auf der substaatlichen Ebene markierten verschiedenste Arten von freiwilligen Zusammenschlüssen, Sportklubs, kulturellen und Sängervereinen nationale »Territorien« in ihren Städten und Regionen.[25] Auf der einen Seite führten diese Vereine Menschen höchst unterschiedlicher sozialer Herkunft zusammen, trennten sie aber gleichzeitig entlang ethnisch-nationaler Grenzen und traten in einen heftigen Wettbewerb um öffentliche Gelder und Aufträge. Viele ostmitteleuropäische Künstlervereine wie der tschechische *Mánes* (gegründet 1887), die polnische *Sztuka* (1897) oder das bulgarische *Rodno Izkustvo* (1893) erfreuten sich hoher Sichtbarkeit und erhielten beträchtliche finanzielle Unterstützung aus öffentlichen und privaten Mitteln. *Sztuka* gewann und sicherte sich innerhalb weniger Jahre eine zentrale Position. Unter den Bedingungen der Teilungen gab es keine bereits bestehenden Machtstrukturen, die die »polnische (moderne) Kunst« vereinheitlicht und organisiert hätten – und damit auch keine Konkurrenz.[26] In diesem Machtvakuum gelang es den ersten, die eine Position beanspruchten, das Feld der erweiterten polnischen und ostmitteleuropäischen Kunstlandschaft nachhaltig zu monopolisieren. Tatsächlich entwickelte sich *Sztuka* zur einzigen Vertreterin polnischer Künstler im Ausland und wurde mitunter sogar vom österreichischen Kultusministerium herangezogen – so beispielsweise bei Ausstellungen in Wien oder der Weltausstellung in St. Louis, beide im Jahre 1904.[27]

---

23 Das Müvészház war ein Künstlerverein mit progressiver Agenda, der während seines Bestehens von 1909 bis 1914 vierzig Ausstellungen moderner Kunst ausgerichtet hat.

24 *Heerde*, Staat und Kunst, S. 152.

25 *Plakans*, Historical Dictionary, S. 145–146; *Heiszler*, Szláv; *Prahl*, Vaclav Brozík's Ferdinand I, S. 85–86.

26 *Brzyski*, What's in a Name?

27 *Cavanaugh*, Out Looking in, S. 70.

I.3.2.2 Internationale Ausstellungen: Der Auftritt auf internationaler Bühne

Große Ausstellungen, Modernisierung, und der Erdball

Weltausstellungen, Handelsmessen und internationale Kunstausstellungen wurden seit dem späten 19. Jahrhundert als Ergänzung zu bis dahin vorherrschenden lokalen und regionalen Messen ausgerichtet. Die erste Weltausstellung fand 1851 in London statt; bis 1910 erlebte die Welt zwölf solcher »Expositions Universelles«. Die Londoner Veranstaltung von 1851 wurde von sechs Millionen Menschen besucht; ein halbes Jahrhundert später nahmen fünfzig Millionen Besucher an der Ausstellung in Paris teil.[28] Die Weltausstellungen waren sowohl repräsentative als auch gewinnorientierte Veranstaltungen. Sie sollten der ausrichtenden Stadt und dem Land Prestige bringen, technologische Errungenschaften feiern und neue Produkte verkaufen, Fachleute zusammenbringen und gleichzeitig den breiteren Massen Bildung und Unterhaltung bereitstellen.

Im 19. Jahrhundert, zu einer Zeit, in der Massenkommunikationsmittel gerade erst entstanden, bot eine Gesamtschau des technischen Fortschritts und der künstlerischen Leistungen, die an einem bestimmten Ort konzentriert war, einen unvergleichlich breiten Überblick über menschliche Kreativität. Genau aus diesem Grunde trugen die Weltausstellungen maßgeblich dazu bei, die Grundlagen für die Wahrnehmung einer Welt »dort draußen« zu schaffen, die vielfältig und doch vereint, aber nicht für jeden zugänglich war.[29]

In diesen frühen Jahren zählten die Weltausstellungen wegen des Spektakels und der Freizeitmöglichkeiten, die sie boten, zu den beliebtesten Zielen der entstehenden Tourismusindustrie. Artefakte, die für die Regierungen und Privatleute auf den Weltausstellungen gesammelt oder dort von ihnen angekauft wurden, bildeten häufig den Grundstock späterer Museen für angewandte Kunst oder Völkerkunde. Das letztere Interessengebiet war in besonderem Maße eng mit einer weiteren Funktion der Weltausstellungen und der sie häufig begleitenden sogenannten Kolonialausstellungen verknüpft: Sie boten einen Ort, an dem man kolonialen Subjekten und Gütern in einer Weise begegnen konnte, die die imperialistischen und kolonialen Projekte der »zivilisierten« Gesellschaften rechtfertigen sollte.

---

28 *Albrecht*, Pride, S. 104.

29 *Geppert*, Fleeting Cities, S. 3–6.

Zugang zur internationalen Bühne

Zur Zeit der ersten Weltausstellungen hatte keine der Nationalitäten aus den ostmitteleuropäischen multinationalen Imperien eine eigene organisierte Vertretung.[30] Regionale Einheiten und gelegentliche individuelle Teilnehmer aus den Nationalitäten, deren Anwesenheit aufgrund der Unterstützung engagierter Unternehmer und Industrieller möglich wurde,[31] erschienen als konstitutive Bestandteile der größeren politischen Einheit, der sie angehörten. Die Einbeziehung der Nationalitäten resultierte oft in ihrer Präsentation als »eingeborene« Bevölkerung, was durchaus auf einer Linie lag mit dem kolonialistischen Impetus der großen Ausstellungen: »Fast ohne Ausnahme wurden die wichtigen internationalen Ausstellungen von Nationen finanziert, die über Kolonialgebiete verfügten [...] oder intern Völker kolonisierten«; in ihnen sollte der eigene Reichtum der einheimischen Bevölkerung, den Rivalen und der Welt insgesamt vorgeführt werden.[32] Wenn äußere und innere Kolonien auf Weltausstellungen dargestellt wurden, ging es nicht darum, eine Geschichte der Eroberung und Herrschaft nachzuzeichnen, sondern kulturelle Aufführungen der einheimischen Bevölkerung unter kolonialer Herrschaft und damit die zivilisatorische Mission der Mutterländer zu zelebrieren. Nur in den seltensten Fällen gelang es den Nationalitäten, aus diesem Repräsentationsregime auszubrechen.

Die Internationale Ausstellung in Rom scheint eine solche Gelegenheit gewesen zu sein: Kroatische und serbische Künstler weigerten sich, ihre Werke im österreichischen oder ungarischen Pavillon auszustellen und zeigten sie stattdessen im Gebäude des Königreichs Serbien. Die Interpretation des Ereignisses durch den k.u.k.-Botschafter in Rom (der überzeugt war, dass Serbien sich nur entschlossen hatte, einen Pavillon zu errichten, um bestehende interethnische Spannungen für sich auszunutzen) belegt ein politisches Kalkül der Kulturpolitik, das für die Zeitgenossen ohne weiteres zu entziffern war;[33] wir werden hierauf noch zurückkommen. Wie selbstverständlich

30 Es sei bemerkt, dass die erste Weltausstellung in London 1851 kurz nach den Revolutionen von 1848/49 stattfand, denen in den Habsburgischen und Russischen Gebieten wie bereits dem Aufstand von 1830/31 neoabsolutistische Repression und strenge Nationalitätenpolitik folgten.

31 Auf dieser Grundlage entsandten die Tschechen Ausstellungsobjekte und Delegierte zur bulgarischen Ausstellung 1892 und zur Weltausstellung in Chicago 1893. *Albrecht*, Pride, S. 117.

32 *Benedict*, International Exhibitions, S. 5–7. Siehe auch *Fey*, Zivilisation und Barbarei, und weitere Beiträge in *Fuchs*, Weltausstellungen.

33 *Heerde*, Staat und Kunst, S. 172.

feierten Polen und die Tschechoslowakei später nach der Erlangung ihrer Unabhängigkeit im Jahre 1918 die neue Souveränität mit gigantischen nationalen Ausstellungen.

Bevor eigene nationale Pavillons oder nationale Sektionen innerhalb der Pavillons der Heimatländer bei der Internationalen Ausstellung der Künste in Venedig aufkamen, war es an Russland, slawische Kunst auf der venezianischen Biennale vorzuführen – was bei Laien und Fachpublikum dazu führte, dass diese »slawisch« und »russisch« für identisch hielten. Viele der Künstler aus dem Russischen Reich, die vom Organisationskomitee der Biennale eingeladen wurden, waren tatsächlich polnischer Herkunft. Da sie aber in Moskau oder St. Petersburg studiert hatten und/oder lebten, galten sie in Venedig als Repräsentanten des Zarenreiches. Als diese Wahrnehmung nach den ersten Begegnungen berichtigt wurde, erwogen die Organisatoren die Einrichtung einer polnischen Sektion und baten den Maler Henryk Sieradzki, eine solche zusammenzubringen. Sieradzki allerdings lehnte dies ab, da er nicht an dem heiklen Problem der Nationalitäten rühren wollte – zumal dieses ja von geringer Bedeutung war für die teilnehmenden Künstler. Sie erreichten auch so internationale Präsenz im Rahmen der politischen Einheiten, deren Angehörige sie waren. Die politische Teilung Polens spiegelte sich so in der Platzierung der einzelnen polnischen Künstler wider: Manche fanden sich in der russischen oder österreichischen, manche in der internationalen Halle.[34]

Ungarn: Selbstverwaltung und kontingenter Erfolg

Zwar war Ungarn seit 1867 in kulturellen Angelegenheiten unabhängig und besaß dadurch bessere Voraussetzungen zur internationalen Selbstdarstellung. Es ist aber nicht festzustellen, ob das Königreich im gleichen Jahr selbständig an der Ausstellung in Paris teilgenommen hat.[35] Jedenfalls war noch auf der Wiener Weltausstellung von 1873 lediglich die räumliche Gliederung des Landes eigenständig, nicht aber die offizielle Teilnahme. In den folgenden gut zwanzig Jahren verhinderten politische und finanzielle Erwägungen ein unabhängiges internationales Debüt Ungarns.[36] Erst auf der Pariser Ausstel-

34 *Bertelé*, Barbarians and Cosmopolitans, S. 38–39.

35 *Gál*, Hungary at the World Fairs, S. 39.

36 Die Pariser Weltausstellung von 1889 sollte den hundertsten Jahrestag des französischen Republikanismus feiern; die meisten europäischen Monarchien verzichteten daher auf die Entsendung von Vertretern. 1876 in Philadelphia und 1893 in Chicago wäre die Teilnahme eine zu große finanzielle Belastung für den ungarischen Staat gewesen.

lung von 1900 errichtete das Land einen völlig unabhängigen Pavillon – und gewann prompt eine Goldmedaille für seine kunstgewerblichen Produkte.

Eine besondere Form großer internationaler Ausstellungen zeichnete sich durch einen ausdrücklichen Fokus auf künstlerische Leistungen aus: Solche Veranstaltungen wurden alle vier Jahre in München ausgerichtet, daneben in Düsseldorf (1902, 1904), St. Petersburg (1904), London (1906), Mailand (1906), Dresden (1908), Florenz (1909), Buenos Aires (1910), Barcelona (1911), Zürich (1912) sowie seit 1895 alle zwei Jahre in Venedig. Letzteres geschah damit kurz vor dem Beginn der Olympischen Spiele der Neuzeit, einer weiteren periodischen Veranstaltung, die viele Nationen in einem international rotierenden Schema und unter der Ägide einer sich erweiternden Weltorganisation zusammenführte. Die Biennale von Venedig ist bis heute aufgrund ihres stark institutionalisierten Charakters und politischer Unterstützung einerseits, wegen ihrer lukrativen Verbindungen zum venezianischen Tourismus andererseits eine der herausragenden Bühnen für internationale – und in zunehmendem Maße globale – Kunst. Die teilnehmenden Länder bemühten sich, eine unverwechselbare kulturelle Identität vorzuführen, die sich gleichzeitig als auf der Höhe zeitgenössischer künstlerischer Strömungen stehend zeigen sollte.

Die architektonische und organisatorische Struktur der Biennale mit einer Reihe nationaler Pavillons auf dem Gelände der ausgedehnten venezianischen *Giardini* [Gärten] nahm erst ab 1906 Gestalt an, als Belgien den ersten solchen Pavillon errichtete. Der zweite Pavillon, der im Jahre 1909 auf Einladung der italienischen Regierung aufgebaut wurde, war der Ungarns.[37] Angesichts der kurzen Geschichte des Landes hinsichtlich unabhängiger Ausstellungsteilnahmen und des ganz entschieden konservativen, sprich sicherlich nicht experimentellen oder entdeckungslustigen Kunstgeschmacks der Biennale ist dies vielleicht überraschend. Die Einladung hing allerdings teilweise mit dem Erfolg des ungarischen Kunstgewerbes aus den Gödöllő-Werkstätten auf der Pariser Weltausstellung von 1900 und mehr noch auf der Mailänder Internationalen Ausstellung von 1906 zusammen; neben ästhetischen Erwägungen spielten aber auch außerkünstlerische Beweggründe eine Rolle. Der Erfolg dieses spezifischen visuellen Stils war sowohl der Erkennbarkeit seines künstlerischen Vokabulars als auch der liberalen westeuropäischen Sympathie für den Befreiungskampf der kleinen ost-

37 *Mulazzani,* Guide, S. 42–47.

mitteleuropäischen Nationen geschuldet.[38] Die ausgestellten Artefakte und der Pavillon selbst kombinierten tapfer eine international erkennbare und angesagte Formensprache (*Art Nouveau*) mit Elementen der Folklore und Volkskultur.[39] Die Gödöllő-Künstlerkolonie, die nun den Pavillon in Venedig einrichtete, gehörte eher der Lebensreform-Bewegung an und vertrat daher mit dieser Vermischung weniger politisch aufgeladene Positionen denn andere Vertreter des sogenannten Heimat- oder Heimatschutzstils in den deutschsprachigen Gebieten, Großbritannien, Finnland oder im polnischen Bergland. Der polnische »Zakopane-Stil« in der Architektur und Stanisław Witkiewicz als dessen eifrigster Vertreter drückte das Bemühen aus, ein Volk über eine architektonische Sprache zu repräsentieren, die über ethnische und historische Ursprünge definiert wurde, wobei das visuelle Vokabular dazu bestimmt war, die Unabhängigkeit dieses Volkes zu stärken und fremder Hegemonie zu widerstehen. Witkiewicz und andere europäische Vertreter des Heimatstils irrten sich allerdings hinsichtlich des nationalen Charakters ihrer visuellen Phraseologie, denn die handgemachten Textilien, rustikalen Möbel und Blumenmotive waren weder einzigartig noch individuell, sondern ein transnational geteiltes Idiom mit geringen lokalen Variationen. Nichtsdestotrotz wurde der »verbäuerlichende Stil« europaweit von städtischen Eliten aufgegriffen, nicht selten als symbolischer Versuch einer Transzendierung der Exzesse der industriellen Ära, der jedes echten Interesses an den tatsächlichen Formen ländlichen Lebens entbehrte.[40]

Ein weiterer Grund für die bevorzugte Behandlung, die Ungarn in Venedig erfuhr, war die fortwirkende Dankbarkeit gegenüber den ungarischen Emigranten, die 1860/61 im Unabhängigkeitskrieg gegen Habsburg auf italienischer Seite gekämpft hatten. Eine Benachteiligung Österreichs begann bereits 1905, als vielen europäischen Staaten (einschließlich des Königreichs Ungarn) eigene Hallen zur Verfügung gestellt wurden, um ihre Artefakte auszustellen, Österreich jedoch stillschweigend übergangen wurde. Das Wiener Unterrichtsministerium verstand dies als einen Versuch, nur die

38 *Bódi*, Kunstnationen.

39 *Bódi*, Kunstnationen. Die Bedeutung dieser Vermischung ragt im Vergleich mit anderen lokalen Trends heraus, die (wie der »Zakopane«-Stil, der auf traditionelle Formen, dekorative Motive und architektonische Strukturen der nördlichen Tatra zurückgriff) ihrerseits versuchten, einen spezifischen Nationalcharakter zu bilden und bewusster äußere Einflüsse ausschlossen. Auf der anderen Seite hatte Stanisław Witkiewicz als kühnster Exponent des Zakopane-Stils durchaus die Absicht, diese visuelle Sprache außerhalb der polnischen Gebiete zu verbreiten.

40 *Alofsin*, When Buildings Speak, S. 150–158.

Nationalität der Künstler zu würdigen, nicht aber die übergeordnete politische Einheit, der sie angehörten, und interpretierte diese Geste als Verneinung österreichischer Staatlichkeit. Ein Dekret an Böhmen, Mähren, Galizien, Tirol und Triest ordnete daher die Nichtteilnahme an.[41] Antonio Fradeletto, der erste Generalsekretär der Biennale in Venedig, war sich sehr wohl bewusst, wie der Aufbau von Pavillons in den *Giardini* als Instrument italienischer Außenpolitik genutzt werden konnte. Überzeugt von der Notwendigkeit eines Bündnisses mit dem Russischen Reich sowohl wegen gemeinsamer Interessen auf dem Balkan als auch gegen das habsburgische Österreich besorgte er den Bau eines russischen Pavillons, des siebten, der überhaupt auf dem Gelände der Biennale aufgerichtet wurde.[42]

Regionale Ausstellungen

Innerhalb der Imperien wurden große National-, Landes- und Provinzausstellungen organisiert, die eine Mischung aus industriellen und künstlerischen Erzeugnissen präsentierten. Die erste moderne Industrieausstellung der Habsburgermonarchie fand 1791 in Prag statt. Kleinere Ausstellungen folgten in den 1820er und 1830er Jahren; mit der Depression der 1840er und der politischen Repression der 1850er war das Ausstellungswesen jedoch im Niedergang. Die Wiener Ausstellung von 1873 stand unter dem Einfluss des Börsenkrachs, der auch künftige Initiativen in Österreich-Ungarn für die restliche Dekade erstickte. Neue Initiativen kamen ab den 1880er Jahren zustande, so dass in den letzten 25 Jahren der Monarchie eine erstaunliche Zahl großformatiger patriotischer Ausstellungen stattfand. Besonders nennenswert sind für die ungarische Reichshälfte die »Országos Kiállítás« [Landesausstellung] in Budapest 1885 und die Millenniumsaustellung von 1896. Ausstellungen in der österreichischen Reichshälfte fanden zum fünfzigstens und sechzigsten Krönungsjubiläum des Kaisers 1898 und 1908 statt. In den vergangenen Jahren sind mehrere Gelegenheiten rekonstruiert worden, bei denen sich Nationalitätenkonflikte resp. das Streben nach der Wiederherstellung kultureller Hegemonie mit dem wohltätigen Programm des »Networking« und des friedlichen Wettbewerbs überlagerten.[43]

---

41 *Heerde*, Staat und Kunst, S. 170–71.

42 Die Vorbereitungen begannen 1909, die Einweihung erfolgte 1914. *Bertelé*, Barbarians and Cosmopolitans S. 36–37. Ein österreichischer Pavillon sollte dagegen erst 1914 eröffnet werden.

43 Vgl. *Filipová*, Peasants; *Wendland*, Eindeutige Bilder; *Siadkowski*, Land Exhibition; *Hofmann*, Utopien.

Die internationale Reichweite der ostmitteleuropäischen regionalen Ausstellungen ist dagegen bislang wenig untersucht worden,[44] obgleich bspw. die Prager Jubiläumsausstellung von 1891 zum hundertsten Jahrestag der ersten modernen Handelsmesse während ihrer fünfmonatigen Laufzeit mehr als zwei Millionen Besucher aus Böhmen, Mähren und anderen slawischen Gebieten der Monarchie anzog. Typische ausländische Besucher waren tschechischstämmige Amerikaner, Angehörige anderer slawischer Länder, die aus einem panslawistischen Impetus heraus kamen, sowie Franzosen. Das Unternehmen bot auch eine Plattform für außerkulturelle und pragmatische Aspekte des tschechischen Nationalismus, war eine wirksame Werbung für tschechische Geschäfts- und Wirtschaftsinteressen und brachte einige sehr konkrete Ergebnisse für die nationale Selbsthilfe: Es wurde eine tschechische Exportgesellschaft gegründet, die den Kontakt zu ausländischen Märkten organisieren und ein Adressbuch tschechischer Exportfirmen herausgeben sollte und für Werbekampagnen zuständig war. Catherine Albrecht fasst in ihrer Darstellung der Ausstellung zusammen:

> »Zu einer Zeit, als die tschechischen politischen Aussichten eher beschränkt waren, schien die wirtschaftliche Zukunft unbegrenzte Wachstumsmöglichkeiten zu bieten. Die Ausstellung sollte zeigen, dass wirtschaftlicher Fortschritt nicht auf politische Konzessionen angewiesen war.«[45]

Ein vergleichbar pragmatischer Aspekt zeichnete die rein polnischen Handelsmessen aus, die im Rahmen der »organischen Arbeit«[46] in verschiedenen Städten des Herzogtums Posen und Westpreußens abgehalten wurden.

Im preußischen Teilungsgebiet galten großformatige Generalausstellungen als Bestandteil einer jahrhundertelangen Kulturmission, auf die sich deutsche Siedler an Preußens Ostgrenzen beriefen. Wichtige Ausstellungen fanden – neben einigen kleineren Veranstaltungen – in Posen/Poznań (1872), Königsberg (1875) und Bromberg/Bydgoszcz (1880) statt; sie kulminierten in der Ostdeutschen Ausstellung für Industrie, Gewerbe und Landwirtschaft, die 1911 wiederum in Posen/Poznań abgehalten wurde. Zu der Zeit, als die preußische regionale Ausstellungsbewegung ihren Höhepunkt

---

44 *Hlavačka*, Jubilejní výstava und *Janatková*, Modernisierung und Metropole sind beachtliche Ausnahmen.

45 *Albrecht*, Pride, S. 101–105.

46 Siehe hierzu auch Kap. I.1 und I.4 in diesem Band.

erreichte, machte sich allerdings auf internationaler Ebene eine gewisse Ausstellungsmüdigkeit bemerkbar, zeitgleich mit einer Kritik am immer weiter aufgeblähten System der großen Messen, der kostenintensiven Durchführung und einer Fehlentwicklung hin zum Amüsement für die Massen, die die begleitende offizielle Rhetorik Lügen strafte.[47] Eine solche Kritik war am lautesten in Deutschland selbst, wo die Berliner Handelsmesse von 1896 gleichwohl viele Merkmale und Widersprüchlichkeiten solcher Veranstaltungen aufwies – und deren Teilnahme an den Weltausstellungen bei den Chronisten wiederholt zu Klagen geführt hatte. Die wenigen allrussischen Industrie- und Kunstausstellungen, deren Geschichte bereits ausführlich erforscht und beschrieben wurde, fanden in den südlichen und zentralen Teilen des Zarenreichs – und damit außerhalb Ostmitteleuropas – statt.[48]

Generell lässt sich festhalten, dass die an den genannten Ausstellungen teilnehmenden Staaten das politische Ziel verfolgten, ihre national-kulturellen Identitäten auf einer globalen Bühne zu präsentieren. Das Deutsche Reich als ein junger aber einflussreicher Nationalstaat wollte seine Macht und seine neu gewonnene Einheit demonstrieren[49], die Habsburgermonarchie bewarb ihre ethnische Diversität als Vorzug. Österreich-Ungarn zeigte sich als Staat, in dem das Reich jeder der Nationen und Nationalitäten die bestmöglichen Entwicklungsbedingungen schaffe – womit real existierende Benachteiligungen freilich überdeckt wurden.[50] Weniger mächtige nichtwestliche Staaten, darunter auch Russland, bemühten sich, das Stigma des Feststeckens in der Vormoderne abzustreifen, während sie gleichzeitig den Reiz ihrer unzivilisierten »Wildheit« nutzten, um das Publikum zu bezaubern.[51] Provinz- und Landesausstellungen spiegelten die pragmatischen und symbolischen Eigenheiten grenzüberschreitender Begegnung und nationaler Rivalität. Sie boten großartige Gelegenheiten, Erfahrungen auszutauschen und Bindungen zwischen »imperialen Bevölkerungen« mit verschiedenem ethnischen und regionalen Hintergrund herzustellen, die ebenfalls auf über-

47 *Geppert*, Fleeting Cities, S. 201; *Cornelißen*, Die politische und kulturelle Repräsentation, S. 151.

48 Siehe hierzu *Fitzpatrick*, Great Russian Fair; *Lindner*, Inszenierung der Moderne.

49 *Fuchs*, Weltausstellungen, S. 61–88.

50 *Heerde*, Staat und Kunst, S. 15; *Clegg*, Art, Design and Architecture, S. 23.

51 Diese historische Interpretation wird intensiv behandelt in zwei Aufsätzen mit fast identischen Titeln zur lateinamerikanischen und russischen Beteiligung an internationalen Ausstellungen: *Fey*, Zivilisation; *Bertelé*, Barbarians and Cosmopolitans.

regionale Resonanz hofften. Gleichzeitig ermöglichten es diese Ausstellungen und Messen, eine Vielzahl an Entwicklungs- und Wohlstandsvisionen aufzuführen, für die von verschiedenen politischen und korporativen Interessengruppen geworben wurde und in denen imperiale, regionale und nationale Identitäten miteinander in Konkurrenz traten.

I.3.2.3 Bildung, Wissenschaft und grenzüberschreitende berufliche Mobilität

Universitäten in Ostmitteleuropa

Viele öffentliche Akteure im Ostmitteleuropa des 19. Jahrhunderts gehörten dem grundbesitzenden Adel oder dem Besitzbürgertum an und verfolgten insofern nicht unbedingt intellektuelle Karrieren. Allerdings verfügten sie in der Regel über eine gute Schulbildung, oft auf akademischem Niveau, oder eine Berufsausbildung – womit sich die Frage stellt, wo sie ihre Ausbildung genossen hatten. Schon seit dem 13. Jahrhundert spielten ausländische Universitäten – zuerst in Italien und Frankreich, später im Altreich, den Niederlanden und in der Schweiz – eine entscheidende Rolle bei der Heranbildung der ostmitteleuropäischen Eliten. Vor 1800 gab es in Ostmitteleuropa Universitäten in Prag (seit 1348), Krakau (1364), Wien (1365), Königsberg (1544), Wilna/Vilnius (1579), Dorpat/Tartu (1632), Lemberg/L'viv (1661), Klausenburg/Cluj (1581) und Tyrnau/Trnava (1635; 1777 nach Ofen/Budapest verlegt). Die europäische Wanderschaft der Studenten endete aber nicht, als diese Universitäten gegründet wurden, da sie nicht über die Kapazitäten verfügten, den bereits bestehenden Bedarf an hoher Bildung zu befriedigen. Hinzu kam allerdings, dass die Universitätslandschaft des frühen 19. Jahrhunderts in ganz Europa verwüstet war. In der Folge der Unruhe, die die Französische Revolution und die Napoleonischen Kriege mit sich gebracht hatten, bestanden im ersten Drittel des 19. Jahrhunderts lediglich 83 Universitäten, was einen enormen Rückgang im Vergleich mit 1789 bedeutete, als noch 143 Universitäten in Europa existierten.[52] In der zweiten Jahrhunderthälfte wurden wieder neue Universitäten gegründet, so dass es in den Jahren bis zum Zweiten Weltkrieg wieder 200 Hochschulen gab.

Das Schulwesen und das immer weiter ausgebaute höhere Bildungssystem waren ein Feld, auf dem in bemerkenswertem Umfang transnationale und

52 *Rüegg*, Geschichte der Universität, S. 3.

transregionale Anleihen und Implementierungen sichtbar wurden.[53] Während sich die europäischen Universitäten gegen Ende des 18. Jahrhunderts hinsichtlich ihrer organisatorischen Struktur und des Fächerkanons weitgehend ähnelten, oft gleich waren und kaum Einflüsse ihres Stammsitzes bemerken ließen, entwickelten sich im Laufe des 19. Jahrhunderts zwei konkurrierende Typen. Zum ersten gehörten das britische und das streng durchorganisierte französische Modell. Hier wurde der Vermittlung eines bereits anerkannten und häufig auf die Praxis ausgerichteten Wissens den Vorrang gegeben, von dem man annahm, dass es dem öffentlichen Wohl zuträglich sei. Das liberaler angelegte deutsche bzw. Humboldt'sche Modell hingegen legte größeres Gewicht auf die Forschung, d. h. auf die Art, in der neues Wissen entdeckt werden könnte, und förderte die Gründung von Fachzeitschriften und gelehrten Gesellschaften ebenso wie die Ausrichtung nationaler und internationaler Konferenzen. Mit dem Ende des 19. Jahrhundert setzte sich das Humboldt'sche Modell allmählich durch und breitete sich auch nach Übersee aus;[54] sein Einfluss dauerte bis weit ins 20. Jahrhundert an, verlagerte sich aber räumlich nach dem Zweiten Weltkrieg, als nordamerikanische Universitäten die weltweit führenden Institutionen höherer Bildung wurden.[55] Gleichwohl hatten die Regierungen Österreichs, Russlands, Ungarns und sogar Preußens auch die ältere berufsbezogene Ausbildung in Einrichtungen des französischen Typs aufrecht gehalten; hier wurden hauptsächlich Kleriker und Beamte sowie Ärzte und Juristen ausgebildet.[56] Technische Hochschulen und polytechnische Schulen gab es insbesondere in Österreich, gewöhnlich auch in kleineren Ortschaften und ländlichen Gemeinden, Die preußischen Gebiete verfügten zu diesem Zeitpunkt wegen ihrer historischen Zugehörigkeit zum System der deutschen Kleinfürstentümer bereits über eine größere Zahl an höheren Schulen als die Habsburgermonarchie mit ihrem zentralisierten Bildungssystem. Berufsbildende Schulen als Unterrichtseinrichtungen und mit modernen Methoden zogen Studenten weit über die unmittelbare Umgebung hinaus an. Die Universitäten wurden zu Orten des kulturellen Austauschs nicht nur wegen ihrer Lehrpläne, die eine diversifizierte Studentenschaft anlockten, sondern auch infolge des Wissenstransfers durch

53 Das Modell verbreitete sich auch außerhalb von Europa, obwohl anderswo – abgesehen von Lateinamerika – Universitäten nicht die typische Form der Ausbildung von Eliten war.

54 Dazu *Schlalenberg*, Humboldt.

55 *Mazón*, Gender, S. 8–9.

56 *Rüegg*, Geschichte der Universität, S. 12.

die Professoren der verschiedenen Institutionen. Bereits Ende des 17. Jahrhunderts hatte ein Besuch Zar Peters des Großen an der Albertus-Universität in Königsberg eine neue Ära kultureller Beziehungen zwischen Ostpreußen und dem Russischen Reich eingeleitet; in der Folge schrieben sich russische Studenten an der Königsberger Universität ein, und preußische Gelehrte beteiligten sich am Aufbau der St. Petersburger Akademie.

Institutionelle Unterversorgung

Selbst mittlere oder kleinere ostmitteleuropäische Städte strebten im Namen einer liberalen Modernisierung nach Universitätsgründungen; dabei war es ihnen sowohl darum zu tun, die talentierte und bildungshungrige Jugend von der Abwanderung abzuhalten als auch darum, selbst wandernde Studenten anzulocken. Das sich neu entwickelnde Netz von Universitäten in Ostmitteleuropa aber wies spezifische Defizite auf, von denen sich einige unmittelbar aus der Kulturverwaltung der ethnisch gemischten Regionen ergaben: aus dem Bedarf, der festgestellt wurde, aber auch aus den Restriktionen, die auferlegt wurden. Die Etablierung und die nachfolgende Existenz der Universitäten in der Region hingen davon ab, ob oder wie viele Einrichtungen die imperialen Regierungen in einem Kronland oder in einer Provinz haben und finanzieren wollten. Eine der beiden Universitäten Galiziens (in Krakau und Lemberg/L'viv) war immer wieder einmal bedroht, da Wien zwei Hochschulen als zu viel für das Kronland empfand.

Obwohl die Existenz von Kunstakademien im Laufe des 19. Jahrhunderts zunehmend zu einer Frage nationalen Prestiges wurde, konnte eine solche in Budapest erst relativ spät errichtet werden. Wiens Kunstakademie gehörte zu den ältesten Europas. Sie war 1692 gegründet und 1812 mit dem Zusatz kaiserlich versehen worden – mithin hatte die habsburgische Regierung nicht unbedingt ein gesteigertes Interesses daran, eine nahe Rivalin zu finanzieren.[57] Die Universität in Agram/Zagreb (1874 gegründet) musste ohne eine kostspielige Medizinische Fakultät auskommen, da es eine solche in der Nähe – nämlich in Graz – bereits gab.[58] In Zusammenhang mit den Nationalitätenkonflikten muss gesehen werden, dass Hochschuleinrichtungen wie die Universität in Wilna/Vilnius, die Universität, die Technische und Landwirtschaftliche Schule sowie die Kunstakademie in Warschau

57 *Szívós*, Social History, S. 22.
58 *Surman*, Cisleithanisch und transleithanisch, S. 240.

brach lagen,[59] oder dass bestimmte Fakultäten, die keinen direkt verwertbaren Zweck hatten, sondern eine allgemeine Gelehrtenausbildung bedienten, gar nicht erst mitgegründet wurden. So blieben die beiden neuen preußischen Technischen Hochschulen in den östlichen Provinzen (Danzig/Gdańsk, 1904 und Breslau/Wrocław, 1910) anders als an anderen Standorten zunächst ohne eine Philosophische Fakultät.[60]

In Gebieten, wo Forderungen nach einem höheren Bildungswesen am wenigstens fruchtbar waren und wo praktisch kein Universitätssystem bestand, erfolgte die Formierung lokaler Eliten fast ausschließlich an höheren Bildungsinstituten des Auslandes. Dies führte zum Beispiel bei den rumänischen Eliten zu einer raschen sozialen Transformation, insbesondere im Vergleich mit anderen lokalen sozialen Gruppen, und zu ihrer Abwendung von bis dahin maßgeblichen orientalischen und orthodoxen kulturellen Einflüssen hin zu westlichem, insbesondere französischem Denken und Geist.[61] Die wandernden Studierenden brachten wertvolles »Know-How« mit: Dieses wurde in einer Reform des Budapester *Mintarajztanoda* (Modellzeichnerschule bzw. Kunstgewerbeschule, einer niederen Lehrerbildungsanstalt) ebenso angewandt wie in der schließlich 1908 eröffneten Hochschule für Schöne Künste.

Frauenstudium

Ein weiterer Faktor, der zur hohen Zahl an ostmitteleuropäischen Studierenden im Ausland beitrug, waren die Restriktionen bezüglich der höheren Bildung für Frauen. Dabei war das Aufkommen neuer Kategorien von Studierenden – Ausländern und Frauen – im späten 19. Jahrhundert ein allgemeiner Trend in Ländern wie der Schweiz, Frankreich, Deutschland und Belgien, die ein gut ausgebautes Universitätssystem unterhielten und deren Unterrichtssprachen auch an den Schulen in den übrigen europäischen Ländern benutzt wurden. Die Schweiz erfuhr die umfänglichste Zuwanderung von Ausländern und Frauen an ihre Universitäten.[62] Die schweizerischen Universitäten ließen ab 1867 Studentinnen zu, und im ersten Jahrzehnt des 20. Jahrhunderts stellten Ausländerinnen mehr als neunzig Prozent der weiblichen Studierenden an den Schweizer Univer-

59 *Suchodolski*, History of Polish Culture, S. 162; *Mansbach*, Modern Art, S. 87; *Rüegg*, Geschichte der Universität, S. 42.

60 *Manegold*, Technische Hochschule Danzig, S. 18; *Schutte*, Königliche Akademie Posen, S. 338–342.

61 *Nastasă*, Education.

62 *Tikhonov*, Migrations des étudiants, S. 44–52.

sitäten, insbesondere in Zürich.[63] Diese Gruppe ausländischer Studentinnen bestand hauptsächlich aus Migrantinnen aus dem ostmittel- und südosteuropäischen Europa und dem Russischen Reich; die meisten gehörten ethnischen und religiösen Minderheiten ihrer Länder an. Dabei waren Jüdinnen innerhalb dieser Avantgarde besonders gut vertreten, gerade in den medizinischen Fächern. Sie hatten zudem den Ruf, politisch radikal zu sein und einen unkonventionellen, emanzipierten Lebensstil zu pflegen.[64] Der außerordentlich hohe Prozentsatz ausländischer – insbesondere osteuropäischer – weiblicher Studierender präzisiert möglicherweise die allgemeine Fortschrittlichkeit, die den Ländern zugeschrieben wird, in denen ein Frauenstudium zuerst gestattet wurde. Offensichtlich führte dies aber nicht zu einer nennenswerten Zahl einheimischer Studentinnen, und in manchen Fällen war die Koedukation auf nur einzelne Institutionen beschränkt: In der Schweiz folgte Basel dem Züricher Beispiel erst Jahrzehnte später, und in den USA blieben die Elite-Colleges den Frauen für den größeren Teil des 20. Jahrhunderts verschlossen.[65]

In Mitteleuropa, mit dem Primat der staatlichen Universitäten hatten bildungswillige Frauen nur die Möglichkeit, individuell die Zulassung als Gasthörerinnen an Universitäten, Kunst- und medizinischen Schulen zu beantragen.[66] In Österreich-Ungarn wurden Frauen etwas früher als im Deutschen Reich zum Studium zugelassen (1895 im Königreich Ungarn und 1897 in Cisleithanien), gleichwohl erlebten die habsburgischen Länder mit ein bis fünf Prozent den geringsten Zulauf von weiblichen Studierenden. Diese groben Daten führen uns zu der Vermutung, dass die österreichischen Universitäten nicht zu den bevorzugten Zielorten von Studentinnen aus Ostmitteleuropa gehörten. Von 1900 bis 1909 erkannte das Deutsche Reich schrittweise das Recht von Frauen auf höhere Bildung an. Ein preußisches Ministerialdekret, das Frauen als rechtmäßige ordentliche Hörerinnen zuließ, erging 1908. Einen vergleichbaren Zugang zu höherer Bildung erreichten US-amerikanische Frauen übrigens erst in den 1960er Jahren.[67] Im Russischen Reich festigten wiederholte Statuten und Anordnungen des Zaren das männliche Monopol auf höhere Bildung, allerdings wurden als Ergebnis hef-

63 *Neumann*, Studentinnen, S. 15–17.

64 *Mazón*, Gender, S. 60–61. Die Furcht vor politischem Radikalismus brachte fast alle deutschen Universitäten dazu, russische Bewerberinnen abzulehnen.

65 *Mazón*, Gender, S. 14.

66 *Daskalova* u. *Zimmermann*, Women's and Gender History, S. 276.

67 *Mazón*, Gender, S. 14–15. Detaillierter ebd., S. 85–114.

tiger Auseinandersetzungen im späten 19. Jahrhundert private Lyzeen (vor allem Medizinalschulen) und öffentliche Kurse für Frauen eingerichtet.[68] Die geheimen polnischen Bildungsvereinigungen in den drei Teilungsgebieten folgten der Logik dieser irregulären Kurse; sie dienten aber nicht allein dazu, Frauen höhere Schulbildung zu vermitteln, sondern waren auch als Widerstand gegen Germanisierungs- und Russifizierungsbestrebungen der Regierungsbehörden angelegt.

Besondere Erwähnung verdient in diesem Zusammenhang die »Fliegende Universität« (1886–1905) in Warschau: Die Kurse dieser Universität wurden in Privathäusern in der ganzen Stadt und später in den ostpolnischen Gebieten abgehalten und häufig verlegt, damit die Behörden die Sitzungen nicht auffinden konnten. Die ersten geheimen Kurse begannen 1882 und bestanden aus einer Reihe konspirativer Vorlesungen für Frauen. 1886 wurden diese Kurse zu einer einzigen informellen und illegalen Universität zusammengefasst, die beiden Geschlechtern offenstand.[69] Ungeachtet der harschen Bedingungen ließe sich diese ungewöhnliche Form der höheren Bildung letztlich als ein Vorteil ausmachen, den die Teilungen für Polen gebracht haben:

> »In einem Land, wo sich kein nationales System höherer Erziehung entwickeln durfte und wo keine staatlichen akademischen Einrichtungen bestanden, wurde ein ganzes Netzwerk freiwilliger Institutionen und Stiftungen aufgebaut, das teilweise bereits in Russland, Österreich oder Preußen bestehende akademische Körperschaften nutzte.«[70]

Esperanto Es war ein sprachliebender Augenarzt namens Ludwik Lejzer Zamenhof (1859-1917), aufgewachsen in einer ausgeprägt multikulturellen und gemischtsprachigen Region und Familie, der den Grundstock für die erste weithin akzeptierte konstruierte Sprache legte: *Esperanto*. Geboren in Białystok war Zamenhof der Sohn eines aufgeklärten, assimilierten, russischsprachigen jüdischen Sprachlehrers und einer traditionell-religiösen jiddischsprachigen Mutter. Zunächst vom Zionismus angezogen, von dem er sich schließlich wieder abwandte, stellte er sich eine Welt vor, in der religiöse und

68 *Johanson*, Women's Struggle, S. 28–50; *Hutton*, Russian and West European Women, S. 54–58.

69 *McManus-Czubinska*, Mass Higher Education, S. 104–142; *Stegmann*, Töchter, S. 73–76; *Davies*, God's Playground S. 235. Die Stringenz der dort vermittelten Ausbildung wird durch den Umstand deutlich, dass Maria Sklodowska-Curie, die später den Nobelpreis erhalten sollte, nur die bekannteste Absolventin dieser Einrichtung war.

70 *Suchodolski*, History of Polish Culture, S. 185.

sprachliche Hindernisse überwunden werden könnten. Für diese Idealvorstellung schuf er die Grundlagen einer leicht zu erlernenden »transnationalen Sprache« und veröffentlichte 1887 unter dem Pseudonym Dr. Esperanto einen Entwurf in verschiedenen Sprachen. Die Herausgabe einer Zeitschrift und jährlicher Adressbücher der Anhänger folgte ab 1889. Nach ersten Erfolgen in Russland und Schweden fasste Esperanto um die Jahrhundertwende auch in Westeuropa Fuß, und im folgenden Jahrzehnt wurden Esperanto-Vereine auf allen Kontinenten gegründet.[71]

Unterrichtssprache: Vom Utraquismus zur Einsprachigkeit, von der Interkulturalität zur Monokultur

Wie bereits angemerkt wurde, war die Sprache der öffentlichen Verwaltung und der Bildung in den multiethnischen Imperien ein umkämpftes Feld und ist immer noch ein umstrittener Gegenstand in den nationalen Historiographien. Verbote der Verwendung einheimischer Sprachen, wie es sie in einigen Gegenden (vor allem im preußischen, später auch im russischen Teilungsgebiet sowie in Oberungarn) gegeben hat, und die daraus resultierenden intentionalen oder spontanen Prozesse der Assimilierung an die Amtssprache werden häufig als Ruin der nationalen Identität und Transportmittel für Germanisierung, Russifizierung und Magyarisierung verstanden und dargestellt. Gleichzeitig gilt ein hoher Prozentsatz an Analphabeten als Folge einer Primärerziehung in den Muttersprachen. Das Argument lautet dabei, Slowaken, Ruthenen und Rumänen hätten einen geringeren Alphabetisierungsgrad aufgewiesen, weil es ihnen an Grundschulen mit eigener Unterrichtssprache gefehlt hätte,[72] während der Alphabetisierungsgrad der Ungarn, Kroaten und Tschechen signifikant stieg, sobald diese nationalen Einheiten ihre eigenen Schulen haben durften. Tatsächlich blieb in Galizien der Analphabetismus ein drängendes Problem, auch nachdem Polnisch 1867 als offizielle Sprache anerkannt wurde: Hier wurde die Schulpflicht, die zu diesem Zeitpunkt in anderen Teilen der österreichisch-ungarischen Monarchie bereits in Kraft war, kaum umgesetzt. In Preußen und im Habsburgerreich war schon in der zweiten Hälfte des 18. und dem frühen 19. Jahrhundert die allgemeine Schulpflicht für alle Kinder ab fünf oder sechs Jahren eingeführt und die Schulbildung zu einer Aufgabe des Staates erklärt worden.[73] Analphabetismus war in Preußisch-Polen um die Jahrhundertwende weitgehend überwunden – trotz einer Germanisierungs-

71 Vgl. *Dijk*, Weltsprache aus Warschau.
72 *Várassová*, Jan Lajciak S. 48; *Szentpéteri*, Magyar kódex, S. 420.
73 *Melton*, Absolutism, S. 152–159, 209–214.

politik, die Deutsch als offizielle Sprache erzwang. Im Russischen Reich war die Sprache nur einer von mehreren Faktoren (Religion, Klasse, Geschlecht, Nationalität und Geographie), die den Alphabetisierungsgrad und den Zugang zu Bildung beeinflussten und zu dauerhaft abweichenden Raten von Analphabetismus führten, mit einer durchschnittlichen Alphabetisierungsrate von nur zwanzig Prozent.[74] Dort standen insbesondere der Bevölkerung in ländlichen Gebieten am Ende des 19. Jahrhunderts immer noch nur wenige Schulen zur Verfügung, die zudem von der Kirche betrieben wurden und einen hauptsächlich religiösen Lehrplan verfolgten.[75] Das Schulgeld wurde mitunter eher erhöht denn abgeschafft, wodurch die Landbevölkerung in großem Umfang auf Selbstunterricht verwiesen war oder irregulären Unterricht besuchen musste, der von politischen Dissidenten angeboten wurde.

Damit kommen wir zu einer nicht national zentrierten Betrachtungsweise, die nicht allein Wert auf den Aufbau und die Pflege von Nationalbewusstsein Wert legt. Sie sieht die Fragen nach Unterricht in der Muttersprache, dem Zugang zu schulischem Unterricht im Allgemeinen und die Aussicht auf soziale Mobilität durch Alphabetisierung und Lernen als miteinander verknüpft an. Aus diesem Blickwinkel ließe sich die Einführung einer obligatorischen Grundschulbildung selbst dann als ein soziales Privileg ansehen, wenn diese Schulen die Amtssprache zum Schaden ethnischer Gruppen durchsetzten und wenn die Heranziehung junger Männer für Militär und Bürokratie Teil der politischen Agenda war. Folgt man dieser Einschätzung fällt auf, dass in der Geschichtsschreibung zu den baltischen Provinzen Russlands in der Regel die Frage fehlt, ob Schulunterricht an sich wünschenswert war, die Einsprüche kultureller Nationalisten gegen die Effekte systemischer Russifizierung und Germanisierung allerdings nicht unerwähnt bleiben. Da Deutschbalten und Letten über Jahrhunderte das Deutsche als die Sprache der »Hochkultur« und der Verwaltung betrachtet haben, während Lettisch nur von Bauern gesprochen wurde, nahm der Gelehrtenstand es selbstbewusst als Sprache eines im Ausbau befindlichen primären Schulwesens in den lettischen Provinzen Livlands und Kurlands an.[76] In ähnlicher Weise ließen sich die mitunter progressiven und

---

74 Siehe *Hutton*, Russian and West European Women, S. 49 für erhellende Zahlen aus der russischen reichsweiten Volkszählung von 1897.

75 *Brooks*, When Russia learnt to Read, S. 47–49.

76 *Plakans*, Historical Dictionary, S. 61; 68.

günstigen Elemente von Leo Thuns Reformen zur Modernisierung des kaiserlichen Bildungssystems aufzeigen, wenn man die Aversionen und Verdächtigungen zeitgenössischer ungarischer Intellektueller in der Ära des Neo-Absolutismus gegen österreichische staatliche Maßnahmen ein wenig zur Seite schiebt.[77]

Ein Vergleich der österreichischen und ungarischen staatlichen Sprachenpolitik innerhalb der Doppelmonarchie setzt diese in einen transnationalen Kontext, in dem eine nationszentrierte Perspektive an Erklärungskraft verliert. Nach 1867 und in weiter zunehmendem Maße nach der Lex Apponyi von 1907 folgte Ungarn dem französischen Modell der Nation, indem es lediglich eine offizielle Amtssprache und eine verrechtlichte politische *Staatsnation* einführte.[78] Der stark nationalistische Charakter der Politik des Ministerpräsidenten Apponyi rührte aber tatsächlich von zeitgenössischen europäischen Auffassungen über den modernen liberalen Staat her, demzufolge Loyalität und Kenntnis der offiziellen Sprache von allen Bürgern verlangt wurden. Die Vorstellung von einem einheitlichen Nationalstaat mit einem in zunehmendem Maße staatlich betriebenen Bildungssystem befand sich voll und ganz auf der Höhe der Zeit.

> »Es gab keine staatliche bretonischsprachige Schule in Frankreich, ebenso wenig wie eine französischsprachige Schule im von den Deutschen annektierten Elsaß. Die offizielle Amts- und Rechtssprache war überall die Sprache der dominierenden Nation – außer in Österreich und, in gewissem Umfang, Ungarn.«[79]

Mit anderen Worten: Die Verdrängung der Minderheitensprachen aus den Grundschulen war kein Ziel an und für sich, sondern ein Nebeneffekt der nationalen Integration einerseits, der Modernisierung des Bildungssystems andererseits. Dabei wurde der liberale Gedanke der bürgerlichen Gleichheit

77 *Farkas*, Modernisierung S. 177; *Cohen*, Education, S. 36–53.

78 *Burger*, Sprachenrecht, S. 10; *Puttkamer*, Schulalltag, S. 312–320, 396. Zwar wurde die Idee einer kulturell tolerant verwalteten Staatsnation schrittweise aufgegeben zugunsten einer von den Magyaren aus definierten *Kulturnation*. Die Ernennung des Ungarischen zur vornehmlichen Unterrichtssprache, die systematische Kontrolle der Schulbücher und Lehrpläne und die Einführung nationaler Gedenktage sorgten dafür, dass die Vision eines ethnisch ungarischen Staates die Oberhand gewann und konkurrierende Modelle in den Hintergrund schob.

79 *Molnár*, Geschichte Ungarns, S. 314–315.

insofern nicht aufgegeben, als die Individuen nicht wegen ihrer ethnischen Herkunft diskriminiert wurden.[80] Auch wenn festgehalten werden kann, dass Einsprachigkeit die Schulen zwar zum Instrument nationalstaatlicher Ambitionen machte, belegt die zunehmende Gleichförmigkeit der Schulsysteme auch, dass es sich hier um einen internationalen Trend handelte: Auch diese Facette des Nationalismus erweist sich wiederum als ein transnationales Phänomen.

Dabei ist es eine ganz andere Frage, ob das angenommene Ideal einer supraethnischen *Staatsnation* im Kontext des multiethnischen Königreichs Ungarn überhaupt ein realistisches Modell hätte sein können. Die Bereitschaft der österreichischen Hochbürokratie, abweichende Herangehensweisen anzunehmen, scheint den Kontingenzen eines Imperiums mit mehreren ethnischen Körperschaften eher entsprochen zu haben. Wien erkannte acht Unterrichts- und Alltagssprachen als »landesübliche Sprachen« gemäß Artikel 19 des Staatsgrundgesetzes von 1867 an, ohne eine als offizielle Staatssprache vorzuziehen; die Verfassung des österreichischen Reichsteils schuf damit die Grundlagen für einen *Nationalitätenstaat.*

Aber auch Sprachenrecht und Sprachgerechtigkeit im österreichischen Bildungssystem waren nicht in der Lage, die schrittweise Verdrängung der Vielsprachigkeit durch Einsprachigkeit zu verhindern. Dieser Prozess, der von Interkulturalität in Richtung auf kulturelle Homogenität verlief, wurde von mehreren Faktoren angetrieben; das feierliche Bekenntnis der nationalistischen Bewegungen zu einer Muttersprache war nur einer. Andere Faktoren hingen mit europaweiten Tendenzen und Diskursen zusammen. So lehnten die damals vorherrschenden pädagogischen Prinzipien beispielsweise den frühen Erwerb von mehr als einer Sprache ab. Zudem wirkte das nun entstehende Studienfach Philologie gegen ein älteres Vorurteil, Gelehrsamkeit sei nur in bestimmten Sprachen möglich, und führte zu Versuchen der Kodifizierung der »volkstümlichen« slawischen Sprachen. Dies wiederum wurde begleitet von der Tendenz, das subjektive »Bekenntnis« zu nationaler Identität bei verschiedenen administrativen Gelegenheiten zu ersetzen durch eine »objektive« Zuordnung, die zur Schaffung »nationaler Subjekte« führte. Per Definition waren diese einsprachig und begannen nun, viele

80 *Puttkamer*, Schulalltag, S. 448. Dieses liberale Prinzip zeichnete auch die preußische Erziehungspolitik aus, wobei polnische und deutsche Historiker sich noch schwertun damit, die modernisierende Kraft und die möglichen Vorzüge dieser Politik anzuerkennen

transkulturelle Verbindungen, mit denen sie aufgewachsen waren, zu kappen – darunter die Mehrsprachigkeit als gelebte Erfahrung.[81]

Wenn gegen Ende des Jahrhunderts in gemischtsprachigen Provinzen die sprachlich nichtdominante Gruppe über ein Gymnasium, eine Universitätsabteilung oder Universität verfügte, gerieten diese auf ein Schlachtfeld, auf dem die dominante Gruppe alle Mittel mobilisierte, um deren weiteres Bestehen zu behindern. Der Utraquismus (als Praxis der doppelten Unterrichtssprache) wurde allmählich ersetzt durch autonome Schulsysteme, die von der jeweiligen Nationalität betrieben wurden. Zuerst geschah dies in Böhmen und Mähren, und die Teilung der Universität Prag in getrennte deutsche und tschechische Lehranstalten 1882 ist eines der berühmtesten Beispiele. Sprache wurde in zunehmendem Maße in den Dienst des Partikularismus, mitunter des Nationalismus gestellt.[82] Gleichzeitig legten diese Schulsysteme in wachsendem Maße einen Fokus auf das Erlernen von Fremdsprachen.[83]

Die Auseinandersetzungen um die Sprache setzten sich in der höheren Bildung fort. Ab dem Ende des 19. Jahrhunderts folgte dem Niedergang des Lateinischen als Unterrichtssprache die Bevorzugung des Deutschen, dann in mehreren Runden die (teilweisen) Einführung und Abschaffung lokaler Sprachen.[84] Jeder Wechsel der Unterrichtssprache zog unvermeidlich einen Wandel im geographischen Einzugsgebiet der Rekrutierung nach sich; diese deckte sich immer weniger mit den staatlichen Grenzen und immer

---

81 *Burger*, Sprachenrecht, S. 240 und *Giordano*, Sprache und Nation, S. 17. *Wandruschka* u. *Urbanitsch*, Völker des Reiches, S. 3. Die in Wien März 2014 stattgefundene Konferenz »Urban Space and Multilingualism in the Late Habsburg Monarchy« hat bislang übersehene Fragen wie die Anwendung der Vielsprachigkeit in Militär, Tourismus, Industrie, Medien weiter aufhellen können. Dies gilt auch für Aspekte des kulturellen Lebens wie Theaterrepertoires polyglotter Städte; ein Sammelband ist in Vorbereitung. Zur Frage des Sprachgebrauches im Militärwesen und dessen Beteiligung an die Entstehung eines »Habsburger« Patriotismus und einer vereinenden Erfahrung, siehe *Cole*, Military Culture.

82 *Houston*, Literacy, S. 396. Ebenso *Lemberg*, Universitäten.

83 Der ungarische Staat bewilligte jährlich im Schnitt 15–20 »Reisestipendien«. Am höchsten waren die Zahlen in den Jahren unmittelbar vor dem Ausbruch des Ersten Weltkriegs; von 1908 bis 1914 konnten zusätzlich acht bis zehn Studierende an universitären Sommersprachkursen in England und Frankreich teilnehmen. *Ujváry*, Magyar állami, S. 15–16.

84 In Russlands baltischen Provinzen überging ein erzwungener Wandel die lokalen Sprachen, die erst um die Jahrhundertmitte kodifiziert wurden, und bestand in einem Wechsel vom Deutschen zum Russischen wie am Polytechnischen Institut in Riga (gegr. 1862). *Plakans*, Historical Dictionary, S. 134.

mehr mit kulturell-linguistischen Regionen. Für deutschsprachige Universitäten bildeten deutschsprachige Regionen im weitesten Sinne das Rekrutierungsfeld für Hörer, in Galizien, Böhmen-Mähren und Ungarn verengte sich die Attraktivität auf die Gegenden, in denen die jeweilige Unterrichtssprache gesprochen wurde.[85] Ergebnis dieses Prozesses für die Habsburger Universitäten war, dass ein gut ausgebautes System höherer Bildung, das anfänglich verwaltungsmäßig einheitlich und sprachlich zentralisiert, hinsichtlich der Sprachkompetenzen jedoch ethnisch gemischt – und daher transnational – gewesen war, einem dezentralisierten multilingualen System Platz machte, dessen individuelle national-geographische Einheiten linguistisch immer stärker homogenisiert – und damit tendenziell nationalisiert – wurden. Gleichzeitig entstand eine wachsende Spannung zwischen angeblich übernationaler Wissenschaft und nationaler Gelehrsamkeit.[86] Auf der einen Seite waren die Entwicklung höherer Lehrpläne in den Volkssprachen und die Erweiterung dieser Sprachen für den wissenschaftlichen Gebrauch wichtige Wegmarken bei der Modernisierung einer Nation; auf der anderen Seite barg die Verwirklichung von Forschungsarbeiten in den Landessprachen das Risiko der Isolierung der lokalen akademischen Welt von der internationalen Wissenschaft.

Die »**Acta Comparationis Litterarum Universarium**« waren ein 1877 gestartetes Pionierprojekt, das von Hugó Meltzl (1846–1908) und Sámuel Brassai (1800–1897) in Klausenburg/Cluj veröffentlicht wurde. Die »Acta Comparationis« waren die erste internationale Zeitschrift für vergleichende literaturwissenschaftliche Studien und verfügten über ein beeindruckendes Forschernetzwerk: Die mehr als 130 Beiträger waren auf allen fünf Kontinenten tätig. Die Herausgeber fühlten sich Goethes Vision einer Weltliteratur verpflichtet, gingen aber auch über sie hinaus, und seit den ersten Ausgaben fanden sich hier Beiträge über japanische, peruanische, persische, malaiisch-polynesische, Kafir- und Eskimo-Kultur (häufig auf der Grundlage englischsprachiger Quellen). Die Zeitschrift war polyglott, ihr Programm nannte Vermittlung und Transfer als Mittel und als Ziel. Im allgemeinen wurden Beiträge in fünf oder sechs Sprachen eingereicht; Übersetzungen von Gedichten ließen die Zahl der vermittelten Sprachen jedoch auf 22 steigen. Die »Acta Comparationis« legten damit den Grundstein für die Integration der Übersetzungskunst in die Literaturwissenschaft. Das editorische Programm ließ keinen Zweifel, dass die Vermittlung literarischer Texte aus weniger bekannten, »exotischen« Kulturen Ausflüge in die

85 *Surman*, Habsburg Universities, S. 59–63.
86 Vgl. *Baár*, Historians and Nationalism, S. 141–164.

Ethnologie, Religions- und Sozialgeschichte und philosophische Traditionen erforderlich machte und war daher auch offen für fächerübergreifende Untersuchungen in der Kulturwissenschaft. Sámuel Brassai verfolgte selbst interdisziplinäre Studien, die Mathematik, Logik, Paläologie und Linguistik einschlossen. Für Hugo Meltzl waren Interkulturalität und das bewusste und ständige Überschreiten sprachlicher Grenzen eine lebendige Erfahrung; er sprach sich wiederholt gegen die Unterdrückung der Sprache eines Volkes im Namen politischer Nationen aus, die strikte Einsprachigkeit durchsetzen wollten. Die »Acta Comparationis« wurden in den Jahren nach ihrer Gründung in verschiedenen internationalen Zeitschriften begeistert begrüßt. Ihre Bedeutung für die globalen Anfänge der vergleichenden Literaturgeschichte und die Erarbeitung der modernen Komparatistik werden gelegentlich in Werken zur Geschichte der vergleichenden Literaturwissenschaften erwähnt. Gleichwohl ist die Disziplin heute geprägt von anderen Namen (René Wellek, Austin Warren, Horst Fassel) und Publikationsforen (z. B. der »Zeitschrift für vergleichende Literaturgeschichte«, 1886-). Die Existenz der »Acta Comparationis« jedoch widerlegt in überzeugender Weise die Auffassung, nur Zentren seien dazu in der Lage, Peripherien und die »weite Welt« miteinander in Verbindung zu bringen. Da es ihr allerdings an institutioneller und finanzieller Unterstützung seitens der Hauptstädte Budapest und Wien oder anderswoher fehlte, wurde die Zeitschrift im Jahre 1888 eingestellt.

I.3.3 Soziale Gruppen und ihre Topographien

I.3.3.1 Sozialer Progressismus mit transnationalen Allianzen

Import thematischer intellektueller Agenden

Seit der Französischen Revolution bemühten sich liberale Intellektuelle neben ihrem Wunsch, Adelsprivilegien abzuschaffen und an ihrer Stelle eine moderne individualistische Gesellschaft aufzubauen und für die Hebung des Bildungsniveaus der Volksmassen und des kulturellen Lebens insgesamt zu wirken. Angehörige der progressiven Gruppen jener Zeit – meist Intellektuelle aus den Mittelschichten – strebten nach demokratischen Reformen und widmeten sich der Verbesserung der sozialen Lage und der kulturellen Erziehung der Arbeiter. Dies entsprach einem transnationalen Trend, nach dem die Agenden sozialer Progressisten in Ostmitteleuropa sehr häufig untrennbar verbunden waren mit Projekten zur Verbesserung des Schicksals ihrer jeweiligen Nationen. In der Formulierung ihrer Visionen von der Nation als einer kulturellen und sprachlichen Gemeinschaft stützten sich Sozialreformer auf international breit diskutierte ausländische Denker und übernahmen international zirkulierende Praktiken – oder »domestizierten« sie bei vielen Gelegenheiten. Die folgenden Seiten stellen Fälle des kulturellen »Imports« und der Überarbeitung, aber auch des »Exports« heraus. Die Fallbeispiele stammten aus den Feldern des Strebens nach einer (trans)nationalen (all)slawischen Identität, knüpften an die internationale Frauensbewegung an und verfügten über Schnittstellen (z. B. Körperkultur), an denen diese verschiedenen von Austausch inspirierten Agenden zusammenliefen.

Ein Denker mit enormer Wirkung auf die künftigen ostmitteleuropäischen Nationen war Johann Gottfried Herder, der ein Jahrhundert zuvor für Respekt gegenüber nationalen Gruppen eingetreten war.[87] Von französischen und englischen Philosophen wie Auguste Comte und Herbert Spencer eingeführte Begriffe wurden von den polnischen »Positivisten« des 19. Jahrhunderts übernommen, die die Bewegung der *Organischen Arbeit* einleiteten, eine polnische Selbsthilfebewegung, die auf landwirtschaftliche Modernisierung und Wirtschaftsreform, die Erziehung der Massen und wissenschaftlichen Fortschritt unter den Bedingungen der Teilung abzielte und dabei den Import ausländischer technischer Ideen förderte. Die Grundsätze der positivistischen Bewegung forderten, dass die Lebenskräfte der Nation eher in Arbeit denn in fruchtlose nationale Aufstände gegen die übermächtige militärische Präsenz der Imperien investiert werden sollten. Führende Reformer wie Aleksander Świętochowski oder Seweryn Goszczyński stellten sich eine Nation ohne Staat vor und proklamierten, wenn die Nation sich nicht in regulärer Weise durch öffentliche Institutionen entwickeln könne, werde das nationale Überleben durch die Anstrengungen von Individuen gesichert, die sich in verschiedenen Lebensbereichen zu Gruppen zusammenschlössen.[88] Die positivistische Idee der *Organischen Arbeit* implizierte, dass die Menschen selbst als Individuen der hauptsächliche Akteur historischen Wandels seien.

---

87 Herder lieferte im Übrigen nicht nur positive Inspiration und Identifikationsmuster; eine seiner Prophezeiungen stand auch Pate bei einem der dauerhaften Schreckensbilder des ungarischen Nationalismus. Herder stellte sich ein dräuendes *empowerment* der slawischen Nationen (»Slawenkapitel«) und das Verschwinden der magyarischen Sprache und Kultur in einem Land vor, in dem die politisch dominierende Nationalität nicht gleichzeitig kulturell und sprachlich dominant war, sondern eher die »größte Minderheit« unter vielen Nationalitäten. Herders Mahnung wird häufig als Grund für die harsche und intolerante Nationalitätenpolitik des ungarischen Staates interpretiert.

88 *Suchodolski,* History of Polish Culture, S. 163–164.

Slawische Angebote Panslawismus und Tolstojanismus waren einheimische soziokulturelle Bewegungen, die transnationale Reichweite hatten, indem sie ein interkulturelles Publikum ansprachen. Zudem war ihr Umgang mit westlichen Einflüssen nicht einer der bedingungslosen Übernahme, sondern eine kritische Revision und eine Ausformulierung alternativer Modelle. In ihrem Bestreben, nützliche Muster für andere Nationen anzubieten, veröffentlichten sie slawophile Zeitschriften (wie die *Russkaja Beseda*, wo russische Slawisten Beispiele neuer Literatur oder Gelehrsamkeit böhmischer, serbischer und polnischer Advokaten einer slawischen Erneuerung popularisierten), vermittelten Bücherlieferungen und unternahmen »Studienreisen« – wie wir heute sagen würden – in andere slawische Länder.[89]

Die Tolstojanerbewegung war eine Form spirituellen Denkens und Lebens, das auf den philosophischen und religiösen Ansichten des russischen Romanciers Lev Tolstoi aufbaute. Ihre Grundprinzipien waren geschwisterliche Liebe und Pazifismus und eine Abkehr von materiellem Reichtum und körperlicher Liebe. Sie enthielt insofern Elemente des Anarchismus, als sie staatliche und religiöse Autoritäten und deren Gewaltherrschaft ablehnte. Da Zensurmaßnehmen im Russland des späten 19. Jahrhunderts eine Publikation der nichtfiktionalen Werke Tolstois in seinem Heimatland verhinderten, verbreitete sich der Tolstojanismus zunächst international, und die Bewegung erreichte in Russland ihren Höhepunkt erst nach der bolschewistischen Revolution. Ihre Angehörigen organisierten sich in kooperativen Kommunen, die Tolstoi-Farmen genannt wurden. Solche Kommunen bestanden in Bulgarien, den Vereinigten Staaten, England und den Niederlanden in den 1890er Jahren, in Südafrika ab 1910.[90] Ungeachtet Tolstois Verachtung für Ruhm, den er als Eitelkeit des irdischen Lebens ansah, erlangte er den Status einer moralischen Instanz und wurde zum spirituellen Lehrer von Menschen in der ganzen Welt. Sein wichtigster Mitarbeiter trug aktiv dazu bei, Tolstois Ruf zu einer weit verbreiteten kulturellen Handelsware umzumünzen, die als Sätze aus seinen philosophischen Reflexionen – begleitet von Gemälden Ilja Repins – auf Zeitschriftentiteln, Fotos und Postkarten vertrieben wurde.

---

89 *Dudzinskaja*, Slawophile Periodika, S. 255–257.
90 *Alston*, Tolstoy's Guiding Light.

Leibeserziehung als zeitgenössischer Trend

Gymnastische Übungen sind in ganz Europa seit der Aufklärung von Bildungsreformern propagiert worden. Durch die Vermittlung von Kaufleuten, Pädagogen, politischen und ökonomischen Flüchtlingen, die sich außerhalb Europas niederließen, und insbesondere durch die Olympischen Spiele breitete sich die Bewegung auch in die beiden Amerikas sowie verstärkt ab dem Ende des Jahrhunderts nach Australien und in einige afrikanische Länder aus. Der deutsche Turnverein war transnational das allgemeine Vorbild, bis das weniger nationalistisch und militaristisch aufgeladene schwedische Modell ab dem beginnenden 20. Jahrhundert zunehmende Anerkennung genoss, nicht zuletzt wegen des beeindruckenden Auftretens der skandinavischen Länder bei den Olympischen Zwischenspielen in Athen 1906.[91] Der *Sokol* als tschechische, resp. (all)slawische Variante folgte in der Bevorzugung militärischer Gymnastik und der damit verbundenen romantischen Vision nationaler Einheit eigentlich dem deutschen Vorbild. Neben Trainingsprogrammen veröffentlichte der *Sokol* eine Zeitschrift, besaß Bibliotheken und bot ein Forum für literarische und Theateraufführungen; er befasste sich so mit der körperlichen, moralischen und intellektuellen Ausbildung der Nation und transformierte den Nationalismus in eine Massenbewegung.[92] Anders als eher elitäre (nationalistische) Klubs rekrutierten Sportvereine ihre Mitglieder aus der Arbeiterklasse und unteren Mittelschichten. Diese soziale Inklusivität fand auch darin ihren Ausdruck, dass sich die Vereinsmitglieder mit dem informellen »Du« ansprachen, einem sozialen Habitus, der damals geradezu subversiv war. In der Vorkriegszeit setzte ein wachsender Militarismus im *Sokol* sein fortschrittliches Erbe aufs Spiel; am Leben erhalten wurde es mitunter von den weiblichen Mitgliedern des Verbands, die sich weigerten, liberale Traditionen einer nationalen Aufgabe unterzuordnen.[93]

Feministische politische und kulturelle Ansprüche

Frauenbewegungen sind über lange Zeit hinweg ein wichtiger Teil der facettenreichen Geschichte transnationaler sozialer Reformbewegungen gewesen. Seit dem späten 19. Jahrhundert wurden Feminismen von lokalen, nationalen, regionalen und transnationalen Einflüssen, Interessen und Akteurinnen geprägt. Quellen, aus denen ostmitteleuropäischen Feministinnen Informationen über die

91 *Kaimakamis, Dallas, Stefanidis* u. *Papadopoulos*, Spread of Gymnastics, S. 50.
92 *Nolte*, Every Czech a Sokol!, S. 80–81.
93 *Nolte*, Every Czech a Sokol!, S. 100.

internationale Bewegung schöpften, waren die lokale deutsche Presse, die Vermittlung durch befreundete Aktivisten aus anderen progressistischen Organisationen sowie ihre eigenen Übersetzungen, Veröffentlichungen und Netzwerkbildungen. Solche Verbindungen brachten transnationale und transregionale Biographien wie die von Rosika Bédy-Schwimmer oder der in Slowenien geborenen Zofka Kveder hervor. Rosika (auch Rózsa) Bédy-Schwimmer war eine aus Ungarn stammende Feministin und Pazifistin, eine der ersten Weltföderalisten.[94] Zofka Kveders Bildungs- und Berufsweg führte sie von ihrer slowenischen Heimat durch Triest in die Schweiz, nach München, Prag, Wien und Zagreb, wobei sie auch von der »ersten Frauenrechtlerin« zur Matrone der pathetischen Nationalmystik und monarchistischer Propaganda geworden ist.[95]

In der Gesamtregion lassen sich große Unterschiede in den Programmen und Strategien des weiblichen Aktivismus' und in der Art feststellen, wie sie mit globalen Tendenzen der Homogenisierung umgingen. Die polnische Debatte über die Frauenfrage setzte zuerst ein, insbesondere in Warschau. Polnische Feministinnen waren außerdem in Lemberg/L'viv und Krakau in Galizien aktiv, während es in der Provinz Posen kaum polnische Frauen gegeben zu haben scheint, die sich für bürgerliche, Bildungs- und Beschäftigungsrechte einsetzten.[96] Feministinnen in Kongresspolen konnten sich auf russische Frauen außerhalb einer eigentlichen Frauenbewegung beziehen; weibliches politisches Engagement begann hier im frühen 19. Jahrhundert mit den Frauen der Dekabristen, die öffentlich ihre Solidarität mit ihren verhafteten männlichen Verwandten erklärten. Später waren es eher selbstbewusste feministische Russinnen, deren Bemühung um Gleichheit der Geschlechter häufig an revolutionäre politische Programme geknüpft war.[97] Rosa Luxemburg, die spätere sozialistische politische Aktivistin und Feministin, wurde in Kongresspolen geboren, und obschon sie den größeren Teil ihres Erwachsenenlebens in Berlin zubrachte, blieb sie die Führerin der polnischen Sozialdemokraten, die dafür kämpfte, dass die sozialistische Bewegung auch die Sache der Frauenbefreiung unterstützte.

94 Siehe dazu *Pastor*, Diplomatic Fiasco. Für eine biografische Betrachtung siehe *Haan, Daskalova* u. *Loutfi*, Biographical Dictionary, S. 484–90. Vgl. auch Kap. I.5 in diesem Band.

95 Vgl. *Vittorelli*, Frauenbewegung, S. 19–65.

96 *Stegmann*, Töchter S. 35–61; *Jaworski* u. *Pietrow-Enker*, Women in Polish Society, S. viii.

97 *Bisha*, Russian Women, S. 300–301.

Tschechische und österreichische Feministinnen operierten mit einer ausdrücklich internationalen Orientierung; viele ihrer Themen spiegelten die Agenden ausländischer Frauenorganisationen wider. Eine Gruppe ukrainischer Feministinnen in Galizien hingegen war eher geneigt, vor Ort erfahrenes Leiden zu identifizieren und zu benennen, und wandte die Begriffe Rückständigkeit und Fortschritt als strategisches Instrument an.[98]

Wie ein näherer Blick auf den tschechischen Fall zeigt, konnten ansonsten homogenisierende globale Tendenzen auch zu weiterer Differenzierung beitragen: Hier adaptierten Aktivistinnen eine Reihe rhetorischer und praktischer Strategien so, dass sie ihrem eigenen Bedarf entsprachen. Indem sie die transnationale Problemwahrnehmung der »Frauenfrage« nutzten, konnten sie die Internationalität der Debatte zur machtvollen Unterstützung eigener Forderungen gegenüber der Wiener Verwaltung verwenden. Gleichzeitig schöpften diese Feministinnen Kraft aus ihrer Identifizierung mit der tschechischen nationalen Bewegung: Sie borgten die linguistischen Instrumente ihrer Landsleute um festzustellen, dass das ungleiche Verhältnis zwischen Frauen und Männern (einschließlich des Mangels an Selbstbestimmung, Autonomie und Interessenvertretung) dem ungleichen Verhältnis zwischen dominanten und dominierten Nationalitäten entsprach.[99]

In Kroatien und Bosnien-Herzegowina war der Aktivismus von Frauen mit der illyrischen Bewegung (einem südslawischen Zweig der panslawischen Idee) verbunden; inspiriert war er nicht nur vom westeuropäischen Beispiel, sondern auch von den Tschechinnen. In ähnlicher Weise nahm die nationale Befreiungsbewegung in Litauen die Frauenfrage auf, wodurch die allgemeine Öffentlichkeit und die katholische Kirche gegenüber den Problemen der Frauen offen waren. Zwei katholische Priester initiierten 1907 einen Frauenkongress in Kovno/Kaunas, an dem fast 1000 Menschen teilnahmen.[100] Natürlich gab es auch Verweigerung gegenüber solchen globalen Trends: Sowohl die Gegner der Frauenbewegung als auch manche Aktivistinnen, die selbst für eine verbesserte Lage der Frauen in der Gesellschaft kämpften, betrachteten zuweilen feministisches Denken als fremden Einfluss, als unerwünschten bürgerlichen »Import«.

98 *Zhurzhenko*, Ukrainian Women S. 265; *Hüchtker*, Rückständigkeit, S. 245.
99 *David*, Czech Feminists, S. 26.
100 *Thorborg*, Women and Gender, S. 532.

Ein komplexes Programm: Körperkultur, Feminismus, Volkserziehung

Es gibt keine unmittelbaren Nachweise dafür, dass das schwedische Gymnastik-Modell tschechische *Sokol*-Frauen in ihrem Widerstand gegen die zunehmende Militarisierung der eigenen Sportvereine in der Vorkriegszeit beeinflusst hätte. Wir können von einem solchen Einfluss aber ausgehen, wenn wir berücksichtigen, dass das skandinavische Modell in genau dieser Zeit an Popularität gewann und dass sein Programm insofern attraktiv war, als es den medizinischen und ästhetischen Aspekten von Gymnastik und Leibeserziehung von Mädchen und Frauen gesteigerte Aufmerksamkeit schenkte.

Unmittelbar zeigen lässt sich eine Inspiration durch die skandinavische Bewegung für den ungarischen Fall. Die Alice Madzsar-Schule für Bewegung in Budapest war eine Institution, die die Hauptthemen mehrerer transnational kursierender progressistischer städtischer Projekte umsetzte. Die Schule wurde 1912 gegründet; ihr Hauptziel waren Leibesübungen für Frauen, werdende Mütter, Kinder und Arbeitsstätten, in der Überzeugung, dass Körperkultur ein wichtiges Instrument zur Frauenemanzipation sein könne. Die Leiterin und Namenspatronin der Institution, Alice Madzsar, entwickelte ihre Trainingsmethoden auf der Grundlage der schwedischen Gymnastik, die sie während ihrer Reisen nach Deutschland und Norwegen kennengelernt hatte.[101] Neben diesen externen Einflüssen kooperierte sie mit dem *Munkás Testedző Egyesület* [Arbeitersportverein]; ihr Ehemann József Madzsar hielt regelmäßige Vorträge über Naturwissenschaften vor Arbeitern. Beides zusammen sollte Kultur demokratisieren und unterschied Alice Madzsars Projekt so deutlich von vergleichbaren Unternehmungen der Zeit wie den Pantomimesitzungen der Gräfin Margit Bethlen. Diese wurden hauptsächlich von aristokratischen Damen abgehalten, richteten sich nicht an die unteren sozialen Schichten und ermangelten in der Regel eines sozialen Programms.

I.3.3.2 Neue Metropolen und urbane Mittelschicht

Während die traditionelle Geschichtsschreibung über das 19. Jahrhundert sich bemüht, Bilder und Selbstbilder kultureller und nationaler Homogenität anzubieten, zeigt die transnationale Historiographie ein Interesse an so-

101 *Csatlós*, Shifting, S. 18.

zialer Pluralität. Dies tut sie in Anerkennung der Tatsache, dass Menschen, die ein Territorium bewohnen, eine in sich diversifizierte Gruppe hinsichtlich sprachlicher, kultureller, ethnischer und religiöser Identifizierung und Zugehörigkeit darstellen. Typische Objekte zur Untersuchung solcher Vielfalt und Diversität waren immer städtische Umgebungen. Urbane Zentren wurden dabei einerseits zur Heimat nationalisierender Bestrebungen (insofern Nationsbildung und die Schaffung nationaler Kulturen zunehmend als Projekte urbaner intellektueller Eliten gesehen werden),[102] während sie andererseits gleichzeitig die günstigsten Voraussetzungen für »kosmopolitischen« Austausch boten.

Zwar ließe sich Ostmitteleuropa wegen des Vorhandenseins mehrerer regionaler Zentren als relativ multizentrisch beschreiben, jedoch waren es im späten 19. und frühen 20. Jahrhundert hauptsächlich Wien und die sich dynamisch entwickelnden Städte Budapest und Prag, die Anspruch auf den Status einer Metropole erheben konnten. Die Vereinigung der drei zusammenwachsenden Ortschaften Pest, Buda und Ópest zu Budapest im Jahre 1873 sorgte für einen beträchtlichen Größenzuwachs und regte ein weiteres intensives Wachstum an: Um 1900 war Budapest eine der am schnellsten wachsenden Städte der Welt. In ähnlicher Weise stieg Prag zu einem Hauptzentrum kapitalistischer Industrie, Produktion und Konsumption auf und beherbergte bald auch die neuen Kaufhäuser, Hotels, Restaurants, Bankpaläste, Bürogebäude und Kultureinrichtungen. Diese Metropolen wirkten als Kräfte kultureller Dispersion und Diversifizierung und boten zahlreiche Möglichkeiten zu individualistischem Müßiggang und Selbstverwirklichung.

Identifikation durch Architektur

Die städtische Landschaft reflektierte nicht bloß den Status einer Stadt innerhalb des staatlichen Wirtschaftsraums, sondern auch dessen kulturelle Identität und die Ambitionen und Bedürfnisse derer, die ihre Entwicklung finanzierten. Insbesondere die österreichisch-ungarischen Städte von Reichenberg/Liberec über Fiume/Rijeka bis nach Klausenburg/Cluj zeichneten sich in gewissem Grade durch eine einheitliche visuelle Identität aus, die sich in zwei entscheidenden Merkmalen äußerte: Das eine waren die Stadtplanungsschemata, die bei der Stadtentwicklung angewandt wurden (und die auf dem Wiener Modell der Ringstraße aufbauten, die das historische Zentrum umschloss, mit von dort

102 Siehe z.B. *Judson* u. *Rozenblit*, Constructing Nationalities; *Tilly*, Citizenship; *Bartov* u. *Weitz*, Shatterzone of Empires. Vgl. auch Kap. I.1 in diesem Band.

ausgehenden Stichstraßen in die Vororte), das andere ein immer wiederkehrender architektonischer Neo-Barock- oder Neo-Renaissance-Stil vieler repräsentativer Gebäude als Mahnungen an den Höhepunkt habsburgischer Macht; außerdem zeigte sich hier die Signatur des häufig herangezogenen deutschen Architektenbüros Fellner & Helmer.[103]

Aus dem Blickwinkel der allgemeinen patriotischen Aufladung künstlerischer Äußerungen in jener Zeit war städtische Architektur eine hybridisierende Kunstform. Auch wenn die je aktuellen Stile Motive enthielten, die aus der nationalen Geschichte entnommen wurden, zeigten sie doch gleichzeitig offensichtliche Gemeinsamkeiten mit der gesamteuropäischen Architektur des 19. Jahrhunderts. Auf der anderen Seite brachte die Wahl bestimmter internationaler Beispiele als Vorbilder politische Überzeugungen ebenso deutlich zum Ausdruck wie die Zugehörigkeit zu einem Stil mit stärker nationalem Charakter. Prags *Art Nouveau*-Architektur wurde zu einem Schlachtfeld zwischen den Vertretern des Modernismus und den Nationalkonservativen. Letztere beklagten Wiens bereits spürbare Vormachtstellung in den Künsten und waren daher daran interessiert, sich von dem anscheinend typisch Wiener Phänomen der *Art Nouveau* abzusetzen, während sie gleichzeitig »Amerikanisierung« oder das Überhandnehmen einer Art »angelsächsischen Utilitarismus« befürchteten.[104] Für die Budapester Stadtentwicklung wurden Fachleute beauftragt, »Erfolgsmethoden« aus ausländischen Großstädten zu sammeln – und zwar ganz bewusst nicht nur aus Wien. Neue Wohnhäuser im dicht besiedelten Budapester Bezirk Terézváros wurden nach einem regelmäßigen Raster ausgerichtet; wegen der Ähnlichkeit zur ebenso bewusst geplanten und rasch entwickelten amerikanischen Stadt wurde das neue Viertel in der Alltagssprache »Chicago« genannt. Das Parlamentsgebäude (1884–1902) folgte dem britischen Modell, womit es sich stilistisch von Wien abgrenzte und die politische Unabhängigkeit des Königreichs Ungarn betonte. Aus ähnlichen Erwägungen heraus orientierte sich Agram/Zagreb eher an Wiener Stilmustern als sich Inspiration aus Budapest, d.h. der Hauptstadt jener politischen Einheit zu holen, der es administrativ untergeordnet war.[105]

---

103 *Clegg*, Art, Design and Architecture, S. 16;. Zu ostmitteleuropäischen Stadtplänen und der Ringstraßen-Struktur siehe *Wiebenson*, Remarks und die übrigen Beiträge zur ersten Nummer (2001) der Zeitschrift *Centropa*.

104 *Vybíral*, Modernism, S. 206–207.

105 *Stachel* u. *Szabó-Knotik*, Urbane Kulturen, S. 16–17.

Hochkultur – ein Magnet für ausländische Kulturschaffende

Groß- und Hauptstädte waren außerdem die wichtigsten Zentren der repräsentativen und Hochkultur. Die neu gegründeten Einrichtungen für Kultur, Bildung, Massenkommunikation und Unterhaltung schöpften bewusst aus Vorbildern, die im Ausland besichtigt werden konnten; gleichzeitig boten infrastrukturelle Investitionen in die Kultur an der europäischen Peripherie Beschäftigung und (re)präsentative Gelegenheiten für Fachleute aus der österreichischen Hauptstadt und aus westeuropäischen Zentren. Ausländische Intellektuelle und Künstler wurden als Leiter von Kultureinrichtungen (Opernhäuser, Universitätsabteilungen oder Kunstakademien) engagiert, international anerkannte Komponisten wählten die neu erbauten metropolitanen Örtlichkeiten für die Uraufführungen ihrer neusten Werke, weltbekannte, aber auch ganz gewöhnliche Architekten entwarfen städtische Gebäude in diesen aufstrebenden Zentren.[106]

Die nationalen Meistererzählungen der Kulturgeschichte haben diese Verbindungen minutiös aufgezeichnet. Lokale Akteure ließen sich von der unmittelbaren Begegnung mit solchen Erfindern und Fachleuten und ihren Modellen inspirieren, und viele bemühten sich dann, fremde Einflüsse mit einheimischen Elementen zu verschmelzen. Andere Akteure (oft mit recht kosmopolitischem Familien- und Bildungshintergrund) reagierten in gewissem Maße ablehnend auf die unternehmerische Präsenz von Fremden und stellten eigene Kenntnisse und Fertigkeiten, die sie selbst jenseits der Landesgrenzen erworben hatten, in den Dienst modernisierender und gleichzeitig nationalisierender Programme. Diese modernen Kulturnationalisten traten als moralische Erneuerer auf, die einen Mittelweg zwischen universalistischen Modernisierern und isolationistischen Konservativen eröffneten, indem sie Entwicklung befürworteten, aber dabei auf einem eigenen Weg insistierten.[107]

Bürgerlicher Kulturkonsum

Typische Konsumentin der kulturell-kreativen Erfahrungen, die das Stadtleben bot, und übliche Trägerin eines intellektuel-

106 Nur einige wenige Beispiele, um die oben mit Fellner und Helmer begonnene Liste etwas aufzufüllen: Der Italiener Antonio Corazzi entwarf einige Gebäude in Warschau; der Westbahnhof in Budapest (eröffnet 1877) war ein gemeinsames Projekt des österreichischen Architekten August de Serres und des Pariser Büros von Gustave Eiffel. Prags Kunstakademie heuerte ihre Direktoren in Düsseldorf und Belgien an; und als Beispiel für transregionalen Austausch: Der tschechische Architekt F. Škabrout wurde eingeladen, den Narodni Dom (1893–1896) in Laibach/Ljubljana zu entwerfen.

107 *Thaler*, Fluid Identities, S. 522; *Becker*, Long Journey.

len, künstlerischen Modernismus, aber auch einer ökonomisch-technischen Modernisierung, war die Mittelschicht. In Ostmitteleuropa erst relativ spät entstanden, behielt sie feudale Spuren einer ständischen Gesellschaft inmitten kapitalistischer Entwicklung bei. Mehr als eine einheitliche Schicht der Stadtbevölkerung war das Bürgertum. Es umfasst in sozialer Hinsicht ein breites Spektrum von (Groß)Adeligen bis zu Kleinbürgern. Am ehesten zeichnete es sich durch einen bestimmten *Habitus* aus, ein System alternativer Formen sozialer Interaktion, das auch eine Abwendung von aristokratischen sozialen Codes und Verhaltensformen beinhaltete.[108] Gleichwohl war das Bürgertum, verglichen mit dem landbesitzenden Adel, der weit ins 19. Jahrhundert hinein (und teilweise bis ins 20. Jahrhundert) der wichtigste Stand blieb, in politischer Hinsicht schwach. Weite Teile hatten innerhalb des staatlich-gesellschaftlichen Kontexts zudem eine Art Außenseiterstatus, da sie sich durch ihre fremde (meist deutsche oder jüdische) Herkunft auszeichneten.[109]

Mit dem allgemeinen Bevölkerungswachstum infolge der Urbanisierung wuchs der Anteil der nichtdeutschen ethnischen Gruppen in den großen Städten. In der zweiten Hälfte des 19. Jahrhunderts erreichte eine tschechische urbane Mittelschicht den Status der Mehrheit und rivalisierte mit Prags deutschsprachiger (christlicher und jüdischer) Elite. Diese Rivalität führte auf der einen Seite zu einem neu entstehenden ethnisch-nationalen Bewusstsein auch innerhalb der deutschen Gemeinschaft, auf der anderen zur Aufspaltung des sozialen und kulturellen Gewebes der Stadt und der Entwicklung einer gleichsam doppelten Infrastruktur des Kulturlebens.[110] Die bereits erwähnte Spaltung der altehrwürdigen *Alma Mater Pragensis* in eine tschechische und eine deutsche Universität 1882 setzte sich fort in der Aufteilung der Galerie für Moderne Kunst in Sektionen für tschechische und deutsche Kunst. Dem Bau des Tschechischen Nationaltheaters (1868–1881) folgte 1888 ein Deutsches Theater. In den baltischen Gesellschaften erschien allmählich ein *Literatenstand*, der ein Gegengewicht zur kulturellen Hegemonie der deutschen Muttersprachler bildete. Dieser Stand fasste Vertreter der freien Berufe – häufig jüdischer Herkunft – zusammen, war aber nicht mit einem eigenen Rechtsstatus verknüpft.[111]

---

108 *Bruckmüller, Döcker, Stekl* u. *Urbanitsch*, Bürgertum, S. 99.

109 *Bácskai*, Bürgertum, S. 4.

110 *Cohen*, Politics, S. 18–40.

111 *Plakans*, Historical Dictionary, S. 65–66.

Das Judentum war eine weitere wichtige Gruppe im ostmitteleuropäischen Städteleben und war seinerseits in zwei wohl unterscheidbare Gruppen gespalten. Ein großer Teil der städtischen Juden gehörte einer sich assimilierenden Mittelschicht an, die nach Wegen der Integration in die ökonomische und soziale Struktur der nichtjüdischen Umgebung suchte, während der andere Teil an seinen orthodoxen religiösen Traditionen festhielt und zur Dissimilation tendierte. Obwohl Integration als Inklusion einer Minderheitengemeinschaft auf Basis der Gleichheit niemals eine Option darstellte[112], war die rechtliche und soziale Lage religiöser Minderheiten in Ostmitteleuropa vom Mittelalter bis ins 19. Jahrhundert in den meisten Fällen besser als in den westeuropäischen Staaten, einschließlich West- und Ostpreußens, die sich durch erzwungene religiöse Homogenität auszeichneten.[113]

Nach dem Ausgleich von 1867 erhielten die Juden auch im Königreich Ungarn gleiche Rechte; im Zuge der kirchenpolitischen Gesetzgebung 1894/85 förderte die Politik weiter den Willen zur Assimilation.[114] Eine beeindruckende Zahl an ausgezeichneten Künstlern, Gelehrten oder Führern der progressistischen intellektuell-politischen Bewegungen ging aus dem assimilierten Judentum Wiens, Prags und Budapests hervor. Sich assimilierende jüdische Familien in den habsburgischen Metropolen förderten die höhere Schulbildung als Mittel zu effektiverer Integration, auch wenn sie an ihrem jüdischen Glauben festhielten, den sie nun eher mit Kultur und Gemeinschaft identifizierten als mit Ritual und Religion. Ethnisch-religiöse Zugehörigkeit wurde zudem oft überlagert von Klasseninteressen, und dieses Gemisch von Zugehörigkeiten machte den Weg frei für internationalistische Selbstwahrnehmungen.

Nach der Eroberung des Baltikums und der Annexion großer Teile des polnisch-litauischen Königreichs schloss das Russische Reich ab dem Ende des 18. Jahrhunderts in Litauen, Weißrussland, Ukraine und dem Königreich Polen rasch die weltweit größte jüdische Bevölkerungsgruppe ein. Zeitgleich setzte eine intensive Begegnung der traditionellen jüdischen Kultur dieser Gegenden und der kulturellen Welt der deutschen Juden ein. Der

112 Dagegen stand ein allgegenwärtiger Diskurs der »Gefährdung«, der die Agenden nationaler Minderheiten zu jener Zeit beherrschte. *Gerő*, Uj zsido mult, S. 117.

113 *Emeliantseva, Malz* u. *Ursprung*, Einführung, S. 120. Siehe auch Kap. I.2 in diesem Band. Innerhalb des Deutschen Reichs beherbergte Berlin neben den preußischen Städten Breslau und Königsberg die größten jüdischen Gemeinden.

114 Im Jahre 1910 erklärten sich 73 % der ungarischen Juden für ungarischsprachig; *Roth*, Studienhandbuch, S. 479.

diversifizierten jüdischen Intelligenz des Russischen Reichs (von jüdischen nationalistisch-zionistischen Zirkeln bis zu Anhängern des sozialistischen Gedankens) stellte aber nur einen kleinen Ausschnitt der literarischen Kulturen dar, zu denen die *Haskalah* (eine hebräisch- und landessprachliche literarisch-philologische Aufklärungsbewegung) ebenso zählte wie eine neu entstehende »volkssprachlich«-jiddische Literatur. Da jüngere Generationen von Juden oft nur noch mangelhafte Kenntnisse des Jiddischen und Hebräischen besaßen, traten auch russisch-jüdische und polnisch-jüdische Kulturen in den Vordergrund.[115]

Eine weitere Gruppe jüdischer Akteure gründete Kultureinrichtungen zur Verbreitung weltlicher Kultur an Orten jenseits der Großstädte des Reichs.[116] Darüber hinaus waren die gesellschaftlichen Möglichkeiten russischer intellektueller Frauen aus den oberen Klassen mitunter weitaus größer als im europäischen Durchschnitt,[117] denn auf eine Ausbildung von Mädchen wurde auch im Judentum Russlands und Osteuropas insgesamt Wert gelegt. Es war ein paradoxes Ergebnis ihres hohen Bildungsstands bei gleichzeitiger Geringschätzung durch die rabbinischen Autoritäten als Trägerinnen religiöser Lehre, dass osteuropäisch-jüdische Frauen sich dem Reichtum der weltlichen Literatur in allen ihnen zugänglichen Sprachen zuwandten, wodurch sie zu entscheidenden Vermittlerinnen der jüdischen Aufklärung des 19. Jahrhunderts, der *Haskalah*-Bewegung, wurden.[118]

Gerade weil das jüdische Selbstverständnis in den meisten Fällen weder vollständig durch ethnische Herkunft noch durch die umgebende Mehrheitskultur determiniert war, sind die ostmitteleuropäischen Juden in der jüngeren Literatur als »imperiale Bevölkerung« charakterisiert worden. Die fließenden Identitäten, Zugehörigkeiten und Loyalitäten, die die jüdische Intelligenz zeigte, lassen darauf schließen, dass sie sich – allerdings in einem viel höheren Maße – genau den Ambivalenzen ausgesetzt sahen, die die ethnisch und religiös vielfältigen urbanen Kontexte der Region insgesamt auszeichnete.[119] Später sollte es gerade diese transterritoriale und transnationale

115 *Hundert*, Encyclopedia of Jews, S. 1612–1614.

116 *Veidlinger*, Jewish Public Culture, insbesondere S. 67–193.

117 *Thorborg*, Women and Gender, S. 537.

118 *Parush*, Reading Jewish Women; *Freeze*, *Hyman* u. *Polonsky*, Jewish Women, S. 133–220.

119 *Hilbrenner*, Jüdische Geschichte S. 8; *Stachel u. Szabó-Knotik*, Urbane Kulturen, S. 21–23. *Szapor*, *Pető*, *Hametz* u. *Calloni*, Jewish Intellectual Women, S. 2; *Dohrn*, Akkulturation und Patriotismus, S. 61–82.

Lebenswelt sein, die die Juden als die Anderen par excellence erscheinen ließ und dazu beitrug, sie zu Opfern der gewaltsam homogenisierenden Anstrengungen jener Staaten machte, die in Ostmitteleuropa aus den drei multiethnischen Imperien entstanden.

I.3.3.3 Grenzregionen und kulturell hybride Landschaften

Interkultureller Kontakt innerhalb und entlang von Staatsgrenzen

Grenzzonen, wo Interaktionen buchstäblich an den physikalischen Rändern von Territorien stattfanden, sind bevorzugte Untersuchungsgegenstände transnationaler Geschichte, da diese Gebiete traditionell eine Zone des ethnischen Kontakts und Übergangs beinhalten. Gleichzeitig waren abgelegene multikulturelle und multireligiöse Provinzstädte ebenfalls Orte, an denen Güter ausgetauscht, Übergangsidentitäten und multiple Zugehörigkeiten auf individueller und kollektiver Ebene herausgebildet werden, wo zahlreiche Nervenstränge die einzelnen kulturellen Gruppen miteinander verbinden und Ethnizität häufig eine Frage bloßer persönlicher Vorlieben wurde:

> »Grenzbevölkerungen verstanden ihre Nachbarn; sie lernten voneinander, übermittelten ihre Kenntnisse an andere Mitglieder der jeweiligen Kulturgemeinschaft und trugen so zu einem stetigen Informationsfluss zwischen größeren Kultursphären bei.«[120]

Die Grenzgebiete erlangten auch in Ostmitteleuropa besondere Bedeutung im 19. Jahrhundert. Die Industrialisierung, die Entstehung der modernen Stadt, schnellere Kommunikationsmittel, die voranschreitende Territorialisierung der Staaten im Zeitalter des Imperialismus bewirkten, dass in den Grenzländern immer mehr Menschen lebten und zugleich voneinander getrennt waren. Kleine Provinzstädte waren dabei seltener als die Metropolen in der Lage, Konflikte in interkulturelle Kompetenz umzuwandeln und neigten eher dazu, Monokulturalität anzustreben als dies bei ländlichen Milieus der Fall war.[121] Anders als auf scheinbar multikulturellem flachem Land, wo es zahlreiche Beispiele friedvoller Interaktionen zwischen getrennten

---

120 *Thaler*, Fluid Identities, S. 541.

121 *Wendland*, Eindeutige Bilder; S. 146. Siehe auch *Mick*, Nationalisierung S. 121–131; *Thaler*, Fluid Identities S. 523.

Bevölkerungen gegeben hat, wurden Beziehungen zwischen Nationen entlang der Grenzen traditionell für konfrontativ und angespannt gehalten.[122] Städtische Gemeinden verwendeten hier oft Stereotypen, um räumliche, soziale und nationale Demarkationslinien zu verstärken.

Große Teile der ostmitteleuropäischen ländlichen Regionen zeichneten sich über Jahrhunderte hinweg durch multireligiöse, multilinguale und multinationale Koexistenzen aus. Arten und Frequenzen sozialer Interaktionen mögen in ländlichen Gemeinschaften gemessen an urbanen und metropolitanen Kontexten begrenzt gewesen sein. Berücksichtigt man aber die geringe Größe dieser Gemeinschaften, kamen solche Interaktionen doch häufig und in hoher Intensität vor: Die Angehörigen eines Nachbarschaftsverbands lebten eng beieinander und waren mitunter sogar per Geburt oder Heirat miteinander verwandt. Diese gemischten Gemeinschaften waren auch weit entfernt von den städtischen Zentren, wo kleinere oder größere Gruppen von Intellektuellen Kämpfe um Nationsbildung initiierten und Ansprüche hinsichtlich ihrer nationalen und kulturellen Eigenständigkeit bestimmter Gruppen erhoben.

Die soziale Praxis des »Kinderaustauschs« drängt sich als eine bemerkenswerte Form interkulturellen Austauschs oder Transfers in gemischten Regionen auf: Die Familien schickten ihre Kinder für eine festgelegte Zeit in eine andere Familie in einem nahegelegenen Dorf, wo die Bevölkerung eine andere Sprache sprach und andere Sitten oder Arbeitsweisen hatte. Der Kinderaustausch wurde so praktiziert, dass die Kleinen Fähigkeiten – einschließlich des Spracherwerbs – erlernten, von denen sie später im Arbeitsleben würden profitieren können.[123] Forscher, die sich mit dieser Praxis beschäftigt haben, konnten zeigen, dass die Menschen auf diese Weise auch ein gewisses Maß an kultureller Flexibilität erwarben. Dorfbewohner waren vergleichsweise milde, wenn nicht opportunistisch, wenn es um ihre linguistische oder nationale Zugehörigkeit ging; sie folgten der Einheit, die ihnen die größten Vorteile versprach. Ob sie ihre Loyalität in der Volkszählung für eine bestimmte Nation und Sprache erklärten und sich bei der nächsten gegen diese und für eine andere aussprachen, hing für sie eher von sozialen und ökonomischen Faktoren ab denn von einer Wahl, die von

122 *Bartov u. Weitz,* Shatterzone of Empires präsentiert eine Reihe aufschlussreicher Studien sowohl über Fälle von friedlicher Koexistenz oder »nationalen Gleichmut« als auch interethnischen Konflikt.

123 *Burger,* Sprachenrecht S. 196–197, 240; *Kósa,* Kinderaustausch; *Liszka,* Tauschkind.

Moral oder gemeinsamen Eigenschaften diktiert worden wäre.[124] Diese Form der Reflexivität und Flexibilität unterlief die offizielle Politik, und so wurde beispielsweise die Praxis des Kinderaustauschs im Laufe der Zeit verboten.[125]

Religion - Trennendes und Verbindendes

Erforderlich zum Verständnis von Grenzregionen und kulturell hybriden ländlichen Milieus ist die Einsicht, dass Identitäten sich nicht an einem einzigen Motiv festmachen lassen. Sie werden vielmehr im Wechselspiel einer Vielzahl von Elementen herausgebildet, die sowohl Affirmationen als auch Demarkationen enthalten, wobei letztere dazu dienen, die Grenzen zwischen den Gruppen aufrecht zu erhalten. Religion ist in diesem Zusammenhang ein weiteres wichtiges polyvalentes Element bei der Entstehung kultureller (Selbst)Zuordnungen. Christentum, Judentum und Islam waren mit einer breiten Palette von Traditionen und Unterformen in allen multinationalen Imperien präsent gewesen, die Ostmitteleuropa bis zum Ersten Weltkrieg beherrschten. Die Verschränkung imperialer Ordnungen und religiös aufgeladener nationaler Bewegungen bildete in diesem Kontext insofern eine besondere Konstellation, als Religion als Legitimationsquelle für beides verwendet wurde.[126] Dies hing damit zusammen, dass Imperien sich nicht ohne weiteres auf das Argument kultureller Kohäsion zurückziehen konnten. Nationale Ansprüche, denen es an staatlichen Strukturen mangelte, benötigten auch den gemeinsamen Glauben als integrierenden Faktor.

Ein häufig dokumentiertes Verhaltensmuster angesichts des religiösen Anderen besteht darin, die Grenze des Eigenen zu betonen, was zu Isolierung auf der einen Seite, zu Konflikten oder Rivalität bei der symbolischen Aufteilung des gemeinsam genutzten Raums auf der anderen führt.[127] Die Untersuchung von Religiosität als gelebter Erfahrung in kulturell diversifizierten Landgemeinden macht aber auch andere Muster sichtbar, etwa die Anpassung an Konzepte und Praktiken verwandter Konfessionen oder

124 *Judson*, Guardians of the Nation, S. 2 und 77; *Bartov* u. *Weitz*, Shatterzone of Empires, S. 116, 122–135. Eine solche Haltung war nicht notwendigerweise auf Dorfbewohner beschränkt: Politische Aktivisten in den baltischen Provinzen spielten häufig ihre Verbindung zur administrativ dominierenden Gruppe (den Russen) aus, um ein Gegengewicht gegen die ökonomische oder kulturelle Hegemonie der anderen (der Deutschen) zu setzen. *Plakans*, Historical Dictionary, S. 136.

125 *Wolf*, Seele Kakaniens, S. 93.

126 *Schulze Wessel*, Nationalisierung, S. 7.

127 *Adelsgruber*, *Cohen* u. *Kuzmany*, Getrennt, S. 205, *Grunert*, Glauben.

die nicht seltene Kooperation in Angelegenheiten, die alle betreffen. Häufig stellten Gruppen, die auf der Staatsebene minoritär waren, auf der lokalen Ebene Mehrheiten, wie die Protestanten in einigen habsburgischen Gebieten nach der Gegenreformation oder die Juden in Galizien.[128] Aus solchen hybriden Kontexten gingen mitunter ambivalente Gruppenidentitäten hervor; Identität und ihre Formbarkeit waren hier ein Ergebnis wandelbarer religiös-nationaler Zugehörigkeiten.[129]

Die »Zigeuner« Die Geschichte der Zigeuner bzw. Sinti und Roma[130] in ostmitteleuropäischen ländlichen Gegenden bietet reichen Stoff für Interpretationen aus einer transnationalen bzw. translokalen Perspektive; die Zigeuner zeichneten sich durch ambivalente, wenn nicht transnational strukturierte Identitäten und Traditionen aus, die in besonderer Weise von physischem Raum oder nationalem Territorium losgelöst waren.[131] Zigeuner waren seit dem 14.–15. Jahrhundert in Ostmittel- und Südosteuropa präsent; bis heute haben die betreffenden Regionen die höchsten Bevölkerungsanteile an Roma. In einer Zeit, in der die Arbeitsteilung in diesen Gebieten noch nicht ausdifferenziert war, wurden Zigeuner und die von ihnen angebotenen Gewerke und Dienstleistungen relativ gut akzeptiert. Im Königreich Ungarn genossen sie sogar gewisse Privilegien. Die Bedeutung einer solchen bevorzugten Behandlung lässt sich ermessen an einem Vergleich mit Westeuropa, wo die Zigeuner eher als Konkurrenz für lokale Handwerker oder als exotisierte Andere gesehen wurden.[132] Ab dem späten 19. Jahrhundert sorgten Industrialisierung und entstehende Massenproduktion für

---

128 *Bendel, Karp* u. *Köhler*, Kirchen- und Kulturgeschichtsschreibung, S. 10.

129 Einige Autoren (*Thaler*, Fluid Identities, S. 523–527; *Blanke*, Polish-Speaking Germans?, S. 5–25; *Ther* u. *Struve*, Grenzen der Nationen, S. 45–102; *Bjork*, Neither German nor Pole, S. 77–127) führen Beispiele aus Ostpreußen/Posen, Oberschlesien, Masuren und Litauen an, bei denen die Marker nationaler und religiöser Identität unscharf wurden und die Bevölkerungen Tendenzen zu ambivalenter Selbstzuordnung zeigten. P. Thaler stellt in Bezug auf ostmitteleuropäische Grenzland-Identitäten fest, dass nationale Bewegungen gegen die »Kraft der Geschichte« und der religiösen Praxis in solchen Gegenden keinen Erfolg hatten.

130 Zur Begrifflichkeit: Die Verwendung der Begriffe »Zigeuner« oder »Roma« ist in der Historiographie umstritten. Ich folge hier denjenigen Autoren, die die Auffassung vertreten, die Verwendung des Begriffs »Roma« sei problematisch in historischen Kontexten, und deshalb mit dem Begriff »Zigeuner« oder anderen zeitgenössischen Bezeichnungen arbeiten.

131 *Trepte*, Verleumdete Minderheit S. 341–343.

132 *Emeliantseva, Malz* u. *Ursprung*, Einführung, S. 74.

einen Rückgang des Bedarfs an ihren Produkten und Diensten. So verarmten auch die ostmitteleuropäischen Zigeunergemeinschaften rasch und wurden weiter marginalisiert, was wie im Westen zu einer Problemgruppe für Verwaltung und Polizei machte.[133]

Die sogenannte »zweite große Migration der Zigeuner« fand bereits im hier behandelten Zeitraum statt; sie führte zur Verbreitung dieser Bevölkerungsgruppe über die ganze Welt. Diese Westmigration war die Folge einer Emanzipation der Zigeuner in den rumänischen Fürstentümern, wo sie – was im 19. Jahrhundert in Europa einzigartig war – in Sklaverei gelebt hatten und wo der Sklavenstatus der Zigeunerbevölkerung als Teil des einheimischen Sozialsystems angesehen wurde (Individuen waren entweder das Eigentum des Fürsten/Fürstentums, Gutsbesitzers oder des Pfarrers bzw. Klosters, selbst wenn sie einen nomadischen Lebensstil pflegten). Die Abschaffung der Zigeunersklaverei in den 1850er Jahren war tatsächlich ein Ergebnis interkulturellen Kontakts: Zwei Jahrzehnte zuvor waren viele junge Bojaren, die sich einer sozialreformerischen Bewegung angeschlossen hatten, oft ins Ausland gereist, insbesondere nach Frankreich, wo ihr Denken von liberalen Ideen geprägt wurde. Nach ihrer Rückkehr beteiligten sie sich maßgeblich an der kulturellen Modernisierung der Fürstentümer einschließlich der Abschaffung der Sklaverei.[134] In der zweiten Jahrhunderthälfte emanzipiert, verließen viele der Zigeuner dennoch Rumänien aus der Furcht, sie könnten erneut versklavt werden. So nahmen sie Anteil an den großen trans- und interkontinentalen Migrationsbewegungen aus Ostmitteleuropa.

Auf Vernetzungsphänomene gerichtete Untersuchungen von Topographien und Aktionssphären der verschiedenen sozialen Gruppen in Ostmitteleuropa machten sichtbar, dass wir es mit zwei unterschiedlichen Arten von Transnationalität zu tun haben. Auf der einen Seite zeigt sich ein metropolitaner Transnationalismus der Mittelschichten, der als Produkt von Begegnungen oder Konfrontationen zwischen verschiedenen nationalen Ansprüchen und globalen Herausforderungen erscheint. Auf der anderen Seite überschritten die Angehörigen ländlicher Milieus auf ihren alten Pfaden von Arbeitsmigration oder täglicher Gewohnheiten kulturelle, sprachliche und ethnische Grenzen selbst dann, wenn sie innerhalb der geltenden politischen Grenzen blieben. Im Gegensatz zu Vorstellungen über die Säkularisierung

133 *Binder*, Cigányok S. 39.
134 *Achim*, Roma, S. 100.

als selbstverständlicher Trägerin und Sachwalterin von Modernisierung (ein Phänomen, das eng mit der Globalisierung zusammenhängt), war Religion nicht notwendigerweise ein Hindernis für Fortschritt in ländlichen Umgebungen. Fragen der Sozialreform (die Bekämpfung des Analphabetismus, die Verallgemeinerung von Schulbildung und die Übermittlung von neuesten Kenntnissen und Fertigkeiten sowie das Drängen auf Abstinenz) wurden häufig von religiösen Organisationen gestellt. Solchen Zielsetzungen schlossen sich in vielen Fällen progressive Frauenorganisationen an.[135]

In den Städten und auf dem flachen Land gab es Bewohnergruppen, die von einem Teil der jüngeren Literatur als »transnational« oder als »imperial« (mithin transterritorial) bezeichnet werden: die Juden und die Roma. Die Geschichte der ostmitteleuropäischen Judenheiten wird zum einen in den Jüdischen Studien thematisiert, zum anderen beginnt man, die Bedeutung der jüdischen Bevölkerungen einzelnen nationalen Geschichten Ostmitteleuropas wieder aufzufinden, neu zu bewerten und innerjüdische Transfers über Grenzen hinweg mit einzubeziehen.[136] Mitunter wird eine Parallele zwischen ostmitteleuropäischer und jüdischer Geschichte gezogen, insoweit Narrative der Geschichte Europas häufig ohne den Anteil der jüdischen und östlichen Bevölkerung auskommen zu können glauben. In einer Transnationalisierungsgeschichte des Kontinents, die sich nicht nach der Existenz oder dem Fehlen eines eigenen Staates richtet, würden die Juden als »transnationale Nation«[137], als Vermittler zwischen Kulturen, und als potentielle Träger einer »transnationalen Identität« Platz finden. Gleiches gilt für die subalterne soziale Gruppe der Roma, die als »Volk ohne Geschichte« über lange Zeit hinweg weder in der Kontinentalgeschichte noch in den einzelnen Nationalgeschichten einen sinnvollen Gegenstand makrohistorischer Untersuchungen darstellte. Eine alternative Geschichte lässt sich daher nur über weniger nationsgebundene Ansätze entdecken, und genau hierin liegt das Potential einer transnationalen Geschichtsschreibung.

135 *Hüchtker*, Rückständigkeit, S. 237.

136 *Wendland*, Randgeschichten?, S. 109–110; *Maurer*, Plädoyer.

137 Dan Diner plädiert ebenfalls für die Einbeziehung der transnationalen oder Diaspora-Erfahrungen der jüdischen Bevölkerung in die allgemeine europäische Geschichte, auch um das vorherrschende Nationalstaat-Paradigma zu überwinden. Vgl. *Diner*, Empire and Nation State, S. 61. sowie *Diner*, Gedächtniszeiten, S. 246–262.

I.3.4 Individuelle Akteure und ihre Formen der Grenzüberschreitung

I.3.4.1 Persönliche Netzwerke: Verbindungen im Mainstream und an den Rändern

Der Großteil der Forschungen zu Grenzüberschreitungen in der Geschichte Ostmitteleuropas (oder einzelner Länder innerhalb der Region) folgt in aller Regel Fällen interkultureller Verknüpfungen, die eine Art »vertikalen« Lernprozess exemplifizieren. Darin bewegen oder orientieren sich die Akteure wie vom Niederem zum Höheren aus einer peripheren Position hin in einen zentraler gelegenen Orten, getrieben von der Absicht, Anteil zu erhalten am Hauptstrom von Informationen. Es ging ihnen um das Erschließen von Bildungs- und institutionellen Ressourcen, die an den jeweiligen Heimatorten nicht zugänglich waren, oder um den Zugang zu größeren Märkten für Kulturgüter. Messbare Veränderungen in den Heimatländern, die aus der Vermittlung von Wissen und Fertigkeiten resultierten, sind traditionell als Bausteine der Kulturgeschichte Ostmitteleuropas betrachtet worden. Weniger gut erforschte alternative Pfade hin zu einer Transnationalisierungsgeschichte lassen sich durch Beispiele öffnen, in denen das Zentrum weniger als Ausgangspunkt von Einflüssen gesehen wird denn als Verhandlungsplatz, der den Rändern die Möglichkeit bot, Kontakt aufzunehmen. Solche »horizontalen« Austauschbeziehungen vor Ort, die das Zentrum ermöglicht, würden sich auch aus dem Blickwinkel eines überregionalen bis weltweiten Beziehungsnetzes als bedeutsam herausstellen. Andere Arten, Kontaktaufnahmen zwischen den Peripherien zu betrachten, wären die Untersuchung von Zusammenkünften, die im Wortsinne an den Rändern der jeweiligen Territorien stattfanden; solche Fälle wurde im vorhergehenden Abschnitt besprochen. Was schließlich ebenfalls für gewöhnlich in nationalen Meistererzählungen untergeht, sind Prozesse und Akteure, die außerhalb oder an den Rändern des jeweiligen kulturellen Kanons situiert sind. Die Textbox zu László Ungvárnémeti Tóth berichtet von der Geschichte eines solchen *poeta doctus*.

Etablierte Wege der Verbindungen

Einige ältere Darstellungen der Geschichte unseres Untersuchungszeitraums betonten gebührlich den »heilsamen Einfluss der westeuropäischen Kulturen« und stellten fest, dass grenzüberschreitende »persönliche Kontakte [...] sporadisch und zufällig waren, und meistens von Aristokraten und einzelnen Politikern unterhalten wurden«.[138] Neuere Forschungen stellen solche pauschalen Feststellungen sehr wirksam in Frage und haben mitunter eine Umkehr eingeleitet. Abgesehen von Künstlern, die sich von den spärlichen Bildungs-, Ausstellungs- und Verkaufsgelegenheiten in ihren ostmitteleuropäischen Heimatländern unvermeidlich ins Ausland getrieben sahen, waren auch die Angehörigen einer ganzen Reihe sozialer und kultureller Gruppen durchaus geneigt, berufliche Kontakte über Grenzen hinweg herzustellen und transnational zu agieren. Aktivistinnen für Frauenrechte kooperierten über Grenzen hinweg; sie korrespondierten intensiv und verfassten gemeinsam Texte zur Solidarität mit oder gelegentlich zur Verteidigung von Mitstreiterinnen. Die europaweite »akademische Bewegung«, die zum Ende des 19. Jahrhunderts in einer Weltkongress-Bewegung kulminierte, brachte gelehrte Verbände mit transnationalen Netzwerken auch im östlichen Teil Europas hervor.[139] Wegen des in den Imperien selbstverständlichen Bi- und Trilingualismus waren Gelehrte in der Lage, ihre eigenen Werke im Ausland zu veröffentlichen; Übersetzer sorgten zudem für Übertragungen und Rezensionen aktueller wissenschaftlicher Publikationen.

Die meisten ostmitteleuropäischen Künstler orientierten sich nach Wien, Berlin, München und Paris; dabei konzentrierten sich die besten Chancen hinsichtlich künstlerischer Ausbildung und Kunstmarkt auf die beiden letztgenannten europäischen Städte. Über indirekten Transfer (eher vermittelt durch Zeitschriften und Magazine denn durch persönlichen Kontakt) schuf die Rezeption der *Arts and Crafts*-Bewegung Verbindungen zur britischen Szene, insbesondere in Böhmen und Ungarn.[140] Paris beherbergte zu Beginn des 20. Jahrhunderts mehr als 200 polnische Künstler, und mehrere Autoren beschreiben München als den eigentlichen Aufenthaltsort der ungarischen Bohème im 19. Jahrhundert.[141] Die Wiener Avantgarde-Künstler (Arnold Schönberg, Oskar Kokoschka, Albert Paris Gütersloh), die um 1910 internationales Aufsehen erregten, hatten ihre ersten Aufführungen außerhalb Wiens im *Művészház* in Budapest.[142] Schon ab den 1860er Jahren waren längere Auslandsaufenthalte auch bei Künstlern tschechischer

138 *Pamlényi*, History of Hungary, S. 367.

139 *Ischreyt*, Kontakte, S. 25. Vgl. auch Kap. I.5 in diesem Band.

140 *Vybíral*, Reception; *Ernyey*, Britain and Hungary.

141 *Sármány-Parsons*, München modernsége, S. 149–151; *Zwickl*, Hauptschauplatz München. Diese Wahrnehmung findet sich sehr deutlich wieder in zeitgenössischen Romanen, die eine recht kompakte ungarische Enklave beschreiben.

142 *Dvorszky*, Indulás lázában S. 37; *Zwickl*, Commercial Activities, S. 198.

Herkunft üblich; ihre bevorzugten Ziele waren Belgien, Italien und die Niederlande (die Maler Otakar Nejedlý and František Šimon reisten außerdem nach Indien und Ceylon bzw. Algerien, England und Amerika); sie gehörten Künstlerkolonien an und verkauften ihre Werke im Ausland.[143] Die in Prag ansässige Künstlergruppe *Mánes* hatte eine ausdrücklich und programmatisch internationale Orientierung. Über Ausstellungsbesprechungen, die auf den Seiten ihrer Zeitschrift »Volné Směry« [Freie Richtungen] veröffentlicht wurden, machte sie das tschechischsprachige Publikum mit aktuellen europäischen (besonders französischen und österreichischen) sowie amerikanischen Strömungen bekannt. Die *Mánes*-Gruppe organisierte 1902 die erste Ausstellung der Werke Auguste Rodins außerhalb von Paris. Bis 1913 folgten weitere Ausstellungen moderner französischer Kunst. Ihre organisatorischen und publizistischen Aktivitäten erklären, wie und warum Prag um 1910 eines der Zentren der internationalen Avantgarde wurde.[144]

Künstlerkolonien entstammten einer Bewegung im 19. und frühen 20. Jahrhundert, die Künstler in einem betont internationalen Umfeld, dabei aber typischerweise auf dem flachen Lande fernab der städtischen Zentren für unterschiedlich lange Zeit zusammenbringen wollte. Solche Kolonien entstanden Europaweit; in den Niederlanden, Mitteldeutschland und Frankreich zogen sie Besucher aus Russland, Schweden, England, Österreich, Deutschland, Frankreich, Australien und den Vereinigten Staaten an, um nur diejenigen Nationalitäten zunennen, deren Präsenz in diesen Einrichtungen am auffälligsten war. Ostmitteleuropäische Künstlerkolonien hatten keine derart große Anziehungskraft für entschieden kosmopolitische Gemeinschaft, aber immerhin arbeiteten Maler aus Österreich-Ungarn in Barbizon (Frankreich), und die Nagybánya-Kolonie in Ungarn galt als eine der internationalsten im östlichen Europa: Sie beherbergte Künstlergruppen aus Deutschland, Rumänien, vom Balkan und aus den polnischen und tschechischen Gebieten.[145]

Das Zentrum als Ressource

Die Pariser Weltausstellung von 1900 war Schauplatz eines Zusammentreffens zweier europäischer Peripherien, das in die Kategorie »Zentrum als Ressource« passen würde. Der un-

143 *Matějček*, Modern and Contemporary Czech Art, S. 14.

144 *Matějček*, Modern and Contemporary Czech Art S. 14 ; *Prahl* u. *Bydžovská*, Freie Richtungen, S. 78.

145 *Jacobs*, Good and Simple Life, S. 132; *Lübbren*, Rural Artists' Colonies S. 114; *Dmitrieva*, Pastoraler Blick.

garische Triumph in Paris war der *Gödöllő*-Kolonie zuzuschreiben, einer Gruppe von Künstlern mit einigen prominenten Mitgliedern, deren ästhetisches Programm auf der nationalen Bühne der damaligen Zeit durchaus nicht die dominierende Richtung darstellte. Im gleichen Jahre waren die Vertreter einer weiteren kleinen Nation ein Hit der Ausstellung: eine Gruppe finnischer Künstler, die sich um die Führungspersönlichkeit Akseli Gallen-Kallela scharten. Beide Gruppen bezogen sich auf den Jugendstil/*Art Nouveau* sowie die britische *Arts and Crafts*-Bewegung, also europaweit populäre Strömungen, die sie in ähnlicher Weise veränderten, indem sie Motive verwendeten, die aus ihrer eigenen Volkskultur abgeleitet waren.[146] Ergebnis dieser Begegnung in Paris war eine anhaltende gegenseitige Inspiration, der Austausch von Ausstellungen und reziproke Aufträge. Die daraus entstandene architektonische Linie wurde nach dem Ersten Weltkrieg in den USA fortgesetzt, wo Schlüsselfiguren beider Gruppen (der Finne Eliel Saarinen und der Ungar Géza Maróti) wichtige Positionen bekleideten.

Die Teilnahme des Russischen Reichs an den Internationalen Kunstausstellungen in Venedig bot Anlass für beide Arten von Begegnungen: für Verbindungen innerhalb des Mainstreams und für Zentren, die als Ressource fungierten. Von ihrer zweiten Ausrichtung im Jahre 1897 bis zum Ersten Weltkrieg präsentierte die Biennale immer Künstler aus dem Russischen Reich; deren Auswahl erfolgte aber nur zwei Mal durch russische Stellen, da die Biennale für die meisten Ausstellungen selber eine Handvoll von Künstlern einlud. Da auch die andere Seite ganz offensichtlich an der Einleitung beruflicher Kontakte vor Ort nicht interessiert war, es keine gegenseitige »Studienreisen« gab, boten die etablierten europäischen Ausstellungsorte, an denen russische und italienische Kunstprofis anwesend waren, einen Auswahlpool.[147] Durch diesen vermittelten Austausch konnten italienische Öffentlichkeiten einen unmittelbaren Eindruck von russischer Kunst gewinnen (die sie bis dahin nur in Reproduktionen oder im Ausland hatten besichtigen können), und russische Künstler konnten ihr italienisches Debüt bekommen.

Verbindungen an den Rändern

Nationalhistorische Kanonbildungen und Meistererzählungen, die die Zeit der jeweiligen nationalen »Erweckung« abdecken, fokussieren häufig auf die kulturellen Erzeugnisse, die

146 *Hudra* u. *Keserü*, Finnmagyar.

147 *Bertelé*, Barbarians and Cosmopolitans, S. 32–33.

Nationalbewusstsein zum Ausdruck bringen, und postulieren die Formierung des Nationalstaats als teleologisches Ende eines Prozesses, in dem sich über das 19. Jahrhundert die ostmitteleuropäischen Kulturgeschichten herausgebildet haben. Diese Herangehensweise ist insofern vertretbar, als patriotisches politisches Engagement und kosmopolitischer Ansatz in der Tat während dieser Zeit in aller Regel eher komplementär denn einander ausschließend gewesen sind. Aus dem Blickwinkel einer transnationalen Geschichte allerdings erscheinen jene Akteure als ebenso herausragend, die eine geringere Aufmerksamkeit im jeweiligen nationalen Kanon erfahren haben, deren Werk aber bereits bestehende transnationale kulturelle Verknüpfungen in einer sich globalisierenden Weltordnung belegt, und die mitunter auch randständige Netzwerke bildeten.

László Ungvárnémeti Tóth (1788–1820) verfasste hauptsächlich abstrakte und allegorische Poesie auf Ungarisch und in klassischem Griechisch. Dies rief scharfe Kritik für seinen intellektuellen Aristokratismus und seine Besessenheit von der klassischen lyrischen Tradition in einer Zeit hervor, als patriotische Themen, die in der Mutterprache behandelt wurden, die bevorzugte Form vieler Dichter und Rezipienten war. Ungvárnémetis gesammelte Werke wurden nicht nachgedruckt, und sein Werk geriet nach seinem Tod weitgehend in Vergessenheit, bis Sándor Weöres es in den 1970ern wiederentdeckte, lobte und neu veröffentlichte. Während seine anspruchsvolle pindarische Lyrik wenig Anerkennung seitens der einheimischen literarischen Szene des frühen 19. Jahrhundert erfuhr, wurde sie weltweit im kleinen Kreise derer, die klassisches Griechisch lasen oder schrieben, hoch geschätzt. Obwohl die Weimarer Klassiker und ihr Zeitgenosse Friedrich Hölderlin die Muttersprache nutzten, reichten ihre Referenzen ebenfalls weit in die klassische griechische Kultur zurück. Eine gewisse Parallele zwischen Ungarnémeti Tóth und Hölderlin ist in beider »Anachronismus« gesehen worden – sie sprachen die Masse ihrer Zeitgenossen in einer Sprache an, die Pindar und Anakreon verpflichtet war.

I.3.4.2 Expatriierte Karrieren

Mobilität als Lebensstil

Die wenigen oben angeführten Beispiele widerlegen bereits die Behauptung, nur privilegierte Individuen hätten die Möglichkeit gehabt, über Grenzen hinweg mobil zu sein. Ganz im Gegenteil beeindrucken ostmitteleuropäische Lebensläufe jener Zeit durch die nachweisbare Leichtigkeit, mit der sich Individuen (und ihre Familien) innerhalb der Region und über staatliche und kontinentale Grenzen hinweg bewegten. Im Folgenden wird von einigen solchen Auslandskarrieren die Rede sein. Aus mehreren Gründen werden dabei international berühmte Figuren der ostmitteleuropäischen Kulturgeschichte ignoriert: Deren Namen und Biographien lassen sich ohne weiteres in jeder nationalen Enzyklopädie nachschlagen und dienen nicht selten als offensichtlicher Beweis für internationalen Ruhm, der auf die Nation abfärbt. Die folgenden biographischen Skizzen beziehen sich auf gewöhnliche Kulturschaffende, bei denen der Grund für einen längeren oder ständigen Wohnortwechsel nicht die erfolgreiche Ankunft zu einer gesicherten Stellung war, sondern die Verfolgung eines Unternehmens mit offenem Ende. Zudem verdienen weniger berühmte Fälle besondere Aufmerksamkeit, wenn wir berücksichtigen, dass das Ausbleiben von Anerkennung in der Heimat oftmals zu einer Verlängerung des Aufenthalts oder zu einer dauerhaften Niederlassung im Ausland beitrug. Exil und freiwillige Emigration als Folge repressiver oder beschränkender imperialer Politik, die den Akteuren die Möglichkeit nahm, ihre wissenschaftlichen oder kreativen Visionen umzusetzen, waren wichtige Faktoren, die Migration oder Mobilität verursachten. Schließlich erfolgte die Auswahl der drei hier vorgestellten Biographien weil die Akteure nicht »einfach« das Heimatland wechselten, sondern über eine längere Zeit hinweg unterwegs und an verschiedenen Orten ansässig waren. Sie zeichneten sich durch entschieden transnationale Lebenswege aus.

Der Musiker und Tänzer Imre Kiralfy (1845–1919) wurde in eine assimilierte jüdische Familie in Pest hineingeboren. Bereits als Kinderstar bereisten er und seine Geschwister organisiert von den Eltern die Städte des Habsburgerreiches. Als die Familie nach Berlin, später nach Paris zog, traten die Kinder auch auf westeuropäischen Bühnen auf. Kiralfy entwickelte sich zu einem Impresario, heute würde man sagen: Kulturmanager, auf internationalem Niveau und war bald beiderseits des Atlantik berühmt. Mit Unterstützung seines Bruders Bolossy produzierte und inszenierte er spektakuläre Theaterstücke, Galas und Sportveranstaltungen vor allem in London und den Vereinigten Staaten. Kulturelle Differenz wurde hier in ein profitträchtiges Spektakel zur allgemeinen Unterhaltung transformiert. Regelmäßig war Kiralfy im Haupt- oder Beiprogramm großer internationaler Ausstellungen vertreten (z. B. bei der »World's Columbian Exposition« in Chicago 1893). Seine Anlage »Große Weiße Stadt«, die anlässlich der Französisch-Britischen Ausstellung in London 1908 gebaut wurde, zog acht Millionen Menschen an (einschließlich König Edwards VII. und des französischen Präsidenten). Im dazugehörigen Stadion, das bis 1984 benützt wurde, fanden auch Olympische Spiele statt.[148]

Der polnische Maler Stanisław Chlebowski (1835–1884) bewohnte im Laufe seines Lebens alle drei Teilungsgebiete; er pflegte zudem extensive russische und türkische Kontakte, durch die er ein anerkannter Spezialist für orientalische Themen wurde. Sein Bildungs- und Berufsweg führte über St. Petersburg, München, Paris, Spanien, Italien, das Deutsche Reich, Belgien; für zwölf Jahre siedelte er sich in Konstantinopel an. Im Sultanat war er sehr beliebt als Maler historischer Schlachten mit Bezug auf die Geschichte des Osmanischen Reiches sowie orientalischer Genrestücke. Am Goldenen Horn beherbergte er auch den bekannten französischen orientalistischen Maler Jean-Léon Gerôme, der in seiner Pariser Zeit sein Lehrer gewesen war.[149] Zwar verbrachte Chlebowski seine letzten Lebensjahre wieder in Krakau; die Literatur schreibt die Tatsache, dass sich fast keine seiner Gemälde in polnischen Sammlungen finden lassen, jedoch seiner langen Abwesenheit zu.

Der Maler Mihály Zichy (1827–1906) gelangte nach einer hauptsächlich privaten künstlerischen Ausbildung in Pest, Wien und Italien auf Empfehlung seiner Wiener Lehrer an den Hof des russischen Zaren. Als Zeichenlehrer der Großfürstin Karolina folgte er der Familie des Zaren nach Berlin, Nizza und St. Petersburg. Unterbrochen von kurzen Aufenthalten in seiner Heimat, Paris und am englischen Hof verbrachte Zichy insgesamt 49 Jahre in Russland und diente drei Zaren als kaiserlicher Maler. Wie Chlebowski widmete er sich auch der Illustration der historischen Meistererzählungen anderer Nationen: Neben der Anfertigung von Zeichnungen zu den Werken russischer Poeten und Romanciers illustrierte er das als georgisches Nationalepos geltende mittelalterliche Heldengedicht Sota Rusztavelis; dafür wurde und wird er in Georgien als »nationaler Maler« gefeiert.

I.3.4.3 Außereuropäische Orientierungen

Orientalismus in Ostmitteleuropa

Bis vor kurzem standen die kulturellen Beziehungen Ostmitteleuropas mit Westeuropa fast allein im Vordergrund entsprechender kulturhistorischer Forschung. Doch erscheint

148 *Geppert*, Fleeting Cities S. 118–131; *Pes*, Kiralfy.

149 *Wójcik*, Story.

angezeigt, den geographischen Horizont zu erweitern und sich auch Verbindungen zu außereuropäischen Gebieten zuzuwenden.

Europas Faszination für den Orient – einschließlich der heutigen Türkei, Griechenlands, des Mittleren Osten und Nordafrikas – entwickelte sich allmählich im Verlaufe der letzten Jahrhunderte durch Kontakte, die sich durch Handel und/oder politisch-militärisches Engagement ergaben. Dies bedeutete nun nicht etwa, dass gewöhnliche Europäer in größerem Umfang unmittelbaren Kontakt mit dem Nahen und Mittleren Osten gehabt hätten, bevor Napoleons Armeen Ägypten besetzten (1798–1801) und die auf diese Weise erzwungene europäische Präsenz westliche Reisende in den Orient lockte. Reisetagebücher, offiziell publizierte Literatur und visuelle Darstellungen speisten die europäische Neugier und Phantasien über ein verlorenes Paradies voll von Üppigkeit und Sinnlichkeit.

Gleichzeitig wurde ein europäisches Überlegenheitsgefühl insofern immer wieder bestätigt und gefestigte, dass der orientalische Osten als Ort der Rückständigkeit, Rechtlosigkeit oder der Barbarei porträtiert wurde, der durch westlichen Erfindungsgeist aufgeklärt und gezähmt werden müsse. Institute zum Studium orientalischer Sprachen und Museen mit Sammlungen zur orientalischen Kultur wurden auch in Mittel- und Osteuropa eingerichtet.[150] Der akademische Diskurs, der von diesen Einrichtungen ausging, inspirierte auch die kulturelle Produktion von der Literatur über die Musik bis hin zu den schönen Künsten. Einige tschechische Maler und Bildhauer (František Bílek, Karel Mašek), die sich orientalischen Themen widmeten, taten dies nicht auf Wunsch des einheimischen Publikums, sondern produzierten ihre Werke für britische und französische Märkte.[151] Der ungarische Architekt Ödön Lechner folgte 1891 dem Titel *Keletre magyar* (etwa: Ungarn Richtung Osten) für eine Wettbewerbsausschreibung des Budapester Museums für Angewandte Kunst, indem er breit indische, persische und maurische Motive an den Fassaden der Repräsentativbauten vorsah, die er entwerfen sollte.[152]

150 So 1815 in Moskau, 1856 in Sankt Petersburg, 1875 in Wien. In Budapest wurde 1865 ein Lehrstuhl für Türkische und Arabische Studien eingerichtet. Dabei darf nicht unerwähnt bleiben, dass der Begriff Orient ein breiter und unscharfer Begriff war, der neben dem Mittleren Osten Südosteuropa, Teile Afrikas und die riesigen Gebiete Asiens von Indien bis Japan umfassen konnte.

151 *Navrátilová*, Orientalism; *Holaubek, Navrátilová* u. *Oerter*, Ägypten, S. 119–120. Weitere Arbeiten zu kulturellen Repräsentationen des Orients sind *Köves*; *Hánová*, Japonisme.

152 *Alofsin*, When Buildings Speak, S. 132–148.

Dabei stellt sich natürlich die Frage, wie genau das Interesse am Orient und die gleichzeitige Bekräftigung der eigenen Westlichkeit (lies: Fortschrittlichkeit und hohe Zivilisiertheit) beschaffen waren in Ostmitteleuropa, einer Region an der östlichen europäischen Peripherie, die sich oftmals unter einem Regime innerer Kolonisierung befand und sich selbst immer wieder als hinter dem zivilisierten Westen stehend und im besten Falle als Mischung aus Ost und West erlebte.[153] Anscheinend transportierte hier – und insbesondere im Falle Russlands, Polens und Ungarns – das Interesse am Orient ein gewisses Maß an Selbstorientalisierung, insofern Angehörige dieser Nationen sich auf der Suche nach eigenen Herkunftsmythen eifrig dem Osten zuwandten.

In Ungarn entbrannte eine breite Debatte über den finnisch-ugrischen oder turko-arabischen Ursprung der Nation. Der polnische Sarmatismus, der sich auf die Antike zurückbezog und mutmaßte, nomadische iranische Stämme hätten sich mit dem polnischen Adel vermischt, bildete ein zentrales Element des Lebensstils und der kulturellen Ideologie des Adels in der Polnisch-Litauischen Adelsrepublik des 15.–18. Jahrhunderts. Die anhaltende Faszination für den orientalischen Osten drückte sich auch in persönlicher Kleidung und Ausstattung aus. Die »Polenteppiche« waren persische Teppiche, die mit zusätzlichen polnischen Motiven (z. B. den Wappen von Adelsfamilien) verziert wurden. Einige Exemplare wurden auf der Pariser Weltausstellung von 1878 gezeigt, auf einem Höhepunkt der Europaweiten Begeisterung für orientalische Kulturgüter.[154] Wegen später hinzugefügter polnischer Motive sind die Produktionsbedingungen solcher Teppiche lange Zeit im Dunklen geblieben. Ursprünglich ging man davon aus, die Polenteppiche seien irgendwann zwischen dem 15. und 18. Jahrhundert von armenischen Handwerkern in Ostmitteleuropa angefertigt worden. Nachdem diese falsche Zuordnung um 1890 (anlässlich einer Ausstellung muslimischer Kunst in Wien) entdeckt wurde und sich herausstellte, dass die Teppiche im 16.–17. Jahrhundert doch in Persien hergestellt worden waren und erst später über die Karawanenstraßen importiert wurden, verstand man ihren Erwerb als Teil eines weitverbreiteten europäischen Bedarfs an Waren und Luxusgütern aus dem Mittleren Osten. Anscheinend hatten polnische Adlige sie jedoch bereits zwei Jahrhunderte früher erworben, und zwar eher zur Betonung ihrer eigenen Identität als zur Stillung des Durstes nach östlichen Gütern.

153 *Born* u. *Lemmen*, Orientalismen, S. 24–25.
154 *Banas*, Iranian Textiles.

Diese und weitere Beispiele erlauben die Vermutung, dass die Beschäftigung mit dem Orient bei einigen kulturellen Akteuren aus Ostmitteleuropa eher als eine Art nichtkoloniale Form von Orientalismus denn als explizit koloniales Interesse bezeichnet werden könnte. Da diese Akteure aus den unmittelbaren kolonialen Machtbeziehungen herausfielen, sind die metageographischen Oppositionen von »Orient« und »Okzident« auf sie nur sehr eingeschränkt anwendbar.[155] Edward Saids Kritik der Komplizenschaft von Projekten zur Wissensproduktion über den Orient mit kolonialen Unternehmungen und seine Kritik der »imperialen Trennung«, der Barriere, die die Kolonisatoren von den Kolonisierten schied, ist weniger passgenau, wenn sie auf unseren Kontext angewandt wird. Said scheint sich kaum für andere Formen imperialer Herrschaft außerhalb des französischen und britischen Falls interessiert zu haben. Damit soll freilich nicht die Tatsache verschleiert werden, dass sich imperiale/imperialistische politische Akteure in sehr unterschiedlicher Weise des Orientalismus bedienten. So verwendeten habsburgische Behörden orientalistisches Denken, um ihre Kolonisierungsmission gegenüber den südslawischen Ländern, insbesondere gegenüber der ehemals osmanischen Provinz Bosnien-Herzegowina, die 1878 besetzt und 1908 formell annektiert wurde, zu legitimieren.[156] Das Russische Reich, das seinerseits als eine ferne und unterentwickelte Region innerhalb Europas galt, hatte ein doppeltes Antlitz: Für seine asiatischen Gebiete war das Reich ein Kolonisator, für Europa ein Objekt orientalistischer Projektionen.

Transatlantischer Musiktransfer

Ein kurzer Exkurs in das musikalische Genre Ragtime kann dazu dienen, transatlantische Kulturkontakte und -einflüsse sowie die umgekehrte Form von Auslandskarrieren zu würdigen. Nun nämlich machten individuelle Akteure von außerhalb Ostmitteleuropas die Region zu einer wichtigen und langfristigen Bühne ihrer professionellen Tätigkeit. Ragtime, ein entschieden amerikanischer Stil, erlebte den Höhepunkt seiner Popularität in den letzten Jahren des 19. Jahrhunderts bis zum Ende des Ersten Weltkriegs, um dann vom Jazz in der Gunst des Publikums abgelöst zu werden. Die Musikgeschichte schreibt den Erfolg der bekanntesten Ragtime-Kompositionen dem afroamerikanischen Komponisten Scott Joplin zu; sein Name erreichte jedoch in den meisten ostmitteleuropäischen Ländern erst in den 1970ern im Zuge eines bedeutenden

155 *Lemmen*, Noncolonial, S. 209–210.
156 *Heiss* u. *Feichtinger*, Distant Neighbours, S. 148; *Jobst*, Where, S. 192.

Ragtime-Revivals einen gewissen Bekanntheitsgrad. Allerdings wurden bei jüngeren Nachforschungen mehr als 10.000 Ragtime-Partituren und Aufnahmen aus Österreich-Ungarn entdeckt, von denen einige bereits im Jahr nach ihrer amerikanischen Veröffentlichung produziert worden sind.[157] Vor der Ära der Radioübertragung und Formen der Aufnahme und Vervielfältigung kamen diese neuen Entwicklungen in der Unterhaltungsmusik mit tourenden Tanz- und Theatergruppen über den Atlantik, wobei diese entweder ihre Musiker mitbrachten oder, wenn dazu nicht genügend Mittel zur Verfügung standen, nur die Noten, die dann von lokalen Musikern gespielt oder von lokalen Komponisten als Muster genommen werden sollten. Die ersten Ragtime-Noten wurden 1896 in die Habsburgermonarchie gebracht, und viele der Komponisten, die das Genre aufgriffen, schrieben sonst Operetten, die Wiens und Budapests Hauptexportartikel in der Unterhaltungsbranche waren. Die lokalen Aufführenden von Ragtime waren Militärkapellen und Zigeunermusiker. Letztere wiederum waren dafür bekannt, dass sie sehr rasch neue musikalische Trends aufnahmen; sie spielten also auf einer Reihe solcher Veranstaltungen und traten dann außerdem ab und an im Ausland auf. Bei solchen Auftritten im Ausland sowie auf ihren Aufnahmen bewarben sie sich selbst stolz als »k.u.k. Hofunterhaltungsmusikanten«.

Nordamerikanische Künstler zeigten seltene, aber regelmäßige Präsenz auf ostmitteleuropäischen Bühnen, insbesondere ab den 1890er Jahren in Ronachers Variété und im Englischen Garten in Wien. Miss Arabella Fields war eine der gefragtesten farbigen Ragtime-Interpretinnen. Ihr ostmitteleuropäisches Debüt hatte sie 1899 in Prag, während der 13 Jahre, die sie in Europa auftrat, sang sie in Subotica, Karlsbad/Karlovy Vary, Brünn/Brno, Lemberg/L'viv, Teplitz-Schönau/Teplice, Reichenberg/Liberec, Graz, Linz und Bozen/Bolzano; in Budapest und Wien war sie ein regelmäßiger Gast.[158] Ira Aldridge, ein in New York geborener schwarzer Shakespeare-Darsteller, verließ die Vereinigten Staaten wegen der Diskriminierung Farbiger und ging nach England, von wo aus er in den 1850er Jahren eine Tournee durch das kontinentale Europa machte. Er genoss große Popularität beim preußischen, russischen, serbischen und ukrainischen Publikum und erhielt höchste Staatsehrungen. Er verstarb bei einem Besuch in Lodz/Łódź und wurde dort beerdigt.[159]

157 *Simon* u. *Ragtime*, Az Osztrák–Magyar Monarchia, S. 10–29.

158 *Lotz*, Arabella Fields, S. 7–13. Lotz hat keine genauen Geburts- und Todesdaten für Field feststellen können, konnte aber ihre Tourneedaten rekonstruieren.

159 *Williams* u. *Williams*, Ira Aldridge, S. 58.

Weitere Beispiele transatlantischer Verbindungen werden in praktisch allen anderen Kapiteln des vorliegenden Bandes behandelt; sie vervollständigen das Bild ökonomischer, diplomatischer, institutioneller oder einfach persönlicher Verschränkungen zwischen Ostmitteleuropa und der weiten Welt außerhalb des europäischen Kontinents.

Schlussbemerkung

Dieses Kapitel verwendet das Konzept der »Transnationalität« für die Kulturgeschichte Ostmitteleuropas von der Mitte des 19. Jahrhunderts bis zum Ersten Weltkrieg in zweierlei Hinsicht:

Zum einen, und dieser Aspekt ist weitgehend bekannt, wird Transnationalität als Zirkulation und Austausch von Ideen bzw. kulturellen Gütern diskutiert. Dieser Verkehr konturiert auch öfters den Gegenstand jener Studien, die kulturelle Beziehungen zwischen zwei (oder manchmal mehreren) Ländern oder Nationen untersuchen. Statt aber wie bisher Wechselbeziehungen zwischen gut erkennbaren und voneinander klar abgegrenzten Entitäten hervorzuheben, liegt der Fokus auf Begegnungen und kulturellen Transfers, die auf einen weit verbreiteten Fundus von Ressourcen zurückgreifen. Es handelt sich hierbei um Muster und Praktiken, die Akteuren einer sich zunehmend globalisierenden Welt zugänglich wurden. Während man es im ersteren Fall mit der Analyse *inter*nationalen Austauschs zu tun hat, veranschaulicht letzterer eine Eingebundenheit in *trans*nationale Tendenzen.

Zum anderen geht das Kapitel transnationalen Strömungen in einem regionspezifischen Zusammenhang nach, d. h. es wird nach kulturellen Wechselbeziehungen zwischen solchen Bevölkerungsgruppen gefragt, die sich eher durch ihre Sprache, Religion, Beschäftigungsstrukturen bestimmten als durch ihre Nationalität. Im Kontrast zu gängigen Vorstellungen erscheinen in Ostmitteleuropas nicht nur Großstädte, sondern auch entlegene ländliche Gebiete ein fruchtbares Terrain für kulturelle Hybridisierung gewesen zu sein. Während in den regionalen Metropolen das Flair des Kosmopolitanismus der Idee nationaler und kultureller Homogenität entgegenwirkte, war wiederum in den ländlichen Räumen das Bedürfnis nach nationaler Zugehörigkeit noch nicht verfestigt. Hier galt eine mehrfache Affiliation nicht nur als eine vereinzelte Wahlmöglichkeit, sondern prägte einen wesentlichen Teil des Alltagslebens. Diese Flexibilität im Sprachgebrauch, in den religiösen oder nationalen Bekenntnissen können wir kulturhistorisch sowohl auf der individuellen als auch auf der kollektiven Ebene beobachten. Zurückgeführt werden können diese variierenden Identifikationen sowohl auf eine Selbstentscheidung (wie in der Praxis des Kinderaustausches) als auch auf den Druck der politischen Lage (z. B. um bestimmte Privilegien zu sichern).

Das Verhältnis der Nationalitäten innerhalb von imperialen Vielvölkerstaaten sowie deren Aussicht auf Selbstbestimmung und Selbstpositionierung wurden auf einer internationalen Bühne zu großen Teilen von jener politischen Einheit gesteuert, der sie administrativ untergeordnet waren. Vorgestellt wurden Strategien und Initiativen, mit denen bestimmte Peripherien in der globalen Arena erfolgreich agierten oder aufgrund mangelnder institutioneller Unterstützung scheitern mussten. Wie aus den Fallbeispielen deutlich wird, bestand eine erfolgreiche Strategie darin, dass sich ostmitteleuropäische Teilnehmer bei Weltausstellungen beständig mit Vertretern von anderen europäischen Peripherien verbündeten, oder dass Zeitschriften wie die »Acta Comparationis Litterarum Universarium« die ganze Welt aus einer randständigen Position in Verbindung zu bringen versuchte, was ungeachtet ihrer Kurzlebigkeit eine beachtliche Initiative darstellte.

Für die Bereitstellung und Verteilung jenes kulturellen und sozialen Kapitals, das für die Aufwärtsmobilität innerhalb des Imperiums oder über die Ländergrenzen hinweg notwendig war, spielte der Staat eine entscheidende Rolle. Soziale Gruppen mit progressiver Agenda verknüpften das Streben nach individuellem Aufstieg oft mit Ansprüchen auf sozialen Wandel, und in diesem Programm vermischte sich entsprechend kosmopolitische Weltoffenheit und Lernfähigkeit mit der Ambition, der eigenen Nation oder dem eigenen Land zu einem Progress verhelfen.

In der Zusammenschau solcher Bewegungen (man denke an die polnischen Positivisten, den Panslawismus und den Tolstojanismus, die Anhänger der Körperkultur oder die Frauenbewegung) wird ersichtlich, auf welch unterschiedliche Art und Weise einzelne Muster aus dem (nicht nur westlichen) Ausland angenommen, überarbeitet oder abgelehnt wurden. Ein solches Gesamtbild legt aber auch die gegenseitigen Beeinflussungen innerhalb der Region offen und lädt am Beispiel der Juden und Roma ein, über deren transterritoriale Lebenswelten sowie die Möglichkeit von nicht im Raum verankerten Identitäten nachzudenken. Die vorgestellten individuellen Karrieren von Künstlern aus und in Ostmitteleuropa verdeutlichen zudem die »Normalität« bzw. Häufigkeit von häufig länderübergreifenden Lebensläufen und machen gleichzeitig auf außereuropäische Orientierungen aufmerksam.

Uwe Müller

I.4 Transnationale Verflechtungen der Wirtschaft in Ostmitteleuropa während der »ersten Globalisierung«*

I.4.0 Einleitung

Die Wirtschaftsgeschichte beschäftigt sich in ihrer Doppelfunktion als Subdisziplin der Geschichts- und der Wirtschaftswissenschaften seit jeher auch mit der Entwicklung des Außenhandels und der Außenwirtschaftspolitik, internationalen Währungssystemen, nationale Grenzen überschreitenden Kapitalströmen und nicht zuletzt mit globalen Wechselwirkungen von Wirtschaftskrisen. Wozu also eine gesonderte Darstellung »wirtschaftlicher Verflechtungen«, und inwiefern ergibt sich ein Mehrwert, wenn man transnationale Phänomene im Bereich der Wirtschaft hervorhebt oder ökonomische Prozesse aus einer transnationalen Perspektive analysiert?

Transnationale Geschichtsforschung zielt auf die Überwindung des in der Historiographie lange Zeit dominierenden Denkens in »nationalstaatlichen Containern«. So soll etwa ermittelt werden, inwieweit die Ursachen für sozialen Wandel nicht allein und vielleicht nicht einmal vorrangig in den Dynamiken gesellschaftsinterner Prozesse und Strukturen zu finden sind, sondern vielmehr in den Interaktionen mehrerer Gesellschaften, die sich in einem transnationalen, wenn nicht sogar globalen Bezugsrahmen bewegen.[1] Die Notwendigkeit, dabei auch ökonomische Zusammenhänge zu beachten, liegt auf der Hand. Wirtschaftliches Handeln wird nach der Logik der klassischen Ökonomie durch das Streben des Menschen nach Bedürfnisbefriedigung verursacht. Dementsprechend bildet der rational Nutzen maximierende *homo oeconomicus* die Grundlage für viele Modelle der Wirtschaftswissenschaften. Nun kann auch die Vermehrung des Wohlstandes der Nation unter bestimmten Umständen ein rationales Ziel bestimmter Wirtschaftssubjekte darstellen.[2] In der Regel bilden sich jedoch individu-

---

* Frühere Versionen dieses Textes sind von verschiedenen Kollegen kommentiert worden. Insbesondere Mária Hidvégi hat viele hilfreiche Hinweise gegeben, wofür ich mich herzlich bedanken möchte.

1 Vgl. ausführlicher *Middell*, Transnationalisierung in Europa, S. 529–544.

2 *Schultz* u. *Kubů*, History and Culture.

elle Präferenzen unabhängig vom Nationalstaat. Häufig erfordert rationale wirtschaftliche Tätigkeit geradezu, nationalstaatliche Grenzen zu ignorieren und zu überschreiten oder – wie und von wem auch immer definierte – nationale Wirtschaftsinteressen zu missachten. Wirtschaftliches Handeln ist also wahrscheinlich noch weniger als Politik oder Kultur national determiniert. Dennoch stellt in der Wirtschaftsgeschichtsforschung die »Volkswirtschaft« bzw. die »Nationalökonomie« nach wie vor die deutlich bevorzugte Untersuchungseinheit dar.[3]

Die Betrachtung »transnationaler Phänomene« in der Wirtschaftsgeschichte und die Analyse ökonomischer Prozesse aus »transnationaler Perspektive« werden hier in mehrfacher Hinsicht erfolgen. Es geht zum einen um die Rekonstruktion wirtschaftlicher Verflechtungen im Sinne von grenzüberschreitenden Flüssen von Gütern, Kapital, Wissen und Menschen. Daneben untersuchen wir aber auch Versuche der Neuregulierung oder Eindämmung dieser *Flows* durch Kontrollmechanismen verschiedenster Art, wobei sich der Staat als der wichtigste Akteur erweisen wird. Im Falle Ostmitteleuropas ist zusätzlich zu beachten, dass diese historische Großregion vor 1918 nicht aus Nationalstaaten, sondern aus multinationalen Imperien bestand. Daraus ergibt sich eine weitere Dimension von »Transnationalität« im Sinne von Strukturen und Prozessen, die im dominierenden historiographischen Diskurs – häufig unhinterfragt – in einen nationalen und nationalstaatlichen Rahmen gestellt werden, im ostmitteleuropäischen Fall jedoch stark durch imperial überformte Territorialisierung und die Wechselwirkung von Regionen geprägt werden.

Einleitend geht es um die aus Sicht der Wirtschaftstheorie wichtigsten *Flows* sowie die für den Untersuchungszeitraum von ca. 1850 bis zum Ersten Weltkrieg relevanten Analyseeinheiten und -ebenen. Im zweiten Abschnitt werden die wesentlichen historischen Voraussetzungen und Rahmenbedingungen für eine transnationale Wirtschaftsgeschichte Ostmitteleuropas in der zweiten Hälfte des »langen« 19. Jahrhunderts dargestellt. Im Zentrum des Hauptteils stehen, am Beispiel des Außenhandels, des Kapitalverkehrs, des Transfers von Arbeit und Technologie behandelt, die wichtigsten grenzüberschreitenden Flüsse sowie deren Regulierungen. Dabei wird auch die in Ostmitteleuropa relativ früh einsetzende Herausbildung des modernen Interventionsstaates stärker als es gemeinhin geschieht aus transnationaler

3 Vgl. dazu Kap. II.4 in diesem Band.

Perspektive erklärt. Im letzten Abschnitt werden die gewonnenen Erkenntnisse für die Analyse der in Ostmitteleuropa in mancherlei Hinsicht spezifischen Industrialisierungsprozesse genutzt.

I.4.1 Grundbegriffe und Methoden einer transnationalen Wirtschaftsgeschichte Ostmitteleuropas

I.4.1.1 Untersuchungsgegenstände

Flows

Eine empirisch orientierte Geschichte wirtschaftlicher Verflechtungen muss zunächst die wichtigsten grenzüberschreitenden Flüsse identifizieren sowie deren Umfang und Auswirkungen ermitteln. Nach der klassischen Wirtschaftstheorie geraten dabei die beiden Produktionsfaktoren Kapital und Arbeit, der Außenhandel sowie der Transfer von Technologie und Institutionen ins Zentrum der Aufmerksamkeit. Der Boden als dritter Produktionsfaktor verlor im Zuge des Übergangs zur Industriegesellschaft an Bedeutung und ist jedenfalls physisch nicht transferierbar. Allerdings erlangte die nationale Zuschreibung des Bodeneigentums gerade in Ostmitteleuropa eine große politische und ökonomische Relevanz.[4] Nach der klassischen Ökonomie wird Wirtschaftswachstum durch den zunehmenden Einsatz von Produktionsfaktoren und durch technologischen Fortschritt verursacht. Die Effizienz des Einsatzes der Produktionsfaktoren hängt nach der Neuen Institutionenökonomie entscheidend von der Qualität der Institutionen ab. Darunter werden in einer weiten Begriffsdefinition neben der Rechts- und Eigentumsordnung auch Normen des wirtschaftlichen Handelns verstanden, die aus Denkweisen und Handlungsmustern entstanden sind.[5]

Infrastrukturen und Institutionen

Alle diese Faktoren können prinzipiell transferiert werden, wobei das Ausmaß bzw. die Intensität der Transfers selbst wieder von materiellen und institutionellen Voraussetzungen abhängt. Unter den materiellen Voraussetzungen sind insbesondere die Verkehrs- und Kommunikationssysteme zu nennen, die im Folgenden unter

---

4 Vgl. *Müller, Kubů, Lorenz* u. *Šouša*, Agrarismus und Agrareliten, S. 82–94.

5 Vgl. *Berghoff* u. *Vogel*, Wirtschaftsgeschichte, S. 18–24.

dem Begriff der Infrastruktur behandelt werden.[6] Institutionelle Voraussetzungen für die Flüsse sind beispielsweise Börsen, Messen und Ausstellungen, Kartelle, bestimmte internationale Organisationen und natürlich der Wirtschaftspolitik betreibende Staat. Grundsätzlich kann wirtschaftliche Verflechtung durch Institutionen »kooperativ«, also als politisch gesteuerte »Integration« erfolgen, aber auch »nicht-kooperativ«, also durch den auf wirtschaftlichen und politischen Märkten herrschenden Wettbewerb.[7] Die transnationale Geschichte achtet in beiden Fällen in besonderem Maße auf die Akteure, so dass auch Märkte – anders als es in der Volkswirtschaftslehre häufig üblich ist – nicht als quasi anonyme Mächte erscheinen.

Die konkreten Ausgestaltungen von Infrastruktur und Institutionen stellen das wichtigste Mittel dar, um Flüsse und Transfers zu fördern, zu blockieren oder auch in bestimmte Richtungen zu lenken. Die Darstellung der Dialektik von *Flows* und *Controls* kann zudem nicht nur aufzeigen, in welcher Weise und in welchem Ausmaß Ostmitteleuropa an der »ersten Globalisierung« zwischen 1850 und 1914 beteiligt war. Sie verdeutlicht auch, wie ostmitteleuropäische Akteure auf diese weltweite Verflechtung reagierten, sie aktiv vorantrieben oder versuchten, sich den neuen Verknüpfungen zu entziehen. Diese Erkenntnisse erleichtern in einem nächsten Schritt die Ermittlung von Gewinnern und Verlierern dieser Prozesse. Die Orientierung auf Akteure, auf grenzüberschreitende Netzwerke, wie sie typisch sein sollte für eine empirische Verflechtungsgeschichte, stellt eine wichtige Ergänzung zur ökonometrischen Analyse von Außenhandel, Kapitalverkehr, Migration sowie zur Erarbeitung von Mikrostudien über Einzelfälle dar. Diese Vorgehensweise entspricht auch einem weiten Begriff von wirtschaftlicher Integration, der die ökonomische, gesellschaftliche, kognitive und politische Dimension von Integrationsprozessen einschließt.[8]

I.4.1.2 Untersuchungseinheiten und -ebenen

Die transnationale Geschichtsschreibung will die ihrerseits historisch gewachsene Dominanz der vorrangigen Betrachtung nationaler *Container* aufbrechen, indem sie die Relevanz grenzüberschreitender Verflechtungspro-

6 Vgl. dazu ausführlicher Kap. I.1.4 in diesem Band.
7 *Ambrosius*, Wirtschaftsintegration, S. 14.
8 *Ambrosius*, Wirtschaftsintegration, S. 13.

zesse für den politischen, sozialen und kulturellen Wandel aufzeigt. Dabei sind im Falle Ostmitteleuropas verschiedene räumliche Ebenen relevant.

Ostmitteleuropa in der Weltwirtschaft

Schon die Konstruktion der Geschichtsregion Ostmitteleuropa beruhte maßgeblich auf der Annahme gemeinsamer wirtschaftlicher Strukturmerkmale, deren Herausbildung und teilweise auch relative Stabilität oft mit dem semi-peripheren Status Ostmitteleuropas in einem frühneuzeitlichen Weltwirtschaftssystem begründet wird. Es handelt sich dabei um die ostelbische Gutswirtschaft, deren Ausbau mit der Funktion der Region als Getreideexporteur in einer von Nordwesteuropa dominierten »Weltwirtschaft« zusammenhing.[9] Schon weil die daraus abgeleiteten Dependenztheorien auch hinsichtlich der Effekte auf Struktur und Wachstum der Wirtschaft in Ostmitteleuropa umstritten sind und zudem der Getreidehandel in der sich globalisierenden Ökonomie der zweiten Hälfte des 19. Jahrhunderts erneut eine wesentliche Rolle spielte,[10] werden Fragen nach der Art der Verflechtungen zwischen Ostmitteleuropa als Ganzem auf der einen und Westeuropa bzw. dem nordatlantischen Raum auf der anderen Seite, aber auch nach einer eventuellen Konkurrenz zu anderen Semiperipherien sowie schließlich generell nach der Erklärungskraft von Zentrum-Peripherie-Modellen zu diskutieren sein.

Wirtschaftliche Verflechtungen zwischen den Staaten innerhalb Ostmitteleuropas

Auf der Ebene von Staaten liegen normalerweise die verhältnismäßig besten Daten für die Analyse wirtschaftlicher Verflechtungen vor. Im Falle Ostmitteleuropas ergeben sich jedoch einige methodische Probleme, denn von den drei Imperien gehörte auch aus der Perspektive der Wirtschafts- und Sozialstrukturen nur die Habsburgermonarchie mit fast allen ihren Territorien zu dieser historischen Großregion.[11] Aus dem Russischen Reich lässt sich das Königreich Polen zweifelsfrei Ostmitteleuropa zuordnen. Die baltischen Provinzen und die anderen westlichen Gouvernements des Zarenreiches stellten Übergangszonen zu Nordost- bzw. Osteuropa dar. Die preußischen ost-

9 *Wallerstein*, Modernes Weltsystem, Bd. 1. S. 121–133; *Berend* u. *Ránki*, Economic Development S. 2–8; *Brenner*, Economic Backwardness, S. 42–45; *Gunst*, Agrarian Systems, v. a. S. 343–347; *Glass*, *Helmedach* u. *Zervakis*, Gesellschaft, S. 34–36; *Adamczyk*; Stellung; *Sosnowska*, Abhängigkeit.

10 *Topik* u. *Wells*, Warenketten, S. 687–703; *Pohl*, Aufbruch, S. 103–105.

11 Nach dem Verlust der norditalienischen Besitzungen im Jahre 1860 wiesen nur noch die eigentlichen Alpenregionen, also Tirol, Salzburg und die Steiermark, deutlich andere Wirtschafts- und Sozialstrukturen auf.

elbischen Provinzen hatten mit Ungarn und Böhmen mehr gemeinsam als mit den westelbischen deutschen Gebieten, bildeten aber nach der Reichsgründung von 1871 nur noch den kleineren Teil des deutschen Nationalstaates. Statistiken über Außenhandel, Kapitalströme und Migration geben in der Regel nur Daten für die jeweiligen Gesamtstaaten wieder. Wenn man also etwa die Verflechtung des ostelbischen Preußens mit anderen Teilen Ostmitteleuropas bewerten will, muss man auch Schätzungen aus regionalen Studien heranziehen und den Mangel an harten Daten durch die Nutzung qualitativer Quellen kompensieren. Etwas besser sieht die Datenlage für das zwischen 1815 und 1831 weitgehend sowie zwischen 1831 und 1863 teilweise autonome Königreich Polen aus. Für die Habsburgermonarchie gibt es bis zur Herstellung eines einheitlichen Zollgebietes im Jahre 1851 und vor allem nach dem Ausgleich von 1867 relativ zuverlässige Angaben über die Entwicklung sozioökonomischer Indikatoren in beiden Reichshälften. Diese müssen immer dann für Ostmitteleuropa insgesamt stehen, wenn es für die anderen Teile keine einigermaßen verlässlichen Daten gibt, was immerhin insofern eine gewisse Berechtigung hat, da die Habsburgermonarchie deutlich mehr als die Hälfte des ostmitteleuropäischen Territoriums einnahm.

Ökonomische Verflechtungen zwischen sich konstituierenden Nationen

Schließlich ist es im Zeitalter des wachsenden Nationalismus unabdingbar, sich auch mit transnationalen Beziehungen im engeren Wortsinne, also mit der wirtschaftlichen Verflechtung der sich im 19. Jahrhundert konstituierenden Nationen zu beschäftigen.[12] Innerhalb der Imperien haben die ethnischen Gruppen verschiedene Formen des Wirtschaftsnationalismus ausgebildet, wobei sie sich einerseits von anderen Nationen abgegrenzt haben, andererseits aber auch deren Methoden im wirtschaftlichen Nationalitätenkampf rezipierten und praktizierten.[13] Die Separation und gegenseitige Verflechtung nationaler Wirtschaftseliten innerhalb der Imperien, aber auch deren internationale Kontakte haben nicht nur die wirtschaftliche Entwicklung der multinationalen Großreiche beeinflusst, sondern präfigurierten auch Prozesse der wirtschaftlichen Desintegration sowie die Herausbildung neuer Verflechtungen nach 1918.[14]

---

12 *Hobsbawm,* Nationen und Nationalismus; *Puttkamer,* Ostmitteleuropa, S. 194–203.

13 *Schultz* u. *Kubů,* History and Culture.

14 Das Problem des Wirtschaftsnationalismus wird ausführlicher in Bd. 2 dieses Handbuches behandelt, weil es in den 1920er Jahren noch stärker prägende Wirkung entfaltete.

Bei der Suche nach angemessenen Untersuchungsebenen stößt man also sowohl auf durch politisch-administrative Grenzen bestimmte als auch auf mit diesen konkurrierende, von den Wirtschaftssubjekten geschaffene »Muster der Territorialisierung«.[15]

I.4.2 Historische Pfadabhängigkeiten für die Entwicklung der Wirtschaft zwischen 1850 und 1914

Die Jahre um 1850 und der Erste Weltkrieg (1914–1918) stellen wichtige Zäsuren für die ostmitteleuropäische Wirtschafts- und Sozialgeschichte insgesamt und insbesondere auch für die Entwicklung der verschiedenen transnationalen Verflechtungen dar. Während die einschneidende Bedeutung des Weltkrieges an dieser Stelle nicht näher erläutert werden muss, sollen im folgenden Kapitel die Relevanz der Zäsur der vorletzten Jahrhundertmitte aufgezeigt sowie wesentliche, die Untersuchungsperiode prägende Entwicklungslinien charakterisiert werden.

I.4.2.1 Transnationalität in der ostmitteleuropäischen Wirtschaft vor 1850

Agrargüterexporte nach Westeuropa

Während des 18. Jahrhunderts haben sich die ökonomischen Verflechtungen Ostmitteleuropas mit anderen Großregionen sowohl qualitativ als auch quantitativ nicht grundlegend verändert. Die im 15. und 16. Jahrhundert ausgeübte Funktion eines Lieferanten von Agrargütern, insbesondere von Getreide und Fleisch für Teile des nordwestlichen und mittleren Europas, aber auch für Oberitalien hatte Ostmitteleuropa teilweise wieder verloren, da die agrarische Produktivität in den ehemaligen Zielregionen oder auch in deren unmittelbaren Nachbarregionen wesentlich stärker zugenommen hatte.[16]

Protoindustrien

Der Export gewerblicher Waren spielte in einigen Regionen, etwa in den Zentren des verlagsmäßig organisierten Textilge-

15 Vgl. *Maier*, Consigning the Twentieth Century, S. 807–831, sowie Kap. I.1 in diesem Band.

16 *Wallerstein*, Modernes Weltsystem, Bd. 2, S. 150–158; *Broadberry* u. *O'Rourke*, Cambridge Economic History, Bd. 1, S. 148–163.

werbes in Schlesien und in den böhmischen Ländern, durchaus eine wichtige Rolle. Aufgrund der Gutsherrschaft wurde jedoch die Protoindustrialisierung »in ihren Ergebnissen [...] durch Monopole und außerökonomischen Zwang gebremst«, so dass die ostmitteleuropäischen Gewerbelandschaften gegenüber westeuropäischen Pendants an Konkurrenzfähigkeit verloren.[17] Das ökonomische Engagement der Grundherren, die Erfahrungen breiter Bevölkerungsschichten mit gewerblicher Produktion sowie die Orientierung auf Märkte in den unmittelbaren Nachbarländern, aber auch in Russland, auf dem Balkan und in Amerika, bildeten allerdings eine wesentliche Voraussetzung für die herausgehobene Position, die die böhmischen Länder im Industrialisierungsprozess der Habsburgermonarchie einnahmen.

Der Fernhandel und Danzig/Gdańsk als frühneuzeitliches Portal vorindustrieller Globalisierungstendenzen

Die intensivsten transnationalen ökonomischen Verflechtungen der frühen Neuzeit spielten sich im Bereich des Fernhandels ab, da hier Kaufleute häufig in europäische oder auch globale Netzwerke eingebunden waren. Dabei haben sich Institutionen herausgebildet, die etwa auf dem Feld der Sicherung individueller Verfügungsrechte und der Abwicklung des Zahlungsverkehrs im internationalen Handel eine wichtige Voraussetzung für die Globalisierung des späten 19. Jahrhunderts darstellten. Die Zentren dieser Netzwerke lagen bestenfalls in der Nachbarschaft Ostmitteleuropas (Venedig), zumeist jedoch im ferneren Westen des europäischen Kontinents (Amsterdam, London). Sie konzentrierten sich zunehmend auf den Handel zwischen den westeuropäischen Gewerbelandschaften sowie das Überseegeschäft.

Unter den ostmitteleuropäischen Hafenstädten entwickelte sich Danzig/Gdańsk noch am ehesten zu einem Portal vorindustrieller Globalisierungstendenzen. Dabei errangen die Danziger Kaufleute, unter anderem wegen ihres Stapelrechtes, eine beträchtliche Marktmacht gegenüber den polnischen Großgrundbesitzern, die als Produzenten von Getreideüberschüssen und Konsumenten westeuropäischer und überseeischer Luxusgüter vom Handelskapital abhängig waren. Allerdings beförderten die Flotten aus Danzig/Gdańsk und anderen Hafenstädten der Region, wie Stettin/Szczecin, Königsberg und Reval/Tallinn nur noch einen Bruchteil der über die Ostsee verschifften Waren. Seit dem 17. Jahrhundert dominierten niederländische,

17 *Myška*, Proto-Industrialisierung, S. 179. Vgl. auch *Berend* u. *Ránki*, Economic Development, S. 6–8; *Boldorf*, Europäische Leinenregionen.

später auch englische Schiffe den Ostseehandel, so dass die über See exportierten Waren des nördlichen Ostmitteleuropas zumeist nach Amsterdam und London transportiert und erst von dort gewinnbringend in die verschiedenen Teile der Welt verkauft wurden.[18] Während der Umfang des Ostseehandels relativ gut erforscht ist, liegen nur lückenhafte Erkenntnisse über die Rolle Ostmitteleuropas als Herkunfts- oder Transitraum des Landhandels vor.[19] Der Zugang zum südlichen Meer, also der Adria, wurde durch geographische Gegebenheiten und bis ins 19. Jahrhundert hinein auch durch die osmanische Herrschaft in diesem Raum beeinträchtigt.[20]

Merkantilistische Außenhandels- und Kolonialpolitik

In der Phase des Merkantilismus waren auch ostmitteleuropäische Staaten, wie die Habsburgermonarchie und Preußen, bestrebt, durch Protektionismus und Importsubstitution eine aktive Handelsbilanz zu erzielen und ihren Fertigwarenexport zu steigern. Diese Bemühungen zeitigten jedoch nur wenige nachhaltige Erfolge und behinderten mitunter die regionale Arbeitsteilung innerhalb Ostmitteleuropas.[21] Auch der Erwerb von Kolonialbesitz, wie durch das Herzogtum Kurland in Gambia und Tobago (1649–1660, 1654–1689), Preußen im heutigen Ghana bzw. Mauretanien (1683/85–1718/21) oder die unter Maria Theresia durch den Holländer Wilhelm Bolts gegründete Österreichische »Ostindische Handelskompanie« in Triest (1776–1783), die Stützpunkte im heutigen Mosambik sowie auf den Nikobaren im Indischen Ozean errichtete, hatte nur episodenhaften Charakter.[22] Bei der Integration der jeweiligen Binnenmärkte durch die Anlegung von Chausseen und Kanälen sowie die Reduzierung von Binnenzöllen erbrachte allerdings die merkantilistische Wirtschaftspolitik in Österreich und Preußen beachtliche Leistungen, die mit den sich in Westeuropa konstituierenden Nationalstaaten durchaus vergleichbar waren.[23]

18 *Braudel*, Sozialgeschichte, S. 128–143.

19 *Kaps*, Ungleiche Entwicklung in Zentraleuropa, S. 47–56.

20 *Reisinger*, Österreichs Eisenbahnwesen, S. 107–112.

21 *Neugebauer*, Brandenburg-Preußen, S. 285–313; *Butschek*, Österreichische Wirtschaftsgeschichte, S. 86.

22 *Pollack-Parnau*, Österreichisch-ostindische Handelscompagnie. Vgl. auch *Butschek*, Österreichische Wirtschaftsgeschichte, S. 89 u. 92; *Denzel*, Österreichs Direkthandel, S. 147–167.

23 *Helmedach*, Verkehrssystem; *Müller*, Chausseebau; *Baltzarek*, Integration im Habsburgerreich, S. 213–216.

Auswirkungen der »Doppelrevolution«[24]

In der ersten Hälfte des 19. Jahrhunderts bewirkten zunächst die mit den Napoleonischen Kriegen verbundenen wirtschaftlichen Blockaden den massiven Abbruch und eine vielfache Umorientierung von Handelsströmen sowie eine Veränderung der Konkurrenzsituation. Langfristiger wirksam als die meist nach 1813/15 wieder in den Vorkriegsmodus zurückkehrenden Warenströme war die Adaption verschiedener die kapitalistische Marktwirtschaft fördernder Institutionen, wie der Eigentumsvorschriften des *Code Napoleon* und der Gewerbefreiheit, die im westlichen Mitteleuropa sowohl in von Frankreich besetzten als auch von der Napoleonischen Armee bedrohten Staaten erfolgte. Direkte Wirkung auf Ostmitteleuropa hatten jedoch nur entsprechende Reformen in Preußen, die auch über 1815 hinaus fortwirkten. Zwar wurde auch in Kongresspolen die 1807 im Herzogtum Warschau unter französischem Einfluss dekretierte persönliche Freiheit der Bauern *de jure* beibehalten. Da es jedoch keine Regelungen zur Eigentumsübertragung an die Bauern gab, blieben die feudalen Abhängigkeitsverhältnisse praktisch bestehen.[25]

Die andere Seite der »Doppelrevolution«, also die englische industrielle Revolution, wirkte sich in Ostmitteleuropa in erster Linie auf die protoindustriellen Textilregionen aus. So ging zwischen 1815 und 1820 infolge der englischen Konkurrenz die Baum- und Schafwollverarbeitung in den Ländern der böhmischen Krone auf nahezu ein Drittel zurück.[26] Allerdings konnte sich ein Teil des böhmisch-mährischen und österreichischen Textilgewerbes nach 1820 durch Qualitäts- oder Nischenproduktion, die häufig auf der Weiterverarbeitung der in England industriell produzierten Gewebe beruhte, wieder erholen. Eine grundlegende, auch andere Gewerbezweige und die Landwirtschaft erfassende Veränderung der Marktverhältnisse in Ostmitteleuropa lässt sich jedoch erst um 1850 mit der Fertigstellung der wichtigsten Eisenbahnlinien feststellen. Gleichzeitig wurden auch an einzelnen Standorten der ostmitteleuropäischen Montan- und Textilgewerbe industrielle Produktionsformen eingeführt, wobei man sich zumeist an den englischen Originalen oder an deren räumlich näher liegenden deutschen Kopien orientierte.[27]

24 Zum Begriff *Wehler*, Gesellschaftsgeschichte, Bd. 1, insbes. S. 547 f., 589 ff.
25 *Kieniewicz*, Emancipation, S. 47–50.
26 *Mosser*, Raumabhängigkeit, S. 146.
27 *Butschek*, Österreichische Wirtschaftsgeschichte, S. 202.

I.4.2.2 Die agrarische Prägung Ostmitteleuropas

Agrarreformen

Gleichwohl sind die ostmitteleuropäischen Gesellschaften noch bis weit in das 20. Jahrhundert hinein agrarisch geblieben, so dass als wichtigster endogener Grund für den Zäsurcharakter der Jahrhundertmitte die Mobilisierung der sozio-ökonomischen Strukturen auf dem Lande zu nennen ist.[28] Zwar sind die Revolutionäre von 1848/49 mit vielen ihrer demokratischen, liberalen und nationalen Ziele gescheitert. Dennoch haben die revolutionären Ereignisse und die anschließenden Pazifizierungsversuche in allen Teilen Ostmitteleuropas dazu geführt, dass die Aufhebung der feudalen Bindungen in der Landwirtschaft zu Ende geführt, zumindest beschleunigt oder überhaupt endlich in Gang gesetzt wurde.[29] Generell war die Geschichte der ostmitteleuropäischen Agrarreformen durch elementare »externe« Impulse, wie die Herrschaft Napoleons über Europa, die europäische Revolution von 1848 und die Auswirkungen der Niederlage im Krimkrieg auf das russische Imperium, sowie einen hohen Grad wechselseitiger Verflechtungen gekennzeichnet.

Die preußischen Agrarreformen waren eine unmittelbare Reaktion auf die militärische Niederlage gegen Napoleon und die bereits erwähnte Bauernbefreiung im Herzogtum Warschau.[30] Die für die altpreußischen Gebiete geltenden Regelungen aus den Jahren 1807–21 sind in den 1820er und 1830er Jahren auch auf die polnischen Provinzen übertragen worden, so dass 1850 im ganzen ostelbischen Preußen der größte Teil der Ablösungsverfahren bereits abgeschlossen war.[31] In der Habsburgermonarchie hatten zwar schon die Josephinischen Reformen der 1780er Jahre den Bauern die persönliche Freiheit gebracht. Die Ablösung aller feudalen Bindungen und die Schaffung von freiem Bodeneigentum erfolgten jedoch erst als Folge der Revolution von 1848.[32] Noch länger als die damit eingeleiteten Ablösungen der Abgaben- und Dienstpflichten zogen sich Gemeinheitsteilungen, Separationen

---

28 *Niederhauser*, Emancipation of the Serfs, S. 340.

29 *Jaworski* u. *Luft*, Revolutionen.

30 *Niederhauser*, Emancipation of the Serfs, S. 38–46; *Wehler*, Gesellschaftsgeschichte, Bd. 2, S. 162–165.

31 *Streiter*, Nationale Beziehungen, S. 23–28; *Niederhauser*, Emancipation of the Serfs, S. 46–56.

32 *Dinklage*, Landwirtschaftliche Entwicklung, S. 403–410; *Heumos*, Bauernbefreiung, S. 223–226; *Podraza*, Agrarfrage in Galizien, S. 53–56; *Niederhauser*, Emancipation of the Serfs, S. 93–98 u. 137–148.

sowie die Verfahren zur Lösung des Problems der Servituten, also der Nutzungsrechte an Weiden und Wäldern, hin. In den russischen Ostseeprovinzen erhielten die estnischen und die Mehrheit der lettischen Bauern schon 1816–1819 die persönliche Freiheit, wurden aber zumeist erst durch das Agrargesetz von 1860 in die Lage versetzt, von ihren ehemaligen deutschbaltischen Gutsherren Land zu erwerben.[33] Im Königreich Polen leitete Zar Alexander II. im Jahre 1864 – also nach der Aufhebung der Leibeigenschaft in Russland 1861, den folgenden Bauernunruhen und dem Januaraufstand von 1863 – die Agrarreform ein. Das gegen den polnischen Adel gerichtete Gesetz war für die Bauern sowohl hinsichtlich der Landverteilung als auch in Bezug auf die Verfügungsrechte vorteilhafter als die Regelung für die Kernprovinzen des Zarenreiches, wo die Bauern kein freies Eigentum an Grund und Boden erhielten.[34] Ein Ergebnis der Reformen im Königreich Polen bestand darin, dass der Anteil der Klein- und Mittelbauernwirtschaften an der gesamten landwirtschaftlichen Nutzfläche hier deutlich höher war als in Großpolen und die durchschnittliche Größe dieser Bauernwirtschaften über den analogen Werten in Galizien lag.[35]

Agrarkapitalistische Institutionen und Kontinuität polarisierter Betriebsgrößenstrukturen

In Ostmitteleuropa existierte also – anders als in den großrussischen Gebieten sowie in den östlich des Dnjepr gelegenen Teilen der Ukraine – spätestens seit den 1860er Jahren die wichtigste institutionelle Voraussetzung für eine agrarkapitalistische Entwicklung: das uneingeschränkte Verfügungsrecht der Bauern über ihre Höfe.[36] In der Folge kam es zu einer Mobilisierung des Grundbesitzes und zu einer verstärkten Orientierung auch der bäuerlichen Wirtschaften an den Erfordernissen überregionaler Märkte. Die aus der Ablösung feudaler Bindungen resultierenden Belastungen und das Ausmaß verbliebener oder neuer Abhängigkeitsbeziehungen zwischen Bauern und Großgrundbesitzern waren jedoch regional ebenso verschieden wie die Betriebsgrößenstrukturen und der Landhunger. So existierte eine teilweise extreme Polarisierung der Betriebsgrößenstruktur in Livland, in Pommern,

33 *Niederhauser*, Emancipation of the Serfs, S. 215–221; *Kahk*, Bauer und Baron, S. 127–143; *Eellend*, Cultivating the Rural Citizen, S. 24–26.

34 *Landau* u. *Tomaszewski*, Wirtschaftsgeschichte Polens, S. 15–24; *Beyrau* u. *Hildermeier*, Leibeigenschaft, S. 48–59.

35 *Niederhauser*, Emancipation of the Serfs, 252 f; *Blobaum*, To Market!, S. 406–408.

36 *Gunst*, Einige Probleme, S. 35–48.

in weiten Teilen Galiziens sowie Böhmens und Mährens, in Zentralungarn, Transsilvanien, Slawonien und der Vojvodina fort oder verstärkte sich sogar.[37] Der Großgrundbesitz setzte bei der Getreideproduktion und der Viehzucht zumeist auf eine extensive Produktionssteigerung oder stellte auf den höhere Gewinne versprechenden Anbau von Spezialkulturen, etwa den Hackfruchtanbau, um. In beiden Fällen lag der Bedarf an Arbeitskräften ganzjährig oder zumindest saisonal unter dem aufgrund des starken Bevölkerungswachstums steigenden Angebot. Die Agrarreformen haben also nicht nur die juristischen Voraussetzungen für eine sozio-ökonomische Mobilisierung der Landbevölkerung gelegt, sondern durch die Veränderung der wirtschaftlichen Verhältnisse auch den Abwanderungsdruck befördert.[38]

I.4.2.3 Die »erste Globalisierung«

Zum Begriff der »Globalisierung«

Die Periode von 1850 bis zum Ersten Weltkrieg wird von vielen Autoren sowohl in wirtschafts- als auch in globalhistorischer Perspektive als die Zeit der »ersten Globalisierung« bezeichnet. Deren Kern besteht aus ökonomischer Perspektive in einer »rasch zunehmenden Verflechtung zuvor räumlich weit entfernter Wirtschaften«. Dabei entstanden »multi- bzw. transnationale Unternehmen« und es vollzogen sich »tiefgreifende Veränderungen von Transport- und Kommunikationssystemen« sowie »gewaltige Wanderungen mobilen Kapitals«, was mitunter zu »weltumspannenden Schulden- und Währungskrisen« führte.[39] Als wichtigster Indikator für die Herausbildung und zunehmende Integration weltweiter Güter-, Faktor- und Kapitalmärkte wird häufig eine Konvergenz der Güterpreise und Faktoreinkommen genannt.[40] Zwischen 1850/60 und 1914 bildeten sich globale Märkte für Massengüter, wie Getreide, Wolle, Baumwolle, Petroleum, Kaffee, Zucker und verschiedene Nichteisenmetalle heraus. Die führenden Wirtschaftsmächte, wie insbesondere Großbritannien, später auch die USA und Deutschland, wiesen vor dem Ersten Weltkrieg bereits Anteile des Waren- und Kapitalexports am Bruttosozialprodukt auf, die

37 *Turnock*, Economy of East Central Europe, S. 57–61; *Janos*, East Central Europe, S. 81 f.; *Berend*, Agriculture S. 148 f.
38 Vgl. Kap. I.2.2 in diesem Band.
39 *Borchardt*, Globalisierung, S. 3 f.
40 *O'Rourke* u. *Williamson*, When Did Globalisation Begin?, S. 23–50; *O'Rourke* u. *Williamson*, Globalization and History.

nach einer anschließenden Periode der scheinbaren »Deglobalisierung« erst im Globalisierungsprozess der Gegenwart wieder erreicht wurden.[41]

Liberalisierung des Außenhandels in Ostmitteleuropa

Eine für Ostmitteleuropa wichtige Zäsur des Globalisierungsprozesses stellte die Aufhebung der *Corn Laws* in Großbritannien im Jahre 1846 dar, da nun für die preußischen Ostprovinzen, Polen und die westlichen Gouvernements Russlands der Getreideexport auf die Insel wieder profitabel wurde. Der allgemeine Trend zur Liberalisierung des Handels schlug sich innerhalb Ostmitteleuropas in der Herstellung eines zollfreien Binnenmarktes in der Habsburgermonarchie im Jahre 1851 sowie der Aufnahme des Königreichs Polen in das Zollgebiet des Russischen Reiches im gleichen Jahr nieder. Die von Handelsminister Karl Ludwig von Bruck vorgeschlagene Erweiterung der Habsburgermonarchie zu einer österreichisch-deutschen Handelsunion scheiterte jedoch zunächst am Widerstand der deutschen Nationalbewegung und später an der Furcht der österreichischen Wirtschaft vor mangelnder Konkurrenzfähigkeit. Seitdem stand für die österreichische Wirtschaftspolitik die binnenwirtschaftliche Integration im Vordergrund.[42] In den 1860er Jahren beteiligten sich zunächst Preußen und dann auch Österreich am System der europäischen Freihandelsverträge, und Russland senkte seine Einfuhrzölle auf ein verhältnismäßig moderates Niveau. Damit reagierten die ostmitteleuropäischen Imperien auf die steigenden *Terms of Trade* ihrer wichtigsten Exportgüter. Trotz der protektionistischen Wende in den späten 1870er Jahren, an der auch alle ostmitteleuropäischen Staaten teilnahmen, erlebte die Region in den folgenden Jahrzehnten eine Vervielfachung des Austausches von Waren, Kapital und Menschen: Diese Entwicklung wurde erst durch den Ersten Weltkrieg gestoppt.

---

41 *Borchardt*, Globalisierung, S. 5–15; *Baldwin* u. *Martin*, Two Waves of Globalisation, S. 18–20; *Kochanowicz*, Globalization, S. VI, 180.

42 *Matis*, Leitlinien, S. 31 f., 65; *Butschek*, Österreichische Wirtschaftsgeschichte, S. 130.

I.4.3 *Flows* und *Controls*

I.4.3.1 Der Außenhandel

Um die Auswirkungen des Außenhandels auf die Entwicklung einer Volkswirtschaft zu beurteilen, müssen die quantitative Entwicklung in laufenden oder konstanten Preisen, die qualitative Zusammensetzung der Handelsgüter, also das Verhältnis von Rohstoffen und Nahrungsgütern zu Halbfertig- und Fertigwaren, sowie schließlich die Entwicklung der Handelsbilanz und der damit im Zusammenhang stehenden *Terms of Trade* berücksichtigt werden.

Die Expansion des Welthandels

Die Periode zwischen 1850 und 1914 war durch eine zuvor nie dagewesene Expansion des Welthandels gekennzeichnet. Dieser wuchs zwischen 1840 und 1870 im jährlichen Durchschnitt um fünf Prozent, dann bis 1895 um drei Prozent und anschließend bis zum Ersten Weltkrieg erneut um 3,7 %.[43] Damit nahm der Welthandel in jeder Phase stärker zu als die gesamte Wertschöpfung und wuchs zumeist auch rascher als die Industrieproduktion, was als erstrangiges Indiz für den erwähnten Globalisierungsschub gilt.[44] Der Handel zwischen Ostmitteleuropa und anderen Teilen Europas und der Welt expandierte zwar ebenfalls, das Wachstumstempo lag jedoch unter dem globalen Durchschnitt. Die starke Ausweitung des Welthandels beruhte eben in erster Linie auf dem Austausch von Rohstoffen sowie Nahrungs- und Industriegütern zwischen den west- und mitteleuropäischen Staaten und Gebieten in Übersee sowie zunehmend auf dem intraindustriellen Handel zwischen den am stärksten industrialisierten Staaten in Europa und Nordamerika. An beiden Trends konnte Ostmitteleuropa nur in verhältnismäßig geringem Umfang partizipieren. Zwar hat die Großregion aufgrund sinkender Transportkosten, einer steigenden Nachfrage in den sich rasch industrialisierenden Ländern sowie der allgemeinen Liberalisierung der Außenhandelspolitik in den 1850er und 1860er Jahren noch einmal ihre traditionelle Rolle als Lieferant agrarischer Produkte für die Gewerberegionen West- und Mitteleuropas wiederbeleben können. Danach jedoch ging der Anteil der europäischen Peripherie an den

43 *Pohl*, Aufbruch, S. 188.
44 *Broadberry* u. *O'Rourke*, Cambridge Economic History, Bd. 1, S. 6.

globalen Nahrungsmittel- und Rohstoffexporten von zwanzig Prozent in den späten 1870er Jahren auf 15 % im Jahre 1913 zurück.[45]

Konstituierung eines globalen Getreidemarktes und protektionistische Reaktionen

Im Falle des für Ostmitteleuropa traditionell wichtigen Getreideexportes bewirkte die starke Veränderung der Konkurrenzbedingungen auf dem europäischen Markt sogar einen absoluten Rückgang. Die rasche Senkung der Transportkosten sowohl in der Seeschifffahrt als auch beim Landverkehr mit Eisenbahnen, die Erschließung von fruchtbaren Böden in klimatisch begünstigten Regionen der USA, aber auch Russlands, das nach der Jahrhundertwende zum größten Weizenexporteur der Welt aufstieg, sowie später Südamerikas und Australiens schufen einen Weltagrarmarkt mit sich angleichenden und tendenziell sinkenden Getreidepreisen.[46] Im Zuge der »Agrarkrise« sanken die *Terms of Trade* und damit auch die Absatzchancen der gesamten ostmitteleuropäischen Landwirtschaft, insbesondere der Getreideproduzenten. Dies stellte wahrscheinlich die im ländlichen Alltag präsenteste Folge der »ersten Globalisierung« dar. Landwirte aus Ostmitteleuropa konnten auf freien Märkten, wie etwa in Großbritannien, gegen die stärker mechanisierte amerikanische Konkurrenz sowie die russischen und argentinischen Wettbewerber mit ihren niedrigeren Lohnkosten nicht bestehen. Die meisten kontinentaleuropäischen Länder, vor allem Frankreich und Deutschland, reagierten auf die »Agrarkrise« mit einer Hinwendung zum Agrarprotektionismus, der die eigenen Agrarproduzenten vor der ausländischen Konkurrenz schützen sollte und daher auch Importe aus anderen europäischen Ländern erschwerte. Obwohl sich zwischen der Mitte der 1890er Jahre und dem Ersten Weltkrieg die *Terms of Trade* für Getreide, vor allem aber für Fleisch und höherwertige pflanzliche Produkte, wieder verbesserten, wurde die agrarprotektionistische Politik fortgesetzt.[47]

Die Habsburgermonarchie schloss sich schon aufgrund ihrer Außenhandelsabhängigkeit von Deutschland sowie aus außenpolitischen Überlegungen diesem Trend an und beendete im Jahre 1878/79 die hier ohnehin nur kurze Phase der Freihandelspolitik.[48] Der neue österreichisch-ungarische Agrarprotektionismus richtete sich weniger gegen amerikanische oder rus-

---

45 *Berend* u. *Ránki*, European Periphery, S. 25; *Fischer*, Wirtschaft und Gesellschaft, S. 169.

46 *Goodwin* u. *Grennes*, Tsarist Russia, S. 405–430.

47 *O'Rourke*, European Grain Invasion; *Aldenhoff-Hübinger*, Agrarpolitik.

48 *Matis*, Leitlinien, S. 51.

sische Getreideimporte, sondern vor allem gegen die Einfuhren aus den südöstlich angrenzenden Agrarstaaten, wie Rumänien und Serbien, die wiederum auf die Einnahmen aus ihren Agrarexporten angewiesen waren, um ihre Industrialisierung voranzutreiben.[49] Der Kurswechsel von 1878/79 entsprach auch den Forderungen der österreichischen Industriellen, die bei einem allgemeinen Schwenk zum Protektionismus ihrerseits Schutz vor dem Import industrieller Güter erhielten. Dies traf sich mit dem Kalkül der ungarischen Agrarier, die einerseits auf eine gewisse Verständigung mit Deutschland hofften, andererseits aber vor allem ihre Exportinteressen gegenüber der Sicherung des österreichisch-ungarischen Binnenmarktes zurückstellten. In Österreich-Ungarn stellte die gemeinsame protektionistische Außenhandelspolitik den ökonomischen Interessenausgleich zwischen den beiden Reichshälften her und sollte auch die staatsrechtliche Konstruktion des Ausgleichs von 1867 stabilisieren. In der Folgezeit nahm die binnenwirtschaftliche Integration der Habsburgermonarchie deutlich zu, während die Außenhandelsquote Österreich-Ungarns bei niedrigen sieben Prozent stagnierte.[50] Der Anteil der Habsburgermonarchie am sich sonst dynamischer entwickelnden Welthandel sank folglich von sechs Prozent im Jahre 1870 auf 3,3 % im Jahre 1908.[51]

Diese Daten belegen, dass sich die Habsburgermonarchie dem globalen Trend zunehmender Verflechtung der Warenmärkte während der »ersten Globalisierung« ein Stück weit entzogen hat, indem sie selbst einen Markt kreierte, wo Industriegebiete und ländliche Regionen ihre Überschüsse austauschen konnten. Insbesondere die böhmische, mährische und niederösterreichische Textilindustrie profitierten von dem geschützten, dank der allgemeinen Wohlfahrtssteigerung expandierenden Binnenmarkt der Monarchie.[52]

Veränderungen der Außenhandelsstrukturen der Habsburgermonarchie

Eine Analyse des Außenhandels Österreich-Ungarns im Untersuchungszeitraum zeigt aber auch bemerkenswerte Veränderungen der Exportwarenstruktur.[53] Agrarische Erzeugnisse verloren gegenüber Produkten der mit der Landwirtschaft verbundenen Industrien an Bedeutung. Der Export von Getreide wurde durch Mehlausfuhr substituiert, Holz entwickelte sich zum wichtigs-

49 *Preshlenova*, Austro-Hungarian Trade, S. 231–260.
50 *Good*, Wirtschaftlicher Aufstieg, S. 100; *Schulze* u. *Wolf*, Economic Nationalism.
51 *Gross*, Stellung der Habsburgermonarchie, S. 19.
52 *Matis* u. *Bachinger*, Österreichs industrielle Entwicklung, S. 194–205.
53 *Tessner*, Außenhandel Österreich-Ungarns, S. 54–61.

ten Exportgut, gefolgt von Zucker, der besonders nach Großbritannien geliefert wurde. Im Bereich der Konsumgüterindustrie konnte die traditionell stark exportorientierte böhmische Glas- und Porzellanindustrie ihre internationale Konkurrenzfähigkeit behaupten, und mit der Zündholzindustrie sowie der Papierindustrie entstanden neue Exportbranchen.[54] Der mit Abstand wichtigste Handelspartner blieb während des gesamten Untersuchungszeitraumes mit einem von zunächst sechzig Prozent auf immerhin noch vierzig Prozent sinkenden Anteil am Gesamtexport der Deutsche Bund bzw. das Deutsche Reich. Dies lag zum einen an der Komplementarität der sektoralen Strukturen in beiden Ländern. Außerdem spielte offenbar die geographische Nähe eine wichtige Rolle, denn ca. 35 % der nach Deutschland exportierten Güter gingen nach Sachsen, weitere 25 % nach Süddeutschland und nur 15 % in den wesentlich größeren preußischen Markt.[55]

In den letzten beiden Jahrzehnten vor dem Weltkrieg vollzogen sich weitere Veränderungen in der Struktur der Außenhandelsgüter sowie ein Trend zur Diversifizierung der Außenhandelspartner. So nahm durch die industrielle Entwicklung die Nachfrage nach Rohstoffimporten, insbesondere Steinkohle und Roheisen sowie weiterhin auch Baumwolle und Wolle deutlich zu. Folglich stiegen nach 1900 die USA und Britisch-Indien auf die dritte und fünfte Position in der Rangliste der Außenhandelspartner. Auf der anderen Seite konnte Österreich-Ungarn die sich gleichzeitig wieder verbessernden *Terms of Trade* für Agrarprodukte immer weniger ausnutzen, so dass die Außenhandelsbilanz seit 1908 negativ war.[56]

Polnische Industrieprodukte für den russischen Markt

Im Königreich Polen wuchs hingegen der Export in der Zeit zwischen 1870 und 1910 um ca. sechs Prozent pro Jahr und damit doppelt so rasch wie im europäischen Durchschnitt.[57] Gleichzeitig wandelte sich dieses Gebiet – schon aufgrund des enormen Bevölkerungswachstums – von einem agrarischen Überschussgebiet, das vor allem Getreide über die Ostsee in die Niederlande und nach Großbritannien exportierte, zu einem Getreidenettoimporteur.[58] Diese Ent-

54 *Matis* u. *Bachinger*, Österreichs industrielle Entwicklung, S. 188–192; *Geršlova*, Wirtschaftliche Vergangenheit, S. 311–316.

55 *Tessner*, Außenhandel Österreich-Ungarns, S. 65–71, 74.

56 *Denzel*, Österreichs Direkthandel, S. 167–174; *Morys*, Original Sin, S. 50. Nach *Tessner*, Außenhandel Österreich-Ungarns, S. 34–45, 97, war die Außenhandelsbilanz bereits seit 1906 negativ.

57 *David*, Nationalisme Économique, S. 95.

58 *Landau* u. *Tomaszewski*, Wirtschaftsgeschichte Polens, S. 91.

wicklung wurde durch die bereits erwähnte volle zollpolitische Integration in das Russische Reich (1851) gefördert. Der freie Zugang zum russischen, weit nach Asien ausgreifenden Markt, der zudem seit 1877 durch Prohibitivzölle gegen (andere) ausländische Konkurrenz faktisch abgeschirmt war, bildete für die Zweige der polnischen Industrie, deren Produktivität deutlich höher war als im russischen Kerngebiet, eine ideale Voraussetzung für weitere Expansionen.[59] Dies traf insbesondere auf die Textilindustrie zu, aber auch auf die Zuckerindustrie, die Produktion von Eisenbahnausrüstungen und anfangs auch auf andere Zweige der metallverarbeitenden Industrie.[60] Der Anteil des Russischen Reiches am polnischen »Export« betrug vor dem Ersten Weltkrieg fast neunzig Prozent![61] Das Königreich Polen erlebte also seit der Jahrhundertmitte eine noch stärkere Umorientierung der Handelsströme auf die Zentren bzw. andere Regionen des Imperiums als dies bei den Grenzgebieten in der Habsburgermonarchie der Fall war. Von einem Peripherisierungsprozess kann hier jedoch keine Rede sein.[62]

Die Orientierung auf den russischen Markt erwies sich allerdings insofern als langfristig problematisch, da sie zwar in der Take-off-Phase der polnischen Industrialisierung hohe Wachstumsraten garantierte, dabei aber nicht unbedingt die Innovationsbereitschaft förderte. Dies sollte sich unter den veränderten Bedingungen nach dem Weltkrieg als schwere Hypothek erweisen, zumal Russland auch zunehmende Bedeutung als Rohstofflieferant erlangt hatte. Gerade die genannten Führungssektoren der polnischen Industrialisierung waren auf Importe aus dem westlichen Ausland angewiesen, die auf volkswirtschaftlicher Ebene jedoch quantitativ weniger ins Gewicht fielen, für einzelne Industrieregionen oder Unternehmen allerdings durchaus strategische Bedeutung hatten.[63]

Die östlichen Provinzen Preußens zwischen binnen- und außenwirtschaftlicher Verflechtung

Bevor in einem späteren Abschnitt auf solche Lieferbeziehungen am Beispiel der Verflechtungen zwischen dem oberschlesischen, dem Dąmbrowaer und dem Ostrau/Ostrava-Karwiner/Karviná Revier näher eingegangen wird, sollen noch die Außenhandelsbeziehungen der landwirtschaftlich geprägten ostelbischen Provinzen Preußens bzw. Deutschlands in den Blick ge-

59 *Jezierski* u. *Leszczyńska*, Eastern Markets, S. 77; *Kochanowicz*, Globalization, S. 190.
60 *Meyer*, Standortverteilung, S. 271–276.
61 *Jezierski*, Economic History of Poland, S. 120.
62 *Kochanowicz*, Globalization, S. 123–139; *Scherner*, Eliten, S. 164–178.
63 *Kochanowicz*, Globalization, S. 134–137.

nommen werden. Zwischen 1845 und 1880 hatten die meist über die Häfen Stettin/Szczecin, Danzig/Gdańsk und Königsberg verlaufenden Getreideexporte nach Nordwesteuropa noch einmal deutlich zugenommen, bevor die preußischen Großgrundbesitzer diese Außenmärkte an die zumeist nordamerikanische Konkurrenz verloren.[64] Die Einführung der Agrarschutzzölle 1879/80 und deren schrittweise Erhöhung in den folgenden Jahren sollten zumindest den deutschen Binnenmarkt sichern. Zwar verteuerte der Protektionismus deutsche Nahrungsmittelimporte, die ostelbischen Landwirte konnten den Binnenmarkt für Agrargüter jedoch nicht dominieren.

Die Kosten für den Transport von Massengütern aus den agrarischen Ostprovinzen in die west- und südwestdeutschen Industriegebiete waren trotz der Fertigstellung aller wichtigen Eisenbahnhauptstrecken noch relativ hoch, so dass etwa Großpolen letztlich nicht zur Kornkammer des Deutschen Reiches, sondern allenfalls Berlins wurde. Den Fernverkehr begünstigende, auf den Preußischen Staatsbahnen erst 1891 eingeführte Differentialtarife wurden bereits 1894 aus Rücksicht auf die west- und süddeutschen Landwirte, deren politische Vertreter mit der Ablehnung des Deutsch-Russischen Handelsvertrages drohten, wieder aufgehoben.[65] Die ostelbischen Getreideproduzenten sind im Gegenzug für den Verlust dieser Transportkostensubventionen im Binnenverkehr durch die Aufhebung des Identitätsnachweises und die Einführung von Exportsubventionen in der Form des Getreideeinfuhrscheinsystems entschädigt worden.[66]

Dank dieser staatlichen Unterstützung, der Steigerung der Agrarproduktivität und der hohen Qualität des Getreides, das die Danziger Kaufleute aus einheimischen Lieferungen und russischen Importen mischten, war die Handelsbilanz Deutschlands nicht nur beim Zucker, sondern auch beim Getreide, positiv. Der zu Beginn des 20. Jahrhunderts stärkste europäische Industriestaat war gleichzeitig der größte Roggenexporteur der Welt.[67]

---

64 *Kopsidis* u. *Wolf*, Agricultural Productivity, S. 634–670.

65 In ähnlicher Weise haben auch Vertreter der böhmischen Landwirte häufig Senkungen der Eisenbahntarife für galizische Agrarprodukte verhindern können. Vgl. *Kaps*, Ungleiche Entwicklung in Zentraleuropa, S. 407.

66 Vgl. *Steinkühler*, Agrar- oder Industriestaat, S. 164–184; *Müller*, Bismarck, S. 145–153, 159f.

67 *Wottawa*, Protektionismus, S. 45.

I.4.3.2 Der Transfer von Kapital

Begriffe und Methoden

Der massenhafte Transfer von Kapital gilt als ein wichtiges Merkmal, das die Globalisierung des 19. Jahrhunderts von internationalen Verflechtungsprozessen in der vorindustriellen Zeit unterscheidet. Gewöhnlich wird zwischen Portfolioinvestitionen, also Kapitalströmen, die indirekt über den Ankauf von Wertpapieren oder Staatsschuldverschreibungen erfolgten, und ausländischen Direktinvestitionen, die in Unternehmensgründungen, Errichtung von Filialen etc. flossen, differenziert. Portfolioinvestitionen dienten meist zur Finanzierung öffentlicher Haushalte, auf zentralstaatlicher sowie zunehmend auch auf kommunaler Ebene, und/oder wurden in kapitalintensive Projekte, etwa beim Bergbau oder beim Eisenbahnbau, gelenkt. Industrieinvestitionen wurden dagegen meist als Direktinvestitionen getätigt.[68]

Quantitative Analysen der Kapitalströme sind mit erheblichen methodischen Problemen konfrontiert, da internationale Kapitalbewegungen vor dem Ersten Weltkrieg kaum staatlicher Kontrolle bzw. Regulierung unterlagen.[69] Es existieren folglich keine gesamtstaatlichen Erhebungen, so dass eine Statistik der Portfolioinvestitionen die Geschäfte einzelner Börsen und Banken analysieren muss, wobei die »Nationalität« eines Wertpapiers nicht immer klar und oft auch nicht dauerhaft war. Ähnlich schwierig ist die Quantifizierung ausländischer Direktinvestitionen, da hier etliche einzelne Projekte analysiert werden müssten.[70]

Expansion globaler Kapitalströme

Dennoch ist klar, dass es zwischen 1850 und 1914 zu einer Vervielfachung der globalen Kapitalströme kam.[71] Die wichtigsten Kapitalexporteure waren während des gesamten Zeitraums Großbritannien und – mit einigem Abstand – Frankreich. Ab 1880 bzw. 1900 spielten auch deutsche und US-amerikanische Kapitalexporte eine wesentliche Rolle, wobei die beiden neuen führenden Industrienationen die Vormachtstellung des britischen Kapitals auf den Finanzmärkten und Londons als Weltfinanzzentrum nicht einmal annähernd gefährden konnten. Ähnlich wie beim Warenhandel beruhte also die Expansion der Finanzmärkte auf Kapitalströmen, die mehrheitlich weiterhin in Westeuropa zu-

68 *Fischer*, Auslandsanleihen S. 65–80.

69 *Tilly*, Geld und Kredit, S. 157–159; *Osterhammel*, Verwandlung, S. 1051.

70 *Fischer*, Dimension und Struktur, S. 42–45.

71 *Kenwood* u. *Lougheed*, Growth, S. 6.

sammenliefen.[72] Im Gegensatz zum Warenhandel floss das Kapital jedoch ausschließlich aus den Zentren in die Peripherien.[73]

Die geographische Streuung der Kapitalströme war während der »ersten Globalisierung« wesentlich breiter als dies heute der Fall ist. 1913/14 waren immerhin 42 % der Auslandsinvestitionen in Lateinamerika, Asien und Afrika angelegt.[74] Die europäische »Peripherie«, zu der neben Ostmitteleuropa auch Südeuropa, Russland, der Balkan sowie in diesem Falle auch Skandinavien gezählt werden, erhielt ca. ein Viertel des im Ausland investierten Kapitals westeuropäischer Länder. Frankreich und Deutschland waren hier wesentlich stärker engagiert als Großbritannien. Während der britische Kapitalexport um 1913 zu 95 % in außereuropäische Regionen floss, gingen 27 % der französischen Kapitalexporte allein nach Russland, das sich bis zum Ersten Weltkrieg zum größten Nettoschuldner der Welt entwickelte, und weitere 33 % in andere Teile Europas. Das deutsche Auslandskapital befand sich zu 29 % in Russland und auf dem Balkan sowie zu 23 % in der Habsburgermonarchie.[75] Besonders hohe Kapitaltransfers fanden in den Boomphasen der 1860er und frühen 1870er Jahre sowie der letzten beiden Jahrzehnte vor dem Ersten Weltkrieg statt. Dieser Befund widerspricht einer mitunter anzutreffenden These, dass vor allem die schlechteren Anlagebedingungen im »Zentrum« zum Kapitalexport in die »Peripherie« geführt hätten.[76] Wichtiger als dieser Zusammenhang war offenbar die Möglichkeit, auf den heimischen Märkten Gewinne zu erzielen, um so Kapital für Auslandsanlagen zur Verfügung zu haben.

Aktien- und Universalbanken

Die 1852 von den Brüdern Péreire in Paris gegründete »Société générale de Crédit mobilier« gilt als Prototyp einer neuen Form von Banken. Zuvor wurden diese meist durch Bankiers(familien) geführt und hatten sich vorrangig auf Privatkredite und die Staatsfinanzierung konzentriert. Nun entstanden »Aktienbanken, die sich zum Ziel setzten, die Gründung von Industrie- und Verkehrsunternehmen bis zur Börseneinführung zu unterstützen, aber auch Unternehmenskredite

72 *Fishlow*, Lessons, S. 385.

73 *Osterhammel*, Verwandlung, S. 1048 f.

74 2001 waren es nur 18 %, da der Stellenwert Lateinamerikas und Afrikas deutlich gesunken ist. *Osterhammel*, Verwandlung, S. 1052.

75 *Berend* u. *Ránki*, European Periphery, S. 75; *Berend*, Economic History, S. 303–305; *Clemens* u. *Williamson*, Wealth Bias, S. 305.

76 *Komlosy*, Grenze, S. 131.

zu gewähren«.[77] Letztlich sollte der Bankentyp des *Crédit Mobilier* für die eher durch kleine Unternehmen geprägte französische Industrialisierung eine geringere Rolle spielen als in Deutschland und in Österreich-Ungarn. Hier entwickelten sich bald Universalbanken, die alle wesentlichen Felder des Kredit- und Wertpapiergeschäftes in sich vereinigten und dadurch einen maßgeblichen Einfluss auf Industrieunternehmen im Allgemeinen und speziell auf Aktiengesellschaften erlangten. Schon einige Zeitgenossen sahen dies als Charakteristikum eines »Finanzkapitalismus« an.[78] Die wirtschaftshistorische Forschung interpretiert die zentrale Position von Aktien-Universalbanken als erstrangiges Unterscheidungsmerkmal eines mitteleuropäischen Industrialisierungstyps gegenüber einer englischen Variante, die stärker durch Eigenfinanzierung und spezialisierte Kreditinstitute geprägt war, und einem osteuropäischen Typ, in dem der Staat den Kapitalfluss regulierte.[79]

Neben derartigen Typologien sollten allerdings auch die transnationalen Aspekte nicht übersehen werden. Als die Brüder Péreire in die Habsburgermonarchie expandieren wollten, kam ihnen Salomon Rothschild, der Wiener Vertreter einer in allen wichtigen europäischen Hauptstädten agierenden Bankiersfamilie, zuvor, indem er im Jahre 1855 – mit Unterstützung des Staates und etlicher Hochadliger – die »Credit-Anstalt für Handel und Gewerbe« gründete. Rothschild profitierte dabei von seinem internationalen Netzwerk sowie dem Kapital, den Erfahrungen und Beziehungen, die er bei den Geschäften mit Staatspapieren, aber auch beim Bau der »Kaiser-Ferdinand-Nordbahn«, der Modernisierung der »Witkowitzer Eisenwerke« und auf vielen anderen Feldern erworben hatte.[80] Die Gründung weiterer großer Aktienbanken in Wien, dem mit Abstand wichtigsten Finanzplatz Ostmitteleuropas, erfolgte in den 1860er Jahren meist unter massiver Beteiligung von ausländischem Kapital. Dies trifft auf die mit französischem Kapital gegründete »Bodencreditanstalt« ebenso zu wie auf die »Anglo-Österreichische Bank«.[81]

77 *Butschek*, Österreichische Wirtschaftsgeschichte, S. 130.

78 *Hilferding*, Finanzkapital.

79 *Tilly*, Geld und Kredit, S. 100–110. Neuere Forschungen haben allerdings den Stellenwert der Universalbanken für die deutsche Industrialisierung als signifikant, jedoch nicht überragend charakterisiert. Vgl. *Fohlin*, Finance Capitalism.

80 *Ferguson*, Geschichte der Rothschilds Bd. 1, S. 492–497 u. Bd. 2, S. 79–88; *Pohl*, Europäische Bankengeschichte, S. 198–204, 221–223.

81 *Good*, Wirtschaftlicher Aufstieg, S. 181; *Baltzarek*, Finanzrevolutionen, S. 18–27; *Natmeßnig*, Britische Finanzinteressen, S. 114–130; *Eigner*, Centre of Europe, S. 29–49.

Die Habsburgermonarchie als Kapitalempfänger und -exporteur

Ähnlich wie beim Warenhandel nahm angesichts des überproportionalen Wachstums der interkontinentalen Kapitalströme Ostmitteleuropas relativer Stellenwert auf den globalen Finanzmärkten ab. Allerdings ist zu beachten, dass das Ergebnis derartiger Vergleiche immer auch von der Größe der einzelnen Untersuchungseinheiten beeinflusst wird. Die Habsburgermonarchie spielte eine in mehrfacher Hinsicht interessante Doppelrolle. Zunächst stellte sie – ähnlich wie beim Warenhandel – selbst einen Rahmen dar, indem umfangreiche Kapitalbewegungen stattfanden. So wurde die ungarische Gründerzeit zu sechzig Prozent durch »ausländische« Investitionen finanziert, wozu die ungarischen Wirtschaftshistoriker allerdings auch österreichisches Kapital rechneten, das zum Beispiel über 45 % des Aktienkapitals der ungarischen Banken verfügte.[82]

Die Habsburgermonarchie war außerdem – wie auch die USA – sowohl Kapitalimporteur als auch -exporteur. Eine Analyse der Zahlungsbilanz Österreich-Ungarns zeigt jedenfalls, dass es zwischen 1880 und 1913 19 Jahre gab, in denen der Kapitalexport überwog.[83] Dies war durchgängig zwischen 1885 und 1891 sowie erneut zwischen 1905 und 1910 der Fall. Zunächst legten österreichische, später auch ungarische und tschechische Banken Kapital in den südosteuropäischen Nachbarländern an.[84] Mit der Gründung von und/oder Beteiligung an Finanzinstitutionen, (wie der »Banque de Salonique« oder der »Banque de Marmorosh, Blanc et Cie.«), aber auch Bergbau- und Industrieunternehmen versuchten Staat und Unternehmer Österreichs und Ungarns, eine wirtschaftliche Vormachtstellung in den Balkanländern zu erreichen. Dies gelang in der Regel nur vorübergehend, denn nach 1900 wurden die österreichisch-ungarischen Banken meist von ihren deutschen Konkurrenzpartnern zurückgedrängt.[85] Zu diesem Zeitpunkt spielte das deutsche Kapital auf dem Balkan bereits eine größere Rolle als das französische und britische. Allerdings stiegen gleichzeitig die deutschen Investitionen in Lateinamerika, China, Russland sowie in den eigenen Kolonien stärker als der Kapitaltransfer in die Habsburgermonarchie und auf den Balkan.[86]

---

82 *Berend*, Economic History, S. 357; *Pammer*, Austrian Private Investments.

83 *Morys*, Original Sin, S. 50.

84 *Nečas*, Na prahu.

85 *Matis* u. *Bachinger*, Österreichs industrielle Entwicklung, S. 142; *Hidvégi*, Manövrieren, S. 86–89.

86 *Tilly*, German Banks, S. 201–230.

Die Mittlerposition der ungarischen und tschechischen Banken im internationalen Kapitalverkehr zwischen West- und Mittel- sowie Südosteuropa wurde durch den Umstand erleichtert, dass Finanzinstitute der Zoll- und Währungsunion der Österreichisch-Ungarischen Monarchie ausländische Kredite zu viel günstigeren Konditionen bekamen als die Nationalstaaten des Balkans.[87] Im tschechischen Fall ging es aber oft auch um transnationale politische Projekte. So betrieben im Jahre 1908 der Bankier und Bürgermeister von Laibach/Ljubljana, Ivan Hribar, sowie der Direktor der größten, seit 1868 bestehenden tschechischen Bank »Živnostenská banka« [Gewerbebank], Jaroslav Preiss, als Protagonisten der neoslawistischen Bewegung die Gründung einer »Slawischen Bank«, an der sich neben den Slawen der Habsburgermonarchie auch Russen, Serben und Bulgaren sowie Polen aus dem Zarenreich und Deutschland beteiligen sollten.[88] Das Projekt scheiterte, die »Živnostenská banka« erwarb jedoch immerhin zwei Jahre später einen Minderheitsanteil an der größten serbischen Bank, der »Srpska kreditna banka« [Serbische Kreditbank] in Belgrad.[89] Insgesamt waren die tschechischen Banken in Südosteuropa viel stärker als ihre österreichischen und ungarischen Konkurrenten im Bereich der Industriefinanzierung aktiv.[90]

Grundsätzlich ermöglichten Kapitalimporte Investitionen, **Effekte**
senkten tendenziell die Zinssätze und waren mitunter auch
mit Technologietransfers verbunden. Allerdings waren insbesondere Portfolioinvestitionen sehr volatil, so dass immer die Gefahr transnationaler Finanzkrisen bestand, unter denen die peripheren Staaten meist besonders stark zu leiden hatten.[91] Hinzu kamen strukturelle Konsequenzen. So floss das ausländische Kapital in Südosteuropa fast immer in Staatsanleihen, den Eisenbahnbau oder in die Erschließung von Rohstoffen, die anschließend meist unverarbeitet exportiert wurden, so dass generell die Industrialisierungseffekte gering blieben.[92] Im Königreich Polen spielten Direktinvestitionen, etwa oberschlesischer Montanindustrieller im Dąmbrowaer Revier, eine viel wichtigere Rolle als russische Staatsanleihen.[93] In Ungarn, wo der

87 *Komlos*, Habsburg Monarchy, S. 194.
88 *Hadler*, Prager Slawen-Kongress, S. 145 f.
89 *Mitrović*, Origin of European Banks, S. 19 f.
90 *Lampe* u. *Jackson*, Balkan Economic History, S. 261 f.
91 *Bordo* u. *Meissner*, Foreign Capital.
92 *Kochanowicz*, Globalization, S. 190; *Berend*, Economic History, S. 357–361.
93 Vgl. Abschnitt I.4.4.1 in diesem Band.

größte Teil des »ausländischen« Kapitals aus der österreichischen Reichshälfte stammte, floss das Kapital unmittelbar größtenteils in Staatsanleihen, Banken und in den Transportsektor sowie dann – durch die Vermittlung von Staat und Finanzinstitutionen – auch in Landwirtschaft und Industrie.[94]

Der Goldstandard als institutionelle Voraussetzung für die Globalisierung des Kapitalmarktes

Die Expansion des internationalen Warenhandels und Kapitalverkehrs führte zu einem dichten Netzwerk wechselseitiger internationaler Zahlungsverbindlichkeiten. »Voraussetzung für dessen Funktionsfähigkeit war eine stabile Leitwährung wie das Pfund, ergänzt durch die Mechanismen des Goldstandards.«[95] Umgekehrt konnte das britische Pfund diese Aufgabe nur erfüllen, weil Großbritannien mit seiner Hauptstadt London bis 1914 zwar seinen Status als »Werkstatt der Welt« verloren hatte, nicht jedoch seine dominante Stellung im globalen Handel, auf den Kapitalmärkten sowie im Bereich der sie tragenden Institutionen, wie Handelsflotten, Versicherungsgesellschaften etc. Außerdem beruhte die Funktionsfähigkeit des Goldstandards auf der allgemein verbreiteten Überzeugung vom Nutzen stabiler Wechselkurse und dem Verzicht auf den Einsatz der Geld- und Fiskalpolitik für nationale antizyklische Wirtschaftspolitiken. Letzteres lag zum einen am vordemokratischen Charakter der politischen Systeme – in West und Ost.

Reaktionen auf die »Große Depression«

Hinzu kam, dass im Untersuchungszeitraum selbst die gravierendsten Wirtschaftskrisen zwar in vielen Fällen die Existenz von Unternehmen durch Deflationen gefährdeten, jedoch nirgends Massenarbeitslosigkeit hervorgerufen haben. Die politischen Reaktionen auf den Wiener Börsenkrach von 1873 und die folgende »Große Depression«, die in Mitteleuropa meist – in schöner Mehrdeutigkeit – als »Gründerkrise« bezeichnet wird, konzentrierten sich daher auf die Regulierung der Märkte. Diese erfolgte durch die Reglementierung oder zumindest Beaufsichtigung von Börsengeschäften, die Förderung oder zumindest Duldung von Kartellen sowie durch die staatliche Übernahme von Unternehmen, die – wie verschiedene Eisenbahnaktiengesellschaften – mit Spekulationen aufgefallen waren und von denen schon wegen ihres Wertes eine

94 *Berend* u. *Ránki*, Ungarns wirtschaftliche Entwicklung, S. 467; *Pammer*, Austrian Private Investments, S. 141–169.

95 *Niemann*, Europäische Wirtschaftsgeschichte, S. 95. Vgl. auch *Eichengreen*, Goldstandard, S. 32–68.

große Ansteckungsgefahr auszugehen schien. Massive Staatsinvestitionen oder große Arbeitsbeschaffungsprogramme, die eine starke Steigerung der Staatsverschuldung bewirkt hätten, stellten vor den 1930er Jahren keine akzeptierten Krisenbewältigungsstrategien dar.[96]

Banken und Börsen im globalen Konjunkturzyklus

Ostmitteleuropa spielte für die »Große Depression« schon deshalb eine wichtige Rolle, da der 9. Mai 1873 als »schwarzer Freitag« an der Wiener Börse als unmittelbarer Auslöser eines massiven Vertrauensverlustes auf den globalen Kapitalmärkten gilt.[97] Die anschließende Kettenreaktion führte in der österreichischen Reichshälfte zur Insolvenz von über sechzig Prozent der – allerdings mehrheitlich erst kurz zuvor gegründeten – Banken.[98] Die transnationale Dimension des Ereignisses zeigte sich im Herbst 1873 durch ähnliche Panikreaktionen an den New Yorker und Berliner Börsen. Aber auch in der Vorgeschichte des Wiener Börsenkrachs hatten unter anderem die sich bei der Vorbereitung der am 1. Mai 1873 eröffneten 5. Weltausstellung entwickelnde euphorische Stimmung, die zu riskanten Finanzierungsmethoden animierte, und die Zahlungsschwierigkeiten der »Franko-Ungarischen Bank« in Pest eine wichtige Rolle gespielt.

Die Folgen der Gründerkrise für den internationalen Kapitalmarkt in Ostmitteleuropa bestanden nicht allein in der Novellierung der Aktien- und Börsengesetze, die den allzu zerstörerischen Marktkräften Fesseln anlegen sollte, indem man die grenzüberschreitenden Kapitalflüsse kanalisierte und damit auch relativ verringerte.[99] Gleichzeitig bemühten sich sowohl Österreich-Ungarn als auch Russland um den Übergang zur Goldwährung. Deutschland hatte diesen Schritt im Zuge der Reichseinigung und dank französischer Reparationszahlungen bereits in den frühen 1870er Jahren vollzogen. Für die Finanzpolitiker der Habsburgermonarchie und vor allem auch Russlands stellte die Einführung des Goldstandards, die teilweise gegen den Widerstand der konservativen Agrareliten erfolgte, ein wichtiges Ziel dar, weil dies gleichbedeutend mit der Aufnahme in den Kreis der verlässlichen Teilnehmer am Welthandel und am globalen Kapitalverkehr war.[100] Es ging den maßgeblichen ost-, ostmittel- und südosteuropäischen

96 *Plumpe*, Wirtschaftskrisen, S. 62–71.
97 *Baltzarek*, Geschichte der Wiener Börse, S. 71–85.
98 *Butschek*, Österreichische Wirtschaftsgeschichte, S. 136.
99 *Matis*, Leitlinien, S. 46.
100 *Kövér* u. *Pogány*, Binationale Bank, S. 89–105; *Gregory*, Before Command, S. 59–67.

Akteuren also nicht um eine Abschottung gegenüber Globalisierungsprozessen, sondern um ihre Nutzung zum eigenen Vorteil bei gleichzeitiger Minimierung der Risiken.[101]

I.4.3.3 Der Transfer von Arbeit und Technologien

Migration aus ökonomischer Perspektive

Im Vergleich zur jüngsten Geschichte spielte der »Transfer des Produktionsfaktors Arbeit« in der Periode der »ersten Globalisierung« eine deutlich wichtigere Rolle.[102] Auch aus diesem Grund beschäftigt sich ein eigenes Kapitel dieses Buches mit dem Phänomen der »Migration« als einer der Schlüsseldimensionen der transnationalen Geschichte Ostmitteleuropas. An dieser Stelle sollen daher einige knappe Hinweise auf die ökonomischen Effekte des Transfers von ostmitteleuropäischen Arbeitskräften genügen.

In deutlicher Erweiterung der traditionellen Modelle, die von sich rational an Lohnkosten orientierenden Individuen ausgingen und Migration durch Push- und Pull-Faktoren erklärten, interpretieren heute die *New Economics of Migration* Arbeitskräftewanderungen als wesentlichen Teil der Risikominimierungsstrategien von Familien bzw. Haushalten. Sie betonen weiterhin die fördernde Rolle früherer Migranten in den Zielländern, die bei der Beschaffung von Wohnraum und Beschäftigungsmöglichkeiten behilflich waren. Neben Landknappheit und Lohngefälle müssen also auch ethnische, lokale oder auch verwandtschaftlich begründete Netzwerke sowie die Herausbildung von Migrationskulturen zur Erklärung von Ausmaß und Richtung der Arbeitskräftewanderungen herangezogen werden. Nur so wird verständlich, warum beispielsweise die Auswanderung aus Dalmatien, Montenegro und vielen Teilen Kroatiens trotz ähnlicher demographischer und agrarstruktureller Gegebenheiten um ein Vielfaches größer war als im Falle Serbiens.[103]

Dennoch lassen sich durchaus Zusammenhänge zwischen einer starken Zersplitterung des Bodeneigentums und ländlicher Übervölkerung, der Einkommensentwicklung und krisenhaften Ereignissen in der Wirtschaft einerseits sowie der quantitativen Entwicklung der Auswanderung

---

101 *Morys*, South-Eastern European Monetary History, S. 25–53.
102 *Osterhammel*, Verwandlung, S. 235–252.
103 Vgl. neben Kap. I.2 in diesem Band auch *Brunnbauer*, Globalizing, S. 33–63.

andererseits feststellen. Ebenso bestand ein wichtiger ökonomischer Effekt der Auswanderung in der Reduzierung des Arbeitskräfteangebotes in der Herkunftsregion, was mittelfristig auch in einigen ostmitteleuropäischen Gebieten und Branchen eine Steigerung der Löhne bewirkte, die jedoch keine generelle Konvergenz der Realeinkommen innerhalb Europas herbeiführte. Auch in der Habsburgermonarchie, wo sich vormals relativ isolierte Arbeitsmärkte schon aufgrund rapide sinkender Mobilitätskosten miteinander verflochten, war die Konvergenz regionaler Lohnniveaus sehr gering.[104] Die Bedeutung der so genannten *Remittances*, also der Rücküberweisungen von Emigranten an ihre Familien in ihren Herkunftsgebieten, wird unter anderem dadurch deutlich, dass aufgrund dieser Geldflüsse Österreich-Ungarn auch in den letzten Jahren vor dem Ersten Weltkrieg eine positive Zahlungsbilanz hatte, obwohl die Außenhandelsbilanz – wie bereits erwähnt – seit 1906 bzw. 1908 negativ war.[105] Das insbesondere in den USA verdiente Geld war für den Bau von Häusern und den Kauf von Vieh oft unerlässlich, so dass junge Angehörige eines Familienverbandes ebenfalls zur Auswanderung gedrängt wurden, um diesen wichtigen Geldfluss weiterhin sicher zu stellen. Häufig hing die sozio-ökonomische Entwicklung vieler südosteuropäischer und auch einiger ostmitteleuropäischer Dörfer stärker vom Schicksal einzelner nordamerikanischer Bergwerke ab als von der Wirtschaftspolitik »ihres« Staates.[106] Im Gegensatz zu den *Remittances* mit ihrer grundsätzlich geringen Votalität lassen sich die ökonomischen Effekte der durchaus beträchtlichen Rückwanderungen nicht generalisierend resümieren.[107]

Auch insgesamt waren die Effekte der Auswanderung nach Übersee und der – schwerer quantifizierbaren und deshalb mitunter aus dem Blick geratenden – innerostmitteleuropäischen Arbeitskräftemigration ausgesprochen ambivalent. Die Verflechtung der Arbeitsmärkte in den Montanrevieren, auf die noch einzugehen sein wird, der meist saisonale Einsatz russisch-polnischer oder galizischer Landarbeiter auf den Gütern des östlichen Preu-

104 *Cvrcek*, Wages.

105 *Morys*, Original Sin.

106 *Brunnbauer*, Globalizing, S. 37.

107 Im ersten Jahrzehnt des 20. Jahrhunderts migrierten beispielsweise 2.870.000 Menschen aus der Habsburgermonarchie in die USA (Platz 2 hinter Italien). Im gleichen Zeitraum wanderten aber auch 1.580.000 Menschen in die Gegenrichtung. Im zweiten Jahrzehnt wanderten aufgrund des Ersten Weltkrieges sogar mehr Menschen aus den USA in das Gebiet der Habsburgermonarchie (1.340.000) als andersrum (880.000). Vgl. *Bandiera, Rasul* u. *Viarengo*, Making of Modern America, S. 37.

ßens sowie das tägliche oder wöchentliche Pendeln von Textilarbeitern aus Böhmen nach Sachsen und Bayern verbesserten ebenfalls die materielle Lage der Migranten. Gleichzeitig verringerten sie aber auch den Druck zur Rationalisierung in den ostelbischen Agrargütern und sächsischen Tuchfabriken, entzogen den ärmeren Gebieten mitunter (potenzielle) Fachkräfte und bildeten den wohl wichtigsten Anlass nicht nur für eine stärkere Regulierung der Arbeitsmärkte, sondern auch für ökonomisch geradezu irrationale nationalistische Reaktionen, wie etwa die preußische Ansiedlungspolitik in den Provinzen Posen und Westpreußen.[108]

Neben dem Trend zur Konstituierung eines »einheitlichen« globalen Arbeitsmarktes war also dieser in vielerlei Hinsicht sehr spezielle Markt auch durch Segmentierung geprägt.[109] Die immensen Unterschiede zwischen der Marktmacht eines Facharbeiters in der Elektroindustrie und eines ausländischen Saisonarbeiters auf einem Agrargut wurden ab 1900 durch staatliche Beschränkungen der Freizügigkeit von Arbeitskräften, die Einführung von Arbeitsnachweisen und die Regulierung oder Verstaatlichung des privaten Arbeitsvermittlungswesens zusätzlich verstärkt.[110]

Technologietransfer durch Anwerbung von Experten

Technologietransfers aus anderen Ländern waren bereits ein wichtiges Instrument der kameralistischen Wirtschaftspolitik im 18. Jahrhundert gewesen. Sie erfolgten mehr oder weniger direkt durch Maschinenimporte, Spionage, die Migration bzw. Anwerbung von Spezialisten, den Erwerb von Lizenzen, ausländische Direktinvestitionen oder die Verbreitung entsprechender Druckschriften.[111] In den ersten zwei Dritteln des 19. Jahrhunderts bildete in Ostmitteleuropa die Immigration von (potenziellen) Unternehmern aus Ländern mit einem höheren Niveau der Industrialisierung die wichtigste Form des Technologietransfers. Zwar behinderten die Kontinentalsperre sowie das bis 1825 geltende Auswanderungsverbot für englische Facharbeiter die Verbreitung von Technologie und Wissen. Dennoch gründeten seit dem späten 18. Jahrhundert Engländer wichtige Metallwarenfabriken und mechanische Baumwoll-

108 Vgl. *Müller*, Sozialökonomische Situation, S. 58–77; *Müller*, Wirtschaftliche Maßnahmen, S. 39–62; *Murdock*, Changing Places, S. 26–55.

109 Zu den Besonderheiten des Arbeitsmarktes *Pierenkemper*, Beschäftigung und Arbeitsmarkt, S. 253–260.

110 *Hatton* u. *Williamson*, Global Migration, S. 101–125; *Saul*, Konservative Struktur Ostelbiens S. 129–198.

111 *Troitzsch*, Technologietransfers, S. 177–180.

spinnereien in Österreich. Auch die ersten Lokomotiven- und andere Maschinenbauer kamen überwiegend aus dem Mutterland der Industrialisierung. Häufig wurden sie von den Regierungen durch verbilligte Grundstücke und Gebäude, aber auch Kopfprämien für ihrerseits angeworbene Facharbeiter subventioniert.[112]

Handel mit Technologie

Dampfmaschinen, Arbeitsmaschinen für die Textilproduktion sowie Maschinen zur Metallherstellung und -verarbeitung stellten die Hochtechnologien der ersten Industrialisierungsphase dar. Großbritannien hatte zunächst den Export von Maschinen verboten, hob diese Beschränkungen jedoch 1843 wieder auf. Inwieweit dies auf der mangelnden Durchsetzbarkeit der Bestimmungen oder dem Gefühl einer uneinholbaren technologischen Überlegenheit beruhte, kann hier nicht diskutiert werden. Entscheidender für den grenzüberschreitenden *Flow* von Technologien wurde jedoch nun die Außenhandelspolitik der (potenziellen) Empfängerländer. Diese stand vor der schweren Aufgabe, sowohl den Import moderner Technologien zu erleichtern als auch die junge eigene Maschinenbauindustrie vor allzu starker Konkurrenz zu bewahren. Hinzu kam, dass Zollsätze für Maschinen nicht unabhängig von der allgemeinen auf den Außenhandel mit Massengütern gerichteten Politik festgelegt werden konnten. Im Russländischen Imperium veranlasste die protektionistische Außenhandelspolitik westliche Unternehmen, die den großen und zukunftsträchtigen russischen Markt nicht verlieren bzw. überhaupt erst erobern wollten, zu Direktinvestitionen, wodurch zumeist auch moderne Technologien transferiert wurden. Davon profitierte einige Jahrzehnte lang insbesondere die Montan- und Textilindustrie im Königreich Polen.[113]

Patentrecht

In der so genannten zweiten industriellen Revolution, die in einigen Gebieten West- und Mitteleuropas sowie der USA in den 1870er Jahren begann, gingen die stärksten Wachstumsimpulse von wissensbasierten Branchen, vor allem der Elektro- und der Chemischen Industrie, aus. In diesen Zweigen waren die relativen Kosten für Prozess- und Produktinnovationen sowie zumeist auch der Exportanteil an der Produk-

112 *Matis*, Technologietransfer, S. 37–60; *Butschek*, Österreichische Wirtschaftsgeschichte, S. 100 f.; *Mahnke-Devlin*, Britische Migration, S. 26–37.
113 Vgl. Kap. I.4.4 in diesem Band.

tion wesentlich höher als in der Montan- und in der Textilindustrie. Nachdem im Zeitalter des Kameralismus die Nutzung von Erfindungen und häufig auch der Absatz auf bestimmten Märkten durch einzelne Privilegien garantiert worden war, führte man seit 1820 in der Habsburgermonarchie nach dem Vorbild des französischen und englischen Patentrechtes eine Kodifizierung des »Privilegiensystems« durch. Ausländer durften seit 1832 in Österreich Patente anmelden, benötigten aber dafür seit 1852 ein zuvor in einem Drittstaat gewährtes Patent sowie einen inländischen Bevollmächtigten. In den 1870er Jahren wurde immer offenbarer, dass das österreichisch-ungarische Patentrecht und vor allem die Verwaltungspraxis keinen effektiven Schutz vor Nachahmung gewährleisteten, was sich trotz verschiedener Novellierungen der Gesetze auch nicht grundsätzlich änderte.[114]

Im Zusammenhang mit der Weltausstellung fand 1873 der Erste Internationale Patentschutzkongress in Wien statt, der ganz im Sinne des liberalen Zeitgeistes eine internationale Verständigung über den Patentschutz einforderte, um einen möglichst weitgehenden grenzüberschreitenden Handel zu ermöglichen. Die im gleichen Jahr – nicht zuletzt auch von Wien ausgehende – große Depression beförderte jedoch auch Bestrebungen zur Nationalisierung der Märkte. Österreich trat somit – ebenso wie Ungarn – erst 1909 der Pariser Verbandsübereinkunft zum Schutz des gewerblichen Eigentums von 1883 bei. Damit folgten sie – wie in vielen anderen Bereichen des Wirtschaftsrechts auch – mit gewisser Verspätung dem Deutschen Reich.[115]

Ob die eher dilatorische Behandlung des Patentrechtes aus einem Desinteresse der Ministerialbürokratie und großer Teile der Industriellen resultierte[116] oder doch einem gewissen Kalkül entsprang, müsste noch genauer untersucht werden. Schließlich standen auch die ostmitteleuropäischen »Latecomer« vor der Grundsatzentscheidung, ob sie durch den Schutz des geistigen Eigentums und die Teilnahme an internationalen Übereinkünften den Transfer ausländischer Technologien erleichterten, deren massenhafte Anwendung jedoch eher behinderten oder zumindest verteuerten, oder ob sie durch den Verzicht auf ein strenges Patentrecht Anreize für Imitationen durch inländische Erfinder setzten. Anders als die großen europäischen Staaten beschritten den letztgenannten Weg über lange Zeit Länder wie die Schweiz und die Niederlande, die erst in den 1890er Jahren bzw. sogar erst

114 *Mikoletzky,* Erfindungsschutz, S. 219–229; *Dölemeyer,* Erfinderprivilegien, S. 318–331.
115 *Seckelmann,* Industrialisierung, S. 155–163, 215; *Seckelmann,* From the Paris Convention, S. 51–56.
116 So *Hidvégi,* Manövrieren, S. 71.

1910 nationale Patentgesetze erließen, da man diese hier zuvor als wettbewerbsbeschränkende Institutionen abgelehnt hatte.[117]

Die ostmitteleuropäische Wirtschaft war zumeist auf ausländische Direktinvestitionen oder den Erwerb von Lizenzen angewiesen, um modernste Technologien nutzen zu können. Es gab aber auch Gegenbeispiele. So verringerte die von András Mechwart, einem Techniker von »Ganz & Co. Eisengießerei und Maschinenfabrik AG« in Budapest, entwickelte Hartschalenguss-Walze für Mühlen die Produktionskosten in der ungarischen Mühlenindustrie, verbesserte die Qualität des Mehls und spielte – dank international gültiger Patente – eine konstitutive Rolle für deren starke Stellung auf dem europäischen Mehlmarkt. Als in den 1890er Jahren das ungarische Mehl von der amerikanischen Konkurrenz verdrängt wurde, basierte dies nicht zuletzt auf der Nutzung der Mechwartschen Technologie in den USA.[118]

I.4.3.4 Die ostmitteleuropäischen Wurzeln des modernen Interventionsstaates

Funktionen des Staates in der Wirtschaft

Die von der Modernisierungstheorie ausgehende wirtschaftshistorische Forschung hat betont, dass mit zunehmender Rückständigkeit eines Landes zum Zeitpunkt des Beginns seiner Industrialisierung generell die Bedeutung von Substitutionsprozessen während der Industrialisierung, also die »künstliche« Herstellung ihrer »Vorbedingungen« steigt.[119] Zwar lassen sich auch in Ostmitteleuropa Indizien für einen Zusammenhang zwischen Rückständigkeit und Staatstätigkeit beobachten. Noch deutlicher wird jedoch die Notwendigkeit einer über die Dichotomie von liberaler Marktwirtschaft versus Staatsinterventionismus hinausgehenden, differenzierteren Interpretation des Staatseinflusses auf die Wirtschaft. So kann etwa von einer Kontinuität staatlicher Gewerbe- und Industrieförderung aus der Zeit des Absolutismus des 18. Jahrhunderts über den Wirtschaftsnationalismus des späten 19. und frühen 20. Jahrhunderts bis zur Planwirtschaft der zweiten Hälfte des 20. Jahrhunderts keine Rede sein. Vor allem aber lässt sich zunehmende Staatstätigkeit nicht in jedem Fall vorrangig als Versuch zur Überwindung von Rückständigkeit interpre-

117 *Kurz*, Weltgeschichte des Erfindungsschutzes; *Seckelmann*, Industrialisierung, S. 32 f., 61.

118 *Berend*, Economic History; 388 f.; *Hidvégi*, Manövrieren, S. 56, 62 f.

119 *Gerschenkron*, Vorbedingungen, S. 25 f. Vgl. auch Kap. II.4 in diesem Band.

tieren.[120] Gerade im Bereich der Wirtschaftspolitik greift das Modell von einer lediglich westliche Entwicklungstendenzen nachholenden Entwicklung nicht. Wesentliche Elemente des sich im 20. Jahrhundert etablierenden modernen Interventionsstaates wurden in Ostmitteleuropa entwickelt und zwar als direkte Antwort auf die globalen Verflechtungen des späten 19. Jahrhunderts.

In diesem Zusammenhang ist es wichtig, zwischen verschiedenen Funktionen des Staates für die wirtschaftliche Entwicklung zu unterscheiden. Der Staat bzw. die öffentliche Hand hat zum einen die Aufgabe, für die Bereitstellung einer Infrastruktur zu sorgen, die Verkehr und Kommunikation, Energie- und Wasserversorgung, aber auch die Elementar- sowie in gewissem Maße auch die berufliche Bildung der Arbeitskräfte gewährleistet. Außerdem stellen Zentralstaat, Gebietskörperschaften und Kommunen wichtige Nachfrager von Industriegütern dar. Schließlich setzt der Staat als Gesetzgeber Rahmenbedingungen für die Wirtschaft, ist zudem durch Prozesspolitik in der Lage, bestimmte Wirtschaftszweige mittels direkter und indirekter Subventionen zu fördern, und kann auch unmittelbar durch eigene Unternehmen den Industrialisierungsprozess prägen.

Wirtschaftspolitik in Ostmitteleuropa mit liberaler Tendenz

Die historische Analyse der in Ostmitteleuropa praktizierten Wirtschaftspolitik zeigt, dass die Intensität der staatlichen Aktivitäten in den genannten Bereichen sowie in verschiedenen Zeitperioden sehr unterschiedlich war. So haben in der ersten Hälfte des 19. Jahrhunderts sowohl die österreichische als auch die preußische Regierung direkte Eingriffe in die Wirtschaft weitgehend vermieden.[121] Man beschränkte sich auf die punktuelle Förderung einzelner Gewerbebetriebe und die Subventionierung von privaten Eisenbahnbauten. Als wichtigstes Instrument der Wirtschaftspolitik galt die Zollpolitik. Preußen und der Deutsche Zollverein setzten auf einen gemäßigten Schutzzoll, Österreich verfolgte zunächst eine deutlich protektionistischere Politik, und Russland schottete ab 1821 seinen Markt durch prohibitiv wirkende Zölle von beinahe sämtlichen Industriegüterimporten ab.

Nach 1850 bemühte sich die neoabsolutistische Wirtschaftspolitik in der Habsburgermonarchie um eine stärkere Förderung und Steuerung der Industrie, ging zu einer »gemäßigt schutzzöllnerischen Tarifgesetzgebung«

---

120 *Berend* u. *Ránki,* Rolle des Staates, S. 326f.

121 *Matis,* Leitlinien, S. 29f.

über und kreierte mit den Handels- und Gewerbekammern jene Institutionen, die zum Kennzeichen der für mitteleuropäische Wirtschaftsordnungen typischen korporativen Marktwirtschaft werden sollten.[122] 1854 erfolgte jedoch auch eine »abrupte Rückkehr zum Privatbahnsystem«, was als Indiz für eine Wirtschaftspolitik gelten kann, die eher liberalen Zielen verpflichtet war.[123] Wichtiger war allerdings, dass gerade während der neoabsolutistischen Periode in der politischen Praxis wirtschaftspolitische Lenkungsversuche hinter machtpolitischen Ambitionen des »Imperiums«, vor allem hinter der Bewältigung außen- und innenpolitischer Krisen zurückstehen mussten. Die turbulenten Jahre zwischen der Revolution von 1848 und der Gründerkrise von 1873 waren daher im Bereich der Wirtschaftspolitik durch die Umsetzung der Agrarreformen, die Herstellung eines einheitlichen Binnenmarktes und der Gewerbefreiheit sowie in den sechziger Jahren auch durch eine außenhandelspolitische Liberalisierung gekennzeichnet.[124] Dies entsprach dem Trend der Wirtschaftspolitik in Preußen und Deutschland, die ihren liberalen Höhepunkt ebenfalls zwischen 1860 und 1873 erlebte, und erfuhr eine gewisse Analogie in den Reformen unter Zar Alexander II., deren Kern die Aufhebung der Leibeigenschaft im Jahre 1861 war.[125]

Internationalisierung der Wirtschaftspolitik

In diese Periode nahmen auch Bemühungen um eine internationale Koordination bei der Lösung ökonomischer und technischer Probleme deutlich zu. Dabei ging die Initiative sehr häufig von privatwirtschaftlichen Akteuren sowie speziell in Mitteleuropa von einzelnen Staaten des Deutschen Bundes aus, die offenbar wesentlich früher als die großen westeuropäischen Nationalstaaten und ost(mittel)europäischen Imperien die Notwendigkeit zwischenstaatlicher Verträge und internationaler Standards erkannten.[126] So gründeten Preußen, Österreich, Bayern und Sachsen 1850 in Dresden den »Deutsch-Österreichischen Telegraphenverein« (DÖTV), dem bald auch andere deutsche Staaten beitraten. Dieser diente zunächst zur Vereinheitlichung der Technik und zur Festlegung der Gebühren beim grenzüberschreitenden Nachrichtenverkehr

---

122 *Matis*, Leitlinien, S. 30–38 (Zitat, S. 36); *Abelshauser*, Kulturkampf, S. 11.
123 *Bachinger*, Verkehrswesen, S. 278–292 (Zitat S. 283).
124 *Matis*, Leitlinien, S. 38–40.
125 *Boch*, Staat und Wirtschaft, S. 14–24; *Goehrke*, Russland, S. 168f., 207.
126 *Petersson*, Anarchie und Weltrecht, S. 15f.

sowie zur Aufteilung der Einnahmen zwischen den Teilnehmerstaaten. Seine Richtlinien wurden auch beim Abschluss von Verträgen der Mitgliedsstaaten über den grenzüberschreitenden Telegraphenverkehr mit Russland, dem Osmanischen Reich sowie westeuropäischen Staaten angewandt. 1865 wurde in Paris der »Welttelegraphenverein« gegründet, wobei die Regelungen des DÖTV und des seit 1855 bestehenden »Westeuropäischen Telegraphenvereins« aneinander angeglichen wurden.[127]

Einen weiteren Beleg für die wichtige Rolle Ostmitteleuropas im Bereich transnationaler Standardisierungsprozesse und wirtschaftspolitischer Koordinierungen stellen die Aktivitäten im Bereich der Eisenbahn dar.[128] Inwieweit die Einbindung staatlicher und nichtstaatlicher Akteure aus Ostmitteleuropa in internationale Kongressbewegungen und Organisationen die Stellung der Region in ökonomischen Globalisierungsprozessen beeinflusste, muss noch untersucht werden. Von einer generellen Verspätung oder gar Abschottung insbesondere Österreich-Ungarns kann jedenfalls keine Rede sein. In etlichen Fällen, wie bei der maßgeblich auf Initiative des Deutschen Reiches vollzogenen Gründung des »Weltpostvereins« im Jahre 1874/75, waren auch Russland, Rumänien und Serbien von Beginn an involviert.[129]

Die ordnungspolitische Wende nach der Gründerkrise

Die Wirtschaftskrise von 1873, die sich anschließende lange Phase der Deflation und schließlich der Beginn der europäischen Agrarkrise erschütterten das Vertrauen der überwiegenden Mehrheit der preußisch-deutschen und österreichisch-ungarischen politischen und wirtschaftlichen Eliten in eine auf der unsichtbaren Hand des Marktes beruhende Wirtschaftsordnung grundlegend. Mit der Industrialisierung verbundene sozioökonomische Verwerfungen, wachsende soziale Ungleichheiten und regionale Disparitäten erschienen als mehr oder minder akute Bedrohungen für die Stabilität sowohl des von Preußen geführten jungen deutschen Nationalstaates als auch des mithilfe zahlreicher »Ausgleiche« konstruierten multinationalen Reiches der Habsburger. Wasserstraßenbau und Eisenbahnverstaatlichung, kommunale Daseinsvorsorge und Sozialversicherung wurden nun zu wichtigen Feldern der zunehmenden Aktivität des Staates und der Gebietskörperschaften. Dies wird aus heutiger Sicht als »Übergang von der liberalen Ära

127 *Wobring*, Integration der europäischen Telegraphie, S. 83–112.
128 Vgl. Kap. I.1.4 in diesem Band.
129 *Wendt*, Gründung des Weltpostvereins, S. 37–60. Vgl. auch Kap. I.5.2 in diesem Band.

des 19. zur interventionistischen (Wirtschaftsordnung-U. M.) des 20. Jahrhunderts« bezeichnet.[130]

Gleichzeitig standen Agrarprotektionismus und Bewahrung des Mittelstandes auch für eine konservativ-industrialisierungsskeptische Haltung und erfolgreiche Interessenpolitik nach wie vor mächtiger agrarischer Eliten. In Cisleithanien war die wirtschaftspolitische Wende unmittelbar mit der Etablierung der konservativ-föderalen Koalition des »Eisernen Ringes« unter Ministerpräsident Eduard Taaffe im Jahre 1879 verbunden. Wichtige Stützen dieser Regierung waren, insbesondere nach entsprechenden Wahlrechtsreformen, kleinbürgerliche und bäuerliche Schichten, die einen staatlichen Schutz vor den Folgen der zunehmenden globalen Vernetzung sowie der Konkurrenz durch Großunternehmen erwarteten.[131] Die Wiener Regierung erhoffte sich durch die Unterstützung des unteren Mittelstandes auch eine Minimierung der Nationalitätenkonflikte.[132] Gleichzeitig wurde der »Eiserne Ring« aber auch von den meist adligen Großgrundbesitzern aus den peripheren Gebieten Cisleithaniens, nicht zuletzt den im konservativen »Polenklub« vereinigten galizischen Abgeordneten, unterstützt.[133] In Preußen, das wie die anderen deutschen Länder auch, innerhalb des föderalen Deutschen Kaiserreiches mit Ausnahme der Außenhandels- und einiger Bereiche der Sozialpolitik die wichtigsten wirtschaftspolitischen Entscheidungen traf, stützte sich Reichskanzler Otto von Bismarck ebenfalls seit 1879 nicht mehr auf die Nationalliberalen, sondern auf die wesentlich in den ostelbischen Gebieten verankerten konservativen Parteien.[134]

Nun lassen sich modernisierende und konservierende Elemente des zunehmenden Staatsinterventionismus und Korporatismus oft nur schwer voneinander trennen. So vertraten die deutschen Industrie- und Handels-, Handwerks- sowie Landwirtschaftskammern ebenso wie ihre österreichisch-ungarischen Pendants oft ständische Sonderinteressen und ausgesprochen wettbewerbsfeindliche Positionen. Gleichzeitig hat ihre fachliche Expertise der praktischen Wirtschaftspolitik häufig weit mehr genutzt als dies eine noch unterentwickelte Volks- und Betriebswirtschaftslehre oder gar Honoratiorenparteien und sich ideologisch definierende Massenverbände hätten

---

130 *Ambrosius*, Staat, S. 123.

131 *Matis* u. *Bachinger*, Österreichs industrielle Entwicklung, S. 131–136.

132 *Gross*, Stellung der Habsburgermonarchie, S. 13; *Matis*, Leitlinien, S. 47–52.

133 *Rumpler*, Chance für Mitteleuropa, S. 486 f.; *Binder*, Galizien in Wien, S. 334–336.

134 *Born*, Preußen, S. 95–106.

tun können. Die Kammern sahen sich als berufsständische Institutionen, die Märkte regulierten, und bemühten sich gleichzeitig um eine moderne Strukturpolitik. Auch die zentrale Wirtschaftspolitik lässt sich nicht einfach als »liberal« oder »staatsinterventionistisch« charakterisieren. Sie forcierte staatliche Infrastrukturinvestitionen und tolerierte Kartelle, die neben der Zollpolitik als wichtigste Instrumente zur Wahrung eigener Interessen unter den Bedingungen der »Globalisierung« galten. Gleichzeitig scheute sie jedoch die Gründung von Staatsunternehmen und zumeist auch die direkte Subventionierung einzelner Branchen oder gar Unternehmen.[135]

Allmählich zunehmender Staatsinterventionismus und die Ausbreitung des Korporatismus konnten also im Deutschen Reich und in der Habsburgermonarchie in jeweils unterschiedlichem Maße sowohl Instrumente zur Konservierung der traditionellen Machtverteilung und Wirtschaftsstruktur als auch zur Minimierung ökonomischer Rückständigkeit darstellen oder neuen sozialen Konflikten einer modernen Industriegesellschaft vorbeugen. Diese Vielschichtigkeit beruhte nicht zuletzt auf der Tatsache, dass beide Imperien bis 1918 weite Teile Ostmitteleuropas inkorporiert hatten. Schließlich stellten die Fördermaßnahmen für periphere Regionen, wie Galizien in der österreichischen Reichshälfte sowie Großpolen, Ost- und Westpreußen und in Preußen bzw. im Deutschen Kaiserreich erste Versuche einer regionalen Strukturpolitik dar, deren Notwendigkeit allerdings militärisch, staats- oder nationalitätenpolitisch begründet werden musste, da sie in den jeweiligen westlichen Landesteilen zumeist abgelehnt wurde.[136]

Industriepolitik in Ost- und Südosteuropa

In Russland und Rumänien sowie in geringerem Maße auch in Serbien und Bulgarien versuchten die jeweiligen Regierungen seit ca. 1880, mit Hilfe von Auslandskapital sowie durch eine Steigerung der Agrarexporte Investitionsmittel zum Aufbau einer nationalen Industrie, zunächst einer Schwer- und Rüstungsindustrie, zu generieren.[137] Auf diesem klassischen Weg einer nachholenden Industrialisierung konnte Russland in den späten achtziger und in den neunziger Jahren ein beeindruckendes Wachstum der Industrieproduktion erreichen, das allerdings

135 *Hidvégi*, Manövrieren, S. 55, 101–106; *Müller*, Staatseinfluss, S. 103–112.

136 *Matis*, Leitlinien, S. 56–59; *Müller*, Regionale Wirtschafts- und Nationalitätenpolitik, S. 9–57.

137 *Pierenkemper*, Umstrittene Revolutionen, S. 137–144; *Lampe* u. *Jackson*, Balkan Economic History, S. 237–244; *Palairet*, Balkan Economies, S. 330–341; *David*, Nationalisme Économique, S. 95–99.

v. a. auf der Gründung von Staatsbetrieben in Moskau und St. Petersburg sowie einzelnen ausländischen Investitionen beruhte. So entstanden Industrieinseln in einer ansonsten weiterhin agrarisch geprägten Gesellschaft mit einer Landwirtschaft, deren Arbeitsproduktivität aufgrund der Dorfgemeinschaftsverfassung *Obščina*, der praktisch unbegrenzten Möglichkeiten der Neulandgewinnung und durch die hohe Steuerbelastung stagnierte.[138] Nur im Königreich Polen sowie in den baltischen Gouvernements bestand eine auf einheimische – allerdings oft deutsche oder jüdische – Privatinitiative gegründete leistungsfähige, zunächst vorrangig Textilien, später auch Maschinen produzierende Industrie, die vom russischen Industrieprotektionismus und einem riesigen Binnenmarkt profitiert hatte, von der Industriepolitik der Minister Nikolaj Bunge und Sergej Witte jedoch ausgeschlossen blieb.[139]

Ähnlich wie Russland konnte auch Rumänien durch Öffnung seiner Rohstoffvorkommen – vor allem Erdöl – für ausländische Investoren und eine Umlenkung der Gewinne aus den extensiv gesteigerten Getreideexporten in die Industrie sowie mit Hilfe mehrerer Gesetze zur Industrieförderung zwischen 1880 und 1914 ein jährliches Wachstum der Industrieproduktion von fünf bis sieben Prozent erreichen.[140] Mittelfristig scheiterte die ost- und südosteuropäische Industrialisierungsstrategie jedoch an der Schwäche des jeweiligen Binnenmarktes, die wiederum Folge der ausgebliebenen institutionellen Modernisierung des Agrarsektors war. Eine privates Unternehmertum repräsentierende Nahrungsgüterindustrie, die lokale oder regionale Industrialisierungseffekte ausüben konnte, existierte hier fast gar nicht. Keinesfalls zufällig wurden Russland und Rumänien im frühen 20. Jahrhundert zum Schauplatz von Bauernaufständen bzw. Revolutionen, die unter anderem in relativ radikalen Landreformen mündeten.[141] Diese führten zwar zu einer gewissen sozialen Befriedung, konnten jedoch keine Steigerung der Agrarproduktivität bewirken.

---

138 *Merl*, Agrarreformen, S. 175–187; *Gregory*, Before Command, S. 37–55, sieht hingegen eine wesentlich geringere Differenz zwischen der industriellen und agrarischen Arbeitsproduktivität und wendet sich daher auch gegen die Charakterisierung der russischen Volkswirtschaft als »duale Ökonomie«. Vgl. auch *Schmidt*, Russische Geschichte, S. 97 f.

139 *Owen*, Russian Corporate Capitalism, S. 126–138; *Geraci*, Economic Nationalism.

140 *Lampe* u. *Jackson*, Balkan Economic History, S. 162 f., 237–253.

141 *Berend*, Agriculture, S. 152–162.

Ungarn als Vorreiter einer aktiven Industriepolitik

Neben Rumänien (1873, 1882, 1887, 1902, 1906, 1912), Serbien (1898, 1906) und Bulgarien (1897, 1904) erließ auch Ungarn 1881, 1890, 1899 und 1907 sogenannte Industrieförderungsgesetze. Danach erhielten bestimmte Branchen, wie ländliche Brennereien und später vor allem die in Ungarn stark unterrepräsentierte Textilindustrie, Steuernachlässe und Tarifbegünstigungen. Zwar war der Umfang der eingesetzten Mittel zu gering, um allein wesentliche Auswirkungen auf das Wachstum und die Branchenstruktur der ungarischen Industrie ausüben zu können. In einigen Fällen hat die ungarische Industrieförderung die Verlagerung oder zumindest die Gründung von Filialen »ausländischer«, meist österreichischer, Unternehmen nach bzw. in Ungarn veranlasst. Die spezielle Förderung von neuen Produkten stellte beispielsweise in der Elektroindustrie einen Innovationsanreiz dar. Nimmt man außerdem die in Ungarn früher und konsequenter als in Österreich durchgeführte Eisenbahnverstaatlichung, die Tarifpolitik der vergleichsweise gut ausgebauten ungarischen Eisenbahnen sowie die Lenkung der öffentlichen Aufträge hinzu, so wird deutlich, dass die ungarische Regierung durchaus eine zielgerichtete Industriepolitik betrieben hat.[142]

Unter transnationalen Gesichtspunkten ist es bemerkenswert, dass das ungarische Vorbild die analogen Maßnahmen in den Balkanstaaten beeinflusst hat. Natürlich verfolgten auch die österreichischen Industriellen die ungarische Politik aufmerksam. Sie nutzten sie einerseits zur Erlangung von Staatshilfen bei ihren Expansionen nach Ungarn und andererseits als Argument in ihren Klagen über die diesbezügliche Untätigkeit der eigenen cisleithanischen Regierung. Aber auch in Deutschland wurde registriert, dass es in Mitteleuropa nach jahrzehntelanger Dominanz des »Laisser faire – laissez allez«-Prinzips wieder eine aktive staatliche Gewerbepolitik gab. So forderte der preußische Handelsminister Hans Hermann Freiherr von Berlepsch 1891 Schritte zur Schaffung und Unterstützung neuer Gewerbetätigkeiten in den »notleidenden preußischen Ostseeküstenstrichen« und verwies auf »das Vorgehen anderer Staaten hinsichtlich der Förderung gewisser Industriezweige«. Dabei hatte er neben ähnlichen Maßnahmen in Rumänien, Italien und Frankreich vor allem das ungarische Fabrik-Unterstützungs- und Prämierungsgesetz sowie die Erfolge des ungarischen Handelsministers Gábor Baross bei der Förderung der Papier-, Leder- und Seidenindustrie

142 *Paulinyi*, Industriepolitik; *Katus*, Hungary, S. 188–202; *Hidvégi*, Manövrieren, S. 56 f., 65 f., 121–139.

im Blick.[143] Umgekehrt hatten die Diskussionen im deutschen »Verein für Socialpolitik« über den Umgang mit den sozialen Folgen der Industrialisierung die ungarischen Debatten beeinflusst.

Ungarn könnte also aufgrund seiner in mehrfacher Hinsicht bestehenden Mittelstellung zwischen Mittel- und Südosteuropa den Ausgangspunkt für eine noch zu schreibende transnationale Geschichte der Herausbildung des modernen Interventionsstaates bilden. Gerade das ungarische Beispiel macht nämlich deutlich, dass die historisch gewachsene, größere Rolle des Staates in der Wirtschaft in Mittel- und Osteuropa nicht allein eine Folge der Bemühungen um die Verringerung von Rückständen gegenüber dem Westen war. Mindestens genauso wichtig waren Einflüsse weltwirtschaftlicher Verflechtungen und Konjunkturen, sozialpolitischer Traditionen sowie mitunter sehr klar nachweisbare transnationale Kulturtransfers von wirtschaftstheoretischen Ideen und wirtschaftspolitischen Praktiken.

Wirtschaftstheoretische Konzepte aus Ostmitteleuropa

Trotz des in der wirtschaftshistorischen Literatur über die Habsburgermonarchie und speziell Cisleithanien mitunter beklagten »Fehlens einer großen Linie in der Wirtschaftspolitik«[144] war Wien im Untersuchungszeitraum ein wichtiges europäisches Zentrum der sich zu dieser Zeit noch als Politische Ökonomie verstehenden Wirtschaftswissenschaft. Die Hauptstadt zog insbesondere zwischen 1850 und 1870 bedeutende Staatswissenschaftler aus deutschen Ländern an, die an Österreichs kameralistischer Tradition des 18. Jahrhunderts anknüpften und eine pragmatisch-eklektische oder kritische Haltung zum international dominierenden englischen Liberalismus pflegten. Lorenz von Stein, geboren in Schleswig, seit 1855 Professor für Politische Ökonomie an der Universität Wien, trat für einen Ausbau des Sozialstaates ein (und beeinflusste nachweislich die Meiji-Restauration in Japan), wandte sich aber noch gegen eine Umverteilung durch die Steuerpolitik. Adolph Wagner formulierte dann in Auseinandersetzung mit Stein und mit Blick auf Wirtschaft und Finanzen der Habsburgermonarchie Prinzipien steuerlicher Gerechtigkeit im sozialpolitischen Sinne, die den europäischen Sozialstaat des 20. Jahrhunderts wesentlich prägen sollten.[145]

143 *Müller*, Staatseinfluss, S. 107.
144 *Matis*, Leitlinien, S. 67.
145 *Brusatti*, Entwicklung, S. 605–611.

Adolph Wagner (1835-1917) - **konservativer Vordenker des modernen Interventionsstaates** Adolph Wagner wurde 1835 in Erlangen geboren, studierte Rechts- und Staatswissenschaften, erhielt 1858 seine erste Anstellung als Lehrer der Nationalökonomie an der Handelsakademie in Wien. Er beschäftigte sich mit Fragen des Bank- und Währungswesens in der Habsburgermonarchie und Russland, verließ Wien 1863 und ging nach Hamburg, erhielt 1865 eine ordentliche Professur in Dorpat/ Tartu, kam danach über Freiburg 1870 an die Friedrich-Wilhelms-Universität in Berlin, wo er neben Gustav Schmoller am Staatswissenschaftlichen Seminar wirkte. Wagner lehnte die liberale Ökonomie ab, forderte als »Kathedersozialist« eine starke Reglementierung und Steuerung der Wirtschaft, z. B. eine Börsensteuer, und nahm damit selbst im »Verein für Socialpolitik« eine relativ radikale Position ein. Wagner war seit 1881 führendes Mitglied im antisemitischen »Conservativen Central-Comitee«, saß von 1882 bis 1885 im preußischen Abgeordnetenhaus und von 1910 bis zu seinem Tode 1917 im preußischen Herrenhaus. Das »Wagnersche Gesetz steigender Staatsquoten« wird bis heute in der Finanzwissenschaft diskutiert. Wagner formulierte es nicht zuletzt mit Blick auf die Habsburgermonarchie, die als einziger Staat gilt, in dem das »Gesetz« schon für die Zeit vor dem Ersten Weltkrieg empirisch nachweisbar ist.[146] Inwieweit das wissenschaftliche Schaffen und politische Wirken des »wohl bedeutendsten deutschen Nationalökonomen des 19. Jahrhunderts«[147] auch durch seine Zeit in Wien und Dorpat beeinflusst wurde, wäre zu untersuchen. Eine Biographie zu Wagner liegt nicht vor.[148] Wagners Arbeiten haben ihrerseits die Entwicklung des Geld- und Kreditwesens in Deutschland generell und insbesondere die Notenbankpolitik und Finanzpraxis vor dem Ersten Weltkrieg wesentlich beeinflusst. Schüler Wagners an der Berliner Universität war neben Heinrich Dietzel und Werner Sombart auch Karel Kramář, der 1918 erster Ministerpräsident der Tschechoslowakei werden sollte.[149] Wagner steht exemplarisch für die von der historischen Schule der Nationalökonomie geprägte mitteleuropäische Wirtschaftswissenschaft, die bis zur Mitte des 20. Jahrhunderts ein gewisses Gegengewicht zur angelsächsischen Klassik bildete. Der sich in den 1980er Jahren mit der *Neuen Institutionenökonomie* vollziehende partielle Paradigmenwechsel in den Wirtschaftswissenschaften knüpft hier - mehr oder weniger bewusst - an.[150]

146 *Wysocki*, Österreichische Finanzpolitik, S. 90 f.
147 *Thier*, Steuergesetzgebung, S. 64.
148 *Rubner*, Adolph Wagner, S. 70–72; *Plumpe*, Gustav von Schmoller.
149 *Kořalka*, Zkušenosti Karla Kramáře; *Bažantová*, Karel Kramář.
150 *Plumpe*, Gustav von Schmoller.

Wagners Berufung nach Berlin steht symptomatisch für die Etablierung des Zentrums der historischen Schule der Nationalökonomie in der Hauptstadt des Deutschen Kaiserreichs. Auch wenn die historische Schule aufgrund ihrer Vernachlässigung bzw. Geringschätzung deduktiver Vorgehensweisen vom wirtschaftswissenschaftlichen Mainstream des 20. Jahrhunderts (und im Grunde bis heute) als methodologischer Irrweg angesehen wird, hat sie mit großer Wahrscheinlichkeit Einfluss auch auf die Volkswirtschaftslehre und die Wirtschafts- und Sozialpolitik in den neuen ostmitteleuropäischen Staaten der Zwischenkriegszeit ausgeübt, denen die Forschung noch stärker nachspüren sollte.

Die »österreichische Schule der Nationalökonomie« und insbesondere ihre Grenznutzenlehre gelten dagegen als Weiterentwicklung der klassischen Wirtschaftstheorie, nicht zuletzt weil ihr faktischer Gründer, der 1840 im galizischen Neu-Sandez/Nowy Sącz geborene Carl Menger, im so genannten Methodenstreit die Existenz allgemein gültiger ökonomischer Gesetze gegen den historischen Relativismus Gustav Schmollers verteidigte. Allerdings unterschieden sich Menger, Eugen von Böhm-Bawerk und später auch Josef Schumpeter von den liberalen Klassikern Adam Smith und David Ricardo sowie übrigens auch von Karl Marx, da auch sie »objektive« Wertberechnungen ablehnten sowie grundsätzlich das handelnde Individuum und eben nicht die »Nationalökonomie« in das Zentrum der ökonomischen Theorie rückten.[151] Wahrscheinlich hat die sozio-ökonomische und kulturelle Vielfältigkeit der Habsburgermonarchie die Lebensnähe wirtschaftstheoretischer Betrachtungen gefördert.

I.4.4 Transnationale Geschichte der (regionalen) Industrialisierung in Ostmitteleuropa

Die Zeit von 1850 bis zum Ersten Weltkrieg war in Ostmitteleuropa nicht nur mit der Umsetzung der Agrarreformen und den Auseinandersetzungen mit Globalisierungsprozessen verbunden. Aus wirtschaftshistorischer Sicht hat vor allem die Industrialisierung diese Epoche geprägt. Die ostmitteleuropäische Industrialisierung wird gewöhnlich als ein im Vergleich zu England und den Vorreitern des Industrialisierungsprozesses auf dem euro-

151 *Brusatti*, Entwicklung, S. 617.

päischen Kontinent verspätet einsetzender, weniger dynamisch und regional sehr ungleichmäßig verlaufender Prozess charakterisiert.[152]

Grenzlage als industrialisierungsfördernder Faktor

Auffallend ist allerdings, dass sich in Ostmitteleuropa viele Industriezentren in Grenzregionen befanden, obwohl es wegen des imperial überformten Territorialisierungsprozesses nur relativ wenige Staatsgrenzen gab. Diese waren entweder das Ergebnis der Teilungen Polens bzw. der Neuaufteilung der Gebiete zwischen den Mächten der Heiligen Allianz auf dem Wiener Kongress oder bestanden schon seit Jahrhunderten zwischen historischen Territorien wie Böhmen, Sachsen und Schlesien. Im letzteren Falle hatten geographische Gegebenheiten, wie die Existenz von zunächst eher siedlungsunfreundlichen Mittelgebirgen, eine wichtige Rolle für die Grenzziehung gespielt. Die gleichen Umstände wirkten nun in zweifacher Hinsicht industrialisierungsfördernd. Zum einen waren in den Gebirgsregionen neben Holz meist auch Erze, mitunter sogar Kohle, also wichtige Ressourcen der Industrialisierung vorhanden. Zum anderen waren die rauen Gebirgsgegenden im Laufe der Jahrhunderte doch besiedelt worden, wobei die ungünstigen Bedingungen für die Landwirtschaft eine Hinwendung zu gewerblicher Produktion erzwungen hatten. Die dabei gewonnenen Erfahrungen konnten – unter bestimmten Umständen – beim Aufbau industrieller Produktionsformen und dem Absatz von Massenprodukten auf fernen Märkten genutzt werden.[153] Außerdem spielte die Ambivalenz von Grenzlagen eine wichtige Rolle. Auch wenn Grenzregionen zumeist negativ von Peripherisierungsprozessen betroffen sind, ist zu beachten, dass zumindest für einige Wirtschaftsbereiche und Akteure die Lokalisation an einer durchlässigen Grenze durchaus vorteilhaft sein kann, wenn unterschiedliche Faktorkosten und institutionelle Gegebenheiten, beispielsweise durch grenzüberschreitende Arbeitsmigration oder Schmuggel, genutzt werden können.[154]

---

152 *Good*, Wirtschaftlicher Aufstieg; *Turnock*, Economy of East Central Europe. Vgl. zusammenfassend *Komlosy*, Regionale Ungleichheiten, S. 97–100, sowie auch Kap. II.4 in diesem Band.

153 Zur maßgeblich anhand deutscher und westeuropäischer Beispiele entwickelten Theorie der Protoindustrialisierung: *Kriedte*, *Medick* u. *Schlumbohm*, Industrialisierung vor der Industrialisierung.

154 *Kuzmany*, Brody, S. 72–92; *Leiserowitz*, Sabbatleuchter. Vgl. auch dies., Schmuggel, S. 103–114; *Murdock*, Böhmisches Bier, S. 66–76.

I.4.4.1 Verflechtungen zwischen den Montanrevieren an der Schnittstelle der Imperien

Das oberschlesische Montanrevier als Teil der deutschen Wirtschaft

Oberschlesien gilt als einziges ostmitteleuropäisches montanindustrielles Revier von europäischem Format.[155] Allerdings wird die Entwicklung des oberschlesischen Industriereviers zumeist als Teil der deutschen Industrialisierungsgeschichte dargestellt und somit im Vergleich mit dem Ruhrgebiet oder auch dem Saarrevier betrachtet.[156] Aus dieser Perspektive fallen der frühe Start des Industrialisierungsprozesses sowie dessen im Vergleich zum Ruhrgebiet nachlassende Dynamik in der zweiten Jahrhunderthälfte auf.

Ein europäischer Vergleich des Industrialisierungsprozesses von Montanregionen würde dagegen die exzeptionelle Stellung des Ruhrgebietes offenbaren und gleichzeitig offenlegen, dass das Wachstum, die Intensität der Kopplungseffekte und auch das Innovationspotenzial in der oberschlesischen Schwerindustrie durchaus dem Niveau anderer Reviere entsprachen. Als ein wesentlicher Grund für die raschere Entwicklung des Ruhrgebietes seit 1850 wird häufig dessen günstigere geographische Lage zu den Absatzmärkten genannt. Oberschlesien wurde zwar ebenfalls früh durch die Eisenbahn erschlossen. Die Transportkosten zu den wichtigsten deutschen Absatzgebieten waren jedoch aufgrund größerer Entfernungen und trotz der Gewährung von Sondertarifen durch die Eisenbahngesellschaften deutlich höher. Ein für Massenguttransporte so wichtiger Wasserweg wie in diesem Fall die Oder konnte trotz verschiedener Regulierungsbemühungen nur unzureichend genutzt werden.[157] Die ungünstige Verkehrslage beeinträchtigte in der zweiten Jahrhunderthälfte insbesondere die Entwicklung der Eisenhüttenindustrie, die wegen der nicht ausreichenden einheimischen Eisenerzvorkommen schon bald auf Importe aus Schweden angewiesen war.[158]

Aus der nationalstaatlichen Perspektive erscheint neben den hohen Transportkosten auch die Lage an der Staatsgrenze Preußens bzw. des Deutschen Reiches als Nachteil des oberschlesischen Montanreviers. Insbesondere seit den späten 1870er Jahren hat die protektionistische Außenhandelspolitik

155 *Pierenkemper*, Industrialisierung europäischer Montanregionen.

156 *Pierenkemper*, Schwerindustrielle Regionen, S. 37–56; *Pierenkemper*, Strukturwandlungen.

157 *Müller*, Stellung der Oder, S. 180–183; *Kunz* u. *Federspiel*, Verkehrsentwicklung Oberschlesiens, S. 217–249.

158 *Fuchs*, Probleme, S. 44 f.

Russlands sowie Österreich-Ungarns den Absatz von Kohle und Metallwaren in den Nachbarländern massiv behindert. Die oberschlesische Industrie setzte daher in der Regel zwischen achtzig und neunzig Prozent ihrer Produktion auf dem deutschen Binnenmarkt ab.[159] Im Falle Russlands wurden die Handelsbeziehungen durch den Zollkrieg von 1891 bis 1893 sogar völlig unterbrochen, so dass bestimmte Märkte auch nach dem Handelsvertrag von 1894 nicht wieder zurück gewonnen werden konnten.[160]

Außenhandelsbeziehungen der oberschlesischen Montanindustrie

Es wäre jedoch falsch, den ostmitteleuropäischen Nachbarregionen mit Verweis auf die protektionistische Politik der drei Imperien keine Bedeutung für den regionalen Industrialisierungsprozess in Oberschlesien beizumessen. Wenn man sich zunächst die Außenhandelsbeziehungen genauer ansieht, stellt man fest, dass der Export für einzelne Branchen, einige Unternehmen sowie zu bestimmten Perioden auch für die gesamte oberschlesische Montanindustrie eine wichtige Funktion hatte. So verarbeitete die Zinkindustrie während ihrer Aufschwungsphase in den frühen 1820er Jahren zu ca. 35 % Galmei, das aus der Republik Krakau importiert wurde.[161] Das Zink und die Zinkprodukte gingen sogar überwiegend in den Export, der zumeist durch Breslauer Kaufleute organisiert wurde. Die wichtigsten Abnehmer waren die Nachbarländer Österreich-Ungarn und Russland, die außerdem als Transiträume für den Export nach Asien, insbesondere nach Britisch-Indien, dienten.[162]

Während es bei der Zinkindustrie mehrheitlich um Fernhandel ging, waren die transportkostenintensiveren Güter wie Steinkohle wesentlich stärker auf lokale Märkte angewiesen, die in den grenznahen Revieren, etwa in Pless-Ost/Pszczyna, Brzenskowitz/Brzęczkowice und Ratibor/Racibórz, auch im Ausland, meist in Krakau bzw. Galizien liegen konnten.[163] Der wichtigste Transportweg war hier der Fluss Przemsa, bis mit dem Bau der Linie von Wien über Sosnowitz/Sosnowiec nach Warschau sowie einiger Anschlussstrecken auch die Eisenbahn genutzt werden konnte. Die Liberalisierung der österreichischen und der russischen Außenhandelspolitik in den fünfziger Jahren hat dann insbesondere die oberschlesischen Exporte von Roh-

159 *Długoborski*, Wirtschaftliche Region, S. 148.

160 *Weitowitz*, Deutsche Politik, S. 228–313.

161 Berechnet nach *Kwasny*, Entwicklung der oberschlesischen Industrie, S. 100 u. 137.

162 *Schulze*, Oberschlesische Zinkindustrie, S. 96f. Vgl. auch *Kwasny*, Entwicklung der oberschlesischen Industrie, S. 167–173.

163 *Kwasny*, Entwicklung der oberschlesischen Industrie, S. 147.

eisen, teilweise auch von Eisenwaren ansteigen lassen.[164] Als die Inlandsabsätze infolge der Gründerkrise ab 1873 deutlich einbrachen, haben diese Exporte, vor allem nach Russland, einigen Unternehmen das Überleben gesichert.[165] Auch diese Erfahrung trug offenbar dazu bei, dass die oberschlesischen Metallproduzenten weit weniger wirtschaftsnationalistisch gesinnt waren als die Unternehmer von der Ruhr, die die wichtigsten deutschen wirtschaftlichen Interessenverbände dominierten.[166] So traten die regionalen Industriellenvertretungen, wie die Industrie- und Handelskammer Oppeln, der Oberschlesische Berg- und Hüttenmännische Verein sowie die Ostdeutsche Gruppe im Verein Deutscher Eisen- und Stahlindustrieller, immer wieder für eine gemäßigte Außenhandelspolitik gegenüber Russland ein. Der Verein der Eisenhüttenleute Oberschlesiens forderte bei seiner Gründung im Jahre 1894 »sämtliche für eine Mitgliedschaft in Betracht kommenden Eisenhüttenleute des oberschlesischen, des russisch-polnischen und des mährisch-schlesischen Hüttenreviers« zum Beitritt auf.[167] Auch wenn die oberschlesische Industrie überwiegend binnenmarktorientiert war, spielten also Außenmärkte und zwar in erster Linie die benachbarten Gebiete des Zarenreiches und der Habsburgermonarchie in bestimmten Bereichen eine wichtige Rolle. Dafür sprechen auch »regionale, grenzüberschreitende Vereinbarungen zwischen der Witkowitzer und der Rimamurányer AG auf der einen Seite und den deutschen, oberschlesischen Werken auf der anderen Seite«, in denen der Schutz der jeweiligen Heimatmärkte sowie eine Aufteilung gemeinsamer Exportmärkte, z. B. für Fassoneisen und Blech in Rumänien, Bulgarien und Serbien vereinbart wurde.[168]

Verflechtungen zwischen Oberschlesien und dem Dąmbrowaer Revier

Wenn man die Forderung Sidney Pollards, des Pioniers der (west-)europäischen Forschungen zur regionalen Industrialisierung, ernst nimmt, stärker auf die Ländergrenzen übergreifende Funktion von Regionen zu achten, dann sollten gerade beim montanindustriellen Typ der Industrialisierung auch geologische und naturgeographische Merkmale berücksichtigt werden. So beschränkten sich die Kohlenflöze und teilweise auch die Vorkommen an Eisen- und Zinkerz nicht auf die preußischen Kreise Beuthen, Tost-Gleiwitz,

164 *Kwasny*, Entwicklung der oberschlesischen Industrie, S. 166.
165 *Müller-Link*, Industrialisierung und Außenpolitik, S. 94–96.
166 *Ullmann*, Interessenverbände, S. 77–85.
167 *Kerkhof*, Transnationale Kooperation, S. 161.
168 *Resch*, Industriekartelle in Österreich, S. 119.

Rybnik und Pless[169] oder gar nur einen Teil dieses Gebietes[170], sondern setzten sich jenseits der politischen Grenzen im zum Königreich Polen gehörenden Dąmbrowaer Revier sowie im Revier von Jaworzno-Chrzanów bei Krakau fort, das ab 1846 zum habsburgischen Kronland Galizien gehörte.[171] Die Tatsache, dass viele oberschlesische Magnaten auch jenseits der Grenze über Grundbesitz verfügten, die vielfältigen Transfers von Kapital und Technologie sowie nicht zuletzt die Staatsgrenzen überschreitende Migration sowohl von hochqualifizierten als auch von einfachen Arbeitskräften sprechen dafür, die transnationalen Verflechtungen des oberschlesischen Reviers mit den benachbarten Zentren der Montanindustrie stärker herauszustellen.

Zwischen 1795 und 1807 war das Dąmbrowaer Revier Teil »Südpreußens« und wurde ebenfalls von der Industriepolitik des Leiters des Preußischen Bergwerks- und Hüttendepartement Friedrich Anton von Heynitz und des schlesischen Berghauptmannes Friedrich Wilhelm Graf von Reden sowie der frühen industriellen Tätigkeit einiger Magnaten erfasst. Sowohl der Staat als auch die Privatwirtschaft sahen in dem Revier in erster Linie einen Lieferanten von Arbeitskräften und Rohstoffen. Nach den Napoleonischen Kriegen und dem Anschluss der Region an das Königreich Polen behielten oberschlesische Magnaten ihre Besitzungen, und die Tradition der grenzüberschreitenden Arbeitskräftemigration blieb erhalten.[172] Der von Finanzminister Fürst Franciszek Ksawery Drucki-Lubecki initiierte Versuch der polnischen Regierung, im Dąmbrowaer Revier durch die Gründung eines staatlichen Hüttenkomplexes eine industrielle Entwicklung in Gang zu setzen, orientierte sich am preußischen Vorbild. Man rekrutierte einige qualifizierte Arbeitskräfte in Oberschlesien und bemühte sich um den Import von Maschinen.[173]

Im Vergleich zur Industrialisierung im preußisch-deutschen Oberschlesien war die wirtschaftliche Entwicklung im Dąmbrowaer Revier zunächst eher bescheiden. Die polnische Wirtschaftsgeschichtsschreibung hat dies zumeist auf die russische Zollpolitik und die übermächtige oberschlesische Konkurrenz zurückgeführt. Danach habe die Dominanz der aus Oberschlesien importierten Güter, wie Kohle, Roheisen und Eisenwaren die Entwicklung der polnischen Montanindustrie insbesondere zwischen 1815 und 1823 sowie erneut ab 1851 gehemmt. Allerdings erleichterte die Liberalisie-

169 *Pierenkemper*, Industrialisierung Oberschlesiens, S. 156.
170 *Siemaszko*, Oberschlesisches Eisenhüttenwesen, S. 14f.
171 *Pounds*, Upper Silesian Industrial Region.
172 *Długoborski*, Więź ekonomiczna, S. 55–64.
173 *Długoborski*, Wirtschaftliche Region, S. 150–153.

rung der russischen Außenhandelspolitik in den 1850er Jahren nicht nur den Import oberschlesischer Waren, sondern öffnete der polnischen Montanindustrie den potenziell riesigen russischen Markt. Damit gewann das Dąmbrowaer Revier an Attraktivität für ausländische Investoren, die zunächst überwiegend aus den deutschen Ländern und hier wiederum zu ca. zwei Dritteln aus Oberschlesien kamen und neben Kapital auch Technologie und Fachkräfte mitbrachten.[174] In den 1860er und 1870er Jahren ging es ihnen noch vor allem um die Erschließung von Kohle- und Zinkgruben, um die Rohstoffversorgung der oberschlesischen Werke zu sichern. Nach der starken Erhöhung der Zölle auf Eisenwaren im Jahre 1881 gründeten oberschlesische Unternehmer vor allem im grenznahen und verkehrsgünstig gelegenen Sosnowitzer Revier Hütten und eisenverarbeitende Betriebe, die Rohstoffe und Halbfertigfabrikate aus Oberschlesien bezogen und deren Produkte sich aufgrund der in einigen Gebieten Russlands gerade einsetzenden Industrialisierung leicht verkaufen ließen. Der russische Protektionismus erwies sich also für die Entwicklung der Schwerindustrie im Königreich Polen als durchaus förderlich. Jedenfalls verlief das Wachstum der Montanindustrie im Dąmbrowaer Revier in den letzten drei Jahrzehnten vor dem Ersten Weltkrieg ähnlich rasch wie in Oberschlesien und lag damit noch über den Wachstumsraten der Lodzer Textilindustrie und anderer Regionen bzw. Industriebranchen im Königreich Polen.[175]

Allerdings ist ein großer Teil der Gewinne ins Ausland transferiert worden. Außerdem erwiesen sich einige protektionistische Maßnahmen als wachstumshemmend. Dies galt etwa für die Anhebung der Importzölle auf Roheisen, mit der man den Forderungen einheimischer Hochofenbesitzer entsprach, aber letztlich die Kosten für diejenigen Hütten in die Höhe trieb, die über keine eigenen Rohstoffe verfügten. Es traf auch auf die wirtschaftsnationalistisch motivierten Maßnahmen der russischen Regierung zu, mit denen die Attraktivität der polnischen Industrieregionen für ausländische Direktinvestitionen vermindert werden sollte, um das westliche Kapital in die Industriezentren des russischen Kernlandes zu lenken. Außerdem sind deutsche Investoren aufgrund der politisch intendierten Bevorzugung des französischen Kapitals bei der Konzessionsvergabe und dem Verkauf von Grundstücken durch die russische Administration benachteiligt worden.[176]

---

174 *Pustuła*, Deutsche Kapitalanlagen, S. 263–271.
175 *Pustuła*, Deutsche Kapitalanlagen, S. 266.
176 *Pustuła*, Deutsche Kapitalanlagen, S. 280–282.

Das Ostrau-Karwiner Revier

Die Verflechtungen zwischen dem oberschlesischen und dem Dąmbrowaer Revier basierten also auf der strukturellen Kompatibilität und auf dem Entwicklungsgefälle zwischen den Regionen. Schon wegen der großen Bedeutung von Transportkosten für die meisten Unternehmen der Montanindustrie spielte aber auch die räumliche Nähe eine wichtige Rolle. Hinzu kamen kulturelle Gemeinsamkeiten, die Geschäftsbeziehungen sowie die grenzüberschreitende Migration von Arbeitskräften beförderten. Weitere Forschungen zur regionalen Industrialisierung Oberschlesiens sollten diese transnationalen Verflechtungen berücksichtigen und die Region stärker in den Kontext der ostmitteleuropäischen Wirtschaftsgeschichte stellen.[177] So stand das oberschlesische Montanrevier auch in Wechselbeziehungen zum benachbarten Ostrau-Karwiner Revier, das seit den 1840er Jahren das wichtigste Zentrum des Steinkohleabbaus in der Habsburgermonarchie wurde und wo sich seit den 1870er Jahren mit den Witkowitzer Eisenwerken und anderen Unternehmen auch die größten Produzenten der Metallherstellung und -verarbeitung in Österreich-Ungarn befanden. Auch hier war Oberschlesien aufgrund der geographischen Nähe zunächst Konkurrent, dann aber auch Ausbildungs- und Rekrutierungsort für Fachkräfte.[178]

I.4.4.2 Dialektik von Transfer und Abschottung. Die Entwicklung der Lodzer Textilindustrieregion

Im Jahre 1820 ordnete der Finanzminister des damals im Rahmen des Russischen Reiches eine weitgehende Autonomie genießenden Königreichs Polen, Fürst Drucki-Lubecki, die Gründung einer Fabriksiedlung in Lodz/Łódź an. Die Fabrikation von Wolltuchen erfolgte in Handwerksbetrieben und einigen Manufakturen. In den dreißiger und vierziger Jahren ging man zur mechanisierten Baumwollverarbeitung über und folgte damit den erfolgreichen Industrialisierungspfaden in Lancashire, Sachsen und anderen führenden Textilregionen West- und Mitteleuropas. 1842 war Lodz/Łódź mit 17.000 Einwohnern bereits die zweitgrößte Stadt im Königreich Polen und stieg nach 1850 zur wichtigsten Industrieregion des Landes auf. Diese pol-

177 *Skibicki*, Industrie im oberschlesischen Fürstentum, S. 7.

178 *Marek*, Entwicklung der Montanindustrie, S. 343–362, v.a. 349f.; *Brousek*, Großindustrie Böhmens, S. 49–54.

nische Erfolgsgeschichte wird oft als ein frühes Beispiel für die positiven Wirkungen staatlicher Industrialisierungspolitik beschrieben.[179]

Mindestens ebenso wichtig war jedoch eine ganze Reihe von transnationalen Verflechtungen, insbesondere die Einwanderung von erfahrenen Handwerkern.[180] Die ersten Spinner, Weber, Färber und Appretierer waren von Regierungsagenten des Fürsten Lubecki in Großpolen, Schlesien, Sachsen, Böhmen und Mähren angeworben worden. Etwa drei Viertel von ihnen sprachen deutsch. Der Textilhandel wurde überwiegend von Juden organisiert, die im Königreich Polen seit 1862 die volle rechtliche Gleichstellung hatten. Männer wie Louis Mamroth, Abram Bronowski, Icchak Bławat und Icchak Seideman verfügten über beste Kontakte und Netzwerke in Polen und weiten Teilen des Russischen Reiches. Auch der Übergang zu mechanisierten Großbetrieben erfolgte meist durch Investitionen zugewanderter Deutscher und Juden, wie Karl Scheibler aus der Eifel, Louis Geyer aus Sachsen, Louis Grohman, Julius Heinzl und Israel Poznańsky. Dank der Agrarreformen von 1864 war der Zuzug relativ billiger Arbeitskräfte gesichert. Die amerikanische und ägyptische Rohbaumwolle sowie die englischen Baumwollgarne wurden meist über Danzig/Gdańsk eingeführt, was durch den Anschluss von Lodz/Łódź an die Warschau-Wiener Eisenbahn erleichtert wurde. Später profitierten die deutschen Industriellen im polnischen Lodz/Łódź von der imperialen Expansion des Russischen Reiches, da nun zunehmend billigere Baumwolle aus Zentralasien verarbeitet werden konnte. Der entscheidende Impuls ging von dem durch den nordamerikanischen Bürgerkrieg verursachten Wegfall der Importe aus den USA aus. In nur drei Jahren – zwischen 1861 und 1864 – haben sich die Baumwolllieferungen aus Zentralasien in den europäischen Teil des Russischen Reiches mehr als vervierfacht.[181] Umgekehrt wurden ca. siebzig Prozent der Lodzer Textilprodukte auf dem russischen Markt abgesetzt.[182]

Generell profitierte die Lodzer Industrie von der russischen Zollpolitik.[183] Schon in den 1820er Jahren hatten die Textilproduzenten in Großpolen und Schlesien aufgrund des russischen Protektionismus ihre wichtigsten Ab-

179 *Landau* u. *Tomaszewski*, Wirtschaftsgeschichte Polens, S. 29–33; *David*, Nationalisme Économique, S. 55–63.

180 *Hensel*, Polen, Deutsche und Juden; *Kriedte*, Migration.

181 *Beckert*, Emancipation, S. 1429–1431; *Beckert*, King Cotton, S. 321 f.

182 *Strobel*, Das multinationale Lodz, S. 177; *Scherner*, Eliten, S. 156 f., 164–166.

183 *Puś* u. *Pytlas*, Industry and Trade, S. 67–76; *Landau* u. *Tomaszewski*, Wirtschaftsgeschichte Polens, S. 25 u. 44.

satzmärkte verloren und sich deshalb entschlossen, ihrerseits die Zollgrenze zu überschreiten. Analog dazu wanderten in den dreißiger Jahren Spinner und Weber aus Lodz/Łódź nach Białystok, da die zaristische Regierung als Reaktion auf den polnischen Aufstand von 1830/31 eine Zollgrenze um das Königreich Polen errichtet hatte. Deren Aufhebung im Jahre 1851 löste einen neuen Zustrom von Investoren aus den deutschen Ländern, aber auch aus Frankreich, Belgien, England und den böhmischen Ländern nach Lodz/Łódź aus. Von der Einführung von Schutzzöllen gegen den Import von Textilien in das russische Imperium im Jahre 1877 und deren stufenweise Anhebung in den Folgejahren, die eigentlich der Protektion der Textilindustrie in den russischen Kerngebieten dienen sollten, profitierte vorrangig das Lodzer Textilrevier, das seine Produktion bis zum Ausbruch des Ersten Weltkrieges auf das Achtfache steigern konnte. Lodz/Łódź war im Jahre 1914 eine Stadt mit 500.000 Einwohnern, von denen mittlerweile die meisten Polen waren. Die wichtigsten Industriebetriebe befanden sich jedoch in deutschen und jüdischen Händen, was zu einer gegenseitigen Verstärkung nationaler und sozialer Spannungen führte.[184]

I.4.4.3 Die Nahrungsgüterindustrie als Führungssektor der Industrialisierung in Ostmitteleuropa

Die bislang erfolgte Konzentration auf die regionalen Zentren der klassischen industriellen Führungssektoren entsprach der Vorgehensweise der westeuropäischen Industrialisierungsforschung. Die geringe Verbreitung derartiger Industrieregionen in Ostmitteleuropa wird gewöhnlich als Beleg für die These von der wirtschaftlichen Rückständigkeit Ostmitteleuropas angeführt.[185] Allerdings gab es etwa seit den siebziger Jahren des 19. Jahrhunderts auch Industrialisierungsprozesse, die außerhalb von Oberschlesien und den böhmischen Mittelgebirgen und nicht in großen Städten, wie Warschau, Lodz/Łódź, Prag, Brünn/Brno und Budapest, vonstattengingen. Diese erfolgten fast ausschließlich auf der Basis der Verarbeitung land- und forstwirtschaftlicher Rohstoffe und erfassten größere Gebiete Ost- und Westpreußens, Großpolens und Schlesiens, Böhmens und Mährens sowie der ungarischen Tiefebene.

184 *Samuś*, Łódź an der Jahrhundertwende, S. 159–174.
185 Vgl. Kap. II.4 in diesem Band.

Die Mühlenindustrie als Führungssektor der Industrialisierung in Ungarn

In der ungarischen Reichshälfte entwickelte sich die Nahrungsgüterindustrie im letzten Viertel des 19. Jahrhunderts zum Führungssektor *(leading sector)* der Industrialisierung.[186] Innerhalb der ungarischen Nahrungsgüterindustrie nahm die Mühlenindustrie einen besonderen Stellenwert ein. Deren Anteil an der gesamten ungarischen Industrieproduktion betrug um 1900 25 %.[187] Ihre Entwicklung weist zahlreiche Analogien zu west- und mitteleuropäischen Führungssektoren auf. So dauerte es nach der Inbetriebnahme der ersten Dampfmühle im Jahre 1839 in Pest über vier Jahrzehnte bis sich die moderne Antriebsform gegenüber der Nutzung von Wasser, Wind und Tieren endgültig durchsetzen konnte. In den sechziger und frühen 1870er Jahren waren die Kapazitäten der Mühlen häufig nicht ausgelastet, obwohl Ungarn über qualitativ hochwertigen und vergleichsweise billig produzierten Weizen verfügte. Dann aber erfolgten eine rasche Abkehr vom Rohstoffexport und der Übergang zur Veredlungsproduktion, was zunächst vor allem auf die vermehrte Nachfrage nach Mehl in der österreichischen Reichshälfte und in Deutschland zurückzuführen war. Die ungarische Strategie erwies sich aber auch langfristig als durchaus erfolgreich. Trotz des sich in den meisten europäischen Ländern zunehmend auch auf Nahrungsmittel erstreckenden Protektionismus entwickelte sich Ungarn bis 1910/13 mit einem Anteil von 23,7 % nach den USA zum zweitgrößten Mehlexporteur der Welt, während der ungarische Anteil am Weizenexport auf 2,6 % zurückging. Russland und Rumänien waren dagegen mit Anteilen von 22,8 % (Platz 1) bzw. 8,3 % (Platz vier hinter Argentinien und Kanada) wichtige Weizenexportländer, hatten jedoch beim Mehl nur Anteile am Weltexport von jeweils drei Prozent.[188]

Die ungarische Mühlenindustrie profitierte auch von den Handelsverträgen mit Rumänien und Serbien aus den Jahren 1875 und 1881, welche die Einfuhr billigen Weizens ermöglichten, wobei die Importzölle immer dann rückerstattet wurden, wenn das Getreide weiterverarbeitet und das produzierte Mehl exportiert wurde.[189] Ein ähnliches Verfahren zur Regulierung des Verhältnisses zwischen Binnen- und Außenhandel ist in Form der so genannten Getreideeinfuhrscheine wenige Jahre später auch in Deutschland

186 *Kopsidis*, Agricultural Development, S. 290.

187 *Komlos*, Habsburg Monarchy, S. 144.

188 *Berend* u. *Ránki*, Economic Development, S. 151. Vgl. auch *Kaposi*, Entwicklung, S. 88 f.

189 *Palotás*, Außenwirtschaftlichen Beziehungen, S. 595–612; *Szuhay*, Capitalization of Agriculture, S. 118–120; *Eddie*, Agriculture.

praktiziert worden, um den Roggenmehlexport zu stimulieren.[190] Anders als in Deutschland bzw. Preußen hat die ungarische Regierung nach dem Ausgleich von 1867 nicht nur durch einen forcierten Eisenbahnbau, sondern auch mit Hilfe einer entsprechenden Tarifpolitik die Transportkosten für Getreideimporte und Mehlexporte drastisch gesenkt. Hinzu kam, dass die Anwendung der in dem Budaer Unternehmen »Ganz & Co. Eisengießerei und Maschinenfabrik AG« im Jahre 1873/74 entwickelten Hartschalenguss-Walze die Produktivität der Getreidemühlen deutlich steigerte.[191]

Erfolg und Misserfolg hingen auch im Falle der Mühlenindustrie von wirtschaftlichen Verflechtungsprozessen ab. Profitraten der Budapester Mühlen von bis zu 26 % weckten die Investitionsbereitschaft ungarischer Kapitaleigentümer und bewirkten einen Zustrom von österreichischem Kapital.[192] Der Boom der ungarischen Mühlenindustrie in den 1860er und 1870er Jahren wurde um die Jahrhundertwende durch die mittelfristig auch Mehlimporte verteuernde deutsche Außenhandelspolitik, den Zollkrieg mit Rumänien (1886–1892) sowie die Aufhebung der Einfuhrzollerstattung abgeschwächt.[193] Gerade die Budapester Mühlenindustrie konnte jedoch ihre dominierende Stellung auf dem österreichisch-ungarischen Binnenmarkt bis zu dessen Zusammenbruch im Jahre 1918 bewahren. Sie blieb das wichtigste Zentrum der Mühlenindustrie in Europa und wurde im globalen Maßstab nur von Minneapolis übertroffen. Eine zumindest europäische Bedeutung erlangte die ungarische Produktion von Mühlenmaschinen. So belieferten die Ganz-Werke nicht nur den ungarischen und österreichischen Markt, sondern exportierten zwischen 1875 und 1896 ca. die Hälfte ihrer Produktion vor allem nach Russland, Deutschland, Italien und sogar in die USA.[194] Insgesamt war allerdings die Handelsbilanz des ungarischen Landmaschinenbaus gegenüber Österreich und auch des österreichisch-ungarischen Landmaschinenbaus insgesamt stets deutlich negativ.[195]

Die räumliche Konzentration der Mühlenindustrie auf das Umland von Budapest resultierte zum einen aus der Tatsache, dass die Rekrutierung von Kapital in der Hauptstadt des gering urbanisierten Landes deutlich einfacher war. Schließlich waren alle großen Dampfmühlen des Budapester

190 *Steinkühler*, Agrar- oder Industriestaat, S. 164–184.
191 *Kaposi*, Entwicklung, S. 81; *Klement*, Agrarkrise, S. 167–172.
192 *Komlos*, Habsburg Monarchy, S. 143.
193 *Klement*, How to Adapt, S. 838–844.
194 *Schulze*, Engineering, S. 80.
195 *Schulze*, Engineering, S. 261–271.

Handelskammerbezirks Aktiengesellschaften.[196] Mindestens ebenso wichtig war die günstige Verkehrslage an der Donau und am zentralen Punkt des sternförmigen, auf die Hauptstadt ausgerichteten ungarischen Eisenbahnnetzes. Auch die Nähe zu den wichtigsten Unternehmen der metallverarbeitenden Industrie sprach für Budapest. In diesem Fall ergibt sich also die klassische Korrelation von Kopplungseffekten zwischen den Branchen und räumlicher Nähe der Unternehmensstandorte.

Rübenzucker- und Landmaschinenindustrie

Allerdings war eine derartige Raumstruktur in Ostmitteleuropa eher untypisch für die von der Nahrungsgüterproduktion ausgehenden Industrialisierungsprozesse. Die seit den 1850er Jahren vor allem in den fruchtbaren, zentralen Gebieten Böhmens und Mährens expandierende Rübenzuckerindustrie wies einen geringeren räumlichen Konzentrationsgrad auf als die Budapester Mühlenindustrie. Auch hier ergaben sich wichtige Kopplungseffekte mit dem Bau von Eisenbahnhauptstrecken wie der Kaiser-Ferdinand-Nordbahn sowie später mit der Entwicklung der Kleinbahnen und der (Land-)Maschinenindustrie einerseits sowie der Viehmast und Konservenfabriken andererseits. Gerade in Böhmen und Mähren konnten die Bierbrauereien und die Rübenzuckerindustrie sowie vor- und nachgelagerte Branchen den allgemein dominierenden Stagnationstendenzen während der Großen Depression nach 1873 partiell entgegenwirken.[197]

1838 gründete der in Frankreich geborene **Camille Florent Robert** (1795–1870) im mährischen Židlochovice (Seelowitz) eine **Zuckerfabrik**. Er hatte zuvor Theologie studiert, war Mitinhaber eines von seinem Onkel gegründeten Wiener Bankhauses (seit 1819) und Mitbegründer der ersten Fabrik zur Herstellung von Kochsalz in der Habsburgermonarchie (1823 in Hallein mit seinem Bruder). In seiner Zuckerfabrik wurden technische Neuerungen, wie der auch internationale bekannte Robertsche Verdampfungsapparat (1851), erprobt. Florent Robert war auch Mitbegründer der Prager Eisenindustriegesellschaft, Mitglied des Österreichischen Reichstages 1848/49 und Vorsitzender des »Vereins für die Zuckerindustrie in Böhmen«.
Sein Sohn **Julius Robert** (1826–1888) studierte in Wien und Paris Chemie und Technische Wissenschaften und trat 1848 in die väterliche Zuckerfabrik ein. In den 1860er

196 *Klement*, Agrarkrise, S. 176–192.

197 *Mosser*, Raumabhängigkeit, S. 155 f.; *Brousek*, Großindustrie Böhmens, S. 72–75, 143–152; *Kaposi*, Entwicklung, S. 81 f.; sowie mit einer ganzen Reihe von unternehmenshistorischen Darstellungen *Bartošek*, Cukrovarnictví.

Jahren entwickelte er einen neuen Diffusionsprozess für die Gewinnung von Zuckerrübensaft. Nach dem Tod seines Vaters übernahm er die Zuckerfabrik, führte den Dampfpflug in Österreich ein und entwickelte das von Erzherzog Albrecht gepachtete Gut Seelowitz zum Musterbetrieb. Julius Robert war außerdem Gründer und bis 1887 Präsident des Zentralvereins der Österreichischen Zuckerindustriellen.

Der Mann seiner Cousine, **Friedrich Wannieck** (1838–1919), Besitzer der »Ersten Brünner Maschinen-Fabriks-Gesellschaft«, baute auf dem Robertschen Diffusionsverfahren beruhende Zuckerschneidemaschinen und belieferte zunächst die regionalen Rübenzuckerfabriken. Diese steigerten ihre Produktivität auf das Niveau der besten deutschen Rübenzuckerproduzenten. Wannieck exportierte seine Maschinen seit 1870 nach Deutschland und Frankreich sowie später sogar bis nach Indien, Brasilien und in den Süden der USA, da die Maschinen auch für die Verarbeitung von Zuckerrohr verwendet werden konnten.[198] Wannieck stammte aus kleinbürgerlichen Verhältnissen in Brünn/Brno, hatte sich nach seinen Studien an der Wiener Technischen Hochschule und dem Polytechnikum in Karlsruhe mehrere Jahre in England und Schottland aufgehalten und stellte in seiner Brünner Fabrik neben den von Robert entwickelten Diffusionsbatterien vor allem Dampfmaschinen her, wobei er 1877 ein Patent für eine neue Steuerung anmeldete. Sein als Industrieller in Brünn/Brno, aber auch als Chef der Prager Eisengesellschaft erworbenes Vermögen nutzte er zur Unterstützung von Bildungseinrichtungen sowie von kulturellen und sozialen Projekte. Dabei ging es ihm allerdings auch um die Stärkung der deutsch-nationalen Bewegung in Mähren sowie zeitweise auch um die Verbreitung völkischer Ideologien, wie der rassistisch-okkultistischen Ariosophie des Guido von List.[199]

Landwirtschaftliche Nebenindustrien als Vorboten der Modernisierung

Trotz der Entwicklung der Mehl- und Rübenzuckerindustrie an verschiedenen Standorten blieb der ländliche Raum Ostmitteleuropas insgesamt durch extensive Gutswirtschaften geprägt, wo neben reinen Agrarprodukten bestenfalls Branntwein oder Spiritus hergestellt wurde.[200] Letzteres war in vielen Gebieten Ostmitteleuropas noch um 1900 die einzige Form gewerblicher Tätigkeit auf dem Lande, was einerseits zu Recht als Indiz für deren wirtschaftliche Rückständigkeit gilt. Andererseits kam den Brennereien und Brauereien, Zuckerfabriken und Getreidemühlen, Stärkefabriken und Sägewerken

198 *Mentschl*, Robert, Camille Florent, S. 677–678; *Berend*, Economic History, S. 212 f.; Hundertjährige Geschichte.

199 *Cibulka*, Friedrich Wannieck, S. 389–424.

200 *Matis* u. *Bachinger*, Österreichs industrielle Entwicklung, S. 210.

in Ostmitteleuropa gerade deshalb eine besonders wichtige Rolle zu, weil sie außerhalb der relativ wenigen und territorial begrenzten Industriegebiete die einzigen Industriebetriebe darstellten. Das Größenwachstum dieser Produktionsstätten wurde aufgrund des auch im Eisenbahnzeitalter noch beträchtlichen Anteils der Transportkosten für Roh- und Brennstoffe an den Gesamtkosten begrenzt. So war um 1900 der Anbau von Zuckerrüben nur bis zu einer Entfernung von maximal zwanzig km von der Verarbeitungsfabrik rentabel. Dies erklärt, warum es allein in der österreichischen Reichshälfte ca. 200 Rübenzuckerfabriken gab.[201] Sie wirkten im lokalen Rahmen gewissermaßen als erste »Schulen« industrieller Tätigkeit.

Dabei ist zu beachten, dass vom Standpunkt der Betriebsorganisation nicht von einer generellen Minderwertigkeit der Nahrungsgüterindustrie etwa gegenüber der Textilindustrie gesprochen werden kann. So gab es in Schlesien, Westpreußen, Zentralböhmen, Mähren und Ungarn zahlreiche Zuckerfabriken mit mehr als hundert Beschäftigten, in denen die Betriebsabläufe in hohem Maße standardisiert waren und die somit dem Idealtypus des Industriebetriebes viel ähnlicher waren als die meisten Maschinenwerkstätten oder die oft noch dezentral organisierten Unternehmen in der Textil- und Bekleidungsindustrie. Zwischen 1835 und 1865 sind – v. a. in den böhmischen Ländern – die meisten Zuckerfabriken durch aristokratische Großgrundbesitzer gegründet worden.[202] Wegen des hohen Kapitalbedarfs wurde jedoch die Aktiengesellschaft seit den 1860er Jahren sowohl in Cisleithanien als auch in den preußischen Ostprovinzen zur typischen Unternehmensform.[203] Im Zuge der um 1895 einsetzenden Verbesserung der *Terms of Trade* für Agrarprodukte und vor allem für bereits weiterverarbeitete Nahrungsgüter, wie Mehl, Zucker, Fleisch und Molkereiprodukte, gelang es einem Teil der Bauernschaft, die Veredlung der Agrargüter in die eigenen Hände zu nehmen. Dies erfolgte ebenfalls in Aktiengesellschaften sowie zunehmend durch die Gründung von Genossenschaften, deren Bedeutung für den Aufbau der Nahrungsgüterindustrie und generell für die Modernisierung des ländlichen Raumes in einigen Teilen Ostmitteleuropas sehr groß war.[204]

201 *Mosser*, Raumabhängigkeit, S. 175–177, 183.

202 *Bartošek*, Cukrovarnictví.

203 *Mosser*, Raumabhängigkeit, S. 156; *Lippky*, Die Geschichte der Rübenzuckerindustrie, S. 90–108.

204 *Heumos*, Agrarische Interessen, S. 23–35; *Müller, Kubů, Šouša* u. *Lorenz*, Agrarismus und Agrareliten, S. 64–72.

Der ostmitteleuropäische Industrialisierungspfad Wenn man transnationale Geschichte auch als Versuch sieht, teleologische Modelle kritisch zu hinterfragen und die Aufmerksamkeit auf alternative Entwicklungswege zu lenken, dann sollte dieser ostmitteleuropäische Industrialisierungspfad, der gewisse Ähnlichkeiten mit dem nordwestdeutschen, niederländischen oder dänischen Weg der Industrialisierung aufweist, nicht unbeachtet bleiben.[205] Die hier am ungarischen Beispiel diskutierte Entwicklung hatte in Großpolen ein kleinräumigeres, aber dafür in seinen Grundzügen noch stärker ausgeprägtes Pendant, das auch als nationalpolnische »organische Aufbauarbeit« oder als »Modernisierung ohne Industrialisierung« interpretiert wird.[206] Aus transnationaler Perspektive ist darauf hinzuweisen, dass die weltwirtschaftlichen und -politischen Rahmenbedingungen für diesen Weg in mehrfacher Hinsicht eine große Bedeutung hatten. Ohne die sich aus der Globalisierung der Agrargütermärkte ergebenden Herausforderungen wäre er sicher nicht beschritten worden. In der Zwischenkriegszeit sollten sich die äußeren Bedingungen für diesen Entwicklungsweg deutlich verschlechtern. Nur den baltischen Staaten gelang es, durch den Aufbau einer exportorientierten Lebensmittelindustrie Wachstum und Wohlstand in nennenswertem Umfang zu generieren. Die ostmitteleuropäischen Eliten orientierten sich jetzt vorrangig an dem Modell der Schwerindustrialisierung, das sie sowohl in Westeuropa als auch in der Sowjetunion rezipierten.

I.4.4.4 Die galizische Ölindustrie. Ein Fallbeispiel für die Wechselwirkung von *Flows* und *Controls*

Technologietransfer und österreichische Ölpolitik Erdölprodukte dienten schon seit Jahrhunderten als Brenn- und Schmierstoffe, aber erst in den 1850er Jahren wurden in den USA mit kleinen Hochdruckdampfmaschinen betriebene Stahlbohrer entwickelt, die eine massenhafte Förderung des Erdöls ermöglichten. Das Rohöl wurde anschließend zu Lösungsmittel, Putzöl, Schmieröl oder Naphta bzw. Benzin weiterverarbeitet, das als Fleckwasser oder Brennstoff diente. Das wichtigste Endprodukt stellte allerdings bis zur Entwicklung und Massenfertigung von Verbrennungsmotoren und

205 *Ziegler*, Beyond the Leading Regions; *Berend*, Economic History, S. 207–214.
206 *Janowski*, Galizien auf dem Weg zur Zivilgesellschaft, S. 846. Vgl. auch *Jedlicki*, Suburb of Europe, S. 51–101.

Automobilen Petroleum dar, das als preisgünstiges Leuchtmittel Eingang in die Haushalte breiter Bevölkerungsschichten fand.[207]

Das Ausbleiben von Petroleumlieferungen als Folge des nordamerikanischen Bürgerkrieges in den 1860er Jahren bildete in Österreich-Ungarn einen Anreiz zum Import von russischem Erdöl sowie zur Ausbeutung der eigenen Vorkommen.[208] Da die Zölle für Rohöl zunächst niedrig und für Petroleum hoch waren sowie die galizischen Produktionsstandorte weit entfernt von den potenziellen Konsumenten lagen, wurden die ersten Raffinerien in der Nähe der Importhäfen, also bei Triest und Fiume/Rijeka, errichtet. In den 1880er Jahren konnte man in Galizien aufgrund des Transfers nordamerikanischer Bohrtechnik die Produktion deutlich steigern. Durch den Bau der Galizischen Transversalbahn von Auschwitz/Oświęcim über Podgórze (bei Krakau) und Stanislau/Stanisławów (heute Iwano-Frankiwsk) nach Husjatyn wurden mehrere private Einzelstrecken in einer Staatsbahn zusammengefasst und komplettiert, so dass die Frachtkosten für Öl, das in Fässern oder Tanks transportiert wurde, deutlich sanken und etwa die Raffinerie Florisdorf bei Wien nunmehr vorrangig Öl aus Galizien und nicht mehr aus Russland verarbeitete, zumal 1882 die Zölle für Raffinade, russisches Erdöl und amerikanisches Rohöl deutlich angehoben wurden.

Die Entwicklung der galizischen **Erdölindustrie** ist maßgeblich von Akteuren mit transnational geprägten Biographien gestaltet worden. **William Henry McGarvey** (1843–1914) wurde als Sohn nordirischer Einwanderer in Huntingdon (Quebec) geboren. In den 1860er Jahren bohrte er auf den gerade erschlossenen, ältesten nordamerikanischen Ölfeldern in Oil Springs und Petrolia in der kanadischen Provinz Ontario nach Öl. McGarvey entwickelte mobile Bohrtürme und verbesserte die Dreh-Bohr-Technik. Als die Vorkommen in Ontario nachließen, wanderten McGarvey und sein Geschäftspartner, der in Palästina geborene Ingenieur und Geschäftsmann **John Simon Bergheim**, nach Deutschland aus, um in Wietze (Provinz Hannover) für die »United Continental Oil Company« nach Öl zu suchen. Weil sie nicht fündig wurden, zogen sie nach Galizien weiter. McGarvey entwickelte für die Probebohrungen ein neues, effizienteres Bohrverfahren, wobei er das Werkzeug weiterhin aus Kanada bezog. Nach sechs Monaten vergeblicher Probebohrungen fanden McGarvey und Bergheim eine ergiebige Quelle und förderten 30.000 Barrel Rohöl pro Tag. Die Firma »Bergheim & McGarvey« war auf-

207 *König* u. *Weber*, Netzwerke, S. 29 und 42–44.

208 *Matis* u. *Bachinger*, Österreichs industrielle Entwicklung, S. 122, 171–174; *Resch*, Industriekartelle in Österreich, S. 180.

grund ihrer besseren Bohrtechnik der Konkurrenz überlegen, kaufte zahlreiche Mitbewerber auf und wurde rasch zum größten Ölförderer Galiziens. McGarvey ließ 1884 seine polnischstämmige Frau Helena (geb. Wesolowska) sowie die drei gemeinsamen Kinder nachkommen und wohnte mit seiner Familie in Borysław. Die von McGarvey und Bergheim 1895 gegründete und geleitete »Galizische Karpathen-Petroleum-Aktiengesellschaft« errichtete mit Hilfe der Wiener Creditanstalt Rohölraffinerien in Preßburg/Bratislava und in Maryampol bei Gorlice in Kleinpolen. Letztere war mit 1000 Beschäftigten einer der größten Betriebe in Galizien. 1905 erschlossen McGarvey und Bergheim in Tustanowice ein weiteres ergiebiges Ölfeld. Danach trennten sie sich, was beiden kein Glück brachte. Bergheim zog 1906 zur Ölsuche nach Nigeria, war dort auch erfolgreich, starb aber 1912 in London bei einem Autounfall. McGarveys Bruder James wurde 1911 bei politischen Unruhen im tschetschenischen Grosny erschossen, wo er ein Tochterunternehmen leitete. Drei Jahre später brach der Erste Weltkrieg aus und russische Truppen zerstörten die Raffinerie Maryampol. McGarvey wurde aufgrund seiner kanadischen Staatsbürgerschaft in Österreich interniert und starb 1914 im Lager.[209]

Exporte, Unternehmenskonzentrationen und Kartelle

Seit 1890 wurden galizisches Öl und Mineralölprodukte – vor allem nach Deutschland – exportiert. Zwanzig Jahre später war Österreich-Ungarn aufgrund der Erschließung weiterer Ölfelder bei Tustanowice und Borysław in Galizien mit einem Anteil von fünf Prozent hinter den USA und Russland der drittgrößte Ölproduzent der Welt.[210] Allerdings war dieser Expansionsprozess mit erheblichen Risiken für die beteiligten Unternehmen und deren Beschäftigte verbunden, was zunächst mit den Besonderheiten des Produktes »Erdöl« zusammenhing. Nach häufig monatelang vergeblichen Probebohrungen musste das endlich entdeckte Öl relativ rasch verkauft werden, da eine Lagerung aus technischen Gründen aufwändig oder gar unmöglich war. Das Überangebot nach entsprechenden Erdölfunden rief immer wieder dramatische Preisstürze hervor. Aus diesen Gründen kam es in der Branche einerseits ständig zur Gründung neuer Unternehmen, die nach spektakulären Erdölfunden am Boom teilhaben wollten. Andererseits erfolgten schon bald horizontale (Aufkauf von Konkurrenzunternehmen) und vertikale Konzentrationen (Zusammenfassung von Rohölförderung und Raffinerie in einem Unternehmen) sowie die Gründung von Preis- und Quotenkartellen, in deren Rahmen Magazinierungskapazitäten entstanden und versucht wurde,

209 *Creswell* u. *Flint*, William Henry McGarvey.
210 *Matis* u. *Bachinger*, Österreichs industrielle Entwicklung, S. 173.

die Exporte zu koordinieren. Diese Bestrebungen sind allerdings durch die erwähnten neuen Marktteilnehmer immer wieder konterkariert worden.[211] Der große Einfluss von ausländischem Kapital auf den Ölbergbau und die Mineralölindustrie Galiziens war also vorrangig ein Ergebnis des Technologietransfers und des Mangels an Risikokapital in der Region.

Im Jahre 1884 hatten McGarvey und Bergheim für **Stanisław Szczepanowski** (1845–1900) gearbeitet, der seit 1880 die Suche nach Erdöl in der Gegend von Borysław und Drohobycz (Ostgalizien) maßgeblich vorantrieb, die um 1900 zum wichtigsten Zentrum der galizischen Ölindustrie werden sollte. Szczepanowski war 1845 in Kościan (Kosten) in der preußischen Provinz Posen als Sohn eines Eisenbahningenieurs geboren worden, zog 1858 mit seiner Familie nach Wien, wo er von 1863 bis 1867 am Polytechnischen Institut Chemie studierte. Der junge Ingenieur machte in Frankreich und Italien erste berufliche Erfahrungen und ging dann nach London, wo er 1870 zum Sekretär des Leiters der Abteilung für Handel und Industrie im India Office ernannt wurde. In dieser Funktion verfasste Szczepanowski zahlreiche Studien und Projekte zur Entwicklung von Landwirtschaft und Eisenbahnbau in Indien. Er erhielt 1877 die britische Staatsbürgerschaft, wurde aber 1879 aus dem Staatsdienst entlassen und ging – seinen Eltern folgend – nach Lemberg/L'viv, das sich in diesen Jahren zum Zentrum der polnischen Nationalbewegung entwickelte. Szczepanowski hatte eine national-liberale Einstellung und war politisch sehr aktiv. Er vertrat die galizischen Demokraten sowohl im Wiener Reichsrat (1885–1897) als auch im galizischen Landtag (1889–1899) und nahm führende Positionen in mehreren wirtschaftlichen Interessenverbänden ein. Große öffentliche Aufmerksamkeit erhielt sein Buch über das Elend in Galizien (»Nędza Galicji w cyfrach i program energicznego rozwoju gospodarstwa krajowego«, 1888), in dem er eine statistische Analyse des wirtschaftlichen Entwicklungsniveaus des Kronlandes vornahm und für einen radikalen politischen, sozialen und moralischen Wandel nach Vorbild der englischen Wirtschaft und Gesellschaft als einzig möglichen Ausweg aus der Rückständigkeit plädierte. Als Unternehmer war Szczepanowski weniger erfolgreich. Auf Druck der Kreditgeber musste er seine Erdölförderschächte und Braunkohlebergwerke unter Wert verkaufen, bevor der Boom in Ostgalizien einsetzte. Szczepanowski starb 1900 im hessischen Bad Nauheim an einem Herzinfarkt.

Quellen: *Frank*, Oil Empire; *Kaps*, Zwischen unternehmerischen Interessen; *Wolff*, Idea of Galicia.

---

211 Zur Gründung der oft instabilen Kartelle, des Vereins der Galizischen Rohölproduzenten (Ropa), der Handelsorganisation für Mineralölindustrie (Petrolea) sowie der Olex-AG für den gemeinsamen Export *Resch*, Industriekartelle in Österreich, S. 176–183; *Frank*, Oil Empire, S. 140–172.

Der »Petroleumkrieg« zwischen dem österreichischen Staat und der Standard Oil Company

Mit der 1899 in Wien gegründeten Tochterfirma »Vacuum Oil Company«, die zwei Raffinerien im schlesischen Dziedzitz sowie im ungarischen Almás-Füzitö betrieb, verfügte auch der weltweit größte Ölkonzern, die von John D. Rockefeller geleitete »Standard Oil Company«, über beträchtlichen Einfluss in der österreichisch-ungarischen Ölindustrie. Als die in der »Olex AG« zusammengeschlossenen galizischen Raffinerien stärker auf den deutschen und westeuropäischen Markt drängten, eigene Tankschiffe auf der Oder und Elbe sowie Tankanlagen in den Häfen von Magdeburg, Hamburg, Rouen und Bordeaux betrieben und sich schließlich 1903 beim Kampf um einen lukrativen Liefervertrag der »Königlich Preußischen Staatsbahnen« gegen die US-Konkurrenz durchsetzten, unterboten die nicht kartellgebunden Raffinerien der »Vacuum Oil Company« die galizischen Anbieter auf ihrem Binnenmarkt. Analog reagierten die französischen Eigner der Raffinerie in Limanowa auf die Versuche der Wiener Reederei »Fanto & Co.«, österreichische Mineralölprodukte auf den französischen Markt zu bringen. 1905 einigten sich die österreichischen Produzenten mit der »Vacuum Oil Company« über Kontingente und Preise. Nachdem jedoch neue Ölfunde zwischen 1907 und 1909 eine Verdreifachung der Jahresproduktion bewirkten und die Kartelle auseinanderbrachen, unternahmen die »Vacuum Oil Company« und die Raffinerie in Limanowa einen noch ernsthafteren Versuch, mit dem Angebot von billigem Petroleum für breite Bevölkerungsschichten und einem neuartigen kundenfreundlichen Lieferservice den österreichisch-ungarischen Markt zu dominieren.

In dieser Situation riefen die galizischen Unternehmen nach der Hilfe des Staates. Die cisleithanische Regierung gewährte daraufhin der »heimischen« Industrie einen exklusiven und langfristigen Liefervertrag für die Eisenbahnen zu Preisen, die bei Vertragsabschluss deutlich über dem allgemeinen Niveau lagen. Gleichzeitig schikanierten staatliche Verwaltungen und Betriebe die »fremden« Unternehmen mit verschiedenen administrativen Maßnahmen. Besonders empfindlich traf die Raffinerien die Verteuerung der Öltransporte durch die Tarifpolitik der österreichischen Eisenbahnen. Mit der Nutzung des Transportmonopols bediente sich die österreichische Regierung einer Kampfmethode, deren Anwendung durch »Standard Oil« in den USA zu einem Verfahren gegen das Unternehmen wegen des Verstoßes gegen den *Sherman Antitrust Act* führte, das mit der Entflechtung des Konzerns endete. Auf den Außenmärkten unterstützte die US-Regierung »Standard Oil«, verurteilte die gegen den Konzern gerichteten österreichischen Maßnahmen und ging – ebenso wie Frankreich – auf diplomatischem Wege dagegen vor.

Die ungarische Regierung beteiligte sich nicht am »Petroleumkrieg«.[212] Hier wirkten wahrscheinlich die exzellenten persönlichen Kontakte, die das Management der »Vacuum Oil Company« zu wichtigen ungarischen Politikern aufgebaut hatte. Auch die österreichische Justiz bewahrte ihre Unabhängigkeit und verurteilte die Staatsbahn einige Jahre später wegen »Diskriminierung« der »Vacuum Oil Company«. 1911 bildete sich erneut ein österreichisches Raffineriekartell, das sich bald mit dem »Standard Oil Trust« einigte, nun aber die staatlichen Interventionen, insbesondere die Preisbindungen in den Lieferverträgen mit der Staatseisenbahn, wesentlich skeptischer sah, da nach dem Ende der letzten Ölfunde die Marktpreise wieder deutlich gestiegen waren. Gleichzeitig zog sich nach den extremen Marktschwankungen und angesichts der Instabilität der Kartelle das österreichische Kapital, vor allem die »Wiener Creditanstalt«, aus dem Ölgeschäft zurück, so dass die »Deutsche Erdöl AG« und die britische Premier-Gruppe die Kontrolle über die wichtigsten Raffinerien und den Export galizischer Mineralölprodukte bekamen.[213]

In der äußersten Peripherie der Habsburgermonarchie existierte also eine Industrie mit einem wahrhaft transnationalen Charakter: Diese »nationale« österreichische Industrie wurde von Franzosen, Briten und Belgiern finanziert, von Deutschen und Polen gesetzgeberisch gestaltet, von Nordamerikanern inspiriert und ausgeführt von Leuten, die Ukrainisch, Polnisch, Jiddisch und Englisch sowie eine Menge weiterer Sprachen pflegten, wie Frank zusammenfasst.[214]

Schlussbemerkung

Die Geschichtsschreibung zur wirtschaftlichen Globalisierung vor dem Ersten Weltkrieg hat Ostmitteleuropa bisher relativ wenig Aufmerksamkeit geschenkt. Dies scheint zunächst eine gewisse Berechtigung zu haben, denn tatsächlich sank der Anteil der Großregion am Welthandel, und auch der Stellenwert Ostmitteleuropas in den globalen Kapitalflüssen ging zurück. Im

---

212 Begriff aus der zeitgenössischen Presse zitiert in *Frank*, Petroleum War, S. 17.
213 *Resch*, Industriekartelle in Österreich, S. 183–201; *Frank*, Petroleum War, S. 16–41.
214 *Frank*, Oil Empire, S. 7 f.

Falle der Habsburgermonarchie bestand allerdings ein direkter Zusammenhang zwischen der protektionistischen Reaktion auf die Herausforderungen der Globalisierungsprozesse und der Verstärkung der Binnenintegration, von der – anders als noch in der ersten Hälfte des 19. Jahrhunderts – wesentlich mehr Teilregionen des Imperiums und damit auch die dort lebenden Nationalitäten profitieren sollten.[215] Dabei führten die Modernisierungsimpulse zu einer Erosion der in den traditionellen ostmitteleuropäischen Gesellschaften weit verbreiteten Kongruenz von ethnischer Zugehörigkeit und ökonomischem Tätigkeitsfeld. So sahen sich Polen, Tschechen und Rumänen in Großpolen, Böhmen und Transsilvanien bei ihren Bemühungen um sozialen Aufstieg in die städtischen Mittelschichten oder um Bodenerwerb von Deutschen, Magyaren und Juden behindert. Die ökonomischen Gründe für den Zerfall der Habsburgermonarchie lagen folglich gerade nicht in den großen regionalen Disparitäten bzw. der Unterentwicklung der Peripherien, sondern in der durch die kapitalistische Modernisierung forcierten Konkurrenz der Mittelschichten, die in Ostmitteleuropa zu einem bis in weite Teile des Alltags vordringenden Wirtschaftsnationalismus führte.[216]

Außerdem hat am Ende der Untersuchungsperiode die geringere Dynamik der sich gegenüber dem globalen Wettbewerb tendenziell abschirmenden österreichisch-ungarischen Wirtschaft das ökonomische Ungleichgewicht zwischen Entente und Mittelmächten zusätzlich verschärft und folglich zur Kriegsniederlage und damit zur Auflösung der Habsburgermonarchie beigetragen.

Die russische (Außen-)Wirtschaftspolitik befand sich in einem grundsätzlich ähnlichen, aber noch deutlich stärker ausgeprägten Dilemma. Protektionismus sollte die junge Industrie vor der westlichen Konkurrenz schützen. Gleichzeitig waren Politik und Wirtschaft auf den Import von Kapital und Technologie sowie folglich auf eine Steigerung des Exportes von Getreide angewiesen, wenn die Großmachtstellung bewahrt und die Wirtschaft modernisiert werden sollte. Von dieser Konstellation haben etwa bis zur Jahrhundertwende die relativ entwickelten Industriegebiete im Westen des Reiches, also Polen sowie die baltischen Provinzen, erheblich profitiert.

Die angrenzenden Ostgebiete des Deutschen Reiches nahmen dagegen im imperialen/nationalen Rahmen die Rolle einer echten Peripherie ein, die auf

215 Vgl. Kap. II.4.3 in diesem Band.
216 *Schultz* u. *Kubů*, History and Culture.

die Produktion von Agrargütern beschränkt wurde. Mit der zunehmenden Integration der Agrarmärkte seit den 1870er Jahren wurden die ostelbischen Großgrundbesitzer dann auch noch zu Verlierern der wirtschaftlichen Globalisierung. Allerdings nutzten die »Junker« ihren großen politischen Einfluss, um mit Hinweis auf die strategisch wichtige Lage an der Grenze zu Russland und die erstarkende polnische Nationalbewegung Staatshilfen einzufordern.[217] Außerdem profitierten die östlichen Peripherien vom Institutionen- und Technologietransfer innerhalb des zur führenden Wirtschaftsmacht Europas aufsteigenden Deutschen Kaiserreiches.

Die Art und Weise des Umgangs der ostmitteleuropäischen Wirtschaftseliten mit den Herausforderungen der Globalisierungsprozesse hing also stark von ihrer jeweiligen Position innerhalb der Imperien ab, die allerdings generell bessere Rahmenbedingungen boten als die südosteuropäischen Nationalstaaten, wie Serbien und Rumänien. Aus der Perspektive einer transnationalen Geschichtsschreibung ist zu betonen, dass ostmitteleuropäische Akteure nicht nur Objekte eines vom Westen vorangetriebenen Prozesses waren, sondern ihrerseits Einfluss auf Globalisierungsprozesse nahmen, was hier noch einmal anhand von drei besonders wichtigen Beispielen erläutert werden soll.

Erstens können die erfolgreichen Versuche, durch Verarbeitung von Agrarprodukten in Zucker- und Konservenfabriken, Mühlen etc. eine eigene Industrie aufzubauen und damit die auf den Getreide- und Fleischmärkten überlegene Konkurrenz aus Übersee zu umgehen, als ostmitteleuropäischer Industrialisierungspfad gekennzeichnet werden. Zwar waren hier die Impulse für die sozioökonomische Entwicklung insgesamt geringer als bei der klassischen industriellen Revolution des westlichen Typs. Das bedeutet aber nicht, dass es keinerlei Kopplungseffekte mit den »modernen« Branchen der so genannten zweiten industriellen Revolution gegeben hätte. Einige ostmitteleuropäische Unternehmen des Maschinenbaus und der Elektroindustrie zeigten sich durchaus in der Lage, weltweit konkurrenzfähige Produkte herzustellen. Eine auf die Nahrungsgüterindustrie als Führungssektor setzende Industrialisierung stellte angesichts der inneren Voraussetzungen und äußeren Rahmenbedingungen im Vergleich zu den ebenfalls unternommenen Versuchen, vorrangig aus Staatsmitteln eine eigene Schwer- oder Textilindustrie aufzubauen, die bessere Alternative dar.

217 *Müller,* Wirtschaftliche Maßnahmen.

Seit den 1890er Jahren bildeten Ost(mittel)- und Südosteuropäer neben Italienern den mit Abstand größten Teil der europäischen Binnen- und Auswanderer. Damit lieferten sie zweitens nicht nur einen wesentlichen Beitrag für eine ca. zwanzig Jahre währende und erst mit dem Ersten Weltkrieg endende Aufschwungsspanne in den USA und im »Westen« Europas. Sie entlasteten auch die einheimische Wirtschaft durch den Abbau der ländlichen Übervölkerung und *Remittances* von bis dahin unbekanntem Ausmaß.

Drittens ist schließlich darauf zu verweisen, dass die gemeinsame Zollpolitik der Habsburgermonarchie nicht die einzige, wahrscheinlich nicht einmal die wichtigste wirtschaftspolitische Reaktion auf die neuen Konkurrenzbedingungen der globalen Märkte war. In beiden Reichshälften sind verschiedene staatliche und korporatistische Instrumente zur Intervention in die Wirtschaft entwickelt worden, was zum einen relative ökonomische Rückständigkeit verringern sollte, womit zum anderen aber auch sozial- sowie in Ansätzen regionalpolitische Ziele verfolgt wurden. Auch in Deutschland stellten neben den Herausforderungen der wirtschaftlichen Globalisierung die spezifischen Probleme der östlichen Provinzen Preußens einen wesentlichen Grund für staatliche Eingriffe und den wachsenden Einfluss von Wirtschaftsverbänden und -kammern dar.[218]

Die Herausbildung einer spezifischen mitteleuropäischen Wirtschaftsordnung, die sich in vielerlei Hinsicht von deutlich individualistischeren und marktliberaleren Varianten des Kapitalismus in der angelsächsischen Welt, aber auch von dem auf den Zentralstaat setzenden französischen Modell unterscheidet, basierte also in bedeutendem Maße auf der Konfrontation mit zwei Herausforderungen: der wirtschaftlichen Globalisierung und der Rückständigkeit östlicher Peripherien innerhalb der Imperien. Unter diesen Bedingungen waren sowohl Deutschland als auch die Habsburgermonarchie sowie in vielen Bereichen auch Russland Vorreiter internationaler Kooperation im Bereich der Wirtschaft(spolitik) oder doch zumindest Mitbegründer entsprechender Institutionen.

Inwieweit diese Ansätze Grundlagen für den Etatismus und Korporatismus sowie Bemühungen um eine (Re-)Integration der Volkswirtschaften in Ostmitteleuropa während der Zwischenkriegszeit, aber auch für den modernen Wohlfahrtsstaat und die europäische(n) Integration(en) der Nachkriegszeit bildeten, wird in den folgenden Bänden dieses Handbuches zu diskutieren sein. Dies gilt auch für die Ursachen des weitgehenden Schei-

218 *Müller*, Ausgebeutet oder alimentiert.

terns des eben beschriebenen Industrialisierungspfades und des Zerfalls der Migrantennetzwerke sowie für die Ausnahmen von diesen allgemeinen Tendenzen.

Schon jetzt sollte aber klar geworden sein, wie lohnend es ist, neben komparativen Untersuchungen von Staaten, die bei der Analyse der Volkswirtschaften geradezu unvermeidlich zu Narrativen von Rückständigkeit und nachholender Entwicklung führen, auch transnationale Verflechtungen in ihrer Vielfalt zu rekonstruieren und ihre Relevanz für die wirtschaftliche Entwicklung zu prüfen.

Katja Naumann

I.5 Verflechtung durch Internationalisierung

Die ostmitteleuropäische Partizipation an Internationalen Organisation

I.5.0 Einführung

Diplomaten beschäftigen sich schon lange nicht mehr allein mit der protokollarischen Vertretung ihres Landes und den Folgen internationaler Konflikte, sie widmen sich der Verrechtlichung des internationalen Raumes und einer riesigen Palette grenzüberschreitender Probleme von Epidemien bis Umweltverschmutzung, von Kommunikationshindernissen bis zu Standards für Arbeitsverhältnisse. Zu den staatlichen Akteuren sind grenzüberschreitend agierende Kapitalgeber sowie Kaufleute, Völkerrechtler, Sachverständige aller Couleur, Inspekteure und Technokraten getreten, dazu Vertreter zivilgesellschaftlicher und Mitarbeiter internationaler Institutionen. Damit richtet sich der Blick einer transnationalen Geschichte über die große Politik der mächtigen Staaten hinaus auf die Regelung einer Vielzahl von Einzelfragen, die auch und gerade die kleinen Staaten beschäftigen, seien es Ressourcenmanagement, Bildung, Gesundheit, Menschenrechte, humanitäre Hilfe und Entwicklung.

Dieses Kapitel widmet sich der Beteiligung ostmitteleuropäischer Akteure an den internationalen Organisationen in der Zeit bis zum Ersten Weltkrieg. Zunächst werden die Herausbildung internationaler Organisationen im Allgemeinen und das breite Spektrum der Internationalisierungsprozesse im ostmitteleuropäischen Raum beschrieben. Daran anschließend stellen wir beispielhaft zwei Formen der Partizipation detaillierter vor: Mit Blick auf das Rote Kreuz geht es um das Engagement für Probleme, die an Grenzen entstehen, aber daran nicht haltmachen. Am Beispiel der Frauenbewegung wird die Veränderungskraft ostmitteleuropäischer Akteure in Bezug auf für sie nachteilige Organisationsprinzipien nachgezeichnet.

Männer und Frauen aus den polnischen und ungarischen Ländern, aus Galizien und der Bukowina, aus Schlesien, Böhmen und Mähren wirkten dabei im Rahmen ihrer Imperien mit, aber auch als Fürsprecher der sich formierenden Nationalbewegungen, oder sie vertraten ihre Gesellschaften als Experten in Sachfragen bzw. handelten in eigener Sache.

Sie gingen in ganz verschiedenen Positionen grenzüberschreitende Kooperation ein. Der gebürtige Böhme Franz Karl Freiherr von Becke arbeitete in der Internationalen Kommission zur Regelung der Donauschifffahrt als Vertreter der Habsburgermonarchie. Nach dem Studium in Prag war er in den österreichischen Staatsdienst eingetreten, der ihn zunächst an den Rand des Reiches, nach Galaţi in der Westmoldau, und in den Außendienst nach Konstantinopel führte, bevor er in Wien tätig wurde.

Die Budapesterin Vilma Glücklich engagierte sich in der Internationalen Allianz für Frauenwahlrecht und war in den 1920er Jahren eine der Leitfiguren der Internationalen Frauenliga für Frieden und Freiheit. Dabei wirkte sie anfangs ohne offizielles Mandat, da die Mitgliedschaft an die Existenz nationaler Verbände geknüpft war, woraufhin Glücklich mit anderen einen Dachverband ungarischer Frauenvereine schuf. In Experten- und Wissenschaftsorganisationen spielte die politisch-territoriale Ordnung für Zugang und Status eine geringere Rolle (in der Arbeit schon), so dass der nahe Warschau geborene Jan Ignacy Niecisław Baudouin de Courtenay, einer der führenden Linguisten seiner Zeit, in der International Language Society ohne formale Restriktionen aktiv sein konnte. Durch die Lehrtätigkeit an den Universitäten Kazan, Dorpat/Tartu, Krakau sowie St. Petersburg bewegte er sich zwischen zwei Reichen, seinem Verständnis nach als Pole.

Viele Akteure der Internationalisierung Ostmitteleuropas bis zum Ersten Weltkrieg agierten in Räumen, die weit über die Grenzen der nach dem Krieg (wieder- oder neu-)gegründeten Staaten hinausgingen, weshalb wir mit einer Konzentration auf den geographischen Raum der späteren Nationalstaaten nur einen Teil des Geschehens erfassen würden. Angesichts der Multiethnizität der Region, besonders in den Städten, wäre es auch problematisch z.B. nur den in den polnischen Gebieten lebenden ›Polen‹ in internationalen Organisationen zu folgen. Zudem verleitet der Blick auf die ethnische Herkunft dazu, eine nationale Zugehörigkeit anzunehmen, obwohl der- oder diejenige ebenso gut für das Reich auftreten konnte. Für Polen führte die Zugehörigkeit zu drei Großreichen zu vielfältigen Identifikationen, Loyalitäten und Ordnungsmodellen.[1] Doch auch in anderen Gebieten des östlichen Europas agierten viele in mehreren Handlungsräumen gleichzeitig oder im Wechsel. Imperiale Zuordnung, regionale Identifizierung, nationalisierende Vorhaben und Internationalisierung wurden

1 *Dyroff*, Einleitung.

dabei zumeist nicht als Gegensätze gesehen.[2] Internationalisierung war deshalb auch nicht auf einen spezifischen, etwa den nationalen, Raum begrenzt, sondern wurde für höchst unterschiedliche politische Ordnungen genutzt.

Diese Vielfalt zu beschreiben ist nicht einfach. Ostmitteleuropa bietet keinen festen Rahmen für das Geschehen, denn es ist ebenso wie andere Makroregionen eine akteursbezogene Kategorie; historische Akteure und Historiker schufen ganz verschiedene Ostmitteleuropas.[3] Zudem wandelte sich seit der Mitte des 19. Jahrhunderts die Selbstwahrnehmung. Im Kontext internationaler Engagements änderte sich dabei oft eher die Sprache, nicht das Handeln. Deshalb ist es schwierig, sie treffend zu benennen: Schreibt man von Ostmitteleuropäern unterstreicht man einen regionalen Zusammenhang, der vielleicht nur bedingt relevant war. Schreibt man von Vertretern einzelner Nationen greift man der späteren Nationalstaatsbildung vor. Andere Raumformate, wie Städte oder Regionen, haben ebenfalls ihr Gepäck. Wir konzentrieren uns nachfolgend vor allem auf Polen, Tschechen, Slowaken, Ungarn und Juden, und nicht so sehr auf die ebenfalls zahlreichen Deutschen. Damit rücken bislang in der Geschichte internationaler Organisationen eher vernachlässigte ostmitteleuropäische Akteure in den Fokus.

Internationalisierung

Internationalisierung bezeichnet den Aufbau bzw. die Teilnahme an Kooperation mit Gleichgesinnten aus anderen Ländern, um grenzüberschreitende Probleme zu lösen, gemeinsame Interessen zu verfolgen und/oder Politik sowie Gesellschaft zu verändern. Während der Begriff ›Internationalismus‹ auf eine ideell-normative Komponente der Zusammenarbeit abhebt[4], betont der Terminus ›Internationalisierung‹ den Handlungsprozess, wozu u. a. der Aufbau von regelmäßigem Kontakt und Austausch, die Verständigung auf Inhalte und Regeln des gemeinsamen Vorgehens sowie die Mobilisierung von Ressourcen zählt.

Zudem stellt der Begriff der Internationalisierung die *Akteure* mit ihren jeweiligen Ausgangslagen, Anliegen und Strategien heraus. Man darf sie sich nicht als idealistische Kosmopoliten vorstellen, die selbstlos für Gemeinschaftsvorhaben, Frieden und Völkerverständnis eintraten. Die meisten verfolgten konkrete und partikulare Interessen. Es ging ihnen z. B. um die Stärkung der eigenen bzw. die Kritik gegnerischer Positionen in natio-

2 *Buchen* u. *Rolf*, Eliten im Vielvölkerstaat; *Aust* u. *Schenk*, Imperial Subjects.
3 *Hadler* u. *Middell*, Auf dem Weg.
4 *Zimmermann*, Grenzüberschreitungen, S. 13.

nalen und/oder imperialen Auseinandersetzungen. Andere versuchten über Wissen und Prestigegewinn aus internationalen Netzwerken sozial aufzusteigen bzw. ihre Arbeitsfelder zum eigenen Nutzen zu professionalisieren. Wieder anderen lag daran, das eigene Land in den sich seit der Mitte des 19. Jahrhunderts zur *global condition* verdichtenden weltweiten Beziehungen gut zu positionieren. Diejenigen, die internationale Zusammenarbeit auf den Weg brachten oder an ihr partizipierten, waren nur zu einem kleinen Teil privilegierte Leit- und Heldenfiguren. Viel häufiger waren sie Strategen und Unternehmer (im breiten Wortsinn) oder schlicht Menschen, die ausprobierten, was transnationale Zusammenarbeit einbringen kann. Das erklärt, warum nicht nur einige Prominente und Gutbetuchte, sondern viele andere Personen an diesem Prozess beteiligt waren.[5] Indem wir die Rolle der Akteure betonen, versuchen wir Internationalisierung nicht als Automatismus sondern als konfliktreichen und grundsätzlich offenen Prozess kenntlich zu machen, der ebenso gut stagnieren oder enden wie sich weiter entfalten konnte.

Schließlich weist der Begriff Internationalisierung auf den *Organisationsgrad* der kollektiven Unternehmungen hin, sie ging mit der Schaffung spezifischer Institutionen einher. Im Zuge der Globalisierungsprozesse sowie der sich wandelnden Raumordnung in der Mitte des 19. Jahrhunderts entstanden internationale Organisationen als institutionelles Format für Austausch und Kooperation zur Bewältigung grenzüberschreitender Probleme, welches auch zur Kontrolle von Verflechtung und zum Machterhalt in den asymmetrischen internationalen Beziehungen eingesetzt wurde. Über alle Anfangsschwierigkeiten und Skepsis hinweg bewährten sich diese Organisationen, lange vor 1900 bereits in vielen Feldern, und nach dem Ersten Weltkrieg als zentrales Medium für Verflechtung und internationale Politik.[6] Ihre schnelle Verbreitung und der enorme Zugewinn an Bedeutung resultierten daraus, dass sie Aufgaben erfüllten, die in den sich intensivierenden großräumigen Interaktionen und komplementär zu den Nationalisierungsprozessen immer wichtiger wurden. Dazu zählen die Sammlung, Analyse und Verbreitung von Informationen, die Bereitstellung von Diensten bei Problemen, die Vermittlung bei Disputen, die Ermöglichung von Abstimmungsprozessen mit undeutlichen Zuständigkeiten, die Schaffung von Handlungsräumen für Akteure mit begrenzter Souveränität oder trans-

5 *Paulmann* u. *Geyer*, Mechanics of Internationalism, S. 1–25; *Davies*, NGOs.
6 *Herren*, Internationale Organisation.

nationalen politischen Projekten. Internationalisierung und die begleitende Institutionenbildung waren Resultate und zugleich Katalysatoren realer, nicht nur gedachter Vernetzung.

Transnationalität von Internationalen Organisation

Traditionell wurden internationale Organisationen, darunter auch nichtstaatliche Institutionen, als Instrumente staatlicher Interessen und Teil ihrer Diplomatie angesehen. Dabei galt das nationale Strukturprinzip, der Zusammenschluss nationaler Vereinigungen in Dachverbänden, als maßgeblich für ihre Ausrichtung. Seit einigen Jahren hat sich dagegen eine Perspektive Respekt verschafft, die internationale Organisationen als eigenständige Akteure betrachtet, die in einer Vielzahl supranationaler Sach-und Politikfragen regulierend eingreifen bzw. diese teils erst schaffen, und damit die internationalen Beziehungen mitgestalten. Die Suche nach den Ursprüngen dieser Handlungskompetenz hat zweierlei erkennen lassen: Die Unterscheidung zwischen staatlich und nicht-staatlich hat in erster Linie eine politische Ordnungsfunktion, denn internationale Organisationen waren und sind selten allein Unternehmungen von Staaten, sondern vielmehr auf verschiedene Weise mit staatlichen Strukturen verbunden, mal enger, teils sehr lose. Deshalb zeigen wir für Ostmitteleuropa in den Jahrzehnten von der Mitte es 19. Jahrhunderts bis zum Ersten Weltkrieg Bereiche der Internationalisierung auf, unabhängig davon, ob und in welchem Maße sie von staatlichen Stellen betrieben wurden.

Internationale Institutionen waren bereits im 19. Jahrhundert in hohem Maße *transnational,* und sind es bis heute. Sie sind es zuerst in ihrer Funktion als Mittler in Prozessen, die nationale und imperiale Grenzen überschreiten. Mit der voranschreitenden Territorialisierung, die genauere Grenzbestimmung einschloss, ging der Bedarf an einer praktischen Transzendierung dieser Grenzen einher. Zeitgleich wuchs durch die neuen Verkehrs- und Kommunikationstechnologien die Anzahl von Menschen, Informationen und Gütern, die zirkulierten. Mit den sich verdichtenden Beziehungen und Angelegenheiten eröffneten sich neue Perspektiven, entstanden aber auch Probleme und ein neuartiger Abstimmungsbedarf. Fürsprecher, Zuständige und Experten diverser Herkunft begannen daher, ihre Kenntnisse und Forderungen auf einen Tisch zu legen und Lösungen auszuhandeln. In der verstetigten Zusammenarbeit wurde jene zunehmende Zahl von Themen adressiert, die im nationalen oder imperialen Rahmen allein nicht lösbar schienen, darunter der Postverkehr oder die Versorgung der Verwundeten auf den Schlachtfeldern.

Internationale Institutionen sind zudem transnational insofern sie als Ressource für die transnationale Mobilisierung genutzt werden. Aufgrund ganz unterschiedlicher Erfahrungen und Motivationen machten sich zunächst private Akteure daran, die neuen Verflechtungszusammenhänge für ihre eigenen Interessen, Reformvorhaben oder politischen Vorstellungen zu nutzen. Briefmarkensammler und Sportler setzten genau wie Statistiker und Juristen oder Vertreterinnen der Frauenrechte und Abolitionisten darauf, dass Zusammenarbeit mit Gleichgesinnten andernorts ihren Anliegen nützte. Eine Strategie der Internationalisierung bestand in der Gründung einigermaßen dauerhafter Institutionen.

Schließlich geht es um Handlungsräume für transnationale Akteure. Grenzüberschreitende Probleme haben eine komplexe Raumstruktur und eine solche bestimmte auch die Institutionen, die zu ihrer Lösung geschaffen wurden. Es galt partikulare Interessen zu vertreten, also einzelne Länder (oder Regionen) zu repräsentieren, das Ziel der Organisation im Blick zu behalten und häufig auch eine universalistische Rhetorik zu bedienen. Unbestritten richteten sich schon im 19. Jahrhundert viele dieser Einrichtungen an den Strukturen des internationalen Systems aus. Die Mitgliedschaft war (zumindest nominell) an politische Souveränität gebunden, die Statuten schrieben Verfahrensweisen für *zwischen*-staatliche Kooperation fest. Doch intern entwickelte sich eine transnationale Praxis: Bei der Aushandlung von Regeln und Richtlinien kamen Denkweisen und eine Sprache auf, die über imperial-nationale Logiken hinausgingen. Die wiederholte Begegnung mit Vertretern und Kollegen aus anderen Ländern führte zu Lernprozessen. Kulturelle Differenz wurde nachvollziehbar und verständlich, Dissens produktiv auflösbar und die jeweilige Sache selbst ließ sich auf verschiedene Ebenen verhandeln. Bereits im letzten Drittel des 19. Jahrhundert setzte sich ein Prozess der Professionalisierung durch, bei dem der Nachweis spezifischer Kompetenzen für das Agieren in und Vermitteln zwischen unterschiedlichen Kontexten wichtiger wurden. Dazu gehörten Mehrsprachigkeit, biographische Erfahrung mit Mobilität, aber auch eine Verankerung in den Herkunftskontexten.[7]

Die transnationale Praxis in internationalen Organisationen hatte Folgen für die Institutionen selbst. Durch den Transfer von Ideen, Informationen

7 Zur Transnationalität Internationaler Organisationen siehe *Sluga*, Transnational History; *Laqua*, Internationalism Reconfigured; *Kott*, From Transnational; *Herren*, Between Territoriality.

und Wissensbeständen in der Zusammenarbeit formten (und änderten) sich spezifische interne Strukturen. Durch den relativ hohen Organisationsgrad sowie die Konnektivität der einzelnen Akteure wurden sie häufig zu Schnittstellen in größeren Netzwerken, was wiederum die Vernetzung ihrer Mitglieder stärkte bzw. ihren eigenen Aktionsradius erweiterte.

In einer akteurszentrierten und institutionengeschichtlichen Perspektive sind internationale Organisationen also als ein spezifisches Format grenzüberschreitenden Handelns zur Durchsetzung unterschiedlichster Anliegen zu begreifen. Sie stehen neben anderen Organisationsformen von Verflechtung bzw. sind mit ihnen verknüpft, wie etwa internationale Kongresse, transnationale Aktivistennetzwerke, soziale Bewegungen und Expertengemeinschaften.[8] Sie sind ein fester Bestandteil der heutigen Welt und zugleich Ausdrucksformen einer Internationalisierung von Interessen, Netzwerken und Bewegungen. Internationale Organisationen haben Konnektivität geschaffen, gebündelt und verstetigt, und damit viele Orte an die Strategien globaler Akteure angebunden. Das bedeutet jedoch nicht, dass Verflechtung überall und in gleichem Maße zunahm. Manche Orte und Handlungsbereiche sind durch die neuen Institutionen im Grad ihrer Verflechtung zurückgeworfen worden. Grenzüberschreitende Kooperation ist auch nicht über Nacht selbstverständlich und zu einem Automatismus geworden. Sie wurde einerseits von immer mehr Menschen ausprobiert, und dies durchaus mit Skepsis, so dass schlechte Erfahrungen oder Misserfolge zu Ablehnung und Distanzierung führen konnten. Andererseits war das Agieren in internationalen Zusammenhängen voraussetzungsvoll und brauchte es spezifische Expertise oder mindestens einen hohen Grad von Anpassungsfähigkeit. Und selbst die großen, langlebigen Institutionen waren (und sind) oft prekär finanziert sowie von fragilem Status. Internationalisierung war von Beginn an ein kontingenter und offener Prozess.

Ostmitteleuropa in Internationalen Organisationen

Obwohl die Gesellschaften Ostmitteleuropas an dieser Bewegung hin zu mehr Vernetzung intensiv teilnahmen, wissen wir über die Anfänge dieser Transnationalität verhältnismäßig wenig.

Zum einen war die Gruppe der Ostmitteleuropäer, die mit Gleichgesinnten aus anderen Ländern in festen Strukturen zusammenarbeiteten, hoch-

8 *Fischer* u. *Zimmermann*, Internationalismen; *Nehring*, Transnationale; *Rodogno, Struck* u. *Vogel*, Shaping the Transnational.

gradig heterogen. Sie reichte vom denen, die für begrenzte Zeit ihr Land in internationalen Zusammenhängen vertraten, wie der eingangs erwähnte Karl Freiherr von Becke, bis zu denen, die dort den Großteil ihrer beruflichen Aktivitäten entfalteten, wie etwa der noch näher vorzustellende Graf Albert Apponyi, eine der zentralen Figuren in der Interparlamentarischen Union.

Zum anderen ist die allgemeine Entwicklung internationaler Institutionen vor 1919 in den Archiven nur beschränkt überliefert. Übergreifende Organisationsmuster mussten sich erst herausbilden, so dass anfangs jede Institution anderen Regeln folgte bzw. die Mitwirkung nur unscharf festgeschrieben war oder flexibel gehandhabt wurde. Dadurch konnten Akteure aus Ostmitteleuropa mitunter auch dort mitwirken, wo es formal der Entsendung ihrer Reiche bedurft hätte, was angesichts der ungleichen Beziehungen der Nationalitäten zur Hürde werden konnte.[9] In anderen Fällen griffen Aktivisten aus der Region das Anliegen einer internationalen Bewegung auf, gründeten aber zuerst lokale oder regionale Einheiten für die Umsetzung der gemeinsamen Idee, bevor sie sich in der Dachstruktur engagierten.

Akteure aus dem östlichen Europa sind mit festen Kategorien oder über die offiziellen Repräsentationsformen nur begrenzt identifizierbar und deshalb schwierig systematisch zu untersuchen. Diese Ausgangslage macht das Thema reizvoll, legt zugleich aber auch ein exemplarisches Vorgehen nahe. Wir haben drei Bereiche ausgewählt anhand derer sich Wege der Internationalisierung verdeutlichen lassen: die Humanisierung des Krieges, die Gleichstellung der Geschlechter und die Verrechtlichung des internationalen Raumes.

Neben diesen unterschiedlichen Formen der Teilnahme gab es auch die Strategie, sich gegen internationale Vereinbarungen zu entscheiden, wenn sie den eigenen Interessen entgegenstanden. Um nur ein Beispiel zu geben, blieben das Zarenreich und die Habsburgermonarchie der »Berner Union für den Schutz des literarischen und künstlerischen Eigentums« (1886) fern. Die Organisation und das sie tragende internationale Abkommen regelten den Umgang mit Autoren- und Verwertungsrechten im Ausland. Mit der massenhaften Produktion bzw. Übersetzung von Büchern, der breiteren Zirkulation sowie der Tendenz zum billigen Buch war es immer öfter zu Rechts-

9 Ähnlich war die Lage bei internationalen Ausstellungen, siehe dazu Kap. I.3 in diesem Band.

streitigkeiten gekommen, bei denen Gerichte die Landesgesetze der ausländischen Autoren anwenden mussten, ohne sie zu kennen. Konvention und Union stellten zur Lösung des Problems dem bis dato territorial begrenzten Urheberrecht ein kodifiziertes internationales Regelwerk von Mindeststandards zur Seite, das die unterschiedlichen staatlichen Regelungen aufhob, oder zumindest anglich und einen internationalen Rechtsraum schuf. Allerdings ging es bei der Absicherung der Vergütung der intellektuellen Produktion auch um Marktanteile, Staatseinnahmen und die Exportorientierung der Kulturindustrien. Die Gleichstellung von in- und ausländischen Autoren sowie ein hoher Schutzstandard versprach exportstarken Staaten wie dem Deutschen Reich oder Frankreich Mehreinnahmen, während sie Staaten benachteiligten, die an möglichst tantiemefreien Übersetzungen sowie Nachdrucken ausländischer Werke interessiert waren. Zu letzteren zählten die USA, zahlreiche lateinamerikanische Staaten, aber auch die mehrsprachigen Imperien in Europa, das Zarenreich, das Osmanische Reich sowie Österreich-Ungarn (Widerstand gegen die Berner Regeln kam primär aus der östlichen Reichshälfte, während Wien eine urheberfreundliche Haltung, auch gegenüber ausländischen Autoren einnahm).[10]

Schließlich brachten Vertreter aus der Region spezifische Problemlagen Ostmitteleuropas in die internationale Debatte ein und warben für grenzüberschreitende Lösungen. Damit trugen sie zum Entstehen neuer Bereiche der internationalen Politik bei. Dies betrifft vor allem die Verrechtlichung der internationalen Beziehungen. Bei der Schaffung eines verbindlichen Völkerrechts bzw. einer internationalen Schiedsgerichtsbarkeit spielten Konflikte und Akteure aus dem östlichen Europa eine maßgebliche Rolle.[11] In der internationalen Strafrechtswissenschaft wirkten Juristen wie der Warschauer Aleksander Moldenhawer, Edward Krzymuski und Józef Rosenblatt aus Krakau sowie Władysław Ostrożyńsky aus Lemberg/L'viv, mit, u. a. als Gründungsmitglieder der »Union International de Droit Penal«. Sie nahmen darin zwar im Rahmen der Vertretungen aus den drei Teilungsgebieten teil,

10 *Löhr*, Globalisierung, S. 73 ff. Um 1900 erschienen weltweit rund 120.000 Bücher, über die Hälfte davon in europäischen Staaten, mit deutlichen Abstufungen. In Deutschland wurden ca. 27.000 Bücher produziert, in Russland und Frankreich ca. 10.000, denen Großbritannien (7.000), Spanien (6.000) und danach Österreich (5.000) folgten. Ungarn stand mit 1.600 Eigenpublikationen nach den Niederlanden, Belgien und der Schweiz (Ebd., S. 75).

11 *Müller* u. *Skordos*, Leipziger Zugänge; *Weitz*, From the Vienna, S. 1313–1343.

begründeten aber den Bedarf an grenzüberschreitender Abstimmung mit der Situation im geteilten Polen, u. a. der steigenden Notwendigkeit rechtsvergleichender Strafurteile. Die Aufgeschlossenheit polnischer Juristen gegenüber einer internationalen Privatrechtsordnung hatte damit zu tun, dass sie keiner nationalstaatlichen Rechtsordnung verpflichtet waren. Sie versprachen sich eine Erleichterung der juristischen Angelegenheiten zwischen den Polen aus verschiedenen Teilungsgebieten, die denen von Angehörigen unterschiedlicher Staaten glichen. So stellten Franciszek Kasparek aus Krakau und sein Kollege Gustaw Roszkowski aus Lemberg/L'viv den polnischen Fall als Paradebeispiel für die Notwendigkeit einer nicht territorialstaatlich gebundener Verrechtlichung dar[12], unter anderem vor der Öffentlichkeit des »Institut de Droit International« (1873), in der beide Mitglieder waren. Das Institut war eine Expertenvereinigung zur Ausarbeitung des Kriegsvölkerrechts sowie zur Kodifikation ziviler Rechtsangelegenheiten, in der weitere Juristen aus dem östlichen Europa mitwirkten und dessen Arbeit zur »Haager Konferenz für Internationales Privatrecht« (1893) sowie der daraus hervorgehenden internationalen Organisation beitrug.[13]

Im Folgenden geht es zunächst darum, wie sich seit dem Wiener Kongress von 1815 grenzübergreifende Kooperation ausweitete und zur Gründung internationaler Organisationen führte (I.5.1). Danach werden verschiedene Bereiche internationaler Zusammenarbeit vorgestellt, an denen Akteure aus dem östlichen Europa mitwirkten und gezeigt, dass die Internationalisierungsdynamik des 19. und frühen 20. Jahrhunderts nicht von Westeuropa bzw. der USA, sondern aus gleichzeitigen, teils gegeneinander gerichteten grenzüberschreitenden Initiativen erwuchs, die auch an vielen Orten Ostmitteleuropas ab den 1860er Jahren unternommen wurden (I.5.2). Die Bandbreite des internationalen Engagements in der Region erklärt sich auch daraus, dass transnationale Problemlagen auf verschiedene Weise präsent waren. Mit manchen Herausforderungen war man unmittelbar konfrontiert und beteiligte sich deshalb direkt an deren Lösung, z. B. an der Regelung der Schifffahrt auf internationalen Flüssen oder der Ordnung von Daten, Zahlen und Publikationen. Der Handlungsbedarf in anderen Angelegenheiten

---

12 *Kraft*, Nationalisierende Transnationalisierung, S. 20 f. Gustaw Roszkowski fungierte ferner als Vizepräsident der österreichischen Gruppe der 1888 gegründeten Interparlamentarischen Union. Juristen waren, so wie andere Wissenschaftler aus der Region, Teil der transnationalen ›scientific community‹, siehe u. a. *Wrzyszcz*, Juristenausbildung; *Kohlrausch* u. *Steffen*, Limits and Merits.

13 *Kraft*, Europa im Blick, S.63 ff., *Koskenniemi*, Gentle Civilizer, S. 11–97.

betraf die Region nur mittelbar, man wusste aber darüber und rezipierte die Debatten wie etwa um die Abschaffung des Sklavenhandels. Dann gab es Themen, die zwar ohne das Zutun aus der Region reguliert wurden (z. B. die Schaffung des metrischen Systems), die aber internationale Vereinbarungen und Standards in anderen Bereichen auslösten, bei denen Akteure aus Ostmitteleuropa dann eine zentrale Rolle spielten. Schließlich entwickelte sich eine inner- und interimperiale Verflechtung und Mobilität, gerade unter technischen Experten und Wissenschaftlern, aus der unmittelbar nach der (Wieder-)Erlangung der Eigenstaatlichkeit Internationalisierungsinitiativen hervorgingen. Dem exemplarischen Vorgehen folgend, wird danach die ostmitteleuropäische Mitwirkung an der Internationalisierung der zwei Handlungs- und Politikfelder Humanitarismus und Frauenrechte beschrieben (I.5.3–I.5.4). Zum Schluss werden Entwicklungslinien während des Ersten Weltkrieges erörtert (I.5.5).

I.5.1 Neue Formen und Institutionen der Internationalisierung

Gesellschaften und Staaten standen seit jeher in Beziehung zueinander, jedoch änderte sich die Art und Weise, wie sie es tun. Um 1900 war Internationalisierung als Strategie und Praxis von privaten *und* staatlichen Akteuren fest etabliert. Für diese Diversifizierung des internationalen Feldes hatte der Wiener Kongress von 1815 eine Initialwirkung. Er veränderte die Leitlinien der internationalen Politik und novellierte Verhandlungs- sowie Organisationsformen, wodurch sowohl die Themen als auch die Zahl derer zunahmen, die daran beteiligt waren. Er beschleunigte den Umbau der Diplomatie zu einem Berufsfeld, so dass Experten und Vertreter anderer Berufe Anspruch auf Mitwirkung bei Sachfragen erhoben, die sich im imperialen und nationalen Rahmen nicht angemessen regeln ließen. Schließlich wurde er zum Vorbild für eine Serie von Kongressen, in der eine quantitativ wie qualitativ neue grenzüberschreitende Koordination Gestalt gewann.

Wiener Kongress und transnationale Internationalisierung

Die Schlussakte des Wiener Kongresses gehört neben dem Westfälischen Frieden (1648) und dem Frieden von Utrecht (1713) zu den großen europäischen Friedensvereinbarungen und Schlüsselmomenten in der Verrechtlichung der internationalen Beziehungen. Der eigentliche Friedensschluss und die Neuordnung Europas (und der Welt), die durch die Französische Revolution und die napoleonischen Kriege sowie durch eine globale revolutionäre Krise im Kontext eines ebenfalls weltweiten Wettstreits um Macht und Kontrolle notwendig geworden war, erfolgte mit der Unterzeichnung des I. Pariser Friedens bereits im Frühjahr 1814. Auf dem Folgetreffen, das im September begann, sollte die abgesteckte Friedensordnung durch die Teilnahme vieler europäischer Staaten möglichst breit ratifiziert und eine lange Liste von Detailfragen verhandelt werden. Frieden schuf die Wiener Ordnung nur bedingt, denn die europäischen Großmächte führten im Laufe des 19. Jahrhunderts weiter Krieg, zunächst nur in Übersee, mit dem Krimkrieg auch wieder in Europa. Doch sie schärfte das Bewusstsein dafür, dass ohne Absprachen und verbindliche Spielregeln keine stabile internationale Ordnung entstehen würde. Bereits in den 1790er Jahren waren vereinzelt gemeinsame Belange im Gespräch, etwa ein Abkommen zur Verkehrsfreiheit auf dem Rhein, die Begrenzung des Sklavenhandels oder die Standardisierung von Maßen. Nun begann eine breite Internationalisierung von Politik und Gesellschaft, bei der es nicht mehr nur um die Ordnung der Verhältnisse zueinander, sondern um die gemeinsame Regelung grenzübergreifender Fragen und Probleme ging. Die neue Orientierung zeigte sich in den Verhandlungen in mehrerlei Hinsicht.

Institutionalisierte Kooperation

Auf dem Kongress entwarfen Österreich, Preußen, Russland, Großbritannien und Frankreich mit Schweden, Spanien und Portugal ihre Beziehungen nicht mehr vordergründig als Konkurrenz, die dem Stärkerem Recht gab und kriegerische Konflikte einkalkulierte, sondern als Kooperation, die auf fortlaufende Absprache, Vertragstreue und Orientierung an Völkerrechtsnormen gründete. Die Wende vom Gegeneinander zur Partnerschaft hatte enge Grenzen und zielte ebenso auf die Vermeidung von Kriegen wie von Revolutionen. Gleichwohl wurden abgestimmtes Handeln und diskursive Konfliktregulierung zu einem politischen Imperativ, der sich in neuen diplomatische Verfahren niederschlug: regelmäßigen Treffen der Monarchen zu Fragen von Frieden und Sicherheit, Kongressen von Außenministern und Botschafterkonferenzen zur Lösung mittleren und kleiner zwischenstaatlicher Probleme, aber auch Experten-Kommissionen, z. B. zur internationalen Schifffahrt, oder Bündnisse wie etwa die »Heilige Allianz«. Durch die Verstetigung wurden diese Zusammenkünfte zu internationalen Institutionen, aus denen eine Autorität erwuchs, die über die Großmächte am Verhandlungstisch auf andere Staaten hinausreichte. Begleitend entwickelten sich neue Handlungsrepertoires und

Fähigkeiten zur Interaktion und Zusammenarbeit. Ab den 1860er Jahren kam zu den Treffen des kleinen Kreises von Entscheidungsträgern immer öfter eine multilaterale Verständigung hinzu, d. h. Debatten und Entscheidungsprozesse, die für viele Staaten und Individuen offen waren. Dadurch entstanden wiederum neue Institutionen, wie internationale Büros und Sekretariate.[14]

Professionalisierung der Diplomatie

Bis in das frühe 19. Jahrhundert regelten Monarchen und deren Vertreter die Außenbeziehungen der Staaten, wobei schon um 1500 mit Gesandtschaften und permanenten diplomatischen Vertretungen die ersten Institutionen außenpolitischen Verhandelns aufgekommen waren. Auch frühneuzeitliche Botschafter traten oft als hoch mobile kulturelle Vermittler auf, die über ein spezifisches Wissen verfügten. Doch sie unterscheidet einiges von den Diplomaten des 19. und 20. Jahrhunderts. Erstere kamen aus dem Adel und waren zu Gesandten geworden, weil sie sich standesgemäß bei Hofe bewegen und deshalb ihren Herrn nach dem diplomatischen Zeremoniell repräsentieren konnten. Bis zum Ende der napoleonischen Kriege bildete sich demgegenüber die Diplomatie als Beruf heraus. Aus einer standesbezogenen wurde eine berufsspezifische Professionalität, für die Konversationsfähigkeit, breites Allgemeinwissen und Anwesenheit weniger wichtig waren, als Wissen über Vertragsrecht und Vertrautheit mit einer speziellen Form des Schriftverkehrs. Diese Verschiebung war auf das engste mit dem Wandel der internationalen Ordnung verknüpft. Die Hierarchie von Herrschaften mit unterschiedlichen Graden von Souveränität, in der auch Akteure mit beschränkter Souveränität Diplomatie betreiben konnten, wurde abgelöst von einem System souveräner Mächte und nicht-souveräner Akteure, bei dem nur erstere, zumindest offiziell, die zwischenstaatlichen Beziehungen gestalteten (wobei dieses Muster vielfältig unterlaufen wurde).[15]

In diesem Prozess markierte der Wiener Kongress einen Wendepunkt, weil dort erstens eines der ältesten internationalen Probleme gelöst wurde: die Regulierung der diplomatischen Ränge und Zeremonien. Von nun an – und bis 1964 – war das Diplomatische Corps aller Staaten in drei Dienstklassen eingeteilt, wurden Diplomaten anhand des Datums ihrer Akkreditierung eingestuft und galt die alphabetische Reihenfolge bei Verträgen mit

14 *Schluz*, Internationale Institutionen.
15 *Bély*, L'art de la Paix; *Thiessen* u. *Windler*, Akteure der Außenbeziehungen.

mehreren Unterzeichnern. Die Vereinbarung galt als Schritt hin zu mehr Rationalität im diplomatischen Verkehr und größerer formaler Gleichberechtigung zwischen den Staaten. Damit öffnete sich zweitens der Zugang zum internationalen Geschehen, denn je stärker sich Diplomaten durch spezifische Kenntnisse, oder in diesem Fall durch klare Kriterien der Autorisierung, als Gruppe abhoben, desto leichter konnte sich andere Experten neben ihnen profilieren. Bereits 1815 forderten zahlreiche zum Kongress angereiste Interessenvertreter die Regelung ihrer Anliegen und beanspruchte damit Mitsprache. Verleger und Buchhändler etwa hofften auf einen Schutz vor Nach- und Raubdrucken. Die Verletzung von Urheberrechten war seit der Revolutionszeit ein großes Thema, da mit dem Bedeutungszuwachs von Presse, Buch und Pamphletistik die Auflagenzahlen stark gestiegen waren und der Verbreitungsradius zugenommen hatte. Um Missbrauch zu verhindern wurden nun Regeln zur Zirkulation von Wissen und Kunst vereinbart, mit denen ein überstaatlicher Schutz des geistigen Eigentums begann, der zur eingangs erwähnten Berner Übereinkunft führte.[16] Mit der Anwesenheit auch zahlreicher anderer Lobbyisten wurde der internationale Raum weiter und vielfältiger, und galten Arbeit, Wirtschaft und Kultur zunehmend als selbstverständliche Gegenstände der grenzübergreifenden Absprache.[17] Drittens wurden auf dem Kongress neue diplomatische Beratungsformen ausprobiert. Neben geheimen Mehraugengesprächen zwischen den Monarchen und Fürsten, besprachen sich leitende Minister und eine Fülle angereister Berater oder Entscheidungsträger. In 13 Kommissionen für Sachfragen wurden Vorschläge für die Ministerrunden ausgearbeitet, die ihre Beschlüsse dem Plenum des Kongresses zur Abstimmung vorlegten. In der Folge wurde in den zehnmonatigen Verhandlungen die Rolle von Sach-Expertise in der Außenpolitik aufgewertet[18] und der Kreis derer, die internationale Regelungen berieten, vergrößert.

Transnationale Problemlagen und internationale Gremien

Auf der Liste von Detailfragen, die dem Kongress vorgeben waren, standen einige grenzüberschreitende Fragen. Der österreichische Außenminister Fürst von Metternich hatte sogar dafür plädiert, sich »hauptsächlich auf die Erwägung einiger

16 Einen Überblick über 200 Jahre Verlegerschutz im Spannungsfeld von zunehmender Vervielfältigung und Verrechtlichung gibt: *Domann*, Autoren und Apparate.

17 *Blessing*, Changing Diplomatic World, S. 65–77.

18 *Duchhardt*, Wiener Kongress.

durch ganz Europa laufender gesellschaftlicher Fragen [zu] beschränken«[19]. Im Blick hatte er den Verkehr auf Flüssen wie den Rhein, Neckar, Main, Maas und Schelde. Vor Ort wurde dieser Punkt von einer Kommission zur freien Schifffahrt auf internationalen Strömen verhandelt. Sie formulierte Leitlinien für die Binnenschifffahrt auf internationalen Flüssen, die auf eine gemeinsame institutionalisierte Verwaltung der Flüsse hinausliefen und einigte sich auf den Grundsatz der freien Schifffahrt auf den Meeren (der dem britischen Interesse an einem Freihandelsregime entsprach). Zu den Vereinbarungen, die die Kommission in die Schlussakte des Kongresses einbrachte (Art. 108–116), gehört auch die Schaffung einer Zentralkommission für die Rheinschifffahrt. Sie nahm Modellcharakter an – der Regelung für den Rhein folgte die Ordnung für Elbe (1821), Donau (1856) und Congo (1885) – und gilt als erste genuine internationale Organisation.

Zentralkommission für Rheinschifffahrt und Donaukommission Die Regelung der Rheinnutzung auf dem Wiener Kongress hatte zwei Aspekte: einerseits wurde der Rheinschifffahrts-Octroi von 1804 bestätig, der die Durchgangszölle vereinheitlicht und somit alte Zunft- und Stapelrechte abgeschafft hatte. Erneut waren dadurch die Zeichen in Richtung einer Standardisierung von Nutzungsbedingungen gesetzt. Andererseits beschloss man die Einrichtung einer Zentralkommission als ständiges Gremium von Vertretern aller Uferstaaten, und beauftragt mit der Erarbeitung eines internationalen Abkommen zur detaillierten Umsetzung der freien Schifffahrt. Zudem sollte sie die Einhaltung des Reglements überwachen, Streitigkeiten schlichten und für eine dauerhafte Kommunikation zwischen den Mitgliedern sorgen. Durch dieses Aufgabenspektrum wurde die Kommission zu einer Autorität in der Regelung der Flussnutzung und deshalb auch zum Vorbild. Viele der ihr folgenden internationale Organisationen hatten eine ähnliche Zielsetzung. In den ca. 550 Kommissionstreffen bis zur Verabschiedung der Rheinschifffahrtsakte (1831) formte sich außerdem ein fester Arbeitskreis, der weitere grenzüberschreitend operierende Institutionen wie die Rheininspektoren, Rheingerichte oder eine zentrale Rechnungsstelle hervorbrachte. Ein Hauptinspektor, auf Lebenszeit von der Kommission bestimmt und bezahlt, nahm die Idee internationaler Beamten vorweg.

Für die Donau galten die Wiener Schifffahrtsregelungen nicht, da sie zu großen Teilen durch das Osmanische Reich floss und Vertreter aus Konstantinopel nicht mit am Verhandlungstisch saßen. Die multilaterale Ordnung des Donauverkehrs begann, nachdem das Reich im Zuge des Krimkrieges in den Kreis der europäischen Großmächte einbezo-

19 Zitiert nach *Duchhardt*, Wiener Kongress, S. 22.

gen wurde. Der Pariser Friedensvertrag (1856) sah eine Kommission der Donau-Uferstaaten (KDU) vor, mit Vertretern aus Österreich-Ungarn, Bayern, Württemberg, dem Osmanischen Reich sowie Kommissaren für die Moldau, Walachei und Serbien. Zugleich war eine Europäische Donaukommission (EDK) festgeschrieben, die neben den Anrainerstaaten auch Preußen, Frankreich, Großbritannien, das Königreich Sardinien-Piemont und Russland in die Regulierung einband. Erstere war als dauerhafte Einrichtung gedacht, u. a. zur Erarbeitung einer Donauschiffahrts-Acte gedacht, analog zu der für den Rhein (und 1857 verabschiedet). Die erweiterte Runde sollte in zwei Jahren die rechtliche, technische und betriebliche Vereinheitlichung der Flussnutzung und -verwaltung in Gang bringen, um danach ihre Befugnisse an die Anrainer-Vertretung zu übergeben. Es kam umgekehrt, die KDU ging 1865 in der EDK auf, womit anders als bei der Rheinkommission, wo die Mitgliedschaft auf die Uferstaaten beschränkt blieb, der geopolitische Status ausschlagender war als die Nähe zur Sache. Der Erste Weltkrieg veränderte die zweite internationale Organisation in der Binnenschifffahrt massiv. Im Versailler Friedensvertrag wurde die Mitgliedschaft in der EKD auf die Siegermächte und deren Zuständigkeit auf die Seedonau, den ab Braila flussabwärts mit hochseetauglichen Schiffen befahrbaren Teil, begrenzt sowie der Sitz nach Galați (Rumänien) verlegt. Für alle anderen Fragen wurde 1921 die Internationale Donaukommission geschaffen, zu der die Regierungen aller Uferstaaten zugelassen waren und die ihren Sitz in Bratislava, ab 1927 in Wien hatte. Ebenfalls 1921 schlossen sich die nationalen Verbände der Reedereien in der International Chamber of Shipping zusammen, wodurch Anfang der 1950er Jahren, als die Zusammenarbeit der Regierungen durch den Kalten Krieg blockiert war, ein alternativer Raum der grenzüberschreitenden Absprache existierte.[20]

Das zweite transnationale Problem auf der Wiener Tagesordnung von 1815 betraf die Sklaverei und den Sklavenhandel. Davon war man in Ostmitteleuropa nicht direkt betroffen, aber es war als Thema präsent. Die Habsburgermonarchie war über den Triester Handelshafen mit der ganzen Welt verbunden, besonders nach der Eröffnung des Suezkanals (1869), der Entfernungen in den Mittleren Osten, nach Indien usw. verkürzte. So war Wien auch mit dem seit Jahrhunderten existierenden Problem der Piraterie und des Menschenraubs entlang der nordafrikanischen Küste konfrontiert, auf das mit verschiedenen politisch-militärischen Mitteln reagiert wurde und das zu einem großen Fundus aus Erfahrungen bezüglich der Vermeidung (und des Nutzens) von Menschenhandel führte.[21] Zudem zirkulierten die

20 *Thiemeyer* u. *Tölle*, Supranationalität; *Thiemeyer*, Integration.
21 *Sauer*, Schwarz-Gelb in Afrika.

›globalen‹ Themen der Zeit auch im östlichen Europa, darunter das Geschehen in den überseeischen Kolonialgebieten.[22]

In Wien verhandelten die Habsburgermonarchie und das Zarenreich das Problem des Sklavenhandels mit, später unternahm Russland eigene Initiativen zur Umsetzung eines Verbotes, da sich die Internationalisierung der Antisklavereipolitik als schwierig und zwiespältig erwies.[23] Die Erklärung zur allgemeinen Ächtung des Sklavenhandels, die auf dem Kongress verabschiedet wurde, enthielt nur eine Absichtserklärung, auf ein universelles Verbot hinzuarbeiten. Allerdings wurde damit das humanitäre Anliegen als völkerrechtliche Norm aufgestellt und Schritte zu seiner Umsetzung erörtert, die für die Regulierung anderer Problemfelder übernommen wurden. Aus der Idee einer permanenten Kommission zur Sammlung und Publikation von Informationen über den atlantischen Sklavenhandel erwuchsen die späteren Informationsbüros und Sekretariate.

Das Vorhaben eines Boykotts von Staaten, die sich nicht an Vereinbarungen zur Beendigung des Handels hielten, dachte internationale Embargos aus humanitären Gründen vor. Zudem zeichnete sich in den Verhandlungen ein neues Interventionsverständnis ab, wonach eine international vereinbarte humanitäre Norm auch militärisch zu schützen sei. Im 19. Jahrhundert setzte sich als solche die Verhinderung des Sklavenhandels und der Schutz religiöser Minderheiten durch, letzteres besonders durch die Eingriffe der europäischen Großmächte zum Schutz christlicher Minderheiten im Osmanischen Reich. Die Rechtfertigung humanitärer Intervention führte zwar nicht zur Abnahme der Gewalt[24], trug aber zu einer Sensibilisierung für humanitären Handlungsbedarf bei, die zu entsprechenden Aktivitäten führte und langfristig humanitäre Hilfe in der internationalen Politik etablierte.[25]

Zu den transnationalen Aktivitäten auf dem Kongress zählt drittens die Arbeit der Statistischen Kommission, auf deren Grundlage die Forderungen Preußens nach Entschädigung für Besatzungs- und Kriegsfolgeschäden entschieden werden sollten. Bei der quantitativen und qualitativen Schätzung aller eroberten Territorien – die von wenig Skrupel geprägt war, Menschen

22 Siehe u.a. die Themenhefte *Krobb*, Colonial Austria und *Lüthi*, *Falk* u. *Putschert*, Colonialism without Colonies; sowie: *Wendland*, Imperiale; *Rhode*, Zivilisierungsmissionen.

23 *van der Linden*, Logik einer Nicht-Entscheidung.

24 Das 19. Jahrhundert kannte die höchste Zahl aus Afrika in die Amerikas verschleppter Sklaven: *Zeuske*, Geschichte der Sklaverei, S. 467f.

25 *Klose*, Humanitarian Intervention; *Rodogno*, Against Massacre; *Fink*, Defending the Rights.

hin und her zu schieben – wurde die Expertise von Geographen und Bevölkerungsstatistikern herangezogen. Hierin deuteten sich der Bedeutungszuwachs von Experten, Sachwissen und empirischen Daten auch für politische Entscheidungsfindungen im internationalen Rahmen ebenso an wie die zunehmend fluiden Übergänge zwischen Diplomatie und Gesellschaft, die mit neuen Räumen für den Informations- und Wissensaustausch einhergingen.

Bei der Erörterung transnationaler Sachfragen schärfte sich insgesamt und auch in Ostmitteleuropa das Bewusstsein für die Notwendigkeit eines gemeinsamen Vorgehens, wofür konkrete Verfahrensweisen und institutionelle Räume erwogen und teils bereits vereinbart wurden. Damit war oft die Absicht verbunden, die internationale Arena zur Stärkung der eigenen Position zu nutzen.

Kongressdiplomatie und -bewegung

Seit den 1820er Jahren nahmen multilaterale Treffen als neue Form der Diplomatie zu und kamen Weltkongresse verschiedenster Art auf, wobei die semi-offiziellen Kontakte zwischen beiden Sphären den Trend verstärkten. Die neue Bedeutung des kollektiven Vorgehens in der internationalen Politik zeigen die mindestens 43 förmlich protokollierten internationalen Konferenzserien bis 1913, aber auch die Tatsache, dass die Botschafterkonferenzen in Konstantinopel seit 1856 de facto ein ständiges Organ darstellten.[26] Neben der geheimen Absprache im geschlossenen Kreis betrieben die Großmächte ihre Außenpolitik nun auch über Konferenzen, Kommissionen und Gipfeltreffen. Das Nebeneinander von ›Klub‹- und ›Netzwerk‹-diplomatie ging mit einer stärkeren Beteiligung der mittleren und kleinen europäischen Staaten einher, später der nord- und lateinamerikanischen sowie asiatischen Länder, wodurch sich langfristig die internationalen Beziehungen immens veränderten. Kooperation wurde zu einem Prinzip zwischenstaatlicher Politik, mit einer darauf zugeschnittenen pluri- später multilateralen Diplomatie und den dazu passenden Organisationen.

Beeindruckend schnell vernetzten sich auch gesellschaftliche Akteure aller Couleur. 1857 fanden fünf, 1865 zehn internationale Tagungen statt, 1889 waren es bereits 111. Die meisten davon in Paris, Wien und Brüssel, aber auch in den Metropolen Ostmitteleuropas – besonders in Prag, Warschau, Buda-

26 *Schulz*, Normen und Praxis. Stefan Troebst hat auf die prominente Behandlung von Ostmittel- und Südosteuropa auf vielen dieser diplomatischen Kongresse aufmerksam gemacht: *Troebst*, Speichermedium, S. 429.

pest, Karlsbad/Karlovy Vary oder Posen/Poznań – fanden bis 1914 wiederholt internationale Treffen statt. So lud die internationale Landwirtschaftskommission 1896 nach Budapest ein, der Dachverband der Stenographen im Jahr 1913. In Prag traf sich 1907 der Internationale Freidenkerverbund, in Karlsbad/Karlovy Vary die Internationale sozialistische Sportvereinigung (1913). Anfang des 20. Jahrhunderts erreichte die Kongressbewegung ihren Höhepunkt mit 232 (1900) und 258 (1910) Zusammenkünften. Bis dahin hatte sich die Zahl der im Schnitt pro Jahr veranstalteten Kongresse von einer Handvoll auf über 200 erhöht.[27] Dieser Anstieg resultierte auch daraus, dass sie zunehmend regelmäßig abgehalten wurden und mit dem festen Rhythmus ein Raum für die sich verdichtenden grenzübergreifenden Beziehungen entstand. Zugleich sind sie zu einem Anzeiger dafür geworden, welche Städte und Länder in der jeweiligen internationalen Bewegung eine große Bedeutung hatten (oder haben sollten). Denn neben den infrastrukturellen Voraussetzungen wie gute Anbindung an die zeitgenössischen Verkehrsnetze, Unterkunftsmöglichkeiten oder Tagungsräume, die bei der Wahl eines Kongressortes eine Rolle spielten, brachte die Vorbereitung eines Kongresses den lokalen Organisationen oft einen beträchtlichen Prestigegewinn und größeren Einfluss, denn die Vergabe der Kongresse gehört zur Symbolpolitik von internationalen Organisationen, weshalb der Zuschlag eine strategische Aussage war (und ist), und auch als solche verstanden bzw. genutzt wurde. Die Treffen wirkten aber auch auf die Städte selbst, indem sie sie in größere Zusammenhänge und Austauschprozesse einbanden, wodurch sich lokale und regionale Reformvorhaben dynamisieren konnten. Wenn Städte zu Portalen der Globalisierung werden, spielen internationale Veranstaltungen dabei häufig eine große Rolle.

Institutionenbildung

Die Ausweitung des internationalen Feldes war mit mehreren Prozessen verbunden: Erstens führte die steigende wirtschaftliche, soziale und kulturelle Verflechtung zur Suche nach verlässlichen Regulationsmechanismen, auch in Bezug auf die neuen Verkehrs- und Kommunikationstechnologien, denn der Austausch ließ sich mit ihnen nur beschleunigen, wenn die unterschiedlichen technischen Systeme einigermaßen kompatibel waren. Zweitens intensivierte sich, auch als Antwort auf den aufkommenden Nationalismus, die Suche nach Lösungen für grenzüberschreitende Handlungs- und Problemfelder, umso mehr angesichts der stei-

27 *Rasmussen*, Congrès internationaux; *Rasmussen*, Jalons; *Fuchs*, Wissenschaft, S. 160.

genden Befürchtung, dass es staatlicher Steuerung selbst gestärkt mit den neuen diplomatischen Verfahren nicht gelingen könnte, die sich globalisierende Welt zu ordnen. Drittens erwuchsen aus den gewaltsamen Konflikten und Kriegen der Zeit Initiativen, die darauf zielten, das Leid der Opfer zu lindern, Frieden zu sichern und ein allgemeines Regelsystem einzuführen.[28] Viertens stieg der Einfluss von Öffentlichkeit und Medien auf das internationale Geschehen. In den entstehenden Parlamenten und deren Dachorganisation, der Interparlamentarischen Union, wurden außenpolitische Entwicklungen intensiv erörtert. In der Presse nahm die Auslandsberichterstattung zu und führte zum Aufbau einer Infrastruktur, die den nötigen Nachrichtenfluss sowie eine größere Mobilität von Korrespondenten und Journalisten ermöglichte.[29] So formte sich ein internationaler Wissens- und Nachrichtenaustausch, in dem transnationale Öffentlichkeiten und Medienereignisse wie globale Nachrichtenagenturen entstanden.[30]

Wichtig ist, fünftens, die fortschreitende Institutionalisierung der Kooperation. Im letzten Drittel des 19. Jahrhunderts kamen internationale Büros bzw. Sekretariate und Verwaltungsunionen auf. Sie hatten zunächst eng umgrenzte Aufgaben, dienten primär der organisatorischen Bewältigung der regelmäßigen Kongresse sowie zur Umsetzung und Kontrolle der vereinbarten Abkommen, Standards und Regeln. Für beide Aspekte war eine möglichst reibungslose Kommunikation zwischen den Beteiligten vonnöten, die sich nicht von alleine ergab, und die sich deshalb die Internationale Union der Telegraphieverwaltungen und der Weltpostverein auf ihre Fahnen schrieben. Mit der Zeit wurden die anfänglich einfach strukturierten Institutionen ausgebaut, sie erhielten Statuten und eine eigene Rechtspersönlichkeit, zu den technisch-administrativen Aufgaben kamen inhaltlich-steuernde hinzu.[31] Um 1900 hatte sich ein Organisationsmuster der

---

28 Die frühen internationalen Initiativen und Institutionen lassen sich daher auch grob vier Handlungsbereichen zuordnen: die Behebung sozialer und politischer Benachteiligung bzw. Missstände; der Aufbau von Infrastruktur zur Ermöglichung, Nutzung und Lenkung der höhere Mobilität von Ideen, Gütern und Menschen im Zuge neuer Verkehrs- und Kommunikationstechnologien; die Schaffung von Mechanismen der Völkerverständigung, Konfliktregulierung und Friedenssicherung; die Reform des internationalen Systems durch die Errichtung einer (völker-)rechtlichen Ordnung der zwischenstaatlichen Beziehungen.

29 *Kießling*, (Welt-)Öffentlichkeit, S. 85–106; *Geppert*, Zwischen Nationalisierung.

30 *Maag*, *Pyta* u. *Windisch*, Krimkrieg; *Bart*, Formation of Global News Agencies; *Wenzlhuemer*, Connecting.

31 *Schulz*, Internationale Institutionen.

Zusammenarbeit herausgebildet, das regelmäßige Treffen, ein bestimmtes Prozedere der Entscheidungsfindung sowie ein Set von Regeln und die Existenz ständiger Sekretariat beinhaltete – und das bereits von den Zeitgenossen als ›internationale Organisation‹ bezeichnet wurde. Diese Institutionalisierung verlief weder geradlinig noch uniform. Man muss sich die ersten Einrichtungen als hoch verschieden vorstellen, die von schlanken Dienststellen um Konventionen herum bis zu verzweigten Ämtern reichen konnten. Einige hatten nur Regierungsvertreter als Mitglieder, in den meisten arbeiteten Privatpersonen bzw. Experten mit staatlichen Vertretern (und oft von staatlichen Subventionen getragen) zusammen.[32] In manchen wirkten Menschen aus aller Welt mit, in anderen nur wenige Landesverbände. Hinter einigen stand eine einzige Institution, die grenzüberschreitende Aktivitäten entwickelte, wieder andere, zum Beispiel der in Ostmitteleuropa sehr aktive Allgemeine Jüdische Arbeiterbund[33], entwickelten sich in der Diaspora zu einer großen internationalen Organisation. In manchen entwickelte sich eine interne Kommunikationskultur, andere waren untereinander durch personelle Netzwerke verbunden. In beiden Fällen verloren politisch-territoriale Zugehörigkeiten und Interessen gegenüber internationalistischen Haltungen manchmal an Gewicht. Zugleich waren viele der frühen internationalen Organisationen fragil und kurzlebig, von Kontingenz und Konflikten geprägt. Oft standen hinter der nominell globalen Reichweite und Repräsentanz nur kleine Gruppen von Aktivisten, bedeutet die Vorsilbe ›welt‹ de facto Europa.

Es lässt sich also festhalten, dass Internationalisierung bis zum Ersten Weltkrieg in Politik und Gesellschaft für immer mehr Menschen eine nützliche Strategie und rege betriebene Praxis wurde. Mit der massiven Zunahme internationaler Beziehungen jenseits der Regierungsebene und der Regulation grenzüberschreitender Sachverhalte endeten der Alleinvertretungsanspruch und das Informationsmonopol der auswärtigen Dienste und weitete sich das internationale Feld. Schlüsselakteure dabei waren etwa 500 Internationale Organisationen, die zwischen dem Wiener Kongress und dem Beginn des Ersten Weltkrieges als Format zur Ausgestaltung von Verflechtung und Kooperation aufkamen und bald arbeitsteilig im Einsatz waren.[34] Das 19. Jahrhundert war deshalb, in Ostmitteleuropa wie anderswo, sowohl das

32 *Herren*, Internationale Organisationen, S. 7; zur Geschichte der internationalen Nichtregierungsorganisationen: *Boli* u. *Thomas*, Constructing World Culture; *Davies*, NGOs.

33 *Wolff*, Eastern Europe.

34 *Lyons*, Internationalism, S. 14.

Jahrhundert des Internationalismus als auch eines im Laufe der Zeit aufkommenden Nationalismus.[35]

I.5.2 Das Spektrum der Internationalisierung im östlichen Europa

Bandbreite der Internationalisierungsprozesse

Die Kooperationen wurden vielfältig institutionalisiert – über Kongresse, Konventionen, Sekretariate, internationale Organisationen – so dass sie über persönliche Kontakte und Netzwerke hinausreichten. In diesem Zuge entwickelten sich neue politische Akteure und Themen, wie die Gleichstellung von Frauen und die Lage von Arbeitern. Zu den ersten, die sich zusammenschlossen, zählen sozialistische Arbeiter mit ihrer Internationalen Arbeiterassoziation.[36] Giuseppe Mazzini warb unter republikanischen Revolutionären für ein *Europa der Völker*. Später gaben sich Parlamentarier verschiedener Länder ein Dach. Auch die Anarchisten organisierten sich international.[37] Selbst die etablierten politischen Kräfte, Monarchen und Fürsten, versprachen sich eine Stärkung durch den grenzüberschreitenden Schulterschluss, zum Beispiel im Kampf gegen die 1848er Revolutionen.[38]

Parallel dazu weiteten sich traditionelle Gegenstände zwischenstaatlicher Absprache und bildeten sich internationale Handlungsfelder, so wurde z. B. der Schutz vor Epidemien und Seuchen (Cholera an erster Stelle) Teil einer internationalen Gesundheits- und Hygienepolitik.[39] Daneben formierten

---

35 *Sluga*, Internationalism.

36 Zur Partizipation aus dem habsburgischen Raum siehe: *Steiner*, Internationale Arbeiterassoziation; *Šolle*, Internacionála; *ders.*, Anhänger, *ders.*, Tschechische Sektionen.

37 *Bantman*, Internationalism.

38 *Paulmann*, Europäische Monarchien.

39 Der Schutz vor ansteckenden Krankheiten ist eines der ältesten Felder internationaler Kooperation. Bis in die 1840er Jahre beschränkte er sich auf Quarantäneregelungen als Teil der Außen- und Grenzpolitik, durch inter-imperiale Überwachungseinrichtungen, wie das Superior Council of Health (1838 Konstantinopel) oder das International Health Board (1840 Tangier). 1851 fand die erste von 14 internationalen Hygienekonferenzen statt (1896 in Warschau), auf denen sich Mediziner, Ärzte und Diplomaten langsam auf eine Kombination von Quarantäne- und Hygienemaßnahmen als wirkungsvollste Vorbeugung bzw. Eindämmung der Cholera einigten und dies in einer Hygiene-Konvention festschrieben, die das L'Office International d'Hygiene Publique (1905) kontrollierte. Nach dem Ersten Weltkrieg führte die Gesundheitsorganisation des Völkerbundes die internationale Sanitätspolitik fort. Eine der ersten Aufgaben war die Bekämpfung der Typhusepidemie in Ostmitteleuropa. Siehe hierzu: *Borowy*, World Health.

sich neue Reformanliegen, u.a. verstetigten sich die Debatten um das Gefängniswesens mit der Gründung der »International Penitentiary Commission« (1875) und engagierten sich Aktivisten verschiedenster Herkunft für die Stärkung von Moral und sittlichem Verhalten.

Auch im Berufsleben wurde mehr und mehr grenzüberschreitende Lobbyarbeit betrieben. Händler und Journalisten traten für freien Handel ein. Juristen drängten auf Schiedsgerichtsbarkeit als Mittel gegen Krieg. Technische Experten forderten die Standardisierung von Maßen und Technologien.[40] Wissenschaftler vernetzten ihre Disziplinen, gaben Forschungsanstalten und den nationalen Akademien der Wissenschaften ein internationales Dach oder gründeten übergreifende Gesellschaften, wie bspw. die Internationale Geodätische Gesellschaft (1864) oder das »International Colonial Institute« (1894).[41] Schuhmacher, Bergarbeiter oder Transportarbeiter, zumeist aus den europäischen Ländern, solidarisierten sich in Berufssekretariaten, nicht zuletzt als Barrikade gegen Arbeiter mit außereuropäischer Herkunft. Gewerkschafter gründeten den Internationalen Gewerkschaftsbund (1913).[42] Physiologen schufen sich 1891 ein ständiges Komitee. Es folgten Polizisten, Krankenschwestern, Dentisten und Chirurgen, Pharmazeuten, Lehrer und zahlreiche andere Berufsgruppen. Dem Trend der Zeit schlossen sich jüngere Menschen an, wie Studentenverbände bezeugen, wobei die »World Student Christian Association« (1895) auch Teil eines religiös-missionarischem Internationalismus war, der mit dem Weltverband des YMCA (1855) früh begann.

Schließlich griff die Vernetzungsdynamik auf den Sport- und Freizeitbereich aus. Das Internationale Olympische Komitee[43] (1894) und der Weltfußballverband (1904) sind am bekanntesten, doch bei weitem keine Ausnahmen: 1904 gaben sich Motorsportclubs eine internationale Struktur, ihnen folgten Turner, Ruderer, Radsportler, Schwimmer, Athleten, selbst Rasentennis wurde vor dem Ersten Weltkrieg transnational geregelt.[44]

Man darf sich diese breite Internationalisierung nicht als einen altruistisch motivierten, harmonischen Prozess vorstellen. Die emphatischen Auf-

40 *Kaiser* u. *Schot*, Writing the Rules.

41 *Fuchs*, Wissenschaft.

42 *Van Goethem*, Amsterdam International; *Lux*, Magyarországi szakszervezetek történetéből, S. 9–33.

43 *Kolář* u. *Kössl*, Origins.

44 Zur Entwicklung des ostmitteleuropäischen Sports, auch in den wenig erforschten internationalen Zügen *Koller*, Sport sowie Kap. I.2.3 und I.3.3 in diesem Band.

rufe zur Kooperation und das Versprechen, dass sich Konnektivität in Wohlstand und Frieden übersetzen würde, waren begleitet von Konflikten um Macht, Einzelinteressen und Ausgrenzung. Sie gestalteten sich zu mühevollen Aushandlungen, sobald es an die Umsetzung ging. Dennoch galten Austausch und gemeinsames Vorgehen mit Entscheidungsträgern, Gleichgesinnten, Kollegen und Betroffenen aus anderen Ländern um 1900 als Chance und Ressource für unterschiedlichste Ziele.[45]

Internationalisierung im östlichen Europa

Der Trend zur Internationalisierung hatte weder ein Zentrum noch ging er (lediglich) von wenigen prominenten Orten aus. Zwar ist erheblich mehr bekannt über Institutionen, die ihren Sitz in Brüssel, Paris oder Berlin hatten, als über Initiativen und Organisationen aus anderen Teilen der Welt. Es gibt jedoch zahlreiche verstreute Hinweise auf Akteure aus dem östlichen Europa und ihre Aktivitäten. So ist überliefert, dass der 1906 geschaffene Internationale Verband der Töpfer seinen Sitz im nordböhmischen Teplitz-Schönau/Teplice hatte, das Internationale Büro zur Förderung von Handel und Industrie über Außenstellen in Prag und Wien verfügte und der Weltverband der Bestattungsgesellschaften zwar in Brüssel initiiert sowie in Dresden gegründet wurde, aber vom böhmischen Trautenau/Trutnov aus operierte.[46] Die Geschichten hinter diesen Fakten kennen wir nicht. Dabei würde es sich lohnen, ihnen nachzugehen, denn sie würden helfen, die Gestalt und möglicherweise Spezifik ostmitteleuropäischer Internationalisierung besser zu verstehen.

Durch einige besser erforschte Beispiele wissen wir immerhin, dass die zeitgenössische transnationale Verflechtung in der Region vielfältig mitgestaltet wurde. Das lag zum einem daran, dass sich die langsame Formierung von Nationalbewegungen für das Interesse an Internationalisierung durchaus als förderlich erwies. Grenzüberschreitende Kooperation galt als alternative Form der Vergemeinschaftung, auch und gerade mit dem Kalkül, die eigene Position innerhalb der imperialen Hierarchien zu verbessern. Zum anderen galt Internationalisierung spätestens um 1900 als ein Maßstab für Modernität, wodurch alle, die sich in grenzüberschreitenden Strukturen bewegten, ein starkes Argument für ihr Tun zur Hand hatten, ganz gleich, ob sie die Rede über eine Rückständigkeit ihres Landes oder ihrer Region

---

45 Einen breiten Überblick geben: *Fried*, Das internationale Leben; *Reinsch*, Public International Unions; *Lyons*, Internationalism; *Klepacki*, Encyklopedia.

46 *Société de Nations*, Répertoire.

teilten oder sich ihrer nur bedienten. Sodann war man im östlichen Europa in mancherlei Hinsicht auf das Agieren im Internationalen gut vorbereitet. Man darf nicht vergessen, dass die Mitwirkung in internationalen Organisationen ziemlich voraussetzungsvoll ist. Es brauchte u.a. Fremdsprachenkenntnisse, da Übersetzungen teuer waren, oder zumindest eine Vertrautheit im Umgang mit mehrsprachigen Konstellationen, um souverän und gestaltend aufzutreten. Deutsch, Französisch oder Englisch als Geschäftssprachen internationaler Organisationen waren in Ostmitteleuropa – durch die Multiethnizität oder aber auch die inner- sowie überregionale Mobilität – als Zweit- oder Drittsprachen verbreitet. Problematischer verhielt es sich mit den finanziellen Mitteln, die man u.a. zur Finanzierung der Teilnahme an Konferenzen oder internen Verbandstreffen brauchte, was wiederum Voraussetzung dafür war, in den Organisationen bestimmte Funktionen übernehmen und ausfüllen zu können. Wer wenig Geld hatte bzw. nicht renommiert genug war, um Beihilfen aufzutun, konnte nicht mitgestalten. Das führte teilweise zu höchst ungleichen Bedingungen, die Lida Gustava Heymann gegenüber Vilma Glücklich im Zusammenhang mit einem anstehenden Vorstandstreffen der Internationalen Frauenliga für Frieden und Freiheit und den Übernachtungskosten auch deutlich formulierte: »Jetzt frage ich Sie, wer von uns kann das bezahlen? Die Engländerinnen und die Amerikanerinnen!«[47] Solcher Skepsis steht allerdings der Befund gegenüber, dass Akteure aus dem östlichen Europa sehr wohl oft die Mittel für eine bislang höchstens lückenhaft bekannte Mitwirkung aufbringen konnten.

Standardisierungsbewegung

Begegnung und Austausch beschleunigten sich seit den 1850er Jahren durch neue Verkehr- und Kommunikationstechnologien. Mit Eisenbahn und Dampfschiff, Telegraph und Telefon sowie Innovationen im Druck- und Pressewesen zirkulierten Informationen, Experten und Güter schneller und weiter. Reisen in die Ferne wurden bezahlbarer, und als nationale Eisenbahn- oder Telegraphennetze verbunden und große Infrastrukturprojekte wie der Suezkanal unternommen wurden, verkleinerten sich die Distanzen weiter.

Die neuen Reichweiten und die sich intensivierende Verflechtung machten sich auch in Ostmitteleuropa bemerkbar, einer Region, die als Durchgangsraum und Umschlagplatz eng mit angrenzenden und entfernten Regionen verflochten war. So wurde zur Planung des Panama-Kanals zum Beispiel

47 Zitiert nach *Rupp*, Constructing Internationalism, S. 1571–1600.

der Ingenieur Béla Gerster eingeladen, der im ostslowakischen Kaschau/Košice geboren, an der Technischen Universität Wien ausgebildet worden war, und federführend am Bau des Korinth-Kanals teilgenommen hatte.

Das Vernetzungspotential der neuen Technologien ließ sich allerdings nur nach einer Angleichung der technischen Größen und Tarife nutzen, denn bis dato waren Maßeinheiten für Länge und Gewicht sowie Gebührenordnungen jeweils nur für begrenzte Gebiete, höchstens im imperialen Rahmen gültig. Selbst Uhrzeiten und Kalender waren lokal festgelegt und wichen entsprechend schon über kürzere Distanzen voneinander ab. Dies löste in den 1860er Jahren eine breite Bewegung der Normierung von Gewichten, Maßen und Zeiten aus, die bis zu Welt- oder Plansprachenprojekten, wie Esperanto durch den Polen Ludwik Lejzer Zamenhof, oder Ido oder Volapük reichte.[48] Die Idee, neben den natürlichen Sprache eine Kunstsprache als Medium transnationaler Verständigung einzuführen, setzte sich nicht durch, wohl aber die Normierung technischer Größen, die bald zu internationalen Abkommen und Organisationen führte.[49]

1855 nutzten einige Organisatoren der 3. Weltausstellung und Delegierte des Statistiker-Kongresses das doppelte Großereignis in Paris für ein Treffen von 150 Befürwortern des seit den 1790er Jahren propagierten metrischen Systems, aus dem eine Vereinigung hervorging, die in wenigen Jahren Mitglieder in 15 Ländern hatte. Ihre Lobbyarbeit, wirtschaftliche Interessen und internationale Konkurrenz griffen ineinander, so dass in kurzer Zeit viele Staaten Normalmaße einführten. Da aber die Einheitsmeter weiter differierten, warben Geschäftsleute, Beamte und Wissenschaftler – u.a. über die Internationale Geodätische Gesellschaft – für einen europäischen Meter unter internationaler Kontrolle. 1875 wurde mit der Meterkonvention schließlich ein diplomatischer Vertrag unterzeichnet, in dem sich 17 Länder auf Gewichts- und Längeneinheiten einigten und zur Überwachung drei Institutionen schufen: eine Generalkonferenz, ein jährlich beratendes Komitee sowie das ständige Internationale Büro für Maß und Gewicht.[50] Kompromiss und Kooperation waren nicht das Ergebnis einer sachlichen Einigung, sondern hart umkämpfe Entscheidungen um Einfluss, Kontrolle und

48 Zu Zamenhof siehe Kap. I.3 in diesem Band sowie: *Krajewski*, Organizing a Global Idiom.

49 *Wenzlhuemer*, Geschichte der Standardisierung zu Standardisierungsprozesse vor dem 19. Jahrhundert, mit Blick auf polnisches Geschehen: *Kula*, Measures and Men; zur Uniformierung der Zeit: *Ogle*, Global Transformation.

50 *Geyer*, One Language, S. 57–92.

Status. Wohl gerade deshalb setzte sich die Idee der Vereinheitlichung weiter durch. Als nächstes entstand ein überregionales Vokabular im Bereich Elektrotechnik, das ab 1906 von der Internationalen Elektrotechnischen Kommission kontrolliert und verwaltet wurde. Parallel dazu wurden nationale Normierungsorganisationen gegründet, die sich 1926 einen Dachverband gaben.[51] Bereits seit 1865 existierte mit der Internationalen Telegraphenunion (ITU) eine Instanz für die Telekommunikation. Zwanzig Jahre zuvor hatte die Standardisierung in Eisenbahnsektor begonnen, und zwar mit dem in der ungarischen Hauptstadt Pest gegründeten »Verein deutscher Eisenbahnverwaltungen«.[52]

Die Habsburgermonarchie und Preußen in der Standardisierung von Post und Telegraphie

Neben dem Zugverkehr wurde der zwischenstaatliche Postverkehr reguliert. Auch hier existierten lange Zeit höchstens bilaterale Verträge, kostete die Vermittlung zwischen den unterschiedlichen Gewichts- und Tarifsystemen Zeit und Geld, gerieten die Beförderungskapazitäten an ihre Grenzen. Allein die Auswanderung nach Übersee erhöhte das Briefaufkommen immens, so dass in den Postämtern immer mehr Arbeitszeit und -kraft benötigt wurde. Zudem gab es nun internationale Zugverbindungen, mit denen sich die Post theoretisch effizienter von einem Land zum anderen befördern ließ.[53]

In der Harmonisierung des Post- und Briefverkehrs, auf der Grundlage eines internationalen Abkommens sowie des mit der Umsetzung beauftragten Weltpostvereins, spielten die Habsburgermonarchie und Preußen eine zentrale Rolle. Zwar war 1840 in Großbritannien ein entfernungsunabhängiges, gewichtsbezogenes Einheitsporto eingeführt worden, was viele europäische Staaten und die USA aufgriffen. Doch kam die Initiative, die Differenzen im internationalen Postverkehr zu reduzieren, aus Wien, und zwar im Kontext einer preußisch-habsburgischen Konkurrenz und im Zuge des sich professionalisierenden staatlichen Verwaltungsapparates in der österreichischen Metropole. 1842 führte die Monarchie ein Portoregulativ ein, das auch einen Verbund mit deutschen Postvereinen vorantreiben sollte. 1850 verständigten sich Preußen, Bayern und die Habsburgermonarchie auf die gleiche Taxierung von Briefen und Fahrpostsendungen, über-

51 *Büthe*, Engineering Uncontestedness?, S. 1–64; *Murphy* u. *Yates*, International Organization.

52 Siehe auch Kap. I.1.4 und I.4 in diesem Band.

53 *Le Roux*, Post Offices.

wacht durch den Deutsch-Österreichischen Postverein (DÖPV), wodurch für den zwischenstaatlichen Briefverkehr ein einheitliches Postgebiet entstanden war.

Die Auflösung des Vereins 1867 bot anderen die Chance, Standardisierung nach ihren Vorstellungen zu betreiben. Heinrich Stephan, der spätere Generalpostdirektor des Deutschen Reiches, damals im Generalpostamt des Norddeutschen Bundes beschäftigt, entwarf ein internationales Postvertragsrecht. Er hatte als Assistent in den Oberpostdirektionen Danzig und Köln die überseeischen Postrechnungen bearbeitet und später in der Berliner Generalpost das Auslandsbüro geleitet. Konfrontiert mit der wachsenden Zahl von Briefen im Zuge der sprunghaft gestiegenen deutschen Auswanderung nach Amerika sowie der in die deutschen Industriezentren strömenden Arbeitsmigranten aus Ostmitteleuropa trat er für die Uniformisierung und Verbilligung des internationalen Nachrichtenverkehrs ein. Erste Ideen dafür hatte er bei den Vertragsverhandlungen für den DÖPV und bei der Aushandlung von Postverträgen mit Belgien, den Niederlanden, Spanien und Portugal gesammelt. 1868 verfasste er in Rückgriff auf die Regelungen des DÖVP eine Denkschrift zur Gründung eines Allgemeinen Postkongresses, auf dem Transitfreiheit, das Ende zwischenstaatlicher Abrechnungsverfahren, sowie internationale Portosätze und Gewichtsnormen beschlossen werden sollten.

Neu waren diese Leitlinien nicht, die USA hatten sich um eine multilaterale Koordinierung in diesem Sinne bemüht. Doch Stephans Vertragsentwurf traf auf Resonanz. 1874 wurde er auf einer internationalen Konferenz in Bern erörtert. Die anwesenden 20 europäischen Staaten (darunter Österreich-Ungarn), die USA und Ägypten riefen dort den Weltpostverein ins Leben und glichen im Gründungsvertrag den internationalen Postverkehr dem nationalen an: Die Transitgebühren wurden auf einem minimalen Satz begrenzt, ein entfernungsunabhängiges Porto von zwei Francs für das Kilo Briefe und Postkarten festgelegt und die abrechnungsaufwendige Portoteilung aufgehoben. Von nun an behielt jede Postverwaltung die Einnahmen, die sie auf ihrem Territorium aus dem Verkauf von Briefmarken erzielte. Indirekt standardisierte der Vertrag auch die landesüblichen Portosätze und verpflichtete zu deren Veröffentlichung.[54]

54 *Reindl*, Deutsch-Österreichischer Telegraphenverein, S. 77–81; *Weber*, Universal Postal Union, S. 1235–1240.

Das Beispiel zeigt, dass die internationale Standardisierungsbewegung aus Initiativen von staatlichen Institutionen hervorging und stark von außenpolitischen Interessen (›governemental internationalism‹[55]) geleitet war. Technische Experten, Investoren und Wissenschaftler wirkten gleichwohl mit, als Sachverständige und Beamte der Verwaltungen ihrer Heimatländer und sorgten u.a. dafür, dass bei den diplomatischen Treffen eine gemeinsame Sprache gefunden wurde. Die Bewegung der Standardisierung kennzeichnet zudem, dass sie nationale und grenzüberschreitende Regelungen beinhaltete, die sich wechselseitig verstärkten. Sie entstanden in langwierigen Aushandlungen, und eben nicht durch eine rasche Ersetzung alter Mechanismen und Vorgehensweisen. Auslöser waren transnationale Problemlagen, die oft als erstes lokal spürbar waren. Die Zunahme des grenzüberschreitenden Postverkehrs bekamen zuerst die Postboten und Postangestellten zu spüren. Sie waren sprichwörtlich die Träger der Internationalisierung – ohne selbst transnational zu agieren, wurden sie in eine transnationale Dynamik hineingezogen, die eine Regulierung auf verschiedenen Ebenen (lokal, regional, national oder imperial) erforderte. Dafür brauchte es eine Angleichung von Maßen, Tarifen und auch Fachbegriffen, für deren Vereinbarung inter- und supranationale Institutionen geeignete Arenen und Stichwortgeber waren.

Internationale Telegraphie und die Habsburgermonarchie Landesspezifische Normen schränkten den eigentlichen Gewinn der telegraphischen Technologie, die Möglichkeit eines schnelleren internationalen Nachrichtenaustausches, massiv ein. Jedes an den Grenzstationen eintreffende Telegramm musste dekodiert und wieder verschlüsselt werden, und die Berechnung der Preise für internationale Meldungen war durch die unterschiedliche Tarifpolitik der Staaten schwierig und zeitaufwändig. Die internationale Regulierung der Telegraphie begann in Europa. 1850 hatte Preußen mit Belgien eine gemeinsame Grenztelegraphenstation in Verviers, feste Beförderungstarife und ein Modell der Einnahmenverteilung vereinbart. Im gleichen Jahr gründeten die Direktoren der staatlichen Telegraphenverwaltungen Preußens, der Habsburger-

55 Zur Internationalisierung von Außenpolitiken und der Rolle von Staaten bei der Erweiterung der internationalen Regulierung: *Herren* u. *Zala*, Netzwerk Außenpolitik. In Anlehnung daran hat Herren den Terminus ›governmental internationalism‹ geprägt: *Herren*, Governmental Internationalism, S. 121–144. Auf die nationalisierenden Effekte internationaler Institutionen bzw. die strategische Vernetzung zur Stärkung des eigenen Staates macht Johannes Paulmann (*Paulmann*, Reformer, Experten und Diplomaten) aufmerksam. Zur Nation als Ergebnis transnationaler Verflechtung: *Tyrrell*, Reforming, S. 6.

monarchie, Bayerns und Sachsens den Deutsch-Österreichischen Telegraphenverein (DÖTV). Dieser erarbeitete angelehnt an den bilateralen Vertrag einheitliche Tarife nach Wortlänge und Distanz sowie einen Aufteilungsschlüssel der Einnahmen. Zudem organisierte er die Harmonisierung der technischen Apparate, koordinierte den Linienausbau und erhob systematisch Informationen über den Umfang und die Infrastruktur der Telegraphie in der zentraleuropäischen Region. Die Richtlinien galten für den grenzüberschreitenden Telegrammverkehr, wirkten aber auch nach innen und wurden in die Verträge, die der Verein mit anderen Ländern abschloss, eingeschrieben.[56] Dem Verein folgend gründeten Frankreich, Belgien, Spanien, Sardinien und die Schweiz 1855 die Westeuropäische Telegraphen-Union. 1865 kamen 20 europäische Staaten auf einer Konferenz in Paris zusammen und verabschiedeten eine Konvention, die die Regelwerke beider Vereine anglich und ein internationales Büro, die Internationale Telegraphenunion (ITU) schuf. Fortan existierte eine europaweite, später transregionale Gebührenordnung, die von der tatsächlichen Entfernung zwischen Sender und Absender abstrahierte. Neben ihrer Überwachung arbeitete die IPU an der technischen Vereinheitlichung und sammelte bzw. veröffentlichte nationale Statistiken.

Telegraphenvertrag und -union ermöglichten außerdem die Mehrsprachigkeit (Telegramme konnten fortan in den Sprachen aller Mitglieder versandt werden) und legten ein internationales Dienstreglement fest, das u. a. Geld- und Disziplinarstrafen sowie einheitliche Öffnungszeiten der Telegraphen-Stationen vorsah. Ein längerer Dienst mit Nachtschichten sollte Telegramme, die während der Schalteröffnungszeiten nicht weitervermittelt werden konnten, spätestens in der Nacht an die Empfangsstation bringen und den Service der Collationierung (das Rücktelegraphieren der Nachricht an den Absender) sicherstellen. Damit konnten die Beamten ihre Stationen erst verlassen, wenn die Zentralstation gemeldet hatte, dass keine weiteren Nachrichten vorlagen. Diese Regelungen – Anfänge der Internationalisierung eines Berufsfeldes – gingen, teils wortwörtlich, auf den Gründungsvertrag des DÖTV zurück und wurden in den Folgejahren in nationale Gesetzgebungen übernommen (u. a. in die Telegraphenordnung des Deutschen Reiches von 1891).

Die Habsburgermonarchie zählte neben Preußen und Russland zu den Gründungsmitgliedern der ITU und sandte durchgängig Vertreter zu den Vereins-Konferenzen. So stellte Wien den Anschluss an Prozesse der Internationalisierungen sicher. Diese aktive Teilnahme hatte Folgewirkung für Ostmitteleuropa. Denn bereits 1866 trat Ungarn als eigenständiges Mitglied der ITU bei und war fortan auf den internationalen Treffen präsent,

56 *Reindl*, Deutsch-Österreichischer Telegraphenverein; *Lyall*, International Communications; zum Zusammenhang zwischen nationaler Konsolidierung der Telegraphensysteme und Internationalisierung der interagierenden Mediensysteme siehe *Laborie*, L'Europe.

zumeist mit dem Leiter der ungarischen Telegraphenverwaltung, einem Beamten aus dem Handelsministerium sowie ein bis zwei anderen. Durch die 1896 in Budapest abgehaltene ITU-Konferenz erweiterte sich der Einfluss, nicht zuletzt, weil Ungarn stabil in den europäischen Telekommunikationsverkehr integriert war. Die Zahl der Telegraphenstationen wuchs schnell, die Hauptstadt stand auf Platz 6 der europäischen Rangliste von Direktverbindungen und der massive Anstieg von Telegrammen in der Habsburgermonarchie ging auch auf den regen Verkehr in der ungarischen Reichshälfte zurück.[57]

Wissens- und Informationsmanagement

Im 19. Jahrhundert gewann die Zentralisierung und Vereinheitlichung von Wissen im europäischen Raum immens an Bedeutung. Es wurde gezählt und gemessen, gesammelt und klassifiziert, und verglichen.

Von der möglichst präzisen Beschreibung der eigenen Gesellschaft wie der Welt im Ganzen versprach man sich die Bewältigung der zeitgenössischen sozialen und wirtschaftlichen Veränderungen, gerade auch der zunehmenden Ein- und Auswanderung, sowie einen Zugewinn an Einfluss in Außereuropa. Quantitative Daten galten dafür als besonders vielversprechend, da sie (scheinbar) objektives Wissen lieferten, weshalb sie im staatlichen Auftrag umfangreich produziert wurden. Dieser Trend ist als »Politik der großen Zahlen« oder »Primat statistischen Denkens« beschrieben worden. Er ging mit einer Professionalisierung der Statistik einher. Die zahlenmäßige Erfassung von Gesellschaft, Wirtschaft und Staat wurde zu einem wichtigen Instrument der Kontrolle und Ordnung seitens des Staates bzw. der Politik.[58] In der Hochzeit des Nationalismus war die am meisten bewegende Frage jene nach der Nation, wobei die Kontroverse darüber, mit welchen Daten und auf welche Weise sie zu bestimmen sei, grenzüberschreitend geführt wurde. Die kontroversen Wortmeldungen zur zentralen Bemessungsgrundlage des Nationalen waren angetrieben von der Vorstellung eines objektiven und deshalb weltweit anwendbaren Kriteriums, aber auch der Sorge über ein womöglich nachteiliges Ergebnis. Würde die Nation über die in familiären Kontexten gesprochene Sprache gemessen, würden z. B. in der Habsburgermonarchie die nationalen Gegensätze stärker hervortreten und den imperialen Zusammenhang mit einem Fragezeichen versehen. Allemal galt die Vorgehensweise Österreich-Ungarns bei der Zählung der

57 *Wenzlhuemer*, Development of Telegraphy; *Reindl*, Deutsch-Österreichischer Telegraphenverein.

58 Siehe dazu Kap. I.1.2 in diesem Band, sowie *Hirschhausen*, People that Count; *Weichlein*, Zählen und Ordnen; *Randeraad*, The International Statistical Congress.

Nationalitäten als wegweisend, angesichts der Größe des Reiches und seiner Heterogenität.

Nicht weniger transnational gestaltete sich die in der zweiten Jahrhunderthälfte ausgreifende Sammlung und Verbreitung wissenschaftlicher Publikationen. Sie hing der Vision einer umfassenden Kompilation des Weltwissens an und ging mit einer Standardisierung von Literaturverzeichnissen bzw. Schlagwortkatalogen einherging.

Statistische Internationale Der intensive grenzüberschreitende Austausch zwischen Statistikern, Bevölkerungswissenschaftlern, andere Experten und Beamten über Themen, Begriff und Methoden nationaler Statistiken begann 1853 mit dem ersten von insgesamt neun internationalen Statistischen Kongressen und verfestigte sich 1885 mit der Gründung des International Statistical Office, das seinen Sitz in Rom hatte. Auf den Kongressen, mit durchschnittlich 500 Teilnehmern, zirkulierten Modelle, wurde Empfehlungen verabschiedet (für die imperialen/nationalen statistischen Büros) und entstanden enge persönliche Bindungen, u. a. zwischen dem belgischen Statistiker Adolphe Quetelet, seinem russischen Kollegen Petr Petrovič Semenov und dem Direktor der Wiener Statistischen Zentralkommission, Karl-Theodor von Inama-Sternegg.

Auf jedem Kongress wurde auch ein von den lokalen Organisatoren gewähltes Thema erörtert, das zumeist die Herausforderung bzw. Orientierung des Faches im jeweiligen Land vorstellte. In Brüssel ging es um Einkommen von Arbeitern, in London um Hygiene, in Berlin um Sozialversicherung, die Niederländer setzten Kolonialstatistiken auf die Agenda, die Italiener die Gemeinden. Auf dem Treffen in Wien 1857, das von dem gebürtigen Böhmen und Direktor des österreichischen Statistischen Bureaus Karl von Czoernig vorbereitet wurde, standen ethnographische Erhebungen im Mittelpunkt. Kurz zuvor hatte von Czoernig eine vielbeachtete Karte publiziert, die alle ethnischen und Sprachgruppen des Vielvölkerstaat zeigte und mit der Diversität nationalistische Ansprüche ad absurdum führen wollte.[59]

Damit klang auf dem Wiener Kongress das große Thema der Folgekongresse bereits an, nämlich die Debatte über das zentrale Kriterium für Volkszählungen. Während Briten und Franzosen die Nationalität propagierten, standen Deutsche, Österreicher und Russen einer auf ethnischer Zugehörigkeit beruhenden Staatsangehörigkeit skeptisch gegenüber. Auf dem

59 *Weichlein*, Zählen und Ordnen.

St. Petersburger Kongress 1872 einigte man sich schließlich auf die Umgangssprache als Kennzeichen, nahm jedoch die Nationalität mit in die Liste der zu erhebenden Daten auf. Um das Verhältnis der beiden Kriterien zu klären, wurden Gutachten von zwei österreichischen und einem ungarischen Statistiker erbeten: Adolf Ficker argumentierte für eine ethnographische Erhebung entlang von diversen Merkmalen, Karl Keleti trat für das subjektive Zugehörigkeitsgefühl ein und Ignaz Eduard Glatter favorisierte rassische Kriterien. Die Alternativen hätten den St. Petersburger Kompromiss untergraben, weshalb die Debatte ohne Einigung endete. Auf dem 1876er Kongress in Budapest wurden weder die Gutachten noch das Thema selbst erörtert, stattdessen stand die statistische Vermessung der Wirtschaft auf dem Programm.[60]

Bibliographischer Internationalismus

Nicht nur in der Produktion von Wissen spielten transnationale Kooperationen seit den 1850er Jahren eine wichtige Rolle, auch in der Rezeption, weshalb die Sammlung, Klassifikation und Katalogisierung von Neuerscheinungen aus anderen Ländern zunahm.

In diesem Zuge erhielt die alte Idee eines Universalkatalogs neuen Glanz. Schon Diderot und D'Alembert hatten das gesamte Wissen der Welt in einer Encyclopédie zusammentragen wollen und andere waren ihnen vorausgegangen oder später gefolgt.[61] Als Paul Otlet und Henri La Fontaine, zwei belgische Juristen und Bibliographen, in den 1890er Jahres ein weiteres Mal zu einer solchen Dokumentation ansetzten, hatten sich die Vorzeichen geändert. Durch Eisenbahn und Telegraphie war eine Erschließung des Weltwissens als internationale Kooperation und gestützt auf Institutionen vorstellbar, nicht mehr nur als ein Unterfangen von Einzelnen und ihren Kontakten. Um Bibliotheken und Forschungsanstalten aus vielen Teilen der Welt einzubinden und ihre Informationen zu zentralisieren, gründeten Otlet und La Fontaine im Jahr 1895 das International Institute of Bibliography (IIB mit Sitz in Brüssel). Noch im gleichen Jahr begann die Herausgabe des »Répertoire Bibliographique Universel«, das bald von einem weiten Netzwerk von Dokumentationszentren getragen war.[62] Parallel dazu bauten

60 *Weichlein*, Zählen und Ordnen; *Hirschhausen*, People that Count.
61 *Schneider*, Erfindung des allgemeinen Wissens.
62 Zum Gründungskontext, u. a. den Brüsseler Sozialwissenschaften sowie zum sozialreformerischen Zweck der bibliographischen Arbeit siehe: *Laqua, Acker* u. *Verbruggen*, Intellectual Encounters.

Otlet und La Fontaine das Institut um weitere internationale bibliographische Services aus, u. a. dem »Annuaire de la Vie Internationale«, einem Jahrbuch, das über die Arbeit internationaler Kongresse und Organisationen informierte. Ediert wurde es ebenfalls in Brüssel, gemeinsam mit dem Wiener Pazifisten Alfred Hermann Fried. Man kannte sich aus der Arbeit im Internationalen Friedensbüro und für die Pariser Dependance des Carnegie Endowment for International Peace und man sah den beidseitigen Vorteil der Partnerschaft. Fried hatte bereits zwei Zeitschriften gegründet sowie ein Handbuch verfasst, die die Aktivitäten der Friedensbewegung dokumentierten, und 1908 das Kompendium »Das Internationale Leben der Gegenwart« publiziert, das über die internationalen Bewegungen insgesamt berichtete. Diesen wollte er nun noch ein Periodikum zu Seite stellen, allerdings fehlte ihm dafür eine stabile institutionelle Anbindung. Otlet und La Fontaine verfügten mit dem IIB über genügend Infrastruktur, waren aber auf der Suche nach einem Flaggschiff für die von ihnen jüngst gegründete Union of International Associations. Das Annuaire, angebunden an das IIB und im Auftrag des Internationalen Friedensinstitutes herausgegeben, war für beide Seiten vielversprechend. Das Gemeinschaftsprojekt war von kurzer Dauer, nach nur drei Jahren wurde es 1911 eingestellt. Es ist aber mit seinen Kurzbeschreibungen von 150 internationalen Organisationen zu einem wichtigen Wissensspeicher der Internationalisierung um 1900 geworden.[63]

Alfred Hermann Fried (1864–1921) war ein Publizist und Pazifist, ein Visionär und Organisationstalent, eine Schlüsselfigur der internationalen Friedensbewegung und doch ein Einzelgänger ohne Lobby, zumindest bis er 1911 den Friedensnobelpreis erhielt. In Deutschland galt das Kind ungarischer Juden, die kurz vor seiner Geburt nach Wien gezogen waren, als Österreicher. Für die Österreicher war er ein Auswanderer, den es nach Berlin gezogen hatte, wo er erst als Buchverkäufer arbeitete, dann einen Verlag gründete, mit dem Geld seines Kompagnons Jacques Gnadenfeld, der wiederum Sohn eines Breslauer Strumpf-Fabrikanten war. Als assimilierter Jude ohne religiöse Bindung war er den Christen und den jüdischen Gemeinden fremd. Und den gebildeten, begüterten Leitfiguren der Friedensbewegung blieb er wegen der abgebrochenen Schullaufbahn suspekt, zumal sich der ungesicherte soziale, finanziell sogar prekäre Status nach der Verlagsauflösung über Jahre fortsetzte. All das hinderte Fried nicht daran, zahlreiche Kontakte zu knüpfen und die vielfältigsten Projekte zu unternehmen sowie sich souverän in verschiedenen Kontexten und über Grenzen hinweg zu bewegen. Bertha von Suttner, mit der er

63 *Laqua*, Alfred H. Fried; *Göhring*, Verdrängt und Vergessen.

befreundet war, gewann ihn für die Friedensbewegung. Ab 1892 gaben sie die Zeitschrift »Die Waffen nieder!« heraus, 1899 gründete Fried mit finanzieller Unterstützung der Carnegie-Stiftung die »Friedenswarte«. Als Mitbegründer der deutschen Friedensgesellschaft beteiligte er sich rege an den Weltfriedenskongressen, wirkte im Internationalen Friedensbüro mit, das von der Interparlamentarischen Union (IPU) gegründet worden war, und nahm aktiv an den Tagungen der IPU in Brüssel, Budapest, Kristiania und Wien teil, über die er anschließend in der deutschsprachigen Presse berichtete. Wie andere Internationalisten der Zeit bewegte er sich in verschiedenen Arenen und Organisationen, in denen man häufig den gleichen pazifistischen, religiösen und wirtschaftsliberalen Leitvorstellungen begegnete. Fried verfasste nicht zuletzt das erste Esperanto-Handbuch in deutscher Sprache. Neben der praktischen Friedensarbeit machte er sich auch als Theoretiker des Pazifismus einen Namen, wobei er in seinen Überlegungen stark auf **Jan Bloch** (1836–1902) rekurrierte, den er bei der Haager Friedenskonferenz 1899 kennengelernt hatte. Bloch war einerseits ein erfolgreicher Bankier, Industrieller und Eisenbahnpionier, der sich aus ärmlichen jüdisch-polnischen Verhältnissen zu einem der großen Unternehmer im Russischen Reich hochgearbeitet hatte und in dieser Rolle u. a. als Aufsichtsrat der Bank von Polen und Präsident der Warschauer Aktienbörse Finanzpolitik mitgestaltete. Anderseits machte Bloch, der neben Polnisch, Jiddisch und Russisch auch Französisch, Englisch und Deutsch beherrschte, als wissenschaftlicher Publizist und Pazifist Karriere. Er schrieb über volkswirtschaftliche Themen und das Leben der jüdischen Bevölkerung im russischen Ansiedlungsrayon. Sein Hauptwerk »Der Zukunftskrieg« (1898) war eine Studie über den technologischen Wandel des Kriegswesens. In sechs Bänden, dicht gefüllt mit empirischem Material zum zeitgenössischen Militär, argumentierte Bloch, dass die industrialisierte Rüstungsproduktion und die neuen Technologien dazu geführt hätten, dass Kriege notwendigerweise in einer vollständigen Vernichtung der Gegner enden würden und daher nicht mehr geführt werden dürften. Am geeignetsten für eine dauerhafte Friedenssicherung wären ein internationales Forum zur Rüstungskontrolle und ein internationaler Gerichtshof zur Konfliktschlichtung. Die weite Rezeption des Buches – im ersten Jahr nach Erscheinen in russischer Sprache folgten die deutsche und französische Ausgabe – etablierten den Polen Bloch als europäischen Friedensaktivisten und geistigen Vater der Haager Friedenskonferenz von 1899. Er nutzte diese Position auch zur Stärkung der wechselseitigen Wahrnehmung der nationalen Friedensbewegungen.[64]

64 *Grünewald*, Organisiert die Welt; *Schönemann-Behrens*, Friedensaktivist; *Sapper*, Den Krieg überwinden; zum transnationalen Einfluss von Blochs Werk siehe: *Welch*, Centenary.

Die Unternehmungen von Otlet, La Fontaine und Fried sind nur die Spitze des Eisberges an Projekten zur grenzüberschreitenden Systematisierung des Wissens. Zahlreiche weitere internationale Bibliographien, Handbücher und Zeitschriften wurden initiiert, wobei sich auch etablierte Wissenschaftseinrichtungen an dem Trend beteiligten. Von 1900–1916 veröffentlichte zum Beispiel die Royal Society of London in über 200 Bänden den Catalogue of Scientific Literature. Die Daten dazu lieferten eigens gegründete regionale Büros aus 32 Ländern, nach Regeln, die in einem internationalen Abkommen festgelegt worden waren. Im Vorfeld hatten die Akademien der Wissenschaften in Krakau und Prag begonnen, neben ihren regulären Zeitschriften in den Heimatsprachen, Bulletins Internationaux zu publizieren. Darin waren polnische bzw. tschechische Forschungen in deutscher, französischer, lateinischer oder englischer Übersetzung abgedruckt bzw. in fremdsprachigen Abstracts zusammengefasst, um die Forschungen aus dem eigenen Sprachraum in die internationale Zirkulation und Bündelung wissenschaftlichen Wissen einzubringen. Die Auflagenhöhe – 600 Stück im Falle des Krakauer Bulletins im Jahr 1894 – verdeutlicht, dass die Nachrichtenblätter als wichtige Instrumente der Vernetzung galten.[65]

Interparlamentarische Zusammenarbeit und Friedensbewegung

Zu den ersten transnationalen Bewegungen des 19. Jahrhunderts gehört die Friedensbewegung. Bereits in den 1840er/1850er Jahren kamen Pazifisten aus verschiedenen Orten Europas auf Friedenskongressen zusammen und in der zweiten Jahrhunderthälfte bildeten sich nationale Friedensgesellschaften sowie internationale Zusammenschlüsse. Sie teilten die Überzeugung, dass Frieden nur durch eine Verrechtlichung der internationalen Beziehungen, also die Entwicklung eines Völkerrechts, und eine überstaatliche Schiedsgerichtsbarkeit zur Lösung von Konflikten möglich wird. Unterschiedliche Auffassungen bestanden darüber, ob und inwieweit Staaten bzw. Regierungen dazu beitragen würden. Die Position, dass das Volk bzw. seine Repräsentanten die Initiative ergreifen müssten, vertrat die Interparlamentarische Union (IPU). In ihr hatten sich Parlamentarier zu einer Art transnationaler Volksvertretung organisiert, die zu den Wegbereitern der Haager Friedenskonferenzen zu zählen ist.[66]

Gegründet wurde die Union auf einem Treffen von knapp 100 Abgeordneten während der Pariser Weltausstellung im Jahr 1889. Bis zu Beginn

65 *Surman*, Divided Space – Divided Science?, S. 69–84.
66 *Koskenniemi*, Gentle Civilizer.

Ersten Weltkrieges trat die IPU für die Schaffung eines internationalen Schiedsgerichts, die Ausarbeitung des Völkerrechts, Vereinbarungen zur Rüstungskontrolle sowie für ein supranationales Privatrecht ein. 18 Kongresse wurden abgehalten und zahlreiche Resolutionen verfasst, die sich auf eine steigende Zahl von Mitgliedern stützten. 1906 erreichte die Mitgliedschaft den Meilenstein 2000, bis 1913 stieg sie auf 3000, womit etwa ein Drittel der Parlamentarier aus den beteiligten 24 Parlamenten der IPU angeschlossen waren.[67]

Aus Ostmitteleuropa hatten nur ungarische Abgeordnete direkten Zugang zur IPU – als Angehörige eines Parlamentes eines Nationalstaates – während Polen, Tschechen und Slowaken als Mitglieder des Wiener Reichsrates, d. h. als Angehörige des Parlamentes für den cisleithanischen Teil des Habsburger Imperiums und damit über die österreichischen IPU-Gruppe vertreten waren, so zum Beispiel Karel Kramář, der spätere erste Ministerpräsident der Tschechoslowakei. Einige Budapester Parlamentarier – manche von ihnen stammten aus den nicht-ungarischen Teilen der transleithanischen Reichshälfte[68] – nutzten den Gestaltungsspielraum, der sich ihnen durch die eigene Volksvertretung, aber auch durch ältere Verbindungen in andere Teile der Friedensbewegung bot. Im Leitungsgremium der IPU wirkten anfangs Ferenc Pulszky und Alexandre Eitner mit, später folgte Albert Apponyi, der viele Jahre lang auch das ungarische interparlamentarische Komitee führte, das zu den ersten nationalen IPU-Gruppen zählt, die ab Mitte der 1890er Jahre etabliert wurden. Als Apponyis Stellvertreter amtierte Albert Berzeviczy, der langjährige Präsident der Ungarischen Akademie der Wissenschaften und Vize-Präsident des Unterhauses. Doch auch über diese prominenten Figuren hinaus fand die IPU Unterstützung im Budapester Parlament. Hatte die ungarische Gruppe bereits 1895 über 100 Mitglieder, waren es in den 1910er Jahren doppelt so viele, womit etwa jeder dritte Vertreter in Senat und Abgeordnetenhaus in die interparlamentarische Arbeit involviert war.[69] Wohl auch deshalb tagte die IPU zwei Mal in der Metropole an der Donau.

67 Hier und im Folgenden: *Kissling*, Interparlamentarische Union; *Uhlig*, Interparlamentarische Union, die Zahlen hier S. 899–902.

68 So zum Beispiel der in Oberungarn geborene Mór (Maurice von) Jókai, der in den ersten Jahren ihres Bestehens die ungarische IPU-Gruppe leitete.

69 *Uhlig*, Interparlamentarische Union, S. 105f. und 903. Die Namen der ungarischen Vertreter im Büro der IPU finden sich in einer Mitteilung mit dem Titel »Kongress und Konferenz 1896« in der Zeitung »Die Waffen nieder!«, 5 (1896) 8, S. 293–295; *Katona* u. *Arday*, 110 Év.

Der Budapest-Kongress von 1896, zu dem rund 250 Teilnehmern anreisten, war in doppelter Hinsicht folgenreich: Zum einen gelang der Durchbruch in Sachen Schiedsgerichtsbarkeit. Zwar hatte in der Organisation Konsens bzgl. der Forderung nach einem internationalen Gericht bestanden, doch war man uneins gewesen, wie es zu realisieren sei. Drei Vorschläge befanden sich in der Diskussion. Berzeviczy plädierte dafür, die nationalen Komitees in die Pflicht zu nehmen, William Cremer argumentierte für einen eigens einzusetzenden Ausschuss und andere warben für die Einberufung eines Regierungskongresses. Zumeist wird den lokalen Organisationen eine gewisse Mitsprache bei der Programmgestaltung gewährt, die Berzeviczy dazu nutzte eine Resolution vorzubereiten, die vorsah, dass alle Mitglieder zur gleichen Zeit in ihren Parlamenten einen internationalen Kongress oder Spezialabkommen fordern würden. Nach der Annahme erhielt der IPU-Vorstand den Auftrag, den verabschiedeten Fahrplan zur Einrichtung eines internationalen Schiedsgerichtshofes an die europäischen Regierungen zu kommunizieren und damit die gemeinsame Aktion einzuleiten. Der Vorschlag eines Diplomatentreffens ist im Nachhinein als ein Impuls für die Erste Haager Friedenskonferenz gewertet worden, und für den dort debattierten Entwurf einer Vereinbarung zur Einrichtung eines Ständigen Gerichtshof erwies sich die Budapester IPU-Resolution als nützlich. Das konnte freilich nicht verhindern, dass die Verständigung auf eine obligatorische Schiedsgerichtsbarkeit am Widerstand des Deutsches Reiches scheiterte.

Zum anderen verabschiedeten die Delegierten eine Änderung der Statuten, die Apponyi als Hauptverantwortlicher für die Kongressorganisation mit auf den Weg gebrachte hatte und die nicht-konstitutionellen Staaten die Möglichkeit der Mitgliedschaft gewährte. Im Visier war das Zarenreich, dessen Einbindung in eine europäische oder gar globale Friedensordnung als zentral für deren Gelingen erschien. Wie wichtig der IPU eine Zusammenarbeit mit Russland war, zeigt sich darin, dass ein Delegiertenausschuss am Tag vor Konferenzbeginn die Satzungsänderung befürwortete – als Signal nach St. Petersburg, dass man bereits in Budapest eine russländische Vertretung begrüßen möchte. Die Hoffnung wurde enttäuscht, jedoch gilt die IPU-Initiative als einer der Beweggründe für Zar Nikolaus II. das ›Friedensmanifest‹ zu veröffentlichen, das entscheidend zur Einberufung der Haager Konferenz von 1899 beitrug.

Auch in den Folgejahren prägten ungarische Delegierte, und soweit wir wissen insbesondere Albert Apponyi, die Programmatik der Union. Apponyi leitete nicht nur das ungarische Komitee, sondern arbeitete über viele Jahre im geschäftsführenden Vorstand der IPU mit. In dieser Rolle nahm er u. a. an einer Kommission teil, die Varianten einer internationalen gesetzgebenden Autorität als Fortsetzung der Haager Friedenskonferenzen erörterte. Die US-amerikanische Delegation hatte den Vorschlag eingebracht, künftig auf die Einrichtung eines Weltparlamentes hinzuarbeiten. Von italienischer Seite wurde für einen Nationenkongress der Regierungen argumentiert. Apponyi überzeugte mit seiner Vorstellung, den moralischen Anspruch der Parlamente als nationale Repräsentativorgane zu internationalisieren, und zwar über eine völkerrechtliche Verankerung der IPU als Volksvertretung mit Moralfunktion.[70] Praktische Konsequenzen hatte die Diskussion nicht, aber sie verdeutlicht, dass sich ungarische Parlamentarier selbstbewusst sowie in zentraler Position in der Interparlamentarischen Union und in der internationalen Friedensbewegung engagierten.

(Graf) **Albert Apponyi** (1846–1933) war Politiker und Diplomat, und stammte aus einer alten ungarischen Adelsfamilie. In Budapest und Wien hatte er Recht studiert, mit Studienaufenthalten in Rom und Paris. 1872 wurde er für die Nationalpartei in das ungarische Abgeordnetenhaus gewählt und blieb fast ohne Unterbrechungen bis 1920 Parlamentsmitglied, für verschiedene national-konservative Parteien. Von 1906 bis 1910 und erneut 1917–1918 amtierte er als Bildungsminister und erließ ein umstrittenes Gesetz, dass Ungarisch als Unterrichtssprache an Grundschulen vorschrieb. 1920 führte er die ungarische Delegation bei den Friedensverhandlungen in Trianon an und wurde in der Folge eine der Schlüsselfiguren der Revisionsbewegung, die in seiner Sicht zu einer Wiederherstellung der Habsburgermonarchie führen sollte. Seine politische Arbeit zur Stärkung der ungarischen Nation war eng verbunden mit einer umfangreichen internationalen Tätigkeit. Er zählt zu den engagiertesten Mitgliedern der Interparlamentarischen Union, war Mitglied des 1900 eingerichteten Ständigen Schiedshofs in Den Haag sowie des europäischen Councils der Carnegie-Stiftung und vertrat Ungarn von 1925 bis 1933 im Völkerbund. Im nationalen wie internationalen Rahmen ging es Apponyi um die bestmöglichste Positionierung des eigenen Landes in der Welt.[71]

70 *Kissling*, Interparlamentarische Union, S. 72 f.; *Uhlig*, Interparlamentarische Union. S. 413 ff.

71 *Kérdések*, Hongrie.

I.5.3 Humanitäre Hilfe: Rotkreuz-Bewegungen in Ostmitteleuropa und das Internationale Rote Kreuz

Menschen in extremen Notsituationen, wie verwundeten Soldaten auf den Schlachtfeldern, zu helfen, wurde nicht erst im 19. Jahrhundert zu einer Aufgabe. Seit Krieg geführt wird, existieren Orte und Praktiken der Versorgung von Verletzten, Hinterbliebenen und Waisen. Als stark regulierte Institution zog Kriegsführung sowohl gemeinsame Probleme als auch geteilte Interessen nach sich.[72] In Bezug auf die Verwundetenfürsorge nahm der Handlungsbedarf aufgrund neuer Waffenentwicklungen Mitte des 19. Jahrhundert zu, weshalb die Überlegungen immer stärker in Richtung einer grenzüberschreitenden Hilfe gingen.

In den 1840er bis 1860er Jahren kam es weltweit zu einer Verdichtung gewaltsamer Auseinandersetzungen. Ostmitteleuropa war davon durch die militärische Konfrontation zwischen den Imperien (Preußisch-österreichischer Krieg 1866), durch Unabhängigkeitskriege (Ungarn 1848/49) und Einigungsbestrebungen (Italien nach 1859) sowie durch den Krimkrieg (1853–1856) betroffen. Letzterer wird oft mit den Weltkriegen des 20. Jahrhunderts verglichen, da mit ihm der Stellungskrieg mit industriell gefertigten Waffensystemen begann. Mit den zeitgenössischen Technologien wurden schwerere bzw. effektivere Waffen produziert und entwickelten sich die Kämpfe zu langdauernden Materialschlachten. Viele Staaten führten nun die allgemeine Wehrpflicht ein und verschrieben sich der modernen Massenkriegsführung, die noch stärker in die Gesellschaften eingriff als frühere Kriege.[73] Daher genügten die existierenden Strukturen der Kriegsopferversorgung immer weniger. In der Habsburgermonarchie waren unter Maria Theresia lediglich einige Feldspitäler entstanden, in ihrer Mehrzahl mussten Kriegsverletzte auf Klöster und städtische Hospitäler verteilt werden, wo es schon in den frühneuzeitlichen Kriegen rasch zu Engpässen gekommen war. Ende des 18. Jahrhunderts wurden erste Initiativen zum Aufbau eines Militärsanitätswesens mit entsprechender Infrastruktur, Verwaltung und Ausbildung ergriffen. Doch erst der preußisch-österreichische Krieg sowie der allgemeine Armeedienst ab 1866 leiteten die gezielte Organisation eines militärischen Sanitätsdienstes (und damit verbunden einer Militärstatistik) in der Habsburgermonarchie ein.[74]

72 *Finnemore*, Rules of War, S. 149.

73 *Geyer* u. *Bright*, Global Violence; *Epkenhans* u. *Groß*, Militär; *Dierck*, Preußische Heeresreformen.

74 *Biwald*, Von Helden und Krüppeln, S. 41 ff.

Die hohe Zahl verletzter und erkrankter Soldaten, die durch mangelnde Versorgung, Hunger und Seuchen auf den Schlachtfeldern starben, rüttelte auf. Chirurgen suchten nach neuen Behandlungsmethoden und Militärärzte forderten die Reformierung der medizinischen Grundversorgung (Heeressanität) sowie den Ausbau eines Lazarettwesens. Aber nicht nur Ärzte und die traditionellen karitativen Akteure, wie kirchliche Hilfsorganisationen oder Aristokratinnen, wirkten an der Hilfe für Kriegsopfer mit. Vielmehr begannen sich neue soziale Gruppen einzubringen: nicht-adelige Frauen, die am Rande der Kämpfe Verwundete versorgten, Wegbereiterinnen einer professionellen Krankenpflege bzw. Armen- und Sozialfürsorge – wie die Leiterinnen des Budapester Israelitischen Frauenvereins Johanna Bischitz (1866–1943) und Katalin Gerő (1853–1944), oder Edit Farkas (1877–1942) und Margit Schlachta (1884–1974) mit christlich-katholischen Hintergrund[75] – sowie Vertreter des entstehenden Bürgertums, wie Henry Dunant, die sich von einem humanitär-philanthropischen Engagement soziale Aufstiegschancen versprachen.[76] Über Grenzen hinweg zu agieren war vielen von ihnen vertraut (und nützlich), so dass sich in den 1860ern aus dem Plädoyer für eine Humanisierung des Krieges eine bald auch transnational operierende zivile Verwundetenpflege formierte.

Organisatorisch baute sie auf lokalen Frauen-Hilfsvereinen zur Pflege kranker und verwundeter Soldaten auf, die an den Fronten der napoleonischen Kriege entstanden waren. Im deutschsprachigen Raum existierten um 1815 ca. 600 solcher Frauenvereine, ein guter Teil davon in Preußen. Einige setzten ihre Arbeit nach dem Ende der Kämpfe fort, womit Anlaufstellen für Veteranen(familien), Invaliden und andere Bedürftige verblieben.[77] Daran angelehnt entstanden Männer-Hilfsvereine zur Unterstützung der militärischen Sanitätsdienste, wie der Württembergische Sanitätsverein und der Berliner ›Central-Hilfsvereins für kranke und verwundete Krieger‹. Wenig später richtete die preußische Zentralregierung eine staatliche Kriegsopferversorgung ein.

75 In der Literatur wird in der Regel nur Florence Nightingale erwähnt, während Frauen, die ebenfalls für eine fachkundige Gesundheitsversorgung und soziale Hilfe eintraten, aber stärker lokal wirkten, unerwähnt bleiben, weshalb sich der Eindruck einstellt, das neue Metier habe sich von England aus in Europe verbreitet. Zu den erwähnten Protagonistinnen: *Papp*, Kraft der weiblichen Seele, S. 91–126; *Richers* u. *Bischitz*, Katalin Gerö, *Zimmermann*, Bessere Hälfte.

76 *Durand* u. *Meurant*, Préludes et pionniers.

77 *Hagemann*, Tod für das Vaterland, S. 316; *Reder*, Frauenbewegung; Parallel dazu etablierte die preußische Zentralregierung eine Kriegsopferversorgung.

All das bereitete permanente Hilfsagenturen vor, die während der Kriege auf den Schlachtfeldern im Einsatz waren und in Friedenzeiten Nachsorge anboten bzw. Pflegepersonal ausbildeten. 1859 entstand mit solch einem Programm der Badische Frauenverein. 1866 folgte der Berliner Vaterländische Frauenverein, der sich als Teil des dann schon existierenden Internationalen Roten Kreuzes verstand und eine Gründungswelle lokaler Vereine in Preußen einläutete. In der Habsburgermonarchie bildeten sich ab 1859 ebenfalls zahlreiche Ortsverbände. Hier wie dort setzte bald eine Zentralisierung ein, die mit dem Bekenntnis zu den Grundsätzen des Internationalen Komitees des Roten Kreuzes (IKRK, 1863) sowie der Genfer Konvention (1864) verbunden war, und aus der landesweite Rotkreuzgesellschaften hervorgingen. Das Genfer Komitee konnte dabei eine weit entfernte Einrichtung sein, auf die man sich eher nominell bezog. Es konnte aber auch zu einem entscheidenden Impulsgeber werden. Die Rotkreuz-Bewegungen entstanden jedenfalls durch Transferprozesse, bei denen sich ältere Strukturen vor Ort veränderten und die Praxis humanitärer Hilfe ausfächerte. Das gilt umso mehr für die polnischen Gebiete, wo durch die Aufstände und Unabhängigkeitskriege (1794, 1830/31, 1846 und 1863/64) eine Tradition der Hilfe für Kämpfer, Soldaten sowie politische Gefangene existierte. Sie mündete nur teilweise in die Arbeit der Rotkreuz-Bewegung, bis zum Ersten Weltkrieg blieben im Russischen Reich andere Akteure bedeutend, erst danach wurden die verschiedenen polnischen Organisationen unter der Flagge des Roten Kreuzes gebündelt.

Insgesamt waren lokale Strukturen der Hilfe und die sich formierende internationale Bewegung auf das engste verbunden, und spielten Militär sowie Verwaltung der Imperien bei der Zentralisierung eine große Rolle, so dass intra- und transimperiale Dynamiken einander überlagerten.

Internationale Rotkreuzbewegung: inter/nationale Organisation und transnationale Praxis

So wie die Erfahrung der napoleonischen Kriege wurden auch die Erlebnisse der Kriege in der Mitte des 19. Jahrhunderts literarisch verarbeitet. Zu diesem Schrifttum zählen die Erinnerungen von Henry Dunant, in denen er die Zustände nach der Schlacht von Solferino im Sardischen Krieg des entstehenden Italiens gegen Österreich (1859) schilderte und ein Hilfsprogramm für Kriegsopfer entwarf. Im Kern sah dieses eine internationale Vereinbarung zur Einrichtung von freiwilligen Hilfsgesellschaften sowie Regeln zum Schutz der Versorgenden vor. Von der breiten Rezeption des Buches ermutigt – kurz nach dem Erscheinen im Jahr 1862 lagen deutsche, niederländische, italienische und englische Übersetzungen vor – begann er für einen internationalen Kongress zu werben, bei dem eine Grundstruktur humanitärer Hilfe beschlossen werden sollte. Zeitgleich gründete er mit Mitstreitern aus der Genfer Gemeinnützigen Gesellschaft einen Sonderausschuss, das Comité international et permanent de secours aux militaires blessé/Ständiges Internationales Komitee für Verwundetenpflege.

Beide Initiativen lösten eine Diskussion über die Rolle von Staaten bzw. die Antastbarkeit staatlicher Souveränität aus. In Frage stand, ob eine Reform der militärischen Sanitätsdienste oder neue zivile Organisationen zu einer verlässlichen Hilfsstruktur führen würde, und ob letztere der Militärgerichtsbarkeit unterstellt oder durch einen völkerrechtlich wirksamen Vertrag legitimiert sein sollten. Innerhalb des Ausschusses einigte man sich auf eine moderate Position: Man forderte freiwillige Hilfsverbände und rief die Staaten auf, im Krieg Ambulanzen als neutral anzusehen sowie Sanitäter zu schonen. Die Humanisierung des Krieges, so das Signal, bedürfe der Begrenzung staatlicher Gewalt. Zugleich respektierte man die Hoheit in Sachen Landesverteidigung durch eine auf staatlicher Anerkennung beruhende Organisationsstruktur. Das Internationale Rote Kreuz würde nur landesweit operierende Rotkreuz-Verbände als Mitglieder aufnehmen und auch nur solche, die von den Regierungen ihrer Ländern als (einzige) Hilfsorganisationen bestätigt waren.

Diese Eckpunkte wurden im Herbst 1863 auf einem Treffen von Regierungsvertreter aus 16 Staaten, darunter Preußen sowie Russland, und Repräsentanten von vier philanthropischen Gesellschaften in etwa bestätigt. Man verständigte sich auf die Schaffung freiwilliger Hilfsvereine, die in Kriegszeiten der Armee bzw. der Heeressanität unterstellt sein würden und beauftragte das internationale Komitee mit der Aushandlung einer internationalen Übereinkunft, die u. a. eine Sonderstellung der Sanitätsdienste garantieren würde. Beide Vorhaben waren erfolgreich. Im ersten Jahr bestand das Internationale Rote Kreuz aus zehn Mitgliedern, 1914 zählte man bereits 38, darunter knapp ein Dutzend außereuropäische Gesellschaften. Im August 1864 hatten die Vertreter von 12 Staaten die Genfer Konvention über Kriegsopfer unterzeichnet, die in Art. 1 zu Anerkennung der Neutralität sowie zum Schutz von Feldlazaretten verpflichtete und in Art. 5 zur Schonung der Bevölkerung, die Verwundete versorgt.[78]

78 *Riesenberger*, Für Humanität, S. 23 ff. *Boissier*, Solferino, S. 70; *Moorehead*, Dunant's Dream.

Mit Komitee und Konvention entstand eine grenzüberschreitende Bewegung zur Humanisierung des Krieges und eine der ältesten internationalen Organisationen. Sie stand auf drei Säulen: auf privaten, allerdings regierungsseitig legitimierten landesweiten Hilfsgesellschaften, einem internationalen Dachverband sowie auf internationalen Abkommen, die der Ratifizierung von Staaten bedurften.[79] Die transnationale Praxis basierte (und basiert) auf einer Doppelstruktur von imperial bzw. national organisierten Mitgliedern und deren Zusammenschluss im Internationalen Komitee des Roten Kreuzes, die eng verbunden waren.[80] Sie war zudem von mobilen Aktivisten und kriegsbedingten Verflechtungsdynamiken getragen. Im deutsch-französischen Krieg 1870/71 halfen beispielsweise russländische und schweizerische Militärärzte, operierten Chirurgen aus Luxemburg und waren irische Krankenpfleger im Einsatz.[81]

Obwohl das IKRK als provisorischer Kurierdienst etabliert worden war, entwickelte es sich schnell zur Schaltstelle der Vernetzung ihrer Mitglieder, in dem es den Austausch über die vielfältigen Aktivitäten organisierte. Dazu gab das Komitee ein Mitteilungsblatt (Bulletin international)[82] bzw. periodische Rundschreiben heraus und lud in Kooperation mit gastgebenden Gesellschaften zu internationalen Konferenzen ein. Von den insgesamt 9 Treffen bis zu Beginn des Ersten Weltkrieges fanden drei in Mittel- und Osteuropa (1869 in Berlin, 1897 in Wien und 1902 in St. Petersburg) statt. Bis auf die ersten beiden Zusammenkünfte galt das Prinzip gemischter Konferenzen, was besagte, dass die privaten Akteure – das IKRK sowie die Vertreter der Mitgliedsverbände – und Diplomaten der Vertragsstaaten der Genfer Konvention gemeinsam über Formen und Probleme humanitärer Hilfe berieten. Schließlich schuf das internationale Komitee mit Auskunftsbüros eine dritte Institution zur Bündelung und Zirkulation von Information. Im deutsch-französischen Krieg (1870/71) richtete es ein Korrespondenz- und Nachrichtenbüro ein, das Angaben über vermisste Soldaten sammelte, Briefkontakt zwischen Soldaten und ihren Familien her-

79 Im Jahr 1919 kam die International Federation of Red Cross and Red Crescent Societies als Interessensvertretung der nationalen Verbände hinzu.

80 Daher ist das IRK auch als »institution international uninational« bezeichnet worden: *Pictet*, Grundsätze.

81 *Riesenberger*, Für Humanität, S. 42 f.

82 Die Adressbücher zum Versand des Bulletin liegen im Archiv des IRK in Genf und geben, obwohl unvollständig, einen guten Eindruck von der stetigen Ausweitung der Leser, respektive der lokalen Hilfsverbände in Ostmitteleuropa, aber auch in anderen Teilen der Welt.

stellte sowie Hilfsgüter verteilte. Daraus entstanden temporäre Suchdienste, 1877 in Triest im Zuge des Russisch-Türkischen Krieges, 1885 in Wien im Kontext des Serbisch-Bulgarischen Krieges und 1912/13 während der Balkankriege.[83] Im Ersten Weltkrieg schufen das IKRK, die betroffenen Rotkreuz-Gesellschaften und die Militärbehörden der kriegsführenden Mächte einen zentralen Such- und Auskunftsdienst für Kriegsgefangene (Agence internationale des prisonniers de guerre), der umfassende Lagerinspektionen organisierte, bei denen Vertreter der gegnerischen Seiten sowie der neutralen Länder zusammenarbeiteten.

Schließlich formulierte das Komitee in Genf auch die Aufgabenbereiche der Bewegung. Zuerst ging es um den Aufbau eines breiten Fürsorgesystems für Kriegsverwundete, mithin die nötige Infrastruktur in Form von mobilen Feldlazaretten, Krankenhäusern hinter der Front, die Bereitstellung von Fahrzeugen und Material zur Bergung und Behandlung der Verwundeten sowie der personellen Ressourcen (ausgebildete Ärzte und Pflegepersonal zur Betreuung von Invaliden, Waisen und Hinterbliebenen). Sodann arbeitete das Komitee an allgemeinen verbindlichen Regeln zur Kriegsführung (konventionelles Kriegsrecht) und gab Impulse für dessen Erweiterung zu einem humanitären Völkerrecht.[84] Bereits in den ersten Dekaden des Bestehens erweiterten sich Aktivitäten um die Versorgung von Kriegsgefangenen, Hinterbliebenen, politischen Gefangenen und Zivilpersonen. Später begann die Bewegung auch in humanitären Notlagen zu unterstützen, die von Epidemien und Naturkatastrophen ausgelöst wurden.[85] Parallel dazu entwickelten sich aus der humanitären Hilfe weitere internationale Handlungsfelder, die von Friedenssicherung und Völkerrecht über Gesundheitspolitik bis Entwicklungshilfe reichen.

---

83 *Riesenberger*, Für Humanität, S. 52 f.

84 Das humanitäre Völkerrecht zielt auf die Vermeidung von Kriegsleiden durch Schutzvereinbarung potentieller Opfer und die Beschränkung der zulässigen Mittel zur Schädigung des Gegners. Eckpunkte der Entwicklung bis zum Ersten Weltkrieg sind neben der Genfer Konvention die Petersburger Erklärung (1868), Brüsseler Konferenz (1874), Gründung des Institut de Droit International (1873), sowie die Haager Friedenskonferenzen von 1899 und 1907 mit den Beschlüssen zur Land- und Seekriegsführung: *Segesser*, Recht statt Rache.

85 Anfangs wurde nur bei zwischenstaatlichen Kriegen Hilfe geleistet, später auch in Bürgerkriegen und anderen gewalttätigen Konflikten, obwohl diese Öffnung hochumstritten war. Während das IRK nur bei bewaffneten Konflikten eingreift, helfen die einzelnen Gesellschaften auch bei öffentlichen Notlagen, wie Naturkatastrophen, in den Bereichen Erste Hilfe und Rettung, Gesundheit und soziale Wohlfahrt, und unterstützen in der Flüchtlingsarbeit: *Haug*, Menschlichkeit für Alle.

Rotkreuzgesellschaften in Ostmitteleuropa

Das Entstehen des Internationalen Roten Kreuzes wurde in Ostmitteleuropa aufmerksam rezipiert, nicht zuletzt weil die Genfer Konvention von den drei Imperien der Region mit auf den Weg gebracht und mitgetragen worden war. Die Hilfsorganisation prägte das jeweilige Geschehen vor Ort aber nicht im Sinne einer ungefilterten Übernahme, sondern eher als strukturierende Rahmung von Vorhaben und Prozessen, die ohnehin im Gange waren. Bis in die 1880er Jahren schlossen sich die regionalen Hilfsvereine in Dachverbänden zusammen, die als anerkannte Rotkreuzgesellschaften dem IKRK beitraten. In Österreich-Ungarn und in Preußen bzw. dem Deutschen Reich war die Zentralisierung politisch gewollt und ein Aspekt staatlicher Wohlfahrts- sowie Außenpolitik.

Preußen/Deutsches Reich: Während des Preußisch-Österreichisches Kriegen 1866 arbeiteten über 1000 Ärzte und Sanitäter für preußische Rotkreuz-Verbände, sowohl in den beiden großen Auffanghospitälern in Berlin und Breslau/Wrocław als auch auf der anderen Seite der Grenze, in zwei Einrichtungen in Böhmen und Mähren, in denen Medikamente gegen Cholera verteilt wurden. Epidemien führten schon seit langem zu Versuchen der Prävention und Eindämmung, die politische Grenzen überschritt. Noch im Kriegsjahr wurde der Badische Frauenverein vom IKRK aufgenommen. Um ebenfalls Mitglied des Dachverbandes werden zu können, schlossen sich 1869 die ersten preußischen Männer- und Frauenvereine zum deutschen Zentralkomitee zusammen und reorganisierten sich in 120 Lokalkomitees. Ein Viertel davon war in Schlesien beheimatet. 1900 traten die Regionalverbände Ostpreußen, Pommern, Schlesien, Brandenburg und Posen dem Berliner Central-Verein bei und als der Erste Weltkrieg ausbrach, hatten sich ca. 6300 lokale und regionale Vereine angeschlossen.[86] Die rasche Ausbreitung und Vereinigung der Rotkreuz-Bewegung lag u. a. daran, dass man viele Hilfsvereine in den militärischen Sanitätsdienst eingliederte, wodurch Militär und Rotes Kreuz, aber auch staatliche Verwaltungsbehörden, eng verbunden waren. Dass Preußen das Potential der freiwilligen Sanitäter für das Heer nutzte, wurde in anderen Ländern genauestens beobachtet, weshalb die internationale Rotkreuz-Konferenz von 1884 die Folgen einer Steuerung der Hilfsgesellschaften durch Heereslogistik und -verwaltung erörterte.

86 *Comité International de la Croix-Rouge*, Bulletin International 23, S. 67, *Khan*, Rotes Kreuz, S. 46.

Habsburgermonarchie/Österreich-Ungarn: Ein im Zuge des Feldzuges gegen Sardinien-Piemont (1859) in Wien gegründeter erster Hilfsverein operierte während der Kriege gegen Dänemark (1864) und Preußen (1866) bereits über diverse Zweigverbände in den Kronländern. Nach der Unterzeichnung der Genfer Konvention begannen die staatliche Behörden damit, die Hilfsdienste umzustrukturieren, wohl auch deshalb, da sich einige den Namen ›Rotes Kreuz‹ gegeben hatten. In einem ersten Schritt wurde der Landesverein Niederösterreich als Zentralstelle in der westlichen Reichshälfte verstetigt und mit finanzieller Unterstützung des Deutschen Ritterordens sowie des Großpriorats Böhmen des Malteserordens zum ›Österreichischen Patriotischen Hilfsvereins für verwundete Krieger, Militärwitwen und -waisen‹ ausgebaut. Als nächstes sollten die anderen Hilfsverbände, einschließlich der ungarischen, eingegliedert werden. Allerdings sprach sich die Budapester Regierung gegen einen Reichsverband unter Wiener Leitung aus. Ungarn war durch den österreich-ungarischen Ausgleich 1867 innenpolitisch selbstständig und konnte nunmehr ohne Rücksprache mit Wien einen eigenen landesweiten Hilfsverein als ungarisches Rotes Kreuz zulassen. Durch die Eingliederung des Roten Kreuzes in die Heeressanität im Kriegsfall betraf die Sache aber auch die Armee der Monarchie, die aus einem gemeinsamen Heer und Marine bestand sowie zwei getrennten Landwehren. Während die ungarische Regierung unmittelbar nach dem Ausgleich Freiwilligenverbände zur Unterstützung des Sanitätsdienstes der königlich-ungarischen Landwehr (Honvéd) einrichtete, wurden die Zuständigkeiten und Ausgaben für das gemeinsame Militär erst in der Neuverhandlung des Ausgleiches 1877 endgültig bestimmt, so dass das Verhältnis zwischen der k.u.k. Heeressanität und den zivilen Sanitätsdiensten offen blieb (und gehalten werden konnte). In dieser Situation konzentrierte sich das k.u.k. Kriegsministerium auf die Einbindung der Hilfsverbände in den anderen Kronländern – die Vaterländische Hilfsgesellschaft im Königreich Böhmen (1868), den während des Feldzuges gegen Bosnien und Herzegowina (1878) etablierten Frauenhilfsverein Böhmen sowie den mährischen Verein, der sich 1879 zum »Patriotischen Frauenhilfsverein vom Rothen Kreuz Mähren« umbenannte. Im Jahr darauf wurde die »Österreichische Gesellschaft vom Rothen Kreuze« (ÖRK), die unmittelbar ein zentrales Ausbildungsheim für Krankenpflegerinnen in der westliche Reichshälfte in Brünn/Brno eröffnete und die Aufnahme in das IKRK beantragte. Wiederum ein Jahr später entstand der Verein vom Roten Kreuzes Galizien mit Sitz in Lemberg/L'viv und einer Filiale in Krakau, der weitgehend selbstständig arbeitete. Mit der Gründung des ÖRK war entschieden, dass in der ungarischen Reichshälfte ein separater Verband bestehen und beide als souveräne Mitglieder dem internationalen Dachverband beitreten würden.[87]

Zu dieser Zeit existierte in Ungarn de facto schon eine autonome Rotkreuz-Struktur. Sie bestand aus den direkt nach dem Ausgleich 1867 etablierten Verbänden sowie aus dutzenden Frauen-Hilfsvereinen, die sich im Zuge der Besetzung Bosniens und der Herzegowina (1878) gebildet hatten. Auf Initiative der Gattin des Ministerpräsidenten Kálmán Tisza erfolgte eine erste Zusammenführung in der zentralen Organisation »Központi Segélyező Nőegylet«. Diese wurde 1879 zu einer landesweiten Institution (Magyar Országos Segélyező Nőegylet létrehozása) ausgebaut und unter köngliche Schirmherrrschaft gestellt. Zu der Zeit schuf der Verein bereits Zweigstellen im überwiegend von Slowaken bewohnten Oberungarn.

Parallel dazu hatte Gyula Károlyi, der spätere Präsident der Rotkreuz-Gesellschaft der Länder der ungarischen heiligen Krone, im Auftrag der Regierung einen Männersanitätsverein ins Leben gerufen, mit Sitz in Budapest und Nebenstellen im ganzen Land. Nach dem Zusammenschluss beider Verbände sowie der Integration der Organisationen in Kroatien und Slowenien (1881) nahm das IRK die »Société de la Croix-Rouge dans les pays de la sainte couronne de Hongrie/Magyar Szent Korona Országai Vörös-Kereszt Egyletének« als Mitglied auf. In der Folge weitete sich die Gesellschaft aus, allein in Oberungarn bildeten sich in wenigen Jahren rund 60 lokale Vereine. 1889 zählte das ungarische Rote Kreuz dann über 47.000 Mitglieder. 1904 bestand es aus 49 Zweigstellen, 12 regionalen und 28 städtischen Verbänden sowie 32 Vereinen in Kroatien und Slowenien. Die Ausbreitung verlief nicht konfliktfrei. 1890 führte die Budapester Zentralstelle ein Entgelt für die Verwendung des Emblems durch (andere) kommerzielle Nutzer ein. In der Anfangszeit wollten diverse Akteure von einer Verbindung zum Internationalen Roten Kreuz profitieren, sodass sich die Gesellschaft ihre Position als alleinige Vertreterin der Rotkreuz-Bewegung erst etablieren musste. Als konfessionslose Organisation, die unternehmerisch organisiert war – neben den Einnahmen der Mitgliedsbeiträge finanzierte sie sich aus dem Verkauf von Anteilen – musste sie sich auch die später zentrale Position unter den karitativen Akteuren erarbeiten. Ende der 1880er Jahre waren über 350 andere Hilfsorganisationen dem ungarischen Roten Kreuz ange-

87 *Biwald*, Helden und Krüppeln, S. 41 ff.; *Wandruszka* u. *Urbanitsch*, Bewaffnete Macht, S. 525 ff.; *Vilt*, Entwicklung; *Heller*, Frauen-Hilfsverein.

schlossen, und es ist sehr wahrscheinlich, dass manche Affiliation aus einer Konkurrenz um Spenden und Aufmerksamkeit erwachsen ist.[88] Immerhin war die Gesellschaft damit in ein weitgespanntes Netzwerk humanitärer Hilfe eingebunden.

Russisches Reich: Die Lage in den polnischen Gebieten des Zarenreiches war vielschichtiger. Einerseits organisierten sich hier wie andernorts auch während des Krimkrieges helfende Frauen, von denen einige später dem russländischen Roten Kreuz beitraten. 1867 rief der Chirurg und Feldarzt Nikolaj Ivanovitsch Pirogow eine Hilfsgesellschaft für verletzte Militärpersonen ins Leben, die innerhalb eines Jahres über Hilfsvereine in 26 Provinzen verfügte, darunter in Warschau. 1879 folgte der Zusammenschluss zur Russischen Rotkreuzgesellschaft, deren Zentralkomitee von St. Petersburg aus operierte (und die u. a. im italienisch-abessinischen Krieg 1896 in Äthiopien im Einsatz war).[89] Vor dem russisch-japanischen Krieg 1904/05 bildete sich ein Rotkreuzverband in Lodz/Łodź, während des Krieges weitete sich die Organisation der Fürsorge in anderen Reichsteilen aus.

Andererseits entstanden separate Hilfsstrukturen unterschiedlichster Couleur. Dazu zählt zum Beispiel die Revolutionäre Gesellschaft des Roten Kreuzes in Warschau, die Ludwik Tadeusz Waryński und Filipina Płaskowicka 1877 zur Unterstützung politischer Häftlinge geschaffen hatten. Nach der Gründung der polnischen Arbeiterpartei ›Proletariat‹ etablierte Waryński mit Alexandra Jentysówna und Stanisław Kunicki eine Unterabteilung mit dem Namen Rotes Kreuz, die bald mit den Hilfsvereinen der russischen Narodnaja Voljna kooperierte. Repressionen, Verhaftungen und Verurteilungen der Parteimitglieder führten allerdings nach zehn Jahren zur Auflösung des sozialistischen Roten Kreuzes. Von größerer Dauer waren Veteranen-Komitees in Warschau, da sie ab 1897 dem frisch berufenen General-Gouverneur Aleksandr Imeretyński und seiner Frau unterstanden. Parallel dazu kamen in Warschau und Lodz/Łódź Gesellschaften für

88 *Mintalová*, Červený kríž, S. 2–8; *Comité International de la Croix-Rouge*, Bulletin International 21, S. 146f.; sowie 35, S. 236.

89 Rapport de la Société russe, in: *Comité International de la Croix-Rouge*, Bulletin International 1, S. 44–49. In Äthiopien errichten russische Ärzte ein Feldlazarett, indem sie auch einheimisches Pflegepersonal ausbildeten und das Kaiser Menelik II. zum Anlass nahm, eine äthiopische Rotkreuzgesellschaft zu etablieren, die für einige Jahre Bestand hatte. 1898 bauten einige der dagebliebenen Ärzte ein russisches Hospital in Addis Abeba auf. Zum Zusammenhang der medizinischen Hilfe sowie der Äthiopien-Expeditionen der Kaiserlichen Russischen Geographischen Gesellschaft siehe: *Rhode*, Russische Äthiopien-Expeditionen.

ärztliche Soforthilfe auf. Überhaupt entstand bis 1914, aber auch während des Krieges, eine Bandbreite sozialer und religiöser Hilfsorganisationen, darunter die Polnischen Samariter, »Polski Komitet Pomocy Sanitarnej« (Polnisches Komitee für Krankenpflege) sowie diverse Komitees zur Versorgung polnischer Soldaten und Kriegsopfer. Einen dritten Strang des Institutionalisierungsprozesses stellen Vereine im Ausland dar, wie das 1893 in Paris etablierte Hilfskomitee für emigrierte politische Gefangene. Es richtete sich vor allem an Verfolgte der sozialistischen Parteien (Polska Partia Socjalistyczna sowie Socjaldemokracja Królestwa Polskiego i Litwy), gab sich bald den Namen Rotes Kreuz und unterhielt Auflaufstellen in London, Karlsruhe, Antwerpen und Zürich, operierte aber auch in Polen. Ab 1902 unterhielt die Sozialdemokratische Partei zudem einen Rotkreuz-Verein in Genf. Die Zusammenführung der verschiedenen polnischen Rotkreuzverbände und karitativen Institutionen sowie die Aufnahme in das IKRK erfolgten mit der Wiedergründung Polens als Staat nach dem Ersten Weltkrieg.[90]

Transnationale Aktivitäten des ungarischen Roten Kreuzes

Die ungarische Rotkreuz-Gesellschaft entwickelte schnell ein Spektrum der zivilen Hilfe im eigenen Land, u.a. handelte sie bei Hungersnöten und den sich häufenden Epidemien. In den Jahren 1886 und 1892 brach die Cholera aus, 1895 die Diphterie, immer wieder die Tuberkulose. Zugleich war ein erheblicher Teil ihrer Tätigkeit transnational. Sie arbeitete mit Verbänden aus den Nachbarländern zusammen und stand in enger Beziehung mit der Genfer Zentrale.[91]

Die Kooperation mit ausländischen Rotkreuz-Verbänden war nach den Statuten der Bewegung dem Kriegsfall vorbehalten. Gelegenheit und Notwendigkeit bot sich mehrfach: im Serbisch-Bulgarischen Krieg (1885–86), Türkisch-Griechischen Krieg (1896–97), Italienisch-Äthiopischen Krieg (1895–96), Spanisch-Amerikanischen Krieg (1898) und schließlich im Russisch-Japanischen Krieg (1904–05). Ungarische Aktivisten standen zudem den Kollegen des Roten Halbmondes im Osmanischen Reich während der

90 *Zdzisław*, Powstanie, S. 35–62; *Haug*, Menschlichkeit für alle, S. 240ff.

91 Das Folgende beruht auf den Jahresberichten des Verbandes im »Bulletin International des Sociétés de Secours aux Militaires Blesses« (BI) sowie dem Bericht aus Anlass des 25jährigen Bestehen: La Société Hongroise de 1879–1904, in: *Comité International de la Croix-Rouge*, Bulletin International 35, S. 230–239. Dieser ist eine Kurzfassung des Buches *Csekonics* u. *Schwartzer de Babarcz*, Histoire.

Aufstände in Mazedonien in den Jahren 1903 und 1905 zur Seite.[92] Welche Form die Unterstützung annahm, war von Fall zu Fall verschieden, auch deshalb, weil jeder Staat nach eigenem Ermessen den Hilfskräften Zutritt zu seinem Territorium gewährte (oder verweigerte). Zum Beispiel legte das ungarische Kriegsministerium 1889 fest, dass ausländische Rotkreuz-Verbände lediglich während der Mobilisierung, aber auch dann nur abseits des militärischen Geschehen Hilfe leisten dürfen. Im Kriegsfall war das Betreten ungarischen Bodens ausschließlich mit Genehmigung des Ministeriums gestattet.[93]

Bis 1914 hatten vor allem ausländische Verbände aus neutralen Ländern Hilfe geleistet, wobei bereits auf der internationalen Rotkreuzkonferenz 1884 das Verhältnis der Gesellschaften zu ihren Staaten bzw. Streitkräften zu einem Thema geworden.[94] Während des Ersten Weltkrieges, der für die Organisation einen zuvor kaum vorstellbaren Handlungsbedarf bedeutete, weitete sich die Zusammenarbeit der Rotkreuzverbände aus, auch die aus gegnerischen Lagern. Zwar regelten weiterhin bilaterale Verträge, dass neutrale Staaten als Schutzmächte fungierten. So vertraten die USA bis zu ihrem Kriegseintritt deutsche und österreichisch-ungarische Interessen in Russland bzw. danach Schweden die der deutschen Seite und Dänemark die der habsburgischen. In der Hilfe für Kriegsgefangene wurde nun jedoch das IKRK in großen Maßstab aktiv und handelten die Landesverbände vermehrt gemeinsam.

Die während des Krieges geschaffenen nationalen Fürsorgestrukturen, darunter die Kriegsgefangenenhilfe, sind Ergebnisse einer transnationalen Zirkulation von Vorstellungen, Praktiken und Organisationsformen humanitärer Hilfe zwischen den Kriegsbeteiligten.[95]

Für inhaftierte Soldaten und Zivilisten an der Westfront richtete das internationale Komitee mit der Agence internationale des prisonniers de guerre ein zentrales Nachrichten- und Vermittlungsbüro ein (das Pendant für die Kriegsschauplätze im Osten etablierte das Dänische Rote Kreuz) und

92 *Comité International de la Croix-Rouge*, Bulletin International 35, S. 230–239.

93 *Comité International de la Croix-Rouge*, Bulletin International 21, S. 146f. Die Hilfe auf ungarischem Territorium schloss auch die Versorgung von ausländischen Soldaten ein, die ab 1893 nicht nur kurzfristig, d. h. bis zum Rücktransport nach Hause, sondern auch längerfristig behandelt werden konnten, wenn es der Gesundheitszustand erforderte.

94 *Riesenberger*, Für Humanität, S. 42.

95 *Jones*, International or Transnational?

koordinierte die Inspektion von über 300 Kriegsgefangenenlagern.[96] Speziell um die in russische Gefangenschaft geratenen Soldaten der Mittelmächte kümmerten sich das schwedische, (österreichisch-)ungarische und deutsche Rote Kreuz in Absprache mit der Gesellschaft des Zarenreiches. Auf einem Treffen im November 1915 verständigten sich russische, ungarische und deutsche Rotkreuzler auf die Einrichtung einer gemeinsamen Kommission zur koordinierten Sammlung und Weitergabe von Informationen über Gefangene, Vermisste und Verstorbene, aber auch als eine Art Postdienst für die Kriegsgefangenenlager.[97]

Durch den Schutzvertrag ohnehin in der Pflicht, erhielten die Schweden vom IKRK den Auftrag, Nahrungs- und Bekleidungslieferungen zu organisieren. Bis 1920 waren sie mit 77 Krankenschwestern und Ärzten vor Ort aktiv, verteilten 41 Züge mit Hilfsgütern, die das deutsche und österreich-ungarische Rote Kreuz bestückt hatten, und übernahmen die Zusammenarbeit mit der »Hilfsaktion für deutsche und österreich-ungarische Gefangene in Sibirien«, die Elsa von Hanneken im Oktober 1914 im chinesischen Tientsien organisiert hatte. Dabei handelt es sich um einen transkontinentalen Spendenverein, den Hanneken durch ihre vielfältigen Verbindungen in die Kolonialverwaltung und nach Übersee auf die Beine gestellt hatte. Schnell wurde der Verein zu einem Scharnier in den asiatisch-amerikanisch-europäisch-russischen Verbindungen: Deutsche aus ganz China, Japan, der Südsee sowie den USA traten ein und das US-amerikanische Rote Kreuz förderte das Unternehmen bis 1917. Durch eine enge Kommunikation mit Freiwilligen in Zentraleuropa entwickelte sich der Verein zu einem der wichtigsten Kanäle für die Unterstützung aus Deutschland und der Habsburgermonarchie. Parallel dazu inspizierte das dänische Rote Kreuz, dem das Zarenreich die Erlaubnis zu Lagerbesichtigungen gegeben hatte, gemeinsam mit russischen, deutschen und habsburgischen Rotkreuz-Delegierten die Lage der Gefangenen und kümmerte sich um den Postverkehr. Zu den beteiligten Ungarinnen gehörte Baronin Andorine von Huszár. Sie schlug einen Austausch von Gefangenen vor, die an Tuberkulose erkrankt waren, amtierte als offizielle Beobachterin der russischen Kommission zur

96 Innerhalb kurzer Zeit arbeiteten 1400 Personen in der Agentur. Bis Ende 1917 waren 8 Millionen Kriegsgefangene registriert, 7 Millionen Briefe bearbeitet, 2,5 Million Nachforschungen angestellt und 1 Millionen Auskünfte an Angehörige gegeben, dazu: *Riesenberger*, Für Humanität, S. 64; *Stibbe*, Internment of Civilians; *Kudrina*, Das Dänische Rote Kreuz; *Durand*, Sarajevo to Hiroshima.

97 *Comité International de la Croix-Rouge*, Bulletin International 47, S. 127 ff.

Prüfung von Invaliden und war in die Verhandlungen der Kriegsgefangenenregelungen im Rahmen des Friedenvertrag von Brest-Litowsk involviert.[98] In Reaktion auf die intensive Kooperation der Verbände beschäftige sich das IKRK 1917 mit den Auslandsaktivitäten seiner Mitglieder und plädierte dafür, dass die einheimischen Gesellschaften in solchen Konstellationen die Federführung behielten.

Das Budapester Zentralkomitee stand in engem Kontakt mit dem Hauptquartier der Bewegung in Genf. Für dessen Bulletin International wurden jedes Jahr detaillierte Berichte über die Arbeit des ungarischen Roten Kreuzes verfasst, Statutenänderungen zur Bekanntgabe eingereicht, eigene Publikationen besprochen und zu den Jahrestagen längere Resümees geschrieben. Man nutzte das Mitteilungsblatt, wofür es gedacht war: zur Vorstellung und zur Vernetzung.[99] Parallel dazu arbeitete die Gesellschaft daran, die Bewegung im eigenen Land publik zu machen, indem sie dafür sorgte, dass die Genfer Konvention in die Ausbildung der Armee und Kenntnisse über das Internationale Rote Kreuz in schulische Lehrmaterialien aufgenommen wurden.

Auf den Konferenzen des IKRK war die ungarische Organisation regelmäßig präsent, nicht nur als passiver Teilnehmer, sondern mit Initiativanträgen, wie etwa dem zur künftigen Teilnahme an großen Truppenübungen (Rom, 1892).[100] Außerdem suchte man Brücken zu nahestehenden Kreisen zu schlagen, z.B. zum internationalen Kongress für Hygiene und Demografie, als dieser 1894 in Budapest tagte.[101]

Die stabile Verbindung der ungarischen Gesellschaft zum Dachverband zeigt sich schließlich auch, als dessen Präsident Graf Endre Csekonics 1902 zum Vizepräsidenten des IKRK gewählt und 1912 die bereits eher angeregte Auszeichnung von verdienten Krankenschwestern mit der Schaffung einer Florence-Nightingale-Medaille umgesetzt wurde. Aufgrund des Ersten Weltkriegs verschob man die Verleihung. Die ersten Rotkreuz-Pflegerinnen wurden 1920 geehrt. Unter ihnen war Marie Adamczyk, eine gebürtige

---

98 *Gerald*, National Red Cross Societies, S. 31–52. Auch die anderen Teilnehmerinnen aus der Doppelmonarchie waren zumeist aristokratische Frauen: Käthe von Mihalotzky, Prinzessin Cunigunde von Croy-Dülmen sowie die Gräfinnen Anna Revertera, Ilona von Rosty, Magda Cebrian, Pauline von Stubenberg-Palffy, Nora Kinsky, siehe: *Leidinger* u. *Moritz*, Gefangenschaft, Revolution, Heimkehr, S. 177 f. und S. 153 ff.; *Nachtigal*, Rotkreuzdelegierten, S. 366–374.

99 *Comité International de la Croix-Rouge*, Bulletin International 14, S. 14.

100 *Comité International de la Croix-Rouge*, Bulletin International 35, S. 230–239, S. 233 f.

101 *Comité International de la Croix-Rouge*, Bulletin International 24; sowie 25.

Schlesierin, die nach der Ausbildung in Wien 1913 an dem Sanatorium des Roten Kreuzes in Lemberg/L'viv mit dem Aufbau einer Krankenpflegerschule begonnen hatte. Mit Beginn des Krieges wurden dort verwunderte österreichische Offiziere behandelt. Kurz bevor russische Truppen die Stadt einnahmen, verhalf Adamczyk denen, die transportfähig waren, zur Flucht und während der Besetzung versteckte sie 15 Offiziere, womit sie deren Gefangennahme verhinderte.[102]

In gewisser Weise transnational war auch die Zusammenarbeit mit den Kollegen aus dem anderen Teil der Doppelmonarchie, die in den Statuten verankert und mit dem ›Zentralnachweis-Büro für Verwundete und Vermisste‹ auch institutionalisiert war. Die Vertreter beider Gesellschaften trafen sich ebenso wie die Vorstände, um gemeinsame Aktivitäten abzustimmen. Beispielsweise investierte man zusammen in die technische Ausstattung, so waren etwa die im Gründungsjahr angeschafften Kranken- und Transportwagen zu 75 % von österreichischer Seite bezahlt. Man stand einander im Einsatz bei, u. a. bei den Überschwemmungen in Tirol und in der Steiermark im Jahre 1882. Dabei lief die intra-imperiale Verbindung nicht nur über die Zentralkomitees in Budapest und Wien, vielmehr kooperierten die lokalen bzw. regionalen Verbände direkt. Ohnehin arbeiteten diese vergleichsweise autonom. In der cisleithanischen Reichhälfte waren die Verbände der Kronländer finanziell ganz auf sich gestellt.[103] In Ungarn blieb mindestens die Hälfte der Mitgliedsgebühren bei den Ortsverbänden, die andere ging nach Budapest. In beiden Fällen war damit den lokalen und regionalen Einheiten eigener Gestaltungsspielraum gegeben und damit auch die Tür zur Zusammenarbeit nach eigenem Ermessen geöffnet.[104]

Um einen Sonderfall des innerimperialen Engagements handelt es sich bei der Hilfe während der gewaltsamen Auseinandersetzungen in Dalmatien sowie in Bosnien-Herzegowina, die nach den Beschlüssen des Berliner Kongresses von 1878 von der Habsburgermonarchie besetzt worden waren. Bereits im ersten Jahr ihres Bestehens (1881) griff die ungarische Gesellschaft in der Region ein, als es zu Aufständen gegen die proklamierte drei-

102 *Kleibel*, Adamczyk, Marie, S. 2.

103 Im Jahr 1890 etwa stellte der österreichische Verband Geld und Kleidung für die Opfer der schweren Überschwemmungen im Königreich Böhmen zur Verfügung, dazu: *Comité International de la Croix-Rouge*, Bulletin International 22, S. 89. Zur vertikalen Kommunikation und Absprache in der Habsburgermonarchie siehe: *Osterkamp*, Föderale Schwebelage.

104 *Comité International de la Croix-Rouge*, Bulletin International 23, S. 107–110; sowie die Ausgaben 35, S. 232 u. 236; 39, S. 119–133.

jährige Wehrpflicht kam. Erneut war sie im Zuge der Annektierung 1908 tätig. Anders hatte sich das österreichische Rote Kreuz während der Balkankrise von 1875–1878 verhalten. Bereits zu Beginn der Aufstände gegen das Osmanische Reich suchten Tausende bosnische und herzegowinische Flüchtlinge in Montenegro, Serbien und Österreich Zuflucht. Eine Versorgung vor Ort durch das Rote Kreuz hätte nur der österreichische Verein leisten können, da er zu der Zeit der einzige in der Region war. Von Genf dazu angehalten, zog sich dieser jedoch auf die Position zurück, dass er nur in internationalen Kriegen eingreifen dürfe und zudem nicht die pro-osmanische Politik der Regierung unterlaufen könne. Entgegen den eigenen Regeln distanzierte sich das IKRK von dieser Haltung und beförderte die Schaffung von Rotkreuz-Gesellschaft in Montenegro und Serbien. Mit dem Konflikt zwischen dem österreichischen Verband und dem IKRK stand die bereits im Spanischen Bürgerkrieg (1872–1875) aufgeworfene Frage erneut im Raum, ob und unter welchen Voraussetzungen humanitäre Hilfe in inner-imperialen Befreiungskämpfen bzw. in Bürgerkriegen geleistet werden darf. Es sollte noch fast drei Jahrzehnte dauern, bis sie 1912 auf einer internationalen Rotkreuz-Konferenz öffentlich verhandelt wurde, nachdem der US-amerikanische Verband das Problem in Bezug auf Lateinamerika auf die Tagesordnung gebracht hatte.

I.5.4 Gleichstellung der Geschlechter: Ostmitteleuropäische Frauenrechtlerinnen und die Internationale Frauenbewegung

Bereits in den europäischen politischen Emanzipationsbewegungen der 1830er und 1840er Jahre formulierten Frauen die Gleichstellung der Geschlechter als eine noch zu lösende Aufgabe, nachdem während der Französischen Revolution das Thema bereits große Aufmerksamkeit gefunden hatte. Die dabei gemachten Erfahrungen wirkten über die gescheiterten 1848er Revolutionen hinaus in der Bildung von Organisationen, die dezidiert Anliegen von Frauen vertraten, zunächst auf dem Gebiet des Deutschen Bundes, in Frankreich und Böhmen, bald darauf im geteilten Polen und in Ungarn. Bis zum Ersten Weltkrieg gab es in ganz Europa aktive Frauenbewegungen mit jeweils eigenen Profilen.[105] Frauen aus dem östlichen Europa organisierten sich oft in Wohltätigkeitsverbänden, auch, weil ihnen das in Teilen der

105 *Klejman*, Les Congrès féministes, S.71–86; *Offen*, European Feminism.

Region geltende Vereinsrecht die Betätigung in politischen Vereinigungen verbot. 1907 schließlich forderten separate Bewegungen der Deutsch-Österreicherinnen, Tschechinnen und Polinnen eine ihrem Anliegen günstigere Änderung des Vereinsrechts, wiewohl erfolglos. Gestattet waren immerhin Zusammenschlüsse zum Thema Frauenerwerbsarbeit, und nachdem solche Vereine in Leipzig, Berlin und Wien (1865/66) gegründet worden waren, entstanden sie auch in Prag (1870) sowie in Budapest (1872/73).

Ungarische Revolutionswitwen gründeten im Jahr 1861 den Nationalen Verband Ungarischer Eigentümerinnen (Magyar Gazdasszonyok Országos Egyesülete). Anfangs ging es ihnen um die Versorgung von Kindern, die durch die Kämpfe verwaist waren, doch weitete sich das karitative Engagement rasch aus, so wie die religiös und sozial motivierten Aktivitäten anderer Vereine. Bis zur Jahrhundertwende bildeten sich in Ungarn ca. 800 philanthropische Frauenorganisationen, die zunehmend politische Rechte, vor allem das Wahlrecht, forderten, und ab 1904 in einem Landesverband vereint waren.[106] 1869 wurde in Oberungarn der älteste slowakische Frauenverband »Živena« gegründet[107]. Im preußischen Teilungsgebiet entstand 1907 ein Verein für die Gleichstellung Polnischer Frauen (Związek Równouprawnienia Kobiet Polskich), der Kontakt zu den internationalen Suffragetten aufnahm und aus dem zwei weitere Frauenverbände hervorgingen.[108]

Auch in Böhmen und Mähren begannen sich in den 1860er Jahren Frauen zu organisieren, auch hier war ein Teil der Bewegung stark philanthropisch ausgerichtet.[109] Ein anderer Teil verfolgte emanzipatorische Anliegen, wie der »Americký spolek dam« [Amerikanischer Damenclub] (1865). Gegründet hatte ihn der Prager Mäzen, Ethnologe und Buchhändler Vojta Náprstek, der 1848 in die USA ins Exil gegangen war, gemeinsam mit Karolína Světlá.[110] Schnell wurde der Klub zu einem Zentrum der Prager

106 *Szapor*, Sisters of Foes, S. 193; *Papp*, Kraft der weiblichen Seele; *Dudeková*, Międzynarodowa działalność kobiet, S. 147–169.

107 *Škulecová*, Živena.

108 *Stegmann*, Töchter; *Lorence-Kot* u. *Winiarz*, Polish Women's Movement; Zur Frauenbewegung in Galizien, vor allem in Lemberg/L'viv und Krakau sowie der Internationalistin Justyna Budzińska-Tylicka: *Leszczawski-Schwerk*, Die umkämpften Tore zur Gleichberechtigung.

109 Zu den Leitfiguren zählt Marie Riegrová (1833–1891), die Tochter des Politikers und Historikers František Palacký. Sie übernahm 1864 den Spolek Sv. Ludmily und lenkte den Fokus der Organisation vom Heilen auf die Förderung von Frauenarbeit durch Bildung.

110 1863 gründete Náprstek zudem ein Museum für Industrie und Ethnologie (heute Náprstkovo muzeum asijských, africkýcha amerických kultur), in dem tausende Ex-

Frauenaktivitäten, was letztere wenige Jahre später dazu bewegte, 1871 den »Ženský výrobní spolek český« [Tschechischer Frauenerwerbsverein] ins Leben zu rufen, aus dem eine Frauenschule und zahlreiche weitere Bildungsangebote hervorgingen. Weitere Organisationen folgten, so dass in den 1880er Jahre eine breitaufgestellte Frauenbewegung existierte, deren Arbeit sich wesentlich auf die Verbesserung des Zugangs zur Bildung konzentrierte. Auf dem ersten Kongress von Frauen aus den böhmischen Länder 1897 wurde schließlich der »Ústřední spolek žen českých« [Zentralverein tschechischer Frauen] gebildet, dessen Zeitschrift »Ženský svět« [Frauenwelt] Teréza Nováková zwischen den tschechischen Frauen und Aktivistinnen aus dem deutschen und angloamerikanischen Raum vermittelte. Im Zuge dieser Zusammenführung wurden politische Rechte auf die Agenda gesetzt, 1903 plädierte man für das Frauenstimmrecht, bald auch im Rahmen des Dachverbands der Frauenvereine in Böhmen und Mähren (»Moravsko-slezská organisace ženská«), der 1904 initiiert worden war. Diejenigen, denen der Zentralverband zu moderat war, hatten sich im »Ženský klub český« [Tschechischer Frauenclub] zusammengeschlossen, um explizit das Wahlrecht einzufordern, gestärkt durch die Anbindung an die »International Women Suffrage Alliance« (IWSA).[111]

Waren die böhmischen und mährischen Aktivistinnen also Teil transnationaler Frauennetzwerke und bestanden auch Verbindungen zu den internationalen Frauenorganisationen, so waren sie ebenso eng mit der tschechischen Nationalbewegung verbunden. Sie kämpften sowohl gegen die soziale Benachteiligung als auch gegen die Dominanz der deutschen Sprache und Kultur, und damit auch gegen die deutsch-österreichischen Frauenverbände, die eher entstanden waren und ihren Sitz teilweise in räumlicher Nähe hatten, wie der Frauen-Erwerb-Verein, 1866 in Wien gegründet. Die scharfen Auseinandersetzungen betrafen vor allem den Bereich der Bildung und die Sprachenpolitik, resultierten aber auch daraus, dass die Frauen aus den Kronländern auf der internationalen Ebene über den Bund österreichischer Frauenvereine repräsentiert waren, zumindest bis 1908, als

---

ponate aus dem alten Vorderen Osten, Afrika, Amerika, Asien, Australien und Ozeanien ausgestellt und damit außereuropäische Kulturen der Prager Öffentlichkeit vorgestellt wurden: *Secká*, Vojta Náprstek.

111 1902 hatten sich Suffragetten aus dem Zdeňka Wiedermannová (1868–1915) aus dem mährisch-schlesischen Verband abgespalten, der seinen Sitz in Brünn/Brno hatte. Die Stadt war eine Hochburg der Arbeiter- und Gewerkschaftsbewegung und auch ein Anlaufpunkt für die radikalere Frauenbewegung in der Region.

Františka Plamínková die volle Mitgliedschaft für die böhmisch-mährischen Vereine erreicht hatte.[112]

Insgesamt lassen sich in den frühen ostmitteleuropäischen Frauenbewegungen drei Gemeinsamkeiten beobachten:

Obwohl sie eher in urbanen Kontexten agierten, reichte ihre Agenden in die agrarischen Gebiete hinein und ging es in den meisten Initativen um einen besseren Zugang zu Bildung bzw. Erwerbsbefähigkeit, während das Wahlrecht erst später hinzukam.

Viele Wortführerinnen wirkten sowohl in ihren Heimatregionen bzw. Imperien als auch in grenzüberschreitenden Konstellationen. Die Gleichzeitigkeit dieses Engagements »zu Hause« und der transnationalen Einbindung in die Aktivitäten ausländischer Organisationen[113] gehört zu den Charakteristika ostmitteleuropäischer Frauenbewegungen dieser Epoche und beinhaltete eine große Nähe zu den Nationalbewegungen und infolge dessen zu den inneren Auseinandersetzungen in der Habsburgermonarchie.[114]

Es bestand ein besonderes Interesse an der Geschichte von Frauen und Frauenbewegungen, und man betonte bei der Konstruktion der eigenen Traditionen die Transnationalität. Gerade in den Selbstbildern der polnischen und ukrainischen Bewegungen zeigen sich vielfältige Verweise auf grenzüberschreitende Gemeinsamkeiten und ein geteilter Pool von Ideen und Erfahrungen in der Region, die zu einer Ressource für die Konsolidierung und weitere Mobilisierung wurden.[115] Damit verbunden führte man frühere Projekte zur Dokumentation der eigenen Geschichte fort. Erste Initiativen für eigene Archive hatten etwa Eliska Vincent, Marguerite Durand und Marie-Louise Bouglé in Paris, oder die Bibliothekarinnen der »London Society for Women's Service« unternommen. 1935 entstand das »International Archive for the Women's Movement« in Amsterdam. Daran anknüpfend gründeten Róza Schwimmer und Mary Beard ein »World Center for Women's Archives«.

---

112 *Malečková*, Emancipation of Women; *Nečasová*, Obrana práv žen; *Dudeková*, Radikálky.

113 Zur Transnationalität der globalen Frauenbewegung sowie ihrer internationalen Verbände: *Janz* u. *Schönpflug*, Gender History. Momentan sind die transnationalen Ursprünge der US-amerikanischen Bewegung am besten erforscht: *McFadden*, Golden Cables; *Anderson*, Joyous Greetings.

114 *Haan, Daskalova* u. *Loutfi*, Introduction, S. 7 f.; *Zimmermann*, Reich, Nation, und Internationalismus, S. 119–167. Zum Zusammenhang von Frauenbewegung und Nationalismus: *Blom, Hagemann* u. *Hall*, Gendered Nations.

115 *Hüchtker*, Cross-Mapping.

Protagonistinnen der Internationalisierung: **Vilma Glücklich** (1872–1927) entstammte einer jüdischen Familie und wuchs polyglott in Budapest auf. Sie beherrschte Deutsch, Italienisch, Englisch, Französisch. Das verdankte sie einer höheren Bildung, denn nach dem Abitur durchlief sie eine Ausbildung als Lehrerin und arbeitete ab 1893 als Mittelschulprofessorin in Fiume. Die teilweise Öffnung der ungarischen Universitäten ab 1896 ermöglichte ihr ein Studium der Mathematik und Physik in Budapest, wo sie die erste Absolventin der Philosophischen Fakultät wurde. Zwischen 1913 und 1917 arbeitete sie für den Verband von Schullehrerinnen, nach dem Krieg wirkte sie in einem Aufsichtsgremium der Budapester Stadtverwaltung, 1921 verlor sie unter dem Horthy-Regime diese Funktion sowie ihre Rentenansprüche, als sie gegen die Einziehung von Mädchen in die Kriegsindustrie protestierte.

Nachdem sie bereits 1902 in den Vorstand des Landesvereins der weiblichen Angestellten gewählt worden war, wurde sie an der Seite Róza Schwimmers einflussreich in der Organisation der Arbeiterinnen und betrieb aktiv die Verflechtung der ungarischen mit der internationalen Frauenbewegung. 1904 stieg sie zur Geschäftsführerin der Feministinnen-Vereinigung (»Feministák Egyesülete« [FE]) auf und gab deren Zeitschrift heraus. Besonders engagierte sie sich für die Themen Bildung und Stimmrecht. Sie richtete in Zusammenarbeit mit dem reformorientierten Leiter des Budapester Bildungsamtes und späteren Bürgermeisters István Bárcy eine Berufsberatungsstelle für Mädchen ein, die von der FE geführt wurde. Während des Krieges organisierte sie den – später verbotenen – Kongress von Feministinnen gegen den Krieg und reiste zum internationalen Kongress nach Den Haag, wo sie in die Leitung der Internationalen Kommission gewählt wurde und später eine führende Rolle im WILFP einnahm. Zwischen 1922 und 1924 amtierte sie als Sekretärin des Headquarters der Organisation in Genf, danach als Generalsekretärin und wirkte im Executive Committee mit.

Transnationale Transfers und Verbindungen

Der Kontakt zu Gleichgesinnten in anderen Ländern war von Anfang an ein charakteristischer Zug der Frauen-Bewegungen. Die führenden Akteure korrespondierten intensiv miteinander und trafen sich auf internationalen Kongressen, so dass Appelle, Visionen und Nachrichten über konkrete Initiativen rasch und weit zirkulierten. Es gab eine intensive schriftstellerische Auseinandersetzung mit Fragen der Gleichstellung, die vielfach übersetzt wurde, darunter die Werke von John S. Mill »Subjection of Women«, Maria Szeligas »Na przebój« oder Charlotte Perkins Gilman »Women and Economics« (die ungarische Fassung stammt von Róza Schwimmer). Überall konnten so Argumente und Praktiken aus anderen Orten und Räumen aufgegriffen und angeeignet werden.

Die gebürtige Warschauerin Paula Jadwiga Kuczalska-Reinschmit, Leitfigur der frühen polnischen Frauenbewegung, knüpfte während ihres Studiums in Genf und Brüssel Verbindungen zu lokalen Aktivistinnen und pflegte bald Kontakte nach Frankreich, England, Deutschland, Böhmen und in das Zarenreich. Kurz vor ihrer Rückkehr nach Warschau nahm sie am Internationalen Frauenkongress 1889 in Paris teil, wie auch die Polinnen Maria Szeliga und Stephanie Feinkind. Als Vize-Präsidentin des Kongresses hielt Kuczalska-Reinschmit einen Vortrag über die Emanzipationsbemühungen in den drei Teilungsgebieten und brachte sich in die Arbeiten der Kommission ein, die die Statuten mit dem Ziel der Gründung einer »Alliance universelle des femmes« überarbeitete. Mit der Alliance sollte der Zusammenschluss von lokalen und regionalen Vereinen zu nationalen Verbänden initiiert und damit die Voraussetzung an der Mitwirkung am »International Council of Women« geschaffen werden, das nur nationale Vertretungen als Mitglieder zuließ. Szeliga, die als Mitgründerin und Vizepräsidentin der »Ligue des Femmes pour le Désarmement International« (1896) auch in der Friedensbewegung aktiv war, prägte die Alliance als erste Generalsekretärin und als Herausgeberin der Verbandszeitschrift.[116]

Wohl auch deshalb entstand kurz nach dem Pariser Kongress die polnische Sektion der Alliance (»Unia«). Sie existierte zwar nur zwei Jahre, trug aber zur Politisierung der polnischen Frauenbewegung bei. Mit Verweis auf das internationale Netzwerk ließen sich der Zugang zu Höherer Bildung, Berufstätigkeit und rechtliche Gleichstellung mit Nachdruck einfordern. Das Bulletin der »Unia« mit dem Titel »Ster« schuf ein Austausch- und Kontaktforum, das bis 1914 Bestand hatte. Und durch die Aufnahme der »Unia« in das Vereinsregister (als »Koło Pracy Kobiet« [Kreis arbeitender Frauen]) verbesserte sich die Position anderer sozial-politischer Frauenvereine. Im Zuge der Russischen Revolution von 1905 konnte Kuczalska-Reinschmit den ersten Frauenkongress im russischen Teilungsgebiet organisieren, der zu einem Treffpunkt der aufkommenden feministischen Bewegung wurde und den trans-imperialen Austausch von Polinnen fortsetze, der auf Kongressen in Warschau (1891), Lemberg/L'viv (1894), Zakopane (1899) und 1905 (Krakau) begonnen hatte.[117]

Grenzüberschreitender Austausch und Mobilisierung hatte die Entstehungsphase der ostmitteleuropäischen Bewegungen geprägt und bestimmte

116 *Haan, Daskalova* u. *Loutfi*, Maria Szeliga.
117 *Haan, Daskalova* u. *Loutfi*, Paula Jadwiga Kuczalska-Reinschmit, S. 272–277.

auch deren weitere Entwicklung.[118] Um ein Beispiel zu geben: Die Vereinbarkeit von Beruf, Mutterschaft und Frausein wurde bereits um 1900 debattiert, und mit ihr die Idee einer Entlastung von der Hausarbeit durch zentrale Küchen, Wäschereien etc., wobei die ersten konkreten Vorschläge zur Vergemeinschaftung im Kontext des Reformwohnungsbaus entstanden. In dieser Zeit erörterten deutsche, skandinavische und ungarische Frauenrechtlerinnen auch das sogenannte ›Dienstboten-Problem‹, den prekären Status von Haushälterinnen und die Abwanderung von jungen Frauen in die Industriearbeit. Zwei Lösungen wurden propagiert: kollektive Interessensvertretung durch Gewerkschaften und, mit Verweis auf Überlegungen von Architekten und Stadtplanern, kommunale Wohnprojekte mit zentraler Unterbringung und Versorgung des Dienstpersonals.

Der Kerngedanke von Haushaltsgenossenschaften kam wenig später auf dem internationalen Arbeitsschutzkongress 1897 in Zürich zur Sprache. Zwei Jahre danach stellte ihn Charlotte Perkins Gilmann (San Francisco) auf dem internationalen Frauenkongress in Paris vor, wo ihn Lily Braun (Berlin) aufgriff. In Rückgriff auf Hauswirtschaftskooperativen in Chicago sowie Volksküchen in Manchester arbeitete sie ein eigenes Konzept des Einküchenhauses aus. Danach würde in Mietshäusern eine zentrale Küche die Küchen der einzelnen Wohnungen ersetzen, was vor allem Róza Schwimmer (Budapest) in Zeitschriften wie »Die Woche« oder »Kultur und Freizeit« einer breiteren deutschsprachigen Öffentlichkeit bekannt machte. 1907 begannen zwei Baugesellschaften mit der Errichtung mehrerer Einküchenhäuser in und um Berlin und verwiesen in der Projektbeschreibung explizit auf die Artikel von Schwimmer zum Braun'schen Modell. Auch zu Hause publizierte Schwimmer über die Kommunehäuser, u. a. in dem Journal »A nő és a társadalom« [Frau und Gesellschaft], das sie für den Ungarischen Feministinnen-Verein herausgab. Gedacht waren die Beiträge als Wortmeldung zum kommunalen Wohnungsbauprogramm, das in der Budapester Stadtverwaltung unter dem sozialdemokratischen Bürgermeister István Bárczy ab 1907 vorbereitet und bis 1913 zumindest teilweise realisiert wurde. Insgesamt und weit über das hier Skizzierte hinaus waren die Debatten und Projekte über eine neue Wohnkultur und eine gemeinschaftlich koordinierte Hauswirtschaft sowohl von einem intensiven grenzüberschreitenden Austausch in Ostmitteleuropa als auch von transatlantischen Rezeptions- und Trans-

118 *Carlier*, Forgotten Transnational Connections.

ferprozessen zwischen Frauenrechtlerinnen, Stadtplanern, Sozialpolitikern, Architekten geprägt.[119]

Internationale Frauenorganisationen Im Jahr 1888 schufen britische und US-amerikanische Aktivistinnen mit dem »International Council of Women« (ICW) den ersten Dachverband der Frauenbewegungen und setzten damit eine Welle grenzüberschreitender Zusammenschlüsse in Gang. 1900 existierten 12 ihrer Art, 1918 bereits 22. Manche, wie der ICW, waren reine Frauenorganisationen, andere, wie die »Fédération abolitionniste internationale« (1875), wurden von Frauen geführt, wieder andere entstanden durch Ausgründung, so etwa das »International Bureau for Suppression of Traffic of Women and Children« (1899). Nicht alle engagierten sich in erster Linie für Gleichstellung, sondern verfolgten kulturelle Interessen (General Federation of Women's Clubs, 1890), vertraten religiöse Orientierungen (Young Women's Christian Association, 1894 oder das International Council of Jewish Women, 1912[120]), betrieben Berufspolitik (International Council of Nurses, 1899), stritten für Sittlichkeit (World Woman's Christian Temperance Union, 1883) oder forderten politische und gesellschaftliche Neuordnungen (International Socialist Women's Secretariat, 1909).[121] Dementsprechend unterschiedlich fiel ihr konkretes Engagement für bessere Bildungschancen, Erwerbsarbeit, Bürger- und politische Rechte aus, aber auch die Ausrichtung auf karitative bzw. soziale Fürsorge.

Diese Bandbreite verdankt sich dem Umstand, dass sich die Frauenbewegungen im Zuge von drei globalen Kampagnen internationalisierten:

Erstens handelte es sich dabei um die Bewegung für Sittlichkeit und Moral, die gegen den Missbrauch von Alkohol, Narkotika und anderen Suchtmitteln bzw. für die Kontrolle des Handels mit diesen Stoffen antrat und sich auch gegen Frauenhandel, Prostitution und Geschlechtskrankheiten

---

119 *Terlinden* u. *Oertzen*, Wohnungsfrage; *Zimmermann*, Prächtige Armut, S. 244–269, *Guzik*, Čtyři cesty ke koldomu.

120 Jüdische Frauen(rechtlerinnen) organisierten sich im Kontext des I. Zionistischen Weltkongresses (1897) separat angesichts des explizit christlichen Selbstverständnisses – und Nationalismus – des ICW, nahmen aber mit Vertreterinnen an den Treffen des ICW teil. Die karitative Arbeit, vor allem die Armenfürsorge und Migrantenbetreuung, hatte ICJW Priorität, zionistische Ziele oder das Frauenwahlrecht spielte eine geringe Rolle: *Las*, Jewish Women.

121 *Sandell*, Rise of Women's Transnational Activism; *Berkovitch*, Emergence, S. 103; *Tyrell*, Woman's World.

richtete.[122] Das Problem des Frauenhandels war in Ostmitteleuropa akut, wo besonders jüdische Mädchen von Zuhälterringen nach Brasilien und Argentinien gelockt und geschleust wurden, um als »Esclavas blancas« bzw. »Polacas« verkauft oder in Bordelle gezwungen zu werden. In Reaktion darauf entstanden Hilfsvereine (wie die Londoner Jewish Association for the Protection of Girls and Women), aber auch politische Organisationen (wie die Fédération abolitionniste internationale), die zunächst die Abschaffung der staatlichen Regulation des Gewerbes forderten. In vielen Ländern benötigten Prostituierte eine Lizenz, die an die Eintragung in das Polizeiregister gebunden war und zu regelmäßigen, teils invasiven Untersuchungen auf Geschlechtskrankheiten zwang.[123] Auch darüber entstand eine Brücke zwischen lokalen Sittlichkeitsreformern und internationalen Hygiene- und Gesundheitsaktivisten, manche von ihnen standen Sozial- und Rassenhygienikern nahe.[124]

Der zweite Kontext betrifft das zeitgleich entstehende internationale Arbeitsrecht, wobei die Initiativen für den Arbeiterinnenschutz, z. B. ein Verbot von Nachtarbeit, von Teilen der Frauenbewegung als Regulation und erneute Einschränkung der Berufstätigkeit kritisiert wurde, während es anderen als ein Schritt hin zur wirtschaftlichen Gleichstellung galt.[125]

Die dritte Kampagne war diejenige, die für gleiche politische Rechte eintrat (Kampf um das allgemeine Wahlrecht bzw. die nicht-exklusive Wählbarkeit von Männern[126]), die eine Politisierung und Ausdifferenzierung der internationalen Frauenbewegung bewirkte.

Der ICW verfolgte wie die meisten seiner Mitgliedsverbände philanthropische und moralische Anliegen sowie das allgemeine Ziel, Frauen zu mobilisieren und in nationalen/imperialen Vereinigungen zu organisieren. Erst ab 1899 wurden Sachkommissionen zur Schiedsgerichtsbarkeit oder zur

---

122 *Große, Spöring* u. *Tschurenev*, Biopolitik und Sittlichkeitsreform; *Zandberg*, Vorbereitung der neuen Welt, S. 221–239.

123 *Summers*, Liberty, Equality, Morality; *Limoncelli*, Politics of Trafficking, besonders S. 28–38; siehe auch Kap. I.2 in diesem Band.

124 Die ostmitteleuropäischen Eugenik-Bewegungen und ihre transregionalen Impulse sowie Netzwerke sind gut erforscht: *Gawin*, Rasa i nowoczesność; *Turda* u. *Weindling*, Blood and Homeland; *Promitzer, Trubeta* u. *Turda*, Health, Hygiene and Eugenics, allgemein: *Kühl*, Internationale der Rassisten. Zum Zusammenhang von internationaler Gesundheitspolitik, Seuchenpolitik im Deutschen Reich bzw. der Weimarer Republik sowie dem Massenmord an den Juden in Ostmitteleuropa: *Weindling*, Epidemics.

125 *Wikander*, Suffrage and the Labour Market.

126 *Berkovitch*, From Motherhood to Citizenship, S. 22–33.

rechtlichen Stellung verheirateter Frauen etabliert. Bis 1914/18 folgten ständige Ausschüsse zum Stimmrecht, Frauenhandel, Gesundheit und Kinderfürsorge. Da um 1900 die Stimmrechtsfrage immer mehr als der Dreh- und Angelpunkt einer Gleichstellung der Geschlechter angesehen wurde – immerhin hing an ihr die direkte Mitwirkung an Gesetzgebung und parlamentarischer Politik – und sich Vereine für Frauenstimmrecht gebildet hatten, gründeten Stimmrechtlerinnen, denen der ICW in diesem Punkt zu gemäßigt auftrat, 1904 die International Women Suffrage Alliance (IWSA). 1907 kamen sozialistische Frauen(verbände) zusammen, die sich bis dato in der Arbeiterbewegung engagiert hatten, und nur zwei Jahre später setzten sie ein Büro zur Koordination ihrer Zusammenarbeit ein. Im Unterschied zur IWSA forderten die Sozialistinnen das allgemeine Stimmrecht, also mehr als ein Zensuswahlrecht, das die Wahlberechtigung an ein bestimmtes Steueraufkommen bzw. an Grundbesitz oder Vermögen knüpfte und für Männer bei der Wahl der Landtagen in den preußischen Provinzen und Cisleithanien üblich war.

Wenige Monate nach der Gründung des IWSA rief Františka Plamínková, eine der Leitfiguren der tschechischen Frauenbewegung, gemeinsam mit Františka Zeminová, Karla Máchová, Albina Honzáková, und Marie Tůmová in Prag den ersten Verein/Ausschuss für Frauenwahlrecht (»Výbor pro volební právo žen«) ins Leben. Ihr Anliegen traf mit einer breiten Kampagne zur Abschaffung des Kurienwahlrechts zusammen, das bei der Wahl des Reichsrates galt. Indem sich die Aktivistinnen der Forderung nach einer Öffnung des Wahlrechts anschlossen und sich an die Seite einiger tschechischer politischer Parteien stellte, gelang es ihnen, auch für ihre eigene Sache zu werben. Nachdem 1907 ein neues Wahlrecht für das Wiener Parlament eingeführt worden war, das ein allgemeines, gleiches und geheimes Wahlrecht für Männer vorsah, begannen Plamínková und ihre Mitstreiterinnen die verschiedenen Rechtslagen zu nutzen. Während die Gesetzgebung für den Reichsrat und den mährische Landtag explizit Frauen ausschloss, gestattete das Wahlgesetz für den böhmischen Landtag einigen Frauengruppen zu wählen und gewählt zu werden. Wahlrecht und Kandidaturmöglichkeit waren an ein bestimmtes Einkommen sowie auch an eine bestimmte Bildung gebunden. Diese Tür nutzend, kandidierten bei den Landtagswahlen 1908 Marie Tůmová und einige andere für den Výbor. In dieser Rolle begründete Tůmová das Stimmrecht für Frauen einerseits mit dem Verweis auf ausländische Vorbilder. In Australien, Neuseeland und in einigen amerikanischen Staaten habe man gesehen, dass das Stimmrecht für

Frauen der Gemeinschaft förderlich sei. Andererseits könne man sich mit dieser Forderung Wien gegenüber als fortschrittlich und ebenbürtig ausweisen sowie für die anderen Kronländer zum Vorbild werden. Das Argument, dass eine Frauenkandidatin ein geschickter Schachzug im Konflikt mit Wien war, überzeugte. Für die Wahl 1912 einigten sich mehrere böhmische Parteien auf Božena Viková-Kunětická als Kandidatin, und ungeachtet dessen, dass sie ihren Sitz nicht antreten konnte, wurde sie als erste Frau in den böhmischen Landtag gewählt.[127]

Wahlrechtsfragen waren keineswegs nur für die Frauenrechtlerinnen in bereits konstitutionell abgesicherten Nationalstaaten bzw. den mehr und mehr nationalisierten Zentren modernisierter Imperien relevant, sondern gewannen gleichermaßen in den imperialen Ergänzungsräumen rasch an Bedeutung.[128] Sie wurde zur Basis für die Mitwirkung von Frauenrechtlerinnen aus Böhmen, Mähren, Schlesien, Ungarn sowie allen drei Teilungsgebieten Polens, an der Internationalen Frauenbewegung.

Die Verhandlung der Repräsentation in beiden Weltfrauenverbänden

Aus Ostmitteleuropa traten zuerst Ungarinnen in die beiden Weltfrauenverbände ein, ihre Vereinigung wurden fast zeitgleich mit den Österreicherinnen Mitglied im ICW (1904) und im IWSA, und 1913 hatte Róza Schwimmer als erste aus der Region eine offizielle Funktion inne.[129] Der Weltbund für Frauenstimmrecht nahm 1909 auch Suffragetten aus Böhmen offiziell in die eigenen Reihen auf, 1913 Frauen aus Galizien. Diese Repräsentation ist das Ergebnis einer längeren Auseinandersetzung, in der sich Tschechinnen und Polinnen durchsetzten. Denn die innere Struktur beider Verbände sah für sie, und selbst für ungarische Frauen, keine eigenständige Vertretung vor. Die Mitgliedschaft war nationalen Frauenbünden oder Dachverbänden von Imperien vorbehalten, die Regelung folgte dem Prinzip »bestehender unabhängiger Staat ist gleich Mitgliedsland«, und damit einer auf »Multiplizierung des Nationalen beruhenden Internationalisierung«.[130]

Bereits bei der Gründung des IWC war diese Einschränkung zu einem Problem geworden, da sich kaum Frauenorganisationen fanden, die den Kri-

127 *Tůmová*, Pro volební právo žen; *Velek*, První v Rakousku!; *Nečasová*, Tschechische Frauen; *Feinberg*, Elusive Equality, S. 11 ff.

128 Zu den Wahlrechtsbewegungen in Ungarn: *Zimmermann*, Bessere Hälfte, S. 323–388, zu den Suffragetten im Zarenreich: *Goldberg Ruthchild*, Women's Suffrage, S. 1–35.

129 *Rupp*, Worlds of Women, S. 16–18.

130 Hier und im Folgenden: *Zimmermann*, Challenge.

terien entsprachen. Daher förderten beide Weltverbände die Gründung landesweiter Verbände, was in multiethnischen Ländern bedeutete, die Nationalisierung von Frauenbewegungen zu unterstützen. Dieses Ziel prägte auch die Haltung gegenüber der Habsburgermonarchie.

Im Jahr 1899 begann der ICW neue National Councils zu initiieren und wandte sich in diesem Zusammenhang auch an Frauenvereine in der Doppelmonarchie. Die Erwartung, dass beide Reichshälften in einem Council vertreten sein würden, führte allerdings zum Konflikt. Die deutsch-österreichischen Frauen bestanden auf einer Gesamtvertretung der Monarchie und lehnten auch eine eigene Repräsentation der im Reichsrat vertretenen Kronländern ab. Sie konnten sich allerdings vorstellen, in Untersektionen die 14 in der Monarchie offiziell anerkannten ›Volksstämme‹ abzubilden oder drei Abteilungen (für die deutsche, ungarische und böhmische Vertretung) einzurichten. Die Unterstruktur fand im ICW keine Zustimmung, für die Frauen aus Ungarn und den nicht-österreichischen Reichsteilen kam die Mitwirkung in einer gemeinsamen Vertretung nicht in Frage. Es dauerte, bis ein Kompromiss gefunden war. Er orientierte sich schließlich an den staatsrechtlichen Gegebenheiten, man verständigte sich auf je einen Council für jede Reichshälfte. 1902 wurde in Wien der Bund österreichischer Frauenvereine geschaffen und unmittelbar an den IWC angebunden, 1904 gründete Róza Schwimmer mit anderen den Dachverband Ungarischer Frauenvereine (»Magyar Nőegyesületek Szövetsége«) und beantragte die Mitgliedschaft. Schwimmer gelang es in kürzester Zeit den ungarischen Dachverband organisatorisch so aufzustellen, dass der IWSA beschloss, seinen 7. Kongress 1913 in Budapest, und damit erstmals nicht in Nord- oder Westeuropa abzuhalten.

In den mehrjährigen Verhandlungen ist in dem Leitungsgremium des Verbandes deutlich geworden, dass es einer Form der Mitgliedschaft auch für Frauenbewegungen bedurfte, die nicht über einen eigenen Staat verfügten, denn mit der Lösung für das österreichisch-ungarische Problem war die Nationalitätenfrage nicht geklärt. Im Gegenteil, Tschechinnen und Polinnen argumentierten für gleiche Rechte auch mit dem Verweis darauf, dass ihnen bereits Zugang geschaffen worden war. Im Foreign Advisory Council des ersten 5-Jahres-Kongresses war Böhmen mit sieben und Polen mit einer Repräsentantin vertreten. In den 1890er waren für einige Zeit eine Honorary Vice President of Bohemia und eine Ehrenvizepräsidentin für Polen ernannt worden. Das beständige Insistieren zeigte Wirkung – 1903 wurden die Statuten geändert, so dass ein nationaler Frauenverband bereits

Mitglied werden konnte, wenn seine Nation über eine Verfassung oder Volksvertretung verfügt.

Ihre Einbindung in das Netzwerk der Internationalistinnen im Umkreis des IWC nutzte Róza Schwimmer auch dafür, den IWSA nach Ungarn auszudehnen. 1904 reiste sie mit ihrer Kollegin Vilma Glücklich zu den Tagungen des ICW und IWSA nach Berlin. Bestärkt von den dortigen Diskussionen riefen sie noch im gleichen Jahr den Feministinnen-Verein (»Feministák Egyesülete«) ins Leben, dem sie den Kampf um das Stimmrecht ins Programm schrieb, womit ein Antrag auf Mitgliedschaft im IWSA möglich wurde.

Dass der Weltbund für Frauenstimmrecht 1909 sowohl ein deutsch-österreichisches Frauenstimmrechtskomitee zuließ, als auch den böhmisch-tschechischen Frauenausschuss »Výbor pro volební právo žen« und später auch Galizien als volles Mitglied aufnahm, lag sicher an der Überzeugungskraft von Františka Plamínková und ihrem persönlichen Kontakt zu Carrie Chapmann Catt, der Vorsitzenden des IWSA. Sie lernten sich kennen, als Catt 1906 auf einer Informationsreise durch die Habsburgermonarchie in Prag Station machte und Plamínková ihr über die tschechische Stimmrechtsbewegung sowie das Vertretungsproblem das berichtete. Auch in der Folge tauschten sich die beiden zu dieser Frage aus und kurz vor dem IWSA Kongress 1909 kam es erneut zu Gesprächen in Prag. Das Ergebnis: Catt sorgte dafür, dass der Kongress eine neue Bestimmung in die IWSA-Verfassung aufnahm – mit Blick auf die Lage in der cisleithanischen Reichshälfte. Ein nationales Komitee konnte nun auch aus lokalen Wahlrechtsorganisationen zusammengesetzt sein, und wenn selbst diese nicht existierten, konnten Ehrenmitglieder ein Komitee ohne Stimmrecht bilden. Mit diesem Beschluss wurden das deutsch-österreichische und das böhmisch-tschechische Komitee zu gleichberechtigen Mitgliedern.

Die Beispiele zeigen, dass Frauen aus dem ostmitteleuropäischen Raum in der internationalen Frauenbewegung eine spezifische Stellung zukam. Sie wurden relativ früh in die Weltorganisationen eingebunden, und zwar aufgrund von Initiativen aus der Region, die darauf zielten, die nachteilige Ausgangslage zu verbessern. Mit Erfolg, denn die internationalen Dachverbände schufen bzw. gewährten ihnen Zugang, Mitgliedschaft und Handlungsspielräume.

Róza (Rózsa, Rosika) Bédy-Schwimmer (1877–1948) war über viele Grenzen vernetzt und politisch aktiv. Als Tochter einer jüdischen Kaufmannsfamilie, wuchs sie in Budapest, in Timişoara (heute Rumänien) und Subotica (heute Serbien) auf. Zunächst arbeitete sie als Buchhändlerin und Büroangestellte, später als Schriftstellerin, Journalistin und Redakteurin der Zeitschrift »A nő és a társadalom [Frau und Gesellschaft]. Ihre Arbeit für die Gleichstellung von Frauen begann mit dem Eintritt in den Landesverein der weiblichen Angestellten (Nőtisztviselők Országos Egyesülete), dem sie von 1900/1 bis 1908 als Präsidentin vorstand und aus dem heraus sie den Landesverein der Arbeiterinnen mitgründete sowie leitete. Durch diese Positionen kam sie in Kontakt mit Aktivistinnen aus dem Ausland, besonders eng war ihre Beziehung zu Aletta Jacobs. In der Folge schuf sie die Voraussetzungen, dass ungarische Frauen in den beiden Weltfrauenverbänden repräsentiert waren und zeichnete wesentlich für die Organisation des Budapester IWSA-Kongress verantwortlich. Der Erfolg des Treffens brachte Schwimmer eine Stelle in der Öffentlichkeitsabteilung des IWSA in London ein, die sie 1914 antrat. Da der Krieg die Rückkehr nach Hause verhinderte, organisierte Carrie Chapman Catt, eine der Leitfiguren der US-amerikanischen Suffragetten, eine Vorlesungsreise für Schwimmer in den USA. 1915 nahm sie am internationalen Frauenkongress in Den Haag teil, wo sie unmittelbar in den Vorstand des dort initiierten Komitees für Frieden gewählt würde. In dieser Funktion traf sie Politiker, Industrielle und Diplomaten, u. a. Woodrow Wilson und Henry Ford, zu Gesprächen über einen Waffenstillstand, die zur »Ford Peace Expedition« führten – bei der über 100 Friedensaktivisten und Journalisten mit dem Schiff von New York nach Stockholm reisten, um mit Regierungsvertretern der neutralen Staaten zusammenkommen. Nach dem Krieg kehrte Schwimmer erst nach Ungarn zurück bzw. weilte kurzzeitig als ungarische Botschafterin in der Schweiz. Als nach dem Ende der Räteregierung Miklós Horthy als Reichsverweser an die Macht kam, floh sie in die USA, wo sie sich verstärkt der Friedensarbeit widmete. Aufgrund von Meinungsverschiedenheiten hatte sie ihre Mitarbeit in der »Women's International League for Peace and Freedom« (WILPF) beendet. Staatenlos, da sie im Einbürgerungsverfahren den Schwur zur Vaterlandsverteidigung verweigert hatte, gründete Schwimmer 1937 mit Gefährtinnen die »Campaign for World Government«, eine Lobbyorganisation, die sich einen dauerhaften Frieden nicht so sehr vom Völkerbund, als von einem direkt gewählten Weltparlament versprach. Kurz vor ihrem Tod wurde sie für den Nobelpreis nominiert.[131]

131 *Kereszty*, Great Endeavor; *Patterson*, Search for Negotiated Peace, S. 29 ff.; *McFadden*, Borders; *Haan*, *Daskalova* u. *Loutfi*, Biographical Dictionary.

I.5.5 Internationalisierung im Ersten Weltkrieg

Der Erste Weltkrieg stellte für die vielfältigen Formen internationaler Zusammenarbeit, die sich bis 1914 etabliert hatten, eine Zäsur dar, allerdings nicht im Sinne eines völligen Zusammenbruchs der Vorkriegsinstitutionen bzw. eines Abbruchs der Internationalisierungsdynamik. Aktuelle Forschungen sehen den Ersten Weltkrieg weniger als einen Endpunkt, denn als Katalysator von Veränderungsprozessen, die zu Kriegsbeginn bereits im Gange waren. In solch einer Perspektive wird deutlich, dass sich keineswegs alle, die zuvor mit Gleichgesinnten aus anderen Teilen Europa und der Welt kooperiert hatten, dem sich ausbreitenden aggressiven Nationalismus sowie der Mobilisierung für den Kriegseinsatz beipflichteten.

Zwar hat der Kriegsausbruch die Hoffnungen auf eine Friedenssicherung durch Verträge und Konventionen, durch Schiedsgerichtsbarkeit und Haager Landkriegsordnung zerstört, doch die Brutalität der Auseinandersetzung führte zugleich unmissverständlich vor Augen, dass grenzüberschreitende Zusammenarbeit unabdingbar ist für friedliche zwischenstaatliche Beziehungen. Obwohl es unter Kriegsbedingungen ungleich schwieriger war internationale Treffen abzuhalten, und tatsächlich viele der für den Herbst 1914 angekündigten Konferenzen abgesagt wurden, hat man bestehende Kontakte durch anhaltende Zusammenkünfte nicht abreißen lassen. Hinter den sich scheinbar auflösenden Netzwerken der Zivilgesellschaft steckt bei genauerem Hinsehen ein Wandel der Konnektivität: transnationale Kooperation wird nach dem Krieg über den Völkerbund kanalisiert und folgt dessen Organisationsprinzip, welches das Internationale als Multiplikation des Nationalen begreift. Manche Aufgabe der Regierungsorganisationen war obsolet geworden, besonders die Zirkulation von Informationen. Doch der Krieg hat auch zu einer Ausweitung der Vernetzung geführt. Für das Internationale Rote Kreuz entstand, wie bereits ausgeführt, ein zuvor kaum vorstellbarer Handlungsbedarf und die Notwendigkeit einer engeren Zusammenarbeit, sowohl der Rotkreuzverbände untereinander als auch mit dem IKRK. Das Büro des Weltpostvereins musste nach verschollenen Paketen suchen, die Telegraphenunion nach verlorenen Meldungen. Der sich in die Gesellschaften hinein ausbreitende Krieg war nicht zuletzt von dem Funktionieren grenzüberschreitender Infrastruktur abhängig.[132] Und während zahlreiche internationale Organisationen ihre Arbeit vorübergehend und

132 *Herren*, Internationale Organisationen, S. 51 f.

teilweise sogar dauerhaft eingestellt hatten, wurden während des Krieges neue Institutionen gegründet.

Der Erste Weltkrieg spaltete die internationale Frauenbewegung nicht nur in Befürworterinnen und Gegnerinnen, sondern auch die Pazifistinnen trennten sich in zwei Gruppen: Clara Zetkin und ihre Mitstreiterinnen hielten im März 1915 eine große Konferenz ab, während Aletta Henriëtta Jacobs einen Monat später Gleichgesinnte nach Den Haag einlud. Das Haager Treffen endete mit der Gründung eines internationalen Komitees zur koordinierten Friedensarbeit, das 1919 als »Women's International League for Peace and Freedom« (WILPF) auf Dauer gestellt wurde.[133] Außerdem entstand die in Petrograd ansässige »Gesellschaft für die internationale Sprache ›Kosmoglot(t)‹«, zu deren Mitgliedern der eingangs erwähnte Baudouin de Courtenay zählte.[134] Auch im Jahr 1918 kam es zu Neugründungen, beispielsweise der »International Federation of Arts, Letters and Sciences« (Paris) sowie der »World Federation of Adult Education« (London).

Höchst unterschiedlich wirkte sich also der Erste Weltkrieg auf die seit der Mitte des 19. Jahrhunderts entstandenen Kooperationszusammenhänge aus, und das gilt auch für die Internationalisierungsprojekte im östlichen Europa bzw. unter Mitwirkung von Akteuren aus der Region. So manche Vernetzungsinitiative kam zum Erliegen, etwa die transnationale Bewegung des Neoslawismus. Die Niederlage Russlands im Krieg gegen Japan von 1905 hatte eine globale Machtverschiebung ausgelöst. Einerseits setzte sie einen weltweiten Prozess nationaler Emanzipationen in Gang, andererseits bedeutete sie das vorläufige Ende einer russischen Expansionsgeschichte im Fernen Osten. Während in anderen Weltregionen Nationalbewegungen entstanden, wurde in der slawischen Welt versucht, alte Nationalismen transnational zu bündeln. Parlamentsabgeordnete und Journalisten in Wien, St. Petersburg und Prag begriffen die alte Idee der slawischen Solidarität nunmehr als regionale Vernetzungmöglichkeit und beteiligten sich am Prager Neoslawistenkongress von 1908.[135]

---

133 *Blackwell*, No Peace without Freedom.

134 *Künzli*, Neue Sprache für Russland, S. 10–12

135 *Hadler*, Vernetzungsimpulse; ders. Der Prager Slawen-Kongress; an anderer Stelle sieht Hadler den Neoslawismus als möglichen Impuls transnationaler Kooperationstraditionen in der Region, die sich über die Kleine Entente, den Rat für gegenseitige Wirtschaftshilfe (RGW) bis zur Visegrad-Gruppe verfolgen lassen: *Hadler*, Visegrad Group.

Während des Krieges entstanden aber in Ostmitteleuropa Initiativen grenzüberschreitender Kooperation, und schließlich entwickelte sich die Region zu einem Adressaten humanitärer Hilfe, was nach dem Ende des Krieges in Verbindung mit der Restrukturierung internationaler Organisationen im Zuge der Gründung des Völkerbundes zu einer neuen Ausgangslage für Internationalisierungsprojekte im östlichen Europa führte.

Neue Internationalisierungsprojekte

Zur Transnationalität ostmitteleuropäischer Gesellschaften während und unmittelbar nach dem Ersten Weltkrieg gehören die Erfahrung und Selbstorganisation der Soldaten. In Kriegen werden Grenzen nicht nur in der militärischen Konfrontation überschritten, sondern sie sind Zeiten intensiver Kontakte, Transfers und gemeinsamer Erfahrungen. Nicht von ungefähr sind die Kriegsjahre 1914 bis 1918 von sehr vielen als beinahe unerschöpfliches Reservoir von Erlebnissen, Erwartungen und Anliegen beschrieben worden, die weder vor Kriegsausbruch artikuliert wurden noch in der Nachkriegsstabilisierung ohne Weiteres verständlich gemacht werden konnten. Der Erste Weltkrieg war zweifellos ein transnationales Ereignis, das mindestens bis in die 1930er Jahre hinein wirkte. Ein wichtiger Aspekt sind dabei die ähnlich gelagerten Erfahrungen der Soldaten, die sich in ein Gefühl der Verbundenheit angesichts des gleichen Schicksals übersetzten. Das gilt auch für polnische, tschechische und slowakische Soldaten, obwohl sie an verschiedensten Fronten und für gegnerische Armeen gekämpft hatten, manche für Gleichstellung in den Imperien, andere für nationale Emanzipation.[136]

Mit dem Ende des Kriegs begannen sich die Zurückkehrenden als Interessengruppe zu organisieren. In Polen ebenso wie in anderen ostmitteleuropäischen Ländern entstanden Veteranenverbände, die alsbald zu einem Massenphänomen wurden. Dass sie in verschiedenen Koalitionen die Frage ihrer Anerkennung und Versorgung auf die politische Agenda brachten, hat damit zu tun, dass mit der (wieder)erlangten Nationalstaatlichkeit in Polen und der Tschechoslowakei nationale Sozial- und Fürsorgesysteme geschaffen wurden. Wie andernorts auch reagierte man auf die immens hohe Zahl von Invaliden, Witwen und Waisen mit einer Gesetzgebung zur Kriegsopferversorgung. In ganz Europa entstanden nach 1918 solche

---

136 *Dudek*, Polish Military Formations; *Milewska, Nowak*, u. *Zientara*, Legiony Polskie; *Stegmann*, Soldaten und Bürger.

Versorgungssysteme, die an Fürsorgemechanismen aus der Vorkriegszeit anschlossen.[137]

Nicht nur die Gesetzgebung hatte Vorläufer, auch die Selbstorganisation der Soldaten – hier verbanden sich Nationalisierungs- und Transnationalisierungsprozesse. 1917 hatten sich z.B. polnische Kriegsinvaliden aus der österreichischen Armee in Krakau und auch der deutschen Armee in Posen/Poznań zusammengeschlossen. Bis zum Kriegsende formierten sich weitere Verbände, darunter derjenige der polnischen Legionäre, die sehr verschiedene Projekte verfolgten, von internationalistisch-pazifistischen bis zu nationalistischen und später auch faschistischen. Durch das Kriegserlebnis und die Konfrontation mit analogen Problemen bei der Rückkehr aus den Schützengräben ergab sich jedoch ein gemeinsamer Nenner: das Verlangen nach Frieden und Versorgung. Auf diesem aufbauend schlossen sich einige Verbände 1919 zum Bund der Kriegsinvaliden der Republik Polen (Związek Wojennych Rzeczypospolitej Polskiej – ZIWRP) zusammen, der nicht nur zu den größten Veteranenbünden der Zeit zählte, sondern bald auch zum nationalen Dachverband der Kriegsinvaliden wurde.[138] Vergleichbares geschah in der Tschechoslowakei[139] und in Österreich[140], und lässt sich in unterschiedlichen Facetten über den gesamten ostmitteleuropäischen Raum beobachten.[141]

Die Veteranenverbände sind beispielhaft für den Einfluss des Transnationalen auf scheinbar zutiefst nationale Prozesse und damit für die Interdependenz des Nationalen und Internationalen. Julia Eichenberg hat für die polnische Bewegung gezeigt, dass ihr internationalistischer Zweig vielfältige Verbindungen zu transnationalen Veteranennetzwerken hatte und somit Teil einer weiten Zirkulation von Wissen und Ideen wurde.[142] Diese Verflechtung prägte den ZIWRP dahingehend, dass er sich in der Internationalisierung der Veteranenpolitik engagierte. Mitte der 1920er Jahre existierten bereits zwei internationalen Organisationen als neue Infrastruktur für Kon-

137 Zum Zusammenhang von Veteranenversorgung, Staatsbildung und Staatsbürgerlichkeit sowie Fürsorgesystemen siehe: *Geyer*, Vorbote; *Pawlowsky* u. *Wendelin*, Kriegsopfer und Sozialstaat; zu den Traditionen des 19. Jahrhunderts: *Vogel*, Undank der Nation.

138 *Jabłonowski*, Sen o potędze Polski; *Wróbel*, Kombatanci kontra politycy; *Kossewska*, Związek Legionistów Polskich.

139 *Stegmann*, Social Benefits, S. 118.

140 *Pawlowsky* u. *Wendelin*, Wunden des Staates.

141 *Boeckh* u. *Stegmann*, Veterans; *Cornwall* u. *Newman*, Sacrifice and Rebirth.

142 *Eichenberg*, Kämpfen für Frieden und Fürsorge, S. 41.

takt und Ideenaustausch: die »Fédération Interalliée des Anciens Combattants« (FIDAC), in denen sich die nationalen Verbände der Alliierten zusammenschlossen (1920) und die »Conference internationale des Associations de mutilés de guerre et anciens combattants« (C. I. A. M. A. C.), in der sich seit 1925 Veteranen der einstmals verfeindeten Mächte verbanden.[143]

Ostmitteleuropa als Adressat humanitärer Hilfe

Das »American Red Cross« (ARC) war bereits während der Balkankriege 1912/13 in Europa tätig, im Rahmen des Belgrader Such- und Auskunftsdienstes, den das IKRK eingerichtet hatte. Kurz nach der Kriegserklärung Österreich-Ungarns an Serbien im August 1914 überquerte das ARC erneut den Ozean, diesmal mit Ärzten und Krankenschwestern, um in Sibirien Kriegsgefangenenlager zu besichtigen. Die systematische Arbeit begann jedoch erst 1917, als die USA in den Krieg eintraten. Damit war das ARC zwar nicht mehr neutral, und konnte nur auf dem Gebiet der Alliierten agieren, aber die humanitäre Hilfe wurde nun zu einem Bestandteil des Kriegseinsatzes, weshalb die Washingtoner Regierung erhebliche Ressourcen bereitstellte. Das ARC nutzte sie in enger Kooperation mit europäischen Stellen. Bis zur ersten Jahreshälfte 1918 wurden Hilfskommissionen für Russland, Italien und Frankreich, für Palästina und den Nahen Osten, auch für Serbien, Rumänien und Griechenland geschaffen, wodurch der Verband in weiten Teilen des westlichen und südöstlichen Europa präsent war, zumeist mit Gesundheitsexperten, die gegen Cholera, Typhus, Malaria kämpften. Allein in Griechenland arbeitete das ARC zwischen August 1917 und März 1919 mit ca. 2000 Männern und Frauen.[144]

Da man sich sowohl um verletzte Soldaten als auch um unter Hunger und Krankheiten leidende Zivilpersonen kümmerte, wurden Delegationen im Winter 1914/15 nach Polen und Serbien geschickt, um abzuschätzen, ob und wie eine ähnliche Hilfsaktion angemessen sei, wie sie zeitgleich für Belgien unternommen wurde. In Reaktion auf die Berichte gründete Herbert Hoover die »International Commission for Relief in Poland«. Außer einem erneuten Besuch vor Ort blieb das Unternehmen allerdings ohne Ergebnis, da die Verhandlungen mit der britischen und deutschen Regierung bzgl.

143 *Eichenberg*, Veterans' Associations; *Eichenberg* u. *Newman*, Great War. Zur Teilnahme polnischer Veteranen an den internationale Treffen der Veteranenverbände, mit Argument, dass es sich dabei um Lobbyarbeit für die eigenen Interesse wie für die Sicherheit Polens handelt: *Letko*, Działalność; *Letko*, Aktywność generała Romana Góreckiego; *Letko*, Geneza przebieg; *Letko*, Stosunki.

144 *Giannuli*, American Philanthropy in Action.

des Transports der Hilfsgüter scheiterten. Mit Kriegsende änderten sich die Vorzeichen der ARC-Aktivitäten: Die zivile Fürsorge in Europa wurde als Teil US-amerikanischer Außenpolitik neu gedacht, auch mit Blick auf die Schaffung eines ›cordon sanitaire‹. Eine nun geschaffene »Commission for Europe« begann mit 127 Mio. US-Dollar ausgestattet ein breites Programm zur Krankheitsbekämpfung, Verbesserung der Hygiene und Gesundheitsvorsorge bei Kindern in Ost(mittel)europa, Sibirien und auf dem Balkan.[145] Nach zwei Jahren waren Geld und Enthusiasmus erschöpft; zum 1. Januar 1921 beendete das ARC seine letzten Projekten in Polen, wo es am längsten geblieben war. Bis dahin aber kam es vielfältigen Aktivitäten.[146]

Noch im Krieg hatte der Verband ein »Bureau of Field Nursing Service« eingerichtet, dass im Frühjahr 1919 eine Gruppe tschechischer Krankenschwestern nach Omsk (Sibirien) schickte, um die Lage von inhaftierten tschechischen Legionären zu beurteilen (in der Folge beteiligte sich das ARC am Rücktransport der Gefangenen der Mittelmächte). Ein halbes Jahr später, im November 1919, stimmten Clara D. Noyes, Vorsitzende des ARC, und Alice Fitzgerald, Leiterin der Kommission für Europa, einer Kooperationsanfrage aus Prag für den Aufbau einer Krankenpflegeausbildung zu. Unter der Schirmherrschaft von Alice Masaryková, Präsidentin des tschechoslowakischen Roten Kreuzes und Tochter des Staatspräsidenten, begannen Zusammenarbeit und Austausch: zwei Pragerinnen gingen zur Ausbildung an das Massachusetts General Hospital, zwei amerikanische Krankenschwestern bildeten 60 Medizinstudenten des dritten Studienjahres in häuslicher Hygiene und Krankenpflege aus. Für Polen plante das ARC ähnliches. Letztlich entstanden Ausbildungsprogramme für Krankenschwestern in Prag, Warschau und Bajina Basta (Serbien), alle in Kooperation von US-amerikanischen und lokalen Pflegerinnen betrieben.[147]

Im Winter 1920/21 entstand als Hilfswerk für Europa das »European Relief Council«, in dem neun US-amerikanische Organisationen, darunter das ARC, ihre Hilfeleistungen koordinierten. Zu den Kernarbeitsbereichen des ARC in dieser Konstellation zählte der Ausbau der medizinischen Versor-

145 *Patenaude*, Big Show in Bololand; *Gay* u. *Fisher*, Public Relations; *Biskupski*, Strategy, Politics and Suffering; *Adams*, Herbert Hoover; *Irwin*, Making the World Safe, S. 150ff.

146 *Rodogno, Piana* u. *Gauthier*, Shaping Poland.

147 Berichte von Clara D. Noyes in: The American Journal of Nursing, Ausgaben: 19 (1918) 5, S. 367–376; 19 (1918) 8, S. 619–623; 19 (1919), 12, S. 947–951; 20 (1919) 2, S. 134–1938, 20 (1919) 5, S. 395–399; sowie Masaryk, Program of the Czechoslovak Red Cross, S. 736–739; *Irwin*, Making the World Safe, S. 181.

gung von Kindern im östlichen Europa. Zum einen entstanden in Zusammenarbeit mit lokalen Wohlfahrtsorganisationen und Ärzten in knapp anderthalb Jahren 471 Gesundheitszentren in der Tschechoslowakei, in Polen, Österreich, Ungarn und auf dem Balkan – jeweils mit zwei Ärzten, zwei Krankenschwestern und zwei Sozialarbeitern sowie je zur Hälfte lokal und mit Personal des ARC besetzt. Mit der Terminierung des ›Child Health‹-Programms zum 30. Juni 1922 wurden die Einrichtungen an die Mitstreiter vor Ort übergeben. Sie waren zugleich Prismen kultureller Transfers im Bereich der Gesundheitspolitik, die in den 1920er Jahren von einem transnationalen Expertennetzwerk um die Gesundheitsorganisation des Völkerbundes und das Auslandsprogramm der Rockefeller Foundation etabliert wurde. Im Mittelpunkt stand eine Vorstellung von Sozialmedizin, die auf die Pfeiler öffentliche Gesundheitssysteme, Prävention parallel zu Therapie, Verbesserung von sozialen und wirtschaftlichen Lebensumständen, internationaler Austausch gegründet war.

US-amerikanische Rotkreuz-Mitarbeiter sammelten dabei vor Ort Erfahrungen, die Zweifel an der eigenen Überlegenheit und dem paternalistischen Umgang mit den Kollegen aus Ostmitteleuropa hervorriefen. So berichtete Kendall Emerson, stellvertretender Direktor der Kommission für Europa, seinen Kollegen in der ARC-Leitung, dass lokale Schwestern, Ärzte und Sozialarbeiter deutlich besser einzuschätzen wüssten, welche Hygienemaßnahmen den Landsleuten vermittelt werden konnten. Sie seien kein zweitrangiger Ersatz für die Experten aus Übersee, sondern Verbündete, ohne die wenig zu erreichen sei.[148] Deshalb bewirke der missionarische Eifer mancher Kollegen das Gegenteil dessen, was man erreichen wolle. Ganz ähnlich äußerte sich Frederick Munroe, ebenfalls aus der Leitung des ARC nach einer Reise durch Ostmitteleuropa: Der Verband stehe vor allem vor dem Problem, dass sich die Mitarbeiter nicht von ihren Ansichten lösen könnten und glaubte, was sie für richtig hielten, müsste auch andere für gut befinden. Man müsse aufhören, Tschechen, Polen, Serben und andere Europäer dazu bringen zu wollen, US-amerikanische Ansätze der Gesundheitspolitik zu imitieren bzw. zu Amerikanern machen zu wollen. Diese Plädoyers waren von der Sorge getragen, das angestrebte Ziel einer politischen Beeinflussung in Ostmitteleuropa zu verfehlen, aber sie verweisen uns auch indirekt auf die Resistenzen, auf die der diffusionistische Ansatz amerikanischer Gesundheitspolitik in der Region traf.

---

148 Zitiert nach *Irwin*, Making the World Safe, S. 178 f.

Schlussbemerkung

Dass die Gesellschaften in Ostmitteleuropa über eine vergleichbare Tradition der Präsenz in internationalen Organisationen verfügten, wie viele andere Staaten Europas, sollte angesichts der hier vorgestellten Beispiele nicht länger übersehen werden. Als in der Mitte des 19. Jahrhunderts internationale Kongresse und Organisationen als Form grenzüberschreitender Kooperation aufkamen, waren auch Akteure aus dieser Region vielfältig beteiligt. Eine steigende Zahl von Polen, Slowaken, Tschechen und Ungarn unterschiedlichster Herkunft und Couleur – so wie viele andere in Ostmitteleuropa lebende Menschen – begannen ihre Bedürfnisse, Forderungen und Pläne mit Gleichgesinnten jenseits der Grenzen zu formulieren und zu verfolgen. Auch diejenigen, die in den diplomatischen Diensten der Imperien standen, wirkten an der weltweiten Verbreitung von kollektiven Treffen und Regelungen mit. In der Folge weiteten sich die gesellschaftlichen und politischen Außenbeziehungen auf vielfältige und nachhaltige Weise. Dass Internationalisierung zu einem Signum des 19. Jahrhundert, und zu einem stabilen Topos der Globalgeschichte geworden ist, hat wiederum auch damit zu tun, dass und wie sie im östlichen Europa betrieben und gestaltet wurde.

Das Spektrum der Antworten auf zunehmende Verflechtung reichte bereits in den 1860er Jahren von Verleugnung und Distanzierung über Partizipation bis zur Initiierung von Internationalisierungsprojekten. Diese Bandbreite von Strategien ist auch in Ostmitteleuropa zu beobachten, wobei wir uns auf wenige konzentriert haben: Nichtbeteiligung, Erweiterung internationaler Bewegungen durch den Aufbau lokaler Strukturen, Veränderung internationaler Organisationen sowie die Etablierung eines spezifischen Themas als internationales Handlungsfeld. Die Beispiele, an denen sie gezeigt wurden – Schutz des geistigen Eigentums, Verrechtlichung des internationalen Raumes, Umgang mit Kriegsfolgen und Gleichstellung von Frauen sowie – zählen zu den Bereichen früher transnationaler Regulation, wobei auch die Standardisierungs-, Friedens- und zahlreiche andere grenzüberschreitenden Bewegungen von Protagonisten aus Ostmitteleuropa getragen und geprägt waren.

Um bei internationalen Organisationen und Institutionen, die sich dem Prinzip politischer Souveränität verpflichteten sahen, aktiv teilhaben zu können, entwickelten polnische, tschechische, slowakische und bis 1867 auch ungarische Akteure eine hohes Maß an Kreativität, die Hürde fehlender Eigenstaatlichkeiten zu überspringen. Aber in vielen Organisationen gab es ein solches formales Hindernis nicht, denn das Nationalstaatsprinzip setzte sich nur langsam und in letzter Konsequenz erst nach den beiden Weltkriegen des 20. Jahrhunderts durch. Viele probierten aus, was die Teilnahme an internationalen Kongressen und Organisationen zu bieten hatte und entschieden dadurch mit, wie sich ihre Gesellschaften in den dichter werdenden globalen Beziehungen positionierten. Internationalisierung wurde in Ostmitteleuropa als komplementäre, teils parallele Strategie zur Nationalisierung gesehen und man versuchte, die zeitgenössische Globalisierung sowohl über eine nationale Organisation als auch über transnationale Integration zu bewältigen.

Im Ergebnis entstand bis zum Ersten Weltkrieg eine Praxis grenzüberschreitender Kooperation, die das Selbstverständnis und die Lebenswege der Beteiligten prägte, ihre Wissens-, Kommunikation- und Handlungsräume erweiterte und eine spezifische Expertise hervorbrachte, nämlich die Fähigkeit, in internationalen Konstellationen und Strukturen souverän zu agieren. Als Erfahrung und Ressource wirkte diese Teilnahme an den frühen internationalen Institutionen weit bis 1918 unter dem veränderten Vorzeichen der Nationalstaatlichkeit fort und prägte die allgemeinen Dynamiken, Institutionen und Verräumlichungen der Internationalisierung des neuen Jahrhunderts.

Schauen wir auf die Biografien der herausragenden Persönlichkeiten aus Ostmitteleuropa, die an der Vertiefung internationaler Kooperation mitwirkten, dann wird in besonderer Weise ihr transnationaler Hintergrund deutlich. Sie waren Wanderer zwischen den Imperien und Nationalstaaten des späten 19. Jahrhunderts, sie waren häufig polyglott und schon deshalb in der Lage, der Vielfalt der Stimmergreifungen zu folgen, und sie hatten die unterschiedlichsten Erfahrungen aus den Peripherien der Reiche Ostmitteleuropas aufgenommen und waren deshalb dafür prädestiniert, auf Schwachstellen hegemonialer Diskurse im Geschäft der Internationalisierung aufmerksam zu machen und Alternativen vorzuschlagen.

Die Internationalisierungsprozesse zwischen den 1850er Jahren und dem Ersten Weltkrieg in Ostmitteleuropa waren also davon gekennzeichnet, dass sie unter imperialen Vorzeichen erfolgten. Die spezifische Staatlichkeit in der Region, besonders das Nebeneinander von imperialen und nationalen Ordnungsmustern, führte zu unterschiedlichen Formen der grenzüberschreitenden Zusammenarbeit: Staatliche wie gesellschaftliche Akteure konnten für ihre Imperien an internationalen Zusammenhängen teilnehmen. Oder sie konnten ohne offizielles Mandat mitwirken, z.B. nur mit dem Verweis auf ihre Nationalität. Die unterschiedlichen Möglichkeiten der Verortung der Akteure – im Reich, in der Nation, in der Region – erklärt die vielfältigen Internationalisierungsbewegungen in Ostmitteleuropa. Erst nach dem Ersten Weltkrieg hat sich diese Mehrschichtigkeit aufgelöst, als innerhalb der internationalen Bewegungen und Organisationen, allen voran im Völkerbund, eine Reduktion auf die zwischenstaatliche Dimension zu beobachten war.

II. Forschungsstand

Frank Hadler/Matthias Middell

II.0 Ostmitteleuropa transnational in Gesamtdarstellungen zur Geschichte der Region

Die Zahl der Bücher, die nicht nur Einzelaspekte, sondern komplexe historische Entwicklungen von Politik, Kultur und Wirtschaft der ostmitteleuropäischen Geschichtsregion für größere Zeitabschnitte synthetisierend in den Blick nehmen, ist relativ überschaubar. Wegen ihres gesamtregionalen Ansatzes bieten aber gerade sie Anknüpfungspunkte und zum Teil vielfältiges Material für eine transnationale Geschichte, auch wenn sie sich eher auf die innerregionalen Verflechtungen als auf eine über Ostmitteleuropa hinaus reichende Transnationalität konzentrieren. Wegen des zeitlichen Zuschnitts unseres Vorhabens und der diesem zugrunde gelegten Auffassung von Transnationalität als modernem Phänomen seit dem späten 18. und frühen 19. Jahrhundert, können jene Arbeiten unberücksichtigt bleiben, die sich ausschließlich oder überwiegend mit dem Mittelalter und der Frühen Neuzeit befassen.[1] Dies bedeutet natürlich nicht, dass in diesen frühen Zeiträumen keine Strukturmerkmale auszumachen wären, die die Konstruktion einer Tradition von bis in die Gegenwart reichenden Ähnlichkeiten plausibel machen würden.[2] Dass die Auflistung von geschichtsregionalen Charakteristika wie »Prägung durch den abendländischen Kulturkreis«, »Angleichungsprozess an Westeuropa«, »Zuwanderung aus Westeuropa«, »Sprachliche und konfessionelle Heterogenität«, »Gemeinsame politische Kultur«, »Überlappung von habsburgischer, russischer und preußischer Herrschaft«, »Zwischenlage« und »Ostmitteleuropäisches Regionalbewusstsein«[3] holzschnittartig bleiben muss, ist ebenso klar wie die Annahme, dass solche Merkmale ihren Ursprung sowohl in einer langwirkenden Pfad-

---

1 Schwerpunkte auf die politische Prägung der Region im bzw. seit dem Mittelalter setzen *Dvornik*, Making of Central and Eastern Europe; *Conze*, Ostmitteleuropa. Problematisierend dazu: *Lübke*, Prägung im Mittelalter, sowie *Font*, Mitteleuropa?. Zuletzt mit revisionistischem Unterton *Klanizcay*, Ostmitteleuropa zu Westmitteleuropa.

2 Strukturmerkmale, aus denen sich eine »distinctiveness of East Central Europe« ergibt, diskutiert *Wandycz*, Price of Freedom, S. 5–10.

3 *Emeliantseva, Malz* u. *Ursprung*, Einführung.

abhängigkeit als auch in einer dichten Verflechtung durch Mobilität, Austausch und wechselseitige Perzeption hatten.

»Erfindung« Ostmitteleuropas als transnationaler Vorgang

Im Argument der Meso-Region Ostmitteleuropa[4] fließen zwei zentrale Beobachtungen zusammen: Erstens wurde der Region, oder zumindest Teilen von ihr eine hinreichende Zahl solcher Strukturähnlichkeiten zugeschrieben, um sie von benachbarten Regionen anhand objektivierbarer Kriterien und Indikatoren abgrenzen zu können[5]; zweitens haben diese als regionale Besonderheiten erachteten Merkmale nach 1900 und namentlich nach den beiden Weltkriegen in Deutschland[6] und dann auch »vor Ort«[7] Intellektuelle, Politiker und Historiker dazu veranlasst, die Staaten und Landschaften innerhalb der Region als zusammengehörig anzusehen. Immer wieder waren damit auch Versuche verbunden, (geo-)politische Folgerungen über ihre Position im europäischen bzw. globalen Mächte- und Wirtschaftssystem zu ziehen. Ob das »Mitteleuropa« eines Joseph Partsch von 1904[8] oder eines Friedrich Naumann von 1915[9], ob Masaryks »Gefahrenzone« der aus anderen Hegemonialkonstellationen zu befreienden »kleinen Völker« von 1915[10], ob das »Zwischeneuropa« eines Albrecht Penck von 1915[11] oder eines Giselher

4 *Troebst*, Meso-regionalizing Europe; Zu den historiographischen und geschichtspolitischen Prozessen, die diesen Regionalisierungsvorgang begleiteten: *Dabrowski* u. *Troebst*, Gebrauch.

5 *Eberhard*, Ostmitteleuropa.

6 In Deutschland wurde Anfang des 20. Jahrhunderts das Fach Osteuropäische Geschichte »erfunden«. Vgl. *Kappeler*, Osteuropa; *Dahlmann*, Hundert Jahre. Nach dem Ersten Weltkrieg zu großen Teilen in der »Ostforschung« aufgegangen, stellte es sich in den Dienst der auf Expansionspolitik des Dritten Reiches. Auf diesen in den 1990er Jahren viel diskutierten Konnex wies zuerst hin *Burleigh*, Germany.

7 In Polen wurde auf dem Weltkongress der Historischen Wissenschaften 1933 von ostmitteleuropäischen Historiker intensiv über die Frage diskutiert »Was ist osteuropäische Geschichte«. Vgl. dazu *Wandycz*, East European History; In Ungarn erschienen, herausgegeben von Emil Lukinich, zehn Bände der Zeitschrift Archivum Europea Centro-Orientalis. (1935–1944), Bde. 1–9/10.

8 *Partsch*, Mitteleuropa.

9 *Naumann*, Mitteleuropa.

10 Seine Antrittsvorlesung als Professor am Londoner King's College »The Problem of Small Nations in the European Crisis«, in der er von eine »zone of danger« sprach, erschien später in deutscher Übersetzung: *Masaryk*, Problem der kleinen Völker.

11 Als Block verortet zwischen »Vordereuropa« und »Hintereuropa«, Weißem Meer und Bosporus. Vgl. *Penck*, Lehren des Krieges.

Wirsing von 1932[12] oder eines Otto Forst de Battaglia von 1954[13], die »Lands in Between« eines Alan Palmer von 1970[14] oder eben – beginnend in den 1950er Jahren[15], zunehmend seit den 1970er Jahren[16] und fest etabliert seit den 1990er Jahren[17] – »Ostmitteleuropa«.[18] Die Kette nicht allein der deutschen Namensprägungen für die Region ist lang. Die Zuschreibungen erfolgten von außen wie von innen und waren oft konkurrierend aufeinander bezogen.[19] Die »Erfindung« Ostmitteleuropas ist mithin also selbst ein transnationaler Vorgang, wie auch die Erinnerungskulturen in diesem Raum auf vielfache Weise transnational verflochten sind.[20]

Gesamtdarstellungen und transnationale Regionengeschichte

Für eine transnationale Geschichte der Region können Strukturähnlichkeiten ebenso wie Traditionsmobilisierungen als Ausgangspunkte dienen. Eine schlichte Ableitung von Transnationalität aus der meso-regionalen Interkulturalität in den

---

12 *Wirsing*, Zwischeneuropa.

13 *Forst de Battaglia*, Zwischeneuropa.

14 *Palmer*, Lands in Between.

15 Einflussreich dafür in Westdeutschland waren die Ostmitteleuropa-Kapitel in *Lemberg*, Osteuropa und die Sowjetunion. Die zweite Auflage erschien 1956 als »Ein Beitrag zur deutschen Ostkunde« im selben Verlag nahezu zeitgleich und in gleicher Aufmachung mit der Synthese von *Halecki*, Grenzraum. Es handelte sich um die Übersetzung von *Halecki*, Borderlands. Parallel war 1954 an der Columbia University in New York City das »Institute on East Central Europe« entstanden.

16 Wichtig hierfür der Teilungsvorschlag der osteuropäischen Geschichte in die »vier großen Regionen« Ostmitteleuropa, Südosteuropa, Nordosteuropa und Russland als europäische Geschichtsregion von *Zernack*, Osteuropa. In den USA wurde in den 1970er Jahren die ursprünglich auf zehn Bände angelegten Buchserie »A History of East Central Europe« auf den Weg gebracht, die bei University of Washington Press erschienen.

17 Beginnend mit *Jaworski*, Ostmitteleuropa. Kurz zuvor war die deutsche Übersetzung der noch im ungarischen Samizdat 1979 entstandenen und 1983 englisch veröffentlichten Studie von *Szűcs*, Three Historical Regions of Europe erschienen, in der Ostmitteleuropa als seit dem 16. Jahrhundert immer bestehende »Zwischenregion« herausgearbeitet wurde. *Szűcs*, Die drei historischen Regionen. In Lublin entstand 1991 mit dem »Instytut Europy Środkowo-Wchodniej« ein polnisches Ostmitteleuropa-Institut, die am Herder-Institut Marburg seit 1952 erscheinende »Zeitschrift für Ostforschung« wurde mit Jahrgang 1995 in »Zeitschrift für Ostmitteleuropa-Forschung« umbenannt, in Leipzig nahm 1996 mit dem GWZO das inzwischen weltweit größte Forschungszentrum für Geschichte und Kultur Ostmitteleuropas seine Tätigkeit auf.

18 *Hackmann*, Zivilgesellschaft.

19 *Kłoczowski*, East Central Europe.

20 *Gąsior*, *Halemba* u. *Troebst*, Gebrochene Kontinuitäten.

Zeiten vor 1800[21] griffe aber bei Weitem zu kurz. Den ersten Versuch einer Gesamtdarstellung der Geschichte Ostmitteleuropas, die für unser Vorhaben von hoher Relevanz ist, obgleich sie im Mittelalter einsetzt, hat Oskar Halecki (1952) unternommen.[22] Die gesamte Zeit seit dem Mittelalter bis zur (damaligen) Gegenwart im Blick hat auch Piotr S. Wandycz (1992)[23]. Ostmitteleuropa als distinkter historischer Region in der Geschichte Osteuropas seit der Zeit der Römer sind entsprechende Kapitel der Synthese von Robert Bideleux und Ian Jeffries gewidmet (1998), die 2007 in zweiter Auflage erschien.[24] Neben diesen Monographien muss die von Jerzy Kłoczowski herausgegebene Geschichte Ostmitteleuropas (2000)[25] genannt werden, an der polnische und französische Historiker beteiligt waren. Schwerpunktmäßig das 19. und 20. Jahrhundert behandeln die monumentale Monographie über »Zwei Jahrhunderte Mitteleuropas« von Jan Křen (2005)[26], die überwiegend wirtschaftshistorische Untersuchung der »Politics of Borderlands from Pre- to Postcommunism« von Andrew Janos (2000)[27] sowie die vor wenigen Jahren erschienene Ostmitteleuropa-Synthese von Joachim von Puttkamer (2010). Aus der in die 1970er Jahre zurück reichenden Buchserie »A History of East Central Europe« ist für uns ganz besonders der »Historical Atlas of East Central Europe« von Paul R. Magocsi (1993)[28] relevant, dessen kommentierte Karten auch Transnationalisierungsprozesse visualisieren. Daneben ließe sich auch auf Kurzsynthesen von George H. Hodos (1999)[29] und Christoph Augustynowicz (2010)[30] sowie die Gesamtdarstellung der Geschichte Osteuropas von Emil Niederhauser (2003)[31] verweisen, der allerdings Ostmitteleuropas nicht als separate Geschichtsregion behandelt. Nicht mehr berücksichtigt werden konnte die für Frühjahr 2017 angekündigte und von Irina Livezeanu und Arpad von Klimo herausgegebene

21 *Langer* u. *Michels*, Metropolen und Kulturtransfer.

22 *Halecki*, Borderlands. Die folgenden Zitate stammen aus der deutschen Übersetzung von 1957 (vgl. Fußnote 15).

23 *Wandycz*, Price of Freedom.

24 *Bideleux* u. *Jeffries*, History of Eastern Europe.

25 *Kłoczowski*, Historia. Die französische Version in einem Band erschien 2004 als »Historie de l'Europe du Centre-Est« in Paris bei Nouvelle Clio.

26 *Křen*, Dvě století.

27 *Janos*, East Central Europe.

28 *Magocsi*, Historical Atlas 1993.

29 *Hodos*, East-Central European Region. Der Band erschien 2003 deutsch bei der Bundeszentrale für politische Bildung. Vgl. *Hodos*, Mitteleuropas Osten.

30 *Augustynowicz*, Geschichte Ostmitteleuropas.

31 *Niederhauser*, History of Eastern Europe.

»The Routledge History of East Central Europe«.[32] Darstellungen einzelner Reiche, obwohl sie sich in letzter Zeit immer deutlicher aus dem Arsenal der transnationalen Geschichte bedienen,[33] bleiben in dieser auf die Gesamtregion gerichteten Einleitung außer Betracht, werden dagegen in den einzelnen Kapiteln ausführlicher berücksichtigt.

Verschiedene Beobachtungsräume

Für unser Unternehmen sind die genannten Gesamtdarstellungen nicht nur deshalb relevant, dass sie alle den Zeitraum von der Mitte des 19. Jahrhunderts bis zum Ersten Weltkrieg abdecken, sondern weil sie, wie noch zu zeigen ist, vielfältige Ansatzpunkte für eine transnationale Geschichte Ostmitteleuroas bieten. Dabei ist es wenig erheblich, dass die von den Verfassern für die Region verwendeten räumlichen Begriffe und Zuschnitte zum Teil signifikant variieren. Halecki, der als einer der konzeptionellen Urheber der ostmitteleuropäischen Geschichtsregion gilt[34], sprach ganz selbstverständlich von East Central Europe resp. Ostmitteleuropa. Konsequent seiner Theorie von der Zentralität des in nord-südlicher Richtung verlaufenden »Isthmus« folgend, hatte der seit dem Zweiten Weltkrieg bis zu seinem Tode 1973 in den USA wirkende Pole dabei die gesamte Landmasse zwischen Ostsee, Adria und Schwarzem Meer als zusammenzudenkende Untersuchungsregion definiert. Ohne direkten Rückgriff auf Halecki ist dies auch in Janos' »East Central Europe in the Modern World« der Fall. Nicht ganz so breit (ohne Bulgarien) ist der Zugriff in der vom Lubliner Mediävisten Kłoczowski herausgegebenen »Historia Europy Środkowo-Wschodniej«. Für eine je separate Behandlung der Balkanhalbinsel (»the Balkans«) und von »East Central Europe« in ihrer »*faute de mieux*« mit »Eastern Europe« überschriebenen Gesamtdarstellung haben sich Bideleux und Jeffries entschieden.[35]

32 *Livezeanu* u. *von Klimo*, Routledge History of East Central Europe.

33 Zu denken ist etwa an *Judson*, Habsburg Empire; *Hildermeier*, Geschichte Russlands.

34 *Marowiec*, Oskar Halecki; *Bömelburg*, Zwischen imperialer Geschichte und Ostmitteleuropa.

35 Sie tun dies mit einer Zuordnung von heute bestehenden Staaten: »Fortunately, there is fairly widespread agreement that Poland, Hungary, the Czech Republic, Slovakia and Slovenia constitute an identifiable region, to which we apply the name East Central Europe; and that to the south of this lies another identifiable region comprising Greece, Albania, Bulgaria, Romania, Serbia, Croatia, Bosnia and Hercegovina, Kosova and the Republic of Macedonia, which is commonly referred to as ›the Balkans‹ or ›the Balkan Penisula‹«. *Bideleux* u. *Jeffries*, History of Eastern Europe, S. xii.

Auf ein kleines, quasi Kern-Ostmitteleuropa, das vor allem die historischen böhmischen, polnischen und ungarischen Länder beinhaltet, konzentriert sich der polnische *emigré historian* Wandycz.[36] Diesem Vorgehen folgt im Prinzip auch der in Jena lehrende von Puttkamer. Der tschechische Historiker Křen bevorzugt es hingegen, von »Střední Evropa« [Mitteleuropa] zu sprechen und erweitert die ostmitteleuropäische Kernregion um Deutschland und Österreich, die von Bideleux und Jeffries als »Germanic Central Europe« gebannt werden. Auf das geographische Bestimmungswort »East« für Central Europe verzichtete auch der in Toronto lehrende Magocsi in der zweiten Auflage seines Atlas[37] (2000) – ohne am Zuschnitt der Karten etwas zu verändern. Aus diesen Unterschieden lässt sich folgern, dass es den Verfassern primär um die Definition einer Einheit ging, deren gemeinsame Geschichte sich über die Zeiten verfolgen lässt, wofür die Annahme eines Kernbestands gemeinsamer Charakteristika notwendige Voraussetzung ist. Dabei hat die nach dem Ende des Kalten Krieges zunehmend favorisierte Auffassung, nach der Polen, Tschechien, die Slowakei und Ungarn als Kern Ostmitteleuropas anzusehen sind, gewissermaßen die EU-Erweiterung von 2004 antizipiert, zugleich aber wird bislang kaum auf die seit einigen Jahren stark intensivierte regionale Zusammenarbeit der ostmitteleuropäischen Staaten im Rahmen der Visegrad-Gruppe reagiert.[38] Transnationale Aspekte kommen dabei vielfach zur Sprache, vorzugsweise als Belege für die Bezogenheit Ostmitteleuropas auf die Entwicklungen im westlichen Europa. Konzeptionell leitend sind diese Aspekte meist nur im Narrativ einer »historischen Verspätung« oder »Rückständigkeit«, wovon die Historiographie zu Ostmitteleuropa mehr oder minder explizit nach wie vor geprägt ist. Alle räumlichen Zuschnitte eint, dass sie versuchen eine Entität mit gemeinsamen Charakteristika zu postulieren, was dem Anliegen einer transnationalen Geschichte diametral entgegen gesetzt scheint, aber zugleich das Terrain für die Untersuchung transnationaler Dimensionen bereitet, weil die – wie auch immer konstruierte – Entität eine relationale ist und ein Anderes voraussetzt.[39] Dieses Andere ist oftmals ein an nordwesteuropäischen Entwicklungen destilliertes Substrat von Europäizität[40], gegenüber dem Ostmitteleuropa in einem ständigen Bezug existiert. Dieser

36 *Hadler*, Piotr S. Wandycz.
37 *Magocsi*, Historical Atlas 2000.
38 *Hadler*, Visegrad Group.
39 *Müller*, Historisierung.
40 *Schmale*, Europäizität.

Bezug wird zwar als grundlegendes Unterscheidungsmerkmal gedacht, aber die Sehnsucht nach seiner Überwindung generiert eine (für transnationale Ansätze günstig wirkende) überdurchschnittliche Aufmerksamkeit für die Empirie der Grenzüberschreitung.

»Verspätung«, »Rückständigkeit« und Transnationalität

Der Fokus auf die Bedeutung des (eben lange Zeit unvollendeten) *nation-building* für die Geschichte ostmitteleuropäischer Staatlichkeit sowie die zahlreichen ethnischen oder Nationalitätenkonflikte – bezogen auf die Region im Ganzen wie auf die Nationalgeschichten im Einzelnen – verstellt keineswegs den Blick auf die gleichzeitig wirkende Transnationalität, weshalb die sich in vielen ihrer Bereiche nach wie vor nicht transnational verstehende Ostmitteleuropa-Historiographie durchaus eine Vielzahl von direkten und indirekten Anknüpfungspunkten für unser Projekt einer regionalen Transnationalisierungsgeschichte enthält, wofür man sie keineswegs »gegen den Strich« lesen muss, sondern in ihrem doppelten Bemühen ernst nehmen sollte, die Relationalität der Konstruktion Ostmitteleuropa zu betonen und die Region gleichzeitig als Ort der Begegnung und der Koexistenz zu begreifen. Dabei treten als Stärken der Ostmitteleuropa-Historiographie (a) die differenzierten Analysen des Übergangs von Imperien zu Nationalstaaten, (b) die Beachtung der infrastrukturellen Integration und Verknüpfung von Territorien unterschiedlicher politischer Zugehörigkeit, (c) die Offenheit für kulturelle Austausch- und Lernprozesse hervor. Nicht selten waren solche transnationalen Entwicklungen zugleich »aktive Strategien nationaler Behauptung«, wie das Beispiel des polnischen politischen Denkens nach der Niederlage des Januaraufstandes von 1863 zeigt, als es – wie von Puttkamer hervorhebt – zur »kreativen Aneignung westeuropäischen sozialphilosophischen Denkens« kam.[41]

Wir wollen an dieser Stelle den Darlegungen der Forschungsstände nicht vorgreifen, auf die sich die Verfasser der folgenden Kapitel zu den einzelnen Dimensionen der transnationalen Geschichte Ostmitteleuropas beziehen. Vielmehr betrachten wir hier lediglich, welche Rolle diese Dimensionen in den vorliegenden Gesamtdarstellungen spielen. Im Unterschied zur Spezialforschung ist darin der Zwang zur Auswahl des präsentierten Materials und der damit verbundenen Argumente viel strenger. Wir können deshalb diese Bücher nicht so sehr als Quelle des überhaupt verfügbaren Wissens anse-

41 *Puttkamer*, Ostmitteleuropa, S. 197.

hen. Dafür sind die Aufsätze und Monographien jener Historikerinnen und Historiker deutlich besser geeignet, die teilweise viele Jahre intensiver Detailforschung auf den Spuren einzelner Aspekte verbracht haben. Die Synthesen sind jedoch wichtige Indikatoren für die Bestimmung von Proportionen innerhalb eines nach Kohärenz strebenden Narrativs zur Geschichte Ostmitteleuropas.

Territorialisierungsdynamik

Entsprechend dem dominanten Muster einer »Zone kleiner Nationen«, die sich nur mit Verspätung ihrer imperialen Bedrückung entziehen konnten, steht das Thema einer für die Region typischen verzögerten Nationalstaatsbildung im Mittelpunkt aller Gesamtdarstellungen. Nationale Ausgleiche, namentlich der österreichisch-ungarische Ausgleich von 1867, aber auch kleinere Projekte wie der Mährische Ausgleich von 1905, werden als Signum Ostmitteleuropas dargestellt. Für die allgemein mit 1867 verknüpfte territoriale und staatsrechtliche Reorganisation der Doppelmonarchie schlug Halecki vor, von einem längerfristigen Prozess zu sprechen, der 1859 mit der Niederlage Wiens gegen das sich vereinende Italien begann und erst mit der Okkupation von Bosnien und Herzegowina 1878 beendet war.

> »Da ein großer Teil Ostmitteleuropas und viele seiner Völker – zumindest Splittergruppen von fast allen von ihnen – in die Donaumonarchie eingegangen waren, bildete der Umwandlungsprozeß in ihrem Aufbau eines der wichtigsten Ereignisse in der Geschichte des ganzen Raumes im neunzehnten Jahrhundert.«[42]

Für einen abwägenden Vergleich unterschiedlicher Möglichkeiten von Imperien und Nationalstaaten, mit Transnationalität umzugehen, war in einem solch teleologischen Narrativ wenig Raum.

Das »knappe Jahrzehnt zwischen 1863 und 1871« war auch für von Puttkamer eine »Schlüsselphase der politischen Entwicklung Ostmitteleuropas«. Denn es wurden

> »jene machtpolitischen Verhältnisse dauerhaft fixiert, welche die ostmitteleuropäischen Nationalbewegungen nach der deutschen Reichsgrün-

42 *Halecki*, Grenzraum S. 343.

dung von 1871 auf die Ausbildung nationalgesellschaftlicher Strukturen und Verhaltensweisen innerhalb stabiler Reichsverbände verwiesen.«[43]

Die damit verlängerte Übergangsphase in der From-Empire-to-Nation-Erzählung setzt für alle Teile Ostmitteleuropas einen Bezugspunkt für das finale Erreichen der Unabhängigkeit in den Metropolen der Imperien. Berlin, Wien und St. Petersburg rücken damit an die erste Stelle der transnationalen Bezüge politischen Handelns und führen zur gängigen Feststellung wonach »eine Neuordnung Ostmitteleuropas auf nationalstaatlicher Grundlage« vor allem mit dem »Sturz der Monarchie erst in Russland und dann in Deutschland und Österreich« zu erklären sei.[44]

Auf ein subregional spezifisches Territorialisierungsproblem macht Křen im Zusammenhang mit seinen Überlegungen zum Phänomen der »›neupolnischen‹ Gebiete (›novopolské‹ oblasti‹)« aufmerksam. Durch die Migration von Polen in Regionen, die territorial nicht in den Bestand der Ende des 18. Jahrhunderts durch die Teilungen von der europäischen Landkarte verschwundenen *Rzeczpospolita polska* gehörten, hatte sich »die polnische nationale Sphäre nach Westen erweitert«. Dies hätte zwar eine Stärkung der polnischen Nationalbewegung bedeutet, für die »traditionelle Programmatik einer Erneuerung der alten *Rzeczpospolita*« aber brachte sie »Komplikationen« mit sich.[45]

Gegenüber einer westeuropäischen Entwicklung, die scheinbar geradlinig vom frühneuzeitlichen Territorialstaat imperialer Organisation zum Nationalstaat des 19. Jahrhunderts (der allerdings oft weiterhin über einen kolonialen Ergänzungsraum verfügte) verlief, steht für Ostmitteleuropa die Diskontinuität im Vordergrund. So betont von Puttkamer wie viele andere Autoren, dass ein »ständischer Aufbruch in den Nationalstaat« in Polen bereits durch die Teilungen des Landes Ende des 18. Jahrhunderts gestört wurde und »auch in Böhmen und Ungarn schien zunächst der bürokratische Fürstenstaat zu obsiegen.«[46] Dass dies auch für transnationale Verflechtungen einen anderen Kontext darstellte, kann als Anknüpfungspunkt für unser Unternehmen dienen.

Eine zweite Besonderheit, die in allen Gesamtdarstellungen hervorgehoben wurde, ist die Parallelität von schlussendlich erfolgreichem *nation-*

43 *Puttkamer*, Ostmitteleuropa, S. 3
44 *Puttkamer*, Ostmitteleuropa, S. 65
45 *Křen*, Dvě století, S. 260.
46 *Puttkamer*, Ostmitteleuropa, S. 2.

building und lange als Störfaktor wirkender, aber letztlich nicht zum Ziel gelangender Irredenta. Eine nationalpolitische Option etwa für die Serben, Italiener und Rumänen, die in den Großreichen Ostmitteleuropas lebten, war die Existenz von eigenständigen Staaten, in denen sie die Titularnation stellten und mit denen sie grenzüberschreitend in Verbindung standen. Halecki wies darauf hin, dass sich die »Deutsch-Österreicher [...] soweit sie ihren deutschen Charakter betonen [...] sich in einer (ähnlichen) Situation« befanden[47], wenn man auf das Deutsche Reich schaue.

Křen entwickelt das Konzept von »ersten« und »zweiten« Nationen in der Doppelmonarchie. Die einen seien »gleichberechtigt« gewesen, für die anderen treffe das gerade nicht zu.[48] Auch eine solche Klassifikation bleibt letztlich der Teleologie erfolgreicher Nationsbildung, die sich in einem souveränen Staat realisiert, verhaftet. Das Problem von Multiethnizität und vielfältigen Ansprüchen auf nationale Eigenständigkeit (in einer ganzen Palette von kultureller bis zu staatlicher Souveränität, verbunden mit Partizipations- bzw. Dominanzansprüchen) erweist sich als Grunddilemma dieser *master narratives*. Die sog. Vielvölkerreiche erscheinen gleichzeitig als »Gefängnis«, aus dem der Ausbruch organisiert werden muss, wenn eine erfolgreiche Eigenstaatlichkeit gelingen soll, und in manchem Rückblick aber auch als kommode Herrschaftsform für all diejenigen, denen in einer durchnationalisierten Umgebung nur die Duldung als hochmobile »*transnational nation*« mit kulturellen oder religiösen Referenzen statt des Anspruchs auf ein separiertes Territorium blieb.[49]

Eine Vergleichbarkeit Ostmitteleuropas mit außereuropäischen Regionen ergibt sich für die hier behandelten Autoren nicht. Wandycz hält dies für eine »unzulässige Vereinfachung«, auch wenn die westeuropäische Nachfrage nach Lebensmitteln und Rohstoffen aus Ostmitteleuropa eine einseitige Ausrichtung der Wirtschaftsstrukturen nach sich gezogen habe, die der Situation in den Kolonien nicht unähnlich gewesen sei.[50] In der von Kłocowski herausgegebenen Gesamtdarstellung ist es wiederum Wandycz, der auf Versuche der internationalen Forschung hinweist, bei der Suche nach einem globalen »gemeinsamen Nenner« für nationale Bewegungen und Nationalismus in späteren Zeiten Vergleiche von Ostmitteleuropa und der

47 *Halecki*, Grenzraum, S. 358–359.

48 *Křen*, Dvě století, S. 223.

49 *Diner*, Gedächtniszeiten.

50 *Wandycz*, Price of Freedom, S. 170.

Dritten Welt zu bemühen.[51] Unter Berufung auf den Pariser Osteuropahistoriker Bernard Michel lehnt er ein solches Verfahren klar ab. Im Gegenzug lässt Wandycz jedoch keinen Zweifel daran, dass »Spanien und Irland, geographisch zum Westen gehörend, in vielerlei Hinsicht Ostmitteleuropa nahe sind«.[52]

Migration und Mobilität

Das nach der blutigen Niederschlagung des Aufstandes der Polen von 1830/31 einsetzende, und sich nach weiteren Erhebungen gegen die Teilungsmächte europaweit ausweitende Phänomen der polnischen politischen Emigrationen gehört zum Standardrepertoire aller Synthesen. Für Halecki war diese Emigration personifiziert in dem zum »größten Staatmann Polens im neunzehnten Jahrhundert« stilisierten Adam Czatoryski, der – seit 1833 im Pariser Hotel Lambert lebend – dafür arbeitete, »die Welt zu überzeugen [...] daß das Schicksal Polens nur Teil eines viel größeren Problems war«.[53] Für die Zeit nach dem Krakauer Aufstand von 1846 hält von Puttkamer fest, dass

> »die polnische Bewegung in ganz Europa die Sympathien der Liberalen genoss, die von der Emigration aus gesteuerten Geheimgesellschaften dennoch chancenlos (waren), solange die bestehende staatliche Ordnung nicht geschwächt war«.[54]

Unter Verweis auch auf Lajos Kossuth, den 1851 »mit großer Begeisterung in Amerika« empfangenen Führer der niedergeschlagenen ungarischen Revolution von 1848/49, kam bereits Halecki zu einem ähnlichen Schluss: »Im allgemeinen glückte es jedoch der ungarischen Emigration ebenso wenig wie der polnischen, die Unterstützung der Westmächte für die unterdrückten Völker Ostmitteleuropas zu erlangen«.[55] Křen erwähnt den gescheiterten Versuch der ungarischen Exil-Politiker, eine eigene Legion zur Unterstützung der Italiener im 1859er Krieg gegen Österreich einzusetzen.[56] Die vielfältigen Bemühungen ostmitteleuropäischer Emigranten, ihre nationalen Projekte in die internationale Politik einzubinden, exemplifiziert Wan-

---

51 *Kłoczowski*, Historia, Bd. 2, S. 144.
52 *Kłoczowski*, Historia, Bd. 2, S. 146.
53 *Halecki*, Grenzraum, S. 315–317.
54 *Puttkamer*, Ostmitteleuropa, S. 28
55 *Halecki*, Grenzraum, S. 332.
56 *Křen*, Dvě století, S. 212.

dycz, wenn er auf die Situation rund um den Krimkrieg 1854–56 hinweist, »während der die polnische Emigration nur teilweise erfolgreich damit war, die polnische Frage auf die internationale Agenda zu bringen«.[57] Dass die polnische Emigration dann doch ins dreigeteilte Mutterland zurück wirkte, wird an der unter transnationalen Gesichtspunkten relevanten Gründung der »Polnischen Liga« (Vorläufer der später sehr einflussreichen Nationaldemokratie – »Endecija«) gezeigt, die 1887 in Genf erfolgte. Křen[58] erwähnt diese Exilgründung ebenso wie Kłoczowski, der zudem auf die Tatsache verweist, dass sich eine Gruppe polnischer Exilsozialisten an der Pariser Kommune beteiligt hatte[59].

Wenn es um Migrationsprozesse geht, steht also deren politische Funktion im Fokus, d.h. die Verbindung zu den Zentren des präferierten Gesellschaftsmodells und die Mobilisierung externer Unterstützung für die Sache eines unterdrückten Freiheitsbegehrens: *nation-building* findet seine Voraussetzungen in transnational zirkulierenden Modellen und möglicher Allianzbildung über die Grenzen des Staates und selbst der Region hinaus. Hinzu kommt an zweiter Stelle der Zusammenhang von demographischer Entwicklung und Migration. Von Puttkamer verweist nicht nur auf »eine massenhafte Binnenmigration in die industriellen Ballungsräume«, was zum rasanten Anstieg der Einwohnerzahlen in den Hauptstädten führte, sondern auch zur Verflechtung mit Zentren der Industrialisierung außerhalb der Region, was »400.000 Polen und 150.000 Tschechen und Deutsche in die deutschen Industriegebiete« brachte.[60] Damit waren vor allem das Ruhrgebiet und Oberschlesien gemeint, wo sich für Křen »eigentlich ein neues polnisches Territorium« bildete[61], dem man unserer Auffassung nach eine transnationale Qualität zuschreiben muss. Solche Binnenwanderungseffekte innerhalb der bis zum Ende des Ersten Weltkrieges in Ostmitteleuropa bestehenden Großreiche standen im Vordergrund, während die massenhafte Auswanderung von Ostmitteleuropa nach Übersee bspw. bei von Puttkamer eher als eine Widerspiegelung der »wirtschaftlichen Verhältnisse der Herkunftsregionen« gedeutet wird. Wenn zwischen 1870 und dem Ersten Weltkrieg

57 *Wandycz*, Price of Freedom, S. 162.

58 *Křen*. Dvě století, S. 260. Fälschlich datiert auf 1888.

59 *Kłoczowski*, Historia, Bd. 1, S. 315. Der Beitrag stammt vom Franzosen Daniel Beauvois.

60 *Puttkamer*, Ostmitteleuropa, S. 50.

61 *Křen*, Dvě století, S. 243.

»aus den polnischen Teilungsgebieten in diesem Zeitraum etwa 1,1 Mio. Menschen und aus Ungarn und Kroatien sogar nahezu zwei Millionen ihr Glück in Amerika suchten, während die stärker industrialisierten böhmischen Länder etwa 300.000 Überseeauswanderer verzeichneten«[62],

ist der Zusammenhang zur Rückständigkeitsthese mehr als implizit. Die am Rande behandelte Schaffung ostmitteleuropäischer Gemeinschaften in den USA und Kanada, die sich oft selbst als »Kolonien« bezeichneten, bietet wichtige Ansatzpunkte für Fragestellungen einer transnationalen Geschichte Ostmitteleuropas. Dies schließt auch die Rückwirkungen der Emigration auf die Region ein.

Kulturelle Transfers

Der Kulturgeschichte Ostmitteleuropas in den Jahrzehnten vor dem Ersten Weltkrieg wird in allen Synthesen nur wenig Raum gegeben. Immerhin verweist Wandycz darauf, dass »die europäischen Leser vertraut« mit dem Werk der ungarischen Autoren Ferenc Molnár oder Mór Jókai gewesen seien, erwähnt die tschechischen »Musikgiganten« Bedřich Smetana und Antonín Dvořák, und natürlich den polnischen Schriftsteller Henryk Sienkiewicz.[63] Und wenn Křen eine Reihe von »Exkursen« bietet, die, mit externer Unterstützung verfasst, Themen der Kulturentwicklung um 1900 gewidmet sind[64], laden gerade diese zu Reflektionen über das grenzüberschreitende Wirken der genannten Künstler als transnationale Akteure ein. So hatte der Tscheche Dvořák 1892/93 in der Neuen Welt Kompositionen geschaffen, die zwar nicht – wie intendiert – zur Melodie der Hymne »America« wurden, ihm aber mit der Symphonie »Aus der Neuen Welt« globalen Ruhm sicherten. Und auch der Pole Sienkiewiz, der 1905 den Nobelpreis bekam, war in der Neuen Welt (1876) unterwegs, wovon er in seinen viel gelesenen »Briefen aus Amerika« berichtete, und bereiste 1891 auch den afrikanischen Kontinent. Es lässt sich nicht allein mit dem geringen Stellenwert kulturgeschichtlicher Themen bzw. eines kulturhistorischen Ansatzes erklären, dass derartige Vernetzungen

62 *Puttkamer*, Ostmitteleuropa, S. 50.
63 *Wandycz*, Price of Freedom, S. 188, 191.
64 Diese informieren in kurzen mit Basisliteraturangaben versehenen Texten über Themen, die von Literatur (»Der polnische und tschechischen historische Roman«), über bildende Kunst (»Die künstlerische Moderne«) bis zur Musikgeschichte (»Die mitteleuropäische Musik an der Jahrhundertwende«) und die jüdische Literatur reichen. *Křen*, Dvě století, S. 306–322.

selbst prominentester Künstler aus der Region bislang eher vernachlässigt bleiben. Während in den entsprechenden Nationalgeschichten die großartigen Leistungen emblematischer Figuren der Kunstszene und deren internationale Anerkennung eine große Rolle spielten, standen sie einem Narrativ von fehlender Anerkennung und Unterstützung, wie es für Ostmitteleuropa-Synthesen mehr oder minder prägend geblieben ist, eher im Wege.

Auf die große Bedeutung des Buchdrucks in den einzelnen Nationalsprachen der Region für die Entwicklung sog. Sprachnationen wird dagegen in den Synthesen vielfach mit Nachdruck verwiesen. Wenn Verbote des Importes oder Druckes thematisiert werden, wie in Bezug auf das 1876 gegen ukrainische Bücher erlassene Dekret oder den 1865 rechtskräftig gewordenen Befehl, litauische Bücher nicht mehr mit lateinischen Lettern zu drucken, ist einerseits das Feld der transnationalen Geschichte in Prinzip schon betreten, andererseits aber scheint eine (je spezifische) antiimperiale Stoßrichtung die eigentliche Motivation gewesen zu sein. Denn wie Halecki zu Recht feststellte, kam nun zur Sicherung der kulturellen Überlieferung der grenzüberschreitende Schritt ins Ausland (Ostpreußen) ins Spiel, was dazu geführt habe, »daß sich der litauische Nationalismus bis zu einem gewissen Grade im Schatten der preußischen Regierung entwickelte«.[65]

Während nationale Emanzipation in aller Regel positiv dargestellt wird, scheint an wenigen Stellen die Gegenüberstellung zu alternativen Haltungen auf: Die Ungarischen Millenniums-Feiern von 1896 gelten als Höhepunkt der Magyarisierung, verbunden mit den Grundbesitzern, die einem eng territorial gefassten agrarischen Programm anhingen und heftig gegen Vertreter des *big business* auftraten, die sie als »international« und »kosmopolitisch« angriffen.[66] Der sich in der Region ausbreitende Antisemitismus bildete ein weiteres Element in dieser Frontstellung.

Eine der wichtigsten Kontroversen unter den Ostmitteleuropahistorikern betrifft die Rolle des Adels auf dem Wege zu nationalisierten Gesellschaften. War die eher an sozialen als räumlichen Grenzen interessierte Adelskultur mithin ein Hindernis für die Durchsetzung jener Raumordnung, die mit einem vollständigen Primat des Territorialen verbunden war? Oder war er, wie von Puttkamer ausführlich diskutiert[67], ein »funktionelles Bürgertumsäquivalent« und damit Promotor der Nationalisierung? Mit Michael G.

---

65 *Halecki*, Grenzraum, S. 341–342.

66 *Wandycz*, Price of Freedom S. 187.

67 *Puttkamer*, Ostmitteleuropa, S. 171–183.

Müller hält von Puttkamer dieser These entgegen, dass sie »die spezifische Natur ostmitteleuropäischer Elitenkompromisse letztlich verfehle«.[68]

Auch Wandycz macht auf den fundamentalen Unterschied zwischen Teilen Ostmitteleuropas (Polen, Ungarn) und Westeuropa aufmerksam. Während bei ersteren die Nationen sich als ein »Amalgam« von Kleinadel und Plebejern entwickelt hätten, seien sie im Westen aus der Mittelschicht und dem Proletariat entstanden. Und er setzt als Klarstellung hinzu:

> »Wenn man allerdings von einer polnischen oder ungarischen ›Adelsgesellschaft‹ oder einem ›Adelsnationalismus‹ spricht, werden oft zwei Dinge übersehen. In vielerlei Hinsicht war die polnische oder ungarische Gentry eine Mittelklasse, allerdings mit einem anderen sozialen Ethos. Zum anderen gilt es eine Unterscheidung zwischen einem grundbesitzenden Adligen und einem aus einem Adelsgeschlecht stammenden Vertreter der Intelligentsia zu machen, und es waren vor allem die letzteren – von Kossuth bis Piłsudski – die eine wachsende Rolle als politische Anführer spielten.«[69]

Nicht übersehen sollten wir dabei allerdings, dass auch die beiden paradigmatisch genannten Personen im Untersuchungszeitraum in vielfältiger Weise grenzüberschreitend aktiv waren und in globalen Zusammenhängen dachten. Wandycz verweist zum einen darauf, dass Kossuth, der erst in den USA, dann im türkischen Exil wirkte, die Ungarn als nur eine Nation in den Ländern der Heiligen Stephanskrone ansah, und die Position der Slawen und Rumänen darin mit der der Bretonen in Frankreich oder der Iren in Großbritannien vergleicht.[70] Zum anderen vermerkt er, dass Piłsudski 1904 vor Ort in Tokyo versuchte, Japan zur Unterstützung seiner Position im Krieg gegen Russland das Angebot eines polnischen Aufstand gegen die russischen Teilungsmacht schmackhaft zu machen.[71]

Die hier kurz umrissenen Aspekte von Transnationalität der Karrieren und Erfahrungen führender Politiker und Künstler Ostmitteleuropas im 19. Jahrhundert erscheint in den betrachteten Synthesen allerdings häufig als exzeptionell und kaum verbunden mit kulturellen Transfers, die die

68 *Puttkamer*, Ostmitteleuropa, S. 173.

69 *Wandycz*, Price of Freedom S. 142.

70 *Wandycz*, Price of Freedom S. 143.

71 *Wandycz*, Price of Freedom, S. 193. Erwähnt auch in *Kłoczowski*, Historia, Bd. 1, S. 431. (Der entsprechende Beitrag stammt von Wandycz).

breitere Bevölkerung erfasst haben, auch wenn die Rolle ausländischer Vorbilder bei der Etablierung kultureller Institutionen und im Bildungssektor an verschiedenen Stellen hervorgehoben wird.

Wirtschaftliche Verflechtungen Die nach den Revolutionen von 1848/49 in der gesamten Habsburgermonarchie während der Phase des Neoabsolutismus eingeleiteten Reformen finden allgemein breite Würdigung als Grundlage für die Industrialisierung. Von Puttkamer benennt die Einheit des Zollgebietes und des Handelsrechts, die Gewerbefreiheit, die Grundentlastung und den staatlich forcierten Ausbau des Eisenbahnnetzes.[72] Die Frage, ob und wie sich die Wirtschaftpolitik in der Region im Untersuchungszeitraum von außerhalb der Region gemachten Erfahrungen hat inspirieren lassen, stellt einzig Janos, der in Bezug auf Ostmitteleuropa mit dem Konzept des »international demonstration effect (IDE)« operiert.

> »Dieser Effekt wird durch den materiellen Fortschritt der ›Pioniergesellschaften‹ in den historischen Innovationszentren erzeugt: Während die Standards des Konsums, des Komforts, der Gesundheit und der Lebenserwartung in diesen Gesellschaften das Produkt voranschreitender technologischer Neuerung innerhalb ihrer eigenen nationalen Grenzen sind, zirkulieren Bilder von diesen Standards schnell über Grenzen und schaffen Bedürfnisse und Erwartungen, die die Produktionsweise in ökonomisch rückständigen Gesellschaften nicht erfüllen können.«[73]

Die peripheren Ökonomien Ostmitteleuropas hätten, so Janos weiter, auf diese Herausforderung mit einem wachsenden Export ihrer eigenen agrarischen Primärprodukte reagiert, was – worauf auch Wandycz[74] hinweist – bereits in den Napoleonischen Kriegen bspw. zu einem Boom in der ungarischen Landwirtschaft geführt hatte. Doch diese oft nicht auf Intensivierung und Kapitalinvestitionen basierenden *golden age*-Phasen wären stets nur von kurzer Dauer geblieben.[75]

Dass sich im Untersuchungszeitraum unseres Bandes die für Ostmitteleuropa typischen hochspezialisierten Lebensmittelindustrien mit hohem Exportanteil (Zuckerproduktion in Böhmen und Getreidemühlen in Un-

72 *Puttkamer*, Ostmitteleuropa, S. 49.
73 *Janos*, East Central Europe, S. 16–17; 132.
74 *Wandycz*, Price of Freedom, S. 155.
75 *Janos*, East Central Europe, S. 62.

garn) entwickelten, wird meist unter Verweis auf die Studien des ungarischen Wirtschaftshistorikerduos Iván T. Berend/György Ránki prominent hervorgehoben. Křen vertritt die These, dass »für Ungarn zunächst die Entwicklung eines Handels-Agrar-Kapitalismus (rozvoj obchodně agrárního kapitalismu) charakteristisch gewesen wäre. In diesem Zusammenhang betont er, dass Budapest »für zwei, drei Jahrzehnte nach dem amerikanischen Minneapolis zum weltweit zweitgrößten Marktplatz für Mehl« geworden sei.[76] Diese auch von Wandycz[77] hervorgehobene Entwicklung deutet eine Einbindung in Weltmarktmechanismen an, der es sich lohnt, in Auseinandersetzung mit der Rückständigkeitsthese (vgl. Kap. I.4 in diesem Band) weiter nachzugehen.

Fragestellungen in dieser Richtung kommt Janos am nächsten, wenn er beschreibt, wie 1877–78 der europäische Getreidemarkt durch billiges Getreide aus Übersee zusammenbrach, in dessen Folge auch Ostmitteleuropa von der sofort einsetzenden und bis zur Jahrhundertwende anhaltenden »great commodities crisis« erfasst wurde. Seine Behauptung, dass »diese traumatische Erfahrung die in der Region herrschenden Eliten dazu veranlasste, ihre wirtschaftlichen Strategien und Prioritäten zu überdenken«, unterlegt er mit Hinweisen auf das ungarische Industriegesetz von 1881, mit dem in der ungarischen Reichshälfte die Weichen in Richtung einer forcierten Industrialisierung gestellt worden seien.[78]

Basierend auf der einschlägigen wirtschaftshistorischen Literatur, merkt von Puttkamer an, dass der Wiener Börsenkrach von 1873, der in keiner der Synthesen fehlt, »den industriellen Aufschwung der Habsburgermonarchie nur für kurze Zeit spürbar bremsen konnte.« Zu den Gründen, die schließlich am Vorabend des Ersten Weltkrieges »die Grundlage für eine ›dritte Gründerzeit‹ (schufen), die Ostmitteleuropa erstmals seit Beginn des 19. Jahrhunderts wieder die Perspektive eröffnete, mittelfristig zu den westeuropäischen Vorreitern der Industrialisierung aufzuschließen«, nennt er die seit den Zeiten Maria Theresias ausgebaute Infrastruktur. Zudem argumentiert er mit den Schutzzöllen, die die Binnennachfrage förderten, weist auf ein »nahezu unerschöpfliches Reservoir an billigen und vergleichsweise gebildeten Arbeitskräften« hin und betont die stabilen Währungen sowie die »Integration in den Weltmarkt«.[79] Gerade der letztgenannte Grund ruft

---

76 *Křen*, Dvě století, S. 218.
77 *Wandycz*, Price of Freedom, S. 174.
78 *Janos*, East Central Europe, S. 84.
79 *Puttkamer*, Ostmitteleuropa, S. 159–162.

förmlich nach einer Antwort auf die uns interessierende Frage, welche Rolle dabei transnational agierende Wirtschaftsakteure spielten. Es ist einzig Janos, der sich Gedanken in diese Richtung macht, aber in Bezug auf die Wirtschaftspolitiker zu der etwas resignativ scheinenden Feststellung kommt: »Je eingehender wir ihre Biografien untersuchen, desto mehr müssen wir die Geschichte Ostmitteleuropas als einen herausragenden Fall ansehen, in dem die Struktur über den Plan und die Persönlichkeit siegt.«[80]

Wird die Ebene der als noch nicht komplett ausgebildet postulierten nationalen Gesellschaften verlassen, treten transnationalen Gesichtspunkte viel klarer hervor, etwa wenn Wandycz in Bezug auf die ökonomische Erfolgsgeschichte einzelner Standorte schreibt:

> »Die Łódźer Baumwollindustrie, die von deutschen Unternehmern aufgebaut wurde, amerikanisches Rohmaterial verarbeitete und für den russischen Markt produzierte, erscheint aus einer polnischen nationalen Perspektive kaum als ideale Entwicklung.«[81]

Nur selten tritt in den untersuchten Gesamtdarstellungen[82] in solcher Deutlichkeit hervor, welche Sprengkraft in einer transnationalen Empirie gegenüber teleologisch-nationalhistorischen Erzählungen liegt.

Internationale Organisationen Für lange Zeit galten internationale Organisationen als Domäne intergouvernementaler Zusammenarbeit der Nationalstaaten, so dass die ostmitteleuropäischen Gesellschaften scheinbar logisch erst nach 1918 Zugang zum exklusiven Feld der zwischenstaatlichen Vereinbarungen und Regulierungen erhielten. Hier liegt ein wesentlicher Grund dafür, dass dem Wirken internationaler Organisationen in den vorliegenden Gesamtdarstellungen – abgesehen von der II. Sozialistischen Arbeiterinternationale (1889) bei Kłoczowski[83] – kaum Raum gewidmet wird. Eingedenk der Tatsache aber, dass der Regelungsbedarf weltweiter Probleme von Standardisierungen, des grenzüberschreitenden Post-, Güter und Personenverkehrs, der medizinischen Versorgung (Internationales Rotes Kreuz), des Sports (Internationales Olympisches Komitee) gegen Ende des 19. Jahrhunderts sprunghaft anstieg, setzen wir genau an diesem Punkt an. Die

80 *Janos*, East Central Europe, S. 143.
81 *Wandycz*, Price of Freedom, S. 185.
82 Von denen keine zurückgreift auf die tiefgreifende Studie von *Gunst*, Einige Probleme.
83 *Kłoczowski*, Historia, Bd. 1, S. 315.

Vielfalt der Wege, auf denen internationale Organisationen im 19. Jahrhundert entstanden sind und sich konsolidierten und die Vielfalt der daraus resultierenden Möglichkeiten für nichtstaatliche Akteure auch aus Ostmitteleuropa, an Kongressen, Ausstellungen, Verbänden, Kodifizierungsbemühungen teilzunehmen, stellen bereits im Untersuchungszeitraum dieses Bandes eine Schlüsseldimension der transnationalen Geschichte dar.

Transnationale Empirie in nationalgeschichtlichen Synthesen

Die untersuchten Synthesen zur Geschichte der, wie gezeigt, in ihren räumlichen Umrissen veränderlichen Region Ostmitteleuropa kommen mithin nicht ohne Hinweise auf eine vielgestaltige Transnationalität aus. Das konzeptionell auf das Erreichen nationalstaatlicher Eigenständigkeit ausgerichtete Design der bisherigen Gesamterzählungen verstellt den Blick auf die transnationale Qualität der als wichtiges Charakteristikum der Region postulierten Multiethnizität. Die antiimperiale Stoßrichtung der einzelnen Nationalhistoriographien, auf die auch die Gesamtdarstellungen aufbauen, steht einer transkulturellen Traditionsstiftung im Weg, wie sie beispielsweise in Vorstellungen von der *transnational nation* (Dan Diner) mit Bezug auf die in Ostmitteleuropa zahlreiche jüdische Bevölkerung mitschwingt.[84] Gleichwohl impliziert die Idee der »kleinen Nationen«[85] ein Angewiesensein auf grenzüberschreitende Arbeitsteilung im bis zum Ersten Weltkrieg bestehenden Konzert der Großmächte. Die Spurensuche nach gleichwertiger Entwicklung im Koordinatensystem nordwesteuropäischer »Normalität« lenkt den Blick oft auf scheinbar exzeptionelle Beispiele herausragender Modernität, die dann gegen den Hintergrund eines ostmitteleuropäischen Rückständigkeitsnarratives gezeichnet werden. Bei näherem Hinsehen verweisen diese Beispiele aber fast durchweg auf transnationale Erfahrungsprägungen der Akteure und auf vielfältige Verflechtungen. Rückt man diese Beispiele in einen anderen Horizont, nämlich den des Vergleiches mit Transnationalität in anderen Geschichtsregionen, bleibt wenig vom Stereotyp der Rückständigkeit und Verspätung Ostmitteleuropas, sondern eher die Frage, inwieweit die imperialen Kontexte der zweiten Hälfte des 19. Jahrhunderts einen geeigneten Humus für Transnationalisierung als Parallelprozess zur Nationalisierung bildeten.

84 *Diner*, Gedächtniszeiten.
85 *Hroch*, Europa der Nationen.

Steffi Marung / Matthias Middell / Uwe Müller

II.1 Multiple Territorialisierungsprozesse in Ostmitteleuropa

II.1.1 Zwischen Imperium und Nationalisierung

Territorialisierung, Raumformate, Raumordnungen

Transnationale Geschichte erfreut sich in den letzten zwei Jahrzehnten einer wachsenden Prominenz unter den Ansätzen in der Historiographie, wobei allerdings eine immer wieder eingeräumte Vagheit des Konzepts zu diesem Erfolg beigetragen hat.[1] Den vielen Ansätzen, die unter diesem Begriff zusammenfließen, ist eine Opposition zu einer Geschichtsschreibung gemeinsam, die den nationalen Rahmen für selbstverständlich oder für das finale Ziel aller historischen Entwicklung hält. Dabei ist zu Recht davor gewarnt worden, den transnationalen Ansatz normativ zu überfrachten und alle grenzüberschreitenden Prozesse in Abgrenzung von solch traditioneller Geschichtsauffassung per se für historisch fruchtbar und aussichtsreich zu halten. Diese Warnung gilt vor allem einer Bestimmung von Globalisierung oder Transnationalisierung, die sich allein auf die Zunahme der kulturellen Verflechtungen und Mobilität von Menschen, auf anwachsende Investitionsströme und Ideenzirkulationen bezieht, und die damit unterlaufenen oder überschrittenen Grenzen zwar beachtet, aber nicht berücksichtigt, dass diese Flüsse neue Grenzen ziehen und neue Ausgrenzungen ermöglichen.[2] Das zuerst vor allem in den angelsächsischen Ländern, in Frankreich und in Israel einsetzende Interesse an einer neuen politischen Geographie hat demgegenüber Globalisierung als Dialektik von De- und Reterritorialisierung erfasst – ein Ansatz, der uns auch für unser Vorhaben fruchtbar erscheint.[3] Hier trifft sich die empirisch

---

1 *Patel*, Transnationale Geschichte.

2 Eine solche Bestimmung dominiert noch immer große Teile der sozial- und auch der geschichtswissenschaftlichen Literatur, von der öffentlichen Debatte ganz zu schweigen. Als prominentes Beispiel die Definition, die dem im übrigen vorzüglichen *Irye* u. *Saunier*, Palgrave Dictionary zugrunde liegt: »circulations and connections between, above and beyond national polities and societies, from the 19th century to current times« (S. XVIIf.).

3 *Brenner*, Beyond State-Centrism?; *Agnew, Mamadouh, Secor* u. *Sharp*, Companion to Political Geography. Als Einordnung in die Gesamtheit der Globalisierungstheorien: *Engel* u. *Middell*, Theorien und Theoretiker.

außerordentlich ergebnisreiche Erforschung von Mobilitäten aller Art mit der Untersuchung staatlicher Strukturen und politischer Bewegungen, aber ebenso mit dem Bemühen um eine verbesserte Infrastruktur und eine Innovationskultur, die private Initiative, das Bildungssystem und staatliche Unterstützung zusammenführt. Das Interesse an einem vielgestaltigen *spatial turn*[4], der die Aufmerksamkeit nicht nur auf die verschiedenen Skalierungen von Territorien, sondern auch auf grenzüberschreitende Netzwerke und Warenketten sowie transnationale Räume gelenkt hat, in denen Migranten pendeln und Erfahrungen ebenso wie Remittances bewegen, hat eine umfängliche Palette von Innovationen ausgelöst.[5]

Dabei wird schrittweise eine Verengung des Verständnisses von Raum auf Territorium überwunden und eine ganze Typologie verschiedener Raumformate entwickelt, die dann zu vergleichender Analyse einlädt.[6] Indem nun auch Raumformate neben dem Territorium Interesse finden, ist paradoxerweise erst der Blick frei geworden auf die verschiedenen Etappen, Varianten und Formen von Territorialisierung[7], darunter auch auf die Besonderheiten der Entwicklung im östlichen Europa.[8] Indem Territorialisierung nicht mehr automatisch mit Nationalisierung in eins gesetzt wird, können wiederum die Beiträge frühneuzeitlicher Imperien und auch der im späten 18. und 19. Jahrhundert modernisierten Reichsstrukturen auf ihren Beitrag zur Territorialisierung hin untersucht[9] sowie der Zusammenhang von Transnationalisierung und Territorialisierung näher beleuchtet werden.

---

4 *Döring* u. *Thielmann*, Spatial Turn; *Warf* u. *Arias*, Spatial Turn; *Dipper* u. *Raphael*, Raum.

5 Einen Überblick über diese Wirkungen auf die Globalgeschichtsschreibung bietet: *Middell* u. *Naumann*, Global History. Eine Bilanz für Ostmitteleuropa liefert: *Haslinger*, Spatial Turn, mit den vor allem durch *Snyder*, Bloodlands, angeregten Diskussionen beschäftigt sich u. a. Huhnholz, Deutschsowjetische Bloodlands? Für einen frühen Überblick zu den methodischen Innovationen, die der spatial turn für die Geschichtswissenschaft ermöglicht: *Schenk*, Konstruktion.

6 *Dicken, Kelly, Olds* u. *Yeung*, Chains and Networks; *Jessop, Brenner* u. *Jones*, Theorizing Sociospatial Relations.

7 *Maier*, Consigning the 20th Century; *Maier*, Transformations of Territoriality; *Maier*, Once Within Borders.

8 *Schlögel*, Im Raume; *Haslinger*, Nation und Territorium; *Schlögel*, Mastering Russian Spaces.

9 *Cooper* u. *Stoler*, Between Metropole and Colony; *Burbank, Hagen* u. *Remnev*, Russian Empire; *Leonhard*, Does the Empire Strike Back?; *Butlin*, Geographies of Empire; *Aust, Vulpuis* u. *Miller*, Imperium; *Leonhard* u. *Hirschhausen*, Comparing Empires.

Während in den Sozialwissenschaften die »Entdeckung« und gründliche empirische Untersuchung transnationaler Räume[10] häufig als Beleg für deren Neuartigkeit genutzt wird, betont die historische Migrationsforschung deren Entstehen in verschiedenen Etappen seit der frühen Neuzeit.[11] Dabei handelt es sich zunächst um Migrationen zwischen Regionen, die durch saisonale Arbeitskräftewanderung, durch Ressourcenmangel veranlasste Abwanderung in besser ausgestattete Regionen (etwa die Schwarzerdegebiete Eurasiens) oder durch den politisch-religiös ausgelösten Exodus von Gruppen abweichenden Glaubensbekenntnisses gekennzeichnet sind.[12] Hinzu kommt der intensive transatlantische Austausch zwischen der Alten und der Neuen Welt, der in den Indischen und den Pazifischen Ozean ausstrahlte.[13] Aber erst mit dem zuweilen eruptiv-revolutionären oft aber langsam-reformerischen Wandel der frühneuzeitlichen Imperien in Nationalstaaten während eines langen 19. Jahrhunderts mit der viel enger und konsequenter gefassten Definition von Staatsbürgerschaft[14] wurden diese Wanderungen zu transnationalen, denn nun überschritten sie Grenzen von regulierungs- und kontrollbereiten Nationalstaaten oder wurden von imperialen Bürokratien erfasst, die sich Techniken der Nationalstaaten aneigneten.[15] Ab ca. 1840 ermöglicht diese immer weiter verfeinerte staatliche Technik den statistischen Nachvollzug globaler Migrationssysteme, die verschiedene Subregionen einschließen.[16] Als Auswanderungsregion hat Ostmitteleuropa im Laufe dieser Geschichte Spuren in vielen Ländern hinterlassen, so dass seine transnationale Geschichte weit über den Raum hinausreicht, den traditionelle Darstellungen erfassen.[17]

Auffällig ist, dass zwar das östliche Europa nach wie vor in einer angelsächsisch dominierten Weltgeschichtsschreibung nur marginal behandelt und konzeptionell mitgedacht wird[18], aber globale und transnationale An-

10 *Faist*, Volume and Dynamics; *Pries*, Transnationalisierung.

11 *Hoerder*, Cultures in Contact.

12 *Bade, Emmer, Lucassen* u. *Oltmer*, Enzyklopädie; *Steiner*, Rückkehr unerwünscht.

13 *Benjamin*, Atlantic World.

14 Zum Wandel des Verhältnisses von Staat und Migration am Beispiel Deutschlands vgl. *Oltmer*, Handbuch Staat und Migration.

15 *Becker*, Governance.

16 *McKeown*, Global Migration.

17 Paradigmatisch für eine solche erweiterte Geschichte Ostmitteleuropas: *Esch*, Parallele Gesellschaften; *Kořalka* u. *Hoffmann*, Tschechen im Rheinland. Vgl. dazu ausführlicher Kapitel I.2 in diesem Band.

18 Eine wichtige Ausnahme ist der großartige Überblick zu Imperien, den die Russlandexpertin Jane Burbank mit dem Afrikahistoriker Frederick Cooper vorgelegt hat: *Burbank* u. *Cooper*, Empires.

sätze in der Region selbst und unter Historikern der Region eine erhebliche Resonanz finden.[19]

Ganz ähnlich wie im Fall der Migration lässt sich auch für die Wirtschaft ein Übergang von transregionalen und transkulturellen Verflechtungen in der frühen Neuzeit zu transnationalen im 19. Jahrhundert beobachten. Schon der französische Sozialhistoriker Fernand Braudel hatte für die Zeit zwischen 1500 und 1800 von verschiedenen großregionalen *économies-mondes* gesprochen, die sich zwar in einem begrenzten Austausch untereinander befanden, aber vorrangig ihren eigenen Logiken folgten, was er u. a. an separaten Preisbildungsmechanismen nachweisen konnte.[20] Ab ca. 1820, so der gegenwärtige Stand einer weitverzweigten Debatte, lassen sich an der Konvergenz von Preisen erste Anzeichen einer Integration zu Weltmärkten erkennen, die zwar noch keineswegs alle Territorien rund um den Erdball erfassen, aber doch über einzelne Kontinente hinausreichen und damit eine neue Etappe von Globalisierung andeuten.[21]

Transnationale Geschichte ist damit im Schnittpunkt zwischen Beobachtungen einer zunehmenden Verflechtung durch Ströme von Menschen, Waren, Ideen und Kapital einerseits und wachsenden Kontrollkapazitäten in einzelnen Gesellschaften durch den Abschluss des Territorialisierungsprozesses[22] gekennzeichnet. Die Dialektik von nach Qualität und Quantität massiv zunehmenden Flüssen zwischen verschiedenen Regionen der Welt und einer Erneuerung und Verfeinerung ihrer Regulierung hat sich gegenüber einer einseitigen Betonung von Fluidität als Kennzeichen moderner Globalisierung zuletzt stärker durchgesetzt.[23] Wie sich anhand der ostmitteleuropäischen Gesellschaften sehr gut zeigen lässt, ist Territorialisierung keineswegs an einen von Anfang an bestehenden nationalstaatlichen Rahmen gebunden. Sie wird auch keineswegs überall auf gleiche Weise und in

19 Eine ganze Serie von Tagungen zeigen die Breite des Interesses vor allem unter deutschen Historikern. Siehe u. a.: *Haslinger*, Ostmitteleuropa Transnational; *Eberhard* u. *Lübke*, Vielfalt Europas; *Haslinger* u. *Oswalt*, Kampf der Karten; *Kaps* u. *Surman*, Post-Colonial Perspectives; *Bartov* u. *Weitz*, Shatterzone of Empires; *Bicknell, Conrad* u. *Petersen*, Kommunikation über Grenzen; *Haslinger*, Untergangsszenarien; *Marung* u. *Naumann*, Vergessene Vielfalt; *Baran*, Galizien in Bewegung; *Flade*, Schwächung des Nationalstaates?; *Wessely*, Post Empire.

20 *Braudel*, Civilisation matérielle; *Garner* u. *Middell*, Aufbruch in die Weltwirtschaft.

21 *O'Rourke* u. *Williamson*, Globalization and History. Pointiert gegen eine frühere Datierung: *O'Rourke* u. *Williamson*, When Did Globalisation Begin?.

22 *Maier*, Transformations.

23 *Engel* u. *Middell*, Bruchzonen.

den gleichen Strukturen durchgesetzt. Ohne ihre Vertiefung durch den Ausbau von Infrastrukturen, Bürokratien, kartographische und statistische Erfassung, Regulierung von Mobilität und Alltag der Menschen auf einem bestimmten Territorium sowie die Neugestaltung von Grenzen bleibt jedoch die Anpassung an neue Ströme wirkungsarm – mit dramatischen Effekten auf die Wettbewerbsfähigkeit der jeweiligen Gesellschaften gegenüber internationalen Konkurrenten. Hier schließt die neuere transnationale Geschichte durchaus an die etablierten Forschungsstände zu Staatsbildungsprozessen, zum Ausbau der Verwaltungen, zu Grenzregimen, zu »Policey« und Herrschaft an,[24] die für einige Zeit im Überschwang einer Globalgeschichte, die weltweite Integration allein in den Blick nehmen wollte, marginalisiert erschienen. Dieses differenzierte Verständnis hat Niederschlag in einer ganzen Reihe von Einführungen gefunden, die das Forschungsprogramm einer transnationalen Geschichte (oft vor dem Hintergrund der konkreten Arbeitserfahrungen der Autorinnen und Autoren) umreißen.[25]

Imperiale Einbindung und nationale Formierung

Die transnationale Geschichte einer Region zu schreiben, bedeutet zunächst nach Möglichkeit einige Missverständnisse zu vermeiden. Lange Zeit haben sich Historikerinnen und Historiker daran gewöhnt, die räumliche Qualität ihrer Untersuchungsobjekte als gegeben anzunehmen. Dabei spielte eine wichtige Rolle, dass die Geschichtswissenschaft ihre Professionalisierung parallel zur Durchsetzung einer bestimmten Raumordnung erlebte, in deren Mittelpunkt der Nationalstaat gestanden hätte. Entsprechend wurden Nation und Nationalstaat zu wichtigen Bezugspunkten für die Historiographie. Einerseits profitierten Historiker von der Entstehung jener Institutionen, die der Nationalstaat schuf und die ihre Arbeit erleichterten oder überhaupt erst ermöglichten: Lehrstühle, Bibliotheken, Archive, aber auch die Herausbildung von Buchmärkten, die den stetig wachsenden Appetit des Publikums nach Geschichte, die die Nation aus einer langen Genealogie herleiteten, mit

24 Ein exzellentes Beispiel für diese transnational informierte Erneuerung der Geschichte von Staatsbildungsprozessen: *Deak*, Forging a Multi-National State; das nun die Arbeit von Waltraud Heindl ergänzt: *Heindl*, Gehorsame Rebellen; *Heindl*, Josephinische Mandarine. Analog für das russische Reich: *Burbank, Hagen* u. *Remnev*, Russian Empire.

25 Neben der ebenso konzise wie komplex argumentierenden Darstellung von *Saunier*, Transnational History und dem Einstieg in die Debatte von *Patel*, Nach der Nationalfixiertheit; siehe auch: *Pernau*, Transnationale Geschichte; *Gassert*, Transnationale Geschichte; *Dullin* u. *Singaravélou*, Débat transnational; *Charle*, Jalons.

der Bereitschaft der Historiker vermittelten, eben diese Geschichte zu liefern. Auch und vielleicht gerade dort, wo aus unterschiedlichsten Gründen kein Nationalstaat bestand, wurde rasch ein »noch nicht« hinzugedacht und der Geschichtsschreibung eine besondere Verantwortung zugeordnet, aus dem Nichtvorhandensein eines eigenständigen Nationalstaates die Latenz der Nationsbildung wachzuhalten. Das Geschäft des Historikers lag hier besonders nahe am Profil des Politikers, der zum Experten für die Herbeiführung eines quasi natürlichen (aber von Feinden der Nation noch verhinderten) Gesellschaftszustandes wurde.

Es ist diese fatale Bindung an eine historisch spezifische Konstellation, die Historiker dem Vorwurf ausgesetzt hat, sie seien (sogar direkt materiell interessierte) Mythenproduzenten und könnten sich nur schwerlich aus der Bindung an den Nationalstaat lösen.[26] Dabei lässt sich kaum leugnen, dass sie den potentiellen Erfolg des Projektes der Territorialisierung klug erkannt und selbst zu ihm beigetragen haben. Raumformate spielen in diesem Projekt eine zentrale Rolle. Unter Raumformaten verstehen wir jene auf relative Dauer gestellten Rahmungen von alltäglichen Verräumlichungsprozessen, die nicht nur deren Gerinnung zu Routinen, sondern Institutionalisierungen erlauben und damit eine (im weitesten Sinne) politische Nutzung der per se uneinheitlichen und sogar widersprüchlichen Verräumlichungsprozesse möglich machen.[27] Historiker haben sich selbstverständlich nicht erst unter dem Eindruck der jüngsten Welle globaler Prozesse und unter dem Einfluss einer raumtheoretischen Wende (*spatial turn*) für die Rolle des Raumes interessiert.[28] Allerdings hat sich unser begriffliches und analytisches Instrumentarium erheblich verfeinert und die darauf aufbauenden Narrative werden komplexer.

Ganz offenkundig gibt es auch andere Raumformate als den Nationalstaat. Denken wir nur an alle die verschiedenen lokalen Konfigurationen vom Dorf über den Marktflecken bis zur Großstadt. Deren Bevölkerung war

---

26 *Bentley*, Myths.

27 Diese Definition von Raumformaten liegt dem Leipziger Ansatz zur Interpretation moderner Weltgeschichte zugrunde, mit dem auch dieses Projekt einer transnationalen Geschichte Ostmitteleuropas verbunden ist. Es handelt sich um eine globalhistorisch inspirierte Weiterentwicklung des Vorschlages von *Jessop*, *Brenner* u. *Jones*, Theorizing Sociospatial Relation; Vgl. *Middell*, Processes of Spatialization.

28 So geht *Koselleck*, Raum und Geschichte auf einen Vortrag auf dem Historikertag 1986 zurück und eine Genealogie des geopolitischen Denkens muss mindestens bis ins 18. Jahrhundert zurückverfolgt werden.

in vielen Fällen weder ethnisch homogen noch unbeeinflusst von saisonaler und dauerhafter Migration. In den größeren Städten konzentrierten sich die Kontakte zu weit entfernten Gebieten, nicht zufällig profitierten sie von der Lage an bedeutenden Verkehrsadern, insbesondere den Flüssen. Diesen Örtlichkeiten ist ein vergleichsweise hohes Maß an Unterscheidbarkeit zu eigen, weil lebensweltliche Zugehörigkeit, infrastrukturelle Erschließung und Verwaltungsgrenzen oftmals zur Deckung kommen oder durch fortschreitende Eingemeindungen immer wieder neu zur Deckung gebracht werden.

Ganz anders verhält es sich mit Regionen. Der Terminus beschreibt bekanntlich höchst Verschiedenes.[29] Administrative Regionen sind keineswegs immer identisch mit Wirtschaftsregionen oder mit homogenen naturräumlichen Umgebungen für soziales Handeln, die auch als »Landschaften« in ihrer Unverwechselbarkeit Akzeptanz finden. Die Anhänger bestimmter Regionen können sich auf lang zurückreichende historische Traditionen berufen, aber dies muss keineswegs der Fall sein, denn Regionenbildung kann auch die Reaktion auf erst kürzlich erfolgte Grenzziehungen sein. Staaten wiederum bestanden lange vor den Nationsbildungsprozessen des 19. Jahrhunderts und haben wegen des autokratischen Charakters der Herrschaft, der expandierenden Ausdehnung und der flexiblen Herrschaft über heterogene Bevölkerungen als Imperien Aufmerksamkeit auf sich gezogen.[30] Mit den Religionskonflikten nach der Reformation erhielt, so der aktuelle Stand der Debatte[31], der Prozess der frühneuzeitlichen Territorialisierung eine zusätzliche Dynamik. Er war durch die deutlichere Unterscheidung von Herrschaftsbereichen und die in vielen Fällen nur sehr langsam (und oft gewaltsam) voranschreitende Unterordnung heterogener feudaler Rechtstitel unter die Jurisdiktion des jeweiligen Reiches gekennzeichnet. Territorialisierung bedeutete das Ziehen und Bewahren fester Grenzen, die nun immer öfter als Linien auf den Karten visualisiert wurden, und die innere Homogenisierung des Raumes, der von diesen Grenzen umschlossen wurde.[32] Die Zahl der Territorien mit eigener Rechtspersönlichkeit innerhalb des imperialen Territoriums nahm tendenziell ab, wenn sich dieser Prozess auch lange und oft bis in das 20. Jahrhundert hinzog. Damit waren zwei eigentlich gegenläufige Tendenzen verbunden: Die imperiale Form der Herrschaft, die zwi-

29 *Paasi*, Region and Place.
30 *Frémeaux*, Empires coloniaux; *Osterhammel*, Europamodelle; *Darwin*, After Tamerlan; *Parsons*, Rule of Empires; *Burbank* u. *Cooper*, Empires.
31 *Maier*, Once within Borders.
32 *Maier*, Consigning the Twentieth Century.

schen Bevölkerungsgruppen unterschied und ihnen verschiedene Zugänge zu Macht und Ressourcen des Reiches einräumte bzw. sie davon ausschloss, traf auf den Trend der Territoritalisierung, der eine gewisse Homogenisierung in der Behandlung der Bewohner mit sich brachte.[33] Damit rankten sich nun Konflikte um die Frage der Zugehörigkeit. Der frühmoderne Territorialstaat in Westeuropa war seit dem 17. Jahrhundert begleitet von einer grundsätzlichen Neuformulierung des Verhältnisses von Regierung und Bevölkerung – steigende Staatsquoten nahmen die Untertanen in die Pflicht[34], der Merkantilismus und Kameralismus sahen sie als ökonomische Beiträger zum Wohle einer zusammengehörig gedachten Volkswirtschaft[35], während umgekehrt der Mythos vom guten, aber nicht richtig informierten König die Erwartung in sich trug, der Herrscher sei direkt und unmittelbar für das Wohlergehen aller Bewohner zuständig.[36] Die »absolute Monarchie«, über deren absolutistischen Charakter[37] sich schon im Grundsatz trefflich streiten lässt und die als Kategorie für Ostmitteleuropa mit guten Gründen abgelehnt worden ist[38], beanspruchte nicht nur ein neues Verhältnis zum Staat sondern auch zum Territorium, wenn auch in theoretischen Traktaten und exzeptionellen politischen Situation deutlich sichtbarer als im Alltag der Machtausübung. Dies führte zu einer Debatte über die Legitimität des *Ancien Régime* und die damit einhergehenden Forderungen nach stärkerer Mitsprache für bislang unterrepräsentierte gesellschaftliche Gruppen. Diese Forderungen nach einer Demokratisierung der politischen Sphäre dürfen jedoch nicht über die Unvollständigkeit des Territorialisierungsprozesses hinwegtäuschen. Es kommt eben keineswegs zur Herausbildung von Nationalstaaten im 17., sondern erst im Laufe des 19. Jahrhunderts. Die Imperien fingen einen Teil des Druckes auf, der in Richtung territoriale Homogenisierung verlief und machten ihn sich für ihre Expansionsbemühungen zu Nutze. Sie entwickelten eine sich langsam professionalisierende Verwaltung, die die Teile der Reiche stärker in Beziehungen zueinander und vor allem zum Hof und zur Regierung zu bringen suchte. Sie begannen eine Förderpolitik für Manufakturen und Verbesserungen der Landwirtschaft, um

33 *Leonhard* u. *Hirschausen*, Empires und Nationalstaaten;
34 *Vries*, Ursprünge.
35 *Garner*, Etat; *Rössner*, Heckscher Reloaded?.
36 *Vovelle*, Représentation populaire.
37 *Asch* u. *Duchardt*, Absolutismus.
38 *Bahlcke*, *Bömelburg* u. *Kersken*, Ständefreiheit; *Bahlcke* u. *Strohmeyer*, Konfessionalisierung.

die Einnahmenseite ihrer Staatsfinanzen zu verbessern (und die zuweilen davongaloppierenden Militärausgaben zu decken). Der Ausbau von säkularen kulturellen Institutionen ging (manchenorts sogar koordiniert) einher mit den Bemühungen von Kirche und Orden um die Hebung des Bildungsniveaus und die Homogenisierung der Frömmigkeitsvorstellungen. Alle diese Prozesse sind bereits oft bis ins Detail beschrieben worden als Voraussetzung für die viel stärkere Integration von Gesellschaften in den folgenden Jahrhunderten.

Der frühneuzeitliche Fernhandel folgte allerdings anderen Mustern als die Territorialisierung der Staaten.[39] Handelsfamilien verfügten über weit gespannte Netze, die Orte in verschiedenen Ländern und oftmals sogar auf verschiedenen Kontinenten miteinander verbanden. Diese Netzwerke boten nicht nur die Infrastruktur für die Zirkulation noch immer relativ seltener (und dementsprechend teurere) Waren, sondern bestimmten auch die Lauflinien der Kredite, die für diese teilweise über mehrere Monate oder gar Jahre laufenden Geschäfte benötigt wurden, da es noch keine transregional funktionierenden Börsen gab. Diese Netze hatten sich ab dem späteren Mittelalter stabilisiert und seit dem 14. Jahrhundert immer weiter verdichtet. Sie waren ein wirkungsvolles Raumformat, in dessen ganz wesentlich *nicht*-territorialem Rahmen das Wissen wanderte, begehrte Güter verteilt und Innovationen jeglicher Art bekannt gemacht wurden.[40] An der Spitze dieser Netzwerke standen hochprofitable, transkontinental agierende Handelshäuser.[41] Diese waren bis zum Ende des 18. Jahrhunderts aller Zunahme des Waren- und Personenverkehrs zum Trotz noch immer so wenig miteinander verbunden[42], dass Rohstoffeinfuhren ebenso wie der Sklavenhandel oder die Übersee-Transporte von Edelmetallen zwar eine für viele sichtbare Prägung der wirtschaftlichen Entwicklung bewirkten, sie aber quantitativ nicht entscheidend beeinflussen konnten.[43] Auch für das scheinbar eher binneneuropäisch orientierte Ostmitteleuropa sind in jüngster Zeit vielfältige Verflechtungen mit der atlantischen Kolonialexpansion festgestellt worden, die sie zu einem Teil einer »archaischen Globalisierung«[44] machten, wenn auch die längerfristig ergebnisreichen Reise- und Forschungsaktivitä-

39 *Häberlein*, Aufbruch; *Nagel*, Abenteuer Fernhandel.
40 *O'Brien*, Historical Foundations.
41 Als Beispiele aus dem ostmitteleuropäischen Raum: *Weber*, Linen.
42 *Bayly*, Birth of the Modern World, S. 28 ff.
43 *O'Brien*, Intercontinental Trade; *O'Brien*, Colonies.
44 *Bayly*, Archaic.

ten aus dieser Region etwa Richtung Afrika erst im 19. Jahrhundert zu verzeichnen waren.[45]

Territorialisierung im imperialen Rahmen und transregionale (Handels-) Netzwerke standen in einem spannungsreichen Verhältnis zueinander, aber schlossen sich gerade gegenseitig nicht aus, sondern waren über rechtliche (und damit ökonomische) Privilegierungen und ein komplexes Staatsschuldensystem miteinander verbunden.[46] Sie bildeten offenkundig die dominanten Raumformate der frühen Neuzeit in Europa. Aber diese Anordnung verschiedener Raumformate machte im Laufe des 19. Jahrhunderts einer neuen Raumordnung Platz, in der Nationalisierung und Transnationalisierung bestimmend wurden.[47]

Die widersprüchlichen Prozesse der Territorialisierung sind allerdings bisher nicht Gegenstand einer zusammenhängenden Forschung, sondern werden lediglich in einzelnen Dimensionen untersucht.

Imperiale Territorialisierung

Den drei Imperien, die die ostmitteleuropäischen Gesellschaften integrierten, wird in der Forschung am jeweiligen Ort durchaus eine bemerkbare Eindringtiefe von Herrschaft zugeschrieben, das Gesamtbild für den gesamten ostmitteleuropäischen Raum bestimmt aber eher die Metapher der »Unordnung«.[48] Sie folgt dabei zeitgenössischen Staatsrechtlern, Historikern und anderen Vordenkern einer komplettierten Territorialisierung, die diese Unordnung zu überwinden trachteten und sie deshalb in besonders düsteren Farben zeichneten. Unordnung wird dabei als Rückständigkeit interpretiert. In der Historiographie schwanken die Urteile hinsichtlich des empirisch nachweisbaren Grades einer solchen Rückständigkeit Ostmitteleuropas, aber der Erklärungsansatz, nachdem Unordnung als Attribut imperialer Herrschaft über ein (nicht klar umgrenztes) Territorium ein Zeichen für noch nicht erreichte nationale Ordnung zu bewerten sei, wird damit nicht verlassen. Wir erörtern dies hier nicht noch einmal en détail, sondern verweisen auf die in der Einleitung analysierten Gesamtdarstellungen ostmitteleuropäischer Geschichte. Die Teleologie des Nationalstaates dominiert aus durchaus nachvollziehbaren Gründen die Geschichtskulturen der Region selbst, führt aber auch dazu,

45 Vgl. etwa *Sauer*, K. u. k. kolonial.

46 *Reinhard*, Weltreiche und Weltmeere.

47 Vgl. dazu mit Blick auf Ostmitteleuropa: *Haslinger*, Nation und Territorium.

48 Für eine Analyse der Master Narratives zur neueren ostmitteleuropäischen Geschichte: vgl. Kapitel II.0 in diesem Band.

dass an den Übergängen vom Imperium zum Nationalstaat eher das Ergebnis als der widersprüchliche Weg dorthin interessieren.[49] Entsprechend wird auch die Erblast der imperialen Überformung bis in sozialwissenschaftliche Gegenwartsanalysen vergleichend erörtert.[50]

Eine Zivilisierung (darunter besonders prominent: der Aufbau eines Bildungssystems und einer Bildungspolitik sowie Alphabetisierungsanstrengungen mit Bezug auf die nichtstädtische Bevölkerung[51]) der Landbevölkerung wurde bereits von den Zeitgenossen als Schlüssel zur Homogenisierung der Nationen auf einem gegebenen Territorium angesehen. Demgegenüber erscheint der Multinationalismus gerade des Habsburgerreiches als Mythos, der die konkurrierenden Nationalismen längerfristig nicht einhegen kann.[52] Hieraus resultiert auch die Aufmerksamkeit der Forschung für Sprach- und Kulturpolitik, Bildungsanstrengungen und deren Erfolge sowie die soziale Reichweite solcher Bemühungen.[53] Aus einer von den Sprachkonflikten des ausgehenden 19. Jahrhunderts distanzierteren Perspektive erscheint die Habsburger Politik dabei fast als idealtypische Alternative zum zentralistischen und radikal homogenisierenden Ansatz, wie er in Frankreich verfolgt und zum Vorbild vieler Sprachpolitiken wurde.[54]

Die Staatenwelt nicht nur Ostmitteleuropas war bis zum Ende des 18. Jahrhunderts vollständig eine der Imperien. Die Revolutionen in Nordamerika und Frankreich stellten zwar die absolute Herrschaft des Monarchen durch ihre Verfassungen grundsätzlich in Frage und schufen republikanische Ordnungen, ein Durchbruch zum Raumformat des Nationalstaates war damit allerdings nicht verbunden. Die Grundprinzipien dieses neuen Raumformates – Schaffung einer homogenen Bevölkerung von Staatsbürgern auf Grundlage des Prinzips der Volkssouveränität und Erschließung eines exakt definierten Territoriums durch Politik und Verwaltung, Infrastruktur und Bildungsanstrengungen – waren zwar seit 1789 definiert, aber sie galten vorläufig nur in einem begrenzten Teil Westeuropas und Nordamerikas. Während Frankreich wie Großbritannien und auch ihre Konkurrenten aus Süd- und Osteuropa, Ostasien und später Nordamerika

49 Zur Präsenz des imperialen Erbes dagegen: *Hadler* u. *Mesenhöller*, Vergangene Größe.

50 Vgl. bspw. *Dimitrova-Grajzl*, Great Divide Revisited.

51 *Judson*, Guardians of the Nation.

52 *Urbanitsch*, Pluralist Myth; dagegen jetzt die Neuakzentuierung bei *Deak*, Forging a Multinational State; und auch bei *Judson*, Habsburg Empire.

53 *Kulczycki*, School Strikes; *Engelbrecht*, Geschichte; *Burger*, Sprachenrecht; *Puttkamer*, Schulalltag; *Wörster*, Universitäten; *Surman*, Habsburg Universities.

54 *Bochmann*, Linguistic Policies.

im Wettlauf um globale Einflusssphären auf vielfältige Mechanismen der Nationalisierung in den Metropolen setzten, wiesen sie doch zugleich den kolonialen Besitzungen und annektierten Gebieten in den Expansionsräumen der Landimperien einen neue Funktion zu. Waren vordem Handelsstützpunkte, Siedlerkolonien und Plantagenökonomien bestimmend[55], so wurden diese Territorien im späteren 19. Jahrhundert zu imperialen Ergänzungsräumen.[56] Ergänzungsräume waren sie insofern, als sie einerseits in einer inferioren wirtschafts- wie machtpolitischen Position gehalten wurden, die stark an frühere Formen der Abhängigkeit von Kolonien minderen Rechtsstatus' erinnerte, aber andererseits vielfältige Territorialisierungsprozesse in Gang gesetzt wurden, die die Kontrolle über die Bevölkerung ausweiteten, staatlicher Machtausübung neue Felder erschlossen und die Brückenschläge zwischen Kolonialgebiet und Metropole intensivierten. Dies führte in der Konsequenz allerdings in das Dilemma, dass in den imperialen Ergänzungsgebieten der Ruf nach rechtlicher Gleichstellung immer stärker hörbar wurde.[57] Dem begegneten die Metropolen mit einer schon in der Aufklärung des 18. Jahrhunderts verwurzelten, aber im 19. Jahrhundert sozialdarwinistisch und rassistisch aufgeladene Zivilisierungsmission, die bezüglich der imperialen Ergänzungsräume wenigstens auf Zeit die Begründung für eine verweigerte Gleichberechtigung lieferte.[58]

Die Neuordnung auch der in kolonialer Abhängigkeit gehaltenen Gebiete war Teil eines Wandels in der Art, den Raum zu organisieren. Sie lag in der Radikalität, mit der sich der Nationalstaat andere Raumformate unterordnete und dafür limitierte Partizipation gewährte. Lokales und Regionales waren in den Reichen der frühen Neuzeit relativ unabhängige Dimensionen. Es charakterisierte die Imperien, dass in ihnen einerseits unterschiedliche Rechte an die Bewohner verschiedener Gegenden verliehen wurden, der Hof einzelnen Städten oder Provinzen Privilegien gewährten, andererseits aber nach Art und Weise bzw. Umfang des symbolischen und materiellen Zugangs zu den Ressourcen des Reiches differenziert wurde.

---

55 *Osterhammel* u. *Jansen*, Kolonialismus.

56 Siehe die vergleichenden Überlegungen in: *Hirschhausen* u. *Leonhard*, Empires.

57 Diesen Prozess beschreibt am Beispiel des britischen Empire eindrucksvoll: *Darwin*, Empire Project; die Problematik der landbasierten Imperien betrachten am russischen Beispiel u. a.: *Furman*, Russlands Entwicklungspfad; *Hagen*, Federalisms; vergleichend: *Gammerl*, Staatsbürger.

58 *Barth* u. *Osterhammel*, Zivilisierungsmissionen.

Der Vorzug dieser Herrschaftstechnik im kolonialen Kontext für die Inhaber privilegierter Positionen lag auf der Hand, denn sie erlaubte, zwischen der Metropole und eroberten Gebieten zu unterscheiden. Allerdings hatte die erste erfolgreiche Sklavenemanzipation im karibischen Saint Domingue, mit der auch ein polnisches Militäraufgebot im Rahmen der napoleonischen Armee konfrontiert war, gezeigt, welche Risiken ein solches Arrangement bot.

Die mit der Französischen Revolution propagierte Idee eines allgemeinen Wahlrechts warf die Frage auf, ob sich abgestufte Mitwirkungsrechte nicht nur für geographisch weit abgelegene Gebiete der Empires sondern auch für quasi-kolonial beherrschte Gesellschaften in der Nachbarschaft der Metropolen rechtfertigen ließen.[59] Die Vertreter der europäischen Mächte, die 1814/15 in der Wiener Hofburg zusammenkamen, um nach mehr als 20 Jahren Krieg und Revolution Bilanz zu ziehen, waren überzeugt, sie fänden eine konservative Lösung für dieses Problem. Für den zentraleuropäischen Raum, in dem nur zaghafte Versuche einer revolutionären Erschütterung der bestehenden Imperien verzeichnet worden waren, hatte dies langfristige Folgen: Die Kombination höchst unterschiedlicher imperialer Herrschaftstechniken mit der Aneignung von Mustern der Nationalisierung[60] gehört dazu ebenso wie die Zerklüftung einer Bevölkerung, in der eine wachsende Zahl von Nationalitäten bzw. »Minderheiten« eine Überwindung ihres partiellen oder kompletten Ausschlusses aus den Entscheidungen über die künftige kulturelle, soziale und politische Gestalt der Gesellschaft verlangten.[61] Spätestens mit dem Ersten Weltkrieg und dem Versuch Woodrow Wilsons, durch die Proklamierung eines (keineswegs universell gemeinten[62]) »Selbstbestimmungsrechts der Völker«[63] der Nationalisierung im östlichen Europa gegen die imperialen Rahmungen größere Geltung zu verschaffen, rückte diese Problemlage dann als Minderheitenfrage ins Zentrum internationaler Aufmerksamkeit und gab der Wahrneh-

59 Zur Integration Ostmitteleuropas in eine vergleichende Kolonialgeschichte: *Kopp*, Germany's Wild East; *Healy* u. *Dal Lago*, Shadow of Colonialism; *Rolf*, Imperiale Herrschaft; *Nelson*, Germans, Poland and colonial expansion.

60 Vorzügliches Material bietet: *Rumpler*, Habsburgermonarchie; zu den vielfältigen Verwaltungsänderungen in den verschiedenen Teilen des Reiches in der zweiten Hälfte des 19. Jahrhunderts. Siehe auch: *Rumpler*, Innere Staatsbildung; *Rumpler*, Österreichische Geschichte.

61 *Fink*, Defending the Rights; *Feichtinger* u. *Cohen*, Understanding Multiculturalism.

62 *Manela*, Wilsonian Moment; *Graebner* u. *Bennett*, Versailles Treaty.

63 *Fisch*, Selbstbestimmungsrecht.

mung Ostmitteleuropas als Problemzone internationaler Stabilität einen neuen Akzent.[64]

Die in den letzten zwei Jahrzehnten sehr intensive Diskussion über Imperien hat vor allem drei Korrekturen am bis dahin gültigen Bild des quasi naturhaften Übergangs »from empire to nation«[65] vorgenommen:

1. Dieser Prozess hat viel länger gedauert als bisher angenommen, d.h. imperiale Formen der Herrschaft, Verwaltung und gesellschaftlichen Integration wirken bis weit in das 20. Jahrhunderts fort. In dieser Perspektive erscheint Ostmitteleuropa keineswegs als Nachzügler bei der Ausprägung moderner Nationalstaaten.[66] Mit der Kategorie der Territorialisierung ist es auch gelungen, die Staatsbildungsprozesse der frühen Neuzeit von jenen der Nationalstaatsbildung im 19. und 20. Jahrhundert zu unterscheiden und dennoch die Kontinuitäten im Blick zu behalten.[67]

2. Der Übergang vollzog sich nicht linear und führte keineswegs zu einem direkten Ersatz der imperialen durch nationale Herrschaftsformen. Vielmehr lässt sich gegen Ende des 19. Jahrhunderts, als die Nationalisierung der Gesellschaften in Westeuropa bereits weit fortgeschritten war und zugleich die Hochzeit des Imperialismus/Kolonialismus anbrach, eine Verknüpfung von nationalisierten Metropolen und imperialen Ergänzungsräumen beobachten, die wiederum nach dem Grundsatz »the empire strikes back« den Charakter der Metropolen ebenso beeinflusste wie den der Ergänzungsräume. Ostmitteleuropa lag jedoch weitgehend an den Rändern der alten Imperien und bildete im 19. Jahrhundert durchweg den Raum, indem um die Überlegenheit von Imperium und/oder Nationalstaat gerungen wurde. Insofern sieht ein Teil der Imperien-vergleichenden Forschung Ostmitteleuropa als einen imperialen Ergänzungsraum unter mehreren (etwa in

64 *Roter*, Minority Problem; *Ben-Nun*, From Ad Hoc; sowie zahlreiche Beiträge zur Rolle Ostmitteleuropas für die Entwicklung des Völkerrechts im 20. Jahrhundert in: *Müller* u. *Skordos*, Leipziger Zugänge.

65 Kritisch zu dieser früheren Standardformel historiographischer Narrative des 19. Jahrhunderts: *Esherick, Kayalı* u. *Young*, Empire to nation.

66 Dieser Standpunkt hat Anregungen aus der Deutung des modernen globalen Kapitalismus als Empire (*Hardt* u. *Negri*, Empire), der Beobachtung neo-imperialistischer Tendenzen im US-Unilateralismus nach der Selbstauflösung der Sowjetunion (siehe bspw. *Ferguson*, Empire; *Maier*, Among Empires) und der Wiederbelebung eines imperialen Großmachtdesigns in der Putinschen Außenpolitik (siehe dazu die kritischen Beiträge in der Zeitschrift Ab Imperio, aber auch den Rückblick auf das sowjetische Imperium bei: *Zubok*, Failed Empire) bezogen.

67 Zu den historiographischen Konzepten mit Blick auf Ostmitteleuropa: *Hadler* u. *Mesenhöller*, Vergangene Größe.

Asien oder Afrika), während die auf Ostmitteleuropa spezialisierte Literatur die Region eher als Übergangsraum zwischen relativ rascher und eher imperial behinderter Nationalisierung ansieht.[68] Dabei betont eine wachsende Zahl von Autoren die Integration der ethnisch gemischten Bevölkerungen durch imperiale Herrschaft und äußert Skepsis gegenüber einer anachronistischen Einschreibung eines Rechts auf »nationale« Selbstbestimmung in die ostmitteleuropäische Geschichte des 19. Jahrhunderts.[69] Aus der Sicht der Titularnationen werden Prozesse der Nationsbildung dagegen wesentlich positiver beurteilt als aus der Sicht der Minderheiten.[70] Mit Blick auf die jüdische Bevölkerung haben Dan Diner[71] und andere eine Definition als transnationale Bevölkerung vorgeschlagen, die der ethnischen Selbstbestimmung und dem Verlangen nach einem eigenen Territorium voranging.[72] Ob dies auch für andere Bevölkerungsgruppen Ostmitteleuropas oder für einzelne Regionen eine sinnvolle Kennzeichnung ist, wird bisher lediglich tentativ diskutiert.[73] Dagegen hat Joshua Sanborn die provozierende These aufgestellt, dass die Bildung selbständiger Staaten nicht primär das Ergebnis eines langen Nationsbildungsprozesses sondern des Staatsversagen der Imperien war, darunter insbesondere des russischen. Dieses Staatsversagen schuf erst jene Dezentralisierung der Macht, die die Dekolonisierung 1918 erlaubte und die anschließende Bildung von Nationalstaaten, die eigentlich keine gewesen seien.[74]

3. Unter dem griffigen Titel »Habsburg postcolonial« wird nicht nur die Teilnahme der Donaumonarchie an der Expansion in Richtung Afrika oder in Teile Asiens verhandelt, sondern insbesondere auch die Verwandlung der nord- und südöstlich gelegenen Reichsteile in imperiale Ergänzungsräume – mit den entsprechenden Folgen für die (Erinnerungs-)Kultur Österreichs und eine spezifische Ausformung von Orientalismus.[75]

All diese Ansätze haben dazu geführt, dass die Untersuchungen zu Ostmitteleuropa Teil einer *new imperial history* geworden sind, die zwar noch

68 *Hirschhausen* u. *Leonhard*, Historisierung und Globalisierung.

69 *Barkey* u. *Hagen*, After Empire.

70 Vgl. den Überblick bei *Kappeler*, Nationsbildung und *Kappeler*, Russland.

71 *Diner*, Jahrhundert; *Diner*, Gedächtniszeiten.

72 *Čapková*, Czechs, Germans, Jews?; *Cala*, Asymilacja Zydow; *Guesnet*, Polnische Juden; *Eisenbach*, Emancipation; *Nekula* u. *Koschmal*, Juden.

73 *Kasianov* u. *Ther*, Laboratory.

74 *Sanborn*, Imperial Apocalypse.

75 *Czaky, Feichtinger* u. *Prutsch*, Habsburg postcolonial; *Hodkinson, Walker, Mazumdar* u. *Feichtinger*, Deploying Orientalism; *Born* u. *Lemmen*, Orientalismen.

immer dominiert wird von den »klassischen« Überseeimperien[76], sich aber zunehmend einem breiteren Vergleich öffnet. Analysiert die Imperialgeschichte, ungeachtet aller Bekenntnisse zu einem Ansatz, der Metropole und Kolonien gleichberechtigt einbezieht, häufig eher aus der Perspektive der Metropole (bzw. der dort tätigen Verwalter des Empire), so wird dies im Falle Ostmitteleuropas durch den Trend zur transnationalen Erweiterung der nationalgeschichtlichen Narrative komplementiert. Hier steht weniger der imperiale Zusammenhang oder gar inter-imperiale Vergleich im Vordergrund, sondern die Betrachtung der vielgestaltigen Verflechtungen über Grenzen angenommener Nationen hinweg.[77] Diese Verflechtungen können als Beleg für die Europäizität protonationaler Gesellschaften im östlichen Europa dienen[78], die der zum Ende des 19. Jahrhunderts immer stärker werdenden nationalistischen Konfrontation[79] entgegen gehalten wird, zuweilen mit der Absicht, eine neue Erinnerungskultur anzuregen.[80]

II.1.2 Die Vermessung und Visualisierung des Territoriums

Die Geschichte von statistischer und kartographischer Landesaufnahme hat in den letzten Jahren ein wachsendes Interesse gefunden.[81] Dabei hat Stuart Elden die »Erfindung« des Territoriums bis in die Werkstätten von Kartographen des 16. Jahrhunderts zurückverfolgt und damit den Produktionsprozess für eine der wirkmächtigsten Kategorien beim Ausbau frühmoderner Staatlichkeit anschaulich machen können.[82]

Kritische Kartographiegeschichte[83] hat einen wesentlichen Beitrag dazu geleistet, die Geschichte des Kartenmachens nicht einfach als die Geschichte

76 Zur Struktur des Feldes vgl. *Hopkins*, From National History; *Sanders*, Historiography; *Osterhammel*, Imperialgeschichte; *Osterhammel*, Europamodelle; *Taraud* u. *Lorin*, Nouvelle histoire; *Thompson*, Writing Imperial Histories; *Hirschhausen*, New Imperial History?.

77 *Tilse*, Transnationalism.

78 *Espagne*, Villes baltiques.

79 *Frackowiak*, Nationalistische Politik.

80 *Ostermann*, *Müller* u. *Rehberg*, Grenzraum.

81 *Porter*, Rise of Statistical Thinking; *Desrosières*, Politik.

82 *Elden*, Birth of Territory.

83 *Crampton* u. *Krygier*, Introduction; *Harley* u. *Woodward*, History of Cartography; *Harley*, New Nature.

der Visualisierung geographischer Realitäten mißzuverstehen, sondern als einen wichtigen Beitrag im Territorialisierungsprozess der frühen Neuzeit, in dem die Repräsentation des Territoriums zuweilen seiner rechtlichen und machtpolitischen Befestigung vorauseilte und Besitzstände reklamierte, die es erst noch abzusichern galt.[84]

Karten wurden dabei gerade auch für internationale Verhandlungen eingesetzt, um Verbindungen zwischen Nationalitäten auf dem Territorium eines benachbarten Reiches und dem Anspruch der Titularnationen zu unterstreichen.[85]

Volkszählungen sind für alle drei in Ostmitteleuropa überlappenden Reiche historisch rekonstruiert worden, wenn auch mit unterschiedlicher Schwerpunktsetzung hinsichtlich der dahinter liegenden Wissensordnungen über Ethnizität, Religiösität und Verteilung im Raum.[86] Dabei sind die Arbeiten für Preußen[87] und für die Habsburgermonarchie[88] weiter vorangeschritten, als dies für Russland derzeit konstatiert werden kann. Dies nimmt nicht weiter wunder angesichts, der umfänglichen zeitgenössischen Vorarbeiten, auf die sich moderne Untersuchungen stützen können[89], die internationale Russlandforschung hat zu dieser Frage in den letzten Jahren ebenfalls erhebliche Fortschritte gemacht.[90]

Dass sich die Datenerhebung und Debatte über die zugrunde gelegten Kriterien der Datenauswahl keineswegs nur im Rahmen einzelner Staaten, die alsbald statistische Büro etablierten[91], abspielte, sondern Gegenstand

---

84 Für die russische Kartographiegeschichte insbesondere *Seegel*, Mapping Europe's Borderlands; *Petronis*, Constructing Lithuania; für die Habsburgermonarchie: *Kretschmer*, Österreich in der Welt; vergleichend für Ostmitteleuropa: *Magocsi*, Historical Atlas; *Happel* u. *von Werdt*, Osteuropa kartiert

85 *Labbé*, Usages diplomatiques des cartes ethnographiques.

86 *Kerzter*, Census and Identity; *Johler*, Beschreiben und Vermessen.

87 Für Preußen hat besonders die französische Historikerin Morgan Labbé Pionierarbeit geleistet. Vgl. Ihre zahlreichen Beiträge, u.a. *Labbé*, Grenzen der deutschen Nation; *Labbé*, Dénombrer les nationalités; *Labbé*, Nation allemande;

88 *Tantner*, Ordnung der Häuser; *Pammer*, Grundlagen; *Göderle*, Zensus und Ethnizität; *Kladiwa* u.a., Národnostní statistika.

89 Vgl. etwa die gründliche Untersuchung der Sozialstruktur im Habsburgerreich auf der Grundlage der Zählungen aus dem Jahr 1910: *Rumpler*, Gesellschaft der Habsburgermonarchie.

90 *Clem*, Research Guide; *Bauer*, Nationalitäten; *Steinwedel*, Making Social Groups; *Cadiot*, Searching for Nationality.

91 *Labbé*, Séminaire de statistique; *Labbé*, Institutionalizing.

internationale Abstimmung wurde, hat neben anderen Morgane Labbé sehr anschaulich gezeigt.[92]

Insgesamt zeichnet die gegenwärtige Forschung das Bild eines (imperialen) Staates, der immer wieder neue Anläufe unternimmt, »in die Fläche vorzurücken« und damit einen Territorialisierungsprozess durch Zählen, Messen und Gewichten voranzubringen, der Grundlage einer administrativen Durchdringung von immer mehr Lebensbereichen der Menschen und jedes noch so entlegenen Winkels wurde.[93] Während dies in Westeuropa im konstutionellen Rahmen des Nationalstaates geschah, vollzog sich der Prozess im östlichen Europa unter imperialen Vorzeichen. Dieses seltsame Amalgam von nationalstaatlichen und imperialen Herrschaftstechniken und ihren ideologischen Überformungen bei gleichzeitiger transnationaler Zirkulation des diesen Herrschaftstechniken zugrunde liegenden Wissens[94], bildet heute eine der spannendsten Herausforderungen einer Geschichte des 18. und 19. Jahrhunderts.[95]

II.1.3 Die Kontrolle des Territoriums: Grenz- und Migrationsregime

Grenzen und Grenzregionen gehören zu den intensiv bearbeiteten Themen der ostmitteleuropäischen Geschichte, nicht nur, weil die Region selbst als »Grenzraum des Abendlandes«[96] thematisiert wurde und ihre wechselnden historischen Positionierungen bis heute in Grenzanalogien gefasst werden[97], sondern auch, weil sie als Überlappungsraum dreier Imperien eine ausgesprochen hohe Komplexität von Prozessen der Grenzziehung und des Grenzwandels aufweist. Dabei nimmt die historische Grenzforschung zu Ostmitteleuropa jedoch nur teilweise Bezug auf das breitere Forschungs-

---

92 *Labbé*, Projet; *Labbé*, Internationalisme. Siehe dazu auch Kapitel I.5 in diesem Band. Ein Beispiel für den zeitgenössischen Optimismus liefert: *Neumann-Spallart*, Erfolge.

93 *Ganzenmüller* u. *Tönsmeyer*, Vorrücken des Staates.

94 *Behrisch*, Berechnung der Glückseligkeit; *Behrisch*, Vermessen; *Gugerli* u. *Speich*, Topografien.

95 Siehe auch *Fieseler*, Der vermessene Staat; *Hansen*, Mapping the Germans; sowie für die Vorgeschichte: *Wendehorst*, Anatomie und für den polnischen Fall: *Rolf*, Imperiale Herrschaft.

96 *Halecki*, Grenzraum.

97 *Troebst*, Intermarium; besonders wirkmächtig hat sich dabei der Topos der »Antemurale christianitatis« erwiesen: *Morawiec*, Antemurale Christianitatis; *Hein-Kirchner*, Antemurale Christianitatis; *Kenneweg* u. *Troebst*, Einführung.

gebiet der zumeist soziologisch geprägten *border studies*.[98] Die historische Diskussion ist dabei auch nur zum Teil in eine Kommunikation mit den Arbeiten in der neuen politischen Geographie getreten, die sich parallel um ein Verständnis und eine Konzeptionalisierung des Wandels von Grenzen im 20. Jahrhundert bemüht.[99]

Für Ostmitteleuropa hat insbesondere die Nationalisierung von Grenzen innerhalb und an den Rändern der Imperien sowie die Betrachtung der unterschiedlichen Grenztypen und Grenzregime im europäischen Vergleich großes Interesse gefunden.[100] Vor allem die »frontiers« der Ostmitteleuropa einschließenden Imperien haben eine Reihe auch global vergleichender Studien addressiert.[101] Eine Ost- und Westeuropa vergleichende Grenzforschung hat dabei zum einen eine vermutete Spezifik ostmitteleuropäischer Grenzen kritisch geprüft und die Behauptung eines östlichen Grenztyps der *frontière mouvantes* im Osten des Kontinents im Vergleich zu stabileren Grenzen im Westen zu revidieren versucht.[102] Zahlreiche Einzelstudien zu verschiedenen ostmitteleuropäischen Grenzregionen zeigen die Eigen- und Widerständigkeit der Bevölkerung in Gebieten, die sich nicht umstandslos in konkurrierende nationale Projekte fügen ließen und dem Narrativ »from empire to nation« wiederholt den Boden entzogen.[103]

In der auf Ostmitteleuropa spezialisierten Grenzforschung zeigt sich allerdings das gleiche Problem wie in der interdisziplinären und in verschiedenen Weltregionen aktiven Grenzforschung insgesamt: Es existiert eine Vielzahl vergleichender, zumeist in Form von Sammelbänden präsentierten Untersuchungen.[104] Dies lässt einen konsolidierten Überblick zur gro-

---

98 Dokumentiert ist diese Debatte u. a. im Journal of Borderland Studies oder im International Journal of Migration and Border Studies, siehe zur anthropologischen und soziologischen Grenzforschung u. a. *Wilson* u. *Donnan*, Companion; *Anderson*, Frontiers; für die historische Diskussion vgl. auch *Schenk*, Konstruktion.

99 *Newman*, Lines that Continue.

100 *François, Seifarth* u. *Struck*, Grenze als Raum; *Lemberg*, Grenzen; *Haslinger* u. *Mollenhauer*, Arbeit am nationalen Raum; *Müller* u. *Petri*, Nationalisierung.

101 *Bartov* u. *Weitz*, Shatterzone; siehe auch *Osterhammel*, Verwandlung, Kapitel VII (Frontiers), S. 465–564.

102 *François, Seifarth* u. *Struck*, Grenze als Raum.

103 *Ther* u. *Sundhaussen*, Regionale Bewegungen; *Komlosy*, Kulturen an der Grenze; *Komlosy*, Politische Kultur.

104 Für den Untersuchungszeitraum nach wie vor einschlägig und überzeugend: *Lemberg*, Grenzen in Ostmitteleuropa; ebenso *Haslinger*, Grenze im Kopf; *Maner*, Grenzregionen; in Teilen weniger systematisch: *Breysach, Paszek* u. *Tölle*, Grenze; *Thoß*, Mitteleuropäische Grenzräume.

ßen Herausforderung werden, ebenso die Systematisierung und Theoriebildung. Mitunter wird »Grenze« dabei eher metaphorisch gebraucht, um jegliche Art von Inklusions- und Exklusionsprozessen zu betrachten, sodass der Bezug zu einer räumlich konkret verankerten Forschung immer flüchtiger wird. Dagegen liegen überzeugende Vorschläge für die konzeptionelle Ordnung und Theoretisierung vor.[105] Ein wichtiger neuer Ansatz ist dabei die Untersuchung von sog. Phantomgrenzen, also dem Weiterwirken früher einmal wichtiger Grenzen staatsrechtlicher, administrativer oder sozioökonomischer Art, die auch nach Verlust ihrer unmittelbaren Relevanz die Perzeption sozialer und politischer Veränderungen massiv beeinflussen.[106]

Grenze zu untersuchen, meint auch immer den Raum dies- und jenseits der Grenze mit zu betrachten. Dies hat im Falle Ostmitteleuropas den Fokus auf bestimmte Regionen gelenkt, die aufgrund ihres Charakters als Grenzraum zum Indikator für den Umgang der Imperien mit Peripherien und für die Durchsetzung eines zunehmend strikteren Grenzregimes (einschließlich des fortdauernden Widerstandes gegen die Anerkennung dieses neuen Grenztyps) wurden. Bestimmte Regionen haben dabei besondere Aufmerksamkeit erhalten, dazu gehören insbesondere Galizien[107] und andere Regionen in und an der Rändern der Habsburgermonarchie[108], die westlichen Regionen des Russischen Reichs[109] und Grenzregionen im Deutschen Reich.[110]

Die Untersuchung von Migration ist angesichts der massiven Auswanderungswellen am Ende des 19. Jahrhunderts aus Ostmitteleuropa ein zentrales Thema der Historiographie zur Region[111] und hat in jüngerer Zeit zusätzliche Inspiration durch die Diaspora- und Emigrationsforschung erhalten. Der Ansatz von Donna Gabaccia, die am italienischen Beispiel den Beiträgen der Diaspora zur »Erfindung der Nation« in den USA nachgegan-

105 Zum Versuch eines vergleichenden Zugangs dieser Art von *Baud* u. *Schendel*, Comparative History of Borderlands, aus politisch-geographischer Perspektive: *Newman*, Borders and Power; *Newman* u. *Paasi*, Fences.

106 *Grandits, Hirschhausen, Kraft, Müller* u. *Serrier*, Phantomgrenzen; *Löwis*, Phantom Borders.

107 *Maner*, Galizien; *Augustynowicz* u. *Kappeler*, Galizische Grenze; *Haid, Weismann* u. *Wöller*, Galizien.

108 *Judson*, Guardians of the Nation; *Heindl* u. *Saurer*, Grenze und Staat; *Maner*, Grenzeregionen; *Komlosy*, Grenze.

109 *Dolbilov* u. *Miller*, Zapadnye; *Thaden*, Russia's Western Borderlands.

110 *Serrier*, Provinz Posen; *Demandt*, Grenzen; *Gil* u. *Pletzing*, Granica.

111 Siehe Kap. I.2 und II.2 in diesem Band.

gen ist[112], hat vor allem die Untersuchungen zur Transnationalität von Territorialisierungsprozessen am polnischen Beispiel befördert.[113] Transzendiert die Diaspora gewissermaßen die Territorialisierung vor Ort, so wird die Migrationspolitik, die Michael G. Esch in diesem Band ausführlich darstellt, zum entscheidenden Hebel eben dieser Territorialisierung, da sie Kontrolle über Menschen und Zugehörigkeiten verschafft.

II.1.4 Forschungen zu Verkehrsinfrastrukturen und ihrer Funktion in Territorialisierungsprozessen

Interdisziplinarisierung und Transnationalisierung der Infrastrukturgeschichte

Darstellungen der Verkehrsgeschichte richten sich bis heute in einem überdurchschnittlichen Maße an nicht-akademische Interessenten. Schon deshalb spielte hier ein eher technischer, artefaktbezogener Zugriff auf die Geschichte der Verkehrsmittel lange eine dominierende Rolle.[114] Im letzten Viertel des 20. Jahrhunderts entwickelte sich die Verkehrsgeschichte zunehmend zu einem Teilgebiet der Wirtschaftsgeschichte und nutzte verstärkt wirtschafts- und sozialwissenschaftliche Ansätze, wobei insbesondere der Beitrag der »Verkehrsrevolution« zur »industriellen Revolution« im Mittelpunkt stand und neben der Entwicklung der Verkehrsmittel zunehmend auch die Infrastruktur(politik) sowie die Auswirkungen von Verkehr auf die (regionale) Wirtschaftsentwicklung diskutiert wurden.[115] Seit der Jahrtausendwende stehen kulturwissenschaftliche und unternehmenshistorische Perspektiven stärker im Vordergrund, so dass die neuere Verkehrsgeschichte in mancherlei Hinsicht geradezu als Paradebeispiel dafür dienen kann, dass gesellschaftliche Phänomene nur durch eine tatsächlich interdisziplinäre Vorgehensweise erklärt werden können, indem (kulturell geprägte) Verhaltensmuster und (ökonomische) Handlungslogiken unter Nutzung vielfältiger Methoden untersucht werden.[116]

---

112 *Gabaccia*, Italy's Many Diasporas; *Gabaccia*, Foreign Relations.

113 *Marung*, Erfindung Europas.

114 *Dienel*, Verkehrsgeschichte, S. 20; *Merki*, Verkehrsgeschichte, S. 11–13.

115 *Fremdling*, Eisenbahnen; *Möser*, Prinzipielles zur Transportgeschichte. Allerdings ist bis heute die Geschichte der Verkehrsinfrastrukturen im Vergleich zur Geschichte der Verkehrsmittel »unterbelichtet«. *Dienel*, Verkehrsgeschichte, S. 25.

116 *Laak*, Infra-Strukturgeschichte; *Dienel*, Verkehrsgeschichte, S. 34 f.; *Merki*, Verkehrsgeschichte, S. 13 f.; *Dienel* u. *Divall*, Changing Histories, S. 65–70; *Engels* u. *Schenk*, Infrastrukturen, S. 38.

Geradezu exemplarisch ist zudem die Koinzidenz von Prioritäten der aktuellen Politik und den Erkenntnisinteressen der historischen Forschung beim Verhältnis zwischen nationaler und internationaler bzw. transnationaler Perspektive. Auch 30 Jahre nach der Gründung der Europäischen (Wirtschafts-)Gemeinschaft war die Verkehrspolitik in Westeuropa eine fast ausschließlich nationale Angelegenheit, obwohl die Römischen Verträge von 1957 eine rasche Vergemeinschaftung gerade dieses Politikfeldes vorgesehen hatten. Angesichts des die Historiographie generell prägenden methodologischen Nationalismus beschäftigte sich die überwiegende Mehrheit der verkehrshistorischen Forschungen mit der Entwicklung nationaler bzw. staatlicher Verkehrssysteme, stellte bestenfalls einige internationale Vergleiche an, ohne dabei übermäßig auf transnationale Verflechtungen zu achten.[117] Mit der Aktivierung der EU-Verkehrspolitik in den 1990er Jahren wuchs auch das Interesse für die Rolle der Verkehrssysteme in den europäischen Integrationsprozessen des 19. und 20. Jahrhunderts sowie den Entwicklungsstand in den EU-Beitrittskandidaten Ostmitteleuropas.[118] Es entwickelten sich verschiedene, oft ihrerseits internationale Forschungsprojekte und -netzwerke, die sich mit der »Internationalität der Eisenbahn« und mit »Cross-Border-Activities«, vor allem den transnationalen Finanzierungsformen beschäftigten.[119]

Besonders originell ist in diesem Zusammenhang der Ansatz der *hidden integration*.[120] Hier wird argumentiert, dass die jahrzehntelange Untätigkeit der Europäischen Gemeinschaft auf dem Feld der Verkehrspolitik nicht allein auf die unterschiedlichen nationalen Interessen der Mitgliedsstaaten bzw. das Desinteresse der (national-)staatlichen Verkehrsunternehmen, insbesondere der Staatsbahnen, zurückzuführen war, sondern eine Reihe zumeist bereits im 19. Jahrhundert gegründeter internationaler Organisationen[121] existierten, die einen vergleichsweise reibungslosen Ablauf des nationalstaatliche Grenzen überschreitenden Verkehrs garantierten. In diesen

117 *Dienel*, Verkehrsgeschichte, S. 26, spricht von der Dominanz »monomodal und national fixierter« verkehrshistorischer Arbeiten. Vgl. auch *Roth* u. *Schlögel*, Einleitung, S. 13–15.

118 *Roth* u. *Schlögel*, Neue Wege.

119 *Burri*, *Elsasser* u. *Gugerli*, Internationalität; *Roth* u. *Dinhobl*, Across the Borders; *Dienel* u. *Divall*, Changing Histories, S. 70–82; *Hertner*, Balkan Railways.

120 *Schot*, Introduction; *Schot*, Transnational Infrastructures. Die Kennzeichnung als »geheim« resultiert sowohl aus dem nichtoffiziellen oder zumindest nichtstaatlichen Charakter der Expertennetzwerke als auch ihrer Nichtbeachtung durch die bisherige Historiographie.

121 Vgl. Kap. I.5 in diesem Band.

Organisationen haben sich Netzwerke von Experten gebildet, die teilweise von Staaten entsandt wurden, überwiegend aber aus nichtstaatlichen Kontexten stammten, und im Laufe der Zeit ein starkes Eigenleben entwickelten, wodurch nationale (und imperiale) Identitäten zugunsten von technokratischen und transnationalen Denk- und Handlungsmustern zurückgedrängt wurden. Damit korrespondiert auch die These, dass sich gerade im späten 19. Jahrhundert eher zählebige Institutionen an Sachzwänge anpassten, die aus der dynamischen Entwicklung großtechnischer Systeme bzw. Infrastrukturen resultierten.[122] Im Rahmen des Forschungsnetzwerkes »Tensions of Europe« sind zu diesem Thema eine ganze Reihe von Untersuchungen entstanden, von denen allerdings nur eine Minderheit bis ins 19. Jahrhundert zurückreicht und sich gerade diese Studien fast ausschließlich mit Westeuropa befassen.[123] Die wichtigste Ausnahme stellt eine Arbeit dar, die sich mit den seit dem späten 19. Jahrhundert von Privatpersonen, Vereinen sowie öffentlich Bediensteten verschiedener Staaten immer wieder überarbeiteten, neu initiierten, jedoch letztlich nie verwirklichten Plänen beschäftigt, die Donau und die Oder durch einen Kanal zu verbinden.[124] Sehr deutlich wird hier, wie ein und das gleiche Infrastrukturprojekt durch Akteure transnationaler, imperialer, nationalstaatlicher, regionalpolitischer oder an privatwirtschaftlichen Interessen orientierter Territorialisierungsprozesse unter verschiedenen politischen und sozio-ökonomischen Konstellationen vorangetrieben, befürwortet, umgedeutet, abgelehnt und boykottiert werden kann.[125]

Relativ stark formalisierte diachrone Vergleiche zwischen der Periode der »ersten Globalisierung« und der Zeit nach dem Zweiten Weltkrieg stellten das Ziel eines langjährigen Siegener Projektes zur Infrastrukturgeschichte dar. Allerdings standen hier weniger die Rolle der Infrastrukturen für Territorialisierungsprozesse als der transnationale Charakter technischer Netze sowie die internationale Integration der jeweiligen Infrastrukturen selbst im Mittelpunkt, so dass vorrangig Prozesse der Standardisierung im internationalen Rahmen sowie der Schaffung entsprechender Institutionen untersucht wurden.[126] Die in allen Teilstudien erfolgte stringente Operationa-

---

122 *Schipper*, European Integration, S. 40.

123 Vgl. http://www.tensionsofeurope.eu/www/en/home (15.10.2015).

124 *Janáč*, European Coasts.

125 *Janáč*, European Coasts, S. 235–243.

126 *Ambrosius* u. *Henrich-Franke*, Integration. Die empirischen Fallstudien beschäftigten sich mit Telekommunikation, Funk, Post sowie mit Eisenbahn und Binnenschifffahrt. Vgl. auch *Engels* u. *Schenk*, Infrastrukturen, S. 30f.

lisierung der aus Integrations- und Standardisierungstheorien entlehnten Thesen schlägt sich in einer klar strukturierten Darstellung der Forschungsergebnisse wieder und wird sicher auch den Vergleich mit zukünftigen Forschungsergebnissen erleichtern. Problematisch ist Theorieorientierung in der Geschichtswissenschaft jedoch immer dann, wenn aufgrund stark normativer Bewertungskriterien Defizitnarrative dominieren. So wird hier als Hauptergebnis einer Analyse der europäischen Verkehrsintegration vor dem Ersten Weltkrieg herausgestellt, dass es noch keinen homogenen Integrationsprozess des gesamten Verkehrswesens und keine gemeinsame Netzplanung gegeben habe, was angesichts der zuvor beschriebenen vielfältigen, häufig nichtgouvernementalen und nichtkooperativen Integrationsprozesse keine angemessene historische Bewertung darstellt.[127] Im Übrigen gehören akteurszentrierte Verflechtungsanalysen nicht zu den Stärken des Siegener Projektes, und Ostmitteleuropa kommt auch hier nur am Rande vor.

Infrastrukturgeschichte in Überblicksdarstellungen

Wichtige Informationen über die Entwicklung der Infrastrukturen in Ostmitteleuropa lassen sich zunächst aus den einschlägigen Überblicksdarstellungen zur (Wirtschafts-)Geschichte der Habsburgermonarchie sowie des Russischen und Deutschen Reiches gewinnen.[128] Zur Eisenbahngeschichte liegen vor allem für Deutschland einige gute Gesamtdarstellungen vor.[129] Insbesondere zum Russischen Reich sind in den letzten Jahren verschiedene kulturwissenschaftlich inspirierte Studien zur Eisenbahngeschichte erschienen, die in verschiedener Weise auf die Debatte über Territorialisierungsprozesse Bezug nahmen.[130]

Rarer sind vergleichende Arbeiten[131] sowie Forschungen über die Entwicklung der Straßenverkehrs-[132] und Binnenschifffahrtsinfrastruktur.[133]

---

127 *Henrich-Franke*, Europäische Verkehrsintegration, S. 144 f.

128 Mit eigenen Abschnitten zur Verkehrsinfrastruktur: *Bachinger*, Verkehrswesen.

129 *Fremdling*, Eisenbahnen; *Ziegler*, Eisenbahnen und Staat; *Gall* u. *Pohl*, Eisenbahn in Deutschland; *Roth*, Jahrhundert der Eisenbahn; vgl. für Russland immer noch *Westwood*, Geschichte. Entsprechende Gesamtdarstellungen über die Entwicklung der Eisenbahnen auf dem Gebiet Polens oder der späteren Tschechoslowakei bis zum Ersten Weltkrieg fehlen, obwohl beinahe alle wichtigen Linien in dieser Zeit gebaut wurden und die Strukturen bis heute fortwirken.

130 *Cvetkovski*, Modernisierung; *Sperling*, Aufbruch der Provinz; *Schenk*, Russlands Fahrt; *Happel*, Räume in der Krise, S. 69–73; *Schlögel*, Mastering Russian Space.

131 *Klenner*, Eisenbahnen und Politik.

132 *Helmedach*, Verkehrssystem; *Müller*, Beitrag des Chausseebaus.

133 *Eckholdt*, Flüsse und Kanäle; *Janáč*, European Coasts.

Auch zu den ostmitteleuropäischen Häfen während der »ersten Globalisierung« gibt es kaum neuere Forschungen und keine komparative oder an globalgeschichtlichen Fragen interessierte Arbeit.[134]

Das von Ralf Roth 2009 festgestellte verkehrshistorische Defizit in den Handbüchern und Standardwerken zur europäischen Geschichte existiert nach wie vor.[135] Außerdem ist in beinahe allen Gesamtdarstellungen und Sammelbänden zur europäischen Verkehrsgeschichte der relative Unterschied zwischen der Beschäftigung mit dem »Westen« einerseits sowie Ost(mittel)europa andererseits viel größer als das West-Ost-Gefälle der Verkehrsnetzdichte.[136] Detailliertere Informationen zur ost(mittel)europäischen Eisenbahngeschichte liefert jetzt ein Sammelband, in dem endlich auch Regionen beschrieben werden, die sonst nicht im Fokus stehen.[137]

In den Synthesen der ostmitteleuropäischen Geschichte wird die von der Eisenbahn getragene »Verkehrsrevolution« oft gar nicht[138] oder nur beiläufig erwähnt.[139] Die wirtschaftshistorischen Gesamtdarstellungen behandeln den Eisenbahnbau ausführlicher, allerdings entweder rein deskriptiv[140] oder mit ausschließlichem Fokus auf dessen Finanzierung sowie seine Rolle als industrieller Führungssektor.[141] Die mit den Veränderungen der Verkehrsströme verbundenen räumlichen Effekte sowie die Funktion der Infrastruktur in den imperial überformten Territorialisierungsprozessen werden hier trotz des *spatial turn* nicht diskutiert.

Wirtschafts- und kulturhistorische Ansätze

In der historischen Infrastrukturforschung lassen sich in Bezug auf die Methodologie eine wirtschaftshistorisch-sozialwissenschaftliche Herangehensweise sowie ein vornehmlich kultur- und sozialhistorischer Ansatz unterscheiden.[142]

134 Vgl. zu Triest *Kreuzer*, Port of Trieste.
135 *Roth*, Allgemeine Überlegungen, S. 56 f.
136 Vgl. exemplarisch *Kunz* u. *Armstrong*, Inland Navigation; *Sieferle* u. *Breuninger*, Transportgeschichte; *Merki*, Verkehrsgeschichte. Vgl. auch die stark ungleichgewichtige Behandlung der Regionen Europas im »Journal of Transport History« als einschlägiger Fachzeitschrift.
137 *Roth* u. *Jacolin*, Eastern European Railways; vgl. auch *Roth* u. *Schlögel*, Neue Wege.
138 *Janos*, East Central Europe.
139 *Puttkamer*, Ostmitteleuropa, S. 49 f., jedoch nicht in 156 ff. und 205 ff.; *Bideleux* u. *Jeffries*, History of Eastern Europe, S. 369.
140 *Turnock*, Economy of East Central Europe, S. 123–133.
141 *Berend*, History derailed, S. 151–155; *Berend*, Economic History, S. 364–372.
142 *Engels* u. *Schenk*, Infrastrukturen, S. 28 f.

Bei aller gebotenen Skepsis gegenüber den Ergebnissen von Studien, die sozio-ökonomische Effekte von Infrastrukturinvestitionen gemessen haben, ist es bedauerlich, dass für Ostmitteleuropa nicht einmal ein entsprechender Versuch unternommen wurde. So stellt etwa die Ermittlung der quantifizierbaren, ökonomischen Auswirkungen des Chausseebaus nach wie vor ein »Desiderat in der Wirtschaftsgeschichte des Habsburgerreiches« dar.[143] Schwerer wiegt, dass dieser Befund auch für den Eisenbahnbau gilt, da keine ost(mittel)europäischen Pendants zu den – freilich nicht zufällig auch schon älteren – ökonometrischen Studien über die USA, Westeuropa und Deutschland existieren.[144] Auch wenn mitunter behauptet wird, die Planungs- und Baugeschichte der Eisenbahnen sei gut erforscht,[145] gibt es im Falle Russlands und Ostmitteleuropas noch einen erheblichen Bedarf im Bereich der wirtschaftshistorisch orientierten Verkehrsgeschichte. So fehlen etwa quantifizierende Arbeiten über die Nutzung der Verkehrsinfrastrukturen beinahe völlig. Das gilt auch für empirische Untersuchungen über die Modalitäten sowie die Intensität des grenzüberschreitenden Verkehrs.[146] Wesentlich besser erforscht sind die staatliche Infrastrukturpolitik sowie das Verhältnis von öffentlicher und privater Trägerschaft.[147] Insbesondere für die Frühphase wurde das Verhältnis ökonomischer und militärischer Motive des Eisenbahnbaus diskutiert.[148] Eine umstrittene Frage ist außerdem, inwieweit die Infrastrukturpolitik von den Imperien genutzt wurde, um regionale Disparitäten auszugleichen.[149]

Die sich in den letzten Jahren stärker entwickelnde kulturwissenschaftlich orientierte verkehrshistorische Forschung hat sich im Wesentlichen mit drei Problemkreisen beschäftigt. Erstens betonen Studien zu den Ursprüngen

---

143 *Helmedach*, Verkehrssystem, S. 95.

144 Vgl. für »den Westen« *Fogel*, Railroads; *Fremdling*, Eisenbahnen; *Ville*, Transport; *Szostak*, Role of Transportation; *O'Brien*, New Economic History; vgl. zu Russland *Metzer*, Railroad Development.

145 So *Schenk*, Russlands Fahrt, S. 27, über Russland.

146 Vgl. jedoch *Müller*, Integration, über die Eisenbahnen an der deutsch-russischen Grenze; *Wolf*, *Schulze* u. *Heinemeyer*, Economic Consequences, wo mit Güterverkehrsstatistiken gearbeitet wird.

147 *Bachinger*, Verkehrswesen; *Klenner*, Eisenbahnen und Politk; *Ziegler*, Eisenbahnen und Staat; *Westwood*, Geschichte; *Schenk*, Russlands Fahrt, S. 60–80.

148 *Köster*, Militär und Eisenbahn; *Bremm*, Chaussee zur Schiene; *Heywood*, Most Catastrophic Question; *Schenk*, Russlands Fahrt, S. 37–73;

149 *Abelshauser*, Staat, S. 9–15, 18–34; *Müller*, Wirtschafts- und Nationalitätenpolitik; *Kaps*, Ungleiche Entwicklung in Zentraleuropa.

der europäischen Integration die Rolle der Eisenbahn für den Europagedanken auf diskursiver Ebene[150] für die Schaffung eines europäischen Verkehrsraumes[151] sowie die Entwicklung von internationalen Organisationen.[152] Es wird betont, dass die Möglichkeit der Eisenbahnfernreise und die trotz aller Hemmnisse letztlich doch voranschreitende Herausbildung eines europäischen Eisenbahnnetzes in der zweiten Hälfte des 19. Jahrhunderts eine wesentliche Grundlage für die Entwicklung der Idee von der europäischen Integration darstellte.[153] Ostmitteleuropa ist in diesem Zusammenhang nur selten berücksichtigt worden, wie etwa die Unterschiede der Intensität bei den Forschungen zur internationalen Regulierung des Rhein(verkehr)s einerseits sowie zur Donauschifffahrtskommission andererseits exemplarisch deutlich machen.[154]

Zweitens entstanden im Rahmen der historischen Imperienforschung Arbeiten über die Bedeutung des »Eisenbahnimperialismus«,[155] der Eisenbahn für die »Imperiale Raumerschließung« durch verschiedene Nutzer der Eisenbahn[156] bzw. die »Neuordnung der Räume«.[157] Schließlich bildeten Eisenbahnen wegen ihrer Fähigkeit zur Veränderung von *spatial realities* ein bevorzugtes Werkzeug der *empire builders*.[158] Diskutiert wird hier unter anderem die Bedeutung des Entwicklungsniveaus von Infrastrukturen in den zeitgenössischen Diskursen über die Ursachen der eigenen »Rückständigkeit« sowie die Mittel zu ihrer Überwindung,[159] aber auch der Stellenwert »des Staates« sowie lokaler Eliten im Prozess der Territorialisierung durch Infrastruktur.[160] Außerdem wird darauf hingewiesen, dass die imperiale und nationalstaatliche Verkehrspolitik sowie insbesondere die Gründung und der Ausbau von Staatsbahnen, die Tausende Beamte be-

---

150 *Dienel*, Eisenbahn, S. 105–107, 117–120. Vgl. auch *Schenk*, Zarenreich.

151 *Cebulla*, Grenzüberschreitender Schienenverkehr; *Dienel*, Eisenbahn, S. 107–112.

152 *Schiefelbusch* u. *Dienel*, Rom; *Schiefelbusch*, Trains Across Borders; *Schiefelbusch* u. *Dienel*, Linking Networks.

153 *Dienel*, Eisenbahn, S. 107–112.

154 Vgl. eher Forschungsfragen formulierend: *Thiemeyer*, Integration, S. 303–318.

155 Vgl. *Davis*, *Wilburn* u. *Robinson*, Railway Imperialism, noch ohne Russland und Ostmitteleuropa; aber jetzt *Marks*, Road to Power; *Urbansky*, Kolonialer Wettstreit; *Schenk*, Russlands Fahrt, S. 37 f., 114–118.

156 *Schenk*, Imperiale Raumerschließung; *Schenk*, Russlands Fahrt, S. 213–286.

157 *Sperling*, Aufbruch der Provinz.

158 *Lee*, Railways, S. 91.

159 *Schenk*, Russlands Fahrt, S. 35 f., 376–378.

160 *Sperling*, Aufbruch der Provinz, S. 20 f., 59–75.

schäftigten und zu den größten Unternehmen der Welt gehörten, ein wesentliches Instrument imperialer und/oder nationalstaatlicher Territorialisierung darstellten.[161]

Die Zusammenführung der europäischen und imperialen Ebene erfolgt drittens bislang am häufigsten – wenn auch oft nur implizit – durch biographische Studien, denn »mit Hilfe transnational agierender Investoren wurde ein großes – europäisches – Netz geschaffen, bei dessen strategischer Ausrichtung bereits grenzüberschreitende Verkehrsprognosen und ein kontinentales Verkehrsdenken eine große Rolle spielten.«[162] Hier bildeten Ostmittel- und Südosteuropa oftmals einen wichtigen Aktionsraum.[163] Relativ gut erforscht ist die Eisenbahnpolitik der Habsburgermonarchie auf dem Balkan.[164] Unter den großen internationalen Eisenbahnstrecken gerät neben der Transsibirischen Eisenbahn und dem legendären »Orient-Express«[165] neuerdings auch die Preußische Ostbahn als Teil einer europäischen West-Ost-Achse zwischen Paris und Moskau in den Fokus.[166]

Insgesamt sind die komplexen Beziehungen zwischen Infrastruktur und Raumentwicklung theoretisch noch nicht hinreichend systematisiert worden.[167] In der historischen Infrastrukturforschung zu Ostmitteleuropa fehlt es außerdem an empirischer Grundlagenforschung.

II.1.5 Städte im Wandel der Raumordnungen

Städte sind für Forschungen zu verschiedenen Dimensionen transnationaler Geschichte[168], darunter auch zum historischen Wandel von Raumformaten und Raumordnungen von besonderem Interesse.[169] Einige von ihnen waren

161 *Gall* u. *Pohl*, Eisenbahn, S. 40–55; *Schenk*, Kampf um Recht und Ordnung, S. 209–213.

162 *Roth*, Verkehrsrevolutionen, S. 478.

163 Vgl. *Roth*, Jahrhundert der Eisenbahn, S. 110–129; über Strousberg: *Zhaloba*, Leon Sapieha; über de Hirsch: *Grunwald*, Türkenhirsch; sowie über Gerstner: *Reisinger*, Österreichs Eisenbahnwesen, S. 116–120; *Klenner*, Eisenbahnen und Politik, S. 58–60; *Schenk*, Russlands Fahrt, S. 41–44.

164 *Plaschka, Drabek* u. *Zaar*, Eisenbahnbau; *Heppner*, Der Weg führt über Österreich.

165 *Sölch*, Orient Express, S. 9–65; *Cars* u. *Caracalla*, 100 Jahre Orient-Express.

166 *Musekamp*, Ostbahn.

167 *Moss*, Herausforderungen.

168 Zur kulturellen Bedeutung der Städte in Ostmitteleuropa vgl. Kap. I.3 in diesem Band.

169 Vgl. das leidenschaftliche Plädoyer von *Schlögel*, Marjampole, und den exzellenten Forschungsbericht von *Kohlrausch*, Imperiales Erbe.

die Brückenköpfe transregionaler Handelsnetzwerke in der frühen Neuzeit, Sitz der großen Handels- und Bankhäuser und Orte, an denen die Erfahrungen mit Interaktionen über große Distanzen gesammelt und von Generation zu Generation weitergegeben wurden – insofern wirkten sie als Portale schon der frühneuzeitlichen (»archaischen«) Globalisierung.[170] Andere Städte Ostmitteleuropas scheinen dagegen aus diesem Bild wachsender Vernetzung herauszufallen.[171] Zugleich waren sie als Residenzen oder Knotenpunkte der Verwaltung Machtzentren der Imperien, denen die Kontrolle sozialer und politischer Ordnung oblag, finden aber auch Beachtung als Ursprung moderner Öffentlichkeit.[172] Schließlich bildeten sie als soziale Gleichungen die multiethnische Bevölkerung und ihre Modi des Zusammenlebens und der Hierarchisierung in den frühneuzeitlichen Reichen ab.[173] Als solche fungierten sie auch als Gravitationszentren von Grenzräumen, die eher Übergangszonen als strikte Trennlinien zwischen einem Hüben und Drüben waren.[174] Eine vor allem auf die Nationalisierung und die daraus entspringenden Konflikte fixierte Forschung hat sich besonders für die Grenzen und die tendenzielle Auflösung der Multiethnizität der ostmitteleuropäischen Städte interessiert.[175]

Beim Übergang zu Nationalisierung und Transnationalisierung wurden die Städte in eine Raumordnung gezwungen, die ihnen viel von den Gestaltungsräumen alter Selbstverwaltungsformen nahm und sie in die straffere Kontrolle des Territoriums einband. Aber gleichzeitig entwickelten sie neue Formen der Urbanität und profitierten (natürlich die Hauptstädte in besonderer Weise) von den Ressourcen, die das Projekt der Nationalisierung freisetzte. Zugleich wurden sie Arenen der Konflikte um die Ausgestaltung nationaler Räume.[176]

Die umfangreiche Diskussion zu Städten und Metropolen in Ostmitteleuropa ist bisher nur am Rande mit der globalhistorischen Diskussion verbunden, in der Saskia Sassen mit dem Konzept der *global cities* die

---

170 *Baumann, Engel, Maruschke* u. *Middell*, Portale der Globalisierung.

171 *Gebhard*, Lublin.

172 *Hofmann* u. *Wendland*, Stadt und Öffentlichkeit.

173 *Horel*, Multi- und Plurikulturalismus; *Heppner*, Czernowitz; *Lihaciu*, Czernowitz; *Babejová*, Fin-de-Siècle Pressburg.

174 *Kuzmany*, Brody.

175 *Hensel*, Polen, Deutsche und Juden; *Hirschhausen*, Grenzen; *Krzoska* u. *Röskau-Rydel*, Stadtleben und Nationalität; *King*, Budweisers.

176 *Melinz* u. *Zimmermann*, Wien-Prag-Budapest; *Pešek*, Od aglomerace k vělkoměstu.

Überlegung eingeführt hat, dass einige Städte nach der vom Nationalstaat dominierten Raumordnung eine zentrale Rolle für die Globalisierung übernehmen.[177] Gegen eine Verengung dieses Ansatzes auf einige wenige Weltmetropolen ist von verschiedener Seite argumentiert worden.[178] Vom östlichen Europa ist allerdings weder in dem einen noch dem anderen Zusammenhang die Rede. Vielmehr wird sowohl im innereuropäischen als auch im globalen Vergleich eine Spezifik ostmitteleuropäischer Urbanisierungsprozesse behauptet. Immerhin wird im Kontext der breiten Forschung um den Mythos eines ostmitteleuropäischen *fin-de-siècle* wenigstens die Frage aufgeworfen, wie sich dieser Urbanisierungsschub zu globalen Prozessen ins Verhältnis setzen lasse. So argumentieren beispielsweise Melinz und Zimmermann in einem vielzitierten Sammelband über die drei Metropolen Prag, Budapest und Wien, dass sich in diesen die mitteleuropäischen Urbanisierungsprozesse insgesamt von westeuropäischen unterscheiden. Die Antwort auf die Frage, wie diese Differenz zu fassen ist und welche Ursachen sie hatte, halten sie allerdings empirisch und analytisch offen: »Die Frage nach einer […] – für manche Zonen Zentraleuropas vielleicht als ›semiperipher‹ zu bezeichnenden – Entwicklungsdynamik könnte unter Umständen dazu beitragen, eine der Großstadtentwicklung in dieser Region eigene Logik und Kohärenz aufzudecken (und nicht ihre im Zerrspiegel der ›anders‹ oder ›höher‹ Entwickelten sichtbar werdende Gebrochenheit).«[179]

Urbanisierung wurde in der zweiten Hälfte des 19. Jahrhunderts zu einem essentiellen Teil der Territorialisierung, verbunden mit massiven Migrationsprozessen in die Städte und der sich daraus ergebenden komplexen Beziehung zwischen Stadt und Land, mit der Entstehung neuer urbaner Organisationen und Funktionen und mit Wohnungsbau, dem Aufbau einer Versorgungsinfrastruktur für die rasch wachsende Bevölkerung, neue Verkehrskonzepte usw. Großstädte im heutigen Sinne begannen sich zu dieser Zeit in Ostmitteleuropa ebenso wie in vielen weiteren Regionen mindestens im transatlantischen Raum herauszubilden. Die Städte wurden damit einerseits Arenen und Objekte von Nationalisierungsprojekten-

177 *Sassen*, Global City.

178 *Brenner*, Globalisierung; mit einem viel breiteren Ansatz als Sassen bei der Bestimmung globaler Bedeutung von Städten: *Derudder, Hoyler, Taylor* u. *Witlox*, International Handbook; *Lenger*, Metropolen der Moderne und *Hall*, Cities in Civilization. Die Rolle des imperialen Erbes betonen: *Driver* u. *Gilbert*, Imperial Cities; sowie *Hall* u. *Rose*, At Home with the Empire.

179 *Melinz* u. *Zimmermann*, Wien-Prag-Budapest, S. 21.

und andererseits Schauplatz für die Aushandlung alternativer Entwürfe der Ordnung des politischen Raums.[180] Dies zeigt beispielhaft die Literatur zur Sonderrolle Budapests als Hauptstadt in einem stark agrarisch geprägten Land.[181]

Schlussbemerkung

Zu den unterschiedlichen Aspekten von Territorialisierungsprozessen, denen wir uns in unserem Kapitel gewidmet haben, liegt zweifellos eine reichhaltige, vielfach überzeugende und empirisch produktive Forschungsdiskussion vor, die verschiedenen Spezialisierungspfaden folgt. Noch zu selten werden die verschiedenen Teilaspekte – die Geschichte der Transformation und der Auflösung von Imperien, der Vermessung und der infrastrukturellen Erschließung des Territoriums, die Geschichte von Grenzziehungen und Grenzwandel und jene von Städten – allerdings in einen Zusammenhang gestellt und auf ihren Beitrag zu einer transnationalen Geschichte der Territorialisierung in der Region hin befragt. Dies hat Folgen: Erstens erschüttern Ergebnisse einzelner Spezialstudien das wirkmächtige Narrativ eines linearen Übergangs vom Imperium zum Nationalstaat nur marginal, weshalb die Geschichte des politischen Raumes in ihrer Kontingenz und Offenheit der Alternativen unterbelichtet bleibt. Zweitens wird damit implizit die Exotisierung Ostmitteleuropas fortgeschrieben, nach der in der Region nicht nur alles ein bisschen komplizierter, widersprüchlicher, chaotischer, sondern vor allem später ist. Diese Verzeitlichung einer strukturellen Komplexität erweist sich als zentrales Hindernis bei der Analyse von Ostmitteleuropas Transnationalität. Drittens entstehen in der Forschungsdiskussion zwei voneinander losgelöste und sich widersprechende Ostmitteleuropas: jenes der Nationalisten – die mal engstirnig und fortschrittsverzögernd wirken können, mal als Vorkämpfer für die Lösung der sozialen Frage und als Speerspitze der (westlichen) Demokratie gelten – und jenes der Kosmopoliten, der Grenzüberschreiter, der subversiven und kreativen Erfinder Kakaniens. Beides sind unbefriedigende Zerrbilder.

180 *Hamilton, Andrews* u. *Pichler-Milanović*, Transformation of Cities; *Marung* u. *Naumann*, Vergessene Vielfalt.

181 *Maderthaner*, Lebens- und Arbeitswelten, S. 520f.; *Gyáni*, Identity; *Lukacs*, Ungarn in Europa.

Mit unserem Vorschlag verdeutlichen wir die Vielfalt und das Ineinandergreifen von multiplen Territorialisierungsprojekten als Versuche einer Antwort auf die *global condition*, als Reaktionen auf Modernisierungsherausforderungen. Diese Vielfalt war mitnichten ein ostmitteleuropäisches Spezifikum, sondern ein Effekt, der sich in anderen Weltregionen ebenso zeigte. Mit dem Zugriff über eine transnationale Geschichte der Territorialisierung lässt sich mithin die Territorialisierungsgeschichte Ostmitteleuropas einschreiben in eine globale Geschichte des Wandels politischer Raumordnungen.

Michael G. Esch

II.2 Zugänge zur Migrationsgeschichte und der Begriff des Transnationalen in der Migration

Die längst unüberschaubar gewordene Literatur zur (ostmitteleuropäischen) Migrationsgeschichte lässt sich grob in drei Bereiche gliedern, die ihren Betrachtungsmaßstab meist mit einer je spezifischen Perspektive auf Migration und damit verbundene transnationale Aspekte verbinden:

Auf der Makroebene angesiedelt sind erstens Arbeiten, die Richtungen, Formen und Wirkungen von Migrationsbewegungen oder -systemen auszumachen und zu analysieren suchen. Zu ihnen gesellen sich zweitens Studien über nationalstaatliche oder internationale Versuche, diese Bewegungen zu kontrollieren und zu regulieren, zu fördern, einzugrenzen oder aufzuhalten.

Hinzu kommen drittens Studien die sich mit meist ethnonational, mitunter (zusätzlich) sozial und/oder nach Geschlecht eingegrenzten Gruppen von Migranten beschäftigen; sie sind häufig auf der Mikroebene angesiedelt, d. h. sie nehmen einzelne Ortschaften in den Blick oder setzen ihre Untersuchung in einen nationalen oder regionalen Rahmen. Diese wiederum lassen sich unterscheiden nach solchen, die den Fokus auf gruppeninterne Strukturen und Eingliederungsprozesse legen (*Community Studies*) und solchen, die die betrachteten Migranten als Teil der Titularnationen der Herkunftsländer (oder der jeweiligen nationalistischen Bewegungen) auffassen (Diaspora-Forschung).

Häufig gefordert, aber selten durchgeführt werden Arbeiten, die dazwischen, also auf einer Art »Meso-Ebene« angesiedelt werden bzw. beide Ebenen miteinander kombinieren.[1] Der folgende Überblick über den Forschungsstand folgt dieser groben Einteilung.

Es liegt auf der Hand, dass im Rahmen dieser Perspektiven oder Paradigmen jeweils andere – strukturelle, staatliche, mentale – Aspekte von Transnationalität oder Transnationalisierung in den Blick genommen oder

---

1 Siehe hierzu *Green*, Repenser; dies., Comparative Method; sowie *Hoerder*, Segmented Macro Systems; *Morawska*, Structuring; *Amelina*, Methodological Nationalism; *Bommes* u. *Morawska*, International Migration Research.

berührt werden. Obwohl Migration als solche ein in hohem Maße grenzüberschreitendes, transnationales, transkulturelles und transregionales[2] Phänomen darstellt, gelangen dabei die transnationalen Aspekte von Migration in höchst unterschiedlichem Maße in den Blick, und nicht immer werden entsprechende Perspektiven eingenommen oder Darstellungsformen gewählt. Manche Bereiche der migrationshistorischen Literatur betonen vielmehr implizit, mitunter sogar ganz explizit, die Grenzen der »nationalen Container«, in manchen Fällen essentialisieren sie sogar – über eine spezifische, eingegrenzte Betrachtung migrantischer Diasporen – die jeweilige Nation.[3] Die folgenden Ausführungen zum Forschungsstand bieten insofern keinen vollständigen Überblick über Themenfelder, Methoden und Ansätze, sondern wollen zeigen, welche für Ostmitteleuropa relevanten transnationalen Aspekte in den jeweiligen Forschungsfeldern bereits bearbeitet wurden und welche Fragen bislang noch offen sind.

II.2.1 Das Paradigma Transnationalität in der Migrationsforschung und der Kontext seines Erfolgs

Der aus den 1960er/70er Jahren stammende Begriff des Transnationalen zielte in der Migrationsforschung zunächst auf die Benennung als neu apostrophierter sozialer Phänomene[4] und implizierte gleichzeitig eine bestimmte Interpretation von Migration an sich. Auf beiden Ebenen reagierte er auf ältere Debatten, insbesondere auf den quasi klassischen Disput zwischen *melting pot*-Erwartungen, Assimilationsforderungen und Segregationsvermutungen, deren Wechsel seit dem späten 18. Jahrhundert zunächst mit politischen Konjunkturen und Paradigmen, dann zunehmend auch mit sozialen Bewegungen – Anerkennungskämpfen[5] – korrespondierte.[6] Die *Race Riots* der 1960er Jahre und der Erfolg der schwarzen

2 Zur Begriffsbildung siehe *Hoerder*, Transnational.

3 Vgl. *Green*, Repenser.

4 *Portes, Guarnizo* u. *Landolt*, Study of Transnationalism; *Pries*, Migration; *Glick Schiller, Basch* u. *Blanc-Szanton*, Towards a Transnational Perspective; *Wimmer* u. *Glick Schiller*, Methodological Nationalism; *Kivisto*, Theorizing Transnational Immigration. Näher zum hier interessierenden Themenfeld: *Glorius*, Transnationale Perspektiven.

5 Zur Diskussion über Anerkennungskämpfe siehe grundlegend *Fraser* u. *Honneth*, Umverteilung; *Honeth*, Kampf.

6 Siehe hierzu *Green*, Repenser; *Noiriel*, Creuset; *Lüthi*, Migration; *Lavenex*, National Frames.

Bürgerrechtsbewegung in den USA führten insofern zu einem Paradigmenwechsel, als migrantische und andere ethnische Gruppen ihrerseits die Anerkennung einer bis dahin häufig von außen festgestellten und festgeschriebenen, in anderer Form aber auch von den Subjekten praktizierten Differenz einforderten.

Die Erforschung je einzelner migrantischer Gruppen und die damit implizit formulierten Anerkennungsansprüchen entsprachen der Entwicklung hin zu einer auch »von oben« betriebenen Erweiterung der Titularnationen um bereits hinreichend integrierte migrantische Gruppen.[7] Damit wird deutlich, dass gerade im Bereich der Migrationsforschung – deren historiographischer Zweig hier keine Ausnahme macht – die Benennung vorherrschender sozialer Vorgänge im Bereich des Migrationsgeschehens sehr eng verbunden ist mit der jeweiligen Auffassung darüber, welche Strategien zwischen Assimilationismus, Multikulturalismus und Segregation für (national) staatlich verfasste Gesellschaften zur Bewältigung eines ubiquitären, kaum mit humanen Mitteln zu kontrollierenden Migrationsgeschehens am besten geeignet seien. Die soziologisch-ethnologische Transnationalismusforschung stellt darüber hinaus traditionellen nationalstaatlichen Politikkonzepten die Realität eines transnationalen Subjekts gegenüber, das unter den Bedingungen der Globalisierung von Verkehrsmitteln, Kommunikationswegen und mentalen Raumvorstellungen ständig physisch und psychisch, praktisch und identitär grenzüberschreitende Beziehungen, Praktiken und Symbolsysteme unterhalte.[8]

Der Begriff des Transnationalen bleibt jedoch sowohl wegen der Interdisziplinarität der Diskussion als auch wegen deren in der Soziologie und der politischen Theorie normativen Charakters schillernd oder gar beliebig, etwa wenn er schlicht anstelle des Begriffs »international« gesetzt wird. Hinzu kommt das Problem der Betrachtungsebene: Neben einem aktuellen »Transnationalismus von oben«, der auf der Makro-Ebene verortet wird und in vielfältigen Verflechtungs- und Transfervorgängen von wirtschafts- und staatsnahen Akteuren besteht, wird in der Migrationsforschung ein migrantischer »Transnationalismus von unten« ausgemacht, der sich in individuellen und kollektiven Strategien und Praktiken zeigt, die allerdings häufig auf politische Organisierungs- und Mobilisierungsprozessse eingegrenzt

7 Teilweise kritisch wiederum hierzu siehe *Ha*, Ethnizität; sowie in anderem Sinne *Esch*, Historisch-sozialwissenschaftliche Migrationsforschung.

8 *Pries*, Migration; ders., Transnationale Migration.

werden.[9] Die Anerkennung dieser Dichotomie wiederum könnte dazu führen, dass die transnationale Geschichtsschreibung, die gerade in Deutschland bislang Migrationsphänomene zugunsten von strukturellen und Transfervorgängen eher vernachlässigt hat,[10] diesen die ihnen zukommende Aufmerksamkeit schenken.[11] Eine weitere, für die Migrationsforschung fruchtbare Auffassung von Transnationalität lieferte schließlich Thomas Faist mit seiner Feststellung »transnationaler sozialer Räume«,[12] die den Vorzug hat, das Transnationale statt in der Identität in der Praxis zu suchen (an der das Subjekt situativ teilnehmen kann oder auch nicht) und so eher gefeit ist gegen eine Essentialisierung des Konzepts. Eine Art revidierter Kombination aus beiden Ansätzen mit einer systematischen Unterscheidung zwischen *Immigranten* und *Transmigranten* schließlich versucht ein jüngerer Sammelband über osteuropäisch-jüdische Migranten in Europa.[13]

Ebenfalls in den Kontext des Transnationalitätsparadigmas gehört – nicht zufällig parallel zur Diskussion um eine »Globalisierung«, in der nationale Souveränitätskonzepte zugunsten supranationaler Verbünde und Abhängigkeiten zunehmend an Attraktivität und Erklärungsmacht zu verlieren schienen – die insbesondere seitens der neuen Globalgeschichte erhobene Forderung nach einem Aufbrechen nationaler Container gerade auch in der Geschichtswissenschaft. Damit wurde die Transnationalisierung des wissenschaftlichen Blicks auf Migrationsvorgänge, die vorzugsweise in Bezug auf ihre Wirkungen entweder in den Aufnahmeländern oder den Herkunftsnationen untersucht worden waren, auf die Tagesordnung gesetzt. Die (historische) Migrationsforschung erfüllte nun die Forderungen, die seit ihrer Initialisierung durch Charles Tilly in Richtung auf eine transnationale Sozialgeschichte Europas formuliert wurden.[14] Zudem war und ist der Einspruch von Historikern und einigen historisch informierten Soziologen

---

9 So insbesondere *Portes, Guarnizo* u. *Landolt*, Study of Transnationalism; *Guarnizo, Portes* u. *Haller*, Assimilation; sowie die Beiträge in *Portes* u. *DeWind*, Rethinking Migration. Siehe auch weiter unten.

10 *Gassert*, Transnationale Geschichte.

11 Ein früher und immer noch lesenswerter Sammelband ist *Lüthi, Zeugin u. David*, Transnationalismus, insbesondere die Beiträge von *Middell* und *Gabaccia*.

12 *Faist*, Migration; ders., Transnationalization; *Glick Schiller* u. *Faist*, Migration.

13 *Brinkmann*, Points of Passage.

14 *Tilly*, Migration. Dem Diktum Gasserts, die historische Migrationsforschung habe Transnationalität berücksichtigt, ohne die Kategorien des Transnationalismus (als sozial- und kulturwissenschaftlicher Schule) zu verwenden, ist – wie weiter unten deutlich werden wird – nicht ohne weiteres zu folgen.

prinzipiell geeignet, den akademisch und politisch normativen Eifer früher Vertreter des Transnationalitätsparadigmas durch den Hinweis auf Phänomene zu bremsen, die sich *avant la lettre* als »transnational« apostrophieren ließen: Einige Autoren verweisen darauf, dass Transnationalität nicht ohne weiteres eine Qualität heutiger Migranten ist, sondern sich in je unterschiedlichen Formen und unter unterschiedlichen Bedingungen so lange feststellen lässt, wie es moderne Staaten gibt.[15] Was hier allerdings mitunter fehlt, ist die im Grunde banale Feststellung, dass die Nationalisierung des Subjekts ebenso wie die Modernisierung der Grenzregime erst in einem langen, mitunter gewalttätigen Prozess seit dem 18./19. Jahrhundert erfolgte und nie vollständig gelungen ist. Es ließe sich daher die Frage stellen, ob Transnationalität von Subjekten tatsächlich postnational oder nicht in mancher Hinsicht pränational ist.

Umgekehrt scheint aber auch die Kritik berechtigt, dass die akademische Herstellung des transmigrantischen (Glick Schiller) Subjekts sich eher als Projektion denn als angemessene Beschreibung des Selbstverständnisses aktueller oder früherer Migranten darstellt: An der Situativität und Lokalität migrantischen Bewusstseins weist sie jedenfalls meist vorbei. Einige Autoren gehen daher dazu über, sehr genau festzuschreiben, welche Migranten nun transnationale seien, und welche nicht.[16] Der Begriff der »Transnationalität« wird damit allerdings wieder auf eine sehr enge Gruppe beschränkt, die quasi aus identitär-praktischen Kosmopoliten besteht; faktisch transnationale Aspekte migrantischer Praktiken und Identitäten, die sich selbst weitaus kleinräumiger verorten, können so aus dem Blick geraten. Zumindest für den Bereich der historischen Migrationsforschung erscheint es also als sinnvoll, »transnational« einerseits als Forschungsperspektive, andererseits als deskriptive, nicht hinreichende Kategorie für migrantische Phänomene einzusetzen.[17] Dabei sind natürlich auch migrationshistorische Arbeiten mit übernationaler oder globaler Perspektive nicht unabhängig von den je aktuellen Diskursen und Diskussionen über Migration: Ebenso wie

15 Wegweisend für die Übertragung des Paradigmas Transnationalität in die Geschichtswissenschaften (und gleichzeitig für eine Kritik der Hochkonjunktur des Transnationalismus) bleiben *Foner*, What's New About Transnationalism; *Morawska*, New-Old Transmigrants; dies., Immigrants. Siehe außerdem *Hadler* u. *Middell*, Verflochtene Geschichten; *Haslinger*, Ostmitteleuropa transnational sowie allgemeiner *Gassert*, Transnationale Geschichte; *Komlosy*, Globalgeschichte.

16 So z. B. *Castles* u. *Miller*, Age of Migration. Siehe auch nochmals *Hoerder*, Transnational.

17 Vgl. *Middell*, Transnationale Geschichte; *Mesenhöller*, Migration; *Gassert*, Transnationale Geschichte; *Hoerder*, Transnational.

Untersuchungen auf der Makroebene in hohem Maße je vorrangig in öffentlichen Debatten repräsentierte Migrationsformen untersuchen, folgen die jeweiligen Forschungsagenden nationalen politischen Debatten und der Positionierung der Titularnation gegenüber Migranten.[18]

Transnationale Paradigmen kamen in bzw. für Ostmitteleuropa erst verspätet an: Bis in die jüngste Zeit dominiert insbesondere für das 19. Jahrhundert eine (nicht auf Ostmitteleuropa beschränkte) Diasporaforschung, die die migrantischen Gruppen weitgehend in nationale Meistererzählungen einordnet, wobei die jeweilige Diaspora von in den Herkunftsländern lebenden Autoren häufig in den Prozess der Nationsbildung inkorporiert wird, während Autoren in den Aufenthaltsländern Prozesse von Integration, Assimilation und Segregation hervorheben.[19] In beiden Fällen bleibt der nationale Container weitgehend unbeschädigt erhalten, selbst wenn transnationale (bzw. als transnational apostrophierbare) Phänomene zur Sprache kommen. Außerdem tragen zu diesem »methodologischen Nationalismus« Anerkennungsansprüche und -kämpfe (post)migrantischer Gruppen bei, wenn es – als Vorstufe zur voranschreitenden Musealisierung von Migration – darum geht, das Gelingen von Integrationsprozessen, den Wert der jeweiligen Migrantengruppe für die Aufenthaltsländer nachzuweisen und die Vorgeschichte der nun multikulturellen Nation(en) nachzuzeichnen.[20]

Es ist auffällig, dass eine – gegenseitige – Isolierung der auf Ostmitteleuropa bezogenen Migrationsgeschichte von der global orientierten Migrationsgeschichte den (europäischen) Sonderstatus des Ostens fortsetzt: Auf der einen Seite gerät in einer auf globale und menschheitsgeschichtliche Strukturen gerichteten generalisierten und vom alten Eurozentrismus abgewandten Perspektive das einstmals bedeutsame und intensiv beforschte Beispiel der Polen und der ost(mittel)europäischen Juden mehr oder weniger vollständig aus dem Blickfeld. Auf der anderen Seite richtet sich in manchen jüngeren Arbeiten das Interesse so ausschließlich auf binationale Nar-

18 *Hoerder*, Human Mobility; *Bommes* u. *Thränhardt*, National Paradigms sowie die Aufsätze von *Lavenex*, National Frames; *Geddes*, International Migration Research.

19 Eine Ausnahme sind – neben den weiter unten erwähnten Arbeiten – die seit 1995 von Jan Zamojski herausgegebenen Sammelbände unter dem Reihentitel »Migracje i Społeczeństwo«, deren Beiträge allerdings nur die Zeit nach 1918 behandeln.

20 So etwa *Berkani* u. *Noiriel*, Français; *Green*, Et ils peuplèrent; *Lucassen*, *Feldmann* u. *Oltmer* Paths of Integration; *Stefanski*, Prozess; sowie insgesamt *Bade, Emmer, Lucassen*, u. *Oltmer*, Enzyklopädie. Zu Geschichte und Funktion von Migrationsmuseen siehe aus der inzwischen anwachsenden Literatur *Baur*, Musealisierung.

rative – etwa die deutsch-polnische Freundschaft im vereinigten Europa und die Anerkennung polnischer kultureller oder ökonomischer Beiträge zu den nationalen Aufnahmegemeinschaften als gutgemeinte historiographische Intervention in aktuelle xenophobe Diskurse[21] –, dass der Blick auf Zusammenhänge mit weiteren geographischen oder zeitlichen Kontexten mitunter verstellt scheint.

Die Wahl von Begriffen und Interpretationsansätzen hat gerade in der Migrationsgeschichte häufig sehr viel zu tun mit aktuellen Aushandlungsprozessen und Konflikten um Migration: Der Niedergang der *melting pot*-These verlief parallel zu den Anerkennungskämpfen und Revolten schwarzer Amerikaner. Die Ausweitung des Diaspora-Begriffs auf quasi alle Bevölkerungssegmente, die irgendeine Art von Differenz reklamieren könnten, korrespondierte mit der zunehmenden Universalisierung und Globalisierung von Opferdiskursen seit den frühen sechziger Jahren,[22] Die Entdeckung von Transnationalität und hybriden Identitäten scheint dem Postulat komplexer Bürgergesellschaften sowie den soziokulturellen und identitären Anforderungen von Globalisierungsprozessen zu begegnen. Und sie wurde nicht zuletzt von wissenschaftlichen Akteuren vorangetrieben (und essentialisiert), deren Biographien selbst Musterbeispiele, damit aber auch kategoriale Sonderfälle, transnationaler Existenz und identitärer Hybridität abgeben.[23]

Das Paradigma Transnationalität steht in dementsprechend enger Verbindung mit dem Bedürfnis, die Migrationsforschung an die diskursiven und sozialtechnologischen Erfordernisse sowie die normativen Projekte einer fortschreitenden Globalisierung anzupassen. Die in den Sozial- und Politikwissenschaften feststellbare Gegenbewegung, in der die Persistenz und zunehmende Unüberwindlichkeit von Grenzen gerade für Migranten

---

21 So etwa *Kerski* u. *Ruchniewicz*, Polnische Einwanderung.

22 So auch der ansonsten auf begrifflicher Schärfe insistierende *Hoerder*, Cultures in Contact, der für das 19. Jahrhundert von »working class diasporas« spricht. Kritisch zur Verwendung des Begriffs *Brubaker*, Diaspora. Brubaker schlägt als Kriterien für das Vorliegen einer Diaspora die Zerstreutheit der Gruppe, die Orientierung der Subjekte auf das Heimatland sowie die Aufrechterhaltung eines divergenten Selbstverständnisses vor. Einen engeren, vom klassischen jüdischen Beispiel abgeleiteten Begriff verwendet u. a. *Cohen*, Global Diasporas. Siehe auch *Mayer*, Diaspora.

23 Vgl. hierzu auch *Rösler* u. *Wendl*, Frontiers. Dies schmälert natürlich nicht grundsätzlich den Wert der einschlägigen Arbeiten, deutet aber an, dass engagierte sozial- und kulturwissenschaftliche Forschung eben nicht *sine ira et studio* betrieben wird, sondern mit dem Selbstbild der Forschenden in Beziehung gesetzt (und damit historisiert) werden kann und sollte.

betont wird,[24] passt insofern in diesen Kontext, als sie die Verheißungen einer ökonomisch und politisch vollzogenen Globalisierung auch für bislang ausgeschlossene Subjekte einfordern will. Die immer mögliche Ideologisierung und Normativität ändert allerdings nichts daran, dass die transnationale Perspektive den bleibenden Vorzug hat, manche Phänomene weitaus besser zu kontextualisieren und auf den Begriff zu bringen als es bei einer Beschränkung auf wie auch immer definierte nationale, ethnische oder konfessionelle Container möglich wäre. Die Herkunft des Paradigmas Transnationalität aus einer kritischen, auf Veränderung abzielenden Gesellschaftstheorie gerät dabei mitunter in Vergessenheit, wird aber von einigen Autoren immer wieder betont und erneuert.[25]

II.2.2 Forschungen zur Makroebene: Arbeitsmigration, Migrationssysteme und Assimilation durch Arbeit

Ein nicht unwesentlicher Teil der vorliegenden transnational informierten Literatur deckt die Makroebene – oder besser: verschiedene Makroebenen – ab. Hier werden in nationaler, kontinentaler, großregionaler oder globaler Perspektive Migrationsströme meist mit besonderem Blick auf ihre sozioökonomischen (Arbeitsmigrationen) und/oder politischen (Flüchtlinge, Zwangsumsiedler) Kontexte, Ursachen und Wirkungen hin betrachtet. Zwar begann die Untersuchung der Makroebene globaler Migrationsbewegungen eher im Kontext der Bewältigung der Hinterlassenschaften des Zweiten Weltkriegs – also der mehreren Millionen Flüchtlinge, Deportierten, ehemaligen Zwangsarbeiter.[26] Die heute maßgeblichen Arbeiten zu transnationaler Migration im 19. Jahrhundert in überregionaler bzw. globaler Perspektive konzentrieren sich jedoch (wieder) auf Arbeitsmigration. Dabei wird auch der Übergang zum Transfer gebundener (Sklaven; *indentured labourers*, die beide für Ostmitteleuropa praktisch keine Rolle spielen) zu »freier« Arbeitsmigration in der ersten Hälfte des 19. Jahrhunderts mit berücksichtigt. Dieser Fokus ist nicht allein dem Umstand geschuldet, dass viele der einschlägi-

24 Vgl. unter anderem *Newman* u. *Paasi*, Fences; *Newman*, Lines oder auch *Ha*, Ethnizität.

25 *Roulleau-Berger*, Migrer. Zum eigenen kritischen Anspruch des Autors siehe *Esch*, Migrationsforschung; ders., Parallele Gesellschaften.

26 Vgl. in Eingrenzung auf die Verhältnisse in Europa die Pionierarbeit von *Kulischer*, Europe. Unverzichtbar aus der neueren Literatur bleibt *Marrus*, Unwanted.

gen Autoren einem Konzept von Sozial- und Gesellschaftsgeschichte folgen, das zunächst einmal – um eine Formulierung Hans-Ulrich Wehlers zu bemühen – »marktrelevante Klassen«[27] als geschichtsmächtig ansieht, sondern auch der Tatsache, dass viele von ihnen ihr Interesse an Migration aus einer Beschäftigung mit Arbeitergeschichte entwickelt haben.[28] Es ist mehrfach kritisiert worden, dass Wehler Frauen nicht zu diesen marktrelevanten Klassen zählt und dem sozial konstruierten Geschlecht den Rang einer relevanten historischen Kategorie abspricht. Für die Migrationsgeschichte gilt dieser Vorwurf nicht oder nicht mehr: Die Anwesenheit beider Geschlechter in der Migration und die je unterschiedlichen – konvergenten, komplementären, differenten, asymmetrischen – Strukturen, Praktiken und Erfahrungen werden in vielen Arbeiten ebenso diskutiert wie die Wirkungen der Migrationserfahrung auf das Verhältnis zwischen den Geschlechtern. Der Fokus liegt allerdings wie in der Geschlechtergeschichte insgesamt weiterhin auf den Erfahrungen von Frauen.[29] Wenig erforscht ist, wie sich die Möglichkeit der Migration und die Erfahrungen und der Habitus der (allerdings wohl wenig zahlreichen) Rückkehrerinnen auf die Geschlechterbeziehungen in den Herkunftsgebieten ausgewirkt haben.

Maßgebliche Gesamtdarstellungen und Übersichten auf der Makroebene sind die Pionierarbeiten von Dirk Hoerder und Klaus J. Bade. Ersterer hat neben einer Reihe wichtiger Aufsätze und Sammelbände im Jahre 2002 mit seiner »Weltgeschichte der Migration im zweiten Millennium« und seinem Beitrag zu Palgraves Darstellung der ersten Globalisierung der Jahre 1875–1945 einen insgesamt überzeugenden Vorschlag für eine globale Migrationsgeschichte vorgelegt.[30] Hoerder konzentriert sich auf die Einbindung Ostmitteleuropas – insbesondere der polnischen und jüdischen Auswanderungen – gemeinsam mit der italienischen und irischen Auswanderungsbewegung als »Arbeiterklassendiaspora aus der europäischen Peripherie« in ein atlantisches Migrationssystem.[31] Die für den ostmitteleuropäischen Na-

27 *Wehler*, Gesellschaftsgeschichte, Einleitung zu Band 1.

28 So etwa *Moch*, Moving Europeans, als früher Versuch einer Gesamtdarstellung der (west)europäischen Migrationsgeschichte in der Neuzeit. Ähnlich *Green*, Pletzl; dies., Ready-to-Wear und *Hoerder* u. *Moch*, European Migrants.

29 Siehe beispielhaft *Gabbaccia*, From the Other Side; *Harzig*, Peasant Maids; *Roulleau-Berger*, Migrer; *Rygiel*, Politique; *Rygiel* u. *Lillo*, Rapports sociaux; *Lutz*, Gender Mobil?; *Hahn*, Migration; dies., Nowhere.

30 *Hoerder*, Cultures in Contact; ders., Migration.

31 *Hoerder*, Cultures in Contact, S. 339 ff.

tionsbildungsprozess eminent wichtigen europäischen Migrationsziele der polnischen und tschechischen Eliten und der russländischen[32] Oppositionellen lässt er allerdings ebenso unerwähnt wie die der Arbeitsuchenden. Gleichwohl weist er darauf hin, dass die bis in das frühe 19. Jahrhundert vorherrschende West-Ost-Migration als kontinentales Migrationssystem bis in die 1870er/1880er Jahre mit der anhaltenden Einwanderung von Fachkräften ins Russische Reich und der Besiedlung Sibiriens aus den europäischen Gouvernements als russo-sibirisches Migrationssystem (Hoerder) fortbestand.[33] Eine ähnliche geographische Bandbreite decken die von ihm teilweise gemeinsam mit anderen herausgegebenen sowie die von Jan und Leo Lucassen verantworteten Sammelbände ab. In ihnen wird Ostmitteleuropa nur exemplarisch behandelt, gerät aber selten völlig aus dem Blickfeld, da osteuropäisch-jüdische und polnische Migranten seit langem zu den Modellfällen der historischen Migrationsforschung gehören.[34]

Bades Überblicksdarstellungen konzentrieren sich hingegen auf Wanderungen in und Auswanderung aus Europa, wodurch dem ostmitteleuropäischen Raum – etwa der polnischen Saisonwanderung des 19. Jahrhunderts – naturgemäß größere Aufmerksamkeit geschenkt wird als in Hoerders global-atlantischer Perspektive. Außerdem wird so der Zusammenhang zwischen lokalen, regionalen und globalen Migrationsphänomenen deutlicher.[35]

Besonders anregend ist für den hier zur Frage stehenden Rahmen ein von Annemarie Steidl u. a. herausgegebener Sammelband zur europäischen Mobilität, der klein- und großräumige Migrationsbewegungen sowohl in struktureller als auch in individueller Perspektive beleuchtet; Steidl hat zu-

32 Zwar konzentrieren sich Arbeiten zur russländischen politischen und Bildungsemigration auf ethnisch russische Migranten; einige zentrale (und mitunter den hier gewählten chronologischen Rahmen überschreitenden) Arbeiten sollen gleichwohl erwähnt werden: *Slatter*, From the Other Shore; *Williams*, Culture; *Neumann*, Studentinnen.

33 *Murdzek*, Emigration; *Hoerder*, Migration. Zur selten untersuchten Migration von Balten innerhalb des Russischen Reichs siehe z. B. *Raun*, Estonian Emigration.

34 *Hoerder*, Labor Migration; *Harzig, Hoerder* u. *Shubert*, Negotiating Nations; *Horder* u. *Moch*, European Migrants; *Lucassen* u. *Lucassen*, Migration; *Lucassen, Lucassen* u. *Manning*, Migration History; *Lucassen*, Global Labour History und *Gabaccia* u. *Hoerder*, Connecting Seas, lassen Migrationen in bzw. aus Ostmitteleuropa völlig außer Acht.

35 *Bade*, Europa in Bewegung und ders., Migration. Zur polnischen Saisonwanderung auch ders., Land; ders., Preußengänger.

dem 2014 eine Habilitationsschrift vorgelegt, in der sie eine transnationale Globalgeschichte der Migrationen im, aus dem und in das Habsburgerreich unternimmt.[36] Damit wird ein Ansatz fortgesetzt, der – ähnlich wie Bade – lokale und transatlantische Migration im Habsburgerreich in ihren Wechselwirkungen betrachtet.[37] Methodologisch von Interesse ist ein von Wang Gungwu herausgegebener Sammelband, der sich statt um geographische Breite darum bemüht, alle für eine Globalgeschichte wesentlichen Aspekte und Begleitphänomene (Migrationsformen, Regime, Politiken, Wirkungen) zu untersuchen.[38]

Deutlich seltener und später lassen sich Arbeiten zu zwei weiteren strukturellen Eigenschaften von Migrationssystemen finden: Einerseits die mitunter beträchtlichen Zahlungen von Migranten an ihre im Herkunftsland verbliebenen Familien (*remittances*) und ihr Einfluss auf regionale Ökonomien, soziale Strukturen und Statusverteilungen, andererseits die (temporäre oder dauerhafte) Rückkehrmigration als struktureller Bestandteil von Migration. Sie wurde in vielen auch älteren Arbeiten am Rande erwähnt, aber selten systematisch hinsichtlich Umfang und Wirkungen untersucht, bis Mark Wyman 1993 eine Monographie zu diesem Thema vorlegte.[39]

Gerade die Betrachtung der Rückkehrmigration war und ist geeignet, Mythologisierungen über den besonderen, hermetischen Charakter bestimmter Migrantengruppen zu widerlegen – ohne dass sich solche Einsichten in populärwissenschaftlichen Arbeiten oder wenigstens in der Fachliteratur immer durchsetzen würden. So zeigte etwa Jonathan D. Sarna bereits 1981, dass auch jüdische Migranten, die bis heute häufig als Sonderfall gehandelt werden, in mitunter hoher Zahl nach Ostmitteleuropa und in das Russische Reich zurückkehrten.[40] Diese Einsicht ist insofern nicht ohne Wirkungen auf die Auffassung der Migrationsgründe: Die Betonung, eine Rückkehr sei unmöglich oder undenkbar gewesen, resultierte auch daraus, dass die osteuropäisch-jüdische Auswanderung des späten 19. Jahrhunderts primär als Flucht vor Verfolgung und in den Jahren 1881 und 1905–1907 vor

36 *Steidl, Ehmer, Nadel* u. *Zeitlhofer*, European Mobility, insbesondere die Aufsätze von *Hoerder, McCook* und *Olsson* sowie *Steidl*, On Many Roads.

37 *Ehmer, Steidl* u. *Zeitlhofer*, Migration Patterns.

38 *Gungwu*, Global History. Ebenfalls hinsichtlich der Themenbreite sinnvoll *Bommes* u. *Oltmer*, Sozialhistorische Migrationsforschung, als Zusammenfassung wichtiger Aufsätze Klaus Bades sowie *Rosenberg*, World; *Iriye* u. *Osterhammel*, Geschichte.

39 *Wyman*, Round Trip.

40 *Sarna*, Myth.

Pogromen gedeutet wurde.[41] Allerdings wussten bereits gängige Nachschlagewerke wie Meyers Konversations-Lexikon zum Ende des 19. Jahrhunderts, dass die technische und soziale Entwicklung solche zirkulären Migrationen auch über große Entfernungen hinweg möglich gemacht hatten.[42] Auch andere (politische) Flüchtlinge – namentlich polnische Aufständische von 1863 oder russische Oppositionelle – kehrten mitunter aus dem Exil in die Heimat zurück.[43] Die jüdische Migration zumindest vor dem Ersten Weltkrieg verliert auf diese Weise, wie sich auch in den wichtigen Arbeiten Tobias Brinkmanns zeigt,[44] ihren Ausnahmecharakter und erweist sich in Strukturen und Verhaltensweise als ebenso transnational wie andere Migrationsbewegungen. Außerdem erweisen sich in der migrantischen Realität die kategorialen Grenzen zwischen Flucht und Arbeitsmigration als äußerlich und künstlich.

II.2.3 Studien über Migrationsregime, Einbürgerungspolitik und Asylrecht

Ebenfalls dem Bereich der Makrostudien zuzuordnen sind Studien, die sich mit Gestalt, Form und Entwicklung (national-)staatlicher Migrationsregime beschäftigen. Eine Pionierarbeit für die neuere Forschung war hier sicherlich Rogers Brubakers Monographie über das deutsche und französische Staatsangehörigkeitsrecht.[45] Brubakers idealtypische Kontrastierung eines integrativen, republikanischen französischen und eines exklusiven deutschen Nationsbegriffs wird weiterhin gerne zitiert, obwohl sie problematisch geworden ist: Neuere Arbeiten zeigen liberale Aspekte der

41 Siehe beispielsweise *Marrus*, Unwanted; *Green*, Pletzl. Ein Hauptproblem besteht darin, dass der Flüchtlingsstatus nicht als externe, normative nationale und internationale Kategorie verstanden wird, sondern als angemessene Charakterisierung der so bezeichneten Migranten. Sicherlich beschreibt die Kategorie »Flüchtling« eine soziale Realität. Gleichzeitig setzt sie aber einen Rechtsstatus, der von bestimmten Leuten in Anspruch genommen werden kann (auch solchen, die sich nicht als Flüchtlinge verstehen), von anderen (auch solchen, die dies tun) hingegen nicht. Siehe hierzu *Noiriel*, Réfugiés sowie, wenn auch für die Nachkriegszeit, *Ackermann*, Der »echte« Flüchtling.

42 *Meyers Konversations-Lexikon*, S. 240–246. (Stichwort »Auswanderung«).

43 *Dodenhoeft*, Laßt mich; *Niemyska*, Wychodźcy, sowie für Tschechen und Slowaken *Heumos*, Heimat und Exil; *Stěříková*, Země otců; *Vaculík*, Češi.

44 *Brinkmann*, Von der Gemeinde. Mit Fokus auf die deutschen Juden in Chicago; ders., Jewish Mass Migration; ders., Points of Passage.

45 *Brubaker*, Citizenship.

deutschen Einbürgerungspraxis, ethnisch selektive Techniken der französischen Politik, vor allem aber die gegenseitige Verflechtung der Entwicklung des Staatsangehörigkeits- und Einbürgerungsrechts beider Länder.[46] Ebenso gut erforscht sind Abschließungstendenzen der Einwanderungsländer, insbesondere Frankreichs, Großbritanniens des Deutschen Reichs und der USA. Die meisten dieser Arbeiten betonen, dass die Abschließung bzw. Kontrolle von Immigration ein wesentlicher Bestandteil nationaler Vergemeinschaftungsprozesse, mithin der Formierung einer Nation waren.[47]

Dabei mangelt es weiterhin an Arbeiten, die einen unmittelbar transnationalen Zugriff wählen und so neben Parallelen und Unterschieden auch Wechselwirkungen zwischen nationalen und internationalen Migrationspolitiken aufzeigen. Große Aufmerksamkeit haben naturgemäß Konjunkturen und ökonomische, politische und ideologische Elemente der amerikanischen Einwanderungs- und Einbürgerungspolitiken gefunden.[48] Deutlich unterbelichtet ist hingegen die Geschichte des wissenschaftlichen – juristischen, demographischen, statistischen – Diskurses über Migration: es fehlt hier an einschlägigen Arbeiten, selbst der verdienstvolle Sammelband über die Geschichte der Demographie von Josef Ehmer u. a. blendet den Aspekt der Migration noch vollständig aus.[49] Allerdings enthält seine Darstellung der Demographie von 2004 ein ausführliches Kapitel zu diesem Thema.[50] Insgesamt relativ gut, wenn auch nicht vollständig erforscht sind die internen Migrationsregime – also Regeln zur bzw. gegen die Freizügigkeit und zum Anspruch auf Armenunterstützung und die Regulierung von Auswanderung im Russischen Reich und in Österreich-Ungarn.[51] Einige wenige Arbeiten schließlich beschäftigen sich mit der Beobachtung des Migra-

46 *Gosewinkel*, Einbürgern; *Weil*, Qu'est-ce qu'un Français; *Noiriel*, Réfugiés; *Fahrmeir*, Citizens and Aliens.

47 Siehe neben der bereits zitierten Literatur *Joppke*, Selecting; *Gainer*, Alien Invasion; *Schönwälder* u. *Sturm-Martin*, Britische Gesellschaft; *Arnold*, National Approaches; *Bade*, Arbeiterstatistik; *Herbert*, Geschichte; *Caestecker*, Alien Policy; *Arlettaz* u. *Arlettaz*, Suisse.

48 Siehe z. B. *Neumann*, Migration Control; *Schneider*, Crossing Borders. Eine globalere Perspektive bietet der Sammelband *Rygiel*, Bon Grain.

49 *Ehmer, Ferdinand* u. *Reulecke*, Herausforderung Bevölkerung. Die juristische Beschäftigung mit Migration und ihrer staatsrechtlichen Verarbeitung behandelt für Frankreich *Noiriel*, Creuset, für Östereich *Bader-Zaar*, Foreigners.

50 *Ehmer*, Bevölkerungsgeschichte.

51 *Becker*, Governance; *Moon*, Peasant Migration. Für die Zeit bis 1867 *Heindl* u. *Saurer*, Grenze. In anderem Sinne *Breyfogle, Schrader* u. *Sunderland*, Peopling.

tionsgeschehens seitens der gesellschaftlichen Eliten der Gebiete, aus denen besonders zahlreiche Auswanderer migrierten.[52]

Ein unbezweifelbarer Wert solcher Studien liegt sicherlich darin, dass sie zeigen, wie die jeweilige Wahrnehmung aktuellen Migrationsgeschehens im Kontext der sozioökonomischen Situation die Umrisse und Formen staatlicher Zugehörigkeit – und damit der Inanspruchnahme staatlicher Schutz- und Fürsorgeleistungen – beeinflusst. Insbesondere zeigen sie die Entwicklung moderner Identifikations- und Ausweistechniken einerseits als Wunsch nach einer Kontrolle, Regulierung oder Abschaltung von Migrationsbewegungen, andererseits als transnational vermittelte Reaktion auf entsprechende Maßnahmen anderer Länder.[53] Dagegen haben manche Arbeiten, die sich mit der Konstruktion nationaler Identitäten und Politiken entlang politischer Debatten und Diskurse über Migration beschäftigen, häufig die Tendenz, innerhalb der jeweiligen nationalen Container der Aufnahmeländer zu verbleiben und transnationale Verflechtungs- und Verschränkungseffekte zu vernachlässigen.[54] Zumindest in den neueren Arbeiten wird gezeigt, wie das staatliche Regulierungs- und Kontrollinstrumentarium auf der einen Seite Bedingungen von Migration strukturiert, diese Bedingungen aber andererseits in der migrantischen Praxis umgangen, unterlaufen oder entgegen der Absichten ihrer Träger transformiert werden;[55] der Ökonom Yann Moulier-Boutang spricht in diesem Zusammenhang (wobei Osteuropa lediglich in seiner Diskussion und Einordnung der »zweiten Leibeigenschaft« berücksichtigt wird) von »Autonomie der Migration«.[56]

Moulier-Boutangs marxistisch-operaistischer Zugang war in Kreisen junger deutscher insbesondere migrantischer Sozialwissenschaftlern äußerst einflussreich und hat zu einigen Arbeiten geführt, die eigensinnige (auch transnationale) Praktiken außerhalb des und gegen das jeweilige Migrationsregime analysiert haben, wobei der Fokus auf kollektiven und organisierten Praktiken und auf der Zeit nach 1945 lag. Historische Arbeiten, die in

52 So insbesondere *Murdzek*, Emigration; *Stolarik*, Immigration.

53 Siehe insbesondere *Fahrmeir*, Citizens and Aliens; *Fahrmeir, Faron* u. *Weil*, Migration Control; *Caplan* u. *Torpey*, Documenting Individual Identity; *Noiriel*, L'identification; *Zolberg*, Global Movements sowie *Arnold*, National Approaches.

54 Dies gilt entsprechend auch für komparativ angelegte Arbeiten wie *Reinecke*, Governing Aliens; *Fahrmeir*, Citizens and Aliens; *Schönwälder*, Einwanderung (für die zweite Hälfte des 20. Jahrhunderts); *Fahrmeir, Faron* u. *Weil*, Migration Control.

55 *Frevert* u. *Oltmer*, Europäische Migrationsregime; *Noiriel*, Identification; *Rychlík*, Cestování; *Fahrmeir*, Paßwesen; *Heindl* u. *Saurer*, Grenze und Staat.

56 *Moulier-Boutang*, De l'esclavage, S. 109–130.

ähnlicher Perspektive forschen und zusätzlich die dort vernachlässigten individuellen und informellen Praktiken untersuchen würden, sind bislang noch rar und interessieren sich eher für das tendenzielle Scheitern von Migrationsregimen.[57]

Nur am Rande sei erwähnt, dass in den letzten Jahren zudem Konflikte und Interessengegensätze innerhalb der Eliten, insbesondere zwischen häufig repressiver agierenden zentralen politischen Instanzen und häufig liberaleren regionalen insbesondere ökonomischen Eliten (und wiederum repressiveren Organen der Arbeiterbewegung) in den Blick geraten: Zwar blicken die einschlägigen Arbeiten selten über den nationalen Tellerrand hinaus, sie sind aber ein vorzügliches Antidot gegen ein Ineinssetzen von Rechtsetzungen und konkreter administrativer, ökonomischer oder sozialer Praxis und verweisen zudem auf die Handlungsoptionen und Bewältigungsstrategien der Migranten selbst.[58]

Eine jüngere Schule fasst Migrationsregime in der Folge der Studien von Stephen Krasner über internationale Beziehungen so auf, dass ihm nicht nur staatliche und staatsnahe, d. h. mit Macht ausgestattete Akteure angehören, sondern letztlich alle, denen im weitesten Sinne der Status eines vollwertigen, letztlich gleichberechtigten (oder gleich ermächtigten) Akteurs zugesprochen werden kann.[59] Diese begriffliche Ausweitung hat auf den ersten Blick den Vorteil, dass dadurch sowohl die transnationale Dimension von Migrationsregimen als auch der Einfluss bestimmter migrantischer Akteure – insbesondere migrantischer Organisationen – einbezogen werden kann. Letztlich wäre dies aber auch mit einem klassischeren Begriff von Regime möglich, d. h. der Gesamtheit derjenigen Institutionen (Rechtsnormen, Grenzanlagen, Gesetze, Behörden), die erfolgreich den Anspruch erheben und dazu eingerichtet sind, Bedingungen und Formen von Migration zu definieren und zu steuern, die also mittelbar oder unmittelbar an einem staatlichen Dispositiv beteiligt sind. Unter bestimmten historischen

57 Siehe etwa *Fahrmeir*, Governments; *Caestecker*, Alien Policy; sowie allgemeiner *Schrover* u. a., Illegal Migration; *Rygiel*, Temps.

58 Siehe z. B. die bereits zitierten Arbeiten Bades zur Saisonmigration nach Sachsen und Preußen; *Fahrmeier*, Citizens and Aliens; ders., Grenzenloser Liberalismus; *Harzig*, *Hoerder* u. *Shubert*, Negotiating Nations; *Komlosy*, Empowerment; *Noiriel*, Etat.

59 *Krasner*, International Regimes; *Oltmer*, Einführung. Im Oktober 2013 fand zu diesem Thema am IMIS Osnabrück die Tagung »Migrationsregime vor Ort – lokale Migrationsregime« statt; eine Veröffentlichung der (wichtigsten) Ergebnisse ist im Druck. Das Programm findet sich unter: http://www.imis.uni-osnabrueck.de/pdffiles/Programm_IMIS-GHM-Tagung_2013.pdf (20.1.2016).

Bedingungen können beispielsweise migrantische Organisationen Teil des Regimes werden, indem ihnen Einfluss auf staatliche Dispositive eingeräumt wird oder diese an sie delegiert werden.[60] Auch erscheint es als einfacher, die nicht auf Partizipation an Macht und Politik gerichteten Bewältigungsstrategien von Migranten als einen Faktor zu bestimmen, der Lücken des Regimes aufzeigt und Form und Entwicklung des Regimes gleichzeitig beeinflusst, transformiert oder konterkariert. Mit anderen Worten: Die Beibehaltung eines engeren Begriffs von Migrationsregime belässt dem Migrationsgeschehen Reste von Eigensinn und Widerständigkeit, den Migranten in Bezug auf das Regime ihre Inkommensurabilität, anstatt sie vollständig im Phantasma einer Zivilgesellschaft zu versenken, in der alle zu verhandlungsfähigen und -willigen Akteuren mutiert sind.[61]

II.2.4 Community-Studien und Diasporaforschung

In seiner 1989 erschienenen Studie über slowakische Migrationserfahrungen und deren Urbanisierung in den USA reklamierte M. Mark Stolarik:

> »[B]evor Historiker mit Sicherheit generelle Aussagen über die Einwanderung in die Vereinigten Staaten im späten neunzehnten Jahrhundert treffen können, müssen sie zunächst die Geschichte weiterer ethnischer Gruppen rekonstruieren.«[62]

Diese Feststellung ist sicherlich weder falsch noch neu; sie hat jedoch insofern einen ambivalenten, wenn nicht gar nationalistischen Beigeschmack, als sie – wie viele Arbeiten aus dem Bereich der *Community Studies* – letztlich darauf abzielt, einer bestimmten, im öffentlichen Gedächtnis (bzw. dessen akademischem Segment) unzureichend oder in unzutreffender Weise repräsentierten migrantischen Gruppe die ihr zukommende Ehre zu erweisen, d. h. die jeweilige Gruppe in eine multikulturell erweiterte nationale Meistererzählung zu integrieren.

60 Dieser Aspekt kommt für die uns interessierende Zeit nur in wenigen Arbeiten vor und spielte historisch vor allem während des Ersten Weltkriegs eine Rolle.

61 Siehe zur eigentlich herrschaftskritischen Herkunft und zur Kritik des heutigen Begriffs *Kebir*, Gramscis Zivilgesellschaft.

62 *Stolarik*, Immigration, S. 236.

Tatsächlich sind seit den 1920er Jahren zahlreiche Arbeiten erschienen, die bestimmte, ethnisch und/oder konfessionell eingegrenzte Gruppen in den Blick an einem Ort, in einem Land oder grenzüberschreitend in verschiedenen Ländern untersuchen, wobei ein anfängliches soziologisches Interesse an Eingliederungs- und Segregationsprozessen, die häufig aus der Perspektive der Mehrheitsgesellschaften argumentierten, allmählich abgelöst wurde von mehr oder minder differenzierten Erfolgsgeschichten aus migrantischer Perspektive. Die *Community Studies* bilden insofern ein Gegengewicht zur »strukturalistischen«[63] Migrationshistoriographie, als sie im Gegensatz zur Makroperspektive konsequent eine mitunter sehr eng gefasste migrantische Gruppe in den Blick nehmen. Dabei sind unter den äußerst zahlreichen Arbeiten, die sich mit einzelnen Migrantengruppen beschäftigen, zwei im Prinzip entgegengesetzte, im besten Falle komplementäre Forschungsparadigmen zu unterscheiden: Die *Community Studies* untersuchen ihre Gruppe mit Blick auf ihre neue Umgebung, betonen also meist die (unter Umständen differentielle) Integration, Akkulturation oder Assimilation der Migranten, möglicherweise auch ihre Verstetigung als religiöse, ethnische u. ä. Minderheit. Sie sehen Migranten quasi als (vielleicht noch nicht völlig akzeptierten) Teil der Bevölkerung der Aufnahmeländer. Studien, die ihren Gegenstand im Sinne einer Diaspora betrachten, kehren diese Perspektive um: In ihnen erscheint die migrantische Gruppe als in der Zerstreuung lebender Teil der nationalen Gemeinschaft des Herkunftslandes bzw. – beim klassischen Beispiel der Juden oder der armenischen Diaspora – als trans- und protonationale Gemeinschaft in der Fremde. In beiden Fällen bleibt ein nationaler Container insofern erhalten, als der Untersuchungsgegenstand eine ethnonationale Gruppe in einem (mitunter doppelten: auf die Herkunftsländer und die Aufenthaltsländer eingegrenzten) nationalstaatlichen Kontext ist. Dies gilt selbst bei solchen Musterbeispielen transnationaler Vergemeinschaftung wie den ost(mittel)europäisch-jüdischen oder den polnischen Migranten: Meist werden die jeweiligen Migranten unabhängig von ihrer Staatsangehörigkeit (und ebenso meist unabhängig von ihrer sozialen Lage) als quasi naturmäßig zusammengehörig betrachtet. Dass dabei die von Nancy Green u. a. beschworene Gefahr besteht, einen Untersuchungsgegenstand zu produzieren, der die Frage, ob es eine migrantische Gemeinschaft gibt, apriorisch beantwortet bzw. in der Anlage des Untersuchungsgegenstands überhaupt erst konstruiert, liegt auf der Hand. Gleichwohl lässt sich

63 *Green*, Comparative Method; dies., Repenser.

bei *Community Studies* die Perspektive so wählen, dass beispielsweise transnationale Netzwerkbildungen, die gerade – aber nicht nur – bei jüdischen und polnischen Migranten eine wichtige Rolle spielten, in den Blick genommen werden. Bemerkenswert ist in diesem Kontext eine Studie Ewa Morawskas, in der die migrantische Gemeinschaft nicht ethnonational oder -konfessionell eingegrenzt wird, sondern alle Gruppen ostmitteleuroäpischer Migranten in einer amerikanischen Industriestadt untersucht werden, was die Möglichkeit einer transkulturellen sozialhistorischen Perspektive eröffnet.[64]

Besonders gut erforscht sind mit den osteuropäischen Juden und den katholischen Polen zwei ostmitteleuropäische Migrantengruppen, die – neben irischen und italienischen Migranten des 19. Jahrhunderts – geradezu Modellfälle nicht nur der historischen Migrationsforschung geworden sind; ihre Erforschung begann zudem bereits in den 1920er Jahren mit der großen soziologischen Studie von William I. Thomas und Florian Znaniecki über polnische Bauern in den USA[65] und den Arbeiten des zunächst in Wilna/Vilnius ansässigen JIVO (*Jidišer visenšaftlecher institut*).[66] Seither ist – mit wechselnden Paradigmen, aber meist im national-ethnischen Container – eine Unmenge von Arbeiten erschienen, die die jeweilige Migrantengruppe auf lokaler, nationalstaatlicher oder globaler Ebene untersuchen: Für beide Gruppen gibt es, so will es scheinen, kaum eine Gemeinde und schon gar kein Zielland, die bzw. das nicht Gegenstand einer Monographie, eines Sammelbandes, wenigstens aber eines Aufsatzes geworden ist. Da es für unsere Zwecke weder möglich noch tunlich scheint, diese Arbeiten in ihrer Gänze zu würdigen, sollen nur die wichtigsten und jüngsten Arbeiten erwähnt werden.

Hinsichtlich der Arbeiten über polnische Migranten fällt eine Segmentierung auf, die einerseits eine paradigmatische Arbeitsteilung, andererseits einen allmählichen Paradigmenwechsel anzeigt: Viele ältere und einige jüngere Arbeiten insbesondere polnischer Autoren beziehen sich auf eine *Polo-*

64 *Morawska*, For Bread. Leider behandelt die Studie die Zeit vor dem Ersten Weltkrieg quellenbedingt nur sehr kursorisch.

65 *Thomas* u. *Znaniecki*, Polish Peasant. Ähnlichen (Quellen-) Wert, allerdings ebenfalls hauptsächlich für die Zwischenkriegszeit, besitzen *Bujak*, Żmiąca; und die in den 1930er und 1960/70er Jahren vom polnischen »Instytut Gospodarstwa Społecznego« [Institut für Sozialwirtschaft] herausgegebenen »Pamiętniki Emigrantów« [Erinnerungen von Emigranten].

66 Z. B. *Čerikover*, Jidn. Das JIVO (heute in amerikanischer Umschrift: YIVO) wurde 1939/1940 wegen der Besetzung Polens durch das Deutsche Reich nach New York transferiert.

nia als manifeste nationale Einheit der Polen im Ausland (d.h. außerhalb der Teilungsgebiete) und legen häufig das Augenmerk vor allem auf deren Rolle in der Aufrechterhaltung (und gelegentlich Modernisierung) einer polnischen Kulturnation.[67] Da sie – mitunter ausdrücklich[68] – die ideellen, materiellen oder persönlichen Beziehungen zwischen Migranten und Daheimgebliebenen in den Blick nehmen, sind sie für eine transnationale Geschichte der Migration weiterhin wertvoll. Dies gilt auch für Arbeiten, die sich ausdrücklich mit der jeweiligen nationalen Konstruktion eines Migrationsdiskurses beschäftigen, d.h. den Befürchtungen und Hoffnungen, die mit dem Phänomen der Auswanderung gerade auch in Bezug auf nationalstaatliche Aspirationen verbunden wurden.[69] Dagegen konzentrieren sich in den 1970er und 1980er Jahren entstandene Studien stärker auf materielle Lebensbedingungen und auf die als *emigracja zarobkowa* bezeichnete polnische Erwerbsmigration.[70] Viele neuere Arbeiten integrieren beide Perspektiven zu einer »polnischen Diaspora« und untersuchen vor allem – in nationaler oder transnational-transkultureller Perspektive – Prozesse der Nationalisierung und Hybridisierung migrantischer Identitäten.[71] Einen allgemeinen faktographischen Überblick über polnisch-katholische Migranten gibt ein von Adam Walaszek und Danuta Bartkowiak herausgegebener Sammelband über die »polnische Diaspora«; gerade Walaszek bemüht sich um eine Einordnung der *Polonia* und der in ihr stattfindenden Identitätsbildungsprozesse in den globalen Kontext.[72]

Aus einer gleichsam entgegengesetzten Perspektive – der der Aufnahmegesellschaften – entstanden zudem Arbeiten über bestimmte polnische Migrantengruppen, die durch die intensive Erforschung quasi ikonisch wurden. Von besonderem Wert, weil sie veritable transnationale und trans-

67 *Gliński* u. *Wysocki*, Polska; *Nałęcz*, Ślady polskości (Sammelband); *Kucharski*, Polacy (zu Österreich); *Dopierała*, Emigracja (zur Türkei).

68 So etwa *Mocha*, American »Polonia«; und über den Beitrag der Migranten zur Genese der polnischen Zweiten Republik *Pienkos*, For your Freedom; *Koseski*, Polonia; *Śladkowski*, Polonia; *Kucharski*, Wkład Polonii; *Blejwas*, Polonia and Politics; *Florkowska-Frančić*, *Frančić* u. *Kubiak*, Polonia; *Pługawko*, Polonia Devastata.

69 *Murdzek*, Emigration; *Walaszek*, Wychodźcy.

70 *Śladkowski*, Emigracja polska (Frankreich); *Gmurczyk-Wrońska*, Polacy (Frankreich); *Klessmann*, Polnische Bergarbeiter (Ruhrgebiet).

71 Dabei ist zu beachten, dass der Begriff »Emigration« für Migrationsphänomene nach 1945 wiederum auf politisch motivierte bzw. politisch aktive Migranten reserviert ist. *Brożek*, Polish Americans; *Walaszek*, Polska diaspora; *Cité nationale de l'histoire de l'immigration*, Polonia; *Malczewski*, Polônia; *Klimaszewski*, Emigracja.

72 *Walaszek* u. *Bartkowiak*, Polska diaspora.

kulturelle Paradigmen verfolgen, sind die Monographien von Dominic A. Pacyga über polnische Migranten in Chicago und Brian McCook über Polen in Pennsylvania und dem Ruhrgebiet.[73] Beide beschreiben sowohl Prozesse der Integration in die neuen Umgebungen als auch die vielfältigen Beziehungen zu den Herkunftsorten, sei es durch Geldtransfers, den Import von kommunitären Fachkräften, etwa Priestern, die Rückkehr-, Besuchs- und Heiratsmigration. Anders verhält es sich mit den ebenfalls zahlreichen Studien über polnische Migranten im Ruhrgebiet, bei denen vor allem ihre Rolle in der Entwicklung von Bergbau und Industrie, ihre Selbstorganisation und allmähliche Eingliederung in die Arbeiterbewegung sowie ihre – meist von starken Ressentiments und sicherheitspolitischen Befürchtungen geleitete – Behandlung durch preußische bzw. deutsche Behörden im Mittelpunkt stehen. Transnationale Aspekte der ethnonationalen und ethnokonfessionellen Formierung der entstehenden polnischen Minderheit scheinen in den älteren Arbeiten durch, werden aber erst in jüngster Zeit ausdrücklich in den Blick genommen.[74]

Deutlich wird die Trennung zwischen Diaspora- und arbeiterorientierter Migrationsforschung schließlich auch in den Arbeiten zu den Polen in Frankreich, wobei hier die Diskrepanz zwischen der Konzentration auf politische und kulturelle Anstrengungen der zentralen Akteure der »Diaspora« und den sozioökonomischen, mitunter auch -kulturellen Lebensumständen der »Arbeitsmigranten« besonders ins Auge sticht: Beginnend mit der »Großen Emigration« von 1831 als »Polen im französischen Exil« wird Diaspora vor allem als Trägerin polnischer Nationalität und Kultur verstanden, die (meist erst für die Zwischenkriegszeit wahrgenommene) »Erwerbsmigration« als sozioökonomisches Phänomen. Eine der wenigen Ausnahmen ist eine (allerdings stark quantitativ angelegte und transnationale Aspekte weitgehend unberücksichtigt lassende) Studie zu den materiellen Grundlagen polnischer Gesellschaftlichkeit in Paris.[75]

Ähnlich präsentiert sich der Forschungsstand hinsichtlich der jüdischen Migranten, wobei hier über transnationale Aspekte von Nationsbildung

73 *McCook*, Borders; *Pacyga*, Polish Immigrants.

74 *Klessmann*, Polnische Bergarbeiter; ders., Comparative Immigrant History; *Jackson*, Migration; *Murphy*, Gastarbeiter; *Stefanski*, Prozess; *Kulczycki*, Polish Coal Miners Union.

75 *Gmurczyk-Wrońska*, Polacy. In gewissem Umfange berücksichtigt auch *Śladkowski*, Emigracja, materielle Lebensbedingungen, allerdings ebenfalls unter Vernachlässigung transnationaler Aspekte.

zwischen migrantischen Gruppen und Herkunftsland weitaus weniger bekannt ist als über das mitunter prekäre Verhältnis zwischen einheimischen und aus dem Osten zugewanderten Juden in den europäischen Aufenthaltsländern. Dies erklärt sich freilich in hohem Maße aus dem Gegenstand selbst: Anders als bei polnischen, tschechischen oder slowakischen Migranten gab es in den Herkunftsgebieten keine nationalistische Bewegung, die die Unabhängigkeit einer jüdischen Titularnation von ethnischer Fremdherrschaft gefordert hätte: Der als Antwort auf die europäischen Nationalismen des späten 19. Jahrhunderts formulierte Zionismus zielte ja im Gegenteil auf eine Nations- bzw. Staatsgründung außerhalb Europas in nominell unbesiedeltem Gebiet und schloss insofern eine Rückkehr in die Herkunftsgebiete gerade aus. Dessen ungeachtet war natürlich auch der Zionismus eine sich transnational konstituierende und transnational agierende nationalistische Bewegung, die hinsichtlich der Mobilisierung ihrer Titularmigranten auf ähnliche Schwierigkeiten stieß, wie alle anderen migrantischen Nationalismen.[76]

Die gleiche Diagnose trifft schließlich die Literatur über tschechische Migrationen: Abgesehen von den Arbeiten von Jiří Kořalka, der sich in den 1980er und frühen 1990er Jahren mit tschechischer Arbeitsmigration beschäftigt hat, dort aber ebenfalls Fragen der Nationsbildung ins Zentrum rückt,[77] konzentrieren sich die meisten Arbeiten auf die nationalistischen Segmente des tschechischen Exils oder sogar auf die Tätigkeit der Auslandsaktion.

Ein (weiteres) Problem insbesondere beim Diaspora-Begriff besteht darin, dass er die apriorische Existenz eines (nationalen oder ethnisch-religiösen) territorialen Großkollektivs unterstellt, dem die Betreffenden »eigentlich« angehören: Mitglieder der Diaspora sind dies nur als Bestandteile einer territorialisierten Gemeinschaft, die sich (und zwar eher unfreiwillig) nicht auf dem zugeordneten oder beanspruchten Territorium befinden. Unterschwellig wird damit für das 19. Jahrhundert angenommen, dass eine entsprechende Nation bereits vorhanden ist, obwohl sich zeigen lässt, dass zentrale Akteure dessen, was als »Diaspora« bezeichnet wird, mitunter erst

76 Siehe insbesondere *Marrus*, Politics; *Green*, Pletzl; *Esch*, Parallele Gesellschaften; *Brinkmann*, Von der Gemeinde; ders., Jewish Mass Migration; *Gabbaccia, Hoerder* u. *Walaszek*, Emigration. Die einzige Studie zur ostjüdischen Migration nach Deutschland vor dem Ersten Weltkrieg bleibt *Adler-Rudel*, Ostjuden; aus dem Jahr 1951.

77 *Kořalka*, Tschechen im Habsburgerreich; ders., Tschechische Bergarbeiter. Ähnlich *Vaculík*, Češi.

die Gründungsväter (seltener Gründungsmütter) dieser Nationen gewesen sind.[78]

Die Konzentration auf die Einordnung in eine nationale Meistererzählung wird gerade bei Phänomenen wie der für die Nationalisierung der ostmitteleuropäischen Gesellschaften eminent wichtigen *Sokol*-Bewegung deutlich: Nicht nur in den nationalen tschechischen und polnischen Historiographien, sondern ebenso in der internationalen erfolgt die Beschreibung der slawischen Turnvereine vor dem Hintergrund eines essentialisierten Nationsbegriffs: Hier erfährt eine tschechische Nation 1862 ihre »Wiedergeburt«, die Aufgabe der Historiographie besteht darin, bei der (Wieder-)Herstellung nationaler Gesellschaftlichkeit zu helfen.[79] Zwar ist auch den Autoren dieser Arbeiten durchaus bewusst, dass wir es mit transnationalen (in der dann üblichen Diktion häufig: »übernationalen«) Phänomenen zu tun haben, wenn etwa betont wird, dass tschechische und polnische Akteure intensive Kontakte zu Russen, Bulgaren und Südslawen einerseits, zu einheimischen Sportvereinen andererseits pflegten. Erstere bleiben aber im Kontext eines panslawistischen – und damit quasi internationalistischen – Befreiungsnationalismus begriffen, letztere werden weitgehend in den Kontext der Integrationsleistung des Sports einerseits, der Lobbyarbeit für den eigenen Nationalstaat andererseits eingeordnet und bleiben so in erster Linie Begleitmusik der »eigentlichen« Entwicklung hin zum ordentlichen Nationalstaat.

Den Autoren dieser Diaspora-Studien bleiben transnationale Aspekte ihres Gegenstandes nicht verborgen: Sie betonen häufig, dass insbesondere in Ostmitteleuropa die Entwicklung hin zur Gründung von Nationalstaaten, ohne die Berücksichtigung dieser Diasporen und einiger transnationaler

78 *Brubaker*, Diaspora zeigt, dass der Begriff inzwischen auf jede soziale Gruppe angewandt wird, die im Raum verteilt ist. Da dies faktisch für die gesamte Menschheit gilt und wir insofern alle Teil einer globalen Diaspora wären, handelt es sich hier weniger um eine kritische oder wissenschaftliche, sondern eher um eine normativ-identitäre Begriffserweiterung, die eher bedauerlich als hilfreich ist. Auch Brubaker schlägt vor, den Begriff vor allem als idiomatische Wendung und als Anspruch (auf Anerkennung im öffentlichen Raum) zu lesen. Für unsere Zwecke soll er wieder auf diejenigen Migrantengruppen beschränkt sein, die – entsprechend der Definition von Safran – ihre Identität und ihre (politische) Praxis in signifikantem Maße auf ihre Herkunftsländer beziehen. Für die Zeit bis zum Ende des Ersten Weltkriegs meint der Begriff daher die im Ausland/Exil befindlichen Angehörigen und Parteigänger der nationalen Befreiungsbewegungen.

79 So z.B. *Blecking*, Sokółbewegung; ders., Geschichte; *Pienkos*, One Hundred Years; *Marès*, Tchèques et Slovaques; *Doubek*, Česká politika; sowie auch *Nolte*, Sokol.

Akteure überhaupt nicht verstanden werden kann. Dies gilt sicherlich insbesondere für Polen, wo die Trägergruppen des nationalen Gedankens – zunächst Angehörige der *Szlachta* und höhere Offiziere, später auch Intellektuelle und Politiker – im Exil seit 1831 insbesondere in Frankreich Techniken protostaatlicher nationaler Repräsentation entwickelten,[80] die Vorbildcharakter für die tschechischen und ungarischen nationalen Eliten haben sollten. Die Geschichte dieser Diasporen und ihres Einflusses auf die Gründung und Gestaltung ethnonationaler Staatswesen ist weitgehend erforscht.[81]

Ebenfalls einem methodologischen und epistemologischen Nationalismus verhaftet ist die Darstellung der Slowaken in den USA: Bereits 1980 hat Monika Glettler in ihrer auf österreichisch-ungarischen Behördenakten und Diplomatenberichten gestützten Studie gezeigt, dass der slowakische Nationalismus in den USA sich im Wesentlichen auf eine kleine Gruppe von Publizisten beschränkte. Dies hat gerade in der intensiven Untersuchung von Wechselwirkungen zwischen Migranten, Behörden und Herkunftsgebieten den Vorzug, dass (migrantische) Nationalisierung in der Diaspora als transnationaler Prozess erkennbar wird, der von individuellen – nicht selten transnational und transethnisch agierenden – Akteuren betrieben wird. In der von Glettler (analog zur von ihr ausführlich denunzierten marxistisch-nationalistischen Historiographie) vorgenommenen Essentialisierung des Nationsbegriffs[82] erscheinen die Slowaken jedoch letztlich bloß als Sonderfall von Rückständigkeit, was die Ähnlichkeiten zu anderen diasporischen Gruppen und den Reibungen zwischen nationalistischen Akteuren und migrantischer Mehrheit überdeckt.[83] Sie bezieht zudem die

80 Hierzu *Hahn*, Organisationen; *Kalembka*, Wielka Emigracja.

81 *Koseski*, Polonia; *Kucharski*, Wkład; *Drozdowski* u. *Kusielewicz*, Polonia Stanów Zjednoczonych; *Jaroszyńska-Kirchmann*, Exile Mission; *Śladkowski*, Polonia; sowie die entsprechenden Absätze bei *Stolarski*, Immigration; *Namont*, Colonie. Zum Versuch der Zionisten um Vladimir Žabotynskij, über die Aufstellung einer eigenen Legion analog zu Polen und Tschechen einen Anspruch auf einen Nationalstaat zu generieren, siehe *Watts*, Jewish Legion.

82 *Glettler*, Pittsburg, bes. S. 400ff. Auf einer anderen Ebene problematisch ist sicherlich ihre Unterscheidungen zwischen »Tüchtigen«, die die Tendenz hatten, in den USA zu bleiben, und einem »Bodensatz«, der in die Herkunftsgebiete zurückkehrte. Ebd., S. 397.

83 So gilt ihre Feststellung: »Nationalgefühl ist […] weniger ein Produkt der unartikulierten politischen Empfindungen, als vielmehr Gegenstand des Willens und der Pädagogik.« (*Glettler*, Pittsburg, S. 222) sicherlich nicht nur für das von ihr untersuchte Beispiel. *Stolarik*, Immigration; *Doubek*, Česká politika. Siehe zu den Polen *Śladkowski*, Emigracja polska; ders., Polonia; *Walaszek*, Wychodźcy; allgemein *Gabaccia*, *Hoerder* u. *Walaszek*, Emigration.

unmittelbare Vor- und die Kriegszeit nicht mit ein, womit sie die bei praktisch allen europäischen Migrantengruppen zu beobachtenden Politisierungs- und Polarisierungseffekte unberücksichtigt lässt. Gerade die Studie von Stolarik oder die Edition der Weltkriegskorrespondenzen Masaryks und Benešs von Frank Hadler[84] zeigen jedoch, dass die amerikanischen slowakischen Vereine 1916/17 wichtige Verhandlungspartner der »Bohemian National Alliance« in den USA waren und sich wie diese an der Finanzierung nationalstaatlicher Bestrebungen in der Heimat jenseits des Atlantiks beteiligten.

Eine eigene Gruppe im Bereich der Diasporaforschung, bei der in besonderem Maße transnationale Aspekte zur Sprache kommen, sind schließlich Studien zu (angehenden) intellektuellen Eliten, d. h. zu ostmitteleuropäischen Studierenden und Wissenschaftlern, bei denen Wissenstransfers, die »Migration von Ideen« und gesellschaftlichen Konzepten und die Herausbildung und Veränderung stereotyper Wahrnehmungen im Zentrum der Betrachtung stehen.[85]

Die *Community Studies* erschienen prinzipiell als besonders geeignet, gleichzeitig die transkulturellen Formen der Aneignung der neuen Umgebungen durch migrantische Gruppen und Individuen deutlich zu machen und zu zeigen, auf welch unterschiedlichen (informellen) Ebenen transnationale Netzwerke und Verbindungen in die Herkunftsgebiete aufrechterhalten wurden. Hier sind nicht nur die bereits erwähnte Rückkehrmigration und Geldtransfers[86] von Interesse, sondern der Umstand, dass zahlreiche Migranten auch nach einer Einbürgerung ebenso wie ihre bereits in den Aufnahmeländern geborenen Kinder nicht selten ihre Ehepartner in den Herkunftsländern suchten; hier sind neuere Forschungen im Gange.[87] Sie werden die mitunter überraschenden transnationalen Verhaltensformen und Netzwerke auch solcher Migranten beschreiben, die den internationalen Netzwerken der organisierten Diasporen eher fernstanden, auch wenn ihre Verbindungen zu den Herkunftsländern für die Legitimierung (und Finan-

84 *Hadler*, Weg von Österreich!.

85 Siehe insbesondere *Peter*, Schnorrer; *Peter* u. *Tikhonov*, Universitäten; *Neumann*, Studentinnen; *Rautenberg*, Wanderungen; sowie allgemein (und unter weitgehender Vernachlässigung Ostmitteleuropas) *Scazzieri* u. *Simili*, Migration.

86 Erwähnt werden solche Transfers beispielsweise bei *Glettler*, Pittsburg; *Pacyga*, Polish Immigrants; *McCook*, Borders; *Murdzek*, Emigration.

87 Siehe *Steidl* u. *Fischer*, Transatlantischer Heiratsmarkt. An älteren Arbeiten siehe u. a. *Knothe*, Land and Loyalties.

zierung) politischer Aspirationen eingesetzt wurde. Hier – d. h. im Bereich der konkreten sozioökonomischen und identitären Wirkungen der Rückkehrmigration sowie der Transferzahlungen – besteht weiterhin Forschungsbedarf, auch wenn die groben Muster hinsichtlich der Wahrnehmung von Rückkehrern und der konkreten Verwendung und symbolischen Wirkungen der Gelder weitgehend geklärt scheinen.[88]

Erwähnenswert sind zudem einige jüngere komparative Arbeiten und Sammelbände, die zwar ebenfalls zu einer gewissen Essentialisierung von Ethnizität neigen, aber den Vorzug haben, dass sie mehrere migrantische Gruppen und/oder Aufenthaltsländer *einer* migrantischen Gruppe miteinander vergleichen und so Aussagen über Besonderheiten und Parallelen erlauben.[89] Was trotz der vielversprechenden Ansätze von Hoerder u. a. aus der Mitte der 1990er Jahre außerdem noch weitgehend fehlt, sind Arbeiten über die soziokulturellen Prägungen und Kompetenzen, die die Migranten in ihre Aufenthaltsgebiete als »kulturelles Päckchen« mitbrachten. In meist transformierter Gestalt gingen sie in neue, ethnonationale oder konfessionelle Identitäten ein und müssten direkt zu Formen und Inhalten von migrantischen Identitätsbildungsprozessen und Bewältigungsstrategien in Beziehung gesetzt werden.[90]

Ein Sonderfall hinsichtlich des Forschungsinteresses ist die Pfarrgemeinde Zaborów in Galizien: Die dortigen fünf Dörfer, die praktisch ausschließlich von katholischen Polen bewohnt wurden, haben seit den 1930er Jahren das Interesse mehrere Sozial- und Kulturwissenschaftler geweckt. Dies hat vor allen Dingen den Vorzug, dass die sozialen, ökonomischen, physikalischen und kulturellen Ausgangsbedingungen ebenso gut bekannt sind wie Migrationsmotive, -wege und -ziele sowie die Aufrechterhaltung familiärer Netzwerke und die Rückwirkungen der zunächst regionalen, dann grenzüberschreitenden (Preußen und Dänemark), schließlich transatlantischen

88 Ein im Dezember 2012 in Tübingen ausgerichteter Workshop zur Migration im späten Habsburger-Imperium zeigte allerdings, dass in absehbarer Zeit eine ganze Reihe laufender Qualifikationsarbeiten zu einzelnen Regionen zu erwarten sind, die sich auch mit der Frage der migrantischen Geldtransfers befassen.

89 Die erste systematische Studie dieser Art ist *Green*, Ready-to-Wear. Hier werden jüdische Arbeiter in der Pariser und New Yorker Textilindustrie untersucht. Die andere Vergleichsmöglichkeit – Polen und Iren – erproben die Beiträge in *Belchem* u. *Tenfelde*, Irish and Polish Migration. Vgl. auch *Klessmann*, Comparative Immigrant History.

90 *Hoerder*, Roots, bes. Bd. 1 über Ostmittel- und Südosteuropa. Zu genau diesem Thema *Steidl*, *Fischer-Nebmaier* u. *Oberly*, Transatlantic Migration Experience.

Migration auf die Heimatgemeinde.[91] Es ist sicherlich ein Vorzug solcher Studien auf Mikroebene, dass sie die Lücken und Ungenauigkeiten struktureller Abstraktionen aufzeigen: Während im Allgemeinen (und auf der Grundlage offensichtlich aussagefähiger Daten) davon ausgegangen wird, dass zunächst junge Männer migrieren, war es im Jahre 1888 ein vierzigjähriger Vater von drei Kindern, der als erster die Arbeitssuche in den USA wagte.[92]

II.2.4.1 Umkehrschluss: Die Aufnahme von Migranten in die nationale Meistererzählung

Eine Art synthetische Abstraktion und Fortführung der *Community Studies* bilden einige Arbeiten, die – nicht selten vor dem Hintergrund und als Argumentation gegen xenophobe migrationspolitische Diskurse – die komplexe historische Zusammensetzung der aktuellen Bevölkerungen von Nationalstaaten herausarbeiten. Ihren geographischen Ursprung haben solche Arbeiten wenig überraschend in Kanada, wo der Multikulturalismus seit 1971 Verfassungsrang genießt, und in den USA, deren Eigenschaft als Einwanderergesellschaft trotz aller Abschließungstendenzen zumindest in der einschlägigen Literatur keinem ernsthaften Zweifel unterliegt.[93] Es ist für unseren Interessenbereich nicht unwichtig, dass einige der frühesten Arbeiten zur Integration europäischer Migranten sich eben mit polnischen Einwanderern beschäftigten.[94]

Entsprechend ihrem Darstellungsinteresse betonen Arbeiten von Gérard Noiriel oder Arbeiten Klaus J. Bade[95] staatliche Hindernisse, mitunter auch Angebote, für eine Integration von Einwandern und beschreiben deren Lebensbedingungen und -formen im Kontext politischer Setzungen und ge-

91 Die wichtigsten Arbeiten sind *Kantor*, Między Zaborowem, der in der Zwischenkriegszeit einsetzt, und (mit Angabe der älteren polnischsprachigen Literatur) *Knothe*, Land and Loyalties.

92 *Knothe*, Land and Loyalties, S. 178.

93 Siehe z. B. *Bodnar*, Transplanted; *Green*, Et ils peuplèrent.

94 *Thomas* u. *Znaniecki*, Polish Peasant. Die beiden Autoren gehörten der Chicago School an, die sich zunächst in mikrosoziologischer, sozialökologischer Perspektive mit marginalisierten Gruppen innerhalb Chicagos beschäftigte. Zur Geschichte dieser Forschungsrichtung siehe die hoch anregende Arbeit von *Lindner*, Walks on the Wild Side.

95 *Noiriel*, Creuset; *Bade*, Deutsche im Ausland; *Bade, Emmer, Lucassen* u. *Oltmer*, Enzyklopädie.

sellschaftlicher Wahrnehmungen und betonen schließlich deren Beitrag zum nationalen Wohlstand und zur nationalen Kultur. Sie berücksichtigen ostmitteleuropäische Einwanderer in der Regel etwa so weit, wie bereits *Community Studies* über die einzelnen Gruppen vorliegen. Sie machen unmissverständlich klar, dass auch die jeweiligen Titularnationen einstmals als fremd apostrophierte Bestandteile enthielten und verdeutlichen so den auch auf der Mikroebene in Wirklichkeit transnationalen Entstehungsprozess nationaler Bevölkerungen. Dafür bleiben in solchen Darstellungen transnationale Aspekte migrantischer Lebenswelten, etwa Rückkehrmigration, Heirat im Herkunftsland, Geldüberweisungen an die Heimatregionen, eher unterbelichtet. Manchen Arbeiten ließe sich zudem vorwerfen, dass sie über das Bemühen der Eingliederung historischer Migrantengruppen in die nationalen Meistererzählungen eben den nationalen Container, zu dessen Kritik sie angetreten waren, letzten Endes dann wieder festigen.

II.2.4.2 Komparative Ansätze: Zwischen Mikro- und Makroebene

Ebenfalls auf die Makroebene zielen einige Arbeiten, die zwei oder mehr Migrantengruppen in vergleichender Perspektive in den Blick nehmen oder eine Migrantengruppe an verschiedenen Orten behandeln. Nancy Green hat darauf hingewiesen, dass die beiden Ansätze völlig unterschiedliche, aber einander ergänzende Perspektiven einnehmen müssen: Im ersten Falle werden Ähnlichkeiten und Unterschiede zwischen migrantischen Gruppen (oder der Reaktionen der Umgebung auf sie) bearbeitet werden können,[96] im zweiten die strukturellen, politischen, juristischen Eigenarten der Aufnahmeländer und soziokulturellen Milieus und sozioökonomischen Kontexte, in die sie geraten sind.[97] Für unser Thema ließe sich sagen, dass der erstgenannte komparative Ansatz es darüber hinaus erlaubt, transethnische Aspekte zu behandeln, der zweite transnationale im engeren Sinne.

Die betrachteten Gruppen werden in der Regel implizit sozial (Arbeiter; Eliten), explizit ethnonational eingegrenzt. Verglichen werden daher soziale Praktiken, Außenwahrnehmungen und aufoktroyierte Handlungsrahmen der mutmaßlichen Angehörigen verschiedener nationaler Groß-

96 *Green*, Repenser; dies., Comparative Method. An konkreten Ansätzen siehe *Belchem* u. *Tenfelde*, Irish and Polish Migration; *Bodnar*, Lives of Their Own.

97 Für die uns interessierende Zeit insbesondere *Green*, Ready-to-Wear und *McCook*, Borders

kollektive unter den unterschiedlichen sozialen, ökonomischen, rechtlichen Bedingungen, die von ihnen zu bewältigen waren. Sicherlich sind diese Versuche nicht ohne Wert, da sie Bandbreiten und – im Idealfall – strukturelle Verdichtungen von Verhaltensformen bei migrantischen Gruppen herausarbeiten können. Dabei muss aber, um einer erneuten Essentialisierung der Kategorie ethnonationale Zugehörigkeit zu entgehen, die meist unterbleibende Frage beantwortet werden, ob die Unterschiede zwischen den Angehörigen der ethnonationalen Gruppen tatsächlich signifikant größer waren als zwischen den Angehörigen unterschiedlicher sozialer Milieus innerhalb dieser Gruppen.[98] Zudem orientieren sich viele neuere Arbeiten und Ansätze an aktuellen migrationspolitischen Diskursen und lassen ostmitteleuropäische Migranten weitgehend oder völlig unberücksichtigt – unabhängig davon, ob ein synchroner Vergleich zwischen migrantischen Gruppen bzw. Aufnahmeländer oder ein diachroner zwischen verschiedenen historischen Phasen unternommen wird.[99]

Arbeiten, die eine systematische Verknüpfung von Makro- und Mikroperspektive versuchen, sind nach wie vor eher selten, auch wenn es nicht unüblich geworden ist, auf der Makroebene die Mikroebene zumindest da zu berücksichtigen, wo sie in erkennbarer Weise strukturelle Phänomene beeinflusst hat. So betont Hoerder (2009), dass die Handlungen der (Arbeiter-)Subjekte sich innerhalb von Strukturen abspielen, diese Strukturen aber durch die Subjekte gestaltet und verändert werden.[100] Es zeichnet diese Arbeiten in der Regel aus, dass sie – in Abwandlung klassischer marxistischer Differenzierungen zwischen (ökonomischer) Basis und (soziokulturellem) Überbau – die jeweiligen sozioökonomischen Verhältnisse in den Vordergrund stellen und alle weiteren Verhältnisse mehr oder weniger unmittelbar von diesen ableiten. Besonders deutlich ist dies sicherlich beim Ansatz

98 *Esch*, Parallele Gesellschaften, S. 446 ff. Teilweise hilfreich, wenn auch zu sehr auf Unterdrückungsverhältnisse und zu wenig auf eigensinnige Praktiken ausgerichtet, könnte das Konzept »Intersektionalität« sein.

99 So etwa *Rodriguez* u. *Grafton*, Migration in History; *Schrover, Leun, Lucassen* u. *Quispel*, Illegal Migration. Immerhin am Rande berücksichtigt wird unser Themenfeld im eher quantitativ angelegten Sammelband *Hoerder* u. *Kaur*, Proletarian and Gendered Mass Migration; hier besonders: *Schrover*, Feminization; *Kessler*, Migration. Eine gewisse Ausnahme, wichtig wegen der Historisierung von Transnationalität, ist der Beitrag von *Morawska*, New-Old Transmigrants. Einen interessanten Vergleich zwischen Polen vor dem Ersten Weltkrieg und Türken heute bietet *Blecking*, Polish Community.

100 *Hoerder*, Individuals and Systems.

Marcel van der Lindens, der eine »Transnationale Geschichte der Arbeit« vorschlägt, die sowohl sozioökonomische Verflechtungen als auch damit zusammenhängende Migrationsphänomene in den Blick nehmen soll.[101] An vielen Stellen ist dies auch überzeugend, wenn etwa Hoerder betont, ethnonationale Konflikte zwischen Arbeitergruppen gebe es im Prinzip nur dann, wenn zwei oder mehr ethnonational unterschiedlich verfasste/konnotierte Gruppen sich um das gleiche Arbeitsmarktsegment bemühten.[102] Ähnlich nachvollziehbar ist die von Green für osteuropäische Juden, von McCook u. a. für katholische Polen im Ruhrgebiet und den USA vertretene Auffassung, dass die Arbeiterbewegungen – in ihrem Falle die Frankreichs und der USA – trotz anfänglicher ethnonationaler Segmentierung über eine vereinheitlichte Organisierung maßgeblich zur Integration, *vide* Assimilation dieser Migrantengruppen beigetragen hätten.[103] Mitunter scheint aber eine Ausweitung des Kontexts auf weitere Diskurse, Deutungen und Wirkungsmechanismen sinnvoll: So spielte die organisierte Verschiffung meist jüdischer Frauen zur Prostitution in Argentinien und Indien möglicherweise für ostmitteleuropäische Migranten als Drohung oder als Option,[104] für internationale Diskurse über Sexualität und Migration sowie für die Durchsetzung transatlantischer zivilgesellschaftlicher Interventionsformen und polizeilicher Regime möglicherweise eine ebenso große Rolle wie innerhalb Europas der Seuchendiskurs[105] oder die paranoide Konstruktion einer transnational agierenden anarchistischen Verschwörung zum Königsmord, die erleichterte Ausweisungen und internationale Polizeikooperation legitimierte.[106]

In anderer Form stellen sich einige jüngere Arbeiten wie die von Annemarie Steidl, Wladimir Fischer und Josef Ehmer dieser Herausforderung: Sie bieten eine Verknüpfung von struktureller und mikrohistorischer Per-

101 *van der Linden*, Transnational Labour History; ders., Workers of the World.

102 *Hoerder*, Individuals and Systems; *Hirsch*, Urban Revolt.

103 *Green*, Pletzl; dies., Ready-to-Wear; *Hofmeester*, Jewish Workers; *McCook*, Borders; *Kulczycki*, Polish Coal Miners Union.

104 Die bisherigen Arbeiten von *Vincent*, Bodies; und *Glickman*, Jewish White Slave Trade, beschränken sich weitgehend darauf, die beteiligten Frauen als Opfer eines als Zwangsprostitution apostrophierten, männlich-patriarchalen Transfer- und Ausbeutungssystems zu zeigen. Tatsächlich war – beispielsweise für manche junge Osteuropäerinnen im Paris der Zwischenkriegszeit – die (meist zeitweilig gewollte) Prostitution eine attraktive Alternative zum ärmlichen, von schwerer Arbeit ausgefüllten Leben der Eltern. Siehe dagegen *Nautz*, Frauenhandel.

105 Für Deutschland: *Weindling*, Epidemics.

106 *Deflem*, Policing World Society; *Bach Jensen*, International Anti-Anarchist Conference.

spektive in einer sowohl lokal- wie makrohistorischen Betrachtung transatlantischer Netzwerke, Heiratsmärkte, Verwandtschaftsbeziehungen und Freundschaften.[107] Gerade hier, auf der Ebene konkreter sozialer Praktiken, sind wesentliche Aufschlüsse über Genese, Formen und Wirkungen migrantischer Transnationalitäten zu erwarten.

Ausblicke

Bei der (historischen) Migrationsforschung wird deutlich, wie wichtig es ist, sich (und anderen) Rechenschaft darüber abzulegen, was unter »Transnationalität« oder »Transnationalisierung« verstanden werden soll. Denn auf der einen Seite ist zumindest grenzüberschreitende Migration als solche immer transnational in einem weiten Sinne. Auf der anderen Seite aber zeigt schon ein flüchtiger Blick auf die vorliegende Literatur, dass einige migrationshistorische Arbeiten den nationalen Container nicht nur nicht verlassen, sondern geradezu rekonstruieren, verstärken oder erst herstellen.

Wie ein 2010 erschienener Sammelband belegt, gilt dies nicht nur für die Behandlung migrantischer Gruppen, sondern letztlich für den Kern von Migrationsforschung: Themen, Paradigmen, Fragestellungen in der Migrationsforschung folgen nicht in erster Linie internationalen wissenschaftlichen Debatten, sondern zunächst einmal nationalen politischen Diskursen und gesellschaftspolitischen sowie wissenschaftlichen Traditionen – und von hier aus einer affirmativen oder kritischen Haltung.[108]

In gewissem Sinne schreiben sich viele Arbeiten eher in eine implizit transnationale Nationalgeschichte ein denn in eine nationale Geschichte der Transnationalisierung. Eine solche Unterscheidung dient allerdings nicht einer wortspielerischen Pointe; sie will vielmehr deutlich machen, dass durch die nationale Perspektive eine ganze Reihe von Phänomenen, die als transnational, transkulturell, transregional apostrophiert werden können, aus dem Blick geraten oder nicht in einem Maße gewürdigt werden, das ihnen womöglich zukommt. Dies gilt sicherlich in besonderem Maße für Studien, die sich mit bestimmten – in der Regel ethnonational eingegrenzten – migrantischen Gemeinschaften beschäftigen.

---

107 *Steidl*, Verwandtschaft; *Steidl* u. *Fischer*, Transatlantischer Heiratsmarkt.
108 *Bommes* u. *Thränhardt*, National Paradigms.

Eine Reihe von Autoren bemüht sich darum, dieser Verengung der Perspektive zu entgehen: Sie versuchen, das »Vetorecht der Quellen« (E. P. Thompson) geltend zu machen oder setzen Strukturdaten und Sozialtheorien direkt zu einer Rekonstruktion migrantischer Alltagspraktiken und Bewältigungsstrategien in Beziehung.[109] Auch einige der frühen Protagonisten des Transnationalitätsparadigmas in der Migrationsforschung nehmen inzwischen zumindest von dessen normativen Aspekten Abstand und richten ihren Blick auf die Vielfalt der Formen migrantischen Daseins und Verhaltens auf der Mikroebene und im Kontext der konkreten, unmittelbaren Umgebungen.[110] Das Paradigma des Transnationalen ist damit keineswegs erledigt. Es wird aber allmählich insofern vom Kopf auf die Füße gestellt, dass es als nicht exklusives Erklärungs- und Beschreibungsparadigma für migrantische Phänomene und als Forschungsperspektive für soziale Phänomene anstatt als normatives Konstruktionsprinzip verwendet wird.

109 *McCook*, Borders.
110 *Glick Schiller* u. *Simsek-Cağlar*, Locating Migrants.

Beata Hock

II.3 Forschungen zur kulturellen Dimension transnationaler Verflechtungen Ostmitteleuropas von den 1870er Jahren bis 1914

II.3.1 Über Grenzen: Globale und nationale Meistererzählungen der Kunst- und Kulturgeschichte

II.3.1.1 Der *global turn* in der Kunstgeschichte und das Neuschreiben nationaler und regionaler Historiographien der Kunst

Neue Trends im Schreiben von Kunstgeschichte

Während der vergangenen Jahrzehnte hat eine Reihe historiographischer Trends das Schreiben von Kunstgeschichte in einem ausschließlich nationalen Rahmen und in einem dominierenden westlichen Paradigma, das von einem europäischen Kern und einem progressiven linearen Entwicklungsmodell bestimmt war, sowohl ergänzt als auch herausgefordert. Seit den späten 1990er Jahren bildete sich das Konzept einer Weltkunstgeschichte und Globaler Kunststudien heraus. Statt Kunst und Künstler in den Rahmen nationaler Traditionen einzuordnen, haben die Autoren, die zu diesem neuen Untersuchungsfeld beigetragen haben, erklärt, eine Geschichte der Kunst, die auf nationalen Unterscheidungen aufbaut, lasse häufig die Prozesse kultureller Aneignung und globalen Austauschs verschwinden, die die europäischen visuellen Künste während der letzten fünf oder sechs Jahrhunderte nachhaltig geprägt haben.[1] Kunstgeschichtliche Untersuchungen haben sich also gegenüber nichtzentralen Weltregionen und gegenüber der Frage nach den Bedeutungen der Kulturen »anderer« geographischer Regionen geöffnet. Die sozialen, kulturellen, wirtschaftlichen und politischen Bedingungen des Kulturkontakts – einschließlich Handelsmissionen und wissenschaftlicher Exkursionen, religiöser Pilgerreisen, Tourismus und Kolonialismus – werden ebenfalls analysiert und als Phänomene betrachtet, die solchen Austausch lange vor der

1 *Sheriff*, Cultural Contact, S. 1–16. Siehe auch *Zijlmans* u. *Damme*, World Art Studies; *Rampley*, From Big Art; *Carrier*, World Art History, und zuletzt *DaCosta Kaufmann*, *Dossin* u. *Jeyeux-Prunel*, Circulations.

modernen Ära der Globalisierung ermöglicht haben. Die *New Art History* (eine neue kritische Kunstgeschichte) und der *New Historicism* (als Herangehensweise an das Studium literarischer Texte in ihrem zeitgenössischen Kontext) waren seit den 1970er und 1980er Jahren eine Herausforderung an disziplinäre Traditionen. Sobald Geisteswissenschaftler sich darüber klar wurden, dass Kultur nicht nur ein *soziales Produkt* ist, sondern seinerseits integraler Bestandteil der *Produktion des Sozialen*, vollzog die Kunstgeschichte eine auf das Soziale orientierte kritische Wende mit dem Ziel, die soziale Realität zu berücksichtigen, die in der Kunst geschaffen wurde. Frühere Kategorien der Disziplin (wie ästhetische Qualität, Stilperioden, Einfluss, Ikonographie, die Gestalt des Genies, die Hierarchie der Genres usw.) wurden ersetzt durch eine Terminologie, die sich mehr an die Sozialwissenschaften anlehnte, während neue Forschungsentwürfe die Bedingungen mit einbezogen, unter denen Kunstwerke angefertigt wurden. Im Vollzug dieser methodologischen Wenden wurden parallele Geschichten der Kunst konzeptualisiert, mit denen die Entwicklungen an bestimmten Orten angemessen erfasst werden sollten, anstatt mutmaßlich universelle Prozesse nachzuzeichnen.

Ostmitteleuropa und die Frage der Rückständigkeit

Es fällt auf, dass die ostmitteleuropäische Kunst früherer Perioden (des Mittelalters, der Renaissance und des Barock) weitaus besser in den internationalen kunsthistoriographischen Kanon integriert ist als die Produktion der letzten beiden Jahrhunderte. Das vermutlich bemerkenswerteste Werk, das Ostmitteleuropa als kulturelle Einheit auffasst und auch diese früheren Jahrhunderte einbezieht, stammt von Thomas DaCosta Kaufmann.[2] Was das 19. und 20. Jahrhundert angeht, war es bis in die 1980er Jahre nicht üblich, von einer eigenständigen ostmitteleuropäischen Kunst zu sprechen.[3] Die Mehrheit der Kunstschaffenden des 19. Jahrhunderts teilte eine recht offensichtliche Orientierung auf Westeuropa, und Generationen von Kunsthistorikern haben dementsprechend die lokalen künstlerischen Ergebnisse an entsprechenden Standards gemessen, wobei sie gleichzeitig den regionalen Kulturen ein hohes Maß an Rückständigkeit zuschrieben.[4] Eine transnationale Orientierung in Form von grenzüberschreitenden Bezugnahmen und Vergleichen fehlt dabei in der Literatur durchaus nicht. Viele dieser Diskussionen wur-

2 *DaCosta Kaufmann*, Court.

3 *Forgács*, How the New Left, S. 93.

4 Vgl. *Bartlová*, Naše; *Molnár*, Geschichte Ungarns, S. 233, und den allgemeinen Tonfall in *Kósa*, Cultural History.

den allerdings aus einem selbstvergewissernden Antrieb heraus unternommen, um zu zeigen, dass Kunst und Kultur der »kleinen Völker« den Entwicklungslinien des europäischen Zentrums folgten.[5]

Für unseren Zweck sind freilich Arbeiten, die Selbstvergewisserung und Kompensation hinter sich lassen und dabei beobachtbare transnationale Kontakte einbeziehen, wertvoller als normative Vergleiche. Letztere spiegeln die Hierarchien und Vorurteile wider, die einer westzentrierten Geschichtsschreibung – wie sie auch von nichtwestlichen Akteuren kolportiert wurde – inhärent sind.[6] Die Attribute »rückständig« und »verspätet« sind gleichwohl schwer zu umgehen, wenn man die ostmitteleuropäische (Kultur-)Geschichte im 19. Jahrhundert präsentiert, und es könnte sinnvoll sein, sie angesichts ihrer Erklärungsmacht und zu Zwecken der Kontextualisierung beizubehalten. Solange sie nicht verwendet werden, um letztgültige Werturteile abzugeben, sondern um an die damals bestehende (und von vielen Seiten akzeptierte) verräumlichte Hierarchie von Wertmaßstäben und -urteilen zu erinnern und auf Faktoren hinzuweisen, die bestimmte Entwicklungspfade an bestimmten Orten ermöglicht oder behindert haben, können diese Kategorien dabei helfen, die Divergenz historischer Entwicklungen zu rekonstruieren.

Jüngere Gesamtdarstellungen der Kunst-/Kulturgeschichte Ostmitteleuropas

Angesichts der Ungleichheit bei den strukturellen und materiellen Bedingungen wissenschaftlicher Forschung in den einzelnen Teilen der Welt dürfte es keine große Überraschung sein, dass die ersten Monographien, die neuere kulturhistorische Herangehensweisen übernahmen und eine ausführliche Gesamtschau der Region Ostmitteleuropa lieferten, meist nicht von lokalen Autoren verfasst wurden.[7] Die Monographie »Modern Art in Eastern Europe« des Amerikaners Steven Mansbach bietet einen umfassenden Überblick.[8] Es handelt sich um eine Darstellung der verschiedenen künstlerischen Be-

5 *Trencsényi*, Kulcsszavak és politikai nyelvek, S. 154.

6 Siehe hierzu *Kiossev*s Aufdeckung der Techniken der »Selbstkolonisierung«, des Anteils ostmitteleuropäischer Intellektueller bei der Konstituierung des Zentrums als *des* Zentrums und bei der Verortung ihrer selbst und ihrer Umgebung als peripher/marginal.

7 Die Hindernisse, die lokale Wissenschaftler zu überwinden haben, wenn sie versuchen, sich den internationalen Zirkeln akademischer Wissensproduktion anzuschließen, untersuchen für die Sozialwissenschaften *Csepeli, Örkény* u. *Scheppele*, Acquired Immune Deficiency Syndrome.

8 *Mansbach*, Modern Art. Die Monographie der ostmitteleuropäischen Kunsthistorikerin Krisztina Passsuth über Verbindungen von Avantgarde-Künstlern zwischen Prag und Bukarest erschien etwa zur gleichen Zeit (*Passuth*, Avantgarde). Dabei behandelt

wegungen, die Ideen, von denen sie inspiriert waren, ihre Quellen und die verschiedenen geographischen, politischen und historischen Faktoren, die ihre Entstehung begünstigten. Durch das gesamte Buch hindurch betont der Autor wichtige regionale Unterschiede – etwa den Grad an Freiheit, patriotische Gefühle zum Ausdruck zu bringen, oder die Aufnahmebereitschaft der Öffentlichkeit für künstlerische Innovation – ebenso wie den immer intensiveren Kontakt zwischen Westeuropa und den östlichen Gebieten. Elizabeth Clegg wählt in »Art, Design and Architecture in Central Europe 1890–1920«[9] Österreich-Ungarn als kulturhistorische Basiseinheit. Anders als Mansbach, der sein Material entsprechend den heute bestehenden Nationalstaaten ordnet, konzentriert sie sich auf acht regionale Zentren: Wien, Brünn/Brno, Prag, Krakau, Lemberg/L'viv, Budapest, Agram/Zagreb und Laibach/Ljubljana. Dabei interessiert sie sich wenig für die ästhetische Einschätzung einzelner Künstler und Kunstwerke und liefert eher einen Beitrag zur Soziologie der Kunst als eine Kunstgeschichte, indem sie – und hierin liegt der große Vorzug dieses Buches – auch den Kunstbetrieb einbezieht. Die Autorin zeichnet die institutionellen Strukturen und wichtigsten Ereignisse des Kulturlebens der ausgewählten Städte nach, einschließlich eines Blicks auf die Aktivitäten, die Konkurrenz und Lobbystrategien, mitunter auch der Machtkämpfe der Kulturvereine untereinander. Indem sie die Methoden der Neuen Kulturgeschichte nutzt, kann Clegg Phänomene des Kulturlebens einbetten in den breiteren sozialen Kontext und die ökonomische Entwicklung der Region, wobei sie so entscheidende Faktoren wie geographische, topographische und geopolitische Merkmale ebenso berücksichtigt wie den transformierenden Einfluss der Entwicklungen in Technologie und Transportwesen.[10]

Dem Großteil der einschlägigen Literatur in der Region selbst ist Cleggs Auffassung über nationale Kultur(en) diametral entgegengesetzt. Während Kunsthistoriker hier dazu neigen, solche Künstler und Intellektuellen, die die längste Zeit ihrer Karrieren im Ausland verbracht haben und möglicherweise nie mehr in ihre Herkunftsländer zurückgekehrt sind, in den jeweili-

---

Passuth aber eine kürzere Zeitspanne (1907–1930), während Mansbach auch Entwicklungen um die Jahrhundertwende in den Blick nimmt, die erst zum Boom modernistischer Kunstrichtungen geführt haben.

9 *Clegg*, Art, Design and Architecture.

10 Der Ausstellungskatalog *Kühnel, Vavra* u. *Stangler*, Zeitalter Kaiser Franz Josephs, arbeitet mit einer ähnlichen Herangehensweise, deckt aber nur das habsburgische Österreich ab.

gen nationalen Container aufzunehmen, entscheidet sich Clegg, »retrospektive Wiederaneignungen« dieser Art zu vermeiden und solche Gestalten zu vernachlässigen.[11] Diese Entscheidung ist sicherlich nachvollziehbar, wenn man an die zahlreichen Künstler denkt, die aus der Region stammten, die eigene Muttersprache aber nicht sonderlich gut gesprochen oder nicht viel Lebenszeit in ihrem Herkunftsländer zugebracht haben. Sie ist aber nicht ohne weiteres einzusehen für Situationen, in denen einige der glühendsten Kämpfer für die nationale Sache in die Emigration oder ins Exil getrieben wurden, wo sie – weit davon entfernt, die Bindungen an die Heimatregionen zu kappen – ihre organisatorische oder künstlerische Tätigkeit fortsetzten. Meistererzählungen der polnischen Kulturgeschichte haben sogar die Tendenz, gerade diese Tatsache über die Maßen zu betonen. So soll gezeigt werden, dass ungeachtet der jahrzehntelangen Teilung des Landes die administrativ trennenden Grenzen im politischen wie kulturellen Leben ignoriert wurden, da Emigrantenzirkel sich immer an alle polnischen Landsleute wandten.[12] Ein weiterer diskussionswürdiger Aspekt von Cleggs Umgang mit historischen Akteuren und deren nationalen Kulturen besteht darin, dass sie anscheinend nur ethnische Zugehörigkeit ernst nimmt und offenbar massive Schwierigkeiten hat, sich die Möglichkeit multipler kulturell-nationaler Identifizierung oder gar die Ablehnung monolithischer Identitäten vorzustellen. Genau dies ist aber ein Charakteristikum der ostmitteleuropäischen kulturellen Landschaft zu jener Zeit, die in vielen jüngeren historischen Studien hervorgehoben wird.

Hindernisse beim Öffnen des nationalen Containers

In der Zeit nach dem Zweiten Weltkrieg haben einige besondere Umstände bzw. politisch-ideologische Vorurteile die ostmitteleuropäischen Kunsthistoriker davon abgelenkt oder daran gehindert, die Existenz bestimmter Richtungen interkultureller Austauschbeziehungen in den nationalen Vergangenheiten anzuerkennen. Der Moment, die Fruchtbarkeit des ostmitteleuropäischen Kulturkontakts mit Deutschland im 19. Jahrhundert zu würdigen und zu dokumentieren, wurde zum Teil um mehrere Jahrzehnte aufgeschoben. In der Tschechoslowakei der unmittelbaren Nachkriegszeit unterlag das Studium der historischen tschechisch-deutschen Kulturbeziehungen einem Tabu; die polnisch-deutschen Beziehungen trugen eine ähnlich schwere

11 *Clegg*, Art, Design and Architecture, S. 5.
12 *Suchodolski*, History of Polish Culture, S. 166.

Last.[13] Die Unzugänglichkeit der Archive während des Kalten Krieges verstärkte zudem eine konfliktbezogene Interpretation vor allem der Grenzgebiete. Ihr zufolge hätten nationalistische Streitigkeiten zwischen Deutschen und den kleineren Nationen, die auf dem gleichen Gebiet oder in den Nachbarländern lebten, die Region immer schon zerrissen. Die deutsche Erblast der Kriegszeit hielt auch ungarische Wissenschaftler davon ab, die intensiven und vielfältigen Verbindungen ihres Landes zu Deutschland vor den großen Kriegen eingehend zu untersuchen; die Ausstellung »München magyarul: Magyar művészek Münchenben [München auf Ungarisch: Ungarische Künstler in München] 1850–1914« war 2009 eines der ersten Unternehmen, um diesen blinden Fleck aufzuhellen.[14] Dagegen blicken deutsche Kunst- und Kulturhistoriker auf eine lange Tradition der Beschäftigung mit »Mitteleuropa« zurück. Reinigt man diesen Regionen-Begriff von seinen imperialistischen Konnotationen, bedeutet er die Anerkennung der Tatsache, dass das kulturelle Milieu der Gebiete zwischen dem heutigen Deutschland, der Ostsee und Rumänien bis 1945 durch kontinuierliche Interaktion zwischen lokalen Bevölkerungen und deutschen Beamten oder Siedlern geprägt wurde. Die deutschsprachige Forschung stellt daher einen wichtigen und vielfältigen Teil der jüngeren Erkundungen der Kulturgeschichte Ostmitteleuropas im 19. und frühen 20. Jahrhundert dar.[15]

Während des Kalten Krieges war die Osteuropaforschung so beschaffen, dass eine internationale intellektuelle Gemeinschaft Wissen hauptsächlich über die Sowjetunion generieren sollte. Die Kulturgeschichte der übrigen »Ostblock«-Staaten verblieb dabei eher im Nebel, zumal sie der »Ostforschung« auch deshalb oft als unerheblich galt, weil rückwärtsgewandte politische Kräfte viele Ansätze von progressiven und kosmopolitischen kulturellen Ausdrucksformen bereits in der Zwischenkriegszeit zerschlagen hätten. Ein solcher »akademischer Imperialismus« bekräftigt auch heute noch in gewissem Maße den hegemonialen Status der russischen Kultur

---

13 *Prahl*, Vaclav Brozík's Ferdinand I, S. 87. Siehe auch *Piskorski*, Deutsche Ostforschung; oder *Bartlová*, Naše, S. 39–54.

14 *Kárai* u. *Veszprémi*, München magyarul; *Sármány-Parsons*, München modernsége, S. 123–124.

15 Über die in diesem Kapitel zitierte Literatur hinaus siehe *Puttkamer*, Ostmitteleuropa; *Marek*, Kunst; die Reihen »Tagungen zur Ostmitteleuropa-Forschung« des Marburger Herder-Instituts und »Forschungen zur Geschichte und Kultur des östlichen Mitteleuropa« des Leipziger GWZO sowie die Veröffentlichungen des Münchner Collegium Carolinum.

im Rahmen der Osteuropastudien, weswegen Steven Mansbach sich entschied, Russland nicht in seine oben erwähnte Gesamtschau der modernen Kunst im östlichen Europa aufzunehmen.[16] Politische Kalküle innerhalb der Kulturpolitik der multinationalen Imperien werden immer wieder von fast der gesamten jüngeren Literatur – die typischerweise von internationalen Autoren produziert wird – diskutiert.[17] Einige Arbeiten über polnische Kulturgeschichte, die in der Zeit des Staatssozialismus entstanden, vermeiden die Befassung mit Divergenzen und stellen fest, dass

> »in allen drei Teilungsgebieten ähnliche Bedingungen herrschten [...]; ähnliche Barrieren wurden von den drei Teilungsmächten aufgerichtet, um die Implementierung polnischer Ziele zu verhindern.«[18]

Damit regt sich der Verdacht, dass die Autoren daran gehindert wurden, zeitliche und geographische Verschiebungen der »Denationalisierung« umfassend darzustellen, da dies gezeigt hätte, dass die in kultureller Hinsicht freiere Zone sich im Verlauf des 19. Jahrhunderts vom russischen Teilungsgebiet ins österreichische Galizien verschob – eine Art historischer Realität, die im sowjetischen Block hätte unerwünscht sein können.

Der Systemwechsel von 1989 führte eine Generalrevision der Werte und Orientierungen in den ostmitteleuropäischen Gesellschaften herbei und brachte Tendenzen mit sich, ein in nationalen Kategorien verlaufendes Denken wiederzubeleben, während sich die gerade unabhängig gewordenen neuen Staaten gleichzeitig beeilten, an den Prozessen der Europäisierung und Globalisierung zu partizipieren.[19] Dabei zeigt sich, dass es häufig an fehlender Grundlagenforschung liegt, wenn Forscher in der Region weiterhin mit einem nationalen Rahmen arbeiten, selbst wenn ihre Untersuchungen die Bedeutung interkultureller Kontakte deutlich machen und die Wege nachzeichnen wollen, auf denen nationale Einheiten und individuelle Akteure mit der Außenwelt interagierten oder an globalen Prozessen der Pro-

16 *Mansbach*, Modern Art, S. 2, 5.

17 *Heerde*, Staat und Kunst, S. 38–42, 159–174, 187–192; *Mansbach*, Modern Art, S. 84–86, *Davies*, God's Playground, S. 230–233, *Clegg*, Art, Design and Architecture, S. 18–19, *McManus-Czubińska*, Mass Higher Education, S. 142.

18 *Suchodolski*, History of Polish Culture, S. 182.

19 *Pluharova-Grigiene*, East-Central European Historiographies; *Orišková*, Re-writing History; *Born, Janatkova u. Labuda*, Kunsthistoriographien.

duktion und Konsumption sowohl der Hoch- als auch der Populärkultur teilnahmen.[20]

Wichtige in der Region verfasste oder dort publizierte Beiträge, die zeitgenössische wissenschaftliche Herangehensweisen wählen und sich gleichzeitig mit Ostmitteleuropa oder seinen Teilregionen beschäftigen, finden sich meistenteils als einzelne Aufsätze oder Sammelbände, häufig als Konferenzbände und nur selten als Monographien.[21] Dies betrifft nicht nur empirische Studien und historiographische Beschreibungen, sondern auch Analysen der (Re-)Konstruktion nationaler kunstgeschichtlicher Narrative nach dem Untergang der Imperien.[22] Einige neuere Studien treten an, eine ganze sozioprofessionelle Schicht und den Kontext, in dem sie tätig war, auszuloten; solche profanen Dimensionen des Materials und der institutionellen Unterbauten des Kunstlebens fehlen in traditionellen kunsthistorischen Darstellungen, die sich auf einzelne Künstler oder Stile konzentrieren, ebenso wie in konventionellen nationalen Meistererzählungen, die meist die Entstehung oder das Überleben der nationalen Kultur ins Zentrum stellen. Seltene Arbeiten aus früheren Jahrzehnten, die sich bemühten, die künstlerische Kreativität des 19. Jahrhunderts in ihren sozialen Kontext zu stellen, waren zu ihrer Zeit nicht in der Lage gewesen, einen Paradigmenwechsel herbeizuführen.

Im ungarischen Fall repräsentieren die Studien des Kunsthistorikers Károly Lyka ein solch frühes Beispiel. Nach ihrer Veröffentlichung in den 1940er und frühen 1950er Jahren folgte ein vergleichbares Unternehmen erst in den 2010er Jahren.[23] Besonders Erkundungen des ökonomischen Hintergrunds künstlerischen Schaffens hat einer Reihe jüngerer Tagungen zu diesem Thema viel zu verdanken. Die Internationale Konferenz »Artwork through the Market, the Past and the Present« in Bratislava 2003[24] hatte noch ein eher begrenztes Interesse geweckt: Trotz aller Bemühungen der Organisa-

20 *Bláhová* u. *Petrbok*, Cizí, jiné, exotické; *Hánová*, Japonisme; *Mannová*, Vereine; *Wendland*, Ukraine; *Kallestrup*, Art and Design; *Höhne*, Ukraine; *Brzyski*, Between the Nation; *Jedlicki*, Suburb of Europe; *Tallián*, Béla Bartók.

21 *Kivimaa*, Geographies of Art History; *Krakowski* u. *Purchla*, Art Around 1900; *Kodres*, Estonian Art History; *Purchla*, Theatre Architecture; *Rampley*, For the Love; sind einige ausgewählte Beispiele, die ihr Material in Sprachen präsentieren, die von einem größeren internationalen Publikum rezipiert werden können.

22 *Bartlová*, Creating, *Bakoš*, Slovak Art, *Piotrowski*, Writing; *Mulevič*, New Aims.

23 *Szívós*, Social History.

24 *Bakoš*, Artwork.

toren, verschiedene historische Erfahrungen abzudecken, gab es nur wenige Beiträge aus Ostmitteleuropa. Untersuchungen zum Mäzenatentum im 19. und frühen 20. Jahrhundert in der Region sind ebenfalls weitgehend vernachlässigt worden, bis die Konferenz 1990 in Princeton einen ersten Versuch unternahm, einige Aspekte am Beispiel Böhmens zusammenzutragen. Das Symposion »Collective and Individual Patronage and the Culture of Public Donation in the 19th and 20th Centuries in Central Europe« folgte im Jahre 2010[25] und bot regional und thematisch einen weiteren Blickwinkel, der auch die Unterstützung sozialer Wohlfahrtseinrichtungen einschloss.

Bahnbrechende Ausstellungen und ihre Kataloge

Da ausführliche wissenschaftliche Studien weitgehend fehlen, sind transnationale Perspektiven auf das ostmitteleuropäische Kulturerbe im Rahmen kunst- und kulturgeschichtlicher Ausstellungen und der begleitenden Kataloge vorgeschlagen worden.[26] Die Ausstellung »Zeit des Aufbruchs: Budapest und Wien zwischen Historismus und Avantgarde 1873–1920«[27] unternahm den bewussten Versuch, die ostmitteleuropäische Kulturproduktion zu kontextualisieren anstatt sie in nationaler Isolierung darzustellen. Artefakte aus ungarischen Sammlungen (von Kunstwerken über Modellkleider und Ausstattungsgegenständen bis hin zu Bühnenbildern) wurden zusammen mit gleichartigen Objekten ausgestellt, die in den europäischen Zentren hergestellt wurden, sowie mit den Arbeiten ausländischer Meister, die sie auf österreichisch-ungarischem Gebiet schufen. Das Kasák-Museum in Budapest bemüht sich um eine Rekonstruktion des Erbes der ungarischen Linken, wobei deren Verbindungen zu den europäischen sozialistischen Bewegungen gebührende Aufmerksamkeit erhalten,[28] und zeigte die Vielfalt der engen deutsch-russischen Wissenschaftsbeziehungen im 18. und 19. Jahrhundert auf.[29] Der erste jemals eingerichtete Roma-Pavillon (»Paradise Lost«) postulierte 2007 auf der Biennale in Venedig eine redefinierte Roma-Kultur als Modell einer zeitgemäßen transnationalen europäischen Identität, die auf Flexibilität, kul-

25 *Hlavačka, Pokorná* u. *Pavlíček*, Collective and Individual Patronage.

26 Als Beispiele mögen dienen: *Kühnel, Vavra u. Stangler*, Zeitalter Kaiser Franz Josephs; *Kárai* u. *Veszprémi*, München magyarul. Auch die Ausstellung Slowenische Frauenzeitschriften von 1897–1997 (Ljubljana 1997), das Thema wurde aber in *Vittorelli*, Frauenbewegung bearbeitet.

27 Zu sehen 2002 in Wien im Palast Harrach. Katalog: *Bajkay*, Zeit des Aufbruchs.

28 *Csatlós*, Shifting.

29 *Mittler* u. *Glitsch*, Russland.

tureller Verschmelzung und einer stetigen Anpassung an sich verändernde Umgebungen aufbaue.[30]

Studien über Ausstellungen In den letzten zwanzig Jahren hat die Geschichte von Expositionen, Weltausstellungen und Industrieschauen ein wachsendes Interesse bei Wissenschaftlern aus verschiedenen Disziplinen wachgerufen. Auf dem neuen Forschungsfeld Ausstellungsstudien deckt aber nur ein relativ kleiner Teil dieses rasch wachsenden Feldes Ausstellungskulturen in Ostmitteleuropa oder wenigstens Russland ab.[31] Auch in länderübergreifenden Großprojekten, die sich mit einem ganzen Jahrhundert internationaler Ausstellungen beschäftigen, fehlen Angaben über das östliche Europa.[32] Ein entsprechend konzeptualisiertes Forschungsprojekt am Schweizerischen Institut für Kunstwissenschaft (SIK-ISEA) ist angetreten, diese Lücke zu füllen. Inspiriert von der Forderung des polnischen Kunsthistorikers Piotr Piotrowski nach einer »horizontalen Kunstgeschichte«[33] arbeiten die Forscher und Forscherinnen an einer Rekonstruktion der Beteiligungen ostmitteleuropäischer Nationen (Tschechen, Ungarn, Polen, Rumänen) an den Biennalen in Venedig von den Anfängen bis heute, um auf diese Weise die Entwicklung multipler Modernen jenseits der Perspektive einer dominanten westlichen Kunstgeschichte aufzudecken. Da diese Erkundungen als Promotionsprojekte erst in den vergangenen Jahren begonnen haben, wurden bislang keine Ergebnisse im Monographie-Format publiziert, abgesehen von Veronika Wolfs einleitender Studie über die Teilnahme von Tschechen und Slowaken[34] und Einzelaufsätzen.[35] Die großen nationalen und regionalen Ausstellungen, die in der fraglichen Zeit in Ostmitteleuropa ausgerichtet wurden, haben ebenfalls bislang wenig wissenschaftliche Aufmerksamkeit auf sich gezogen. Neben einigen sporadischen

30 *Junghaus* u. *Székely*, Paradise Lost.

31 *Albrecht*, Pride; *Zaretskaia*, Mikhailovna; *Hofmann*, Bilder; *Felber, Krasny* u. *Rapp*, Smart Exports; *Gál*, Hungary at the World Fairs; *Hlavačka, Orlíková u. Štembera*, Alfons Mucha, *Wörner*, Bauernhaus und Nationalpavillon; Bilder vieler Ausstellungen.

32 *Geppert, Coffey* u. *Lau*, International Exhibitions.

33 Vgl. *Piotrowski*, On the Spatial Turn, sowie *DaCosta Kaufmann, Dossin* u. *Jeyeux-Prunel*, Circulations.

34 *Wolf*, Čeští a slovenští umělci.

35 Vgl. *Bódi*, Padiglione Ungherese; *Hossain, Bódi* u. *Ghiu*, Layers of Exhibition; *May* u. *Meine*, Der Deutsche Pavillon; *Wyss, Hossain, Scheller, Bódi, Ghiu* u. *Wolf*, Is this so Contemporary?; außerdem stellt *Wyss* u. *Scheller*, Comparative Art History, S. 9–12 das Forschungsprogramm der Gruppe vor.

Studien bietet ein Heft der »Zeitschrift für Ostmitteleuropa-Forschung« ein halbes Dutzend Aufsätze, die einige großformatige Ausstellungen in der preußischen und habsburgischen Monarchie in den Blick nehmen.[36]

Musik und Literatur

Mit Musik und Literatur wurden bislang zwei Bereiche der Elitekultur eher am Rande gestreift. Sie aus einer transnationalen Perspektive zu betrachten ist lohnend, da beide für die nationalen Bewegungen die vorrangige Form künstlerischen Ausdrucks gewesen sind. Von der jüngeren Forschung sind interkulturelle literarische Verbindungen über die Region hinweg in vielfältiger Weise ausgelotet worden. Das geschah in komparativem Zugriff, der literarische Begegnungen hervorhebt,[37] oder mit Blick auf Machtverhältnisse und kollektive Identitäten, die sich in und durch kulturelle Formen ausdrückten.[38] Die kürzlich erschienenen dreibändige »History of the Literary Cultures of East-Central Europe«[39] bietet eine sehr gründliche Bearbeitung sprachbasierter kultureller Formen (neben der Belletristik, Theater, Folklore und Presse) und verwendet dabei eine transnationale Herangehensweise, die die nationszentrierte Methodologie hinter sich lässt. Das Material wird hier statt dessen nach verschiedenen topographischen Schauplätzen (multikulturellen Städten, Grenzregionen, interkulturellen Korridoren, multiethnischen Regionen) angeordnet und kann so den Fluss hybrider kultureller Botschaften sichtbar machen. Diese in Konzept und Struktur innovative Arbeit schafft damit eine Form komparativer Studien, die die bloße Bestätigung nationaler Einheiten erfolgreich vermeidet. Der Darstellungsrahmen verbleibt innerhalb der Region Ostmitteleuropa, was insofern eine Neuerung ist, als diese selbstgenügsame Behandlung übliche »europäische« (d.h. westeuropäische) Referenzpunkte ablegt. Diese Entscheidung schließt aber unweigerlich die Aufzeichnung jeglicher kultureller Verbindungen aus, die nach außerhalb führen würden. Letzteres war allerdings auch nicht das Ziel der Herausgeber. Gleichwohl stellt das Werk für eine Öffnung nationaler Container zugunsten des Studiums größerer kultureller Einheiten innerhalb der Region eine Innovation dar. Dass der extraregionale kulturelle Austausch dabei aus dem Blick gerät, scheint ein wiederkehrendes Phänomen der jüngeren Forschung zu sein.

---

36 *Hofmann*, Bilder.

37 *Fried*, Begegnungen.

38 *Müller-Funk, Plener* u. *Ruthner*, Kakanien; *Salden*, Russische Literatur.

39 *Cornis-Pope* u. *Neubauer*, History.

Musik und insbesondere die Oper sind in jüngerer Zeit als machtvolle Instrumente sowohl der Nationsbildung als auch des transnationalen Kulturaustausches entdeckt und beschrieben worden.[40] Die Einrichtung nationaler Musikschulen und nationaler Operntraditionen war über das 19. Jahrhundert hinweg eine übliche Kulturpraxis in allen großen europäischen Städten. Da sich »nationale« Musik auf dem Vormarsch befand, setzten Austausch, Kommunikation und gegenseitige Imitation zwischen den nationalen musikalischen Kulturen ein und führten zur Konvergenz des Opernrepertoires, der architektonischen Gestaltung der Opernhäuser und des Verhaltens des Publikums bis zur Frage, wie bestimmte musikalische Werke aufgenommen wurden. Gleichzeitig wurde Musik in zunehmendem Maße nach nationalen Kriterien beurteilt und sollte dazu dienen, politische Aufgaben zu erfüllen und kulturelle Ansprüche zum Ausdruck zu bringen. Da sie als Medium zur Nationsbildung eingesetzt wurde, konnten Unterschiede der musikalischen Tradition und nationale Opernstile auch zu Zwecken der Abgrenzung verwendet werden. Kulturelle Transfers und Demarkationsprozesse sind ebenso in einer komparativen Perspektive zwischen West- Mittel- und Osteuropa untersucht worden wie die Rolle der Oper als Ort der Repräsentation im weitesten Sinne sowie als kulturell signifikante Bühne zur Vorführung der sozialen Wertvorstellungen gebildeter Mittelschichten.[41] Die einschlägigen Studien demonstrieren dabei auch, wie das Projekt einer nationalen Opernkultur in vielen Fällen scheiterte. Da das Publikum in Ostmitteleuropa eher interessiert war an musikalischer Qualität und Prestige sowie spektakulärer Inszenierung als an patriotischer Mobilisierung oder dem Ruf nach kultureller Autonomie und Besonderheit, blieb die Oper in Europa und der Welt ein hauptsächlich italienisch, französisch und deutsch geprägtes Phänomen.[42]

40 *Helman,* Polish Musical Culture; *Müns,* Musik und Migration; *Frigyesi,* Bela Bartok; *Downes,* Music and Decadence; *Gienow-Hecht,* Sound Diplomacy.

41 Siehe die Publikationen des Forschungsprojekts »Oper im Wandel der Gesellschaft«, insbesondere *Müller* u. *Toelle,* Bühnen der Politik; *Ther,* In der Mitte.

42 *Katalinić,* Topos.

II.3.1.2 Kulturhistorische Nachforschungen: Themenfelder und Herangehensweisen

Nachdem auf die konventionellen Arten, Kunstgeschichte der Region im Rahmen »nationaler Container« zu erzählen, sowie diejenigen verwiesen wurde, die solche überwunden und/oder theoretische und methodologische Positionen der *New Art History* und der Weltkunstgeschichte aufgenommen haben, soll es im Folgenden um das Feld der Kultur im weiteren Sinne und um die Einwirkung der Neuen Kulturgeschichte gehen. Der Band »Nineteenth-Century Europe: A Cultural History« von Hannu Salmi widmet sich nicht unmittelbar Ostmitteleuropa. Die Kombination aus innovativer Methode und der Neigung des (finnischen) Autors zu peripheriezentrierten Perspektiven erlaubt es ihm aber, Mikro- und fragmentierte Narrative zu betrachten. Dabei erkennt er erstens, dass und wie die kulturelle Vielfalt Europas im 19. Jahrhundert eine ebenso konkrete Realität war wie heute; zweitens verweist er auf unterschiedliche Geschwindigkeiten, mit der sich Innovationen verbreiten und über den Kontinent hinweg lokale Bedeutung erlangten; drittens insistiert er, dass kulturelle Einflüsse nicht einfach von den Zentren in die Peripherie wirksam wurden, sondern eher eine Frage von Interaktion waren.

Kulturwissenschaft und Ostmitteleuropa

Das kurze Kapitel über Kulturgeschichte in der 2008 erschienenen »Einführung in die Osteuropäische Geschichte« liefert eine allgemeine Liste der Gegenstandsbereiche, die die Kulturgeschichte beschäftigen, während gleichzeitig die Einträge in der kurzen Bibliographie eher jenen »akademischen Imperialismus« belegen, der Osteuropa mit der russischen Geschichte identifiziert.[43] Ein Themenheft der »Zeitschrift für Geschichtswissenschaft«, das 2002 der Kulturgeschichte Ostmitteleuropas gewidmet war, führte dagegen eine große Bandbreite von Herangehensweisen an diese historische Region zusammen, mit Augenmerk auf die Deutungskämpfe, die in der nationalen Geschichtsschreibungen in dieser multiethnischen Region ausgefochten wurden.[44] Einige Sammelbände und Einzelaufsätze verfolgen Formen und Wege grenzüberschrei-

43 *Emeliantseva, Malz* u. *Ursprung*, Einführung; Letzteres gilt auch für den frisch verlegten Band »Osteuropäische Geschichte und Globalgeschichte«, *Aust* u. *Obertreis*, Osteuropäische Geschichte.

44 *Hadler* u. *Troebst*, Kulturgeschichte.

tender Kommunikation oder Isolation einzelner Teile Ostmitteleuropas im 19. Jahrhundert,[45] weitere Studien rekonstruieren kulturelle Interaktionen zwischen Nachbarländern oder loten aus, wie Soziales und Kulturelles sich innerhalb eines nationalen Kontexts gegenseitig produzierten.[46]

Erziehung und insbesondere die höhere Bildung werden häufig unter dem Aspekt der Multiethnizität untersucht. Autoren, die einen solchen Blickwinkel wählen, sind dabei geneigt, Unterschiede zwischen verschiedenen ethnischen oder konfessionellen Gruppen zu benennen.[47] Solche Unterschiede zeigen sich in den Mobilitätsmöglichkeiten (ausgedrückt etwa als geographische Distanz zu möglichen Lernorten), dem kulturellen Bedarf, in Erziehungstraditionen und Bildungsstrategien. Neben den grundlegenden Arbeiten, die in diesem weniger erforschten Feld geleistet worden sind, zeichnen einige Studien die Vorgeschichte von Reformen nach, die zur Modernisierung der Universitätssysteme in Ostmitteleuropa führten, betrachten Universitäten als Faktoren kulturellen Austauschs, erforschen die Mobilität von Studierenden und Lehrkräften und das Phänomen der relativ hohen jüdischen Qualifizierungsrate ebenso, wie sie Regionen übergreifende Bildungswege und transnationale Biographien individueller Akteure nachzeichnen.[48]

Alltagsleben und materielle Kultur

Wenn das Verhältnis von Kultur zur Materialität in den Blick genommen wird, bietet sich eine Möglichkeit, Verhaltensweise und Wahrnehmungen, soziale und kulturelle Haltungen der Subjekte zu untersuchen. Das interdisziplinäre Untersuchungsfeld der materiellen Kultur ist in den jüngeren kulturhistorischen Untersuchungen über die ostmitteleuropäischen Gesellschaften nicht sonderlich prominent vertreten, noch seltener sind einschlägige Studien (zumindest soweit sie als Mo-

---

45 *Bláhová,* Komunikace; *Vybíral,* What is Czech; *Forgács,* Struggle; *Kratochvil, Makarska, Schwitin* u. *Werberger,* Kulturgrenzen.

46 Um nur einige ausgewählte Titel zu nennen: *Bosl,* Handbuch; *Hanák,* Garten; *Eri* u. *Jobbagyi,* Das goldene Zeitalter; *Pynsent,* Decadence; *Vonyó,* Társadalom; *Rampley,* Design. Arbeiten mit einem prononcierten multinationalen oder regionalen Fokus sind dabei selten. Ausnahmen sind *Kłoczowski, Pelenski, Radwan, Skarbek,* u. *Wyłążek,* Belarus., *Krasnodębski, Garsztecki* u. *Ritter,* Last der Geschichte; oder *Szegedy-Maszák* u. *Zákány,* Nemzeti művelődések.

47 *Karády,* Ethnic; *Tilitzki,* Albertus-Universität; *Kuzmany,* Les lycées galicien; *Puttkamer,* Schulalltag.

48 *Lengyel, Nagy,* u. *Ujváry,* Österreichisch-ungarische Beziehungen; *Karády* u. *Mitter,* Bildungswesen.

nographien erscheinen), die die Region oder Teile davon in einen breiteren europäischen oder globalen Kontext stellten; immerhin liegen einige regional übergreifende Darstellungen vor.[49]

Ebenso verhält es sich mit der inzwischen beträchtlichen Zahl an Studien, die sich mit Aspekten des Alltagslebens von den Formen sozialer Interaktion[50] über Heiratssitten und Scheidungsverfahren bis zu physischen Objekten (Möbel, Haushaltsgegenstände, Lebensmittel und andere Konsumgüter)[51] und Räumen (Wohnungen, Vierteln, Städten, Arbeitsstätten, Geschäften) befassen,[52] wie sie von den Menschen verwendet wurden. Sie weisen häufig Besonderheiten auf, die mit der jeweiligen sozialen Schichtzugehörigkeit zusammenhingen. Einzelne Beiträge vergleichen beispielsweise die soziale Struktur regionaler Zentren hinsichtlich ihrer Unterschiede und Ähnlichkeiten oder stellen Dynamiken der Urbanisierung dar. Mit Blick auf die Ansprüche der Bewohnerschaft und deren kulturelle Praktiken wird dabei die Entwicklung von Gruppenidentitäten untersucht.[53] Im Blickpunkt einiger neuerer Untersuchungen steht zudem das Phänomen der Massen- und Populärkultur.[54]

Die Mediengeschichte hat in früherer Zeit im besten Falle deskriptive Präsentationen bestehender Periodika mit formalen und inhaltlichen Analysen geboten; die neue Sozial- und Kulturgeschichte hat daneben die Untersuchung der Presse als einer Form kapitalistischer Unternehmen und der Professionalisierung des Journalismus eingeführt. Was den zweiten Punkt angeht, hat das Verhältnis zwischen ökonomischem und kulturellem Interesse Beachtung gefunden, insbesondere in Bezug auf die entstehende Presselandschaft der kleinen Nationen und randständigeren Sprachen.[55]

---

49 *Hackmann*, Zivilgesellschaft; *Janatková* u. *Kozinska-Witt*, Wohnen in der Großstadt, *Hanák*, Garten und *Sármány-Parsons* u. *Stekl*, Bürgerliche Wohnkultur wählen einen doppelten Fokus auf Wien und Budapest.

50 *Petrbok*, Sex a tabu; *Żarnowska* u. *Szwarc*, Kobieta i kultura; *Thomas*, Bohemian Body; *Żarnowska*, Workers; *Gyáni*, Identity.

51 *Koivupu*, Food Culture; *Moravánszky*, Das entfernte Dorf; *Neuburger*, Krŭchma.

52 *Kozinska-Witt*, Projekt »billige Wohnung«; *Hanák*, Bürgerliche Wohnkultur; *Gyáni*, Parlor and Kitchen; *Kybalová*, Kunstgewerbe.

53 *Cohen*, Social Structure; *Gyáni*, Parlor and Kitchen.

54 *Kossowska*, Smile; *Révész*, Nemzeti identitás; *Roberts*, King Wenceslas; *Lackó*, Tudománytól; *West*, I Shop in Moscow.

55 *Aumente*, Eastern European Journalism; *Corbea-Hoisie*, Deutschsprachige Öffentlichkeit.

Im Anschluss an das Interesse der Kulturgeschichte für andere soziale Gruppen als die Mittelschichten und (professionellen) Eliten[56] wurden städtische Armut, Obdachlosigkeit und Prostitution zu Objekten der Beschreibung und Analyse. Die soziale und Berufsgruppe der häuslichen Bediensteten ist lange übersehen worden; hier ist Gábor Gyánis Arbeit von 1989 eine der Pionierstudien nicht nur für Ostmitteleuropa, sondern auch darüber hinaus.[57] Zwar beschreibt Gyáni den Fall Budapest in den Jahren 1890–1940; er bemüht sich aber bewusst darum, seine Ergebnisse in komparativer Weise mit analogen Phänomenen im westlichen Europa in Beziehung zu setzen.

Die innovative Anwendung einer geschlechterbezogenen Perspektive durch Linda Mahood und Susan Zimmermann wiederum führte zu einem Paradigmenwechsel in der Untersuchung von Armenfürsorge und Wohlfahrt und trug zu einem vollständigeren Bild bei.[58] Die Autorinnen zeigen (Mahood am Beispiel Schottlands im späten 19. Jahrhundert, Zimmermann für die habsburgischen Hauptstädte), wie in hohem Maße auf das Geschlecht bezogene Konzeptualisierungen bei städtischen und staatlichen Autoritäten wirksam waren, wenn Armut als ein Problem gesehen wurde, das insbesondere mit Moralität und Sexualität in Verbindung gebracht wurde.

Geschlechtergeschichte Die *Gender History* bietet die Möglichkeit, ähnliches »revisionistisches« oder »korrektives Wissen« in einem weiten Bereich von Fachdisziplinen zu generieren, da sie einen systematischen Androzentrismus aufdeckt und in Frage stellt. Das Forschungsfeld der Frauen- und Geschlechtergeschichte hat sich in der internationalen wissenschaftlichen Gemeinschaft in den 1980er Jahren durchgesetzt, und das Interesse an historischen Untersuchungen über Frauen und Geschlechterverhältnisse in Ostmitteleuropa ist seit den 1990er Jahren gewachsen. Die meisten Bücher und Aufsätze beschreiben ihren Gegenstand jeweils auf Länder bezogen, allerdings gibt es auch einige umfassende Darstellungen mit regionaler

56 Dabei darf nicht unerwähnt bleiben, dass selbst die Untersuchung dieser Schichten in der Historiographie über das moderne Mittel- und Osteuropa bis in die 1990er weitgehend fehlte. Wichtige Schritte, diese Lücke zu füllen, sind seither in den thematischen Bänden der Reihe »Bürgertum in der Habsburgermonarchie« des Böhlau-Verlags unternommen worden (die 1990 mit *Bruckmüller, Döcker, Stekl* u. *Urbanitsch*, Bürgertum, begann). Hinzu kamen Sammelbände mit umfassender oder komparativer regionaler Perspektive. Vgl. *Goehrke* u. *Pietrow-Ennker*, Städte; *Melinz* u. *Zimmermann*, Wien, Prag, Budapest; *Gee, Kirk* u. *Stewart*, City in Central Europe.

57 *Gyáni*, Women.

58 *Mahood*, Magdalenes; *Zimmermann*, Geschlecht; *Zimmermann*, Making a living.

Perspektive.[59] Von besonderem Wert sind Sammelbände mit einem breiteren geographischen Zugriff, die die ostmitteleuropäische Geschichtsregion in ihren transnationalen Bezügen in den Blick nehmen.[60] Gut erforscht ist die Teilnahme von Frauen an den nationalen Bewegungen, ihr Beitrag zum Gemeinschaftsleben[61] oder zu der jeweiligen nationalen Kunst- und intellektuellen Geschichte.[62]

Die historische Forschung zur Frauenbildung ist ein weiteres expandierendes Feld innerhalb des breiteren Themenbereichs. Die meisten einschlägigen Arbeiten ebnen den Weg hin zu einem vollständigeren Bild der schulischen Bildung von Mädchen und Frauen innerhalb der nationalen Einheiten.[63] Iwona Dadej wählt dagegen in ihrer Arbeit einen binationalen komparativen Zugang[64] und folgt den Wanderwegen polnischer Universitätsstudentinnen,[65] während die Monographien von Marcelline J. Hutton und James C. Albisetti zu den wenigen Versuchen mit breiterer Perspektive gehören. Hutton untersucht die Bildungs-, Wirtschafts-, soziale und politische Lage in Russland über mehr als hundert Jahre im Lichte anschaulicher und konsequent durchgeführter Vergleiche mit England, Deutschland und Frankreich, wobei die Kategorien Geschlecht und Klasse durchweg in ihrer Analyse präsent sind.[66] Albisettis vergleichende Studien untersuchen die preußische Bildungsreform von 1908, in der die Schulbildung von Mädchen und Frauen geregelt wurde, und befassen sich in diesem Rahmen auch mit dem späten Zugang von Frauen zu den Universitäten und zu den freien Berufen in Preußen.[67]

Biographische Forschungen bilden einen weiteren wichtigen Bereich der Frauen- und Geschlechtergeschichte, und zwar sowohl in Form von Einzel-

---

59 *Grabmüller* u. *Katz*, Zwischen Anpassung und Widerspruch; *Scheide* u. *Stegmann*, Themen und Methoden; *Jovanovic* u. *Naumovic*, Gender Relations; *Schwartz*, Gender and Modernity.

60 *Evans*, Feminists; *Blom*, *Hagemann* u. *Hall*, Gendered Nations; *Paletschek* u. *Pietrow-Ennker*, Women's Emancipation Movements.

61 *Bohachevsky-Chomiak*, Feminists; *Heindl*, *Király* u. *Miller*, Frauenbilder; *Miškovic*, Patriotismus.

62 *Górnicka-Borratyńska*, Chcemy całego życia; *Chybicka*, Kobieta w kulturze; *Bartlová* u. *Pachmanová*, Artemis a Dr. Faust; *Gorzelniak*, Text.

63 *Kereszty*, Women's Education; *Kobchenko*, Parallele Geschichte.

64 *Dadej*, Deutsche.

65 *Dadej*, Nicht nur Madame.

66 *Hutton*, Russian and West European Women.

67 *Albisetti*, Schooling; ders., Compromise.

studien als auch in größer angelegten Untersuchungen.[68] Wenigstens zwei ambitionierte Unternehmen sind angetreten, die weit verbreitete Auffassung zu widerlegen, es habe in diesem Teil Europas keinen Feminismus gegeben. Das »Biographical Dictionary of Women's Movements and Feminisms: Central, Eastern, and South Eastern Europe« enthält 150 ausgezeichnet recherchierte biographische Porträts von Frauen, die in 22 Ländern der Region in feministischen Bewegungen aktiv waren.[69] »BiografiA: Biografische Datenbank und Lexikon österreichischer Frauen« hat sich das Ziel gesetzt, die Lebenswege von Akteurinnen zu rekonstruieren, die am Kampf um die Emanzipation und Bildung von Frauen im habsburgischem Österreich teilgenommen haben, dabei werden die südslawischen Gesellschaften besonders beachtet.[70] Eine umfassende, multidisziplinäre und mehrsprachige Bibliografie ergänzt diese bahnbrechende Forschungen.[71]

In der wissenschaftlichen Produktion der letzten zehn bis 15 Jahre lassen sich also innovative Methodologien im Schreiben von Geschlechtergeschichte beobachten. Dabei besteht eine der Optionen für die Zukunft der Geschlechtergeschichte darin, die Erfahrungen von Frauen in die historische Untersuchung jedes Gegenstands zu integrieren anstatt Frauen jeweils separat in jedem dieser Felder in den Blick zu nehmen. Diese integrierte Herangehensweise wird bereits in Einzelstudien und in der Anlage von Sammelbänden reflektiert, die sicherstellen, dass der Analyse des jeweiligen Gegenstands aus der Geschlechterperspektive angemessener Platz eingeräumt wird.[72] Solche Forschungskonzepte sind möglich geworden, nachdem jüngere Arbeiten nicht länger darauf abzielen, Aufzeichnungen der bloßen Aktivitäten und sozialen Bewegungen von Frauen zu liefern, sondern eine ganze Reihe von Themen einschließlich der Vielfalt und Diversität der Interessen, Perspektiven und Visionen identifizieren, die die entstehenden Feminismen geprägt haben. Es werden historisch angemessene und theoretisch fundierte Studien geliefert, von denen einige zudem Transnationalität als analytische Perspektive beinhalten.

So untersucht Dietlind Hüchtker die persönlichen und organisatorischen Netzwerke von Aktivistinnen, die weit über die Grenzen der Kronländer

68 *Bucur*, Archipelago, *Szapor, Pető, Hametz* u. *Calloni*, Jewish Intellectual Women.
69 *Haan, Daskalova* u. *Loutfi*, Biographical Dictionary.
70 http://www.biografia.at (10.11.2015).
71 *Livezeanu* u. *Pachuta Farris*, Women and Gender.
72 Siehe z. B. *Gyáni*, Identity; *Cole, Hämmerle u. Scheutz*, Glanz; *Surman* u. *Kaps*, Galicia Postcolonial; *Esch*, Parallele Gesellschaften.

und Imperien hinausreichten, und bewertet Frauenpolitik neu als transnationale Performanz.[73] Dominika Gruziel unterzieht die sozialen Projekte polnischer katholischer Laiinnen einer multifokalen Untersuchung, mit der sie zeigt, wie diese zu drei verschränkten, aber miteinander konkurrierenden Projekten in Beziehung standen: (1) der Verbesserung der Lage der Frauen, (2) der Reetablierung des Katholizismus im öffentlichen Bereich und (3) dem Wunsch nach einem unabhängigen Nationalstaat. Bei der Bearbeitung ihres empirischen Materials lässt die Autorin die Teilungen Polens als häufig verwendeten Erklärungsrahmen für das Verstehen praktisch jedes beliebigen Phänomens zwischen den 1780er Jahren und dem Ersten Weltkrieg, zugunsten eines transnationalen Ansatzes hinter sich.[74] Susan Zimmermann untersucht das Verhältnis und die Interaktion zwischen internationalen Frauenbewegungen in den nationalen Bewegungen und zeigt damit die Grenzen des Versuchs auf, internationale Tendenzen in lokale Kontexte zu übertragen.[75]

Sowohl der Nationalismus als auch die Frauenbewegung werden in weiten Kreisen als Bestandteile einer sich beschleunigenden modernen sozialen Transformation verstanden. Der erstere wird typischerweise assoziiert mit nationalem Konservatismus, die letztere mit sozialem Radikalismus und/oder einer Orientierung hin zu progressistischen transnationalen Bewegungen. Insofern erscheinen sie in der liberalen westlichen Überlieferung häufig als einander entgegengesetzte Strömungen. Im Falle der Nationen ohne Staatlichkeit und unabhängige Regierung allerdings war die Zusammenarbeit mit der patriotischen oder nationalen Bewegung Kraftquell und verhinderte, wie es das tschechische und einige weitere Beispiele zeigen, weder Radikalismus noch Kosmopolitismus seitens der Frauenbewegungen.[76]

---

73 *Hüchtker*, Geschichte schreiben.

74 Sowohl der Sammelband von *Jaworski* u. *Pietrow-Ennker*, Women in Polish Society; als auch in gewissem Maße *Stegmann*, Töchter; behandeln die drei Teilungsgebiete unabhängig voneinander und identifizieren die Teilungen als den Faktor, der die Situation polnischer Frauen im 19. Jahrhundert am stärksten geprägt habe.

75 *Zimmermann*, Challenge.

76 *David*, Czech Feminists; *Nolte*, Every Czech a Sokol!; *Stegmann*, Töchter; *Kemlein*, Geschlecht und Nationalismus; *Nazarska*, Bulgarian Women.

II.3.2 Verschränkungen nationaler Meistererzählungen: Theoretische Vorschläge und methodische Strategien

Geschichte als narrative Strategie

Einige Autoren haben die Position vertreten, dass es für eine Untersuchung der ostmitteleuropäischen Kulturgeschichte in transnationaler, globaler Perspektive nicht ausreicht, die geographische Basis von Studien einfach zu vergrößern; die Forschenden müssten sich »analytisch von para-Europa trennen«. Der Begriff »para-Europa« wurde geprägt, um eine Reihe von Forschungsmethoden und Interpretationen zu benennen, die in dominanten Paradigmen einer »globalen«, aber weiterhin eurozentrischen (oder westzentrierten) Wissenschaftsauffassung verwurzelt sind.[77] Die Aushöhlung der Legitimität solcher Forschungskonzepte bringt tatsächlich ein vielfältiges internationales Bild zum Vorschein. Diese methodologische Umkehr ermöglicht es, Konzepte und Realitäten in anderen Teilen der Welt – beispielsweise im östlichen Europa – aufzuspüren, die bislang weitgehend ignoriert worden sind oder deren Relevanz wegen der Begrenzungen paraeuropäischer Forschungsdesigns niemals wirklich in Betracht gezogen wurde. Weiter unten werden einige theoretische Vorschläge und methodologische Operationen aus der jüngeren Literatur aufgeführt, die jenen Herausforderungen begegnen, die eine transnationale Auffassung der Kulturgeschichte Ostmitteleuropas mit sich bringt. Eingeschlossen sind darin reflektierende Formen des Umgangs mit historischen Grenzen oder dem Problem der Rückständigkeit und eine Revision von Theorien über Kulturtransfer.

Ein großer Teil der Kulturgeschichte der Region Ostmitteleuropa wurde vom Standpunkt der heutigen Nationalstaaten geschrieben und befasste sich vorrangig mit der Entstehung und »Reifung« der jeweiligen Nation. Dies gilt in besonderem Maße für die drei Teilungsgebiete Polens, die häufig als eine analytische Einheit behandelt werden. Selbst wenn Diskrepanzen zwischen den einzelnen Gebieten Erwähnung finden, bleiben sie überschattet von dem Bemühen, eine vereinheitlichte Vision herzustellen.[78] Umgekehrt lassen einige Projektionen von Internationalität sowohl die Veränderlichkeit

77 *Zimmermann*, Conflict.

78 Die Anwendung heutiger Geographien betrifft nicht nur die Nationalhistoriographien Ostmitteleuropas, sondern auch viele Arbeiten über russische, deutsche oder österreichisch-ungarische Geschichte vor dem Ersten Weltkrieg, in denen die nichtdominanten historischen Bevölkerungen nur selten Erwähnung finden.

von Grenzen als auch ihre Durchlässigkeit und ihren gelegentlichen Brückencharakter außer Acht.

Anna Brzyski enthüllt einen klaren Fall solcher »retrospektiver Internationalisierung«: Die Literatur über die polnische Kunst des 19. Jahrhunderts würdigt häufig die »internationalen« Bemühungen der in Krakau situierten Ausstellungsgesellschaft *Sztuka*. Brzyski weist aber darauf hin, dass die Standorte der meisten größeren Ausstellungen, die sie organisierte – nämlich Wien und die polnischen Zentren des preußischen und russischen Teilungsgebiets – nur dann ohne weiteres als im »Ausland« befindlich betrachtet werden können, wenn man die transnationale Nationalisierung der polnischen Eliten im 19. Jahrhundert komplett ignoriert.[79] Krakau war administrativ in das Habsburgerreich integriert, und die damaligen polnischen Künstler besaßen die österreichische Staatsangehörigkeit. Wenn sie die Grenzen Österreich-Ungarns in nördlicher Richtung überschritten, verließen sie nicht die polnischsprachigen Gebiete und suchten keinen Kontakt zu anderen europäischen Künstlervereinen. Die Wahl des Gruppennamens verweist auf die grenzüberschreitend regionale Orientierung der Gruppe: *Sztuka* ist das polnische Wort für Kunst, und zur Zeit der Gründung hätten auch *Ars* und *Art* als Optionen zur Verfügung gestanden. Das Wort »Sztuka« blieb auch dann erhalten, wenn der Rest des Namens bei Bedarf übersetzt wurde (»Vereinigung Polnischer Künstler in Krakau«). *Ars* oder *Art* wären möglicherweise auf einer internationalen Bühne leichter verwendbar gewesen, während der gewählte Begriff eine stark ethnische Konnotation mitbrachte – eben um den Verein für ein bestimmtes Publikum leichter lokalisierbar zu machen, einschließlich polnischer intellektueller Emigranten und Unterstützer der »polnischen Sache«. Eine Mikrostudie über drei Paare kleinerer Städte an der russischen Westgrenze bricht darüber hinaus erfolgreich mit der Praxis, retrospektiv heutige Grenzen auf die historische mentale Landkarte zu projizieren und bildet gleichzeitig einen wichtigen Beitrag zu den Intersektionen zwischen Alltagsleben, Politik und Wirtschaft entlang dieser wenig erforschten Grenze.[80]

Transfertheorie und die Frage der Rückständigkeit

Es gibt eine allmählich wachsende Zahl an Werken, die kreative Wege gefunden haben, den Komplex der Provinzialität und Rückständigkeit zu überwinden, der einen Großteil der

79 *Brzyski*, What's in a Name?
80 *Adelsgruber, Cohen* u. *Kuzmany*, Getrennt.

früheren Literatur über ostmitteleuropäische kulturelle Landschaften lange prägte.[81] In einem Sammelband, der sich auf Prozesse des Austauschs und der Transformation in künstlerischen Zirkeln Mitteleuropas im frühen 20. Jahrhundert konzentriert, weigern sich einige der Autoren, eine »Welt der Örtlichkeiten« schlechthin als Vielzahl von Peripherien wahrnehmen, die fremde Einflüsse absorbieren. Sie behaupten stattdessen, auch randständige Orte müssten als eine grundlegende Realität verstanden werden, die das Leben historischer Akteure prägen.[82] Der Begriff des »Einflusses« sowie die Vorstellung von sich ausbreitenden Kunststilen und anderen kulturellen Mustern sind in der Kunst- und Kulturgeschichte lange Zeit präsent gewesen, bis jüngere Ansätze darauf verwiesen haben, dass diese auf unidirektionale Prozesse, bruchlose Diffusion und passives Übernehmen hindeuten. Neuere Theorien ziehen es daher vor, dynamischere Szenarien aufzuzeigen, in denen sowohl die Passivität des Aktes der Übernahme als auch der Fokus auf einen bestimmten Ursprung widerlegt werden. Nach diesem Ansatz führt jede Bewegung eines intellektuellen Trends oder kulturellen Gegenstands von einem Kontext in einen anderen zu einer Transformation seiner Bedeutung.[83] Ein Transfer in diesem Sinne ist nicht ein bloßer Transport sondern eine aktive Überarbeitung und Metamorphose, die Kreation von Reformulierungen, die ebensolche Legitimität besitzen wie das »Original«.

Ein solcher Begriff von Kulturtransfer wurde im Rahmen eines Forschungsprojektes über französisch-deutsche Kulturbeziehungen formuliert, das in den 1980er Jahren von Michel Espagne und Michael Werner durchgeführt wurde.[84] In diesem Kontext, wo die Interaktion zweier dominanter Sprachen und Kulturen zur Rede stand, ließen sich in der Tat ein dynamischer interkultureller Dialog postulieren und wechselseitige literarische Übersetzungsprojekte annehmen und beschreiben. Wenn es sich aber um weniger gleichrangige Beziehungen handelt – etwa zwischen Vietnam und den französischen Kolonisatoren im Fall Espagnes, und Ost-West-Kontakte

81 *Piotrowski*, On the Spatial Turn; *Hanák*, National Compensation; *Dmitrieva*, Reinventing the Periphery. Zentrum-Peripherie-Beziehungen nehmen im Übrigen in der Weltkunstgeschichte generell einen zentralen Platz ein. Entsprechende Konzepte wurden angewandt, um den Weg zu beleuchten, auf dem künstlerische Kanons und unidirektionale kunsthistorische Narrative konstruiert werden. Vgl. *Smith*, Provincialism Problem.

82 *Benson*, Central European Avant-Gardes, S. 26, 45.

83 Grundlegende theoretische Arbeiten über Kulturtransfer sind *Espagne*, Comparison and Transfer; *Middell*, Kulturtransfer; *Adam*, Intercultural Transfers.

84 *Espagne* u. *Werner*, Transferts.

in unserem europäischen Fokus –, bildet die Situation eine gewisse Herausforderung für die Anwendung der Transfertheorie. Bei der Begegnung zwischen Kulturen in einem asymmetrischen Herrschaftskontext, scheint kulturelle Vermischung seltener stattzufinden: hier bleibt Aneignung, Reinterpretation und Transposition ein einseitiges Bemühen der nichtdominanten Seite, während die Quelle der Wirkung festzustehen scheint. An dieser Stelle erweist sich die postkoloniale Kritik am ungleichen epistemischen Status als nützlich, um das konzeptuelle Bedürfnis nach einem kulturellen Ausgangskontext zu überwinden und dynamische Wechselbeziehungen in einem weniger vertikalen Modell zu erarbeiten.[85]

Außerdem erweist sich die Kunstgeschichte, und besonders die Periode der Moderne, die Originalität und Ursprung (über)bewertet, als ein Anwendungsgebiet, in dem die Operationalisierung des Kulturtransfer-Konzeptes die Schwerpunkte eines überholten disziplinären Paradigmas zurück ins Spiel bringen kann. Ein Beispiel dafür ist Steven Mansbachs oben zitierte Monographie »Modern Art in Eastern Europe«: Zwar erkennt der Autor den Akteursstatus und die Aneignungfähigkeit osteuropäischer Künstler an, dies allein bestreitet das Dasein des westzentrierten kunsthistorischen Kanons und seine (Wert)hierarchie als allgemein gültige Maßstäbe aber nicht. In der programmatischen Einleitung des Buches bringt Mansbach seinen Anspruch zum Ausdruck, die Kunst der europäischen Peripherie wieder in die allgemeine Geschichte des europäischen Modernismus einzufügen; eine Geschichte, die den osteuropäischen Beitrag zur Herausbildung in ihrer Zeit progressiver künstlerischer Tendenzen weitgehend verbirgt.[86] Anstatt ikonographische Kategorien anzunehmen, die üblicherweise in der europäischen Kunstgeschichte verwendet werden, drängt der Autor zu nuancierten lokalen Lesarten und die Einbeziehung des historischen Kontextes. Im Hauptteil aber, wo Mansbach einzelne Werke oder Œuvres behandelt, bleibt es unklar, inwiefern dieses Hintergrundwissen angewendet wird: An diesen Stellen spuken wohlgehütete Kategorien und einflussreiche Persönlichkeiten der westeuropäischen Kunstgeschichte auch durch seine Darstellung. Die größte Leistung seitens ostmitteleuropäischer Künstler, die Mansbach durch seine Brille wahrzunehmen vermag, besteht darin, dass sie in der Lage gewesen seien, ausländische Stile in erfindungsreicher Weise zu adaptieren. Diese Art der Einordnung sorgt allerdings dafür, dass die östlichen Künstler weiterhin

85 Zum Thema siehe u. a. *Sousa Santos*, Beyond Abyssal Thinking.
86 *Mansbach*, Modern Art, S. 1–3.

als vollkommen abhängig von westeuropäischen Einflüssen erscheinen, wodurch die Möglichkeit souveräner Beiträge ausgeschlossen ist.

James Elkins hat in einer Rezension der Monographie Mansbachs praktisch einen methodologischen Versuch formuliert, die Gemengelagen aus peripherer Verortung, relativer Isolation, historisch-kultureller Differenz, einem geteilten künstlerischen Vokabular und authentischer kreativer Leistung besser in den Griff zu bekommen. Nachdem er die viel diskutierte Frage stellt, »wie wir mit diesem Problem einer Darstellung umgehen sollen, in der jedes Werk, das in gewisser Entfernung vom Zentrum geschaffen wird, eine Suppenschüssel von Stilen aus anderen Ländern ist«, schlägt Elkins eine Reihe von Leitlinien vor, darunter, wie man unterschiedliche Arten von Regionalismus erkennen kann.[87] Ein Künstler ist seiner Typologie nach dann Regionalist, wenn er weiß, was in einer anderen Region vor sich geht, sich aber entscheidet, weiterhin eine für die eigene Kultur spezifische Kunst zu produzieren. Provinzialistisch (*parochial*) wäre er, wenn er ein bisschen über das weiß, was anderswo vorgeht, aber Angst hat zu viel herauszufinden, weil er die Wahrnehmung eines eigenen einzigartigen Beitrags zur Nationalkunst nicht kompromittieren will. Provinziell (*provincialist*) schließlich sei ein Künstler, der gerne wissen würde, was irgendwo anders stattfindet, daran aber aus politischen oder ökonomischen Gründen nicht teilnehmen kann. Der Weg aus der Sackgasse besteht für Elkins also darin, nicht eine »komplette Unterschiedlichkeit« und damit Inkommensurabilität nicht-westeuropäischer künstlerischer Entwicklungen zu unterstellen oder Bezugnahmen auf gemeinsame künstlerische Paradigmen abzutun. Vorgeschlagen wird dagegen, den Fokus der Untersuchung innerhalb dieses allgemein akzeptierten Rahmens zu verschieben und die vertikale Hierarchie des Kanons in Zweifel zu ziehen oder das Zentrum zu provinzialisieren.

Zur Dekonstruktion der Dichotomie von »Zentrum-Peripherie«-Mustern und zur Etablierung einer neuen dynamischen Geographie der europäischen Kultur, um nicht ein, sondern viele Europas zu zeigen, formulierte der polnische Kunsthistoriker Piotr Piotrowski das Ideal einer nichthierarchisch organisierten, komparativen »horizontalen« Kunstgeschichte.[88] Dieses Modell leugnet nicht, dass es künstlerische Zentren gab (und weiterhin geben wird), wobei deren Standorte sich über die Zeit von Italien nach Paris, München, Berlin oder New York verlagert haben. Aber die Wirkung solcher

87 *Elkins*, Modern Art, S. 782–784.
88 *Piotrowski*, On the Spatial Turn.

Zentren erweist sich als recht mehrdeutig in den Koordinaten lokaler und regionaler Kunstrezeptionen und -produktionen, in denen die jeweiligen Phänomene ihre Bedeutungen erhalten.[89]

Die Kunsthistorikerin Csilla Markója drängt darauf, den ostmitteleuropäischen Provinzialismus- und Rückständigkeitskomplex abzulegen, da er den Blick verstelle für eigentliche kreative Schöpfungen. Diese seien oft genau solche Werke, die durch und für westliche Standards unmerklich blieben und unabschätzbar erschienen. Markójas Monographie gehört zu den (mal tastenden, mal weitgehend gesicherten) methodologischen Versuchen, das künstlerische Zentrum der Zeit – Paris – zu dezentrieren oder zu provinzialisieren, indem sie darauf hinweist, dass es mitunter erst ein Definitionsmonopol sei, was bestimmte Örtlichkeiten zum »Zentrum« erhebe.[90] Der Impressionismus als das Pariser Haupterzeugnis im späten 19. Jahrhundert stehe zum Teil aufgrund einer immensen Literatur zu diesem Thema für künstlerischen Modernismus an sich. Der Impressionismus wurde so als Blaupause für künstlerische Progressivität an der vorletzten Jahrhundertwende festgeschrieben und überschattete allmählich andere stilistische Tendenzen, die zu ihrer Zeit ebenso bemerkenswerte Stücke eines weitaus größeren und viel heterogeneren Spektrums moderner Kunst darstellten. So war etwa der Wiener Stimmungsimpressionismus ein solch breit praktiziertes, später aber beiseite geschobenes Idiom. Es handelte sich hierbei um einen bevorzugten Stil zahlreicher ostmitteleuropäischer Künstler, deren Gemälde heute in der allgemeinen Kunstgeschichte als »nationale Varianten« beschrieben werden, die von einem französischen »Ausgangs«-Impressionismus abgeleitet seien. In diesem Falle führt Markójas Ansatz auf der einen Seite zu einer Neubewertung dieser künstlerischen Richtung, auf der anderen zu einer Infragestellung der Universalität des französischen Impressionismus und der Schlüsselstellung, die er im europäischen Kanon einnimmt. Die Autorin kommt zu dem Ergebnis, dass es sich hier nicht um »nationale Varianten« handelt, sondern dass der französische Impressionismus selbst »eine lokale, wenn man so will ›provinzielle‹ Version, eine logische, aber partikulare Erscheinungsform« eines viel weiter verbreiteten

89 Piotrowskis Argumentation ist an manchen Stellen ungenau, und er tendiert dazu, die Inkommensurabilität der Bedeutungen, die in Zentren und Peripherien erzeugt werden, überzubetonen. Seine Idee einer horizontalen Kunstgeschichte ist aber gleichwohl wichtige Inspiration für eine Reihe lokaler und internationaler Forschungen.

90 Weitere Versuche bei *Cavanaugh*, Out Looking In oder *Frodl*, Stimmungsimpressionismus.

künstlerischen Stils jener Zeit war, während der Stimmungsimpressionismus sich erweist als »der vielleicht größte, umfassendste, einheitliche und progressive Trend des 19. Jahrhunderts, dessen Wirkung von Barbizon zur Haager Schule, nach Wien, ins Russische Reich oder, weiter nach Süden, bis nach Italien reichte«.[91]

Eine breitere Kontextualisierung wie bei Markója wirkt gegen die Isolierung eines Gegenstandes oder Umfelds, ein Verfahren wiederum, das in Nationalcontainerbezogenen Analysen häufig vorkommt. Wenn ostmitteleuropäische Kunsthistoriker sich oft auf angenommene »örtliche Besonderheiten« zurückziehen, nehmen sie eigentlich ihr nationales Umfeld von der Vergleichbarkeit aus, und entfernen sie es aus dem Bereich allgemein verständlicher Begriffe. Es wird beispielsweise allzu rasch der Schluss gezogen, vorwiegend konservative Gesellschaften in Osteuropa seien weniger offen für neu entstehende und progressive künstlerische Tendenzen gewesen. Die Annahme, der konservative Geschmack des breiten Publikums sei eine Art offensichtliches Merkmal einer Kulturszene, die hinter ihrer Zeit hinterherhinke, unterlässt die Frage, wie schnell und reibungslos denn solche progressiven Tendenzen von Kulturverwaltungen und dem Publikum selbst in den großen künstlerischen Zentren angenommen worden sind. Es reicht, hier auf die zahlreichen Skandale hinzuweisen, die Ausstellungen modernistischer Malstile, in ganz Europa hervorgerufen haben, bevor die Kunstgeschichte diese Innovationen in einer retrospektiv konstruierten Entwicklungslinie als nächsten Standard vergegenständlichte. Dabei hat gerade um die Wende vom 19. zum 20. Jahrhundert eine ganze Serie neuartiger Kunstrichtungen jeden Konsens über künstlerische Normen und Geschmäcker zerstört.

Darüber hinaus könnte eine Inspiration durch Semiotik und Literaturtheorie dabei helfen, eine Fixiertheit auf Ursprünge und Originale aufzuheben. Hier dürften sich Begriffe wie Intertextualität (und in weiterem Sinne Transtextualität) sowie Kopie und Fälschung als hilfreich erweisen. Intertextualität als analytisches Modell untersucht, wie Zeichen ihre Bedeutungen innerhalb von und zwischen »Texten«[92] ableiten. Haben frühere Untersuchungen des »Dialogs« zwischen literarischen Erzeugnissen lediglich Anspielungen auf einen Bestand grundlegender kulturell-religiöser Texte

91 *Markója*, Egy másik Mednyánszky, S. 204–209.

92 Der Begriff »Text« bezeichnet hier nicht nur mündliche oder schriftliche Mitteilungen, sondern jede bedeutungstragende Struktur oder Gruppe von Repräsentationen, die aus einer Kombination von Zeichen besteht.

(z. B. Bibel, Heldenepen und Werke der Klassiker) nachverfolgt, so sehen die postmodernen Theorien alle kulturellen Texte als Bestandteile eines komplexen Netzwerks anderer Texte, in denen selbst die großen »Originale« nicht in Anspruch nehmen können, dass ihre Bedeutung feststünde. In anderen Worten: Die Bedeutung eines »Textes« liegt nicht in ihm selbst und wird nicht unmittelbar vom Autor zum Rezipienten übertragen, sondern wird von Letzterem erst im Prozess des »Lesens« hergestellt. Diese Herangehensweise könnte es ermöglichen, das Phänomen des Ausborgens von Elementen aus einem Kulturraum, der von verschiedenen Nationen geteilt wird, zu erklären, ohne das Modell überlegener Ursprungs- und Rezipient-Kulturen wieder zu beteuern.

Kopieren und Fälschen als bewusste Praktiken im 19. Jahrhundert lassen zudem die unterschiedlichen Zugangsmöglichkeiten zu künstlerischer Ausbildung ebenso wie zu Kulturgütern an sich scharf hervortreten. In einer Zeit, bevor Originale und Fotografien allgemein zugänglich und erschwinglich waren, hatte das Kopieren der originalen Werke großer Meister in Ostmitteleuropa eine doppelte Funktion: Kunststudenten, die sich Studienreisen in kulturell reiche Länder kaum leisten konnten, lernten in diesem Prozess Maltechniken, und die Kopien machten diese Kunstwerke einem Publikum zugänglich, das jeglicher Möglichkeit entkleidet war, jemals die Originale zu Gesicht zu bekommen.[93] In einer Art Verneigung in die andere Richtung veröffentlichte der polyglotte Autor Prosper Mérimée einen Band mit dalmatischen Volksliedern, die er angeblich während einer öffentlich angekündigten Reise auf den Balkan gesammelt und später ins Französische übersetzt habe. Tatsächlich war er niemals in Kroatien oder Bosnien-Herzegowina gewesen, sondern hatte nur einige dalmatische Balladen gelesen und hoffte, die Entlegenheit der südosteuropäischen Kultur nutzen zu können. Es ist allerdings Mérimées Verdienst, dass er mit diesen reformulierten Liedern einer entfernten Volkskultur Popularität verschaffte – worauf er dank der damaligen französischen Vorliebe für Exotika sowie der Wahrnehmung des Balkans als Teil des Orients rechnen konnte.

93 *Révész*, Eredeti.

II.3.3 Ein heftig umkämpftes Feld: (Kunst- und Kultur-)Nationalismus als scheiterndes Projekt?

Nationale Identität, Nationalbewusstsein und die Vielfalt der Nationalismen im Ostmitteleuropa des 19. Jahrhunderts sind ein weites und häufig beackertes Forschungsfeld. Zwar waren Multinationalität und nationaler Konflikt in dieser Region und darüber hinaus keine Alleinstellungsmerkmale des Habsburgerreichs. Gleichwohl ist die Doppelmonarchie zum Musterfall solcher Kämpfe geworden, und eine Reihe wichtiger Theoretiker des Nationalismus und der nationalen Identität haben die Habsburger Erfahrungen als Ausgangspunkt für ihre Analysen und Modelle gewählt. Das Thema als solches tritt auch in der kunst- und kulturgeschichtlichen Literatur immer wieder hervor; tatsächlich ist die Präsenz darauf bezogener Überlegungen so überwältigend, dass das Thema eine ausführlichere Würdigung verdiente. Wir werden uns hier allerdings auf solche Arbeiten beschränken, die sich mit der Frage der nationalen Identität im Bereich derjenigen Gegenstände der Kunst-und Kulturgeschichte befassen, die im vorliegenden Beitrag besprochen wurden.[94]

Kunstgeschichte und national(istisch)e Meistererzählungen

Einige Studien betrachten die Emanzipation der Tschechen als Modellfall für die Formierung einer politischen Nation aus einer nichtstaatlichen »Sprach- und Kulturnation« in einem unablässigen Machtkampf mit dem konkurrierenden deutschsprachigen Teil der Gesellschaft.[95] So sind verschiedene böhmische Repräsentativbauten des 19. Jahrhunderts unter diesem Blickwinkel untersucht worden, einschließlich des Nationaltheaters und des »Museums des Königreichs Böhmen«. Michaela Marek verfolgt die Dynamiken und Spannungen einer »Kunstpolitik«, in der ein tschechischer Patriotismus mit der Habsburger Vision von einem alle einschließenden »Gesamtstaat« kollidiert. Gleichzeitig wird ein doppelter Anspruch aufgezeigt, der sich auch in der Gestaltung beider Gebäude widerspiegelt: Die mehrfache Kodierung der Ikonographie und die jeweils gewählten künstlerischen Stile reflektieren sowohl einen Dienst an der Nation (durch die Untermauerung politischer

94 Der Bau von Denkmälern und andere öffentliche Rituale nationaler Erinnerungen etwa bilden hier einen wichtigen Teilbereich. Siehe u. a. *Csáky,* Jenseits; *Bartetzky,* Nation. Staat. Stadt; *Bucur* u. *Wingfield,* Staging the Past.

95 *Marek,* Kunst, *Storck,* Kulturnation und Nationalkunst.

Identifikationsstrategien) als auch ein Streben nach einer international verständlichen, »modernen« künstlerischen Sprache, in deren Rahmen Diversität und Pluralität als fortschrittliche Werte betrachtet werden. Die zeitgenössische Kunstkritik betonte dementsprechend die Kommensurabilität der künstlerischen Aspekte des Nationaltheatergebäudes mit seinen klaren Anspielungen an die architektonische Kultur von München, Wien, Paris, sogar Belgiens und der polnischen Gebiete.[96]

Gary B. Cohen, der sich wenig von einer Vision aufstrebender Nationen und repressiver Verwaltungen gefangen nehmen lässt, weist darauf hin, dass das tschechische kunsthistorische Narrativ möglicherweise Fälle, in denen nationale Rivalität eine Separierung auf dem böhmischen kulturellen Feld erzwang, überbewertet hat. Deshalb seien Akteure übersehen worden, die zweisprachig und utraquistisch waren und sich nicht eindeutig der tschechischen nationalen Sache verschrieben oder sich sogar deutschen liberalen politischen Interessen anschlossen.[97] Cohen fügt hinzu, dass die Konzentration auf ein als national definiertes kulturelles und öffentliches Leben tschechische Forscher nachhaltig daran gehindert hat, andere entscheidende, aber weniger nationsbezogene Faktoren im breiteren Prozess der modernen Nationswerdung zu untersuchen, etwa das liberale Ideal der Herausbildung einer Bürgergesellschaft (oder heute: Zivilgesellschaft). Die strukturellen Grundlagen dieses Phänomens lassen sich in breiter komparatistischer Weise über ganz Mittel- und Westeuropa untersuchen.[98] Es zeigt sich dabei, dass die Angehörigen der Bourgeoisie und der wohlhabenden Mittelschichten (Industrielle, Geschäftsleute, erfolgreiche Freiberufler als Hauptakteure des gesellschaftlichen Lebens) neben der nationalen Zugehörigkeit auf verschiedenen Ebenen miteinander verbunden waren durch soziale Hierarchien und Solidarität, berufliche Gruppierungen, unternehmerische Interessen, Familie, Grundbesitz, Kompetenzen, Klasse, Stadt, Religion und Region. Sie sahen sich selbst als die eigentlichen Macher der großen Projekte

96 *Marek*, Kunst, S. 257.

97 Cohens Beispiel ist Adalbert von Lanna (1836–1909), ein großer Philanthrop im Böhmen des späten 19. Jahrhunderts, der nicht eindeutig oder ausschließlich weder der tschechischen noch der deutschen nationalen Sache verpflichtet war (*Cohen*, Civic Duty). Es ließen sich aber auch der deutsche Geschäftsmann Jindřich Fügner, der zur tschechischen Sache konvertierte und die Gründung der ersten Sokol-Vereine finanzierte (*Nolte*, Every Czech a Sokol!, S. 80) oder der deutschsprachige in Prag geborene Mediävist Josef Opitz (*Bartlová*, Naše, S. 85–98) erwähnen.

98 Ein früher Pionier einer solchen Untersuchung ist *Hroch*, Vorkämpfer.

zur sozialen, ökonomischen und politischen Modernisierung. Viele folgten britischen und französischen liberalen Modellen, denen zufolge politische Rechte dadurch erworben wurden, dass man bürgerliche Pflichten erfüllte. Die Unterstützung kultureller und sozialreformerischer Aktivitäten ihrer Gemeinden gehörte zu solchen Verpflichtungen.

Multiple Identitäten (und ihr Niedergang)

In den Ländern Ostmitteleuropas bestimmt bis heute die Dichotomie von Staatsnation und Kulturnation den wissenschaftlichen Diskurs.[99] In der heutigen internationalen Debatte hallt diese Unterscheidung wider in der Gegenüberstellung instrumentalistischer und ethnokultureller Interpretationen. Die Vertreter des Instrumentalismus argumentieren, Nationen seien soziale Konstrukte, die im Eigeninteresse, den beruflichen Bedürfnissen und Erfahrungen nationalistischer Eliten gründen. Die ethnokulturelle Haltung insistiert auf der Notwendigkeit ethnischer Wurzeln und der Existenz von »Nationen vor dem Nationalismus«. Pieter M. Judson ist ein ausdrücklicher Verfechter der ersten Haltung. Er arbeitet heraus, dass nationale Aktivisten in sprachlich gemischten Regionen mit nationaler Indifferenz und mit Bevölkerungen konfrontiert waren, die sich mit keiner oder mit mehr als einer Nation identifizierten. Géza Buzinkay erinnert daran, dass es um 1900 so etwas wie eine gesamtösterreichische Nation oder Nationalität nicht gab, und dass dies der Grund dafür war, dass sich die Bewohner des Landes in einem sprachlich-regionalen, nicht aber nationalen Sinne als Polen, Tschechen, Italiener, Friauler, Ladiner, Slowenen, Kroaten, Serben, Ruthenen oder Wallachen zu identifizieren begannen. Buzinkay verbindet den dann aufkommenden Nationalismus mit der Krise des Liberalismus (einer Bewegung, die unter anderem moderne Entwicklung und jüdische Emanzipation vorantrieb), in deren Folge eine Situation entstanden sei, in der eine vordem selbstverständlich zweisprachige Schicht von Adligen und Intellektuellen sich gezwungen fühlte, »zwischen einer nationalen Kultur und einer supranationalen zu wählen«, wobei letztere von Wien repräsentiert wurde. Im Zuge dessen wurde etwa ein Lebensstil und Karriereweg, der das Hin- und Herziehen zwischen Wien und Budapest beinhaltete, zu einer seltenen Ausnahme.[100] Weitere Autoren

99 Staatsnation bezeichnet die politische oder staatsbürgerliche Nation auf der Ebene des staatlichen Territoriums; der Begriff der Kulturnation betont nichtinstitutionelle Kriterien und gemeinsame kulturelle Attribute, deren bekanntestes die gemeinsame Sprache ist. *Thaler*, Fluid Identities, S. 519–524

100 *Buzinkay*, Challenge, S. 322–324.

widmen ihre Aufmerksamkeit der anhaltenden Spannung zwischen Versuchen der nationalen Homogenisierung in multiethnischen Kontexten und der gelebten Realität multipler Identifizierungen. Sie würdigen die Lebenswege, Werke und Schicksale derjenigen, die auf die Möglichkeiten multipler nationaler Identitäten insistierten.[101]

Diejenigen, die argumentieren, dass plurikulturelle und multiethnische (häufig ländliche) Gemeinschaften sich indifferent gegenüber dem nationalen »Entweder-Oder« verhielten, stellen Meistererzählungen der ostmitteleuropäischen Geschichte des 19. Jahrhunderts in Frage, die um die Nationalisierung der Menschen, die die jeweiligen Gebiete bewohnten, herum aufgebaut sind. Eng verbunden mit dieser traditionellen Sichtweise war die Annahme, dass Nationalismen in den drei multinationalen Imperien, die die Region beherrschten, energisch bekämpft und deshalb die nationalen Bewegungen auf eine kleine soziale Schicht beschränkt gewesen seien. Sozialkonstruktivisten nehmen hier einen anderen Standpunkt ein und werfen Ostmitteleuropahistorikern implizit vor, auf die nationalistische Version der Geschichte hereingefallen zu sein oder, um es reflektierter auszudrücken, sich hauptsächlich auf Quellen aus urbanen Kontexten gestützt zu haben. Obwohl nun die unterschwelligen Gründe für die anhaltende Glaubwürdigkeit teleologischer national(istisch)er Narrative in der konstruktivistischen Kritik offengelegt worden sind, stutzt man doch einen Moment lang angesichts der Welle jüngster Literatur, wie es überhaupt dazu hatte kommen können, dass die ältere Version jemals Konjunktur hatte.

Einen ernstzunehmenden Einwand gegen beide Seiten dieser Debatte hat zudem Peter Thaler formuliert. Selbst in konstruktivistischen Narrativen würden Nationen als klar definierte, prädeterminierte soziale Einheiten beschrieben, zwischen denen die Individuen wählen konnten. Diese Auffassung verkennt aber in hohem Maße den im Entstehen veränderlichen Charakter der (ethnischen und) nationalen Identität, ganz abgesehen davon, dass in vielen ostmitteleuropäischen Grenzregionen »jede endgültige Feststellung nationaler Identität sich als Herausforderung erwies« und Übergangsbevölkerungen mit Bindungen an mehrere größere Gemeinschaften wiederholt fließende nationale Identitäten aufwiesen.[102]

---

101 *Mick,* Nationalisierung und *Mick,* Nationalismus; *Wendland,* Eindeutige Bilder; *Telesko*; *Kratochvil, Makarska, Schwitin* u. *Werberger,* Kulturgrenzen; sowie *Maurer* u. *Auch,* Leben in zwei Kulturen für Deutsche, Finnen, Juden, Georgier und Muslime im Russischen Reich.

102 *Thaler,* Fluid Identities, S. 521.

Ab den 1880er Jahren jedenfalls hatte sich Wiens »supranationale« Kultur insofern gewandelt, als in Österreich eine deutsche Nationalbewegung entstanden war. In dieser Situation »sahen sich Schriftsteller der verschiedenen Nationen der österreichisch-ungarischen Monarchie vor die Wahl gestellt zwischen ihrem eigenen Nationalismus und einem deutschen.«[103] Wenn sie den Wunsch hatten, »die Luft Europas zu atmen«, mussten sie nun weiter reisen, bis nach Paris. Der Große Krieg von 1914–1918 und seine Folgen haben im allgemeinen Verständnis dieser veränderlichen Form nationaler Identität ein Ende gesetzt: Nach dem Zerfall der Imperien wurden deren frühere Bewohner zu Mehrheitsnationalitäten oder Minderheiten in den Nachfolgestaaten der untergegangenen Imperien gemacht. Eine frühere unpolitische kulturelle Identifizierung beispielsweise mit preußisch-litauischen Traditionen (wo litauische Muttersprachler, die unter deutscher Herrschaft lebten, als Ausdruck ihrer regionalen kulturellen Identität litauische Kandidaten wählen würden, ohne damit den Wunsch nach einem Anschluss an Litauen zum Ausdruck zu bringen) schien in der Zwischenkriegszeit nicht mehr möglich zu sein. Die Litauer in Klaipeda wurden gezwungen, sich zwischen dem Deutschen Reich und Litauen zu entscheiden – und die meisten entschieden sich für Ersteres.[104] Nach dem ersten und mehr noch dem zweiten Weltkrieg tobten sich dann in vielen Teilen der Region nationalisierte Programme in der Vertreibung und dem Transfer von Bevölkerungen aus und zerschlugen so das kulturelle Mosaik Ostmitteleuropas.

Die Roma als Modell für eine fließende Identität Die sozialkonstruktivistische Schule ist auch nicht ohne Einfluss auf die Interpretation der Geschichte der Romani-Völker geblieben. Ihre verschiedenen über Ostmitteleuropa verstreuten Gruppen hatten kein Bewusstsein von Zusammengehörigkeit und zeigten große Heterogenität hinsichtlich Sprache und Selbstbezeichnungen, die häufig von Einflüssen aus den benachbarten Bevölkerungsgruppen geprägt waren. Als Gruppe mit spezifischen (vornehmlich ländlichen) Beschäftigungen und Berufen bildeten sie Loyalitäten eher auf der Grundlage von Berufsgruppen oder Wohnplätzen als in Form einer anerkannten gemeinsamen Ethnizität heraus. Eine Roma-Identität, die über Zeit und Raum hinweg bestehe, wurde erst in den 1980er Jahren von gebildeten Romaeliten vorgeschlagen, in

103 *Buzinkay*, Challenge, S. 327.
104 *Thaler*, Fluid Identities, S. 532–533.

einem Prozess der Identitätsbildung, wie ihn viele andere ethnische und nationale Gruppen hundert Jahre zuvor erlebt hatten. Wie bereits erwähnt schlug der Roma Pavillon auf der 52. Biennale von Venedig vor, diese Roma-Identität wegen ihrer Fähigkeit zur Adaption und kulturellen Verschmelzung als Muster für eine moderne transnationale europäische Identität zu betrachten.

Schlussbemerkung

Der Umstand, dass die ostmitteleuropäischen Nationen bis zum Ende des Ersten Weltkriegs integrale Bestandteile multiethnischer Imperien waren und ihre Nationsbildungsbemühungen nur begrenzte politische Umsetzungsmöglichkeiten hatten, machte kulturelle und künstlerische Ausdrucksformen nicht allein zur Projektionsfläche für die Entwicklung und Sicherung nationaler Identitäten. Er sorgte auch dafür, dass das Schreiben von Kunst- und Kulturgeschichte in diesen Gebieten, wo die Disziplin eng an die Idee der Nation und des Nationalen geknüpft war, einen anderen Charakter annahm als wir ihn aus den meisten westeuropäischen Ländern kennen. Die heutige Wissenschaft betrachtet diese Nationen-Kategorien inzwischen als obsolet. Da aber der nationale Faktor bei allem dekonstruktivistischen Elan für eine globalere Herangehensweise nicht völlig aus der Diskussion über Ostmitteleuropa in der Zeit von der Mitte des 19. Jahrhunderts bis zum Ersten Weltkrieg ausgeschlossen werden kann, müssen Wege gefunden werden, das Nationale als Analysekategorie zu berücksichtigen. Eine Betrachtung der Nation als Schauplatz sozialer Antagonismen, die ein komplex zusammengesetztes Feld der Kunst und Kultur hervorgebracht haben, oder das Inbeziehungsetzen der einzelnen nationalen Geschichten mit denen der restlichen Welt sind vielversprechende Pfade hin zu einer globaleren und transnationalen Geschichtsschreibung.

Das jüngere Interesse an der Geschichte der multiethnischen Imperien vor dem Ersten Weltkrieg lässt sich teilweise der Auffassung zuschreiben, dass viele der strukturellen, sozialen und kulturellen Dilemmata, mit denen sich diese Staatsgebilde konfrontiert sahen, für die heutige postmoderne Gesellschaft wieder relevant seien. Dazu gehört auch die Frage, wie der »transnationalen Herausforderung« und ihren Auswirkungen auf kulturelle Identitäten zu begegnen sei: Wie lassen sich Souveränität und andere Kompetenzen, die historisch an den Nationalstaat gebunden sind, so auf größere institutionelle Einheiten oder Staatengemeinschaften übertragen, dass das Prinzip der gleichen Teilhabe erfüllt bleibt?[105] Die Unmöglichkeit, im Habsburger Österreich eine einzige Sprache durchzusetzen, ist in der früheren Literatur als Schwäche des Staates und als Anzeichen seines Zerfalls interpretiert worden. Einige Autoren haben dagegen jüngst die Auffassung vertreten, dass dieser Status der Gleichheit eine Voraussetzung für seine Existenz und ein Ausdruck seiner Identität – die wesentlich auf Diversität aufbaute – gewesen sei.[106] Ebenso bedeutsam ist die Untersuchung von Grenzidentitäten, da sie bereits erarbeitete Auffassungen von Nationalismus und nationaler Identität ergänzen und verfeinern kann. Ein historiographischer Blick, der die scharfen Kanten nationaler Abgrenzungen allmählich weichzeichnet und kleinere regionale sowie übergreifende transnationale Identitäten als nur äußerst disparate politische Einheiten zusammenschaut, wäre auch ein Gegengewicht gegen die erneuerte Kraft von Ethnizität und Nationalismus im östlichen Europa des frühen 21. Jahrhunderts.[107]

In ähnlichem Sinne politisierte Agenden speisen auch einige der oben besprochenen direkter auf Kunst und Kultur bezogenen wissenschaftlichen Projekte. In DaCosta Kaufmanns gelehrtem Werk über mitteleuropäische Kunst ist wiederholt davon die Rede, dass vor der Einrichtung der Nationalstaaten die Kunst in dieser Region nicht als das alleinige Werk von Nationalitäten und spezifischen ethnischen Gruppen reklamiert werden kann. Dies liegt daran, dass über ganze Jahrhunderte hinweg Italiener, Franzosen und Burgunder, Niederländer, Deutscher in der ganzen Region tätig waren und häufig Seite an Seite oder gemeinsam mit einheimischen Handwerkern und Meistern arbeiteten. Der Autor setzte seinen Gegenstand sehr ausdrücklich in Beziehung zu der Zeit, in der er schrieb. – Das waren die frühen 1990er Jahren, als in Ostmitteleuropa eine drastische politische Transformation Platz griff.[108] Mit Blick auf diesen Wandel hin zu politisch motivierten Auffassungen von nationaler Identität und Reinheit entschied er sich für eine Betonung kultureller Kohärenz, die Ostmitteleuropa einst besessen, sowie des kulturellen Austauschs, der die gesamte mitteleuropäische Kunst geprägt hatte. Andere Autoren versuchen einen Ausgleich zu schaffen für die traditionell hierarchische Kulturgeographie der Kunst. Csilla Markója gibt der Hoffnung Ausdruck, dass durch die Einbeziehung bis dahin weniger erforschter künstlerischer Genealogien (wie der Ostmitteleuropas) in glo-

105 *Burger*, Sprachenrecht, S. 14; *Stachel* u. *Szabo-Knotik*, Urbane Kulturen, S. 18, 24.
106 *Burger*, Sprachenrecht, S. 239; *Heerde*, Staat und Kunst, S. 145.
107 *Thaler*, Fluid Identities, S. 542.
108 *DaCosta Kaufmann*, Court, S. 15.

bal orientierte Weltkunststudien das konventionelle Entwicklungsschema der Kunstgeschichte modifiziert werden kann[109]. In Bezug auf ihren Untersuchungszeitraum, die Wende vom 19. zum 20. Jahrhundert, der sich mit dem unseren im vorliegenden Band teilweise deckt, würde eine solche methodologische Verschiebung bedeuten, dass überraschende Umwege, Kehrtwenden, mitunter Parallelstraßen sichtbar würden.

109 *Markója,* Egy másik Mednyánszky.

Uwe Müller

II.4 Nachholende Entwicklungen in Semiperipherien?

Forschungen zur Wirtschaftsgeschichte Ostmitteleuropas während der »ersten Globalisierung«

II.4.0 Einleitung

Die Geburt der modernen Wirtschaftswissenschaften und damit auch die Entwicklung theoretischer Anleitungen zur Gestaltung von Wirtschaftspolitik waren eng mit der Herausbildung territorialstaatlicher Strukturen verbunden. Schon aus diesem Grunde nahm dabei das Verhältnis zu »Externalitäten« einen zentralen Platz ein. Für den Merkantilismus stellte eine aktive Handelsbilanz das entscheidende Mittel zur Steigerung des Reichtums eines Staates dar, woraus die Notwendigkeit einer protektionistischen Außenhandelspolitik abgeleitet wurde. Die auf Adam Smith und dessen Auffassungen über die den »Wohlstand der Nationen« konstituierenden Faktoren aufbauende klassische Schule der Nationalökonomie setzte David Ricardos Theorie der komparativen Kostenvorteile dagegen und begründete damit die Freihandelsdoktrin. Erst die Konsolidierung nationalstaatlicher Strukturen seit dem späten 19. Jahrhundert bewirkte eine wesentlich stärkere Fokussierung der Wirtschaftswissenschaften auf die Entität »Volkswirtschaft«. Dieser Trend hat sich im Laufe des 20. Jahrhunderts durch politische Vorgaben, aber auch wissenschaftsmethodologische Entwicklungen verstärkt – etwa durch die zunehmende Mathematisierung der Ökonomie mit einer Vielzahl von Modellen, die exogene Faktoren vernachlässigen.[1]

Als wichtigste »externe Größe« wird in der Volkswirtschaftslehre zumeist der Außenhandel betrachtet, so dass bis zu einem gewissen Grade auch weltwirtschaftliche Rahmenbedingungen berücksichtigt werden.[2] Unter dem

---

1 *Tilly*, Wirtschaftsgeschichte als Disziplin. Dem Trend der Mathematisierung folgt eine ganze Reihe von Wirtschaftshistorikern, während es andere geradezu als Aufgabe der Wirtschaftsgeschichte ansehen, »der Ökonomie aus der Sackgasse realitätsferner Modelle und vertrackter Formalisierungen« herauszuhelfen. Vgl. *Kiesewetter*, Raum und Region, S. 117f.

2 Vgl. *Pierenkemper*, Wirtschaftsgeschichte, S. 114–121.

Eindruck des jüngsten Globalisierungstrends sind Kapitalbewegungen sowie die ökonomischen Effekte von Migrationen stärker in den Blickpunkt gerückt. Dabei kam es zu einer gewissen Wiederbelebung der Debatten über die internen und externen Ursachen für die Unterschiede der sozio-ökonomischen Entwicklung in den verschiedenen Weltregionen.[3] Gleichzeitig sind mit den Forschungen zur regionalen Industrialisierung sowie mit dem Aufschwung der Unternehmensgeschichtsschreibung auch kleinere Untersuchungseinheiten ins Zentrum der Aufmerksamkeit geraten.

Methodologischer Nationalismus

Dennoch muss konstatiert werden, dass die an zwei disziplinäre Kulturen gebundene Wirtschaftsgeschichte[4] nicht nur aufgrund des Einflusses des Historismus, sondern auch der Volkswirtschaftslehre stark durch einen methodologischen Nationalismus geprägt wurde.[5] Transnationale Verflechtungen, wie die grenzüberschreitenden Bewegungen von Waren, Kapital, Arbeitskräften, Ideen und Technologien sind in den Darstellungen der nationalen Wirtschaftsgeschichten meistens in separate Kapitel ausgelagert worden und wurden bestenfalls ergänzend zur Erklärung des nationalen Entwicklungspfades herangezogen. Nur in historischen Ausnahmesituationen, also in Zeiten von Revolutionen und Kriegen sowie gravierenden Wirtschaftskrisen, wird externen – im Sinne von nichtökonomischen bzw. nichtsystemischen[6] oder eben ausländischen – Einflüssen, sogenannten exogenen Schocks, eine erstrangige Bedeutung für den wirtschaftlichen und sozialen Wandel eingeräumt. Hier tritt die transnationale Dimension wirtschaftshistorischer Phänomene unmittelbar hervor. Aus nationalhistoriographischer Perspektive werden diese Schocks jedoch eher als nur vorübergehend wirkende »Strukturbrüche«

---

3 Vgl. exemplarisch *Landes*, Wohlstand und Armut, mit modernisierungstheoretischem Ansatz, offen eurozentristischer Perspektive (S. 17) und komparativer Methode; *Pomeranz*, Great Divergence, ebenfalls komparativ vorgehend, sich aber von der eurozentristischen Perspektive lösend.

4 *Pierenkemper*, Gebunden. Vgl. auch *Plumpe*, Wirtschaftsgeschichte.

5 Vgl. *Szlajfer*, Economic Nationalism, S. 77–99.

6 Anders als die klassischen Konjunkturtheoretiker von Karl Marx bis Joseph A. Schumpeter geht die heute dominierende neoklassische Wirtschaftstheorie nicht davon aus, dass Wirtschaftskrisen endogener Bestandteil kapitalistischen Wirtschaftens sind. Sie werden als seltene exogene Schocks interpretiert, die folglich auch nicht dem Wirtschaftssystem als solchem anzulasten, sondern in aller Regel auf Politikversagen zurückzuführen sind. Vgl. kritisch dazu *Plumpe*, Wirtschaftskrisen.

interpretiert, da mittelfristig eine Rückkehr zu »normalen« Entwicklungs- und Wachstumspfaden erfolge.[7]

Potenziale und Hindernisse für eine transnationale Wirtschaftsgeschichte Ostmitteleuropas

Ostmitteleuropa ist im »langen« 19. Jahrhundert – im Gegensatz zu Westeuropa – durch die Nichtexistenz klassischer Nationalstaaten und wesentlich stärkere »externe Eingriffe« geprägt worden. Dies gilt gerade auch für den sozio-ökonomischen Wandel. Nicht zufällig beginnt etwa Iván T. Berend seine Kapitel über politische Reformen, wirtschaftliche Modernisierung und sozialen Wandel in einer Überblicksdarstellung zur ostmitteleuropäischen Geschichte mit Abschnitten über »The Western Challenge and Eastern Westernizers«, »the Impact of Western Industrialization«, »the Internationalization of the European Economy« und »Social Restructuring in the West«.[8] Ostmitteleuropa stellt also im 19. Jahrhundert in mehrfacher Hinsicht ein außerordentlich geeignetes Feld für eine transnationale Wirtschaftsgeschichte dar. Nationalstaaten spielten (noch) keine wesentliche Rolle für die Konstituierung von Märkten und die Gestaltung von Wirtschaftspolitik. Gleichzeitig bildeten sich während der »ersten Globalisierung« eine Vielzahl unterschiedlicher wirtschaftlicher Verflechtungen zwischen Wirtschaftsakteuren und Wirtschaftsräumen sowohl innerhalb Ostmitteleuropas als auch nach außen heraus, die von zahlreichen wirtschaftsnationalistischen Praktiken begleitet werden.[9]

Das Zusammenspiel des erwähnten *methodologischen Nationalismus* in der Wissenschaft mit einem praktisch alle gesellschaftlichen Bereiche erfassenden und damit alltäglichen *ideologischen Nationalismus* hat jedoch dazu geführt, dass gerade diese transnationalen Phänomene in einem großen Teil der bisherigen Forschungen entweder negiert oder vorrangig negativ interpretiert worden sind.[10] Nach 1918 – und in gewisser Weise erneut nach 1945 und 1990 – haben ostmitteleuropäische Historiker Meistererzählungen zur jeweiligen nationalen Geschichte entwickelt. Im Falle der Wirtschaftsgeschichte wurde das Schicksal der eigenen Nation bzw. ihres Terri-

7 Ein typisches Beispiel hierfür stellen die so genannten Normalwachstums- und Rekonstruktionshypothesen dar, die den westeuropäischen Catching-up-Prozess nach dem Zweiten Weltkrieg erklären sollen. Vgl. *Metz*, Trend, Zyklus und Zufall. Für Österreich *Butschek*, Österreichische Wirtschaftsgeschichte, S. 125, 170.

8 *Berend*, History Derailed, S. 1–4, 89–92, 134–138, 181–184. Vgl. auch *Janos*, East Central Europe, S. 37 f.

9 *Schultz* u. *Kubů*, History and Culture; *David*, Nationalisme Économique.

10 *Breuilly*, Oxford Handbook.

toriums im imperialen Zeitalter schon deshalb tendenziell negativ gesehen, weil der eigene Nationalstaat als der »natürliche« oder zumindest optimale Rahmen für eine erfolgreiche Modernisierung der Wirtschaft galt. Die Herausbildung dieser Wertschätzung war ironischerweise im Grunde ein transnationaler Vorgang, denn sie basierte auf der Präsentation der westlichen Nationalstaaten mit ihren »Volkswirtschaften« sowie deren Rezeption durch die ostmitteleuropäischen Eliten, die ihre nationale Wirtschaft und Gesellschaft als »rückständig« oder doch zumindest »defizitär« wahrnahmen. So wie man in Deutschland noch bis vor kurzem überzeugt war, dass die mit der Reichsgründung 1871 endlich beseitigte Kleinstaaterei wirtschaftliche Rückständigkeit zementiert hatte und erst die Herstellung eines »nationalen Marktes« durch die Gründung des Deutschen Zollvereins der Industrialisierung zum Durchbruch verhalf,[11] so stand um 1900 für die überwiegende Mehrheit der polnischen, slowakischen, estnischen, lettischen und litauischen Eliten fest, dass ihnen erst der eigene Nationalstaat die Möglichkeit bieten würde, eine Modernisierung nach westeuropäischem Vorbild erfolgreich nachzuvollziehen.[12] Dieses Denkmuster dominierte grundsätzlich – trotz unterschiedlicher historischer Bedingungen – auch bei den anderen ostmitteleuropäischen Nationen. So fand in den böhmischen Ländern gerade in der Blütezeit des Nationalismus ein unübersehbarer wirtschaftlicher Fortschritt statt, von dem die Tschechen allerdings ihrer Meinung nach zu wenig profitierten.[13] Die Rumänen und Serben verfügten bereits seit 1829/59/62 bzw. 1830/33/67 über Nationalstaaten. Die Ungarn versuchten seit dem Ausgleich mit Österreich von 1867 als staatstragende Nation die nun erreichte weitgehende Eigenständigkeit im Rahmen der Habsburgermonarchie zur wirtschaftlichen Stärkung der eigenen Nation zu nutzen.[14] Slowaken und Ukrainer, in gewisser Weise auch Kroaten und Slowenen, sahen sich später erneut in der Rolle auch ökonomisch unterprivilegierter Nationen im Rahmen der 1918 entstandenen de facto multinationalen »Nationalstaaten«.[15]

---

11 *Hahn*, Nationalbewegungen.

12 Vgl. dazu den zwar auf Südosteuropa bezogenen, aber viele Parallelen zu Ostmitteleuropa aufweisenden Aufsatz *Daskalov* u. *Sundhaussen*, Modernisierungsansätze, S. 105–123; sowie eher implizit *Bideleux* u. *Jeffries*, History of Eastern Europe, S. 271–276.

13 *Kubů*, Wirtschaftsnationalismus, S. 73–79, 86–101.

14 *David*, Nationalisme Économique, S. 105–150.

15 *Bakke*, Doomed to Failure?, S. 430–436; *Serczyk*, Sowjetische und polnische Ukraine, S. 219–221; *Calic*, Geschichte Jugoslawien, S. 90–92.

Aus diesem Grunde befassen sich letztlich doch viele Studien zur wirtschaftlichen Entwicklung Ostmitteleuropas zwischen 1850 und 1918 mit einem transnationalen Phänomen: dem Einfluss der imperial überformten Territorialisierung auf die wirtschaftliche Entwicklung der Großregion. Diese wird aber wiederum vor dem Hintergrund der parallel verlaufenden ökonomischen Modernisierung in den westeuropäischen Nationalstaaten bewertet. Die dabei ex- oder implizit zu Grunde liegenden Paradigmen bilden den Hauptteil des folgenden Kapitels. Vorgeschaltet ist eine Bestandsaufnahme der Synthesen zur Wirtschaftsgeschichte Ostmitteleuropas, zu einzelnen Imperien sowie zur »Vorgeschichte« der sich nach deren Untergang konstituierenden Volkswirtschaften. Gewissermaßen komplementär erfolgt außerdem eine Analyse der Behandlung der ostmitteleuropäischen Wirtschaft in den Darstellungen zur europäischen und globalen Wirtschaftsgeschichte.

II.4.1 Ostmitteleuropäische Wirtschaftsgeschichte in Überblicksdarstellungen

Überblickswerke zur ostmitteleuropäischen Wirtschaftsgeschichte

Überblickswerke zur ostmitteleuropäischen Wirtschaftsgeschichte sind ein äußerst knappes Gut. Dies gilt insbesondere für das »lange« 19. Jahrhundert.[16] In den letzten Jahren ist mit David Turnocks Buch »The Economy of East Central Europe, 1815–1989. Stages of transformation in a peripheral region« nur ein einziges Werk erschienen, das sich eindeutig dieser Gattung zuordnen lässt. Es enthält zahlreiche detaillierte Informationen, verzichtet allerdings weitestgehend auf eine geschichts- oder wirtschaftstheoretische Einordnung. Auch eine angesichts des Untertitels zu erwartende systematische Untersuchung des peripheren Status' Ostmitteleuropas innerhalb der europäischen oder globalen Wirtschaft erfolgt nicht. Für die Darstellung der Geschichte vor 1945 ist es auch ungünstig, dass sich Turnock bei der Bestimmung seines Untersuchungsraumes strikt an den Grenzen des sich erst danach bildenden »Ostblocks« orientiert, wodurch etwa Thüringen und Sachsen berücksichtigt werden, Wien und Niederösterreich jedoch nicht. Immerhin behandelt Turnock jedoch anhand vieler Beispiele die durch-

16 Vgl. aber für das 20. Jahrhundert *Kaser* u. *Radice*, Economic History; *Aldcroft* u. *Morewood*, Economic Change.

aus ambivalenten und auch zeitlich wie regional differierenden Auswirkungen der Integration Ostmitteleuropas in die multinationalen Großreiche des 19. Jahrhunderts. Dabei betont er die unterschiedliche Wirkung der Politik der Habsburgermonarchie und Preußens auf der einen sowie des Osmanischen Reiches und Russlands auf der anderen Seite:

> »The Habsburg borderlands were not substantially richer than territories immediately to the south – which in some respects industrialised earlier – but they did enjoy relatively enlightened and principled government conducive to the development of civil society while the remaining Ottoman lands were being contested by the emerging nations of the Balkans and wider imperial designs.«[17]

Insgesamt wird der Eindruck vermittelt, dass imperiale Herrschaft zwar häufig – insbesondere durch Transfers von Institutionen – Modernisierung befördert hat, die letztlich gravierendsten Entwicklungshemmnisse jedoch nicht beseitigen konnte oder wollte.

In dem umfangreichen und auch viele übergreifende Darstellungen enthaltenden Œuvre von Iván T. Berend gibt es eine frühe, gemeinsam mit György Ránki verfasste Abhandlung über die wirtschaftliche Entwicklung Ostmitteleuropas, deren erster Teil mit »Transition to Modern Capitalist Economy and the Industrial Revolution« überschrieben ist. Hier werden – ähnlich wie in analogen Darstellungen über die westeuropäische Industrialisierung – die demographischen Voraussetzungen und kapitalistischen Agrarreformen, die Entwicklung wichtiger Industriezweige, des Bankwesens und des Transportsektors sowie die Rolle des Staates behandelt. Die wichtigste Besonderheit Ostmitteleuropas besteht nach Berend und Ránki in der immensen Bedeutung ausländischer Investitionen, denen sie ein eigenes Unterkapitel widmen.[18]

In den ebenfalls vergleichsweise raren Gesamtdarstellungen zur ostmitteleuropäischen Geschichte fehlt die Behandlung grundlegender Prozesse der sozio-ökonomischen Entwicklung, wie der Agrarreformen und der Industrialisierung, in der Regel nicht, zumal man gerade in der Sphäre der Ökonomie strukturelle Gemeinsamkeiten der Geschichtsregion zu ent-

17 *Turnock*, Economy of East Central Europe, S. 7 f.

18 *Berend* u. *Ránki*, Economic Development, S. 93–111.

decken glaubt.[19] Gleichwohl wird die Wirtschaftsgeschichte in einigen Standardwerken fast völlig ausgeblendet[20] oder aus konzeptionellen Gründen nur knapp der Darstellung anderer Dimensionen gesellschaftlicher Prozesse hinzugefügt[21], so dass die Wechselwirkungen mit politischen, sozialen und kulturellen Entwicklungen nicht deutlich werden. Davon heben sich einige wenige integrative Darstellungen ab, die wirtschaftliche Prozesse analysieren, um etwa die Defizite der politischen Kultur[22] oder den Zerfall der Imperien und den Aufstieg des Nationalismus[23] zu erklären. Dabei geraten natürlich vor allem Indikatoren für eine »Rückständigkeit« gegenüber dem Westen in den Fokus. In der Zusammenschau ökonomischer, sozialer, politischer und kultureller Entwicklungen in Ostmitteleuropa und im Vergleich mit Westeuropa sind folgende Merkmale der Region als wesentlich abgeleitet worden: »the lack of nation-state, a lack of industrialization, and the absence of modern, urbanized society.«[24]

Nationalhistoriographische Gesamtdarstellungen

Die Nichtexistenz eigener Nationalstaaten während des 19. Jahrhunderts stellt für die sich vorrangig an der jeweils eigenen Nationalgeschichte orientierenden Historiographien Ostmitteleuropas ein gewisses Dilemma dar. So beschränken sich wirtschaftshistorische Gesamtdarstellungen der Tschechoslowakei in der Regel auf die Zeit seit der Staatsgründung.[25] Im polnischen Fall wird dagegen meist die ökonomische Entwicklung vor der Wiedergründung des Staates 1918 mit einer gewissen Teleologie als »Vorgeschichte« der Konstituierung einer polnischen Volkswirtschaft behandelt.[26] Zwar ist es in einer von gegenwärtigen Problemlagen geleiteten historischen Sozialwissenschaft wie der Wirtschaftsgeschichte durchaus legitim, der Entstehung sozioökonomischer Strukturen in den heute gegebenen Entitäten nachzugehen.

19 Vgl. *Pach*, Ungarische Agrarentwicklung, S. 24–49.
20 Vgl. *Roth*, Studienhandbuch; hier insb. *Bahlcke*, Ostmitteleuropa.
21 *Puttkamer*, Ostmitteleuropa, S. 156–163.
22 *Janos*, East Central Europe, insbes. S. 11–22, 41–45, 57–62.
23 *Bideleux* u. *Jeffries*, History of Eastern Europe, S. 262–277.
24 *Berend*, History Derailed, S. XIII.
25 Vgl. z.B. *Teichova*, Wirtschaftsgeschichte; *Průcha*, Hospodářství. Vgl. aber auch *Lacina*, *Pátek* u.a., Dějiny hospodářství, *Gawrecki* u.a., Průmyslové Oblasti Slovenska. Für einen knappen deutschsprachigen Überblick zur Hochindustrialisierung in den böhmischen Ländern *Geršlová*, Wirtschaftliche Vergangenheit.
26 *Landau* u. *Tomaszewski*, Wirtschaftsgeschichte Polens; *Józef* u. *Orłowski*, Gospodarka Polska; *Jezierski* u. *Leszczyńska*, Historia.

Problematische Konstruktionen entstehen jedoch immer dann, wenn gegenwärtige Grenzen oder imaginierte »nationale« Territorien auf die Untersuchung historischer Phänomene übertragen werden. So könnte man erwarten, dass sich Überblicksdarstellungen zur Wirtschaftsgeschichte »Polens« im 19. Jahrhundert mit der sozio-ökonomischen Entwicklung in den Gebieten befassen, die nach den Teilungen Polen-Litauens im späten 18. Jahrhundert und den Beschlüssen des Wiener Kongresses von 1815 dem Russischen Reich, der Habsburgermonarchie und Preußen einverleibt wurden. Häufig wird aber auch Oberschlesien wie ein Teil des preußischen Teilungsgebietes behandelt, obwohl die Region schon seit dem Spätmittelalter zu keinem polnischen Staat mehr gehört hatte.[27] In unserem Zusammenhang ist es unerheblich, ob dieser weite räumliche Rahmen wirtschaftshistorischer Darstellungen über eine Zeit, in der kein polnischer Staat existierte, der Legitimation territorialer Ansprüche dienen sollte. Wichtig ist aber die Feststellung, dass eine vom Modell des Nationalstaates geprägte Perspektive auf die Wirtschaftsgeschichte des 19. Jahrhunderts eine adäquate Bewertung des Stellenwertes und der Wirkungsweise wirtschaftlicher Verflechtungen zwischen verschiedenen Regionen zumindest erschwert. So lässt sich auch bei den Versuchen, eine Wirtschaftsgeschichte Österreichs auf das Territorium des heutigen Staates zu beschränken, eine tendenzielle Vernachlässigung der vielfältigen Wechselbeziehungen innerhalb des Wirtschaftsraumes der Habsburgermonarchie bzw. Cisleithaniens feststellen.[28]

Etwas anders sieht die Situation für Ungarn aus, das bis 1850 und vor allem nach dem Ausgleich von 1867 innerhalb der Habsburgermonarchie eine relativ große Eigenständigkeit genoss, so dass Wirtschaftsgeschichten Ungarns einfacher in das 19. Jahrhundert zurückgreifen konnten.[29] Hier ergab sich eher das bereits für Österreich konstatierte Problem, dass Ungarn im 19. Jahrhundert in vielerlei Hinsicht selbst eine imperiale Rolle einnahm. Folglich hatte eine Wirtschaftsgeschichte Ungarns im 19. Jahrhundert immer auch die Entwicklung von Gebieten zu beachten, die heute zur Slowakei, Rumänien, Serbien und Kroatien gehören. Auffallend ist, dass zwar das spezifische Verhältnis Ungarns bzw. Transleithaniens zu Österreich bzw. Cisleithanien meist recht ausführlich behandelt wird, die ökonomischen Verhältnisse in den von den »Nationalitäten« bewohnten Regionen jedoch oft

27 *Landau* u. *Tomaszewski*, Wirtschaftsgeschichte Polens, S. 34–37; *Jezierski* u. *Leszczyńska*, Historia, S. 136–139.

28 *Sandgruber*, Ökonomie; *Butschek*, Österreichische Wirtschaftsgeschichte.

29 *Berend* u. *Ránki*, Hungary, S. 24–98; *Berend* u. *Csató*, Evolution.

erst im Zusammenhang mit den Gebietsveränderungen infolge des Friedensvertrages von Trianon (1920) problematisiert werden.[30]

Für das Königreich Polen liegen einige Gesamtdarstellungen vor, die sich allerdings zumeist auf die Periode zwischen 1815 und 1864 beschränken, in der eine eigenständige Wirtschaftspolitik betrieben werden konnte.[31] Analoge Arbeiten über Großpolen, Böhmen und Mähren verfolgen eher einen regionalhistorischen Ansatz, wenngleich auch hier mitunter den »eigenen« Wirtschaftsakteuren, also Polen und Tschechen, eine besondere Aufmerksamkeit gewidmet wird.[32] In beiden deutschen Staaten und auch im wiedervereinigten Deutschland hat die Wirtschaftsgeschichtsschreibung über das 19. Jahrhundert die Entwicklung in den östlichen Provinzen deutlich vernachlässigt.[33] Eine gewisse Ausnahme stellt Oberschlesien dar.[34] Auch die sowjetische und russische Wirtschaftsgeschichtsschreibung hat sich kaum speziell mit den Entwicklungen in den westlichen Gouvernements und im Königreich Polen beschäftigt. Zu den baltischen Staaten liegt immerhin eine knappe Darstellung vor, die die positiven Impulse durch den großen russischen Markt betont, jedoch sonst die Frage der Auswirkungen der Zugehörigkeit zum Russischen Reich und der Einbindung in den Weltmarkt kaum thematisiert.[35]

Synthetisierende wirtschaftshistorische Darstellungen über die eher am Rande Ostmitteleuropas gelegenen ältesten Nationalstaaten der Region Serbien und Rumänien, die ihre Existenz freilich in bedeutendem Maße ihrer Lage an der Peripherie eines schon zu Beginn des Untersuchungszeitraumes erodierenden Imperiums verdankten, diskutieren das Problem der wirtschaftlichen Verflechtung mit dem »fortgeschrittenen« Westeuropa meist wesentlich intensiver als analoge Arbeiten über die »Kernländer« Ostmitteleuropas.[36]

---

30 *Kaposi*, Entwicklung, S. 63–65, 77–86, 97–99. Vgl. auch *Berend* u. *Csató*, Evolution.

31 Vgl. *Kochanowicz*, Economy of the Polish Kingdom, S. 137–139. Siehe aber auch *Puś*, Rozwój Przemysłu.

32 *Łuczak*, Dzieje Gospodarcze Wielkopolski; *Lacina*, Hospodářství českých zemí; *Janák* u. *Kubíček*, Hospodářský rozmach Moravy.

33 Vgl. aber *Tebarth*, Technischer Fortschritt.

34 *Pierenkemper*, Regionen und regionale Industrialisierung; *Komarek*, Industrialisierung Oberschlesiens; *Kwasny*, Entwicklung der oberschlesischen Industrie; *Siemaszko*, Oberschlesisches Eisenhüttenwesen; *Budraß*, *Kalinowska-Wójcik* u. *Michalczyk*, Industrialisierung.

35 *Kahk* u. *Tarvel*, Economic History.

36 *Calic*, Sozialgeschichte Serbiens, insbes. S. 121–134; *Murgescu*, Romania, S. 103–151, 194–204. Vgl. auch *Lampe* u. *Jackson*, Balkan Economic History.

Gesamtdarstellungen zur Wirtschaftsgeschichte der Habsburgermonarchie

Das zentrale Thema der Gesamtdarstellungen zur ökonomischen Entwicklung der Habsburgermonarchie bzw. Cisleithaniens in der Zeit zwischen dem Ausgleich von 1867 und dem Ersten Weltkrieg wird in dem von Alexander Gerschenkron gewählten Titel »An Economic Spurt that Failed« besonders gut deutlich.[37] Letztlich geht es um die Bestimmung der Position der Habsburgermonarchie im europäischen Industrialisierungsprozess, die Gründe für deren mehr oder weniger große wirtschaftliche Rückständigkeit gegenüber dem Westen sowie eine Bewertung der nur teilweise gelungenen Versuche, diesen Rückstand zu verringern. Während neben Gerschenkron die meisten Beiträger im ersten, der wirtschaftlichen Entwicklung gewidmeten Band der »Geschichte der Habsburgermonarchie von 1848 bis 1918« ökonomische Defizite hervorhoben,[38] betonten später John Komlos und insbesondere David F. Good, dass der Rückstand der Habsburgermonarchie gegenüber Westeuropa geringer gewesen sei und im späten 19. Jahrhundert außerdem ein Aufholprozess eingesetzt habe.[39] In den letzten Jahren ist diese optimistische Interpretation durch verschiedene Einzelstudien relativiert worden, ohne dass dies bisher zu einer neuerlichen umfassenden Revision des Bildes von der Wirtschaftsgeschichte der Habsburgermonarchie während des langen 19. Jahrhundert im europäischen Kontext geführt hat. Die Kritik an Komlos und Good richtet sich zum einen gegen die verwendeten Daten[40] und zum anderen gegen deren Interpretation,[41] worauf noch einzugehen sein wird. Allen genannten Arbeiten gemeinsam ist allerdings, dass sie das Niveau und das Wachstum der westlichen Volkswirtschaften als Referenzmodell nutzen, obwohl mittlerweile klar ist, dass eine erfolgreiche wirtschaftliche Modernisierung nicht notwendigerweise durch einen *Take-off* oder einen *Economic Spurt* erfolgen muss.[42]

---

37 *Gerschenkron*, Economic Spurt.

38 Die Kommission für die Geschichte der Habsburgermonarchie arbeitete von 1959 bis 2013 unter dem Dach der Österreichischen Akademie der Wissenschaften und erarbeitete nach dem Band zur Wirtschaftsgeschichte weitere grundlegende Gesamtdarstellungen zu verschiedenen Bereichen der Gesellschaftsgeschichte. http://www.oeaw.ac.at/inz/publikationen/geschichte-der-habsburgermonarchie/ (05.12.2016). Vgl. auch *Gross*, Industrielle Revolution.

39 *Komlos*, Habsburg Monarchy; *Good*, Wirtschaftlicher Aufstieg.

40 Vgl. v. a. *Schulze*, Patterns of Growth and Stagnation; *Cvrcek*, Wages, S. 4 f.

41 Vgl. v. a. *Hofbauer* u. *Komlosy*, Capital Accumulation, S. 472–478.

42 *Butschek*, Österreichische Wirtschaftsgeschichte, S. 121–125.

Ostmitteleuropa in Darstellungen zur europäischen Wirtschaftsgeschichte

Die Beurteilung von Entwicklungen aufgrund westlicher Muster ist bei enzyklopädischen Darstellungen der europäischen Wirtschaftsgeschichte noch ausgeprägter. Diese bestanden in den 1980er Jahren aus mehr oder – im Falle Ostmitteleuropas meist – weniger ausführlichen Länderstudien.[43] Die jeweils vorangestellten einführenden Artikel folgen oftmals einem komparatistischen Ansatz, während Verflechtungsprozesse nur selten thematisiert werden.[44] Jüngere Überblickswerke zur europäischen Wirtschaftsgeschichte wählen dagegen zumeist einen sachthematischen Zugang, was eine systematische Analyse transnationaler Verflechtungen sowie die Verortung der europäischen in der globalen Wirtschaftsgeschichte prinzipiell ermöglicht. So behandelt etwa der zweite Band der neuesten Ausgabe der »Cambridge Economic History of Modern Europe« für jede Teilperiode Wachstum, sektorale Entwicklung, Konjunktur sowie Bevölkerung und Lebensstandard. Vorgeschaltet sind Unterkapitel über »Globalisierung (1870–1914)«, »Krieg und Desintegration (1914–1950)« sowie »Die wirtschaftlichen Folgen der europäischen Integration (1950–2005)«. Dort werden Warenhandel, Kapitalexport, Migration und Wissenstransfer behandelt. Ostmitteleuropa spielt allerdings in der Argumentation eine sehr untergeordnete Rolle und ist in den Statistiken nur unzureichend vertreten.[45] Dieses Defizit resultiert unter anderem aus der Tatsache, dass die komparativ orientierte quantitative Wirtschaftsgeschichte häufig mit den am »Groningen Growth and Development Centre« gewonnenen Daten arbeitet, die sich auf heutige Ländergrenzen beziehen, was für viele genuin historische Untersuchungen über ein Gebiet, in dem Staatsgrenzen in den letzten hundert Jahren mehrfach verschoben wurden, nicht hilfreich ist.[46] Hinzu kommt, dass es zu Ostmitteleuropa weniger einschlägige Vorarbeiten gibt als zu Westeuropa. Allerdings spielen wohl auch ein gewisser (West-)Eurozentrismus sowie die Beschränkung auf das Theorieangebot der Neoklassik eine Rolle, mit dem sich eben »nachholende« oder »abhängige« Entwicklungen, die besonders starken kulturel-

---

43 Vgl. *Armengaud* u. *Cipolla*, Europäische Wirtschaftsgeschichte; *Fischer*, Handbuch; Vgl. auch *Cameron*, Geschichte der Weltwirtschaft.

44 *Fischer*, Wirtschaft und Gesellschaft; *Fisch*, Europa.

45 Die Angaben über die Entwicklung des Außenhandels zwischen 1870 und 1913 führen lediglich »Austria« auf. Vgl. *Broadberry* u. *O'Rourke*, Cambridge Economic History, Bd. 2, S. 7 f.; *Craig* u. *Fisher*, Integration, ignorieren Ostmitteleuropa sogar vollständig.

46 *Maddison*, World Economy. Vgl. z. B. *Good* u. *Ma*, Economic Growth. Kritisch dazu u. a. *Butschek*, Österreichische Wirtschaftsgeschichte, S. 90.

len und politischen Einflüssen unterliegen, nur bedingt erklären lassen.[47] Es fällt jedenfalls auf, dass Ostmitteleuropa allein in den Arbeiten von Iván T. Berend zur europäischen Wirtschaftsgeschichte angemessene Berücksichtigung findet, wobei größerer Wert auch auf den politischen und kulturellen Kontext gelegt wird.[48] Der aus der Region stammende Wirtschaftshistoriker gehört zweifellos zu den besten Kennern der modernen ostmitteleuropäischen Wirtschaftsgeschichte und ist in seiner jüngsten synthetischen Darstellung zu früheren Themen zurückgekehrt, wobei er auch einen frischen, transnationalen Blick auf die ökonomische Entwicklung in den europäischen Peripherien des 19. Jahrhunderts geworfen hat. Einleitend betont er neben der Bedeutung der bereits bewährten komparativen Methode:

> »The core idea of this book is that Europe's economy has developed in a closely interrelated environment, and that a single country or region's case cannot possibly be understood without those interconnections.«[49]

Bevor im folgenden wichtige Thesen der genannten Überblickswerke sowie der einschlägigen Spezialstudien genauer dargestellt werden, ist es notwendig, auf die dahinter stehenden theoretischen Konzepte sowie die Grundmuster ihrer Anwendung auf die ostmitteleuropäische Wirtschaftsgeschichte einzugehen.

II.4.2 Paradigmen und Meistererzählungen zur (ostmittel)europäischen Wirtschaftsgeschichte des »langen« 19. Jahrhunderts

II.4.2.1 Das Industrialisierungsparadigma

Die klassische Industrialisierungsforschung

Die Entwicklung der Wirtschaft in Europa vom frühen 19. Jahrhundert bis zum Beginn des Ersten Weltkrieges wird in der Regel unter dem Paradigma der Industrialisierung bzw. der industriellen Revolution betrachtet.[50] Die klassische Industrialisierungsforschung definierte – nicht zuletzt als Antwort auf die marxistische Theorie

---

47 *Landes*, Wohlstand und Armut.

48 Vgl. *Berend*, Economic History.

49 *Berend*, Economic History, S. 2.

50 Zur Diskussion über »Industrialisierung« und »Industrielle Revolution« *Pierenkemper*, Wirtschaftsgeschichte, S. 21–31.

von der gesetzmäßigen Abfolge ökonomischer Gesellschaftsformationen – verschiedene Stadien wirtschaftlicher Entwicklung, die sich um die industrielle Revolution bzw. die Phase des *Take-off* zu einem sich selbst tragenden, wesentlich auf der Expansion des sekundären Sektors beruhenden Wirtschaftswachstum gruppieren.[51] Der Entwicklungsstand der Industrialisierung in einem Untersuchungsgebiet lässt sich folglich sowohl durch den Anteil des sekundären Sektors an der Wertschöpfung und der Beschäftigung als auch durch das Niveau und das Wachstum des Sozialprodukts insgesamt ermitteln. Letzteres beruht auf der Annahme, dass die Möglichkeiten zur Steigerung der Arbeitsproduktivität in der Industrie wesentlich größer sind als im primären Sektor.[52]

Es existiert eine nicht mehr zu überblickende Fülle von wirtschaftshistorischer Literatur, in der die Ursachen, der Verlauf sowie die Wechselwirkungen zwischen technisch-technologischen, ökonomischen, sozialen und kulturellen Aspekten der Industrialisierung in deren »Mutterland«, also England, und dem lange Zeit führenden »Europa« – wobei jedoch meistens nur Teile des Kontinents inkludiert sind – diskutiert werden.[53] Im Mittelpunkt dieser »klassischen« Studien zur industriellen Revolution standen die Mechanisierung und Maschinisierung, die Verwendung neuer Rohstoffe (Kohle, Baumwolle, Eisen), die Gründung und Organisation von Fabriken, die Generierung von Investitionskapital für die Industrie, deren Expansion, die Herausbildung der Industriearbeiterschaft, die Migration aus dem ländlichen Raum in die Städte, die Urbanisierung und schließlich die damit verbundenen vielfältigen Veränderungen der Lebensweise in einer »modernen« Gesellschaft.

Industrialisierung als regionaler Prozess

Die jüngeren Arbeiten zur Industrialisierung haben deren regionalen Charakter herausgearbeitet sowie die Vielfältigkeit der Wachstumsmuster, sowohl hinsichtlich des Tempos als auch der den Aufschwung tragenden Branchen, betont. Hervorgehoben wurden die Rolle von effizienten Institutionen, vor allem wettbewerbsfördernder *property rights* und niedriger Transaktionskosten. Insbesondere das Verständnis der Industrialisierung als regionaler Prozess und damit die Abkehr von auf Länderebene erhobenen Daten über Sozialprodukt oder Indus-

51 *Rostow*, Stadien wirtschaftlichen Wachstums.

52 *Tilly*, Wachstumsparadigma; *Ambrosius*, Wirtschaftsstruktur.

53 Vgl. exemplarisch *Pollard*, Typology; *Niemann*, Europäische Wirtschaftsgeschichte, S. 67–91; *Butschek*, Industrialisierung.

trieproduktion durch die Kennzeichnung von in bestimmten Territorien konzentrierten Führungssektoren ermöglichten eine wesentlich adäquatere Rekonstruktion der Wirkungsmechanismen im Industrialisierungsprozess.[54] Neue Impulse erhalten die Forschungen zur regionalen Industrialisierung durch die (Wieder)Entdeckung von *Clustern* und *Industrial Districts*.[55] Problematisch ist eine Fokussierung auf den regionalen Charakter der Industrialisierung jedoch immer dann, wenn sie zu einer Überschätzung »natürlicher Voraussetzungen« führt, so dass die Relevanz institutioneller Gegebenheiten und überregionaler Verflechtungen aus dem Blick gerät.[56] In den letzten Jahren haben institutionenökonomische Ansätze sowie unternehmenshistorische Perspektiven einen größeren Stellenwert in der Industrialisierungsforschung eingenommen.[57] Dennoch genießen der Akkumulationsprozess, die Erweiterung und effiziente Nutzung der Ressourcen sowie der Strukturwandel der Wirtschaft weiterhin die größte Aufmerksamkeit der wirtschaftshistorischen Forschungen zur Industrialisierung.[58]

Regionale Industrialisierung in Ostmitteleuropa

Im Vergleich zu Deutschland oder gar England liegen zu regionalen Industrialisierungsprozessen in Ostmitteleuropa nur relativ wenig Arbeiten vor. Dies kann man zum einen darauf zurückführen, dass die Industrialisierung in Ostmitteleuropa insgesamt schwächer und folglich auch die Dichte von Industrieregionen geringer war. Neben den industriellen Konzentrationen in wichtigen Haupt- und Großstädten, wie Warschau, Lodz/Łódź, Prag, Brünn/Brno und Budapest, existierten montanindustriell geprägte Industrieregionen im preußisch-deutschen Oberschlesien sowie in den benachbarten Grenzgebieten, also im Dąmbrowaer und im Ostrauer/Ostrava Revier.[59] Konzentrationen der Textil- sowie diverser anderer Konsumgüterindustrien gab es vor allem in der schlesisch/sächsisch/bayrisch-böhmischen Grenzregion.[60] Diese Beispiele bestätigen übrigens die Pollardsche These, dass politische Grenzen nicht nur keine hemmende Wirkung auf regionale Industrialisierungsprozesse haben müssen,

54 *Pollard*, Peaceful Conquest.

55 *Scheuplein*, Raum der Produktion; *Boldorf*, Industrial Districts.

56 Vgl. z. B. *Kiesewetter*, Region und Industrie.

57 *Wischermann* u. *Nieberding*, Institutionelle Revolution; *Plumpe*, Perspektiven der Unternehmensgeschichte.

58 *Pierenkemper*, Wirtschaftsgeschichte, S. 7.

59 *Pierenkemper*, Regionen und regionale Industrialisierung.

60 *Gawrecki* u. a., Průmyslové Oblasti; *Machačová* u. *Matějček*, Ökonomische Differenzierung; *Vierke*, Erfolgsgeschichte.

sondern sogar positive Effekte ausüben können, wenn transnationale Verflechtungen produktiv genutzt werden.[61] Das gilt im Grunde genommen auch für die Textilindustrie in Lodz/Łódź, das sich insbesondere in den Anfangsjahrzehnten vorrangig aufgrund grenzüberschreitender Migration und den damit verbundenen Transfers von Kapital und Technologien zum »Manchester des Ostens« entwickeln konnte, was freilich von der polnischen Historiographie erst in den letzten Jahren anerkannt wurde.[62]

Andererseits hängt die geringere Anzahl von Studien zur regionalen Industrialisierung in Ostmitteleuropa nicht nur mit der Schwäche des Industrialisierungsprozesses, sondern auch mit dessen räumlicher Struktur zusammen, die sich vom westlichen klassischen Fall unterscheidet. Insbesondere seit den siebziger Jahren des 19. Jahrhunderts fand nämlich auch außerhalb der wenigen, bereits erwähnten industriellen Führungsregionen und Großstädte ein Industrialisierungsprozess anderer Art statt. Dieser basierte auf der Verarbeitung land- und forstwirtschaftlicher Rohstoffe und erfasste größere Gebiete Ost- und Westpreußens, Großpolens und Schlesiens, Böhmens und Mährens sowie der ungarischen Tiefebene.[63]

II.4.2.2 Das Rückständigkeitsparadigma

Innereuropäische Vergleiche von Sozialprodukt und sektoraler Struktur

Die Industrialisierung Ostmitteleuropas wird innerhalb der europäischen Industrialisierungsgeschichte in der Regel als »verspätet«, »verzögert« und »unvollkommen« charakterisiert.[64] Dies beruht zunächst auf entsprechenden Ländervergleichen, die ein Ausbreitungsmuster der Industrialisierung von England über West- und Mitteleuropa in die nördlichen, südlichen, östlichen und südöstlichen Gebiete des europäischen Kontinents ergaben.[65] Die bis heute am häufigsten verwendeten Schätzungen zur Entwicklung des Sozialprodukts und der sektoralen Struktur in den einzelnen Teilen Europas wäh-

61 *Murdock*, Böhmisches Bier; *Schramm*, Transnationale Wirtschaftsbeziehungen; sowie jetzt *Müller*, Concept of Regional Industrialization.

62 *Kriedte*, Migration; Vgl. für den Wandel der Auffassungen der polnischen Historiographie *Fijałek* u. *Puś*, Industriebezirk Lodz; *Pytlas*, Łódzka burżuazja; *Puś* u. *Pytlas*, Industry and Trade.

63 *Müller*, Staatseinfluss, S. 102.

64 *Matis* u. *Bachinger*, Österreichs industrielle Entwicklung, S. 143.

65 *Kuznets*, Modern Economic Growth; *Hirschman*, Strategie der wirtschaftlichen Entwicklung.

rend der ersten Hälfte des 19. Jahrhunderts von Paul Bairoch bestätigen dieses Bild.[66] Nach seinen Berechnungen lag das Sozialprodukt pro Kopf um 1800 lediglich in England deutlich über dem europäischen Durchschnitt, während die Unterschiede zwischen den verschiedenen Teilen Kontinentaleuropas noch relativ gering waren. Gerade für Österreich wird immer wieder betont, dass hier die wirtschaftliche Leistungskraft und insbesondere auch die Qualität der Infrastruktur und der Institutionen um 1800 dem Niveau von Frankreich, »Belgien« und »Deutschland« entsprachen.[67] Um 1860 existierten dann aber bereits sehr große Unterschiede zwischen England und einer Gruppe von westeuropäischen Ländern, die relativ weit im Industrialisierungsprozess fortgeschritten waren, einerseits sowie den verschiedenen »Rändern« des Kontinents andererseits.

Bairochs Daten für 1800 sprächen gegen die These einer bereits seit dem 16. Jahrhundert stark divergierenden Entwicklung in Europa. Sie sind allerdings – unter anderem mit Hinweis auf größere Unterschiede der Agrarproduktivitäten in West- und Osteuropa – kritisiert worden.[68] Neuere Schätzungen des Bruttoinlandsprodukts pro Kopf für die Mitte des 18. Jahrhunderts, 1820 und 1870 lassen auch tatsächlich auf ein stärkeres Wohlstandsgefälle zwischen den europäischen Teilregionen bereits in vorindustrieller Zeit schließen und zeigen die unterschiedliche Entwicklung Nord-, Süd- und Osteuropas deutlicher. Gerade für das östliche Mitteleuropa bzw. die Habsburgermonarchie besteht jedoch bis in das frühe 19. Jahrhundert hinein relativ große Unsicherheit.[69] Unbestreitbar aber ist, dass das – mehr oder weniger schon vor 1800 ausgeprägte – Wohlstandsgefälle zwischen den verschiedenen Teilen Europas aufgrund der regional ungleichmäßig verlaufenden Industrialisierung mindestens bis 1870 deutlich zugenommen hat.[70]

---

66 *Bairoch*, Europe's Gross National Product, S. 279.

67 *Gross*, Stellung der Habsburgermonarchie, S. 2; *Matis* u. *Bachinger*, Österreichs industrielle Entwicklung, S. 111; *Butschek*, Österreichische Wirtschaftsgeschichte, S. 90–94, 121–125.

68 Vgl. *Zanden*, Development of Agricultural Productivity, S. 26; *Schultz*, Mecklenburg, S. 37; *Janos*, East Central Europe, S. 57 f..

69 *Broadberry* u. *O'Rourke*, Cambridge Economic History, Bd. 1, S. 2. Auf heutige bzw. spätere Staatsgrenzen berechnete Angaben liegen in unserem Fall für die Zeit vor 1870 nur für Österreich und die Tschechoslowakei vor. Vgl. *Maddison*, World Economy, S. 469–479, sowie die quellenkritische Diskussion der verschiedenen Datenreihen zur Habsburgermonarchie bei *Schulze*, Patterns of Growth and Stagnation, S. 311–314; *Kaps*, Ungleiche Entwicklung in Zentraleuropa, S. 57 f..

70 *Broadberry* u. *O'Rourke*, Cambridge Economic History, Bd. 2, S. 41–43.

Über die Periode zwischen 1870 und 1914 gibt es innerhalb der quantifizierenden Wirtschaftsgeschichte eine Debatte darüber, inwieweit die innereuropäischen Unterschiede der sektoralen Struktur, des industriellen Maschinisierungs- und Mechanisierungsgrades und letztlich auch des Bruttoinlandsprodukts wieder abgenommen haben. Offensichtlich ist, dass die britische Wirtschaft während der »zweiten industriellen Revolution«, die auf der starken Expansion der Elektroindustrie, der Chemischen Industrie und verschiedener Bereiche des Maschinen-, Anlagen- und Fahrzeugbaus, also wissenschaftsbasierter Branchen, beruhte, im Vergleich zu Deutschland, aber auch zu kleineren Volkswirtschaften, wie der Schweiz und Belgien, an Dynamik verloren hat. Dies wird auf Unterschiede der Marktverhältnisse und der Unternehmenskultur, Defizite in der technischen Bildung oder die schlichte Tatsache einer starken Bindung von Kapital in »alten« Industrien zurückgeführt.[71]

Konvergenz durch Integration?

Die Verfechter der Konvergenz-These betonen nun, dass es einer großen Gruppe von west- und mitteleuropäischen sowie erstmals auch nordeuropäischen Ländern und ab 1900 sogar Italien und Russland gelang, den Rückstand gegenüber Großbritannien deutlich zu verringern.[72] Sie begründen dies weniger mit dem erwähnten industriellen Strukturwandel, der in den meisten europäischen Ländern auch zu schwach war, um die *Performance* ganzer Volkswirtschaften zu dominieren, sondern sehen hohes Wachstum bei gleichzeitiger Konvergenz der Einkommen als Folge der zunehmenden europäischen Integration.[73] Nun lag die durchschnittliche jährliche Wachstumsrate des europäischen Bruttoinlandsprodukts pro Kopf zwischen 1870 und 1913 tatsächlich zwischen 1,08 und 1,22 %.[74] Dieser beachtliche Wert war zuvor nie erreicht worden und wurde auch danach nur während des Nachkriegsbooms 1948–1973 übertroffen. Allerdings war die Entwicklung innerhalb der europäischen Teilregionen und in Bezug auf wachstumsrelevante Faktoren, wie technologi-

71 *Butschek*, Industrialisierung, S. 124 f.; *Berend*, Economic History, S. 190–196.

72 *Williamson*, Globalization; Vgl. auch *Broadberry* u. *O'Rourke*, Cambridge Economic History, Bd. 2., S. 43–47.

73 *Craig* u. *Fisher*, Integration.

74 Beide Daten stammen aus einem Buch, dem Standardwerk der quantifizierenden Wirtschaftsgeschichte. Vgl. *Broadberry* u. *O'Rourke*, Cambridge Economic History, Bd. 2, S. 34 f., 57.

schem Fortschritt und institutionellem Wandel, so komplex, dass jüngere Forschungen von der Konvergenzthese wieder abrücken:

> »Within Europe convergence was limited, and it occured mostly after 1900. What happened was more the end of an era of big divergences rather than an era of big convergence.«[75]

Tatsächlich offenbart eine differenziertere Analyse der Entwicklung in den europäischen Peripherien für die Zeit ab 1870 sehr unterschiedliche Trends. So konnten die skandinavischen Länder durchaus gegenüber Westeuropa aufholen, während der Rückstand der Balkanländer noch größer wurde. Hier überstieg die Zunahme der Bevölkerung mitunter das Wirtschaftswachstum, so dass die Pro-Kopf-Einkommen sogar absolut sanken. In Russland und auf der iberischen Halbinsel erfolgten seit etwa 1890 rasante Industrialisierungsprozesse, die sich allerdings auf sehr wenige Inseln (*pockets*) beschränkten, so dass das gesamtwirtschaftliche Wachstum gering blieb. Österreich und die böhmischen Länder gehörten eigentlich nicht zur Peripherie, da sie strukturell eher Deutschland ähnelten, mit dessen dynamischer Entwicklung sie jedoch nicht mithalten konnten. Andere Teile Ostmitteleuropas, wie die preußischen Ostprovinzen, das Königreich Polen, die baltischen Provinzen des Russländischen Reiches und Ungarn fielen dagegen nur leicht zurück, da sie in der Lage waren, ihre Landwirtschaft zu modernisieren und/oder spezielle Industrieprodukte zu entwickeln, mit denen sie die abgeschirmten Märkte Deutschlands, Russlands und der Habsburgermonarchie beliefern konnten. Hier beruhte Konvergenz durchaus auf Integration, allerdings gerade nicht auf europäischer, sondern auf imperialer![76]

Die Modernisierungstheorie und die Dominanz normativ-komparativer Ansätze

Industrialisierungs- und Rückständigkeitsparadigma hängen direkt zusammen und bilden gewissermaßen das wirtschaftshistorische Gerüst der Modernisierungstheorie, indem davon ausgegangen wird, dass grundsätzlich die Entwicklung des Sozialprodukts mit dem Wandel der sektoralen Struktur korreliert. Mitunter wird die Ausbreitung der Industrialisierung wie in einer Wetterkarte mit dem für England typischen Tiefdruckgebiet und den entsprechenden Isobaren dargestellt. Dies erweckt den Eindruck einer faktisch

75 *Broadberry* u. *O'Rourke*, Cambridge Economic History, Bd. 2, S. 58.
76 *Berend*, Economic History, S. 299, 377–396; *Müller*, »Nachzügler«.

natürlichen Diffusion, die keiner weiteren Erklärung bedarf.[77] Wahrscheinlich widmen deshalb die meisten Darstellungen des »europäischen« Industrialisierungsprozesses der Frage, aufgrund welcher Mechanismen sich die Industrialisierung ausbreitete, nur wenig Aufmerksamkeit. Dabei macht gerade dieses Problem die »Europäizität« und Transnationalität der Industrialisierung aus! Im Fokus stehen eher die Besonderheiten nationaler oder regionaler Industrialisierungsprozesse sowie die mehr oder weniger ausgeprägten Fähigkeiten bestimmter Volkswirtschaften bzw. Gesellschaften, den Industrialisierungsprozess Englands bzw. der jeweiligen (nord-)westlichen Nachbarn nachzuvollziehen.[78] Für die Habsburgermonarchie der ersten Hälfte des 19. Jahrhunderts wurden beispielsweise Probleme bei der Imitation des englischen Vorbildes festgestellt, die man auf das Fehlen natürlicher Ressourcen und unzureichenden sozioökonomischen Voraussetzungen, also etwa einem unterentwickelten Fernhandel und Verlagswesen sowie dem Mangel an Unternehmern, zurückführte.[79]

Auch wenn in der Literatur oft postuliert wird, jedes Land müsse die Industrialisierung entsprechend der eigenen Voraussetzungen durchführen, wird in der überwiegenden Mehrheit der Arbeiten – trotz aller Kritik an diversen Details der Rostow'schen Stufenlehre – die Position eines Landes oder einer Region in der europäischen Wirtschaftsgeschichte des 19. Jahrhunderts nach wie vor anhand der normativen Kriterien der Modernisierungstheorie bestimmt.[80] Das Rückständigkeits- und Aufhol-Paradigma äußert sich semantisch in Kapitelüberschriften, wie »Continental Emulation« oder »Closing the Gap«, wie sie sich etwa in dem nach wie vor einflussreichen Buch von David Landes zur europäischen Industrialisierungsgeschichte »The Unbound Prometheus« finden.[81] In anderen Darstellungen werden zwar die Defizite der Modernisierungstheorie in Vorworten und Einleitungen kritisiert, in den Analysen dennoch deren Bewertungsmaßstäbe zugrunde gelegt.[82] Faktisch ist also die Modernisierungstheorie »in modifizierter Form nach dem Systemumbruch von 1989 auf die

77 Zum Begriff der Diffusion in diesem Kontext *Komlosy*, Grenze, S. 18 f.

78 Vgl. exemplarisch *Kiesewetter*, Einzigartiges Europa; *Pierenkemper*, Umstrittene Revolutionen; *Butschek*, Industrialisierung, S. 115–134; *Duda* u. *Orłowski*, Gospodarka Polska, S. 97–179.

79 *Matis* u. *Bachinger*, Österreichs industrielle Entwicklung, S. 143.

80 Vgl. exemplarisch *Janos*, East Central Europe, S. 11–14.

81 *Fremdling*, Wirtschaftsgeschichte, S. 103; *Landes*, Unbound Prometheus.

82 Vgl. exemplarisch *Calic*, Sozialgeschichte Serbiens, S. 13–18, 121.

Forschungsagenda« zurückgekehrt.[83] Eine methodische Konsequenz dieser Perspektive ist die Dominanz komparativer Ansätze, so dass zumeist von einem Modell ausgehend Fallstudien betrieben und Entwicklungsstände gemessen werden. Sowohl alternative Entwicklungswege als auch Aspekte der gegenseitigen Verflechtung werden bei diesem Vorgehen tendenziell vernachlässigt. Bereits Sidney Pollard hat diesen Ansatz als »flower pot theories of industrialization« mit der Bemerkung »the flower in each pot grows basically the same way, independently of what happens to flowers in other pots« kritisiert.[84]

Mechanismen der »Diffusion« der Industrialisierung

Eine transnationale Geschichte der Industrialisierung kann sich allerdings an folgenden von der bisherigen Forschung identifizierten Mechanismen der »Diffusion« der Industrialisierung orientieren: Markterweiterung, Konkurrenz, Demonstration, Transfer.[85] So erfolgte nach dem Ende der Kontinentalsperre eine »Überschwemmung« des europäischen Kontinents mit englischen industriell hergestellten Massenwaren, die dort einen »Schock« auslöste. Auch in Ostmitteleuropa waren davon in erster Linie die protoindustriellen Textilregionen betroffen.[86] Gleichzeitig eröffnete der Bedarf der sich industrialisierenden Länder an Rohstoffen, Lebensmitteln sowie teilweise auch Halbfertigwaren neue Exportmöglichkeiten für die angrenzenden Länder. Außerdem bestand grundsätzlich die Möglichkeit, industrielle Technologien zu transferieren.

> »Europe was really one technological community […] and must be treated as an interconnected whole […] where change in one cell tended to communicate to the remainder.«[87]

Schließlich ist auch ein Teil der in den industrialisierten Staaten erzielten Gewinne als Kapitalexport in andere Regionen Europas geflossen. Transferiert wurden allerdings auch Konsumtionsstile, wodurch die ostmitteleuropäischen Eliten aus Status- und Prestigegründen neue Luxusgüter aus der westlichen Welt bezogen. Dieses Verhalten schwächte nicht nur die Binnennachfrage, sondern senkte auch die Spar- und Investitionsquoten und

83 *Sundhaussen*, Wirtschaftsgeschichte Südosteuropas, S. 431.
84 *Pollard*, Industrialization of Europe, S. 49.
85 Vgl. exemplarisch *Berend*, Economic History, S. 332–340.
86 *Myška*, Proto-Industrialisierung in Böhmen.
87 *Jones*, European Miracle, S. 45.

wird mitunter als wichtiger Grund für die »Entwicklung der Unterentwicklung« angesehen.[88]

Christoph Buchheim hat darauf hingewiesen, dass es neben der totalen Abschottung von der industriellen Welt, die in Europa allerdings keine realistische Option war, grundsätzlich zwei Varianten der Reaktion auf den englischen resp. westeuropäischen Industrialisierungsprozess gab: die nachholende Industrialisierung oder die Konzentration auf die Produktion von Agrargütern und Rohstoffen für den Export in die sich industrialisierenden Staaten.[89] Letztere sei allerdings mit einem »Deindustrialisierungsprozess« verbunden gewesen, den man wohl genauer als Niedergang des proto- oder vorindustriellen Gewerbes bezeichnen sollte. Im Ergebnis entwickelte sich in der Wirtschaftsstruktur dieser Länder ein »schädlicher Dualismus«, der ihnen eine »periphere Stellung« in der europäischen Wirtschaft einbrachte.

Die Verspätung des Industrialisierungsprozesses in der (ostmitteleuropäischen) Peripherie um mehrere Jahrzehnte oder dessen Ausbleiben wird also vorrangig mit einer »falschen« Entscheidung der politischen und ökonomischen Eliten begründet. Diese Diagnose findet sich sowohl in marxistischen Arbeiten, die etwa das Unvermögen und den Klassenegoismus der einheimischen Eliten kritisieren, als auch in modernisierungstheoretisch inspirierten Darstellungen. Als wichtigste »objektive« Erklärungen für das »Versagen der Eliten« gelten der Mangel an Risikokapital, die geringe Qualität des Humankapitals und die Ineffizienz der Institutionen, insbesondere der *Property Rights* und der Arbeitsmärkte, was vor allem auf zu spät oder unzureichend durchgeführte Agrarreformen zurückgeführt wurde.[90] Im Falle Ostmitteleuropas können institutionelle Mängel allerdings nur für eine Verzögerung der Industrialisierung, nicht für dauerhafte wirtschaftliche Rückständigkeit verantwortlich gemacht werden.

> »By the last third of the nineteenth century, then, the institutional impediments to answering the western challenge, to responding to the ›pull‹ of industrialization had largely disappeared.«[91]

---

88 *Janos*, East Central Europe, S. 16–18, 59–62, 68, 125f.; Thorstein Veblen hat das Phänomen einer trotz Preiserhöhung wachsenden Nachfrage nach Gütern, von denen sich Konsumenten eine Verbesserung ihres Status versprechen, bereits 1899 beschrieben.

89 Zum folgenden vgl. *Buchheim*, Industrielle Revolutionen, S. 69f.

90 Vgl. *Berend* u. *Ránki*, European Periphery, S. 39–43; *Berend*, Decades of Crisis, S. 3–23; *Matis* u. *Bachinger*, Österreichs industrielle Entwicklung, S. 112.

91 *Berend* u. *Ránki*, European Periphery, S. 43.

Gerschenkrons Theorie der relativen Rückständigkeit und die Rolle des Staates

Nach Alexander Gerschenkrons Theorie von der relativen Rückständigkeit bestand das Problem der europäischen Peripherien nicht allein in einer verspäteten Entwicklung, sondern im Fehlen grundlegender Vorbedingungen für das Ingangsetzen eines Industrialisierungsprozesses. Diese könnten jedoch durch eine größere Rolle des Finanzkapitals (Mitteleuropa) oder direkte Eingriffe des Staates (Osteuropa) »substituiert« werden.[92] Dabei würden allerdings die nachholenden Industrialisierungsprozesse durch ein höheres Tempo, eine größere Bedeutung des Produktionsgütersektors und größere Produktionseinheiten gekennzeichnet sein. Der private Konsum müsste stärker eingeschränkt werden und man bräuchte wachstumsfördernde Institutionen und Ideologien zur Lenkung und Rechtfertigung der Industrialisierungspolitik. Der »Preis« für die beschleunigte nachholende Entwicklung bestand also in Abweichungen vom liberalen Wirtschafts- und Gesellschaftsmodell.

Die mittlerweile mehr als ein halbes Jahrhundert alte Gerschenkron'sche Theorie der relativen Rückständigkeit besitzt für den westlichen Blick auf Industrialisierungsprozesse in den europäischen Peripherien nach wie vor Relevanz.[93] Mitunter ist auch eine Analogie zu den Verhältnissen in der Habsburgermonarchie hergestellt worden, wo in der westlichen Reichshälfte Investitionsbanken sowie in der östlichen Hälfte der Staat und eine nationale Industrialisierungsideologie zum Einsatz kamen.[94] In gewisser Weise erlebte Gerschenkrons-Theorie nach 1989/90 sogar eine Renaissance, wenn betont wird, dass Europa eine historische und kulturelle Gemeinschaft ist, deren östlicher Teil sich aber durch wirtschaftliche Rückständigkeit auszeichnet.[95] Allerdings hatte sich Gerschenkron doch recht eng am russischen und noch stärker am sowjetischen Industrialisierungsprozess orientiert und die Entwicklungen in Ostmittel- oder Südeuropa weniger berücksichtigt. Außerdem ist Russland insofern ein Sonderfall, da hier die große Rolle des Staates nicht allein Folge der Rückständigkeit der russischen Wirtschaft war, sondern in mindestens gleichem Umfang Ausdruck von Großmachtpolitik. Dabei hatte gerade im russischen Fall der Zufluss von ausländischem Kapital einen größeren Einfluss auf die im Vierteljahrhundert vor dem Ersten Weltkrieg einsetzende rapide Industrialisierung als die Investitionen des Staates.

92 *Gerschenkron*, Economic Backwardness, S. 21–28.
93 Vgl. z.B. *Niemann*, Europäische Wirtschaftsgeschichte, S. 79.
94 *Matis* u. *Bachinger*, Österreichs industrielle Entwicklung, S. 111.
95 *Kochanowicz*, Globalization, S. 186.

Die Bedeutung des Staates bestand in Russland eher darin, dass er – anders als etwa die neuen, kleinen Nationalstaaten des Balkans – eine allzu große Abhängigkeit von westlichen Interessen verhindern konnte.[96] Gerschenkrons Theorie von der vermehrten Staatstätigkeit in rückständigen Ländern ist außerdem irreführend, da sie dazu verleitet, die durchaus wichtige Rolle des Staates in seinen vielfältigen Funktionen für die Industrialisierung in England und anderen Ländern Westeuropas zu negieren.[97]

Auch in Ostmitteleuropa war »vermehrte Staatstätigkeit« nicht allein Resultat von Bemühungen zur Substitution fehlender Vorbedingungen für die Industrialisierung. Sie ließe sich mit ebenso großer Berechtigung als Vorbote des sich erst im 20. Jahrhundert voll herausbildenden, modernen Interventionsstaates interpretieren, der seinerseits eine nationale Reaktion auf die bedrohlich wahrgenommen Aspekte der ökonomischen Globalisierungsprozesse darstellte.[98] Auch von einem generellen Übergewicht des Produktionsgütersektors konnte in den nachholenden Industrialisierungsprozessen der europäischen Peripherien keine Rede sein. Letztlich sollte sich also eine Analyse der wirtschaftsstrukturellen Veränderungen in Ostmitteleuropa – wie auch im Falle anderer Weltregionen – und ihrer politisch-institutionellen Rahmenbedingungen weniger als bisher auf eine sich an normativen Kriterien orientierende Suche nach *Backwardness* begeben. Es geht eher darum, dass auch die Wirtschaftsgeschichte – in Analogie zum Ansatz der *Multiple* oder *Alternative Modernities* in der Kulturgeschichte[99] – alternative Entwicklungswege und gegenseitige Verflechtungsprozesse als eigenständige Untersuchungsgegenstände begreift. Diese Forderung sollte allerdings nicht als Plädoyer für eine scheinbar wertungsfreie, postmoderne Weltsicht missverstanden werden, nach der es nur sozio-kulturelle Differenzen gäbe und »Rückständigkeit« lediglich eine negative Fremdbeschreibung des Westens sei.[100] »Backwardness is a harsh reality, and it is not the construct of bias or cultural prejudice.«[101]

96 *Berend* u. *Ránki*, European Periphery, S. 40f.; *Kennedy*, Rise and Fall, S. 170–177; *Pierenkemper*, Umstrittene Revolutionen, S. 149.
97 *Berend*, Economic History, S. 105–112.
98 Ebd., S. 465f.; *Müller*, Staatseinfluss, S. 103–122.
99 *Conrad*, Globalgeschichte, S. 130–135.
100 *Todorova*, Erfindung des Balkans.
101 *Berend*, Economic History, S. 11.

II.4.2.3 Das Globalisierungsparadigma

Die »erste Globalisierung« (1850-1914)

Seit den 1990er Jahren hat sich die Wirtschaftsgeschichte in den USA und Westeuropa verstärkt mit Problemen von »Globalisierung« beschäftigt und die Bedeutung der Periode zwischen 1830/50 und 1914 als »erste Globalisierung« unterstrichen, die sich grundsätzlich von globalen Verflechtungsprozessen in der Epoche frühneuzeitlicher Handelsimperien und Kolonialreiche unterscheidet.[102] Dem lag zumeist eine wirtschaftswissenschaftliche Definition zugrunde, nach der Globalisierung vor allem ein Prozess der Entstehung einheitlicher und weltweit integrierter Rohstoff-, Fertigwaren, Arbeits- und Kapitalmärkte ist.[103]

Die Globalgeschichte hebt dagegen hervor, dass die Globalisierung ein längerfristiger sowie auch ein politischer und kultureller Prozess war. Sie arbeitet daher oft mit dem weiter gefassten Begriff der Herausbildung »weltumspannender Netze« und betont, dass es zwischen 1860 und 1914 einen »markanten Globalisierungsschub« gegeben hat.[104] Der Begriff des »Netzwerkes« ist zwar insofern eine »trügerische Metapher«, da die Gefahr besteht, »Hierarchien, also die vertikale oder dritte Dimension, zu übersehen oder zu unterschätzen.«[105] Er widerspiegelt jedoch sehr gut die Vielfältigkeit der Verflechtungen, deren mehr oder weniger starke Ausbreitung im Raum sowie die in der global- wie wirtschaftshistorischen Literatur gleichermaßen hervorgehobene Bedeutung der Transport- und Kommunikationsrevolution.[106]

Ostmitteleuropa als Objekt von Globalisierung

Die wirtschaftshistorische Forschung zu Ost-, Südost- und Ostmitteleuropa hat sich bislang nicht umfassend, aber durchaus mit einigen Aspekten der Auswirkungen der »ersten Globalisierung« auf die Regionen beschäftigt. So wurde deutlich, dass der Verlauf und die Struktur der russischen Industrialisierung durch ausländische Portfolio- und Direktinvestitionen maßgeblich beeinflusst worden sind.[107] Im Gegensatz dazu haben die Habsburgermonarchie und auch Südosteuropa als Zielregionen für den in dieser Periode im global ex-

---

102 *O'Rourke* u. *Williamson*, When Did Globalisation Begin? Vgl. zu ähnlichen Periodisierungen in der älteren Literatur *Pohl*, Aufbruch, S. 23–25.

103 *Kochanowicz*, Globalization, S. 181.

104 *Osterhammel*, Verwandlung, S. 1011; Vgl. auch *Conrad*, Globalgeschichte, S. 125–130.

105 *Osterhammel*, Verwandlung, S. 1010.

106 Zur Leitkategorie der *global condition* siehe Kap. I.0 in diesem Band.

107 *Gregory*, Before Command, S. 67–80.

ponentiell wachsenden Kapitalexport relativ an Bedeutung verloren.[108] Die Habsburgermonarchie galt auch aufgrund ihres sinkenden Anteils am Welthandel und ihrer vergleichsweise niedrigen Außenhandelsquote (sieben Prozent im Jahre 1914) als eine Volkswirtschaft, die verhältnismäßig gering in die Weltwirtschaft integriert war.[109] Weitgehend unbeachtet blieb dabei die Tatsache, dass seit etwa 1900 der Anteil des Austausches mit außereuropäischen Regionen deutlich zugenommen hat.[110]

Wenn also Ostmitteleuropa überhaupt in den Kontext der ersten wirtschaftlichen Globalisierung gestellt wurde, dann erschien die Region eher als deren Objekt. Es dominierte das Bild von einer Semiperipherie, deren Bedeutung abnahm und die insbesondere nach der Weltwirtschaftskrise von 1873 und der ebenfalls in den 1870er Jahren einsetzenden Agrarkrise versuchte, durch protektionistische Außenhandelspolitik Industrie und Landwirtschaft vor allzu starker ausländischer Konkurrenz zu schützen.[111] Die durch die *Postcolonial Studies* aufgeworfene Frage nach den Wechselwirkungen zwischen Zentren und Peripherien, also in diesem Fall nach der Mitgestaltung der Globalisierung durch ostmitteleuropäische Akteure, ist aus wirtschaftshistorischer Perspektive bisher kaum gestellt, geschweige denn genauer untersucht worden.

Positive Auswirkungen der Globalisierung: die neoklassische Interpretation

Über die (potenziellen) Auswirkungen der Globalisierung auf Ostmitteleuropa gibt es zwei grundsätzliche Auffassungen. Eine neoklassische Interpretation betont die positive Korrelation zwischen der Globalisierung und der Modernisierung der ostmitteleuropäischen Wirtschaft. Im Gegensatz zu den bereits erwähnten marxistischen und modernisierungstheoretischen Thesen vom »Versagen der Eliten« und den »unzureichenden Institutionen« betont Jeffrey G. Williamson, dass die Entscheidung der Akteure in der europäischen Peripherie für die Konzentration auf den Export von *commodities* und der damit verbundene Verzicht auf größere Industrialisierungsanstrengungen angesichts der bis in die 1870er Jahre hinein günstigen *Terms of Trade*

108 *Broadberry* u. *O'Rourke*, Cambridge Economic History, Bd. 1, S. 9–13.
109 *Good*, Wirtschaftlicher Aufstieg, S. 100; *Gross*, Stellung der Habsburgermonarchie, S. 23–25.
110 *Tessner*, Außenhandel Österreich-Ungarns.
111 *Matis*, Leitlinien, S. 51 f. Zum Begriff der »Semiperipherie« bzw. »Halbperipherie« *Nolte*, Weltgeschichte, S. 172–176.

durchaus rational gewesen ist.[112] Die westliche Nachfrage nach Lebensmitteln und Rohstoffen, der Kapitalüberschuss in Westeuropa, die Verfügbarkeit westlicher Technologien sowie die Nachfrage nach ostmitteleuropäischen Arbeitskräften in Westeuropa und vor allem in den USA, die einen beträchtlichen Teil ihrer Einkommen in die Heimatländer schickten, bewirkten gerade in der Periode von 1870–1914 einen Transfer von Kapital und *Know-how* nach Ostmitteleuropa, wo sie Wachstum und Strukturwandel beförderten.[113]

Aus dieser Perspektive sind protektionistische Reaktionen zu kritisieren, da ein Eingriff in die freie Konkurrenz tendenziell die Innovationsbereitschaft und letztlich die Wettbewerbsfähigkeit der Wirtschaft senkt. Dementsprechend sieht etwa Nachum T. Gross die Habsburgermonarchie als Beispiel für die negativen Effekte einer Isolierung vom Weltmarkt.[114] Allerdings betrieb auch das sich wesentlich dynamischer entwickelnde Deutsche Reich in einigen Bereichen eine protektionistische Außenhandelspolitik. Diese hat – wie jüngere Forschungen betonen – die ökonomische Globalisierung nach dem Schock der Gründerkrise sogar gefördert, da sie – neben anderen Maßnahmen – deren negative Folgen für einen großen Teil der ländlichen Bevölkerung und auch der städtischen Kleinproduzenten abmilderte und somit deren politische Akzeptanz wesentlich erhöhte.[115] Auch die in der Habsburgermonarchie bzw. der österreichischen und ungarischen Reichshälfte vergleichsweise früh feststellbaren wohlfahrtsstaatlichen Ansätze sind wahrscheinlich stärker auf diese transnationalen Wirkungsmechanismen zurückzuführen als dies häufig dargestellt wird.[116] Wenn der Trend zum »nationalen« Wohlfahrtsstaat »die bedeutendste Antwort auf die Herausforderungen der ersten Globalisierungswelle war«,[117] dann ging dieser vorrangig von den (ost-)mitteleuropäischen Großreichen aus.

Globalisierungskritik: dependenztheoretische Ansätze

Eine andere Bewertung der Globalisierungseffekte auf die ostmitteleuropäische Wirtschaftsentwicklung ist aus der Anwendung dependenztheoretischer Ansätze entstanden. Diese gehen davon aus, dass unter ungleichen Bedingungen stattfindender

112 *Williamson*, Trade and Poverty, S. 36.

113 *Kochanowicz*, Globalization, S. 187–191; *Janos*, East Central Europe, S. 83–85; *Berend*, Economic History, S. 353–361.

114 *Gross*, Stellung der Habsburgermonarchie, S. 25–27.

115 *Borchardt*, Globalisierung, S. 30; *Torp*, Mitten im Weltmarkt, S. 23–27.

116 *Butschek*, Österreichische Wirtschaftsgeschichte, S. 150–154; *Rumpler*, Chance für Mitteleuropa, S. 480–485; *Sandgruber*, Ökonomie, S. 301–304.

117 *James*, Ende der Globalisierung?, S. 74.

Wettbewerb zwischen Regionen grundsätzlich zur Divergenz von Entwicklungschancen führt. Im Gegensatz zu den Annahmen des Theorems von David Ricardo über komparative Kostenvorteile würde eine Spezialisierung im Außenhandel zwischen Regionen mit unterschiedlichem Entwicklungsniveau bewirken, dass die weniger entwickelten Staaten bzw. Regionen Sektoren mit geringer Wertschöpfung, zumeist die Produktion von Rohstoffen und Agrargütern, ausbauen, was letztlich eine »Entwicklung der Unterentwicklung« hervorrufe.[118] Dependenztheoretische Ansätze spielen bei der Erklärung des wirtschaftlichen Entwicklungsgefälles zwischen Westeuropa und Ostmitteleuropa in der frühen Neuzeit eine wichtige Rolle. Danach war es gerade die erhöhte Nachfrage nach Getreide in Westeuropa, die – insbesondere im relativ dünn besiedelten Polen – zu einer Ausweitung der Gutsbetriebe auf Kosten der Bauernwirtschaften und zu einer verstärkten Bindung der bäuerlichen Bevölkerung an den Boden, der so genannten »zweiten Leibeigenschaft«, geführt hat. Dies habe die Absatzbedingungen des lokalen Gewerbes verschlechtert, zumal der ostmitteleuropäische Adel die erzielten Exportgewinne vorrangig nutzte, um Luxusgüter in Westeuropa zu erwerben.[119]

Inwieweit diese spezielle Position Ostmitteleuropas in der frühneuzeitlichen innereuropäischen Arbeitsteilung, die im Wallerstein'schen Sinne ein eigenes »Weltsystem« konstituierte, die Rückständigkeit der Region nicht nur verursacht, sondern auch relativ dauerhaft installiert hat, ist nach wie vor umstritten.[120] Hier ist jedoch darauf hinzuweisen, dass aus dependenztheoretischer Sicht eine erfolgreiche nachholende Modernisierung in Ostmitteleuropa nicht unmöglich, aber schwierig sowie zwingend mit dem »Abschütteln der Abhängigkeit vom Westen« verbunden war.[121] Trotz zahlreicher globalisierungskritischer Debatten sind bisher nur sehr wenige empirische Arbeiten entstanden, die sich im Sinne der Weltsystemtheorie mit dem Verhältnis der ostmitteleuropäischen (Semi)Peripherie und dem (nord)westeuropäischen Zentrum im 18. und 19. Jahrhundert befassen.[122] Zuletzt hat Klemens Kaps die Relationen zwischen Fertigwaren, Halbfertigwaren

118 Vgl. *Frank*, Abhängige Akkumulation.

119 *Wallerstein*, Modern World-System Bd. 1., S. 94 f.; *Wallerstein*, Modernes Weltsystem Bd. 2., S. 147–166; Vgl. auch *Schultz*, Handwerker, Kaufleute, Bankiers, S. 44–49.

120 Zu Leistungen und Grenzen des Weltsystemkonzepts *Conrad*, Globalgeschichte, S. 114–119. Zu Ostmitteleuropa: *Adamczyk*, Stellung; *Sosnowska*, Abhängigkeit.

121 *Komlosy* u. *Hofbauer*, Peripherisierung, S. 105.

122 Vgl. eher programmatisch *Komlosy* u. *Hofbauer*, Peripherisierung; sowie für Russland *Nolte*, Imperium.

sowie Rohstoffen und Nahrungsmitteln im Außenhandel Österreichs bzw. der Habsburgermonarchie vom späten 18. bis zum Ende des 19. Jahrhunderts untersucht und aus dem relativen Rückgang des Fertigwarenexports sowie des Rohstoffimports ein Herabsinken des Staates in eine semiperiphere Position geschlussfolgert.[123]

Allerdings zeigen der vorübergehende Anstieg der Fertigwarenexporte in den 1850er Jahren, die anhaltende Konkurrenzfähigkeit vieler Zweige des österreichischen Maschinenbaus, die unterschiedlichen Trends des europäischen und globalen Handels und der Import von Investitionsgütern für die in den 1870er und 1880er Jahren rasch voranschreitende Industrialisierung Ungarns, dass die allein aus der Struktur der Außenhandelsgüter abgeleitete These vom Absinken der Habsburgermonarchie zu einer Semiperipherie der globalen Wirtschaft ein allzu pauschales Urteil darstellt. Bedenkt man außerdem, dass in verschiedenen Phasen der Industrialisierung führende Staaten, wie England, Deutschland und die USA wichtige Investitionsmittel für den Ausbau ihrer Industrien aus dem Export von Rohstoffen und Nahrungsmitteln, wie Kohle, Zucker oder Baumwolle, generierten,[124] so wird deutlich, dass die Anwendung der Dependenztheorie auf die unterschiedliche Entwicklung einzelner Teile Europas während der Industrialisierung höchst problematisch ist – zumindest dann, wenn man allein oder hauptsächlich auf Warenströme fokussiert.[125]

Folglich wird auch die These vom »halbkolonialen« Charakter Polens und anderer Teile Ostmitteleuropas während der Industrialisierung in der Regel weniger mit dem Argument der Außenhandelsbeziehungen als mit der Anlage ausländischen Kapitals begründet, die oft nicht dauerhaft erfolgte und vor allem meist »inselhaft« war. Dadurch habe sich – ähnlich wie später in den Entwicklungsländern der »Dritten Welt« – eine »hybride« bzw. dualistische Wirtschaftsstruktur entwickelt, in der einzelne Industriezentren in von traditioneller Landwirtschaft geprägter Umgebung entstünden, ohne nachhaltige Kopplungseffekte zu generieren oder gar Innovationscluster auszubilden.[126]

---

123 *Kaps*, Gescheitertes Aufholen in Zentraleuropa, S. 104.

124 *Topik* u. *Wells*, Warenketten, S. 767.

125 Diese Kritik an der der Weltsystemtheorie Wallersteins findet sich bereits bei *Elsenhans*, Nord-Süd-Beziehungen. Unabhängig davon wären empirische Studien zum ostmitteleuropäischen Außenhandel gerade auch der ersten Hälfte des 19. Jahrhunderts dringend notwendig.

126 *Sosnowska*, Abhängigkeit, S. 137 f.; *Komlosy* u. *Hofbauer*, Peripherisierung, S. 104–106, 111 f.

Empirische Regionalstudien statt Makrotheorien

Die Modernisierungs- wie die Dependenztheorie bieten für eine Bewertung transnationaler Verflechtungen zahlreiche Anregungen, werden jedoch durch Fallstudien zumeist eher falsifiziert als bestätigt.[127] Die im Westen mit dem *Cultural Turn* einhergehende Skepsis gegenüber Makrotheorien ist seit 1990 auch in der ostmitteleuropäischen Geschichtsforschung verbreitet. Sie wird hier durch die Diskreditierung des Marxismus noch zusätzlich verstärkt. So konnten zwar das Defizit an empirischen Forschungen zur regionalen und lokalen Wirtschaftsentwicklung generell verringert und in einigen Fällen auch transnationale Einflüsse ermittelt werden. Wenn jedoch Akteursperspektive und qualitative Methoden quantitative Strukturuntersuchungen substituieren statt sie zu ergänzen, ist es nur schwer möglich, den Stellenwert dieser Verflechtungen zu messen.[128]

Die wenigen systematischen Arbeiten über die Folgen der Globalisierung für die wirtschaftliche Entwicklung Ostmitteleuropas versuchen, zwischen den Extremen einer neoklassischen und einer dependenztheoretischen Interpretation eine differenziertere Argumentation zu präsentieren. So betont Jacek Kochanowicz einerseits, dass die Globalisierungen des späten 19. Jahrhunderts und 20. Jahrhunderts wesentliche Modernisierungsprozesse in Ostmitteleuropa angestoßen und gefördert haben. Er konstatiert aber auch: »in both periods the relative distance between Eastern and Western Europe increased«.[129] Dies führt er allerdings gerade auf die Unterbrechung der Einbindung in die Weltwirtschaft im Ergebnis des Ersten Weltkrieges und weitere politischen Diskontinuitäten im »kurzen« 20. Jahrhundert zurück.[130] Iván T. Berend weist darauf hin, dass die Theorie der komparativen Kostenvorteile durchaus nicht allgemeingültig ist und erkennt die Existenz von Zentrum-Peripherie-Beziehungen im Sinne Wallersteins an. Das bedeute jedoch nicht, dass Handelsbeziehungen grundsätzlich für unterentwickelte Länder unvorteilhaft seien. Dies hänge letztlich von internen Faktoren, wie dem Agieren des Staates, der Ausbildung von Infrastrukturen und Institutionen sowie dem Bildungsniveau und der soziokulturellen Fähigkeit zur Ausnutzung von Potenzialen ab.[131]

---

127 *Calic*, Sozialgeschichte Serbiens, S. 22–26; *Sundhaussen*, Wirtschaftsgeschichte Südosteuropas, S. 431.

128 *Sundhaussen*, Wirtschaftsgeschichte Südosteuropas, S. 432.

129 *Kochanowicz*, Globalization, S. 204.

130 *Kochanowicz*, Curse of Discontinuity.

131 *Berend*, Economic History, S. 300, 386f.

II.4.3 Die ostmitteleuropäischen Imperien und ihre Relevanz für die wirtschaftliche Entwicklung

Die eingangs konstatierte nationale Orientierung der Wirtschaftsgeschichtsschreibung über eine Periode, in der imperiale Territorialisierungsregime vorherrschten, hat dazu geführt, dass transnationale Verflechtungen in den bisherigen Forschungen vor allem als ein innerostmitteleuropäisches Phänomen debattiert wurden. Dieser Trend wurde im Falle der Habsburgermonarchie durch die ebenfalls bereits festgestellte starke Binnenmarktorientierung noch verstärkt. Wissenschaftliche Debatten beschäftigten sich also häufig mit der Rolle der Imperien für die wirtschaftliche Entwicklung der »nationalen« Territorien sowie mit der Bedeutung ökonomischer Faktoren für die Erosion und die Auflösung der Imperien – und haben dabei mitunter auch öffentliches Interesse erregt und nationalpolitischen Zielen gedient.

Die Habsburgermonarchie

Aus der Perspektive der Weltsystemtheorie bot es sich geradezu an, die beinahe autarke Habsburgermonarchie selbst als »ein verkleinertes ›ostmitteleuropäisches‹ Abbild jener Arbeitsteilung zu betrachten, die die moderne Weltwirtschaft ins Leben gerufen hat«.[132] Die Habsburgermonarchie schuf durch die Herstellung eines aus den »Österreichischen Erblanden« und den »Ländern der böhmischen Krone« bestehenden einheitlichen Zollgebietes im Jahre 1775, dessen sukzessive Erweiterung sowie die fast vollständige Abschaffung von Binnenzöllen bereits früh die institutionellen Voraussetzungen für einen gut integrierten Binnenmarkt.[133] Auch die materiellen Grundlagen des innerimperialen Handels wurden durch den bereits im 18. Jahrhundert einsetzenden und im europäischen Vergleich relativ intensiven Bau von Kunststraßen verbessert.[134] Obwohl die hohen Transportkosten im Voreisenbahnzeitalter insbesondere den überregionalen Verkehr billiger Massengüter limitierten, entwickelte sich eine Arbeitsteilung zwischen verschiedenen Teilen des Imperiums. Die wichtigsten regionalen Zentren der oft durch die merkantilistische Wirtschaftspolitik Wiens geförderten Gewerbe befanden sich in Nieder- und Oberösterreich sowie in der Steiermark. Außerdem entwickelten sich auch in den böhmischen Ländern Gewerbezentren. Ungarn, Kroatien und die

132 *Szücs*, Drei historische Regionen S. 80. Vgl. auch *Komlosy*, Grenze, S. 22–27.

133 *Komlosy*, Grenze, S. 44–52; *Gross*, Stellung der Habsburgermonarchie, S 2. Vgl. auch *Baltzarek*, Integration im Habsburgerreich.

134 *Helmedach*, Verkehrssystem.

Karpatenländer blieben hingegen weitgehend agrarisch und dienten als Lieferanten von Rohstoffen und Nahrungsmitteln.[135] Der Befund eines wachsenden Entwicklungsgefälles zu Lasten der östlichen Landesteile, die als Rohstoff- und Nahrungsmittellieferant vorgesehen waren, wird in der Forschung für die erste Hälfte des 19. Jahrhunderts weitestgehend geteilt.[136] Umstritten ist allerdings, ob es sich dabei um eine Folge relativ dauerhafter Zentrum-Peripherie-Beziehungen[137] oder Nebenwirkungen eines grundsätzlich regional ungleichmäßigen Industrialisierungsprozesses handelte, in dem zunächst zurückbleibende Regionen durchaus die Chance aufholender Entwicklung hatten.[138]

Die Unterschiede in den Interpretationen über den Charakter der wirtschaftlichen Verflechtungen der verschiedenen Teilregionen der Habsburgermonarchie werden in den Bewertungen der Entwicklung während der zweiten Hälfte des 19. Jahrhunderts noch deutlicher.[139] Eine weiterhin negative Entwicklung der »inneren Peripherien« des Reiches konstatiert Andrea Komlosy, die mit Hilfe eines polarisationstheoretischen Ansatzes gegen die gängigen Diffusionstheorien argumentiert. Darunter versteht sie sowohl die pessimistische Variante, also Gerschenkrons Rückständigkeitsthese, als auch die optimistischere Interpretation Goods, der lediglich eine zeitliche Verzögerung der Habsburgermonarchie auf dem Weg zu modernem Wirtschaftswachstum erkennt.[140] Komlosy räumt zwar ein, dass gerade die Wirtschaftskrise von 1873 den Kapitalfluss in die ungarische Reichshälfte begünstigte, betont aber gleichzeitig, dass Kopplungseffekte, die eine regionale Industrialisierung hätten vorantreiben können, ausblieben.[141] Andere Autoren sehen die Effekte der Kapitaltransfers wesentlich positiver und erkennen an der Jahrhundertwende sogar Anzeichen einer Konvergenz wichtiger sozio-ökonomischer Wohlfahrtsindikatoren, was für einen Aufholprozess der cisleithanischen Peripherien Galizien und Dalmatien spricht, der erst durch den Weltkrieg abgebrochen wurde.[142] Bemerkenswert ist, dass diese Debat-

---

135 *Komlosy*, Regionale Ungleichheiten, S. 101; *Komlosy*, Grenze, S. 125–128.

136 *Gross*, Stellung der Habsburgermonarchie, S. 6; *Matis*, Leitlinien, S. 29; *Kaps*, Ungleiche Entwicklung in Zentraleuropa, S. 198–202; *Cvrcek*, Wages, S. 30f.

137 *Komlosy*, Grenze, S. 125–132.

138 *Good*, Wirtschaftlicher Aufstieg, S. 48–61.

139 *Good*, Wirtschaftlicher Aufstieg, S. 113–143.

140 *Komlosy*, Regionale Ungleichheiten. Vgl. auch *Komlosy*, Grenze.

141 *Komlosy* u. *Hofbauer*, Peripherisierung, S. 105f.

142 *Good*, Wirtschaftlicher Aufstieg, S. 132–139; *Mosser*, Habsburgerreich als Wirtschaftsraum, S. 53–72.

ten fast ausschließlich auf Daten über die Entwicklung regionaler Einkommen oder entsprechenden Hilfsindikatoren beruhen, während die Intensität und Qualität der binnenwirtschaftlichen Verflechtungen in der Habsburgermonarchie selbst noch nicht ausreichend untersucht sind.[143]

Ungarn in der Habsburgermonarchie

In Ungarn, das seit dem Ausgleich von 1867 über eine sehr weitgehende Souveränität innerhalb der Habsburgermonarchie verfügte, bildete die Frage, ob die alle zehn Jahre zu erneuernde Währungs- und Zollunion mit Österreich dem Land wirtschaftlich nutze oder schade, einen der wichtigsten Streitpunkte in der zeitgenössischen politischen Debatte.[144] Die Auseinandersetzung wurde – weiterhin mit tagespolitischen Implikationen – auch nach der Auflösung der Habsburgermonarchie fortgeführt. In der Zwischenkriegszeit dominierte eine positive Beurteilung des Dualismus gegenüber einem nationalistischen, sich auf Lajos Kossuth berufenden Standpunkt, Ungarn habe sich auch nach dem Ausgleich in einem untergeordneten »provinziellen Status« befunden. Nach 1945 wurde jedoch Letzteres durch die marxistische Geschichtsschreibung aufgegriffen und Ungarns Lage als »halbkolonial« charakterisiert.[145]

Die ungarische Wirtschaftsgeschichtsschreibung löste sich bereits in den späten 1960er Jahren von dieser nationalistischen Perspektive und führte eine breite Diskussion über die vielfältigen Vorteile, die der ungarischen Wirtschaftsentwicklung insbesondere nach 1867 aus der Zugehörigkeit zur Habsburgermonarchie erwuchsen.[146] Man stellte fest, dass der industrielle Aufschwung Österreichs nur bis ca. 1850 zu einer wachsenden Divergenz der wirtschaftlichen Entwicklung innerhalb des Habsburgerreiches geführt hat. Danach erhielt Ungarn durch die starke Nachfrage nach Rohstoffen und Lebensmitteln sowie durch Kapitaltransfers aus Österreich Wachstumsimpulse. Spätestens nach der Gründerkrise von 1873 habe sich dann eine eigene Industrialisierung vollzogen, die vorrangig auf der Entwicklung der Mühlenindustrie, aber auch des Bergbaus und des Maschinenbaus beruhte. Die Zugehörigkeit zur Habsburgermonarchie war dabei insofern vorteilhaft, da man viel stärker als benachbarte ost- und südosteuropäische Staa-

143 *Komlos*, Habsburg Monarchy; *Dirninger*, Habsburgermonarchie, S. 65–100; *Schulze* u. *Wolf*, Origins of Border Effects, S. 117–136; *Schulze*, Patterns of Growth and Stagnation; *Cvrcek*, Wages.

144 *Matis*, Leitlinien, S. 41–45; *Hanák*, Ungarn in der Donaumonarchie.

145 *Hanák*, Ungarn in der Donaumonarchie, S. 245.

146 *Hanák*, Ungarn in der Donaumonarchie, S. 240–245.

ten auf österreichische Investitionen zurückgreifen konnte. Dies galt nicht nur für die eigentlichen Industrien, sondern gerade auch für die Errichtung der für ein modernes Wirtschaftswachstum notwendigen Infrastrukturen (Eisenbahnen) und Finanzinstitutionen (Banken).[147] Gleichzeitig stellte die Habsburgermonarchie einen relativ großen und geschützten Absatzmarkt für Agrar- und auch einige Industrieprodukte Ungarns dar. Innerhalb des Imperiums entwickelten sich die *Terms of Trade* zwischen 1880 und 1914 zugunsten der ungarischen Landwirtschaft und schließlich auch der ungarischen Ökonomie generell.[148] In der Folge konnten Erweiterungs- und Modernisierungsinvestitionen in zunehmendem Maße aus eigenen Gewinnen finanziert werden, so dass der Anteil des ausländischen Kapitals seit 1900 wieder zurückging.[149] Zwischen 1867 und 1914 kann man daher nicht nur »mit vollem Recht vom modernen Wirtschaftswachstum« in Ungarn sprechen.[150] Die Wirtschaft wuchs auch deutlich rascher als in der österreichischen Reichshälfte, so dass sich die Anteile Ungarns an der Agrarproduktion der Monarchie von 42 % (1841) auf 48 % (1913) und an der Industrieproduktion von 22 % (1841) auf 28 % (1913) erhöhten.[151]

Allerdings brachte die Einbindung in den Binnenmarkt der Habsburgermonarchie eine sehr spezifische Branchenstruktur hervor. Allein 41 % der Industrieproduktion stammte noch 1913 aus der Nahrungsgüterherstellung.[152] Dies wurde als strukturelles Defizit interpretiert, denn im Vergleich zur Textilindustrie beschäftigte die Nahrungsmittelindustrie weniger Arbeiter – und auch das häufig nur saisonal – und war auch nicht so eng an die Entwicklung anderer Industriezweige gekoppelt. Neben solchen wirtschaftsstrukturellen Nachteilen galt auch die Konservierung der Stellung der Großgrundbesitzer in der Gesellschaft als soziales Manko des ungarischen Typs der Industrialisierung.[153] Dennoch sahen die ungarischen Wirtschaftshistoriker seit den 1970er Jahren – nicht zuletzt vor dem Hin-

147 *Berend* u. *Ránki*, Ungarns wirtschaftliche Entwicklung, S. 382–385; *Katus*, Hungary, S. 218–230.

148 *Eddie*, Terms and Patterns, S. 329–358; *Komlos*, Habsburg Monarchy, S. 191 f.; *Schulze*, Patterns of Growth and Stagnation, S. 326.

149 Vgl. *Komlos*, Habsburg Monarchy, S. 180–184; *Hanák*, Stellung Ungarns, S. 85 f.; *Berend* u. *Ránki*, Ungarns wirtschaftliche Entwicklung, S. 471; *Katus*, Hungary, S. 202–206.

150 *Katus*, Magyaren, S. 444.

151 *Katus*, Hungary, S. 276–287; *Maddison*, World Economy, S. 474–479.

152 *Komlos*, Habsburg Monarchy, S. 144.

153 *Hanák*, Ungarn in der Donaumonarchie, S. 260.

tergrund der marxistischen Geschichtstheorie –, dass die Stellung Ungarns in der Habsburgermonarchie für die wirtschaftliche Entwicklung des Landes »relativ günstige Bedingungen« bot und daher »mehr Vorteile als Nachteile mit sich« brachte.[154]

Aus dependenztheoretischer Sicht wird jedoch betont, dass auch in Ungarn Wachstum nicht mit Entwicklung gleichzusetzen ist. Letztlich habe es sich nur um eine »abhängige Industrialisierung« gehandelt.[155] Aber auch aus modernisierungstheoretischer Sicht werden häufig die Nachteile einer agrarisch determinierten Industrialisierung hervorgehoben. Diese werden v. a. darin gesehen, dass sowohl Kapital als auch Arbeit auf dem Lande gebunden werden und daher den »modernen« Industriezweigen nicht zur Verfügung stünden. Weitere Argumente stellen die geringe Nachfrage nach Industrieprodukten, also die Schwäche des Binnenmarktes, und die starke Abhängigkeit der Nahrungsgüterproduzenten von der Volatilität der Weltagrarmärkte dar.[156]

Ungarn als Imperium Die Bevölkerung der ungarischen Reichshälfte bestand nur zu ca. fünfzig Prozent aus ethnischen Magyaren, so dass die Auswirkungen der Budapester Wirtschaftspolitik in den mehrheitlich von Rumänen, Slowaken, Kroaten und Serben bewohnten Gebieten auch unter nationalen Vorzeichen bewertet und kontrovers beurteilt wurden. Dies gilt gleichermaßen für große Teile der Nationalhistoriographien. So erkennen ungarische Wirtschaftshistoriker keinen Einfluss nationalpolitischer Motive auf die Wirtschaftspolitik in den einzelnen Landesteilen und weisen beispielsweise darauf hin, dass Oberungarn – also das Gebiet der heutigen Slowakei – im Zuge einer seit 1890 angestrebten Dezentralisierung der Industriesubventionen überdurchschnittlich von der ungarischen Industriepolitik profitiert hat.[157] Slowakische Historiker betonen hingegen, dass sich die positiven Impulse auf die Textilindustrie beschränkten und sich das industrielle Wachstum auf die Budapester Region konzentrierte. Die Effekte der Industriepolitik seien eben im Vergleich zur Eisenbahntarifpolitik (die

154 Ebd., S. 265. Vgl. auch *Komlos*, Habsburg Monarchy, S. 213; *Good*, Wirtschaftlicher Aufstieg, S. 121–130; *Schulze*, Patterns of Growth and Stagnation; *Berend*, Economic History, S. 387–390; *Hidvégi*, Manövrieren, S. 150f.

155 *Komlosy*, Grenze, S. 131.

156 *Pierenkemper*, Agrarsektor, S. 135f.

157 *Kaposi*, Staat, S. 118; *Kaposi*, Entwicklung, S. 84–86; Vgl. auch *Pazmandi*, Industrialisierung und Urbanisierung.

Budapest begünstigt habe), zur Banken- und Genossenschaftspolitik sowie zu bestimmten Maßnahmen örtlicher Administrationen (die slowakische Unternehmen diskriminierten), gering gewesen.[158]

Das Königreich Polen

In Polen herrschte viel länger als in Ungarn die Auffassung vor, dass trotz Industrialisierung und Fortschritten in der Landwirtschaft die Herrschaft der Teilungsmächte auch in wirtschaftlicher Hinsicht »mit negativer Bilanz« abschloss: »Die Wirtschaftspolitik der Teilungsmächte engte die wirtschaftliche Entwicklung der polnischen Gebiete ein und bremste sie zuweilen ganz bewußt ab.«[159] In diesem Zusammenhang sind insbesondere die ökonomischen Effekte der Zugehörigkeit des Königreichs Polen zum Russischen Reich diskutiert worden.[160] Während bereits zeitgenössische Untersuchungen, etwa von Rosa Luxemburg, die starke Abhängigkeit Polens von »fremdem« Kapital und dem Markt des Imperiums betonten, hoben Arbeiten der 1960er, 1970er und 1980er Jahre die Bedeutung des Binnenmarktes für die industrielle Entwicklung hervor. Jüngere Forschungen bezweifeln den immensen Einfluss der Transfers von Human- und Finanzkapital aus den westlichen Nachbargebieten und die positive Wirkung der russischen Außenhandelspolitik für die polnische Industrialisierung nicht mehr. So ist mittlerweile unstrittig, dass der Aufbau der Textilindustrie im Königreich Polen zwischen 1820 und 1860 wesentlich vom grenzüberschreitenden Transfer des Humankapitals aus Preußen profitierte und die Expansion der Branche zunächst in Lodz/Łódź und später in der Region von Białystok maßgeblich auf dem freien Zugang zum riesigen russischen Markt beruhte.[161] Jacek Kochanowicz spricht in diesem Zusammenhang von einer *Dual Dependence*, die gerade nicht durch Dependenztheorien beschrieben werden kann:

> »With Russia and the Kingdom, the opposite was true: for a time the Kingdom was more developed economically: it never became a colony in the economic sense of the word.«[162]

---

158 *Holec*, Ungarische Wirtschafts- und Industriepolitik.

159 *Landau* u. *Tomaszewski*, Wirtschaftsgeschichte Polens, S. 93. Vgl. auch *Jezierski*, Problems of Economic Growth, S. 131.

160 *Kochanowicz*, Economy of the Polish Kingdom, S. 133–135.

161 *Jezierski* u. *Leszczyńska*, Eastern Markets, S. 73–86.

162 *Kochanowicz*, Economy of the Polish Kingdom, S. 136.

Allerdings habe die vollständige Beseitigung der polnischen politischen und kulturellen Souveränität und Freiheit nach dem Januaraufstand von 1863 die Entwicklung einer nationalen Kultur und damit auch der gesellschaftlichen Modernisierung wesentlich erschwert. Außerdem dominierte außerhalb der Industriezentren von Warschau, Lodz/Łódź und der Dąmbrowaer Region eine traditionell betriebene Landwirtschaft. Die Inseln der Industrialisierung waren viel zu klein, um die ländliche Übervölkerung absorbieren zu können. Die Landbevölkerung litt unter den relativ hohen Preisen für Industriegüter und finanzierte durch ihre Steuerleistungen eine an machtpolitischen und militärstrategischen Zielen orientierte imperiale Politik.[163] Im Gegensatz dazu steht die aus einem Vergleich mit Spanien gezogene These, die durch die russische Herrschaft durchgeführte Agrarreform habe positive Umverteilungseffekte gehabt, den polnischen Binnenmarkt gestärkt und die alten Eliten zur Intensivierung der gutswirtschaftlichen Produktion oder zu Industrieinvestitionen veranlasst.[164]

Die östlichen Provinzen Preußens

In den polnischen, aber auch in den anderen östlichen Provinzen Preußens, wie Ostpreußen und Pommern, vollzog sich nur ein langsamer Industrialisierungsprozess.[165] Diese Regionen werden häufig als »Kornkammer des Deutschen Reiches« angesehen und bildeten auch tatsächlich eine agrarische Überschussregion. Allerdings ist der Grad der Integration des deutschen Binnenmarktes von der Forschung noch nicht ausreichend untersucht worden, so dass es auch hier unterschiedliche Bewertungen gibt.[166] Gegen eine Überbewertung der Kornkammerfunktion spricht, dass es für die Agrarproduzenten der östlichen Provinzen trotz des Schutzzolls oft schwer war, sich in Westdeutschland gegen importiertes Getreide durchzusetzen. Hinzu kam angesichts recht hoher Transportkosten die Konkurrenz der gerade bei höherwertigen Agrarprodukten durchaus leistungsstarken west- und mitteldeutschen Landwirtschaft.[167]

Auch außerhalb des primären Sektors ist die wirtschaftliche Entwicklung an der östlichen Peripherie des sich zur führenden Wirtschaftsmacht Euro-

---

163 *Kochanowicz*, Economy of the Polish Kingdom, S. 131–135.

164 *Scherner*, Eliten, S. 128–141, 164–191.

165 *Landau* u. *Tomaszewski*, Wirtschaftsgeschichte Polens, S. 70–72, 91.

166 *Müller*, Integration, S. 51–65; *Wolf*, 1918 als Zäsur?, S. 30–52. Es existieren allerdings umfangreiche Forschungen zur Integration der Arbeitsmärkte. Vgl. *Müller*, Sozialökonomische Situation, S. 65–68, sowie die dort zitierte Literatur.

167 *Müller*, Integration, S. 62 f.; *Heinemeyer*, Auswirkung des Ersten Weltkriegs; *Müller*, Bismarck, S. 145–153.

pas entwickelnden Deutschen Reiches durch die Überlegenheit anderer Regionen eher behindert worden.[168] Zusätzlich kontraproduktiv wirkten die seit der Jahrhundertwende zunehmenden Versuche des preußischen Staates, den polnischen Teil der Bevölkerung von den Ergebnissen seiner Politik zur »Hebung der deutschen Ostmark« auszuschließen.[169] Gleichzeitig profitierten gerade auch die Provinzen Posen und Westpreußen von der Modernisierung der Infrastruktur, dem Ausbau des Bildungssystems und der Anwendung neuer Anbaumethoden, so dass dieses Gebiet in der Zwischenkriegszeit über die mit Abstand leistungsfähigste Landwirtschaft innerhalb Polens verfügte. Diese Tatsache wird – bei aller sonstigen Kritik der polnischen Historiographie an der preußischen Polenpolitik – in der einschlägigen Literatur durchaus anerkannt.[170]

Galizien

Galizien galt hingegen spätestens seit den eindrucksvollen Schilderungen Stanisław Szczepanowskis aus dem späten 19. Jahrhundert über das dort herrschende Elend als Inbegriff einer rückständigen Peripherie, die zwar in Ostmitteleuropa lag, aber in den zeitgenössischen Diskursen wie ein Teil »Halb-Asiens« behandelt wurde.[171] Als größtes Kronland umfasste Galizien immerhin 27 % der Fläche Cisleithaniens, auf der vor dem Ersten Weltkrieg ca. 35 % der Bevölkerung der österreichischen Reichshälfte lebten, die aber nur etwa 14 % zum Volkseinkommen beitrugen.[172] Ähnliche Relationen hatten bereits im späten 18. Jahrhundert bestanden, als das Gebiet nach den Teilungen Polens an Österreich fiel. Das Wohlstandsgefälle gegenüber den wirtschaftlichen Zentren des Habsburgerreiches war bis ca. 1850 noch angestiegen, was als Ergebnis der bereits für den Staat als Ganzes konstatierten innerimperialen Arbeitsteilung angesehen wird. Dieser Effekt wurde durch die frühen Eisenbahnbauten für einige Branchen noch verstärkt, da durch die Senkung der Transportkosten nach den Zöllen auch die »natürlichen« Importschranken wegfielen und sich das galizische Gewerbe gegenüber der Konkurrenz aus den österreichischen und böhmischen Ländern sowie aus Schlesien nicht behaupten konnte.[173] Ob sich

168 *Müller*, Industrialisierung.

169 *Müller*, Gewerbliche Fortbildungsschulen; *Müller*, Wirtschaftliche Maßnahmen.

170 *Kowal*, Społeczeństwo Wielkopolski, S. 198–210; *Kowal*, Ökonomische Auswirkungen S. 169–171.

171 *Kłańska*, Facetten; *Franzos*, Halb-Asien.

172 *Baltzarek*, Zentralistische und föderalistische Aspekte, S. 64.

173 *Marschall von Bieberstein*, Freiheit in der Unfreiheit, S. 346; *Kaps*, Ungleiche Entwicklung in Zentraleuropa, S. 352–355.

dieser Trend im späten 19. Jahrhundert umkehrte oder nicht, ist allerdings umstritten.[174] Ein wesentliches Problem besteht hier in der Quantifizierung des aus der Peripherie in das Zentrum abfließenden Kapitals. Dieser *Flow* nahm aufgrund der in Galizien vorhandenen Eigentums- und Sozialstruktur offenbar eine beträchtliche Dimension an, da der galizische Großgrundbesitz einen wesentlichen Teil der etwa aus dem Getreidehandel bezogenen Gewinne – wie schon zuvor die im Zuge der Agrarreformen gewonnenen Ablösungskapitalien – in österreichischen Staatsschuldenpapieren anlegte oder sich an Eisenbahngesellschaften und etablierten Industrieunternehmen beteiligte, deren Sitz nicht in Galizien war.[175] Die »inländische« außeragrarische privatwirtschaftliche Tätigkeit beschränkte sich bis in die 1880er Jahre hinein weitgehend auf das Brennerei- und Brauwesen.[176]

Noch wichtiger für die Beurteilung der Einbindung Galiziens in die Habsburgermonarchie bzw. Cisleithaniens in der Historiographie ist allerdings die Interpretation der Rolle der Wiener Regierung. Hier betonen vor allem polnische Arbeiten oft die Ausbeutung, Benachteiligung oder doch zumindest Vernachlässigung ihres nationalen Territoriums durch das Wiener Zentrum.[177] Dabei wird mitunter übersehen, dass etwa die galizische Ölindustrie von den Veränderungen der Wirtschaftspolitik nach der Gründerkrise durchaus profitiert hat. Dies gilt für die 1882 eingeführten Importzölle auf amerikanisches und russisches Rohöl, die Eisenbahnbau- und -tarifpolitik sowie – ansonsten in Cisleithanien verpönte – staatliche Industrieinvestitionen, etwa beim Bau der Raffinerie in Drohobycz.[178] Es ist auch zu beachten, dass die polnische Aristokratie – ebenfalls seit der Ära Taaffe (1879–1893) – einen nicht unbeträchtlichen Einfluss auf die Wiener Politik hatte, den sie aber offenbar nicht oder nur unzureichend für die Initiierung entwicklungsfördernder Maßnahmen des heimatlichen Kronlandes Galizien nutzte.[179] Außerdem verfügte Galizien seit der zwischen 1867 und 1873 eingeführten so genannten »Autonomie« auch in Teilen der Wirtschafts-

---

174 *Good*, Wirtschaftlicher Aufstieg, S. 139–143; *Kaps*, Ungleiche Entwicklung in Zentraleuropa, S. 58–65.

175 *Baltzarek*, Zentralistische und föderalistische Aspekte, S. 70–72; *Marschall von Bieberstein*, Freiheit in der Unfreiheit, S. 350.

176 *Kaps*, Ungleiche Entwicklung in Zentraleuropa, S. 363–365.

177 Vgl. exemplarisch *Franaszek*, Wirtschaftspolitische Gesetzgebung. Vgl. aber auch *Marschall von Bieberstein*, Freiheit in der Unfreiheit, S. 35

178 *Frank*, Oil Empire.

179 *Marschall von Bieberstein*, Freiheit in der Unfreiheit, S. 152–177, 336–341; *Binder*, Galizien in Wien.

politik sowie in der für die Modernisierung mittelfristig ebenso wichtigen Bildungspolitik über erhebliche Selbstverwaltungskompetenzen.[180] Über das Ausmaß dieser Spielräume gegenüber der Wiener Zentrale und die Effekte ihrer Nutzung durch die galizische Landesschulbehörde gibt es sich widersprechende Urteile.[181]

Die böhmischen Länder

Der Einfluss der Zugehörigkeit zur Habsburgermonarchie auf die wirtschaftliche Entwicklung der böhmischen Länder wird weit weniger kontrovers diskutiert. Insgesamt haben hier insbesondere Gewerbe und Industrie von der Kapitalzufuhr aus Wien, der Liberalisierung des Arbeitsmarktes und vor allem von der Zugehörigkeit zu einem großen, relativ gut geschützten Binnenmarkt überdurchschnittlich profitiert, so dass die böhmischen Länder zur wichtigsten Wirtschaftsregion der Monarchie aufstiegen.[182] Eine ganz andere Frage ist, in welchem Ausmaß jeweils Tschechen und Deutsche in Böhmen, Mähren und Schlesien von dieser Dynamik profitierten.[183]

Schlussbemerkung

Transnationale Wirtschaftsgeschichte kann sich natürlich nicht darauf beschränken, grenzüberschreitende Verflechtungen zu identifizieren. Sie muss von wirtschaftstheoretischen Fragestellungen und Thesen ausgehen, um deren Relevanz und Effekte zu beurteilen. Gerade die Analyse der wirtschaftlichen Entwicklung in Ostmitteleuropa während der »ersten Globalisierung« zeigt allerdings, dass Theorien, die konkrete Zeit- und Raumkontexte ignorieren und ökonomische Integrationsprozesse entweder grundsätzlich als wachstumsfördernd oder prinzipiell als Ungleichheit verstärkend interpretieren, durch empirische Verflechtungsanalysen zumeist widerlegt werden.

Da in dem Kapitel die kritische Diskussion der von der einschlägigen Forschung der letzten Jahrzehnte genutzten Theorien und ihrer Anwendung auf Ostmitteleuropa im Mittelpunkt zu stehen hatte, kann abschließend

---

180 *Marschall von Bieberstein*, Freiheit in der Unfreiheit, S. 185f.

181 Kritisch insbesondere gegenüber der Bildungspolitik und der Orientierung der galizischen Großgrundbesitzer an ihren unmittelbaren ökonomischen Interessen als Branntweinhersteller etc. *Marschall von Bieberstein*, Freiheit in der Unfreiheit, S. 345–350, 355–361. Positiver *Madurowicz-Urbańska*, Industrie Galiziens, S. 172f.

182 *Matis* u. *Bachinger*, Österreichs industrielle Entwicklung, S. 229–232; *Jakubec* u. *Jindra*, Dějiny hospodářství českých zemí.

183 *Kubů*, Wirtschaftsnationalismus, S. 73–79.

nur kurz darauf hingewiesen werden, dass gerade auch in den Teilgebieten der Wirtschaftsgeschichte, die Ostmitteleuropa erst in jüngster Zeit als lohnenden Untersuchungsraum entdeckt haben, transnationale Verflechtungen einen hohen Stellenwert haben (sollten). Das gilt etwa für die Unternehmensgeschichte, die erst wenige Fallstudien über die Aktivitäten ostmitteleuropäischer Unternehmen in anderen Teilen Europas oder gar der Welt vorgelegt hat.[184] Aber auch umgekehrt stellen die etwas besser untersuchten wirtschaftlichen Engagements »westlicher« Unternehmer in Ostmitteleuropa ein neue Erkenntnisse versprechendes Forschungsfeld dar, wenn man neben den staatlichen Rahmenbedingungen auch die vielfältigen Beziehungen vor Ort in den Blick nimmt und auch auf die Rückwirkungen in das »Zentrum« achtet.[185]

184 Vgl. jetzt *Hidvégi*, Manövrieren.
185 Vgl. zuletzt *Dietz*, British Entrepreneurship.

Katja Naumann

II.5 Zwischen nationaler und transnationaler Geschichtsschreibung: Der ostmitteleuropäische Internationalismus vor dem Ersten Weltkrieg

Internationalisierung ist nicht an die Existenz des Nationalstaates gebunden. Seit der Mitte des 19. Jahrhunderts sind zunehmend mehr Menschen unter ganz verschiedenen politischen Rahmenbedingungen grenzüberschreitende Kooperationen eingegangen. Die internationalen Institutionen, die sie dafür schufen, gingen nicht bloß in einer Multiplizierung des Nationalen auf, sondern dienten dem Aufbau von Kontakten und Netzwerken, der Zirkulation von Ideen, Informationen und Wissen, sowie der Vermittlung zwischen den transnationalen Anliegen der Zusammenarbeit und einer Welt sich voneinander abgrenzender Imperien und Nationalstaaten.

Dieses Verständnis von Internationalisierung ist für Ostmitteleuropa erst in Ansätzen untersucht und deshalb gibt es zur Partizipation von Akteuren aus der Region an internationalen Organisationen bis zum Ersten Weltkrieg keinen Forschungsstand im engeren Sinne. Einerseits existiert eine lange Tradition der Erforschung des Internationalismus, in den ostmitteleuropäischen Geschichtsschreibungen wie darüber hinaus. Allerdings dominiert dort eine eigen- bzw. nationalstaatliche Perspektive, weshalb der Zeit vor 1918 wenig Aufmerksamkeit geschenkt wird. Andererseits gibt es eine junge, zumeist englischsprachige Debatte zur Geschichte internationaler Organisationen, die deren transnationale Dimensionen erschließt. Dabei spielen jedoch die Entwicklungen im östlichen Europa eine untergeordnete Rolle und werden in Gesamtdarstellungen höchstens als eher randständiges Phänomen erwähnt. Seit kürzerem werden diese neuen Ansätze einer transnationalen Geschichte internationaler Organisation indes auch in der Ostmitteleuropa-Historiographie rezipiert.

Vor diesen Hintergrund strukturieren sich die nachfolgenden Beobachtungen in zwei Teile: Im ersten Abschnitt werden wir zeitlich bis zum Ende des Ersten Weltkrieges zurückgehen, zum Endpunkt des behandelten Geschehens im Darstellungsteil und dem Beginn der nationalstaatsbezogenen Deutung. Denn das ist eben jene Zeit, in der sich der bis heute vorherrschende

Blick auf internationale Kooperationen durchsetzte. Er prägte die Dokumentation des Vorkriegsinternationalismus in den 1920er Jahren, wie sie z. B. der Völkerbund unternahm, ebenso wie die darauf aufbauenden späteren Forschungen, u. a. der Schule polnischer Forscher um Zbigniew M. Klepacki. Für diesen langen Blick zurück spricht, dass er nachvollziehbar macht, warum die ältere Forschung und auch viele aktuelle Studien auf die Nation bezogen sind. Mit diesem Wissen lässt sich diese Forschungsliteratur für transnationale Fragestellungen aufgreifen und nutzen, anstatt sie einfach als unpassend abzulegen. Im zweiten Abschnitt werden die neuen Ansätze einer transnationalen Geschichte internationaler Organisationen dargelegt und Arbeiten vorgestellt, die von ihnen inspiriert ostmitteleuropäischen Akteuren und Impulsen in der Internationalisierung zwischen den 1850er Jahren und dem Ersten Weltkrieg nachgehen.

Internationalismus als Gemeinschaft von Nationen

Dass Völker das Recht haben einen Staat zu gründen, setzte sich in den Jahren 1917 bis 1919 als Leitsatz der internationalen Politik durch, zu dessen Herolden sowohl der amerikanische Präsident Woodrow Wilson als auch der russische Revolutionsführer Wladimir I. Lenin wurden. Mit den territorialen Bestimmungen der Pariser Friedensverträge hörte die Habsburgermonarchie auf zu existieren, das Deutsche Reich wurde verkleinert und in Ostmitteleuropa gingen aus den untergegangenen Imperien Nachfolgestaaten hervor. Damit veränderte sich die Ausgangslage für die Internationalisierung in der Region. Mit dem eigenen Staat konnte man in internationalen Verhandlungen und Organisationen für sich selbst sprechen und war mindestens nominell gleichberechtigt repräsentiert. Im frühen 20. Jahrhundert war die Partizipation an internationalen Institutionen zu einem Kennzeichen von Status und Einfluss in der Welt geworden[1] und nun nutzten auch Polen, die Tschechoslowakei und Ungarn diese Möglichkeit, um sich Anerkennung zu verschaffen, im Ausland wie im Inland. Denn auch für die eigentlichen Staatsbildungsprozesse war Internationalisierung als eine Form transnationaler Verflechtung zentral.[2] Nationalismus und Internationalismus (als Interaktion der Nationen) werden seitdem als zwei eng miteinander verbundene politische

1 *Herren*, Hintertüren zur Macht; *Laqua*, Age of Internationalism.

2 Dass die Nation aus transnationalen Zusammenhängen erwuchs, wird mittlerweile auch für die Staaten Ostmitteleuropas empirisch gezeigt. Diese Konstellation hat für die USA herausgearbeitet: *Tyrrell*, Reforming the World, S. 6; für europäische Beispiele siehe: *Holstein*, Mitten in Europa; *Laqua*, *Verbruggen* u. *Deneckere*, Beyond Belgium.

Ordnungsentwürfe diskutiert. Für den Eintritt in internationale Organisationen sprach aus ostmitteleuropäischer Sicht auch, dass dort eine Reihe eigener Belange verhandelt und mitentschieden wurden, zum Beispiel die Eindämmung der Typhusepidemie und Bewältigung der Hungerkrise in der Region 1918/1919, die Frage der Minderheitenrechte, der Umgang mit der Stadt Danzig oder der ganze Bereich der Reparationszahlungen.

II.5.1 Analysen und Dokumentationen des Vorkriegsinternationalismus in den 1920er und 1930er Jahren

Die Republik Polen und die Tschechoslowakei gehörten zu den Gründungsmitgliedern des Völkerbundes, Ungarn trat 1922 bei. Alle drei Länder wurden auch in anderen neu entstehenden Institutionen Mitglied; Ungarn führte zudem die Beteiligung in älteren Verbänden weiter. Damit war die formale Voraussetzung für aktive internationale Mitwirkung geschaffen. Es fehlte jedoch oft an Personal. Um auf der Weltbühne erfolgreich auftreten zu können, brauchte es Experten mit Sachwissen, mit der Fähigkeit in interkulturellen Konstellationen agieren zu können, am besten mit Erfahrung in internationaler Kooperation.

Einerseits haben sich die staatlichen Stellen z. B. in Polen diese Befähigung gewissermaßen von außen geholt, durch die Einbindung von technischen Experten, die ihre Ausbildungen und Karrieren vor dem Krieg im Ausland absolviert bzw. begonnen hatten, 1918/19 teilweise noch im Ausland lebten und deshalb hochgradig transnational vernetzt waren.[3] Ostmitteleuropäische Experten haben ihre transnationalen Netzwerke und Erfahrungen in den Dienst des neuen Staates gestellt, so etwa Ludwik Rajchman, der Direktor der Gesundheitsorganisation des Völkerbundes, über den wir einigermaßen gut Bescheid wissen.[4] Zu dieser und zu weiteren Dimensionen des imperialen Erbes aus dem östlichen Europe in den internationalen Institutionen laufen derzeit Forschungen. Sie haben aber bereits zu dem Argument angeregt, dass Akteure aus der ehemaligen Habsburgermonarchie besonders prädestiniert waren, in den internationalen Strukturen der 1920er und 1930er Jahren aktiv zu sein.[5]

---

3 *Kohlrausch* u. *Steffen*, Limits and Merits; *Kohlrausch, Steffen* u. *Wiederkehr*, Expert Cultures; *Kaiser* u. *Schot*, Rules for Europe.

4 *Balińska*, Rajchman; *Borowy*, World Health.

5 *Kott*, International Organizations, S. 449.

Andererseits war offenkundig, dass auch ein Teil der neuen politischen Eliten, die zumeist Newcomer auf internationalem Parkett waren, zur Vertretung in internationalen Angelegenheiten befähigt werden mussten. Das beinhaltete u.a. die Kenntnis über den Aufbau und die Funktionsweise der entsprechenden Institutionen, aber dieses Wissen war nicht einfach zu beschaffen. Erstens gab es vor dem Ersten Weltkrieg lediglich eine kleinere Zahl von Handbüchern und Überblickwerken und nur wenige wissenschaftliche Analysen über internationale Organisationen. Die meisten davon waren in französischer und englischer Sprache verfaßt, mit Ausnahme der mehrbändigen Studie von Peter (Pierre) Kazansky, die in russischer Sprache erschien.[6] Zweitens war die innere Ordnung der internationalen Organisationen in Veränderung begriffen. Es setzte sich das Prinzip nationaler Vertretung durch und das internationale Leben wurde im Völkerbund zentralisiert, was zu dessen komplexem Aufbau und einem weiten Netzwerk assoziierter Institutionen beitrug. Darüber galt es sich Klarheit zu verschaffen, weshalb die neuen Institutionen zum Gegenstand einer breiten zeitgenössischen Kommentierung und Analyse (nicht nur in Ostmitteleuropa) wurden. In Ungarn standen die »Internationale Arbeitsorganisation« (ILO) und die »Interparlamentarische Union« (IPU) im Zentrum[7], in Polen dagegen der Völkerbund und das Völkerrecht. Bei Letzterem knüpfte man an eine ältere wissenschaftliche Beschäftigung mit Rechtsangleichungen an, die polnische Juristen wie Franciszek Kasparek und Gustaw Roszkowski Ende des 19. Jahrhunderts unter gezielter Beobachtung der enstehenden internationaler Organisationen begonnen hatten.[8] In den 1920er Jahren setzte sich das Interesse an einer internationalen Rechtsprechung fort, u.a. mit den Arbeiten von Wacław Makowski und Bohdan Stefan Winiarski. Parallel dazu wurden Bücher über den Völkerbund geschrieben: Aleksander Skrzyński, Michał Jan Rostworowski, auch Oskar Halecki zählen zu den Autoren. Manche Publikationen hatten eher den Charakter von Informationsbroschüren, mit der Zeit kamen Ergebnis- bzw. Erfahrungsberichte über die Arbeit in den Genfer Institutionen hinzu. Insgesamt lag der Schwerpunkt auf einer Darstellung der Organe, der Arbeitsweise und

6 *Klabbers*, Theorizing International Organizations, S. 622.

7 *Dezsö*, Nemzetközi; *Gombó*, Nemzetközi Munkaügyi Szervezet; *Szeberthy*, Nemzetközi Munkaügyi; *Pál*, Nemzetközi Munkaügyi; *Albrecht* u. *Buza*, Válságban vane a parlamentarizmus?; siehe auch die aufgeführte Literatur in: *Katona* u. *Lajos*, Interparlamentáris Unió Magyar.

8 *Kraft*, Polnische Juristen, S. 63–73.

der Tätigkeitsfelder, auch und gerade in Hinblick auf die polnische Außen- und Sicherheitspolitik.

Für diese Gegenwartsanalysen stellte sich nicht die Frage nach historischen Vorläufern und ob bzw. inwiefern es eine polnische Erfahrung der Internationalisierung unter imperialen Vorzeichen gegeben hatte. Jedenfalls begann mit ihnen ein eigenstaatlich geprägter Blick auf internationale Organisationen, der sich fortsetzen sollte.

Wichtig für die heutige Forschungslage ist, dass man die Nationenbezogene Vorstellung nicht in das 19. Jahrhundert und in die Anfänge internationaler Organisation zurückprojiziert. Im 19. Jahrhundert hatte Internationalität nämlich mehrerlei bedeutet: von der Existenz grenzüberschreitender Institutionen und Praktiken nebst ihren gesellschaftlichen Folgen über Ideen des Weltzusammenhangs bis hin zu einer allgemeinen Verortung und Bezugnahme auf die Welt. Glenda Sluga hat darauf aufmerksam gemacht, dass sich um 1900 verschiedene Auffassungen herauskristallisierten, darunter eine liberale, in der das Internationale als Gemeinschaft von Nationen bzw. Nationalstaaten imaginiert wurde, die von patriotischen, aber weltorientierten Bürgern getragen war und auf internationalen Organisationen sowie dem Völkerrecht beruhte. Die Vorstellung eines liberal-nationalen Internationalismus wurde dann dem Völkerbund zu Grunde gelegt, während man andere, radikalere oder imperial geprägte ausgegrenzte. Erstere setzte sich aufgrund der dominierenden Position der Genfer Institutionen zunehmend durch, auch weil sie zu einer Großerzählung über Modernität und Fortschritt ausformuliert werden konnte, die auf die weltweite Durchsetzung nationaler Selbstbestimmung zulief. Sluga argumentiert daher, »the new internationalism was imagined as nationalism writ large […] both phenomena were understood to be the result of available technologies and experiences that linked individuals and communities across expanses of land and sea.«[9]

Der Völkerbund wurde zu einem zentralen Akteur in der Dokumentation des Vorkriegsinternationalismus und dessen Nationenbezogener Deutung. Eine seiner Abteilungen gab ab 1921 das »Handbook of International Organisations« heraus, das zum Ziel hatte, alle jemals existierenden Institutionen und deren Mitglieder zu verzeichnen. Die geographische Ordnung folgte dabei der zeitgenössischen politischen Geographie, d. h. auch Institutionen, die vor 1918 gegründet worden waren und multiethnische Imperien als Mitglie-

9 *Sluga*, Internationalism, S. 156.

der hatten, wurden den Nationalstaaten der Nachkriegszeit zugeschlagen; das Habsburgerreich zumeist Österreich, teilweise unter Ausweis von Ungarn. Polnische, tschechische, slowakische und ungarische Aktivisten, Experten, Reformer, die über die Landesgruppen ihrer Reiche beteiligt waren, tauchen deshalb nicht auf. Der ersten Ausgabe nach existierten zu Kriegsende 324 Verbände mit Hauptsitzen in 81 Städten, wovon die meisten in West- und Nordeuropa lagen, einige in nichteuropäischen Regionen, vor allem in den USA. Richtung Ostmitteleuropa weisen im Register nur Wien und Graz. Prag, Budapest, Warschau oder andere größere Städte der Region erscheinen nicht, verschwinden mithin als Orte, in denen sich internationale Bewegungen und Organisationen niederließen oder versammelten.

Die ostmitteleuropäische Beteiligung an der Vorkriegsinternationalisierung war damit ex post aus dem Blick geraten. Dieser Trend verstärkte sich mit der 1928er Auflage des Handbuches. Hierin wurde am Ende des ersten Nachkrigesjahrzehnts ein ganz anderes Bild über die Region gezeichnet. Beschrieben finden sich dort knapp 500 Verbände mit Gründungsjahr, Mitgliederzahlen, Budget und Kontaktadresse. Nicht alle Einträge sind vollständig, manche sehr lückenhaft, doch wurden bei relativ vielen konkrete Namen, zumeist aus den Leitungsgremien genannt. Ostmitteleuropa war jetzt auf fast jeder Seite präsent: sei es, da Polen, Ungarn und die Tschechoslowakei als Mitglied der jeweiligen Organisation genannt bzw. mit Vertretern erwähnt waren oder in Städten dieser Länder Treffen und Kongresse der internationalen Verbände stattfanden bzw. permanente Bureaus und Sekretariate hier ihren Sitz hatten.[10] Damit erzählt das Handbuch für die Region Ostmitteleuropa eine Geschichte der Internationalisierung, die erst nach dem Ersten Weltkrieg mit der Erlangung nationalstaatlicher Souveränität begann und dann schnell an Fahrt gewann.

Dieses Narrativ korrespondierte damit, dass in Polen, Ungarn und der Tschechoslowakei die wieder- oder neugewonnene Eigenstaatlichkeit zur souveränen Partizipation in grenzüberschreitenden Institutionen genutzt wurde. Gleichzeitig aber macht es durch das Verdrängen der früheren Beteiligungen eine implizite Aussage über das bisherige Geschehen. Dass die Informationen nach Nationalstaaten geordnet wurden, ist völlig nachvollziehbar, wenn man sich vor Augen führt, wie das Handbuch produziert wurde. Die Statistische Abteilung des Völkerbund-Sekretariats sammelte zwar auch eigenständig Daten, war aber stark darauf angewiesen, was ihr übermittelt

10 *Société de Nations*, Répertoire.

wurde. Dafür rekurrierte sie auf staatliche Strukturen. Gab es vor Ort keine Schaltstelle, die Informationen über die eigenen Außenbeziehungen bündelte und weitergab, oder gaben die Geschäftsstellen nur fragmentarisch Auskunft, hatte man in Genf große Mühe, oder geringe Chancen, Kenntnis von allen Unternehmungen zu erlangen. Es brauchte seine Zeit, bis aus den Außenministerien heraus Kommunikationskanäle zwischen Prag, Budapest, Warschau einerseits und Genf andererseits entstanden, bis die Abteilung des Völkerbundes auf diese Weise an gesicherte Daten über die internationalen Aktivitäten im östlichen Europa kam. Das nationalisierte Bild von einem Ostmitteleuropa, das erst nach 1918 in die Arena der internationalen Organisationen eintrat und fortan geachtete Beiträge leistete, ist also ein Produkt der Datenerhebung in den 1920er Jahren.

II.5.2 Internationale Organisationen in der Forschung der 1950er bis 1980er Jahre

Die nationalbezogenen Quellen und Narrative, die in den 1920er Jahren entstanden waren, prägten die Forschung nach dem Zweiten Weltkrieg. Mit der Gründung der Vereinten Nationen hatte sich das Feld internationaler Organisation ungeachtet aller Kontinuitäten erneut verändert und erweitert, woraus wiederum ein Bedarf an Wissen über die neuen Strukturen erwuchs. Die diesbezüglichen wissenschaftlichen Studien im östlichen Europa sollten weiter Bezüge zum eigenen Staat erlauben, weshalb sich vor allem polnische, tschechoslowakische und ungarische Forscher mit ihren eigenen Ländern im System der internationalen Organisationen befassten. Wiederum waren das in erster Linie Juristen und Politikwissenschaftler, mitunter auch Soziologen, wodurch das Thema primär ein Gegenstand der Gegenwartsanalyse blieb. Das heißt freilich nicht, dass keine Vorläufer und Traditionen konstruiert wurden, denn oft dienten die einleitenden Kapitel der Einordnung in Narrative über die Genese grenzüberschreitender Kooperationen. So gesehen ist diese Literatur für eine transnationale Geschichte Ostmitteleuropa durchaus nützlich, wie an der polnischen, über verschiedene Bibliographien gut erschließbaren Forschung illustriert werden kann.[11]

In den ersten Jahren nach dem Zweiten Weltkrieg erschienen in Polen Arbeiten zu den Vereinten Nationen von Cezary Berezowski (1946), Ludwik

11 *Szkoła Główna Handlowa*, Kolegium; *Pogonowska-Szusziewicz*, Encyclopedia.

Ehrlich (1946), Wacław Makowski (1946). Wenig später folgten die Studien von Ludwik Gelberg und Juliusz Suchy (1953) zur Frage der Mitgliedschaft in der UNO sowie von Suchy und Tadeusz Lychowski (1954), die die Vereinten Nationen (UN) in Verbindung mit dem Völkerbund behandelten.[12] Der zweite große Schwerpunkt lag auf der Entwicklung des Völkerrechts, zwischen 1944 und 1959 sind dazu über 500 Veröffentlichungen erschienen, wobei ca. 50 die supranationalen Institutionen des Feldes untersuchten.[13]

In den 1960er Jahren lässt sich eine Welle neuer Studien und damit verbunden eine thematische Öffnung beobachten. Der Blick richtete sich über die internationalen Rechtsbeziehungen[14], den Völkerbund und das UN-System hinaus auf Institutionen mit speziellen Anliegen, insbesondere ökonomische Fragen, die Integration der west- sowie osteuropäischen Staaten durch internationale Organisationen. Später kamen ähnliche Entwicklungen in außereuropäischen Weltregionen in den Blick sowie zivilgesellschaftliche Zusammenschlüsse.[15] Solche Akzentverschiebungen hingen mit der Einbindung Polens in den Ostblock und dem Bemühen zusammen, durch einen Rückblick auf die Zeit, in der Polen souverän gewesen war, auf die Traditionen alternativer regionaler Bündnisse hinzuweisen sowie die Bedingungen der beginnenden zivilgesellschaftlichen Internationalisierung zu erkunden. Für die transnationale Geschichte Ostmitteleuropas vor dem Ersten Weltkrieg sind vor allem die Studien zur Friedenbewegung einschlägig.

Die thematische Differenzierung war begleitet von einem arbeitsteiligen Institutionalisierungsprozess. Er begann 1955, als an der Hochschule für Auswärtige Angelegenheiten in Warschau eine Abteilung zur Erforschung internationaler Organisationen eingerichtet wurde. Ende der 1980er Jahre war das Thema an vielen Universitäten etabliert. Neben Warschau vor allem in Poznań. Hier arbeitete mit Alfons Klafkowski einer der namhaften Völkerrechtsspezialisten. Am Institut für Geschichte war der für seine Arbeiten über den Völkerbund bekannte Stanisław Sierpowski[16] tätig. In Lublin

12 Nach *Klepacki*, Encyclopedia Organizacji, S. 70 f.

13 In den folgenden fünf Jahren erschienen nochmals knapp 500 Publikationen zum Völkerrecht, etwa zehn Prozent davon zu internationalen Rechtsinstitutionen. Dieser Trend setzte sich fort. Vgl. *Klepacki*, Encyclopedia teorii, S. 72.

14 *Grabowska*, Reprezentacja.

15 Beispielsweise: *Suchorski*, O polskim; *Łopuski*, Międzynarodowe organizacje morskie; *Konwerska*, Zabezpieczenie społeczne; *Kuzniak*, Międzynarodowe Organizacje; einen Überblick über die polnische Pazifismusforschung gibt: *Modzelewski*, Pacyfizm.

16 *Sierpowski*, Liga Narodów.

zählten die Menschenrechte und die Vereinten Nationen zu den bevozugten Themen. In Wrocław wurde der Blick auf die UNESCO, auf Verwaltungsstrukturen und den inneren Aufbau internationaler Organisationen sowie auf das Privatrecht gerichtet. An der juristischen Fakultät in Kraków lag der Fokus auf der internationalen Gerichtsbarkeit sowie den Themen Frieden und Sicherheit. In Katowice, Opole und Toruń wurde zur westeuropäischen Integration gearbeitet, an den Universitäten Łódź, Gdańsk und Toruń über wirtschaftliche Verflechtungen und deren Koordinierung durch internationale Einrichtungen geforscht. Zudem war das Thema Internationalisierung an mehreren Abteilungen der Akademie der Wissenschaften in Warschau etabliert wie an der Warschauer Hochschule für Planung und Statistik (heutige Handelshochschule), wo es seit 1964 eine eigene Abteilung dafür gab.[17]Daneben existierte wie in allen sozialistischen Ländern Ostmitteleuropas eine breite Forschung zur Geschichte des Arbeiter- und Gewerkschaftsinternationalismus.[18]

Aus der Sicht einer transnationalen Geschichte Ostmitteleuropas vor dem Ersten Weltkrieg sind die Arbeiten von Wojciech Morawiecki und Zbigniew M. Klepacki von besonderem Interesse, da sie auch die Entstehungsgeschichte internationaler Organisationen behandeln. Morawiecki hat sich mit der Herleitung und Gründung internationaler Organisationen aus technischen Innovationen und neuen Technologien seit Mitte des 19. Jahrhundert beschäftigt, wobei er die Rolle der Industrialisierung und immer engeren ökonomischen Verflechtung in Richtung einer Weltmarktintegration betonte.[19]

Klepacki seinerseits hat die Bedeutung des Kongresswesens und seiner zivilgesellschaftlichen Elementen herausgearbeitet. Zudem betonte er ältere ostmitteleuropäische Impulse. Dies betraf das Projekt eines Staatenbundes, wie ihn der böhmische König Georg von Podiebrad im 15. Jahrhundert vorgeschlagen hat, oder die Idee eines internationalen Schiedsgerichtshofs des Polen Andrzej Frycz-Modrzewski. Auch auf Wawrzyniec Goslickis

17 *Klepacki*, Encyclopedia teorii; *Kolegium Gospodarki Światowej*, Polska Nauka.

18 Siehe u. a.: *Tych*, Polskie programy; *Kalicka*, Międzynarodowa Federacja; *Żarnowska*, Soziale Prozesse; *Kowalski*, Geschichte; *Holzer*, Zwischen. Einen Einstieg in die vergleichende Arbeitergeschichte Europas sowie in Ansätze zu transnationalen Perspektiven bieten: *Geary*, Labour and Social Movements (mit einem Aufsatz zu Russland); *van der Linden*, Grenzüberschreitende Arbeitergeschichte; ders., Promise and Challenges.

19 *Morawiecki*, Organizacje Miedzynarodowe.

Entwürfe von Friedensbündnissen im 16. Jahrhundert oder Stanislaus I. Leszczyńskis Gedanken zu einer Organisation von europäischen Republiken wies er hin. Viele dieser Beiträge seien in Zeiten entstanden, da Polen geteilt war und Entwürfe internationaler Kooperation stets auch mit der Hoffnung verbunden waren, weitere Teilungen zu verhindern und die Unabhängigkeit zurückzugewinnen.[20] Dieses Narrativ prägt auch eine jüngere Publikation aus dem Jahr 2004, nunmehr erweitert um Beiträge von Juristen, die den Städtebund der Hanse als Inspiration der modernen internationalen Organisationen entdecken. Eingegangen wird auf Adam Jerzy Czartoryski, der basierend auf einem russisch-englischen Pakt eine europäische Liga entworfen hatte. Schließlich werden verschiedene polnische Vorschläge für eine Verfassung Europas in diese Linie gestellt.[21]

Daneben hatte Klepacki 1975 mit einem Autorenteam 1975 eine 600-seitige Enzyklopädie Internationaler Organisationen herausgeben[22], die den Anspruch erhebt, alle Regierungsorganisationen und die wichtigsten Nichtregierungsorganisationen erfaßt zu haben, vor allem aber all jene Institutionen, denen Polen als Staat oder polnische Einrichtungen angehörten. Grundlage war eine Kompilation von Roman Jasica and Tadeusz Kamiński[23], die Jahresberichte von internationalen Organisationen sowie Informationen aus 150 polnischen Einrichtungen zusammengetragen hatten. Insgesamt verzeichnet die Enzyklopädie auch 81 Organisationen, deren Gründung in die Zeit vor 1918 zurückreicht und widmet ihnen jeweils Kurzbeschreibungen von 1–2 Spalten. Als 1990 eine überarbeitete Auflage erschien, hatten die Autoren die Zahl der behandelten Organisationen auf 1500 erhöht, wobei sie vor allem auf Vollständigkeit derjenigen Einrichtungen achteten, an denen Polen beteiligt war. Ergänzt wird diese für eine transnationale Geschichte Ostmitteleuropas sehr nützliche Datensammlung durch einen breiten, bis zur Mitte der 1850er Jahre zurückreichenden Forschungsüberblick zur Geschichte der internationalen Organisationen.[24]

20 *Klepacki*, Encyklopedia teorii, S. 42 ff.

21 *Menkes* u. *Wasilkowski*, Organizacje Międzynarodowe.

22 *Klepacki*, Encyklopedia Organizacji.

23 *Jasica* u. *Kamiński*, Informator.

24 *Klepacki*, Encyklopedia organizacji; ders. Encyclopedia teorii.

II.5.3 Transnationale Perspektiven auf die Geschichte der Internationalisierung

In den vergangenen zwei Jahrzehnten haben Historiker verstärkt den Reiz und die Relevanz der Geschichte von Internationalisierung und internationalen Organisationen entdeckt. In der globalhistorischen Forschung stellt sie ein Kernthema dar. Für geraume Zeit hat dabei vornehmlich interessiert, wie supranationale Institutionen die Beziehungen zwischen dem westlichen Europa und Nordamerika sowie der außereuropäischen Welt beeinflussten.[25] Transnationale Perspektiven auf den Gegenstand sind jüngeren Datums und gehen einer Reihe von Aspekten nach: (a) in welchem Maße staatliche zivilgesellschaftliche Akteure grenzüberschreitende Kooperation auf den Weg gebracht haben; (b) inwiefern internationale Organisationen Knotenpunkte in den seit den 1850er Jahren zunehmenden Zirkulationen und Transfers von Ideen, Wissen, und Reformanliegen waren; (c) inwiefern Akteure der Internationalisierung als transnational zu charakterisieren sind, aufgrund der Mobilität ihrer Lebenswege, ihrer *agency* für Anliegen, die innerhalb der politischen Grenzen nicht umsetzbar waren, und ihrer Fähigkeit in unterschiedlichen Kontexten zu agieren; (d) ob und wie Akteure in internationalen Institutionen eine transnationale Organisationskultur entwickelt haben. Es geht also darum, internationale Organisationen als Schnittstelle von grenzüberschreitenden Problemen und Praktiken zu untersuchen, und sie dabei sowohl als Akteure als auch als Arenen für die Regelung der Beziehungen von Individuen, Gemeinschaften und Staaten zu verstehen.

In der anglo-amerikanischen, der deutschen und französischen Historiographie sind internationale Organisationen lange ein Nischenthema geblieben. Für die Öffnung nach Ende der Bipolarität des Kalten Krieges waren drei Argumente wichtig: Ian Tyrell hat für die Entwicklung der USA verdeutlicht, dass sich die Außenpolitik eines Landes aus einer rein nationalen Perspektive nur ungenügend verstehen lässt.[26] Akita Iriye hat mit dem Ausweis einer kontinuierlichen Zunahme der Zahl und der Bedeutung internationaler Organisationen seit der Mitte des 19. Jahrhunderts eine Sichtweise aufgebrochen, nach der grenzüberschreitende Zusammenarbeit an den egoistischen Interessen der Nationalstaaten scheitern würde.[27] Martin Geyer

25 *Daele, Rodríguez García* u. *Goethem*, ILO Histories; *Herren*, Networking; *Pedersen*, The Guardians; *Mazower*, No enchanted Palace.

26 *Tyrell*, American Exceptionalism.

27 *Iriye*, Global Community.

und Johannes Paulmann haben internationale Organisationen als Ausdruck eines qualitativen und quantitativen Wandels der Verhältnisse zwischen Gesellschaften geschildert, ausgelöst von politischen und sozialen Bewegungen, die zum einen auf grenzüberschreitende Identitäten und Kooperationen zur gesellschaftlichen Veränderung zielten und zum anderen ausgelöst wurden von einer Internationalisierung kultureller, politischer und ökonomischer Praktiken. Nationalisierung und Internationalisierung, so ihr Punkt, waren auf das engste miteinander verbunden.[28]

Diese Positionen haben eine Debatte über das Verhältnis der Begriffe »international« und »transnational« angestoßen. Manche nutzen sie synonym, andere, wie Akita Iriye, plädieren für mehr Trennschärfe: »Internationalismus kann man als Idee zur Förderung zwischenstaatlicher Zusammenarbeit betrachten, und Kosmopolitismus bezieht sich in der Regel auf eine geistige Haltung gebildeter Eliten [...]. Im Gegensatz dazu liegt der Transnationalismus als Ideologie den Bestrebungen von Privatleuten und nicht-staatlichen Akteuren in verschiedenen Ländern zugrunde, Brücken zu bauen und sich für gemeinsame Aktivitäten zu engagieren.«[29] Das hat eine begriffsgeschichtliche Verständigungsdebatte ausgelöst, in der u. a. ein wissenschaftspolitischer Aspekt der Wortgefechte deutlich geworden ist. Als der Terminus »transnational« in den 1960er Jahren in der akademischen Verwendung unter Juristen und Politologen aufkam, diente er nicht zuletzt der Selbstkritik bezüglich der eigenen staatszentrierten Orientierung und als Aufforderung, die Vielfalt grenzüberschreitender Akteure anzuerkennen. Die Lage war in der Geschichtswissenschaft ähnlich. Der neue Begriff wurde zur Abgrenzung von einer dem methodischen Nationalismus verhafteten Forschung verwandt. In der Polarisierung zwischen einer Internationalismus-Forschung, die alles unter den Staat subsumiert, und einer Transnationalismus-Forschung, die sich dezidiert nicht mit ihm befasst, ist undeutlich geworden, dass sich beide auf den Staat beziehen und beide Gefahr laufen, zu einer konventionellen staatszentrierten Perspektiven beizutragen. Die eine, indem sie das Alte in der Beschreibung des internationalen System fortschreibt; die andere, indem sie das ungeliebte Alte durch eine Leerstelle und nicht durch eine Alternative ersetzt.[30]

28 *Paulmann* u. *Geyer*, Mechanics of Internationalism.

29 *Iriye*, Entstehung einer transnationalen Welt, S. 683.

30 *Zimmermann*, International-Transnational; *Park*, Internationalisms; zur Begriffsgeschichte siehe auch: *Herren*, Hintertüren zur Macht, S. 13 f.; *Saunier*, Transnational History, S. 13–22.

Die Debatte hat sich ein gutes Stück entschärft, da von verschiedenen Seiten auf die historische Bedeutung des Begriffs »international« hingewiesen wurde, die vor dem Ersten Weltkrieg sowohl staatliche als auch als zivilgesellschaftliche Akteure beinhaltete. So hatte schon Alfred H. Fried im Jahre 1908 Internationalismus als die Entstehung »von »internationalen Verbände(n), und Einrichtungen, der Staaten sowohl wie auch der privaten Interessenkreise« bezeichnet. [31] Ähnlich sah es Paul Reinsch in seinem Buch über die internationalen Verwaltungsunion von 1911.[32]

Davon ausgehend sind Überlegungen in Gang gekommen, ob und wie das, was man heute als »transnational« bezeichnet, und das differenzierte internationale Gebilde zusammenhängen. Mittlerweile argumentiert eine Reihe von Autoren, dass beide eng verwoben waren – dass Internationalismus und transnationale Praktiken Hand in Hand gingen, dass transnationale Konstellationen auch innerhalb der Organisationen existierten und sie zudem von lokalen, nationalen sowie andere internationalen Strukturen geprägt waren.[33] Vor diesem Hintergrund zeichnen sich in der Literatur mehrere Dimensionen der spezifisch transnationalen Qualität internationaler Organisationen ab.

Interaktionen in der Internationalisierung von Staat und Gesellschaft

Erste Überlegungen in diese Richtung sind von Politologen angestellt worden, wobei es zunächst einmal darum ging, den Gegenstand zu schärfen. Ernst B. Haas hat 1964 mit einer Analyse der Internationalen Arbeitsorganisation verdeutlicht, dass internationale Organisationen als eigenständige und einflussreiche Akteure in den zwischenstaatlichen Beziehungen zu begreifen sind. Wenige Jahre später haben Robert Keohane, Joseph Nye u.a. die zeitgenössische Verschiebung der Machtverhältnisse im internationalen System beobachtet und sind auf nichtstaatliche Bewegungen und Beziehungen gestoßen, die als Mittler zwischen nationalen Gesellschaften oder als Repräsentanten bestimmter Aspekte internationaler Politik fungierten.[34] Autoren wie Ian Tyrell haben an diese Sichtweisen angeschlossen und seither ist unser Blick auf Außenbeziehungen differenzierter geworden. Wir wissen

31 *Fried*, Das internationale Leben, S. 3.

32 *Reinsch*, Public International Unions, S. 5f.

33 *Laqua*, Age of Internationalism; *Clavin*, Defining Transnationalism; *Laqua*, Internationalism Reconfigured, siehe auch *Sluga*, Transnational History.

34 Einen sehr guten Überblick über die politikwissenschaftliche Debatte gibt: *Reinalda*, International Organization; zur historischen Perspektive: *Nehring*, Soziale Bewegungen.

inzwischen viel detaillierter, wie sich im 19. Jahrhundert eine Multilaterialisierung staatlicher Außenpolitik vollzogen hat[35] und dass sich parallel dazu eine Vielzahl von Akteuren vernetzt hat, die in keiner besonderen Nähe zum Staat standen.

Langsam hat sich so etwas wie eine grenzübergreifend tätige Zivilgesellschaft gebildet, getragen von verstetigten Netzwerken und Strukturen, wobei diese Nichtregierungsorganisationen eigene Vernetzungsdynamiken in Gang gesetzt haben. »During the last two centuries [...] these groups have been making and unmaking the threats of interdependence and interaction between polities and societies across borders. [...] they are historical objects in their own right, which have invented forms of action, of governance, of dedication, in their attempt to do away or cope with national differences and pressures and their frequent – but not ominous – aspiration to some universal.«[36]

Thomas Davies hat jüngst eine konzise Studie zur zivilgesellschaftlichen Internationalisierung vorgelegt. Das Buch bietet eine Synthese ihrer Entwicklung seit dem ausgehenden 18. Jahrhundert und unterstreicht erneut, dass transnationale Zusammenarbeit zwar wiederholt nachließ, aber in der Gesamtschau zugenommen hat. Die Periode der 1860er Jahre bis 1900 beschreibt Davies dabei als eine Zeit der Diversifizierung und Spezialisierung, in der es für die Organisationen zudem möglich wurde, dauerhaft in verschiedenen Ländern verankert zu sein. Ein weiteres Kennzeichen dieser Jahre sieht er in der sozialen Separierung, in der Trennung zwischen Arbeitersolidarität und liberalem Internationalismus. Während im frühen 20. Jahrhundert die Tendenz der Ausbreitung umschlug in einen Niedergang der Kooperation, habe sich während des Ersten Weltkrieges eine neue Generation von Nichtregierungsorganisationen geformt.[37]

Mit der Anerkennung der vielfältigen transnationalen Kontakte und Verpflichtungen unterhalb der Regierungsebene ist deutlich geworden, dass »eine Geschichte des internationalen Systems neben den Beziehungen zwi-

35 Zur Internationalisierung von Außenpolitiken und der Rolle von Staaten bei der Erweiterung der internationalen Regulierung: *Herren* u. *Zala*, Netzwerk Außenpolitik; in Anlehnung daran hat Herren den Terminus »governmental internationalism« geprägt: *Herren*, Governmental Internationalism; auf die strategische Vernetzung zur Stärkung des eigenen Staates bzw. die nationalisierenden Effekten internationaler Institutionen macht aufmerksam: *Paulmann*, Reformer, Experten und Diplomaten, S. 173–199.

36 *Saunier*, International non-governmental organizations, S. 579.

37 *Davies*, NGOs.

schen den Staaten, Nationen und Gesellschaften immer auch deren Vernetzung mit thematisieren muß: wechselseitige Beeinflussung, Verflechtung, Integration und den Einfluß von Akteuren und Strukturen jenseits der staatlichen Ebene. Sie ist nicht nur Politikgeschichte, sondern notwendigerweise auch immer Gesellschaftsgeschichte und Kulturgeschichte, die sich nicht auf die Bindungen an nationale Kontexte und nationalstaatliche Formationen einengen lassen. Sie wird es immer mehr, je deutlicher jene Prozesse in den Blick der Historiker kommen, die anderswo unter dem Schlagwort der »Globalisierung« diskutiert werden.«[38]

Als sich in der Forschung abgezeichnet hat, dass sich vor dem Ersten Weltkrieg Männer und Frauen in fast allen Bereichen des öffentlichen Lebens im Rahmen zahlreicher verstetigter Kooperationen bewegten, gelangten auch die vielfältigen Zirkulationen und Transfers von Ideen, Informationen, Modellen, von Wissen jeder Art deutlicher in den Blick; und mit ihnen die Träger und ihre Netzwerke.[39]

Pierre Yves Saunier hat diese transnationalen Netzwerke von Experten als Konfigurationen von individuellen und kollektiven Akteuren beschrieben, die Zeit, Energie sowie soziale, ökonomische und kulturelle Ressourcen in die Herausbildung, den Unterhalt und den Gebrauch von Verflechtungen investieren, die weit über die nationalen Grenzen hinausreichen.[40] Dabei ist zentral, sie als epistemische Gemeinschaften zu verstehen, als Cluster von Individuen, die eine gemeinsame Überzeugung und ähnliche Weltsichten zumindest in Bezug auf ein Thema teilen.[41] Sandrine Kott hat diese Perspektive konsequent auf die Geschichte der Internationalen Organisationen angewandt. Insgesamt konnte das Entstehen einer transnationaler Sphäre durch die Zirkulation von Wissen aufgezeigt werden.[42]

Für die Jahre zwischen 1840 und 1870 geschah dies eher in Form von »gentlemanly networks of experts« und durch internationale Konferenzen, wobei Fragen der Sozialreform im Vordergrund des Interesses standen. Ab den 1870er Jahren wurden diese Expertennetzwerke zunehmend professioneller, die Kongresse führten zur Gründung permanenter Organisationen, aber erst die Zeit zwischen den 1880er Jahren und dem Ausbruch des Ersten Weltkriegs kann als eigentlicher Höhepunkt des Internationalismus in

38 *Loth* u. *Osterhammel*, Internationale Geschichte, S. XI; *Clavin*, Time, Manner, Place.
39 *Rodogno, Gauthier* u. *Piana*, Transnational History; Sibille, LONSEA.
40 *Saunier*, Circulations, connexions, and espaces transnationaux.
41 *Adler* u. *Haas*, Conclusion; *Daele*, Engineering Social Peace.
42 *Kott*, Communauté épistémique.

der neuen Sphäre transnationaler Verflechtung angesehen werden. Anne Rasmussen hat diese Periode als den »tournant organizateur« (Umbruch in organisatorischer Hinsicht) bestimmt.[43] Nach dem Ersten Weltkrieg kam es dagegen mit dem Völkerbund zu einer transnationalen Organisation der nationalisierten Gesellschaften bzw. Nationalstaaten.[44]

Transnationale Akteure und Organisations-Kultur

Die internationalen Organisationen gingen allerdings vor 1918 und auch z. T. danach weiterhin über die Vertretung von staatlichen Einheiten hinaus und zwar durch die Akteure, die in ihnen tätig wurden. In biographischen Studien ist deutlich geworden, dass von ihnen im Laufe ihrer Karriere hoch mobil waren. Sie absolvierten nicht nur ihre Ausbildung an verschiedenen Orten und oft sogar in verschiedenen Staaten, sondern sie wanderten auch zwischen zahlreichen Orten, um ihren Berufen nachzugehen. Sie bewiesen die Befähigung, zwischen verschiedenen Kontexten und Räumen zu vermitteln, da sie sowohl in ihren Herkunftskontexten verankert blieben als sich auch in die internationalen Strukturen in einem Maße integrierten[45], dass sie damit identifiziert wurden und die damit verbundenen verschiedene Rollen spielen konnten. In der »Interparlamentarischen Union« (IPU) arbeiteten beispielsweise Parlamentarier mit, die zu Hause in Regierungsverantwortung standen, in der IPU dagegen in einem nicht-staatlichen Raum Politik machten.[46] Dies ermöglichte es ihnen wiederum, innerhalb der Organisationen verschiedene Rollen einzunehmen und über die Organisation hinaus Netzwerke zu schaffen.[47]

Eine der wichtigsten Konsequenzen dieser Mobilität und multiplen Rollen ist die Herausbildung einer transnationale Organisations-Kultur auf der Grundlage spezifischer Denkweisen und Handlungsmuster, die zu gemischten Loyalitäten gegenüber der Herkunftsregion bzw. dem Herkunftsstaat sowie der internationalen Organisation führen konnten.

Internationalisierung aus einer transnationalen Perspektive wird derzeit in erster Linie mit quellenbasierten Arbeiten erschlossen. Die skizzierten Argumente und Ansätze werden, und das ist ihre Stärke, eher nach dem Gang in die Archive formuliert, als allein in Form von konzeptionellen Überlegungen.

---

43 *Rasmussen*, Tournant, inflexions, ruptures.

44 *Rodogno, Struck* u. *Vogel*, Shaping the Transnational, S. 1–20.

45 *Randeraad*, Triggers of Mobility.

46 *Albers*, Crisis of Democracy.

47 *Herren*, Between Territoriality.

Eine Folge davon ist allerdings, dass wir noch verhältnismäßig wenig über spezifische Traditionen der Transnationalisierungen wissen. Bei der Antwort auf die Frage, wie sich Regionen, und eben nicht Nationalstaaten und Imperien, in die Kongressbewegung des 19. Jahrhunderts und die daraus erwachsenden Institutionen eingebracht haben, welche Strategien und Handlungsmöglichkeiten sich aus ihrer Position und Selbstverortung im globalen Gefüge ergaben, und wie die Erfahrungen aus der Partizipation an internationalen Organisationen die Akteure und ihre Gesellschaften prägten, stehen wir noch weitgehend am Anfang. Dies beinhaltet auch die Frage, wann diese Erfahrungsbestände vergessen wurden und läd zu einer Blickverschiebung ein, die nicht primär auf Nationalstaaten und Imperien fokussiert, sondern auf Individuen und deren Interesse an Problemlösungen in internationaler Zusammenarbeit.

II.5.4 Studien zu ostmitteleuropäischen Akteuren in den frühen Internationalen Organisationen

Zur Beantwortung dieser Fragen lässt sich auf zahlreiche Arbeiten aus der Ostmitteleuropaforschung zurückgreifen, die sich zwar nicht in erster Linie für die Verflechtungsgeschichte der Region interessieren, aber wertvolle Hinweise auf Akteure enthalten, die Verbindungen ins Ausland pflegten oder auf internationale Verbände aufmerksam machen, die in der Region aktiv waren oder sogar Zweigstellen hatten. Oft werden internationale Vorbilder erwähnt. Man stößt auf internationale Kongresse und Organisationen als Infrastrukturen des Kontaktes und Informationsbörsen. Selbst Studien zu den ostmitteleuropäischen Nationalbewegungen lassen sich auf transnationale Einflüsse hin lesen, die nicht selten in die Richtung von Begegnungen im Engagement für internationale Organisationen weisen. So hatten zum Beispiel viele Leitfiguren der 1867 gegründeten Internationalen Friedensliga zuvor in den 1848er Revolutionen für eine neue politische Ordnung gekämpft und lebten nach dem Scheitern der Revolutionen im Exil. Dort waren sie informell vernetzt und weiter aktiv für die republikanischen Ideen. István Türr z. B. setzte nach der Rückkehr aus dem Exil im Zuge des österreichisch-ungarischen Ausgleiches sein pazifistisches Engagement im Rahmen der Friedensliga und als Leiter des internationalen Friedenskongresses fort, der 1896 in Budapest stattfand.[48]

48 *Toth*, Biographien.

Zudem haben transnationale Ansätze Eingang in die Ostmitteleuropa-Historiographie gefunden und bieten sich als Brücken in die Geschichte der Internationalisierung der Region an. Dazu zählt der Vorschlag, die grenzüberschreitenden Verflechtungen der polnischen Eliten um 1900 unter dem Stichwort »Transpolonität« weiterzudenken[49], genauso wie die Erkundung imperialer Biographien[50] oder die Analyse von Grenzgängern.[51] Die akteurszentrierte Perspektive, die dabei zumeist eingenommen wird, knüpft an biographische Forschungen zu international vernetzten Persönlichkeiten an, wie zum Beispiel jene über Ignacy Daszyński, der als führende Figur der polnisch-galizischen Arbeiterbewegung im ständigen Austausch mit Politikern im preußischen und russischen Teilungsgebiet stand, von 1897 bis zum Ende der Monarchie dem Wiener Reichsrat angehörte und außerdem in der II. Internationale aktiv war.[52] Zudem sind grenzüberschreitende Netzwerke bestimmter Akteursgruppen gut untersucht, etwa der »Allgemeine Jüdische Arbeiterbund«, bei dem es sich um eine der wichtigsten soziale Bewegungen im zaristischen Russland handelte, die über Filialen in Westeuropa, den USA, in Argentinien, Mexiko, Kuba und sogar in Australien und Südafrika verfügte.[53] Ein interessanter Fall sind die tschechischen Anarchisten, da sich an ihrem Beispiel auch nachvollziehen lässt, dass und wie transnationale Verbindungen enden können. Um 1900 entschieden sie sich zur Auflösung der Verbände in denen sie sich bis dahin organisiert und die in ein europaweites Netz anarchistischer Gruppen integriert waren.[54]

Schließlich gibt es Arbeiten, die sich dezidiert mit der Geschichte der Internationalisierung der Region befassen. Der Schwerpunkt liegt derzeit auf der Zeit nach 1918, insbesondere auf der Periode des Kalten Krieges,[55] doch gibt es auch erste Studien zum Vorkriegsinternationalismus.

Aus diesen wissen wir beispielsweise von der Integration ungarischer Sozialexperten in internationale Strukturen, die den Aufbau sozialer Sicherungssysteme in Ungarn prägten und zugleich Anteil an der gesamteuropäischen Entwicklung in Richtung Sozialstaatlichkeit hatten. 1898 und 1907 wurden in Ungarn zwei Gesetze zur obligatorischen Arbeiterversicherung

---

49 *Dyroff*, Einleitung.

50 *Buchen* u. *Rolf*, Eliten im Vielvölkerstaat; *Aust* u. *Schenk*, Imperial Subjects.

51 *Rolf* u. *Happel*, Grenzgänger.

52 *Jobst*, Daszyński.

53 *Wolff*, Eastern Europe Abroad;

54 *Rovná*, Peter Kropotkin.

55 *Kott*, Par-delà la guerre froide, *Popa*, Discreet Intermediaries; *Brier*, Entangled Protest; *Kott*, International Alliance for Labour Legislation.

eingeführt, mit denen eine Sozialpolitik für gewerbliche Arbeit begann. Diejenigen, die diese Gesetze mit auf den Weg gebracht hatten, u. a. Josef Szterényi, gründeten drei sozialpolitische Vereine: zum gesetzlichen Arbeiterschutz, für die Arbeiterversicherung sowie für die Bekämpfung der Arbeitslosigkeit. Sie sorgten dafür, dass diese Mitglied in den internationalen Vereinigungen wurden, die ähnliche Namen trugen und die 1920 in der Internationalen Arbeiterorganisation aufgingen.[56]

Gleichermaßen kann man anhand von Studien zu der von Ungarn ausgehenden Internationalisierung der Agrarpolitik eine Facette ostmitteleuropäischer Teilnahme an internationalen Organisationen detailliert nachvollziehen. Den ersten internationalen Landwirtschaftskongress, der 1885 in Budapest stattfand, organisierte Graf Sándor Károlyi, dessen Einladung neben Vertretern der Regierung, der drei zuständigen Ministerien und der Stadt Budapest mehr als 60 Gäste aus dem Ausland und knapp 200 ungarische Agrarexperten folgten. Vermutlich hatte auch Jules Méline, der damalige französische Landwirtschaftsminister, von dem Budapester Kongress erfahren und ihm die Anregung entnommen, die europäischen Fachverbände erneut zusammenzubringen, diesmal im Rahmen der Pariser Weltausstellung 1889. Fortan jedenfalls trafen sich Landwirte sowie Landwirtschaftspolitiker und -experten aus allen Teilen Europas regelmäßig am Rande der Weltausstellungen.[57]

Auch im Bereich des Sports lassen sich die Spuren bis in die Periode vor dem Ersten Weltkrieg zurückverfolgen. Im Internationalen Olympischen Komitee (IOC) war der tschechische Sport durch Jiří Guth vertreten, der selbst in die Gründung der Organisation 1894 involviert war. Fünf Jahre später war ein tschechisches Olympisches Komitee etabliert, so dass es bis 1905 zwei Repräsentanten aus Österreich-Ungarn gab, neben Guth nahm auch der Ungar Ferenc Kemény einen Sitz ein, 1905 ergänzt um Prinz Alexander Solms Braunfelds, der sich heftige Gefechte mit Guth um die Vertretungsrechte lieferte. In deren Ergebnis trat 1908 eine tschechische Equipe in London an, während 1912 der Name zu Equipe Autriche-Tchéque geändert wurde und in Vorbereitung auf Berlin 1916 den Tschechen die Anerkennung jeglicher Eigenständigkeit gleich ganz verweigert wurde.[58]

---

56 *Szombor*, Az ipari munka társadalma.

57 Aldenhoff-Hübinger, Agrarpolitik, S. 48–60; *Müller, Kubů*, Šouša u. *Lorenz*, Agrarismus; *Vári*, Herren und Landwirte, S. 142–145.

58 *Kolář* u. *Kössl*, Olympic Committee.

Schlussbemerkung

In der einschlägigen Literatur lassen sich also Hinweise auf die Internationalisierung Ostmitteleuropas vor dem Ersten Weltkrieg in reicher Menge finden. Sie alle zu heben für eine immer vollständiger werdende transnationale Geschichte der Region, bedarf allerdings nicht nur der kritischen Lektüre des Vorhandenen, sondern künftighin auch seiner Überprüfung in den Archiven. Anhand der hier herangezogenen Arbeiten zeigt sich, dass die polnische, tschechische und ungarische Beteiligung an internationalen Organisationen auf höchst unterschiedliche Art und Weise erfolgen konnte, Internationalisierung aber auf jeden Fall nicht an die Existenz des Nationalstaat gebunden war und nicht überall auf gleiche Weise und in gleichen Strukturen betrieben wurde. Insofern dient der in unserem Band untersuchte Fall der transnationalen Geschichte einer europäischen Großregion zu mehr als einer Erweiterung um bisher übersehene Fakten, sondern kann auch eine Herausforderung für die bislang vor allem an Westeuropa gebildeten Kategorien darstellen.

Literaturverzeichnis

Abelshauser, W., Staat, Infrastruktur und interregionaler Wohlstandsausgleich im Preußen der Hochindustrialisierung, in: F. Blaich (Hg.), Staatliche Umverteilungspolitik in historischer Perspektive. Beiträge zur Entwicklung des Staatsinterventionismus in Deutschland und Österreich, Berlin 1980, S. 9–58.

Abelshauser, W., Kulturkampf. Der deutsche Weg in die Neue Wirtschaft und die amerikanische Herausforderung, Berlin 2003.

Achim, V., The Roma in Romanian History, Budapest 2004.

Ackermann, V., Der »echte« Flüchtling. Deutsche Vertriebene und Flüchtlinge aus der DDR 1945–1961, Osnabrück 1995.

Adam, T., Intercultural Transfers and the Making of the Modern World 1800–2000. Sources and Contexts, Basingstoke 2012.

Adamczyk, D., Zur Stellung Polens im modernen Weltsystem der Frühen Neuzeit, Hamburg 2001.

Adams, M., Herbert Hoover and the Organization of the American Relief Effort in Poland 1919–1923, in: *European Journal of American Studies* 4 (2009) 2, http://ejas.revues.org/7627 [08.11.2016].

Adelsgruber, P., L. Cohen u. B. Kuzmany, Getrennt und doch verbunden. Grenzstädte zwischen Österreich und Russland 1772–1918, Wien/Köln/Weimar/Böhlau 2011.

Adler E. u. P. Haas, Conclusion. Epistemic Communities, World Order, and the Creation of a Reflective Research Program, in: *International Organization* 46 (1992) 1, S. 367–390.

Adler-Rudel, S., Ostjuden in Deutschland 1880–1940. Zugleich eine Geschichte der Organisationen, die sie betreuten, Tübingen 1959.

Agnew, J., V. Mamadouh, A. Secor u. J. Sharp (Hg.), The Wiley Blackwell Companion to Political Geography, Hoboken 2015.

Albers, M., Between the Crisis of Democracy and World Parliament. The Development of the Inter-Parliamentary Union in the 1920s, in: *Journal of Global History* 7 (2012) 2, S. 189–209.

Albisetti, J., Compromise and Containment. The Prussian Reforms of 1908 in Comparative Perspective, in: *Ariadne* 53/54 (2008), S. 8–17.

Albisetti, J., Schooling German Girls and Women, Princeton 2016.

Albrecht, C., Pride in Production. The Jubilee Exhibition of 1891 and Economic Competition between Czechs and Germans in Bohemia, in: *Austrian History Yearbook* 24 (1993), S. 101–18.

Albrecht, F. u. L. Buza (Hg.), Válságban van-e a parlamentarizmus? Az Interparlamentáris Unió magyar csoportjának ankétje [Ist der Parlamentarismus in der Krise? Die Versammlung der ungarischen Abteilung der Interparlamentarischen Union], Budapest 1930.

Aldcroft, D. u. S. Morewood, Economic Change in Eastern Europe since 1918, Brookfield 1995.

Aldenhoff-Hübinger, R., Agrarpolitik und Protektionismus. Deutschland und Frankreich im Vergleich, 1879–1914, Göttingen 2002.

Alexander, J., The Immigrant Church and Community. Pittsburgh's Slovak Catholics and Lutherans, 1880–1915, Pittsburg 1987.

Allen, T., The Invention of the White Race, London 1994/1997.

Alofsin, A., When Buildings Speak. Architecture as Language in the Habsburg Empire and its Aftermath, 1867–1933, Chicago/London 2006.

Alston, C., Tolstoy's Guiding Light, in: *History Today* 60 (2010) 10, S. 30–36.

Ambrosius, G., Wirtschaftsstruktur und Strukturwandel. Gesamtwirtschaft, in: G. Ambrosius, D. Petzina u. W. Plumpe (Hg.), Moderne Wirtschaftsgeschichte. Eine Einführung für Historiker und Ökonomen, München 1996, S. 175–191.

Ambrosius, G., Staat und Wirtschaftsordnung. Eine Einführung in Theorie und Geschichte, Stuttgart 2001.

Ambrosius, G., Wirtschaftsintegration in Europa im 19. und 20. Jahrhundert. Ein wirtschaftshistorisches Forschungsprogramm, in: C. Henrich-Franke, C. Neutsch u. G. Thiemeyer (Hg.), Internationalismus und Europäische Integration im Vergleich. Fallstudien zu Währungen, Landwirtschaft, Verkehrs- und Nachrichtenwesen, Baden-Baden 2007, S. 13–37.

Ambrosius, G. u. C. Henrich-Franke, Integration von Infrastrukturen in Europa im historischen Vergleich. Synopse, Baden-Baden 2013.

Amburger, E., Die Anwerbung ausländischer Fachkräfte für die Wirtschaft Rußlands vom 15. bis ins 19. Jahrhundert, Wiesbaden 1968.

Amelina, A., Beyond Methodological Nationalism. Research Methodologies for Cross-Border Studies, New York 2012.

Anderson, B., Imagined Communities. Reflections on the Origin and Spread of Nationalism, London/New York 1991.

Anderson, B., Die Erfindung der Nation. Zur Karriere eines folgenreichen Konzepts, Berlin 1998.

Anderson, B., Subaltern Lives. Biographies of Colonialism in the Indian Ocean World, 1790–1920, Cambridge 2012.

Anderson, M., The Frontiers of Europe, London 1998.

Anderson, M., Joyous Greetings. The First International Women's Movement, New York 2000.

Appadurai, S., Sovereignty Without Territoriality. Notes for a Postnational Geography, in: P. Yaeger (Hg.), The Geography of Identity, Ann Arbor 1996, S. 40–58.

Arlettaz, G. u. S. Arlettaz, La Suisse et les étrangers. Immigration et formation nationale (1848–1933), Lausanne 2004.

Armengaud, A. u. C. M. Cipolla (Hg.), Europäische Wirtschaftsgeschichte, Stuttgart 1985.

Armitage, D. u. S. Subrahmanyam (Hg.), The Age of Revolutions in Global Context 1760–1840, Basingstoke 2010.

Armour, I., A History of Eastern Europe 1740–1918. Empires, Nations and Modernisation, London 2012.

Arnold, P., National Approaches to the Administration of International Migration, Amsterdam 2010.

Asch, R. u. H. Duchardt (Hg.), Der Absolutismus. Ein Mythos?, Köln/Weimar/Wien 1996.

Augustynowicz, C., Geschichte Ostmitteleuropas. Ein Abriss, Wien 2010.

Augustynowicz, C., Individuum und Stadt an der galizischen Grenze. Dialog oder Monologe? Sandomierz und Jan Słomka als Grenzgänger, in: Grenzgänger in Vielvölkerreichen. Grenzziehungen und -überschreitungen in Russland und Österreich-Ungarn 1840–1918, *Zeitschrift für Geschichtswissenschaft* 59 (2011) 5, S. 405–420.

Augustynowicz, C. u. A. Kappeler (Hg.), Die galizische Grenze 1772–1867. Kommunikation oder Isolation, Wien/Berlin 2007.

Aumente, J., Eastern European Journalism. Before, During and After Communism, New York 1999.

Aust, M. u. F. Schenk (Hg.), Imperial Subjects. Autobiographische Praxis in den Vielvölkerreichen der Romanovs, Habsburger und Osmanen im 19. und frühen 20. Jahrhundert, Köln 2015.

Aust, M. u. J. Obertreis (Hg.), Osteuropäische Geschichte und Globalgeschichte, Stuttgart 2014.

Aust, M., R. Vulpuis u. A. Miller (Hg.), Imperium inter pares. Rol' transferov v istorii Rossijskoj imperii (1700–1917), Moskau 2010.

Baár, M., Historians and Nationalism. East-Central Europe in the Nineteenth Century, Oxford 2001.

Babejová, E., Fin-de-Siècle Pressburg. Conflict and Cultural Coexistence in Bratislava 1897–1914, Boulder/New York 2003.

Baberowski, J., Das Ende der Osteuropäischen Geschichte. Bemerkungen zur Lage einer geschichtswissenschaftlichen Disziplin, in: *Osteuropa* 48 (1998) 8/9, S. 784–799.

Bach Jensen, R., The International Anti-Anarchist Conference of 1898 and the Origins of Interpol, in: *Journal of Contemporary History*, 16 (1981) 2, S. 323–347.

Bachinger, K., Das Verkehrswesen, in: A. Brusatti (Hg.), Die Habsburgermonarchie 1848–1918, Bd. 1: Die wirtschaftliche Entwicklung, Wien 1973, S. 278–322.

Bácskai, V. (Hg.), Bürgertum und bürgerliche Entwicklung in Mittel- und Osteuropa, Budapest 1986.

Bade, K., »Kulturkampf« auf dem Arbeitsmarkt. Bismarcks »Polenpolitik« 1885–1890, in: O. Pflanze (Hg.), Innenpolitische Probleme des Bismarck-Reiches, München 1983, S. 159–184.

Bade, K., Arbeiterstatistik zur Ausländerkontrolle. Die »Nachweisungen« der preußischen Landräte über den »Zugang, Abgang und Bestand der ausländischen Arbeiter im preußischen Staate« 1906–1914, in: *Archiv für Sozialgeschichte* 24 (1984), S.163–283.

Bade, K., »Preußengänger« und »Abwehrpolitik«. Ausländerbeschäftigung, Ausländerpolitik und Ausländerkontrolle auf dem Arbeitsmarkt in Preußen vor dem Ersten Weltkrieg, in: *Archiv für Sozialgeschichte* 24 (1984), S. 91–162.

Bade, K., (Hg.), Deutsche im Ausland, Fremde in Deutschland. Migration in Geschichte und Gegenwart, München 1992.

Bade, K., Europa in Bewegung. Migration vom späten 18. Jahrhundert bis zur Gegenwart, München 2000.

Bade, K., P. Emmer, L. Lucassen u. J. Oltmer (Hg.), Enzyklopädie Migration in Europa vom 17. Jahrhundert bis zur Gegenwart, Paderborn 2010.

Badenoch A. u. A. Fickers, Materializing Europe. Transnational Infrastructures and the Project of Europe, Basingstoke 2010.

Bader-Zaar, B., Foreigners and the Law in Nineteenth-Century Austria. Juridical Concepts and Legal Rights in the Light of the Development of Citizenship, in: A. Fahrmeir, O. Faron u. P. Weil (Hg.), Migration Control in the North Atlantic World. The Evolution of State Practices in Europe and the United States from the French Revolution to the Inter-war Period, New York 2003, S. 138–152.

Bahlcke, J., Ostmitteleuropa, in: Roth, H. (Hg.), Studienhandbuch Östliches Europa, Köln 1999, S. 59–72.

Bahlcke, J., H. Bömelburg u. N. Kersken (Hg.), Ständefreiheit und Staatsgestaltung in Ostmitteleuropa. Übernationale Gemeinsamkeiten in der politischen Kultur vom 16.–18. Jahrhundert, Leipzig 1996.

Bahlcke, J. u. A. Strohmeyer (Hg.), Konfessionalisierung in Ostmitteleuropa. Wirkungen des religiösen Wandels im 16. und 17. Jahrhundert in Staat, Gesellschaft und Kultur, Stuttgart 1999.

Bairoch, P., Europe's Gross National Product, in: *Journal of European Economic History* 5 (1976) 2, S. 273–340.

Bajkay, É. (Hg.), Zeit des Aufbruchs. Budapest und Wien zwischen Historismus und Avantgarde, Wien 2003.

Bakcskai, V., Small Towns in Eastern Central Europe, in: P. Clark (Hg.), Small Towns in Early Modern Europe, Cambridge 1995, S. 77–89.

Bakke, E., Doomed to Failure? The Czechoslovak Nation Project and the Slovak Autonomist Reaction 1918–38, Oslo 1999.

Bakoš, J. (Hg.), Artwork Through the Market. The Past and the Present, Bratislava, 2004.

Bakoš, J., Paths and Strategies in the Historiography of Art in Central Europe, in: *Journal of Institute of Art History of SAS ARS* 43. (2010) 1, S. 85–116.

Bakoš, J., Slovak Art History in the Time of Globalisation, in: *Journal of Institute of Art History of SAS ARS* 39 (2006) 1, S. 115–19.

Balakrishnan, G. (Hg.), Mapping the Nation, London, 1996.

Baldwin, R. u. P. Martin, Two Waves of Globalisation. Superficial Similarities, Fundamental Differences, in: H. Siebert (Hg.), Globalization and Labor, Tübingen 1999, S. 3–58.

Balińska, M., For the Good of Humanity. Ludwik Rajchman, Medical Statesman, Budapest 1998.

Baltzarek, F., Die Geschichte der Wiener Börse. Öffentliche Finanzen und privates Kapital im Spiegel einer österreichischen Wirtschaftsinstitution, Wien 1973.

Baltzarek, F., Die Finanzierung des Eisenbahnsystems in der Donaumonarchie, in: R. Plaschka, A. Drabek u. Birgitta Zaar (Hg.), Eisenbahnbau und Kapitalinteressen in den Beziehungen der österreichischen mit den südslawischen Ländern, Wien 1993, S. 221–231.

Baltzarek, F., Integration im Habsburgerreich, in: Schremmer, E. (Hg.), Wirtschaftliche und soziale Integration in historischer Sicht. Arbeitstagung der Gesellschaft für Sozial- und Wirtschaftsgeschichte in Marburg 1995, Stuttgart 1996, S. 213–220.

Baltzarek, F., Finanzrevolutionen, Industrialisierung und Crédit-Mobilier-Banken in der Habsburgermonarchie, in: O. Rathkolb, T. Venus u. U. Zimmerl (Hg.), Bank Austria Creditanstalt. 150 Jahre österreichische Bankengeschichte im Zentrum Europas, Wien 2005, S. 12–36.

Baltzarek, F., Zentralistische und föderalistische Aspekte der Wirtschaftspolitik am Beispiel Galiziens, in: U. Müller (Hg.), Ausgebeutet oder alimentiert? Regionale Wirtschaftspolitik und nationale Minderheiten in Ostmitteleuropa 1867–1939, Berlin 2006, S. 59–90.

Banas, P., Iranian Textiles and Politics of Identity in Eastern Europe, in: *Consortium* 2 (2011).

Bandiera, O., I. Rasul u. M. Viarengo, The Making of Modern America. Migratory Flows in the Age of Mass Migration, in: *Journal of Development Economics* 102 (2013), S. 23–47.

Bantman, C., Internationalism without an International? Cross-Channel Anarchist Networks, 1880–1914, in: *Revue Belge de Philologie et d'Histoire* 84 (2006) 4, S. 961–981.

Baran, M., Galizien in Bewegung. Wahrnehmungen, Begegnungen, Verflechtungen, in: *H-Soz-Kult* 15.09.2014, http://hsozkult.geschichte.hu-berlin.de/termine/id=25030) [4.11.2016].

Barkey, K. u. M. von Hagen (Hg.), After Empire. Multiethnic Societies and Nation-Building. The Soviet Union and the Russian, Ottoman, and Habsburg Empires, Boulder 1997.

Bart, V., The Formation of Global News Agencies, 1859–1934, in: W. Rayward (Hg.), Information Beyond Borders. International Cultural and Intellectual Exchange in the Belle Époque, London 2014, S. 35–47.

Bartetzky, A., Nation. Staat. Stadt. Architektur, Denkmalpflege und visuelle Geschichtskultur vom 19. bis zum 21. Jahrhundert, Köln 2012.

Barth, B. u. J. Osterhammel (Hg.), Zivilisierungsmissionen. Imperiale Weltverbesserung seit dem 18. Jahrhundert, Konstanz 2005.

Bartlová, M., Creating Borders. The Uses of Art Histories in Central Europe, Bratislava 2007.

Bartlová, M., Naše, národní umění. Studie z dějin dějepisu umění, Praha 2009.

Bartlová, M. u. M. Pachmanová (Hg.), Artemis a Dr. Faust. Ženy v českých a slovenských dějinách umění, Praha 2008.

Bartošek, J. (Hg.), Cukrovarnictví, cukrovary a cukrovarníci. Fenomén českého hospodářství v 19. a 20. století, Praha 2010.

Bartov, O. u. E. Weitz (Hg.), Shatterzone of Empires. Coexistence and Violence in the German, Habsburg, Russian, and Ottoman Borderlands. Bloomington 2013.

Barszczewska-Krupa, A., Emigracja i kraj. Wokół modernizacji polskiej świadomości społecznej i narodowej 1831–1863, Łódź 1999.

Bassin, M., The Russian Geographical Society, the »Amur Epoch« and the Great Siberian Expedition 1855–1863, *Annals of the Association of American Geographers* 73 (1983) 2, S. 240–255.

Baud, M. u. W. Van Schendel, Toward a Comparative History of Borderlands, in: *Journal of World History* 8 (1997) 2, S. 211–242.

Bauer, H. (Hg.), Die Nationalitäten des Russischen Reiches in der Volkszählung von 1897, Stuttgart 1997.

Baumann, C., U. Engel, M. Maruschke u. M. Middell (Hg.), Portale der Globalisierung, Leipzig 2016.

Baur, J., Die Musealisierung der Migration. Einwanderungsmuseen und die Inszenierung der multikulturellen Nation, Bielefeld 2009.

Bayly, C., »Archaic« and »Modern« Globalization in the Eurasian and African Arena 1750–1850, in: A. Hopkins (Hg.), Globalization in World History, London 2002, S. 47–73.

Bayly, C., The Birth of the Modern World, 1780–1914. Global Connections and Comparisons, Malden 2004.

Bayly, C., L. Auslander, A. Bentley, L. Halevi, O. Sibum u. C. Witmore, AHR Conversation. On Transnational History, in: *The American Historical Review* 111 (2006) 5, S. 1441–1464.

Bažantová, I., Karel Kramář a jeho zájem o národohospodářskou a finanční vědu, in: J. Bílek u. L. Velek (Hg.), Karel Kramář 1860–1937. Život a dílo, Praha 2009, S. 58–74.

Beazley, M. u. O. Baldinger, U-Bahn Budapest. 1863 die dampflokbetriebene Metropolitan in London, 1896 die elektrische U-Bahn in Budapest, in: *Industriearchäologie* 37 (2013), S. 22–24.

Becker, M., A Long Journey. The Turn to Regional Art in the Early Turkish Republic, Vortrag, Universität Leipzig 20.9.2012.

Becker, P., Governance of Migration in the Habsburg Monarchy and the Republic of Austria, in: P. Arnold, National Approaches to the Administration of International Migration, Amsterdam 2010, S. 32–52.

Beckert, S., Emancipation and Empire. Reconstructing the Worldwide Web of Cotton Production in the Age of the American Civil War, in: *The American Historical Review* 109 (2004) 5, S. 1405–1430.

Beckert, S., Empire of Cotton. A Global History, New York 2014.

Beckert, S., King Cotton. Eine Geschichte des globalen Kapitalismus, Bonn 2015.

Behrisch, L.(Hg.), Vermessen, Zählen, Berechnen. Die politische Ordnung des Raums im 18. Jahrhundert, Frankfurt a. M./New York 2006.

Behrisch, L., Die Berechnung der Glückseligkeit. Statistik und Politik in Deutschland und Frankreich im späten Ancien Régime, Ostfildern 2016.

Belchem, J. u. K. Tenfelde (Hg.), Irish and Polish Migration in Comparative Perspective, Essen 2003.

Belchem, J., Irish and Polish Migrants. Some Preliminary Comparative Analysis, in: Belchem, J. u. K. Tenfelde (Hg.), Irish and Polish Migration in Comparative Perspective, Essen 2003, S. 11–25.

Bell, A., Fighting the Traffic in Young Girls or War on the White Slave Trade, Chicago 1910.

Bély, L., L'art de la paix en Europe. Naissance de la diplomatie moderne, XVIe–XVIIIe siècle, Paris 2007.

Belzyt, L., Sprachliche Minderheiten im preußischen Staat 1815–1914. Die preußische Sprachenstatistik in Bearbeitung und Kommentar, Marburg 1988.

Benda, K., A magyar jakobinusok iratai, Budapest 1952–1957.

Bendel, R., H. Karp u. J. Köhler, Kirchen- und Kulturgeschichtsschreibung in Nordost- und Ostmitteleuropa. Initiativen, Methoden, Theorien, Hamburg 2006.

Benedict, B., International Exhibitions and National Identity, in: *Anthropology Today* 7 (1991) 3, S. 5–9.

Benjamin, T., The Atlantic World. Europeans, Africans, Indians and their Shared History, 1400–1900, Cambridge/New York 2009.

Bennett, D., Metro. A Story of the Underground Railway, London 2004.

Ben-Nun, G., From Ad Hoc to Universal. The International Refugee Regime from Fragmentation to Unity 1922–1954, in: *Refugee Survey Quarterly* 34 (2015) 2, S. 1–22.

Benson, T. (Hg.), Central European Avant-Gardes. Exchange and Transformation, 1910–1930, Los Angeles/Cambridge 2002.

Bentley, J., Myths, Wagers, and Some Moral Implications of World History, in: *Journal of World History* 16 (2006) 1, S. 51–82.

Berend, I., Agriculture, in: M. Kaser u. E. Radice (Hg.), The Economic History of Eastern Europe 1919–1975, Bd. 1: Economic Structure and Performance Between the two Wars, Oxford 1985, S. 148–209.

Berend, I., Decades of Crisis. Central and Eastern Europe Before World War II, Berkeley 1998, S. 3–23.

Berend, I., History Derailed. Central and Eastern Europe in the Long Nineteenth Century, Berkeley 2003.

Berend, I., An Economic History of Nineteenth-Century Europe. Diversity and Industrialization, Cambridge 2013.

Berend, I. u. T. Csató (Hg.), Evolution of the Hungarian Economy, 1848–2000, Boulder 2001.

Berend, I. u. G. Ránki, Ungarns wirtschaftliche Entwicklung 1849–1918, in: A. Brusatti (Hg.), Die Habsburgermonarchie 1848–1918, Bd. 1: Die wirtschaftliche Entwicklung, Wien 1973, S. 462–527.

Berend, I. u. G. Ránki, Economic Development in East-Central Europe in the 19th and 20th centuries, New York/London 1974.

Berend, I. u. G. Ránki, Hungary. A Century of Economic Development, New York 1974.

Berend, I. u. G. Ránki, Die Rolle des Staates in der wirtschaftlichen Entwicklung des 19. Jahrhunderts, in: J. Schneider (Hg.), Wirtschaftskräfte und Wirtschaftswege. Festschrift für Hermann Kellenbenz, Teil 3. Auf dem Weg zur Industrialisierung, Stuttgart 1978, S. 325–341.

Berend, I. u. G. Ránki, The European Periphery and Industrialization 1780–1914, Cambridge 1982.

Berghoff, H. u. J. Vogel, Wirtschaftsgeschichte als Kulturgeschichte. Ansätze zur Bergung transdisziplinärer Synergiepotentiale, in: H. Berghoff u. J. Vogel. (Hg.), Wirtschafts-

geschichte als Kulturgeschichte. Dimensionen eines Perspektivenwechsels, Frankfurt a. M. 2004, S. 9–41.
Berkovitch, N., From Motherhood to Citizenship. Women's Rights and International Organizations, Baltimore 1999.
Berkovitch, N., The Emergence and Transformation of the International Women's Movement, in: J. Boli u. G. M. Thomas (Hg.), Constructing World Culture. International Nongovernmental Organizations since 1875, Stanford 1999, S. 100–126.
Bertelé, M., Between Barbarians and Cosmopolitans. Russia in Venice, 1895–1914, in: N. Molok (Hg.), Russian Artists at the Venice Biennale, 1895-2013, Moskau 2013, S. 32–41.
Beyen, B., Tagungsbericht: Erfahrungen, Akteure, Räume. Dimensionen des Siedlerimperialismus in transnationaler Perspektive, in: H-Soz-Kult 9.3.2013, www.hsozkult.de/conferencereport/id/tagungsberichte-4692 [24.11.2016].
Beyrau, D. u. M. Hildermeier, Von der Leibeigenschaft zur frühindustriellen Gesellschaft (1856–1890), in: G. Schramm (Hg.), Handbuch der Geschichte Russlands, Bd. 3: 1856–1945, Von den autokratischen Reformen zum Sowjetstaat, Stuttgart 1983, S. 5–202.
Bicknell, L., B. Conrad u. H. Petersen (Hg.), Kommunikation über Grenzen. Polen als Schauplatz transnationaler Akteure von den Teilungen bis heute, Münster/Hamburg/Berlin/London 2013.
Bideleux, R. u. I. Jeffries, A History of Eastern Europe. Crisis and Change, London 2007.
Binder, H., Die Wasserstraßenvorlage und die wirtschaftlich-politische Lage Österreichs im Jahre 1901, in: Österreichische Zeitschrift für Geschichtswissenschaft, 3 (1992) 1, S. 43–62.
Binder, H., Galizien in Wien. Parteien, Wahlen, Fraktionen und Abgeordnete im Übergang zur Massenpolitik, Wien 2005.
Binder, H., Politische Öffentlichkeit in Galizien. Lemberg und Krakau im Vergleich, in: H. Rumpler u. P. Urbanitsch (Hg.), Die Habsburgermonarchie 1848–1918. Band 9.1. Soziale Strukturen, Wien 2010, S. 259–280.
Binder, M. »A cigányok« vagy a »cigánykérdés« története? Áttekintés a magyarországi cigányok történeti kutatásairól, in: *Regio* 20 (2009) 4, S. 35–59.
Bisha, R., Russian Women, 1698–1917. Experience and Expression, an Anthology of Sources, Bloomington 2002.
Biskupski, M., Strategy, Politics and Suffering. The Wartime Relief of Belgium, Serbia and Poland, 1914–1918, in: M. Biskupski u. P. Wandycz (Hg.), Ideology, Politics, and Diplomacy in East Central Europe, Rochester 2003, S. 31–57.
Bittel, F., Über das Flussschiffahrtsrecht der Donaumündungen mit besonderer Berücksichtigung der Rechtsverhältnisse der europäischen Donaukommission, Mainz 1899.
Biwald, B., Von Helden und Krüppeln. Das österreichisch-ungarische Militärsanitätswesen im Ersten Weltkrieg, Wien 2002.
Bjork, J., Neither German nor Pole. Catholicism and National Indifference in a Central European Borderland, Ann Arbor 2008.
Blackwell, J., No Peace without Freedom. Race and the Women's International League for Peace and Freedom, 1915–1975, Carbondale 2004.
Bláhová, K. u. V. Petrbok (Hg.) Cizí, jiné, exotické v české kultuře 19. století. Sborník příspěvků z 27. ročníku sympozia k problematice 19.století, Plzen, 22.–24.2.2007, Praha 2008.
Bláhová, K., Komunikace a izolace v české kultuře 19. století: sborník příspěvků z 21. ročníku Sympozia k problematice 19. století, Plzeň, 8.–10. března 2001, Praha 2002.
Blanke, R., Polish-Speaking Germans? Language and National Identity among the Masurians since 1871, Köln/Weimar/Wien 2001.
Blanning, T., Jospeh II., London 1994.

Blecking, D., Die Geschichte der nationalpolnischen Turnorganisation »Sokół« im Deutschen Reich 1884–1939, Münster 1987.

Blecking, D., Die slawische Sokółbewegung. Beiträge zur Geschichte von Sport und Nationalisms in Osteuropa, Dortmund 1991.

Blecking, D., Polish Community before the First World War and Present-Day Turkish Community Formation. Some Thoughts of a Diachronistic Comparison, in: J. Belchem u. K. Tenfelde (Hg.), Irish and Polish Migration in Contemporary Perspective, Essen 2003, S. 183–199.

Blejwas, S., Polonia and Politics, in: J. Bukowczyk (Hg.), Polish Americans and Their History. Community, Culture, and Politics, Pittsburgh 1996, S. 121–151.

Blessing, R., A Changing Diplomatic World, in: G. Martel (Hg.), A Companion to International History 1900–2001, Malden 2007, S. 65–77.

Blickle, P., Handbuch der Geschichte Europas [wechselnde Orte und Verlage, jetzt Stuttgart], 1971 ff.

Blobaum, R., To Market! To Market! The Polish Peasantry in the Era of the Stolypins Reforms, in: *Slavic Review* 59 (2000) 2, S. 406–426.

Bloch, M., Apologie der Geschichtswissenschaft oder Der Beruf des Historikers, Stuttgart 2002.

Blom, I., K. Hagemann u. C. Hall, Catherine (Hg.), Gendered Nations. Nationalisms and Gender Order in the Long Nineteenth Century, Oxford 2000.

Blum, M. u. W. Smaldone, Austro-Marxism. Austro-Marxist Theory and Strategy, Chicago 2016.

Boch, R., Staat und Wirtschaft im 19. Jahrhundert, München 2004.

Bochmann, K., Linguistic Policies in Transregional Contacts, in: M. Middell (Hg.), Handbook of Transregional Studies, London 2017 (im Druck).

Böcker, A., Groenendijk, K., Havinga, T u. P. Minderhoud (Hg.), Regulation of Migration. International Experiences, Amsterdam 1998.

Bódi, K., Kunstnationen in einem Weltausstellungsforum. Die Anfangsgeschichte der ungarischen Beteiligung an der Biennale von Venedig (1895–1918). Vortrag, Universität Leipzig 20.9.2012.

Bódi, K., Padiglione Ungherese in Venedig. Im Spiegel der italienischen, österreichischen und ungarischen Kunstkritik, 1895–1909, in: I. Sármány-Parsons u. C. Szabó (Hg.), Ludwig Hevesi und seine Zeit, Wien 2014, S. 99–123.

Bodnar, J., Lives of Their Own. Blacks, Italians, and Poles in Pittsburgh, 1900–1960, Urbana 1982.

Bodnar, J., The Transplanted. A History of Immigrants in Urban America, Bloomington 1985.

Boeckh, K. u. N. Stegmann (Hg.), Veterans and War Victims in Eastern Europe during the 20th Century. A Comparison, *Comparativ* 20 (2010) 5, Leipzig 2010.

Bohachevsky-Chomiak, M., Feminists Despite Themselves. Women in Ukrainian Community Life 1884–1939, Edmonton 1988.

Böhning, P., Die nationalpolnische Bewegung in Westpreußen 1815–1871. Ein Beitrag zum Integrationsprozeß der polnischen Nation, Marburg 1973.

Boissier, P., From Solferino to Tsushima. History of the International Committee of the Red Cross, Geneva 1985.

Boldorf, M., Europäische Leinenregionen im Wandel. Institutionelle Weichenstellungen in Schlesien und Irland 1750–1850, Köln 2006.

Boldorf, M., Industrial Districts. Methodische und konzeptionelle Überlegungen zur Industriegeschichte Süd- und Westeuropas, in: *Jahrbuch für Wirtschaftsgeschichte* 51 (2011) 2, S. 153–174.

Boli, J. u. G. Thomas, Constructing World Culture. International Nongovernmental Organizations since 1945, Stanford 1999.

Bömelburg, H., Zwischen imperialer Geschichte und Ostmitteleuropa als Geschichtsregion: O. Halecki und die polnische »jagiellonische Idee«, in: F. Hadler u. M. Mesenhöller (Hg.), Vergangene Größe und Ohnmacht. Repräsentationen imperialer Erfahrung in der Historiographie seit 1918, Leipzig 2007, S. 99–130.

Bömelburg, H., A. Gestrich u. H. Schnabel-Schüle (Hg.), Die Teilungen Polen-Litauens. Inklusions- und Exklusionsmechanismen. Traditionsbildung. Vergleichsebenen, Osnabrück 2013.

Bömelburg, H., Friedrich II. zwischen Deutschland und Polen, Stuttgart 2011.

Bommes, M. u. E. Morawska, International Migration Research. Constructions, Omissions and the Promises of Interdisciplinarity, Aldershot 2005.

Bommes, M. u. J. Oltmer (Hg.), Sozialhistorische Migrationsforschung. Göttingen 2004.

Bommes, M. u. D. Thränhardt (Hg.), National Paradigms of Migration Research. How National Narratives Influence Traditions of Migration Research, Osnabrück 2010.

Boockmann, H., W. Buchholz u. W. Conze (Hg.), Deutsche Geschichte im Osten Europas (10 Bde.), Berlin.

Borchardt, K., Globalisierung in historischer Perspektive, München 2001.

Bordo, M. u. C. Meissner, Foreign Capital, Financial Crises and Incomes in the First Era of Globalization, in: *European Review of Economic History* 15 (2011), S. 61–91.

Borkowska, G., Alienated Women. A Study on Polish Women's Fiction, Budapest 2001.

Born, K., Preußen im deutschen Kaiserreich 1871–1918. Führungsmacht des Reiches und Aufgehen im Reich, in: W. Neugebauer (Hg.), Handbuch der preußischen Geschichte, Bd. 3: Vom Kaiserreich zum 20. Jahrhundert und Große Themen der Geschichte Preußens, Berlin/New York 2001, S. 15–148.

Born, R., A. Janatková u. A. Labuda (Hg.), Die Kunsthistoriographien in Ostmitteleuropa und der nationale Diskurs, Berlin 2004.

Born, R. u. S. Lemmen (Hg.), Orientalismen in Ostmitteleuropa. Diskurse, Akteure und Disziplinen vom 19. Jahrhundert bis zum Zweiten Weltkrieg, Bielefeld 2014.

Borodziej, W., H. Duchhardt, M. Morawiec u. I. Romsics (Hg.), Option Europa. Deutsche, polnische und ungarische Europapläne des 19. und 20. Jahrhunderts, Göttingen 2005.

Borowy, I., Coming to Terms with World Health. The League of Nations Health Organisation 1921–1946, Frankfurt 2009.

Bösch, F., Mediengeschichte. Vom asiatischen Buchdruck zum Fernsehen, Frankfurt a. M. 2011.

Bosl, K. (Hg.), Handbuch der Geschichte der Böhmischen Länder, Stuttgart 1967–1974.

Bosl, K., Böhmen und seine Nachbarn. Gesellschaft, Politik und Kultur in Mitteleuropa, Wien 1976.

Brandes, D., Von den Zaren adoptiert. Die deutschen Kolonisten und die Balkansiedler in Neurußland und Bessarabien 1751–1914, München 1993.

Brandt, H., Der österreichische Neoabsolutismus. Staatsfinanzen und Politik 1848–1860, Göttingen 1978.

Brandt, H. (Hg.), Der österreichische Neoabsolutismus als Verfassungs- und Verwaltungsproblem. Diskussionen über einen strittigen Epochenbegriff, Wien 2014.

Braudel, F., Civilisation matérielle, économie et capitalisme, XVe-XVIIIe siècle, Paris 1979.

Braudel, F., Sozialgeschichte des 15.–18. Jahrhunderts, Bd. 3: Aufbruch zur Weltwirtschaft, München 1990.

Bremm, K., Von der Chaussee zur Schiene. Militärstrategie und Eisenbahnen in Preußen von 1833 bis zum Feldzug von 1866, München 2005.

Brenner, N., Globalisierung und Reterritorialisierung. Städte, Staaten und die Politik der räumlichen Redimensionierung im heutigen Europa, in: *WeltTrends* 17 (1997), S. 7–30.
Brenner, N., Beyond State-Centrism. Space, Territoriality and Geographical Scale in Globalization studies, in: *Theory and Society* 28 (1999), S. 39–78.
Brenner, R., Economic Backwardness in Eastern Europe in Ligths of Developments in the West, in: D. Chirot (Hg.), The Origins of Backwardness in Eastern Europe, Berkeley 1989, S. 15–52.
Breton, R., Institutional Completeness of Ethnic Communities and the Personal Relations of Immigrants, in: *American Journal of Sociology* 70 (1964) 2, S. 193–205.
Breuilly, J., The Oxford Handbook of the History of Nationalism, Oxford 2013.
Breyfogle, N., A. Schrader u. W. Sunderland, Peopling the Russian Periphery. Borderland Colonization in Eurasian History, London/New York 2008.
Breysach, B., A. Paszek u. A. Tölle (Hg.), Grenze – Granica, Berlin 2003.
Brier, R., (Hg.), Entangled Protest. Transnational Approaches to the History of Dissent in Eastern Europe and the Soviet Union, Osnabrück 2013.
Brinkmann, T., Jewish Mass Migration between Empire and Nation State, in: *Przegląd Polonijny*, 31 (2005) 1, S. 99–116.
Brinkmann, T., Points of Passage. Jewish Transmigrants from Eastern Europe in Scandinavia. Germany and Britain 1880–1914, New York 2013.
Brinkmann, T., Von der Gemeinde zur »Community«. Jüdische Einwanderer in Chicago 1840–1900, Osnabrück 2002.
Brinkmann, T., Why Paul Nathan Attacked Albert Ballin. The Transatlantic Mass Migration and the Privatization of Prussia's Eastern Border Inspection 1886–1914, in: *Central European History* 43 (2010), S. 47–83.
Broadberry, S. u. K. O'Rourke (Hg.), The Cambridge Economic History of Modern Europe, Bd. 1: 1700–1870, Cambridge 2010.
Broadberry, S. u. K. O'Rourke (Hg.), The Cambridge Economic History of Modern Europe, Bd. 2: 1870 to the present, Cambridge 2010.
Brock, P., Folk Cultures and Little Peoples. Aspects of National Awakening in East Central Europe. New York 1992.
Brock, P., Polish Nationalism, in: P. Sugar u. I. Lederer (Hg.), Nationalism in Eastern Europe, Seattle 1994, S. 310–371.
Brocke, B. vom, Bevölkerungswissenschaft – quo vadis? Möglichkeiten und Probleme einer Geschichte der Bevölkerungswissenschaft in Deutschland, Opladen 1998.
Brooks, J., When Russia Learned to Read. Literacy and Popular Literature, 1861–1917. Princeton, 1985.
Broszat, M., Zweihundert Jahre deutsche Polenpolitik, München 1963.
Brousek, K., Die Großindustrie Böhmens 1848–1918, München 1987.
Brożek, A., Polish Americans, 1854–1939, Warschau 1985.
Brożek, A., Polonia amerykańska, 1854–1939, Warszawa 1977.
Brubaker, R., Citizenship and Nationhood in France and Germany, Cambridge 1992.
Brubaker, R., The »Diaspora« Diaspora, in: *Ethnic and Racial Studies*, 28 (2005) 1, S. 1–19.
Bruckmüller, E., U. Döcker, H. Stekl u. P. Urbanitsch (Hg.), Bürgertum in der Habsburgermonarchie, Wien/Köln 1990.
Brunnbauer, U., Globalizing Southeastern Europe. The Economic Causes and Consequences of Overseas Emigration until 1914, in: *Jahrbuch für Wirtschaftsgeschichte*, 54 (2014) 1, S. 33–63.
Brusatti, A., Die Entwicklung der Wirtschaftswissenschaften und der Wirtschaftsgeschichte,

in: A. Brusatti (Hg.), Die Habsburgermonarchie 1848–1918, Bd. 1: Die wirtschaftliche Entwicklung, Wien 1973, S. 605–624.

Brzyski, A., Between the Nation and the World. Nationalism and Emergence of Polish Modern Arts, in: *Centropa* 1 (2000) 3, S. 165–179.

Brzyski, A., What's in a Name? Artist-Run Exhibition Societies and the Branding of Modern Art in Fin-de-Siècle Europe, in: *Nineteenth-Century Art Worldwide* 6 (2007) 2.

Buchen, T. u. M. Rolf (Hg.), Eliten im Vielvölkerstaat. Imperiale Biographien in Russland und Österreich-Ungarn (1850–1918), Berlin 2015.

Buchheim, C., Industrielle Revolutionen. Langfristige Wirtschaftsentwicklung in Großbritannien, Europa und in Übersee, München 1994.

Bucur, M. u. N. Wingfield (Hg.), Staging the Past. The Politics of Commemoration in Habsburg Central Europe, 1848 to the Present, West Lafayette 2001.

Bucur, M., An Archipelago of Stories. Gender History in Eastern Europe, in: *The American Historical Review* 113 (2008), S. 1375–1389.

Budde, G., S. Conrad u. O. Janz (Hg.), Transnationale Geschichte. Themen, Tendenzen und Theorien, Göttingen 2006.

Budraß, L., B. Kalinowska-Wójcik u. A. Michalczyk (Hg.), Industrialisierung und Nationalisierung. Fallstudien zur Geschichte des oberschlesischen Industriereviers im 19. und 20. Jahrhundert, Essen 2013.

Burbank, J., M. von Hagen u. A. Remnev (Hg.), Russian Empire. Space, People, Power, 1700–1930, Bloomington 2007.

Burbank, S. u. F. Cooper, Empires in World History. Power and the Politics of Difference, Princeton 2011.

Burger, H., Sprachenrecht und Sprachgerechtigkeit im österreichischen Unterrichtswesen. 1867–1918, Wien 1995.

Burleigh, M., Germany Turns Eastwards. A Study of Ostforschung in the Third Reich, Cambridge 1988.

Burri, M., K. Elsasser u. D. Gugerli (Hg.) Die Internationalität der Eisenbahn 1850–1970, Zürich 2003.

Büthe, T., Engineering Uncontestedness? The Origins and Institutional Development of the International Electrotechnical Commission (IEC), in: *Business and Politics* 12 (2010), S. 1–64.

Butlin, R., Geographies of Empire. European Empires and Colonies 1880–1960, Cambridge/New York 2009.

Butschek, F., Industrialisierung. Ursachen, Verlauf, Konsequenzen, Wien 2006.

Butschek, F., Österreichische Wirtschaftsgeschichte. Von der Antike bis zur Gegenwart, Wien/Köln/Weimar 2011.

Buzinkay, G., A Challenge for Intellectuals. Austro-Hungarians with Two Languages, in: G. Ránki (Hg.), Hungary and European civilization. Budapest 1989, S. 321–329.

Cadiot, J., Searching for Nationality. Statistics and National Categories at the End of the Russian Empire 1897–1917, in: *The Russian Review* 64 (2005), S. 440–455.

Caestecker, F., Alien Policy in Belgium, 1840–1940. The Creation of Guest Workers, Refugees and Illegal Immigrants, New York 2001.

Caestecker, F., The Transformation of Nineteenth-Century West European Expulsion Policy, 1880–1914, in: Fahrmeir A., O. Faron u. P. Weil (Hg.), Migration Control in the North Atlantic World. The Evolution of State Practices in Europe and the United States from the French Revolution to the Inter-war Period, New York 2003, S. 120–137.

Cala, A., Asymilacja Zydow w Królewstwie Polskim 1864–1897. Postawy, Konflikty, Stereotypy, Warschau 1989.

Calic, M., Geschichte Jugoslawiens im 20. Jahrhundert, München 2010.
Calic, M., Sozialgeschichte Serbiens 1815–1941. Der aufhaltsame Fortschritt während der Industrialisierung, München 1994.
Cameron, R., Geschichte der Weltwirtschaft, Stuttgart 1992.
Čapková, K., Czechs, Germans, Jews? National identity and the Jews of Bohemia, New York 2012.
Caplan, J., u. J. Torpey, Documenting Individual Identity. The Development of State Practices in the Modern World, Princeton 2001.
Carlier, J., Forgotten Transnational Connections and National Contexts. An »Entangled History« of the Political Transfers that Shaped Belgian Feminism 1890–1914, in: *Women's History Review* 19 (2010) 4, S. 503–522.
Carrier, D., A World Art History and Its Objects, Harrisburg 2008.
Cars, J. u. J. Caracalla, 100 Jahre Orient-Express, Zürich/Schwäbisch Hall 1984.
Castles, S. u. M. Miller, Die Formung der modernen Welt durch globale Migration. Eine Geschichte der Wanderungsbewegungen bis 1945, in L. Pries (Hg.), Transnationale Migration, Baden-Baden 1998, S. 47–62.
Castles, S. u. M. Miller (Hg.), The Age of Migration. International Population Movements in the Modern World, Basingstoke/London 1998.
Cavanaugh, J., Out Looking, in: Early Modern Polish Art, 1890–1918, Berkeley 2000.
Cebulla, F., Grenzüberschreitender Schienenverkehr. Problemstellungen. Methoden. Forschungsüberblick, in: M. Burri, K. Elsasser u. D. Gugerli (Hg.) Die Internationalität der Eisenbahn 1850–1970, Zürich 2003, S. 21–35.
Čerikover, A. (Hg.), Jidn in frankrajch. Študies un materialn, New York 1942.
Chandler, A. u. B. Mazlish, Leviathans. Multinational Corporations and the New Global History, Cambridge 2005.
Charle, C., Jalons pour une histoire transnationale des universités, in: *Revue d'histoire critique* 121 (2013), S. 21–42.
Chybicka, A. (Hg.), Kobieta w kulturze. Kultura w kobiecie: Studia interdyscyplinarne. Krakow 2006.
Cibulka, P., Friedrich Wannieck. Mäzen der Brünner Deutschen, in: M., Hlavačka, M. Pokorná u. T. Pavlíček (Hg.), Collective and Individual Patronage and the Culture of Public Donation in Civil society in the 19th and 20th Centuries in Central Europe, Prague 2010, S. 389–424.
Cité nationale de l'histoire de l'immigration, Polonia, des Polonais en France depuis 1830. Ausstellung 2.3.2011–28.8.2011, Online: http://www.histoire-immigration.fr/2010/8/polonia-des-polonais-en-france-depuis-1830 [3.3.2015].
Clarence-Smith, W. u. S. Topik, The Global Coffee Economy in Africa, Asia, and Latin America, 1500–1989, Cambridge 2006.
Clark, C., Die Schlafwandler. Wie Europa in den Ersten Weltkrieg zog, München 2013.
Clark, P. (Hg.), Small Towns in Early Modern Europe, Cambridge 1995.
Clavin, P., Defining Transnationalism, in: *Contemporary European History* 14 (2005), S. 421–439.
Clavin, P., Time, Manner, Place. Writing Modern European History in Global, Transnational and International Contexts, in: *European History Quarterly* 40 (2010), S. 624–640.
Clegg, E., Art, Design and Architecture in Central Europe 1890–1920, New Haven 2006.
Clem, R., (Hg.), Research Guide to the Russian and Soviet Censuses, o. O. 1984 online: https://www.ucis.pitt.edu/nceeer/1984-627-2-Clem.pdf [06.11.2016].
Clemens, M. u. J. Williamson, Wealth Bias in the First Global Capital Market Boom, 1870–1913, in: *The Economic Journal* 114 (2004) 495, S. 304–337.

Cohen, G., The Politics of Ethnic Survival. Germans in Prague, 1861–1914, Princeton 1981.
Cohen, G., The Social Structure of Prague, Vienna, and Budapest in the Late Nineteenth Century, in: R. György (Hg.), Hungary and European Civilization, Budapest 1989, S. 181–99.
Cohen, G., Education and Middle-Class Society in Imperial Austria, 1804–1918, West Lafayette 1996.
Cohen, G., Civic Duty and Social Status in Central Europe's Developing Middle-Class Civil Society, 1840–1904, in: M., Hlavačka, M. Pokorná u. T. Pavlíček (Hg.), Collective and Individual Patronage and the Culture of Public Donation in Civil society in the 19th and 20th Centuries in Central Europe, Prague 2010, S. 16–26.
Cohen, R., Global Diasporas. An Introduction, Seattle 1997.
Cole, L., C. Hämmerle u. M. Scheutz (Hg.), Glanz. Gewalt. Gehorsam. Militär und Gesellschaft in der Habsburgermonarchie. 1800 bis 1918, Essen 2011.
Cole, L., Military Culture and Popular Patriotism in Late Imperial Austria, New York 2013.
Comité International de la Croix-Rouge (Hg.), *Bulletin International* 1 (1869) 1.
Comité International de la Croix-Rouge (Hg.), *Bulletin International* 14 (1883) 55.
Comité International de la Croix-Rouge (Hg.), *Bulletin International* 21 (1890) 84.
Comité International de la Croix-Rouge (Hg.), *Bulletin International* 22 (1891) 87.
Comité International de la Croix-Rouge (Hg.), *Bulletin International* 23 (1892) 90.
Comité International de la Croix-Rouge (Hg.), *Bulletin International* 24 (1893) 96.
Comité International de la Croix-Rouge (Hg.), *Bulletin International* 25 (1894) 97.
Comité International de la Croix-Rouge (Hg.), *Bulletin International* 35 (1904) 140.
Comité International de la Croix-Rouge (Hg.), *Bulletin International* 39 (1908) 154.
Comité International de la Croix-Rouge (Hg.), *Bulletin International* 47 (1916) 185.
Conrad, P., Globalgeschichte. Eine Einführung, München 2013.
Conrad, S., Globalisierung und Nation im Deutschen Kaiserreich, München 2006.
Conrad, S., Deutsche Kolonialgeschichte, München 2012.
Conrad, S. u. J. Osterhammel (Hg.), Das Kaiserreich transnational, Deutschland in der Welt 1871–1914, Göttingen 2010.
Conze, W., Ostmitteleuropa. Von der Spätantike bis ins 18. Jahrhundert, München 1992.
Cooper, F. u. A. Stoler, Between Metropole and Colony. Rethinking a Research Agenda, in: F. Cooper (Hg.), Tensions of Empire. Colonial Cultures in a Bourgeois World, Berkeley 1997.
Cooper, F., Labor, Politics, and the End of Empire in French Africa, in: F. Cooper (Hg.), Colonialism in Question, Berkeley 2005, S. 204–230.
Corbea-Hoisie, A., Deutschsprachige Öffentlichkeit und Presse in Mittelost- und Südosteuropa 184–1948, Konstanz 2008.
Cornelißen, C., Die politische und kulturelle Repräsentation des Deutschen Reiches auf den Weltausstellungen des 19. Jahrhunderts, in: *Geschichte in Wissenschaft und Unterricht* 52 (2001), S. 148–161.
Cornis-Pope, M. u. J. Neubauer, History of the Literary Cultures of East-Central Europe. Junctures and Disjunctures in the 19th and 20th Centuries. The Making and Remaking of Literary Institutions, Amsterdam/Philadelphia 2007.
Cornwall, M. u. J. Newman (Hg.), Sacrifice and Rebirth. The Legacy of the Last Habsburg War, New York 2015.
Coursier, H., The International Red Cross, Geneva 1961.
Craig, L. u. D. Fisher, The Integration of the European Economy, 1850–1913, New York 1997.
Crampton, J. u. J. Krygier, An Introduction to Critical Cartography, in: *ACME* 4 (2006) 1, S. 11–33.

Creswell, S. u. T. Flint, William Henry McGarvey 1843–1914, in: Contributions to Professional Engineering from the Western Region, Toronto 2009, http://www.engineering-history.on.ca/index.php?id=33 [02.12.2016].

Crompton, G., The Tortoise and the Economy. Inland Caterway Navigation in International economic history, in: *The Journal of Transport History* 25 (2004) 2, S. 1–22.

Crosby, A., The Columbian Exchange. Biological and Cultural Consequences of 1492, Santa Barbara 1972.

Crowe, D., Gypsies in Hungary, in: D. Crowe, J. Kolsti u. I. Hancock (Hg.) The Gypsies of Eastern Europe, New York/London 1991, S. 69–101.

Csáky, M. (Hg.), Jenseits von Grenzen. Transnationales, translokales Gedächtnis, Wien 2007.

Csatlós, J., Shifting. Worker Culture and Life Reform in the Madzsar School, Budapest 2012.

Csekonics, A. u. O. Schwartzer de Babarcz, Histoire de la Société de la Croix-Rouge des Pays de la Sainte Couronne hongroise au nom du comité central par, Budapest 1904.

Csepeli, G., A. Örkény u. L. Scheppele Kim, Acquired Immune Deficiency Syndrome in Social Science in Eastern Europe, in: *Social Research* 63 (1996) 2, S. 487–509.

Cvetkovski, R., Modernisierung durch Beschleunigung. Raum und Mobilität im Zarenreich, Frankfurt a. M. 2006.

Cvrcek, T., Wages, Prices, and Living Standards in the Habsburg Empire 1827–1910, in: *Journal of Economic History* 73 (2013) 1, S. 1–37.

Czaky, M., J. Feichtinger u. U. Prutsch (Hg.), Habsburg postcolonial. Machtstrukturen und kollektives Gedächtnis, Innsbruck/Wien/München/Bozen 2003.

Dabrowski, P. u. S. Troebst (Hg.), Vom Gebrauch und Missbrauch der Historie. Geschichtspolitik und Erinnerungskulturen in Ostmittel- und Südosteuropa 1791–1989, Leipzig 2013.

DaCosta Kaufmann, T., Court, Cloister and City. The Art and Culture of Central Europe. 1450–1800, Chicago 1995.

DaCosta Kaufmann, T., Die Geschichte der Kunst Ostmitteleuropas als Herausforderung für die Historiographie der Kunst Europas, in: R. Born, A. Janatková u. A. Labuda (Hg.), Die Kunsthistoriographien in Ostmitteleuropa und der nationale Diskurs, Berlin 2004, S. 51–66.

DaCosta Kaufmann, T., C. Dossin u. B. Joyeux-Prunel (Hg.), Circulations in the Global History of Art, Chapman Hall 2015.

Dadej, I., Deutsche und polnische Frauenrechtlerinnen und Akademikerinnen um 1900. Kontakte, Verflechtungen und Transfer, Berlin 2014.

Dadej, I., Nicht nur Madame Curie, in: Femina Migrans. Frauen in Migrationsprozessen. 18.–20. Jahrhundert, Sulzbach 2011, S. 69–97.

Daele, J. van, Engineering Social Peace. Networks, Ideas, and the Founding of the International Labour Organization, in: *International Review of Social History* 50 (2005), S. 435–466.

Daele, J. van, M. Rodríguez García u. G. van Goethem (Hg.), ILO Histories. Essays on the International Labour Organization and its Impact on the World during the Twentieth Century, Bern 2010.

Dahlmann, D. (Hg.), Hundert Jahre Osteuropäische Geschichte. Vergangenheit, Gegenwart und Zukunft, Stuttgart 2005.

Darwin, J., After Tamerlan. The Global History of Empire, London/New York 2007.

Darwin, J., Der imperiale Traum. Die Globalgeschichte großer Reiche 1400–2000, Frankfurt a. M. 2010.

Darwin, J., The Empire Project. The Rise and Fall of the British World-System, 1830–1970, Cambridge 2011.

Daskalov R. u. H. Sundhaussen, Modernisierungsansätze, in: M. Hatschikjan u. S. Troebst (Hg.), Südosteuropa. Gesellschaft, Politik, Wirtschaft, Kultur. Ein Handbuch, München 1999, S. 105–135.

Daskalova, K. und S. Zimmermann, People. Gender, Family, Children, Sexuality, in: I. Livezeanu u. A. von Klimo (Hg.), The Routledge History of East Central Europe Since 1700, London 2017.

Daskalova, K. und S. Zimmermann, Women's and Gender History, in: I. Livezeanu u. A. von Klimo (Hg.), The Routledge History of East Central Europe Since 1700, London 2017, S. 272–316.

David, K., Czech Feminists and Nationalism in the Late Habsburg Monarchy. The First in Austria. in : *Journal of Women's History* 3 (1991) 2, S. 26–45.

David, T., Nationalisme économique et industrialisation. L'expérience des pays d'Europe de l'Est 1789–1939, Genève 2009.

Davies, N., God's Playground. A History of Poland. 1795 to the Present, Oxford 1981.

Davies, T., NGOs. A New History of Transnational Civil Society, London 2013.

Davis, C., K. Wilburn u. R. Robinson (Hg.), Railway Imperialism, Westport 1991.

Davis, G., National Red Cross Societies and Prisoners of War in Russia, 1914–18, in: *Journal of Contemporary History* 28 (1993) 1, S. 31–52.

Davydov, A., Fedotov, A. u. C. Filloles (Hg.), Paris-Moscou. Un siècle d'échanges 1819–1925. Documents inédits des Archives de Paris et Moscou, Paris 1999.

Deacon, D., P. Russell u. A. Woollacott, Transnational Lives. Biographies of Global Modernity 1700–Present, Basingstoke 2010.

Deák, I., The Lawful Revolution. Louis Kossuth and the Hungarians, 1848–1849, New York 1979.

Deak, J., Forging a Multi-National State. State Making in Imperial Austria from the Enlightenment to the First World War, Stanford 2015.

Deflem, M., Policing World Society. Historical Foundations of International Police Cooperation, Oxford 2002.

Dejung, C., Die Fäden des globalen Marktes. Eine Sozial- und Kulturgeschichte des Welthandels am Beispiel der Handelsfirma Gebrüder Volkart 1851–1999, Köln 2013.

Demandt, A., Die Grenzen in der Geschichte Deutschlands, Berlin 1990.

Dembicz, A. (Hg.), Relacje Polska – Argentyna. Historia i współczesność, Warszawa 1996.

Dembicz, A. u. W. Kula (Hg.), Relacje Polska – Brazylia. Historia i współczesność, Warszawa 1996.

Denzel, M., Österreichs Direkthandel mit Übersee. Die kommerziellen Verbindungen von Triest über See (18. Jahrhundert bis 1914), in: *Jahrbuch für Europäische Überseegeschichte*, 13 (2013), S. 143–184.

Derudder, B., M. Hoyler, P. Taylor u. F. Witlox (Hg.), International Handbook of Globalization and World Cities, Northhampton 2012.

Desrosières, A., Die Politik der großen Zahlen. Eine Geschichte der statistischen Denkweise, Berlin 2005.

Desrosières, A., La politique des grands nombres, Paris 1993.

Dezsö, P., A Nemzetközi Munkaügyi Szervezet és Magyarorszag [Die ILO und Ungarn], Budapest 1925.

Dicken, P., P. Kelly, K. Olds u. H. Yeung, Chains and Networks, Territories and Scales. Towards a Relational Framework of Analysing the Global Economy, in: *Global Networks* 1 (2001) 2, S. 89–112.

Dienel, H.-L. u. C. Divall, Changing Histories of Transport and Mobility in Europe, in: R. Roth u. Karl Schlögel (Hg.), Neue Wege in ein neues Europa. Geschichte und Verkehr im 20. Jahrhundert, Frankfurt a. M./New York 2009, S. 65–84.

Dienel, H.-L., Die Eisenbahn und der europäische Möglichkeitsraum, 1870–1914, in: R. Roth u. K. Schlögel (Hg.), Neue Wege in ein neues Europa. Geschichte und Verkehr im 20. Jahrhundert, Frankfurt a. M./New York 2009, S. 105–123.

Dienel, H.-L., Verkehrsgeschichte auf neuen Wegen, in: *Jahrbuch für Wirtschaftsgeschichte* 58 (2007) 1, S. 19–37.

Dierck, W., Preußische Heeresreformen 1807–1870. Militärische Innovation und der Mythos der »Roonschen Reform«, Paderborn 2003.

Dietz, S., British Entrepreneurship in Poland. A Case Study of Bradford Mills at Marki Near Warsaw, 1883–1939, Farnham 2015.

Dijk, Z. van, Weltsprache aus Warschau. Ludwig Lazarus Zamenhof, das Esperanto und Osteuropa, in: *Osteuropa* 4 (2007), S. 143–156.

Dimitrova-Grajzl, V., The Great Divide Revisited. Ottoman and Habsburg Legacies on Transition, in: *KYKLOS* 60 (2007) 4, S. 539–558.

Diner, D., Das Jahrhundert verstehen. Eine universalhistorische Deutung, München 1999.

Diner, D., Gedächtniszeiten. Über jüdische und andere Geschichten, München 2003.

Diner, D. (Hg.), Synchrone Welten. Zeitenräume jüdischer Geschichte, Göttingen 2005.

Diner, D., Between Empire and Nation State. Outline for a European Contemporary History of the Jews 1750–1950, in: O. Bartov u. E. Weitz (Hg.), Shatterzone of Empires. Coexistence and Violence in the German, Habsburg, Russian, and Ottoman Borderlands, Bloomington 2013, S. 61–80.

Dinklage, K., Die landwirtschaftliche Entwicklung, in: A. Brusatti (Hg.), Die Habsburgermonarchie 1848–1918, Bd. 1: Die wirtschaftliche Entwicklung, Wien 1973, S. 403–461.

Dipper, C. u. L. Raphael, »Raum« in der Europäischen Geschichte, in: *Journal of Modern European History* 9 (2011) 1, S. 27–41.

Dirninger, C., Staatskredit und Eisenbahnwesen in den österreichischen Ländern im Verlauf des 19. Jahrhunderts, in: R. Plaschka, A. Drabek u. B. Zaar (Hg.), Eisenbahnbau und Kapitalinteressen in den Beziehungen der österreichischen mit den südslawischen Ländern, Wien 1993, S. 191–219.

Dirninger, C., Die Habsburgermonarchie als Beispiel binnenstaatlicher Integration im 19. Jahrhundert, in: J. Wysocki (Hg.), Wirtschaftliche Integration und Wandel von Raumstrukturen im 19. und 20. Jahrhundert, Berlin 1994, S. 65–100.

Długoborski, W., Więź ekonomiczna między zagłębiami Górnośląskim i Dąbrowskim w epoce kapitalizmu (do 1877 roku), Katowice 1973.

Długoborski, W., Wirtschaftliche Region und politische Grenzen. Die Industrialisierung des oberschlesischen Kohlenbeckens, in: S. Pollard (Hg.), Region und Industrialisierung. Studien zur Rolle der Region in der Wirtschaftsgeschichte der letzten zwei Jahrhunderte, Göttingen 1980, S. 142–174.

Dmitrieva, M., Gibt es eine Kunstlandschaft Ostmitteleuropa? Forschungsprobleme der Kunstgeographie, in: R. Born, A. Janatková u. A. Labuda (Hg.), Die Kunsthistoriographien in Ostmitteleuropa und der nationale Diskurs, Berlin 2004, S. 121–137.

Dmitrieva, M., Reinventing the Periphery. The Central East European Contribution to an Art Geographical Discourse, in: *Journal of Institute of Art History of SAS (ARS)* 2 (2007), S. 245–251.

Dmitrieva, M. Der Pastorale-Blick: Künstlerkolonien im östlichen Europa, in: Landesamt für Denkmalpflege Hessen (Hg.), Die Frauensiedlung Loheland in der Rhön und das Erbe der europäischen Lebensreform, Darmstadt 2016, S. 66–74.

Dodenhoeft, B., »Laßt mich nach Rußland heim«. Russische Emigranten in Deutschland von 1918 bis 1945, Frankfurt a. M. 1993.

Dohrn, V., Akkulturation und Patriotismus. Die ersten modernen Juden im Russischen Reich, in: Maurer, T. u. E. Auch (Hg.), Leben in zwei Kulturen. Akkulturation und Selbstbehauptung von Nichtrussen im Zarenreich, Wiesbaden 2000, S. 61–82.

Dolbilov, A. u. I. Miller, Zapadnye okrainy Rossiskoj Imperii, Moskau 2006

Dölemeyer, B., Erfinderprivilegien und Patentgesetzgebung am Beispiel der Habsburgermonarchie, in: Dölemeyer, B. u. H. Mohnhaupt (Hg.), Das Privileg im europäischen Vergleich, Bd. 2. Frankfurt a. M. 1999, S. 309–333.

Domann, M., Autoren und Apparate. Die Geschichte des Copyrights im Medienwandel, Frankfurt a. M. 2014.

Dopierała, K., Emigracja polska w Turcji w XIX i XX wieku, Lublin 1988.

Döring, J. u. T. Thielmann (Hg.), Spatial Turn. Das Raumparadigma in den Kultur- und Sozialwissenschaften, Bielefeld 2008.

Dowe, D., H. Haupt u. D. Langewiesche (Hg.), Europa 1848. Revolution und Reform, Bonn 1998.

Downes, S., Music and Decadence in European Modernism. The Case of Central and Eastern Europe, Cambridge 2010.

Drinnon, R., Rebel in Paradise. Biography of Emma Goldman, Chicago/London 1961.

Driver, F. u. D. Gilbert (Hg.), Imperial Cities. Landscape, Display and Identity, Manchester, New York 1999.

Drozdowski, M. u. E. Kusielewicz, Polonia Stanów Zjednoczonych Ameryki 1910–1918. Wybór dokumentów, Warszawa 1989.

Duchhardt, H., Der Wiener Kongress. Die Neugestaltung Europas 1814/15, München 2013.

Duda, J. u. R. Orłowski, Gospodarka polska w dziejowym rozwoju Europy (do 1939 roku), Lublin 1999.

Dudek, L., Polish Military Formations in World War I, in: B. Király u. N. Dreiszinger (Hg.), East Central European Societies in World War I, New York 1984, S. 454–470.

Dudeková, G., Międzynarodowa działalnośc kobiet w Austro-Węgrzech i VII Kongres Międzynarodowego Stowarzyszenia na Rzecz Praw Wyborczych Kobiet w Budapeszcie w 1913 roku, in: A. Janiak-Jasińska, K. Sierakowska u. A. Szwarc (Hg.), Działaczki społeczne, feministki, obywatelki. Samoorga-nizowanie się kobiet na ziemiach polskich do 1918 roku, Warszawa 2008, S. 147–169.

Dudeková, G., Radikálky alebo konzervatívky? Nové výskumy v oblasti dějin ženského hnutia na Slovensku, in: K. Čadková, M. Lenderová u. J. Stráníková (Hg..), Dějiny žen aneb Evropská žena od středověku do poloviny 20. století v zajetí historiografie, Pardubice 2006, S. 145–157.

Dudzinskaja, E., Slawophile Periodika als Quelle für die Erforschung der Kulturbeziehungen Rußlands zu den Völkern West-, Mittel- und Südosteuropas in der Mitte des 19. Jahrhunderts, in: I. Fried, H. Lemberg u. E. Rosenstrauch-Königsberg (Hg.), Zeitschriften und Zeitungen des 18. und 19. Jahrhunderts in Mittel- und Osteuropa, Berlin 1986, S. 243–264.

Dülffer, J. u. W. Loth, Dimensionen internationaler Geschichte, Berlin 2012.

Dullin, S. u. P. Singaravélou (Hg.), Le débat transnational, Paris 2012.

Dunin-Wąsowicz, K. Francuska opinia publiczna wobec sprawy polskiej o Polaków w latach 1895–1914, Warszawa 1999.

Durand, A., From Sarajevo to Hiroshima, Bd. 2: History of the International Committee of the Red Cross, Genf 1984.

Durand, R. u. J. Meurant (Hg.), Préludes et pionniers. L es précurseurs de la Croix-Rouge 1840–1860, Genève 1991.

Dvornik, F., The Making of Central and Eastern Europe, London 1949.

Dvorszky, H., Az indulás lázában, Budapest és Bécs a historizmus és az avantgárd között 1873–1920: kulturális diplomácia, in: *Magyar Iparművészet* 10 (2003) 2, S. 35–37.

Dybiec, J. u. J. Dybiec, Philantropy and Patronage in the 19th and Early 20th Century Galicia, in: M., Hlavačka, M. Pokorná u. T. Pavlíček (Hg.), Collective and Individual Patronage and the Culture of Public Donation in Civil society in the 19th and 20th Centuries in Central Europe, Prague 2010, S. 27–43.

Dyroff, S., Einleitung. Transpolonität. Gesellschaftliche Eliten in den polnischen Gebieten um 1900 jenseits der Nationalgeschichte(n), in: *Zeitschrift für Ostmitteleuropa-Forschung* 64 (2015) 3, S. 319–329.

Eberhard, W., Ostmitteleuropa als historische Strukturregion, in: Vorstand des Vereins Geisteswissenschaftliche Zentren Berlin (Hg.), Perspektiven geisteswissenschaftlicher Forschung, Berlin 2003, S. 73–80.

Eberhard, W. u. C. Lübke (Hg.), Die Vielfalt Europas. Identitäten und Räume, Leipzig 2009.

Eckholdt, M. (Hg.), Flüsse und Kanäle, Die Geschichte der deutschen Wasserstraßen, Hamburg 1998.

Eddie, S., Agriculture as a Source of Supply. Conjectures from the History of Hungary, 1870–1913, in: J. Komlos (Hg.), Economic Development in the Habsburg Monarchy in the Nineteenth Century. Essays, New York 1983, S. 101–115.

Eddie, S., The Terms and Patterns of Hungarian Foreign Trade 1882–1913, in: *Journal of Economic History* 37 (1977) 3, S. 329–358.

Eellend, J., Cultivating the Rural Citizen. Modernity, Agrarianism and Citizenship in Late Tsarist Estonia, Stockholm 2007.

Ehmer, J., Bevölkerungsgeschichte und Historische Demographie 1800–2000, München 2004.

Ehmer, J., A. Steidl u. H. Zeitlhofer (Hg.), Migration Patterns in Late Imperial Austria, Wien 2004.

Ehmer, J., U. Ferdinand u. J. Reulecke (Hg.), Herausforderung Bevölkerung. Zu Entwicklungen des modernen Denkens über die Bevölkerung vor, im und nach dem »Dritten Reich«, Wiesbaden 2007.

Ehmer, J., A. Steidl, S. Nadel u. H. Zeitlhofer (Hg.), European Mobility. Internal, International, and Transatlantic Moves in the 19th and Early 20th Centuries, Göttingen 2009.

Eichenberg, J., Kämpfen für Frieden und Fürsorge, Polnische Veteranen des Ersten Weltkriegs und ihre internationalen Kontakte, 1918–1939, München 2011.

Eichenberg, J., Veterans Associations, in: U. Daniel, P. Gatrell, O. Janz, H. Jones, J. Keene, A. Kramer u. B. Nesson (Hg.), 1914–1918-online. International Encyclopedia of the First World War, Berlin 08.10.2014, http://dx.doi.org/10.15463/ie1418.10270 [09.11.2016].

Eichenberg, J. u. P. Newman, The Great War and Veterans' Internationalism, London 2013.

Eichengreen, B., Vom Goldstandard zum Euro. Die Geschichte des internationalen Währungssystems. Berlin 2000.

Eigner, P., In the Centre of Europe. Vienna as a Financial Hub, 1873–1913, in: G. Feldman u. P. Hertner (Hg.), Finance and Modernization. A Transnational and Transcontinental Perspective for the Nineteenth and Twentieth Centuries, Farnham 2008, S. 29–49.

Eisenbach, A., The Emancipation of the Jews in Poland, Oxford 1991.

Elden, S., The Birth of Territory, Chicago 2013.

Elenius, L., H. Tjelmeland, M. Lähteenmäki, A. Golubev, E. Niemi u. M. Salo (Hg.), The Barents Region. A transnational history of subarctic Northern Europe, Oslo 2015.

Elkins, J., Modern Art in Eastern Europe, From the Baltic to the Balkans, ca. 1890–1939. Review von Steven A. Mansbach, in: *The Art Bulletin* 82 (2000), S. 781–785.

Elkins, J. (Hg.), Is Art History Global?, London 2006.

Elsenhans, H., Nord-Süd-Beziehungen, Stuttgart 1984.

Emeliantseva, E., A. Malz u. D. Ursprung. Einführung in die Osteuropäische Geschichte, Zürich 2008.

Engel, U. u. M. Middell, Bruchzonen der Globalisierung. Globale Krisen und Territorialregimes. Kategorien einer Globalgeschichtsschreibung, in: *Comparativ* 15 (2015) 5/6, S. 5–38.

Engel, U. u. M. Middell, Theorien und Theoretiker der Globalisierung. Schneisen im Dickicht der Interpretationen, in: U. Engel u. M. Middell (Hg.), Theoretiker der Globalisierung, Leipzig 2010, S. 7–30.

Engel, U., F. Hadler u. M. Middell (Hg.), 1989 in a Global Perspective, Leipzig 2015.

Engelbrecht, H. (Hg.), Geschichte des österreichischen Bildungswesens. Erziehung und Unterricht auf dem Boden Österreichs, Wien 1982–1988.

Engels, J.I. u. G. Schenk, Infrastrukturen der Macht – Macht der Infrastrukturen. Überlegungen zu einem Forschungsfeld, in: B. Förster u. M. Bauch (Hg), Infrastrukturen und Macht von der Antike bis zur Gegenwart. Beiheft der Historischen Zeitschrift, München 2014, S. 22–58.

Epkenhans, M. u. G. Groß (Hg.), Das Militär und der Aufbruch in die Moderne 1860 bis 1890. Armeen, Marinen und der Wandel von Politik, Gesellschaft und Wirtschaft in Europa, den USA sowie Japan, München 2003.

Erdmans, M., Opposite Poles. Immigrants and Ethnics in Polish Chicago, Philadelphia 1998.

Eri, G., u. Z. Jobbagyi, Das goldene Zeitalter. Kunst und Gesellschaft in Ungarn 1896–1914, Budapest 1993.

Ernyey, G. (Hg.) Britain and Hungary. Contacts in Architecture and Design during the Nineteenth and Twentieth Century. Essays and Studies, Budapest 1999.

Esch, M., Historisch-sozialwissenschaftliche Migrationsforschung als Delegitimationswissenschaft, in: Österreichische Zeitschrift für Geschichtswissenschaft 19 (2008) 1, S. 60–78.

Esch, M., Parallele Gesellschaften und soziale Räume. Osteuropäische Einwanderer in Paris 1880–1940, Frankfurt a.M. 2012.

Esch, M., Trajectoires sociales genrées au quotidien. Immigré(e)s d'Europe de L'Est á Paris, 1895–1940, in: P. Rygiel u. N. Lillo (Hg.), Rapports sociaux de sexe et immigration. Mondes antlantiques XIXe-XXe siècles, Saint-Denis 2007, S. 83–98.

Esch, M., Utilité, degré de civilisation, valeur biologique, in: P. Rygiel (Hg.), Le bon grain et l'ivraie. La sélection des migrants en occident, 1880–1939, La Courneuve 2006, S. 37–74.

Esherick, J., H. Kayali u. E. van Young (Hg.), Empire to Nation. Historical Perspectives on the Making of the Modern World, Lanham 2006.

Espagne, M., Les transferts culturels franco-allemands, Paris 1999.

Espagne, M., Le creuset allemand. Histoire interculturelle de la Saxe XVIIIe – XIXe siècles, Paris 2000.

Espagne, M., (Hg.), Russie-France-Allemagne-Italie. Transferts quadrangulaires du néoclassicisme aux avant-gardes, Tusson 2005.

Espagne, M., (Hg.), Villes baltiques. Une mémoire partagée (= Revue Germanique Internationale 11), Paris 2011.

Espagne, M., Comparison and Transfer. A Question of Method, in: M. Middell u. L. Aulinas (Hg.), Transnational Challenges to National History Writing, Basingstoke 2013, S. 36–53.

Espagne M. u. M. Middell (Hg.), Von der Elbe bis an die Seine. Kulturtransfer zwischen Sachsen und Frankreich im 18. und 19. Jahrhundert, Leipzig 1993.

Espagne, M., u. M. Werner (Hg.), Transferts. Les relations interculturelles dans l'espace franco-allemand XVIIIe et XIXe siècle, Editions Recherche sur les civilisations, Paris 1988.

Evans, R., The Feminists. Women's Emancipation Movements in Europe, America and Australasia 1840–1920, London 1977.

Fahrmeir A., O. Faron u. P. Weil (Hg.), Migration Control in the North Atlantic World. The Evolution of State Practices in Europe and the United States from the French Revolution to the Inter-war Period, New York 2003.

Fahrmeir, A., Citizens and Aliens. Foreigners and the Law in Britain and the German States 1789–1870, New York/Oxford 2000.

Fahrmeir, A., Governments and Forgers. Passports in Nineteenth-Century Europe, in: J. Caplan and J. Torpey (Hg.), Documenting Individual Identity. The Development of State Practices in the Modern World, Princeton/Oxford 2001, S. 218–234.

Fahrmeir, A., Grenzenloser Liberalismus? Die britische Einwanderungspolitik im 19. Jahrhundert, in: K. Schönwälder u. I. Sturm-Martin (Hg.), Die britische Gesellschaft zwischen Offenheit und Abgrenzung. Einwanderung und Integration vom 18. bis zum 20. Jahrhundert, Bodenheim 2001, S. 57–71.

Fainhauz, D., Lithuanians in the USA. Aspects of Ethnic Identity, Chicago 1991.

Faist, T., Migration und der Transfer sozialen Kapitals, oder: Warum gibt es relativ wenige internationale Migranten?, in: L. Pries (Hg.), Transnationale Migration, Baden-Baden 1997, S. 63–83.

Faist, T., The Volume and Dynamics of International Migration and Transnational Social Spaces, Oxford 2000.

Faist, T., Transnationalization in International Migration. Implications for the Study of Citizenship and Culture, in: *Ethnic and Racial Studies* 23 (2000) 2, S. 189–222.

Farkas, G., Die Modernisierung des staatlichen Hochschulwesens. Der Lehrplan des Kultusministers 1849–1854, in: Z. Lengyel, J. Nagy u. G. Ujváry (Hg.), Österreichisch-ungarische Beziehungen auf dem Gebiet des Hochschulwesens, Budapest 2010, S. 163–178.

Fäßler, P., Globalisierung, Köln 2007.

Fassmann, H., Die Wende zur Industrie- und Wissensgesellschaft. Die Bevölkerungsentwicklung 1850–1910, in: H. Rumpler u. P. Urbanitsch (Hg.): Die Habsburgermonarchie 1848–1918. Band 9.1 Soziale Strukturen, Wien 2010, S. 159–184.

Feichtinger, J., Deploying Orientalism in Culture and History. From Germany to Central and Eastern Europe, Rochester 2013.

Feichtinger, J. u. G. Cohen (Hg.), Understanding Multiculturalism and the Habsburg Central European Experience, New York 2014.

Feichtinger, J., U. Prutsch u. M. Csáky (Hg.), Habsburg Postcolonial. Machtstrukturen und kollektives Gedächtnis, Innsbruck 2003.

Feinberg, M., Elusive Equality. Gender, Citizenship, and the Limits of Democracy in Czechoslovakia, 1918–1950, Pittsburgh 2006.

Felber, U., E. Krasny u. C. Rapp, Smart Exports. Österreich auf den Weltausstellungen 1851–2000, Wien 2000

Ferguson, N., Die Geschichte der Rothschilds. Propheten des Geldes, Stuttgart/München 2002.

Ferguson, N., Empire. The Rise and Demise of the British World order and the Lessons for Global Power, New York 2002.

Fey, I., Zwischen Zivilisation und Barbarei. Latein-Amerika auf der Pariser Weltausstellung von 1889, in: E. Fuchs (Hg.), Weltausstellungen im 19. Jahrhundert, in: *Comparativ* 9 (1999) 5/6, S. 15–28.

Fieseler, C., Der vermessene Staat. Kartographie und die Kartierung nordwestdeutscher Territorien im 18. Jahrhundert, Hannover 2013.

Fijałek, J. u. W. Puś, Der Industriebezirk Lodz und der Anteil der deutschen Bevölkerung an seiner Entwicklung, in: P. Leidinger (Hg.), Deutsche und Polen im Kaiserreich und in der Industrialisierung, Paderborn 1982, S. 115–122.

Filipová, M., Peasants on Display. The Czechoslavic Ethnographic Exhibition of 1895, in: *Journal of Design History* 24 (2011) 1, S. 15–36.

Fink, C., Defending the Rights of Others. The Great Powers, the Jews, and International Minority Protection, 1878–1938, Cambridge 2006.

Finnemore, M., Rules of War and Wars of Rules. The International Red Cross and the Re-straint of State Violence, in: J. Boli u. G. Thomas (Hg.), Constructing World Culture. International Nongovernmental Organizations since 1875, S. 149–165.

Fisch, J., Das Selbstbestimmungsrecht der Völker. Die Domestizierung einer Illusion, München 2010.

Fisch, J., Europa zwischen Wachstum und Gleichheit 1850–1914, Stuttgart 2002.

Fischer, H. (Hg.), Lajos Kossuth 1802–1894. Wirken – Rezeption – Kult, Hamburg 2007.

Fischer, K. u. S. Zimmermann (Hg.), Internationalismen. Transformation weltweiter Ungleichheit im 19. und 20. Jahrhundert, Wien 2008.

Fischer, W., Handbuch der europäischen Wirtschafts- und Sozialgeschichte, 6 Bde., Stuttgart 1985–1993.

Fischer, W., Wirtschaft und Gesellschaft Europas 1850–1914, in: W. Fischer (Hg.), Handbuch der europäischen Wirtschafts- und Sozialgeschichte. Bd. 5, Stuttgart 1985, S. 1–207.

Fischer, W., Auslandsanleihen im Zeitalter der »Hochindustrialisierung« (1880–1914). Großbritannien und Frankreich als Kapitalgeber der Welt, in: W. Fischer, U. Müller, F. Zschaler (Hg.), Wirtschaft im Umbruch. Strukturveränderungen und Wirtschaftspolitik im 19. und 20. Jahrhundert. Festschrift für Lothar Baar zum 65. Geburtstag, St. Katharinen 1997, S. 65–80.

Fischer, W., Dimension und Struktur der Weltwirtschaft im 19. Jahrhundert, in: W. Fischer, Expansion-Integration-Globalisierung. Studien zur Geschichte der Weltwirtschaft, hg. v. P. Erker u. H. Volkmann, Göttingen 1998, S. 36–48.

Fishlow, A., Lessons from the Past. Capital Markets during the 19th Century and the Interwar Period, in: *International Organization*, 39 (1985) 3, S. 383–439.

Fitzpatrick, A., The Great Russian Fair. Nizhni Novgorod, 1840–90, New York 1990.

Flade, F., Die Schwächung des Nationalstaates? Transnationale Räume in Europa, in: *H-Soz-Kult* 31.05.2014, http://hsozkult.geschichte.hu-berlin.de/tagungsberichte/id=5492, [04.11.2016].

Flora, P. u. E. Fix (Hg.), Stein Rokkan. Staat, Nation und Demokratie in Europa. Die Theorie Stein Rokkans aus seinen gesammelten Werken. Frankfurt a. M. 2000.

Florkowska-Frančić, H., M. Frančić u. H. Kubiak (Hg.), Polonia wobec niepodległości Polski w czasie I wojny światowej. Praca zbiorowa, Breslau 1979.

Fluck, W., D. Pease u. J. Rowe, Re-Framing the Transnational Turn in American History, Dartmouth 2011.

Fogel, R., Railroads and American Economic Growth, Baltimore 1964.

Fohlin, C., Finance Capitalism and Germany's Rise to Industrial Power, Cambridge 2011.

Foner, N., What's New about Transnationalism? New York Immigrants Today and at the Turn of the Century, in: *Diaspora* 6 (1997) 3, S. 355–375.

Font, M., Mitteleuropa. Osteuropa. Ostmitteleuropa? Bemerkungen zur Entstehung einer europäischen Region im Frühmittelalter, in: *Jahrbuch für Europäische Geschichte* 7 (2006), S. 101–125.

Forgács, É., A Struggle for International Presence. The Dilema of Nationalism and Internationalism in Hungarian Modernism and Postmodernism, in: *Centropa* 1 (2001) 3, S. 209–218.

Forgács, E., How the New Left Invented East European Art, in: C. Klinger (Hg.), Blindheit und Hellsichtigkeit. Künstlerkritik an Politik und Gesellschaft der Gegenwart, Berlin 2014, S. 61–84.

Forst de Battaglia, O. de, Zwischeneuropa. Bd. 1: Polen, Tschechoslowakei, Ungarn, Frankfurt a. M. 1954.

Frackowiak, J., Wanderer im nationalen Niemandsland. Polnische Ethnizität in Mitteldeutschland von 1880 bis zur Gegenwart, Paderborn 2011.

Frackowiak, J., (Hg.), Nationalistische Politik und Ressentiments. Deutsche und Polen von 1871 bis zur Gegenwart, Göttingen 2013.

Franaszek, P., Die wirtschaftspolitische Gesetzgebung der Wiener Regierung und die ökonomische Entwicklung Galiziens im langen 19. Jahrhundert in: U. Müller (Hg.), Ausgebeutet oder alimentiert? Regionale Wirtschaftspolitik und nationale Minderheiten in Ostmitteleuropa (1867–1939), Berlin 2006, S. 91–99.

François, E., J. Seifarth u. B. Struck (Hg.), Die Grenze als Raum, Erfahrung und Konstruktion. Deutschland, Frankreich und Polen vom 17. bis zum 20. Jahrhundert, Frankfurt a. M./New York 2007

Frank, A., Abhängige Akkumulation und Unterentwicklung, Frankfurt a. M. 1980.

Frank, A., Oil Empire. Visions of Prosperity in Austrian Galicia, Cambridge/London 2005.

Frank, A., The Petroleum War of 1910. Standard Oil, Austria, and the Limits of the Multinational Corporation, in: *The American Historical Review* 114 (2009) 1, S. 16–41.

Franke, S. u. J. Scott, Border Research in a Global Perspective, Leipzig 2007.

Franzos, K., Aus Halb-Asien. Kulturbilder aus Galizien, der Bukovina, Südrußland und Rumänien, Leipzig 1876.

Fraser, F. u. A. Honneth, Umverteilung oder Anerkennung? Eine politisch-philosophische Kontroverse, Frankfurt a. M. 2003.

Freeze, C., P. Hyman u. A. Polonsky (Hg.), Jewish Women in Eastern Europe, Oxford 2005.

Freitag, S., (Hg.), Exiles from European Revolutions. Refugees in Mid-Victorian England, New York 2003.

Freitag, U. u. A. von Oppen (Hg.), Translocality. The Study of Globalising Processes from a Southern Perspective, Leiden/Boston 2010.

Freitag, U., Translokalität als ein Zugang zur Geschichte globaler Verflechtungen, in: *H-Soz-Kult*, 10.06.2005, http://www.hsozkult.de/article/id/artikel-632 [07.11.2016].

Fremdling, R., Eisenbahnen und deutsches Wirtschaftswachstum 1840–1879, Dortmund 1975.

Fremdling, R., Die Rolle ausländischer Facharbeiter bei der Einführung neuer Techniken im Deutschland des 19. Jahrhunderts (Textilindustrie, Maschinenbau, Schwerindustrie), in: *Archiv für Sozialgeschichte* 24 (1984), 1–45.

Fremdling, R., Wirtschaftsgeschichte und das Paradigma der Rückständigkeit, in: E. Schremmer (Hg.), Wirtschafts- und Sozialgeschichte. Gegenstand und Methode. 17. Arbeitstagung der Gesellschaft für Sozial- und Wirtschaftsgeschichte in Jena 1997, Stuttgart 1998, S. 101–115.

Fremdling, R., European Railways 1825–2001. An Overview, in: *Jahrbuch für Wirtschaftsgeschichte* 12 (2003) 1, S. 209–221.

Frémeaux, J., Les empires coloniaux dans le processus de mondialisation, Paris 2002.

Frevert, U. u. J. Oltmer, Europäische Migrationsregime. Themenheft, in: *Geschichte und Gesellschaft*, 35 (2009) 1, S.135–175.

Fried, A., Das internationale Leben der Gegenwart, Leipzig 1908.

Fried, I. (Hg.), Österreichisch-ungarisch-mitteleuropäische literarisch-kulturelle Begegnungen, Szeged 2003.

Frigyesi, J., Bela Bartok and Turn-of-the-Century Budapest, Los Angeles/London 1998.

Frodl, G., Stimmungsimpressionismus. A European Phenomenon, Wien, 2004.

Fuchs, E., Weltausstellungen im 19. Jahrhundert. *Comparativ* 9 (1999) 5/6, S. 8–14.

Fuchs, E., Wissenschaft, Kongreßbewegung und Weltausstellungen. Zu den Anfängen der Wissenschaftsinternationale vor dem Ersten Weltkrieg, in: *Comparativ* (1996) 5–6, S. 156–177.

Fuchs, K., Probleme der wirtschaftlichen Entwicklung Oberschlesiens von der Reichsgründung 1871 bis zum Ausbruch des Ersten Weltkriegs 1914, in: K. Fuchs, Wirtschaftsgeschichte Oberschlesiens 1871–1945, Aufsätze, Dortmund 1981, S. 41–54.

Furman, D., Russlands Entwicklungspfad. Vom Imperium zum Nationalstaat, in: *Osteuropa* 61 (2011) 10, S. 3–20.

Gabaccia, D. u. D. Hoerder, Connecting Seas and Connected Ocean Rims. Indian, Atlantic, and Pacific Oceans and China Seas Migrations from the 1830s to the 1930s, Leiden 2011.

Gabaccia, D., D. Hoerder u. A. Walaszek, Emigration and Nation-Building during the Mass Migrations from Europe, Champaign 2007.

Gabaccia, D., Foreign Relations. American Immigration in Global Perspective, Princeton 2012.

Gabaccia, D., Italy's Many Diasporas, London 2000.

Gainer, B., The Alien Invasion. The Origins of the Aliens Act of 1905, London 1972.

Gál, V., Hungary at the World Fairs, 1851–2010, Budapest 2010.

Gall, L., Eisenbahn in Deutschland. Von den Anfängen bis zum Ersten Weltkrieg, in: L. Gall u. M. Pohl (Hg.), Die Eisenbahn in Deutschland. Von den Anfängen bis zur Gegenwart, München 1999, S. 13–70.

Gammerl, B., Staatsbürger, Untertanen und Andere. Der Umgang mit ethnischer Heterogenität im Britischen Weltreich und im Habsburgerreich 1867–1918, Göttingen 2010.

Ganzenmüller, J. u. T. Tönsmeyer (Hg.), Das Vorrücken des Staates in die Fläche. Ein europäisches Phänomen des langen 19. Jahrhunderts, Köln 2016.

Garleff, M., Ostmitteleuropa. Baltikum: Estland, Lettland und Litauen, in: K. Bade, P. Emmer, L. Lucassen u. J. Oltmer (Hg.): Enzyklopädie Migration in Europa vom 17. Jahrhundert bis zur Gegenwart, Göttingen 2010, S. 243–257.

Garner, G. u. M. Middell (Hg.), Aufbruch in die Weltwirtschaft. Braudel wiedergelesen, Leipzig 2012.

Garner, G., Etat, économie, territoire en Allemagne. L'espace dans le caméralisme et l'économie politique, 1740–1820, Paris 2005.

Gąsior. A., A. Halemba u. S. Troebst (Hg.), Gebrochene Kontinuitäten. Transnationalität in den Erinnerungskulturen Ostmitteleuropas im 20. Jahrhundert, Köln/Weimar/Wien 2014.

Gąsior, A. u. S. Troebst (Hg.), Gemeinsam einsam. Die Slawische Idee nach dem Panslawismus (= Osteuropa 59 (2009) 12), Berlin 2010.

Gassert, P., Transnationale Geschichte, Version 2.0, in: Docupedia-Zeitgeschichte, 29.10.2012, http://docupedia.de/zg/Transnationale_Geschichte_Version_2.0_Philipp_Gassert?oldid=88338 [11.02.2015]

Gatrell, P., Refugees and Forced Migrants during the First World War, in: M. Stibbe (Hg.), Captivity, Forced labour and Forced Migration during the First World War, London 2008, S. 82–110.

Gatrell, P., Displacing and Re-Placing Population in the Two World Wars: Armenia and Poland Compared, in: *Contemporary European History* 16 (2007) 4, S. 511–527.

Gawin, M., Rasa i nowoczesność. Historia polskiego ruchu eugenicznego, Warszawa 2003.

Gawrecki, D. u. a. (Hg.), Průmyslové oblasti slovenska za kapitalismu (1780–1945), Opava 1983.

Gay, G. u. H. Fisher (Hg.), Public Relations of the Commission for Relief in Belgium. Documents, Stanford 1929.

GCIM (Global Commission on International Migration), The Transnational Turn in Migration Studies, October 2004, Global Migration Perspectives, No. 6, available at: http://www.refworld.org/docid/42ce48754.html [06.12.2016].

Geary, D., Labour and Social Movements in Europe before 1914, New York 1989.

Gebhard, J., Lublin. Eine polnische Stadt im Hinterhof der Moderne (1815–1914), Köln/Weimar/Wien 2006.

Geddes, A., Migration Research and European Integration. The Construction and Institutionalization of Problems of Europe, in: M. Bommes u. E. Morawska (Hg.), International Migration Research. Constructions, Omissions and the Promises of Interdisciplinarity, Aldershot 2005, S. 265–280.

Gee, M., T. Kirk u. J. Stewart (Hg.), The City in Central Europe. Culture and Society from 1800 to Present, Vermont 1999.

Gellner, E., Nations and Nationalism, Oxford 1983.

Geppert, A., J. Coffey u. T. Lau, International Exhibitions. Expositions Universelles and World's Fairs, 1851–2005. A Bibliography, Berlin 2006.

Geppert, A., Fleeting Cities. Imperial Expositions in Fin-de-Siecle Europe, Basingstoke 2009.

Geppert, D., Zwischen Nationalisierung und Internationalisierung. Europäische Auslandsberichterstattung um 1900, in: U. Daniel u. A. Schildt (Hg.), Massenmedien im Europa des 20. Jahrhunderts, Köln 2010, S. 203–228.

Geraci, R., Economic Nationalism in Tsarist Russia. The Fluidity between International and Intra-Imperial Rivalries, *National Council for Eurasian and East European Research Working Paper*, Washington 2013.

Gerő, A., Uj zsido mult, in: A. Gerő, Utódok kora. történeti tanulmányok, esszék, Budapest 1996, S. 116–25.

Gerschenkron, A., Economic Backwardness in Historical Perspective, Cambridge 1962.

Gerschenkron, A., Die Vorbedingungen der europäischen Industrialisierungen im 19. Jahrhundert, in: W. Fischer (Hg.), Wirtschafts- und sozialgeschichtliche Probleme der frühen Industrialisierung, Berlin 1968, S. 21–28.

Gerschenkron, A., An Economic Spurt That Failed. Four Lectures in Austrian History, Princeton 1977.

Geršlová, J., Die wirtschaftliche Vergangenheit der böhmischen Länder (1870–1914), in: *Vierteljahrschrift für Sozial- und Wirtschaftsgeschichte*, 87 (2000) 3, S. 308–321.

Gey, T., Die preußische Verwaltung des Regierungsbezirks Bromberg 1871–1920, Köln/Berlin 1976.

Geyer, M., Ein Vorbote des Wohlfahrtsstaates. Die Kriegsopferversorgung in Frankreich, Deutschland und Großbritannien nach dem Ersten Weltkrieg, in: *Geschichte und Gesellschaft* 9 (1983), S. 230–277.

Geyer, M., One Language for the World. The Metric System, International Coinage, Gold Standard, and the Rise of Internationalism, 1850–1900, in: M. Geyer u. J. Paulmann

(Hg.), The Mechanics of Internationalism. Culture, Society and Politics from the 1840s to World War I, Oxford 2001, S. 57–92.

Geyer, M., Portale der Globalisierung, in: W. Eberhard u. C. Lübke (Hg.), Die Vielfalt Europas. Identitäten und Räume, Leipzig 2009, S. 545–558.

Geyer, M. u. C. Bright, World History in a Global Age, in: *The American Historical Review* 97 (1995), S. 1034–1060.

Geyer, M. u. C. Bright, Global Violence and Nationalizing Wars in Eurasia and America. The Geopolitics of War in the Mid-Nineteenth Century, in: *Comparative Studies in Society and History* 38 (1996) 4, S. 619–657.

Geyer, M. u. J. Paulmann (Hg.), The Mechanics of Internationalism, Oxford 2001.

Giannuli, D., American Philanthropy in Action. The American Red Cross, in: *East European Politics and Societies*, 9 (1995) 3, S. 108–132.

Gienow-Hecht, J., Sound Diplomacy. Music and Emotions in Transatlantic Relations, 1850–1920, Chicago 2012.

Gil, K. u. C. Pletzing, Granica. Die deutsch-polnische Grenze vom 19. bis zum 21. Jahrhundert, München 2010.

Giordano, C., Sprache und Nation. Überlegungen aus sozialanthropologischer Sicht, in: K. Maier (Hg.), Nation und Sprache in Nordosteuropa im 19. Jahrhundert, Wiesbaden 2012, S. 15–30.

Girault, R., Emprunts russes et investissements français en Russie 1887–1914, Paris 1973.

Glass, H., A. Helmedach u. P. Zervakis, Gesellschaft, in: H. Roth (Hg.), Studienhandbuch Östliches Europa, Köln 1999, S. 33–43.

Glassheim, E., Noble Nationalists. The Transformation of the Bohemian Aristocracy, Harvard 2005.

Glettler, M. Die Wiener Tschechen um 1900. Strukturanalyse einer nationalen Minderheit in der Großstadt, München 1972.

Glettler, M., Pittsburg. Wien. Budapest. Programm und Praxis der Nationalitätenpolitik bei der Auswanderung der ungarischen Slowaken nach Amerika um 1900, Wien 1980.

Glettler, M., Böhmisches Wien, Wien 1985.

Glettler, M., The Acculturation of the Czechs in Vienna, in: D. Hoerder (Hg.), Labor Migration in the Atlantic Economies. The European and North American Working Classes During the Period of Industrialization, London 1985, S. 297–320.

Glick Schiller, N., L. Basch u. C. Blanc-Szanton (Hg.), Towards a Transnational Perspective on Migration. Race, Class, Ethnicity and Nationalism Reconsidered, New York 1992.

Glick Schiller, N. u. T. Faist, Migration, Development, and Transnationalization. A Critical Stance, New York 2010.

Glick Schiller, N. u. A. Simsek-Caglar (Hg.), Locating Migration. Rescaling cities and migrants, London 2011.

Glickman, N., The Jewish White Slave Trade and the Untold Story of Raquel Liberman, New York 1999.

Gliński, W. u. J. W. Wysocki (Hg.), Polska. Dwa światy. Kraj i Polonia, Warszawa 2009.

Glorius, B., Transnationale Perspektiven. Eine Studie zur Migration zwischen Polen und Deutschland, Bielefeld 2007.

Gmurczyk-Wrońska, M., Polacy we Francji w latach 1871–1914. Społeczność polska i jej podstawy materialna, Warszawa 1996.

Göderle, W., Zensus und Ethnizität. Zur Herstellung von Wissen über soziale Wirklichkeiten im Habsburgerreich zwischen 1848 und 1910, Göttingen 2016.

Goehrke, C. u. B. Pietrow-Ennker (Hg.), Städte im östlichen Europa. Fallstudien zur Problematik von Modernisierung und Raum vom Spätmittelalter bis zum 20. Jahrhundert, Zürich 2006.
Goehrke, C., Russland. Eine Strukturgeschichte, Paderborn 2010.
Goethem, G. van, The Amsterdam International: The World of the International Federation of Trade Unions (IFTU), 1913–1945, Aldershot 2006.
Göhring, W., Verdrängt und Vergessen. Friedensnobelpreisträger Alfred Hermann Fried, Wien 2006.
Goldberg Ruthchild, R., Women's Suffrage and Revolution in the Russian Empire, 1905–1917, in: *Aspasia* 1 (2007), S. 1–35.
Goldman, E., Gelebtes Leben. Autobiographie, Berlin 1978.
Gombó I., Magyarország és a Nemzetközi Munkaügyi Szervezet, Budapest 1930.
Good, D. u. T. Ma, The Economic Growth of Central and Eastern Europe in Comparative Perspective 1870–1989, in: *European Review of Economic History* 3 (1999) 2, S. 103–137.
Good, D., Der wirtschaftliche Aufstieg des Habsburgerreiches 1750–1914, Wien/Köln/Graz 1986.
Goodwin, B. u. T. Grennes, Tsarist Russia and the World Wheat Market, in: *Explorations in Economic History* 35 (1998) 4, S. 405–430.
Górnicka-Borratyńska, A., Chcemy całego życia. Antologia polskich testów feministycznych z lat 1870–1939, Warszawa 1999.
Gorzelniak, S., Text. Nation. Geschlecht. Schriftstellerinnen der polnischen Romantik, Sulzbach 2013.
Gosewinkel, Einbürgern und Ausschliessen. Die Nationalisierung der Staatsangehörigkeit vom Deutschen Bund bis zur Bundesrepublik Deutschland, Göttingen 2003.
Gousseff, C., L'exil russe. La fabrique du réfugié apatride (1920–1939). Paris 2008.
Grabmüller, U. u. M. Katz (Hg.), Zwischen Anpassung und Widerspruch. Beiträge zur Frauenforschung am Osteuropa-Institut der Freien Universität Berlin, Wiesbaden 1993.
Grabowska, G., Reprezentacja Polski w Organizacjach Międzynarodowych. Problemy Prawne, Warszawa 1990.
Graebner, N. u. E. Bennett (Hg.), The Versailles Treaty and its Legacy. The Failure of the Wilsonian Vision, New York 2011.
Gräf, H., (Hg.), Kleine Städte im neuzeitlichen Europa, Berlin 1997.
Grandits, H., B. von Hirschhausen, C. Kraft, D. Müller u. T. Serrier, Phantomgrenzen im östlichen Europa. Eine wissenschaftliche Positionierung, in: H. Grandits, B. von Hirschhausen, C. Kraft, D. Müller u. T. Serrier (Hg.), Phantomgrenzen. Räume und Akteure in der Zeit neu denken, Göttingen 2015, S. 13–56.
Green, N., »Filling the Void«. Immigration to France before World War I, in: D. Hoerder (Hg.), Labor Migration in the Atlantic Economies. The European and North American Working Classes During the Period of Industrialization, London 1985, S. 149–156.
Green, N., The Pletzl of Paris. Jewish Immigrant Workers in the Belle Epoque, Boulder 1986.
Green, N., The Comparative Method and Poststructural Structuralism. New Perspectives for Migration Studies, in: *Journal of American Ethnic History* 13 (1994) 4, S. 3–22.
Green, N. Ready-to-Wear and Ready-to-Work. A Century of Industry and Immigrants in Paris and New York, Durham 1997.
Green, N., Et ils peuplèrent l'Amérique. L'odyssée des émigrants, Paris 1994.
Green, N., The Modern Jewish Diaspora. Eastern European Jews in New York, London, and Paris, in: D. Hoerder u. L. Page Moch (Hg.), European Migrants. Global and Local Perspectives, Boston 1996, S. 263–281.

Green, N., Repenser les migrations, Paris 2002.
Gregory, P., Before Command. An Economic History of Russia from Emancipation to the First Five-Year Plan, Princeton 1994.
Groniowski, K., Polska emigracja zarobkowa w Brazylii, 1871–1914, Wrocław 1972.
Gross, N., Die Stellung der Habsburgermonarchie in der Weltwirtschaft, in: A. Brusatti (Hg.), Die Habsburgermonarchie 1848–1918, Bd. 1: Die wirtschaftliche Entwicklung, Wien 1973, S. 1–28.
Gross, N., Die Industrielle Revolution im Habsburgerreich 1750–1914, in: C.M. Cipolla u. K. Borchardt (Hg.), Europäische Wirtschaftsgeschichte, Bd. 4: Die Entwicklung der industriellen Gesellschaften, Stuttgart 1985, S. 203–235.
Große, J., F. Spöring u. J. Tschurenev (Hg.), Biopolitik und Sittlichkeitsreform. Kampagnen gegen Alkohol, Drogen und Prostitution, 1880–1950, Frankfurt 2014.
Grunert, H., Glauben im Hinterland. Die Serbisch-Orthodoxen in der habsburgischen Herzegowina 1878–1918, Göttingen 2016.
Grünewald, G., (Hg.), Organisiert die Welt! Der Friedensnobelpreisträger Alfred Hermann Fried (1864–1921). Leben, Werk und bleibende Impulse, Bremen 2015.
Grunwald, K., Türkenhirsch. A study of Baron Maurice de Hirsch, entrepreneur and philanthropist, Jerusalem 1966.
Guarnizo, L., A. Portes u. W. Haller, Assimilation and Transnationalism. Determinants of Transnational Political Action among Contemporary Migrants, in: *American Journal of Sociology* 108 (2003) 6, S. 1211–1248.
Guesnet, F., Polnische Juden im 19. Jahrhundert. Lebensbedingungen, Rechtsnormen und Organisation im Wandel, Köln/Weimar/Wien 1998.
Gugerli, D. u. D. Speich (Hg.), Topografien der Nation. Politik, kartografische Ordnung und Landschaft im 19. Jahrhundert, Zürich 2002.
Gungwu, W., Global History and Migrations, Boulder 1996.
Gunst, P., Einige Probleme der wirtschaftlichen und sozialen Entwicklung Osteuropas, Köln 1977.
Gunst, P., Agrarian Systems of Central and Eastern Europe, in: D. Chirot (Hg.), The Origins of Backwardness in Eastern Europe, Berkeley 1989, S. 53–91.
Guzik, H., Čtyři cesty ke koldomu. Kolektivní bydlení. Utopie české architektury 1900–1989, Praha 2014.
Gyáni, G., Women as Domestic Servants. The Case of Budapest, 1890–1940, New York 1989.
Gyáni, G., Parlor and Kitchen. Housing and Domestic Culture in Budapest, 1870–1940, Budapest 2002.
Gyáni, G., Identity and the Urban Experience. Finde-Siècle Budapest, Boulder 2004.
Ha, K., Ethnizität und Migration Reloaded. Kulturelle Identität, Differenz und Hybridität im postkolonialen Diskurs, Berlin 2004.
Haan, F., K. Daskalova u. A. Loutfi, Paula Jadwiga Kuczalska-Reinschmit, in: F. Haan, K. Daskalova u. A. Loutfi (Hg.), A Biographical Dictionary of Women's Movements and Feminisms. Central, Eastern and South Eastern Europe, 19th and 20th Centuries, Budapest 2006, S. 272–277.
Haan, F., K. Daskalova u. A. Loutfi (Hg.), A Biographical Dictionary of Women's Movements and Feminisms. Central, Eastern and Southeastern Europe, 19th and 20th Centuries, Budapest 2008.
Haan, F., K. Daskalova u. A. Loutfi, Introduction, in: F., Haan, F., K. Daskalova u. A. Loutfi (Hg.), A Biographical Dictionary of Women's Movements and Feminisms. Central, Eastern and South Eastern Europe, 19th and 20th Centuries, Budapest 2006, S. 1–15.

Haan, F., K. Daskalova u. A. Loutfi, Maria Szeliga, in: F. Haan, K. Daskalova u. A. Loutfi (Hg.), A Biographical Dictionary of Women's Movements and Feminisms. Central, Eastern and South Eastern Europe, 19th and 20th Centuries, Budapest 2006, S. 562–566.

Häberlein, M., Aufbruch ins globale Zeitalter. Die Handelswelt der Fugger und Welser, Darmstadt 2016.

Habermas, R. u. A. Przyrembel (Hg.), Von Käfern, Märkten und Menschen. Kolonialismus und Wissen in der Moderne, Göttingen 2013.

Hackmann, J. (Hg.), Zivilgesellschaft im östlichen und südöstlichen Europa in Geschichte und Gegenwart, München 2011

Hadler, F. (Hg.), Weg von Österreich! Das Weltkriegsexil von Masaryk und Beneš im Spiegel ihrer Briefe und Aufzeichnungen aus den Jahren 1914 bis 1918, Berlin 1995.

Hadler, F., Mitteleuropa. »Zwischeneuropa«. Ostmitteleuropa. Reflexionen über eine europäische Geschichtsregion im 19. und 20. Jahrhundert, in: *Berichte-Beiträge des GWZO*, 1996, S. 34–41.

Hadler, F. (Hg.), Geschichte und Kultur Ostmitteleuropas in vergleichender Absicht, (= *Comparativ* 8, 5), Leipzig 1998.

Hadler, F., Piotr S. Wandycz. Ein polnischer Émigré-Historian der Geschichte Ostmitteleuropas, in: P. Wandycz, Die Großmächte und Ostmitteleuropa vom Berliner Kongreß bis zum Fall der Berliner Mauer 1878–1989. Oskar-Halecki-Vorlesung. Leipzig 2004, S. 3–11.

Hadler, F., Czechs and Slovaks in America on the Project of a Czechoslovak State During World War I, in: B. Valota (Hg.), Rewriting Slavic History, Milano 2009, S. 179–193.

Hadler, F., Vernetzungsimpulse aus Fernost – oder wie der 1908 in Prag zelebrierte Neoslawismus mit Russlands verlorenem Krieg gegen Japan zusammenhing, in: S. Marung u. K. Naumann (Hg.), Vergessene Vielfalt. Territorialität und Internationalisierung in Ostmitteleuropa seit der Mitte des 19. Jahrhunderts, Göttingen 2014, S. 87–107.

Hadler, F., The Visegrad Group. A Joint Venture in East Central Europe Faced with Challenges of Shared Pasts and Fostering Mutual Fellowship within a New Global Condition, in: D. Müller u. A. Skordos (Hg.), Leipziger Zugänge zur rechtlichen, politischen und kulturellen Verflechtungsgeschichte Ostmitteleuropas, Leipzig 2015, S. 117–130.

Hadler, F., »... nevertheless, a great theatrical exhibition of Slav solidarity«. Der Prager Slawen-Kongress von 1908 als Hauptaktion des Neolawismus, in: F. Hadler u. K. Makowski (Hg.), Approaches to Slavic Unity. Austro-Slavism, Pan-Slavism, NeoSlavism, and Solidarity Among the Slavs Today, Poznań 2013, S. 131–152.

Hadler, F. u. M. Mesenhöller (Hg.), Vergangene Größe und Ohnmacht in Mitteleuropa. Repräsentationen imperialer Erfahrung in der Historiographie seit 1918. Lost Greatness and Past Oppression in East Central Europe. Representations of the Imperial Experience in Historiography since 1918, Leipzig 2007.

Hadler, F. u. M. Middell (Hg.), Verflochtene Geschichten (= *Comparativ* 10, 1), Leipzig 2010.

Hadler, F. u. M. Middell, Auf dem Weg zu einer transnationalen Geschichte Ostmitteleuropas, in: F. Hadler u. M. Middell (Hg.), Verflochtene Geschichten (= *Comparativ* 10, 1), Leipzig 2010, S. 8–29.

Hadler, F. u. S. Troebst (Hg.), Kulturgeschichte Ostmitteleuropas (= *Zeitschrift für Geschichtswissenschaft* 50, 2), Berlin 2002.

Häfner, L., Europa ohne Grenzen? Zu Wandel und Funktion der russlandbezogenen Kartographie vom Moskauer Reich bis zur Mitte des 18. Jahrhunderts, in: J. Happel, M. Jovanović u. C. von Werdt (Hg.), Osteuropa kartiert. Mapping Eastern Europe, Münster 2010, S. 87–112.

Häfner, L., Von der Frontier zum Binnenraum. Visionen und Repräsentationen als innerrussländischer Grenzraum, in: C. Duhamelle, A. Kossert u. B. Struck (Hg.), Grenzregionen. Ein europäischer Vergleich vom 18. bis zum 20. Jahrhundert, Frankfurt a. M. 2007, S. 25–50.

Hagemann, K., Tod für das Vaterland. Der patriotisch-nationale Heldenkult, in: *Militärgeschichtliche Zeitschrift* 60 (2001), S. 307–342.

Hagen, M. von, Federalisms and Pan-Movements: Re-Imagining Empire, in: J. Burbank, M. von Hagen u. A. Remnev (Hg.), Russian Empire. Space, People, Power, 1700–1930, Bloomington 2007, S. 494–510.

Hahn, H., Die Organisationen der polnischen »Großen Emigration« 1831–1847, in: T. Schieder u. O. Dann (Hg.), Nationale Bewegung und soziale Organisation, Bd.1: Vergleichende Studien zur nationalen Vereinsbewegung in Europa, München/Wien 1978, S. 131–279.

Hahn, H., Außenpolitik in der Emigration. Die Exildiplomatie Adam Jerzy Czartoryskis 1830–1840, München 1978.

Hahn, H., Geschichte des Deutschen Zollvereins, Göttingen 1984.

Hahn, H., Nationalbewegungen und Industrialisierung: Überlegungen zum Zusammenhang von Nationalismus und wirtschaftlicher Modernisierung am Beispiel Deutschlands, in: H. Timmermann (Hg.), Nationalbewegungen in Europa 1850–1914, Berlin 1998, S. 31–52.

Hahn, S., Nowhere at Home? Female Migrants in the Nineteenth-Century Habsburg Empire, in: P. Sharpe (Hg.), Women, Gender, and Labour Migration. Historical and Global Perspectives, New York 2001, S.108–126.

Hahn, S., Migration. Arbeit. Geschlecht. Arbeitsmigration in Mitteleuropa vom 17. bis zum Beginn des 20. Jahrhunderts, Göttingen 2008.

Haid, E., S. Weismann u. B. Wöller (Hg.), Galizien. Peripherie der Moderne. Moderne der Peripherie?, Marburg 2013.

Hájková, D., »Naše česká věc«. Češi v Americe za první světové války, Praha 2011.

Halecki, O., Borderlands of Western Civilization. A History of East Central Europe, New York 1952.

Halecki, O., Grenzraum des Abendlandes. Eine Geschichte Ostmitteleuropas, Salzburg 1957.

Hall C. u. S. Rose (Hg.), At Home with the Empire. Metropolitan Culture and the Imperial World, Cambridge/New York 2006.

Hall, P., Cities in Civilization. Culture, Innovation, and Urban Order, London 1998.

Hamilton, F., K. Andrews u. N. Pichler-Milanović (Hg.), Transformation of Cities in Central and Eastern Europe. Towards Globalization, Tokyo/New York 2005.

Hanák, P., Die Stellung Ungarns in der Monarchie, in: F. Engel-Janosi u. H. Rumpler (Hg.), Probleme der franzisko-josephinischen Zeit 1848–1916, München 1967, S. 79–93.

Hanák, P., Ungarn in der Donaumonarchie. Probleme der bürgerlichen Umgestaltung eines Vielvölkerstaates, Wien 1984.

Hanák, P., Der Garten und die Werkstatt. Ein kulturgeschichtlicher Vergleich Wien und Budapest um 1900, Wien 1992.

Hanák, P., A National Compensation for Backwardness, in: *Studies in East European Thought* 46 (1994) 1/2, S. 33–45.

Hanák, P., Bürgerliche Wohnkultur des Fin de siècle in Ungarn, Wien 1994.

Hanák, P., The Garden and the Workshop. Essays on the Cultural History of Vienna and Budapest, Princeton 1998.

Hánová, M., Japonisme in the Fine Arts of the Czech Lands, Prague 2010.

Hansen, J., Mapping the Germans. Statistical Science, Cartography, & the Visualization of the German Nation, 1848–1914, Oxford 2014.

Happel, J., Jovanović, M. u. C. von Werdt, (Hg.), Osteuropa kartiert. Mapping Eastern Europe, Münster 2010.

Happel, J., Räume in der Krise. Terrtorialisierungsprozesse im ausgehenden russländischen Imperium, in: S. Marung u. K. Naumann (Hg.), Vergessene Vielfalt. Territorialität und Internationalisierung in Ostmitteleuropa seit der Mitte des 19. Jahrhunderts, Göttingen 2014, S. 62–86.

Hardt, M. u. A. Negri, Empire. Die neue Weltordnung, Frankfurt a. M. 2002.

Harley, J., Maps, Knowledge, and Power, in: J. Harley, The New Nature of Maps. Essays in the History of Cartography, Baltimore 2001, S. 51–81.

Harley, J., The New Nature of Maps. Essays in the History of Cartography, Baltimore 2001.

Harley, J., u. Woodward (Hg.), The History of Cartography, Chicago, 1987.

Harušt'ák, I., Bilder von der »Neuen Welt« für Oberungarn. Amerika in der slowakischen Presse des Jahres 1913, Leipzig 2013.

Harzig, C., D. Hoerder u. A. Shubert (Hg.), Negotiating Nations. Exclusions, Networks, Inclusions, (= *Histoire sociale – Social History*, 34, 2001).

Harzig, C., Peasant Maids, City Women. From the European Countryside to Urban America, Ithaca 1997.

Haselsteiner, H. (Hg.), The Prague Slav Congress 1848. Slavic Identities, Boulder 2000.

Haslinger, P., Grenze im Kopf. Beiträge zur Geschichte der Grenze in Ostmitteleuropa, Bern 2000.

Haslinger, P., (Hg.), Ostmitteleuropa Transnational (= *Comparativ* 18 2), Leipzig 2008.

Haslinger, P., Nation und Territorium im tschechischen politischen Diskurs 1880–1938, München 2010.

Haslinger, P., Untergangsszenarien und Zukunftsvisionen in den Imperien des östlichen Europa (1830–1920), in: *H-Soz-Kult* 11.09.2013 http://hsozkult.geschichte.hu-berlin.de/termine/id=22532 [16.08.2013].

Haslinger, P., Der Spatial Turn und die Geschichtsschreibung zu Ostmitteleuropa in Deutschland, in: *Zeitschrift für Ostmitteleuropa-Forschung* 63 (2014) 1, S. 74–95.

Haslinger P. u. V. Oswalt (Hg.), Kampf der Karten. Propaganda- und Geschichtskarten als politische Instrumente und Identitätstexte, Marburg 2012.

Haslinger, P. u. D. Mollenhauer (Hg.), Arbeit am nationalen Raum. Deutsche und polnische Rand- und Grenzregionen im Nationalisierungsprozeß (= *Comparativ* 15 2), Leipzig 2005.

Hatton, T. u. J. Williamson, Global Migration and the World Economy. Two Centuries of Policy and Performance, Cambridge/London 2005.

Haug, H., Menschlichkeit für Alle. Die Weltbewegung des Roten Kreuzes und des Roten Halbmonds, Bern 1993.

Haumann, H., Geschichte der Ostjuden, München 1990.

Hausleitner, M., Nation und Nationalismus in Rumänien 1866–2008, in: W. Heller, M. Arambasa (Hg.), Am östlichen Rand der Europäischen Union. Geopolitische, ethnische und nationale sowie ökonomische und soziale Probleme und ihre Folgen für die Grenzraumbevölkerung, Potsdam 2009, S. 73–88.

Healy, R. u. E. Dal Lago (Hg.), The Shadow of Colonialism on Europe's Modern Past, Houndmills, Basingstoke 2014.

Heerde, J. van, Staat und Kunst. Staatliche Kunstförderung 1895–1918, Wien 1993.

Heindl, W., Bürokratie und Beamte in Österreich, Bd. 1: Gehorsame Rebellen, Wien 1990.

Heindl, W., Bürokratie und Beamte in Österreich, Bd. 2: Josephinische Mandarine, Wien 2013.

Heindl, W., E. Király u. A. Miller (Hg.). Frauenbilder, feministische Praxis und nationales Bewusstsein in Österreich-Ungarn: 1867–1918, Tübingen 2006.

Heindl, W. u. E. Saurer (Hg.), Grenze und Staat. Paßwesen, Staatsbürgerschaft, Heimatrecht und Fremdengesetzgebung in der österreichischen Monarchie 1750–1867, Wien 2000.

Heinemeyer, H., Kommentar. Die Auswirkung des Ersten Weltkriegs auf die wirtschaftliche Verflechtung Zentraleuropas, in: D. Bingen, P. Loew u. N. Wolf (Hg.), Politische Ökonomie deutsch-polnischer Beziehungen im 20. Jahrhundert, Wiesbaden 2008, S. 78–84.

Hein-Kircher, H., Antemurale Christianitatis. Grenzsituationen als Selbstverständnis, in: H. Hecker (Hg.), Gesellschaftliche Konstitutionen und Transfigurationen, Essen 2006, S. 129–148.

Heiss, J. u. J. Feichtinger, Distant Neighbors. Uses of Orientalism in the Late Nineteenth-Century Austro-Hungarian Empire, in: J. Hodkinson, J. Walker, S. Mazumdar u. J. Feichtinger (Hg.), Deploying Orientalism in Culture and History. From Germany to Central and Eastern Europe, New York 2013, S. 148–165.

Heiszler, V., Szláv dalegyletek Bp-en 1867–1918, in: B. Ablonczy (Hg.), Hagyomány, közösség, művelődés, Budapest 2002, S. 473–76.

Heller, H., Der patriotische Frauen-Hilfsverein von Rothen Kreuze für Mähren während seines 20-jährigen Bestandes 1879–1899. Ein Beitrag zur Geschichte des Rothen Kreuzes in der österreichisch-ungarischen Monarchie. Gedenkblätter, Brünn 1900.

Helman, Z. (Hg.), Polish Musical Culture within the European Context, Warschau 2004.

Helmedach, A., Das Verkehrssystem als Modernisierungsfaktor. Straßen, Fuhrwesen, Post und Reisen nach Triest und Fiume vom Beginn des 18. Jahrhunderts bis zum Beginn des Eisenbahnzeitalters, München 2002.

Henrich-Franke, C., Europäische Verkehrsintegration im 19. und in der zweiten Hälfte des 20. Jahrhunderts, in: C. Henrich-Franke, C. Neutsch u. G. Thiemeyer (Hg.), Internationalismus und Europäische Integration im Vergleich. Fallstudien zu Währungen, Landwirtschaft, Verkehrs- und Nachrichtenwesen, Baden-Baden 2007, S. 133–175.

Hensel, J. (Hg.), Polen, Deutsche und Juden in Lodz, Osnabrück 1999.

Heppner, H. (Hg.), Der Weg führt über Österreich. Zur Geschichte des Verkehrs- und Nachrichtenwesens von und nach Südosteuropa (18. Jh. bis zur Gegenwart), Wien/Köln/Weimar 1996.

Heppner, H., Die großen Wasserstraßen und ihre Bedeutung, in: H. Heppner (Hg.), Der Weg führt über Österreich. Zur Geschichte des Verkehrs- und Nachrichtenwesens von und nach Südosteuropa (18. Jh. bis zur Gegenwart), Wien/Köln/Weimar 1996, S. 91–106.

Heppner, H., (Hg.), Czernowitz. Die Geschichte einer ungewöhnlichen Stadt, Köln/Weimar/Wien 2000.

Herbert, U., Geschichte der Ausländerpolitik in Deutschland. Saisonarbeiter, Zwangsarbeiter, Gastarbeiter, Flüchtlinge, München 2001.

Herren, M. u. S. Zala (Hg.), Netzwerk Außenpolitik. Intern. Kongresse als Instrumente der schweizerischen Außenpolitik 1914–1950, Zürich 2002.

Herren, M., Between Territoriality, Performance, and Transcultural Entanglement 1920–1939. A Typology of Transboundary Lives, in: *Comparativ* 23 (2013) 6, S. 100–124.

Herren, M., Governmental Internationalism and the Beginning of a New World Order in the Late Nineteenth Century, in: Geyer, M. u. J. Paulmann, The Mechanics of Internationalism, London 2001, S. 121–144.

Herren, M., Hintertüren zur Macht. Internationalismus und modernisierungsorientierte Außenpolitik in Belgien, der Schweiz und den USA 1865–1914, München 2000.

Herren, M., Internationale Organisationen seit 1865. Eine Globalgeschichte der internationalen Ordnung, Darmstadt 2009.

Herren, M., Networking the International System, Global Histories of International Organizations, Berlin 2014.

Hertner, P., Historical Lessons of Foreign Banking in Eastern Europe. The Case of Tsarist Russia, in: P. Welfens u. H. Wolf (Hg.), Banking, International Capital Flows and Growth in Europe. Financial Markets, Savings and Monetary Integration in a World with Uncertain Convergence, Berlin/Heidelberg/New York 1997, S. 143–160.

Hertner, P., The Balkan Railways. International Capital and Banking from the End of the Nineteenth Century until the Outbreak of the First World War, in: G. Feldman u. P. Hertner (Hg.), Finance and Modernization. A Transnational Perspective for the Nineteenth and Twentieth Centuries, Farnham 2008, S. 125–153

Heumos, P., Agrarische Interessen und nationale Politik in Böhmen 1848–1889. Sozialökonomische und organisatorische Entstehungsbedingungen der tschechischen Bauernbewegung, Wiesbaden 1979.

Heumos, P., Die Bauernbefreiung in den böhmischen Ländern 1848. Anmerkungen zu den ökonomischen, sozialen und politischen Verhältnissen der Agrargesellschaft, in: R. Jaworski u. R. Luft (Hg.), 1848/49. Revolutionen in Ostmitteleuropa, München 1996, S. 221–237.

Heumos, P., Heimat und Exil. Emigration und Rückwanderung, Vertreibung und Integration in der Geschichte der Tschechoslowakei, München 2001.

Heywood, A., The Most Catastrophic Question. Railway Development and Military Strategy in Late Imperial Russia, in: T. Otte u. K. Neilson (Hg.) Railways and International Politics. Paths of Empire 1848–1945, London 2006, S. 45–67.

Hidvégi, M., Manövrieren zwischen den Global Playern. Ungarische elektrotechnische Unternehmen auf dem Weltmarkt 1867–1949, Diss., Universität Leipzig 2015.

Hidvégi, M., Tungsram und Ganz. Ungarns zwei elektrotechnische Leitunternehmen auf dem Weltmarkt 1867–1949, Göttingen 2016.

Hilbrenner, A., Jüdische Geschichte, in: Digitales Handbuch zur Geschichte und Kultur Russlands und Osteuropas. Bd. 20, http://epub.ub.uni-muenchen.de/2055/1/Hilbrenner_JuedGeschichte.pdf.

Hilbrenner, A., E. Emeliantseva, C. Koller, M. Zeller u. S. Zwicker (Hg.), Handbuch der Sportgeschichte Osteuropas, http://www.ios-regensburg.de/en/ios-publications/online-publications/sportlexikon.html [11.10.2016].

Hildebrand, K., Das deutsche Ostimperium. Betrachtungen über eine historische Augenblickserscheinung, in: W. Pyter u. L. Richter, Gestaltungskraft des politischen, Festschrift für Eberhard Kolb, Berlin 1998, S. 109–124.

Hildermeier, M., Osteuropa als Gegenstand vergleichender Geschichte, in: G. Budde, S. Conrad u. O. Janz (Hg.), Transnationale Geschichte. Themen, Tendenzen und Theorien, Göttingen 2006, S. 117–135.

Hildermeier, M., Geschichte Russlands vom Mittelalter bis zur Oktoberrevolution, München 2013.

Hilferding, R., Das Finanzkapital. Eine Studie zur jüngsten Entwicklung des Kapitalismus, Wien 1910.

Hirsch, E., Urban Revolt. Ethnic Politics in the Nineteenth-Century Chicago Labor Movement, Berkeley 1990.

Hirschhausen, U. von, Die Grenzen der Gemeinsamkeit. Deutsche, Letten, Russen und Juden in Riga 1860–1914, Göttingen 2006.

Hirschausen, U. von, Die Konkurrenz um Verortung. Raumentwürfe zwischen »baltischen Provinzen« und »Latvija« im 19. und frühen 20. Jahrhundert, in: C. Duhamelle, A. Kossert u. B. Struck (Hg.), Grenzregionen. Ein europäischer Vergleich vom 18. bis zum 20. Jahrhundert, Frankfurt a. M. 2007, S. 155–180.

Hirschhausen, U. von, People that Count. The Imperial Census in Europe and India in Nine-teenth and Early Twentieth-Century Europe and India, in: J. Leonhard u. U von Hirschhausen, Comparing Empires. Encounters and Transfers in the Long Nineteenth Century, Göttingen 2011, S. 145–170.

Hirschhausen, U. von, A New Imperial History? Programm, Potenzial, Perspektiven, in: *Geschichte und Gesellschaft* 41 (2015) 4, S. 718–758.

Hirschhausen, U. von u. J. Leonhard, Empires und Nationalstaaten im 19. Jahrhundert, Göttingen 2009.

Hirschhausen, U. u. J. Leonhard, Zwischen Historisierung und Globalisierung. Titel, Themen und Trends der neueren Empire-Forschung, in: *Neue Politische Literatur* 56 (2011) 3, S. 390–402.

Hirschhausen, U. von u. J. Leonhard (Hg.), Comparing Empires. Encounters and Transfers in the Long Nineteenth Century, Göttingen 2011.

Hirschhausen, U. von u. J. Leonhard (Hg.), Empires. Die Krise der Vielfalt im 19. Jahrhundert. Göttingen 2015.

Hirschman, A., Die Strategie der wirtschaftlichen Entwicklung. Stuttgart 1967.

Hitchcock, P., The Long Space Transnationalism and Postcolonial Form, Stanford 2009.

Hlavačka, M., M. Pokorná u. T. Pavlíček (Hg.), Collective and Individual Patronage and the Culture of Public Donation in Civil society in the 19th and 20th Centuries in Central Europe, Prague 2010.

Hlavačka, M., J. Orlíková u. P. Štembera, Alfons Mucha. Paris 1900. Pavilon Bosny a Herzegowiny na světové výstavě, Praha 2002.

Hlavačka, M., Jubilejní výstava 1891, Praha 1991.

Höbelt, L. (Hg.), Österreichs Weg zur konstitutionellen Monarchie. Aus der Sicht des Staatsministers Anton von Schmerling, Frankfurt a. M. 1994.

Hobsbawm, E. u. T. Ranger, The Invention of Tradition, Cambridge 2012.

Hobsbawm, E., Nationen und Nationalismus, Bonn 2005.

Hobsbawm, E., Nations and Nationalism since 1780. Programme, Myth, Reality, Cambridge 1990.

Hodkinson, J., J. Walker, S. Mazumdar u. J. Feichtinger (Hg.), Deploying Orientalism in Culture and History. From Germany to Central and Eastern Europe, New York 2013.

Hodos, G., Mitteleuropas Osten. Ein historisch-politischer Grundriss, Bonn 2003.

Hodos, G., The East-Central European Region. An Historical Outline, Westport, Conn./ London 1999.

Hoerder, D. (Hg.), Labor Migration in the Atlantic Economies. The European and North American Working Classes During the Period of Industrialization, London 1985.

Hoerder, D., An Introduction to Labor Migration in the Atlantic Economies, in: D. Hoerder (Hg.), Labor Migration in the Atlantic Economies. The European and North American Working Classes During the Period of Industrialization, Westport u. London 1985, S. 3–31.

Hoerder, D. u. L. Page Moch, European Migrants. Global and Local Perspectives, Holliston 1995.

Hoerder, D., Segmented Macro Systems and Networking Individuals. The Balancing Function of Migration Processes, in: J. Lucassen u. L. Lucassen, Migration. Migration History. History. Bern 1997, S. 73–84.

Hoerder, D., Cultures in Contact. World Migrations in the Second Millennium, Durham 2002.

Hoerder, D., Transnational, Transregional, Transcultural: Social History and Labor Migrants' Networks in the 19th and 20th Centuries, in: Unfried, B., J. Mittag, M. van der Linden u. E. Himmelstoss, Transnationale Netzwerke im 20. Jahrhundert. Historische Erkundungen zu Ideen und Praktiken, Individuen und Organisationen, Leipzig 2008, S. 81–98.

Hoerder, D., Human Mobility, in: A. Iriye u. P.-Y. Saunier (Hg.), The Palgrave Dictionary of Transnational History, Basingstoke 2009, S. 502–508.

Hoerder, D., Individuals and Systems. Agency in Nineteenth and Twentieth Century Labour Migrations, in: A. Steidl, J. Ehmer, S. Nadel u. H. Zeitlhofer (Hg.), European Mobility: Internal, International, and Transatlantic moves in 19th and early 20th Centuries, Göttingen 2009, S. 53–66.

Hoerder, D., Migrations and Belongings, in: E. Rosenberg (Hg.), A World Connecting, Cambridge (Mass.)/London 2012, S. 435–589.

Hoerder, D., I. Blank u. H. Rossler (Hg.), Roots of the Transplanted, Bd. 1: Late 19th East Central and Southeastern Europe, New York 1994.

Hoerder, D. u. A. Kaur (Hg.), Proletarian and Gendered Mass Migrations. A Global Perspective on Continuities and Discontinuities from the 19th to the 21st Century, Leiden 2013.

Hofbauer, H. u. A. Komlosy, Capital Accumulation and Catching-up Development in Eastern Europe, in: *Review Fernand Braudel Center*, 23 (2000) 4, S. 459–501.

Hofmann, A., Utopien der Nation. Landes- und Nationalausstellungen in Ostmitteleuropa vor und nach dem Ersten Weltkrieg, in: *Zeitschrift für Ostmitteleuropaforschung* 58 (2009) 1/2, S. 5–32.

Hofmann, A., Imageprobleme einer Antimetropole. Lodz 1900/1930, in: A. Hofmann u. A. Wendland (Hg.), Stadt und Öffentlichkeit in Ostmitteleuropa. Beitrage zur Entstehung moderner Urbanität zwischen Berlin, Charkiw, Tallin und Triest, Stuttgart 2002, S. 235–257.

Hofmann, A.R. u. A. Wendland (Hg.), Stadt und Öffentlichkeit in Ostmitteleuropa. Beitrage zur Entstehung moderner Urbanität zwischen Berlin, Charkiw, Tallin und Triest, Stuttgart 2002.

Hofmann, A.R. u.a. (Hg.), Bilder vieler Ausstellungen. Großexpositionen in Ostmitteleuropa als nationale, mediale und soziale Ereignisse(= Themenheft der *Zeitschrift für Ostmitteleuropa-Forschung* 58 1–2), Marburg 2009.

Hofmeester, K., Jewish Workers and the Labour Movement. A Comparative Study of Amsterdam, London and Paris, 1870–1914, Aldershot 2004.

Höhne, S., Wo liegt die Ukraine? Standortbestimmung einer europäischen Kultur, Wien 2009.

Holaubek, J, H. Navrátilová, u. W. Oerter (Hg.), Ägypten und Österreich. Akten zum Prager Symposion, Prag 2006.

Holec, R., Die ungarische Wirtschafts- und Industriepolitik bis 1914 aus slowakischer Sicht, in: U. Müller (Hg.), Ausgebeutet oder alimentiert? Regionale Wirtschaftspolitik und nationale Minderheiten in Ostmitteleuropa (1867–1939), Berlin 2006, S. 119–139.

Holenstein, A., Mitten in Europa. Verflechtung und Abgrenzung in der Schweizer Geschichte, Baden 2014.

Holzer, J., Zwischen nationaler Gebundenheit und übernationaler Klassensolidarität. Die multinationale Arbeiterbewegung im polnischen Staat 1918–1939, in: F. van Holthoon u. M. van der Linden (Hg.), Internationalism in the Labour Movement 1830–1940, Bd. 2, Leiden 1988, S. 583–607.

Höpel, T., Geschichte der Kulturpolitik in Europa: vom nationalen zum europäischen Modell, in: M. Middell (Hg.), Dimensionen der Kultur- und Gesellschaftsgeschichte, Leipzig 2007, S. 184–205.

Höpel, T., Von der Kunst- zur Kulturpolitik. Städtische Kulturpolitik in Deutschland und Frankreich, Stuttgart 2007.

Hopkins, A., From National History to Imperial History, in: *Past & Present* 164 (1999), S. 198–243.

Horel, C., Multi- und Plurikulturalismus in urbaner Umwelt. Nationale und soziale Vielfalt in den Städten der Habsburger Monarchie 1867–1914, in: *Mitteilungen des Instituts für österreichische Geschichtsforschung* 113 (2005), S. 349–361.

Horn, H., Der Kampf um den Bau des Mittellandkanals. Eine politologische Untersuchung über die Rolle eines wirtschaftlichen Interessenverbandes im Preußen Wilhelms II., Köln 1964.

Hossain, A., K. Bódi u. D. Ghiu, Layers of Exhibition. The Venice Biennale and Comparative Art Historical Writing, in: *ostblick* 2 (2012), S. 1–6.

Houston, R., Literacy, in P. Stearns (Hg.), Encyclopedia of European Social History, Detroit 2001, S. 391–406.

Hozák, J., Náprstek a muzejnictví in Rozpravy Národního Technického Muzea v Praze, Praha 1998.

Hroch, M., Das Europa der Nationen. Die moderne Nationsbildung im europäischen Vergleich, Göttingen 2005.

Hroch, M., Die Vorkämpfer der nationalen Bewegung bei den kleinen Völkern Europas, Prag 1968.

Hüchtker, D., Der »Mythos Galizien«. Versuch einer Historisierung, in: M. Müller u. R. Petri (Hg.), Die Nationalisierung von Grenzen. Zur Konstruktion nationaler Identität in sprachlich gemischten Grenzregionen, Marburg 2002, S. 81–107.

Hüchtker, D., Rückständigkeit, Fortschritt und Geschichte. Die Rhetorik der Frauenpolitik am Beispiel Galiziens, in: J. Surman u. K. Kaps (Hg), Galicia Postcolonial. Prospects and Possibilities (= *Historyka* 42 (2012)), S. 231–256.

Hüchtker, D., Cross-Mapping. Lokale Verankerungen und transnationale Netzwerke in den Narrativen ostmitteleuropäischer Frauenbewegungen um 1900, in: S. Marung u. K. Naumann (Hg.), Vergessene Vielfalt. Territorialität und Internationalisierung in Ostmitteleuropa seit der Mitte des 19. Jahrhunderts, Göttingen 2014, S. 164–191.

Hüchtker, D., Geschichte schreiben. Politische Bewegungen in Galizien um 1900, Frankfurt a. M./New York 2014.

Hudra, K u. K. Keserü (Hg.), Finnmagyar. Az 1900-as párizsi világkiállítástól a Cranbrook Schoolig, Budapest 2005.

Hühn, M., D. Lerp, K. Petzold u. M. Stock (Hg.), Transkulturalität, Transnationalität, Transstaatlichkeit, Translokalität. Theoretische und empirische Begriffsbestimmungen, Berlin 2010.

Huhnholz, S., Deutschsowjetische Bloodlands? Zum methodologischen spatial und imperial turn der aktuellen Totalitarismustheorie, in: D. Caglioti (Hg.): Aliens and Internal Enemies during the First World War(= *Journal of Modern European History* 12 4), München 2014, S. 427–447.

Hundert, G. (Hg.), The YIVO Encyclopedia of Jews in Eastern Europe, New Haven 2008.

Die Hundertjährige Geschichte der Ersten Brünner Maschinen-Fabriks-Gesellschaft in Brünn von 1821 bis 1921, 2. Aufl., Leipzig 1925.

Hutton, M., Russian and West European Women, 1860–1939. Dreams, Struggles, and Nightmares, Lanam 2001.

Hutchinson, E., Legislative History of American Immigration Policy 1798–1965, Philadelphia 1981.
Iriye, A., Global Community. The Role of International Organizations in the Making of the Contemporary World, Oakland 2004.
Iriye, A., Die Entstehung einer transnationalen Welt, in: A. Iriye, 1945 bis heute. Die globalisierte Welt. Geschichte der Welt, Bd.: 6, München 2013, S. 672–825.
Iriye, A. u. J. Osterhammel (Hg.), Geschichte der Welt. Bd. 5: Weltmärkte und Weltkriege 1870–1945, München 2012.
Iriye, A. u. P. Y. Saunier (Hg.), The Palgrave Dictionary of Transnational History, Basingstoke 2009.
Irwin, J., Making the World Safe. The American Red Cross and a Nation's Humanitarian Awakening, Oxford 2013.
Irwin, R., Mapping Race. Historicizing the History of the Color-Line, in: *History Compass* 8 (2010) 8/9, S. 984–999.
Ischreyt, H., Kontakte. Bemerkungen über die Voraussetzungen von Kulturbeziehungen und deren systematische Darstellung, in: I. Fried, H. Lemberg u. E. Rosenstrauch-Königsberg (Hg.), Zeitschriften und Zeitungen des 18. und 19. Jahrhunderts in Mittel- und Osteuropa, Berlin 1986, S. 9–44.
Jabłonowski, M., Sen o potędze Polski. z dziejów ruchu byłych wojskowych w II Rzeczypospolitej 1918–1939, Olsztyn 1998.
Jackson, J., Migration and Urbanization in the Ruhr Valley, 1821–1914, Boston 1997.
Jackson, P., P. Craig u. C. Dwyer (Hg.), Transnational Spaces, London 2004.
Jacobs, M., The Good and Simple Life. Artist Colonies in Europe and America, Oxford 1985.
Jacolin, H., Serbia's Access to the Sea, 1830–2006; in: R. Roth u. H. Jacolin (Hg.), Eastern European Railways in Transition. Nineteenth to Twenty-first Centuries, Farnham 2013, S. 69–85.
Jäger, J., Verfolgung durch Verwaltung. Internationales Verbrechen und internationale Polizeikooperation 1880–1933, Konstanz 2007.
Jaklová, A., Čechoamerická periodika 19. století, Brno 2006.
Jakubec, I. u. Z. Jindra, Dějiny hospodářství českých zemí. Od počátků industrializace do konce habsburské monarchie, Praha 2007.
James, H., Das Ende der Globalisierung? Lehren aus der Weltwirtschaftskrise, in: Jahrbuch des Historischen Kollegs 1999, München 2000, S. 61–89.
Janáč, J., European Coasts of Bohemia. Negotiating the Danube-Oder-Elbe Canal in a Troubled Twentieth Century, Amsterdam 2012.
Janák, J. u. J. Kubíček, Hospodářský rozmach Moravy. 1740–1918. Brno 1999.
Janatková, A. u. H. Kozinska-Witt (Hg.), Wohnen in der Großstadt 1900–1939. Wohnsituation und Modernisierung im europäischen Vergleich, Stuttgart 2006.
Janatková, A., Modernisierung und Metropole. Architektur und Repräsentation auf den Landesausstellungen in Prag 1891 und Brünn 1928, Stuttgart 2008.
Janos, A., East Central Europe in the Modern World. The Politics of the Borderlands from Pre- to Postcommunism, Stanford 2000.
Janowski, M., Polish Liberal Thought Before 1918, Budapest 2004.
Janowski, M., Galizien auf dem Weg zur Zivilgesellschaft, in: H. Rumpler u. P. Urbanitsch (Hg.), Die Habsburgermonarchie 1848–1918, Bd. 7: Politische Öffentlichkeit und Zivilgesellschaft, Wien 2006, S. 805–858.
Janusz, G., Polacy w Niemczech a nepodległość Polski, in: W. Śladkowski (Hg.), Polonia i odbudowa państwa polskiego w 1918 roku, Lublin 1991, S. 50–70.

Janz, O. u. D. Schönpflug (Hg.), Gender History in a Transnational Perspective. Networks, Biographies, Gender Orders, New York 2014.

Jaroszyńska-Kirchmann, A., The Exile Mission. The Polish Political Diaspora and Polish Americans, 1939–1956, Athen 2004.

Jarren, V., Schmuggel und Schmuggelbekämpfung in den preußischen Westprovinzen 1818–1854, Paderborn 1992.

Jasica, R. u. T. Kamiński (Hg.), Informator o organizacjach międzynarodowych do których Polska należy [Informationen zur Beteiligung Polens an internationalen Organisationen], Warszawa 1960.

Jaworski, R., Handel und Gewerbe im Nationalitätenkampf. Studien zur Wirtschaftsgesinnung der Polen in der Provinz Posen (1871–1914), Göttingen 1986.

Jaworski, R., Ostmitteleuropa. Versuch einer historischen Spurensicherung, in: *Geographische Rundschau* 34 (1991) 12, S. 692–697.

Jaworski, R. u. B. Pietrow-Ennker (Hg.) Women in Polish Society, Boulder 1992.

Jaworski, R. u. R. Luft (Hg.), 1848/49. Revolutionen in Ostmitteleuropa, München 1996.

Jedlicki, J., A Suburb of Europe. Nineteenth Century Polish Approaches to Western Civilisation, Budapest 1999.

Jessop, B., N. Brenner u. M. Jones, Theorizing Sociospatial Relations, in: *Society and Space* 26 (2008), S. 389–401.

Jezierski, A., The Problems of Economic Growth of Poland in the Nineteenth Century, in: *Studia Historiae Oeconomicae* 9 (1974), S. 121–140.

Jezierski, A., Economic History of Poland in Numbers, Warsaw 1994.

Jezierski, A. u. C. Leszczyńska, Eastern Markets in historical Perspective, in: *Studia Historiae Oeconomicae* 24 (2001), S. 73–86.

Jezierski, A. u. C. Leszczyńska, Historia Gospodarcza Polski, Warszawa 2003.

Jobst, K., Where the Orient Ends? Orientalism and Its Function for Imperial Rule in the Russian Empire, in: J. Hodkinson, J. Walker, S. Mazumdar u. J. Feichtinger (Hg.), Deploying Orientalism in Culture and History. From Germany to Central and Eastern Europe, New York 2013, S. 190–208.

Jobst, K. Ignacy Daszyński. Ein Sozialist, polnischer Patriot und transnationaler Akteur vor dem Ersten Weltkrieg, in: *Zeitschrift für Ostmitteleuropaforschung* 64 (2015) 3, S. 380–401.

Johanson, C., Women's Struggle for Higher Education in Russia, 1855–1900, Kingston 1987.

Johler, R., Beschreiben und Vermessen. Raumwissen in der östlichen Habsburgermonarchie im 18. und 19. Jahrhundert. Unter Mitarbeit von Josef Wolf, Berlin 2011.

John, M., Schmelztiegel – Mosaik – regionales Zentrum 1880–1914. Stadttypus im Vergleich Migration, Integration und Ethnizität, in: L. Fasora u. Hanuš (Hg.): Brünn – Wien. Wien – Brünn. Landesmetropolen und Zentrum des Reiches im 19. Jahrhundert, Brünn 2008, S. 221–242.

Jones, E., The European Miracle. Environments, Economies and Geopolitics in the History of Europe and Asia, 3. Aufl., Cambridge 2003.

Jones, G., The End of Nationality? Global Firms and »Borderless Worlds«, in: *Zeitschrift für Unternehmensgeschichte* 51 (2006) 2, S. 149–166.

Jones, H., International or transnational? Humanitarian Action During the First World War, in: *European Review of History* 16 (2009) 5, S. 697–713.

Joppke, C., Selecting by Origin. Ethnic Migration in the Liberal State, Cambridge 2005.

Jordan, P., Die Entwicklung des Eisenbahnnetzes auf dem Gebiet des heutigen Jugoslawien (bis 1918), in: R. Plaschka, A. Drabek u. B. Zaar (Hg.), Eisenbahnbau und Kapitalinteressen in den Beziehungen der österreichischen mit den südslawischen Ländern, Wien 1993, S. 13–30.

Jovanovic, M. u. S. Naumovic (Hg.), Gender Relations in South Eastern Europe. Historical Perspectives on Womanhood and Manhood in 19th and 20th Century, Belgrad 2001.

Judson, P., Guardians of the Nation. Activists on the Language Frontiers of Imperial Austria, Cambridge 2006.

Judson, P., The Habsburg Empire. A New History, Cambridge 2016.

Judson, P. u. M. Rozenblit (Hg.), Constructing Nationalities in East Central Europe, New York 2005.

Junghaus, T. u. K. Székely, Paradise Lost. The first Roma Pavilion, München/London/New York 2007.

Juzbašić, D., Der Eisenbahnbau in Bosnien und der Herzegowina und die wirtschaftlichen Gegensätze zwischen Österreich und Ungarn, in: R. Plaschka, A. Drabek u. B. Zaar (Hg.), Eisenbahnbau und Kapitalinteressen in den Beziehungen der österreichischen mit den südslawischen Ländern, Wien 1993, S. 143–167.

Kaelble, H., Vergleichende Sozialgeschichte des 19. und 20. Jahrhunderts: Forschungen europäischer Historiker, in: *Jahrbuch für Wirtschaftsgeschichte* 1 (1993), S. 173–200.

Kahk, J., Bauer und Baron im Baltikum, Tallinn 1999.

Kahk, J. u. E. Tarvel, An Economic History of the Baltic Countries, Stockholm 1997.

Kaimakamis, V., G. Dallas, P. Stefanidis u. G. Papadopoulos, The Spread of Gymnastics in Europe and America by Pedagogue-Gymnasts during the First Half of the 19th century, in: *Science of Gymnastics Journal*, 3 (2011) 1, S. 49–55.

Kaiser, W. u. J. Schot (Hg.) Writing the Rules for Europe. Experts, Cartels, and International Organisations, Basingstoke 2014.

Kalembka, S., Wielka Emigracja. Polskie wychodźstwo polityczne w latach 1831–1862, Warszawa 1971.

Kalembka, S., Wielka Emigracja i sprawa polska a Europa 1832–1864, Toruń 1980.

Kalicka, F., Międzynarodowa Federacja Związków Zawodowych. Międzynarodówka Amsterdamska 1919–1945. Struktura, Rozwój, Działalność, Warszawa 1978.

Kallestrup, S., Art and Design in Romania 1866–1927. Local and International Aspects of the Search for National Expression, New York 2006.

Kamusella, T., School Historical Atlases and Ethnolinguistic Nationalism, in: J. Happel, M. Jovanović, u. C. von Werdt (Hg.), Osteuropa kartiert. Mapping Eastern Europe, Münster 2010, S. 215–234.

Kantor, R., Między Zaborowem a Chicago. Kulturowe konsekwencje istnienia zbiorowości imigrantów z parafii zaborowskiej w Chicago i jej kontaktów z rodzinnymi wsiami, Wrocław/Warszawa 1990.

Kaposi, Z., Der Staat, die wirtschaftliche Entwicklung und die Nationalitäten auf dem Gebiet des Königreichs Ungarn (1867–1918), in: U. Müller (Hg.), Ausgebeutet oder alimentiert? Regionale Wirtschaftspolitik und nationale Minderheiten in Ostmitteleuropa (1867–1939), Berlin 2006, S. 101–118.

Kaposi, Z., Die Entwicklung der Wirtschaft und Gesellschaft in Ungarn 1700–2000, Passau 2007.

Kappeler, A., Nationsbildung und Nationalbewegungen im Russländischen Reich, in: *Archiv für Sozialgeschichte* 40 (2000), S. 67–90.

Kappeler, A., Osteuropa und Osteuropäische Geschichte, in: M. Maurer (Hg.), Aufriß der historischen Wissenschaften, Bd. 2: Räume, Stuttgart 2001, S. 198–265.

Kappeler, A., Russland als Vielvölkerreich. Enstehung-Geschichte-Zerfall, München 2001.

Kaps, K., Gescheitertes Aufholen in Zentraleuropa. Der Abstieg der Habsburgermonarchie zu einem semiperipheren Wirtschaftsraum im Spiegel ihrer Außenhandelsstruktur 1791–1880, in: *Zeitschrift für Weltgeschichte*, 9 (2008) 1, S. 103–122.

Kaps, K., Ungleiche Entwicklung in Zentraleuropa. Galizien zwischen überregionaler Verflechtung und imperialer Politik 1772–1914, Wien 2015.

Kaps, K., Zwischen unternehmerischen Interessen. Arbeit für die Nation und Politik für das Reich. Zwei imperiale Biographien im Galizien der späten Habsburgermonarchie 1880–1914, in: T. Buchen, u. M. Rolf (Hg.), Eliten im Vielvölkerreich. Imperiale Biographien in Russland und Österreich-Ungarn 1890–1918, Berlin 2015, S. 261–288.

Kaps, K. u. J. Surman (Hg.), Post-Colonial Perspectives on Habsburg Galicia(= *Historyka* 42), Kraków 2012.

Karády, V. u. W. Mitter, Bildungswesen und Sozialstruktur in Mitteleuropa im 19. und 20. Jahrhundert, Köln 1990.

Karády, V., Ethnic and Denominational Inequalities and Conflicts in Elites and Elite Training in Modern Central Europe, Budapest 2012.

Kárai, P. u. N. Veszprémi (Hg.), München magyarul. Magyar művészek Münchenben 1850–1914. Budapest 2009.

Kaser, M. u. E. Radice (Hg.), The Economic History of Eastern Europe 1919–1975, 3 Bde., Oxford 1985–1986.

Kasianov, G. u. P. Ther (Hg.), A Laboratory of Transnational History. Ukraine and Recent Ukrainian Historiography, Budapest 2009.

Katalinić, V., Der Topos der Nation auf der Musikbühne am Anfang der Kroatischen Nationaloper in Zagreb, in: S. Müller, P. Ther, J. Toelle u. G. Nieden (Hg.), Die Oper im Wandel der Gesellschaft. Kulturtransfers und Netzwerke des Musiktheaters in Europa, Wien/München 2010, S. 219–243.

Katona, T. u. L.Arday, 110 év. Az Interparlamentáris Unió Magyar Nemzeti Csoportjának története, Budapest 2006.

Katus, L., Die Magyaren, in: A. Wandruszka u. P. Urbanitsch (Hg.), Die Habsburgermonarchie 1848–1918, Bd. 3: Die Völker des Reiches, Wien 1980, S. 410–488.

Katus, L., Hungary in the Dual Monarchy 1867–1914, New York 2008.

Kebir, S., Gramscis Zivilgesellschaft. Alltag, Ökonomie, Kultur, Politik, Hamburg 1991.

Keeling, D., The Business of Transatlantic Migration between Europe and the United States, 1900–1914. Mass Migration as a Transnational Business in Long Distance Travel, Zürich 2012.

Keeling, D., The Improvement of Travel Conditions for Migrants Crossing the North Atlantic, 1900–1914, in: T. Brinkmann (Hg.), Points of Passage. Jewish Transmigrants from Eastern Europe in Scandinavia, Germany and Britain 1880–1914, New York/Oxford 2013, S. 107–129.

Keményfi, R., Grenzen. Karten. Ethnien. Kartenartige Konstituierungsmittel im Dienst des ungarischen nationalen Raums, in: J. Happel, M. Jovanović u. C. von Werdt (Hg.), Osteuropa kartiert. Mapping Eastern Europe, Münster 2010, S. 201–214.

Keményfi, R., Karten machen. Macht der Farben. Zur Frage der Visualisierung des ungarischen nationalen Raumes, in: S. Tzschaschel, H. Wild, S. Lentz u. U. Wardenga (Hg.), Visualisierung des Raumes. Karten machen. Die Macht der Karten, Leipzig 2007, S. 55–65.

Kemlein, S. (Hg.), Geschlecht und Nationalismus in Mittel- und Osteuropa, 1848–1918, Osnabrück 2000.

Kennedy, P., The Rise and Fall of the Great Powers, New York 1989.

Kenneweg, A. u. S. Troebst, Einführung. Marienkult, Cyrillo-Methodiana und Antemurale. Religiöse Erinnerungsorte in Ostmitteleuropa vor und nach 1989, *Zeitschrift für Ostmitteleuropa-Forschung* 57 (2008) 3, S. 287–291.

Kenwood A. u. A. Lougheed, Growth of the International Economy, 1820–2015, London 1999.

Kérdések, I. (Hg.), La Hongrie dans les relations internationales. Edition de Association Hongroise des Affaires Étrangères pour la Société des Nations, Budapest 1935.

Kereszty, O., A Great Endeavor. The Creation of the Hungarian Feminist Journal »A Nő és a Társadalom« (Women and Society) and its Role in the Women's Movement, 1907–1913, in: *Aspasia* 7 (2013), S. 92–107.

Kereszty, O., Women's Education in Hungary in the Era of Dualism. Vision and Debate on Schooling and Learning for Women in the Journal Nemzeti Nőnevelés (National Female Education) 1879–1919, o. O. 2008.

Kerkhof, S. van de, Transnationale Kooperation oder national motivierte Expansion? Die schwerindustriellen Interessenverbände bis zur Teilung Oberschlesiens, in: L. Budraß, B. Kalinowska-Wójcik u. A. Michalczyk (Hg.), Industrialisierung und Nationalisierung. Fallstudien zur Geschichte des oberschlesischen Industriereviers im 19. und 20. Jahrhundert, Essen 2013, S. 147–180.

Kerski, B. u. K. Ruchniewicz, Polnische Einwanderung. Zur Geschichte und Gegenwart der Polen in Deutschland, Osnabrück 2011.

Kessler. G., Migration and Family Systems in Russia and the Soviet Union, Nineteenth to Twentieth Centuries, in: D. Hoerder u. A. Kaur (Hg.), Proletarian and Gendered Mass Migrations. A Global Perspective on Continuities and Discontinuities from the 19th to the 21st Century, Leiden 2013, S. 133–150.

Kertzer, D., Census and Identity. The Politics of Race, Ethnicity and Language in National Censuses, Cambridge 2002.

Khan, D.-E., Das Rote Kreuz. Geschichte einer humanitären Weltbewegung, München 2013.

Khodarkovsky, M., Russia's Steppe Frontier. The Making of a Colonial Empire 1500–1800, Bloomington 2002.

Kieniewicz, S., The Emancipation of the Polish Peasantry, Chicago 1969.

Kiesewetter, H., Das einzigartige Europa. Zufällige und notwendige Faktoren der Industrialisierung, Göttingen 1996.

Kiesewetter, H., Raum und Region, in: G. Ambrosius, D. Petzina u. W. Plumpe (Hg.), Moderne Wirtschaftsgeschichte. Eine Einführung für Historiker und Ökonomen, München 1996, S. 105–118.

Kiesewetter, H., Region und Industrie in Europa 1815–1995, Stuttgart 2000.

Kießling, F. (Welt-)Öffentlichkeit, in: J. Dülffer u. W. Loth (Hg.), Dimensionen inter-nationaler Geschichte, München 2012, S. 85–106.

King, J., Budweisers into Czechs and Germans. A local History of Bohemian Politics 1848–1948, Princeton 2005.

Kishtymov, A., The Construction and Modernisation of Railways in Belorussia/Belarus in the late Ninenteenth and Twentieth Centuries, in: R. Roth u. H. Jacolin (Hg.), Eastern European Railways in Transition. Nineteenth to Twenty-first Centuries, Farnham 2013, S. 41–68.

Kissling, C., Die Interparlamentarische Union im Wandel. Rechtspolitische Ansätze einer repräsentativ-parlamentarischen Gestaltung der Weltpolitik, Frankfurt 2006.

Kivimaa, K. (Hg.), The Geographies of Art History in the Baltic Region, Tallinn 2009.

Kivisto, P., Theorizing Transnational Immigration: A Critical Review of Current Efforts, in: *Ethnic and Racial Studies* 24 (2001) 4, S. 549–577.

Klabbers, J., Theorizing International Organizations. The Oxford Handbook of the Theory of International Law, Oxford 2016.

Kladiwa, P. u. a., Národnostní statistika v českých zemích, 1880–1930, 2 Bde., Praha 2016.

Klanicay, G., Von Ostmitteleuropa zu Westmitteleuropa. Eine Umwandlung im Hochmittelalter, in: Böhmen und seine Nachbarn in der Přemyslidenzeit, Ostfildern 2011, S. 17–48.

Kłańska, M., Facetten des galizischen Elends. Stanisław Szczepanowskis »Das Elend Galiziens in Ziffern [Nędza Galicyi w cyfrach, 1888], in: P. Giersch, F. Krobb u. F. Schößler (Hg.), Galizien im Diskurs. Inklusion, Exklusion, Repräsentation, Frankfurt a. M. 2012, S. 57–78.

Klarner-Kosińska, I., Emigracja z Królestwa Polskiego do Brazylii 1890–1914, Warszawa 1975.

Kleibel, V., Adamczyk, Marie, in: H. Wolff (Hg.), Biographisches Lexikon zur Pflegegeschichte. »Who Was Who in Nursing History?«, Bd. 2, München 2001, S. 2.

Klejman, L., Les Congrès féministes internationaux, in: *Cahiers Georges Sorel* 7 (1989), S. 71–86.

Klement, J., Die Agrarkrise am Ende des 19. Jahrhunderts und die Budapester Mühlenindustrie, in: Keller, M., G. Kövér u. C. Sasfi (Hg.), Krisen/Geschichten in mitteleuropäischem Kontext. Sozial- und Wirtschaftsgeschichtliche Studien zum 19./20. Jahrhundert, Wien 2015, S. 167–197.

Klement, J., How to Adapt to a Changing Market? The Budapest Flour Mill Companies at the Turn of the Nineteenth and Twentieth Centuries, in: *Hungarian Historical Review* 4 (2015) 4, S. 834–867.

Klenner, M., Eisenbahnen und Politik 1758–1914. Vom Verhältnis der europäischen Staaten zu ihren Eisenbahnen, Wien 2002, S. 128–134.

Klepacki, Z., Encyclopedia Organizacji Międzynarodowych, Warszawa 1975.

Klepacki, Z., Encyclopedia teorii i praktyki organizacji międzynarodowych, Warszawa 1990.

Klessmann, C., Polnische Bergarbeiter im Ruhrgebiet, 1870–1945. Soziale Integration und nationale Subkultur einer Minderheit in der deutschen Industriegesellschaft, Göttingen 1978.

Klessmann, C., Comparative Immigrant History. Polish Workers in the Ruhr Area and the North of France, in: *Journal of Social History* 20 (1986) 2, S. 335–353.

Klimaszewski, Z., Emigracja polska w Niemczech, Białystok 2007.

Kłoczowski, J., East Central Europe in the Historiography of the Countries of the Region, Lublin 1995.

Kłoczowski, J. (Hg.): Historia Europy Środkowo-Wschodniej. 2 Bde. Lublin 2000

Kłoczowski, J., J. Pelenski, M. Radwan, J. Skarbek, u. S. Wyłążek (Hg.), Belarus, Lithuania, Poland, Ukraine: the foundations of historical and cultural traditions in East Central Europe, Michigan 1994.

Klose, F. (Hg.), The Emergence of Humanitarian Intervention. Ideas and Practice from the Nineteenth Century to the Present, Cambridge 2016.

Knittler, H., Die Donaumonarchie 1648–1848, in: I. Mieck (Hg.) Handbuch der europäischen Wirtschafts- und Sozialgeschichte, Bd. 4, Stuttgart 1993, S. 880–915.

Knothe, M., Land and Loyalties. Contours of Polish Women's Lives, in: C. Harzig (Hg.), Peasant Maids – City Women. From the European Countryside to Urban America, Ithaca 1997, S. 143–182.

Kobchenko, K., Parallele Geschichte. Die Entwicklung der akademischen Frauenbildung in der Ukraine von der Mitte des 19. bis zum Anfang des 20. Jahrhunderts, in: *Ariadne* 53/54 (2008), S. 110–118.

Kochanowicz, J., The Economy of the Polish Kingdom. A Question of Dependence (Original 1995), in: J. Kochanowicz, Backwardness and Modernization. Poland and Eastern Europe in the 16th–20th Centuries, Aldershot 2006, S. 123–139.

Kochanowicz, J., Globalization and Eastern Europe. 1870–1914. 1970–2000, in: J. Kochanowicz, Backwardness and Modernization. Poland and Eastern Europe in the 16th–20th Centuries, Aldershot 2006, S. 179–205.

Kochanowicz, J., The Curse of Discontinuity. Poland's Economy in a Global Context, 1820–2000, in: *Jahrbuch für Wirtschaftsgeschichte*, 74 (2014) 1, S. 129–147.

Kocka, J., Das östliche Mitteleuropa als Herausforderung für eine vergleichende Geschichte Europas, in: *Zeitschrift für Ostmitteleuropa-Forschung* 49 (2000) 2, S. 159–174.

Kocka, J., Historische Komparatistik in Deutschland, in: H. Haupt u. J. Kocka (Hg.), Geschichte und Vergleich. Ansätze und Ergebnisse international vergleichender Geschichtswissenschaft, Frankfurt a. M./New York 1996, S. 47–69.

Kodres, K., Our Own Estonian Art History. Changing Geographies of Art-Historical Narrative, in: *Studies on Art and Architecture*, 19 (2010). S. 11–25.

Kohlrausch, M., Imperiales Erbe und Aufbruch in die Moderne. Neuere Literatur zur ostmitteleuropäischen Stadt, in: *H-Soz-Kult* 16.11.2015, http://www.hsozkult.de/literaturereview/id/forschungsberichte-1185 [14.11.2016].

Kohlrausch, M. u. K. Steffen, The Limits and Merits of Internationalism. Experts, the State and the International Community in Poland in the first Half of the Twentieth Century, in: *European Review of History* 16 (2009), S. 715–737.

Kohlrausch, M., K. Steffen u. S. Wiederkehr (Hg.), Expert Cultures in Central Eastern Europe. The Internationalization of Knowledge and the Transformation of Nation States Since World War I, Osnabrück 2010.

Kõivupuu, M. The Food Culture of Estonian Starovery (Old Believers). Traditions and the Present, in K. Laganovska, S. Iljina (Hg.), Art and Music in Cultural Discourse, Riga 2012, S. 28–34.

Kolář, F. u. J. Kössl, Origin and Development of the Czech and Czechoslovak Olympic Committee, http://library.la84.org/SportsLibrary/JOH/JOHv2n3/JOHv2n3e.pdf [01.12.2016].

Kolegium Gospodarki Światowej (Hg.), Polska Nauka O Organizacjach Miedzynarowowych. Wojciechowi Morawieckiemu w 70 rocznice urodzin, Warszawa 1993.

Koller, C., Sport und Institution, in: E. Emeliantseva, A. Hilbrenner, C. Koller, M. Zeller u. S. Zwicker (Hg.), Handbuch der Sportgeschichte Osteuropas, Preprint online seit 25. Juni 2012 [04.12.2016].

Komarek, E., Die Industrialisierung Oberschlesiens. Zur Entwicklung der Montanindustrie im überregionalen Vergleich, Bonn 1998.

Komlos, J., The Habsburg Monarchy as Customs Union. Economic Development in Austria-Hungary in the Nineteenth Century, Princeton 1983.

Komlosy, A., (Hg.), Kulturen an der Grenze. Waldviertel, Weinviertel, Südböhmen, Südmähren, Wien 1995.

Komlosy, A., Politische Kultur und Regionalismus in einer Zentrallandschaft zweiten Grades. Das Beispiel Mähren im späten 19. Jahrhundert, in: W. Bramke u. T. Adam (Hg.), Politische Kultur in Ostmittel- und Südosteuropa, Leipzig 1999, S. 125–160.

Komlosy, A., Regionale Ungleichheiten in der Habsburgermonarchie. Kohäsionskraft oder Explosionsgefahr für die staatliche Einheit?, in: H. Nolte (Hg.), Innere Peripherien in Ost und West, Stuttgart 2001, S. 97–111.

Komlosy, A. Grenze und ungleiche regionale Entwicklung. Binnenmarkt und Migration in der Habsburgermonarchie, Wien 2003.

Komlosy, A., Empowerment and Control. Conflicting Central and Regional Interests in

Migration within the Habsburg Monarchy, in: A. Fahrmeir, O. Faron u. P. Weil (Hg.), Migration Control in the North AtlanticWorld. The Evolution of State Practices in Europe and the United States from the French Revolution to the Inter-war Period, New York 2003, S. 153–166.

Komlosy, A., State, Regions, and Borders. Single Market Formation and Labor Migration in the Habsburg Monarchy, 1750–1918, in: *Review* 27 (2004) 2, S. 135–177.

Komlosy, A., Globalgeschichte. Methoden und Theorien. Wien 2011.

Komlosy, A., u. H. Hofbauer, Peripherisierung und nachholende Entwicklung in Osteuropa in historischer Perspektive, in: *Zeitschrift für Weltgeschichte* 10 (2009) 2, S. 99–117.

Konečný, K. u. T. Motlíček (Hg.), Emigrace. Sbornik historických prací Centra pro československá exilová studia, Olomouc 2006.

König, W. u. W. Weber, Netzwerke, Stahl und Strom. Propyläen Technikgeschichte, Bd. 4, Berlin 1997.

Kongress und Konferenz 1896, in: Die Waffen nieder! 5 (1896) 8, S. 293–295.

Konwerska, B., (Hg.), Zabezpieczenie społeczne i polityka rodzinna w świetle dokumentów AISS. Międzynarodowego Zrzeszenia Zabezpieczania społecznego, [Soziale Sicherheit und Familienpolitik im Lichte der Dokumente der Internationalen Vereinigung der Sozialversicherungen], Warszawa 1984.

Kopp, K., Germany's Wild East. Constructing Poland as Colonial Space, Ann Arbor 2012.

Kopsidis, M., Agricultural Development and Impeded Growth. The Case of Hungary, 1870–1913, in: P. Lains (Hg.), Agriculture and Economic Development in Europe Since 1870, London 2008, S. 286–310.

Kopsidis, M. u. N. Wolf, Agricultural Productivity Across Prussia During the Industrial Revolution. A Thünen Perspective, in: *The Journal of Economic History* 72 (2012) 3, Cambridge 2012, S. 634–670.

Kořalka, J., Tschechen im Habsburgerreich und in Europa 1815–1914. Sozialgeschichtliche Zusammenhänge der neuzeitlichen Nationsbildung und der Nationalitätanfrage in den böhmischen Ländern, Wien 1991.

Kořalka, J., Zkušenosti Karla Kramáře ze studií v Berlíně, in: J. Bílek u. L. Velek (Hg.), Karel Kramář (1860–1937). Život a dílo, Praha 2009, S. 45–56.

Kořalka, J. u. J. Hoffmann, Tschechen im Rheinland und in Westfalen 1890–1918. Quellen aus deutschen, tschechischen und österreichischen Archiven und Zeitschriften, Wiesbaden 2012.

Kósa, L., A Cultural History of Hungary. From the Beginnings to the Eighteenth Century, Budapest 1999.

Kósa, L., Kinderaustausch und Spracherlernen in Ungarn, in: *Hungarian Studies* 3 (1987), S. 85–93.

Koselleck, R., Raum und Geschichte, in: Zeitschichten. Studien zur Historik, Frankfurt a. M. 2000, S. 78–96

Koseski, A., Polonia w walce o niepodległość i granice Rzeczypospolitej 1914–1921, Pułtusk 1999.

Koskenniemi, M., The Gentle Civilizer of Nations. The Rise and Fall of International Law 1870–1960, London 2001.

Kossewska, E., Związek Legionistów Polskich, 1922–1939, Warszawa 2003.

Kossowska, I., A Smile of Modernism. Polish Caricature 1900–1914, in: *Centropa* 4 (2004) 1, S. 39–47.

Köster, B., Militär und Eisenbahn in der Habsburgermonarchie 1825–1859, München 1999.

Kotenko, A., Construction of Ukrainian National Space by the Intellectuals of Russian Ukraine, 1860-70s, in J. Happel, M. Jovanović, u. C. von Werdt (Hg.), Osteuropa kartiert. Mapping Eastern Europe, Münster 2010, S. 37–60.

Kott, S., Une »communauté épistémique« du social?, in: *Genèses* 71 (2008) 2. S. 26–46.

Kott, S., International Organizations. A Field of Research for a Global History, in: *Zeithistorische Forschungen* 8 (2011) 3, S. 446–450.

Kott, S., Par-delà la guerre froide. Les Organisations Internationales et les circulations Est-Ouest 1947–1973, in: *Vingtième siècle Revue d'Histoire*, 109 (2011), S. 143–155.

Kott, S., From Transnational Reformist Network to International Organization. The International Association for Labour Legislation and the International Labour Organization 1900–1930, in: D. Rodogno, B. Struck u. J. Vogel (Hg.), Shaping the Transnational Sphere, New York 2014, S. 239–259.

Kövér, G. u. Á. Pogány, Die binationale Bank einer multinationalen Monarchie. Die Österreich-Ungarische Bank 1878–1922, Stuttgart 2002.

Köves, M., Modes of Orientalism in Hungarian Letters and Learning of the Nineteenth and Twentieth Centuries, in: J. Hodkinson, J. Walker, S. Mazumdar u. J. Feichtinger (Hg.), Deploying Orientalism in Culture and History. From Germany to Central and Eastern Europe, New York 2013, S. 166–189.

Kowal, S., Społeczeństwo Wielkopolski i Pomorza Nadwiślańskiego w latach 1871–1914. Przemiany demograficzne i społeczno-zawodowe, Poznań 1982.

Kowal, S., Die ökonomischen Auswirkungen der Nationalitätenpolitik im preußischen Teilungsgebiet Polens 1871–1918, in: U. Müller (Hg.): Ausgebeutet oder alimentiert? Regionale Wirtschaftspolitik und nationale Minderheiten in Ostmitteleuropa 1867–1939, Berlin 2006, S. 167–178.

Kowalski, W., Geschichte der Sozialistischen Arbeiter-Internationale 1923–1940, Berlin 1985.

Kozinska-Witt, H., Das Projekt »billige Wohnung« in Krakau bis 1914. Rezeption der Wiener Sozialpolitik? in: L. Fasora (Hg.), Brünn-Wien, Wien-Brünn: Landesmetropolen und Zentrum des Reiches im 19. Jahrhundert, Brünn 2008.

Kraft, C., Europa im Blick der polnischen Juristen. Rechtsordnung und juristische Profession im Spannungsfeld zwischen Nation und Europa 1918–1939, Frankfurt a.M. 2002.

Kraft, C., Nationalisierende Transnationalisierung, in: D. Müller u. A. Skordos, Leipziger Zugänge zur rechtlichen, politischen und kulturellen Verflechtungsgeschichte Ostmitteleuropas, Leipzig 2015, S. 15–26.

Krajewski, M., Organizing a Global Idiom. Esperanto, Ido and the World Auxiliary Language Movement Before the First World War, in: W. Rayward (Hg.), Information Beyond Borders. International Cultural and Intellectual Exchange in the Belle Époque, Farnham 2014, S. 97–108.

Krakowski P. u. J. Purchla (Hg.), Art Around 1900 in Central Europe. Art Centres and Provinces, Kraków 1999.

Krasner, S., International Regimes, Ithaca 1983.

Kraszewski, P., Polska emigracja zarobkowa w latach 1870–1939. Praktyka i refleksja, Poznań 1995.

Krasnodębski, Z., S. Garsztecki u. R. Ritter, Last der Geschichte? Kollektive Identität und Geschichte in Ostmitteleuropa. Belarus, Polen, Litauen, Ukraine, Hamburg 2008.

Kratochvil, A., R. Makarska, K. Schwitin u. A. Werberger, Kulturgrenzen in postimperialen Räumen. Bosnien und Westukraine als transkulturelle Regionen, Bielefeld 2013.

Křen, J., Dvě století střední Evropy, Praha 2005.

Kretschmer, I. u. G. Fasching (Hg.), Österreich in der Welt. Die Welt in Österreich. Chronik der Österreichischen Geographischen Gesellschaft 1856–2006, Wien 2006.

Kreuzer, B., The Port of Trieste and its Railway Connections in the Habsburg Monarchy. Economic Change and Infrastructure Problems, 1850–1918, in: *Fundación de los Ferrocarriles Españoles*, http://www.docutren.com/HistoriaFerroviaria/PalmaMallorca2009/pdf/0208_Kreuzer.pdf [07.11.2016].

Kriedte, P., Migration, Gewerbepolitik und Industrialisierung. Die letzte Phase der West-Ost-Wanderung und die Anfänge des mittelpolnischen Textilindustriereviers 1815–1850, in: *Zeitschrift für Ostmitteleuropa-Forschung*, 61 (2012) 2, S. 163–218.

Kriedte, P., H. Medick u. J. Schlumbohm, Industrialisierung vor der Industrialisierung. Gewerbliche Warenproduktion auf dem Land in der Formationsperiode des Kapitalismus, Göttingen 1977.

Krobb, F. (Hg.), Colonial Austria. Austria and the Overseas, Durham 2012.

Kruszka, W., A History of Poles in America to 1908, Washington 2001.

Krzoska, M. u. I. Röskau-Rydel (Hg.), Stadtleben und Nationalität. Ausgewählte Beiträge zur Stadtgeschichtsforschung in Ostmitteleuropa im 19. und 20. Jahrhundert, München 2006.

Kubů, E., Wirtschaftsnationalismus in Parteiprogrammen der böhmischen Länder und der Ersten Tschechoslowakischen Republik, in: Á. Pogány, E. Kubů u. J. Kofman, Für eine nationale Wirtschaft. Ungarn, die Tschechoslowakei und Polen vom Ausgang des 19. Jahrhunderts bis zum zweiten Weltkrieg, Berlin 2006, S. 73–133.

Kucharski, W., Polacy i Polonia w Austrii, Lublin 2001.

Kucharski, W., Wkład Polonii w odzyskanie przez Polskę niepodległości w 1918 roku. Materiały z sesji naukowej zorganizowanej w siedemdziesiątą rocznicę odzyskania niepodległości, Lublin-Kazimierz, 19–21 maja 1988 r. Wydawnictwo specjalne Towarzystwa Łączności z Polonią Zagraniczną »Polonia«, Warszawa 1988.

Kudrina, J., Das Dänische Rote Kreuz in den ersten Jahren des Ersten Weltkrieges, in: *Zeitgeschichte* 25 (1998), S. 375–379.

Kühl, J., Föderationspläne im Donauraum und in Ostmitteleuropa, München 1956.

Kühl, S., Die Internationale der Rassisten. Aufstieg und Niedergang der internationalen eugenischen Bewegung im 20. Jahrhundert, Frankfurt 2014.

Kühnel, H., E. Vavra u. G. Stangler (Hg.), Das Zeitalter Kaiser Franz Josephs. Niederösterreichische Landesausstellung. Glanz und Elend 1880–1916, Wien 1987.

Kukiel, M., Czartoryski and European Unity. 1770–1861, Princeton 1955

Kula, W., Polonia brazylijska, Warszawa 1981.

Kula, W., On Measures and Men, Princeton 1986.

Kula, W., Writing Home. Immigrants in Brazil and the United States 1890–1891, New York 1987.

Kulczycki, J., School Strikes in Prussian Poland 1901–1907. The Struggle over Bilingual Education, New York 1981.

Kulczycki, J., The Polish Coal Miners Union and the German Labor Movement in the Ruhr, 1902–1934, Oxford 1997.

Kulischer, A., Europe on the Move. War and Population Changes, 1917–1947, New York 1948.

Kunz, A., The Economic Performance of Inland Navigation in Germany, 1835–1935. A Reassessment of Traffic Flows, in: A. Kunz u. J. Armstrong (Hg.), Inland Navigation and Economic Development in Nineteenth Century Europe, Mainz 1995, S. 47–77.

Kunz, A. u. J. Armstrong (Hg.), Inland Navigation and Economic Development in Nineteenth Century Europe, Mainz 1995.

Kunz, A. u. R. Federspiel, Die Verkehrsentwicklung Oberschlesiens im 19. Jahrhundert. Zur marktwirtschaftlichen Erschließung einer räumlich isolierten Region, in: T. Pierenkemper (Hg.), Industriegeschichte Oberschlesiens im 19. Jahrhundert. Rahmenbedingungen. Gestaltende Kräfte. Infrastrukturelle Voraussetzungen. Regionale Diffusion, Wiesbaden 1992, S. 217–249.

Künzli, A., Eine neue Sprache für Russland und die ganze Welt, in: *Unabhängige Schweizer Interlinguistische Studien* 3 (2015), S. 10–12.

Kurz, P., Weltgeschichte des Erfindungsschutzes. Erfinder und Patente im Spiegel der Zeiten, Köln 2000.

Kuzmany, B., Les lycées galiciens. Un Lebenswelt multiethnique. Le cas de Brody, in: *Revue Cultures d'Europe centrale*, N° 8. Lieux communsde la multiculturalité dans les villes centre-européennes, Paris 2009, S. 65–83.

Kuzmany, B., Brody. Eine galizische Grenzstadt im langen 19. Jahrhundert, Wien 2011.

Kuznets, S., Modern Economic Growth: Rate, Structure and Spread. New Haven/London 1966.

Kuzniak, M., Międzynarodowe Organizacje radiowo-telewizyjne oraz współpraca i wymiana radiowo-telewizyjne za ich pośrednictwem w latach 1925–1985, [Internationale Organisation und Zusammenarbeit im Bereich Funk und Telegraphie in den Jahren 1925–1985], Warszawa 1985.

Kwasny, Z., Die Entwicklung der oberschlesischen Industrie in der ersten Hälfte des 19. Jahrhunderts, Dortmund 1998.

Kybalová, J., Kunstgewerbe und Wohnkultur, in F. Seibt (Hg.) Böhmen im 19. Jahrhundert. Vom Klassizismus zur Moderne, München 1996.

Laak, D. van, Infra-Strukturgeschichte, in: *Geschichte und Gesellschaft*, 27 (2001) 3, S. 367–393.

Labbé, M., Le projet d'une statistique des nationalités discutés dans les sessions du Congrès International de Statistique 1853–1876, in: F. Ronsin, H. Le Bras u. E. Zucker (Hg.), Démographie et Politique, Paris 1997, S. 127–142.

Labbé, M., Dénombrer les nationalités en Prusse au 19ième siècle. Entre pratique d'administration locale et connaissance statistique de la population, in: *Annales de Démographie Historique* 105 (2003) 1, S. 39–60.

Labbé, M., La carte ethnographique de l'empire autrichien. La multinationalité dans »l'ordre des choses«, in: *Le Monde des cartes* 180 (2004) 2, S. 71–84.

Labbé, M., Le Séminaire de statistique du Bureau prussien de statistique (1862–1900). Former les administrateurs à la statistique, in: *Journal Electronique d'Histoire des Probabilités et de la Statistique* 2 (2006) 2, http://www.jehps.net/Decembre2006/Labbe.pdf [14.11.2016].

Labbé, M., Die Grenzen der deutschen Nation. Raum der Karte, Statistik, Erzählung, in: E. Francois, J. Seifahrt u. B. Struck (Hg.), Die Grenze als Raum, Erfahrung und Konstruktion. Deutschland, Frankreich und Polen vom 17. bis zum 20. Jahrhundert, Göttingen 2007, S. 293–319.

Labbé, M., Les usages diplomatiques des cartes ethnographiques de l'Europe centrale et orientale au 19ième siècle, in: *Genèses* 68 (2007), S. 25–47.

Labbé, M., Institutionalizing the Statistics of Nationality in Prussia in the 19th Century. From Bocal Bureaucracy to State-Level Census of Population, in: *Centaurus* 49 (2007) 4, S. 289–306.

Labbé, M., La nation allemande dans la statistique prussienne du XIXe siècle, in: *Courrier des Statistiques* 123 (2008), S. 27–30.

Labbé, M., Internationalisme statistique et statistique des nationalités au 19e siècle, in: *Courrier des Statistiques* 127 (2009) 2, S. 39–45;

Labbé, M., Les frontières de la nation allemande dans l'espace de la carte et du tableau statistique, in C. Maurer (Hg.), Les espaces de l'Allemagne au 19ième siècle. Frontières, centres et question nationale, Strasbourg 2010, S. 49–72.

Laborie, L., L'Europe mise an réseaux. La France et la coopération internationale dans les postes et les télécommunications 1850–1950, Bruxelles 2010.

Lacina, V., Hospodářství českých zemí, 1880–1914. Praha 1990.

Lacina, V. u. J. Pátek (Hg.), Dějiny hospodářství českých zemí od počátku industrializace do současnosti, Praha 1995.

Lackó, M. (Hg.), A tudománytól a tömegkultúráig: művelődéstörténeti tanulmányok 1890–1945, Budapest 1994.

Lampe, J. u. M. Jackson, Balkan Economic History, 1550–1950. From Imperial Borderlands to Developing Nations, Bloomington 1982.

Landau, Z. u. J. Tomaszewski, Wirtschaftsgeschichte Polens im 19. und 20. Jahrhundert, Berlin 1986.

Landes, D., The Unbound Prometheus. Technological Change and Industrial Development in Western Europe from 1750 to the Present, Cambridge 2003.

Landes, D., Wohlstand und Armut der Nationen. Warum die einen reich und die anderen arm sind, Bonn 2010.

Langer, A. u. G. Michels (Hg.), Metropolen und Kulturtransfer im 15./16. Jahrhundert. Prag – Krakau – Danzig – Wien, Stuttgart 2001.

Langthaler, E., Landwirtschaft vor und in der Globalisierung, in: R. Sieder u. E. Langthaler (Hg.), Globalgeschichte 1800–2010, Wien/Köln/Weimar 2010, S. 135–161.

Laqua, D. (Hg.), Internationalism Reconfigured. Transnational Ideas and Movements Between the World Wars, London 2011.

Laqua, D., The Age of Internationalism and Belgium, 1880–1930. Peace, Progress and Prestige, Manchester 2013.

Laqua, D., Alfred H. Fried and the Challenges for »Scientific Pacifism« in the Belle Époche, in: W. Boyd Rayward (Hg.), Information Beyond Borders. International Cultural and Intellectual Exchange in the Belle Époche, Farnham 2014, S. 181–199;

Laqua, D., C. Verbruggen u. G. Deneckere, Beyond Belgium. Encounters, Exchanges and Entanglements, 1900–1925, Gent 2009.

Laqua, D., W. Van Acker u. C. Verbruggen, Intellectual Encounters and Social Change. Henri La Fontaine and the Reformist Contexts of the Belle Époque, unveröffentlichter Aufsatz, http://nrl.northumbria.ac.uk/10844/1/Laqua-Henri_La_Fontaine_and_the_Reformist_Contexts_of_the_Belle_Epoque.pdf [14.10.2016]

Las, N., Jewish Women in a Changing World. A History of the International Council of Jewish Women 1899–1995, Jerusalem 1996.

Lavenex, S., National Frames in Migration Research. The Tacit Political Agenda, in: M. Bommes u. E. Morawska (Hg.), International Migration Research. Constructions, Omissions and the Promises of Interdisciplinarity, Aldershot 2005, S. 243–264.

Le Roux, M. (Hg.), Post Offices of Europe, 18th–21st Century. A Comparative History, Paris 2007.

Lechowa, I., Tradycje emigracyjne w Klonowej (pow. Sieradz), in: Prace i Materiały Muzeum Archeologicznego i Etnograficznego w Łodzi, in: *Seria Etnograficzna* 3 (1960), S. 43–67.

Lee, R., Railways, Space and Imperialism, in: G. Dinhobl (Hg.), Eisenbahn/Kultur. Railway/Culture, Wien 2004, S. 91–106.

Lees A. u. L. Lees, Cities and the Making of Modern Europe, New Approaches to European History, Cambridge 2008.

Lehnert, K., Räume und ihre Grenzen. Eine transregionale perspektive auf den mobilen Alltag des 19. Jahrhunderts, in: K. Lehnert u. L. Vogel, (Hg.), Transregionale Perspektiven. Kleinräumige Mobilität und Grenzwahrnehmung im 19. Jahrhundert, Dresden 2011, S. 117–132.

Leidinger H. u. V. Moritz, Gefangenschaft, Revolution, Heimkehr. Die Bedeutung der Kriegsgefangenenproblematik für die Geschichte des Kommunismus in Mittel- und Osteuropa 1917–1920, Wien 2003.

Leiserowitz, R., Schmuggel als Lebensform an der Grenze, in: H. Hecker (Hg.), Grenzen. Gesellschaftliche Konstitutionen und Transfigurationen, Essen 2006, S. 103–114.

Leiserowitz, R., Sabbatleuchter und Kriegerverein. Juden in der ostpreußisch-litauischen Grenzregion 1812–1942, Osnabrück 2010.

Lemberg, E., Osteuropa und die Sowjetunion. Geschichte und Probleme der Welt hinter dem Eisernen Vorhang, Stuttgart 1950.

Lemberg, H. (Hg.), Universitäten in nationaler Konkurrenz. Zur Geschichte der Prager Universitäten im 19. und 20. Jahrhundert, München 2003.

Lemberg, H. (Hg.), Grenzen in Ostmitteleuropa im 19. und 20. Jahrhundert. Aktuelle Forschungsprobleme, Marburg 2000.

Lemmen, S., Noncolonial Orientalism? Czech Travel Writing on Africa and Asia around 1918, in: J. Hodkinson, J. Walker, S. Mazumdar u. J. Feichtinger (Hg.), Deploying Orientalism in Culture and History. From Germany to Central and Eastern Europe, New York 2013, S. 209–227.

Lenger, F., Metropolen der Moderne. Eine europäische Stadtgeschichte seit 1850, München 2013..

Lengyel, Z., J. Nagy u. G. Ujváry (Hg.), Österreichisch-ungarische Beziehungen auf dem Gebiet des Hochschulwesens, Budapest 2010.

Leonhard, J., Die Büchse der Pandora. Geschichte des Ersten Weltkrieges, München 2014.

Leonhard, J., Does the Empire Strike Back? The Model of the Nation in Arms as a Challenge for Multi-Ethnic Empires in the Nineteenth and Early Twentieth Century, in: *Journal of Modern European History* 5 (2007) 2, S. 194–221.

Lesnodorski, B., Polscy Jakobini, Warschau 1960.

Leszczawski-Schwerk, A., Die umkämpften Tore zur Gleichberechtigung. Frauenbewegungen in Galizien 1867–1918, Münster 2014.

Letko, P., Geneza przebieg i wyniki międzynarodowej konferencji inwalidów i byłych wojskowych w Luksemburgu, in: *Echa przeszłości* 1 (2000), S. 159–175.

Letko, P., Aktywność generała Romana Góreckiego na forum międzynarodowych organizacji kombatanckich – przyczynek do biografii, in: *Echa przeszłości* 4 (2003), S. 109–126.

Letko, P., Stosunki wzajemne między polskimi niemieckimi organizacjami kombatantów o okresie międzywojennym, in: *Echa przeszłości* 5 (2004), S. 135–154.

Letko, P., Działalność międzynarodowa polskich organizacji kombatanckich w okresie międzywojennym, Warszawa 2011.

Lihaciu, I., Czernowitz 1848–1918. Das kulturelle Leben einer Provinzmetropole, Kaiserslautern, Mehlingen 2012.

Limoncelli, S., The Politics of Trafficking. The First International Movement to Combat the Sexual Exploitation of Women, Stanford 2010.

Lincoln, B., Petr Semenov-Tian Shianskii. The Life of a Russian Geographer, Newtonville 1980.

Lindner, R., Die Inszenierung der Moderne. Industrieausstellungen und städtische Gesellschaft im südlichen Zarenreich, 1874–1913, Konstanz 2004.

Lindner, R., Walks on the Wild Side. Eine Geschichte der Stadtforschung, Frankfurt a. M. 2004.

Linebaugh, P. u. M. Rediker, Die vielköpfige Hydra. Die verborgene Geschichte des revolutionären Atlantiks, Berlin/Hamburg 2008.

Lippky, G., Die Geschichte der Rübenzuckerindustrie in Westpreußen, in: *Beiträge zur Geschichte Westpreußens* 6 (1980), S. 85–154.

Liszka, J., Das Tauschkind. System im slowakischen Teil der Kleinen Tiefebene, in: *Zeitschrift für Balkanologie* 32 (1996) 1, S. 58–72.

Livezeanu I. u. A. von Klimo (Hg.), The Routledge History of East Central Europe Since 1700, London 2017.

Livezeanu, I. u. J. Pachuta Farris (Hg.), Women and Gender in Central and Eastern Europe, Russia and Eurasia. A Comprehensive Bibliography, Bd. 1: Southeastern and East Central Europe, London 2007.

Löhr, I., Die Globalisierung geistiger Eigentumsrechte. Neue Strukturen internationaler Zusammenarbeit, 1886–1952, Göttingen 2010.

Łojek, J. (Hg.), Historia prasy polskiej. Bd. 2: Prasa polska w latach 1864–1918, Warszawa 1976.

Łopuski, J., Międzynarodowe organizacje morskie, Gdańsk 1974.

Lorence-Kot, B. u. A. Winiarz, The Polish Women's Movement to 1914, in: S. Paletschek u. B. Pietrow-Ennker (Hg.), Women's Emancipation Movements in the Nineteenth Century. A European Perspective, Stanford 2004.S. 206–220.

Lorenz, T. u. U. Müller, National Segregation and Mass Mobilization. Polish Cooperatives in Poznania before the First World War, in: T. Lorenz (Hg.), Cooperatives in Ethnic Conflicts. Eastern Europe in the 19th and early 20th Century, Berlin 2006, S. 183–200.

Loth, W. u. J. Osterhammel (Hg.), Internationale Geschichte. Themen. Ergebnisse. Aussichten, München 2000.

Lotz, R., Arabella Fields, The Black Nightingale, in: *The Black Perspective in Music* 8 (1980) 1, S. 5–19.

Löwis, S. von, Phantom Borders in the Political Behaviour and Electoral Geography in East Central Europe, in: H-Soz-Kult 15.11.2013 http://hsozkult.geschichte.hu-berlin.de/tagungsberichte/id=5372 [4.11.2016].

Lübbren, N., Rural Artists' Colonies in Europe 1870–1910, Manchester 2001.

Lübke, C., Die Prägung im Mittelalter. Frühe ostmitteleuropäische Gemeinsamkeiten, in: F. Hadler (Hg.), Geschichte und Kultur Ostmitteleuropas in vergleichender Absicht (= *Comparativ* 5/8), Leipzig 1998, S.14–24.

Lübke, C., Das östliche Europa, München 2004.

Lucassen, J., Naar de kusten van de Noordzee. Trekarbeid in Europees perspektief, 1600–1900, Gouda 1984.

Lucassen, J., Global Labour History. A State of the Art, Bern 2006.

Lucassen J., Lucassen L. u. P. Manning, Migration History in World History. Multidisciplinary Approaches, in: J. Lucassen, L. Lucassen and P. Manning (Hg.), Migration History in World History. Multidisciplinary Approaches, Leiden 2010, S. 3–35.

Lucassen, J. u. L. Lucassen, Migration, Migration History, History. Old Paradigms and New Perspectives, Bern 1997.

Lucassen, L., D. Feldman u. J. Oltmer, Paths of Integration. Migrants in Western Europe 1880–2004, Amsterdam 2006.

Łuczak, C., Dzieje gospodarcze Wielkopolski w okresie zaborów (1815–1918), Posen 2001.

Lüdtke, A., Eigen-Sinn. Fabrikalltag, Arbeitererfahrungen und Politik vom Kaiserreich bis in den Faschismus, Hamburg 1993.

Lukacs, J., Ungarn in Europa. Budapest um die Jahrhundertwende, Berlin 1990.
Lüsebrink, H. u. R. Reichardt (Hg.), Kulturtransfer im Epochenumbruch Frankreich – Deutschland 1770 bis 1815, Leipzig 1997.
Lüthi, B., F. Falk u. P. Putschert (Hg.), Colonialism without Colonies. Examining blank Spaces in Colonial Studies (= *National Identities* 18 1), London 2016.
Lüthi, B., T. David u. B. Zeugin, Transnationalismus und Migration, (= *Traverse* 12 (2005) 1).
Lüthi, B., Germs of Anarchy, Crime and Disease, and Degeneracy? Jewish Migration and the Medicalization of European Borders around 1900, in: T. Brinkmann (Hg.), Points of Passage. Jewish Transmigrants from Eastern Europe in Scandinavia, Germany, and Britain, 1880–1914, New York 2013, S. 27–46.
Lutz, H., Gender Mobil? Geschlecht und Migration in transnationalen Räumen, Münster 2009.
Lux, J., A magyarországi szakszervezetek történetéből [Geschichte der Ungarischen Gewerkschaften], Budapest 2008.
Lyall, F., International Communications. The International Telecommunication Union and the Universal Postal Union, Burlington 2011.
Lyons, F., Internationalism in Europe 1815–1914, Leiden 1963.
Lysiak Rudnytsky, I., Mykhailo Drahomanov, in: Encyclopedia of Ukraine Bd. 1, Toronto 1984, http://www.encyclopediaofukraine.com/display.asp?AddButton=pages\D\R\DrahomanovMykhailo.htm [12.02.2012].
Maag, G., W. Pyta u. M. Windisch (Hg.), Der Krimkrieg als erster europäischer Medienkrieg, Berlin 2010.
Machačová, J. u. J. Matějček, Ökonomische Differenzierung und ihre sozialen Folgen in der unvollkommenen Industrialisierung. Industrieregionen der böhmischen Länder 1800–1938, in: Studie k sociálním dějinám 19. století, Opava 1994, S. 7–17.
Maddison, A., The World Economy. Bd. 2. Historical Statistics, Paris 2006.
Maderthaner, W., Von der Zeit um 1860 bis zum Jahr 1945, in: P. Csendes u. F. Opll (Hg.), Wien. Geschichte einer Stadt. Bd. 3: Von 1790 bis zur Gegenwart, Wien 2005, S. 175–523.
Maderthaner, W., Lebens- und Arbeitswelten. Urbane Lebenswelten. Metropolen und Großstädte, in: H. Rumpler u. P. Urbanitsch (Hg.), Die Habsburgermonarchie 1848–1918. Band 9.1: Soziale Strukturen, Wien 2010, S. 493–538.
Maderthaner, W. u. L. Musner, Die Anarchie der Vorstadt. Das andere Wien um 1900, Frankfurt a. M./New York 1999.
Madurowicz-Urbańska, H., Die Industrie Galiziens im Rahmen der wirtschaftlichen Struktur der Donaumonarchie, in: *Studia Austro-Polonica*, Bd. 1, Warschau/Krakau 1978, S. 157–173.
Magocsi, P., Historical Atlas of East Central Europe, Seattle/London 1993.
Mahnke-Devlin, J., Britische Migration nach Rußland im 19. Jahrhundert. Integration. Kultur. Alltagsleben. Wiesbaden 2005.
Mahood, L., The Magdalenes. Prostitution in the Nineteenth Century, London 1990.
Maier, C., Consigning the Twentieth Century to History. Alternative Narratives for the Modern Era, in: *American History Review*, 105 (2000) 3, S. 807–831.
Maier, C., Among Empires. American Ascendancy and its Predecessors, Cambridge 2006.
Maier, C., Transformations of Territoriality, 1600–2000, in: G. Budde, S. Conrad u. O. Janz (Hg.), Transnationale Geschichte. Themen, Tendenzen und Theorien, Göttingen 2006, S. 32–55.
Maier, C., Once Within Borders. Territories of Power, Wealth, and Belonging Since 1500, Cambridge 2016.

Majewski, K., Traitors and True Poles. Narrating a Polish-American Identity, 1880–1939, Athens 2003.
Malczewski, Z., Polônia e polono-brasileiros. História e identidades, Curitiba 2007.
Malečková, J., The Emancipation of Women for the Benefit of the Nation. The Czech Women's Movement, in: S. Paletschek u. B. Pietrow-Ennker (Hg.) Women's Emancipation Movements in the 19th Century. A European Perspective, Stanford 2004, S. 167–189.
Małgorzata, M., Oskar Halecki 1891–1973, in: H. Duchard, M. Małgorzata, W. Schmale u. W. Schulze (Hg.), Europa-Historiker. Ein biographisches Handbuch, Bd. 1, Göttingen 2006, S. 215–239.
Manegold, K., Die Technische Hochschule Danzig im Rahmen der deutschen Hochschulgeschichte, in: Beiträge und Dokumente zur Geschichte der Technischen Hochschule Danzig 1904–1945, Hannover 1979, S. 11–27.
Manela, E., The Wilsonian Moment. Self-determination and the International Origins of Anticolonial Nationalism, New York 2007.
Maner, H., Grenzregionen in der Habsburger Monarchie. Ihre Bedeutung und Funktion aus der Perspektive Wiens, Münster 2005.
Maner, H., Zwischen »Kompensationsobjekt«, »Musterland« und »Glacis«. Wiener politische und militärische Vorstellungen von Galizien von 1772 bis zur Autonomieära, in: H. Maner (Hg.), Grenzregionen in der Habsburger Monarchie im 18. und 19. Jahrhundert. Ihre Bedeutung und Funktion aus der Perspektive Wiens, Münster 2005, S. 103–122.
Maner, H., Galizien. Eine Grenzregion im Kalkül der Donaumonarchie im 18. und 19. Jahrhundert, München 2007.
Mannová, E., Vereine als Medien des Kulturtransfers in Zentraleuropa. Das Beispiel der Slowakei, in: J. Hackmann (Hg.), Vereinskultur und Zivilgesellschaft in Nordosteuropa. Regionale Spezifik und europäische Zusammenhänge, Köln 2012, S. 677–690.
Mansbach, S., Modern Art in Eastern Europe. From the Baltic to the Balkans, ca. 1890–1939, Cambridge 1999.
Marek, M., Kunst und Identitätspolitik. Architektur und Bildkünste im Prozess der tschechischen Nationsbildung, Köln 2004.
Marek, V., Die Entwicklung der Montanindustrie der mährisch-schlesischen Region 1840–1914, in: T. Pierenkemper (Hg.), Die Industrialisierung europäischer Montanregionen, Stuttgart 2002, S. 343–362.
Marès A., Tchèques et Slovaques à Paris. D'une résistance à l'autre, in: A. Marès u. A. Kaspi (Hg.), Le Paris des étrangers, Paris 1991, S. 73–89.
Markója, C., Egy másik Mednyánszky, Budapest 2008.
Markov, W., Jakobiner in der Habsburgermonarchie, in: W. Markov, Weltgeschichte im Revolutionsquadrat, Berlin 1979, S. 160–183.
Marks, S., Road to Power. The Trans-Siberian Railway and the Colonization of Asian Russia, Ithaca 1991.
Marrus, M., The Politics of Assimilation. The French Jewish Community at the Time of the Dreyfus Affair, Oxford 1971.
Marrus, M., Die Unerwünschten. Europäische Flüchtlinge im 20. Jahrhundert, Berlin/Göttingen/Hamburg 1999.
Marrus, M., The Unwanted. European Refugees in the Twentieth Century, Oxford 1985.
Marschall von Bieberstein, C., Freiheit in der Unfreiheit. Die nationale Autonomie der Polen in Galizien nach dem österreichisch-ungarischen Ausgleich von 1867. Ein konservativer Aufbruch im mitteleuropäischen Vergleich, Wiesbaden 1993.

Marung, S., Die Erfindung Europas an der Grenze und im Ergänzungsraum. Supranationale, nationale und regionale Perspektiven im Kontext von Osterweiterung und Nachbarschaftspolitik, Leipzig 2011.

Marung, S., Die wandernde Grenze. Die EU, Polen und der Wandel politischer Räume, 1990–2010, Göttingen 2013.

Marung, S. u. K. Naumann (Hg.), Vergessene Vielfalt. Territorialität und Internationalisierung in Ostmitteleuropa seit der Mitte des 19. Jahrhunderts, Göttingen 2014.

Masaryk, A., The Program of the Czechoslovak Red Cross after 18 Months, in: *Revue Internationale de la Croix-Rouge* (1921), S. 736–739.

Masaryk, T., Das Problem der kleinen Völker in der europäischen Krisis, Prag/Leipzig 1922.

Masoero, A., Territorial Colonization in Late Imperial Russia. Stages in the Development of a Concept, in: *Kritika* 14 (2013) 1, S. 59–91.

Matějček, A., Modern and Contemporary Czech Art, London 1924.

Matis, H., Leitlinien der österreichischen Wirtschaftspolitik 1848–1918, in: Die Habsburgermonarchie 1848–1918, Bd. 1: Die wirtschaftliche Entwicklung, Wien 1973, S. 29–67.

Matis, H., Technologietransfer in den frühen Phasen der Industrialisierung. Zur Rolle britischer Immigranten für die Wirtschaftsentwicklung der Habsburgermonarchie, in: H. Matis, A. Resch u. D. Stiefel (Hg.), Unternehmertum im Spannungsfeld von Politik und Gesellschaft. Wien 2010, S. 37–60.

Matis, H. u. K. Bachinger, Österreichs industrielle Entwicklung, in: A. Brusatti (Hg.), Die Habsburgermonarchie 1848–1918, Bd. 1: Die wirtschaftliche Entwicklung, Wien 1973, S. 105–232.

Maurer, T., Die Entwicklung der jüdischen Minderheit in Deutschland 1780–1933. Neuere Forschungen und offene Fragen. (= *Internationales Archiv für Sozialgeschichte der deutschen Literatur.* Sonderheft 4), Tübingen 1992.

Maurer, T., Plädoyer für eine vergleichende Erforschung der jüdischen Geschichte Deutschlands und Osteuropas, in: *Geschichte und Gesellschaft* 27 (2001), S. 308–326.

Maurer, T. u. E. Auch (Hg.), Leben in zwei Kulturen. Akkulturation und Selbstbehauptung von Nichtrussen im Zarenreich, Wiesbaden 2000.

May, J. u. S. Meine (Hg.), Der Deutsche Pavillon. Ein Jahrhundert nationaler Repräsentation auf der Internationalen Kunstaustellung »La Biennale di Venezia«, 1912–2012, Venedig 2015.

Mayer, R., Diaspora. Eine kritische Begriffsbestimmung, Bielefeld 2005.

Mazón, P., Gender and the Modern Research University. The Admission of Women to German Higher Education, 1865–1914, Stanford 2003.

Mazower, M., No Enchanted Palace. The End of Empire and the Ideological Origins of the United Nations, Princeton 2010.

McCook, B., The Borders of Integration. Polish Migrants and the United States 1870–1924, Athens 2011.

McFadden, M., Golden Cables of Sympathy. The Transatlantic Sources of Nineteenth Century Feminism, Lexington 1999.

McFadden, M., Borders, Boundaries, and the Necessity of Reflexivity. International Women Activists, Rosika Schwimmer 1877–1948, and the Shadow Narrative, in: *Women's History Review* 20 (2011) 4, S. 533–542.

McKeown, A., Global Migration 1846–1940, in: *Journal of World History* 15 (2004) 2, S. 155–189.

McKeown, A., Melancholy Order. Asian Migration and the Globalization of Borders, New York 2008.

McManus-Czubińska, C., Mass Higher Education in Poland. Coping with the Spanish Collar, in: T. Tapper u. D. Palfreyman (Hg.), Understanding Mass Higher Education. Comparative Perspectives on Access, London 2005, S. 139–159.
McNeill, J. u.W. McNeill, The Human Web. A Bird's-Eye View of World History, New York 2004.
Mejdřická, K., Čechy a francouzská revoluce, Praha 1959.
Melinz, G. u. S. Zimmermann, Über die Grenzen der Armenhilfe. Kommunale und staatliche Sozialpolitik in Wien und Budapest in der Doppelmonarchie, Wien 1995.
Melinz, G. u. S. Zimmermann (Hg.), Wien-Prag-Budapest. Blütezeit der Habsburgermetropolen. Urbanisierung, Kommunalpolitik, gesellschaftliche Konflikte 1867–1918, Wien 1996.
Melton, J., Absolutism and the Eighteenth-Century. Origins of Compulsory Schooling in Prussia and Austria. By James Van Horn. Cambridge 1988.
Menkes, J. u. A. Wasilkowski, Organizacje Międzynarodowe. Wprowadzenie do systemu, Warszawa 2004.
Mentschl, J., Robert, Camille Florent, in: *Neue Deutsche Biographie* 21 (2003), S. 677–678, http://www.deutsche-biographie.de/pnd139241388.html.
Merki, C., Verkehrsgeschichte und Mobilität, Stuttgart 2008.
Merl, S., Agrarreformen und nichtmarktwirtschaftliche Bedingungen. Agrarsektor und Industrialisierung in Russland und in der Sowjetunion, 1885–1941, in: T. Pierenkemper (Hg.), Landwirtschaft und industrielle Entwicklung. Zur ökonomischen Bedeutung von Bauernbefreiung, Agrarreform und Agrarrevolution, Stuttgart 1989, S. 175–209.
Mesenhöller, M., Migration als Transnationale Geschichte, in: F. Hadler u. M. Middell, Verflochtene Geschichten, (= *Comparativ* 20 (2010) 1), S. 144–163.
Mesmer, B., Die politischen Flüchtlinge im 19. Jahrhundert, in: Mercier, A. (Hg.), der Flüchtling in der Weltgeschichte. Ein ungelöstes problem der Menschheit, Bern/Frankfurt a.M. 1974, S. 209–239.
Metz, R., Trend, Zyklus und Zufall. Bestimmungsgründe und Verlaufsformen langfristiger Wachstumsschwankungen. Wiesbaden 2002.
Metzer, J., Railroad Development and Market Integration. The Case of Tsarist Russia, in: *The Journal of Economic History* 34 (1974) 3, S. 529–550.
Meyer, H., Standortverteilung der Produktion und regionale Wirtschaftsstrukturen in Polen vor 1945. Zur Vorgeschichte und zum Verlauf der »verspäteten kapitalistischen Industrialisierung« mittel- und südosteuropäischer Länder, Frankfurt a.M. 1980.
Meyers Konversations-Lexikon, (5. Auflage), Bd. 2, Leipzig 1893.
Mick, C., Nationalisierung in einer multiethnischen Stadt. Interethnische Konflikte in Lemberg 1890–1920, in: *Archiv für Sozialgeschichte* 40 (2000), S. 113–146.
Mick, C., Nationalismus und Modernisierung in Lemberg, in: C. Goehrke u. B. Pietrow-Ennker (Hg.), Städte im östlichen Europa. Fallstudien zur Problematik von Modernisierung und Raum vom Spätmittelalter bis zum 20. Jahrhundert, Zürich 2006, S. 171–213.
Middell, M., Kulturtransfer und Vergleich, Leipzig 2000.
Middell, M. (Hg.), Transnationale Geschichte als transnationales Projekt. Zur Einführung in die Diskussion, in: *Historical Social Research 31* (2006) 2, S. 110–117.
Middell, M., Transnationalisierung in Europa, in: W. Eberhard, C. Lübke (Hg.), Die Vielfalt Europas. Identitäten und Räume, Leipzig 2009, S. 529–544.
Middell, M., Deutsch-russisch-französische Kulturbeziehungen im 18. und 19. Jahrhundert. Ein Feld triangulärer Kulturtransfers, in: O. Riha u. M. Fischer (Hg.), Naturwissenschaften als Kommunikationsraum zwischen Deutschland und Russland im 19. Jahrhundert, Aachen 2011, S. 49–74.

Middell, M., Kulturtransfer, Transferts culturels, Version: 1.0, in: *Docupedia-Zeitgeschichte* 28.1.2016, http://docupedia.de/zg/Kulturtransfer?oldid=108736.

Middell, M., Processes of Spatialization under the Global Condition (= Working Paper des SFB 1199), Leipzig 2016.

Middell, M. u. K. Naumann, Global History and the Spatial Turn. From the Impact of Area Studies to the Studies of Critical Junctures of Globalization, in: *Journal of Global History* (2010), S. 149–170.

Middell, M. u. L. Roura i Aulinas, Transnational Challenges to National History Writing, Basingstoke 2013.

Mikoletzky, J., Erfindungsschutz als Institution staatlicher Gewerbeförderung. Privilegiengesetzgebung und technische Innovation in Österreich in der ersten Hälfte des 19. Jahrhunderts, in: R. Pichler (Hg.), Innovationsmuster in der österreichischen Wirtschaftsgeschichte. Wirtschaftliche Entwicklung, Unternehmen, Politik und Innovationsverhalten im 19. und 20. Jahrhundert, Innsbruck 2003, S. 219–229.

Milewska W., J. Nowak u. M. Zientara, Legiony Polskie 1914–1918. Zarys historii militarnej i politycznej, Kraków 1998.

Minczeles, H., Histoire générale du Bund. Un mouvement révolutionnaire juif, Paris 1995.

Mintalová, Z., Červený kríž na Slovensku. Významná súčasť Medzinárodného hnutia. Červeného kríža a Červeného polmesiaca v medzivojnovom období, Konferenzbeitrag 2006, http://www.akademickyrepozitar.sk/sk/repozitar/Historia-cerveneho-kriza.pdf [20.07.2016], S. 2–8.

Miškovic, N., Mit dem Patriotismus der serbischen Dame hat die Welt noch zu rechnen! Der serbische Frauenverein zwischen Patriotismus und bürgerlicher Wohltätigkeit 1875–1914, in: *Godisnjak za drustvenu istoriju* 1 (1995), S. 64–74.

Mitrović, A., Origin of European Banks Acting in the Balkans. One Link to the First Integration of the Balkan Peninsula into the Modern Europe, in: *Megatrend Review* 1 (2004) 2, S. 7–31.

Mittler E. u. S. Glitsch (Hg.), Russland und die »Göttingische Seele«, Göttingen 2003.

Mittler, E., Die Befestigung und Vertheidigung der deutsch-russischen Grenze. Dem deutschen Volke dargestellt von einem deutschen Offizier, 3. Aufl., Berlin 1887.

Mocha, F., American »Polonia« and Poland, New York 1998.

Modzelewski, W., Pacyfizm i okolice, Warschau 1985.

Modzelewski, W., Pacyfizm. W zbory i naśladowcy, Warszawa 2000.

Molnár, M., Geschichte Ungarns, Hamburg 1999.

Montclos, B. de, Les Russes à Paris au XIXe siècle – 1814–1896, Paris 1996.

Moon, D., Peasant Migration, the Abolition of Serfdom, and the Internal Passport System in the Russian Empire, c. 1800–1914, in: D. Eltis (Hg.), Coerced/Free Migration. Global Perspectives, Stanford 2002, S. 324–357.

Moorehead, C., Dunant's Dream. War, Switzerland and the History of the Red Cross, London 1998.

Moravánszky, Á., Das entfernte Dorf. Moderne Kunst und ethnischer Artefakt, Wien 2002.

Morawetz, M. Der Beginn der Frauenpresse in Slowenien zur Zeit der Habsburger Monarchie, in: W. Heindl, E. Király u. A. Miller (Hg.), Frauenbilder, feministische Praxis und nationales Bewusstsein in Österreich-Ungarn 1867–1918, Wien 2006, S. 219–239.

Morawiec, M., Antemurale Christianitatis. Plen als Vormauer der christlichen Europas, in: *Jahrbuch für europäische Geschichte* 2 (2001), S. 149–260.

Morawiec, M., Oskar Halecki (1891–1973), in: H. Duchardt, M. Morawiec, W. Schmale u. W. Schulze (Hg.), Europa-Historiker. Ein biographisches Handbuch, Bd. I, Göttingen 2006, S. 215–240.

Morawiecki, W., Organizacje Miedzynarodowe, Warszawa 1965.
Morawska, E., For Bread with Butter. The Life-Worlds of East Central Europeans in Johnstown, Pennsylvania 1890–1940, Cambridge 1985.
Morawska, E., Labor Migrations of Poles in the Atlantic World Economy, 1880–1914, in: *Comparative Studies in society and History* 31 (1989) 2, S. 237–272.
Morawska, E., Structuring Migration in a Historical Perspective. The Case of Traveling East Europeans, Florenz 1998.
Morawska, E., The New-Old Transmigrants, their Transnational Lives, and Ethnicization. A Comparison of 19th/20th and 20th/21st Century Situations, Florenz 1999.
Morawska, E., Immigrants, Transnationalism, and Ethnicization. A Comparison of this Great Wave and the Last, in: G. Gerstle and J. Mollenkopf (Hg.), E Pluribus Unum? Contemporary and Historical Perspectives on Immigrant Political Incorporation, New York 2001, S. 175–212.
Morys, M., The Original Sin that Started Only Later. How Austria-Hungary's Paper Debt Turned Golden 1870s–1913, in: *CHERRY Discussion Paper Series*, York 2010, S. 1–51.
Morys, M., South-Eastern European Monetary History in a Pan-European Perspective, 1841–1939, in: South-Eastern European Monetary and Economic Statistics from the Nineteenth Century to World War II, Athens 2014, S. 25–53.
Möser, K., Prinzipielles zur Transportgeschichte, in: R. Sieferle u. H. Breuninger (Hg.), Transportgeschichte im Internationalen Vergleich. Europa. China. Naher Osten, Stuttgart 2004, S. 45–86.
Moss, T., Herausforderungen und Perspektiven raumwissenschaftlicher Infrastrukturforschung. Ein Fazit, in: T. Moss, M. Naumann u. M. Wissen (Hg.), Infrastrukturnetze und Raumentwicklung. Zwischen Universalisierung und Differenzierung, München 2008, S. 325–336.
Mosser, A., Raumabhängigkeit und Konzentrationsinteresse in der industriellen Entwicklung Österreichs bis 1914, in: *Bohemia* 17 (1976), S. 136–192.
Mosser, A., Das Habsburgerreich als Wirtschaftsraum unter besonderer Berücksichtigung der östlichen Karpatengebiete, in: I. Slawinski u. J. Strelka (Hg.), Die Bukowina. Vergangenheit und Gegenwart, Bern 1995, S. 53–72.
Moulier-Boutang, Y., De l'esclavage au salariat. Economie historique du salariat bridé, Paris 1998.
Mühle, E., Ostmitteleuropa, in: *Geschichte in Wissenschaft und Unterricht* 52 (2001) 4, S. 47–63.
Mulazzani, M., Guide to the Pavilions of the Venice Biennale since 1887, Milano 2014.
Mulevič, J., New Aims, Old Means. Rewriting Lithuanian Art History of the National Revival Period, in: *Studies on Art and Architecture* (2010). S. 42–54.
Müller, D., Neuere Forschungen zur rumänischen Wirtschaftsgeschichte, in: *Südost-Forschungen*, 69/70 (2010/2011), S. 318–329.
Müller, D. u. A. Skordos (Hg.), Leipziger Zugänge zur rechtlichen, politischen und kulturellen Verflechtungsgeschichte Ostmitteleuropas, Leipzig 2015.
Müller, M. (Hg.), Osteuropäische Geschichte in vergleichender Sicht. Festschrift für Klaus Zernack zum 65. Geburtstag, Berlin 1996.
Müller, M., Zur Identitätsgeschichte deutschsprachiger Gruppen in Großpolen, Provinz Posen und dem Königlichen Preußen/Westpreußen vor 1848, in: M. Müller u. R. Petri (Hg.), Die Nationalisierung von Grenzen. Zur Konstruktion nationaler Identität in sprachlich gemischten Grenzregionen, Marburg 2002, S. 1–11.
Müller, M., Wo und wann war Europa?, in: *Comparativ* 14 3, Leipzig 2004, S. 72–81.

Müller, M., u. R. Petri (Hg.), Die Nationalisierung von Grenzen. Zur Konstruktion nationaler Identität in sprachlich gemischten Grenzregionen, Marburg 2002.
Müller, O. u. J. Toelle (Hg.), Bühnen der Politik. Die Oper in europäischen Gesellschaften im 19. und 20. Jahrhundert, Köln/Weimar 2008.
Müller, U., Die Verkehrsintensität auf den preußischen Staatschausseen unter dem Einfluß von Eisenbahn und Industrialisierung, in: W. Fischer, U. Müller u. F. Zschaler (Hg.), Wirtschaft im Umbruch. Strukturveränderungen und Wirtschaftspolitik im 19. und 20. Jahrhundert. Festschrift für Lothar Baar zum 65. Geburtstag, St. Katharinen 1997, S. 26–48.
Müller, U., Infrastrukturpolitik in der Industrialisierung. Der Chausseebau in der preußischen Provinz Sachsen und dem Herzogtum Braunschweig vom Ende des 18. Jahrhunderts bis in die siebziger Jahre des 19. Jahrhunderts, Berlin 2000.
Müller, U., Integration and Disintegration. The Eastern Provinces of the German Empire between National Economy and an East-Central European Regional Division of Labour, in: Müller, U. u. H. Schultz (Hg.), National Borders and Economic Disintegration in Modern East Central Europe, Berlin 2002, S. 51–65.
Müller, U., Der deutsch-russische Handelsverkehr und seine Auswirkungen auf die Wirtschaft in den östlichen Grenzgebieten des Kaiserreiches, in: J. Schneider (Hg.), Natürliche und politische Grenzen als soziale und wirtschaftliche Herausforderung, Referate der 19. Arbeitstagung der Gesellschaft für Sozial- und Wirtschaftsgeschichte vom 18. bis 20. April 2001 in Aachen, Wiesbaden 2003, S. 137–139.
Müller, U., Chaussee, in: Enzyklopädie der Neuzeit, Bd. 2, Stuttgart 2005, S. 654–656.
Müller, U. (Hg.), Ausgebeutet oder alimentiert? Regionale Wirtschaftspolitik und nationale Minderheiten in Ostmitteleuropa 1867–1939, Berlin 2006.
Müller, U., Modernisierung oder Diskriminierung? Siedlungspolitik in den preußischen Ostprovinzen zwischen nationalitäten- und agrarpolitischen Zielen, in: U. Müller (Hg.), Ausgebeutet oder alimentiert? Regionale Wirtschaftspolitik und nationale Minderheiten in Ostmitteleuropa 1867–1939, Berlin 2006, S. 179–212.
Müller, U., Regionale Wirtschafts- und Nationalitätenpolitik in Ostmitteleuropa (1867–1939), in: U. Müller (Hg.), Ausgebeutet oder alimentiert? Regionale Wirtschaftspolitik und nationale Minderheiten in Ostmitteleuropa 1867–1939, Berlin 2006, S. 9–57.
Müller, U., Die Stellung der Oder im mitteleuropäischen Verkehrsnetz und die preußische Wasserstraßenpolitik während der Industrialisierung, in: K. Schlögel u. B. Halicka (Hg.), Oder-Odra. Blicke auf einen europäischen Strom, Frankfurt a. M. 2007, S. 177–190.
Müller, U., Die sozialökonomische Situation in den ostdeutschen Grenzregionen und die Beziehungen zu Polen im 20. Jahrhundert, in: D. Bingen, P. Loew u. N. Wolf (Hg.), Politische Ökonomie deutsch-polnischer Beziehungen im 20. Jahrhundert, Wiesbaden 2008, S. 58–77.
Müller, U., Staatseinfluss und agrarische Prägung. Die Besonderheiten der Industrialisierung in Mittel- und Osteuropa, in: K. von Delhaes, W. Quaisser u. K. Ziemer (Hg.), Vom Sozialismus zur Marktwirtschaft. Wandlungsprozesse, Ergebnisse und Perspektiven, München 2009, S. 96–116.
Müller, U., Die gewerblichen Fortbildungsschulen in den Provinzen Posen und Westpreußen. Instrumente der Polenpolitik, Vorreiter des Staatsschulsystems und Elemente regionaler Entwicklungspolitik, in: *Studia Historiae Oeconomicae* (2009), S. 25–39.
Müller, U., Der Beitrag des Chausseebaus zum Modernisierungsprozess in Preußen, in: H.-L. Dienel u. H.-U. Schiedt (Hg.), Die moderne Straße. Planung, Bau und Verkehr vom 18. bis zum 20. Jahrhundert, Frankfurt a. M./New York 2010, S. 49–76.
Müller, U., Die Industrialisierung des agrarischen Ostens. Motive, Erfolge und Grenzen

staatlicher Industrieförderung in Westpreußen um 1900, in: *Jahrbuch für Regionalgeschichte*, 28 (2010), S. 99–115.

Müller, U., Bismarck und die Infrastrukturpolitik in Ostelbien vor und nach der »ordnungspolitischen Wende« von 1879, in: M. Epkenhans u. U. von Hehl (Hg.), Bismarck und die Wirtschaft, Paderborn 2013, S. 121–162.

Müller, U., Wirtschaftliche Maßnahmen der Polenpolitik in der Zeit des Deutschen Kaiserreichs, in: J. Frackowiak (Hg.), Nationalistische Politik und Ressentiments. Deutsche und Polen von 1871 bis zur Gegenwart, Göttingen 2013, S. 39–62.

Müller, U., »Nachzügler« im Industrialisierungsprozess und »Semiperipherie« in einer sich globalisierenden Ökonomie? Transnationale Verflechtungen in der ostmitteleuropäischer Wirtschaft des 19. Jahrhunderts, in: *Jahrbuch für Wirtschaftsgeschichte* 74 (2014) 1, S. 9–32.

Müller, U., The Concept of Regional Industrialization from the Perspective of the Economic History of East Central Europe, in: J. Czierpka, K. Oerters u. N. Thorade (Hg.), Regions, Industries, and Heritage. Perspectives on Economy, Society, and Culture in Modern Western Europe, Basingstoke 2015, S. 88–113.

Müller, U., E. Kubů, T. Lorenz u. J. Šouša, Agrarismus und Agrareliten im östlichen Mitteleuropa. Forschungsstand, Kontextualisierung, Thesen, in: U. Müller, E. Kubů, T. Lorenz u. J. Šouša. (Hg.), Agrarismus und Agrareliten in Ostmitteleuropa, Berlin/Prag 2013, S. 15–116.

Müller-Funk, W., P. Plener u. C. Ruthner (Hg.), Kakanien Revisited. Das Eigene und das Fremde (in) der österreichisch-ungarischen Monarchie, Tübingen 2002.

Müller-Link, H., Industrialisierung und Außenpolitik. Preußen-Deutschland und das Zarenreich von 1860 bis 1890, Göttingen 1977.

Müns, H., Musik und Migration in Ostmitteleuropa. München 2005.

Murdock, C., Böhmisches Bier und Sächsische Textilien. Das sächsisch-böhmische Grenzgebiet als Konsumregion 1900–1933, in: *Comparativ* 11 (2001) 1, S. 66–76.

Murdock, C., Changing Places. Society, Culture, and Territory in the Saxon-Bohemian Borderlands, 1870–1946, Ann Arbor 2010.

Murdzek, B., Emigration in Polish Social-Political Thought, 1870–1914, New York 1977.

Murgescu, B., Romania şi Europa. Acumularea decalajelor economice 1500–2010 [Rumänien und Europa. Die Akkumulation der ökonomischen Rückständigkeit 1500–2010]. Bukarest 2010.

Murphy, C. u. J. Yates, The International Organization for Standardization. Global Governance through Voluntary Consensus, London 2009.

Murphy, R., Gastarbeiter im Deutschen Reich. Polen in Bottrop 1891–1933, Wuppertal 1982.

Musekamp, J., The Royal Prussian Eastern Railway (Ostbahn) and its Importance for East-West Transportation, in: R. Roth u. H. Jacolin (Hg.), Eastern European Railways in Transition. 19th to 21st Century, Aldershot 2013, S. 117–127.

Musekamp, J., Die Ostbahn im Spannungsfeld zwischen geostrategischen und wirtschaftlichen Interessen und der Verfassungsfrage, in: B. Jähnig (Hg.), Preußen und Preußenland. Polyzentrik im Zentralstaat 1525–1945, Osnabrück 2016.

Myška, M., Proto-Industrialisierung in Böhmen, Mähren und Schlesien, in: M. Cerman u. S. Ogilvie (Hg.), Protoindustrialisierung in Europa. Industrielle Produktion vor dem Fabrikszeitalter, Wien 1994, S. 177–191.

Nachtigal, R., Die dänisch-österreichisch-ungarischen Rotkreuzdelegierten in Rußland. Die Visitationen der Kriegsgefangenen der Mittelmächte durch Fürsorgeschwestern des österreichischen und ungarischen Roten Kreuzes, in: *Zeitgeschichte* 25 (1998), S. 366–374.

Nagel, J., Abenteuer Fernhandel. Die Ostindienkompanien, Darmstadt 2011.
Nałęcz, D. (Hg.), Ślady polskości. Polonia i emigracja w świetle badań i źródeł historycznych, Warschau 1999.
Namont, J., La colonie tchécoslovaque. Une histoire de l'immigration tchèque et slovaque en France 1914–1940, Paris 2011.
Nastasă, L., The Education of Romanian University Professors in Western Universities, in: *Historical Social Research* 33 (2008) 2, S. 221–231.
Natmeßnig, C., Britische Finanzinteressen in Österreich. Die Anglo-Oesterreichische Bank, Wien 1998.
Naumann, F., Mitteleuropa, Berlin 1915.
Nautz, J., Frauenhandel. Eine spezifische Form der internationalen Migration. Ein dunkles Kapitel der Globalisierungswelle im 19. und 20. Jahrhundert, in: H. Fassmann and J. Dahlvik (Hg.), Migrations- und Integrationsforschung. Multidisziplinäre Perspektiven, Göttingen 2011, S. 123–146.
Navrátilová, H., Orientalism in Fin de Siècle Czech Society? With a Focus on Egypt, in: Born, R. u. S. Lemmen (Hg.), Orientalismen in Ostmitteleuropa. Diskurse, Akteure und Disziplinen vom 19. Jahrhundert bis zum Zweiten Weltkrieg, Bielefeld 2014, S. 221–257.
Nazarska, G., Bulgarian Women Medical Doctors in the Social Modernization of the Bulgarian Nation State (1878–1944), in: *Historical Social Research* 33 (2008), 2, S. 232–246.
Nečas, C., Na prahu české kapitálové expanze. Rozpínavost českého bankovního kapitálu ve střední, jihovýchodní a východní Evropě v období rakousko-uherského, Brno 1987.
Nečasová, D., Tschechische Frauen auf dem Weg zum Wahlrecht, in: I. Hundt (Hg.), Über Grenzen hinweg. Zur Geschichte der Frauenstimmrechtsbewegung und zur Problematik der transnationalen Beziehungen in der deutschen Frauenbewegung, Berlin 2007, S. 76–94.
Nečasová, D., Obrana práv žen. Recepce díla Mary Wollstonecraftové v českých zemích, in: J. Lorman u. D. Tinková (Hg.), Post tenebras spero lucem. Duchovní tvář českého a moravského osvícenství, Praha 2009, S. 370–382.
Nehring, H., Soziale Bewegungen, in: J. Dülffer u. W. Loth (Hg.), Dimensionen internationaler Geschichte, Oldenbourg 2012, S. 129–149.
Nehring, H., Transnationale soziale Bewegungen, in: J. Dülffer u. W. Loth (Hg.), Dimensionen internationaler Geschichte, München 2012, S. 129–150.
Nekula, M. u. W. Koschmal (Hg.), Juden zwischen Deutschen und Tschechen. Sprachliche und kulturelle Identitäten in Böhmen 1800–1945, München 2006.
Nelson, R., German, Poland, and the colonial expansion to the East. 1850 through the presents, Hampshire 2009.
Neuburger, M., The Krŭchma, the Kafene, and the Orient Express: Tobacco, Alcohol, and the Gender of Sacred and Secular Restraint in Bulgaria, 1856–1939, in: *Aspasia* 5 (2011) 1, S.70–91.
Neugebauer, W., Brandenburg-Preußen in der Frühen Neuzeit. Politik und Staatsbildung im 17. und 18. Jahrhundert, in: Handbuch der Preußischen Geschichte, Bd. 1, Berlin 2009, S. 113–408.
Neumann, D., Studentinnen aus dem Russischen Reich in der Schweiz 1867–1914, Zürich 1987.
Neumann, G., Migration Control in the North-Atlantic World. The Evolution of State Practices in Europe and the United States from the French Revolution to the Inter-War Period, New York 2005.
Neumann-Spallart, F. von, Die Erfolge der internationalen statistischen Congresse 1853–1876 und Vorschläge zur Gründung eines Institut international de statistique, Wien 1885.

New York Times, 4.1.1891, How Seliverstoff Died. Padlewski Tells the Story on Leaving for America, in: http://query.nytimes.com/mem/archive-free/pdf?res=F20A12F7355F1073 8DDDAD0894D9405B8185F0D3 [06.03.2013].

Newman D. u. A. Paasi, Fences and Neighbours in the Postmodern World. Boundary Narratives in Political Geography, in: *Progress in Human Geography* 22 (1998) 2, S. 186–207.

Newman, D., On Borders and Power. A Theoretical Framework, in: *Journal of Borderlands Studies* 18 (2003) 1, S. 13–25.

Newman, D., The Lines that Continue to Seperate Us. Borders in our »Borderless« World, in: *Progress in Human Geography*, 30 (2006) 2, S. 143–161.

Niederhauser, E., A History of Eastern Europe since the Middle Ages, Highland Lakes 2003.

Niederhauser, E., The Emancipation of the Serfs in Eastern Europe, Boulder 2004.

Niemann, H., Europäische Wirtschaftsgeschichte. Vom Mittelalter bis heute, Darmstadt 2009.

Niemyska, M., Wychodźcy po powrocie do kraju. Remigranci w Województwie Białostockiem w świetle ankiety 1934 roku, Warszawa 1936.

Noiriel, G., État, nation et immigration. Vers une histoire du pouvoir, Paris 2005.

Noiriel, G., Réfugiés et sans-papiers. La République face au droit d'asile, XIXe-XXe siècle, Paris 2005.

Noiriel, G., Le Creuset français. Histoire de l'immigration XIXe-XXe siècle, Paris 2006.

Noiriel, G. (Hg.), L'identification. Genèse d'un travail d'État, Paris 2007.

Nolte, C., The Sokol in Czech Lands to 1914. Training for the Nation, Basingstoke 2002

Nolte, C., Every Czech a Sokol! Feminism and Nationalism in the Czech Sokol Movement, in: *Austrian History Yearbook* 24 (1993), S. 79–100.

Nolte, H., Imperium, Union und Nation. Russlands wechselnder Status im Weltsystem, in: *Zeitschrift für Weltgeschichte*, 11 (2010) 2, S. 125–144.

Nolte, H., Weltgeschichte. Imperien, Religionen und Systeme. 15.–19. Jahrhundert, Wien 2005.

North, M. (Hg.), Kommunikationsrevolutionen, Köln 2001.

OAH – Organization of American Historians (Hg.), The LaPietra Report. A Report to the Profession, http://www.oah.org/about/reports/reports-statements/the-lapietra-report-a-report-to-the-profession/; [30.11.2016].

O'Brien, P., Colonies in a Globalizing Economy 1815–1948 (= *Global Economic History Network Working Papers* 8 4), London 2004.

O'Brien, P., Historical Foundations for a Global Perspective on the Emergence of a Western European Regime for the Discovery, Development, and Diffusion of Useful and Reliable Knowledge, in: *Journal of Global History* 8 (2013), S. 1–24.

O'Brien, P., The New Economic History of the Railways, London 2014.

O'Rourke, K., The European Grain Invasion, 1870–1913, in: *The Journal of Economic History* 57 (1997) 4, S. 775–801.

O'Rourke, K. u. J. Williamson, When Did Globalisation Begin?, in: *European Review of Economic History* 6 (2002) 1, S. 23–50.

O'Rourke, K., u. J. Williamson, Globalization and History. The Evolution of a Nineteenth-Century Atlantic Economy, Cambridge/London 1999.

Offen, K., European Feminism 1700–1950. A Political History, Stanford 2002.

Ogle, V., The Global Transformation of Time 1870–1950, Cambridge 2015.

Olsson, L., Labor Migration as a Prelude to World War I, in: *The International Migration Review* 30 (1996) 4, S. 875–900.

Olsson, L., From Galicia to Sweden. Seasonal Labour Migration and the Ethnic Division of Labour at the IFÖ Kaolin-Works in the Early Twentieth Century, in: A. Steidl, J. Ehmer,

S. Nadel u. H. Zeitlhofer (Hg.), European Mobility: Internal, International, and Transatlantic moves in 19th and early 20th Centuries, Göttingen 2009, S. 39–49.

Oltmer, J., Einführung. Europäische Migrationsverhältnisse und Migrationsregime in der Neuzeit, in: *Geschichte und Gesellschaft* 35 (2009) 1, S. 5–27.

Oltmer, J., Flucht, Vertreibung und Asyl im 19. und 20. Jahrhundert, in: K. Bade (Hg.), Migration in der europäischen Geschichte seit dem späten Mittelalter, Osnabrück 2002, S. 107–134.

Oltmer. J., (Hg.), Handbuch Staat und Migration in Deutschland seit dem 17. Jahrhundert, Berlin 2016.

Orišková, M., Re-writing History, Re-drawing Maps. Central Europe in the Global Story of Art, in: *Journal of Institute of Art History of SAS (ARS)* 40 (2007) 2, S. 279–286.

Ostapcuk, O., Izmenie gosudarstvennych granic kak faktor formirovanija jazykovoj situacii na Pravobereznoi Ukraine v konce 18. Pervoj polovine 19 veka, in: L. Gorizontov (Hg.), Regiony i granicy Ukrainy v istoriceskoj perspective, Moskva 2005.

Osterhammel, J., Imperialgeschichte, in: C. Cornelißen (Hg.), Geschichtswissenschaften. Eine Einführung, Frankfurt a. M. 2000, S. 221–232.

Osterhammel, J., Geschichtswissenschaft jenseits des Nationalstaats. Studien zu Beziehungsgeschichte und Zivilisationsvergleich, Göttingen 2001.

Osterhammel, J., Europamodelle und imperiale Kontexte, in: *Journal of Modern European History* 2 (2004) 2, S. 157–182.

Osterhammel, J., Die Verwandlung der Welt. Eine Geschichte des 19. Jahrhunderts. Bonn 2010.

Osterhammel, J. u. J. Jansen, Kolonialismus. Geschichte, Formen, Folgen, München 2012.

Osterhammel, J. u. N. Petersson, Geschichte der Globalisierung. Dimensionen-Prozesse-Epochen, München 2003.

Osterkamp, J., Föderale Schwebelage. Die Habsburgermonarchie als politisches Mehrebenen-system, in: G. Ambrosius, C. Henrich-Franke u. C. Neutsch (Hg.), Föderalismus in historisch vergleichender Perspektive. Bd. 2: Föderale Systeme. Kaiserreich – Donaumonarchie – Europäische Union, Baden-Baden 2015, S. 197–219.

Osterkamp, J., Cooperative Empires: Provincial Initiatives in Imperial Austria, in: *Austrian History Yearbook* 47 (2016), S. 128–146.

Osterkamp, J. Wasser, Erde, Imperium. Eine kleine Politikgeschichte der Meliorationen in der Habsburgermonarchie, in: J. Ganzenmüller u. T. Tönsmeyer (Hg.), Vom Vorrücken des Staates in die Fläche. Ein europäisches Phänomen des langen 19. Jahrhunderts, Köln 2016, S. 179–198.

Ostermann, P., C. Müller, u. K. Rehberg (Hg.), Der Grenzraum als Erinnerungsort. Über den Wandel zu einer postnationalen Erinnerungskultur in Europa. Bielefeld 2012.

Ottmüller-Wetzel, B., Auswanderung über Hamburg. Die H. A. P. A. G. und die Auswanderung nach Nordamerika 1870–1914, Diss. FU Berlin 1986.

Owen, T., Russian Corporate Capitalism from Peter the Great to Perestroika, Oxford 1995.

Paasi, A., Region and Place. Regional Identity in Question, in: *Progress in Human Geography* 28 (2003) 4, S. 475–485.

Pach, Z., Die Ungarische Agrarentwicklung im 16–17. Jahrhundert. Abbiegung vom westeuropäischen Entwicklungsgang, in: *Studia Historica Academiae Scientiarum Hungaricae* 54 (1964), S. 24–49.

Pacholkiv, S., Das Werden einer Grenze. Galizien 1772–1867, in: W. Heindl u. E. Saurer (Hg.), Grenze und Staat. Paßwesen, Staatsbürgerschaft, Heimatrecht und Fremdengesetzgebung in der österreichischen Monarchie 1750–1867, Wien 2000, S. 518–618.

Pacyga, D., Polish Immigrants and Industrial Chicago. Workers on the South Side 1880–1922, Columbus 1991.

Page Moch, L., Moving Europeans. Migration in Western Europe since 1650, Bloomington 2003.

Pál, T., A Nemzetközi Munkaügyi Szervezet és a Magyar Szakszervezetek [Die ILO und die ungarischen Gewerkschaften], Budapest 1975.

Palairet, M., The Balkan Economies c.1800–1914. Evolution without Development, Cambridge 1997.

Paletschek, S. u. B. Pietrow-Ennker (Hg.), Women's Emancipation Movements in the Nineteenth Century. A European Perspective, Stanford 2004.

Palmer, A., The Lands in Between. A History of East Central Europe since the Congress of Vienna, London 1970.

Palotás, E., Die außenwirtschaftlichen Beziehungen zum Balkan und zu Russland, in: A. Wandruszka u. P. Urbanitsch (Hg.), Die Habsburgermonarchie 1848–1918, Bd. 6: Die Habsburgermonarchie im System der internationalen Beziehungen, Wien 1989, S. 595–612.

Pamlényi, E. (Hg.), A History of Hungary, Budapest 1973.

Pammer, M., Austrian Private Investments in Hungary, 1850–1913, in: *European Review of Economic History* 2 (1998) 2, S. 141–169.

Pammer, M., Die statistischen Grundlagen. Die Sozialstrukturen im Spiegel der Sozialstatistik, in: H. Rumpler u. M. Seger (Hg.), Die Habsburgermonarchie 1848–1918. Bd. 9.1: Von der Stände- zur Klassengesellschaft, Wien 2010, S. 1555–1583.

Panayi P., Irish, Poles and Other Migrants: A Comparative Study of Migration to Britain and Germany, 1820–1918. in: J. Belchem, u. K. Tenfelde (Hg.), Irish and Polish Migration in Comparative Perspective, Essen 2003, S. 27–43.

Papp, C., Die Kraft der weiblichen Seele. Feminismus in Ungarn, 1918–1941, Münster 2004.

Park, S., Internationalisms, in: A. Iriye u. P. Y. Saunier (Hg.), Palgrave Dictionary of Transnational History, Basingstoke 2009, S. 586–590.

Parsons, T., The Rule of Empires. Those Who Built Them. Those Who Endured Them. And Why They Always Fall, New York 2010.

Partsch, J., Mitteleuropa, Gotha 1904.

Parush, I., Reading Jewish Women. Marginality and Modernization in Nineteenth-Century Eastern European Jewish Society, Hannover 2004.

Passuth, K., Avantgarde kapcsolatok Prágától Bukarestig. 1907–1930, Budapest 1998.

Pastor, P., The Diplomatic Fiasco of the Modern World's First Woman Ambassador, Roza Bedy-Schwimmer, in: *East European Quarterly* 8 (1974) 4, S. 273–282.

Patek, A., Polska Diaspora w Rosji do 1917 roku, in: A. Walaszek (Hg.), Polska Diaspora, Kraków 2001, S. 275–292.

Patel, K., Nach der Nationalfixiertheit. Perspektiven einer transnationalen Geschichte, Berlin 2004.

Patel, K., Überlegungen zu einer transnationalen Geschichte, in: *Zeitschrift für Geschichtswissenschaft* 52 (2004)

Patel, K., Transnationale Geschichte, in: *Europäische Geschichte Online*, 12.03.2012 http://www.ieg-ego.eu/patelk-2010-de [14.11.2016].

Patenaude, B., The Big Show in Bololand. The American Relief Expedition to Soviet Russia in the Famine of 1921, Stanford 2002.

Patterson, D., The Search for Negotiated Peace. Women's Activism and Citizen Diplomacy in World War I, New York 2008.

Paulinyi, Á., Die Industriepolitik in Ungarn und in Österreich und das Problem der ökonomischen Integration 1880–1914, in: *Zeitschrift für Wirtschafts- und Sozialwissenschaften* 97 (1977) 2, S. 131–166.

Paulmann, J., Europäische Monarchien in der Revolution von 1848/49. Die erste wahrhafte Internationale?, in: D. Langewiesche (Hg.), Demokratiebewegung und Revolution 1947–1949. Internationale Aspekte und europäische Verbindungen, Karlsruhe 1998, S. 109–139.

Paulmann, J., Grenzüberschreitungen und Grenzräume. Überlegungen zur Geschichte transnationaler Beziehungen von der Mitte des 19. Jahrhunderts bis in die Zeitgeschichte, in: E. Conze, U. Lappenküper u. G. Müller (Hg.), Geschichte der Internationalen Beziehungen. Erneuerungen und Erweiterungen einer historischen Disziplin, Köln 2004, S. 169–196.

Paulmann, J., Reformer, Experten und Diplomaten. Grundlagen des Internationalismus im 19. Jahrhundert, in: H. Thiessen u. C. Windler (Hg.), Akteure der Außenbeziehungen. Netzwerke und Interkulturalität im historischen Wandel, Köln 2010, S. 173–199.

Paulmann J. u. M. Geyer, The Mechanics of Internationalism. Culture, Society and Politics from the 1840s to World War I, Oxford 2001.

Pawlowsky, V. u. H. Wendelin, Kriegsopfer und Sozialstaat. Österreich nach dem Ersten Weltkrieg, in: N. Stegmann (Hg.), Die Weltkriege als symbolische Bezugspunkte. Polen, die Tschechoslowakei und Deutschland nach dem Ersten und Zweiten Weltkrieg, Prag 2009, S. 127–146.

Pawlowsky, V. u. H. Wendelin, Die Wunden des Staates. Kriegsopfer und Sozialstaat in Österreich 1914–1938, Wien 2015.

Pazmandi, S., Industrialisierung und Urbanisierung und ihre Auswirkungen auf Deutsche und Magyaren in Oberungarn/Slowakei 1900–1938, in: E. Hösch u. G. Seewann (Hg.), Aspekte ethnischer Identität. Ergebnisse des Forschungsprojekts »Deutsche und Magyaren als nationale Minderheiten im Donauraum«, München 1991, S. 161–231.

Pedersen, S., The Guardians. The League of Nations and the Crisis of Empire, Oxford 2015.

Pelinka, A., Intentionen und Konsequenzen der Zerschlagung Österreich-Ungarns, in: G. Krumeich (Hg.), Versailles 1919. Ziele, Wirkung, Wahrnehmung, Essen 2001, S. 202–211.

Penck, A., Politisch-geographische Lehren des Krieges, in: *Meereskunde* 9 (1915), H. 10, S. 1–40.

Pernau, M., Transnationale Geschichte, Göttingen 2011.

Pes, J., Kiralfy, Imre 1845–1919, in: Oxford Dictionary of National Biography, Oxford 2004.

Pešek, J., Od aglomerace k velkoměstu. Praha a středoevropské metropole 1850–1920, Praha 1999.

Peter, H. (Hg.) Schnorrer, Verschwörer, Bombenwerfer? Studenten aus dem Russischen Reich an deutschen Hochschulen vor dem 1. Weltkrieg, Frankfurt a. M. 2001.

Peter, H. u. N. Tikhonov (Hg.), Universitäten als Brücken in Europa. Studien zur Geschichte der studentischen Migration, Frankfurt a. M. 2003.

Petersson, N., Anarchie und Weltrecht. Das Deutsche Reich und die Institutionen der Weltwirtschaft 1890–1930, Göttingen 2009.

Petrbok, V., Sex a tabu v české kultuře 19. století, Praha 1999.

Petronis, V., Constructing Lithuania. Ethnic Mapping in Tsarist Russia, ca. 1800–1914. Stockholm 2007.

Pictet, J., Die Grundsätze des Roten Kreuzes. Kommentar, Genf 1990.

Pienkos, D., One Hundred Years Young. A History of the Polish Falcons of America, 1887–1987, Boulder 1987.

Pienkos, D. For Your Freedom Through Ours. Polish American Efforts on Poland's Behalf, 1863–1991, New York 1991.

Pierenkemper, T., Der Agrarsektor im Entwicklungsprozeß, in: T. Pierenkemprer (Hg.),

Landwirtschaft und industrielle Entwicklung. Zur ökonomischen Bedeutung von Bauernbefreiung, Agrarreform und Agrarrevolution, Stuttgart 1989, S. 121–138.

Pierenkemper, T., Die schwerindustriellen Regionen Deutschlands in der Expansion: Oberschlesien, die Saar und das Ruhrgebiet im 19. Jahrhundert, in: *Jahrbuch für Wirtschaftsgeschichte* 32 (1992) 1, S. 37–56.

Pierenkemper, T., Gebunden an zwei Kulturen. Zum Standort der modernen Wirtschaftsgeschichte im Spektrum der Wissenschaften, in: *Jahrbuch für Wirtschaftsgeschichte* 35 (1995) 2, S. 163–176.

Pierenkemper, T., Strukturwandlungen im System deutscher Montanregionen im 19. Jahrhundert. Saarregion, Oberschlesien und das Ruhrgebiet im Wachstumsprozeß, in: J. Wysocki (Hg.), Wirtschaftliche Integration und Wandel von Raumstrukturen im 19. und 20. Jahrhundert, Berlin 1994, S. 7–37.

Pierenkemper, T., Umstrittene Revolutionen. Die Industrialisierung im 19. Jahrhundert, Frankfurt a. M., 1996.

Pierenkemper, T., Beschäftigung und Arbeitsmarkt, in: G. Ambrosius, D. Petzina u. W. Plumpe (Hg.), Moderne Wirtschaftsgeschichte. Eine Einführung für Historiker und Ökonomen, München 1996, S. 243–263.

Pierenkemper, T., (Hg.), Die Industrialisierung europäischer Montanregionen im 19. Jahrhundert, Stuttgart 2002.

Pierenkemper, T., Die Industrialisierung Oberschlesiens im 19. Jahrhundert, in: Pierenkemper, Die Industrialisierung europäischer Montanregionen im 19. Jahrhundert, Stuttgart 2002, S. 151–178.

Pierenkemper, T., Wirtschaftsgeschichte. Eine Einführung. Oder: Wie wir reich wurden. München/Wien 2005.

Pierenkemper, T. (Hg.), Regionen und regionale Industrialisierung. Zur wirtschaftlichen Entwicklung ostmitteleuropäischer Regionen im 19. Jahrhundert, Aachen 2009.

Piotrowski, P. (Hg.), Writing Central European Art History, Wien 2008.

Piotrowski, P., On the Spatial Turn, or Horizontal Art History, in: *Umeni-Art* 5 (2008), S. 378–383.

Piskorski, J. (Hg.), Deutsche Ostforschung und polnische Westforschung im Spannungsfeld von Wissenschaft und Politik. Disziplinen im Vergleich, Osnabrück 2002.

Piskorski, J., The Historiography of the So-Called »East Colonisation« and the Current State of Research, in: B. Nagy u. M. Sebök, The Man of Many Devices, Who Wandered Full Many Ways… Festschrift in Honour of Janos Bak, Budapest 1999, S. 654–667.

Piskozub, A., Wisła. Monografia rzeki. Warschau 1982.

Plakans, A., Historical Dictionary of Latvia, London 1997

Plaschka, R., A. Drabek u. B. Zaar (Hg.), Eisenbahnbau und Kapitalinteressen in den Beziehungen der österreichischen mit den südslawischen Ländern, Wien 1993.

Pletzing, C., Vom Völkerfrühling zum nationalen Konflikt. Deutscher und polnischer Nationalismus in Ost- und Westpreußen 1830–1871, Wiesbaden 2003.

Pluharova-Grigiene, E., East-Central European Historiographies of Art and National Discourse, in: *Centropa* 2 (2002) 2.

Plumpe, W., Gustav von Schmoller und der Institutionalismus. Zur Bedeutung der historischen Schule der Nationalökonomie für die moderne Wirtschaftsgeschichtsschreibung, in: *Geschichte und Gesellschaft* 25 (1999) 2, S. 252–275.

Plumpe, W., Perspektiven der Unternehmensgeschichte, in: G. Schulz (Hg.), Sozial- und Wirtschaftsgeschichte. Arbeitsgebiete. Probleme. Perspektiven. Stuttgart 2004, S. 403–25.

Plumpe, W., Wirtschaftsgeschichte zwischen Ökonomie und Geschichte. Ein historischer Abriß, in: W. Plumpe (Hg.), Wirtschaftsgeschichte. Basistexte, Stuttgart 2008, S. 7–39.

Plumpe, W., Wirtschaftskrisen. Geschichte und Gegenwart, München 2010.
Pływawko, D., Polonia Devastata. Polonia i Amerykanie z pomocą dla Polski, 1914–1918, Poznań 2003.
Podraza, A., Die Agrarfrage in Galizien und die Bauernbefreiung 1848, in: H. Reinalter (Hg.), Die europäische Revolution 1848/49 in Polen und Österreich und ihre Folgen, Frankfurt a. M. u. a. 2001, S. 43–56.
Pogonowska-Szusziewicz, A., Encyclopedia organizacji międzynarodowych transportowych, Warszawa 1993.
Pohl, H., Aufbruch der Weltwirtschaft. Geschichte der Weltwirtschaft von der Mitte des 19. Jahrhunderts bis zum Ersten Weltkrieg, Stuttgart 1989.
Pohl, H. (Hg.), Europäische Bankengeschichte, Frankfurt a. M. 1993.
Polisensky, J., Aristocrats and the Crowd in the Revolutionary Year 1848. A Contribution to the History of Revolution and Counter-Revolution, Albany 1980.
Pollack-Parnau, F. von, Eine österreichisch-ostindische Handelscompagnie 1775–1785. Ein Beitrag zur österreichischen Wirtschaftsgeschichte unter Maria Theresia und Joseph II., Stuttgart 1927.
Pollard, S., Peaceful Conquest. The Industrialization of Europe 1760–1970, Oxford 1981.
Pollard, S., The Industrialization of Europe, in: J. Kocka u. G. Ránki (Hg.), Economic Theory and History, Budapest 1985, S. 47–67.
Pollard, S., Typology of Industrialization Processes in the Nineteenth Century, London 1990.
Pomeranz, K., The Great Divergence. China, Europe, and the Making of the Modern World Economy, Princeton 2000.
Ponty, J., Visite du Paris des Polonais, in: A. Kaspi u. A. Marès (Hg.), Le Paris des étrangers, Paris 1989, S. 45–54.
Popa, I., Discreet Intermediaries. Transnational Activities of the Foundation pour une entraide intellectuelle européene, 1966–91, in: S. Mikkonen u. P. Koivunen (Hg.), Beyond Divide. Entangled Histories of Cold War Europe, New York 2015, S. 151–176.
Porter, T., The Rise of Statistical Thinking. Princeton 1986.
Portes, A. u. J. DeWind, Rethinking Migration. New Theoretical and Empirical Perspectives, New York 2007.
Portes, A., L. Guarnizo u. P. Landolt, The Study of Transnationalism and the Promise of an Emergent Research Field, in: *Ethnic and Racial Studies* 22 (1999) 2, S. 217–237.
Pounds, N., The Upper Silesian Industrial Region, Bloomington 1958.
Prahl, R. u. L. Bydžovská, Freie Richtungen. Die Zeitschrift der Prager Secession und Moderne, Prag 1993.
Prahl, R., Vaclav Brozík's Ferdinand I Among His Artists. On Patronage in Bohemia Around 1900, in: *Bulletin of the National Gallery Prague* 1 (1991), S. 85–91.
Praszałowicz, D., Polen, in: K. Bade, P. Emmer, L. Lucassen u. J. Oltmer (Hg.), Enzyklopädie Migration in Europa, Paderborn 2010, S. 258–271.
Preshlenova, R., Austro-Hungarian Trade and the Economic Development of Southeastern Europe Before World War I, in: D. Good (Hg.), Economic Transformations in East and Central Europe. Legacies from the Past and Policies for the Future, London-New York 1994, S. 231–260.
Price, R., The Revolutions of 1848, London: 1988.
Price, R., Kleine Geschichte der europäischen Revolution. Berlin 1992.
Pries, L. (Hg.), Transnationale Migration, Baden-Baden 1998.
Pries, L., Die Transnationalisierung der sozialen Welt. Sozialräume jenseits von Nationalgesellschaften, Frankfurt am Main 2008.

Pries, L., Migration and Transnational Social Spaces, Farnham 1999.
Pries, L. (Hg.), Rethinking Transnationalism. The Meso-link of Organisations, London 2008.
Promitzer, C., S. Trubeta u. M. Turda (Hg.), Health, Hygiene and Eugenics in Southeastern Europe to 1945, Budapest 2011.
Průcha, V., Hospodářské a sociální dějiny Československa: 1918–1992, Brno 2004.
Przegiętka, M., 1918, 1945 and 1989. Three Turning Points in the History of Polish Railways in the Twentieth Century, in: R. Roth u. H. Jacolin (Hg.), Eastern European Railways in Transition. Nineteenth to Twenty-first Centuries, Farnham 2013, S. 131–145
Pula, J., Polska Diaspora w Stanach Zjednoczonych, in: A. Walaszek u. D. Bartkowiak, Polska diaspora, Kraków 2001, S. 51–117.
Purchla, J. (Hg), Theatre Architecture of the Late 19th Century in Central Europe, Kraków 1995.
Puś, W., Rozwój przemysłu w Królestwie Polskim. 1870–1914. Łódź 1997.
Puś, W., u. S. Pytlas, Industry and Trade in Lodz and the Eastern Markets in Partitioned Poland, in: U. Müller u. H. Schultz (Hg.), National Borders and Economic Disintegration in Modern East Central Europe, Berlin 2002, S. 67–76.
Puskás, J., From Hungary to the United States 1880–1914, Budapest 1982.
Puskás, J., Ties that Bind, Ties that Divide. 100 Year of Hungarian Experience in the United States, New York 2000.
Pustuła, Z., Deutsche Kapitalanlagen in der Schwerindustrie des Königreichs Polen. Die oberschlesischen Direktinvestitionen 1856–1914, in: T. Pierenkemper (Hg.), Industriegeschichte Oberschlesiens im 19. Jahrhundert. Rahmenbedingungen. Gestaltende Kräfte. Infrastrukturelle Voraussetzungen. Regionale Diffusion, Wiesbaden 1992, S. 263–303.
Puttkamer, J. von, Rumänen und Siebenbürger Sachsen in der Auseinandersetzung mit der ungarischen Staatsidee 1867–1914, München 2003.
Puttkamer, J. von, Schulalltag und nationale Integration in Ungarn. Slowaken, Rumänen und Siebenbürger Sachsen in der Auseinandersetzung mit der ungarischen Staatsidee 1867–1914, München 2003.
Puttkamer, J. von, Ostmitteleuropa im 19. und 20. Jahrhundert. München 2010.
Pynsent, R. B. (Hg), Decadence and Innovation. Austro-Hungarian Life and Art at the Turn of the Century. London 1989.
Pytlas, S., Łódzka burżuazja przemysłowa w latach 1864–1914, Łódz 1994.
Quelle, O., Hundertfündundzwanzig Jahre Gesellschaft für Erdkunde zu Berlin 1828–1953. Berlin 1953.
Radzik, T., Polonia amerykańska wobec Polski 1918–1939, Lublin 1986.
Rampley, M., Design Reform in the Habsburg Empire, in: *Journal of Design History* 23 (2010) 3, S. 247–264.
Rampley, M., For the Love of the Fatherland. Patriotic Art History and the Kronprinzenwerk in Austria-Hungary, in: *Centropa* 9 (2009) 3, S. 160–75.
Rampley, M., From Big Art Challenge to Spiritual Vision. What Global Art History Might Really mean, in: J. Elkins (Hg.), Is Art History Global?, London 2006, S. 188–202.
Randeraad, N., The International Statistical Congress 1853–1876. Knowledge Transfers and their Limits, in: *European History Quarterly* 41 (2011) 1, S. 50–65.
Randeraad, N., Triggers of Mobility. International Congresses (1840–1914) and their Visitors, in: *Jahrbuch für europäische Geschichte* 16 (2015), S. 63–82.
Rasmussen, A., Les Congrès internationaux liés aux Expositions universelles de Paris 1867–1900, in: *Mil Neuf Cent* 7 (1989), S. 23–44.

Rasmussen, A., Jalons pour une histoire des congrès internationaux aux XIXe siecle, in: *Relations Internationales* 62 (1990), S. 115–133.

Rasmussen, A., ›Tournant, inflexions, ruptures. Le moment internationaliste‹ in ›Ya-t-il des tour-nants historiques? 1905 et le nationalisme‹, in: *Mil Neuf Cent* 19 (2001) 1, S. 27–41.

Rath, A., The Crimean War in Imperial Context 1854–1856, New York 2015.

Raun, T., Estonian Emigration Within the Russian Empire, 1860–1917, in: *Journal of Baltic Studies* 17 (1986) 1, S. 350–363.

Rautenberg, H. (Hg.), Wanderungen und Kulturaustausch im östlichen Mitteleuropa. Forschungen zum ausgehenden Mittelalter und zur jüngeren Neuzeit, München 2007.

Rawe, K., Wir werden sie schon zur Arbeit bringen! Ausländerbeschäftigung und Zwangsarbeit im Ruhrkohlenbergbau während des Ersten Weltkriegs, Essen 2005.

Reder, D., Frauenbewegung und Nation, Patriotische Frauenvereine in Deutschland im frühen 19. Jahrhundert, Köln 1998.

Reinalda, B., International Organization as a Field of Research since 1910, in: B. Reinalda (Hg.), Routledge Handbook of International Organizations, London 2013, S. 1–23.

Reindl, J., Der Deutsch-Österreichische Telegraphenverein und die Entwicklung des deutschen Telegraphenwesens 1850–1871, Frankfurt a. M. 1993.

Reinecke, C., Governing Aliens in Times of Upheaval. Immigration Control and Modern State Practice in Early Twentieth-Century Britain, Compared with Prussia, in: *International Review of Social History*, 54 (2009) 1, S. 39–65.

Reinhard, W., (Hg.), 1350–1750. Weltreiche und Weltmeere, München 2012.

Reinsch, P., Public International Unions. Their Work and Organization, Boston 1911.

Reisinger, K., Österreichs Eisenbahnwesen als Bindeglied zwischen Zentraleuropa und den Balkanländern, in: H. Heppner (Hg.), Der Weg führt über Österreich. Zur Geschichte des Verkehrs- und Nachrichtenwesens von und nach Südosteuropa (18. Jh. bis zur Gegenwart), Wien/Köln/Weimar 1996, S. 107–142.

Remnev, A., Siberia and the Russian Far East in the Imperial Geography of Power, in: J. Burbank, M. von Hagen u. A. Remnev (Hg.), Russian Empire, Bloomington 2007, S. 425–454.

Resch, A., Industriekartelle in Österreich vor dem Ersten Weltkrieg. Marktstrukturen, Organisationstendenzen und Wirtschaftsentwicklung von 1900 bis 1913, Berlin 2002.

Révész, E. (Hg.), Eredeti másolat. Balló Ede és XIX. századi magyar kortársainak művészi másolatai a reneszánsz és barokk festészet remekművei utá., Budapest 2004.

Révész, E., Nemzeti identitás a 19. századi populáris grafikában, in: E. Király, E. Róka u. N. Veszprémi (Hg.), Nemzet és művészet. Kép és önkép, Budapest 2010, S. 185–197.

Rhode, M., Zivilisierungsmissionen und Wissenschaft. Polen kolonial?, in: *Geschichte und Gesellschaft* 30 (2013) 1, S. 5–34.

Rhode, M., Russische Äthiopien-Expeditionen 1889–1896, in: R. Habermas u. A. Przyrembel (Hg.), Von Käfern, Märkten und Menschen. Kolonialismus und Wissen in der Moderne, Göttingen 2013, S. 297–310.

Richers J. u. J. Bischitz, Katalin Gerö, and Budapest's Jewish Women Association (1866–1943), in: J. Gazsi, A. Peto u. Z. Toronyi (Hg.), Gender, Memory, and Judaism, Budapest 2007, S. 123–141.

Riesenberger, D., Für Humanität in Krieg und Frieden. Das Internationale Rote Kreuz 1863–1977, Göttingen 1992.

Rill, R., Die Anfänge der Militärkartographie in den habsburgischen Erblanden. Die Josephinische Landesaufnahme von Böhmen und Mähren nach hofkriegsrätlichen Quellen, in: *Mitteilungen des Österreichischen Staatsarchivs* Bd. 49, Wien 2001, S. 183–202.

Robel, L., Histoire de la neige. La Russie dans la littérature francais, Paris 1994.
Roberts, A., From Good King Wenceslas to the Good Soldier Svejk. A dictionary of Czech popular culture, Budapest 2005.
Rodogno, D., Against Massacre. Humanitarian Interventions in the Ottoman Empire 1815–1914, Princeton 2012
Rodogno, D., B. Struck u. J. Vogel (Hg.), Shaping the Transnational Sphere. Experts, Networks and Issues from the 1840s to the 1930s, New York 2014.
Rodogno, D., F. Piana u. S. Gauthier, Shaping Poland. Relief and rehabilitation programmes undertaken by foreign organizations, 1918–1922, in: D. Rodogno, B. Struck u. J. Vogel (Hg.), Shaping the Transnational Sphere. Experts, Networks and Issues from the 1840s to the 1930s, New York 2014, S. 259–278.
Rodogno, D., S. Gauthier u. F. Piana, What Does Transnational History Tell us about a World with International Organizations? The Historians' Point of View, in: B. Reinalda (Hg.), Routledge History of International Organizations, London 2013, S. 94–105.
Rogge, J., Cultural History in Europe. Institutions, Themes, Perspectives, Bielefeld 2011.
Rolf, M., Imperiale Herrschaft im Weichselland. Das Königreich Polen im russischen Imperium 1864–1915, Berlin 2015.
Rolf, M. u. J. Happel (Hg.), Grenzgänger in Vielvölkerreichen. Grenzziehungen und -überschreitungen in Russland und Österreich-Ungarn 1840–1918, (= *Zeitschrift für Geschichtswissenschaft* 59, 5), Berlin 2011.
Rosenberg, E., A World Connecting, 1870–1945, Cambridge 2012.
Rösler, M. u. T. Wendl, Frontiers and Borderlands. The Rise and Relevance of an Anthropological Research Genre, Köln 1999.
Rössner, P., Heckscher Reloaded? Mercantilism, the State and Europe's Transition to Industrialization 1600–1900, in: *The Historical Journal* 58 (2015) 2, S. 663–683.
Rostow, W., Stadien wirtschaftlichen Wachstums. Eine Alternative zur marxistischen Entwicklungstheorie, Göttingen 1960.
Roter, P., Locating the »Minority Problem« in Europe. A Historical Perspective, in: *Journal of International Relations and Development* 4 (2001), S. 221–249.
Roth, H. (Hg.), Studienhandbuch östliches Europa, 2 Bde., Köln, 2009.
Roth, R., Das Jahrhundert der Eisenbahn. Die Herrschaft über Raum und Zeit 1814–1914, Ostfildern 2005.
Roth, R., Wie wurden die Eisenbahnen der Welt finanziert? Einige Vergleiche, in: *Zeitschrift für Weltgeschichte* 10 (2009) 1, S. 55–80.
Roth, R., Allgemeine Überlegungen zum Verhältnis von Verkehr und Geschichte, in: R. Roth u. K. Schlögel (Hg.), Neue Wege in ein neues Europa. Geschichte und Verkehr im 20. Jahrhundert, Frankfurt a. M./New York 2009, S. 47–64.
Roth, R., Verkehrsrevolutionen, in: R. Sieder u. E. Langthaler (Hg.), Globalgeschichte 1800–2010, Wien 2010, S. 471–501.
Roth, R., Introduction. Eastern European Railways in Transition, in: R. Roth u. H. Jacolin (Hg.), Eastern European Railways in Transition. Nineteenth to Twenty-First Centuries, Farnham 2013, S. 1–21.
Roth, R. u. G. Dinhobl (Hg.), Across the Borders. Financing the World's Railways in the Nineteenth and Twentieth Centuries, Aldershot 2008.
Roth, R. u. H. Jacolin (Hg.), Eastern European Railways in Transition. Nineteenth to Twenty-first Centuries, Farnham 2013.
Roth, R. u. K. Schlögel (Hg.), Neue Wege in ein neues Europa. Geschichte und Verkehr im 20. Jahrhundert, Frankfurt a. M./New York 2009.

Roth, R. u. K. Schlögel, Einleitung. Geschichte und Verkehr im 20. Jahrhundert, in: R. Roth u. K. Schlögel (Hg.), Neue Wege in ein neues Europa. Geschichte und Verkehr im 20. Jahrhundert, Frankfurt a. M./New York 2009, S. 11–26.

Roulleau-Berger, L., Migrer au féminin, Paris 2010.

Rovná, L., Peter Kropotkin and his Influence on Czech Anarchism, in: *Moving the Social* 50 (2013), S. 53–79.

Rubner, H. (Hg.), Adolph Wagner. Briefe, Dokumente, Augenzeugenberichte, Berlin 1978.

Rüegg, W., Geschichte der Universität in Europa. Bd. 3: Vom 19. Jahrhundert zum Zweiten Weltkrieg 1800–1945, München 2004.

Rumpler, H. (Hg.), Innere Staatsbildung und gesellschaftliche Modernisierung in Oesterreich und Deutschland: 1867/71 bis 1914, Wien 1991.

Rumpler, H., 1804–1914. Eine Chance für Mitteleuropa. Bürgerliche Emanzipation und Staatsverfall in der Habsburgermonarchie, Wien 1997.

Rumpler, H., Österreichische Geschichte. 1804–1914. Eine Chance für Mitteleuropa. Bürgerliche Emanzipation und Staatsverfall in der Habsburgermonarchie, Wien 1997.

Rumpler, H., (Hg.), Die Habsburgermonarchie 1848–1918, Bd. 7: Verfassung und Parlamentarismus, Wien 2000.

Rumpler, H. (Hg.), Die Habsburgermonarchie 1848–1918. Bd. 9.2: Die Gesellschaft der Habsburgermonarchie im Kartenbild. Verwaltungs-, Sozial- und Infrastrukturen. Nach dem Zensus von 1910, Wien 2010.

Rupp, L., Constructing Internationalism. The Case of Transnational Women's Organizations, 1888–1945, in *American Historical Review* 99 (1994) 5, S. 1571–1600.

Rupp, L., Worlds of Women. The making of an International Women's movement, Princeton 1997, S. 16–18.

Rychlík, J., Cestování do ciziny v habsburské monarchii a v Československu. Pasová, vízová a vystěhovalecká politika 1848–1989, Praha 2007.

Rygiel, P. (Hg.), Le bon grain et l'ivraie. L'État-Nation et les populations immigrées fin XIXe-début XXe siècle. Sélection des migrants et regulation des stocks de populations étrangères, Paris 2004.

Rygiel, P. u. N. Lillo, Rapports sociaux de sexe et immigration. Mondes atlantiques XIXe–XX siècles, Paris 2007.

Rygiel, P., Le temps des migrations blanches. Migrer en Occident, 1840–1940, Montreuil 2007.

Rygiel, P., Politique et administration du genre en migration. Mondes atlantiques, XIXe–XXe siècles, Paris 2011.

Sahlins, P., Eighteenth-Century Citizenship Revolution in France, in: A. Fahrmeir, O. Faron u. P. Weil (Hg.), Migration Control in the North Atlantic World. The Evolution of State Practices in Europe and the United States from the French Revolution to the Inter-war Period, New York 2003, S. 11–24.

Šajkovskij, Z., Bibliografie fun der jidišer prese in frankrejch un in di kolonies, in: Čerikover, A. (Hg.), Jidn in frankrejch. Studies un materialn, Bd. 1., New York 1942, S. 245–308.

Salden, P., Russische Literatur in Polen (1864–1904), Köln 2013.

Saldern, A., Integration und Fragmetierung in europäischen Städten, in: *Archiv für Sozialgeschichte* 46 (2006), S. 3–60.

Samuś, P., Łódź an der Jahrhundertwende. Stadt der Polen, Deutschen und Juden, in: R. Maier u. G. Stöber (Hg.), Zwischen Abgrenzung und Assimilation. Deutsche, Polen und Juden. Schauplätze ihres Zusammenlebens von der Zeit der Aufklärung bis zum Beginn des Zweiten Weltkrieges, Hannover 1996, S. 159–174.

Sanborn, J., Imperial Apocalypse. The Great War and the Destruction of the Russian Empire, Oxford 2014.

Sandell, M., The Rise of Women's Transnational Activism, London 2015.

Sanders, T., (Hg.), Historiography of Imperial Russia. The Profession and Writing if History in a Multinational State, Armonk, London 1999.

Sandgruber, R., Ökonomie und Politik. Österreichische Wirtschaftsgeschichte vom Mittelalter bis zur Gegenwart, Wien 1995.

Sapper, M., Den Krieg überwinden. Jan Bloch. Unternehmer, Publizist und Pazifist, in *Osteuropa* 58 (2008) 8–10, S. 303–311.

Sármány-Parsons, I., München modernsége. Az 1880-as évek második fele és a Secession megszületése, und München szerepe a modern magyar festészeti szemlélet és stílus megteremtésében, in: P. Kárai u. N. Veszprémi (Hg.), München magyarul. Magyar művészek Münchenben 1850–1914. Budapest 2009, S. 123–146 u. 149–170.

Sármány-Parsons, I. u. H. Stekl (Hg.), Bürgerliche Wohnkultur des Fin-de-Siècle in Ungarn, Wien 1994.

Sassen, S., Paradox des Nationalen. Territorium, Autorität und Rechte im globalen Zeitalter, Frankfurt a. M. 2008.

Sassen, S., Spatialities and Temporalities of the Global. Elements for a Theorization, in: *Public Culture* 12 (2000) 1, S. 215–232.

Sassen, S., The Global City. New York, London, Tokyo, Princeton 2001.

Sassen, S., Territory Deborders Territoriality, in: *Territory, Politics, Governance* 1 (2013) 1, S. 21–45.

Sauer, W., (Hg.), K. u. k. kolonial. Habsburgermonarchie und europäische Herrschaft in Afrika, Wien/Köln/Weimar 2002.

Sauer, W., Schwarz-Gelb in Afrika. Habsburgermonarchie und koloniale Frage, in: W. Sauer (Hg.), k.u.k. kolonial. Habsburgermonarchie und europäische Herrschaft in Afrika, Wien 2002, S. 17–78.

Saul, K., Um die konservative Struktur Ostelbiens. Agrarische Interessen, Staatsverwaltung und ländliche »Arbeiternot«. Zur konservativen Landarbeiterpolitik in Preußen-Deutschland 1889–1914, in: D. Stegmann, B.-J. Wendt u. P.-C. Witt (Hg.), Deutscher Konservatismus im 19. und 20. Jahrhundert. Festschrift für Fritz Fischer zum 75. Geburtstag und zum 50. Doktorjubiläum, Bonn 1983, S. 129–198.

Saunier, P., Circulations, Connexions and Espaces Transnationaux, in: *Genèses* (2004) 4, S. 110–126.

Saunier, P., Learning by doing. Notes about the Making of the Palgrave Dictionary of Transnational History, *Journal of Modern European History* 6 (2008) 2, S. 159–180.

Saunier, P., International Non-Governmental Organizations (INGOs), in: Iriye, A. u. P. Saunier (Hg.), The Palgrave Dictionary of Transnational History, Basingstoke 2009, S. 573–579.

Saunier, P. Transnational History. Theory and History, Basingstoke 2013.

Saunier, P. u. S. Ewen (Hg.), Another Global City. Historical Explorations into the Transnational Municipal Moment, 1850–2000, New York 2008.

Scazzieri, R. u. R. Simili, The Migration of Ideas, Sagamore Beach 2008.

Schaepdrijver, S. de, Elites for the Capital? Foreign Migration to Mid-Nineteenth-Century Brussels, Amsterdam 1990.

Schalenberg, M, Humboldt auf Reisen? Die Rezeption des »deutschen Universitätsmodells« in den französischen und britischen Reformdiskursen 1810–1870, Basel 2002.

Schattkowsky, R., Nationalismus und Konfliktgestaltung. Westpreußen zwischen Reichsgründung und Erstem Weltkrieg, in: M. Müller u. R. Petri (Hg.), Die Nationalisierung von Grenzen. Zur Konstruktion nationaler Identität in sprachlich gemischten Grenzregionen, Marburg 2002, S. 35–79.

Scheide, C. u. N. Stegmann, Themen und Methoden der Frauen- und Geschlechtergeschichte, München 2003.

Schenk, F., Die Konstruktion von geographischen Räumen in Europa seit der Aufklärung. Literaturbericht, in: *Geschichte und Gesellschaft* 28 (2002), S. 493–514.

Schenk, F., Imperiale Raumerschließung. Beherrschung der russischen Weite, in: *Osteuropa* 55 (2005) 3, S. 33–45.

Schenk, F., Im Kampf um Recht und Ordnung. Zivilisatorische Mission und Chaos auf den Eisenbahnen im Zarenreich, in: R. Roth u. K. Schlögel (Hg.), Neue Wege in ein neues Europa. Geschichte und Verkehr im 20. Jahrhundert, Frankfurt a. M./New York 2009, S. 197–221.

Schenk, F., Das Zarenreich als Transitraum zwischen Europa und Asien. Russische Visionen und westliche Perzeptionen um die Jahrhundertwende, in: M. Aust (Hg.), Globalisierung imperial und sozialistisch. Russland und die Sowjetunion in der Globalgeschichte 1851–1991, Frankfurt/M. 2013, S. 41–63.

Schenk, F., Russlands Fahrt in die Moderne. Mobilität und sozialer Raum im Eisenbahnzeitalter, Stuttgart 2014.

Scherner, J., Eliten und wirtschaftliche Entwicklung. Kongreßpolen und Spanien im 19. Jahrhundert, Münster 2001.

Scheuplein, C., Der Raum der Produktion. Cluster in der Volkswirtschaftslehre des 19. Jahrhunderts, Berlin 2006.

Schiefelbusch, M., Trains Across Borders. Comparative Studies on International Cooperation in Railway Development, Baden-Baden 2013.

Schiefelbusch, M. u. H.-L. Dienel, Rom und/oder Ostende? Zielkonflikte und Interessensgegensätze bei der Entwicklung des europäischen Eisenbahnsystems, in: G. Ambrosius, C. Henrich-Franke u. C. Neutsch (Hg.), Internationale Politik und Integration europäischer Infrastrukturen in Geschichte und Gegenwart, Baden-Baden 2010, S. 61–84.

Schiefelbusch, M. u. H.-L. Dienel (Hg.), Linking Networks. The Formation of Common Standards and Visions for Infrastructure Development, Farnham 2014.

Schipper, F., European Integration and Infrastructure since the 19th Century, in: J. Auger, J. Bouma u. R. Künneke (Hg.), Internationalization of Infrastructures. Proceedings of the 12th Annual International Conference on the Economics of Infrastructures, Delft 2009, S. 37–60.

Schlögel, K., Im Raume lesen wir die Zeit. Über Zivilisationsgeschichte und Geopolitik, München 2003.

Schlögel, K., Marjampole oder Europas Wiederkehr aus dem Geist der Städte, München/Wien 2005.

Schlögel, K., (Hg.), Mastering Russian Spaces. Raum und Raumbewältigung als Probleme der russischen Geschichte, München 2011.

Schmidt, C., Russische Geschichte 1547–1917, München 2009.

Schmied-Kowarzik, A., Unteilbar und untrennbar? Die Verhandlungen zwischen Cisleithanien und Ungarn zum gescheiterten Wirtschaftsausgleich 1897, Innsbruck 2010.

Schneider, D., Crossing Borders. Migration and Citizenship in the Twentieth-Century United States, Cambridge 2011.

Schneider, M., Wissensproduktion im Staat. Das königlich preußische statistische Bureau 1860–1914, Frankfurt a. M. 2013.

Schneider, U., Die Macht der Karten. Eine Geschichte der Kartographie vom Mittelalter bis heute, Darmstadt 2004.
Schneider, U., Die Erfindung des allgemeinen Wissens. Enzyklopädisches Schreiben im Zeitalter der Aufklärung, Berlin/Boston 2013.
Schönemann-Behrens, P., A. H. Fried, Friedensaktivist – Nobelpreisträger, Zürich 2011.
Schönwälder, K., Einwanderung und ethnische Pluralität. Politische Entscheidungen und öffentliche Debatten in Großbritannien und der Bundesrepublik von den 1950er bis zu den 1970er Jahren, Essen 2001.
Schönwälder, K. u. I. Sturm-Martin, Die britische Gesellschaft zwischen Offenheit und Abgrenzung: Einwanderung und Integration vom 18. bis zum 20. Jahrhundert, Bodenheim 2001.
Schot, J., Introduction. Building Europe on transnational infrastructures, in: *The Journal of Transport History* 28 (2007) 2, S. 167–171.
Schot, J., Transnational Infrastructures and the Origins of European Integration, in: A. Badenoch u. A. Fickers, Materializing Europe. Transnational Infrastructures and the Project of Europe, Basingstoke 2010.
Schramm, M., Transnationale Wirtschaftbeziehungen und symbolische Regionalisierungen. Die Musikinstrumentenindustrie im sächsisch-böhmischen Grenzraum 1870–1933, in: *Bohemia* 47 (2006) 7, S. 69–83.
Schröder, C., Karol Marcinkowski und das »Towarzystwo Naukowej Pomocy« in der polnischen Nationalbewegung im Posener Vormärz, in: M. Krzoska u. P. Tokarski (Hg.), Die Geschichte Polens und Deutschlands im 19. und 20. Jahrhundert, Osnabrück 1998, S. 8–35.
Schröder, I., Das Wissen von der ganzen Welt. Globale Geografien und räumliche Ordnungen Afrikas und Europas 1790–1870, Paderborn/München/Wien/Zürich 2011.
Schrover, M., Feminization and Problematization of Migration. Europa in the Nineteenth and Twentieth Centuries, in: D. Hoerder, u. A. Kaur (Hg.), Proletarian and Gendered Mass Migrations. A Global Perspective on Continuities and Discontinuities from the 19th to the 21st Century, Leiden 2013, S. 103–131.
Schrover, M., J. van der Leun, L. Lucassen u. C. Quispel, Illegal Migration and Gender in a Global and Historical Perspective, Amsterdam 2008.
Schultz, H., Handwerker, Kaufleute, Bankiers. Wirtschaftsgeschichte Europas 1500–1800, Frankfurt a. M. 1997.
Schultz, H., Mecklenburg, Ostmitteleuropa und das Problem der Rückständigkeit, in: E. Münch u. R. Schattkowsky (Hg.), Festschrift für Gerhard Heitz zum 75. Geburtstag, Rostock 2000, S. 21–52.
Schultz, H. u. E. Kubů (Hg.), History and Culture of Economic Nationalism in East Central Europe, Berlin 2006.
Schulz, M., Internationale Institutionen, in: J. Dülffer u. W. Loth (Hg.), Dimensionen internationaler Geschichte, München 2012, S. 211–232.
Schulz, M., Normen und Praxis. Das Europäische Konzert der Großmächte als Sicherheitsrat, 1815–1860, München 2009.
Schulze Wessel, M. (Hg.), Nationalisierung der Religion und Sakralisierung der Nation im östlichen Europa, Stuttgart 2006.
Schulze, H., Staat und Nation in der europäischen Geschichte, München 1994.
Schulze, M.-S., Engineering and Economic Growth. The Development of Austria-Hungary's Machine Building Industry in the Late Nineteenth Century, Frankfurt a. M. 1996
Schulze, M.-S., Patterns of Growth and Stagnation in the Late Nineteenth Century Habsburg economy, in: *European Review of Economic History*, 4 (2000) 3, S. 311–340.

Schulze, M.-S. u. N. Wolf, Economic Nationalism and Economic Integration. The Austro-Hungarian Empire in the Late Nineteenth Century, in: *The Economic History Review* 65 (2012) 2, S. 652–673.

Schulze, M.-S. u. N. Wolf, On the Origins of Border Effects: Insights from the Habsburg Empire, in: *Journal of Economic Geography* 9 (2009) 1, S. 117–136.

Schulze, V., Die oberschlesische Zinkindustrie im 19. Jahrhundert, in: T. Pierenkemper (Hg.), Regionen und regionale Industrialisierung. Zur wirtschaftlichen Entwicklung ostmitteleuropäischer Regionen im 19. Jahrhundert, Aachen 2009, S. 87–102.

Schutte, C., Deutsche und Polen in der Provinz Posen. Überlegungen zur Relevanz gegenseitiger Lernprozesse, in: M. Aust u. D. Schönpflug (Hg.), Vom Gegner lernen. Feindschaften und Kulturtransfers im Europa des 19. und 20. Jahrhunderts, Frankfurt a. M./ New York 2007, S. 114–136.

Schutte, C., Die Königliche Akademie in Posen 1903–1919 und andere kulturelle Einrichtungen im Rahmen der Politik zur »Hebung des Deutschtums«, Marburg 2008.

Schwartz, A. (Hg.), Gender and Modernity in Central Europe. The Austro-Hungarian Monarchy and Its Legacy, Ottawa 2010.

Secká, M., Vojta Náprstek. Vlastenec, sběratel, mecenáš, Praha 2011

Seckelmann, M., Industrialisierung, Internationalisierung und Patentrecht im Deutschen Reich, 1871–1914, Frankfurt a. M. 2006.

Seckelmann, M., From the Paris Convention 1883 to the TRIPS-Agreement 1994. The History of the International Patent Agreements as a History of Propertisation?, in: *Comparativ* 21 (2011) 2, S. 46–63.

Seegel, S., Mapping Europe's Borderlands. Russian Cartography in the Age of Empire, Chicago 2012.

Segesser, D., Recht statt Rache oder Rache durch Recht? Die Ahndung von Kriegsverbrechen in der internationalen wissenschaftlichen Debatte, 1872–1945, Paderborn 2010.

Seibt, F., Das Jahr 1848 in der europäischen Revolutionsgeschichte, in: R. Jaworski u. R. Luft (Hg.) 1848/49. Revolutionen in Ostmitteleuropa. München 1996, S. 13–28.

Seipel, W., Zeit des Aufbruchs. Budapest und Wien zwischen Historismus und Avantgarde. Wien, 2003.

Senkowska-Gluck, M., Das Herzogtum Warschau, in: H. Sieburg (Hg.), Napoleon und Europa. Köln/Berlin 1971, S. 221–230.

Serczyk, W., Die sowjetische und die »polnische« Ukraine zwischen den Weltkriegen, in: F. Golczewski (Hg.), Geschichte der Ukraine, Göttingen 1993, S. 202–223.

Serrier, T., Deutsche Kulturarbeit in der Ostmark. Der Mythos vom deutschen Vorrang und die Grenzproblematik in der Provinz Posen 1871–1914, in: M. Müller u. R. Petri (Hg.), Die Nationalisierung von Grenzen. Zur Konstruktion nationaler Identität in sprachlich gemischten Grenzregionen, Marburg 2002, S. 13–33.

Serrier, T., Provinz Posen, Ostmark, Wielkopolska, Eine Grenzregion zwischen deutschen und Polen 1848–1918, Marburg 2005.

Sheriff, M. (Hg.), Cultural Contact and the Making of European Art Since the Age of Evolution, Chapel Hill 2010.

Siadkowski, M., The Land Exhibition in Lemberg in 1894. Galicia and Schlachzizen in the German political discourse in Vienna, in: *Zeitschrift für Ostmitteleuropaforschung* 58 (2009) 1/2, S. 197–222.

Sibille, C., LONSEA – Der Völkerbund in neuer Sicht. Eine Netzwerkanalyse zur Geschichte internationaler Organisationen, in: *Zeithistorische Forschungen/Studies in Contemporary History*, Online-Ausgabe, 8 (2011), H. 3, URL: http://www.zeithistorische-forschungen.de/3-2011/id=4708, Druckausgabe: S. 475–483.

Sieferle, R. u. H. Breuninger (Hg.), Transportgeschichte im internationalen Vergleich. Europa. China. Naher Osten, Stuttgart 2004.
Siemann, W., Metternich. Stratege und Visionär, München 2016.
Siemaszko, N., Das oberschlesische Eisenhüttenwesen 1741–1860. Ein regionaler Wachstumssektor, Stuttgart 2011.
Sierpowski, S., Liga Narodów w latach 1919–1926, Wroclaw 2005.
Simon, G. u. K. Ragtime, Az Osztrák-Magyar Monarchia ragtime-korszaka. Budapest 2007.
Skibicki, K., Industrie im oberschlesischen Fürstentum Pless im 18. und 19. Jahrhundert. Zur ökonomischen Logik des Übergangs vom feudalen Magnatenwirtschaftsbetrieb zum modernen Industrieunternehmen, Stuttgart 2002.
Skrbiš, Z., Long-distance Nationalism: Diasporas, Homelands and Identities, Brookfield 1999.
Škulecová, I., Živena, Spolok Slovenských Žien. Organizácia spolku do roku 1918, http://www.pulib.sk/elpub2/FF/Chovanecl/pdf_doc/35.pdf
Śladkowski, W. (Hg.), Polonia i odbudowa państwa polskiego w 1918 roku, Lublin/Warszawa 1991.
Śladkowski, W., Emigracja polska we Francji 1871–1918, Lublin 1980.
Slatter, J. (Hg.), From the Other Shore. Russian Political Emigrants in Britain 1880–1917, London/New York 1984.
Sluga, G., (Hg.), The Transnational History of International Institutions, in: *Journal of Global History* 6 (2011) 2, S. 219–222.
Sluga, G., Internationalism in the Age of Nationalism, Philadelphia 2013.
Smith, T., The Provincialism Problem, in: *Artforum* 13 (1974) 1, S. 54–59.
Snopko, J., Polskie Towarzystwo Gimnastyczne »Sokół« w Galicji. 1867–1914, Białystok 1997.
Snyder, T., Bloodlands. Europa zwischen Hitler und Stalin 1933–1945, München 2011.
Société de Nations (Hg.), Répertoire des Organisations International, Genève (1. Auflage) 1921.
Sölch, W., Orient Express. Glanzzeit und Niedergang eines Luxuszuges, Reinbek 1980.
Sosnowska, A., Abhängigkeit oder erfolgloses Einholen. Historiografische Debatten in der Volksrepublik Polen über die Rückständigkeit Osteuropas, in: *Historie. Jahrbuch des Zentrums für Historische Forschung Berlin der Polnischen Akademie der Wissenschaften* 6 (2012/2013), S. 121–142.
Sousa Santos, B., Beyond Abyssal Thinking. From Global Lines to Ecologies of Knowledges, in: *Review* 30 (2007) 1, S. 45–89.
Soyer, D., Jewish Immigrant Associations and American Identity in New York, 1880–1939, Cambridge 1997.
Speitkamp, W., Deutsche Kolonialgeschichte, Ditzingen 2012.
Sperling, W., Der Aufbruch der Provinz. Die Eisenbahn und die Neuordnung der Räume im Zarenreich, Frankfurt a. M./New York 2011.
Stachel, P. u. C. Szabó-Knotik (Hg.), Urbane Kulturen in Zentraleuropa um 1900, Wien 2004.
Stefanski, V., Zum Prozess der Emanzipation und Integration von Außenseitern. Polnische Arbeitsmigranten im Ruhrgebiet, Dortmund 1984.
Stefanski, V., Zuwanderungsbewegungen in das Ruhrgebiet von den »Ruhrpolen« im späten 19. Jahrhundert bis zu den ausländischen Arbeitnehmern unserer Tage, in: *Westfälische Forschungen* 39 (1989), S. 408–429.
Stegmann, N., Soldaten und Bürger. Selbstbilder Tschechoslowakischer Legionäre in der Ers-ten Republik, in: *Militärgeschichtliche Zeitschrift* 61 (2002) 1, S. 25–48.

Stegmann, N., Die Töchter der geschlagenen Helden. Frauenfrage, Feminismus und Frauenbewegung in Polen, 1863–1919, Wiesbaden 2000.

Stegmann, N., Social Benefits and the Rhetoric of Peace in Czechoslovak Veteran Organizations, in: J. Eichenberg u. J. Newman (Hg.), The Great War and Veteran's Internationalism, Basingstoke 2013.

Steidl, A., Auf nach Wien! Die Mobilität des mitteleuropäischen Handwerks im 18. und 19. Jahrhundert am Beispiel der Haupt- und Residenzstadt, München 2003.

Steidl, A., Verwandtschaft und Freundschaft als soziale Netzwerke transatlantischer Migranten in der Spätphase der Habsburgermonarchie, in: M. Lanzinger u. E. Saurer (Hg.), Politiken der Verwandtschaft. Beziehungsnetze, Geschlecht und Recht, Göttingen 2007, S. 117–144.

Steidl, A., Transatlantic Migration from the Late Austrian Empire and its Relation to Rural-Urban Stage Migration, in: A. Steidl, J. Ehmer, S. Nadel u. H. Zeitlhofer (Hg.), European Mobility. Internal, International, and Transatlantic Moves in the 19th and early 20th Century, Göttingen 2009, S. 207–228.

Steidl, A. u. W. Fischer-Nebmaier, Transatlantischer Heiratsmarkt und Heiratspolitik von MigrantInnenaus Österreich-Ungarn in den USA, 1870–1930, in: *L'Homme* 25 (2014) 1, S. 51–68.

Steidl, A., W. Fischer-Nebmaier u. J. Oberly, The Transatlantic Migration Experience. From Austria-Hungary to the United States, 1870–1960, Wien 2016.

Steiner, H., Die Internationale Arbeiterassoziation und die österreichische Arbeiterbewegung, in: *Archiv für Sozialgeschichte* 4 (1964), S. 447–514.

Steiner, S., Rückkehr unerwünscht. Deportationen in der Habsburgermonarchie der Frühen Neuzeit und ihr europäischer Kontext, Wien 2014.

Steinkühler, M., Agrar- oder Industriestaat. Die Auseinandersetzungen um die Getreidehandels- und Zollpolitik des Deutschen Reiches 1879–1914, Frankfurt a. M. 1992.

Steinwedel, C., Making Social Groups at a Time. The Identification of Individuals by Estate, Religious Confession and Ethnicity in Late Imperial Russia, in: J. Caplan u. J. Torpe (Hg.), Documenting Individual Identity. The Development of State Practices in the Modern World, Princeton 2001, S. 67–82.

Stěříková, E., Země otců. Z historie a vzpomínek k 50. výročí reemigrace potomků českých exulantů, Praha 2005.

Stibbe, M., The Internment of Civilians by Belligerent States during the First World War and the Response of the International Committee of the Red Cross, in: *Journal of Contemporary History* 41 (2006) 1, S. 5–19.

Stibbe, M., (Hg.) Captivity, Forced labour and Forced Migration during the First World War, London 2008.

Stibbe, M., Civilian Internment and Civilian Internees in Europe, 1914–1920, in: M. Stibbe (Hg.) Captivity, Forced labour and Forced Migration during the First World War, London 2008, S. 49–81.

Stoklásková, Z., Migration und Fremdheit in Mähen, in: K. Lehnert u. L. Vogel, (Hg.), Transregionale Perspektiven. Kleinräumige Mobilität und Grenzwahrnehmung im 19. Jahrhundert, Dresden 2011, S. 69–92.

Stokoe, M. u. L. Kishkovsky, Orthodox Christians in North America 1794–1994, New York 1995.

Stolarik, M., Immigration and Urbanization. The Slovak Experience, 1870–1918, New York 1989.

Stolberg, E., Sibirien. Russlands »Wilder Osten«. Mythos und soziale Realität im 19. und 20. Jahrhundert, Stuttgart 2009.

Stone, B., Reinterpreting the French Revolution. A Global-Historical Perspective, Cambridge 2002.
Stone, D., Diaspora Zydów polskich, in: A. Walaszek, Polska Diaspora, Kraków 2001.
Stopka, K., Ormianie w Polsce dawnej i dzisiejszej, Kraków 2000.
Storck, C., Kulturnation und Nationalkunst. Strategien und Mechanismen tschechischer Nationsbildung von 1860 bis 1914, Köln 2001.
Storożyński, A., The Peasant Prince. Thaddeus Kosciuszko and the Age of Revolution, New York 2009.
Stourzh, G., Die Gleichberechtigung der Nationalitäten in der Verfassung und Verwaltung Österreichs 1848–1918, Wien 1985.
Streiter, K., Die nationalen Beziehungen im Großherzogtum Posen (1815–1848), Bern u. a. 1986.
Strobel, G., Das multinationale Lodz, die Textilmetropole Polens, als Produkt von Migration und Kapitalwanderung, in: H.-W. Rautenberg (Hg.), Wanderungen und Kulturaustausch im östlichen Mitteleuropa. Forschungen zum ausgehenden Mittelalter und zur jüngeren Neuzeit, München 2006, S. 163–223.
Suchodolski, B., A History of Polish Culture, Warsaw 1986.
Suchorski, T., O polskim i międzynarodowym ruchu młodzieżowym: organizacje, ludzie, ważniejsze wydarzenia, Warszawa 1966.
Suchova, N., Karl Ritter i geografičeskaja nauka v Rossii. Leningrad 1990.
Suckow, C. von, Alexander von Humboldt und Rußland, in: O. Ette (Hg.), Alexander von Humboldt, Aufbruch in die Moderne. Berlin 2001, S. 247-262.
Summers, A., Liberty, Equality, Morality. The Attempt to Sustain an International Campaign against the Double Sexual Standard, 1875–1906, in: *Sextant* 23–24 (2007), S. 133–153.
Sundhaussen, H., Wirtschaftsgeschichte Südosteuropas. Ist und Soll, in: *Südost-Forschungen* 69/70 (2010/2011), S. 431–440.
Surman, J., Cisleithanisch und transleithanisch oder habsburgisch? Ungarn und das Universitätssystem der Doppelmonarchie, in: Z. Lengyel, J. Nagy u. G. Ujváry (Hg.), Österreichisch-ungarische Beziehungen auf dem Gebiet des Hochschulwesens, Budapest 2010, S. 235–252.
Surman, J., Habsburg Universities 1848–1918. Biography of a Space. PhD diss., Universität. Wien 2012.
Surman, J., Divided Space – Divided Science? Closing and Transcending Scientific Boundaries in Central Europe Between 1860–1900, in: W. Rayward (Hg.), Information Beyond Borders. International Cultural and Intellectual Exchange in the Belle Époque, London 2014, S. 69–84.
Szapor, J., A. Pető, M. Hametz u. M. Calloni (Hg.), Jewish Intellectual Women in Central Europe 1860–2000: Twelve Biographical Essays. Lewiston 2012.
Szapor, J., Sisters of Foes. The Shifting Front Lines of the Hungarian Women's Movements, 1896–1918, in: S. Paletschek u. B. Pietrow-Ennker (Hg.) Women's Emancipation Movements in the 19th Century. A European Perspective, Stanford 2004, S. 167–189.
Szczepański, J., Weterani powstań narodowych w zakładzie św, Kazimierza w Paryżu, Warszawa 2011.
Szeberthy, J., Nemzetközi Munkaügyi Szervezet és Magyarorszag. Adatok a Magyar Szociálpolitikához [Die Internationale Arbeitsorganisation und Ungarn. Daten zur ungarischen Sozialpolitik], Budapest 1933.
Szegedy-Maszák, M. u. P. Zákány Tóth (Hg.), Nemzeti művelődések az egységesülő világban, Budapest 2007.

Szentpéteri, J. (Hg.), Magyar kódex. Bd. 5: Az osztrák-magyar monarchia. Magyarország művelődéstörténete 1867-1918, Budapest 2001.
Szívós, E., Social History of Fine Arts in Hungary, 1867–1918, Colorado 2011.
Szkoła Główna Handlowa (Hg.), Kolegium Gospodarki. Polska Nauka o Organizacje Międzynarodowe, Warszawa 1999.
Szlajfer, H., Economic Nationalism and Globalization. Lessons from Latin America and Central Europe, Leiden-Boston 2012, S. 77–90.
Szombor, B., Az ipari munka társadalma. Szociális kihívások, liberális és korporatív válaszok Magyarországon a 19. század végétől a második világháborúig [Die Gesellschaft der industriellen Arbeit. Soziale Herausforderungen, liberale und korporativistische Antworten in Ungarn vom Ende des 19. Jahrhunderts bis zum zweiten Weltkrieg], Budapest 2010.
Szostak, R., The Role of Transportation in the Industrial Revolution. A Comparison of England and France, Montreal 1991.
Szücs, J., Die drei historischen Regionen Europas, Frankfurt a. M. 1990.
Szűcs, J., The Three Historical Regions of Europe. An Outline, in: *Acta Historica Academiea Scientarum Hungaricea* 29 (1983), S. 131–184.
Szuhay, M., The Capitalization of Agriculture, in: P. Gunst (Hg.), Hungarian Agrarian Society from the Emancipation of Serfs (1848) to the Reprivatization of Land, New York 1998, S. 99–124.
Šolle, Z., Die ersten Anhänger der internationalen Arbeiterassociation in Böhmen, in: *Historica* 7 (1963), S. 154–184.
Šolle, Z., Die tschechischen Sektionen der I. Internationale in den Vereinigten Staaten von America, in: *Historica* 8 (1964), S. 101–134.
Šolle, Z., Internacionála a Rakousko: I. internacionála a počátky socialistického hnutí v zemích bývalé habsburské monarchie [Die Internationale und Österreich: Die Erste Internationale und die Anfänge der sozialistischen Bewegung in den Ländern der ehemaligen Habsburgermonarchie], Praha 1966.
Šolle, Z., Vojta Náprstek a jeho doba, Praha 1994.
Tallián, T., Béla Bartók im Wandel des Raumes, in: M. Csáky, Jenseits von Grenzen. Transnationales, translokales Gedächtnis, Wien 2007, S. 157–166.
Tantner, A., Ordnung der Häuser, Beschreibung der Seelen, Hausnummerierung und Seelenkonskription in der Habsburgermonarchie, Innsbruck 2007.
Taraud C. u. A. Lorin (Hg.), Nouvelle histoire des colonisations européennes, XIXe–XXe siècles. Sociétés, cultures, politiques, Paris 2013.
Tebarth, H., Technischer Fortschritt und sozialer Wandel in deutschen Ostprovinzen. Ostpreußen, Westpreußen und Schlesien im Zeitalter der Industrialisierung. Berlin 1991.
Tebarth, H., Technologietransfer in die preußischen Ostprovinzen, in: Rautenberg, H., Wanderungen und Kulturaustausch im östlichen Mitteleuropa. Forschungen zum ausgehenden Mittelalter und zur jüngeren Neuzeit, München 2007, S. 225–240.
Teichova, A., Wirtschaftsgeschichte der Tschechoslowakei 1918–1980, Wien 1988.
Teleki, P., Egy néprajzi térképről, in: *Földrajzi Közlemények* 65 (1937), S. 60–70.
Telesko, W., »Österreich« und »seine« Regionen. Zur Frage der Mehrfachindentiäten in den Medien der bildenden Kunst im 19. Jahrhundert, in: M. Csáky (Hg.), Jenseits von Grenzen. Transnationales, translokales Gedächtnis, Wien 2007, S. 167–182.
Terlinden, U. u. S. von Oertzen, Die Wohnungsfrage ist Frauensache! Frauenbewegung und Wohnreform, 1870–1933, Berlin 2006.
Tessner, M., Der Außenhandel Österreich-Ungarns von 1867 bis 1913, Köln 1989.
Tezla, A. u. K. Tezla, »Egy szívvel két hazában«. Az amerikás magyarok 1895–1920, Budapest 2005.

Thaden, E., Russia's Western Borderlands, 1710–1870, Princeton 1984.
Thaler, P., Fluid Indentities in Central European Borderlands, in: *European History Quarterly* 31 (2001) 4, S. 519–548.
Then, V., Eisenbahnen und Eisenbahnunternehmer in der Industriellen Revolution. Ein preußisch/deutsch-englischer Vergleich, Göttingen 1997.
Ther, P., Sprachliche, kulturelle und ethnische Zwischenräume als Zugang zu einer transnationalen Geschichte Europas, in: P. Ther (Hg.), Regionale Bewegungen und Regionalismen in europäischen Zwischenräumen seit der Mitte des 19. Jahrhunderts, Marburg 2003, S. IX–XXIX.
Ther, P., Deutsche Geschichte als imperiale Geschichte. Polen, slawophine Minderheiten und das Kaiserreich als kontinentales Empire, in: J. Osterhammel u. S. Conrad (Hg.), Das Kaiserreich transnational. Deutschland in der Welt 1871–1914, Göttingen 2004, S. 129–148.
Ther, P. u. K. Struve (Hg.), Die Grenzen der Nationen. Identitätenwandel in Oberschlesien in der Neuzeit, Marburg 2002.
Ther, P. u. H. Sundhaussen (Hg.), Regionale Bewegungen und Regionalismen in europäischen Zwischenräumen seit der Mitte des 19. Jahrhunderts, Marburg 2003.
Ther, P., In der Mitte der Gesellschaft. Operntheater in Zentraleuropa 1815–1914, Wien/München 2006.
Thiemeyer, G., Die Integration der Donau-Schifffahrt als Problem der europäischen Zeitgeschichte, in: *Archiv für Sozialgeschichte* 49 (2009), S. 303–318.
Thiemeyer, G. u. I. Tölle, Supranationalität im 19. Jahrhundert? Die Beispiele der Zentralkommission für die Rheinschifffahrt und des Octroivertrages 1804–1851, in: *Journal of European Integration History* 17 (2011) 2, S. 177–196.
Thier, A., Steuergesetzgebung und Verfassung in der konstitutionellen Monarchie. Staatssteuerreformen in Preußen 1871–1893, Frankfurt a. M. 1999.
Thiessen, H. u. C. Windler (Hg.), Akteure der Außenbeziehungen. Netzwerke und Interkulturalität im historischen Wandel, Köln 2010.
Thomas, A., The Bohemian Body. Gender and Sexuality in Modern Czech Culture, Madison 2007.
Thomas, W. u. F. Znaniecki, The Polish Peasant in Europe and America, Chicago 1920.
Thompson, A. (Hg.), Writing Imperial Histories, Manchester 2013.
Thorborg, M., Women and Gender in History in the Baltic Region, in: W. Maciejewski (Hg.), The Baltic Sea Region. Cultures, Politics, Societies, Uppsala 2002, S. 529–584.
Thoß, H., (Hg.), Mitteleuropäische Grenzräume, Berlin 2006.
Tikhonov, N., Migrations des étudiants et féminisation de quelques universités européennes. À la recherche d'une convergence, in: N. Tikhonov u. H. Peter (Hg.), Les universités: des ponts à travers l'Europe. Etudes sur l'histoire des migrations étudiantes, Frankfurt a. M. 2003., S. 43–54.
Tilitzki, C., Die Albertus-Universität Königsberg. Die Geschichte von der Reichsgründung bis zum Untergang der Provinz Ostpreußen, Bd. 1: 1871–1918, München 2012.
Tilly, C., Migration in Modern European History, in: W. McNeill u. R. Adams (Hg.), Human Migration, Bloomington 1987, S. 48–72.
Tilly, C., Citizenship, Identity and Social History, Cambridge 1996.
Tilly, R., Das Wachstumsparadigma und die europäische Industrialisierungsgeschichte, in: *Geschichte und Gesellschaft* 3 (1977) 1, S. 93–108.
Tilly, R., German Banks and Foreign Investments in Central and Eastern Europe before 1939, in: D. Good (Hg.), Economic Transformations in East and Central Europe. Legacies from the Past and Policies for the Future, London/New York 1994, S. 201–230.

Tilly, R., Wirtschaftsgeschichte als Disziplin, in: G. Ambrosius, D. Petzina u. W. Plumpe (Hg.), Moderne Wirtschaftsgeschichte. Eine Einführung für Historiker und Ökonomen, München 1996, S. 11–26.

Tilly, R., Geld und Kredit in der Wirtschaftsgeschichte, Stuttgart 2003.

Tilse, M., Transnationalism in the Prussian East. From National Conflict to Synthesis, 1871–1914, New York 2011.

Todorova, M., Die Erfindung des Balkans. Europas bequemes Vorurteil, Darmstadt 1999.

Topik, S. u. A. Wells, Warenketten in einer globalen Wirtschaft, in: E. Rosenberg (Hg.), 1870–1945. Weltmärkte und Weltkriege, München 2012, S. 590–814.

Torp, C., Mitten im Weltmarkt. Globalisierung und deutsche Volkswirtschaft im späten 19. Jahrhundert, in: M. Epkenhans u. U. von Hehl (Hg.), Bismarck und die Wirtschaft, Paderborn 2013, S. 1–27.

Torpey, J., Passports and the Development of Immigration Controls in the North Atlantic World During the Long Nineteenth Century, in: A. Fahrmeir, O. Faron u. P. Weil (Hg.), Migration Control in the North Atlantic World. The Evolution of State Practices in Europe and the United States from the French Revolution to the Interwar Period, New York 2003, S. 73–91.

Toth, H., Biographien, Netzwerke und Narrative. Transnationale Aspekte des politischen Exils nach 1848, in: S. Marung, u. K. Naumann (Hg.), Vergessene Vielfalt. Territorialität und Internationalisierung in Ostmitteleuropa seit der Mitte des 19. Jahrhunderts, Göttingen 2014, S. 137–165.

Treadgold, D., The Great Siberian Migration. Government and Peasants in Resettlement from Emancipation to the First World War, Princeton 1957.

Trencsényi, B., Kulcsszavak és politikai nyelvek. Gondolatok a kontexualista-konceptualista eszmetörténeti módszertan kelet-közép-európai adaptációjárórl, in: A. Szekeres, A történész szerszámosládája. A jelenkori történeti gondolkodás néhány aspektusa, Budapest 2002, S. 117–158.

Trepte, H., Die »verleumdete Minderheit« der Roma. Ihre Herkunft, Sprache und Literatur unter besonderer Berücksichtigung des polnischen Kontextes, in: K. Maier (Hg.), Nation und Sprache in Nordosteuropa im 19. Jahrhundert. Wiesbaden 2012, S. 334–347.

Troebst, S., »Intermarium« und »Vermählung mit dem Meer«. Kognitive Karten und Geschichtspolitik in Ostmitteleuropa, *Geschichte und Gesellschaft* 28 (2002) 3, S. 435–469.

Troebst, S., Meso-regionalizing Europe. History Versus Politics, in: Arnason, J. u. N. Doyle (Hg.), Domains and Divisions of European History, Liverpool 2010, S. 78–89.

Troebst, S., Speichermedium der Konflikterinnerung. Zur osteuropäischen Prägung des modernen Völkerrechts, in: *Zeitschrift für Ostmitteleuropa-Forschung* 61 (2012) 3, S. 405–423.

Troebst, S., Tidal Eastern Europe. Die pulsierende Staatenlandkarte Ostmitteleuropas (1000–2000), in: Z. Andronikashvili u. S. Weigel (Hg.), Grundordnungen. Geographie, Religion und Gesetz, Berlin 2013, S. 213–229.

Troitzsch, U., Technologietransfers im 19. und 20. Jahrhundert, in: *Technikgeschichte*, 50 (1983) 3, S. 177–180.

Truska, L., Emigracja iš Lietuvos 1868–1914 metais, in: LTSR MA Darbai 10 (1961) 1, S. 75–89.

Trzeciakowski, L., Die Nationalitätenpolitik Preußens im preußischen Teilungsgebiet 1772–1918, in: P. Nitsche (Hg.), Preußen in der Provinz: Beiträge zum 1. Deutsch-Polnischen Historikerkolloquium im Rahmen des Kooperationsvertrages zwischen der Adam-Mickiewicz-Universität Poznań und der Christian-Albrechts-Universität zu Kiel, Frankfurt a. M. 1991, S. 6–21.

Tůmová, M., Pro volební právo žen, Brno o. J.
Turda, M. u. P. Weindling (Hg.), Blood and Homeland. Eugenics and Racial Nationalism in Central and Southeast Europe, 1900–1940, Budapest 2007.
Turner, F., The Frontier in American History, New York 1920.
Turnock, D., The Economy of East Central Europe 1815–1989. Stages of Transformation in a Peripheral Region, London/New York 2006.
Tych, F. (Hg.), Polskie programy socjalistyczne 1878–1918, Warszawa 1975.
Tyrrell, I., American Exceptionalism in an Age of International History, in: *American Historical Review* 96 (1991) 4, S. 1031–1055.
Tyrrell, I., Woman's World, Woman's Empire. The Woman's Christian Temperance Movement in International Perspective, Chapel Hill 1991.
Tyrrell, I., Transnational Nation. United States History in Global Perspective since 1789, Basingstoke 2007
Tyrrell, I. Reflections on the Transnational Turn in United States History. Theory and Practice, in: *Journal of Global History* 4 (2009) 3, S. 453–474.
Tyrrell, I., Reforming the World. The Creation of America's Moral Empire, Princeton 2010.
Tyszkiewicz, J., Tatarzy na Litwie i w Polsce. Studia z dziejów XIII–XVIII w., Warszawa 1989.
Uhlig, R., Die Interparlamentarische Union 1889–1914, Stuttgart 1988.
Ujváry, G., Magyar állami ösztöndíjasok külföldön 1867–1944, in: *Levéltári Szemle* 3 (1993).
Ullmann, H., Interessenverbände in Deutschland, Frankfurt a. M. 1988.
Unfried, B., J. Mittag, M. van der Linden u. E. Himmelstoss (Hg.), Transnationale Netzwerke im 20. Jahrhundert. Historische Erkundungen zu Ideen und Praktiken, Individuen und Organisationen, Leipzig 2008.
Urbanitsch, P., Pluralist Myth and Nationalist Realities. The Dynastic Myth of the Habsburg Monarchy. A Futile Exercise in the Creation of Identity, in: *Austrian History Yearbook* 35 (2004), S. 101–141.
Urbansky, S. Kolonialer Wettstreit. Russland, China, Japan und die Ostchinesische Eisenbahn, Frankfurt am Main/New York 2008.
Urbansky, S., Der betrunkene Kosake. Schmuggel im sino-russischen Grenzland, in: M. Aust (Hg.): Globalisierung imperial und sozialisitisch. Russland und die Sowjetunion in der Globalgeschichte 1851–1991, Frankfurt a. M. 2013, S. 301–329.
Vaculík, J., České menšiny v Evrope a ve světe, Praha 2009.
van der Linden, M., Transnational Labor History. Explorations, Aldershot 2003.
van der Linden, M., Was ist neu an der globalen Geschichte der Arbeit?, in: *Sozial.Geschichte* 22 (2007), S. 31–44.
van der Linden, M., Workers of the World. Essays Toward a Global Labor History, Leiden 2008.
van der Linden, M. (Hg.), Grenzüberschreitende Arbeitergeschichte. Konzepte und Erkundungen, Leipzig 2010.
van der Linden, M., The Promise and Challenges of Global Labor History, in: *International Labor and Working-Class* History 82 (2012), S. 57–76.
van der Linden, M., Zur Logik einer Nicht-Entscheidung. Der Wiener Kongress und der Sklavenhandel, in: T. Just, W. Maderthaner u. H. Maimann (Hg.), Der Wiener Kongress. Die Erfindung Europas, Wien 2014, S. 354–373.
Várossová, E., Jan Lajciak and the Criticism of Cultural Conservatism, in: T. Pichler u. J. Gašparíková (Hg.), Language, Values and the Slovak Nation, Washington 1994, S. 47–59.
Vári, A., Herren und Landwirte. Ungarische Aristokraten und Agrarier auf dem Weg in die Moderne 1821–1910, Wiesbaden 2009.

Veenendaal, A., The Baltic States. Railways under Many Masters, in: R. Roth u. H. Jacolin (Hg.), Eastern European Railways in Transition. Nineteenth to Twenty-first Centuries, Farnham 2013, S. 25–39.

Veidlinger, J., Jewish Public Culture in the Late Russian Empire, Bloomington 2009.

Velek, L., První v Rakousku! Zvolení prvního poslance-ženy Boženy Vikové-Kunětické v roce 1912. Příspěvek k vývoji volebního práva a ženského hnutí v habsburské monarchii, in: M. Vojáček (Hg.), Reflexe a sebereflexe ženy v české národní elitě 2. poloviny 19. století, Praha 2007, S. 259–319.

Veres, M., Constructing Imperial Spaces. Habsburg Cartography in the Age of Enlightenment, Pittsburgh 2015.

Véron, P., Railway Integration in: R. Roth u. H. Jacolin (Hg.), Eastern European Railways in Transition. Nineteenth to Twenty-First Century, Farnham 2013, S. 243–256.

Versteeg, P., Une manière de s'en sortir. Les réseaux de femmes polonaises aux Etats-Unis et en Allemagne, 1890–1940, in: P. Rygiel u. N. Lillo (Hg.), Rapports sociaux de sexe et immigration. Mondes atlantiques XIXe-XXe siècles, Paris 2006, S. 99–118.

Vierke, U., Die Erfolgsgeschichte der Glasregion Gablonz a. N. als »Industrial District« – Globaler Handel als prägender Faktor einer Wirtschaftskultur, in: Grenzen & Differenzen. Zur Macht sozialer und kultureller Grenzziehungen. 35. Kongreß der Deutschen Gesellschaft für Volkskunde, Leipzig 2005, S. 469–482.

Ville, S., Transport and the Development of the European Economy 1750–1918, Basingstoke 1990.

Vilt, W., Die Entwicklung der Österreichischen Gesellschaft vom Roten Kreuz von den Anfängen bis zur Gegenwart, Dissertation, Wien 1981.

Vincent, I., Bodies and Souls. The Tragic Plight of Three Jewish Women Forced into Prostitution in the Americas, New York 2005.

Vittorelli, N., Frauenbewegung um 1900. Über Triest nach Zagreb, Wien 2007.

Vogel, J., Der Undank der Nation. Die Veteranen der Einigungskriege und die Debatte um ihren »Ehrensold« im Kaiserreich, in: *Militärgeschichtliche Zeitschrift* 60 (2001), S. 343–366.

Vonyó, J., Társadalom és kultúra magyarországon a 19–20. században. Pécs 2003.

Vovelle, M., La représentation populaire de la monarchie, in: K. Baker (Hg.), The Political Culture of the Old Regime, Oxford 1989, S. 77–88.

Vries, P., Ursprünge des modernen Wirtschaftswachstums. England, China und die Welt in der Frühen Neuzeit, Göttingen 2013.

Vuilleumier, M., Immigrés et réfugiés en Suisse. Aperçu historique, 2. Aufl., Zürich 1989.

Vybíral, J., Modernism or the National Movement in Prague, in: P. Krakowski u. J. Purchla (Hg.), Art Around 1900 in Central Europe. Art Centres and Provinces, Kraków 1999, S. 203–209.

Vybíral, J., The Reception of the Arts and Crafts Movement in Bohemia around 1900, in: *Centropa* 3 (2004) 4, S. 218–230.

Vybíral, J., What is »Czech« in Art in Bohemia? Alfred Woltmann and Defensive Mechanisms of Czech Artistic Historiography, in: *Kunstchronik* 1 (2006) 59, S. 1–7.

Waechter, M., Die Erfindung des amerikanischen Westens. Die Geschichte der Frontier-Debatte, Freiburg 1996.

Wagner, P., Bauern, Junker und Beamte. Lokale Herrschaft und Partizipation im Ostelbien des 19. Jahrhunderts, Göttingen 2005.

Walaszek, A., Polska Diaspora, in: J. Zamojski (Hg.), Diaspory, Warszawa 2001, S. 9–39.

Walaszek, A., Wychodźcy. Emigrants or Poles? Fears and Hopes about Emigration in Poland 1870–1930, in: *AEMI Journal* 1 (2003), S. 78–93.

Walaszek, A. u. D. Bartkowiak, Polska diaspora, Kraków 2001.
Wallerstein, I., Modern World-System, Bd. 1: Capitalist Agriculture and the Origins of the European World-Economy in the Sixteenth Century, New York 1974.
Wallerstein, I., Das moderne Weltsystem. Bd. 1: Die Anfänge kapitalistischer Landwirtschaft und die europäische Weltökonomie im 16. Jahrhundert, Frankfurt a.M. 1986.
Wallerstein, I., Das moderne Weltsystem. Bd. 2. Der Merkantilismus: Europa zwischen 1600 und 1750, Wien 1998.
Walser Smith, H., An Preußens Rändern oder: Die Welt, die dem Nationalismus verloren ging, in: J. Osterhammel u. S. Conrad 2004 (Hg.), Das Kaiserreich transnational. Deutschland in der Welt 1871–1914, Göttingen 2004, S. 149–169.
Walsh, M., The American West. Visions and revisions, Cambridge 2005.
Wandruszka, A. u. P. Urbanitsch (Hg.), Die Habsburgermonarchie 1848–1918, Wien 1973ff.
Wandruszka, A. u. P. Urbanitsch (Hg.), Die Habsburgermonarchie 1848–1918, Bd. 3: Die Völker des Reiches, Wien 1980.
Wandruszka, A. u. P. Urbanitsch (Hg.): Die Habsburgermonarchie 1848–1918, Bd. 5: Die bewaffnete Macht, Wien 1987.
Wandycz, P., East European History and its Meaning. The Halecki-Bidlo-Handelsmann Debate, in: P. Jonás, P. Pastor u. P. Tóth. (Hg.), Király Béla emlékkönvy. Háború és társadalom. War and Society. Guerre et sociéte. Krieg und Gesellschaft, Budapest 1992, S. 308–321.
Wandycz, P., The Price of Freedom. A History of East Central Europe from the Middle Ages to the Present, London/New York 1992.
Wandycz, P., Die Großmächte und Ostmitteleuropa vom Berliner Kongress bis zum Fall der Berliner Mauer, Leipzig 2006.
Wäntig, W., Grenzerfahrungen. Böhmische Exulanten im 17. Jahrhundert, Konstanz 2007.
Warf, B. u. S. Arias (Hg.), The Spatial Turn. Interdisciplinary Perspectives, London 2009.
Watts, M., The Jewish Legion during the First World War, Basingstoke 2004.
Weber, K., Linen, Silver, Slaves, and Coffee. A Spatial Approach to Central Europe's Entanglements with the Atlantic Economy, in: *Culture & History Digital Journal* 4 (2015) 2, http://cultureandhistory.revistas.csic.es/index.php/cultureandhistory/article/download/86/302.
Weber, L., Universal Postal Union, Encyclopedia of Public International Law, Bd. 4, Amsterdam 2000, S. 1235–1240.
Wehler, H.-U., Deutsche Gesellschaftsgeschichte, Bd. 1: Vom Feudalismus des Alten Reiches bis zur Defensiven Modernisierung der Reformära 1700–1815, München 1987.
Wehler, H.-U., Deutsche Gesellschaftsgeschichte, Bd. 2: Von der Reformära bis zur industriellen und politischen »Deutschen Doppelrevolution« 1815–1845/49, 1. durchges. Aufl., München 2008.
Weichlein, S., »Qu'est-ce qu'une Nation?« Stationen der deutschen statistischen debatte um Nation und Nationalität in der Reichsgründungszeit, in: W. von Kieseritzky u. K. Sick (Hg.), Demokratie in Deutschland. Chancen und Gefährdungen im 19. und 20. Jahrhundert. Historische Essays, München 1999, S. 71–90.
Weichlein, S., Zählen und Ordnen. Der Blick der Statistik auf die Ränder der Nationen im späten 19. Jahrhundert, in: C. Dejung u. M. Lengwiler (Hg.), Ränder der Moderne. Neue Perspektiven auf die europäische Geschichte 1800–1930, Köln 2016, S. 115–146.
Weil, P., Qu'est ce qu'un français ? Histoire de la nationalité française depuis la Révolution, Paris 2002.
Weindling, P., Epidemics and Genocide in Eastern Europe, 1890–1945, Oxford 2000.

Weiss, C., Wie Sibirien »unser« wurde. Die Russische Geographische Gesellschaft und ihr Einfluss auf die Bilder und Vorstellungen von Sibirien im 19. Jahrhundert, Göttingen 2007.

Weisser, M., A Brotherhood of Memory. Jewish landmanshaftn in the New World, New York 1985.

Weitowitz, R., Deutsche Politik und Handelspolitik unter Reichskanzler Leo von Caprivi 1890–1894, Düsseldorf 1978.

Weitz, E., From the Vienna to the Paris System. International Politics and the Entangled Histories of Human Rights, Forced Deportations, and Civilizing Missions, in: *American Historical* Review 113 (2008) 5, S. 1313–1343.

Welch, M., The Centenary of the British Publication of Jean de Bloch's »Is war Possible?« 1899–1999, in: *War in History* 7 (2000) 2/3, S. 237–294.

Wendehorst, S. (Hg.), Die Anatomie frühneuzeitlicher Imperien, Herrschaftsmanagement jenseits von Staat und Nation. Institutionen, Personal und Techniken, Berlin 2015.

Wendland, A., Randgeschichten? Osteuropäische Perspektiven auf Kulturtransfer und Vefflechtungsgeschichte, in: *Osteuropa* 58 (2008) 3, S. 95–116.

Wendland, A., Eindeutige Bilder, komplexe Identitäten. Imperiale, nationale, regionale Identitätskonzepte und ihre Visualisierung auf der galizischen Allgemeinen Landesausstellung in Lemberg 1894, in: *Zeitschrift für Ostmitteleuropaforschung* 58 (2009) 1/2, S. 111–161.

Wendland, A., Imperiale, koloniale und postkoloniale Blicke auf die Peripherien des Habsburgerreiches, in: C. Kraft, A. Lüdtke u. J. Martschukat (Hg.), Kolonialgeschichten. Regionale Perspektiven auf ein globales Phänomen, Frankfurt 2010, S. 211–235.

Wendland, A., Ukraine transnational. Transnationalität, Kulturtransfer, Verflechtungsgeschichte als Perspektivierungen des Nationsbildungsprozesses, in: A. Kappeler (Hg.), Die Ukraine. Prozesse der Nationsbildung, Köln/Wien 2011, S. 51–66.

Wendland, A., Ostmitteleuropäische Städte als Arenen der Verhandlung nationaler, imperialer und lokaler Projekte, in: Marung, S. u. K. Naumann (Hg.), Vergessene Vielfalt. Territorialität und Internationalisierung in Ostmitteleuropa seit der Mitte des 19. Jahrhunderts, Göttingen 2014, S. 106–131.

Wendt, G., Die Gründung des Weltpostvereins als Paradigmenwechsel und administrativ-politische Integrationsleistung, in: G. Ambrosius, C. Henrich-Franke u. C. Neutsch (Hg.), Internationale Politik und Integration europäischer Infrastrukturen in Geschichte und Gegenwart, Baden-Baden, 2010, S. 37–60.

Wenzlhuemer, R., The Development of Telegraphy, 1870–1900. A European Perspective on a World History Challenge, in: *History Compass* 5 (2007) 5, S. 1720–1742.

Wenzlhuemer, R., Die Geschichte der Standardisierung in Europa, in: *Europäische Geschichte Online* 12.03.2010, http://www.ieg-ego.eu/wenzlhuemerr-2010-de URL: urn:nbn:de:0159-20100921454 [30.06.2015].

Wenzlhuemer, R., Connecting the 19th Century World. The Telegraph and Globalization, New York 2013.

Wertheimer, J., Unwelcome Strangers. East European Jews in Imperial Germany, New York/Oxford 1987.

Wessely, K., Post Empire. Habsburg-Zentraleuropa und die Genealogien der Gegenwart, in: *H-Soz-Kult*, 23.20.2015 http://hsozkult.geschichte.hu-berlin.de/tagungsberichte/id=6333 [04.11.2016].

West, S., I Shop in Moscow. Advertising and the Creation of Consumer Culture in Late Tsarist Russia, DeKalb 2011.

Westerhoff, C., Zwangsarbeit im Ersten Weltkrieg. Deutsche Arbeitskräftepolitik im besetzten Polen und Litauen 1914–1918, Paderborn 2011.

Westwood, J., Geschichte der russischen Eisenbahnen, Zürich 1966.

Wiebenson, D., Remarks on Some 19th Century Central European City Plans, in: *Centropa* 1 (2001) 1, S. 1–6.

Wikander, U., Suffrage and the Labour Market. European Women at International Congresses in London and Berlin, 1899 and 1904, in: P. Jonsson, S. Neunsinger u. J. Sangster (Hg.), Crossing Boundaries, Women's Organizing in Europe and the Americas, 1880s–1940s, Uppsala 2007, S. 21–49.

Williams, K. u. E. Williams, Ira Aldridge, Multiculturalism and the Theatre of Mid-Nineteenth-Century Wrocław, in: Kujawinska K. u. L. Maria (Hg.), Ira Aldridge. The Great Shakespearean Tragedian on the Bicentennial Anniversary of his Birth, Frankfurt a. M. 2009, S. 53–64.

Williams, R., Culture in Exile. Russian Emigrés in Germany, 1881–1941, Ithaca/London 1972.

Williamson, J., Globalization, convergence, and history, in: *Journal of Economic History* 56 (1996) 2, S. 277–306.

Williamson, J., Trade and Poverty. When the Third World Fell Behind, Cambridge/London 2011.

Wilson, T. u. H. Donnan (Hg.), A Companion to Border Studies, Chichester 2012.

Wimmer, A. u. N. Glick Schiller, Methodological Nationalism and Beyond. Nation-State Building, Migration and the Social Sciences, in: *Global Networks*, 2 (2002) 4, S. 301–334.

Winkler, M., Das Imperium und die Seeotter. Die Expansion Russlands in den nordpazifischen Raum, 1700–1867, Göttingen 2016.

Winzer, F., Emigranten. Geschichte der Emigration in Europa, Frankfurt a. M./Berlin 1986.

Wirsing, G., Zwischeneuropa und die Deutsche Zukunft, Jena 1932.

Wischermann, C. u. A. Nieberding, Die institutionelle Revolution. Eine Einführung in die deutsche Wirtschaftsgeschichte des 19. und frühen 20. Jahrhunderts, Stuttgart 2004.

Wobring, M., Die Integration der europäischen Telegraphie, in: C. Henrich-Franke, C. Neutsch, G. Thiemeyer (Hg.), Internationalismus und Europäische Integration im Vergleich. Fallstudien zu Währungen, Landwirtschaft, Verkehrs- und Nachrichtenwesen, Baden-Baden 2007, S. 83–112.

Wójcik, A., J.-L. Gérôme u. S. Chlebowski. The Story of a Friendship, in: *RIHA Journal* 14 (2010), http://www.riha-journal.org/articles/2010/wojcik-gerome-chlebowski-en/at_download/pdfdocument

Wolf, M., Die vielsprachige Seele Kakaniens. Übersetzen und Dolmetschen in der Habsburgermonarchie 1848 bis 1918, Wien 2012.

Wolf, N., 1918 als Zäsur? Wirtschaftliche Entwicklung und die Periodisierung der neueren Geschichte Ostmitteleuropas, *Comparativ* 20 (2010) 1/2, S. 30–52.

Wolf, N., M. Schulze u. H. Heinemeyer, On the Economic Consequences of the Peace. Trade and Borders After Versailles, in: *Journal of Economic History* 71 (2011) 4, S. 915–949.

Wolf, V. Čeští a slovenští umělci na Bienále v Benátkách, Olomouc 2005.

Wolff, F., Eastern Europe Abroad. Exploring Actor-Networks in Transnational Movements and Migration History. The Case of the Bund, in: *International Review of Social History* 57 (2012) 2, S. 229–255.

Wolff, L., The Idea of Galicia. History and Fantasy in Habsburg Political Culture, Stanford 2010.

Wörner, M. Bauernhaus und Nationalpavillon. Die architektonische Selbstdarstellung Österreich-Ungarns auf den Weltausstellungen des 19. Jahrhunderts, in: Österreichische Zeitschrift für Volkskunde 97 (1994), S. 395–424.

Wörster, P. (Hg.), Universitäten im östlichen Mitteleuropa. Zwischen Kirche, Staat und Nation. Sozialgeschichtliche und politische Entwicklungen, München 2008.

Wottawa, D., Protektionismus im Außenhandel Deutschlands mit Vieh und Fleisch zwischen Reichsgründung und Beginn des Zweiten Weltkriegs, Frankfurt a. M. 1985.

Wróbel, P., Kombatanci kontra politycy. Narodziny i początki dzialania Związku Legionistów Polskich 1918–1925, in: *Przegląd Historyczny* 76 (1985), S. 77–111.

Wrzyszcz, A., Die Juristenausbildung an polnischen akademischen Einrichtungen im 19. und 20. Jahrhundert, in: Z. Pokrovac (Hg.), Juristenausbildung in Osteuropa bis zum Ersten Weltkrieg, Frankfurt am Main 2007, S. 191–249.

Wyman, M., Round-Trip to America. The Immigrants Return to Europe, 1880–1930, Ithaca 1996.

Wyss, B. u. J. Scheller, Comparative Art History. The Biennale Principle, in: C. Rissi (Hg.), Starting from Venice: Studies on the Biennale. Mailand 2010, S. 50–65.

Wyss, B., A. Hossain, J. Scheller, K. Bódi, D. Ghiu u. V. Wolf, Is this so Contemporary? A Look at the Historical Dimension of Celebrification, Personalization, Touristification and Critical Backlashes at the Venice Biennale, in: M. Schieren u. A. Sick (Hg.), Look at me. Celebrity Culture at the Venice Biennale, Nürnberg 2011, S. 118–134.

Wysocki, J., Die österreichische Finanzpolitik, in: A. Brusatti (Hg.), Die Habsburgermonarchie 1848–1918, Bd. 1: Die wirtschaftliche Entwicklung, Wien 1973, S. 68–104.

Zamoyski, A., 1812. Napoleons Feldzug in Russland, München 2012.

Zandberg, A., In Vorbereitung der neuen Welt. Polnische Prohibitionisten, die frühe Internationale Temperenzbewegung und Prozesse des Transfers, in: S. Marung u. K. Naumann (Hg.), Vergessene Vielfalt. Territorialität und Internationalisierung in Ostmitteleuropa seit der Mitte des 19. Jahrhunderts, Göttingen 2014., S. 221–239.

Zanden, J. van, The Development of Agricultural Productivity in Europe 1500–1800, in: *Neha-Jaarboek,* 61 (1998), S. 66–87.

Zaretskaia, D., Mikhailovna. Uchastie Rossii vo vsemirnykh vystavkakh vtoroi poloviny XIX veka. Kandidatskaia rabota, Kazanskii Gosudarstvennyi Universitet 1983.

Zdzisław A., Powstanie i działalność Polskiego Czerwonego Krzyża (1912–1951), Warszawa 2001.

Zeitlhofer, H., Bohemian Migrants, Internal, Continental, and Transatlantic Migrations in Bohemia at the Beginning of the Twentieth Century, in: A. Steidl, J. Ehmer, S. Nadel u. H. Zeitlhofer (Hg.), European Mobility, Internal, International, and Transatlantic Moves in 19th and Early 20th Centuries, Göttingen 2009, S. 189–206.

Zeitlhofer, H., Tschechien und Slowakei, in: K. Bade, P. Emmer, L. Lucassen u. J. Oltmer (Hg.), Enzyklopädie Migration in Europa vom 17. Jahrhundert bis zur Gegenwart, Göttingen 2010, S. 272–287.

Zernack, K., Osteuropa. Eine Einführung in seine Geschichte, München 1977.

Zernack, K., Preußen – Deutschland – Polen. Aufsätze zur Geschichte der deutsch-polnischen Beziehungen, Berlin 2001.

Zeuske, M., Handbuch Geschichte der Sklaverei. Eine Globalgeschichte von den Anfängen bis zur Gegenwart, Berlin 2013.

Zhaloba, I., Leon Sapieha. A Prince and a Railway Entrepreneur, in: R. Roth u. G. Dinhobl (Hg.), Across the Borders. Financing the World's Railways in the Nineteenth and Twentieth Centuries, Aldershot 2008, S. 49–62.

Zhurzhenko, T., Ukrainian Women in Galicia: Origins of the Feminist Tradition and the Challenges of Nationalism, in: W. Heindl, E. Király u. A. Miller (Hg.), Frauenbilder, feministische Praxis und nationales Bewusstsein in Österreich-Ungarn. 1867–1918, Tübingen 2006, S. 257–268.

Ziegler, D., Eisenbahnen und Staat im Zeitalter der Industrialisierung, Stuttgart 1996.
Ziegler, D., Beyond the Leading Regions. Agricultural Modernization and Rural Industrialization in Northwestern Germany, in: J. Czierpka, K. Oerters u. N. Thorade (Hg.), Regions, Industries and Heritage. Perspectives on Economy, Society and Culture in Modern Western Europe, Basingkstoke 2015, S. 146–167.
Zijlmans, K. u. W. van Damme, World Art Studies. Exploring Concepts and Approaches, Amsterdam 2008.
Zimmerer, J., Die Geburt des »Ostlandes« aus dem Geiste des Kolonialismus. Ein postkolonialer Blick auf die NS-Eroberungs- und Vernichtungspolitik, in: *Sozial.Geschichte* 1 (2004), S. 10–43.
Zimmermann, C., Die Zeit der Metropolen. Urbanisierung und Großstadtentwicklung, Frankfurt a. M. 2000.
Zimmermann, J., Poles, Jews, and the Role of Politics of Nationality. The Bund and the Polish Socialist Party in Late Tsarist Russia, 1892–1914, Madison 2004.
Zimmermann, S., Das Geschlecht der Fürsorge. Wohlfahrtspolitik in Budapest und Wien 1873–1914, in: *L'Homme* 5 (1994) 2, S.19–40.
Zimmermann, S., Die bessere Hälfte. Frauenbewegungen und Frauenbestrebungen in Ungarn der Habsburgermonarchie 1848 bis 1918, Budapest 1999.
Zimmermann, S., Making a Living from Disgrace. Politics of Prostitution, Female Poverty and Urban Gender Codes in Budapest and Vienna, in: M. Gee, T. Kirk u. J. Stewart (Hg.), The City in Central Europe. Culture and Society from 1800 to Present, Vermont 1999, S. 175–195.
Zimmermann, S., Prächtige Armut. Fürsorge, Kinderschutz und Sozialreform in Budapest, Stuttgart 2000, S. 244–269.
Zimmermann, S., The Challenge of Multinational Empire for the International Women's Movement. The Case of the Habsburg Monarchy, in: *Journal of Women's History* 17 (2005) 2, S. 87–117.
Zimmermann, S., Reich, Nation, und Internationalismus. Konflikte und Kooperationen der Frauenbewegungen der Habsburgermonarchie, in: W. Heindl, E. Király u. A. Millner (Hg.), Frauenbilder, feministische Praxis und nationales Bewusstsein in Österreich-Ungarn 1867–1918, Tübingen 2006, S. 119–167.
Zimmermann, S., International – Transnational. Forschungsfelder und Forschungsperspektiven, in: Unfried, B., J. Mittag, M. van der Linden u. E. Himmelstoss, Transnationale Netzwerke im 20. Jahrhundert. Historische Erkundungen zu Ideen und Praktiken, Individuen und Organisationen, Leipzig 2008, S. 27–46.
Zimmermann, S., Internationale Frauenbewegung und (Proto-)Nationen, in: S., Zimmermann, Grenzüberschreitungen. Internationale Netzwerke, Organisationen, Bewegungen und die Politik der globalen Ungleichheit vom 17. bis zum 21. Jahrhundert, Wien 2010, S. 102–136.
Zimmermann, S., Grenzüberschreitungen. Internationale Netzwerke, Organisationen, Bewegungen und die Politik der globalen Ungleichheit vom 17. bis zum 21. Jahrhundert, Wien 2010.
Zimmermann, S. u. B. Major, Rosika Schwimmer, in: F., Haan, F., K. Daskalova u. A. Loutfi (Hg.), A Biographical Dictionary of Women's Movements and Feminisms. Central, Eastern and South Eastern Europe, 19th and 20th Centuries, Budapest 2006, S. 484–490.
Zolberg, A., Global Movements, Global Walls. Responses to Migration, 1885–1925, in: W. Gungwu (Hg.), Global History and Migrations, Boulder 1996.
Zubok, V., A Failed Empire. The Soviet Union in the Cold War from Stalin to Gorbachev, Chapel Hill 2007.

Zwickl, A., Commercial Activities and Cultural Mission. The Budapest »Művészház« (Artists' House) 1909–1914, in: J. Bakoš (Hg.), Artwork Through the Market. The Past and the Present, Bratislava 2004, S. 191–207.

Zwickl, A., Hauptschauplatz München. Ungarische Künstler und Künstlerinnen in München. Kunst aus München in Ungarn, in: B. Jooss u. C. Fuhrmeister, National-Identitäten. Internationale Avantgarden. München als europäisches Zentrum der Künstlerausbildung, in: *Zeitenblicke* 5 (2006) 2, http://www.zeitenblicke.de/2006/2/Zwickl [03.12.2016].

Żarnowska, A., Soziale Prozesse der Entwicklung der Arbeiterklasse an der Wende 19. und 20. Jahrhundert. Die polnische Historiographie, in: Internationale Tagung der Historiker der Arbeiterbewegung. Die internationale Gewerkschaftsbewegung zwischen den beiden Weltkriegen. Soziale Prozesse der Entwicklung der Arbeiterklasse im 19. Jahrhundert Bibliographie, Historiographie, Methodologie, Wien 1982, S. 417–425.

Żarnowska, A., Workers, Women and Social Change in Poland, 1870–1939, Burlington 2004.

Żarnowska, A. u. A. Szwarc (Hg), Kobieta i kultura życia codziennego. Wiek XIX i XX. Zbiór studiów. Warszawa/Frankfurt O./Halle 1997.

Register

In das Gesamtregister aufgenommen wurden alle im Text erwähnten *Personennamen*. Sofern ermittelbar, sind die jeweiligen Geburts- und Sterbejahre angegeben. Die Schreibweise folgt in der Regel der im Deutschen üblichen Form. Gleiches gilt für die *Ortsnamen*, denen im Text die heute in den Landessprachen übliche Namensform beigefügt ist. Im Register erscheinen deshalb beide Einträge. Ausnahmen sind die Hauptstädte (auch historische, wie Krakau) und die Stadt Königsberg. *Geographische Bezeichnungen* für Kontinente, Staaten, Länder und Regionen, Ozeane, Flüsse und Kanäle folgen der deutschsprachigen Kartographie. Nicht registriert sind »Ost-«, »Ostmittel-« und »Europa«. Die im Register vermerkten *Institutionen und Organisationen* folgen der jeweiligen Originalform; deutsche Übersetzungen aus den Sprachen Ostmitteleuropas sind im Text zu finden.

Adamczyk, Marie (1879–1973) 377 f.
Adria 14 f., 40, 94, 107, 265, 409
Afrika 28, 56, 64, 226 f., 250, 278, 340, 417, 434, 439, 582
Agence internationale des prisonniers de guerre 369, 375
Agram 107, 214, 232, 492
Ägypten 65, 78, 97, 173, 250, 352
Akademie 40; der Wissenschaften 347; in Budapest 361; in Krakau 360; in Prag 360; in St. Petersburg 76, 214; in Warschau 573; Medizinische Akademie in Warschau 57
Alaska 105, 161
Albisetti, James C. (*1949) 505
Aldrige, Ira (1807–1867) 253
Alexander I., russischer Zar (1777–1825) 161
Alexander II., russischer Zar (1818–1881) 57, 268, 291
Alexander III., russischer Zar (1845–1894) 58, 199
Alexandrowsk 99
Algerien 245
Allenstein 106
Allgemeiner Jüdischer Arbeiter-Bund in Litauen, Polen und Russland (Algemejner jidišer arbeter bund in lite, pojln un rusland) 66, 170, 345, 582
Alliance universelle des femmes 384
Almás-Füzitö 318
Alsóhricsó 168
Amsterdam 264 f., 382
Anakreon (575/70–495 v. Chr.) 247
Anglo-Österreichische Bank 279
Antwerpen 107, 374
Apponyi, Albert Graf von (1846–1933) 220, 332, 361–363
Arbeiterinternationale, II. Sozialistische 422, 582
Argentinien 78, 141, 146, 309, 387, 485, 582
Asien 77, 275, 278, 302, 307, 427, 435, 439
Aslan, Jacques 146
Athen 227
Äthiopien 373
Auerstedt 28
Augustynowicz, Christoph (*1969) 408
Auschwitz 120, 315
Australien 23, 227, 245, 272, 388, 582
Azef, Evgenij (1869–1918) 169

Bach, Alexander von (1813–1893) 56
Bade, Klaus (*1944) 465, 467
Bairoch, Paul (1930–1999) 540
Bajina Basta 398
Balkan 15, 57, 67, 109, 111, 118, 209, 245, 264, 278, 280 f., 296, 369, 379, 397–399, 409, 452, 515, 530, 542, 547
Baltikum 15, 47, 75, 105, 118, 198 f., 219, 234 f., 261, 268, 295, 314, 320, 533, 542
Banque de Marmorosh, Blanc et Cie 280
Banque de Salonique 280
Barcelona 207
Bárcy, István 383

Baross, Gábor (1848–1892) 296
Bartkowiak, Danuta 475
Basel 216
Bauer, Otto (1881–1938) 66
Bayern 286, 291, 340, 351, 354
Bayly, Christopher (1945–2015) 26
Beard, Mary (1876–1958) 382
Becke, Franz Karl Freiherr von (1818–1870) 326, 332
Bédy-Schwimmer, Róza [Rózsa, Rosika] → Schwimmer, Róza [Rózsa, Rosika]
Belgien 45, 154f., 157, 207, 215, 245, 249, 308, 352–354, 397, 517, 540f.
Belgrad 110, 281, 397
Bellot, Marie (1848–1905) 154
Beneš, Edvard (1884–1948) 172, 480
Berend, Iván T. (*1930) 421, 527, 530, 536, 553
Berezowski, Cezary (1898–1970) 571
Bergen 125
Bergheim, John Simon 315–317
Berlepsch, Hans Hermann von (1843–1926) 296
Berlin 47, 51, 67, 72f., 76, 78, 86f., 96f., 106, 110, 114, 118, 139, 192, 211, 228, 244, 248f., 276, 283, 298f., 348, 352, 356, 358, 365f., 368, 379, 378, 380, 385, 391, 413, 512, 583
Bern 352
Berner Union für den Schutz des literarischen und künstlerischen Eigentums 332f., 338
Berzeviczy, Albert (1853–1936) 361f.
Bethlen, Margit Bethlen (1882–1970) 230
Beuthen 303
Białystok 217, 308, 559
Bideleux, Robert (*1951) 408–410
Bílek, František (1872–1941) 250
Bischitz, Johann (1866–1943) 365
Bismarck, Otto von (1815–1898) 59f., 199, 293
Bławat, Icchak (1815–1875) 307
Bleichröder, Gerson von (1822–1893) 111
Bloch, Jan Gotlib [Johann von] (1836–1902) 359
Bloch, Marc (1886–1944) 40
Bochnia 101
Böckh, Richard (1824–1907) 73
Böhm-Bawerk, Eugen (1851–1914) 299
Böhmen 40, 47, 60, 100f., 120, 135, 138, 141, 201f., 209f., 222f., 244, 262, 269, 286, 300, 307f., 311, 313, 320, 325, 356, 370f., 379–381, 384, 389f., 413, 420, 497, 516, 539, 563; böhmische Länder 13, 52, 56, 60, 67, 99, 114, 142, 191, 264, 308, 313, 381, 410, 417, 528, 542, 554, 561, 563; Länder der böhmischen Krone 162, 202, 266, 554
Bohumín 102
Bolívar, Símon (1783–1830) 56
Bolts, Wilhelm (1739–1808) 265
Bolzano 253
Bordeaux 318
Borysław 316f.
Bosnien-Herzegowina 45, 109f., 229, 252, 371, 372, 378, 412, 515
Bozen 253
Braila 340
Brandenburg 370
Brasilien 141, 146, 312, 387
Brassai, Sámuel (1800–1897) 223f.
Bratislava 141, 144, 316, 340, 496
Braudel, Fernand (1902–1985) 428
Braun, Lily (1865–1916) 385
Breslau 86, 97, 108, 118, 215, 302, 358, 370
Brest-Litowsk 377
Briand, Aristide (1862–1932) 170
Brindisi 112
Brno 60, 63, 102f., 253, 308, 312, 371, 492, 538
Brody 101, 108, 125f.
Bromberg 94, 106, 210
Bronowski, Abram 307
Brubaker, Rogers (*1956) 468
Bruck, Karl Ludwig von (1798–1860) 270
Brünn 60, 63, 102f., 253, 308, 312, 371, 492, 538
Brüssel 78, 134, 139, 146, 151, 162, 342, 348, 356–359, 384
Brzenskowitz/Brzęczkowice 302
Brzyski, Anna 509
Budapest (Ofen, Pest) 45, 63, 78, 103, 107, 110, 114, 118–120, 122f., 138f., 168, 192, 202f., 209, 212, 214f., 224, 230–233, 235, 244, 250, 253, 289, 308, 210, 311, 326, 343, 355, 357, 359, 361–363, 365, 371f., 377f., 380, 383, 385, 390, 392, 421, 454f., 492, 497, 504, 518, 538, 558f., 570f., 581, 583

Drahomanov, Mykhailo (1841–1895) 79
Dresden 102, 207, 291, 348
Drohobycz 317, 562
Drucki-Lubecki, Franciszek Ksawery (1778–1846) 304, 306 f.
Dünaburg 104
Dunant, Henry (1828–1919) 365 f.
Durand, Marguerite (1864–1936) 382
Düsseldorf 125, 207
Dvořák, Antonín (1841–1904) 417
Działyński, Tytus (1797–1861) 86
Dziedzitz 318

Edward VII., englischer König (1841–1910) 248
Ehmer, Josef (*1948) 10, 469, 485
Ehrlich, Ludwik (1889–1968) 572
Eichenberg, Julia 396
Eitner, Alexandre 361
Elbe (Fluss) 97, 113 f., 318, 339
Elden, Stuart 440
Elkins, James (*1955) 512
Emerson, Kendall (1843–1932) 399
England 27 f., 30, 45, 56, 95, 99–101, 111, 126, 134, 137, 148, 152, 155, 181 f., 185, 226, 245, 253, 266, 299, 308, 312, 384, 505, 537–543, 547, 552
Erlangen 298
Esch, Michael G. (*1959) 445
Espagne, Michel (*1952) 510
Euler, Leonhard (1707–1783) 76
Eurasien 427
Europäische Donaukommission 96, 340
Europäische Donau-Schifffahrtskommission 95
Eydtkuhnen 106

Farkas, Edit (1877–1942) 365
Fassel, Horst (*1942) 224
Fédération abolitionniste internationale 386 f.
Feinkind, Stephanie 384
Feministák Egyesülete 383, 391
Ficker, Adolf (1816–1880) 79, 357
Fields, Arabella (1879–?) 253
Finnland 208
Fischer, Wladimir 485
Fitzgerald, Alice Louise Florence (1876–1962) 398
Fiume 97, 107, 109, 231, 315, 383
Florenz 78, 207
Flottwell, Heinrich Eduard von (1786–1865) 83
Ford, Henry (1863–1947) 392
Forst de Battaglia, Otto (1889–1965) 407
Fradeletto, Antonio (1858–1930) 209
Frankfurt am Main 59, 125
Frankreich 27 f., 34, 41, 45 f., 49, 56, 64, 86, 95, 99, 111, 135, 139, 148 f., 152–155, 159, 167, 169, 171 f., 179, 183, 186, 212. 215, 220, 241, 245, 266, 272, 277 f., 296, 308, 311 f., 317, 319, 333, 336, 340, 354, 379, 384, 397, 419, 425, 435, 469, 476, 479, 485, 505, 540
Franz Joseph I., Kaiser (1830–1916) 201
Franz-Joseph-Orientbahn 110
Freiburg 86, 298
Frič, Josef Václav (1829–1890) 153, 165
Fried, Alfred Hermann (1864–1921) 358–360, 577
Friedrich II., preußischer König (1712–1786) 44, 69
Friedrich Wilhelm III., preußischer König (1770–1840) 73
Frycz-Modrzewski, Andrzej (1503–1572) 573

Galaţi 326, 340
Galizien 45, 60, 79, 81, 87–91, 98, 108, 114, 125 f., 154, 157, 200 f., 209, 214, 218, 223, 229, 240, 268 f., 294, 302, 304, 315–317, 325, 371, 389, 391, 444, 481, 495, 555, 561 f.
Galizische Karpathen-Petroleum-Aktiengesellschaft 316
Gallen-Kallela, Akseli (1865–1931) 246
Gambia 265
Ganz & Co. Eisengießerei und Maschinenfabrik AG, 289, 310
Gdańsk 106, 108, 215, 264, 276, 307
Gelberg, Ludwik, (1908–?) 572
General Federation of Women's Clubs 386
Genf 79, 163, 366–371, 374, 377, 379, 383 f., 416, 568 f., 571
Genfer Konvention 366–371, 377
Georgien 249
Gerö, Katalin (1853–1944) 365
Gerôme, Jean-Léon (1824–1904) 249

Gerschenkron, Alexander (1904–1978) 534, 546
Gerster, Béla (1850–1923) 350
Gerstner, Franz Anton Ritter von (1796–1840) 100f.
Gerstner, Franz Josef Ritter von (1756–1832) 100
Gesellschaft für die internationale Sprache Kosmoglot(t) 394
Geyer, Louis (1805–1869) 307
Geyer, Martin H. (*1957) 575
Ghana 265
Gilman, Charlotte Perkins (1860–1935) 383
Giurgiu 112
Glatter, Ignaz Eduard 79, 357
Główny Urząd Statystyczny 45
Glücklich, Vilma (1872–1927) 326, 349, 383, 393
Gnadenfeld, Jacques 358
Gödöllő 207f., 246
Goldman, Emma (1869–1940) 152
Good, David F. (*1943) 534
Gorlice 316
Goslicki, Wawrzyniec Grzymała (1530–1607) 573
Goszczyński, Seweryn (1801–1976) 225
Göteborg 125
Grande Société des Chemins de fer russes 104
Graz 102, 125, 214, 253, 570
Green, Nancy (*1951) 473, 483, 485
Grenoble 125
Griechenland 250, 397
Grohman, Louis [Ludwik] (1828–1889) 307
Grosny 316
Gross, Nachum T., 550
Großbritannien 27, 56, 64, 86, 95, 99, 185f., 208, 269–270, 272, 274, 277f., 282, 287, 336, 340, 351, 419, 435, 469, 541
Großpolen 82, 268, 276, 294, 307f., 320, 533, 539
Gruziel, Dominika 507
Guesde, Jules (1845–1922) 169
Gungwu, Wang (*1930) 467
Gütersloh, Albert Paris (1887–1973) 244
Guth, Jiri (1861–1943) 583
Gyáni, Gábor (*1950) 504
Haager Friedenskonferenz 359f., 362f., 369
Haager Konferenz für Internationales Privatreicht 334
Haas, Ernest B. (1924–2003) 577
Habsburgermonarchie/Habsburgerreich → Österreich-Ungarn
Hadler, Frank (*1962) 480
Halecki, Oskar (1891–1973) 408f., 412, 414f., 418, 568
Hallein 311
Hamburg 101, 107, 114, 139, 298, 318
Handelsakademie 298
Handelshochschule in Warschau 573
Hanneken, Elsa von 376
Hannover 59, 315
HAPAG (Hamburg-Amerikanische Packetfahrt-Actien-Gesellschaft) 139, 183
Harley, John Brian (1932–1991) 70
Hartley, Charles (1825–1915) 96
Haslinger, Peter (*1964) 18
Heilige Allianz 49, 336
Heinzl, Julius (1834–1895) 307
Herder, Johann Gottfried (1744–1803) 225
Hessen 59
Heymann, Lida Gustava (1868–1943) 349
Heynitz, Friedrich Anton von (1725–1802) 304
Hirsch, Maurice de (1831–1896) 110
Hochschule 212; Technische 213; in Breslau/Wrocław 215; in Danzig/Gdańsk 215; in Wien 312; der Schönen Künste in Budapest 215; für Auswärtige Angelegenheiten in Warschau 572
Hodos, George H. 408
Hoerder, Dirk (*1943) 145, 147, 465f., 481, 484f.
Hölderlin, Friedrich (1770–1843) 247
Honzáková, Albina (1877–1973) 388
Hoover, Herbert Clark (1874–1964) 397
Horthy, Miklós (1868–1957) 383, 392
Hribar, Ivan (1851–1941) 281
Hüchtker, Dietlind (*1962) 506
Humboldt, Alexander von (1769–1859) 76
Humboldt, Wilhelm von (1767–1835) 213
Huntingdon 315
Husiatyn 108
Huszár, Andorine von 376
Hutton, Marcelline J., 505

Košice 102, 350

Österreich-Ungarn (Habsburgermonarchie, Doppelmonarchie, Donaumonarchie) 13, 28, 31, 43–47, 49, 51–53, 56 f., 59–62, 67–69, 72–75, 77, 80, 82, 88 f., 91, 94, 96–103, 107, 110, 112–114, 120, 125, 127, 133–138, 140–143, 150, 157, 160, 164, 176, 181, 192, 199, 201, 201, 208 f., 211, 213 f., 216, 218, 220, 232, 240, 245, 248, 253, 261 f., 264 f., 267, 270, 272–275, 278–281, 283, 285, 288, 290, 292, 294, 297–299, 302 f., 306, 311, 315 f., 319 f., 322, 326, 332 f., 340 f., 351–353–355, 361, 363 f., 366, 370 f., 376, 378, 382, 390 f., 412, 414, 420 f., 435, 441, 444, 448, 450, 452, 467, 469, 492, 499, 509, 516, 528, 530, 532, 534, 540, 542 f., 548–550, 552, 554–558, 561–563, 566, 5567, 570, 583
Ostpreußen 138, 199, 210, 214, 218, 261, 270, 294, 308, 322, 418, 539, 542, 560
Ostrau 101, 141, 275, 306, 538
Ostrava 101, 141, 275, 306, 538
Ostrożyńsky, Władysław 333
Ostsee 14, 40, 94, 106, 108, 123, 199, 264 f., 268, 274, 296, 409, 494
Oświęcim 120, 315
Otlet, Paul (1868–1944) 357 f., 360

Pacyga, Dominic 476
Paderewski, Ignacy (1860–1941) 172
Padlewski, Stanisław (1857–1891) 168 f.
Palästina 146, 173, 315, 397
Palmer, Alan (*1926) 407
Panama-Kanal 349
Paris 51, 55, 68, 74, 78, 95, 103 f., 110, 112, 134, 139, 146, 150, 153 f., 158–163, 165–173, 192, 201, 206 f., 244–246, 248 f., 278, 288, 292, 311, 336, 340, 342, 348, 350, 354, 358, 360, 363, 374, 382, 384 f., 394, 415 f., 452, 462, 476, 512 f., 517, 520, 566, 583
Partsch, Joseph (1851–1925) 406
Pasha, Mahmud Nedim – Großwesir (1818–1883) 110
Patel, Kiran (*1971) 18
Paulmann, Johannes (*1960) 576
Pawlowsk 101
Pazifik 427
Penck, Albrecht (1858–1945) 406
Pennsylvania 137, 140 f., 476
Péreire, Émile (1800–1875) 103, 278 f.
Péreire, Familie 103
Péreire, Isaac (1806–1880) 278 f.
Peter I. [der Große] – russischer Zar (1672–1725) 71, 76, 214
Petrolia 315
Pilsen 60, 141
Piłsudski, Józef (1867–1935) 173, 419
Pindar (522/518–446 v. Chr.) 247
Piotrowski, Piotr (1952–2015) 498, 512
Pirogow, Iwanowitsch Nikolai (1810–1881) 373
Pisa 125
Pittsburgh 63, 141, 144–146, 168
Plamínková, Františka (1875–1942) 382, 388, 391
Płaskowicka, Filipina (1847–1881) 373
Pless-Ost 302, 304
Plzeň 60, 141
Podgórze 315
Podiebrad, Georg von (1420–1471) 573
Podwołocyska 108
Polen 15, 41, 56, 66 f., 67, 82, 89, 113, 126, 133, 135, 153, 162, 173, 176, 200, 206, 217, 251, 270, 300, 320, 326, 334, 374, 379, 390, 395, 397, 413, 415, 419, 507, 532, 551 f., 574; österreichisches Teilungsgebiet 13, 45, 51, 98, 115, 138, 140, 149 f., 163, 175, 191, 217, 249, 333, 384, 389, 495, 508 f.; preußisch/deutsches Teilungsgebiet 13, 45, 51, 84, 86 f., 98, 115, 134, 138, 140, 163, 175, 191, 210, 217 f., 249, 333, 380, 384, 389, 495, 508 f., 532, 582; russisches Teilungsgebiet 13, 45 f., 51 f., 57, 98, 115, 134 f., 139 f., 149 f., 163, 175, 191, 217, 249, 333, 384, 389, 419, 495, 508 f., 582; Polen-Litauen 50, 532; Kongresspolen 50, 86, 105, 198, 228, 266; Königreich Polen 82, 88, 98 f., 163, 177, 235, 261 f., 268, 270, 274 f., 281, 295, 304–308, 533, 542, 559; Republik Polen 173, 396, 398 f., 410, 561, 566–568, 570, 572
Pollard, Sidney (1925–1998) 303, 538, 544
Polnische Gesellschaft für die Freunde der Wissenschaft 85
Polska Partia Socjalistyczna 163, 374
Polskie Towarzystwo Emigracyjne 183
Pommern 268, 370, 560

Portugal 28, 30, 45, 336, 352
Posen 108, 125, 127, 140, 199, 210, 343, 396; Herzogtum Posen 210; Provinz Posen 177, 182, 228, 286, 317, 370, 561
Poznań 108, 125, 127, 140, 199, 210, 343, 396
Poznańsky, Israel (1833–1900) 307
Prag 54, 60, 63, 100, 102 f., 114, 122, 124, 139, 141, 166, 170, 172, 201 f., 209 f., 212, 222, 228, 231–235, 245, 253, 308, 311 f., 326, 342 f., 348, 360, 380, 388, 391, 394, 398, 454, 492, 538, 570 f.
Preiss, Jaroslav (1870–1946) 281
Preßburg 141, 144, 316
Preußen 28, 44–48, 50, 57, 59, 61, 69, 73, 77, 80–88, 94 f., 97, 99, 102, 104, 106, 108 f., 113 f., 135, 126, 138, 141–150, 154, 164, 176, 181–183, 192, 200, 213, 215–218, 262, 265 f., 270, 274–276, 286, 290–294, 296, 298, 301, 303 f., 310, 317 f., 336, 340 f., 351, 353 f., 364, 367, 370 f., 388, 395, 418, 441, 452, 476, 481, 499, 505, 520, 530, 532, 559–561
Princeton 497
Przemsa (Fluss) 302
Pszczyna 302
Pulszky, Ferenc Aurél Emánuel (1814–1897) 361
Puttkamer, Joachim von (*1964) 10, 18, 408, 410–413, 415 f., 418–421
Puttkamer, Robert von (1828–1900) 80

Quebec 315
Quetelet, Lambert Adolphe Jacques (1796–1874) 78, 356

Racibórz 302
Radowęż 88
Radzivilov 108
Rajchman, Ludwik (1881–1965) 567
Ránki, Györgi (1930–1988) 421, 530
Rapperswill 201
Rasmussen, Anne 580
Ratibor 302
Reden, Friedrich Wilhelm Graf von (1752–1815) 304
Reichenberg 231, 253
Reinsch, Paul (1869–1923) 577
Renner, Karl (1870–1950) 66
Repin, Ilja (1844–1930) 226
Reval 264
Rhein (Fluss) 47, 95, 114, 336, 339 f., 451
Ricardo, David (1772–1823) 299, 525, 551
Riepl, Franz Xaver (1790–1857) 101
Riga 108, 118 f., 123–125, 127
Rijeka 97, 107, 109, 231, 315, 383
Rio de Janeiro 179
Ritter, Carl (1779–1859) 72, 76
Robert, Camille Florent (1795–1870) 311
Robert, Julius (1826–1888) 311 f.
Rockefeller, John D. (1839–1937) 318, 399
Rodin, Auguste (1840–1917) 245
Rom 78, 181, 205, 356, 363
Rosenblatt, Jozéf [Josséle] (1882–1933) 333
Rostworowski, Michał Jan (1864–1940) 568
Roszkowski, Gustaw (1847–1915) 334, 568
Roter Halbmond 374
Rotes Kreuz 364, 366 f., 369–379, 393, 397, 399, 422
Roth, Ralf (*1957) 449
Rothschild, Familie 102 f.
Rothschild, Salomon (1774–1855) 279
Rouen 318
Rovnianek, Peter V. (1867–1933) 168
Ruhrgebiet 137–140, 158, 160, 178, 182, 301, 416, 476, 485
Rumänien 96, 98 f., 110, 146, 241, 245, 273, 292, 294–296, 303, 309 f., 321, 340, 392, 397, 494, 532 f.; Moldau und Walachei 326, 340
Russland (Russisches Reich, Zarenreich) 19, 28, 40 f., 47, 49 f., 53–64, 66 f., 71–73, 75–77, 79 f., 82, 85, 89, 94–97, 99–101, 103–111, 113, 124–126, 133–136, 147, 152, 154, 156, 159, 162, 164, 168 f., 180, 198, 200 f., 206, 209, 211–214, 216–219, 226, 235 f., 245 f., 249, 251 f., 261, 264, 267 f., 270, 272, 275, 278, 280 f., 283, 285, 287, 290, 292, 294 f., 298, 302–310, 315 f., 320–322, 332 f., 336, 340 f., 354, 356, 359, 362, 366 f., 373, 375 f., 384 f., 394, 397, 413, 419, 439, 441, 444, 448, 450, 466 f., 469, 495, 498, 505, 514, 530, 532 f., 541 f., 547, 559
Rusztaveli, Sota [Schota] (1172–1216) 249
Rybnik 304

Saarinen, Eliel (1873–1950) 246
Saarrevier 301
Sachsen 41, 133, 136, 138, 140 f., 147, 274, 286, 291, 300, 306 f., 354, 529
Said, Edward (1935–2003) 252
Saint Domingue 27, 40, 437
Salmi, Hannu (*1961) 501
Salzberg 101
San Francisco 385
Sanborn, Joshua 439
Sandomierz 82, 95
Sardinien-Piemont 95, 366, 371
Sarna, Jonathan (*1955) 467
Sassen, Saskia (*1949) 453
Saunier, Pierre Yves (*1963) 579
Scheibler, Karl (1820–1881) 307
Schelde (Fluss) 339
Schlachta, Margit (1884–1974) 365
Schlesien (mit Oberschlesien) 81, 127, 137, 147, 202, 264, 300–308, 313, 325, 370, 389, 416, 532 f., 538 f., 561, 563
Schleswig-Holstein 59
Schmerling, Anton von (1805–1893) 59 f.
Schmoller, Gustav [von] (1838–1917) 298 f.
Schönberg, Arnold (1874–1951) 244
Schottland 312, 504
Schumpeter, Joseph A. (1883–1950) 299
Schwarzenberg, Felix Fürst zu (1800–1852) 52–54
Schwarzes Meer 94 f., 108
Schweden 218, 245, 301, 336, 375 f.
Schweiz 111, 134, 155, 201, 212, 215 f., 228, 288, 354, 368, 392, 498, 541
Schwimmer, Róza [Rózsa, Rosika] (1877–1948) 228, 382 f., 385, 389–392
Seelowitz 311
Seideman, Icchak 307
Seliverstov, Michail 168
Semjonov-Tjan-Schanski, Pjotr Petrovič (1827–1914) 73, 75 f.
Semlin 110
Serbien 98 f., 110, 170, 205, 273, 284, 294, 296, 303, 309, 321, 340, 379, 392, 397 f., 532 f.
Sibirien 46, 58, 71, 177, 376, 397 f., 466
Siebenbürgen/Transsilvanien 53, 55, 60, 81, 110, 269, 320
Sienkiewicz, Henryk (1846–1916) 171, 417
Sieradzki, Henryk (1843–1904) 206
Sierpowski, Stanisław (*1942) 572
Šimon, František (1877–1942) 245
Skandinavien 139, 278
Srzyński, Aleksander (1882–1931) 568
Slawonien 269
Słomka, Jan (1842–1932) 88 f.
Slovak Colonization Society 168
Slovak League of America 167 f.
Slowakei 167, 172, 410, 532, 558 (s. a. Oberungarn)
Slowenien 228, 372
Sluga, Glenda 569
Smetana, Bedřich (1824–1884) 417
Smith, Adam (1723–1790) 299, 525
Société générale de Crédit mobilier 103 f., 278 f.
Socjaldemokracja Królestwa Polskiego i Litwy 374
Sofia 110
Sokol (Sportvereine) 166 f., 171, 227, 230
Solferino 366
Solms Braunfelds, Alexander (Prinz) (1855–1926) 583
Sombart, Werner (1863–1941) 298
Sosnowitz/Sosnowiec 103, 302, 305
Sowjetunion 19, 65, 494
Spanien 28, 30, 45, 152, 249, 336, 352, 354, 415, 560
Spencer, Herbert (1820–1903) 225
Spruner [von Merz], Karl 70
Srpska kreditna banka 281
St. Louis 203
St. Petersburg 40, 44, 47, 57 f., 76, 78 f., 89, 100 f., 103 f., 106, 109, 112, 152, 181, 191, 206 f., 214, 249, 295, 326, 357, 362, 368, 373, 394, 413
Standard Oil Company 318
Standard Oil Trust 319
Stanislau/Stanisławów 315
Štefánik, Milan Rastislav (1880–1919) 170, 172 f.
Steidl, Annemarie (*1965) 10, 485
Steiermark 101, 182, 378, 554
Stein, Lorenz von (1815–1890) 297
Stephan, Ernst Heinrich Wilhelm von (1831–1897) 352
Stettin 264, 276
Stockholm 392
Stolarík, Marián Mark (*1943) 472, 480

in Königsberg 212, 214; in Krakau 50, 212, 214, 326; in Lemberg/L'viv 212, 214; in Lublin 572; in Opole 573; in St. Petersburg 326; in Toruń 573; in Tyrnau/Trnava 212; in Warschau 50, 572; in Wien 121, 212, 297, 350; in Wilna/Vilnius 50, 212, 214
USA (Vereinigte Staaten von Amerika) 23, 34, 64f., 78, 97, 101, 105, 113, 134, 137, 140–142, 144, 148–150, 152, 158–161, 164, 166–168, 171f., 175, 177, 179, 183–186, 216, 246, 269, 272, 274, 277, 280, 285, 287, 289, 307, 309f., 312, 314, 316, 318, 322, 333f., 351f., 363, 375f., 380, 386, 392, 397–399, 409, 444, 450, 459, 469, 472, 474, 479f., 482, 485, 548, 550, 552, 566, 570, 575, 582
Ústřední spolek žen českých 381

Valladolid 125
Van der Linden, Marcel (*1952) 485
Venedig 107, 206–209, 246, 264, 497f., 521
Verein deutscher Eisen- und Stahlindustrieller 303
Verein deutscher Eisenbahnverwaltungen 112, 351
Verein für Socialpolitk 297f.
Vietnam 510
Viková-Kunětická, Božena (1862–1934) 389
Világos 54
Vilnius 50, 106, 212, 214, 474
Vincent, Eliska (1841–1914) 382
Vítkovice 101, 279
Vojvodina 53, 269
Völkerbund 392f., 395, 399, 402, 566–572, 580
Voločisk 108
Výbor pro volební právo ženy 388

Wagner, Adolph (1835–1917) 297–299
Walachei → Rumänien
Walaszek, Adam (*1951) 475
Walek (1872–?) 140
Wandycz, Piotr S. (*1923) 408, 410, 414f., 417, 419–422
Wannieck, Friedrich (1838–1919) 312
Warren, Austin (1899–1986) 224
Warschau 45, 50, 57, 63, 82, 103f., 106, 108, 113, 118, 123, 127, 134, 139, 161f., 168, 214, 217, 228, 266f., 302, 307f., 326, 333, 342, 359, 373, 384, 398, 538, 560, 570–573; Herzogtum Warschau 48, 82, 266f.
Waryński, Ludwik Tadeusz (1856–1889) 373
Waterloo 28, 49
Wehler, Hans-Ulrich (1931–2014) 465
Weichsel (Fluss) 94f., 109, 113
Weißrussland 235
Wellek, René (1903–1995) 224
Weltfußballverband 347
Weltpostverein 296, 344, 351f., 393
Welttelegraphenverein 292
Weöres, Sándor (1913–1989) 247
Werner, Michael (*1946) 510
Weser (Fluss) 114
Wesołowska, Helena → McGarvey, Helena
Westpreußen 84, 87, 139, 210, 218, 286, 294, 308, 313, 539, 561
Wien 31, 40, 44, 47, 50–52, 56, 60, 62, 67, 78, 82f., 89f., 95–97, 100–103, 109–112, 114, 118–123, 125f., 138f., 141, 175, 177, 192, 199–203, 206, 208, 212, 214, 221, 224, 228f., 231–233, 235, 244, 249, 251, 253, 279, 282f., 288, 293, 297f., 300, 302, 307, 311f., 315, 317–319, 327, 333–337, 339–342, 345, 348, 350f., 354, 356, 358f., 361, 363, 368f., 371, 378, 380f., 388–390, 394, 412f., 421, 437, 454, 492, 497, 509, 513f., 517f., 520, 529, 532, 554, 562f., 570, 582
Wietze 315
Wilhelm II. – deutscher Kaiser (1859–1941) 114
Wilhelmsbrück 108
Williamson, Jeffrey G. (*1935) 549
Wilna 50, 106, 212, 214, 474
Wilson, Woodrow (1856–1924) 65, 392, 437, 566
Winiarski, Bohdan Stefan (1884–1969) 568
Wirsing, Giselher (1907–1975) 407
Witkiewicz, Stanisław (1851–1915) 208
Witkowitz 101, 279, 303, 306
Witte, Sergej (1849–1915) 108, 295